DEPARTMENT OF ECONOMIC AND SOCIAL AFFAIRS
Statistics Division

ST/ESA/STAT/SER.J/54

DÉPARTEMENT DES AFFAIRES ÉCONOMIQUES ET SOCIALES
Division de statistique

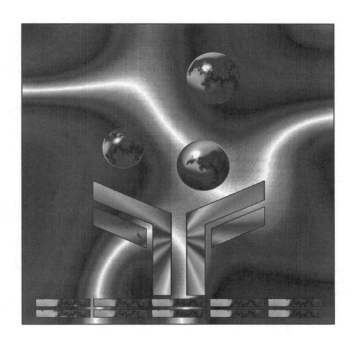

2010
Energy Statistics Yearbook
Annuaire des statistiques
de l'énergie

United Nations
Nations Unies
New York, 2013

The Department of Economic and Social Affairs of the United Nations Secretariat is a vital interface between global policies in the economic, social and environmental spheres and national action. The Department works in three main interlinked areas: (i) it compiles, generates and analyses a wide range of economic, social and environmental data and information on which States Members of the United Nations draw to review common problems and to take stock of policy options; (ii) it facilitates the negotiations of Member States in many intergovernmental bodies on joint courses of action to address ongoing or emerging global challenges; and (iii) it advises interested Governments on the ways and means of translating policy frameworks developed in United Nations conferences and summits into programmes at the country level and, through technical assistance, helps build national capacities.

Le Département des affaires économiques et sociales du Secrétariat de l'Organisation des Nations Unies sert de relais entre les orientations arrêtées au niveau international dans les domaines économiques, sociaux et environnementaux et les politiques exécutées à l'échelon national. Il intervient dans trois grands domaines liés les uns aux autres : i) il compile, produit et analyse une vaste gamme de données et d'éléments d'information sur des questions économiques, sociales et environnementales dont les États Membres de l'Organisation se servent pour examiner des problèmes communs et évaluer les options qui s'offrent à eux; ii) il facilite les négociations entre les États Membres dans de nombreux organes intergouvernementaux sur les orientations à suivre de façon collective afin de faire face aux problèmes mondiaux existants ou en voie d'apparition; iii) il conseille les gouvernements intéressés sur la façon de transposer les orientations politiques arrêtées à l'occasion des conférences et sommets des Nations Unies en programmes exécutables au niveau national et aide à renforcer les capacités nationales au moyen de programmes d'assistance technique.

NOTE

Symbols of United Nations documents are composed of capital letters combined with figures. Mention of such a symbol indicates reference to a United Nations document.

NOTE

Les cotes des documents de l'Organisation des Nations Unies se composent de lettres majuscules et de chiffres. La simple mention d'une cote dans un texte signifie qu'il s'agit d'un document de l'Organisation.

General Disclaimer

The designations employed and the presentation of material in this publication do not imply the expression of any opinion whatsoever on the part of the Secretariat of the United Nations concerning the legal status of any country, territory, city or area, or of its authorities, or concerning the delimitation of its frontiers or boundaries.

Where the designation "country or area" appears in the headings of tables, it covers countries, territories, cities or areas. In prior issues of this publication, where the designation "country" appears in the headings of tables, it should be interpreted to cover countries, territories, cities or areas.

Déni de responsabilité

Les appellations employées dans cette publication et la présentation des données qui y figurent n'impliquent de la part du Secrétariat de l'Organisation des Nations Unies aucune prise de position quant au statut juridique des pays, territoires, villes ou zones, ou de leurs autorités, ni quant au tracé de leurs frontières ou limites.

L'appellation "pays ou zone" figurant dans les titres des rubriques des tableaux désigne des pays, des territoires, des villes ou des zones. L'appellation "pays" figurant dans certaines rubriques des tableaux de numéros antérieurs de cette publication doit être interprétée comme désignant des pays, des territoires, des villes ou des zones.

ST/ESA/STAT/SER.J/54

UNITED NATIONS PUBLICATION
Sales number: B.13.XVII.12 H

PUBLICATION DES NATIONS UNIES
Numéro de vente: B.13.XVII.12 H

ISBN: 978-92-1-061336-1
eISBN: 978-92-1-056215-7
ISSN 0256-6400

CONTENTS

Page

Introduction x
Country nomenclature................................. xii
Abbreviations and symbols xiv
Définitions... xv
Units of measurement and conversions xxx
General notes xxxi

TABLES

Conversion factors

I.   Coal equivalent coefficients xxxii

II.   Specific gravities of crude petroleum................. xli
III. Specific gravities of petroleum products xliii
IV.   Selected conversion factors for crude petroleum
      and petroleum products xliv
V.   Heat values of gases xlv

Commercial energy

1.   Production, trade and consumption -
     Coal equivalent... 2
2.   Production, trade and consumption -
     Oil equivalent.. 39
3.   Production, trade and consumption -
     Terajoules 75
4.   Total energy requirement - Terajoules............. 110

Solid Fuels

5.   Production, trade and consumption of
     solid fuels - coal equivalent............................ 129
6.   Production, trade and consumption of
     hard coal 140
7.   International trade of hard coal (principal
     importers and exporters);
     2009 and 2010 150
8.   Production, trade and consumption of
     lignite and sub-bituminous coal....................... 154
9.   Production, trade and consumption of
     coke 160
10. Production, trade and consumption of
     hard coal briquettes...................................... 169
11. Production, trade and consumption of
     briquettes of lignite and peat.......................... 172
12. Production, trade and consumption of
     peat 175
13. Selected series of statistics on renewables and
     wastes 179

TABLE DES MATIERES

Page

Introduction x
Nomenclature des pays xii
Abréviations et signes conventionnels xiv
Définitions... xv
Unités de mesure et conversions.............. xxx
Notes générales... xxxi

TABLEAUX

Facteurs de conversion

I.   Facteurs de conversion en équivalent
      houille..xxxii
II.   Densités du pétrole brut xli
III. Densités des produits pétroliers.................... xliii
IV.   Quelques facteurs de conversion pour le pétrole
      et les produits pétroliers................................ xliv
V.   Pouvoirs calorifiques des gaz........................ xlv

Energie commerciale

1.   Production, commerce et consommation -
     Equivalent houille 2
2.   Production, commerce et consommation -
     Equivalent pétrole 39
3.   Production, commerce et consommation -
     Térajoules 75
4.   Montant total des besoins énergétiques -
     Térajoules..110

Combustibles solides

5.   Production, commerce et consommation de
     combustibles solides - équivalent houille.......129
6.   Production, commerce et consommation
     de houille 140
7.   Commerce international de houille
     (principaux importateurs et exportateurs)
     2009 et 2010...150
8.   Production, commerce et consommation
     de lignite et charbon sous-bitumineux............154
9.   Production, commerce et consommation
     de coke 160
10. Production, commerce et consommation
     d'agglomérés (briquettes de houille) 169
11. Production, commerce et consommation
     de briquettes de lignite et de tourbe...............172
12. Production, commerce et consommation
     de tourbe..175
13. Séries de statistiques des renouvelables et des
     déchets...179

CONTENTS (continued)

TABLE DES MATIERES (suite)

Tables	Page
Liquid fuels	
14. Production, trade and consumption of crude petroleum	214
15. International trade of crude petroleum (principal importers and exporters); 2009 and 2010	226
16. Refinery distillation capacity, throughput and output	230
17. Production, trade and consumption of liquefied petroleum gas	242
18. Production, trade and consumption of aviation gasolene	258
19. Production, trade and consumption of motor gasolene	267
20. Production, trade and consumption of kerosene	285
21. Production, trade and consumption of jet fuels	300
22. Production, trade and consumption of gas-diesel oils	316
23. Production, trade and consumption of residual fuel oil	335
24. Production, trade and consumption of energy petroleum products	351
25. Production of non-energy products from refineries - by type	370
26. Production of energy products from refineries - by type	380
27. Capacity and production of natural gas liquid plants - by type	391
Gaseous fuels	
28. Production, trade and consumption of natural gas	398
29. International trade of natural gas (principal importers and exporters); 2009 and 2010	410
30. Production of other gases - by type	414
31. Production, trade and consumption of gases	425

Tableaux	Page
Combustibles liquides	
14. Production, commerce et consommation de pétrole brut	214
15. Commerce international du pétrole brut (principaux importateurs et exportateurs); 2009 et 2010	226
16. Capacité de traitement des raffineries, quantités traitées et production totale	230
17. Production, commerce et consommation de gaz de pétrole liquéfié	242
18. Production, commerce et consommation d'essence aviation	258
19. Production, commerce et consommation d'essence auto	267
20. Production, commerce et consommation de pétrole lampant	285
21. Production, commerce et consommation de carburéacteurs	300
22. Production, commerce et consommation de gazole/carburant diesel	316
23. Production, commerce et consommation de mazout résiduel	335
24. Production, commerce et consommation de produits pétroliers énergétiques	351
25. Production des raffineries – produits non énergétiques - par catégorie	370
26. Production des raffineries – produits énergétiques - par catégorie	380
27. Capacité et production des usines d'extraction de liquides de gaz naturel - par catégorie de produits	391
Combustibles gazeux	
28. Production, commerce et consommation de gaz naturel	398
29. Commerce international du gaz naturel (principaux importateurs et exportateurs); 2009 et 2010	410
30. Production d'autres gaz - par catégorie	414
31. Production, commerce et consommation de gaz	425

CONTENTS (continued)

TABLE DES MATIERES (suite)

Tables	Page

Electricity and heat

32. Net installed capacity of electric generating plants - by type 443
33. Utilization of installed electric generating capacity - by type 479
34. Production of electricity - by type 514
35. Production, trade and consumption of electricity 550
36. Production of heat - by type 569

Nuclear fuels

37. Production of uranium (uranium content) 575

Energy resources

38. Selected energy resources and reserves 578

Tableaux	Page

Energie électrique et chaleur

32. Puissance nette installée des centrales électriques - par catégorie 443
33. Utilisation de la capacité des centrales électriques - par catégorie 479
34. Production d'électricité - par catégorie 514
35. Production, commerce et consommation d'électricité 550
36. Production de chaleur - par catégorie 569

Combustibles nucléaires

37. Production d'uranium (contenu en uranium) ..575

Ressources énergétiques

38. Ressources et réserves énergétiques choisies 578

FIGURES

GRAPHIQUES

Figures	Page

Commercial Energy - Production, Trade and Consumption

1. World commercial primary energy production of solids, by region, in 2010 3
2. World commercial primary energy production of liquids, by region, in 2010 3
3. World commercial primary energy production of gas, by region, in 2010 3
4. World commercial primary energy production of electricity, by region, in 2010 3
5. Commercial primary energy production, by region, in 2010 39
6. Commercial primary energy consumption, by region, in 2010 39
7. World commercial primary energy production 1994-2010 75
8. World commercial primary energy production, by type, in 2010 75
9. World commercial primary energy production, by region, in 2010 75
10. World energy requirement, by region, in 2010 110

Graphiques	Page

Energie commerciale - Production, commerce et consommation

1. Production mondial d'énergie commerciale primaire par région - solides 2010 3
2. Production mondial d'énergie commerciale primaire par région - liquides 2010 3
3. Production mondial d'énergie commerciale primaire par région - gaz 2010 3
4. Production mondial d'énergie commerciale primaire par région - électricité 2010 3
5. Production d'énergie commerciale primaire par région 2010 39
6. Consommation d'énergie commerciale primaire par région 2010 39
7. Production mondial d'énergie commerciale primaire par catégorie 1994- 2010 75
8. Production d'énergie commerciale primaire par catégorie, 2010 75
9. Production d'énergie commerciale primaire par région, 2010 75
10. Besoins énergétiques mondiales par région 2010 110

CONTENTS (continued)

TABLE DES MATIERES (suite)

Figures — Page

Solid Fuels

11. World solid fuel production, by region, in 2010 129
12. World solid fuel consumption, by region, in 2010 129
13. World coal production 1994-2010 140
14. Major hard coal producing countries in 2010 140
15. Major hard coal consuming countries in 2010 .. 140

16. World lignite and sub-bituminous coal production 1994-2010 154
17. Major lignite and sub-bituminous coal producing countries in 2010 154
18. Major lignite and sub-bituminous coal consuming countries in 2010 154
19. World production of coke 1994-2010 160
20. Major coke producing countries in 2010 160
21. Major coke consuming countries in 2010 160
22. Major hard coal briquette producing countries in 2010 169
23. Major hard coal briquette consuming countries in 2010 169
24. World production of briquettes of lignite and peat 1994-2010 172
25. Major briquettes of lignite and peat producing countries in 2010 172
26. Major briquettes of lignite and peat consuming countries in 2010 172
27. World production of peat 1994-2010 175
28. Major peat producing countries in 2010 175
29. Major peat consuming countries in 2010 175

30. World fuelwood production 1994-2010 180

31. World charcoal production 1994-2010 180

32. Fuelwood production, by region, in 2010 180

33. Charcoal production, by region, in 2010 180

34. World total primary energy production from renewable sources 1994-2010 181

35. Bagasse production, by region, in 2010 181
36. Liquids and gases production from renewable sources, by region, in 2010 181

37. Electricity production from renewable sources, by region, in 2010 181
38. Energy production from wastes, by region, in 2010 181

Graphiques — Page

Combustibles solides

11. Production de combustibles solides par région 2010 129
12. Consommation de combustibles solides par région 2010 129
13. Production mondial de houille 1994-2010 140
14. Pays grands producteurs de houille 2010 140
15. Pays grands consommateurs de houille 2010 140

16. Production mondial de lignite et charbon sous-bitumineux 1994-2010 154
17. Pays grands producteurs de lignite et charbon sous-bitumineux 2010 154
18. Pays grands consommateurs de lignite et charbon sous-bitumineux 2010 154
19. Production mondial de coke 1994-2010 160
20. Pays grands producteurs de coke 2010 160
21. Pays grands consommateurs de coke 2010 ... 160
22. Pays grands producteurs de briquettes de houille 2010 169
23. Pays grands consommateurs de briquettes de houille 2010 169
24. Briquettes de lignite et de tourbe: production mondial 1994-2010 172
25. Pays grands producteurs de briquettes de lignite et de tourbe 2010 172
26. Pays grands consommateurs de briquettes de lignite et de tourbe 2010 172
27. Production mondial de tourbe 1994-2010 175
28. Pays grands producteurs de tourbe 2010 175
29. Pays grands consommateurs de tourbe 2010 175

30. Production mondial de bois de chauffage 1994-2010 180
31. Production mondial de charbon de bois, 1994-2010 180
32. Production de bois de chauffage par région 2010 180
33. Production de charbon de bois par région 2010 180

34. Production mondial d'énergie primaire des ressources d'énergie renouvelable 1994 - 2010 181
35. Production de bagasse par région, 2010 181
36. Production d'énergie primaire renouvelable de ressources liquides et gazeuses par région, 2010 181
37. Production d'électricité primaire renouvelable par région, 2010 181
38. Production d'énergie des déchets par région, 2010 181

CONTENTS (continued)

Figures   **Page**

Liquid Fuels

39. World crude petroleum production 1994-2010 214
40. World crude petroleum export 1994-2010 215
41. Production, trade and consumption of crude petroleum by region in 2010 215
42. Major crude petroleum producing countries in 2010 215
43. Major crude petroleum consuming countries in 2010 215
44. Refinery distillation capacity, throughput and output, by region, in 2010 230
45. World total refinery distillation capacity by region 1994-2010 231
46. World LPG production 1994-2010 242
47. Major LPG producing countries in 2010 242
48. Major LPG consuming countries in 2010 242
49. World production of aviation gasolene 1994-2010 258
50. Major aviation gasolene producing countries in 2010 258
51. Major aviation gasolene consuming countries in 2010 258
52. World production of motor gasolene 1994-2010 267
53. Major motor gasolene producing countries in 2010 267
54. Major motor gasolene consuming countries in 2010 267
55. World production of kerosene 1994-2010 285
56. Major kerosene producing countries in 2010 285
57. Major kerosene consuming countries in 2010 285
58. World production of jet fuels 1994-2010 300
59. Major jet fuel producing countries in 2010 300
60. Major jet fuel consuming countries in 2010 300
61. World production of gas-diesel oils 1994-2010 316
62. Major gas-diesel oils producing countries in 2010 316
63. Major gas-diesel oils consuming countries in 2010 316
64. World production of residual fuel oil 1994-2010 335

TABLE DES MATIERES (suite)

Graphiques   **Page**

Combustibles liquides

39. Production mondiale de pétrole brut 1994-2010...214
40. Exportation mondiale de pétrole brut 1994-2010 215
41. Production, commerce et consommation de pétrole brut par région 2010....................215
42. Pays grands producteurs de pétrole brut 2010 215
43. Pays grands consommateurs de pétrole brut 2010 215
44. Capacité de traitement des raffineries, quantités traitées et production, par région 2010...230
45. Capacité de traitement des raffineries, total mondial par région 1994-2010 231
46. Production mondial de GPL 1994-2010........242
47. Pays grands producteurs de GPL, 2010........242
48. Pays grands consommateurs de GPL, 2010 .242
49. Production mondial d'essence d'aviation 1994-2010 258
50. Pays grands producteurs d'essence d'aviation, 2010 258
51. Pays grands consommateurs d'essence d'aviation, 2010 258
52. Production mondial d'essence d'auto 1994-2010 267
53. Pays grands producteurs d'essence d'auto, 2010...267
54. Pays grands consommateurs d'essence d'auto, 2010...267
55. Production mondial de pétrole lampant 1994-2010 285
56. Pays grands producteurs de pétrole lampant, 2010...285
57. Pays grands consommateurs de pétrole lampant, 2010...285
58. Production mondial des carburéacteurs 1994-2010 300
59. Pays grands producteurs des carburéacteurs, 2010 300
60. Pays grands consommateurs des carburéacteurs, 2010 300
61. Production mondial de gazole/ carburant diesel 1994-2010...316
62. Pays grands producteurs de gazole/ carburant diesel, 2010.................................316
63. Pays grands consommateurs de gazole/ carburant diesel, 2010.................................316
64. Production mondial de mazout résiduel 1994-2010 335

CONTENTS (continued)

Figures	Page

65. Major residual fuel oil producing countries in 2010 335
66. Major residual fuel oil consuming countries in 2010 335
67. World production of energy petroleum products by region 1994-2010 351
68. Production of non-energy products from refineries, by region, in 2010 370
69. World production of non-energy products from refineries in 2010 370
70. Production of energy products from refineries, by region, in 2010 380
71. World production of energy products from refineries in 2010 380
72. World natural gas liquid plant capacity, by region, in 2010 391
73. World natural gas liquids production, by type, in 2010 391

Gaseous fuels

74. World production of natural gas 1994-2010 398
75. Major natural gas producing countries in 2010 398
76. Major natural gas consuming countries in 2010 398
77. Production of other gases by region in 2010 414
78. World production of other gases in 2010 414
79. World production of gases 1994-2010 425
80. World consumption of gases by region, in 2010 426

Electricity and Heat

81. Net installed capacity of electricity generating plants in 2010 443
82. Utilization of installed electricity generating capacity, by region, by type, in 2010 479
83. World electricity generation by type 1994-2010 514
84. World production of electricity, by type, by region, in 2010 515
85. Major Thermal electricity producing countries in 2010 515
86. Major Hydro electricity producing countries in 2010 515
87. Major Nuclear electricity producing countries in 2010 515
88. Major Other electricity producing countries in 2010 515

TABLE DES MATIERES (suite)

Graphiques	Page

65. Pays grands producteurs de mazout résiduel, 2010 335
66. Pays grands consommateurs de mazout résiduel, 2010 335
67. Production mondial de produits pétroliers énergétiques par région 1994-2010 351
68. Production de produits pétroliers non énergétiques des raffineries par région 2010. 370
69. Production mondial de produits pétroliers non énergétiques des raffineries, 2010 370
70. Production de produits pétroliers énergétiques des raffineries par région, 2010 380
71. Production mondial de produits pétroliers énergétiques des raffineries, 2010 380
72. Capacité des usines d'extraction de liquides de gaz naturel, par région, 2010 391
73. Production des liquides de gaz naturel par catégorie, 2010 391

Combustibles gazeux

74. Production mondial de gaz naturel 1994-2010 398
75. Pays grands producteurs de gaz naturel, 2010 398
76. Pays grands consommateurs de gaz naturel, 2010 398
77. Production d'autres gaz par région, 2010 414
78. Production mondial d'autres gaz, 2010 414
79. Production mondial de gaz 1994-2010 425
80. Consommation mondial de gaz par région, 2010 426

Energie électrique et chaleur

81. Puissance nette installée des centrales électriques par région par catégorie 2010 443
82. Utilisation de la capacité des centrales électriques par catégorie par région 2010 479
83. Génération d'électricité par catégorie, total mondial 1994-2010 514
84. Production mondial d'électricité par catégorie par région 2010 515
85. Pays grands producteurs d'électricité Thermique, 2010 515
86. Pays grands producteurs d'électricité Hydraulique, 2010 515
87. Pays grands producteurs d'électricité Nucléaire, 2010 515
88. Pays grands producteurs d'électricité Autre, 2010 515

CONTENTS (continued)

Figures	**Page**

89. World electricity generation 1994-2010 550

90. Major electricity producing countries in 2010.... 550

91. Major electricity consuming countries in 2010 550

92. World heat production by type 1994-2010 569

93. Major heat producing countries in 2010............ 569

94. World heat production by type, in 2010 569

TABLE DES MATIERES (suite)

Graphiques	**Page**

89. Génération d'électricité, total mondial 1994-2010 550

90. Pays grands producteurs d'électricité 2010 ... 550

91. Pays grands consommateurs d'électricité, 2010.. 550

92. Production mondial de chaleur par catégorie 1994-2010 569

93. Pays grands producteurs de chaleur 2010... 569

94. Production mondial de chaleur par catégorie, 2010... 569

Statistics compiled as of April 2013

Statistiques compilées à la fin d'avril 2013

INTRODUCTION

The *Energy Statistics Yearbook 2010* is a comprehensive collection of international energy statistics prepared by the United Nations Statistics Division. It is the fifty-fourth in a series of annual compilations which commenced under the title *World Energy Supplies in Selected Years, 1929-1950*.[1] It updates the statistical series shown in the previous issue. Supplementary series of monthly data on production of energy may be found in the *Monthly Bulletin of Statistics*.[2]

The principal objective of the *Yearbook* is to provide a global framework of comparable data on long-term trends in the supply of mainly commercial primary and secondary forms of energy. Data for each type of fuel and aggregated data for the total mix of commercial fuels are shown for individual countries and areas and are summarized into regional and world totals. The data are compiled primarily from the annual energy questionnaire distributed by the United Nations Statistics Division and supplemented by official national statistical publications, as well as publications from international and regional organizations. Where official data are not available or are inconsistent, estimates are made by the Statistics Division based on governmental, professional or commercial materials. Estimates include, but are not limited to, extrapolated data based on partial year information, use of annual trends, trade data based on partner country reports, breakdowns of aggregated data as well as analysis of current energy events and activities.

This issue of the *Yearbook* contains data in original and common units (coal equivalent, oil equivalent, and joules) for the years 2007-2010. By referring to previous volumes of the publication, time series can be established from 1950 to the present. In addition to the basic tables showing production, trade, stock changes, bunkers, and consumption, information is included on various other topics such as:

L'*Annuaire des statistiques de l'énergie 2010* est une collection complète de statistiques internationales de l'énergie, établie par la Division de statistique de l'Organisation des Nations Unies. La présente édition est la cinquante-quatrième d'une série de compilations annuelles dont la première est parue sous le titre *World Energy Supplies in Selected Years, 1929-1950*.[1] Elle constitue une mise à jour des séries statistiques présentées dans l'édition précédente. Des séries additionnelles de données mensuelles sur la production d'énergie sont publiées dans le *Bulletin mensuel de statistique*.[2]

Le principal objet de l'*Annuaire* est de fournir un cadre global de comparaison des données sur les mouvements à long terme de l'offre des formes primaires et secondaires d'énergie à caractère essentiellement commercial. Les données pour chaque type de combustible et les données agrégées pour l'ensemble des combustibles commerciaux sont présentées pour chaque pays ou zone et sont regroupées en totaux régionaux et mondiaux. Les données, essentiellement rassemblées à partir du questionnaire annuel de l'énergie envoyé par la Division de statistique de l'ONU, sont complétées à l'aide des publications officielles des organismes nationaux de statistique ainsi que des publications des organisations internationales et régionales. Lorsque les données officielles ne sont pas disponibles ou ne sont pas cohérentes, la Division de statistique établit des estimations en s'appuyant sur la documentation d'origine gouvernementale, professionnelle ou commerciale. Les estimations comprennent mais ne se limitent pas à l'extrapolation des données basées sur des informations annuelles partielles, à l'utilisation des tendances annuelles, aux données du commerce fournies par les pays partenaires, à la désagrégation de même qu'à l'analyse des activités et développements courants dans le domaine de l'énergie.

La présente édition contient des données exprimées en unités d'origine et en unités communes (équivalent charbon, équivalent pétrole, et joules) pour les années 2007 à 2010. En se référant aux éditions antérieures, on peut établir une série allant de 1950 jusqu'à maintenant. En plus des tableaux de base, où apparaissent la production, le commerce, les variations de stocks, les soutes et la consommation, l'*Annuaire* contient des données sur d'autres sujets, par exemple:

---

[1]Statistical Papers, Series J, No. 1 (United Nations publication, Sales No. 1952.XVII.3).
[2]Statistical Papers, Series Q, *Monthly Bulletin of Statistics*, (United Nations publication).

[1]Etudes statistiques, Séries J No. 1 (publication des Nations Unies, numéro de vente: 1952, XVII.3).
[2]Etudes statistiques, Series Q, Bulletin mensuel de statistique (publication des Nations Unies).

INTRODUCTION (continued / suite)

(a) Principal importers and exporters of coal, crude petroleum and natural gas for the years 2009 and 2010;

(b) The capacity of petroleum refineries, natural gas liquids plants and electric generating plants by type;

(c) The ratio of crude petroleum reserves to petroleum production (R/P ratio);

(d) The new and renewable sources of energy: fuelwood, charcoal, bagasse, peat, biodiesel, biogas, alcohol, and electricity generated from hydro, solar, wind, tide, wave and geothermal sources;

(e) Heat produced in combined heat and power plants generating electricity and useful heat in a single installation, district heating plants and geothermal sources and nuclear power plants.

The information contained in the *Yearbook* is also available on CD and in electronic format. Requests for information should be directed to the United Nations Statistics Division.

Acknowledgement is due to the following specialized and intergovernmental agencies whose publications have been utilized in supplementing our statistics: Comité professionnel du pétrole (CPP), Food and Agriculture Organization of the United Nations (FAO), International Atomic Energy Agency (IAEA), International Energy Agency of the Organisation for Economic Co-operation and Development (IEA/OECD), International Sugar Organization (ISO), Organization of Arab Petroleum Exporting Countries (OAPEC), Organization of the Petroleum Exporting Countries (OPEC), Organización Latinoamericana de Energía (OLADE), Interstate Statistical Committee of the Commonwealth of Independent States (STATCIS), Statistical Office of the European Communities (Eurostat), World Energy Council (WEC). Acknowledgement is also made to governmental, energy and statistical authorities of the Member States which have been extremely cooperative in providing data.

(a) Les principaux importateurs et exportateurs de houille, de pétrole brut et de gaz naturel pour les années 2009 et 2010;

(b) La capacité des raffineries de pétrole, des usines d'extraction de liquides de gaz naturel et des centrales électriques, par catégorie;

(c) Le rapport entre réserves brutes de pétrole et production de pétrole (rapport R/P);

(d) Les sources d'énergie nouvelles et renouvelables: le bois de chauffage, le charbon de bois, la bagasse, le biodiesel, le biogaz, l'alcool, la tourbe et l'électricité de source hydraulique, solaire, éolienne, marémotrice, géothermique, et des vagues;

(e) Chaleur en provenance des centrales à cycle mixte produisant dans une même installation de l'électricité et de la chaleur utile, des centrales de chauffage urbain, et des sources géothermiques et des centrales nucléaires.

Les données présentées dans l'*Annuaire* sont également disponibles sur CD et sur le format électronique. On peut les obtenir auprès de la Division de statistique de l'Organisation des Nations Unies.

Nous remercions de leur aide les institutions spécialisées et intergouvernementales énumérées ci-après dont les publications nous ont aidés à complémenter nos statistiques: le Comité professionnel du pétrole (CPP), l'Organisation des Nations Unies pour l'alimentation et l'agriculture (FAO), l'Agence internationale de l'énergie atomique (AIEA), l'Agence internationale de l'énergie, l'Organisation de coopération et de développement économiques (AIE/OCDE), l'Organisation internationale du sucre (OIS), l'Organisation des pays arabes exportateurs de pétrole (OPAEP), l'Organisation des pays exportateurs de pétrole (OPEP), l'Organisation de l'énergie de l'Amérique latine (OLADE), le Comité de statistique de la Communauté d'Etats indépendants (STATCIS), l'Office statistique des Communautés européennes (Eurostat), le Conseil mondiale de l'énergie (CME). Les auteurs de l'*Annuaire des statistiques de l'énergie* remercient les institutions gouvernementales, les agences de l'énergie et les offices de statistiques des États Membres pour leur plus haut degré de coopération.

COUNTRY NOMENCLATURE - NOMENCLATURE DES PAYS

AUSTRALIA – Data exclude the overseas territories.

CHINA – Data exclude Hong Kong and Macao Special Administrative Regions (Hong Kong SAR and Macao SAR) and Taiwan Province.

CHINA, HONG KONG SAR – Data on Jet fuel include aviation gasoline and kerosene.

CHINA, MACAO SAR – For confidentiality reasons, data on solid fuels, jet fuel, petroleum coke and other petroleum products (2007-2010), trade data for motor gasoline (2007-2010), stock changes of kerosene (2010), exports of charcoal (2007-2010), and data on fuelwood (2010) are not available.

DENMARK – Data exclude Greenland and the Danish Faroes.

FRANCE – Data exclude the following departments and territories: Guadeloupe, French Guiana, Martinique, New Caledonia, French Polynesia, Réunion and St. Pierre Miquelon. It includes Monaco.

GREENLAND – Data for jet fuel include kerosene.

ISRAEL – Data for kerosene include jet fuel.

ITALY – Data include San Marino and the Holy See.

JAPAN – Data include Okinawa.

KUWAIT – The data for crude petroleum production include 50 per cent of the output of the Neutral Zone.

MADAGASCAR – Data for bitumen include petroleum coke.

NETHERLANDS – Data exclude Suriname and the Netherlands Antilles. Data for petroleum coke are confidential for the period 2006-2007.

AUSTRALIE – Les données n'incluent pas les territoires d'outre-mer.

CHINE – Les données n'incluent pas las Régions administratives spéciales de Hong-Kong et Macao (Hong-Kong RAS et Macao RAS) et la province de Taiwan.

CHINE, HONG KONG SAR – Les données sur les carburéacteurs incluent l'essence d'aviation et le pétrole lampant

CHINE, MACAO SAR – Pour des raisons de confidentialité, les données sur les combustibles solides, carburéacteurs, coke de pétrole et des autres produits pétroliers (2007-2010), les données sur le commerce international de essence auto (2007-2010), les variations des stocks de pétrole lampant (2007-2010), les exportations de charbon de bois (2007-2010) et les données sur le bois de chauffage (2010) ne sont pas disponibles.

DANEMARK – Les données n'incluent pas le Groenland et les Iles Féroé danoises.

FRANCE – Les données n'incluent pas les territoires d'outre-mer suivants : Guadeloupe, Guyane française, Martinique, Nouvelle-Calédonie, Polynésie française, Ile de la Réunion et Saint-Pierre-et-Miquelon. Comprend Monaco.

GROENLAND – Les données pour les carburéacteurs comprennent le pétrole lampant.

ISRAËL – Les données pour le pétrole lampant incluent les carburéacteurs.

ITALIE – Les données incluent Saint-Marin et le Saint-Siège.

JAPON – Les données incluent Okinawa.

KOWEÏT – Les données de production de pétrole brut incluent 50 pour cent de la sortie de la zone neutre.

MADAGASCAR – Les données sur le bitume incluent le coke de pétrole.

PAYS-BAS – Les données n'incluent pas le Suriname et les Antilles néerlandaises. Les données sur le coke de pétrole sont confidentielles pour la période 2006-2007.

NETHERLANDS ANTILLES – comprises Bonaire, Curaçao, Saba, St. Eustatius and the Dutch part of St. Martin.

NORWAY – Data include Svalbard and Jan Mayen Islands.

PORTUGAL – Data include the Azores and Madeira.

SAUDI ARABIA – Data for crude petroleum production include 50 per cent of the output of the Neutral Zone.

SERBIA – Data exclude Kosovo

SPAIN – Data include the Canary Islands.

SWITZERLAND – includes Liechtenstein for oil statistics.

UKRAINE – For confidentiality reasons, the production of the following products is not available: lignite (2007-2010), hard coal briquettes (2008-2010), lignite briquettes (2008-2010), kerosene (2007-2010), petroleum coke (2007-2010), aviation gasoline (2009-2010), jet fuel (2009-2010), petroleum waxes (2009), and white spirit (2008-2010).

UNITED STATES – includes the 50 states and the District of Columbia. Oil statistics as well as coal trade statistics also include Puerto Rico, Guam, the U.S. Virgin Islands, American Samoa, Johnston Atoll, Midway Islands, Wake Island and the Northern Mariana Islands.

UNITED KINGDOM – includes Jersey and Guernsey for oil statistics. It excludes these islands for electricity.

ANTILLES NEERLANDAISES – comprend Bonaire, Curaçao, Saba, Saint-Eustache et la partie néerlandaise de Saint-Martin.

NORVEGE – Les données incluent les Îles Svalbard et Jan Mayen

PORTUGAL – Les données incluent les Açores et l'Ile de Madère.

ARABIE SAOUDITE – Les données de production de pétrole brut incluent 50 pour cent de la sortie de la zone neutre.

SERBIE – Les données n'incluent pas le Kosovo.

ESPAGNE – Les données incluent les Iles Canaries.

SUISSE – y compris le Liechtenstein pour les statistiques sur le pétrole.

UKRAINE – Pour des raisons de confidentialité, la production des produits suivants n'est pas disponible: lignite (2007-2010), briquettes de houille (2008-2010), briquettes de lignite (2008-2010), pétrole lampant (2007-2010), coke de pétrole (2007-2010), essence d'aviation (2009-2010), carburéacteurs (2009-2010), cires de pétrole (paraffines) (2009) et white spirit/essence spéciales (2008-2010).

ETATS-UNIS – englobent les 50 Etats fédérés et le District de Columbia. Les statistiques sur le pétrole et sur les échanges de charbon concernent également Porto Rico, l'Ile de Guam, les Iles Vierges des Etats-Unis, le Territoire non incorporé des Samoa américaines, l'Ile Johnston, les Iles Midway, l'Ile de Wake et les Iles Mariannes-du-Nord.

ROYAUME-UNI – englobe le Jersey et Guernesey pour les statistiques sur le pétrole. Il exclut ces îles pour les statistiques sur l'électricité.

ABBREVIATIONS AND SYMBOLS – ABREVIATIONS ET SIGNES CONVENTIONNELS

The following symbols and abbreviations have been used:

Les abréviations et signes conventionnels utilisés sont les suivants:

	English		French
C:H	ratio between carbon and hydrogen	C:H	rapport du carbone à l'hydrogène
cSt	centistoke	cSt	centistoke
m^3	cubic metre	m^3	mètre cube
C_3H_8	chemical symbol for propane gas	C_3H_8	symbole chimique du gaz propane
C_4H_{10}	chemical symbol for butane gas	C_4H_{10}	symbole chimique du gaz butane
$^\circ$C	degree Celsius	$^\circ$C	degré Celsius
kcal	kilocalorie	kcal	kilocalorie
kg	kilogramme	kg	kilogramme
kg/cm^2	kilogramme per square centimetre	kg/cm^2	kilogramme par centimètre carré
kWh	kilowatt-hour	kWh	kilowatt-heure
LPG	liquefied petroleum gas	GPL	gaz de pétrole liquéfié
mg/g	milligramme per gramme	mg/g	milligramme par gramme
MJ	megajoule (10^6 joules)	MJ	mégajoule (10^6 joules)
NGL	natural gas liquids	LGN	liquides de gaz naturel
RON	research octane number	IOR	indice d'octane recherché
t	metric ton	t	tonne métrique
TCE	ton of coal equivalent	TEC	tonne d'équivalent charbon
TJ	terajoule (10^{12} joules)	TJ	terajoule (10^{12} joules)
TOE	ton of oil equivalent	TEP	tonne d'équivalent pétrole
*	estimate by the United Nations Statistics Division	*	estimation de la Division de statistique de l'Organisation des Nations Unies
..	data not applicable or not available	..	données non disponibles ou non applicables

DEFINITIONS

SOLID FUELS

Hard coal – Coal that has a high degree of coalification with a gross calorific value above 23,865 KJ/kg (5,700 kcal/kg) on an ash-free but moist basis, and a mean random reflectance of vitrinite of at least 0.6. Slurries, middlings and other low-grade coal products, which cannot be classified according to the type of coal from which they are obtained, are included under hard coal. There are two sub-categories of hard coal: (i) coking coal and (ii) other bituminous coal and anthracite (also known as steam coal). Coking coal is a hard coal with a quality that allows the production of coke suitable to support a blast furnace charge. Steam coal is coal used for steam raising and space heating purposes and includes all anthracite coals and bituminous coals not classified as coking coal.

Lignite – One of the two sub-categories of brown coal. Brown coal is coal with a low degree of coalification which retained the anatomical structure of the vegetable matter from which it was formed. It has a mean random reflectance of vitrinite of less than 0.6, provided that the gross calorific value (on a moist ash-free basis) is less than 23,865 KJ/kg (5,700 kcal/kg). Brown coal comprises: (i) lignite - non-agglomerating coals with a gross calorific value less than 17,435 KJ/kg (4,165 kcal/kg) and greater than 31 per cent volatile matter on a dry mineral matter free basis and (ii) sub-bituminous coal - non-agglomerating coals with a gross calorific value between 17,435 KJ/kg (4,165 kcal/kg) and 23,865 KJ/kg (5,700 kcal/kg) containing more than 31 per cent volatile matter on a dry mineral matter free basis.

Peat – A solid fuel formed from the partial decomposition of dead vegetation under conditions of high humidity and limited air access (initial stage of coalification). Only peat used as fuel is included. Its principal use is as a household fuel.

Patent fuel (hard coal briquettes) – A composition fuel manufactured from coal fines by shaping with the addition of a binding agent such as pitch.

COMBUSTIBLES SOLIDES

Houille – Charbon à haut degré de houillification et de pouvoir calorifique brut supérieur à 23 865 kJ/kg (5 700 kcal/kg), valeur mesurée pour un combustible exempt de cendres, mais humide et ayant un indice moyen de réflectance de la vitrinite au moins égal à 0,6. Les schlamms, les mixtes et autres produits du charbon de faible qualité qui ne peuvent être classés en fonction du type de charbon dont ils sont dérivés sont inclus dans cette rubrique. Il y a deux sous-catégories de houille: (i) charbon à coke et (ii) autres charbons bitumineux et anthracite (également dénommé charbon vapeur). Le charbon à coke est une houille d'une qualité permettant la production d'un coke susceptible d'être utilisé dans les hauts fourneaux. Le charbon vapeur est utilisé pour la production de vapeur et pour le chauffage des locaux, et comprend tous les charbons anthraciteux et bitumineux autres que ceux classifiés comme charbons à coke.

Lignite – Une des deux sous-catégories du charbon brun. Le charbon brun est un charbon d'un faible degré de houillification qui a gardé la structure anatomique des végétaux dont il est issu. Son indice moyen de réflectance de la vitrinite est inférieur à 0,6, si son pouvoir calorifique brut (sur base humide, cendres déduites) est inférieur à 23 865 kJ/kg (5 700 kcal/kg). Les charbons bruns comprennent: (i) le lignite – charbon non agglutinant dont le pouvoir calorifique brut est inférieur à 17 435 kJ/kg (4 165 kcal/kg) et qui contient plus de 31% de matières volatiles sur produit sec exempt de matières minérales; (ii) le charbon sous-bitumineux - charbon non agglutinant dont le pouvoir calorifique supérieur se situe entre 17 435 kJ/kg (4 165 kcal/kg) et 23 865 kJ/kg (5 700 kcal/kg) et qui contient plus de 31% de matières volatiles sur produit sec exempt de matières minérales.

Tourbe – Combustible solide issu de la décomposition partielle de végétaux morts dans des conditions de forte humidité et de faible circulation d'air (phase initiale de la houillification). N'est prise en considération ici que la tourbe utilisée comme combustible. La tourbe est utilisée principalement comme combustible domestique.

Agglomérés (briquettes de houille) – Combustibles composites fabriqués par moulage au moyen de fines de charbon avec l'addition d'un liant tel que le brai.

Lignite briquettes – A composition fuel manufactured from lignite. The lignite is crushed, dried and molded under high pressure into an even shaped briquette without the addition of binders.

Peat briquettes – A composition fuel manufactured from peat. Raw peat, after crushing and drying, is molded under high pressure into an even-shaped briquette without the addition of binders.

Coal coke – The solid residue obtained from coal or lignite by heating it to a high temperature in the absence or near absence of air. It is high in carbon and low in moisture and volatile matter. Several categories are distinguished:

a) Coke-oven coke – The solid product obtained from carbonization of coal, principally coking coal, at high temperature. Coke-oven coke is also called metallurgical coke and is used mainly in the iron and steel industry. Semi-coke, the solid product obtained from carbonization of coal at low temperature, is included with coke-oven coke. It is used mainly as a domestic fuel.

b) Gas coke – A by-product of coal used for the production of gas works gas in gasworks. Gas coke is mainly used as a domestic fuel.

c) Brown coal coke – A solid product obtained from carbonization of brown coal briquettes.

Oil shale – A sedimentary rock containing a high proportion of organic matter (kerogen), which can be converted to crude oil or gas by heating.

Bituminous sands – Sands or sandstones containing a high proportion of tarry hydrocarbons, capable of yielding oil through heating or other extractive processes. Heavy oils and tars which are so dense and viscous and lacking in primary energy that they cannot be produced commercially by conventional methods, that is, by natural flow or pumping, are also included.

Briquettes de lignite – Combustibles composites fabriqués au moyen de lignite. Le lignite est broyé, séché et moulé sous pression élevée pour donner une briquette de forme régulière sans l'addition d'un élément liant.

Briquettes de tourbe – Combustibles composites fabriqués au moyen de tourbe. La tourbe brute, après broyage et séchage, est moulée sous pression élevée pour donner une briquette de forme régulière sans l'addition d'un élément liant.

Coke de charbon – Résidu solide obtenu lors de la distillation de houille ou de lignite en l'absence totale ou presque totale d'air. Il a une haute teneur en carbone, et une faible teneur en humidité et en matières volatiles. On distingue plusieurs catégories de coke:

a) Coke de four – Produit solide obtenu par carbonisation de charbon, principalement le charbon à coke, à une température élevée. Le coke de four est également connu sous le nom de coke métallurgique et est utilisé principalement dans l'industrie sidérurgique. Le semi-coke, qui est un produit solide obtenu par carbonisation de charbon à basse température, est inclus avec le coke de four. Il est utilisé principalement comme combustible domestique.

b) Coke de gaz – Sous-produit de l'utilisation du charbon pour la production de gaz manufacturé ou gaz de ville dans les usines à gaz. Le coke de gaz est utilisé principalement comme combustible domestique.

c) Coke de lignite – Produit solide obtenu par carbonisation de briquettes de lignite.

Schiste bitumineux – Roche sédimentaire contenant une forte proportion de matières organiques (kérogène), qui peut être transformée en pétrole brut ou en gaz par chauffage.

Sables bitumineux – Sables ou grès contenant une forte proportion d'hydrocarbures goudronneux dont on peut extraire du pétrole par chauffage ou par d'autres procédés d'extraction. Les huiles lourdes et les goudrons qui sont si denses et si visqueux et dépourvus d'énergie primaire qu'ils ne peuvent être extraits commercialement par les méthodes classiques, c'est-à-dire par écoulement naturel ou par pompage, sont aussi inclus dans cette rubrique.

LIQUID FUELS

Crude oil – A mineral oil consisting of a mixture of hydrocarbons of natural origin, yellow to black in color, of variable density and viscosity. Data in this category also includes lease or field condensate (separator liquids) which is recovered from gaseous hydrocarbons in lease separation facilities, as well as synthetic crude oil, mineral oils extracted from bituminous minerals such as shales and bituminous sand, and oils from coal liquefaction.

Natural gas liquids (NGL) – Liquid or liquefied hydrocarbons produced in the manufacture, purification and stabilization of natural gas. NGL's include, but are not limited to, ethane, propane, butane, pentane, natural gasolene, and plant condensate. NGL's are either distilled with crude oil in refineries, blended with refined petroleum products or used directly depending on their characteristics.

Plant condensate – Liquid hydrocarbons condensed from wet natural gas in natural gas processing plants. It is used as a petroleum refinery input.

Natural gasolene – Light spirit extracted from wet natural gas, often in association with crude petroleum.
It is used as a petroleum refinery and petrochemical plant input and is also used directly for blending with motor spirit without further processing.

Petroleum products – Comprise the liquid fuels, lubricant oils and solid and semi-solid products obtained by distillation and cracking of crude petroleum, shale oil, or semi-refined and unfinished petroleum products. As far as possible the series include fuels consumed in refining, but exclude oil products obtained from natural gas, coal, lignite and their derivatives.

Aviation gasolene – Motor spirit prepared especially for aviation piston engines, with an octane number varying from 80 to 145 RON and a freezing point of -60°C.

COMBUSTIBLES LIQUIDES

Pétrole brut – Huile minérale constituée d'un mélange d'hydrocarbures d'origine naturelle, de couleur variant du jaune au noir, d'une densité et d'une viscosité variables. Figurent également sous cette rubrique les condensats directement récupérés sur les sites d'exploitation des hydrocarbures gazeux (dans les installations prévues pour la séparation des phases liquide et gazeuse), le pétrole brut synthétique, les huiles minérales brutes extraites des roches bitumineuses telles que schistes et sables asphaltiques et les huiles issues de la liquéfaction du charbon.

Liquides de gaz naturel (LGN) – Hydrocarbures liquides ou liquéfiés produits lors de la fabrication, de la purification et de la stabilisation du gaz naturel. Les liquides de gaz naturel comprennent l'éthane, le propane, le butane, le pentane, l'essence naturelle et les condensats d'usine, sans que la liste soit limitative. Les LGN sont soit distillés avec le pétrole brut dans les raffineries, soit mélangés avec les produits pétroliers raffinés, soit utilisés directement, en fonction de leurs caractéristiques.

Condensat d'usine – Hydrocarbure liquide résultant de la condensation du gaz naturel humide dans les usines de traitement du gaz naturel. Il est utilisé comme charge d'alimentation dans les raffineries de pétrole.

Essence naturelle – Essence légère extraite du gaz naturel humide, souvent en association avec le pétrole brut. Elle est utilisée comme charge dans les raffineries de pétrole et les usines pétrochimiques et est aussi employée directement en mélange avec le carburant auto sans traitement supplémentaire.

Produits pétroliers – Comprennent les combustibles liquides, les huiles lubrifiantes et les produits solides et semi-solides obtenus par distillation et craquage du pétrole brut, de l'huile de schiste ou de dérivés du pétrole semi-raffinés ou non raffinés. Autant que possible, les séries comprennent les combustibles consommés lors du raffinage mais ne comprennent pas les produits oléiques obtenus à partir du gaz naturel, du charbon, du lignite et de leurs dérivés.

Essence d'aviation – Carburant fabriqué spécialement pour les moteurs d'avion à pistons, avec un indice d'octane variant de 80 à 145 IOR et dont le point de congélation est de -60°C.

Motor gasolene – Light hydrocarbon oil for use in internal combustion engines such as motor vehicles, excluding aircraft. It distills between 35°C and 200°C, and is treated to reach a sufficiently high octane number of generally between 80 and 100 RON. Treatment may be by reforming, blending with an aromatic fraction, or the addition of benzole or other additives (such as tetraethyl lead).

Jet fuel – Consists of gasolene-type jet fuel and kerosene-type jet fuel.

a) Gasolene-type jet fuel – All light hydrocarbon oils for use in aviation gas-turbine engines. It distills between 100°C and 250°C with at least 20% of volume distilling at 143°C. It is obtained by blending kerosene and gasolene or naphtha in such a way that the aromatic content does not exceed 25% in volume. Additives are included to reduce the freezing point to -58°C or lower, and to keep the Reid vapour pressure between 0.14 and 0.21 kg/cm^2.

b) Kerosene-type jet fuel – Medium oil for use in aviation gas-turbine engines with the same distillation characteristics and flash point as kerosene, with a maximum aromatic content of 20% in volume. It is treated to give a kinematic viscosity of less than 15 cSt at -34°C and a freezing point below -50°C.

Kerosene – Medium oil distilling between 150°C and 300°C; at least 65% of volume distills at 250°C. Its specific gravity is roughly 0.80 and its flash point is above 38°C. It is used as an illuminant and as a fuel in certain types of spark-ignition engines, such as those used for agricultural tractors and stationary engines. Other names for this product are burning oil, vaporizing oil, power kerosene and illuminating oil.

Essence auto – Hydrocarbure léger utilisé dans les moteurs à combustion interne, tels que ceux des véhicules à moteur, à l'exception des aéronefs. Sa température de distillation se situe entre 35°C et 200°C et il est traité de façon à atteindre un indice d'octane suffisamment élevé, généralement entre 80 et 100 IOR. Le traitement peut consister en reformage, mélange avec une fraction aromatique, ou adjonction de benzol ou d'autres additifs (tels que du plomb tétraéthyle).

Carburéacteurs – Comprennent les carburéacteurs du type essence et les carburéacteurs du type kérosène.

a) Les carburéacteurs du type essence comprennent tous les hydrocarbures légers utilisés dans les turboréacteurs d'aviation. Leur température de distillation se situe entre 100°C et 250°C et donne au moins 20% en volume de distillat à 143°C. Ils sont obtenus par mélange de pétrole lampant et d'essence ou de naphta de façon que la teneur en composés aromatiques ne dépasse pas 25% en volume. Des additifs y sont ajoutés afin d'abaisser le point de congélation à -58°C ou au-dessous, et de maintenir la tension de vapeur Reid entre 0,14 et 0,21 kg/cm2.

b) Les carburéacteurs du type kérosène sont des huiles moyennement visqueuses utilisées dans les turboréacteurs d'aviation, ayant les mêmes caractéristiques de distillation et le même point d'éclair que le pétrole lampant et une teneur en composés aromatiques ne dépassant pas 20% en volume. Elles sont traitées de façon à atteindre une viscosité cinématique de moins de 15 cSt à -34°C et un point de congélation inférieur à -50°C.

Pétrole lampant – Huile moyennement visqueuse dont la température de distillation se situe entre 150°C et 300°C, et qui donne au moins 65% en volume de distillat à 250°C. Sa densité se situe aux alentours de 0,80 et son point d'éclair est supérieur à 38°C. Il sert à l'éclairage et aussi de carburant dans certains moteurs à allumage par étincelle, tels que ceux utilisés dans les tracteurs agricoles et les installations stationnaires. Les données concernent les produits couramment appelés kérosène, pétrole carburant ou "power kerosene", et huile d'éclairage.

Gas-diesel oil (distillate fuel oil) – Heavy oils distilling between 200°C and 380°C, but distilling less than 65% in volume at 250°C, including losses, and 85% or more at 350°C. Its flash point is always above 50°C and its specific gravity is higher than 0.82. Heavy oils obtained by blending are grouped together with gas oils on the condition that their kinematic viscosity does not exceed 27.5 cSt at 38°C. Also included are middle distillates intended for the petrochemical industry. Gas-diesel oils are used as a fuel for internal combustion in diesel engines, as a burner fuel in heating installations, such as furnaces, and for enriching water gas to increase its luminosity. Other names for this product are diesel fuel, diesel oil and gas oil.

Residual fuel oil – A heavy oil that makes up the distillation residue. It comprises all fuels (including those obtained by blending) with a kinematic viscosity above 27.5 cSt at 38°C. Its flash point is always above 50°C and its specific gravity is higher than 0.90.
It is commonly used by ships and industrial large-scale heating installations as a fuel in furnaces or boilers.

Liquefied petroleum gas (LPG) – Hydrocarbons which are gaseous under conditions of normal temperature and pressure but are liquefied by compression or cooling to facilitate storage, handling and transportation. They are (i) extracted by stripping of natural gas at crude petroleum and natural gas sources; (ii) extracted by stripping of imported natural gas in installations of the importing country; and (iii) produced both in refineries and outside of refineries in the course of processing crude petroleum or its derivatives. It comprises propane (C_3H_8), butane (C_4H_{10}), or a combination of the two. Also included is ethane (C_2H_6) from petroleum refineries or natural gas producers' separation and stabilization plants.

Gazole/carburant diesel (mazout distillé) – Huiles lourdes dont la température de distillation se situe entre 200°C et 380°C, mais qui donnent moins de 65% en volume de distillat à 250°C (y compris les pertes) et 85% ou davantage à 350°C. Leur point d'éclair est toujours supérieur à 50°C et leur densité supérieure à 0,82. Les huiles lourdes obtenues par mélange sont classées dans la même catégorie que les gazoles à condition que leur viscosité cinématique ne dépasse pas 27,5 cSt à 38°C. Sont compris dans cette rubrique les distillats moyens destinés à l'industrie pétrochimique. Les gazoles servent de carburant pour la combustion interne dans les moteurs diesel, de combustible dans les installations de chauffage telles que les chaudières, et d'additifs destinés à augmenter la luminosité de la flamme du gaz à l'eau. Ce produit est aussi connu sous les appellations de gazole ou gasoil et carburant ou combustible diesel.

Mazout résiduel – Huile lourde constituant le résidu de la distillation. La rubrique comprend tous les combustibles (y compris ceux obtenus par mélange) d'une viscosité supérieure à 27,5 cSt à 38°C. Leur point d'éclair est toujours supérieur à 50°C et leur densité supérieure à 0,90. Ces produits sont couramment utilisés comme combustible dans les chaudières des navires et des grandes installations de chauffage industriel. Ils sont également connus sous le nom de fioul lourd.

Gaz de pétrole liquéfiés (GPL) – Hydrocarbures qui sont à l'état gazeux dans des conditions de température et de pression normales mais qui sont liquéfiés par compression ou refroidissement pour en faciliter l'entreposage, la manipulation et le transport. Ils sont (i) extraits par désessenciement du gaz naturel sur les sites de production de pétrole brut et de gaz naturel; (ii) extraits par désessenciement du gaz naturel importé dans les installations du pays importateur; et (iii) produits aussi bien à l'intérieur qu'en dehors des raffineries, au cours du traitement du pétrole brut ou de ses dérivés. Dans cette rubrique figurent le propane (C_3H_8) et le butane (C_4H_{10}) ou un mélange de ces deux hydrocarbures. Est également inclus l'éthane (C_2H_6) produit dans les raffineries ou dans les installations de séparation et de stabilisation des producteurs de gaz naturel.

Refinery gas – Non-condensable gas obtained during distillation of crude oil or treatment of oil products (e.g. cracking) in refineries. It consists mainly of hydrogen, methane, ethane and olefins, and is used principally as a refinery fuel. Refinery gas is also known as still gas.

Feedstocks – Products or a combination of products derived from crude oil destined for further processing in the refining industry other than blending. They are transformed into one or more components and/or finished products. This definition covers naphtha imported for refinery intake and naphtha returned from the chemical industry to the refining industry.

Naphtha – Light or medium oil distilling between 30°C and 210°C, for which there is no official definition, but which does not meet the standards laid down for motor spirit. The properties depend upon consumer specification. The C:H ratio is usually 84:14 or 84:16, with a very low sulphur content. Naphtha may be further blended or mixed with other materials to make high-grade motor gasolene or jet fuel, or may be used as a raw material for manufactured gas. Naphtha is sometimes used as input to feedstocks to make various kinds of chemical products, or may be used as a solvent.

White spirit/industrial spirit – A highly refined distillate with a boiling point ranging from 135°C to 200°C, which is used as a paint solvent and for dry-cleaning purposes.

Lubricants – Viscous, liquid hydrocarbons rich in paraffin waxes, distilling between 380°C and 500°C, obtained by vacuum distillation of oil residues from atmospheric distillation. Additives may be included to alter their characteristics. Their main characteristics are: a flash point greater than 125°C; a pour point between –25°C and +5°C depending on the grade; a strong acid number (normally 0.5 mg/g); an ash content less than or equal to 0.3%; and a water content less than or equal to 0.2%. Included are cutting oils, white oils, insulating oils, spindle oils and lubricating greases.

Gaz de raffinerie – Comprend les gaz non condensables obtenus dans les raffineries lors de la distillation du pétrole brut ou du traitement des produits pétroliers (par craquage par exemple). Il s'agit principalement d'hydrogène, de méthane, d'éthane et d'oléfines. Ils sont généralement utilisés en totalité comme combustible de raffinerie. Ce produit est également appelé gaz de distillation.

Produits d'alimentation de raffinerie – Produits ou combinaisons de produits dérivés du pétrole brut, destinés à subir dans l'industrie du raffinage un traitement ultérieur autre qu'un mélange. Ils sont transformés en un ou plusieurs constituants et/ou produits finis. Cette rubrique comprend les naphtas importés pour l'alimentation des raffineries et les naphtas retournés par l'industrie chimique à l'industrie du raffinage.

Naphtas – Huiles légères ou moyennes, dont les températures de distillation se situent entre 30°C et 210°C et pour lesquelles il n'existe pas de définition officielle, mais qui ne satisfont pas aux normes fixées pour le carburant auto. Leurs propriétés peuvent être adaptées aux spécifications des utilisateurs; le rapport C/H est habituellement de 84/14 ou 84/16, avec une très faible teneur en soufre. Les naphtas peuvent être coupés ou mélangés avec d'autres produits en vue d'obtenir de l'essence auto de haute qualité ou du carburéacteur, ou peuvent servir de matière première dans la fabrication du gaz de ville. Les naphtas sont souvent utilisés comme charge de départ pour la fabrication de divers produits chimiques, ou encore peuvent être utilisés comme solvant.

White spirit/essences spéciales – Distillats hautement raffinés dont le point d'ébullition se situe entre 135°C et 200°C, utilisés comme diluants pour peinture et comme solvants pour le nettoyage à sec.

Lubrifiants – Hydrocarbures liquides et visqueux, riches en paraffines, dont les températures de distillation se situent entre 380°C et 500°C et qui sont obtenus par distillation sous vide des résidus de la distillation atmosphérique du pétrole. Des additifs peuvent y être incorporés pour modifier leurs caractéristiques. Leurs principales caractéristiques sont les suivantes: point d'éclair supérieur à 125°C; point d'écoulement compris entre -25°C et +5°C selon la qualité; indice d'acide fort (normalement égal à 0,5 mg/g); teneur en cendres inférieure ou égale à 0,3%, et teneur en eau inférieure ou égale à 0,2%. Figurent dans cette rubrique les huiles de coupe, les huiles blanches, les huiles isolantes, les huiles à broches et les graisses lubrifiantes.

Bitumen – Solid or viscous hydrocarbon with a colloidal structure, brown or black in color, which is obtained as a residue by vacuum distillation of oil residues from atmospheric distillation. It is sometimes soluble in carbon bisulphite, non-volatile, thermoplastic (generally between 150°C and 200°C), often with insulating and adhesive properties. It is used mainly in road construction. Natural asphalt is excluded.

Petroleum waxes – Saturated aliphatic hydrocarbons obtained as residues extracted when dewaxing lubricant oils, with a crystalline structure with C greater than 12. Their main characteristics are as follows: they are colorless, in most cases odorless and translucent; they have a melting point above 45°C, a specific gravity of 0.76 to 0.78 at 80°C, and a kinematic viscosity between 3.7 and 5.5 cSt at 99°C. These waxes are used for candle manufacture, polishes and waterproofing of containers, wrappings, etc.

Petroleum coke – A shiny, black solid residue obtained by cracking and carbonization in furnaces. It consists mainly of carbon (90 to 95%) and generally burns without leaving any ash. It is used mainly in metallurgical processes. It excludes those solid residues obtained from carbonization of coal.

Other petroleum products – Products of petroleum origin (including partially refined products) not otherwise specified.

Alcohol – Ethanol (ethyl alcohol) and methanol (methyl alcohol) for use as a fuel. Ethanol can be produced from sugar, starch and cellulose and is used mainly in transport (on its own or blended with gasolene). Methanol can be produced from wood, crop residues, grass, and the like and can be used in internal combustion engines.

Bitume – Hydrocarbure solide ou visqueux de structure colloïdale, de couleur brune ou noire, obtenu comme résidu de la distillation sous vide des résidus de la distillation atmosphérique du pétrole. Il est parfois soluble dans le bisulphite de carbone, non volatil, thermoplastique (généralement entre 150°C et 200°C), ayant souvent des propriétés isolantes et adhésives. Il est utilisé principalement pour la construction des routes. Cette rubrique ne comprend pas l'asphalte naturel.

Cires de pétrole (paraffines) – Hydrocarbures aliphatiques saturés obtenus comme résidus lors du déparaffinage des huiles lubrifiantes et qui ont une structure cristalline, avec un nombre d'atomes de carbone supérieur à 12. Leurs principales caractéristiques sont les suivantes: incolores, la plupart du temps inodores et translucides; point de fusion supérieur à 45°C, densité comprise entre 0,76 et 0,78 à 80°C, et viscosité cinématique comprise entre 3,7 et 5,5 cSt à 99°C. Ces cires servent à la fabrication des bougies et des encaustiques, à l'imperméabilisation de récipients et d'emballages, etc.

Coke de pétrole – Résidu solide d'un noir brillant, obtenu par craquage et carbonisation au four, constitué essentiellement de carbone (90 à 95%) et dont la combustion ne laisse généralement aucune cendre. Il est utilisé surtout en métallurgie. Cette rubrique ne comprend pas les résidus solides obtenus par carbonisation du charbon.

Autres produits pétroliers – Produits d'origine pétrolière (y compris les produits partiellement raffinés) non désignés autrement.

Alcools – Comprennent l'éthanol (alcool éthylique) et le méthanol (alcool méthylique) utilisés comme combustibles. L'éthanol peut être obtenu à partir du sucre, de l'amidon et de la cellulose et est utilisé essentiellement pour les transports (seul ou mélangé avec de l'essence). Le méthanol peut être obtenu à partir du bois, des résidus agricoles et des fourrages verts et peut être utilisé dans les moteurs à combustion interne.

Biodiesel – It refers to oil derived from biological sources and modified chemically so that it can be used as fuel in compression ignition (diesel) internal combustion engines, or for heating. Biological sources of biodiesel include, but are not limited to, vegetable oils made from canola (rapeseed), soybeans, corn, oil palm, peanut, or sunflower. Chemically, biodiesel is a linear alkyl ester made by transesterification of vegetable oils or animal fats with methanol. The transesterification distinguishes biodiesel from straight vegetable and waste oils. Straight oils can be used as fuel only in if the engine is modified; for this reason, it is not recommended to report them as biodiesel. Biodiesel has a flash point of around 150°C and a density of 0.86 kg/liter. When burned, some of the emissions (sulfur, carbon monoxide, and aromatic hydrocarbons) are lower than that of petroleum-derived gas-diesel oil, while some are higher (nitrogen oxides, particulate matter (sooth)). Biodiesel is biodegradable and non-toxic. It has higher cetane rating than petroleum diesel, with which it is often blended. For example, B20 is a fuel containing 20% of biodiesel and 80% of regular diesel; B100 refers to pure biodiesel.

Biodiesel – Le biodiesel fait référence aux huiles dérivées de sources biologiques et modifiées chimiquement pour être utilisées comme carburant pour les moteurs ou comme chauffage. Comme sources biologiques de biodiesel on peut citer: les huiles végétales provenant du canola (colza), du soja, du maïs, du palmier, de la pistache, du tournesol. Chimiquement, le biodiesel est un ester alkyle linéaire obtenu à travers transestérification d'huile végétale ou animale mélangée avec le méthanol. La transestérification distingue le biodiesel des huiles végétales brutes et des huiles déchets. Les huiles végétales à l'état brut peuvent être utilisées comme carburants seulement avec modification du moteur, pour cette raison il n'est pas recommandé de les considérer comme biodiesel. Le biodiesel a un point d'éclair aux environs de 150°C et une densité de 0.86 kg/litre. Les dégagements (sulfure, monoxyde de carbone et hydrocarbonés aromatiques) obtenus du biodiesel chauffé sont inférieurs à ceux dérivés du carburant diesel, alors que d'autres (oxydes de nitrogène, suie) sont supérieurs. Le biodiesel est biodégradable et n'est pas toxique. Son taux de cétane est plus élevé que le pétrodiesel avec lequel il est souvent mélangé. Par exemple, le B20 est un carburant diesel contenant 20% de biodiesel et 80% de gazole ; B100 fait référence au biodiesel vierge.

DEFINITIONS (continued/ suite)

GASEOUS FUELS

Natural gas – Gases consisting mainly of methane occurring naturally in underground deposits. It includes both non-associated gas (originating from fields producing only hydrocarbons in gaseous form) and associated gas (originating from fields producing both liquid and gaseous hydrocarbons), as well as methane recovered from coal mines. Production of natural gas refers to dry marketable production, measured after purification and extraction of natural gas liquids and sulphur. Extraction losses and the amounts that have been reinjected, flared, and vented are excluded from the data on production.

Gasworks gas – Gas produced by public utilities or private plants whose main activity is the production, transport and distribution of such gas. It includes gas produced by carbonization, by total gasification with or without enrichment with oil products, by cracking of natural gas, and by reforming or mixing gases.

Coke-oven gas – By-product of the carbonization process in the production of coke in coke ovens.

Blast furnace gas – By-product in blast furnaces recovered on leaving the furnace.

Biogas – By-product of the fermentation of biomass, principally animal wastes, by bacteria. It consists mainly of methane gas and carbon dioxide.

ELECTRICITY AND OTHER FORMS OF ENERGY

Electricity production – Refers to gross production, which includes the consumption by station auxiliaries and any losses in the transformers that are considered integral parts of the station. Included also is total electric energy produced by pumping installations without deduction of electric energy absorbed by pumping.

Production data includes solar, tide, wave, wind, wastes, wood and fuel cell production when reported.

COMBUSTIBLES GAZEUX

Gaz naturel – Est constitué de gaz, méthane essentiellement, extraits de gisements naturels souterrains. Il peut s'agir aussi bien de gaz non associé (provenant de gisements qui produisent uniquement des hydrocarbures gazeux) que de gaz associé (provenant de gisements qui produisent à la fois des hydrocarbures liquides et gazeux) ou de méthane récupéré dans les mines de charbon. La production de gaz naturel se rapporte à la production de gaz commercialisable sec, mesurée après purification et extraction des condensats de gaz naturel et du soufre. Les quantités réinjectées, brûlées à la torchère ou éventées et les pertes d'extraction sont exclus des données sur la production.

Gaz d'usine à gaz – Gaz produit par des entreprises publiques ou privées ayant pour principale activité la production, le transport et la distribution de gaz manufacturé. Il comprend le gaz produit par carbonisation, par gazéification totale avec ou sans enrichissement au moyen de produits pétroliers, par craquage de gaz naturel et par reformage ou mélange de différents gaz.

Gaz de cokerie – Sous-produit du processus de carbonisation dans la production du coke dans les fours à coke.

Gaz de haut-fourneau – Sous-produit du fonctionnement des haut-fourneaux, récupéré à la sortie du gueulard.

Biogaz – Sous-produit de la fermentation bactérienne de la biomasse, principalement des déchets animaux. Il est composé surtout de méthane et de gaz carbonique.

ELECTRICITE ET AUTRES FORMES D'ENERGIE

La production d'électricité – La production brute qui comprend la consommation des équipements auxiliaires des centrales et les pertes au niveau des transformateurs considérés comme faisant partie intégrante de ces centrales, ainsi que la quantité totale d'énergie électrique produite par les installations de pompage sans déduction de l'énergie électrique absorbée par ces dernières.

Les données de production incluent solaire, la marée, la vague, le vent, les déchets, le bois et la production de cellule de carburant quand rapporté.

Primary electricity refers to electrical energy of geothermal, hydro, nuclear, tide, wind, wave/ocean and solar origin. Its production is assessed at the heat value of electricity (3.6 TJ/million kWh).

Secondary electricity is defined as thermal electricity, which comprises conventional thermal plants of all types, whether or not equipped for the combined generation of heat and electric energy. Accordingly, they include steam-operated generating plants, with condensation (with or without extraction) or with back-pressure turbines and plants using internal combustion engines or gas turbines whether or not these are equipped for heat recovery.

Public utilities comprise the undertakings whose essential purpose is the production, transmission and distribution of electric energy, primarily for use by the public. These may be private companies, co-operative organizations, local or regional authorities, nationalized undertakings or governmental organizations.

Self-producers include undertakings which, in addition to their main activities, they produce (individually or in combination) electric energy intended, in whole or in part, to meet their own needs. They may be privately or publicly owned.

Net installed capacity is measured at the terminals of the stations, i.e., after deduction of the power absorbed by the auxiliary installations and the losses in the station transformers, if any. Data concerning capacity refer in principle to 31 December of the year under consideration.

Imports and exports – Refer to the amounts of electric energy transferred to and from the country concerned, respectively, which are measured at the metering points on the lines crossing the frontiers. Included are imports and exports of electric energy made by means of high-voltage lines crossing frontiers as well as imports and exports made by means of low-voltage lines for use in the immediate vicinity of the frontier, if the quantities so transferred are known.

Electricité primaire est définie comme électricité d'origine géothermique, hydraulique, nucléaire, marémotrice, éolienne, des vagues/océans et solaire. La production est exprimée en pouvoir calorifique de l'électricité (3,6 TJ par million de kWh).

Electricité secondaire est définie comme électricité d'origine thermique qui comprend les centrales thermiques classiques de tous types, qu'elles soient ou non équipées pour la production combinée de chaleur et d'électricité. Sont incluses en conséquence les centrales à vapeur, avec condensation (avec ou sans extraction) ou avec turbines à contre-pression, et les centrales utilisant des moteurs à combustion interne ou des turbines à gaz, équipées ou non d'un système de récupération thermique.

Les services publics comprennent les entreprises dont l'activité principale est la production, le transport et la distribution de l'énergie électrique, principalement pour l'usage public. Il peut s'agir de sociétés privées, de coopératives, de régies locales ou régionales et d'entreprises nationalisées ou autres organismes étatiques.

Les autoproducteurs comprennent les entreprises qui, en plus de leurs activités principales, produisent elles-mêmes (seules ou en association avec d'autres) de l'énergie électrique destinée en totalité ou en partie à satisfaire leurs besoins propres. Celles-ci peuvent appartenir aussi bien au secteur privé qu'au secteur public.

Puissance nette installée est mesurée au bornes de sortie de la centrale, c'est-à-dire déduction faite de la puissance absorbée par les services auxiliaires et par les pertes dans les transformateurs de la centrale s'il en existe. Les données relatives à la puissance installée se rapportent en principe au 31 décembre de l'année considérée.

Importations et exportations – Se rapportent aux quantités d'énergie électrique transférées respectivement vers le pays concerné ou à partir de ce dernier, mesurées aux compteurs situés sur les lignes électriques qui franchissent les frontières. Sont comprises dans cette rubrique les importations et exportations d'énergie électrique effectuées au moyen de lignes à haute tension traversant les frontières, ainsi que les importations et exportations d'électricité effectuées au moyen des lignes à basse tension desservant les régions frontalières lorsque les quantités ainsi transférées sont connues.

Heat – Heat obtained from (a) combined heat and power (CHP) plants generating electricity and useful heat in a single installation; (b) district heating (DH) plants and (c) nuclear power plants and geothermal sources. The heat may be in the form of steam, hot water or hot air.

Uranium (U) production – Comprises the U content of uranium ores and concentrates intended for treatment for uranium recovery.

TRADITIONAL FUELS

Fuelwood – All wood in the rough used for fuel purposes. Production data include the portion used for charcoal production, using a factor of 6 to convert from a weight basis to the volumetric equivalent (metric tons to cubic metres) of charcoal.

Bagasse – The cellulosic residue left after sugar is extracted from sugar cane. It is often used as a fuel within the sugar milling industry.

Charcoal – Solid residue, consisting mainly of carbon, obtained by the destructive distillation of wood in the absence of air.

Animal waste – Excreta of cattle, horses, pigs, poultry, etc., and (in principle) excreta of humans, used as a fuel.

Vegetal waste – Mainly crop residues (cereal straw from maize, wheat, paddy rice, etc.) and food processing wastes (rice hulls, coconut husks, ground-nut shells, etc.) used for fuel. Bagasse is excluded.

Municipal waste – Consist of products that are combusted directly to produce heat and/or power and comprise wastes produced by the residential, commercial and public services sectors that are collected by local authorities for disposal in a central location. Hospital waste is included in this category.

Chaleur – Chaleur en provenance (a) des centrales à cycle mixte produisant dans une même installation de l'électricité et de chaleur utile, (b) par le chauffage urbain, (c) des centrales nucléaires et des sources géothermiques. La chaleur peut être produite sous forme de vapeur, d'eau chaude ou d'air chaud.

Production d'uranium (U) – Cette rubrique se rapporte à la teneur en U des minerais d'uranium et des concentrés uranifères destinés à être traités en vue de l'extraction de l'uranium.

COMBUSTIBLES TRADITIONNELS

Bois de chauffage – Tous les types de bois à l'état brut non dégrossi utilisés comme combustibles. Les données de production englobent les quantités utilisées pour la production de charbon de bois, utilisant un facteur de 6 pour convertir en volume le poids de charbon de bois (tonnes en mètres cubes).

Bagasse – Le résidu cellulosique de l'extraction du sucre de la canne à sucre. Elle est souvent utilisée comme combustible dans l'industrie sucrière.

Charbon de bois – Résidu solide essentiellement constitué de carbone, obtenu par la pyrogénation du bois en l'absence d'air.

Déchets animaux – Les excréments des bovins, chevaux, porcs, volailles, etc., ainsi que, en principe, les excréments humains, utilisés comme combustible.

Déchets végétaux – Comprennent essentiellement des résidus des récoltes (pailles de blé, de paddy, de maïs, etc.) et des déchets du traitement de produits alimentaires (balle du riz, coques des noix de coco et des arachides, etc.), qui sont utilisés comme combustible. La bagasse n'est pas comprise sous cette rubrique.

Déchets urbains – Correspondent aux produits brûlés directement pour produire de la chaleur et/ou de l'énergie électrique, dont notamment les déchets des secteurs résidentiel et commercial ainsi que du secteur des services publics, qui sont recueillis par les autorités municipales pour leur élimination dans des installations centralisées. Les déchets hospitaliers entrent dans cette catégorie.

Industrial waste – Consist of solid and liquid products other than solid biomass and animal products mentioned above (e.g. tires) combusted directly, usually in specialised plants, to produce heat and/or power.

Other waste - Wastes not specifically defined above, such as pulp and paper wastes.

TRANSACTIONS

The data on **production** refer to the first stage of production: accordingly, for hard coal the data refer to mine production; for briquettes to the output of briquetting plants; for crude petroleum and natural gas to production at oil and gas wells; for natural gas liquids to production at wells and processing plants; for refined petroleum products to gross refinery output; for cokes and coke-oven gas to the output of ovens; for other manufactured gas to production at gas works, blast furnaces or refineries; and for electricity to the gross production of generating plants.

The **international trade** of energy commodities is based on the "general trade" system, that is, all goods entering and leaving the national boundary of a country are recorded as imports and exports.

Bunkers refer to fuels supplied to ships and aircraft engaged in international transportation, irrespective of the carrier's flag.

In general, data on **changes in stocks** refer to the difference between stocks at producers, importers and/or industrial consumers at the beginning and at the end of each year. In some cases, however, stock series have been derived on the basis of the difference between gross availabilities for transformation or consumption and official or published data on actual consumption. A positive stock change (+) reflects additions to stocks which in effect decreases "apparent consumption"; while a negative stock change (-) creates exactly the opposite result.

Déchets industriels – Correspondent aux produits liquides et solides autres que la biomasse solide et les produits d'origine animale susmentionnés (pneus par example) brûlés directement, généralement dans des installations spécialisées, pour produire de la chaleur et/ou de l'énergie électrique.

Autres déchets - Tous les autres déchets qui n'ont pas été expressément définis ci-dessus, tels que vieux papiers et rebuts de pâte à papier.

TRANSACTIONS

Les données sur **la production** se rapportent au premier stade de production; il s'agit donc: pour la houille, des quantités extraites des mines; pour les agglomérés, de la production des usines d'agglomération; pour le pétrole brut et le gaz naturel, de la production des puits de pétrole et de gaz; pour les liquides de gaz naturel, de la production des puits et des usines de traitement; pour les produits pétroliers raffinés, de la production brute des raffineries; pour le coke et le gaz de cokerie, de la production des fours; pour les autres gaz manufacturés, de la quantité produite par les usines à gaz, les hauts fourneaux ou les raffineries; et pour l'électricité, de la production brute des centrales génératrices.

Le **commerce international** des produits énergétiques est fondé sur le système du "commerce général", c'est-à-dire que tous les biens entrant sur le territoire national d'un pays ou en sortant sont respectivement enregistrés comme importations et exportations.

Les **soutages** se rapportent aux carburants fournis aux navires et aux avions assurant des transports internationaux, quel que soit leur pavillon.

En général, les **variations de stocks** se rapportent aux différences entre les stocks des producteurs, des importateurs ou des consommateurs industriels au début et à la fin de chaque année. Dans quelques cas cependant, les séries relatives aux stocks ont été calculées d'après la différence entre les disponibilités brutes pour transformation ou consommation et les chiffres officiels ou publiés de la consommation réelle. Une variation positive des stocks (+) correspond à une augmentation de stock qui diminue en fait la "consommation apparente"; alors qu'une variation négative des stocks (-) a un effet exactement opposé.

DEFINITIONS (continued/ suite)

Data on **consumption** refer to "apparent consumption" and are derived from the formula "production + imports - exports - bunkers - stock changes." Accordingly, the series on apparent consumption may occasionally represent only an indication of the magnitude of actual (i.e., "measured") consumption. This statement is particularly suitable either when stock data are unavailable or unreliable, or when apparent consumption is a small residual element derived from calculations between large aggregate series and thus is sensitive to small variations in these series. This latter point is also appropriate with respect to the *per capita* consumption calculations presented in some tables. Where the quantities involved are small, the series tend to exaggerate the effects of such elements as stock additions or withdrawals.

Les données sur la **consommation** se rapportent à la "consommation apparente" et sont obtenues par la formule "production + importations - exportations - soutage - variations des stocks". En conséquence, les séries relatives à la consommation apparente peuvent occasionnellement ne donner qu'une indication de l'ordre de grandeur de la consommation réelle (c.à.d. mesuré). Il en est ainsi en particulier soit lorsque les données sur les stocks n'existent pas ou sont de valeur douteuse, soit quand la consommation apparente est le reste, relativement peu important, de calculs effectués sur des séries agrégées d'un ordre de grandeur élevé, et est de ce fait sensible à de petites variations de ces séries. Cette dernière considération vaut aussi pour les calculs de consommation par habitant présentés dans certains tableaux. Lorsque les quantités en cause sont petites, les séries tendent à exagérer les effets d'éléments comme les augmentations ou diminutions de stocks.

ENERGY RESOURCES AND RESERVES[1]

RESSOURCES ET RESERVES ENERGETIQUES[1]

Hard Coal, Lignite and Peat

Houille, Lignite et Tourbe

Proved amount in place is the resource remaining in known deposits that has been carefully measured and assessed as exploitable under present and expected local economic conditions with existing available technology.

Les quantités avérées en place représentent la ressource restant dans les gisements connus qui a été soigneusement mesurée et évaluée comme exploitable dans les conditions économiques locales présentes et prévues avec une technologie réellement disponible.

Proved recoverable reserves are the tonnage within the proved amount in place that can be recovered in the future under present and expected local economic conditions with existing available technology

Les réserves récupérables avérées représentent le tonnage des quantités avérées en place qui peuvent être récupérées à l'avenir dans les conditions économiques locales présentes et prévues avec une technologie réellement disponible.

Estimated additional amount in place is the indicated and inferred tonnage additional to the proved amount in place that is of foreseeable economic interest. It includes estimates of amounts which could exist in unexplored extensions of known deposits or in undiscovered deposits in known coal-bearing areas, as well as amounts inferred through knowledge of favourable geological conditions. Speculative amounts are not included.

Les quantités additionnelles estimées en place représentent le tonnage indiqué et inféré qui est d'intérêt économique prévisible, *en sus* des quantités avérées en place. Cela comprend une estimation des quantités qui pourraient exister dans les extensions inexplorées des dépôts connus ou dans les dépôts non découverts dans les régions houillères, ainsi que les quantités inférées par la connaissance des conditions géologiques favorables. Les montants spéculatifs ne sont pas inclus.

---

[1] *Survey of Energy Resources*. World Energy Council (WEC)

[1] *Survey of Energy Resources*. World Energy Council (WEC)

Crude Oil and Natural Gas Liquids

Proved recoverable reserves are the quantity within the *proved amount in place* that can be recovered in the future under present and expected local economic conditions with existing available technology. *Proved amount in place* is the resource remaining in known natural reservoirs that has been carefully measured and assessed as exploitable under present and expected local economic conditions with existing available technology.

The ratio of crude oil reserves to production (R/P ratio) is used to show the length of time those reserves would last in years if production continued at the then current level and there were no further increases in the proved recoverable reserves. The ratio is calculated by dividing the proved recoverable crude oil reserves (which for the most part refer to reserves at the end of 1995) by the production. *These R/P ratios should be viewed with extreme caution.* The definition used for proved recoverable reserves is very restrictive and confined to those known reserves which can be recovered with reasonable certainty under existing economic conditions. The R/P ratios, therefore, can frequently give a very pessimistic impression of the expected life of a country's reserves. In addition, for some of those countries whose R/P ratios appear very large, it can reasonably be assumed that the figures for proved recoverable reserves include some unproved reserves.

Oil Shale and Bituminous Sands

Proved recoverable reserves are the amount, expressed as tonnage of recoverable synthetic oil that has been both carefully measured and has also been assessed as exploitable under present and expected local economic conditions with existing available technology.

Natural Gas

Proved recoverable reserves are the volume within the proved amount in place that can be recovered in the future under present and expected local economic conditions with existing available technology.

Pétrole brut et liquides de gaz naturel

Les réserves récupérables avérées représentent les tonnages des *quantités avérées en place*, récupérables dans l'avenir (par extraction du sol à l'état brut), dans les conditions économiques actuelles, prévues et futures et avec les moyens technologiques disponibles. Les *quantités avérées en place* représentent la ressource restant dans les réservoirs naturels connus qui a été soigneusement mesuré et évalué comme exploitables dans les conditions économiques locales actuelles et attendues avec les technologies existantes disponibles.

Le rapport entre réserves brutes de pétrole et production de pétrole (rapport R/P) est utilisé comme indicateur du nombre d'années que pourraient durer les réserves si la production continuait au rythme actuel et les réserves prouvées récupérables n'augmentent plus. Ce rapport est calculé en divisant les réserves avérées de pétrole (qui se rapportent en général aux réserves à la fin de 1995) par la production. *Il faut toutefois utiliser cet indicateur avec les plus grandes précautions.* La définition utilisée pour les réserves prouvées récupérables est confinée aux réserves connues qui peuvent être récupérées avec une certitude raisonnable dans les conditions économiques actuelles. Le R/P rapport, cependant, peut souvent donner une impression très pessimiste de l'espérance de vie des réserves d'un pays. En plus, pour certains des pays dont le rapport R/P paraît très prononcé, il peut être raisonnable d'admettre que les données concernant les réserves prouvées récupérables comprennent des réserves non prouvées.

Schistes et sables bitumineux

Les réserves récupérables avérées représentent les quantités, en tonnage, de pétrole de synthèse récupérable, minutieusement mesurées et jugées exploitables dans les conditions économiques actuelles et prévues et avec les moyens technologiques disponibles.

Gaz naturel

Les réserves récupérables avérées: volume des quantités avérées en place récupérable à l'avenir dans les conditions économiques et avec les moyens technologiques disponibles.

Uranium

Reasonably assured resources refer to recoverable uranium that occurs in known mineral deposits of delineated size, grade and configuration such that the quantities which could be recovered within the given production cost ranges with currently proven mining and processing technology can be specified. Estimates of tonnage and grade are based on specific sample data and measurements of the deposits and on knowledge of deposit characteristics.

Inferred Resources refer to recoverable uranium (in addition to reasonably assured resources) that is inferred to occur, based on direct geological evidence, in extensions of well-explored deposits and in deposits in which geological continuity has been established, but where specific data and measurements of the deposits and knowledge of their characteristics are considered to be inadequate to classify the resource as reasonably assured resources.

Hydropower

Gross theoretical capability is the annual energy potentially available in the country if all natural flows were turbined down to sea level or to the water level of the border of the country (if the water course extends into another country) with 100% efficiency from the machinery and driving water-works. Unless otherwise stated, the figures have been estimated on the basis of atmospheric precipitation and water run off.

Uranium

Les ressources raisonnablement assurées se rapportent à l'uranium récupérable qui se trouve dans des dépôts minéraux connus dont la taille, la qualité et la configuration sont telles qu'il pourrait être récupéré, à un coût de production dans les gammes données, avec une technologie d'extraction et de traitement ayant actuellement fait ses preuves. Les estimations de tonnage et de qualité se basent sur des prélèvements d'échantillons spécifiques, sur des mesures des dépôts et sur la connaissance de leurs caractéristiques.

Ressources inférées se rapportent à l'uranium récupérable (en plus des ressources raisonnablement assurées) qui est déduit de se produire, fondée sur des preuves géologiques directes, dans le prolongement de gisements bien étudiés et des dépôts dans lesquels la continuité géologique a été établie, mais où les données spécifiques et des mesures des dépôts et la connaissance de leurs caractéristiques sont considérées comme insuffisantes pour classer les ressources comme ressources raisonnablement assuré.

Energie hydraulique

Capacité brute théorique: énergie annuelle potentiellement disponible dans un pays si tous les cours naturels sont refoulés au niveau de la mer ou au niveau des eaux à la frontière (en cas d'acheminement à l'étranger), selon un rendement de 100% de l'installation et du système d'entranement. Sauf indication contraire, les chiffres sont déterminés d'après la précipitation atmosphérique et le ruissellement.

UNITS OF MEASUREMENT AND CONVERSIONS - UNITÉS DE MESURE ET CONVERSIONS

Metric units of measurement are used throughout the *Yearbook*. **Conversion Factor Tables** I through V provide the necessary factors for converting energy data from one measurement system (mass or weight, volume or heat) to another. Unless otherwise stated in the Table Notes, in the case of solid fuels, liquid fuels and gases, the conversions are based on the net calorific value.

The comparison between different fuels is presented in metric tons of coal equivalent (Tables 1 and 5), oil equivalent (Table 2), and terajoules (Tables 3 and 4) on the basis of the heat energy which may be obtained from each of them. In the case of solids fuels, liquid fuels and gases, this is represented by the heat energy obtained by burning an average grade of the fuel in a bomb calorimeter under ideal conditions.

A unit of primary electricity may be equated theoretically with the amount of coal or oil required to produce an equivalent unit of thermal electricity. In the case of hydro-electricity, the ideal condition (assuming 100% efficiency), is taken to be 3.6 TJ per million kWh which corresponds to 0.123 tons of coal equivalent or 0.086 tons of oil equivalent per 1,000 kWh. In the case of nuclear and geothermal electricity, the average condition is assumed (33 and 10% efficiency respectively) and is taken to be 10.909 and 36 TJ per million kWh which corresponds to 0.372 and 1.228 tons of coal equivalent or 0.261 and 0.860 tons of oil equivalent per 1,000 kWh.

The procedure to convert from original units to common units and from one common unit to another is as follows:

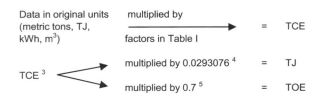

Les unités métriques de mesure sont utilisées dans le présent *Annuaire*. **Les tableaux des facteurs de conversion** I à V fournissent les coefficients nécessaires pour convertir les données relatives à l'énergie d'un système de mesures (masse ou poids, volume ou contenu calorifique) à un autre. Sauf indication contraire dans les Notes relatives aux tableaux, dans le cas des combustibles solides, liquides et gazeux, on utilise pour les conversions la valeur calorifique nette.

La comparaison entre les divers combustibles est présentée en tonnes métriques d'équivalent charbon (Tableaux 1 et 5), d'équivalent pétrole (Table 2), et térajoules (Tableaux 3 et 4) sur la base de l'énergie calorifique que l'on peut obtenir de chacun d'eux. Dans le cas des combustibles solides, liquides et des gaz cela correspond à l'énergie calorifique obtenue en brûlant une qualité moyenne de chacun de ces combustibles dans une bombe calorimétrique dans des conditions idéales.

Une unité d'électricité primaire peut théoriquement équivaloir à la quantité de charbon ou de pétrole nécessaire pour produire une quantité équivalente d'électricité thermique. Dans le cas de l'électricité d'origine hydraulique, le rendement idéal (l'hypothèse d'un rendement de 100%) est défini comme égal à 3,6 TJ par million de kWh, ce qui correspond à un équivalent charbon de 0,123 tonne métrique ou un équivalent pétrole de 0,086 tonne métrique pour 1 000 kWh. Pour l'électricité d'origine nucléaire et géothermique, on assume le rendement moyen, (l'hypothèse d'un rendement de 33 et 10% respectivement) qui est défini comme égal à 10,909 et 36 TJ par million de kWh, ce qui correspond à un équivalent charbon de 0,372 et 1,228 tonne métrique ou un équivalent pétrole de 0,261 et 0,860 tonne métrique pour 1 000 kWh.

La méthode de conversion suivie pour passer des unités de mesure d'origine aux unités de mesure communes et d'une unité commune à une autre est la suivante:

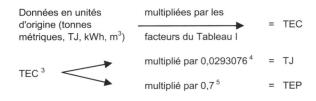

---

[3] The base used for coal equivalency comprises 7,000 calories per gram.

[4] One TCE is defined as 7×10^6 kcal or 0.0293076 TJ.
[5] One TOE is defined as 10.0×10^6 kcal or 0.041868 TJ (1 calorie =4.1868 joules).

[3] La base utilisée pour l'équivalence charbon correspond à 7 000 calories par gramme.
[4] Une TEC équivaut par définition à 7×10^6 kcal ou 0,0293076 TJ.
[5] Une TEP équivaut par définition à $10,0 \times 10^6$ kcal ou 0,041868 TJ (1 calorie = 4,1868 joules).

GENERAL NOTES - NOTES GENERALES

Consumption

Consumption throughout the *Yearbook* is defined as: production + imports - exports - bunkers - stock changes.

Negative Consumption

Consumption for some of the petroleum products is negative due to the exclusion of inter-product transfers from the calculations.

Negative consumption of electricity is due to negligible primary electricity production as compared to net exports.

Time Period

The period to which the data refer is the calendar year, with the exception of the data of the following countries which refer to the fiscal year:

Afghanistan and Iran (Islamic Rep. of) - beginning 21 March of the year stated;

Australia, Bangladesh, Bhutan, Egypt (for the latter two, electricity only), Nepal - ending June of the year stated;

Pakistan - starting July of the year stated

India, Myanmar and New Zealand - beginning April of the year stated.

Trade data

Figures displayed for international trade by partner country in Tables 7, 15 and 29 are based on data from the International Energy Agency (when between OECD-member countries) and from the United Nations Statistics Division COMTRADE (Commodity Trade Statistics). For this reason, the totals (either export to the world or import from the world) may differ from the figures given in other tables.

Increased coverage

The Northern Mariana Islands and the Federated States of Micronesia are included in the Energy Statistics Yearbook for the 2010 edition.

Consommation

Dans *l'Annuaire*, la consommation est définie comme suit: production + importations - exportations - soutages - variations de stocks.

Consommation négative

La consommation de quelques produits pétroliers est négative du fait de l'exclusion des transferts inter-produits des calculs.

La consommation d'électricité apparaît comme un nombre négatif quand la production d'électricité primaire est négligeable par rapport aux exportations nettes.

Période couverte

Les données se rapportent à l'année civile, sauf celles des pays suivants qui se rapportent à l'exercice budgétaire:

Afghanistan et Iran (Rép. islamique) - commençant le 21 mars de l'année indiquée;

L'Australie, le Bangladesh, le Bhutan, l'Egypte (pour ces derniers deux pays, l'électricité seulement), le Népal, le Pakistan - finissant en juin de l'année indiquée;

Pakistan - à partir de Juillet de l'année indiquée

L'Inde, le Myanmar et la Nouvelle-Zélande commençant en avril de l'année indiquée.

Données commerciales

Les figures montrées pour le commerce international par le pays d'associé dans les tableaux 7, 15 et 29 sont basés sur des données provenant de l'Agence internationale de l'énergie (quand entre les pays d'OCDE-pays membres) et de la Division de statistiques des Nations Unies – COMTRADE (statistiques commerciales des produits). Pour cette raison, les totaux (exportation vers le monde ou importation du monde) peuvent différer des figures indiquées dans d'autres tables.

Couverture accrue

Les Îles Mariannes du Nord et les États fédérés de Micronésie sont inclus dans l'édition 2010 de l'Annuaire des statistiques de l'énergie

Table I

COEFFICIENTS USED TO CONVERT FROM ORIGINAL UNITS INTO COAL EQUIVALENT

FACTEURS DE CONVERSION DES UNITES D'ORIGINE EN EQUIVALENT CHARBON

PRODUCTION, EXPORTS AND CHANGES IN STOCKS

PRODUCTION, EXPORTATIONS ET VARIATIONS DES STOCKS

HARD COAL	2007	2008	2009	2010	HOUILLE
Standard factor	1.000	1.000	1.000	1.000	Facteur standard
Argentina	0.843	0.843	0.843	0.843	Argentine
Australia	0.966	0.978	0.978	0.926	Australie
Bangladesh	0.714	0.714	0.714	0.714	Bangladesh
Brazil	0.635	0.635	0.635	0.635	Brésil
Bulgaria	0.520	0.580	0.593	0.593	Bulgarie
Canada	0.852	0.843	0.843	0.841	Canada
Chile	0.611	0.562	0.530	0.585	Chili
China	0.713	0.713	0.713	0.713	Chine
Colombia	0.929	0.929	0.929	0.929	Colombie
Czech Republic	0.942	0.941	0.925	0.925	République tchèque
Egypt	0.871	0.871	0.871	0.871	Égypte
France	0.887	0.887	0.887	0.928	France
Georgia	0.836	0.836	0.836	0.853	Géorgie
Germany	0.928	0.929	0.954	0.938	Allemagne
India	0.829	0.829	0.829	0.829	Inde
Indonesia	0.891	0.891	0.891	0.891	Indonésie
Italy	0.907	0.907	0.907	0.907	Italie
Kazakhstan	0.634	0.634	0.634	0.634	Kazakhstan
Korea, Republic of	0.657	0.657	0.657	0.657	Corée, République de
Kyrgyzstan	0.634	0.634	0.634	0.634	Kirghizistan
Mexico	0.801	0.801	0.801	0.801	Mexique
Montenegro	0.929	0.929	0.929	0.929	Monténégro
New Zealand	1.032	1.002	1.000	1.005	Nouvelle-Zélande
Niger	0.785	0.785	0.785	0.785	Niger
Norway	0.959	0.959	0.959	0.959	Norvège
Pakistan	0.676	0.676	0.676	0.676	Pakistan
Peru	0.978	0.978	0.978	0.978	Pérou
Poland	0.818	0.816	0.810	0.816	Pologne
Russian Federation	0.903	0.884	0.889	0.888	Fédération de Russie
South Africa	0.753	0.753	0.753	0.753	Afrique du Sud

Table I (continued - suite)

COEFFICIENTS USED TO CONVERT FROM ORIGINAL UNITS
INTO COAL EQUIVALENT

FACTEURS DE CONVERSION DES UNITES D'ORIGINE
EN EQUIVALENT CHARBON

PRODUCTION, EXPORTS AND CHANGES IN STOCKS
PRODUCTION, EXPORTATIONS ET VARIATIONS DES STOCKS

HARD COAL	2007	2008	2009	2010	HOUILLE
Spain	0.649	0.644	0.623	0.604	Espagne
Tajikistan	0.634	0.634	0.634	0.634	Tadjikistan
Turkey	0.632	0.661	0.646	0.855	Turquie
Ukraine	0.815	0.806	0.811	0.804	Ukraine
United Kingdom	0.856	0.856	0.856	0.856	Royaume-Uni
United States	0.925	0.922	0.920	0.924	États-Unis
Uzbekistan	0.634	0.634	0.634	0.634	Ouzbékistan
Venezuela (Bolivar. Rep.)	1.000	1.000	1.000	1.043	Venezuela (Rép. bolivar.)
Zambia	0.843	0.843	0.843	0.843	Zambie
Zimbabwe	0.921	0.921	0.921	0.921	Zimbabwe

LIGNITE AND SUB-BITUMINOUS COAL	2007	2008	2009	2010	LIGNITE ET CHARBON SOUS-BITUMINEUX
Standard factor	**0.385**	**0.385**	**0.385**	**0.385**	**Facteur standard**
Albania	0.336	0.336	0.336	0.336	Albanie
Australia	0.455	0.457	0.465	0.436	Australie
Belgium	0.750	0.750	0.750	0.750	Belgique
Bosnia and Herzegovina	0.460	0.460	0.462	0.455	Bosnie-Herzégovine
Bulgaria	0.238	0.238	0.239	0.239	Bulgarie
Canada	0.575	0.613	0.611	0.582	Canada
Czech Republic	0.440	0.434	0.432	0.435	République tchèque
Estonia	0.306	0.303	0.307	0.307	Estonie
Germany	0.308	0.307	0.307	0.309	Allemagne
Greece	0.181	0.177	0.180	0.185	Grèce
Hungary	0.258	0.257	0.247	0.250	Hongrie
India	0.330	0.330	0.330	0.326	Inde
Indonesia	0.708	0.683	0.683	0.683	Indonésie
Kazakhstan	0.500	0.500	0.500	0.500	Kazakhstan
Korea, Dem. Ppl's. Rep.	0.600	0.600	0.600	0.600	Corée, Rép.pop.dém.de
Mexico	0.662	0.662	0.662	0.662	Mexique
Mongolia	0.330	0.330	0.330	0.330	Mongolie
New Zealand	0.695	0.678	0.677	0.681	Nouvelle-Zélande

Table I (continued - suite)

COEFFICIENTS USED TO CONVERT FROM ORIGINAL UNITS INTO COAL EQUIVALENT

FACTEURS DE CONVERSION DES UNITES D'ORIGINE EN EQUIVALENT CHARBON

PRODUCTION, EXPORTS AND CHANGES IN STOCKS

PRODUCTION, EXPORTATIONS ET VARIATIONS DES STOCKS

LIGNITE AND SUB-BITUMINOUS COAL	2007	2008	2009	2010	LIGNITE ET CHARBON SOUS-BITUMINEUX
Philippines	0.667	0.667	0.667	0.667	Philippines
Poland	0.296	0.305	0.305	0.292	Pologne
Romania	0.268	0.268	0.276	0.271	Roumanie
Russian Federation	0.501	0.509	0.509	0.509	Fédération de Russie
Serbia	0.304	0.304	0.272	0.272	Serbie
Slovakia	0.373	0.368	0.363	0.369	Slovaquie
Slovenia	0.390	0.374	0.374	0.374	Slovénie
Spain	0.288	0.445	0.342	0.294	Espagne
Thailand	0.357	0.357	0.357	0.357	Thaïlande
Turkey	0.269	0.288	0.300	0.323	Turquie
Ukraine	0.500	0.500	0.500	0.500	Ukraine
United States	0.629	0.627	0.626	0.626	États-Unis

COKE-OVEN COKE	2007	2008	2009	2010	COKE DE FOUR
Standard factor	**0.900**	**0.900**	**0.900**	**0.900**	**Facteur standard**
Australia	0.875	0.875	0.875	0.875	Australie
Austria	0.990	0.990	0.990	0.990	Autriche
Belgium	0.945	0.945	0.945	0.945	Belgique
Brazil	1.042	1.042	1.042	1.042	Brésil
Canada	0.935	0.935	0.935	0.984	Canada
China	0.971	0.971	0.971	0.971	Chine
Colombia	0.686	0.686	0.686	0.686	Colombie
Czech Republic	0.949	0.946	0.977	0.963	République tchèque
Estonia	0.972	0.972	0.972	0.972	Estonie
Finland	1.000	1.000	1.000	1.000	Finlande
France	0.955	0.955	0.955	0.955	France
Germany	0.978	0.978	0.978	0.978	Allemagne
Hungary	1.007	1.006	1.013	1.023	Hongrie
Italy	0.990	0.990	0.990	0.990	Italie
Japan	1.003	1.003	1.003	1.003	Japon
Korea, Republic of	1.000	1.000	1.000	1.000	Corée, République de
Mexico	0.905	0.905	0.905	0.905	Mexique
Netherlands	0.972	0.972	0.972	0.972	Pays-Bas
New Zealand	1.007	1.007	1.007	1.007	Nouvelle-Zélande
Poland	0.965	0.953	0.947	0.919	Pologne
Slovakia	0.986	0.937	0.965	0.965	Slovaquie
South Africa	0.904	0.904	0.904	0.904	Afrique du Sud

Table I (continued - suite)

COEFFICIENTS USED TO CONVERT FROM ORIGINAL UNITS INTO COAL EQUIVALENT

FACTEURS DE CONVERSION DES UNITES D'ORIGINE EN EQUIVALENT CHARBON

PRODUCTION, EXPORTS AND CHANGES IN STOCKS
PRODUCTION, EXPORTATIONS ET VARIATIONS DES STOCKS

COKE-OVEN COKE	2007	2008	2009	2010	COKE DE FOUR
Spain	1.034	1.028	1.028	0.972	Espagne
Sweden	0.958	0.958	0.958	0.958	Suède
Turkey	1.000	.0910	0.953	0.944	Turquie
United Kingdom	0.966	0.966	0.966	0.966	Royaume-Uni
United States	0.984	0.984	0.984	0.984	États-Unis

HARD COAL BRIQUETTES	2007	2008	2009	2010	AGGLOMERES DE HOUILLE
Standard factor	**1.000**	**1.000**	**1.000**	**1.000**	**Facteur standard**
Belgium	1.000	1.000	1.000	1.000	Belgique
France	1.092	1.092	1.092	1.092	France
Germany	1.071	1.071	1.071	1.071	Allemagne
Ireland	0.957	0.957	0.957	0.957	Irlande
Korea, Republic of	0.684	0.657	0.657	0.657	Corée, République de
United Kingdom	1.054	1.058	1.057	1.057	Royaume-Uni
United States	0.946	0.946	0.946	0.946	États-Unis

LIGNITE BRIQUETTES	2007	2008	2009	2010	BRIQUETTES DE LIGNITE
Standard factor	**0.670**	**0.670**	**0.670**	**0.670**	**Facteur standard**
Australia	0.751	0.758	0.749	0.716	Australie
Czech Republic	0.801	0.807	0.806	0.800	République tchèque
Germany	0.732	0.730	0.720	0.732	Allemagne
Greece	0.485	0.484	0.484	0.484	Grèce
Hungary	0.744	0.847	0.709	0.709	Hongrie
Ireland	0.633	0.633	0.633	0.633	Irlande
Russian Federation	0.600	0.600	0.600	0.600	Fédération de Russie
Turkey	0.639	0.629	0.629	0.629	Turquie

PEAT	2007	2008	2009	2010	TOURBE
Standard factor	**0.325**	**0.325**	**0.325**	**0.325**	**Facteur standard**
Austria	0.300	0.300	0.300	0.300	Autriche
Burundi	0.500	0.500	0.500	0.500	Burundi
Falkland Is. (Malvinas)	0.325	0.325	0.325	0.325	Iles Falkland (Malvinas)
Finland	0.348	0.348	0.348	0.348	Finlande
Germany	0.286	0.286	0.286	0.286	Allemagne
Ireland	0.305	0.298	0.301	0.285	Irlande
Sweden	0.427	0.427	0.427	0.427	Suède

Table I (continued – suite)

COEFFICIENTS USED TO CONVERT FROM ORIGINAL UNITS INTO COAL EQUIVALENT

FACTEURS DE CONVERSION DES UNITES D'ORIGINE EN EQUIVALENT CHARBON

IMPORTS
IMPORTATIONS

HARD COAL	2007	2008	2009	2010	HOUILLE
Standard factor	**1.000**	**1.000**	**1.000**	**1.000**	**Facteur standard**
Argentina	1.028	1.029	1.029	1.029	Argentine
Austria	0.976	0.981	0.976	0.969	Autriche
Bangladesh	0.714	0.714	0.714	0.714	Bangladesh
Belarus	0.792	0.840	0.825	0.793	Bélarus
Belgium	0.929	0.925	0.917	0.937	Belgique
Brazil	1.042	1.042	1.042	1.042	Brésil
Bulgaria	0.849	0.832	0.874	0.873	Bulgarie
Canada	0.905	0.966	0.966	0.878	Canada
Chile	0.826	0.829	0.762	0.785	Chili
China	0.731	0.710	0.724	0.713	Chine
China, Hong Kong SAR	0.764	0.764	0.764	0.764	Chine, Hong-Kong RAS
Colombia	0.929	0.929	0.929	0.929	Colombie
Czech Republic	0.872	0.887	0.910	0.915	République tchèque
Denmark	0.836	0.833	0.841	0.834	Danemark
Egypt	0.871	0.871	0.871	0.871	Égypte
Estonia	0.927	0.927	0.927	0.927	Estonie
Finland	0.890	0.886	0.865	0.889	Finlande
France	0.937	0.939	0.923	0.928	France
Georgia	0.836	0.836	0.836	0.853	Géorgie
Germany	0.912	0.913	0.909	0.922	Allemagne
Greece	0.878	0.889	0.887	0.918	Grèce
Hungary	1.021	1.009	1.013	1.033	Hongrie
Iceland	0.957	0.957	0.957	0.957	Islande
India	0.829	0.829	0.829	0.829	Inde
Indonesia	0.962	0.911	0.911	0.911	Indonésie
Ireland	0.950	0.950	0.950	0.950	Irlande
Israel	0.858	0.857	0.858	0.856	Israël
Italy	0.945	0.943	0.933	0.942	Italie
Japan	0.883	0.883	0.884	0.883	Japon
Kazakhstan	0.634	0.634	0.634	0.634	Kazakhstan
Korea, Republic of	0.882	0.881	0.876	0.881	Corée, République de
Kyrgyzstan	0.634	0.634	0.634	0.634	Kirghizistan
Latvia	0.895	0.895	0.895	0.895	Lettonie
Luxembourg	0.967	0.974	0.982	0.977	Luxembourg
Mexico	0.801	0.801	0.801	0.801	Mexique
Montenegro	0.929	0.929	0.929	0.929	Monténégro
Morocco	0.943	0.943	0.943	0.943	Maroc

Table I (continued – suite)

COEFFICIENTS USED TO CONVERT FROM ORIGINAL UNITS INTO COAL EQUIVALENT

FACTEURS DE CONVERSION DES UNITES D'ORIGINE EN EQUIVALENT CHARBON

IMPORTS
IMPORTATIONS

HARD COAL	2007	2008	2009	2010	HOUILLE
Netherlands	0.867	0.870	0.866	0.877	Pays-Bas
New Zealand	0.948	0.966	0.966	0.949	Nouvelle-Zélande
Norway	0.959	0.959	0.959	0.959	Norvège
Pakistan	0.990	0.990	0.993	0.993	Pakistan
Peru	0.928	0.928	0.928	0.928	Pérou
Poland	0.902	0.887	0.859	0.857	Pologne
Portugal	0.869	0.867	0.874	0.875	Portugal
Republic of Moldova	0.634	0.634	0.634	0.634	République de Moldova
Romania	0.937	0.935	0.926	0.916	Roumanie
Russian Federation	0.873	0.859	0.856	0.858	Fédération de Russie
Serbia	0.776	0.776	0.792	0.787	Serbie
Slovakia	0.913	0.927	0.961	0.965	Slovaquie
Slovenia	0.885	0.885	0.815	0.863	Slovénie
Spain	0.851	0.845	0.823	0.859	Espagne
Sweden	0.979	0.986	0.985	0.996	Suède
Switzerland	0.959	0.959	0.959	0.959	Suisse
Tajikistan	0.634	0.634	0.634	0.634	Tadjikistan
Thailand	0.900	0.900	0.900	0.900	Thaïlande
Turkey	0.892	0.932	0.923	0.920	Turquie
Ukraine	0.871	0.871	0.871	0.871	Ukraine
United Kingdom	0.882	0.878	0.877	0.890	Royaume-Uni
United States	0.900	0.889	0.890	0.888	États-Unis
Uruguay	1.000	1.000	1.000	1.000	Uruguay
Zimbabwe	0.921	0.921	0.921	0.921	Zimbabwe

LIGNITE AND SUB-BITUMINOUS COAL	2007	2008	2009	2010	LIGNITE ET CHARBON SOUS-BITUMINEUX
Standard factor	**0.385**	**0.385**	**0.385**	**0.385**	**Facteur standard**
Albania	0.336	0.336	0.336	0.336	Albanie
Austria	0.618	0.580	0.603	0.673	Autriche
Belgium	0.286	0.286	0.286	0.286	Belgique
Canada	0.607	0.653	0.653	0.622	Canada
Croatia	0.628	0.586	0.614	0.599	Croatie
Czech Republic	0.524	0.524	0.474	0.499	République tchèque
Estonia	0.274	0.274	0.273	0.273	Estonie
France	0.580	0.580	0.580	0.580	France
Germany	0.290	0.560	0.600	0.309	Allemagne

Table I (continued – suite)

COEFFICIENTS USED TO CONVERT FROM ORIGINAL UNITS
INTO COAL EQUIVALENT

FACTEURS DE CONVERSION DES UNITES D'ORIGINE
EN EQUIVALENT CHARBON

IMPORTS
IMPORTATIONS

LIGNITE AND SUB-BITUMINOUS COAL	2007	2008	2009	2010	LIGNITE ET CHARBON SOUS-BITUMINEUX
Greece	0.290	0.128	0.146	0.149	Grèce
Hungary	0.567	0.565	0.555	0.590	Hongrie
Ireland	0.676	0.676	0.676	0.676	Irlande
Italy	0.357	0.357	0.639	0.638	Italie
Korea, Republic of	0.714	0.714	0.714	0.714	Corée, République de
Mexico	0.662	0.662	0.662	0.662	Mexique
Netherlands	0.682	0.682	0.682	0.682	Pays-Bas
New Zealand	0.716	0.703	0.703	0.704	Nouvelle-Zélande
Poland	0.293	0.296	0.296	0.296	Pologne
Romania	0.771	0.771	0.771	0.771	Roumanie
Russian Federation	0.501	0.509	0.509	0.509	Fédération de Russie
Serbia	0.587	0.585	0.579	0.579	Serbie
Singapore	0.330	0.330	0.330	0.330	Singapour
Slovakia	0.439	0.486	0.472	0.509	Slovaquie
Slovenia	0.632	0.638	0.626	0.642	Slovénie
Switzerland	0.686	0.686	0.686	0.686	Suisse
Turkey	0.428	0.428	0.428	0.428	Turquie
Ukraine	0.500	0.500	0.500	0.500	Ukraine
United States	0.841	0.676	0.667	0.665	États-Unis
COKE-OVEN COKE	**2007**	**2008**	**2009**	**2010**	**COKE DE FOUR**
Standard factor	**0.900**	**0.900**	**0.900**	**0.900**	**Facteur standard**
Australia	0.875	0.875	0.875	0.875	Australie
Austria	0.990	0.990	0.990	0.990	Autriche
Belgium	0.945	0.945	0.945	0.945	Belgique
Brazil	1.042	1.042	1.042	1.042	Brésil
Canada	0.935	0.935	0.935	0.984	Canada
China	0.971	0.971	0.971	0.971	Chine
Czech Republic	0.955	0.955	0.926	0.938	République tchèque
Denmark	1.000	1.000	1.000	1.000	Danemark
Finland	1.000	1.000	1.000	1.000	Finlande
France	0.955	0.955	0.955	0.955	France
Germany	0.978	0.978	0.978	0.978	Allemagne
Greece	1.007	1.031	1.036	1.034	Grèce
Hungary	0.992	0.966	0.967	1.000	Hongrie
Iceland	0.910	0.910	0.910	0.910	Islande
Italy	0.990	0.990	0.990	0.990	Italie
Japan	1.003	1.003	1.003	1.003	Japon
Korea, Republic of	1.000	1.000	1.000	1.000	Corée, République de
Luxembourg	0.972	0.972	0.972	0.972	Luxembourg

Table I (continued – suite)

COEFFICIENTS USED TO CONVERT FROM ORIGINAL UNITS
INTO COAL EQUIVALENT

FACTEURS DE CONVERSION DES UNITES D'ORIGINE
EN EQUIVALENT CHARBON

IMPORTS
IMPORTATIONS

COKE-OVEN COKE	2007	2008	2009	2010	COKE DE FOUR
Mexico	0.905	0.905	0.905	0.905	Mexique
Netherlands	0.972	0.972	0.972	0.972	Pays-Bas
Norway	0.972	0.972	0.972	0.972	Norvège
Peru	0.914	0.914	0.914	0.914	Pérou
Poland	0.955	0.955	0.955	0.955	Pologne
Portugal	0.957	1.011	0.997	1.003	Portugal
Slovakia	0.963	0.927	0.930	0.962	Slovaquie
Spain	1.034	1.028	1.028	0.972	Espagne
Sweden	0.958	0.958	0.958	0.958	Suède
Switzerland	0.959	0.959	0.959	0.959	Suisse
Turkey	1.000	0.972	0.952	0.951	Turquie
United Kingdom	0.966	0.966	0.966	0.966	Royaume-Uni
United States	0.984	0.984	0.984	0.984	États-Unis
Uruguay	0.971	0.971	0.971	0.971	Uruguay

HARD COAL BRIQUETTES	2007	2008	2009	2010	AGGLOMERES DE HOUILLE
Standard factor	**1.000**	**1.000**	**1.000**	**1.000**	**Facteur standard**
Austria	1.058	1.058	1.058	1.058	Autriche
Belgium	1.000	1.000	1.000	1.000	Belgique
France	1.092	1.092	1.092	1.092	France
Germany	1.071	1.071	1.071	1.071	Allemagne
Ireland	0.957	0.957	0.957	0.957	Irlande
Netherlands	1.000	1.000	1.000	1.000	Pays-Bas
Poland	0.791	0.791	0.791	0.791	Pologne
Slovakia	0.955	0.955	0.955	0.955	Slovaquie
Ukraine	1.000	1.000	1.000	0.990	Ukraine
United Kingdom	1.054	1.058	1.057	1.057	Royaume-Uni

LIGNITE BRIQUETTES	2007	2008	2009	2010	BRIQUETTES DE LIGNITE
Standard factor	**0.670**	**0.670**	**0.670**	**0.670**	**Facteur standard**
Austria	0.659	0.659	0.659	0.659	Autriche
Belgium	0.686	0.686	0.686	0.682	Belgique
Czech Republic	0.714	0.714	0.705	0.661	République tchèque
Denmark	0.624	0.624	0.624	0.624	Danemark
Germany	0.648	0.765	0.678	0.694	Allemagne
Hungary	0.682	0.682	0.682	0.682	Hongrie
Luxembourg	0.686	0.686	0.686	0.686	Luxembourg
Poland	0.596	0.597	0.597	0.596	Pologne
Slovakia	0.785	0.631	0.813	0.580	Slovaquie
Sweden	0.686	0.686	0.686	0.686	Suède

Table I (continued – suite)

COEFFICIENTS USED TO CONVERT FROM ORIGINAL UNITS
INTO COAL EQUIVALENT

FACTEURS DE CONVERSION DES UNITES D'ORIGINE
EN EQUIVALENT CHARBON

OTHERS

AUTRES

Oil shale	0.314	Schiste bitumineux
Fuelwood	0.312	Bois de chauffage
Bagasse	0.263	Bagasse
Peat briquettes	0.500	Briquettes de tourbe
Charcoal	0.986	Charbon de bois
Crude oil	1.443	Pétrole brut
Natural gas liquids (weighted average)	1.542	Liquides de gaz naturel (moyenne pondérée)
Gasolene	1.500	Essences
Kerosene	1.474	Pétrole lampant
Jet fuel	1.474	Carburéacteurs
Gas-Diesel oils	1.450	Gazole/carburant Diesel
Residual fuel oil	1.416	Mazout résiduel
Liquefied petroleum gases	1.554	Gaz de pétrole liquéfié
Natural gasolene	1.532	Essence naturelle
Condensate	1.512	Condensat
Other natural gas liquids	1.512	Autres liquides de gaz naturel
Natural gas (in terajoules)[1]	34.121	Gaz naturel (en térajoules)[1]
Other gases (in terajoules)[1]	34.121	Autres gaz (en térajoules)[1]
Hydro and wind electricity (in 1,000 kWh)	0.123	Electricité hydraulique et éolienne (en 1 000 kWh)
Nuclear electricity (in 1,000 kWh)	0.123	Electricité nucléaire (en 1 000 kWh)
Geothermal electricity (in 1,000 kWh)	0.123	Electricité géothermique (en 1 000 kWh)

[1]The average calorific value of gas is measured in kcal/m^3 (st), i.e., in kcal per cubic metre of gas under standard conditions of 15°C, 1,013.25 mbar, dry.

[1]La valeur calorifique moyenne du gaz est mesurée en kcal/m^3 (n) ; c'est-à-dire en kcal par mètre cube de gaz dans les conditions normales 15°C, 1.013,25 mbar sèc.

Table II

SPECIFIC GRAVITIES OF CRUDE PETROLEUM

DENSITES DU PETROLE BRUT

Country	2007	2008	2009	2010	Pays
Albania	0.940*	0.940*	0.940*	0.940*	Albanie
Algeria	0.795*	0.795	0.795	0.795	Algérie
Angola	0.851*	0.851*	0.851*	0.851*	Angola
Argentina	0.887*	0.887*	0.887*	0.887*	Argentine
Australia	0.880*	0.880*	0.880*	0.880*	Australie
Austria	0.890*	0.890*	0.890*	0.890*	Autriche
Bahrain	0.860	0.860	0.860	0.860	Bahreïn
Bangladesh	0.860*	0.860*	0.860*	0.860*	Bangladesh
Barbados	0.860*	0.860*	0.860*	0.860*	Barbade
Bolivia (Plur. State of)	0.800*	0.800*	0.800*	0.800*	Bolivie (État plur. de)
Brazil	0.874	0.874	0.874	0.874	Brésil
Brunei Darussalam	0.890	0.890	0.890	0.890	Brunéi Darussalam
Bulgaria	0.860*	0.860*	0.860*	0.860*	Bulgarie
Cameroon	0.870	0.870	0.870	0.870	Cameroun
Canada	0.847*	0.847*	0.847*	0.847*	Canada
Chile	0.840*	0.840*	0.840*	0.840*	Chili
China	0.860	0.860	0.860	0.860	Chine
Colombia	0.869*	0.869*	0.869*	0.869*	Colombie
Congo	0.840	0.840	0.840	0.840	Congo
Côte d'Ivoire	0.860	0.860	0.860	0.860	Côte d'Ivoire
Cuba	0.950*	0.950*	0.950*	0.950*	Cuba
Dem. Rep. Of Congo	0.860	0.860	0.860	0.860	Rép. dem. du Congo
Denmark	0.820*	0.820*	0.820*	0.820*	Danemark
Ecuador	0.900*	0.900*	0.900*	0.900*	Équateur
Egypt	0.908*	0.908*	0.908*	0.908*	Égypte
France	0.860*	0.860*	0.860*	0.860*	France
Gabon	0.866	0.866	0.866	0.866	Gabon
Germany	0.870*	0.870*	0.870*	0.870*	Allemagne
Ghana	0.860*	0.860*	0.860*	0.860*	Ghana
Greece	0.880*	0.880*	0.880*	0.880*	Grèce
Guatemala	0.860*	0.860*	0.860*	0.860*	Guatemala
Hungary	0.830*	0.830*	0.830*	0.830*	Hongrie
India	0.840	0.840	0.840	0.840	Inde
Indonesia	0.724	0.724	0.724	0.724	Indonésie
Iran (Islamic Rep. of)	0.730	0.728	0.728	0.728	Iran (Rép. Islamique)
Iraq	0.742	0.742	0.742	0.742	Iraq
Israel	0.870*	0.870*	0.870*	0.870*	Israël
Italy	0.920*	0.920*	0.920*	0.920*	Italie
Japan	0.850	0.850	0.850	0.850	Japon
Kuwait	0.725	0.726	0.726	0.726	Koweït
Libya	0.756	0.756	0.756	0.756	Libye
Malaysia	0.820	0.820	0.820	0.820	Malaisie

Table II (continued – suite)

SPECIFIC GRAVITIES OF CRUDE PETROLEUM

DENSITES DU PETROLE BRUT

Country	2007	2008	2009	2010	Pays
Mexico	0.896*	0.896*	0.896*	0.896*	Mexique
Morocco	0.800*	0.800*	0.800*	0.800*	Maroc
Myanmar	0.890	0.890	0.890	0.890	Myanmar
Netherlands	0.920*	0.920*	0.920*	0.920*	Pays-Bas
New Zealand	0.775*	0.775*	0.775*	0.775*	Nouvelle-Zélande
Nigeria	0.741	0.741	0.741	0.741	Nigéria
Norway	0.810*	0.810*	0.810*	0.810*	Norvège
Oman	0.855*	0.855*	0.855*	0.855*	Oman
Pakistan	0.839	0.839	0.839	0.839	Pakistan
Paraguay	0.849	0.849	0.849	0.849	Paraguay
Peru	0.922*	0.922*	0.922*	0.922*	Pérou
Philippines	0.893	0.893	0.893	0.893	Philippines
Poland	0.940	0.940	0.940	0.940	Pologne
Qatar	0.762	0.762	0.762	0.762	Qatar
Romania	0.900	0.900	0.900	0.900	Roumanie
Russian Federation	0.877*	0.877*	0.877*	0.877*	Fédération de Russie
Saudi Arabia	0.728	0.728	0.728	0.728	Arabie saoudite
Spain	0.840*	0.840*	0.840*	0.840*	Espagne
Suriname	0.961*	0.961*	0.961*	0.961*	Suriname
Sweden	0.870*	0.870*	0.870*	0.870*	Suède
Syrian Arab Republic	0.908	0.908	0.908	0.908	Rép. arabe syrienne
Thailand	0.920	0.920	0.920	0.920	Thaïlande
Trinidad and Tobago	0.890*	0.890*	0.890*	0.890*	Trinité-et-Tobago
Tunisia	0.860*	0.860*	0.860*	0.860*	Tunisie
Turkey	0.880*	0.880*	0.880*	0.880*	Turquie
United Arab Emirates	0.759	0.759	0.759	0.759	Emirats arabes unis
United Kingdom	0.843*	0.843*	0.843*	0.843*	Royaume-Uni
United States	0.869	0.869	0.869	0.869	États-Unis
Venezuela (Bolivar. Rep.)	0.903	0.912	0.912	0.912	Venezuela (Rép. bolivar.)
Unspecified origin	0.860	0.860	0.860	0.860	De source non spécifiée

Table III

SPECIFIC GRAVITIES OF PETROLEUM PRODUCTS

DENSITES MOYENNES DES PRODUITS PETROLIERS

ENERGY PETROLEUM PRODUCTS		PRODUITS PETROLIERS ENERGETIQUES
Aviation gasolene	0.730	Essence aviation
Fuel oils (undifferentiated)	0.910	Mazouts (non différenciés)
Gas-diesel oil	0.870	Gazole/carburant Diesel
Jet fuel	0.810	Carburéacteurs
Kerosene	0.810	Pétrole lampant
Liquefied petroleum gas	0.540	Gaz de pétrole liquéfié
Motor gasolene	0.740	Essence auto
Residual fuel oil	0.950	Mazout résiduel

NON-ENERGY PETROLEUM PRODUCTS		PRODUITS PETROLIERS NON ENERGETIQUES
Bitumen	1.040	Bitume
Lubricating oils	0.900	Lubrifiants
Naphthas	0.720	Naphtas
Paraffin wax	0.800	Cires de pétrole (paraffines)
Petroleum coke	1.140	Coke de pétrole
White spirit	0.810	White spirit/essences spéciales

Table IV

SELECTED CONVERSION FACTORS FOR CRUDE PETROLEUM AND PETROLEUM PRODUCTS

QUELQUES FACTEURS DE CONVERSION POUR LE PETROLE BRUT ET LES PRODUITS PETROLIERS

(To convert from metric tons into the following units, multiply by the factor in the appropriate column)

(Pour convertir en unite de volume, une quantité exprimée en tonnes métriques, multiplier celle-ci par le facteur qui figure dans la colonne correspondant à l'unité voulue)

Commodity/ Produit	Litre / Litre	U.S. Gallon / Gallon E.-U.	Imperial Gallon / Gallon brit.	Barrel / Baril	Barrels/ day[1] / Barils/ Jour[1]	Cubic Metre / Mètre cube
Crude petroleum (average specific gravity) - Pétrole brut (densité moyene)	1164	308	256	7.32	0.02005	1.164
Aviation gasolene - Essence aviation	1370	362	301	8.62	0.02362	1.370
Bitumen - Bitume	962	254	212	6.05	0.01658	0.962
Condensate - Condensat	1429	378	253	7.23	0.02463	1.429
Fuel oils (undifferentiated) - Mazouts (non différenciés)	1099	290	242	6.91	0.01893	1.099
Gas-diesel oil - Gazole/carburant Diesel	1149	304	253	7.23	0.01981	1.149
Gasolenes (undifferentiated) - Essences (non différenciés)	1351	357	297	8.50	0.02329	1.351
Jet fuel - Carburéacteurs	1235	326	272	7.77	0.02129	1.235
Kerosene - Pétrole lampant	1235	326	272	7.77	0.02129	1.235
Liquefied petroleum gas - Gaz de pétrole liquéfie	1852	489	407	11.65	0.03192	1.852
Lubricants - Lubrifiants	1111	294	244	6.99	0.01915	1.111
Motor gasolene - Essence auto	1351	357	297	8.50	0.02329	1.351
Naphthas (undifferentiated) - Naphtas (non différenciés)	1389	367	306	8.74	0.02395	1.389
Natural gasolene - Essence naturelle	1590	420	350	10.00	0.02740	1.590
Paraffin wax - Cires de pétrole (paraffines)	1250	330	275	7.86	0.02153	1.250
Petroleum coke - Coke de pétrole	877	232	193	5.52	0.01512	0.877
Residual fuel oil - Mazout résiduel	1053	278	232	6.62	0.01814	1.053
White spirit - White spirit/essences spéciales	1235	326	272	7.77	0.02129	1.235

---

[1] On an annualized basis.

Table V

HEAT VALUES OF GASES

POUVOIRS CALORIFIQUES DES GAZ

NATURAL GAS - GAZ NATUREL
(Kilojoules/Cubic Metres) - (Kilojoules/Mètres Cubes)

Standard Heat Value	39021	Pouvoir calorifique standard
Albania	35000 (N)	Albanie
Algeria	39565 (N)	Algérie
Argentina	40337* (G)	Argentine
Australia	35658 (G)	Australie
Austria	39600 (G)	Autriche
Bangladesh	35064	Bangladesh
Belarus	34760 (N)	Bélarus
Belgium	39687* (G)	Belgique
Bolivia (Plur. State of)	37263	Bolivie (État Plur. de)
Brazil	43740	Brésil
Brunei Darussalam	43000	Brunéi Darussalam
Bulgaria	35152* (G)	Bulgarie
Canada	38550* (G)	Canada
China	38979 (N)	Chine
Chile	37263	Chili
Colombia	34598	Colombie
Croatia	38000 (G)	Croatie
Denmark	40901 (N)	Danemark
Ecuador	48441* (G)	Équateur
Estonia	33537	Éstonie
Finland	39170 (G)	Finlande
France	39205* (G)	France
Germany	33339 (G)	Allemagne
Greece	57211 (G)	Grèce
Hungary	32456 (N)	Hongrie
India	38586 (N)	Inde
Iran (Islamic Rep. of)	39356*	Iran (Rép. islamique)
Ireland	37604* (G)	Irlande
Israel	38728*	Israël
Italy	37306 (G)	Italie
Japan	41023 (G)	Japon
Kazakhstan	33949 (N)	Kazakhstan
Latvia	33597	Lettonie
Lithuania	33949	Lituanie
Luxembourg	40773 (G)	Luxembourg
Mexico	44257* (G)	Mexique
Netherlands	33320 (G)	Pays-Bas

Table V (continued - suite)

HEAT VALUES OF GASES

POUVOIRS CALORIFIQUES DES GAZ

NATURAL GAS - GAZ NATUREL
(Kilojoules/Cubic Metres) - (Kilojoules/Mètres Cubes)

New Zealand	42537 (G)	Nouvelle-Zélande
Norway	42091 (G)	Norvège
Pakistan	34805	Pakistan
Peru	34598	Pérou
Poland	28811 (G)	Pologne
Romania	33514 (N)	Roumanie
Russian Federation	33704 (N)	Fédération de Russie
Slovakia	32663 (N)	Slovaquie
Slovenia	35729 (G)	Slovénie
Spain	42530 (G)	Espagne
Sweden	38880 (G)	Suède
Switzerland	40319 (G)	Suisse
Thailand	37258 (N)	Thaïlande
Trinidad and Tobago	38937	Trinité-et-Tobago
Tunisia	46055	Tunisie
Turkey	34500 (N)	Turquie
Turkmenistan	33949 (N)	Turkménistan
Ukraine	33949 (N)	Ukraine
United Kingdom	39211 (G)	Royaume-Uni
United States	38304 (N)	États-Unis
Uzbekistan	33949 (N)	Ouzbékistan
Venezuela (Bolivar. Rep.)	44380 (G)	Venezuela (Rép. bolivar.)
Yugoslavia	35588 (N)	Yougoslavie

COKE-OVEN GAS - GAZ DE COKERIE
(Kilojoules/Cubic Metres) - (Kilojoules/Mètres Cubes)

Standard Heat Value	17585	Pouvoir calorifique standard
Australia	19890*	Australie
Austria	18500* (N)	Autriche
Belgium	15002 (N)	Belgique
Brazil	18841(G)	Brésil
Bulgaria	16747*	Bulgarie
Canada	18610*	Canada
Chile	19469	Chili
Colombia	20097	Colombie
Czech Republic	15597 (N)	République tchèque
Finland	16400 (N)	Finlande
France	17640* (G)	France
Germany	31736* (N)	Allemagne

Table V (continued - suite)

HEAT VALUES OF GASES

POUVOIRS CALORIFIQUES DES GAZ

COKE-OVEN GAS - GAZ DE COKERIE
(Kilojoules/Cubic Metres) - (Kilojoules/Mètres Cubes)

Hungary	16961 (N)	Hongrie
Indonesia	15072	Indonésie
Italy	17791* (G)	Italie
Japan	22609 (G)	Japon
Netherlands	20290*	Pays-Bas
New Zealand	42538 (G)	Nouvelle-Zélande
Norway	18020* (N)	Norvège
Poland	17650 (N)	Pologne
Portugal	20184* (G)	Portugal
Romania	17581* (G)	Roumanie
Russian Federation	16744 (G)	Fédération de Russie
Slovakia	15597 (N)	Slovaquie
Spain	18113* (G)	Espagne
Sweden	16747* (N)	Suède
Turkey	18003* (N)	Turquie
United Arab Emirates	39021*	Emirats arabes unis
United Kingdom	19665* (G)	Royaume-Uni
United States	20494 (G)	États-Unis
Yugoslavia	17372* (G)	Yougoslavie

GASWORKS GAS - GAZ D'USINES A GAZ
(Kilojoules/Cubic Metres) - (Kilojoules/Mètres Cubes)

Standard Heat Value	**17585**	**Pouvoir calorifique standard**
Algeria	16747*	Algérie
Australia	19594 (G)	Australie
Austria	27100 (N)	Autriche
Belgium	27214* (G)	Belgique
Brazil	18841 (G)	Brésil
Chile	20138	Chili
China, Hong Kong SAR	16915	Chine, Hong-Kong RAS
Cuba	18464*	Cuba
Czech Republic	14120 (N)	République tchèque
Denmark	17400* (N)	Danemark
Finland	15490 (N)	Finlande
France	17640* (G)	France

Table V (continued - suite)

HEAT VALUES OF GASES

POUVOIRS CALORIFIQUES DES GAZ

GASWORKS GAS - GAZ D'USINES A GAZ
(Kilojoules/Cubic Metres) - (Kilojoules/Mètres Cubes)

Germany	16800* (N)	Allemagne
Greece	38511*	Grèce
Hungary	17765 (N)	Hongrie
India	17585	Inde
Indonesia	15072	Indonésie
Italy	17791* (G)	Italie
Japan	20934 (G)	Japon
New Zealand	16747	Nouvelle-Zélande
Nigeria	39021*	Nigéria
Norway	17600*	Norvège
Panama	20327*	Panama
Philippines	22316	Philippines
Poland	17910 (N)	Pologne
Portugal	18550* (G)	Portugal
Singapore	18548	Singapour
Spain	17703*	Espagne
Sri Lanka	22353	Sri Lanka
Sweden	16747* (N)	Suède
Switzerland	15900 (N)	Suisse
Tunisia	18841*	Tunisie
Turkey	14654* (N)	Turquie
United Kingdom	18940*	Royaume-Uni
Uruguay	18003 (G)	Uruguay
Yugoslavia	17713* (N)	Yougoslavie

BLAST FURNACE GAS - GAZ DE HAUT-FOURNEAU
(Kilojoules/Cubic Metres) - (Kilojoules/Mètres Cubes)

Standard Heat Value	**4000**	**Pouvoir calorifique standard**
Austria	3200 (N)	Autriche
Belgium	3521 (N)	Belgique
Colombia	3349	Colombie
Czech Republic	3697 (N)	République tchèque
Finland	3350 (N)	Finlande
France	3600* (G)	France
Germany	4187*	Allemagne
Greece	3200*	Grèce
Hungary	3559 (N)	Hongrie
Italy	3767* (G)	Italie
Japan	3349 (G)	Japon
Luxembourg	4186*	Luxembourg

Table V (continued - suite)

HEAT VALUES OF GASES

POUVOIRS CALORIFIQUES DES GAZ

BLAST FURNACE GAS - GAZ DE HAUT-FOURNEAU
(Kilojoules/Cubic Metres) - (Kilojoules/Mètres Cubes)

Netherlands	3052*	Pays-Bas
Poland	3920 (N)	Pologne
Portugal	2861*	Portugal
Romania	4102 (G)	Roumanie
Russian Federation	4186 (G)	Fédération de Russie
Spain	3081	Espagne
Sweden	3300* (N)	Suède
Turkey	4186* (N)	Turquie
United Kingdom	3420*	Royaume-Uni
United States	3542*	États-Unis
Yugoslavia	4120* (G)	Yougoslavie

(G) = Gross heat value
(N) = Net heat value

(G) = Pouvoir calorifique supérieur
(N) = Pouvoir calorifique inférieur

TABLES

TABLEAUX

Table 1

Production, trade and consumption of commercial energy
Production, commerce et consommation d'énergie commerciale

Thousand metric tons of coal equivalent and kilograms per capita
Milliers de tonnes métriques d'équivalent houille et kilogrammes par habitant

Table Notes:
For tables 1 to 4

Data on individual energy commodities are aggregated and presented in these tables.

Production

Included in the production of commercial primary energy for **Solids** are hard coal, lignite, peat and oil shale; **Liquids** are comprised of crude petroleum, natural gas liquids, biodiesel and alcohol; **Gas** comprises natural gas and primary steam/heat; and **Electricity** is comprised of primary electricity generation from hydro, nuclear, geothermal, wind, tide, wave and solar sources.

Stocks, International Trade and Bunkers

Changes in stocks, imports and exports refer to all primary and secondary forms of commercial energy (including condensate and feedstocks); **Aviation bunkers** refer to bunkers of aviation gasolene and jet fuel; **Marine bunkers** refer to bunkers of hard coal, gas-diesel oil and residual fuel oil.

Consumption

Included in the consumption of commercial energy for **Solids** are consumption of primary forms of solid fuels, net imports and changes in stocks of secondary fuels; **Liquids** are comprised of consumption of energy petroleum products including feedstocks, natural gasolene, condensate, refinery gas and input of crude petroleum to thermal power plants; **Gases** include the consumption of natural gas, input of heat to thermal power plants, net imports and changes in stocks of gasworks and coke-oven gas; and **Electricity** is comprised of production of primary electricity and net imports of electricity.

Notes relatives aux tableaux:
Pour les tableaux 1 à 4

On trouvera dans ces tableaux les agrégats des données relatifs aux différents produits énergétiques.

Production

Sont compris dans la production d'énergie primaire commerciale: pour **les solides**, la houille, le lignite, la tourbe et le schiste bitumineux; pour **les liquides**, le pétrole brut, les liquides de gaz naturel, l'alcool et le biodiesel; pour **les gaz**, le gaz naturel et la vapeur/chaleur primaire; pour **l'électricité**, l'électricité primaire de source hydraulique, nucléaire, géothermique, éolienne, marémotrice, solaire et des vagues.

Stocks, commerce international et soutages

Les variations de stocks, importations et exportations se réfèrent à toutes les formes primaires et secondaires d'énergie commerciale (y compris le condensat et les charges d'alimentation des usines de traitement). **Les soutes avions** se rapportent aux soutages d'essence aviation et de carburéacteur. **Les soutes maritimes** se rapportent aux soutages de houille, de gazole ou carburant Diesel et de mazout résiduel.

Consommation

Sont compris dans la consommation d'énergie commerciale: pour **les solides**, la consommation de combustibles solides primaires, les importations nettes et les variations de stocks de combustibles solides secondaires; pour **les liquides**, la consommation de produits pétroliers énergétiques y compris les charges d'alimentation des usines de traitement, l'essence naturelle, le condensat et le gaz de raffinerie ainsi que le pétrole brut consommé dans les centrales thermiques pour la production d'électricité; pour **les gaz**, la consommation de gaz naturel, les importations nettes et les variations de stocks de gaz d'usines à gaz et de gaz de cokerie ainsi que la vapeur/chaleur primaire consommée dans les centrales thermiques pour la production d'électricité; pour **l'électricité**, la production d'électricité primaire et les importations nettes d'électricité.

Unallocated

An **unallocated column** has been created in tables 1-3 in order to balance out the difference between the total consumption column and the result of the formula production - imports + exports – bunkers + changes in stocks. This inequality occurs primarily because of the exclusion of non-energy petroleum products as well as inadequate or unavailable stock data.

Changes in Methodology

Beginning with the forty-eighth edition of this publication, the following products were added: steam/heat, alcohol and biodiesel.

Please refer to the Definitions Section on pages xv to xxix for the appropriate product description/ classification.

Quantités non réparties

La colonne **quantités non réparties** introduite dans les tableaux 1 à 3 a pour objet de compenser la différence entre les résultats de la formule ci-dessus pour la consommation et les chiffres de la colonne consommation totale entre la consommation totale de colonne et les résultats de la formule production + importations - exportations - soutages + variations de stocks. Cette inégalité résulte essentiellement de l'exclusion des produits pétroliers non énergétiques et de l'absence ou de l'insuffisance des données concernant les stocks.

Modifications apportées à la méthodologie

A partir de la quarante-huitième édition de cette publication, les produits suivants ont été ajoutés : vapeur/chaleur, alcool et biodiesel.

Veuillez consulter la section "définitions" de la page xv à la page xxix pour une description/classification appropriée des produits.

Figure 1: World commercial primary energy production of solids, by region, in 2010

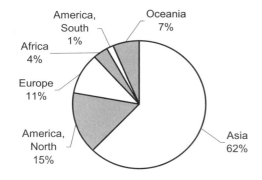

Figure 2: World commercial primary energy production of liquids, by region, in 2010

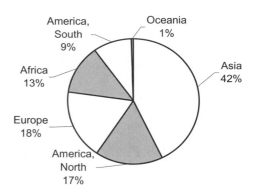

Figure 3: World commercial primary energy production of gas, by region, in 2010

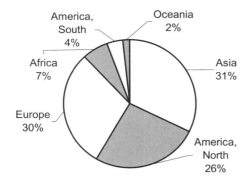

Figure 4: World commercial primary energy production of electricity, by region, in 2010

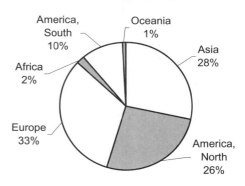

Table 1

Production, trade and consumption of commercial energy
Thousand metric tons of coal equivalent and kilograms per capita

Country or area Pays ou zone	Year Année	Primary energy production Production d'énergie primaire					Changes in stocks Variations des stocks	Imports Importations	Exports Exportations
		Total Totale	Solids Solides	Liquids Liquides	Gas Gaz	Electricity Electricité			
World	**2007**	**15288158**	**4753859**	**5787749**	**3995081**	**751470**	**15850**	**6616656**	**6609041**
	2008	**15699664**	**4901770**	**5878385**	**4146044**	**773465**	**140911**	**6694178**	**6748639**
	2009	**15547920**	**4970462**	**5762755**	**4030037**	**784666**	**140251**	**6507217**	**6539797**
	2010	**16313321**	**5277026**	**5882368**	**4327468**	**826458**	**54934**	**6823121**	**6928666**
Africa	**2007**	**1224552**	**191450**	**745536**	**273981**	**13586**	**-6662**	**153872**	**861337**
	2008	**1244103**	**192635**	**754528**	**283118**	**13822**	**4371**	**152529**	**854916**
	2009	**1198911**	**192273**	**726939**	**265388**	**14311**	**-5717**	**167163**	**814322**
	2010	**1239470**	**196555**	**745768**	**281827**	**15320**	**1318**	**161878**	**842687**
Algeria	2007	265366	..	148486	116852	28	-1027	1933	204577
	2008	262292	..	145108	117150	35	541	2055	199654
	2009	248734	..	136124	112572	38	-573	2115	180488
	2010	245872	..	131592	114259	21	440	1876	172703
Angola	2007	125014	..	123602	1105	307	111	2556	121386
	2008	139870	..	138604	882	385	1188	3452	135167
	2009	132782	..	131507	895	380	-250	4430	129523
	2010	129155	..	127774	946	434	2568	5031	122363
Benin	2007	0	..	..	..	0	-12	1887	..
	2008	0	..	..	..	0	6	1950	..
	2009	0	..	..	..	0	4	2163	..
	2010	0	..	..	..	0	4	2473	..
Botswana	2007	828	828	..	..	..	-62	1425	..
	2008	910	910	..	..	..	-1	1571	..
	2009	738	738	..	..	..	-1	1529	..
	2010	988	988	..	..	..	-1	1643	..
Burkina Faso	2007	14	..	..	..	14	-15	799	..
	2008	17	..	..	..	17	*17	867	..
	2009	16	..	..	..	16	*-15	813	..
	2010	14	..	..	..	14	0	*871	..
Burundi	2007	18	4	..	..	14	6	105	..
	2008	19	5	..	..	14	4	125	..
	2009	21	6	..	..	15	3	110	..
	2010	24	7	..	..	17	0	153	..
Cameroon	2007	7265	..	6316	476	473	-425	2910	7098
	2008	7223	..	6209	494	520	-429	2751	6935
	2009	6324	..	5423	408	493	-514	2480	5465
	2010	5704	..	4769	412	523	-366	2831	4758
Cape Verde	2007	1	..	..	..	1	..	*157	..
	2008	1	..	..	..	1	..	160	..
	2009	1	..	..	..	1	..	172	..
	2010	1	..	..	..	1	..	198	..
Central African Rep.	2007	17	..	..	..	17	..	*155	..
	2008	*17	..	..	..	*17	..	*157	..
	2009	17	..	..	..	17	..	*157	..
	2010	*17	..	..	..	*17	..	*172	..
Chad	2007	10377	..	10377	..	..	..	*124	10254
	2008	9138	..	9138	..	..	..	*125	8995
	2009	8745	..	8745	..	..	..	*132	8640
	2010	8968	..	8968	..	..	..	*143	8864
Comoros	2007	*1	..	..	..	*1	..	*59	..
	2008	*1	..	..	..	*1	..	*60	..
	2009	*1	..	..	..	*1	..	*60	..
	2010	*1	..	..	..	*1	..	*67	..
Congo	2007	16652	..	16583	28	41	0	243	16102
	2008	17668	..	17588	34	46	132	411	17071
	2009	20515	..	20402	73	41	-525	346	20372
	2010	23323	..	23225	45	53	194	335	22397

Table 1

Production, commerce et consommation d'énergie commerciale

Milliers de tonnes métriques d'équivalent houille et kilogrammes par habitant

Bunkers Soutes		Unallocated Quantités non réparties	Consumption Consommation						Year Année	Country or area Pays ou zone
Aviation Avion	Marine Maritime	non réparties	Per Capita Par habitant	Total Totale	Solids Solides	Liquids Liquides	Gas Gaz	Electricity Electricité		
198400	273103	692372	2119	14116048	4690027	4649554	4023297	753170	2007	**Monde**
202497	269744	656303	2133	14375748	4796807	4689516	4114666	774759	2008	
193890	259168	685803	2088	14236228	4809856	4598882	4041199	786291	2009	
206064	284352	770072	2160	14892354	5054821	4655606	4353367	828561	2010	
7529	7953	24471	507	483797	152344	182922	133087	15444	2007	**Afrique**
8430	3899	24170	513	500846	154297	193911	136563	16075	2008	
8247	3846	37244	509	508131	162243	197224	132393	16271	2009	
8064	7754	36456	494	505068	156242	194029	137624	17173	2010	
522	499	10204	1549	52525	1095	15968	35433	28	2007	Algérie
584	463	9293	1563	53811	1094	16924	35763	29	2008	
654	418	11991	1656	57870	590	19164	38082	34	2009	
688	462	15800	1626	57655	458	20160	37023	13	2010	
164	20	369	315	5519	..	4107	1105	307	2007	Angola
196	20	203	363	6549	..	5282	882	385	2008	
284	269	226	386	7158	..	5883	895	380	2009	
290	256	346	438	8361	..	6981	946	434	2010	
37	..	..	229	1862	..	1791	..	71	2007	Bénin
60	..	..	225	1884	..	1803	..	81	2008	
127	..	..	236	2032	..	1926	..	106	2009	
220	..	..	254	2249	..	2134	..	115	2010	
12	..	..	1195	2303	905	1104	..	294	2007	Botswana
24	..	..	1257	2458	914	1226	..	318	2008	
22	..	..	1133	2245	742	1166	..	338	2009	
24	..	..	1300	2609	992	1250	..	367	2010	
20	..	..	54	807	..	778	..	29	2007	Burkina Faso
30	..	..	54	837	..	804	..	33	2008	
22	..	..	51	823	..	789	..	34	2009	
*29	..	..	*52	*856	..	*795	..	62	2010	
9	..	..	14	108	4	81	..	24	2007	Burundi
9	..	..	17	131	5	103	..	23	2008	
25	..	..	13	103	6	71	..	26	2009	
*7	..	..	20	170	7	134	..	29	2010	
91	74	560	151	2777	..	1828	476	473	2007	Cameroun
96	71	518	148	2784	..	1770	494	520	2008	
99	71	717	155	2967	..	2066	408	493	2009	
96	62	609	172	3376	..	2441	412	523	2010	
..	*14	..	*297	*143	..	*143	..	1	2007	Cap-Vert
..	*19	..	290	141	..	141	..	1	2008	
..	*29	..	292	144	..	143	..	1	2009	
..	*33	..	332	165	..	164	..	1	2010	
*43	..	..	*31	*129	..	*112	..	17	2007	Rép. centrafricaine
*44	..	..	*31	*130	..	*113	..	*17	2008	
*44	..	..	*30	*130	..	*113	..	17	2009	
*46	..	..	*33	*143	..	*127	..	*17	2010	
*28	..	122	*9	*96	..	*96	..	..	2007	Tchad
*27	..	143	*9	*98	..	*98	..	..	2008	
*27	..	105	*10	*105	..	*105	..	..	2009	
*27	..	104	*10	*117	..	*117	..	..	2010	
..	..	..	*87	*59	..	*59	..	*1	2007	Comores
..	..	..	*87	*61	..	*60	..	*1	2008	
..	..	..	*85	*61	..	*60	..	*1	2009	
..	..	..	*92	*67	..	*67	..	*1	2010	
71	41	57	168	625	..	501	28	96	2007	Congo
83	61	66	174	667	..	534	34	100	2008	
88	0	72	217	853	..	686	73	95	2009	
88	0	40	232	938	..	779	45	114	2010	

Table 1

Production, trade and consumption of commercial energy
Thousand metric tons of coal equivalent and kilograms per capita

Country or area Pays ou zone	Year Année	Primary energy production Production d'énergie primaire					Changes in stocks Variations des stocks	Imports Importations	Exports Exportations
		Total Totale	Solids Solides	Liquids Liquides	Gas Gaz	Electricity Electricité			
Côte d'Ivoire	2007	5713	..	3490	2002	221	-207	5366	6969
	2008	5634	..	3294	2107	233	-459	4699	6420
	2009	5479	..	3286	1931	262	-164	4512	6333
	2010	4767	..	2449	2119	199	-115	3794	4938
Dem. Rep. of the Congo	2007	2857	127	1758	11	961	4	1233	1926
	2008	2728	131	1667	11	919	23	1100	1727
	2009	2703	135	1599	11	958	-6	1043	1710
	2010	2714	139	1599	11	964	-1	1393	1713
Djibouti	2007	..	..	..	..	..	..	*473	..
	2008	..	..	..	..	..	..	*508	..
	2009	..	..	..	..	..	..	*516	..
	2010	..	..	..	..	..	..	*517	..
Egypt	2007	127504	22	47679	77796	2007	-227	10686	26573
	2008	133934	22	51260	80734	1918	-208	11583	32815
	2009	132047	60	49778	80490	1719	-193	14374	35801
	2010	132401	33	50689	79867	1812	-328	15365	33374
Equatorial Guinea	2007	36123	..	33896	*2226	*1	..	*306	32113
	2008	41743	..	33826	7916	*1	..	*311	37961
	2009	39296	..	30953	8342	*1	..	*311	35433
	2010	37091	..	28388	8702	*1	..	*311	*33188
Eritrea	2007	0	..	..	..	0	-47	223	..
	2008	0	..	..	..	0	-4	185	..
	2009	0	..	..	..	0	-13	220	..
	2010	0	..	..	..	0	-9	221	..
Ethiopia	2007	416	..	..	..	416	-1	2740	..
	2008	407	..	..	..	407	31	2932	..
	2009	436	..	..	..	436	0	2980	..
	2010	608	..	..	..	608	14	2926	..
Gabon	2007	18053	..	17740	215	98	-328	284	16910
	2008	17637	..	17287	241	110	171	275	16326
	2009	17717	..	17370	238	109	379	279	16917
	2010	18705	..	18355	251	99	-1058	295	18129
Gambia	2007	..	..	..	..	..	..	193	3
	2008	..	..	..	..	..	..	200	3
	2009	..	..	..	..	..	..	215	3
	2010	..	..	..	..	..	..	*234	*3
Ghana	2007	458	..	..	..	458	..	4780	410
	2008	761	..	..	..	761	..	4421	579
	2009	845	..	..	..	845	..	4155	798
	2010	1198	..	261	78	859	..	4709	945
Guinea	2007	66	..	..	0	66	..	*608	..
	2008	65	..	..	0	65	..	*608	..
	2009	64	..	..	0	64	..	*616	..
	2010	60	..	..	0	60	..	*620	..
Guinea-Bissau	2007	..	..	..	..	..	..	*124	..
	2008	..	..	..	..	..	..	*120	..
	2009	..	..	..	..	..	..	*125	..
	2010	..	..	..	..	..	..	*128	..
Kenya	2007	563	..	..	..	563	-372	4751	137
	2008	495	..	..	..	495	-15	4996	31
	2009	424	..	..	..	424	-317	5629	67
	2010	573	..	..	..	573	-186	5888	133
Lesotho	2007	69	..	..	..	69	..	10	1
	2008	72	..	..	..	72	..	18	0
	2009	80	..	..	..	80	..	28	0
	2010	*86	..	..	..	*86	..	34	1

Table 1

Production, commerce et consommation d'énergie commerciale
Milliers de tonnes métriques d'équivalent houille et kilogrammes par habitant

| Bunkers Soutes | | Unallocated Quantités non réparties | Consommation | | | | | | Year Année | Country or area Pays ou zone |
Aviation Avion	Marine Maritime		Per Capita Par habitant	Total Totale	Solids Solides	Liquids Liquides	Gas Gaz	Electricity Electricité		
69	156	593	188	3499	..	1370	2002	126	2007	Côte d'Ivoire
78	98	267	207	3929	..	1663	2107	160	2008	
78	23	4	192	3717	..	1584	1931	202	2009	
59	21	91	181	3567	..	1307	2119	141	2010	
249	..	0	31	1911	409	692	11	798	2007	Rép. dem. du Congo
22	..	0	33	2056	431	768	11	846	2008	
22	..	4	31	2015	442	700	11	862	2009	
217	..	0	33	2178	469	826	11	871	2010	
149	*120	..	*243	*204	..	*204	..	..	2007	Djibouti
149	*138	..	*258	*221	..	*221	..	..	2008	
149	*143	..	*257	*224	..	*224	..	..	2009	
*149	*143	..	*254	*225	..	*225	..	..	2010	
1425	1416	7484	1319	101519	1111	42197	56272	1938	2007	Egypte
1285	692	8107	1313	102826	1087	42144	57786	1808	2008	
1400	439	7829	1269	101144	1026	41784	56730	1604	2009	
1191	626	7381	1301	105523	1567	41682	60639	1635	2010	
*50	..	1753	*3902	*2513	..	*286	*2226	*1	2007	Guinée équatoriale
*52	..	1768	3432	2273	..	*291	1982	*1	2008	
*52	..	1768	3455	2353	..	*291	2062	*1	2009	
*52	..	*1768	3418	2394	..	*291	2102	*1	2010	
7	..	..	55	262	..	262	..	0	2007	Erythrée
4	..	..	37	185	..	184	..	0	2008	
1	..	..	45	231	..	231	..	0	2009	
1	..	..	43	228	..	228	..	0	2010	
323	..	..	36	2833	..	2417	..	416	2007	Ethiopie
315	..	..	38	2992	..	2585	..	407	2008	
366	..	..	38	3050	..	2614	..	436	2009	
472	..	..	37	3048	..	2441	..	608	2010	
77	379	21	897	1278	..	964	215	98	2007	Gabon
80	384	-305	867	1257	..	906	241	110	2008	
78	370	-1071	896	1324	..	977	238	109	2009	
84	425	21	929	1399	..	1049	251	99	2010	
..	..	..	119	190	..	187	3	..	2007	Gambie
..	..	..	121	197	..	194	3	..	2008	
..	..	..	126	212	..	208	3	..	2009	
..	..	..	*133	*231	..	*227	*3	..	2010	
189	64	-26	203	4602	..	4121	..	481	2007	Ghana
183	83	162	179	4175	..	3447	..	729	2008	
192	107	136	158	3766	..	2989	..	777	2009	
207	139	129	184	4487	..	3664	78	745	2010	
*37	..	..	*68	*637	..	*571	0	66	2007	Guinée
*36	..	..	*67	*638	..	*573	0	65	2008	
*37	..	..	*66	*644	..	*580	0	64	2009	
*37	..	..	*64	*643	..	*583	0	60	2010	
*16	..	..	*76	*108	..	*108	..	..	2007	Guinée-Bissau
*15	..	..	*72	*105	..	*105	..	..	2008	
*16	..	..	*74	*110	..	*110	..	..	2009	
*16	..	..	*74	*113	..	*113	..	..	2010	
942	7	208	117	4392	151	3683	..	558	2007	Kenya
824	1	198	116	4451	155	3801	..	495	2008	
842	3	390	128	5068	138	4505	..	426	2009	
992	1	44	135	5477	236	4668	..	573	2010	
..	..	..	37	78	..	3	..	75	2007	Lesotho
..	..	..	43	90	..	9	..	81	2008	
..	..	..	50	108	..	12	..	95	2009	
..	..	..	*55	*120	..	10	..	*110	2010	

Table 1

Production, trade and consumption of commercial energy
Thousand metric tons of coal equivalent and kilograms per capita

Country or area Pays ou zone	Year Année	Primary energy production Production d'énergie primaire					Changes in stocks Variations des stocks	Imports Importations	Exports Exportations
		Total Totale	Solids Solides	Liquids Liquides	Gas Gaz	Electricity Electricité			
Liberia	2007	..	..	..	..	..	..	309	..
	2008	..	..	..	..	..	..	271	..
	2009	..	..	..	..	..	..	255	..
	2010	..	..	..	..	..	..	391	..
Libya	2007	149008	..	127666	21342	..	..	9	121018
	2008	152991	..	130783	22208	..	..	8	123122
	2009	133946	..	113330	20616	..	..	9	100046
	2010	136080	..	114284	21796	..	..	9	105873
Madagascar	2007	88	..	..	..	88	17	906	..
	2008	86	..	..	..	86	40	991	..
	2009	91	..	..	..	91	-27	845	..
	2010	87	..	..	..	87	-51	922	..
Malawi	2007	232	*60	..	..	172	..	339	*12
	2008	242	*52	..	..	190	..	432	*12
	2009	*239	*54	..	..	*185	..	386	*10
	2010	*269	*54	..	..	*215	..	470	*11
Mali	2007	*33	..	..	..	*33	..	*306	..
	2008	*35	..	..	..	*35	..	*313	..
	2009	*35	..	..	..	*35	..	*322	..
	2010	*35	..	..	..	*35	..	*329	..
Mauritania	2007	1082	..	1082	..	..	143	834	935
	2008	872	..	872	..	..	134	901	736
	2009	809	..	809	..	..	*424	*1002	385
	2010	592	..	592	..	..	*-121	*994	713
Mauritius	2007	10	..	..	..	10	56	2203	..
	2008	13	..	..	..	13	-51	2149	..
	2009	15	..	..	..	15	-140	2019	..
	2010	13	..	..	..	13	-60	2229	..
Morocco	2007	301	..	20	85	196	-168	22618	892
	2008	288	..	13	71	204	-803	21257	317
	2009	481	..	12	59	411	73	22184	659
	2010	613	..	14	71	527	587	22967	0
Mozambique	2007	5602	24	39	3566	1973	36	2028	4941
	2008	5917	38	43	3979	1857	22	1872	5270
	2009	6051	38	42	3890	2082	23	2002	5394
	2010	6387	38	46	4258	2045	0	2080	5690
Namibia	2007	192	..	..	..	192	..	1420	5
	2008	174	..	..	..	174	..	1902	6
	2009	176	..	..	..	176	..	1779	18
	2010	155	..	..	..	155	..	1826	25
Niger	2007	134	134	..	..	0	36	321	0
	2008	144	144	..	..	0	-9	308	0
	2009	150	150	..	..	0	-1	401	0
	2010	186	186	..	..	0	-11	504	0
Nigeria	2007	208316	8	165404	42139	765	-4712	10661	193217
	2008	200918	8	159067	41141	703	-2615	8241	178392
	2009	197798	8	167145	30089	556	-4272	10715	186315
	2010	237230	8	193564	42875	783	-1787	9922	219815
Réunion	2007	99	..	..	17	83	-23	1634	..
	2008	99	..	..	19	80	15	1701	..
	2009	90	..	..	21	70	30	1809	..
	2010	101	..	..	23	78	-3	1824	..
Rwanda	2007	6	..	..	*1	5	-1	267	0
	2008	10	..	..	*1	9	*2	*266	0
	2009	13	..	..	*1	12	*2	*280	0
	2010	15	..	..	*1	14	0	*291	0

Table 1

Production, commerce et consommation d'énergie commerciale
Milliers de tonnes métriques d'équivalent houille et kilogrammes par habitant

Bunkers Soutes		Unallocated Quantités non réparties	Consumption Consommation						Year Année	Country or area Pays ou zone
Aviation Avion	Marine Maritime		Per Capita Par habitant	Total Totale	Solids Solides	Liquids Liquides	Gas Gaz	Electricity Electricité		
*4	*19	..	82	285	..	285	..	..	2007	Libéria
*4	*17	..	68	250	..	250	..	..	2008	
*5	*17	..	61	233	..	233	..	..	2009	
*7	*19	..	91	365	..	365	..	..	2010	
268	127	4725	3798	22879	0	14484	8398	-3	2007	Libye
276	127	4693	4030	24782	0	16064	8723	-6	2008	
340	127	7423	4154	26018	0	17298	8726	-6	2009	
376	127	2774	4239	26939	0	17856	9089	-7	2010	
80	*17	1	46	881	10	782	..	88	2007	Madagascar
81	*11	1	48	944	13	845	..	86	2008	
55	*12	0	45	896	14	790	..	91	2009	
73	*20	0	47	967	40	840	..	87	2010	
..	..	..	41	560	*61	328	..	170	2007	Malawi
..	..	..	47	663	*51	424	..	187	2008	
..	..	..	43	614	*48	384	..	*183	2009	
..	..	..	49	729	*52	464	..	*213	2010	
*28	..	..	*22	*311	..	*277	..	*33	2007	Mali
*28	..	..	*22	*319	..	*285	..	*35	2008	
*30	..	..	*22	*327	..	*292	..	*35	2009	
*31	..	..	*22	*334	..	*298	..	*35	2010	
24	..	1	253	812	..	799	..	*14	2007	Mauritanie
23	..	2	267	879	..	866	..	13	2008	
30	..	0	*288	*971	..	*955	..	*16	2009	
26	..	0	*280	*968	..	*951	..	*17	2010	
172	279	..	1337	1706	573	1123	..	10	2007	Maurice
184	306	..	1342	1723	651	1059	..	13	2008	
167	311	..	1313	1696	596	1085	..	15	2009	
170	338	..	1381	1795	668	1114	..	13	2010	
713	19	1523	643	19939	5683	12767	863	627	2007	Maroc
713	19	1369	636	19929	4206	14223	772	727	2008	
719	19	1329	628	19866	3856	14194	837	979	2009	
825	*19	967	663	21180	3980	15285	904	1011	2010	
93	0	0	117	2561	9	876	138	1538	2007	Mozambique
85	0	0	108	2412	10	833	135	1434	2008	
99	0	0	111	2537	10	936	132	1459	2009	
94	0	0	115	2682	10	1012	204	1457	2010	
50	..	..	721	1557	77	1042	..	438	2007	Namibie
53	..	..	917	2017	413	1172	..	432	2008	
52	..	..	841	1885	193	1264	..	428	2009	
55	..	..	832	1901	136	1332	..	432	2010	
*17	..	..	29	402	126	220	..	55	2007	Niger
*16	..	..	31	444	146	242	..	56	2008	
*17	..	..	36	535	151	318	..	65	2009	
*20	..	..	44	681	185	429	..	67	2010	
343	803	758	194	28568	11	13826	13966	765	2007	Nigéria
1231	852	1055	201	30244	11	15035	14496	703	2008	
935	912	422	157	24201	11	14278	9356	556	2009	
243	983	1320	168	26578	11	14416	11368	783	2010	
..	21	..	2126	1734	660	975	17	83	2007	Réunion
..	16	..	2143	1770	678	993	19	80	2008	
..	15	..	2217	1854	651	1113	21	70	2009	
..	19	..	2256	1909	695	1113	23	78	2010	
*18	..	..	26	257	..	241	*1	15	2007	Rwanda
*18	..	..	*26	*256	..	*236	*1	19	2008	
*21	..	..	*26	*271	..	*250	*1	20	2009	
*22	..	..	*27	*283	..	*259	*1	23	2010	

Table 1

Production, trade and consumption of commercial energy
Thousand metric tons of coal equivalent and kilograms per capita

Country or area Pays ou zone	Year Année	Primary energy production Production d'énergie primaire					Changes in stocks Variations des stocks	Imports Importations	Exports Exportations
		Total Totale	Solids Solides	Liquids Liquides	Gas Gaz	Electricity Electricité			
Sao Tome and Principe	2007	1	..	..	..	1	..	*48	..
	2008	*1	..	..	..	*1	..	*53	..
	2009	*1	..	..	..	*1	..	*57	..
	2010	1	..	..	..	1	..	62	..
Senegal	2007	17	..	..	16	0	23	2693	501
	2008	15	..	..	15	0	34	2734	438
	2009	24	..	..	23	0	-141	2535	403
	2010	25	..	..	24	0	12	2894	3
Seychelles	2007	..	..	..	..	..	..	449	..
	2008	..	..	..	..	..	..	489	..
	2009	..	..	..	..	..	..	531	..
	2010	..	..	..	..	..	..	481	..
Sierra Leone	2007	2	..	..	..	2	..	256	..
	2008	*12	..	..	..	*12	..	259	..
	2009	*11	..	..	..	*11	..	279	..
	2010	*15	..	..	..	*15	..	298	..
Somalia	2007	..	..	..	..	..	..	*389	0
	2008	..	..	..	..	..	..	*389	0
	2009	..	..	..	..	..	..	*375	0
	2010	..	..	..	..	..	..	*386	0
South Africa	2007	191037	186504	345	2311	1877	0	45443	59136
	2008	192991	188266	314	2311	2099	5515	43921	48505
	2009	191645	187877	322	1351	2095	0	52890	44994
	2010	194775	191667	250	740	2118	0	44051	54947
St. Helena and Depend.	2007	..	..	..	..	..	..	6	..
	2008	0	..	..	..	0	..	5	..
	2009	0	..	..	..	0	..	4	..
	2010	0	..	..	..	0	..	4	..
Sudan	2007	34539	..	34361	..	178	471	701	28354
	2008	33517	..	33338	..	180	614	1379	27549
	2009	34658	..	34261	..	397	429	695	27694
	2010	33818	..	33346	..	472	1863	863	25548
Swaziland	2007	*483	*462	..	..	21	*5	*589	*462
	2008	*495	*476	..	..	20	*5	*609	*476
	2009	*511	*481	..	..	30	*-4	*565	*481
	2010	*524	*489	..	..	35	*-7	*559	*489
Togo	2007	11	..	..	..	11	-56	492	..
	2008	11	..	..	..	11	-148	535	..
	2009	12	..	..	..	12	0	712	..
	2010	12	..	..	..	12	0	735	..
Tunisia	2007	9772	..	6694	3067	11	116	8913	7143
	2008	9203	..	6117	3076	9	634	9680	6202
	2009	9370	..	5831	3517	22	89	8838	6080
	2010	9953	..	5601	4329	23	-198	8092	5776
Uganda	2007	173	..	..	..	173	..	1345	8
	2008	180	..	..	..	180	..	1360	8
	2009	157	..	..	..	157	..	1455	10
	2010	*148	..	..	..	*148	..	1657	*9
United Rep. of Tanzania	2007	1117	84	..	725	308	..	2120	..
	2008	1146	90	..	730	326	..	2263	..
	2009	1283	98	..	862	323	..	2072	..
	2010	1442	105	..	1021	316	..	2133	..
Western Sahara	2007	..	..	..	..	..	..	*122	..
	2008	..	..	..	..	..	..	*122	..
	2009	..	..	..	..	..	..	*122	..
	2010	..	..	..	..	..	..	*122	..

Table 1

Production, commerce et consommation d'énergie commerciale
Milliers de tonnes métriques d'équivalent houille et kilogrammes par habitant

Bunkers Soutes		Unallocated Quantités	Consumption Consommation						Year	Country or area
Aviation Avion	Marine Maritime	non réparties	Per Capita Par habitant	Total Totale	Solids Solides	Liquids Liquides	Gas Gaz	Electricity Electricité	Année	Pays ou zone
*10	..	..	*248	*39	..	*38	..	1	2007	Sao Tomé-et-Principe
*12	..	..	*263	*42	..	*41	..	*1	2008	
*13	..	..	*272	*44	..	*43	..	*1	2009	
14	..	..	291	48	..	47	..	1	2010	
463	..	-82	157	1806	301	1466	16	23	2007	Sénégal
470	..	110	144	1698	254	1401	15	29	2008	
370	..	90	152	1837	316	1468	23	30	2009	
308	..	84	202	2512	264	2192	24	32	2010	
*42	*98	..	3633	309	..	309	..	..	2007	Seychelles
*53	*103	..	3889	333	..	333	..	..	2008	
*59	*115	..	4146	357	..	357	..	..	2009	
*61	*89	..	3817	330	..	330	..	..	2010	
*9	..	..	46	250	0	248	..	2	2007	Sierra Leone
*4	..	..	48	267	0	255	..	*12	2008	
*24	..	..	46	265	0	255	..	*11	2009	
*24	..	..	49	289	0	274	..	*15	2010	
*69	*32	0	*33	*288	..	*288	..	..	2007	Somalie
*69	*30	0	*32	*289	..	*289	..	..	2008	
*66	*27	0	*31	*282	..	*282	..	..	2009	
*71	*28	0	*31	*287	..	*287	..	..	2010	
..	3689	-4644	3650	178299	137860	31870	6071	2498	2007	Afrique du Sud
..	*325	-4366	3790	186933	141563	36205	6460	2706	2008	
..	*319	4884	3906	194337	150712	35047	5889	2690	2009	
..	3858	4406	3503	175615	143510	*24698	4681	2726	2010	
..	..	..	1333	6	..	6	..	..	2007	St-Hélène et dépend
..	..	..	1086	5	..	5	..	0	2008	
..	..	..	1065	4	..	4	..	0	2009	
..	..	..	1086	4	..	4	..	0	2010	
343	23	539	136	5510	..	5331	..	178	2007	Soudan
600	26	451	137	5657	..	5477	..	180	2008	
323	26	518	150	6363	..	5966	..	397	2009	
348	28	389	149	6505	..	6033	..	472	2010	
*1	..	..	*534	*605	*151	*317	..	136	2007	Swaziland
*1	..	..	*541	*622	*155	*327	..	140	2008	
*1	..	..	*512	*598	*137	*318	..	143	2009	
*1	..	..	*506	*600	*133	*320	..	147	2010	
44	3	..	91	513	..	438	..	74	2007	Togo
87	6	..	104	601	..	508	..	93	2008	
90	6	..	106	628	..	532	..	96	2009	
93	6	..	108	649	..	550	..	99	2010	
..	0	248	1103	11178	..	6047	5119	11	2007	Tunisie
..	0	374	1139	11673	..	5754	5909	9	2008	
..	37	333	1126	11669	..	5529	6114	27	2009	
..	20	105	1178	12341	..	5637	6679	26	2010	
..	..	..	50	1510	..	1337	..	173	2007	Ouganda
..	..	..	49	1532	..	1355	..	177	2008	
..	..	..	50	1603	..	1452	..	150	2009	
..	..	..	54	1795	..	1653	..	*142	2010	
140	33	..	75	3065	84	1932	725	324	2007	Rép. Unie de Tanzanie
150	31	..	76	3227	90	2075	730	333	2008	
146	31	..	73	3178	98	1888	862	329	2009	
149	31	..	76	3395	105	1946	1021	323	2010	
*9	..	..	*235	*113	..	*113	..	..	2007	Sahara occidental
*9	..	..	*227	*113	..	*113	..	..	2008	
*9	..	..	*220	*113	..	*113	..	..	2009	
*9	..	..	*213	*113	..	*113	..	..	2010	

Table 1

Production, trade and consumption of commercial energy
Thousand metric tons of coal equivalent and kilograms per capita

Country or area Pays ou zone	Year Année	Primary energy production Production d'énergie primaire					Changes in stocks Variations des stocks	Imports Importations	Exports Exportations
		Total Totale	Solids Solides	Liquids Liquides	Gas Gaz	Electricity Electricité			
Zambia	2007	1216	12	..	..	1204	-1	763	69
	2008	1188	1	..	..	1187	7	867	15
	2009	1276	1	..	..	1275	3	913	95
	2010	1386	1	..	..	1385	-40	967	89
Zimbabwe	2007	3707	3182	..	..	525	-2	1558	186
	2008	2925	2493	..	..	432	-19	1611	185
	2009	3085	2627	..	..	458	-21	1603	186
	2010	3339	2840	..	..	499	-23	1589	188
America, North	**2007**	**3116925**	**869505**	**961279**	**1077028**	**209113**	**-24451**	**1446082**	**726332**
	2008	**3132133**	**884339**	**933525**	**1099417**	**214853**	**5905**	**1403495**	**759091**
	2009	**3079311**	**809325**	**951342**	**1103544**	**215100**	**41856**	**1284202**	**729223**
	2010	**3147276**	**814811**	**982690**	**1132126**	**217649**	**-17151**	**1290858**	**782069**
Anguilla	2007	..	..	..	..	..	..	28	..
	2008	..	..	..	..	..	..	28	..
	2009	..	..	..	..	..	..	28	..
	2010	..	..	..	..	..	..	30	..
Antigua and Barbuda	2007	..	..	..	..	..	..	*304	*13
	2008	..	..	..	..	..	..	*312	*13
	2009	..	..	..	..	..	..	*331	*12
	2010	..	..	..	..	..	..	*340	*12
Aruba	2007	*180	..	*180	..	..	..	*15619	*15143
	2008	*176	..	*176	..	..	..	*15519	*15068
	2009	*177	..	*177	..	..	..	*15538	*15080
	2010	*178	..	*178	..	..	..	*15563	*15093
Bahamas	2007	..	..	..	..	..	..	*1185	*113
	2008	..	..	..	..	..	..	970	28
	2009	..	..	..	..	..	..	1021	*26
	2010	..	..	..	..	..	..	1504	*64
Barbados	2007	99	..	68	32	..	3	584	66
	2008	94	..	59	36	..	-16	650	53
	2009	80	..	56	23	..	-21	654	53
	2010	85	..	62	23	..	0	621	61
Belize	2007	238	..	216	..	22	..	256	216
	2008	278	..	253	..	25	..	*250	253
	2009	317	..	287	..	30	..	*253	287
	2010	339	..	306	..	33	..	*250	306
Bermuda	2007	..	..	..	..	..	..	322	..
	2008	..	..	..	..	..	..	284	..
	2009	..	..	..	..	..	..	*319	..
	2010	..	..	..	..	..	..	*323	..
British Virgin Islands	2007	..	..	..	..	..	..	*48	..
	2008	..	..	..	..	..	..	*50	..
	2009	..	..	..	..	..	..	*53	..
	2010	..	..	..	..	..	..	*54	..
Canada	2007	577449	48965	230749	240324	57410	-13081	111445	338484
	2008	561998	49104	224713	230187	57994	-9315	120666	336607
	2009	539274	44942	223197	214743	56392	-9878	112421	323049
	2010	549344	48227	235527	210069	55521	-8624	110779	333106
Cayman Islands	2007	..	..	..	..	..	..	291	..
	2008	..	..	..	..	..	..	300	..
	2009	..	..	..	..	..	..	280	..
	2010	..	..	..	..	..	..	281	..
Costa Rica	2007	1013	..	..	..	1013	-35	3536	6
	2008	1071	..	..	..	1071	102	3665	23
	2009	1073	..	..	..	1073	-78	3427	124
	2010	1081	..	..	..	1081	-21	3524	157

Table 1

Production, commerce et consommation d'énergie commerciale
Milliers de tonnes métriques d'équivalent houille et kilogrammes par habitant

Bunkers Soutes		Unallocated Quantités non réparties	Consumption Consommation						Year Année	Country or area Pays ou zone
Aviation Avion	Marine Maritime		Per Capita Par habitant	Total Totale	Solids Solides	Liquids Liquides	Gas Gaz	Electricity Electricité		
46	..	57	150	1808	12	610	..	1186	2007	Zambie
58	..	61	155	1915	1	707	..	1208	2008	
43	..	74	155	1976	1	770	..	1204	2009	
43	..	78	167	2183	1	867	..	1315	2010	
10	..	..	406	5071	3050	914	..	1107	2007	Zimbabwe
9	..	..	350	4361	2370	791	..	1200	2008	
9	..	..	362	4514	2507	825	..	1183	2009	
10	..	..	378	4753	2724	880	..	1148	2010	
40513	53496	85503	7004	3681614	846241	1526026	1100310	209037	2007	**Amérique du Nord**
40693	47292	40651	6857	3641997	833703	1494938	1098449	214907	2008	
36299	44865	62059	6428	3449210	740338	1401846	1091950	215075	2009	
37741	48263	57110	6512	3530102	764739	1411338	1136399	217627	2010	
..	..	..	1933	28	..	28	..	..	2007	Anguilla
..	..	..	1900	28	..	28	..	..	2008	
..	..	..	1852	28	..	28	..	..	2009	
..	..	..	1947	30	..	30	..	..	2010	
*74	*4	..	*2471	*212	..	*212	..	..	2007	Antigua-et-Barbuda
*75	*4	..	*2520	*219	..	*219	..	..	2008	
*77	*4	..	*2718	*239	..	*239	..	..	2009	
*78	*5	..	*2764	*245	..	*245	..	..	2010	
*113	..	*192	*3369	*351	..	*351	..	..	2007	Aruba
*115	..	*160	*3338	*352	..	*352	..	..	2008	
*117	..	*163	*3333	*355	..	*355	..	..	2009	
*119	..	*169	*3338	*359	..	*359	..	..	2010	
*167	*170	..	*2235	*735	*2	*733	..	..	2007	Bahamas
*288	154	..	1499	500	2	498	..	..	2008	
*84	*128	..	2316	784	*2	782	..	..	2009	
*116	*148	..	3431	1176	*2	1174	..	..	2010	
..	..	0	2258	613	..	582	32	..	2007	Barbade
..	..	4	2584	703	..	668	36	..	2008	
..	..	2	2564	699	..	676	23	..	2009	
..	..	0	2364	646	..	623	23	..	2010	
24	..	0	867	254	..	205	..	50	2007	Belize
*25	..	0	*838	*251	..	*195	..	56	2008	
*27	..	0	*838	*256	..	*200	..	56	2009	
*28	..	0	*819	*255	..	*202	..	53	2010	
53	25	..	3773	243	..	243	..	..	2007	Bermudes
74	25	..	2852	184	..	184	..	..	2008	
*74	*25	..	*3392	*220	..	*220	..	..	2009	
*74	*26	..	*3448	*224	..	*224	..	..	2010	
..	..	..	*2124	*48	..	*48	..	..	2007	Iles Vierges britanniques
..	..	..	*2217	*50	..	*50	..	..	2008	
..	..	..	*2288	*53	..	*53	..	..	2009	
..	..	..	*2341	*54	..	*54	..	..	2010	
725	932	25991	10184	335841	37755	116513	127965	53608	2007	Canada
753	770	21062	9985	332787	39763	114639	124257	54128	2008	
943	694	17626	9481	319261	33929	108172	124893	52268	2009	
1480	1002	16352	9313	316807	31842	107816	124786	52363	2010	
..	..	..	5324	291	..	291	..	..	2007	Iles Caïmanes
..	..	..	5429	300	..	300	..	..	2008	
..	..	..	5013	280	..	280	..	..	2009	
..	..	..	4994	281	..	281	..	..	2010	
..	..	41	1019	4537	117	3386	..	1033	2007	Costa Rica
..	..	88	1000	4524	117	3345	..	1062	2008	
..	..	87	951	4368	102	3190	..	1075	2009	
..	..	9	957	4460	92	3284	..	1084	2010	

Table 1

Production, trade and consumption of commercial energy
Thousand metric tons of coal equivalent and kilograms per capita

Country or area Pays ou zone	Year Année	Primary energy production Production d'énergie primaire					Changes in stocks Variations des stocks	Imports Importations	Exports Exportations
		Total Totale	Solids Solides	Liquids Liquides	Gas Gaz	Electricity Electricité			
Cuba	2007	5999	..	4405	1579	15	..	7225	..
	2008	6091	..	4528	1546	17	..	8863	..
	2009	5684	..	4127	1538	19	..	9065	..
	2010	6000	·..	4559	1429	12	..	12700	..
Dominica	2007	3	..	..	..	3	..	71	..
	2008	3	..	..	..	3	..	61	..
	2009	3	..	..	..	3	..	61	..
	2010	3	..	..	..	3	..	*64	..
Dominican Republic	2007	209	..	..	..	209	12	9403	..
	2008	170	..	..	..	170	-6	9160	..
	2009	180	..	..	..	180	5	9119	..
	2010	174	..	..	..	174	28	9602	..
El Salvador	2007	383	..	..	..	383	48	3336	88
	2008	437	..	..	..	437	-97	3056	133
	2009	372	..	..	..	372	-22	3144	138
	2010	443	..	..	..	443	-36	3043	164
Greenland	2007	25	..	..	..	25	*13	408	0
	2008	25	..	..	..	25	*-31	378	0
	2009	31	..	..	..	31	*11	363	0
	2010	35	..	..	..	35	*29	458	0
Grenada	2007	..	..	..	..	..	0	129	..
	2008	..	..	..	..	..	-2	140	..
	2009	..	..	..	..	..	-2	132	..
	2010	..	..	..	..	..	0	138	..
Guadeloupe	2007	*34	..	..	..	*34	..	972	..
	2008	*34	..	..	..	*34	..	975	..
	2009	*34	..	..	..	*34	..	*975	..
	2010	*34	..	..	..	*34	..	*975	..
Guatemala	2007	1621	..	1192	..	429	299	6055	1205
	2008	1590	..	1101	..	489	-25	5300	1252
	2009	1418	..	1062	..	356	199	5971	1155
	2010	1378	..	940	..	438	-1	5474	1072
Haiti	2007	19	..	..	..	19	..	1104	..
	2008	22	..	..	..	22	..	1123	..
	2009	25	..	..	..	25	..	1039	..
	2010	22	..	..	..	22	..	971	..
Honduras	2007	272	..	..	..	272	-123	3863	260
	2008	281	..	..	..	281	-146	3968	423
	2009	344	..	..	..	344	-57	3736	479
	2010	364	..	..	..	364	0	3436	3
Jamaica	2007	26	..	..	..	26	60	6640	0
	2008	25	..	..	..	25	-20	5926	0
	2009	20	..	..	..	20	-318	3859	0
	2010	25	..	..	..	25	-71	3904	385
Martinique	2007	4	..	..	..	4	..	1242	*217
	2008	5	..	..	..	5	..	1238	*224
	2009	*6	..	..	..	*6	..	1309	*227
	2010	*5	..	..	..	*5	..	1311	*231
Mexico	2007	324419	8572	249466	60807	5573	866	53292	135079
	2008	302091	7824	226794	60555	6918	1445	60203	115296
	2009	284877	7233	211207	60962	5474	-514	55804	105436
	2010	289106	6912	209418	66525	6251	1498	66303	114797
Montserrat	2007	..	..	..	..	..	..	*39	..
	2008	..	..	..	..	..	..	*39	..
	2009	..	..	..	..	..	..	*39	..
	2010	..	..	..	..	..	..	39	..

Table 1

Production, commerce et consommation d'énergie commerciale
Milliers de tonnes métriques d'équivalent houille et kilogrammes par habitant

Bunkers Soutes		Unallocated Quantités non réparties	Consumption Consommation						Year Année	Country or area Pays ou zone
Aviation Avion	Marine Maritime		Per Capita Par habitant	Total Totale	Solids Solides	Liquids Liquides	Gas Gaz	Electricity Electricité		
*248	*41	778	1079	12157	28	10535	1579	15	2007	Cuba
*205	*42	1041	1213	13666	34	12070	1546	17	2008	
*195	*42	1228	1179	13284	33	11695	1538	19	2009	
*198	*42	1192	1534	17268	29	15798	1429	12	2010	
..	..	..	1084	74	..	71	..	3	2007	Dominique
..	..	..	935	64	..	61	..	3	2008	
..	..	..	947	64	..	61	..	3	2009	
..	..	..	*986	*67	..	*64	..	3	2010	
*137	..	37	989	9426	823	7651	742	209	2007	Rép. dominicaine
*137	..	30	949	9168	858	7524	616	170	2008	
*137	..	101	924	9056	842	7317	717	180	2009	
*139	..	76	960	9533	804	7397	1158	174	2010	
167	..	108	542	3309	0	2921	..	387	2007	El Salvador
164	..	98	521	3195	0	2759	..	436	2008	
164	..	69	514	3167	0	2780	..	388	2009	
159	..	85	503	3113	0	2660	..	454	2010	
24	79	..	5534	317	..	292	..	25	2007	Groënland
26	83	..	5682	326	..	301	..	25	2008	
22	66	..	5160	296	..	264	..	31	2009	
22	106	..	5847	335	..	300	..	35	2010	
14	..	..	1117	115	..	115	..	..	2007	Grenade
17	..	..	1210	125	..	125	..	..	2008	
13	..	..	1161	121	..	121	..	..	2009	
12	..	..	1201	125	..	125	..	..	2010	
198	..	..	1786	808	..	774	..	*34	2007	Guadeloupe
203	..	..	1771	806	..	772	..	*34	2008	
*203	..	..	*1760	*806	..	*772	..	*34	2009	
*203	..	..	*1750	*806	..	*772	..	*34	2010	
41	380	85	424	5666	447	4805	..	414	2007	Guatemala
37	393	52	378	5181	452	4250	..	480	2008	
34	394	95	393	5512	294	4869	..	349	2009	
58	406	72	365	5245	492	4288	..	465	2010	
29	..	..	114	1093	..	1074	..	19	2007	Haïti
31	..	..	114	1114	..	1092	..	22	2008	
25	..	..	105	1040	..	1014	..	25	2009	
29	..	..	96	963	..	942	..	22	2010	
37	0	..	553	3962	122	3566	..	273	2007	Honduras
66	0	..	535	3905	168	3457	..	280	2008	
72	1	..	481	3584	165	3081	..	338	2009	
68	1	..	491	3729	172	3193	..	364	2010	
354	43	41	2277	6168	36	6106	..	26	2007	Jamaïque
458	43	64	1987	5406	48	5333	..	25	2008	
242	43	76	1405	3837	51	3766	..	20	2009	
275	103	77	1153	3160	31	3104	..	25	2010	
0	*68	*-32	*2476	*993	..	*989	..	4	2007	Martinique
0	*69	*-65	*2519	*1014	..	*1009	..	5	2008	
0	*70	*-2	*2522	*1020	..	*1014	..	*6	2009	
0	*71	*-26	*2564	*1041	..	*1035	..	*5	2010	
4595	1246	13312	2038	222613	12999	130591	73594	5429	2007	Mexique
4399	1474	13252	2047	226428	11015	130833	77798	6782	2008	
3717	1107	7626	1993	223310	11068	129853	77026	5363	2009	
3774	1159	585	2060	233596	12333	130560	84569	6134	2010	
..	*1	..	*6399	*37	..	*37	..	..	2007	Montserrat
..	*1	..	*6366	*37	..	*37	..	..	2008	
..	*1	..	*6296	*37	..	*37	..	..	2009	
..	*1	..	6254	37	..	37	..	..	2010	

Table 1

Production, trade and consumption of commercial energy
Thousand metric tons of coal equivalent and kilograms per capita

Country or area Pays ou zone	Year Année	Primary energy production Production d'énergie primaire					Changes in stocks Variations des stocks	Imports Importations	Exports Exportations
		Total Totale	Solids Solides	Liquids Liquides	Gas Gaz	Electricity Electricité			
Netherlands Antilles	2007	..	..	..	..	..	..	20846	13205
	2008	..	..	..	..	..	..	19764	12755
	2009	..	..	..	..	..	..	18504	11970
	2010	..	..	..	..	..	..	10557	4780
Nicaragua	2007	67	..	..	..	67	65	2207	1
	2008	105	..	..	..	105	-65	1963	0
	2009	86	..	..	..	86	1	2062	0
	2010	119	..	..	..	119	-133	1955	14
Panama	2007	450	..	..	..	450	-418	6313	15
	2008	488	..	..	..	488	-340	6325	4
	2009	479	..	..	..	479	-337	7376	12
	2010	515	..	..	..	515	-521	7932	5
Puerto Rico	2007	20	..	..	..	20	..	980	..
	2008	19	..	..	..	19	..	1074	..
	2009	19	..	..	..	19	..	1007	..
	2010	20	..	..	..	20	..	1024	..
St. Kitts-Nevis	2007	..	..	..	..	..	..	*118	..
	2008	..	..	..	..	..	..	*118	..
	2009	..	..	..	..	..	..	*124	..
	2010	..	..	..	..	..	..	*118	..
St. Lucia	2007	..	..	..	..	..	..	*193	..
	2008	..	..	..	..	..	..	*198	..
	2009	..	..	..	..	..	..	193	..
	2010	..	..	..	..	..	..	202	..
St. Pierre-Miquelon	2007	0	..	..	..	0	..	*41	..
	2008	0	..	..	..	0	..	*41	..
	2009	0	..	..	..	0	..	*41	..
	2010	0	..	..	..	0	..	*42	..
St. Vincent-Grenadines	2007	3	..	..	..	3	..	*96	..
	2008	3	..	..	..	3	..	*96	..
	2009	*3	..	..	..	*3	..	*96	..
	2010	*3	..	..	..	*3	..	*98	..
Trinidad and Tobago	2007	68601	..	12535	56066	..	-415	7810	44189
	2008	66651	..	11052	55599	..	8	6732	42771
	2009	68872	..	11433	57439	..	-473	7115	42727
	2010	70445	..	10987	59458	..	-539	5163	41367
Turks and Caicos Islands	2007	..	..	..	..	..	..	*74	..
	2008	..	..	..	..	..	..	*74	..
	2009	..	..	..	..	..	..	*75	..
	2010	..	..	..	..	..	..	*77	..
United States	2007	2135789	811968	462468	718220	143134	-11745	1180010	178030
	2008	2190474	827411	464848	751494	146721	14413	1123987	234189
	2009	2175937	757149	499795	768838	150154	53341	1018668	228449
	2010	2227558	759672	520712	794622	152552	-8759	1022003	270453
America, South	**2007**	**803927**	**75145**	**498614**	**147841**	**82326**	**7268**	**155238**	**359325**
	2008	**855408**	**77979**	**539276**	**155330**	**82822**	**6334**	**156945**	**384769**
	2009	**858614**	**74824**	**548161**	**150537**	**85092**	**6314**	**145253**	**387385**
	2010	**879334**	**75833**	**556925**	**161423**	**85153**	**-3881**	**173846**	**399697**
Argentina	2007	120612	93	53956	61781	4782	-153	6387	13787
	2008	120050	93	53044	62133	4780	52	6476	11205
	2009	117378	68	52979	59002	5329	-219	6641	12871
	2010	112763	54	52687	54974	5048	448	11362	12851
Bolivia (Plur. State of)	2007	22911	..	3961	18665	285	19	625	16657
	2008	23567	..	3787	19496	284	-96	574	16869
	2009	20408	..	3356	16770	282	-79	799	13564
	2010	23353	..	3492	19592	268	5	998	15990

Table 1

Production, commerce et consommation d'énergie commerciale

Milliers de tonnes métriques d'équivalent houille et kilogrammes par habitant

Bunkers Soutes		Unallocated Quantités non réparties	Consumption Consommation						Year Année	Country or area Pays ou zone
Aviation Avion	Marine Maritime		Per Capita Par habitant	Total Totale	Solids Solides	Liquids Liquides	Gas Gaz	Electricity Electricité		
103	2654	2003	15018	2880	..	2880	..	..	2007	Antilles néerlandaises
105	2704	1639	13140	2562	..	2562	..	..	2008	
100	2599	831	15169	3004	..	3004	..	..	2009	
102	2644	1024	10001	2007	..	2007	..	..	2010	
38	..	94	373	2075	..	2000	..	75	2007	Nicaragua
37	..	80	358	2016	..	1907	..	109	2008	
28	..	80	357	2039	..	1953	..	86	2009	
27	..	69	362	2098	..	1983	..	115	2010	
379	3235	..	1060	3553	202	2916	..	436	2007	Panama
438	3235	..	1021	3476	28	2951	..	497	2008	
441	3773	..	1146	3966	56	3435	..	475	2009	
498	3967	..	1279	4499	97	3883	..	519	2010	
..	..	..	266	1000	..	..	980	20	2007	Porto Rico
..	..	..	291	1093	..	..	1074	19	2008	
..	..	..	274	1027	..	..	1007	19	2009	
..	..	..	278	1043	..	..	1024	20	2010	
..	..	..	*2345	*118	..	*118	..	..	2007	St-Kitts-Nevis
..	..	..	*2315	*118	..	*118	..	..	2008	
..	..	..	*2400	*124	..	*124	..	..	2009	
..	..	..	*2247	*118	..	*118	..	..	2010	
..	*8	..	*1090	*184	..	*184	..	..	2007	St-Lucie
..	*8	..	*1110	*189	..	*189	..	..	2008	
..	*9	..	1067	184	..	184	..	..	2009	
..	*9	..	1107	193	..	193	..	..	2010	
..	*9	..	*5287	*32	..	*32	..	0	2007	St-Pierre-Miquelon
..	*9	..	*5303	*32	..	*32	..	0	2008	
..	*9	..	*5316	*32	..	*32	..	0	2009	
..	*9	..	*5566	*34	..	*34	..	0	2010	
..	..	..	*905	*99	..	*96	..	3	2007	St. Vincent-Grenadines
..	..	..	*905	*99	..	*96	..	3	2008	
..	..	..	*904	*99	..	*96	..	*3	2009	
..	..	..	*928	*101	..	*98	..	*3	2010	
118	378	965	23517	31175	..	1496	29680	..	2007	Trinité-et-Tobago
*88	535	-682	23036	30662	..	2159	28503	..	2008	
97	633	1248	23763	31755	..	2184	29571	..	2009	
97	486	494	25124	33703	..	2462	31241	..	2010	
..	..	..	*2149	*74	..	*74	..	..	2007	Iles Turques et Caïques
..	..	..	*2056	*74	..	*74	..	..	2008	
..	..	..	*2023	*75	..	*75	..	..	2009	
..	..	..	*2015	*77	..	*77	..	..	2010	
32875	44222	41887	10025	3030530	793709	1224109	865739	146973	2007	États-Unis
32953	37742	3828	9808	2991338	781218	1194747	864621	150753	2008	
29489	35265	32831	9150	2815229	693795	1109923	857174	154337	2009	
30185	38077	36933	9287	2882673	718844	1115917	892169	155742	2010	
5185	**11352**	**38636**	**1414**	**537399**	**32242**	**274194**	**148351**	**82613**	**2007**	**Amérique du Sud**
6244	**13550**	**34849**	**1474**	**566607**	**34468**	**291003**	**158057**	**83079**	**2008**	
6383	**12260**	**33993**	**1435**	**557533**	**29363**	**289108**	**153618**	**85444**	**2009**	
8224	**11551**	**37121**	**1530**	**600467**	**35609**	**310823**	**168902**	**85133**	**2010**	
672	960	10463	2572	101270	1583	33483	60468	5736	2007	Argentine
650	1024	9070	2632	104525	1595	34969	62508	5454	2008	
678	1034	8522	2524	101132	1638	31934	61474	6085	2009	
943	*903	7787	2504	101193	1378	35281	58430	6104	2010	
59	..	319	685	6483	..	3330	2868	285	2007	Bolivie (État plur. de)
60	..	313	727	6995	..	3301	3410	284	2008	
62	..	290	754	7369	..	3358	3728	282	2009	
65	..	332	801	7959	..	3551	4139	268	2010	

Table 1

Production, trade and consumption of commercial energy
Thousand metric tons of coal equivalent and kilograms per capita

Country or area Pays ou zone	Year Année	Primary energy production Production d'énergie primaire					Changes in stocks Variations des stocks	Imports Importations	Exports Exportations
		Total Totale	Solids Solides	Liquids Liquides	Gas Gaz	Electricity Electricité			
Brazil	2007	216639	3786	150927	14467	47459	1843	79828	48518
	2008	228882	4196	158910	18666	47110	736	82347	46313
	2009	237104	3212	168192	16081	49619	481	69721	51520
	2010	251837	3437	177265	19813	51322	-644	86969	56352
Chile	2007	6158	148	800	2366	2842	1367	35665	1630
	2008	6471	375	814	2306	2976	19	32922	1772
	2009	6885	337	975	2455	3117	40	30895	1545
	2010	6355	362	829	2455	2708	-112	32706	829
Colombia	2007	119852	64909	39744	9734	5465	1740	1013	80908
	2008	128599	68252	44204	10436	5707	2400	439	86345
	2009	137313	67606	50541	14116	5050	551	2442	96889
	2010	146843	69039	57848	14961	4995	237	3618	105883
Ecuador	2007	40772	..	38622	1040	1110	555	5082	28753
	2008	40309	..	38276	645	1388	-1208	4794	29507
	2009	38608	..	36793	682	1133	-783	5642	27248
	2010	38633	..	36800	771	1061	-347	6722	27444
Falkland Is. (Malvinas)	2007	*4	*4	..	..	0	..	*22	..
	2008	4	4	..	..	0	..	*22	..
	2009	*4	*4	..	..	0	..	*22	..
	2010	*5	*4	..	..	*1	..	*22	..
French Guiana	2007	*82	..	..	..	*82	..	*348	..
	2008	*85	..	..	..	*85	..	*371	..
	2009	*88	..	..	..	*88	..	*376	..
	2010	*91	..	..	..	*91	..	*376	..
Guyana	2007	..	..	..	..	..	17	768	..
	2008	..	..	..	..	..	-20	731	..
	2009	..	..	..	..	..	2	753	..
	2010	..	..	..	..	..	-4	819	..
Paraguay	2007	6604	..	6	..	6598	7	1875	5543
	2008	6823	..	11	..	6812	-15	1954	5686
	2009	6770	..	20	..	6750	19	2062	5543
	2010	6669	..	28	..	6641	-143	2174	5328
Peru	2007	14928	110	8709	3709	2401	2010	12064	5963
	2008	15870	139	8226	5153	2352	501	10332	5358
	2009	18739	315	9503	6511	2409	1478	9487	5863
	2010	24592	90	9936	12104	2461	-583	10611	10304
Suriname	2007	1054	..	947	..	107	..	416	219
	2008	1054	..	947	..	107	..	416	219
	2009	1063	..	956	..	107	..	419	220
	2010	1235	..	1143	..	*92	4	675	685
Uruguay	2007	991	..	..	..	991	-233	3511	415
	2008	554	..	..	..	554	-364	4742	392
	2009	650	..	..	..	650	-153	4725	242
	2010	1047	..	14	..	1033	-124	4030	370
Venezuela(Bolivar. Rep.)	2007	253319	6095	200942	36079	10203	97	7635	156931
	2008	283138	4921	231056	36494	10667	4329	*10825	181103
	2009	273606	3281	224846	34919	10559	4977	*11269	171881
	2010	265912	2847	216882	36752	9431	-2618	*12765	163662
Asia	**2007**	**6550411**	**2714413**	**2470224**	**1179669**	**186105**	**31385**	**2463033**	**2550229**
	2008	**6857825**	**2845386**	**2560287**	**1254976**	**197176**	**54649**	**2513672**	**2637414**
	2009	**6952979**	**3021131**	**2455508**	**1268169**	**208172**	**67429**	**2609454**	**2527250**
	2010	**7435998**	**3285411**	**2521691**	**1394293**	**234603**	**120713**	**2848813**	**2725745**
Afghanistan	2007	333	243	..	5	84	..	729	0
	2008	419	347	..	5	66	..	1536	1
	2009	600	500	..	5	95	..	2615	13
	2010	825	725	..	5	94	..	3257	32

Table 1

Production, commerce et consommation d'énergie commerciale

Milliers de tonnes métriques d'équivalent houille et kilogrammes par habitant

Bunkers Soutes		Unallocated Quantités	Consumption Consommation						Year	Country or area
Aviation Avion	Marine Maritime	non réparties	Per Capita Par habitant	Total Totale	Solids Solides	Liquids Liquides	Gas Gaz	Electricity Electricité	Année	Pays ou zone
1980	5214	13531	1187	225381	20844	124185	28123	52229	2007	Brésil
2246	6543	13377	1263	242013	21093	134964	33662	52295	2008	
2332	5426	14640	1203	232425	16758	134039	27136	54491	2009	
2748	5834	15387	1329	259130	22049	144977	36526	55578	2010	
641	1729	1078	2127	35377	4901	21357	6078	3042	2007	Chili
744	1674	687	2054	34497	6307	21726	3346	3118	2008	
607	1202	1616	1933	32769	5062	20001	4423	3283	2009	
710	590	1275	2090	35769	6232	19617	7093	2826	2010	
724	559	5155	717	31780	3415	13269	9733	5362	2007	Colombie
809	588	5209	748	33686	4022	13693	10435	5535	2008	
998	606	6398	752	34314	4452	13017	11925	4920	2009	
*1300	623	6329	780	36088	4569	13559	13063	4898	2010	
486	891	842	1034	14327	..	12076	1040	1211	2007	Equateur
492	1501	740	1001	14070	..	11980	645	1444	2008	
481	1817	17	1085	15471	..	13521	682	1268	2009	
479	1439	516	1094	15824	..	13886	771	1167	2010	
..	..	..	*8781	*26	*4	*22	..	0	2007	Iles Falkland (Malvinas)
..	..	..	*8740	*26	4	*22	..	0	2008	
..	..	..	*8704	*26	*4	*22	..	0	2009	
..	..	..	*8798	*27	*4	*22	..	*1	2010	
*41	..	..	*1813	*389	..	*306	..	*82	2007	Guyane française
*58	..	..	*1815	*399	..	*314	..	*85	2008	
*58	..	..	*1801	*406	..	*318	..	*88	2009	
*58	..	..	*1772	*410	..	*318	..	*91	2010	
13	..	..	984	738	..	738	..	..	2007	Guyana
13	..	..	982	738	..	738	..	..	2008	
13	..	..	980	738	..	738	..	..	2009	
20	..	..	1064	803	..	803	..	..	2010	
35	..	..	473	2894	0	1838	..	1055	2007	Paraguay
37	..	..	493	3069	0	1943	..	1125	2008	
31	..	..	511	3240	0	2033	..	1207	2009	
39	..	..	561	3618	0	2306	..	1313	2010	
242	357	1501	601	16919	1339	9470	3709	2401	2007	Pérou
831	367	-698	697	19844	1252	11087	5153	2352	2008	
812	253	-1700	748	21520	1120	11487	6511	2401	2009	
904	349	-2848	931	27078	1087	14819	8724	2447	2010	
..	..	228	2005	1023	0	916	..	107	2007	Suriname
..	..	228	1986	1023	0	916	..	107	2008	
..	..	231	1982	1030	0	923	..	107	2009	
..	..	-47	2418	1269	0	1176	..	*92	2010	
97	464	99	1097	3659	4	2554	135	965	2007	Uruguay
97	619	349	1256	4203	2	3400	132	669	2008	
95	719	121	1296	4353	3	3459	93	799	2009	
110	650	124	1172	3947	4	2848	102	993	2010	
195	1178	5420	3520	97134	152	50649	36197	10136	2007	Venezuela(Rép. bolivar.)
205	1235	5574	3618	101519	193	51951	38766	10610	2008	
217	1203	3857	3602	102740	325	54257	37645	10513	2009	
849	1163	8266	3704	107354	285	57662	40053	9354	2010	
62738	**116662**	**422353**	**1446**	**5830077**	**2864058**	**1592092**	**1187947**	**185981**	**2007**	**Asie**
62628	**121518**	**422613**	**1489**	**6072674**	**3000120**	**1620685**	**1255413**	**196457**	**2008**	
63672	**121724**	**433515**	**1541**	**6348843**	**3201413**	**1655065**	**1284688**	**207677**	**2009**	
72244	**137573**	**501303**	**1615**	**6727234**	**3373258**	**1706300**	**1412589**	**235087**	**2010**	
*15	..	..	36	1047	282	579	5	180	2007	Afghanistan
15	..	..	65	1939	407	1358	5	169	2008	
15	..	..	104	3187	583	2387	5	213	2009	
15	..	..	128	4035	877	2829	5	324	2010	

Table 1

Production, trade and consumption of commercial energy

Thousand metric tons of coal equivalent and kilograms per capita

| Country or area
Pays ou zone | Year
Année | Primary energy production
Production d'énergie primaire | | | | | Changes in
stocks
Variations
des stocks | Imports
Importations | Exports
Exportations |
		Total Totale	Solids Solides	Liquids Liquides	Gas Gaz	Electricity Electricité			
Armenia	2007	542	..	..	..	542	..	3382	89
	2008	523	..	..	..	523	..	3660	86
	2009	555	..	..	..	555	..	2876	82
	2010	621	..	..	..	621	*126	*2864	132
Azerbaijan	2007	*76288	..	*61606	14391	290	-48	140	57207
	2008	*86456	..	*64477	21705	274	472	89	64666
	2009	*94943	..	*72969	21689	284	604	28	75226
	2010	*96242	..	*73598	22221	423	1345	12	76269
Bahrain	2007	25374	..	13810	11564	..	-989	16389	24670
	2008	26135	..	13743	12392	..	-323	16344	23460
	2009	26207	..	13675	12532	..	-68	16168	23170
	2010	26515	..	13679	12836	..	541	*17094	23770
Bangladesh	2007	21498	277	130	20921	171	-156	8029	202
	2008	23140	483	117	22359	181	-89	5826	231
	2009	25236	612	106	24327	191	-398	6465	0
	2010	27095	*613	97	26182	204	139	7474	0
Bhutan	2007	911	105	..	..	806	..	110	742
	2008	979	124	..	..	855	..	108	770
	2009	908	49	..	..	860	..	120	685
	2010	988	88	..	..	900	..	153	706
Brunei Darussalam	2007	31727	..	14087	17639	..	-38	0	25768
	2008	31908	..	13985	17923	..	89	56	25693
	2009	28658	..	12060	16598	..	209	123	23280
	2010	28073	..	11773	16301	..	-241	179	23060
Cambodia	2007	6	..	..	..	6	..	1661	..
	2008	6	..	..	..	6	..	1760	..
	2009	5	..	..	..	5	6	1861	..
	2010	4	..	..	..	4	7	2002	..
China	2007	2345775	1920214	268915	88028	68618	36830	330265	85913
	2008	2457785	1998943	274864	102089	81889	66884	350850	82009
	2009	2592772	2120934	273493	108446	89899	90441	451837	67973
	2010	2828951	2307845	293012	120584	107509	157449	547476	70196
China, Hong Kong SAR	2007	..	..	..	..	..	1632	38642	1872
	2008	..	..	..	..	..	1311	35775	1640
	2009	..	..	..	..	..	1888	41521	1576
	2010	..	..	..	..	..	4513	43833	1036
China, Macao SAR	2007	..	..	..	..	..	12	876	..
	2008	..	..	..	..	..	-30	851	..
	2009	..	..	..	..	..	6	927	..
	2010	..	..	..	..	..	-13	882	..
Cyprus	2007	0	..	0	..	0	-75	4098	..
	2008	9	..	9	..	0	6	4329	..
	2009	9	..	9	..	0	-51	4128	..
	2010	12	..	8	..	5	185	4151	..
Georgia	2007	967	16	92	21	837	9	3648	165
	2008	1024	48	75	16	884	-7	3549	144
	2009	1111	141	76	14	879	0	3114	189
	2010	1457	227	72	9	1148	0	3052	289
India	2007	498496	389938	55112	36550	16895	1792	237857	42707
	2008	529104	418983	54512	39756	15852	-15975	258613	46622
	2009	577096	452095	54782	54797	15421	-12983	307811	58212
	2010	600112	453664	60923	68236	17289	-9981	319468	70173
Indonesia	2007	392059	225382	73544	90885	2249	-509	55628	267179
	2008	405177	238277	71265	93200	2435	-168	46253	257860
	2009	428410	255408	77960	92502	2541	-1163	56280	272583
	2010	499209	312498	76224	107167	3321	10	60393	352820

Table 1

Production, commerce et consommation d'énergie commerciale
Milliers de tonnes métriques d'équivalent houille et kilogrammes par habitant

Bunkers Soutes		Unallocated Quantités	Consumption Consommation						Year	Country or area
Aviation Avion	Marine Maritime	non réparties	Per Capita Par habitant	Total Totale	Solids Solides	Liquids Liquides	Gas Gaz	Electricity Electricité	Année	Pays ou zone
170	..	*66	1171	3599	5	448	2609	538	2007	Arménie
165	..	*50	1261	3883	5	499	2858	521	2008	
85	..	*54	1040	3209	1	459	2198	551	2009	
127	..	*40	*990	*3060	5	486	*2049	521	2010	
562	80	653	2038	17974	..	5498	12215	261	2007	Azerbaïdjan
632	86	1250	2174	19439	..	4824	14414	201	2008	
445	103	1736	1859	16857	..	3547	13059	251	2009	
578	106	1488	1792	16468	..	3611	12478	379	2010	
865	..	3840	14450	13377	..	1811	11564	2	2007	Bahreïn
858	..	4163	13609	14321	..	1963	12392	-34	2008	
849	..	3962	12366	14463	..	1911	12532	21	2009	
920	106	3185	11956	15087	..	2229	12836	21	2010	
349	51	1984	188	27096	277	5727	20921	171	2007	Bangladesh
304	51	121	195	28348	484	5325	22359	181	2008	
265	51	527	213	31256	612	6126	24327	191	2009	
233	51	463	227	33684	*613	6685	26182	204	2010	
1	..	..	402	277	30	107	..	140	2007	Bhoutan
1	..	..	450	316	43	105	..	168	2008	
1	..	..	480	343	21	117	..	205	2009	
2	..	..	596	433	29	148	..	256	2010	
..	..	487	14592	5509	..	981	4528	..	2007	Brunéi Darussalam
..	..	652	14373	5529	..	1025	4504	..	2008	
..	..	379	12537	4913	..	1030	3883	..	2009	
..	..	80	13419	5353	..	1103	4250	..	2010	
29	..	..	120	1638	..	1619	..	19	2007	Cambodge
31	..	..	125	1734	..	1695	..	39	2008	
34	..	..	131	1826	6	1726	..	94	2009	
37	..	..	139	1962	7	1785	..	170	2010	
2786	3957	132208	1827	2414346	1873758	383429	89808	67351	2007	Chine
2507	*4694	134415	1896	2518125	1939599	394342	103869	80317	2008	
3418	5504	149002	2044	2728272	2128485	397246	114039	88501	2009	
7438	12223	190324	2191	2938797	2262299	434219	136429	105849	2010	
5576	11936	..	2565	17627	8982	5123	2671	851	2007	Chine, Hong-Kong RAS
5503	9874	..	2519	17447	8201	5122	3172	951	2008	
6983	14211	..	2413	16864	8452	3857	3589	965	2009	
7719	13468	..	2424	17098	7449	4120	4493	1036	2010	
..	..	..	1709	864	..	657	..	207	2007	Chine, Macao RAS
..	..	..	1699	881	..	487	110	284	2008	
..	..	..	1734	921	..	523	124	274	2009	
..	..	..	1646	895	..	347	206	342	2010	
423	393	..	3158	3357	49	3308	..	0	2007	Chypre
422	361	..	3296	3550	40	3509	..	0	2008	
391	313	..	3196	3485	21	3463	..	0	2009	
398	267	..	3003	3314	26	3283	..	5	2010	
65	..	13	988	4363	143	1128	2279	814	2007	Géorgie
85	..	50	979	4300	266	1176	1978	880	2008	
84	..	-10	906	3962	234	1329	1581	818	2009	
94	..	-4	949	4129	359	1326	1457	988	2010	
6816	22	61108	531	623909	431792	138064	36550	17502	2007	Inde
6447	0	69498	572	681126	466734	158099	39756	16536	2008	
6956	0	73810	628	758911	499006	189091	54797	16016	2009	
6956	0	82411	629	770023	503565	180316	68236	17907	2010	
1630	599	7741	736	171048	47531	81677	39590	2249	2007	Indonésie
1704	635	4536	795	186865	64354	78241	41835	2435	2008	
106	348	18538	818	194277	64354	82617	44766	2541	2009	
155	265	20232	776	186119	47851	83808	51139	3321	2010	

Table 1

Production, trade and consumption of commercial energy

Thousand metric tons of coal equivalent and kilograms per capita

Country or area Pays ou zone	Year Année	Primary energy production Production d'énergie primaire					Changes in stocks Variations des stocks	Imports Importations	Exports Exportations
		Total Totale	Solids Solides	Liquids Liquides	Gas Gaz	Electricity Electricité			
Iran(Islamic Rep. of)	2007	498667	1634	323268	171537	2227	-2237	20733	217630
	2008	501783	1591	319946	179607	639	416	22714	206167
	2009	508549	1152	315719	190762	916	4186	19791	196024
	2010	525635	1024	320157	203264	1190	0	23349	209035
Iraq	2007	144453	..	135551	8344	559	714	3907	121405
	2008	174868	..	163863	10577	428	-585	4344	137757
	2009	180330	..	168349	11585	397	-527	3707	137698
	2010	180964	..	170102	10276	586	45	3989	134904
Israel	2007	3499	135	3	3359	3	427	32519	5099
	2008	4594	134	10	4446	3	-1002	33040	5321
	2009	3606	140	18	3441	7	4	32217	4652
	2010	4398	136	7	4241	13	-2	34588	5276
Japan	2007	50499	..	1124	5677	43698	-392	627587	20868
	2008	49710	..	1117	5653	42941	45	613364	27991
	2009	52289	..	1052	5439	45798	-4542	557646	24433
	2010	53893	..	978	5095	47820	-1541	592223	24439
Jordan	2007	245	..	1	236	8	80	10614	22
	2008	228	..	2	218	8	58	10382	40
	2009	241	..	2	231	8	-53	10847	17
	2010	204	..	2	195	8	169	10759	168
Kazakhstan	2007	200205	61790	98053	39358	1004	703	22452	117523
	2008	217673	69780	103187	43789	916	1141	17031	123854
	2009	223544	63260	111584	47854	845	-25	14428	*135754
	2010	236296	69353	116154	49803	985	2573	16576	*130939
Korea, Dem.Ppl's.Rep.	2007	29378	27747	..	..	1631	..	1417	3740
	2008	31167	29439	..	..	1728	..	1448	2626
	2009	30306	28775	..	..	1531	..	1163	3002
	2010	30939	29292	..	..	1647	..	1089	4601
Korea, Republic of	2007	20902	1896	158	615	18232	-3058	305734	45636
	2008	22004	1822	237	629	19315	-107	319295	53659
	2009	22077	1655	356	1068	18998	1805	317402	51539
	2010	22454	1369	492	1350	19243	4028	352286	53144
Kuwait	2007	209734	..	192019	17715	..	748	..	151662
	2008	218679	..	200216	18463	..	445	..	158981
	2009	184926	..	169365	15561	..	424	1154	125832
	2010	192365	..	176936	15429	..	-457	3605	129505
Kyrgyzstan	2007	1994	162	99	20	1713	..	3166	589
	2008	1647	203	102	23	1319	..	3338	566
	2009	1597	248	111	20	1217	..	3450	216
	2010	1653	235	120	30	1269	..	3303	253
Lao People's Dem. Rep.	2007	*1056	*618	..	..	438	..	*260	497
	2008	*1014	*538	..	..	476	..	*265	396
	2009	*1030	*591	..	..	439	..	*304	384
	2010	*1056	*632	..	..	424	..	*320	406
Lebanon	2007	72	..	..	..	72	..	6469	..
	2008	46	..	..	..	46	..	7208	..
	2009	76	..	..	..	76	..	9183	..
	2010	103	..	..	..	103	..	8992	..
Malaysia	2007	138359	1063	50242	86192	861	140	48621	68990
	2008	135005	1167	50649	82306	883	-1101	42709	62256
	2009	*130703	2138	47822	*79929	814	*287	42678	65787
	2010	*124175	2397	48140	*72870	768	*-350	57983	*69985
Maldives	2007	..	..	..	..	..	..	436	..
	2008	..	..	..	..	..	..	479	..
	2009	..	..	..	..	..	..	505	..
	2010	..	..	..	..	..	..	511	..

Table 1

Production, commerce et consommation d'énergie commerciale

Milliers de tonnes métriques d'équivalent houille et kilogrammes par habitant

Bunkers Soutes Aviation Avion	Bunkers Soutes Marine Maritime	Unallocated Quantités non réparties	Consumption Consommation Per Capita Par habitant	Total Totale	Solids Solides	Liquids Liquides	Gas Gaz	Electricity Electricité	Year Année	Country or area Pays ou zone
*1462	1559	20942	3920	280043	2565	103068	172267	2144	2007	Iran(Rép. islamique)
*1505	2252	18938	4084	295219	2298	109812	182740	369	2008	
1764	2920	23675	4099	299772	1708	108214	189436	414	2009	
1813	3381	22587	4220	312168	2035	105459	203938	737	2010	
..	..	-10919	1283	37159	..	27987	8344	828	2007	Iraq
..	..	-725	1434	42765	..	31395	10577	793	2008	
..	..	-3717	1646	50583	..	37914	11585	1085	2009	
..	..	-5897	1765	55901	..	44213	10276	1411	2010	
0	488	-1428	4542	31433	11516	16811	3359	-253	2007	Israël
0	535	-191	4649	32971	11243	17309	4867	-447	2008	
0	507	676	4130	29984	10297	14720	5425	-458	2009	
0	487	332	4434	32893	10673	15699	6996	-474	2010	
8617	8037	37047	4773	603909	166016	262339	131856	43698	2007	Japon
8223	7358	39387	4584	580070	162052	242159	132918	42941	2008	
7220	6543	33381	4290	542901	144531	224502	128069	45798	2009	
7656	6416	34928	4538	574218	164194	225634	136570	47820	2010	
139	54	242	1821	10322	..	6873	3437	12	2007	Jordanie
134	43	238	1726	10097	..	6169	3893	35	2008	
159	55	272	1765	10638	..	6192	4408	38	2009	
185	24	210	1650	10208	..	6712	3269	227	2010	
339	..	5173	6392	98919	45383	15070	37505	961	2007	Kazakhstan
47	..	-622	7045	110284	49596	15999	43736	954	2008	
34	..	1528	6356	100680	45763	12265	41889	763	2009	
121	..	9103	6872	110136	49334	13112	46562	1128	2010	
..	..	17	1126	27038	24198	1209	..	1631	2007	Corée,Rép.pop.dém.de
..	..	15	1242	29974	27007	1240	..	1728	2008	
..	..	10	1174	28457	25979	947	..	1531	2009	
..	..	7	1126	27420	24869	905	..	1647	2010	
4394	13507	37823	4807	228333	80331	80197	49573	18232	2007	Corée, République de
5278	12738	35515	4907	234216	89930	74148	50823	19315	2008	
5116	11717	31796	4952	237506	92439	75375	50693	18998	2009	
5564	12563	37263	5441	262179	105170	75784	61982	19243	2010	
895	1378	16046	15935	39005	..	21290	17715	..	2007	Koweït
1004	1440	15740	16116	41069	..	22606	18463	..	2008	
1123	551	10992	17820	47158	..	30443	16715	..	2009	
1122	576	18315	17141	46909	..	27875	19034	..	2010	
470	..	9	796	4092	547	1104	1020	1421	2007	Kirghizistan
581	..	18	734	3821	534	1051	983	1254	2008	
598	..	-21	807	4254	550	1653	873	1178	2009	
591	..	-4	772	4115	574	1726	630	1185	2010	
..	..	..	*138	*819	*395	*202	..	222	2007	Rép. dém. pop. lao
..	..	..	*147	*883	*422	*202	..	259	2008	
..	..	..	*156	*951	*446	*204	..	301	2009	
..	..	..	*157	*971	*474	*198	..	299	2010	
192	28	..	1529	6321	200	5930	..	191	2007	Liban
246	31	..	1674	6976	200	6661	..	115	2008	
258	34	..	2137	8967	200	8483	66	218	2009	
326	37	..	2066	8733	340	7800	337	256	2010	
3085	100	9078	3903	105586	12529	34316	58158	584	2007	Malaisie
3016	94	6513	3888	106935	15919	35346	54845	826	2008	
3028	*67	6546	3494	97666	19500	31305	*46059	803	2009	
3401	86	8165	3552	100872	23161	32396	*44564	750	2010	
..	..	..	1438	436	..	436	..	..	2007	Maldives
..	..	..	1556	479	..	479	..	..	2008	
..	..	..	1621	505	..	505	..	..	2009	
..	..	..	1617	511	..	511	..	..	2010	

Table 1

Production, trade and consumption of commercial energy
Thousand metric tons of coal equivalent and kilograms per capita

| Country or area
Pays ou zone | Year
Année | Primary energy production
Production d'énergie primaire | | | | | Changes in
stocks
Variations
des stocks | Imports
Importations | Exports
Exportations |
		Total Totale	Solids Solides	Liquids Liquides	Gas Gaz	Electricity Electricité			
Mongolia	2007	6174	6174	..	..	..	136	1175	3241
	2008	6827	6827	..	..	..	18	1252	4114
	2009	11194	11194	..	..	..	920	1136	7103
	2010	21328	21328	..	..	..	1385	1214	16678
Myanmar	2007	20274	344	1518	17967	444	160	1359	13905
	2008	17427	275	1373	15280	500	103	854	12809
	2009	18858	263	1386	16564	646	61	629	12868
	2010	19336	255	1351	16970	760	-185	336	14098
Nepal	2007	356	14	..	..	342	..	1250	7
	2008	359	15	..	..	344	..	1401	6
	2009	396	15	..	..	381	..	1667	9
	2010	410	16	..	..	394	..	1811	4
Oman	2007	83396	..	51225	32171	..	195	2459	61320
	2008	86321	..	54663	31658	..	618	0	62437
	2009	91329	..	58658	32671	..	-128	0	68336
	2010	101456	..	65669	35787	..	-2180	387	70680
Other Asia	2007	6613	..	23	530	6060	-33	153747	23730
	2008	6519	..	22	454	6043	1807	146810	23787
	2009	6536	..	20	446	6070	-2764	139691	26021
	2010	6521	..	17	377	6127	414	146740	21922
Pakistan	2007	57260	2786	5517	45052	3904	497	31093	579
	2008	56883	2525	5133	45613	3612	721	30665	714
	2009	57678	2352	5050	46470	3806	478	30764	1138
	2010	57954	2331	5046	46249	4328	102	31760	1150
Philippines	2007	10431	2267	939	4909	2316	-358	28078	3764
	2008	11205	2406	1096	5168	2536	-622	28625	3525
	2009	12376	3124	1567	5204	2481	-1543	25200	3053
	2010	13002	4433	1479	4902	2188	379	30585	4393
Qatar	2007	170057	..	82648	87409	..	0	291	131273
	2008	202041	..	91426	110615	..	-3	847	163146
	2009	218386	..	92115	126271	..	-76	1009	180855
	2010	263246	..	92932	170314	..	51	774	215616
Saudi Arabia	2007	798100	..	706737	91363	..	-61	8133	566588
	2008	834021	..	737104	96916	..	-2786	12851	591481
	2009	761726	..	664322	97404	..	-8288	13567	521473
	2010	776423	..	670851	105573	..	-39713	11414	545881
Singapore	2007	..	..	..	..	..	882	169913	90406
	2008	..	..	..	..	..	1465	185798	99576
	2009	..	..	..	..	..	1789	197264	107531
	2010	..	..	..	..	..	-201	203935	115065
Sri Lanka	2007	485	..	..	..	485	10	5737	0
	2008	508	..	..	..	508	-9	5463	0
	2009	480	..	..	..	480	-293	5557	0
	2010	702	..	..	..	702	205	6027	0
State of Palestine	2007	..	..	..	..	..	0	1512	..
	2008	..	..	..	..	..	0	1462	..
	2009	..	..	..	..	..	0	1495	..
	2010	..	..	..	..	..	0	1651	..
Syrian Arab Republic	2007	36363	..	27960	7975	427	132	5652	11290
	2008	35450	..	27508	7589	352	-1901	11727	12570
	2009	35235	..	27044	7963	229	-1495	8862	11789
	2010	40960	..	29141	11500	318	384	8138	13307
Tajikistan	2007	2247	109	17	19	2102	..	2066	526
	2008	2127	120	20	46	1941	..	2030	547
	2009	2150	122	38	49	1941	..	1739	527
	2010	2160	121	39	53	1946	..	1177	28

2010 Energy Statistics Yearbook United Nations / 2010 Annuaire des statistiques de l'énergie des Nations Unies

Table 1

Production, commerce et consommation d'énergie commerciale

Milliers de tonnes métriques d'équivalent houille et kilogrammes par habitant

Bunkers Soutes		Unallocated Quantités non réparties	Consumption Consommation						Year Année	Country or area Pays ou zone
Aviation Avion	Marine Maritime		Per Capita Par habitant	Total Totale	Solids Solides	Liquids Liquides	Gas Gaz	Electricity Electricité		
..	..	..	1514	3973	2800	1150	..	23	2007	Mongolie
..	..	..	1480	3947	2698	1227	..	22	2008	
..	..	..	1589	4308	3174	1117	..	17	2009	
..	..	..	1625	4479	3268	1182	..	30	2010	
22	4	-14	161	7555	358	2474	4278	444	2007	Myanmar
22	4	112	111	5231	281	1920	2530	500	2008	
24	4	337	130	6193	265	1522	3760	646	2009	
27	4	-16	120	5744	257	1854	2872	760	2010	
80	..	..	54	1518	328	804	..	387	2007	Népal
80	..	..	58	1675	309	983	..	382	2008	
94	..	..	67	1959	322	1187	..	450	2009	
116	..	..	70	2101	337	1288	..	475	2010	
432	25	2022	8535	21861	..	6798	15062	..	2007	Oman
447	190	-2656	9589	25286	..	8806	16480	..	2008	
455	173	-3698	9657	26191	..	8898	17293	..	2009	
581	263	175	11617	32324	..	8943	23381	..	2010	
3101	3039	18135	4895	112388	58211	32435	15682	6060	2007	Autres zones d'Asie
2737	2621	13757	4715	108620	55745	29750	17083	6043	2008	
2587	2322	13342	4529	104720	53108	27645	17896	6070	2009	
2919	2507	11794	4898	113706	58045	28964	20570	6127	2010	
242	188	2776	511	84070	8710	26380	45051	3929	2007	Pakistan
226	241	2877	494	82769	7128	26393	45609	3639	2008	
262	328	2253	493	83983	6977	26705	46464	3837	2009	
233	251	2451	493	85526	6568	28374	46224	4361	2010	
1616	350	1300	359	31836	7019	17592	4909	2316	2007	Philippines
1424	336	1154	377	34013	8159	18150	5168	2536	2008	
1458	293	1625	356	32690	7814	17192	5204	2481	2009	
1477	271	1735	379	35331	9021	19220	4902	2188	2010	
1094	..	3533	29239	34449	..	5686	28763	..	2007	Qatar
1263	..	2983	25427	35498	..	6669	28829	..	2008	
1465	..	1214	22492	35938	..	4912	31026	..	2009	
1794	..	-2657	27983	49217	..	5661	43555	..	2010	
2677	3980	24932	8160	208116	..	116753	91363	..	2007	Arabie saoudite
2883	4070	27952	8533	223272	..	126355	96916	..	2008	
2852	3679	24038	8637	231539	..	134135	97404	..	2009	
3014	4734	24730	9079	249191	..	143618	105573	..	2010	
*6822	44721	7663	4235	19419	11	9197	10212	0	2007	Singapour
*6583	49522	7414	4450	21239	6	10779	10453	0	2008	
*6481	51578	3280	5379	26604	5	16033	10566	0	2009	
*7262	57902	-5512	5784	29418	10	17979	11429	0	2010	
150	0	233	288	5829	68	5275	..	485	2007	Sri Lanka
143	33	245	272	5560	72	4979	..	508	2008	
131	9	305	285	5885	75	5331	..	480	2009	
153	0	261	293	6110	95	5313	..	702	2010	
..	..	..	406	1512	..	1120	..	392	2007	État de Palestine
..	..	..	382	1462	..	987	..	475	2008	
..	..	..	380	1495	..	1006	..	489	2009	
..	..	..	409	1651	..	1140	..	511	2010	
133	..	2424	1451	28036	4	19580	7975	477	2007	Rép. arabe syrienne
68	1456	2678	1640	32305	4	24252	7770	280	2008	
63	1551	2121	1499	30068	4	20718	9133	213	2009	
44	1441	2391	1545	31531	4	18865	12388	275	2010	
37	..	14	566	3736	115	648	858	2115	2007	Tadjikistan
40	..	17	531	3553	126	667	711	2048	2008	
40	..	32	485	3290	131	634	576	1948	2009	
40	..	33	470	3235	133	666	471	1966	2010	

Table 1

Production, trade and consumption of commercial energy
Thousand metric tons of coal equivalent and kilograms per capita

Country or area Pays ou zone	Year Année	Primary energy production Production d'énergie primaire					Changes in stocks Variations des stocks	Imports Importations	Exports Exportations
		Total Totale	Solids Solides	Liquids Liquides	Gas Gaz	Electricity Electricité			
Thailand	2007	54826	6516	19926	27387	997	-2744	82547	13205
	2008	59199	6424	21883	30017	874	454	85759	17021
	2009	65913	6354	22353	36326	879	1081	90551	18214
	2010	72909	6553	25767	39906	684	1241	93500	17464
Timor-Leste	2007	*10601	..	*10601	..	..	..	*88	*10492
	2008	*10638	..	*10638	..	..	..	*91	*10529
	2009	*10597	..	*10597	..	..	..	*88	*10487
	2010	*10597	..	*10597	..	..	..	*88	*10488
Turkey	2007	29865	21134	3098	1167	4467	1373	119974	8592
	2008	32501	23821	3140	1330	4211	1614	116251	9818
	2009	33886	24861	3477	895	4654	1368	106651	7401
	2010	36357	25034	3629	892	6803	-1096	114925	9846
Turkmenistan	2007	103098	..	14049	89048	0	..	124	69100
	2008	107031	..	15888	91143	0	..	124	72158
	2009	63760	..	14439	49320	0	..	124	33348
	2010	72145	..	13581	58564	0	..	124	38510
United Arab Emirates	2007	272112	..	203980	68132	..	..	34019	188686
	2008	274114	..	207273	66842	..	..	48009	193128
	2009	248043	..	183078	64965	..	..	45802	165096
	2010	259150	..	190924	68226	..	..	49979	173675
Uzbekistan	2007	93682	1365	7475	84056	786	..	3174	20644
	2008	97199	1316	7325	87163	1395	..	2870	21068
	2009	95065	1432	7067	85420	1146	..	2590	21358
	2010	86347	1302	6208	77505	1332	..	2392	20335
Viet Nam	2007	78273	42483	23534	9427	2830	-4854	20585	55966
	2008	74973	39777	22020	9984	3192	1663	21030	41055
	2009	82176	43715	24114	10665	3683	-2880	20316	46927
	2010	82035	43940	22131	12518	3446	823	15715	33825
Yemen	2007	23161	..	23161	..	..	466	4689	16741
	2008	21397	..	21397	..	..	26	4540	15130
	2009	21411	..	20673	738	..	-852	4403	15389
	2010	28720	..	19858	8862	..	560	4277	21643
Europe	**2007**	**3147323**	**573685**	**1070558**	**1248572**	**254508**	**-4173**	**2331180**	**1819701**
	2008	**3164044**	**569302**	**1050627**	**1284858**	**259258**	**67077**	**2395177**	**1808176**
	2009	**2994351**	**528169**	**1039251**	**1170959**	**255971**	**24355**	**2228904**	**1766120**
	2010	**3149901**	**560885**	**1037844**	**1283800**	**267372**	**-41987**	**2271420**	**1843587**
Albania	2007	1210	21	814	23	351	25	1488	218
	2008	1341	29	834	11	466	101	1566	261
	2009	1489	5	833	12	640	10	1579	548
	2010	2028	5	1074	18	931	130	1767	1079
Andorra	2007	7	..	..	..	7	0	318	..
	2008	8	..	..	..	8	0	319	..
	2009	*8	..	..	..	*8	0	308	..
	2010	12	..	..	..	12	0	304	..
Austria	2007	9411	0	1799	2537	5074	511	42482	8149
	2008	9164	0	1800	2114	5249	998	42354	7417
	2009	9832	0	1920	2298	5613	474	40970	9802
	2010	9513	0	1762	2377	5374	-2124	42581	11285
Belarus	2007	3624	815	2540	265	4	-437	59035	20405
	2008	3562	768	2521	268	5	753	62497	24611
	2009	3506	719	2512	270	6	-705	58993	25084
	2010	3552	764	2502	281	6	-235	52966	16826
Belgium	2007	6413	0	219	2	6192	-1459	109713	36008
	2008	6292	0	393	2	5897	1116	114915	35515
	2009	6626	0	464	3	6159	-1910	106333	36589
	2010	6840	0	515	3	6322	406	113592	36964

2010 Energy Statistics Yearbook United Nations / 2010 Annuaire des statistiques de l'énergie des Nations Unies

Table 1

Production, commerce et consommation d'énergie commerciale

Milliers de tonnes métriques d'équivalent houille et kilogrammes par habitant

Bunkers Soutes		Unallocated Quantités non réparties	Consumption Consommation						Year Année	Country or area Pays ou zone
Aviation Avion	Marine Maritime		Per Capita Par habitant	Total Totale	Solids Solides	Liquids Liquides	Gas Gaz	Electricity Electricité		
..	38	15907	1637	110968	19178	50281	40074	1435	2007	Thaïlande
..	0	17227	1615	110256	20942	46424	41819	1072	2008	
..	0	19388	1714	117780	19699	47390	49703	987	2009	
..	0	20662	1838	127042	20886	48606	56170	1380	2010	
..	..	*109	*83	*88	..	*88	..	..	2007	Timor-Leste
..	..	*109	*84	*91	..	*91	..	..	2008	
..	..	*109	*80	*88	..	*88	..	..	2009	
..	..	*109	*78	*88	..	*88	..	..	2010	
1655	1218	6140	1870	130860	42031	36263	48292	4275	2007	Turquie
1869	955	3844	1842	130653	42256	36302	47924	4170	2008	
2041	396	653	1791	128679	42951	35265	45899	4564	2009	
1745	533	4690	1863	135564	45888	33135	49833	6708	2010	
488	..	1204	6675	32431	..	5030	27640	-239	2007	Turkménistan
535	..	1356	6731	33106	..	5498	27795	-188	2008	
498	..	1236	5784	28802	..	5133	23927	-258	2009	
475	..	1164	6371	32121	..	4891	27525	-296	2010	
4606	20333	10469	15176	82037	220	15461	66355	..	2007	Emirats arabes unis
4802	21322	10671	14855	92200	557	16033	76403	-794	2008	
5359	17878	10503	13692	95008	894	16944	78003	-833	2009	
5766	19018	12466	13073	98203	1162	17743	80287	-989	2010	
..	..	2011	2800	74201	1429	5193	66803	776	2007	Ouzbékistan
..	..	1853	2877	77149	1404	5176	69184	1385	2008	
..	..	1409	2761	74889	1495	5348	66910	1136	2009	
..	..	1143	2451	67261	1335	4795	59810	1321	2010	
517	394	120	550	46715	17049	17858	8655	3153	2007	Viet Nam
629	396	104	607	52155	21104	17821	9642	3588	2008	
727	411	733	651	56575	21310	20460	10665	4141	2009	
968	453	1266	688	60414	22346	21532	12518	4017	2010	
186	181	1242	412	9035	..	9035	..	..	2007	Yémen
168	181	1355	401	9077	..	9077	..	..	2008	
200	181	1501	403	9394	..	9252	142	..	2009	
180	138	1187	386	9289	..	8124	1165	..	2010	
76649	**81839**	**120081**	**4613**	**3384405**	**714940**	**1010282**	**1404918**	**254264**	**2007**	**Europe**
78803	**81482**	**134904**	**4609**	**3388780**	**693354**	**1020388**	**1416331**	**258707**	**2008**	
73632	**74686**	**121421**	**4293**	**3163042**	**594662**	**984852**	**1327722**	**255805**	**2009**	
73577	**77579**	**139316**	**4510**	**3329250**	**649565**	**962991**	**1449515**	**267179**	**2010**	
28	..	300	671	2126	26	1378	23	699	2007	Albanie
38	..	236	713	2270	33	1460	11	765	2008	
25	..	243	702	2242	76	1343	12	811	2009	
25	..	159	750	2402	83	1486	18	815	2010	
0	..	..	3985	324	0	256	..	69	2007	Andorre
0	..	..	3957	327	0	256	..	71	2008	
0	..	..	3766	315	0	245	..	*70	2009	
0	..	..	3723	316	0	246	..	70	2010	
1017	..	2202	4815	40014	5548	17096	11483	5887	2007	Autriche
1020	..	2057	4798	40025	5375	16661	12142	5846	2008	
886	..	2147	4479	37491	4111	15782	11890	5709	2009	
958	..	2200	4739	39774	4887	16170	13057	5660	2010	
..	..	5609	3812	37083	708	8293	27544	538	2007	Bélarus
..	..	3514	3841	37181	628	8238	28084	231	2008	
..	..	3312	3612	34808	607	10325	23321	555	2009	
..	..	1778	3976	38150	684	8318	28810	337	2010	
1453	13657	6570	5683	59897	5916	23258	23698	7024	2007	Belgique
2930	14095	7949	5622	59601	6019	22829	23555	7198	2008	
2768	10319	10190	5159	55001	4192	20885	23990	5934	2009	
2208	11224	11637	5414	57992	4490	20190	26923	6389	2010	

Table 1

Production, trade and consumption of commercial energy
Thousand metric tons of coal equivalent and kilograms per capita

Country or area Pays ou zone	Year Année	Primary energy production Production d'énergie primaire					Changes in stocks Variations des stocks	Imports Importations	Exports Exportations
		Total Totale	Solids Solides	Liquids Liquides	Gas Gaz	Electricity Electricité			
Bosnia and Herzegovina	2007	8864	8372	..	..	491	-6	3378	1132
	2008	9882	9284	..	..	598	-6	3633	1253
	2009	9962	9196	..	..	766	150	3997	1533
	2010	9797	8811	..	..	986	-111	4609	1703
Bulgaria	2007	9519	6873	41	403	2202	73	21697	6281
	2008	9562	6879	49	279	2354	707	21888	6350
	2009	9084	6569	60	54	2401	80	17280	5182
	2010	9895	7054	57	126	2658	-315	17036	5843
Croatia	2007	5649	..	1354	3750	545	-45	11792	3640
	2008	5406	..	1264	3483	659	486	11567	3236
	2009	5514	..	1184	3487	844	-295	10380	3584
	2010	5662	..	1093	3515	1053	140	10239	3295
Czech Republic	2007	38408	34006	605	257	3540	-1490	30042	12805
	2008	36924	32550	501	288	3585	195	31416	12673
	2009	34411	29790	601	265	3755	456	30318	12558
	2010	34481	29614	594	302	3971	-2033	29364	11861
Denmark	2007	36001	..	21982	13135	885	40	19201	28335
	2008	35556	..	20382	14320	855	1619	21306	29610
	2009	31511	..	18733	11950	828	400	19333	26724
	2010	30275	..	17643	11669	963	-1884	18325	25420
Estonia	2007	5234	5220	..	..	14	38	3417	984
	2008	4967	4947	..	..	20	8	3128	801
	2009	4722	4694	..	..	28	408	2904	972
	2010	5662	5624	..	..	37	-40	2650	1184
Faeroe Islands	2007	15	..	..	..	15	..	*370	..
	2008	13	..	..	..	13	..	*343	..
	2009	13	..	..	..	13	..	*317	..
	2010	10	..	..	..	10	..	*339	..
Finland	2007	6198	1555	..	..	4642	-2276	37646	8542
	2008	6576	1502	119	..	4955	99	37755	9271
	2009	7893	3134	276	..	4483	1525	35640	9413
	2010	7365	2580	360	..	4425	-2740	35485	9726
France	2007	67276	374	3060	1453	62389	-2447	240158	40733
	2008	68914	246	4242	1287	63138	1064	251581	45281
	2009	65024	130	4661	1212	59021	-148	236696	38855
	2010	68034	242	4562	1025	62205	-4190	232740	35925
Germany	2007	139806	77986	15002	20804	26014	-4591	348943	63999
	2008	129183	71497	12625	17979	27081	-832	360832	59058
	2009	118108	65290	9971	17681	25166	2738	343625	51051
	2010	116714	64464	10122	15422	26706	-6084	344291	54751
Gibraltar	2007	..	..	..	..	..	..	2860	..
	2008	..	..	..	..	..	..	3019	..
	2009	..	..	..	..	..	..	3728	..
	2010	..	..	..	..	..	..	3810	..
Greece	2007	12891	11984	234	35	638	290	46993	10168
	2008	12599	11614	177	23	786	755	48027	10090
	2009	12924	11680	214	19	1012	-901	45831	11954
	2010	12057	10451	323	12	1272	-499	45282	12999
Guernsey	2007	..	..	..	..	..	..	24	..
	2008	..	..	..	..	..	..	32	..
	2009	..	..	..	..	..	..	26	..
	2010	..	..	..	..	..	..	29	..
Hungary	2007	9382	2533	1800	3207	1842	-276	30985	5295
	2008	9556	2419	2056	3210	1872	1129	31646	4867
	2009	9827	2223	1985	3655	1964	1259	26349	3036
	2010	9661	2276	1787	3573	2025	357	27751	3892

Table 1

Production, commerce et consommation d'énergie commerciale

Milliers de tonnes métriques d'équivalent houille et kilogrammes par habitant

Bunkers Soutes		Unallocated Quantités	Consumption Consommation						Year	Country or area
Aviation Avion	Marine Maritime	non réparties	Per Capita Par habitant	Total Totale	Solids Solides	Liquids Liquides	Gas Gaz	Electricity Electricité	Année	Pays ou zone
7	..	13	2936	11096	8452	1693	533	418	2007	Bosnie-Herzégovine
7	..	22	3243	12239	9367	1947	529	396	2008	
7	..	192	3205	12077	9434	1942	302	399	2009	
7	..	461	3283	12346	9536	1977	317	516	2010	
261	75	1603	3000	22923	11231	5233	4808	1652	2007	Bulgarie
304	176	1321	2976	22591	10845	5392	4657	1698	2008	
218	298	729	2633	19857	9117	5499	3463	1778	2009	
240	141	55	2798	20967	9781	5882	3684	1620	2010	
63	34	223	3056	13524	1147	6764	4287	1326	2007	Croatie
74	31	260	2917	12886	1179	6150	4090	1467	2008	
63	10	334	2766	12199	852	5990	3815	1542	2009	
78	10	398	2721	11980	1160	5002	4178	1638	2010	
492	..	2954	5206	53689	30488	10247	11397	1556	2007	République tchèque
479	..	3206	4990	51787	28201	10078	11332	2176	2008	
485	..	2922	4627	48307	25521	9997	10711	2079	2009	
447	..	3351	4786	50219	26553	9461	12071	2135	2010	
1272	1538	132	4367	23886	6609	10045	6464	768	2007	Danemark
1271	1327	536	4093	22499	5609	9375	6481	1033	2008	
1111	740	242	3914	21626	5736	8820	6200	869	2009	
1159	999	325	4069	22581	5761	8957	7039	823	2010	
72	359	-520	5747	7718	5296	1430	1275	-284	2007	Estonie
40	366	-420	5439	7300	4902	1271	1223	-96	2008	
47	326	-567	4801	6441	4357	1213	834	38	2009	
53	321	-560	5483	7354	5593	1231	893	-362	2010	
5	..	..	*7814	*380	..	*365	..	15	2007	Iles Féroé
6	..	..	*7222	*351	..	*338	..	13	2008	
5	..	..	*6686	*325	..	*312	..	13	2009	
5	..	..	*7060	*344	..	*334	..	10	2010	
769	664	-1725	7158	37870	10416	15361	5909	6185	2007	Finlande
833	582	-2914	6858	36460	7640	16181	6116	6523	2008	
730	361	-3389	6532	34892	7360	16035	5530	5967	2009	
769	307	-2823	7011	37611	10007	15798	6091	5715	2010	
8462	4230	11543	3964	244912	19496	108915	61091	55410	2007	France
8512	3695	10422	4048	251520	18480	112486	63310	57244	2008	
7755	3692	6310	3925	245256	16015	112355	61050	55836	2009	
7905	3585	4505	4028	253044	17207	109886	67523	58428	2010	
11931	4470	8838	4897	404102	123884	134212	122026	23980	2007	Allemagne
12103	4322	10997	4903	404366	115752	142472	121530	24612	2008	
11813	3950	11972	4614	380211	102313	132657	121582	23659	2009	
11646	4024	13344	4658	383325	110176	131737	116543	24869	2010	
9	2657	..	6627	194	..	194	..	..	2007	Gibraltar
9	2814	..	6676	196	..	196	..	..	2008	
9	3516	..	6933	203	..	203	..	..	2009	
7	3587	..	7381	216	..	216	..	..	2010	
1368	4579	-3102	4138	46582	12636	27433	5340	1173	2007	Grèce
1422	4478	-3203	4170	47086	11871	28174	5565	1475	2008	
1223	3801	-3468	4074	46145	12044	27836	4716	1548	2009	
979	3960	-1264	3624	41166	11233	22826	5134	1973	2010	
..	..	..	396	24	..	..	..	24	2007	Guernesey
..	..	..	512	32	..	..	..	32	2008	
..	..	..	415	26	..	..	..	26	2009	
..	..	..	471	29	..	..	..	29	2010	
357	..	1631	3322	33360	4509	9502	17017	2332	2007	Hongrie
397	..	1806	3293	33004	4405	9460	16789	2351	2008	
339	..	1500	3004	30042	3650	9200	14551	2641	2009	
338	..	819	3206	32007	3921	9818	15605	2663	2010	

Table 1

Production, trade and consumption of commercial energy

Thousand metric tons of coal equivalent and kilograms per capita

Country or area Pays ou zone	Year Année	Primary energy production Production d'énergie primaire					Changes in stocks Variations des stocks	Imports Importations	Exports Exportations
		Total Totale	Solids Solides	Liquids Liquides	Gas Gaz	Electricity Electricité			
Iceland	2007	1761	..	..	291	1471	12	1603	0
	2008	2370	..	..	348	2022	-15	1743	0
	2009	2416	..	..	348	2068	37	1732	17
	2010	2443	..	..	348	2095	-49	1593	0
Ireland	2007	1880	898	30	586	365	-701	22486	1764
	2008	2050	981	52	562	456	38	22563	1801
	2009	2009	905	80	505	517	-372	20628	1381
	2010	2518	1485	90	502	441	-283	21039	2133
Isle of Man	2007	0	..	..	..	0	..	5	9
	2008	0	..	..	..	0	..	4	12
	2009	0	..	..	..	0	..	2	14
	2010	0	..	..	..	0	..	6	13
Italy	2007	27385	143	8713	12618	5911	-2203	277641	41148
	2008	27764	106	8526	12032	7100	836	272862	38598
	2009	26649	65	8060	10417	8108	-2470	247033	34838
	2010	28940	92	9202	10948	8698	1820	262240	38516
Jersey	2007	..	..	..	..	..	..	73	..
	2008	..	..	..	..	..	..	83	..
	2009	..	..	..	..	..	..	81	..
	2010	..	..	..	..	..	..	82	..
Latvia	2007	368	4	23	..	342	-121	5364	453
	2008	439	4	47	..	389	-376	4933	470
	2009	509	8	70	..	431	261	5343	758
	2010	511	3	69	..	438	-1021	4357	756
Lithuania	2007	1691	17	268	67	1339	186	14994	6384
	2008	1722	22	283	65	1353	-206	19242	11150
	2009	1901	17	321	70	1492	-224	17242	10773
	2010	512	10	312	3	187	84	19459	11038
Luxembourg	2007	123	..	..	..	123	-51	6937	364
	2008	128	..	..	..	128	10	6939	322
	2009	113	..	..	..	113	3	6576	333
	2010	190	..	..	..	190	-26	7008	404
Malta	2007	..	..	..	..	..	0	2635	..
	2008	..	..	..	..	..	0	2716	..
	2009	..	..	..	..	..	-50	2914	13
	2010	..	..	..	..	..	-12	3512	23
Montenegro	2007	537	380	..	..	158	..	793	45
	2008	736	547	..	..	189	..	763	46
	2009	555	301	..	..	254	..	588	57
	2010	947	609	..	..	338	..	499	106
Netherlands	2007	91300	..	3926	86418	956	492	216577	171248
	2008	99444	..	3323	95068	1053	2864	213296	171498
	2009	93536	..	2897	89539	1100	4328	221058	176785
	2010	104274	..	2590	100686	998	1311	231418	196875
Norway	2007	317682	3905	173171	123946	16660	-1112	8307	284062
	2008	324981	3289	166093	138293	17307	642	8245	286916
	2009	319038	2532	156953	143946	15607	-1402	9067	285648
	2010	309404	1855	144441	148510	14597	-18	10973	271070
Poland	2007	97099	89301	1188	6185	425	-198	60324	21611
	2008	94842	87037	1508	5857	440	4099	64346	17758
	2009	88568	80611	1622	5838	498	4141	61770	15740
	2010	87209	79136	1578	5862	633	-3178	67858	19049
Portugal	2007	2038	..	231	..	1807	-435	33279	3424
	2008	1850	..	218	..	1632	12	33810	3057
	2009	2405	..	326	..	2080	193	32222	2827
	2010	3617	..	406	..	3211	-330	30981	3612

Table 1

Production, commerce et consommation d'énergie commerciale
Milliers de tonnes métriques d'équivalent houille et kilogrammes par habitant

Bunkers Soutes		Unallocated Quantités non réparties	Consumption Consommation						Year Année	Country or area Pays ou zone
Aviation Avion	Marine Maritime		Per Capita Par habitant	Total Totale	Solids Solides	Liquids Liquides	Gas Gaz	Electricity Electricité		
239	95	231	9115	2787	151	874	291	1471	2007	Islande
200	105	513	10657	3311	134	807	348	2022	2008	
161	75	530	10545	3327	121	791	348	2068	2009	
177	83	514	10340	3310	129	738	348	2095	2010	
1390	159	188	5026	21566	3421	10816	6800	529	2007	Irlande
1304	123	-65	4919	21412	3488	10298	7115	511	2008	
796	161	103	4661	20567	3148	10008	6800	611	2009	
1036	119	54	4586	20498	2997	9548	7454	499	2010	
..	..	..	-41	-3	..	..	..	-3	2007	Île de Man
..	..	..	-93	-8	..	..	..	-8	2008	
..	..	..	-136	-11	..	..	..	-11	2009	
..	..	..	-89	-7	..	..	..	-7	2010	
4897	3475	4229	4258	253479	23985	107532	110366	11596	2007	Italie
4726	3649	4561	4143	248257	23277	102614	110348	12018	2008	
4301	3404	5988	3776	227621	18156	94404	101432	13630	2009	
4546	4330	9105	3844	232863	20229	90465	108047	14123	2010	
..	..	..	778	73	..	..	..	73	2007	Le Jersey
..	..	..	873	83	..	..	..	83	2008	
..	..	..	844	81	..	..	..	81	2009	
..	..	..	846	82	..	..	..	82	2010	
115	258	45	2184	4983	153	1962	2158	711	2007	Lettonie
139	299	33	2117	4808	152	1842	2116	699	2008	
146	397	4	1895	4286	122	1582	1948	634	2009	
168	365	1	2042	4598	155	1577	2320	546	2010	
103	173	-1281	3290	11119	428	4864	4657	1170	2007	Lituanie
109	131	-78	2934	9858	356	4082	4185	1235	2008	
52	185	-119	2537	8477	266	3546	3532	1132	2009	
69	206	-124	2617	8698	334	3484	3958	922	2010	
624	..	..	12872	6123	123	3568	1823	610	2007	Luxembourg
628	..	..	12547	6108	119	3591	1735	662	2008	
601	..	..	11556	5751	109	3344	1766	532	2009	
618	..	..	12223	6203	107	3507	1899	689	2010	
130	1235	..	3078	1270	..	1270	..	..	2007	Malte
184	1336	..	2889	1196	..	1196	..	..	2008	
131	1653	..	2810	1167	..	1167	..	..	2009	
146	2146	..	2902	1209	..	1209	..	..	2010	
16	..	..	2020	1269	370	488	..	411	2007	Monténégro
21	..	..	2277	1433	546	517	..	369	2008	
3	..	..	1717	1083	295	413	..	375	2009	
3	..	..	2117	1337	587	381	..	368	2010	
5262	23242	20246	5314	87386	10108	21358	52806	3114	2007	Pays-Bas
5337	22395	20057	5489	90588	10142	22437	55009	3000	2008	
4961	20570	19871	5319	88079	9350	21520	55508	1701	2009	
4845	20158	18858	5637	93647	9580	20495	62232	1339	2010	
542	951	567	8678	40980	1150	16676	7726	15427	2007	Norvège
548	690	5757	8092	38673	1228	14129	7712	15604	2008	
511	711	3501	8096	39134	801	15113	8717	14503	2009	
618	561	4930	8850	43215	1198	16605	9887	15525	2010	
643	361	3221	3451	131785	81007	31178	19833	-232	2007	Pologne
770	401	3964	3459	132198	79874	32020	19946	358	2008	
699	362	2483	3318	126912	74790	32747	19147	228	2009	
736	315	4453	3493	133693	79801	33101	20325	467	2010	
1212	728	1824	2693	28565	4120	15673	6045	2727	2007	Portugal
1256	776	2126	2674	28432	3651	15422	6569	2790	2008	
1175	698	1926	2609	27808	4041	14407	6694	2666	2009	
1275	674	2310	2534	27057	2359	14040	7125	3533	2010	

Table 1

Production, trade and consumption of commercial energy
Thousand metric tons of coal equivalent and kilograms per capita

Country or area Pays ou zone	Year Année	Primary energy production Production d'énergie primaire					Changes in stocks Variations des stocks	Imports Importations	Exports Exportations
		Total Totale	Solids Solides	Liquids Liquides	Gas Gaz	Electricity Electricité			
Republic of Moldova	2007	16	..	12	0	4	53	2929	1
	2008	32	..	22	0	10	31	2913	7
	2009	32	..	25	0	7	2	2759	20
	2010	26	..	16	0	10	-60	2875	13
Romania	2007	34287	9589	7127	14662	2908	617	25269	6642
	2008	34304	9612	6925	14276	3492	310	23447	7561
	2009	33544	9378	6591	14188	3386	352	15924	6053
	2010	32288	8434	6266	13681	3908	-374	15594	5231
Russian Federation	2007	1809352	232777	705801	829070	41704	13607	34906	850410
	2008	1832083	238819	703343	849353	40568	36164	42388	834797
	2009	1725333	219472	710457	753620	41785	116	35458	820537
	2010	1886248	257184	729492	857892	41681	7154	33004	882502
Serbia	2007	13758	11275	936	314	1233	-94	10095	1423
	2008	14264	11749	933	340	1242	282	10347	1471
	2009	13143	10473	969	332	1369	55	8084	1256
	2010	13632	10327	1271	489	1544	14	8334	1093
Slovakia	2007	3602	787	116	248	2451	666	25806	7299
	2008	3910	891	233	212	2574	-23	24683	6766
	2009	3695	933	244	221	2296	687	23306	6478
	2010	3851	876	257	230	2487	-428	22997	5890
Slovenia	2007	2881	1770	6	4	1101	-77	6845	1328
	2008	2971	1693	10	4	1264	165	7830	1720
	2009	2954	1657	9	4	1284	-61	6670	1808
	2010	2966	1657	24	11	1273	53	7321	2219
Spain	2007	22541	7795	755	25	13966	-2106	194288	15317
	2008	21552	5992	719	22	14819	3134	196382	15298
	2009	22107	5182	1415	19	15490	1438	179795	15343
	2010	25551	4334	1635	82	19500	2467	175254	15995
Sweden	2007	17312	222	548	..	16541	-257	43658	16210
	2008	17554	357	602	..	16595	671	47163	18760
	2009	15823	299	705	..	14819	-49	43479	17198
	2010	16817	340	774	..	15703	-998	47309	18521
Switzerland	2007	8008	..	17	43	7948	-382	25077	5292
	2008	8130	..	17	44	8069	74	26554	4866
	2009	8069	..	8	44	8017	158	26815	4805
	2010	7950	..	9	44	7896	-50	25646	4564
T.F.Yug.Rep. Macedonia	2007	2634	2506	4	..	124	-131	2378	374
	2008	3042	2938	1	..	103	23	2449	541
	2009	3016	2859	1	..	156	85	2239	513
	2010	2890	2589	3	..	298	-45	2179	494
Ukraine	2007	92389	48018	6549	25189	12633	4968	100859	10873
	2008	92483	48073	6360	25595	12455	6882	100241	11244
	2009	87877	44751	5820	25648	11657	8458	73308	9828
	2010	86622	44307	5249	24493	12573	-19669	76797	12375
United Kingdom	2007	238771	14558	111688	103035	9491	-4856	197511	127327
	2008	227890	15458	104452	99522	8458	3268	211410	123223
	2009	210605	15294	99266	85314	10732	5126	200204	116208
	2010	198938	15761	91765	81695	9717	-9127	209926	118341
Oceania	**2007**	**445020**	**329661**	**41537**	**67990**	**5832**	**12482**	**67252**	**292118**
	2008	**446152**	**332130**	**40143**	**68345**	**5534**	**2575**	**72359**	**304273**
	2009	**463753**	**344741**	**41554**	**71439**	**6019**	**6014**	**72241**	**315497**
	2010	**461341**	**343530**	**37450**	**74000**	**6361**	**-4079**	**76305**	**334881**
Australia	2007	425428	325621	35825	61862	2120	12177	51256	285256
	2008	425556	328081	33069	62525	1881	3362	56348	294703
	2009	443194	340976	34835	65371	2012	5867	57248	307010
	2010	441878	339057	33150	67510	2162	-4727	60698	328217

Table 1

Production, commerce et consommation d'énergie commerciale
Milliers de tonnes métriques d'équivalent houille et kilogrammes par habitant

| Bunkers Soutes | | Unallocated Quantités non réparties | Consumption Consommation | | | | | | Year Année | Country or area Pays ou zone |
Aviation Avion	Marine Maritime		Per Capita Par habitant	Total Totale	Solids Solides	Liquids Liquides	Gas Gaz	Electricity Electricité		
*21	..	0	782	2869	64	932	1509	364	2007	Rép. de Moldova
*21	..	6	792	2880	123	967	1417	373	2008	
*21	..	-5	764	2754	132	952	1302	368	2009	
21	..	-5	821	2933	123	1053	1374	382	2010	
156	49	2570	2288	49522	14489	12118	20264	2652	2007	Roumanie
175	100	1559	2225	48046	13358	12416	19302	2970	2008	
186	21	286	1977	42569	10774	11897	16794	3104	2009	
208	22	882	1951	41914	9972	11189	17125	3628	2010	
7884	..	38271	6519	934084	160230	152164	581558	40132	2007	Fédération de Russie
8397	..	47284	6621	947828	169453	158113	581860	38402	2008	
8408	..	46471	6188	885261	137415	151235	556651	39960	2009	
8953	2217	51975	6760	966452	167546	151291	608078	39537	2010	
69	..	638	2219	21817	12321	5081	3192	1222	2007	Serbie
71	..	971	2217	21816	12793	4595	3177	1251	2008	
59	..	590	1956	19267	11360	4499	2214	1194	2009	
60	..	719	2037	20079	11118	4512	2942	1508	2010	
71	..	346	3871	21026	5692	4516	8154	2663	2007	Slovaquie
90	..	434	3919	21325	5750	4663	8274	2638	2008	
65	..	241	3582	19530	5541	4427	7105	2457	2009	
59	..	305	3849	21022	5617	4753	8037	2615	2010	
46	69	63	4123	8297	2275	3441	1451	1129	2007	Slovénie
50	95	67	4313	8704	2235	4007	1395	1067	2008	
38	47	14	3843	7778	2015	3536	1320	908	2009	
37	27	22	3906	7929	2030	3515	1371	1013	2010	
4876	12355	6388	4035	180000	28332	87958	50450	13260	2007	Espagne
4894	12810	6884	3874	174912	20213	85824	55412	13463	2008	
4552	12730	2411	3625	165429	15096	86275	49564	14495	2009	
4369	12271	4234	3504	161469	11679	81809	49504	18476	2010	
935	3022	3566	4093	37495	3787	15559	1445	16703	2007	Suède
1122	2973	2959	4139	38232	3473	17094	1312	16354	2008	
1023	3095	2007	3869	36027	2755	16149	1729	15395	2009	
989	2859	3213	4216	39540	3564	17705	2313	15958	2010	
1875	13	-37	3483	26323	253	14150	4225	7695	2007	Suisse
2006	14	-47	3650	27770	233	15107	4500	7929	2008	
1928	12	-95	3667	28077	216	15788	4321	7752	2009	
2015	14	5	3512	27047	222	14044	4822	7960	2010	
10	..	-4	2325	4762	2753	1443	136	430	2007	L'ex-RY Macédoine
9	..	29	2382	4889	3034	1262	155	439	2008	
4	..	18	2253	4634	2886	1313	102	333	2009	
10	..	37	2219	4572	2699	1249	152	473	2010	
513	..	791	3805	176103	57661	19903	87032	11507	2007	Ukraine
376	..	-307	3795	174529	57891	20055	84954	11629	2008	
346	..	191	3114	142361	47330	19135	64762	11133	2009	
394	..	815	3730	169504	52130	17610	87690	12075	2010	
17454	3389	1945	4779	291023	55704	95086	130101	10131	2007	Royaume-Uni
16926	3698	2406	4730	289780	51526	94366	134075	9812	2008	
15980	3550	2336	4341	267610	42559	89967	124000	11083	2009	
15402	3056	2628	4490	278563	44317	89577	134625	10045	2010	
5786	**1802**	**1328**	**5724**	**198755**	**80202**	**64038**	**48684**	**5832**	**2007**	**Océanie**
5699	**2004**	**-884**	**5794**	**204845**	**80865**	**68592**	**49854**	**5534**	**2008**	
5657	**1787**	**-2429**	**5821**	**209469**	**81837**	**70786**	**50827**	**6020**	**2009**	
6214	**1632**	**-1234**	**5472**	**200233**	**75409**	**70125**	**48338**	**6361**	**2010**	
4272	1165	392	8211	173422	77581	51165	42558	2120	2007	Australie
4233	1329	-1237	8344	179514	77759	55840	44035	1881	2008	
4325	1150	-2745	8439	184834	79467	58457	44899	2012	2009	
4723	984	-1648	7860	175029	72922	57896	42050	2162	2010	

Table 1

Production, trade and consumption of commercial energy
Thousand metric tons of coal equivalent and kilograms per capita

Country or area Pays ou zone	Year Année	Primary energy production Production d'énergie primaire					Changes in stocks Variations des stocks	Imports Importations	Exports Exportations
		Total Totale	Solids Solides	Liquids Liquides	Gas Gaz	Electricity Electricité			
Cook Islands	2007	..	..	..	..	..	..	*32	..
	2008	..	..	..	..	..	..	*34	..
	2009	..	..	..	..	..	..	*34	..
	2010	..	..	..	..	..	..	*34	..
Fiji	2007	62	..	..	..	62	..	1043	*96
	2008	61	..	..	..	61	..	890	*69
	2009	57	..	..	..	57	..	681	*48
	2010	51	..	..	..	51	..	982	*33
French Polynesia	2007	27	..	..	..	27	..	478	..
	2008	26	..	..	..	26	..	486	..
	2009	26	..	..	..	26	..	483	..
	2010	34	..	..	..	34	..	489	..
Kiribati	2007	..	..	..	..	..	..	30	..
	2008	..	..	..	..	..	..	*31	..
	2009	..	..	..	..	..	..	*21	..
	2010	..	..	..	..	..	..	*36	..
Marshall Islands	2007	..	..	..	..	..	..	*46	..
	2008	..	..	..	..	..	..	*47	..
	2009	..	..	..	..	..	..	*48	..
	2010	..	..	..	..	..	..	*49	..
Micronesia(Fed. States of)	2007	0	..	..	..	0	..	*43	..
	2008	0	..	..	..	0	..	*44	..
	2009	0	..	..	..	0	..	*45	..
	2010	0	..	..	..	0	..	*45	..
Nauru	2007	..	..	..	..	..	..	*46	..
	2008	..	..	..	..	..	..	*46	..
	2009	..	..	..	..	..	..	*45	..
	2010	..	..	..	..	..	..	*44	..
New Caledonia	2007	52	..	..	..	52	..	1312	*7
	2008	61	..	..	..	61	..	1435	*7
	2009	55	..	..	..	55	..	1248	*7
	2010	39	..	..	..	39	..	1661	*3
New Zealand	2007	16192	4039	2913	5786	3454	333	10780	4571
	2008	16965	4049	4068	5459	3390	-890	10782	6529
	2009	17067	3765	3842	5706	3754	259	10502	5660
	2010	18352	4474	3800	6119	3959	580	10000	5990
Niue	2007	..	..	..	..	..	..	*3	..
	2008	..	..	..	..	..	..	*3	..
	2009	..	..	..	..	..	..	*3	..
	2010	..	..	..	..	..	..	*3	..
Palau	2007	*2	..	..	..	*2	..	*123	..
	2008	*2	..	..	..	*2	..	*123	..
	2009	*2	..	..	..	*2	..	*123	..
	2010	*2	..	..	..	*2	..	*127	..
Papua New Guinea	2007	3248	..	2800	*342	106	-29	1750	2188
	2008	3472	..	3006	*361	105	102	1784	2965
	2009	3344	..	2878	*361	*105	-112	1433	2771
	2010	976	..	501	*370	*105	68	1812	638
Samoa	2007	*7	..	..	..	*7	..	*77	..
	2008	*7	..	..	..	*7	..	*77	..
	2009	*7	..	..	..	*7	..	*78	..
	2010	*7	..	..	..	*7	..	*78	..
Solomon Islands	2007	..	..	..	..	..	..	*98	..
	2008	..	..	..	..	..	..	*96	..
	2009	..	..	..	..	..	..	*97	..
	2010	..	..	..	..	..	..	*99	..

Table 1

Production, commerce et consommation d'énergie commerciale
Milliers de tonnes métriques d'équivalent houille et kilogrammes par habitant

Bunkers Soutes Aviation Avion	Bunkers Soutes Marine Maritime	Unallocated Quantités non réparties	Consumption Consommation Per Capita Par habitant	Total Totale	Solids Solides	Liquids Liquides	Gas Gaz	Electricity Electricité	Year Année	Country or area Pays ou zone
..	..	..	*1619	*32	..	*32	..	..	2007	Iles Cook
..	..	..	*1678	*34	..	*34	..	..	2008	
..	..	..	*1667	*34	..	*34	..	..	2009	
..	..	..	*1656	*34	..	*34	..	..	2010	
*322	*87	..	720	602	0	539	..	63	2007	Fidji
*265	*76	..	642	542	0	481	..	61	2008	
*202	*51	..	511	436	0	379	..	57	2009	
*281	*75	..	748	644	0	593	..	51	2010	
*9	*70	..	1632	427	..	399	..	27	2007	Polynésie française
*9	*66	..	1652	437	..	411	..	26	2008	
*9	*64	..	1631	437	..	410	..	26	2009	
*9	*64	..	1664	451	..	416	..	34	2010	
*4	..	..	269	26	..	26	..	..	2007	Kiribati
*5	..	..	*271	*26	..	*26	..	..	2008	
*2	..	..	*187	*18	..	*18	..	..	2009	
*6	..	..	*299	*30	..	*30	..	..	2010	
..	..	..	*884	*46	..	*46	..	..	2007	Iles Marshall
..	..	..	*879	*47	..	*47	..	..	2008	
..	..	..	*895	*48	..	*48	..	..	2009	
..	..	..	*908	*49	..	*49	..	..	2010	
*1	..	..	*391	*43	..	*43	..	0	2007	Micronésie(États. féds. de)
*1	..	..	*391	*43	..	*43	..	0	2008	
*1	..	..	*402	*45	..	*44	..	0	2009	
*1	..	..	*400	*44	..	*44	..	0	2010	
*4	..	..	*4132	*42	..	*42	..	..	2007	Nauru
*4	..	..	*4122	*42	..	*42	..	..	2008	
*4	..	..	*4000	*41	..	*41	..	..	2009	
*4	..	..	*3885	*40	..	*40	..	..	2010	
18	..	..	5606	1339	244	1043	..	52	2007	Nouvelle-Calédonie
15	..	..	6067	1474	367	1046	..	61	2008	
0	..	..	5246	1295	253	987	..	55	2009	
*7	..	..	6736	1690	600	1050	..	39	2010	
1066	435	4	4859	20565	2377	8949	5784	3454	2007	Nouvelle-Zélande
1073	487	36	4795	20512	2739	8925	5458	3390	2008	
1021	476	-56	4675	20209	2117	8771	5567	3754	2009	
1082	464	135	4602	20101	1886	8337	5918	3959	2010	
*1	..	..	*1461	*2	..	*2	..	..	2007	Nioué
*1	..	..	*1502	*2	..	*2	..	..	2008	
*1	..	..	*1545	*2	..	*2	..	..	2009	
*1	..	..	*1597	*2	..	*2	..	..	2010	
*24	..	..	*5026	*101	..	*99	..	*2	2007	Palaos
*24	..	..	*4999	*101	..	*99	..	*2	2008	
*24	..	..	*4970	*101	..	*99	..	*2	2009	
*24	..	..	*5136	*105	..	*103	..	*2	2010	
*57	*46	933	282	1802	..	1354	*342	106	2007	Papouasie-Nvl-Guinée
*62	*46	318	269	1763	..	1297	*361	105	2008	
*59	*46	371	245	1643	..	1177	*361	*105	2009	
*63	*46	279	247	1694	..	1219	*370	*105	2010	
..	..	..	*458	*83	..	*77	..	*7	2007	Samoa
..	..	..	*458	*83	..	*77	..	*7	2008	
..	..	..	*465	*85	..	*78	..	*7	2009	
..	..	..	*463	*85	..	*78	..	*7	2010	
*7	..	..	*183	*91	..	*91	..	..	2007	Iles Salomon
*6	..	..	*176	*90	..	*90	..	..	2008	
*6	..	..	*174	*91	..	*91	..	..	2009	
*6	..	..	*172	*93	..	*93	..	..	2010	

Table 1

Production, trade and consumption of commercial energy
Thousand metric tons of coal equivalent and kilograms per capita

| Country or area
Pays ou zone | Year
Année | Primary energy production
Production d'énergie primaire | | | | | Changes in stocks
Variations des stocks | Imports
Importations | Exports
Exportations |
		Total Totale	Solids Solides	Liquids Liquides	Gas Gaz	Electricity Electricité			
Tonga	2007	..	..	..	..	..	..	*74	..
	2008	..	..	..	..	..	..	*78	..
	2009	..	..	..	..	..	..	*83	..
	2010	..	..	..	..	..	..	*78	..
Vanuatu	2007	0	..	..	..	0	..	46	..
	2008	2	..	..	..	2	..	45	..
	2009	2	..	..	..	2	..	56	..
	2010	2	..	..	..	2	..	56	..
Wallis and Futuna Is.	2007	..	..	..	..	..	..	14	..
	2008	..	..	..	..	..	..	*13	..
	2009	..	..	..	..	..	..	*13	..
	2010	..	..	..	..	..	..	*14	..

Table 1

Production, commerce et consommation d'énergie commerciale

Milliers de tonnes métriques d'équivalent houille et kilogrammes par habitant

Bunkers Soutes		Unallocated Quantités	Consumption Consommation						Year Année	Country or area Pays ou zone
Aviation Avion	Marine Maritime	non réparties	Per Capita Par habitant	Total Totale	Solids Solides	Liquids Liquides	Gas Gaz	Electricity Electricité		
*1	..	..	*716	*73	..	*73	..	..	2007	Tonga
*1	..	..	*744	*77	..	*77	..	..	2008	
*2	..	..	*787	*82	..	*82	..	..	2009	
*5	..	..	*703	*73	..	*73	..	..	2010	
..	..	..	208	46	..	46	..	0	2007	Vanuatu
..	..	..	203	46	..	45	..	2	2008	
..	..	..	246	57	..	56	..	2	2009	
..	..	..	242	58	..	56	..	2	2010	
1	..	..	895	13	..	13	..	..	2007	Iles Wallis et Futuna
1	..	..	*870	*12	..	*12	..	..	2008	
1	..	..	*905	*12	..	*12	..	..	2009	
1	..	..	*913	*12	..	*12	..	..	2010	

Table 2

Production, trade and consumption of commercial energy
Production, commerce et consommation d'énergie commerciale
Thousand metric tons of oil equivalent and kilograms per capita
Milliers de tonnes métriques d'équivalent pétrole et kilogrammes par habitant

Table Notes:
Please refer to notes on table 1.

Please refer to the Definitions Section on pages xv to xxix for the appropriate product description/ classification.

Notes relatives aux tableaux:
Veuillez consulter les notes de bas de page au tableau 1.

Veuillez consulter la section "définitions" de la page xv à la page xxix pour une description/classification appropriée des produits.

Figure 5: Commercial primary energy production, by region, in 2010
(in million metric tons of oil equivalent)

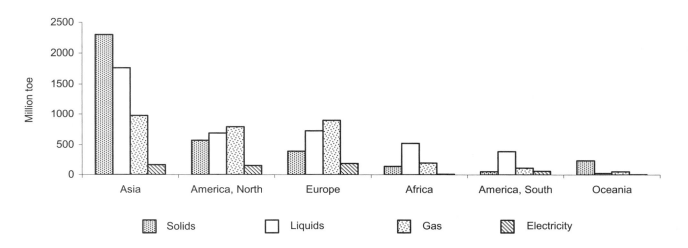

Figure 6: Commercial primary energy consumption, by region, in 2010
(in million metric tons of oil equivalent)

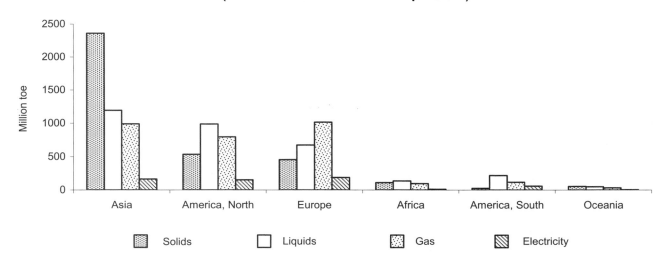

Table 2

Production, trade and consumption of commercial energy
Thousand metric tons of oil equivalent and kilograms per capita

Country or area Pays ou zone	Year Année	Primary energy production Production d'énergie primaire					Changes in stocks Variations des stocks	Imports Importations	Exports Exportations
		Total Totale	Solids Solides	Liquids Liquides	Gas Gaz	Electricity Electricité			
World	**2007**	**10701711**	**3327701**	**4051424**	**2796556**	**526029**	**11095**	**4631659**	**4626329**
	2008	**10989765**	**3431239**	**4114870**	**2902230**	**541426**	**98637**	**4685925**	**4724048**
	2009	**10883544**	**3479324**	**4033929**	**2821026**	**549266**	**98176**	**4555052**	**4577858**
	2010	**11419325**	**3693918**	**4117658**	**3029228**	**578521**	**38454**	**4776185**	**4850066**
Africa	**2007**	**857187**	**134015**	**521875**	**191787**	**9510**	**-4663**	**107710**	**602936**
	2008	**870872**	**134844**	**528169**	**198183**	**9675**	**3060**	**106770**	**598441**
	2009	**839238**	**134591**	**508858**	**185772**	**10018**	**-4002**	**117014**	**570026**
	2010	**867629**	**137588**	**522038**	**197279**	**10724**	**923**	**113315**	**589881**
Algeria	2007	185756	..	103940	81796	19	-719	1353	143204
	2008	183604	..	101575	82005	24	379	1438	139758
	2009	174114	..	95287	78800	26	-401	1480	126342
	2010	172110	..	92114	79981	15	308	1313	120892
Angola	2007	87510	..	86521	774	215	78	1789	84970
	2008	97909	..	97023	617	269	831	2417	94617
	2009	92947	..	92055	626	266	-175	3101	90666
	2010	90408	..	89442	663	304	1798	3521	85654
Benin	2007	0	..	..	..	..	0	-8	1321	..
	2008	0	..	..	..	..	0	4	1365	..
	2009	0	..	..	..	..	0	3	1514	..
	2010	0	..	..	..	..	0	3	1731	..
Botswana	2007	580	580	..	..	..	-43	998	..
	2008	637	637	..	..	..	-1	1099	..
	2009	517	517	..	..	..	-1	1070	..
	2010	692	692	..	..	..	-1	1150	..
Burkina Faso	2007	10	..	..	..	10	-10	559	..
	2008	12	..	..	..	12	*12	607	..
	2009	11	..	..	..	11	*-11	569	..
	2010	10	..	..	..	10	0	*610	..
Burundi	2007	13	3	..	..	10	4	73	..
	2008	13	3	..	..	10	3	88	..
	2009	14	4	..	..	10	2	77	..
	2010	17	5	..	..	12	0	107	..
Cameroon	2007	5085	..	4421	334	331	-297	2037	4968
	2008	5056	..	4346	346	364	-300	1926	4855
	2009	4427	..	3796	286	345	-360	1736	3825
	2010	3993	..	3338	288	366	-256	1982	3330
Cape Verde	2007	1	..	..	..	1	..	*110	..
	2008	0	..	..	..	0	..	112	..
	2009	0	..	..	..	0	..	120	..
	2010	0	..	..	..	0	..	138	..
Central African Rep.	2007	12	..	..	..	12	..	*108	..
	2008	*12	..	..	..	*12	..	*110	..
	2009	12	..	..	..	12	..	*110	..
	2010	*12	..	..	..	*12	..	*121	..
Chad	2007	7264	..	7264	..	..	..	*87	7178
	2008	6397	..	6397	..	..	..	*87	6297
	2009	6122	..	6122	..	..	..	*92	6048
	2010	6278	..	6278	..	..	..	*100	6205
Comoros	2007	0	..	..	..	..	0	..	*41	..
	2008	0	..	..	..	..	0	..	*42	..
	2009	0	..	..	..	..	0	..	*42	..
	2010	0	..	..	..	..	0	..	*47	..
Congo	2007	11656	..	11608	20	29	0	170	11271
	2008	12368	..	12312	24	32	92	288	11949
	2009	14361	..	14281	51	28	-368	242	14260
	2010	16326	..	16257	32	37	136	234	15678

Table 2

Production, commerce et consommation d'énergie commerciale
Milliers de tonnes métriques d'équivalent pétrole et kilogrammes par habitant

Bunkers Soutes		Unallocated Quantités non réparties	Consumption Consommation						Year Année	Country or area Pays ou zone
Aviation Avion	Marine Maritime		Per capita Par habitant	Total Totale	Solids Solides	Liquids Liquides	Gas Gaz	Electricity Electricité		
138880	191172	484660	1483	9881233	3283019	3254687	2816308	527219	2007	**Monde**
141748	188821	459412	1493	10063024	3357765	3282661	2880266	542331	2008	
135723	181418	480062	1462	9965360	3366899	3219217	2828839	550404	2009	
144245	199046	539050	1512	10424648	3538375	3258924	3047357	579992	2010	
5270	5567	17130	355	338658	106641	128046	93161	10811	2007	**Afrique**
5901	2729	16919	359	350592	108008	135738	95594	11253	2008	
5773	2692	26071	356	355692	113570	138057	92675	11389	2009	
5645	5428	25519	346	353548	109369	135820	96337	12021	2010	
365	349	7143	1084	36767	767	11177	24803	20	2007	Algérie
409	324	6505	1094	37667	766	11847	25034	20	2008	
458	293	8394	1159	40509	413	13415	26657	24	2009	
482	323	11060	1138	40358	321	14112	25916	9	2010	
115	14	258	220	3863	..	2875	774	215	2007	Angola
137	14	142	254	4584	..	3698	617	269	2008	
199	188	158	270	5011	..	4118	626	266	2009	
203	180	242	307	5853	..	4887	663	304	2010	
26	..	..	161	1303	..	1253	..	50	2007	Bénin
42	..	..	158	1319	..	1262	..	57	2008	
89	..	..	165	1422	..	1348	..	74	2009	
154	..	..	178	1574	..	1494	..	80	2010	
8	..	..	836	1612	633	773	..	206	2007	Botswana
17	..	..	880	1721	640	858	..	222	2008	
15	..	..	793	1572	519	816	..	236	2009	
17	..	..	910	1826	694	875	..	257	2010	
14	..	..	38	565	..	545	..	20	2007	Burkina Faso
21	..	..	38	586	..	562	..	23	2008	
15	..	..	36	576	..	552	..	24	2009	
*21	..	..	*36	*599	..	*556	..	43	2010	
6	..	..	10	76	3	56	..	17	2007	Burundi
6	..	..	12	92	3	72	..	16	2008	
17	..	..	9	72	4	50	..	18	2009	
*5	..	..	14	119	5	94	..	20	2010	
64	52	392	106	1944	..	1279	334	331	2007	Cameroun
67	50	363	104	1948	..	1239	346	364	2008	
69	50	502	108	2077	..	1446	286	345	2009	
67	44	426	121	2363	..	1709	288	366	2010	
..	*10	..	*208	*100	..	*100	..	1	2007	Cap-Vert
..	*13	..	203	99	..	98	..	0	2008	
..	*20	..	205	101	..	100	..	0	2009	
..	*23	..	233	115	..	115	..	0	2010	
*30	..	..	*22	*90	..	*78	..	12	2007	Rép. centrafricaine
*31	..	..	*21	*91	..	*79	..	*12	2008	
*31	..	..	*21	*91	..	*79	..	12	2009	
*32	..	..	*23	*100	..	*89	..	*12	2010	
*20	..	86	*6	*67	..	*67	..	..	2007	Tchad
*19	..	100	*6	*69	..	*69	..	..	2008	
*19	..	73	*7	*74	..	*74	..	..	2009	
*19	..	73	*7	*82	..	*82	..	..	2010	
..	..	..	*61	*42	..	*41	..	0	2007	Comores
..	..	..	*61	*43	..	*42	..	0	2008	
..	..	..	*59	*43	..	*42	..	0	2009	
..	..	..	*64	*47	..	*47	..	0	2010	
50	28	40	117	438	..	351	20	67	2007	Congo
58	43	46	122	467	..	374	24	70	2008	
62	0	51	152	597	..	480	51	66	2009	
62	0	28	162	657	..	545	32	80	2010	

Table 2

Production, trade and consumption of commercial energy
Thousand metric tons of oil equivalent and kilograms per capita

Country or area Pays ou zone	Year Année	Primary energy production Production d'énergie primaire					Changes in stocks Variations des stocks	Imports Importations	Exports Exportations
		Total Totale	Solids Solides	Liquids Liquides	Gas Gaz	Electricity Electricité			
Côte d'Ivoire	2007	3999	..	2443	1402	155	-145	3756	4878
	2008	3944	..	2306	1475	163	-322	3290	4494
	2009	3835	..	2300	1352	183	-115	3158	4433
	2010	3337	..	1715	1483	139	-80	2656	3456
Dem. Rep. of the Congo	2007	2000	89	1231	8	672	3	863	1348
	2008	1910	92	1167	8	643	16	770	1209
	2009	1892	94	1119	8	670	-4	730	1197
	2010	1900	97	1119	8	675	-1	975	1199
Djibouti	2007	..	..	..	..	..	..	*331	..
	2008	..	..	..	..	..	..	*356	..
	2009	..	..	..	..	..	..	*361	..
	2010	..	..	..	..	..	..	*362	..
Egypt	2007	89253	15	33375	54457	1405	-159	7480	18601
	2008	93754	15	35882	56514	1342	-146	8108	22970
	2009	92433	42	34845	56343	1203	-135	10062	25061
	2010	92681	23	35482	55907	1268	-230	10756	23362
Equatorial Guinea	2007	25286	..	23727	*1558	*1	..	*214	22479
	2008	29220	..	23678	5541	*1	..	*218	26573
	2009	27507	..	21667	5839	*1	..	*218	24803
	2010	25964	..	19871	6092	*1	..	*218	*23232
Eritrea	2007	0	..	..	..	0	-33	156	..
	2008	0	..	..	..	0	-3	129	..
	2009	0	..	..	..	0	-9	154	..
	2010	0	..	..	..	0	-6	155	..
Ethiopia	2007	291	..	..	..	291	0	1918	..
	2008	285	..	..	..	285	22	2052	..
	2009	305	..	..	..	305	0	2086	..
	2010	426	..	..	..	426	10	2048	..
Gabon	2007	12637	..	12418	150	69	-230	199	11837
	2008	12346	..	12101	169	77	120	193	11428
	2009	12402	..	12159	166	76	265	196	11842
	2010	13093	..	12848	176	70	-741	207	12690
Gambia	2007	..	..	..	..	..	..	135	2
	2008	..	..	..	..	..	..	140	2
	2009	..	..	..	..	..	..	150	2
	2010	..	..	..	..	..	..	*164	*2
Ghana	2007	320	..	..	..	320	..	3346	287
	2008	533	..	..	..	533	..	3095	405
	2009	591	..	..	..	591	..	2908	559
	2010	839	..	183	54	602	..	3296	662
Guinea	2007	46	..	..	0	46	..	*425	..
	2008	46	..	..	0	45	..	*426	..
	2009	45	..	..	0	45	..	*431	..
	2010	42	..	..	0	42	..	*434	..
Guinea-Bissau	2007	..	..	..	..	..	..	*87	..
	2008	..	..	..	..	..	..	*84	..
	2009	..	..	..	..	..	..	*88	..
	2010	..	..	..	..	..	..	*90	..
Kenya	2007	394	..	..	..	394	-260	3326	96
	2008	346	..	..	..	346	-11	3497	22
	2009	297	..	..	..	297	-222	3941	47
	2010	401	..	..	..	401	-131	4121	93
Lesotho	2007	48	..	..	..	48	..	7	1
	2008	51	..	..	..	51	..	13	0
	2009	56	..	..	..	56	..	19	0
	2010	*60	..	..	..	*60	..	24	0

Table 2

Production, commerce et consommation d'énergie commerciale
Milliers de tonnes métriques d'équivalent pétrole et kilogrammes par habitant

Bunkers Soutes		Unallocated Quantités	Consumption Consommation						Year	Country or area
Aviation Avion	Marine Maritime	non réparties	Per capita Par habitant	Total Totale	Solids Solides	Liquids Liquides	Gas Gaz	Electricity Electricité	Année	Pays ou zone
48	109	415	131	2449	..	959	1402	88	2007	Côte d'Ivoire
55	68	187	145	2751	..	1164	1475	112	2008	
55	16	3	134	2602	..	1109	1352	142	2009	
41	15	64	126	2497	..	915	1483	99	2010	
174	..	0	22	1337	287	485	8	558	2007	Rép. dem. du Congo
15	..	0	23	1439	301	538	8	592	2008	
15	..	3	22	1411	310	490	8	603	2009	
152	..	0	23	1525	328	578	8	610	2010	
104	*84	..	*170	*143	..	*143		..	2007	Djibouti
104	*97	..	*181	*155	..	*155	..	..	2008	
104	*100	..	*180	*157	..	*157	..	..	2009	
*104	*100	..	*177	*158	..	*158	..	..	2010	
998	991	5239	924	71063	778	29538	39390	1357	2007	Egypte
900	485	5675	919	71978	761	29501	40451	1265	2008	
980	308	5480	888	70801	718	29249	39711	1123	2009	
834	438	5167	911	73866	1097	29178	42447	1144	2010	
*35	..	1227	*2732	*1759	..	*200	*1558	*1	2007	Guinée équatoriale
*36	..	1238	2403	1591	..	*203	1387	*1	2008	
*36	..	1238	2418	1647	..	*203	1443	*1	2009	
*36	..	*1238	2392	1676	..	*203	1472	*1	2010	
5	..	..	38	184	..	183	..	0	2007	Erythrée
3	..	..	26	129	..	129	..	0	2008	
1	..	..	32	162	..	162	..	0	2009	
1	..	..	30	160	..	160	..	0	2010	
226	..	..	26	1983	..	1692	..	291	2007	Ethiopie
221	..	..	26	2094	..	1810	..	285	2008	
256	..	..	26	2135	..	1830	..	305	2009	
330	..	..	26	2134	..	1708	..	426	2010	
54	266	15	628	894	..	675	150	69	2007	Gabon
56	269	-214	607	880	..	634	169	77	2008	
55	259	-750	627	927	..	684	166	76	2009	
59	298	15	651	979	..	734	176	70	2010	
..	..	..	84	133	..	131	2	..	2007	Gambie
..	..	..	84	138	..	136	2	..	2008	
..	..	..	88	148	..	146	2	..	2009	
..	..	..	*93	*161	..	*159	*2	..	2010	
132	45	-18	142	3221	..	2884	..	337	2007	Ghana
128	58	114	126	2923	..	2413	..	510	2008	
134	75	95	111	2636	..	2093	..	544	2009	
145	97	90	129	3141	..	2565	54	522	2010	
*26	..	..	*48	*446	..	*399	0	46	2007	Guinée
*25	..	..	*47	*447	..	*401	0	45	2008	
*26	..	..	*46	*451	..	*406	0	45	2009	
*26	..	..	*45	*450	..	*408	0	42	2010	
*11	..	..	*53	*75	..	*75	..	..	2007	Guinée-Bissau
*11	..	..	*50	*73	..	*73	..	..	2008	
*11	..	..	*52	*77	..	*77	..	..	2009	
*11	..	..	*52	*79	..	*79	..	..	2010	
659	5	145	82	3074	106	2578	..	391	2007	Kenya
577	1	139	81	3116	108	2661	..	347	2008	
589	2	273	90	3548	97	3153	..	298	2009	
694	1	31	95	3834	165	3267	..	401	2010	
..	..	..	26	55	..	2	..	52	2007	Lesotho
..	..	..	30	63	..	6	..	57	2008	
..	..	..	35	75	..	9	..	67	2009	
..	..	..	*39	*84	..	7	..	*77	2010	

Table 2

Production, trade and consumption of commercial energy

Thousand metric tons of oil equivalent and kilograms per capita

Country or area Pays ou zone	Year Année	Primary energy production Production d'énergie primaire					Changes in stocks Variations des stocks	Imports Importations	Exports Exportations
		Total Totale	Solids Solides	Liquids Liquides	Gas Gaz	Electricity Electricité			
Liberia	2007	..	..	..	..	..	..	216	..
	2008	..	..	..	..	..	..	190	..
	2009	..	..	..	..	..	..	179	..
	2010	..	..	..	..	..	..	274	..
Libya	2007	104305	..	89366	14939	..	..	7	84713
	2008	107093	..	91548	15546	..	..	6	86185
	2009	93762	..	79331	14431	..	..	6	70032
	2010	95256	..	79999	15257	..	..	7	74111
Madagascar	2007	62	..	..	..	62	12	634	..
	2008	60	..	..	..	60	28	693	..
	2009	64	..	..	..	64	-19	591	..
	2010	61	..	..	..	61	-35	645	..
Malawi	2007	163	*42	..	..	121	..	237	*8
	2008	169	*37	..	..	133	..	303	*8
	2009	*167	*38	..	..	*129	..	270	*7
	2010	*188	*38	..	..	*151	..	329	*7
Mali	2007	*23	..	..	..	*23	..	*214	..
	2008	*24	..	..	..	*24	..	*219	..
	2009	*25	..	..	..	*25	..	*225	..
	2010	*25	..	..	..	*25	..	*230	..
Mauritania	2007	757	..	757	..	..	100	584	655
	2008	610	..	610	..	..	93	630	515
	2009	567	..	567	..	..	*297	*701	270
	2010	415	..	415	..	..	*-84	*696	499
Mauritius	2007	7	..	..	..	7	39	1542	..
	2008	9	..	..	..	9	-36	1504	..
	2009	11	..	..	..	11	-98	1413	..
	2010	9	..	..	..	9	-42	1561	..
Morocco	2007	211	..	14	60	137	-117	15833	625
	2008	201	..	9	50	143	-562	14880	222
	2009	337	..	8	41	287	51	15529	462
	2010	429	..	10	50	369	411	16077	0
Mozambique	2007	3921	17	27	2496	1381	25	1420	3459
	2008	4142	27	30	2785	1300	15	1311	3689
	2009	4236	27	29	2723	1457	16	1401	3776
	2010	4471	27	32	2980	1431	0	1456	3983
Namibia	2007	134	..	..	..	134	..	994	3
	2008	122	..	..	..	122	..	1331	4
	2009	123	..	..	..	123	..	1245	12
	2010	109	..	..	..	109	..	1278	18
Niger	2007	94	94	..	..	0	25	225	0
	2008	100	100	..	..	0	-7	215	0
	2009	105	105	..	..	0	0	281	0
	2010	131	131	..	..	0	-7	353	0
Nigeria	2007	145821	6	115783	29497	535	-3298	7463	135252
	2008	140643	6	111347	28799	492	-1830	5769	124874
	2009	138459	6	117002	21062	389	-2990	7501	130421
	2010	166061	6	135495	30013	548	-1251	6946	153871
Réunion	2007	70	..	..	12	58	-16	1144	..
	2008	69	..	..	13	56	10	1191	..
	2009	63	..	..	15	49	21	1266	..
	2010	70	..	..	16	55	-2	1277	..
Rwanda	2007	4	..	..	*1	4	-1	187	0
	2008	7	..	..	*1	6	*2	*186	0
	2009	9	..	..	*1	9	*1	*196	0
	2010	10	..	..	*1	10	0	*203	0

Table 2

Production, commerce et consommation d'énergie commerciale

Milliers de tonnes métriques d'équivalent pétrole et kilogrammes par habitant

| Bunkers Soutes | | Unallocated Quantités non réparties | Consumption Consommation | | | | | | Year Année | Country or area Pays ou zone |
Aviation Avion	Marine Maritime		Per capita Par habitant	Total Totale	Solids Solides	Liquids Liquides	Gas Gaz	Electricity Electricité		
*3	*13	..	57	200	..	200	..	..	2007	Libéria
*3	*12	..	48	175	..	175	..	..	2008	
*4	*12	..	43	163	..	163	..	..	2009	
*5	*13	..	64	255	..	255	..	..	2010	
188	89	3307	2659	16015	0	10139	5879	-2	2007	Libye
193	89	3285	2821	17347	0	11245	6106	-4	2008	
238	89	5196	2908	18213	0	12109	6108	-4	2009	
263	89	1942	2967	18857	0	12500	6362	-5	2010	
56	*12	1	32	617	7	548	..	62	2007	Madagascar
56	*8	0	34	661	9	591	..	60	2008	
39	*8	0	31	627	10	553	..	64	2009	
51	*14	0	33	677	28	588	..	61	2010	
..	..	..	29	392	*43	230	..	119	2007	Malawi
..	..	..	33	464	*36	297	..	131	2008	
..	..	..	30	430	*34	269	..	*128	2009	
..	..	..	34	510	*37	325	..	*149	2010	
*20	..	..	*16	*218	..	*194	..	*23	2007	Mali
*20	..	..	*15	*224	..	*199	..	*24	2008	
*21	..	..	*15	*229	..	*205	..	*25	2009	
*22	..	..	*15	*233	..	*209	..	*25	2010	
17	..	1	177	569	..	559	..	*9	2007	Mauritanie
16	..	1	187	615	..	606	..	9	2008	
21	..	0	*201	*680	..	*669	..	*11	2009	
18	..	0	*196	*678	..	*666	..	*12	2010	
121	195	..	936	1194	401	786	..	7	2007	Maurice
129	214	..	939	1206	456	741	..	9	2008	
117	218	..	919	1187	417	760	..	11	2009	
119	237	..	967	1256	468	780	..	9	2010	
499	13	1066	450	13958	3978	8937	604	439	2007	Maroc
499	13	959	445	13950	2944	9956	541	509	2008	
504	13	930	440	13906	2699	9936	586	685	2009	
578	*13	677	464	14826	2786	10700	633	708	2010	
65	0	0	82	1793	6	613	97	1076	2007	Mozambique
60	0	0	76	1689	7	583	94	1004	2008	
69	0	0	78	1776	7	655	92	1021	2009	
66	0	0	80	1878	7	708	142	1020	2010	
35	..	..	505	1090	54	729	..	307	2007	Namibie
37	..	..	642	1412	289	820	..	302	2008	
36	..	..	589	1320	135	885	..	300	2009	
38	..	..	583	1331	95	933	..	303	2010	
*12	..	..	20	281	88	154	..	39	2007	Niger
*11	..	..	22	311	102	169	..	39	2008	
*12	..	..	25	374	106	223	..	46	2009	
*14	..	..	31	477	129	300	..	47	2010	
240	562	530	136	19998	7	9678	9777	535	2007	Nigéria
862	596	739	141	21171	7	10525	10147	492	2008	
654	638	296	110	16941	7	9994	6549	389	2009	
170	688	924	117	18605	7	10091	7958	548	2010	
..	15	..	1488	1214	462	682	12	58	2007	Réunion
..	11	..	1500	1239	475	695	13	56	2008	
..	11	..	1552	1298	455	779	15	49	2009	
..	13	..	1579	1336	486	779	16	55	2010	
*12	..	..	19	180	..	169	*1	10	2007	Rwanda
*12	..	..	*18	*179	..	*165	*1	13	2008	
*14	..	..	*18	*189	..	*175	*1	14	2009	
*15	..	..	*19	*198	..	*181	*1	16	2010	

Table 2

Production, trade and consumption of commercial energy
Thousand metric tons of oil equivalent and kilograms per capita

Country or area Pays ou zone	Year Année	Primary energy production Production d'énergie primaire					Changes in stocks Variations des stocks	Imports Importations	Exports Exportations
		Total Totale	Solids Solides	Liquids Liquides	Gas Gaz	Electricity Electricité			
Sao Tome and Principe	2007	1	..	..	..	1	..	*34	..
	2008	*1	..	..	..	*1	..	*37	..
	2009	*1	..	..	..	*1	..	*40	..
	2010	0	..	..	..	0	..	43	..
Senegal	2007	12	..	..	11	0	16	1885	351
	2008	11	..	..	10	0	24	1914	306
	2009	17	..	..	16	0	-99	1775	282
	2010	17	..	..	17	0	8	2026	2
Seychelles	2007	..	..	..	..	..	..	314	..
	2008	..	..	..	..	..	..	342	..
	2009	..	..	..	..	..	..	371	..
	2010	..	..	..	..	..	..	337	..
Sierra Leone	2007	2	..	..	..	2	..	180	..
	2008	*8	..	..	..	*8	..	182	..
	2009	*8	..	..	..	*8	..	195	..
	2010	*11	..	..	..	*11	..	209	..
Somalia	2007	..	..	..	..	..	..	*272	0
	2008	..	..	..	..	..	..	*272	0
	2009	..	..	..	..	..	..	*263	0
	2010	..	..	..	..	..	..	*270	0
South Africa	2007	133726	130553	241	1618	1314	0	31810	41395
	2008	135094	131786	220	1618	1469	3860	30745	33954
	2009	134151	131514	225	946	1466	0	37023	31495
	2010	136342	134167	175	518	1483	0	30836	38463
St. Helena and Depend.	2007	..	..	..	..	..	..	4	..
	2008	0	..	..	..	0	..	3	..
	2009	0	..	..	..	0	..	3	..
	2010	0	..	..	..	0	..	3	..
Sudan	2007	24177	..	24053	..	125	330	491	19848
	2008	23462	..	23336	..	126	430	966	19284
	2009	24260	..	23983	..	278	301	487	19386
	2010	23673	..	23342	..	330	1304	604	17884
Swaziland	2007	*338	*323	..	..	15	*3	*413	*323
	2008	*347	*333	..	..	14	*4	*426	*333
	2009	*358	*337	..	..	21	*-3	*396	*337
	2010	*367	*342	..	..	25	*-5	*391	*342
Togo	2007	8	..	..	..	8	-39	344	..
	2008	8	..	..	..	8	-104	374	..
	2009	8	..	..	..	8	0	498	..
	2010	8	..	..	..	8	0	515	..
Tunisia	2007	6840	..	4686	2147	8	81	6239	5000
	2008	6442	..	4282	2153	7	443	6776	4342
	2009	6559	..	4082	2462	15	62	6187	4256
	2010	6967	..	3921	3030	16	-139	5664	4043
Uganda	2007	121	..	..	..	121	..	941	6
	2008	126	..	..	..	126	..	952	6
	2009	110	..	..	..	110	..	1019	7
	2010	*103	..	..	..	*103	..	1160	*6
United Rep. of Tanzania	2007	782	59	..	507	216	..	1484	..
	2008	802	63	..	511	228	..	1584	..
	2009	898	69	..	604	226	..	1450	..
	2010	1009	73	..	715	221	..	1493	..
Western Sahara	2007	..	..	..	..	..	..	*85	..
	2008	..	..	..	..	..	..	*85	..
	2009	..	..	..	..	..	..	*85	..
	2010	..	..	..	..	..	..	*85	..

Table 2

Production, commerce et consommation d'énergie commerciale

Milliers de tonnes métriques d'équivalent pétrole et kilogrammes par habitant

Bunkers Soutes		Unallocated Quantités non réparties	Consumption Consommation						Year Année	Country or area Pays ou zone
Aviation Avion	Marine Maritime		Per capita Par habitant	Total Totale	Solids Solides	Liquids Liquides	Gas Gaz	Electricity Electricité		
*7	..	..	*173	*27	..	*26	..	1	2007	Sao Tomé-et-Principe
*8	..	..	*184	*29	..	*29	..	*1	2008	
*9	..	..	*191	*31	..	*30	..	*1	2009	
10	..	..	203	34	..	33	..	0	2010	
324	..	-58	110	1264	211	1026	11	16	2007	Sénégal
329	..	77	101	1189	178	981	10	20	2008	
259	..	63	106	1286	221	1028	16	21	2009	
216	..	59	141	1758	185	1534	17	22	2010	
*29	*69	..	2543	216	..	216	..	..	2007	Seychelles
*37	*72	..	2722	233	..	233	..	..	2008	
*41	*80	..	2902	250	..	250	..	..	2009	
*43	*62	..	2672	231	..	231	..	..	2010	
*6	..	..	32	175	0	173	..	2	2007	Sierra Leone
*3	..	..	33	187	0	179	..	*8	2008	
*17	..	..	32	186	0	178	..	*8	2009	
*17	..	..	35	203	0	192	..	*11	2010	
*48	*22	0	*23	*201	..	*201	..	..	2007	Somalie
*48	*21	0	*23	*202	..	*202	..	..	2008	
*46	*19	0	*22	*197	..	*197	..	..	2009	
*50	*19	0	*22	*201	..	*201	..	..	2010	
..	2582	-3251	2555	124809	96502	22309	4250	1748	2007	Afrique du Sud
..	*227	-3056	2653	130853	99094	25343	4522	1894	2008	
..	*223	3419	2734	136036	105498	24533	4122	1883	2009	
..	2700	3084	2452	122931	100457	*17289	3277	1908	2010	
..	..	..	933	4	..	4	..	..	2007	St-Hélène et dépend
..	..	..	761	3	..	3	..	0	2008	
..	..	..	746	3	..	3	..	0	2009	
..	..	..	760	3	..	3	..	0	2010	
240	16	377	96	3857	..	3732	..	125	2007	Soudan
420	18	315	96	3960	..	3834	..	126	2008	
226	18	362	105	4454	..	4176	..	278	2009	
244	19	272	105	4554	..	4223	..	330	2010	
*1	..	..	*374	*424	*106	*222	..	95	2007	Swaziland
*1	..	..	*379	*435	*108	*229	..	98	2008	
*1	..	..	*359	*419	*96	*223	..	100	2009	
*1	..	..	*354	*420	*93	*224	..	103	2010	
31	2	..	63	359	..	307	..	52	2007	Togo
61	4	..	73	421	..	356	..	65	2008	
63	4	..	74	439	..	372	..	67	2009	
65	4	..	75	454	..	385	..	69	2010	
..	0	174	772	7825	..	4233	3583	8	2007	Tunisie
..	0	262	797	8171	..	4028	4136	7	2008	
..	26	233	788	8169	..	3870	4280	19	2009	
..	14	73	824	8639	..	3946	4675	18	2010	
..	..	..	35	1057	..	936	..	121	2007	Ouganda
..	..	..	34	1072	..	948	..	124	2008	
..	..	..	35	1122	..	1017	..	105	2009	
..	..	..	38	1257	..	1157	..	*99	2010	
98	23	..	52	2145	59	1353	507	226	2007	Rép. Unie de Tanzanie
105	22	..	53	2259	63	1453	511	233	2008	
102	22	..	51	2225	69	1322	604	231	2009	
104	22	..	53	2376	73	1362	715	226	2010	
*6	..	..	*164	*79	..	*79	..	..	2007	Sahara occidental
*6	..	..	*159	*79	..	*79	..	..	2008	
*6	..	..	*154	*79	..	*79	..	..	2009	
*6	..	..	*149	*79	..	*79	..	..	2010	

Table 2

Production, trade and consumption of commercial energy

Thousand metric tons of oil equivalent and kilograms per capita

| Country or area
Pays ou zone | Year
Année | Primary energy production
Production d'énergie primaire | | | | | Changes in
stocks
Variations
des stocks | Imports
Importations | Exports
Exportations |
		Total Totale	Solids Solides	Liquids Liquides	Gas Gaz	Electricity Electricité			
Zambia	2007	851	8	..	..	843	-1	534	48
	2008	832	1	..	..	831	5	607	10
	2009	893	1	..	..	893	2	639	66
	2010	970	1	..	..	969	-28	677	62
Zimbabwe	2007	2595	2227	..	..	368	-2	1091	130
	2008	2047	1745	..	..	302	-14	1128	129
	2009	2160	1839	..	..	321	-15	1122	130
	2010	2337	1988	..	..	349	-16	1112	131
America, North	**2007**	**2181848**	**608654**	**672896**	**753919**	**146379**	**-17115**	**1012258**	**508432**
	2008	**2192493**	**619037**	**653467**	**769592**	**150397**	**4134**	**982446**	**531364**
	2009	**2155518**	**566528**	**665940**	**772481**	**150570**	**29299**	**898941**	**510456**
	2010	**2203093**	**570368**	**687883**	**792488**	**152355**	**-12006**	**903601**	**547448**
Anguilla	2007	..	..	..	..	..	..	19	..
	2008	..	..	..	..	..	..	20	..
	2009	..	..	..	..	..	..	20	..
	2010	..	..	..	..	..	..	21	..
Antigua and Barbuda	2007	..	..	..	..	..	..	*213	*9
	2008	..	..	..	..	..	..	*218	*9
	2009	..	..	..	..	..	..	*232	*8
	2010	..	..	..	..	..	..	*238	*8
Aruba	2007	*126	..	*126	..	..	..	*10934	*10600
	2008	*123	..	*123	..	..	..	*10863	*10547
	2009	*124	..	*124	..	..	..	*10877	*10556
	2010	*124	..	*124	..	..	..	*10894	*10565
Bahamas	2007	..	..	..	..	..	..	*829	*79
	2008	..	..	..	..	..	..	679	20
	2009	..	..	..	..	..	..	715	*18
	2010	..	..	..	..	..	..	1053	*44
Barbados	2007	70	..	47	22	..	2	409	46
	2008	66	..	41	25	..	-11	455	37
	2009	56	..	39	16	..	-15	458	37
	2010	60	..	43	16	..	0	435	43
Belize	2007	167	..	151	..	15	..	179	151
	2008	195	..	177	..	18	..	*175	177
	2009	222	..	201	..	21	..	*177	201
	2010	238	..	214	..	23	..	*175	214
Bermuda	2007	..	..	..	..	..	..	225	..
	2008	..	..	..	..	..	..	199	..
	2009	..	..	..	..	..	..	*223	..
	2010	..	..	..	..	..	..	*226	..
British Virgin Islands	2007	..	..	..	..	..	..	*33	..
	2008	..	..	..	..	..	..	*35	..
	2009	..	..	..	..	..	..	*37	..
	2010	..	..	..	..	..	..	*38	..
Canada	2007	404214	34276	161525	168227	40187	-9156	78011	236939
	2008	393399	34373	157299	161131	40596	-6521	84466	235625
	2009	377492	31460	156238	150320	39474	-6915	78695	226134
	2010	384541	33759	164869	147048	38864	-6037	77546	233174
Cayman Islands	2007	..	..	..	..	..	..	204	..
	2008	..	..	..	..	..	..	210	..
	2009	..	..	..	..	..	..	196	..
	2010	..	..	..	..	..	..	197	..
Costa Rica	2007	709	..	..	..	709	-24	2475	4
	2008	749	..	..	..	749	71	2566	16
	2009	751	..	..	..	751	-55	2399	87
	2010	756	..	..	..	756	-14	2467	110

Table 2

Production, commerce et consommation d'énergie commerciale
Milliers de tonnes métriques d'équivalent pétrole et kilogrammes par habitant

Bunkers Soutes		Unallocated Quantités non réparties	Consumption Consommation						Year Année	Country or area Pays ou zone
Aviation Avion	Marine Maritime		Per capita Par habitant	Total Totale	Solids Solides	Liquids Liquides	Gas Gaz	Electricity Electricité		
32	..	40	105	1266	8	427	..	831	2007	Zambie
40	..	43	108	1341	1	495	..	846	2008	
30	..	52	109	1383	1	539	..	843	2009	
30	..	54	117	1528	1	607	..	921	2010	
7	..	..	284	3550	2135	640	..	775	2007	Zimbabwe
6	..	..	245	3053	1659	554	..	840	2008	
6	..	..	253	3160	1755	577	..	828	2009	
7	..	..	265	3327	1907	616	..	804	2010	
28359	**37447**	**59852**	**4903**	**2577130**	**592369**	**1068218**	**770217**	**146326**	**2007**	**Amérique du Nord**
28485	**33104**	**28455**	**4800**	**2549398**	**583592**	**1046456**	**768914**	**150435**	**2008**	
25409	**31406**	**43442**	**4500**	**2414447**	**518237**	**981293**	**764365**	**150553**	**2009**	
26419	**33784**	**39977**	**4559**	**2471072**	**535317**	**987936**	**795479**	**152339**	**2010**	
..	..	..	1353	19	..	19	..	..	2007	Anguilla
..	..	..	1330	20	..	20	..	..	2008	
..	..	..	1296	20	..	20	..	..	2009	
..	..	..	1363	21	..	21	..	..	2010	
*52	*3	..	*1730	*149	..	*149	..	..	2007	Antigua-et-Barbuda
*53	*3	..	*1764	*153	..	*153	..	..	2008	
*54	*3	..	*1903	*167	..	*167	..	..	2009	
*55	*3	..	*1935	*172	..	*172	..	..	2010	
*79	..	*135	*2359	*246	..	*246	..	..	2007	Aruba
*80	..	*112	*2336	*247	..	*247	..	..	2008	
*82	..	*114	*2333	*249	..	*249	..	..	2009	
*84	..	*119	*2336	*251	..	*251	..	..	2010	
*117	*119	..	*1564	*514	*1	*513	..	..	2007	Bahamas
*201	108	..	1049	350	1	349	..	..	2008	
*59	*89	..	1621	549	*1	547	..	..	2009	
*81	*104	..	2401	823	*1	822	..	..	2010	
..	..	0	1581	429	..	407	22	..	2007	Barbade
..	..	3	1809	492	..	467	25	..	2008	
..	..	2	1795	490	..	473	16	..	2009	
..	..	0	1655	452	..	436	16	..	2010	
17	..	0	607	178	..	143	..	35	2007	Belize
*18	..	0	*587	*176	..	*136	..	39	2008	
*19	..	0	*587	*179	..	*140	..	39	2009	
*20	..	0	*573	*179	..	*142	..	37	2010	
37	18	..	2641	170	..	170	..	..	2007	Bermudes
52	18	..	1996	129	..	129	..	..	2008	
*52	*18	..	*2375	*154	..	*154	..	..	2009	
*52	*18	..	*2413	*157	..	*157	..	..	2010	
..	..	..	*1487	*33	..	*33	..	..	2007	Iles Vierges britanniques
..	..	..	*1552	*35	..	*35	..	..	2008	
..	..	..	*1602	*37	..	*37	..	..	2009	
..	..	..	*1639	*38	..	*38	..	..	2010	
508	652	18194	7129	235089	26429	81559	89575	37526	2007	Canada
527	539	14743	6990	232951	27834	80247	86980	37890	2008	
660	486	12338	6636	223483	23750	75720	87425	36587	2009	
1036	702	11446	6519	221765	22289	75471	87350	36654	2010	
..	..	..	3727	204	..	204	..	..	2007	Iles Caïmanes
..	..	..	3800	210	..	210	..	..	2008	
..	..	..	3509	196	..	196	..	..	2009	
..	..	..	3496	197	..	197	..	..	2010	
..	..	29	713	3176	82	2370	..	723	2007	Costa Rica
..	..	62	700	3167	82	2341	..	743	2008	
..	..	61	666	3057	71	2233	..	753	2009	
..	..	6	670	3122	65	2299	..	759	2010	

Table 2

Production, trade and consumption of commercial energy
Thousand metric tons of oil equivalent and kilograms per capita

Country or area Pays ou zone	Year Année	Primary energy production Production d'énergie primaire					Changes in stocks Variations des stocks	Imports Importations	Exports Exportations
		Total Totale	Solids Solides	Liquids Liquides	Gas Gaz	Electricity Electricité			
Cuba	2007	4199	..	3083	1105	10	..	5057	..
	2008	4264	..	3170	1082	12	..	6204	..
	2009	3979	..	2889	1076	13	..	6345	..
	2010	4200	..	3191	1000	8	..	8890	..
Dominica	2007	2	..	..	..	2	..	50	..
	2008	2	..	..	..	2	..	43	..
	2009	2	..	..	..	2	..	43	..
	2010	2	..	..	..	2	..	*45	..
Dominican Republic	2007	146	..	..	..	146	8	6582	..
	2008	119	..	..	..	119	-4	6412	..
	2009	126	..	..	..	126	4	6383	..
	2010	122	..	..	..	122	19	6721	..
El Salvador	2007	268	..	..	..	268	34	2335	62
	2008	306	..	..	..	306	-68	2139	93
	2009	260	..	..	..	260	-15	2201	97
	2010	310	..	..	..	310	-25	2130	115
Greenland	2007	18	..	..	..	18	*9	285	0
	2008	17	..	..	..	17	*-22	265	0
	2009	22	..	..	..	22	*8	254	0
	2010	24	..	..	..	24	*20	320	0
Grenada	2007	..	..	..	..	..	0	91	..
	2008	..	..	..	..	..	-2	98	..
	2009	..	..	..	..	..	-1	92	..
	2010	..	..	..	..	..	0	96	..
Guadeloupe	2007	*24	..	..	..	*24	..	680	..
	2008	*24	..	..	..	*24	..	682	..
	2009	*24	..	..	..	*24	..	*682	..
	2010	*24	..	..	..	*24	..	*682	..
Guatemala	2007	1135	..	835	..	300	209	4239	843
	2008	1113	..	771	..	342	-18	3710	876
	2009	993	..	744	..	249	139	4180	809
	2010	964	..	658	..	307	0	3832	750
Haiti	2007	13	..	..	..	13	..	773	..
	2008	16	..	..	..	16	..	786	..
	2009	18	..	..	..	18	..	727	..
	2010	15	..	..	..	15	..	680	..
Honduras	2007	190	..	..	..	190	-86	2704	182
	2008	197	..	..	..	197	-102	2777	296
	2009	240	..	..	..	240	-40	2615	336
	2010	255	..	..	..	255	0	2405	2
Jamaica	2007	18	..	..	..	18	42	4648	0
	2008	18	..	..	..	18	-14	4148	0
	2009	14	..	..	..	14	-223	2701	0
	2010	18	..	..	..	18	-50	2733	270
Martinique	2007	3	..	..	..	3	..	869	*152
	2008	4	..	..	..	4	..	867	*157
	2009	*4	..	..	..	*4	..	917	*159
	2010	*4	..	..	..	*4	..	918	*161
Mexico	2007	227093	6000	174626	42565	3901	606	37305	94555
	2008	211464	5477	158756	42389	4842	1011	42142	80707
	2009	199414	5063	147845	42674	3832	-360	39063	73805
	2010	202374	4839	146593	46567	4376	1049	46412	80358
Montserrat	2007	..	..	..	..	..	..	*27	..
	2008	..	..	..	..	..	..	*27	..
	2009	..	..	..	..	..	..	*27	..
	2010	..	..	..	..	..	..	27	..

Table 2

Production, commerce et consommation d'énergie commerciale
Milliers de tonnes métriques d'équivalent pétrole et kilogrammes par habitant

Bunkers Soutes		Unallocated Quantités non réparties	Consumption Consommation						Year Année	Country or area Pays ou zone
Aviation Avion	Marine Maritime		Per capita Par habitant	Total Totale	Solids Solides	Liquids Liquides	Gas Gaz	Electricity Electricité		
*173	*28	545	755	8510	20	7374	1105	10	2007	Cuba
*143	*29	728	849	9566	24	8449	1082	12	2008	
*136	*29	860	826	9299	23	8186	1076	13	2009	
*138	*29	835	1074	12088	21	11059	1000	8	2010	
..	..	..	759	52	..	50	..	2	2007	Dominique
..	..	..	655	45	..	43	..	2	2008	
..	..	..	663	45	..	43	..	2	2009	
..	..	..	*690	*47	..	*45	..	2	2010	
*96	..	26	692	6598	576	5356	519	146	2007	Rép. dominicaine
*96	..	21	664	6418	601	5267	431	119	2008	
*96	..	71	647	6339	590	5122	502	126	2009	
*97	..	53	672	6673	563	5178	811	122	2010	
117	..	75	380	2316	0	2045	..	271	2007	El Salvador
115	..	69	365	2237	0	1931	..	305	2008	
115	..	48	360	2217	0	1946	..	272	2009	
111	..	60	352	2179	0	1862	..	318	2010	
17	55	..	3874	222	..	204	..	18	2007	Groënland
18	58	..	3977	228	..	211	..	17	2008	
15	46	..	3612	207	..	185	..	22	2009	
16	74	..	4093	234	..	210	..	24	2010	
10	..	..	782	81	..	81	..	..	2007	Grenade
12	..	..	847	88	..	88	..	..	2008	
9	..	..	813	85	..	85	..	..	2009	
9	..	..	841	88	..	88	..	..	2010	
138	..	..	1251	566	..	542	..	*24	2007	Guadeloupe
142	..	..	1240	564	..	540	..	*24	2008	
*142	..	..	*1232	*564	..	*540	..	*24	2009	
*142	..	..	*1225	*564	..	*540	..	*24	2010	
29	266	59	297	3966	313	3364	..	290	2007	Guatemala
26	275	36	265	3627	316	2975	..	336	2008	
24	276	67	275	3858	206	3408	..	244	2009	
40	284	50	255	3672	344	3002	..	326	2010	
21	..	..	80	765	..	752	..	13	2007	Haïti
22	..	..	80	780	..	764	..	16	2008	
18	..	..	74	728	..	710	..	18	2009	
21	..	..	67	674	..	659	..	15	2010	
26	0	..	387	2773	86	2496	..	191	2007	Honduras
46	0	..	374	2734	118	2420	..	196	2008	
51	1	..	337	2509	116	2157	..	237	2009	
47	1	..	343	2610	120	2235	..	255	2010	
248	30	29	1594	4318	25	4274	..	18	2007	Jamaïque
321	30	45	1391	3784	34	3733	..	18	2008	
169	30	53	984	2686	36	2636	..	14	2009	
193	72	54	807	2212	22	2173	..	18	2010	
0	*47	*-23	*1733	*695	..	*692	..	3	2007	Martinique
0	*48	*-46	*1763	*710	..	*707	..	4	2008	
0	*49	*-1	*1765	*714	..	*710	..	*4	2009	
0	*50	*-18	*1795	*728	..	*725	..	*4	2010	
3217	872	9319	1427	155829	9099	91413	51516	3800	2007	Mexique
3079	1032	9277	1433	158499	7710	91583	54458	4748	2008	
2602	775	5338	1395	156317	7748	90897	53918	3754	2009	
2642	812	409	1442	163518	8633	91392	59199	4294	2010	
..	*1	..	*4480	*26	..	*26	..	..	2007	Montserrat
..	*1	..	*4456	*26	..	*26	..	..	2008	
..	*1	..	*4407	*26	..	*26	..	..	2009	
..	*1	..	4378	26	..	26	..	..	2010	

Table 2

Production, trade and consumption of commercial energy
Thousand metric tons of oil equivalent and kilograms per capita

Country or area Pays ou zone	Year Année	Primary energy production Production d'énergie primaire					Changes in stocks Variations des stocks	Imports Importations	Exports Exportations
		Total Totale	Solids Solides	Liquids Liquides	Gas Gaz	Electricity Electricité			
Netherlands Antilles	2007	..	..	..	..	..	..	14592	9243
	2008	..	..	..	..	..	..	13835	8928
	2009	..	..	..	..	..	..	12953	8379
	2010	..	..	..	..	..	..	7390	3346
Nicaragua	2007	47	..	..	..	47	45	1545	1
	2008	74	..	..	..	74	-45	1374	0
	2009	61	..	..	..	61	1	1443	0
	2010	83	..	..	..	83	-93	1368	10
Panama	2007	315	..	..	..	315	-293	4419	11
	2008	342	..	..	..	342	-238	4427	3
	2009	335	..	..	..	335	-236	5163	8
	2010	361	..	..	..	361	-365	5553	3
Puerto Rico	2007	14	..	..	..	14	..	686	..
	2008	13	..	..	..	13	..	752	..
	2009	13	..	..	..	13	..	705	..
	2010	14	..	..	..	14	..	717	..
St. Kitts-Nevis	2007	..	..	..	..	..	..	*83	..
	2008	..	..	..	..	..	..	*83	..
	2009	..	..	..	..	..	..	*87	..
	2010	..	..	..	..	..	..	*82	..
St. Lucia	2007	..	..	..	..	..	..	*135	..
	2008	..	..	..	..	..	..	*138	..
	2009	..	..	..	..	..	..	135	..
	2010	..	..	..	..	..	..	141	..
St. Pierre-Miquelon	2007	0	..	..	..	0	..	*29	..
	2008	0	..	..	..	0	..	*29	..
	2009	0	..	..	..	0	..	*29	..
	2010	0	..	..	..	0	..	*30	..
St. Vincent-Grenadines	2007	2	..	..	..	2	..	*67	..
	2008	2	..	..	..	2	..	*67	..
	2009	*2	..	..	..	*2	..	*67	..
	2010	*2	..	..	..	*2	..	*69	..
Trinidad and Tobago	2007	48021	..	8774	39246	..	-291	5467	30932
	2008	46656	..	7736	38920	..	6	4712	29940
	2009	48211	..	8003	40208	..	-331	4981	29909
	2010	49311	..	7691	41621	..	-378	3614	28957
Turks and Caicos Islands	2007	..	..	..	..	..	..	*52	..
	2008	..	..	..	..	..	..	*52	..
	2009	..	..	..	..	..	..	*53	..
	2010	..	..	..	..	..	..	*54	..
United States	2007	1495053	568378	323728	502754	100194	-8221	826007	124621
	2008	1533332	579187	325394	526046	102705	10089	786791	163932
	2009	1523156	530005	349857	538187	105108	37339	713068	159914
	2010	1559291	531771	364499	556236	106786	-6131	715402	189317
America, South	**2007**	**562749**	**52602**	**349030**	**103489**	**57628**	**5087**	**108666**	**251527**
	2008	**598785**	**54585**	**377493**	**108731**	**57976**	**4434**	**109862**	**269338**
	2009	**601030**	**52377**	**383712**	**105376**	**59565**	**4420**	**101677**	**271170**
	2010	**615534**	**53083**	**389847**	**112996**	**59607**	**-2717**	**121692**	**279788**
Argentina	2007	84428	65	37769	43247	3347	-107	4471	9651
	2008	84035	65	37131	43493	3346	36	4533	7844
	2009	82164	48	37085	41301	3730	-153	4648	9010
	2010	78934	38	36881	38482	3533	313	7953	8995
Bolivia (Plur. State of)	2007	16038	..	2773	13066	199	13	437	11660
	2008	16497	..	2651	13647	199	-67	402	11809
	2009	14286	..	2349	11739	198	-55	559	9495
	2010	16347	..	2445	13715	188	4	698	11193

Table 2

Production, commerce et consommation d'énergie commerciale

Milliers de tonnes métriques d'équivalent pétrole et kilogrammes par habitant

Bunkers Soutes		Unallocated Quantités non réparties	Consumption Consommation						Year Année	Country or area Pays ou zone
Aviation Avion	Marine Maritime		Per capita Par habitant	Total Totale	Solids Solides	Liquids Liquides	Gas Gaz	Electricity Electricité		
72	1858	1402	10512	2016	..	2016	..	..	2007	Antilles néerlandaises
73	1893	1147	9198	1794	..	1794	..	..	2008	
70	1819	582	10618	2103	..	2103	..	..	2009	
71	1851	717	7001	1405	..	1405	..	..	2010	
27	..	66	261	1453	..	1400	..	53	2007	Nicaragua
26	..	56	250	1411	..	1335	..	76	2008	
20	..	56	250	1427	..	1367	..	61	2009	
19	..	48	254	1469	..	1388	..	80	2010	
265	2264	..	742	2487	141	2041	..	305	2007	Panama
306	2264	..	714	2433	20	2066	..	348	2008	
309	2641	..	802	2776	39	2404	..	333	2009	
349	2777	..	895	3149	68	2718	..	363	2010	
..	..	..	186	700	..	..	686	14	2007	Porto Rico
..	..	..	204	765	..	..	752	13	2008	
..	..	..	192	719	..	..	705	13	2009	
..	..	..	195	730	..	..	717	14	2010	
..	..	..	*1641	*83	..	*83	..	..	2007	St-Kitts-Nevis
..	..	..	*1621	*83	..	*83	..	..	2008	
..	..	..	*1680	*87	..	*87	..	..	2009	
..	..	..	*1573	*82	..	*82	..	..	2010	
..	*6	..	*763	*129	..	*129	..	..	2007	St-Lucie
..	*6	..	*777	*133	..	*133	..	..	2008	
..	*6	..	747	129	..	129	..	..	2009	
..	*6	..	775	135	..	135	..	..	2010	
..	*6	..	*3701	*23	..	*22	..	0	2007	St-Pierre-Miquelon
..	*6	..	*3712	*23	..	*22	..	0	2008	
..	*6	..	*3721	*23	..	*22	..	0	2009	
..	*6	..	*3896	*24	..	*23	..	0	2010	
..	..	..	*633	*69	..	*67	..	2	2007	St. Vincent-Grenadines
..	..	..	*633	*69	..	*67	..	2	2008	
..	..	..	*633	*69	..	*67	..	*2	2009	
..	..	..	*650	*71	..	*69	..	*2	2010	
83	265	676	16462	21823	..	1047	20776	..	2007	Trinité-et-Tobago
*62	375	-478	16125	21463	..	1511	19952	..	2008	
68	443	873	16634	22229	..	1529	20700	..	2009	
68	340	346	17587	23592	..	1723	21869	..	2010	
..	..	..	*1505	*52	..	*52	..	..	2007	Iles Turques et Caïques
..	..	..	*1440	*52	..	*52	..	..	2008	
..	..	..	*1416	*53	..	*53	..	..	2009	
..	..	..	*1411	*54	..	*54	..	..	2010	
23012	30956	29321	7018	2121371	555596	856877	606017	102881	2007	États-Unis
23067	26419	2679	6866	2093937	546853	836323	605234	105527	2008	
20642	24686	22982	6405	1970660	485656	776946	600022	108036	2009	
21129	26654	25853	6501	2017871	503191	781142	624518	109020	2010	
3629	**7946**	**27045**	**990**	**376179**	**22569**	**191936**	**103846**	**57829**	**2007**	**Amérique du Sud**
4371	**9485**	**24394**	**1032**	**396625**	**24128**	**203702**	**110640**	**58155**	**2008**	
4468	**8582**	**23795**	**1005**	**390273**	**20554**	**202375**	**107533**	**59811**	**2009**	
5757	**8086**	**25985**	**1071**	**420327**	**24926**	**217576**	**118231**	**59593**	**2010**	
471	672	7324	1801	70889	1108	23438	42328	4015	2007	Argentine
455	717	6349	1842	73168	1117	24478	43756	3818	2008	
475	724	5966	1767	70792	1147	22354	43032	4260	2009	
660	*632	5451	1753	70835	965	24696	40901	4273	2010	
41	..	223	480	4538	..	2331	2007	199	2007	Bolivie (État plur. de)
42	..	219	509	4896	..	2311	2387	199	2008	
43	..	203	528	5158	..	2351	2610	198	2009	
45	..	233	561	5571	..	2486	2898	188	2010	

Table 2

Production, trade and consumption of commercial energy
Thousand metric tons of oil equivalent and kilograms per capita

Country or area Pays ou zone	Year Année	Primary energy production Production d'énergie primaire					Changes in stocks Variations des stocks	Imports Importations	Exports Exportations
		Total Totale	Solids Solides	Liquids Liquides	Gas Gaz	Electricity Electricité			
Brazil	2007	151647	2650	105649	10127	33221	1290	55880	33963
	2008	160218	2937	111237	13066	32977	515	57643	32419
	2009	165973	2248	117734	11257	34733	337	48805	36064
	2010	176286	2406	124085	13869	35925	-451	60879	39447
Chile	2007	4310	104	560	1657	1990	957	24965	1141
	2008	4530	263	570	1614	2083	13	23045	1240
	2009	4819	236	683	1719	2182	28	21626	1081
	2010	4448	254	580	1718	1896	-78	22894	580
Colombia	2007	83897	45436	27821	6814	3826	1218	709	56636
	2008	90019	47776	30943	7305	3995	1680	307	60441
	2009	96119	47325	35379	9881	3535	385	1710	67823
	2010	102790	48327	40494	10472	3496	166	2533	74118
Ecuador	2007	28541	..	27036	728	777	388	3557	20127
	2008	28216	..	26793	452	971	-845	3356	20655
	2009	27025	..	25755	477	793	-548	3949	19074
	2010	27043	..	25760	540	743	-243	4706	19211
Falkland Is. (Malvinas)	2007	*3	*3	..	..	0	..	*15	..
	2008	3	3	..	..	0	..	*15	..
	2009	*3	*3	..	..	0	..	*15	..
	2010	*3	*3	..	..	0	..	*15	..
French Guiana	2007	*58	..	..	..	*58	..	*243	..
	2008	*60	..	..	..	*60	..	*260	..
	2009	*61	..	..	..	*61	..	*263	..
	2010	*64	..	..	..	*64	..	*263	..
Guyana	2007	..	..	..	..	..	12	538	..
	2008	..	..	..	..	..	-14	512	..
	2009	..	..	..	..	..	1	527	..
	2010	..	..	..	..	..	-3	573	..
Paraguay	2007	4623	..	4	..	4619	5	1312	3880
	2008	4776	..	8	..	4768	-11	1368	3980
	2009	4739	..	14	..	4725	13	1444	3880
	2010	4668	..	19	..	4649	-100	1522	3730
Peru	2007	10450	77	6096	2596	1681	1407	8445	4174
	2008	11109	97	5758	3607	1647	350	7233	3750
	2009	13117	220	6652	4558	1686	1035	6641	4104
	2010	17214	63	6955	8473	1723	-408	7428	7213
Suriname	2007	738	..	663	..	75	..	291	153
	2008	738	..	663	..	75	..	291	153
	2009	744	..	669	..	75	..	293	154
	2010	865	..	800	..	*65	3	472	479
Uruguay	2007	694	..	..	..	694	-163	2457	291
	2008	388	..	..	..	388	-255	3320	275
	2009	455	..	..	..	455	-107	3307	169
	2010	733	..	10	..	723	-87	2821	259
Venezuela(Bolivar. Rep.)	2007	177323	4267	140660	25255	7142	68	5345	109851
	2008	198197	3445	161739	25546	7467	3030	*7578	126772
	2009	191524	2297	157392	24444	7391	3484	*7888	120316
	2010	186138	1993	151817	25726	6602	-1832	*8935	114564
Asia	**2007**	**4585288**	**1900089**	**1729157**	**825768**	**130273**	**21970**	**1724123**	**1785160**
	2008	**4800477**	**1991770**	**1792201**	**878483**	**138023**	**38254**	**1759570**	**1846190**
	2009	**4867086**	**2114791**	**1718855**	**887719**	**145720**	**47200**	**1826618**	**1769075**
	2010	**5205199**	**2299788**	**1765184**	**976005**	**164222**	**84499**	**1994169**	**1908022**
Afghanistan	2007	233	170	..	4	59	..	510	0
	2008	293	243	..	4	47	..	1075	0
	2009	420	350	..	3	67	..	1831	9
	2010	577	507	..	4	66	..	2280	23

Table 2

Production, commerce et consommation d'énergie commerciale

Milliers de tonnes métriques d'équivalent pétrole et kilogrammes par habitant

Bunkers Soutes		Unallocated Quantités non réparties	Consumption Consommation						Year Année	Country or area Pays ou zone
Aviation Avion	Marine Maritime		Per capita Par habitant	Total Totale	Solids Solides	Liquids Liquides	Gas Gaz	Electricity Electricité		
1386	3650	9471	831	157767	14591	86930	19686	36560	2007	Brésil
1572	4580	9364	884	169409	14765	94475	23563	36607	2008	
1632	3798	10248	842	162697	11731	93828	18995	38144	2009	
1923	4084	10771	930	181391	15434	101484	25568	38905	2010	
449	1210	755	1489	24764	3431	14950	4254	2130	2007	Chili
521	1172	481	1438	24148	4415	15208	2342	2183	2008	
425	841	1131	1353	22938	3543	14001	3096	2298	2009	
497	413	892	1463	25038	4362	13732	4965	1978	2010	
507	391	3608	502	22246	2391	9288	6813	3754	2007	Colombie
566	412	3646	524	23580	2816	9585	7305	3875	2008	
699	424	4478	526	24020	3117	9112	8347	3444	2009	
*910	436	4430	546	25262	3198	9491	9144	3429	2010	
340	623	589	724	10029	..	8453	728	848	2007	Equateur
345	1051	518	701	9849	..	8386	452	1011	2008	
336	1272	12	759	10830	..	9465	477	888	2009	
335	1007	361	766	11077	..	9720	540	817	2010	
..	..	..	*6147	*18	*3	*15	..	0	2007	Iles Falkland (Malvinas)
..	..	..	*6118	*18	3	*15	..	0	2008	
..	..	..	*6093	*18	*3	*15	..	0	2009	
..	..	..	*6159	*19	*3	*15	..	0	2010	
*29	..	..	*1269	*272	..	*214	..	*58	2007	Guyane française
*40	..	..	*1271	*279	..	*220	..	*60	2008	
*40	..	..	*1260	*284	..	*223	..	*61	2009	
*40	..	..	*1240	*287	..	*223	..	*64	2010	
9	..	..	689	517	..	517	..	..	2007	Guyana
9	..	..	687	516	..	516	..	..	2008	
9	..	..	686	516	..	516	..	..	2009	
14	..	..	745	562	..	562	..	..	2010	
24	..	..	331	2026	0	1287	..	738	2007	Paraguay
26	..	..	345	2148	0	1360	..	788	2008	
22	..	..	358	2268	0	1423	..	845	2009	
27	..	..	392	2533	0	1614	..	919	2010	
169	250	1051	420	11843	937	6629	2596	1681	2007	Pérou
582	257	-489	488	13891	876	7761	3607	1647	2008	
569	177	-1190	524	15064	784	8041	4558	1681	2009	
632	244	-1994	652	18955	761	10373	6107	1713	2010	
..	..	160	1404	716	0	641	..	75	2007	Suriname
..	..	160	1390	716	0	641	..	75	2008	
..	..	162	1387	721	0	646	..	75	2009	
..	..	-33	1693	888	0	823	..	*65	2010	
68	325	69	768	2561	3	1788	95	676	2007	Uruguay
68	433	244	879	2942	1	2380	92	468	2008	
66	503	84	907	3047	2	2421	65	559	2009	
77	455	87	820	2763	3	1993	72	695	2010	
136	824	3794	2464	67994	106	35454	25338	7095	2007	Venezuela(Rép. bolivar.)
143	864	3902	2533	71063	135	36366	27136	7427	2008	
152	842	2700	2522	71918	227	37980	26352	7359	2009	
594	814	5786	2593	75148	199	40363	28037	6548	2010	
43917	**81663**	**295647**	**1012**	**4081054**	**2004841**	**1114464**	**831563**	**130187**	**2007**	**Asie**
43840	**85063**	**295829**	**1043**	**4250872**	**2100084**	**1134479**	**878789**	**137520**	**2008**	
44570	**85207**	**303461**	**1078**	**4444190**	**2240989**	**1158546**	**899282**	**145374**	**2009**	
50571	**96301**	**350912**	**1131**	**4709063**	**2361280**	**1194410**	**988812**	**164561**	**2010**	
*10	..	..	25	733	197	405	4	126	2007	Afghanistan
10	..	..	45	1357	285	951	4	118	2008	
10	..	..	73	2231	408	1671	3	149	2009	
10	..	..	90	2825	614	1980	4	226	2010	

Table 2

Production, trade and consumption of commercial energy
Thousand metric tons of oil equivalent and kilograms per capita

Country or area Pays ou zone	Year Année	Primary energy production Production d'énergie primaire					Changes in stocks Variations des stocks	Imports Importations	Exports Exportations
		Total Totale	Solids Solides	Liquids Liquides	Gas Gaz	Electricity Electricité			
Armenia	2007	379	..	..	..	379	..	2367	62
	2008	366	..	..	..	366	..	2562	60
	2009	388	..	..	..	388	..	2013	58
	2010	434	..	..	..	434	*88	*2005	92
Azerbaijan	2007	*53402	..	*43124	10074	203	-34	98	40045
	2008	*60519	..	*45134	15193	192	330	62	45266
	2009	*66460	..	*51079	15183	199	423	20	52658
	2010	*67370	..	*51519	15555	296	942	9	53388
Bahrain	2007	17762	..	9667	8095	..	-693	11472	17269
	2008	18295	..	9620	8675	..	-226	11441	16422
	2009	18345	..	9573	8772	..	-48	11318	16219
	2010	18560	..	9575	8985	..	379	*11966	16639
Bangladesh	2007	15049	194	91	14644	120	-109	5620	142
	2008	16198	338	82	15651	127	-62	4078	162
	2009	17665	429	74	17029	133	-279	4526	0
	2010	18967	*429	68	18327	143	97	5232	0
Bhutan	2007	638	74	..	..	564	..	77	520
	2008	685	87	..	..	599	..	75	539
	2009	636	34	..	..	602	..	84	479
	2010	692	61	..	..	630	..	107	494
Brunei Darussalam	2007	22209	..	9861	12348	..	-27	0	18038
	2008	22335	..	9790	12546	..	62	39	17985
	2009	20061	..	8442	11619	..	147	86	16296
	2010	19651	..	8241	11410	..	-169	125	16142
Cambodia	2007	4	..	..	..	4	..	1163	..
	2008	4	..	..	..	4	..	1232	..
	2009	3	..	..	..	3	4	1303	..
	2010	2	..	..	..	2	5	1401	..
China	2007	1642043	1344150	188240	61619	48033	25781	231186	60139
	2008	1720450	1399260	192405	71462	57322	46819	245595	57406
	2009	1814940	1484654	191445	75912	62929	63309	316286	47581
	2010	1980266	1615492	205109	84409	75256	110214	383233	49137
China, Hong Kong SAR	2007	..	..	..	..	..	1142	27049	1310
	2008	..	..	..	..	..	918	25042	1148
	2009	..	..	..	..	..	1322	29065	1103
	2010	..	..	..	..	..	3159	30683	725
China, Macao SAR	2007	..	..	..	..	..	8	613	..
	2008	..	..	..	..	..	-21	596	..
	2009	..	..	..	..	..	4	649	..
	2010	..	..	..	..	..	-9	617	..
Cyprus	2007	0	..	0	..	0	-53	2868	..
	2008	6	..	6	..	0	4	3031	..
	2009	7	..	6	..	0	-35	2890	..
	2010	9	..	5	..	3	129	2906	..
Georgia	2007	677	11	65	15	586	6	2554	115
	2008	717	34	53	12	619	-5	2484	101
	2009	778	99	54	10	615	0	2180	132
	2010	1020	159	51	6	804	0	2136	203
India	2007	348947	272957	38578	25585	11827	1254	166500	29895
	2008	370373	293288	38158	27830	11096	-11182	181029	32635
	2009	403967	316466	38348	38358	10795	-9088	215467	40748
	2010	420079	317565	42646	47765	12102	-6987	223628	49121
Indonesia	2007	274442	157767	51481	63619	1574	-357	38939	187026
	2008	283624	166794	49886	65240	1705	-118	32377	180502
	2009	299887	178786	54572	64751	1778	-814	39396	190808
	2010	349446	218748	53357	75017	2324	7	42275	246974

Table 2

Production, commerce et consommation d'énergie commerciale

Milliers de tonnes métriques d'équivalent pétrole et kilogrammes par habitant

Bunkers Soutes		Unallocated Quantités non réparties	Consumption Consommation						Year Année	Country or area Pays ou zone
Aviation Avion	Marine Maritime		Per capita Par habitant	Total Totale	Solids Solides	Liquids Liquides	Gas Gaz	Electricity Electricité		
119	..	*46	820	2520	4	313	1826	376	2007	Arménie
116	..	*35	883	2718	3	349	2001	364	2008	
60	..	*38	728	2246	1	322	1538	386	2009	
89	..	*28	*693	*2142	3	340	*1435	364	2010	
393	56	457	1426	12582	..	3849	8550	183	2007	Azerbaïdjan
443	60	875	1521	13608	..	3377	10090	141	2008	
312	72	1215	1301	11800	..	2483	9141	175	2009	
404	74	1042	1255	11528	..	2528	8734	265	2010	
606	..	2688	10115	9364	..	1268	8095	1	2007	Bahreïn
601	..	2914	9526	10025	..	1374	8675	-24	2008	
594	..	2773	8656	10124	..	1338	8772	14	2009	
644	74	2230	8369	10561	..	1560	8985	15	2010	
245	36	1389	132	18967	194	4009	14644	120	2007	Bangladesh
213	36	85	136	19844	338	3727	15651	127	2008	
186	36	369	149	21879	429	4288	17029	133	2009	
163	36	324	159	23578	*429	4680	18327	143	2010	
1	..	..	282	194	21	75	..	98	2007	Bhoutan
1	..	..	315	221	30	73	..	118	2008	
1	..	..	336	240	15	82	..	143	2009	
1	..	..	418	303	20	104	..	179	2010	
..	..	341	10215	3856	..	687	3169	..	2007	Brunéi Darussalam
..	..	457	10061	3870	..	718	3153	..	2008	
..	..	265	8776	3439	..	721	2718	..	2009	
..	..	56	9393	3747	..	772	2975	..	2010	
21	..	..	84	1146	..	1133	..	13	2007	Cambodge
22	..	..	88	1214	..	1186	..	28	2008	
24	..	..	91	1278	4	1208	..	66	2009	
26	..	..	97	1373	5	1250	..	119	2010	
1950	2770	92546	1279	1690042	1311631	268401	62865	47146	2007	Chine
1755	*3286	94090	1327	1762688	1357719	276039	72708	56222	2008	
2393	3853	104301	1431	1909790	1489939	278072	79828	61951	2009	
5206	8556	133227	1534	2057158	1583609	303953	95501	74094	2010	
3903	8355		1795	12339	6287	3586	1870	595	2007	Chine, Hong-Kong RAS
3852	6912		1763	12213	5741	3586	2221	666	2008	
4888	9947		1689	11804	5917	2700	2512	676	2009	
5403	9428		1697	11969	5214	2884	3145	725	2010	
..	..	..	1196	605	..	460	..	145	2007	Chine, Macao RAS
..	..	..	1189	617	..	341	77	199	2008	
..	..	..	1214	645	..	366	87	191	2009	
..	..	..	1152	626	..	243	144	240	2010	
296	275	..	2211	2350	35	2315	..	0	2007	Chypre
295	253	..	2307	2485	28	2456	..	0	2008	
273	219	..	2237	2439	15	2424	..	0	2009	
279	187	..	2102	2320	18	2298	..	3	2010	
45	..	9	692	3054	100	790	1595	570	2007	Géorgie
60	..	35	685	3010	186	823	1385	616	2008	
59	..	-7	634	2773	164	930	1107	573	2009	
66	..	-3	664	2890	251	928	1020	692	2010	
4771	15	42776	372	436736	302255	96645	25585	12252	2007	Inde
4513	0	48648	400	476788	326714	110669	27830	11575	2008	
4869	0	51667	440	531238	349305	132364	38358	11211	2009	
4869	0	57688	440	539016	352495	126221	47765	12535	2010	
1141	419	5418	515	119733	33272	57174	27713	1574	2007	Indonésie
1193	444	3175	557	130805	45048	54768	29285	1705	2008	
74	243	12977	573	135994	45048	57832	31336	1778	2009	
109	186	14163	543	130283	33496	58665	35798	2324	2010	

Table 2

Production, trade and consumption of commercial energy

Thousand metric tons of oil equivalent and kilograms per capita

| Country or area Pays ou zone | Year Année | Primary energy production Production d'énergie primaire | | | | | Changes in stocks Variations des stocks | Imports Importations | Exports Exportations |
		Total Totale	Solids Solides	Liquids Liquides	Gas Gaz	Electricity Electricité			
Iran(Islamic Rep. of)	2007	349067	1144	226288	120076	1559	-1566	14513	152341
	2008	351248	1114	223962	125725	447	291	15900	144317
	2009	355985	806	221004	133533	641	2930	13854	137217
	2010	367945	717	224110	142285	833	0	16344	146325
Iraq	2007	101117	..	94886	5841	391	500	2735	84984
	2008	122408	..	114704	7404	300	-409	3041	96430
	2009	126231	..	117844	8109	278	-369	2595	96389
	2010	126674	..	119071	7193	410	31	2792	94433
Israel	2007	2449	94	2	2351	2	299	22764	3569
	2008	3216	94	7	3112	2	-701	23128	3725
	2009	2524	98	13	2409	5	3	22552	3256
	2010	3078	95	5	2969	9	-2	24211	3693
Japan	2007	35349	..	787	3974	30589	-275	439311	14607
	2008	34797	..	782	3957	30058	32	429355	19594
	2009	36602	..	736	3807	32059	-3179	390352	17103
	2010	37725	..	684	3567	33474	-1078	414556	17107
Jordan	2007	172	..	1	165	6	56	7430	15
	2008	160	..	2	152	6	41	7267	28
	2009	169	..	2	162	5	-37	7593	12
	2010	143	..	1	136	6	118	7531	117
Kazakhstan	2007	140143	43253	68637	27551	703	492	15716	82266
	2008	152371	48846	72231	30653	641	799	11922	86698
	2009	156481	44282	78109	33498	591	-18	10099	*95028
	2010	165407	48547	81308	34862	690	1801	11603	*91657
Korea, Dem.Ppl's.Rep.	2007	20565	19423	..	..	1142	..	992	2618
	2008	21817	20607	..	..	1210	..	1014	1838
	2009	21214	20142	..	..	1072	..	814	2101
	2010	21657	20505	..	..	1153	..	762	3221
Korea, Republic of	2007	14631	1328	111	431	12762	-2141	214014	31945
	2008	15403	1276	166	441	13520	-75	223506	37561
	2009	15454	1159	249	748	13299	1264	222181	36077
	2010	15718	959	344	945	13470	2820	246600	37201
Kuwait	2007	146814	..	134413	12400	..	524	..	106163
	2008	153075	..	140151	12924	..	312	..	111287
	2009	129448	..	118555	10893	..	297	808	88082
	2010	134656	..	123855	10801	..	-320	2523	90654
Kyrgyzstan	2007	1396	113	69	14	1199	..	2216	412
	2008	1153	142	72	16	923	..	2336	396
	2009	1118	174	78	14	852	..	2415	151
	2010	1157	165	84	21	888	..	2312	177
Lao People's Dem. Rep.	2007	*739	*433	..	..	306	..	*182	348
	2008	*710	*377	..	..	333	..	*186	278
	2009	*721	*414	..	..	307	..	*213	269
	2010	*739	*442	..	..	297	..	*224	284
Lebanon	2007	50	..	..	..	50	..	4528	..
	2008	32	..	..	..	32	..	5045	..
	2009	53	..	..	..	53	..	6428	..
	2010	72	..	..	..	72	..	6295	..
Malaysia	2007	96851	744	35170	60334	603	98	34034	48293
	2008	94504	817	35454	57614	618	-770	29896	43579
	2009	*91492	1497	33475	*55950	570	*201	29875	46051
	2010	*86923	1678	33698	*51009	538	*-245	40588	*48989
Maldives	2007	..	..	..	..	..	..	305	..
	2008	..	..	..	..	..	..	335	..
	2009	..	..	..	..	..	..	354	..
	2010	..	..	..	..	..	..	358	..

Table 2

Production, commerce et consommation d'énergie commerciale

Milliers de tonnes métriques d'équivalent pétrole et kilogrammes par habitant

Bunkers Soutes		Unallocated Quantités	Consumption Consommation						Year	Country or area
Aviation Avion	Marine Maritime	non réparties	Per capita Par habitant	Total Totale	Solids Solides	Liquids Liquides	Gas Gaz	Electricity Electricité	Année	Pays ou zone
*1024	1091	14659	2744	196030	1795	72147	120587	1501	2007	Iran(Rép. islamique)
*1053	1576	13257	2859	206653	1609	76868	127918	259	2008	
1235	2044	16573	2869	209840	1196	75749	132605	290	2009	
1269	2367	15811	2954	218517	1424	73821	142756	516	2010	
..	..	-7643	898	26012	..	19591	5841	580	2007	Iraq
..	..	-508	1004	29936	..	21976	7404	555	2008	
..	..	-2602	1152	35408	..	26540	8109	759	2009	
..	..	-4128	1236	39130	..	30949	7193	988	2010	
0	342	-1000	3180	22003	8061	11768	2351	-177	2007	Israël
0	374	-134	3254	23079	7870	12116	3407	-313	2008	
0	355	473	2891	20989	7208	10304	3798	-321	2009	
0	341	232	3104	23025	7471	10989	4897	-332	2010	
6032	5626	25933	3341	422737	116211	183638	92299	30589	2007	Japon
5756	5150	27571	3209	406049	113437	169511	93043	30058	2008	
5054	4580	23367	3003	380030	101172	157151	89649	32059	2009	
5359	4491	24450	3177	401953	114936	157944	95599	33474	2010	
97	38	170	1275	7225	..	4811	2406	8	2007	Jordanie
94	30	166	1208	7068	..	4318	2725	25	2008	
111	38	191	1236	7446	..	4334	3086	26	2009	
129	17	147	1155	7146	..	4699	2289	159	2010	
237	..	3621	4474	69243	31768	10549	26254	673	2007	Kazakhstan
33	..	-435	4931	77199	34717	11199	30615	668	2008	
24	..	1070	4449	70476	32034	8586	29322	534	2009	
85	..	6372	4811	77095	34534	9178	32594	789	2010	
..	..	12	788	18927	16938	847	..	1142	2007	Corée,Rép.pop.dém.de
..	..	11	870	20982	18905	868	..	1210	2008	
..	..	7	822	19920	18185	663	..	1072	2009	
..	..	5	788	19194	17408	633	..	1153	2010	
3076	9455	26476	3365	159833	56232	56138	34701	12762	2007	Corée, République de
3695	8917	24860	3435	163951	62951	51904	35576	13520	2008	
3581	8202	22257	3466	166254	64708	52763	35485	13299	2009	
3895	8794	26084	3809	183525	73619	53049	43387	13470	2010	
626	965	11232	11154	27303	..	14903	12400	..	2007	Koweït
703	1008	11018	11281	28748	..	15824	12924	..	2008	
786	385	7694	12474	33011	..	21310	11700	..	2009	
785	403	12821	11998	32836	..	19513	13324	..	2010	
329	..	6	557	2864	383	773	714	995	2007	Kirghizistan
407	..	12	514	2674	374	736	688	877	2008	
419	..	-15	565	2978	385	1157	611	825	2009	
414	..	-2	540	2881	402	1208	441	830	2010	
..	..	..	*97	*573	*276	*142	..	155	2007	Rép. dém. pop. lao
..	..	..	*103	*618	*295	*141	..	181	2008	
..	..	..	*109	*666	*312	*143	..	211	2009	
..	..	..	*110	*680	*332	*138	..	209	2010	
134	20	..	1070	4425	140	4151	..	134	2007	Liban
172	22	..	1172	4883	140	4663	..	80	2008	
181	24	..	1496	6277	140	5938	46	153	2009	
228	26	..	1446	6113	238	5460	236	179	2010	
2160	70	6354	2732	73910	8770	24021	40711	408	2007	Malaisie
2111	66	4559	2722	74854	11143	24742	38391	578	2008	
2119	*47	4582	2446	68366	13650	21913	*32241	562	2009	
2380	60	5715	2486	70610	16213	22677	*31195	525	2010	
..	..	..	1006	305	..	305	..	..	2007	Maldives
..	..	..	1089	335	..	335	..	..	2008	
..	..	..	1135	354	..	354	..	..	2009	
..	..	..	1132	358	..	358	..	..	2010	

Table 2

Production, trade and consumption of commercial energy
Thousand metric tons of oil equivalent and kilograms per capita

| Country or area Pays ou zone | Year Année | Primary energy production Production d'énergie primaire | | | | | Changes in stocks Variations des stocks | Imports Importations | Exports Exportations |
		Total Totale	Solids Solides	Liquids Liquides	Gas Gaz	Electricity Electricité			
Mongolia	2007	4322	4322	..	..	..	95	823	2269
	2008	4779	4779	..	..	..	12	876	2880
	2009	7836	7836	..	..	..	644	795	4972
	2010	14929	14929	..	..	..	969	850	11674
Myanmar	2007	14192	241	1063	12577	311	112	951	9734
	2008	12199	192	961	10696	350	72	598	8966
	2009	13201	184	970	11595	452	43	440	9007
	2010	13536	179	946	11879	532	-129	235	9869
Nepal	2007	249	10	..	..	239	..	875	5
	2008	252	10	..	..	241	..	981	4
	2009	277	10	..	..	267	..	1167	6
	2010	287	11	..	..	275	..	1268	3
Oman	2007	58377	..	35858	22519	..	136	1721	42924
	2008	60425	..	38264	22161	..	432	0	43706
	2009	63930	..	41061	22869	..	-90	0	47835
	2010	71019	..	45968	25051	..	-1526	271	49476
Other Asia	2007	4629	..	16	371	4242	-23	107623	16611
	2008	4563	..	15	318	4230	1265	102767	16651
	2009	4575	..	14	312	4249	-1935	97783	18215
	2010	4565	..	12	264	4289	290	102718	15345
Pakistan	2007	40082	1950	3862	31537	2733	348	21765	405
	2008	39818	1768	3593	31929	2528	505	21466	500
	2009	40375	1646	3535	32529	2664	334	21535	797
	2010	40567	1632	3532	32374	3029	71	22232	805
Philippines	2007	7302	1587	657	3436	1621	-251	19655	2635
	2008	7844	1684	767	3618	1775	-435	20037	2468
	2009	8663	2187	1097	3643	1736	-1080	17640	2137
	2010	9101	3103	1035	3431	1532	265	21410	3075
Qatar	2007	119040	..	57854	61186	..	0	204	91891
	2008	141429	..	63998	77430	..	-2	593	114202
	2009	152870	..	64481	88390	..	-53	706	126598
	2010	184273	..	65052	119220	..	35	542	150932
Saudi Arabia	2007	558670	..	494716	63954	..	-43	5693	396612
	2008	583815	..	515973	67842	..	-1950	8995	414037
	2009	533208	..	465025	68183	..	-5802	9497	365031
	2010	543496	..	469596	73901	..	-27799	7990	382117
Singapore	2007	..	..	..	..	..	617	118939	63284
	2008	..	..	..	..	..	1025	130059	69703
	2009	..	..	..	..	..	1253	138084	75272
	2010	..	..	..	..	..	-141	142755	80546
Sri Lanka	2007	340	..	..	..	340	7	4016	0
	2008	356	..	..	..	356	-6	3824	0
	2009	336	..	..	..	336	-205	3890	0
	2010	492	..	..	..	492	143	4219	0
State of Palestine	2007	..	..	..	..	..	0	1058	..
	2008	..	..	..	..	..	0	1023	..
	2009	..	..	..	..	..	0	1046	..
	2010	..	..	..	..	..	0	1156	..
Syrian Arab Republic	2007	25454	..	19572	5583	299	93	3956	7903
	2008	24815	..	19256	5313	247	-1330	8209	8799
	2009	24665	..	18931	5574	160	-1046	6204	8252
	2010	28672	..	20399	8050	223	269	5697	9315
Tajikistan	2007	1573	76	12	13	1472	..	1446	368
	2008	1489	84	14	32	1359	..	1421	383
	2009	1505	86	26	34	1359	..	1217	369
	2010	1512	85	27	37	1362	..	824	20

Table 2

Production, commerce et consommation d'énergie commerciale
Milliers de tonnes métriques d'équivalent pétrole et kilogrammes par habitant

Bunkers Soutes		Unallocated Quantités non réparties	Consumption Consommation						Year Année	Country or area Pays ou zone
Aviation Avion	Marine Maritime		Per capita Par habitant	Total Totale	Solids Solides	Liquids Liquides	Gas Gaz	Electricity Electricité		
..	..	..	1060	2781	1960	805	..	16	2007	Mongolie
..	..	..	1036	2763	1888	859	..	16	2008	
..	..	..	1112	3015	2222	782	..	12	2009	
..	..	..	1138	3136	2288	827	..	21	2010	
15	3	-10	113	5288	251	1732	2995	311	2007	Myanmar
15	3	79	77	3662	196	1344	1771	350	2008	
17	3	236	91	4335	185	1065	2632	452	2009	
19	3	-11	84	4021	180	1298	2010	532	2010	
56	..	..	37	1063	230	563	..	271	2007	Népal
56	..	..	41	1172	216	688	..	268	2008	
66	..	..	47	1372	225	831	..	315	2009	
82	..	..	49	1470	236	902	..	333	2010	
302	18	1416	5975	15302	..	4759	10544	..	2007	Oman
313	133	-1859	6712	17701	..	6165	11536	..	2008	
319	121	-2589	6760	18334	..	6229	12105	..	2009	
407	184	122	8132	22627	..	6260	16367	..	2010	
2171	2127	12694	3427	78671	40748	22704	10977	4242	2007	Autres zones d'Asie
1916	1835	9630	3300	76034	39021	20825	11958	4230	2008	
1811	1625	9340	3171	73304	37176	19351	12527	4249	2009	
2043	1755	8256	3428	79594	40631	20275	14399	4289	2010	
170	132	1943	358	58849	6097	18466	31536	2750	2007	Pakistan
158	169	2014	346	57938	4989	18475	31926	2548	2008	
183	230	1577	345	58788	4884	18694	32525	2686	2009	
163	176	1716	345	59868	4597	19862	32357	3052	2010	
1131	245	910	251	22285	4913	12314	3436	1621	2007	Philippines
997	235	808	264	23809	5711	12705	3618	1775	2008	
1021	205	1138	250	22883	5470	12035	3643	1736	2009	
1034	190	1215	265	24732	6315	13454	3431	1532	2010	
766	..	2473	20467	24114	..	3980	20134	..	2007	Qatar
884	..	2088	17799	24849	..	4668	20180	..	2008	
1026	..	850	15745	25156	..	3438	21718	..	2009	
1256	..	-1860	19588	34452	..	3963	30489	..	2010	
1874	2786	17452	5712	145681	..	81727	63954	..	2007	Arabie saoudite
2018	2849	19566	5973	156290	..	88449	67842	..	2008	
1997	2575	16826	6046	162077	..	93894	68183	..	2009	
2110	3314	17311	6355	174433	..	100533	73901	..	2010	
*4775	31305	5364	2965	13593	7	6438	7148	0	2007	Singapour
*4608	34665	5190	3115	14867	5	7546	7317	0	2008	
*4537	36105	2296	3765	18623	4	11223	7396	0	2009	
*5084	40532	-3858	4049	20593	7	12586	8000	0	2010	
105	0	163	201	4080	48	3693	..	340	2007	Sri Lanka
100	23	171	190	3892	50	3486	..	356	2008	
92	6	213	199	4120	52	3731	..	336	2009	
107	0	183	205	4277	66	3719	..	492	2010	
..	..	..	284	1058	..	784	..	274	2007	État de Palestine
..	..	..	267	1023	..	691	..	332	2008	
..	..	..	266	1046	..	704	..	342	2009	
..	..	..	286	1156	..	798	..	358	2010	
93	..	1697	1016	19625	3	13706	5583	334	2007	Rép. arabe syrienne
47	1019	1875	1148	22614	3	16976	5439	196	2008	
44	1086	1485	1050	21047	3	14503	6393	149	2009	
31	1009	1674	1081	22072	3	13205	8671	193	2010	
26	..	10	396	2615	80	453	601	1480	2007	Tadjikistan
28	..	12	372	2487	88	467	498	1434	2008	
28	..	22	339	2303	92	444	404	1363	2009	
28	..	23	329	2265	93	466	330	1376	2010	

Table 2

Production, trade and consumption of commercial energy
Thousand metric tons of oil equivalent and kilograms per capita

Country or area Pays ou zone	Year Année	Primary energy production Production d'énergie primaire					Changes in stocks Variations des stocks	Imports Importations	Exports Exportations
		Total Totale	Solids Solides	Liquids Liquides	Gas Gaz	Electricity Electricité			
Thailand	2007	38378	4561	13948	19171	698	-1921	57783	9244
	2008	41439	4497	15318	21012	612	318	60031	11914
	2009	46139	4448	15647	25428	616	757	63386	12750
	2010	51037	4587	18037	27934	479	869	65450	12225
Timor-Leste	2007	*7421	..	*7421	..	..	..	*61	*7345
	2008	*7447	..	*7447	..	..	..	*63	*7370
	2009	*7418	..	*7418	..	..	..	*61	*7341
	2010	*7418	..	*7418	..	..	..	*61	*7341
Turkey	2007	20906	14794	2168	817	3127	961	83982	6015
	2008	22751	16675	2198	931	2947	1130	81375	6872
	2009	23720	17403	2434	626	3258	958	74656	5181
	2010	25450	17524	2540	624	4762	-767	80448	6892
Turkmenistan	2007	72169	..	9834	62334	0	..	87	48370
	2008	74922	..	11122	63800	0	..	87	50511
	2009	44632	..	10107	34524	0	..	87	23344
	2010	50502	..	9506	40995	0	..	87	26957
United Arab Emirates	2007	190478	..	142786	47693	..	..	23814	132080
	2008	191891	..	145091	46789	..	..	33606	135190
	2009	173630	..	128154	45476	..	..	32061	115567
	2010	181405	..	133647	47758	..	..	34985	121572
Uzbekistan	2007	65577	956	5233	58839	550	..	2222	14451
	2008	68040	921	5128	61014	977	..	2009	14747
	2009	66545	1002	4947	59794	802	..	1813	14951
	2010	60443	911	4346	54254	932	..	1674	14234
Viet Nam	2007	54791	29738	16474	6599	1981	-3398	14409	39176
	2008	52481	27844	15414	6989	2234	1164	14721	28739
	2009	57523	30600	16880	7465	2578	-2016	14221	32849
	2010	57425	30758	15492	8763	2412	576	11000	23678
Yemen	2007	16213	..	16213	..	..	326	3283	11718
	2008	14978	..	14978	..	..	18	3178	10591
	2009	14988	..	14471	517	..	-596	3082	10772
	2010	20104	..	13901	6203	..	392	2994	15150
Europe	**2007**	**2203126**	**401579**	**749391**	**874000**	**178156**	**-2921**	**1631826**	**1273791**
	2008	**2214831**	**398511**	**735439**	**899400**	**181481**	**46954**	**1676624**	**1265723**
	2009	**2096045**	**369718**	**727476**	**819671**	**179180**	**17048**	**1560233**	**1236284**
	2010	**2204931**	**392620**	**726491**	**898660**	**187160**	**-29391**	**1589994**	**1290511**
Albania	2007	847	15	570	16	246	18	1041	153
	2008	938	20	584	8	326	71	1096	183
	2009	1042	3	583	8	448	7	1105	383
	2010	1420	3	752	13	652	91	1237	756
Andorra	2007	5	..	..	..	5	0	222	..
	2008	5	..	..	..	5	0	223	..
	2009	*5	..	..	..	*5	0	215	..
	2010	9	..	..	..	9	0	213	..
Austria	2007	6588	0	1260	1776	3552	357	29738	5704
	2008	6415	0	1260	1480	3674	698	29647	5192
	2009	6882	0	1344	1609	3929	332	28679	6862
	2010	6659	0	1233	1664	3762	-1487	29806	7899
Belarus	2007	2537	570	1778	185	3	-306	41325	14284
	2008	2494	538	1765	187	3	527	43748	17227
	2009	2454	503	1758	189	4	-493	41295	17559
	2010	2487	535	1751	196	4	-165	37076	11778
Belgium	2007	4489	0	153	1	4334	-1022	76799	25206
	2008	4404	0	275	2	4128	781	80440	24861
	2009	4638	0	325	2	4311	-1337	74433	25613
	2010	4788	0	361	2	4425	284	79514	25875

Table 2

Production, commerce et consommation d'énergie commerciale
Milliers de tonnes métriques d'équivalent pétrole et kilogrammes par habitant

Bunkers Soutes		Unallocated Quantités	Consumption Consommation						Year	Country or area
Aviation Avion	Marine Maritime	non réparties	Per capita Par habitant	Total Totale	Solids Solides	Liquids Liquides	Gas Gaz	Electricity Electricité	Année	Pays ou zone
..	26	11135	1146	77677	13425	35197	28052	1004	2007	Thaïlande
..	0	12059	1131	77179	14659	32497	29273	750	2008	
..	0	13572	1200	82446	13790	33173	34792	691	2009	
..	0	14463	1287	88929	14620	34024	39319	966	2010	
..	..	*76	*58	*61	..	*61	..	..	2007	Timor-Leste
..	..	*77	*59	*63	..	*63	..	..	2008	
..	..	*77	*56	*61	..	*61	..	..	2009	
..	..	*77	*55	*61	..	*61	..	..	2010	
1159	853	4298	1309	91602	29422	25384	33804	2993	2007	Turquie
1308	668	2690	1290	91457	29579	25411	33547	2919	2008	
1429	277	457	1254	90075	30066	24685	32129	3195	2009	
1222	373	3283	1304	94895	32122	23194	34883	4695	2010	
342	..	843	4672	22702	..	3521	19348	-167	2007	Turkménistan
375	..	950	4712	23174	..	3849	19457	-131	2008	
349	..	865	4049	20162	..	3593	16749	-180	2009	
332	..	815	4459	22485	..	3424	19268	-207	2010	
3224	14233	7329	10624	57426	154	10823	46449	..	2007	Emirats arabes unis
3362	14925	7470	10399	64540	390	11223	53482	-556	2008	
3752	12515	7352	9585	66506	626	11861	54602	-583	2009	
4036	13313	8726	9151	68742	813	12420	56201	-692	2010	
..	..	1408	1960	51941	1000	3635	46762	543	2007	Ouzbékistan
..	..	1297	2014	54004	983	3623	48429	970	2008	
..	..	986	1932	52422	1046	3744	46837	795	2009	
..	..	800	1716	47083	935	3357	41867	925	2010	
362	276	84	385	32700	11934	12501	6059	2207	2007	Viet Nam
441	278	73	425	36508	14773	12475	6749	2511	2008	
509	287	513	456	39603	14917	14322	7465	2899	2009	
678	317	886	481	42290	15642	15073	8763	2812	2010	
130	126	869	288	6325	..	6325	..	..	2007	Yémen
118	126	948	281	6354	..	6354	..	..	2008	
140	126	1051	282	6576	..	6477	99	..	2009	
126	97	831	270	6502	..	5687	815	..	2010	
53654	**57288**	**84057**	**3229**	**2369083**	**500458**	**707198**	**983443**	**177985**	**2007**	**Europe**
55162	**57037**	**94433**	**3226**	**2372146**	**485348**	**714271**	**991432**	**181095**	**2008**	
51542	**52280**	**84994**	**3005**	**2214129**	**416264**	**689397**	**929405**	**179063**	**2009**	
51504	**54305**	**97521**	**3157**	**2330475**	**454695**	**674093**	**1014661**	**187025**	**2010**	
20	..	210	469	1488	18	965	16	489	2007	Albanie
27	..	165	499	1589	23	1022	8	536	2008	
18	..	170	492	1569	53	940	8	568	2009	
18	..	111	525	1682	58	1040	13	570	2010	
0	..	..	2790	227	0	179	..	48	2007	Andorre
0	..	..	2770	229	0	179	..	49	2008	
0	..	..	2636	221	0	172	..	*49	2009	
0	..	..	2606	221	0	172	..	49	2010	
712	..	1541	3371	28010	3884	11967	8038	4121	2007	Autriche
714	..	1440	3359	28017	3762	11663	8500	4093	2008	
620	..	1503	3136	26244	2877	11047	8323	3996	2009	
671	..	1540	3317	27842	3421	11319	9140	3962	2010	
..	..	3926	2668	25958	496	5805	19281	377	2007	Bélarus
..	..	2460	2688	26026	439	5767	19659	162	2008	
..	..	2318	2529	24366	425	7228	16325	388	2009	
..	..	1245	2783	26705	479	5823	20167	236	2010	
1017	9560	4599	3978	41928	4141	16280	16589	4917	2007	Belgique
2051	9866	5564	3935	41721	4213	15980	16488	5039	2008	
1938	7223	7133	3611	38501	2935	14620	16793	4154	2009	
1546	7857	8146	3790	40595	3143	14133	18846	4472	2010	

Table 2

Production, trade and consumption of commercial energy

Thousand metric tons of oil equivalent and kilograms per capita

Country or area Pays ou zone	Year Année	Primary energy production Production d'énergie primaire					Changes in stocks Variations des stocks	Imports Importations	Exports Exportations
		Total Totale	Solids Solides	Liquids Liquides	Gas Gaz	Electricity Electricité			
Bosnia and Herzegovina	2007	6204	5860	..	..	344	-4	2365	792
	2008	6917	6499	..	..	418	-4	2543	877
	2009	6973	6437	..	..	536	105	2798	1073
	2010	6858	6168	..	..	690	-78	3226	1192
Bulgaria	2007	6664	4811	29	282	1541	51	15188	4397
	2008	6693	4816	34	195	1648	495	15322	4445
	2009	6359	4598	42	38	1681	56	12096	3627
	2010	6926	4937	40	88	1861	-221	11925	4090
Croatia	2007	3954	..	948	2625	381	-31	8254	2548
	2008	3784	..	885	2438	461	340	8097	2265
	2009	3860	..	829	2441	591	-207	7266	2509
	2010	3963	..	765	2461	737	98	7167	2306
Czech Republic	2007	26886	23804	424	180	2478	-1043	21029	8963
	2008	25847	22785	350	202	2509	136	21991	8871
	2009	24088	20853	421	185	2628	319	21222	8791
	2010	24136	20730	415	211	2780	-1423	20555	8303
Denmark	2007	25201	..	15387	9194	619	28	13441	19834
	2008	24889	..	14267	10024	598	1133	14914	20727
	2009	22058	..	13113	8365	580	280	13533	18707
	2010	21193	..	12350	8169	674	-1319	12827	17794
Estonia	2007	3664	3654	..	..	10	26	2392	689
	2008	3477	3463	..	..	14	6	2190	561
	2009	3305	3286	..	..	20	285	2033	680
	2010	3963	3937	..	..	26	-28	1855	829
Faeroe Islands	2007	10	..	..	..	10	..	*259	..
	2008	9	..	..	..	9	..	*240	..
	2009	9	..	..	..	9	..	*222	..
	2010	7	..	..	..	7	..	*237	..
Finland	2007	4338	1089	..	..	3250	-1593	26352	5979
	2008	4603	1052	83	..	3468	69	26429	6490
	2009	5525	2194	194	..	3138	1068	24948	6589
	2010	5155	1806	252	..	3097	-1918	24839	6808
France	2007	47093	262	2142	1017	43672	-1713	168111	28513
	2008	48239	172	2970	901	44197	745	176107	31697
	2009	45517	91	3263	848	41315	-104	165687	27199
	2010	47624	169	3193	718	43543	-2933	162918	25148
Germany	2007	97864	54590	10501	14563	18210	-3213	244260	44799
	2008	90428	50048	8838	12585	18957	-582	252583	41341
	2009	82676	45703	6980	12376	17616	1916	240538	35735
	2010	81700	45125	7085	10795	18694	-4259	241004	38326
Gibraltar	2007	..	..	..	..	..	..	2002	..
	2008	..	..	..	..	..	..	2113	..
	2009	..	..	..	..	..	..	2609	..
	2010	..	..	..	..	..	..	2667	..
Greece	2007	9024	8389	164	25	447	203	32895	7117
	2008	8819	8129	124	16	550	528	33619	7063
	2009	9047	8176	150	13	708	-630	32082	8368
	2010	8440	7315	226	8	891	-349	31697	9099
Guernsey	2007	..	..	..	..	..	..	17	..
	2008	..	..	..	..	..	..	22	..
	2009	..	..	..	..	..	..	18	..
	2010	..	..	..	..	..	..	21	..
Hungary	2007	6567	1773	1260	2245	1290	-193	21689	3707
	2008	6690	1694	1439	2247	1310	790	22152	3407
	2009	6879	1556	1390	2559	1375	881	18444	2125
	2010	6763	1593	1251	2501	1417	250	19426	2724

Table 2

Production, commerce et consommation d'énergie commerciale

Milliers de tonnes métriques d'équivalent pétrole et kilogrammes par habitant

| Bunkers Soutes | | Unallocated Quantités non réparties | Consumption Consommation | | | | | | Year Année | Country or area Pays ou zone |
Aviation Avion	Marine Maritime		Per capita Par habitant	Total Totale	Solids Solides	Liquids Liquides	Gas Gaz	Electricity Electricité		
5	..	9	2055	7767	5916	1185	373	292	2007	Bosnie-Herzégovine
5	..	15	2270	8567	6557	1363	371	277	2008	
5	..	134	2244	8454	6604	1359	211	279	2009	
5	..	323	2298	8642	6675	1384	222	361	2010	
183	53	1122	2100	16046	7862	3663	3365	1156	2007	Bulgarie
213	123	925	2083	15814	7592	3774	3260	1188	2008	
153	209	510	1843	13900	6382	3849	2424	1245	2009	
168	98	38	1958	14677	6847	4117	2578	1134	2010	
44	24	156	2139	9467	803	4735	3001	928	2007	Croatie
52	22	182	2042	9020	825	4305	2863	1027	2008	
44	7	234	1936	8539	597	4193	2670	1079	2009	
55	7	279	1904	8386	812	3502	2925	1147	2010	
345	..	2068	3644	37582	21342	7173	7978	1089	2007	République tchèque
335	..	2244	3493	36251	19741	7055	7932	1523	2008	
339	..	2045	3239	33815	17864	6998	7497	1455	2009	
313	..	2346	3350	35154	18587	6622	8449	1494	2010	
890	1077	92	3057	16720	4626	7032	4525	537	2007	Danemark
889	929	375	2865	15749	3927	6562	4537	723	2008	
778	518	170	2740	15138	4016	6174	4340	609	2009	
811	699	227	2848	15807	4033	6270	4928	576	2010	
51	252	-364	4023	5402	3707	1001	893	-198	2007	Estonie
28	256	-294	3807	5110	3431	890	856	-67	2008	
33	228	-397	3361	4509	3050	849	583	27	2009	
37	225	-392	3838	5148	3915	862	625	-254	2010	
4	..	..	*5470	*266	..	*255	..	10	2007	Iles Féroé
4	..	..	*5055	*246	..	*236	..	9	2008	
4	..	..	*4680	*228	..	*218	..	9	2009	
3	..	..	*4942	*241	..	*234	..	7	2010	
539	465	-1207	5011	26509	7291	10753	4136	4329	2007	Finlande
583	407	-2040	4801	25522	5348	11327	4281	4566	2008	
511	253	-2372	4573	24424	5152	11224	3871	4177	2009	
539	215	-1976	4908	26328	7005	11059	4264	4000	2010	
5924	2961	8080	2775	171439	13647	76241	42764	38787	2007	France
5959	2587	7295	2834	176064	12936	78740	44317	40071	2008	
5428	2584	4417	2748	171679	11211	78649	42735	39085	2009	
5534	2509	3154	2820	177131	12045	76920	47266	40899	2010	
8351	3129	6187	3428	282871	86719	93948	85418	16786	2007	Allemagne
8472	3025	7698	3432	283056	81026	99730	85071	17229	2008	
8269	2765	8380	3230	266148	71619	92860	85107	16561	2009	
8152	2817	9341	3260	268328	77123	92216	81580	17408	2010	
6	1860	..	4639	136	..	136	..	..	2007	Gibraltar
6	1970	..	4673	137	..	137	..	..	2008	
6	2461	..	4853	142	..	142	..	..	2009	
5	2511	..	5167	151	..	151	..	..	2010	
958	3205	-2171	2897	32607	8845	19203	3738	821	2007	Grèce
996	3134	-2242	2919	32960	8309	19722	3896	1033	2008	
856	2661	-2427	2852	32301	8431	19485	3301	1084	2009	
685	2772	-885	2537	28816	7863	15978	3594	1381	2010	
..	..	..	277	17	..	..	..	17	2007	Guernesey
..	..	..	358	22	..	..	..	22	2008	
..	..	..	291	18	..	..	..	18	2009	
..	..	..	330	21	..	..	..	21	2010	
250	..	1142	2325	23352	3157	6651	11912	1632	2007	Hongrie
278	..	1264	2305	23103	3083	6622	11752	1646	2008	
237	..	1050	2102	21029	2555	6440	10186	1849	2009	
236	..	574	2244	22405	2744	6872	10924	1864	2010	

Table 2

Production, trade and consumption of commercial energy
Thousand metric tons of oil equivalent and kilograms per capita

Country or area Pays ou zone	Year Année	Primary energy production Production d'énergie primaire					Changes in stocks Variations des stocks	Imports Importations	Exports Exportations
		Total Totale	Solids Solides	Liquids Liquides	Gas Gaz	Electricity Electricité			
Iceland	2007	1233	..	..	203	1029	9	1122	0
	2008	1659	..	..	244	1416	-11	1220	0
	2009	1691	..	..	244	1447	26	1212	12
	2010	1710	..	..	244	1467	-34	1115	0
Ireland	2007	1316	629	21	410	256	-491	15740	1235
	2008	1435	686	36	394	319	26	15794	1261
	2009	1406	634	56	354	362	-261	14440	967
	2010	1763	1040	63	352	309	-198	14727	1493
Isle of Man	2007	0	..	..	..	0	..	4	6
	2008	0	..	..	..	0	..	3	8
	2009	0	..	..	..	0	..	2	10
	2010	0	..	..	..	0	..	4	9
Italy	2007	19170	100	6099	8832	4138	-1542	194349	28804
	2008	19435	74	5968	8422	4970	585	191003	27018
	2009	18655	46	5642	7292	5675	-1729	172923	24387
	2010	20258	64	6442	7664	6089	1274	183568	26961
Jersey	2007	..	..	..	..	..	..	51	..
	2008	..	..	..	..	..	..	58	..
	2009	..	..	..	..	..	..	57	..
	2010	..	..	..	..	..	..	58	..
Latvia	2007	258	3	16	..	240	-85	3755	317
	2008	308	3	33	..	272	-263	3453	329
	2009	356	6	49	..	302	183	3740	530
	2010	358	2	49	..	307	-714	3050	529
Lithuania	2007	1183	12	188	47	937	131	10495	4469
	2008	1205	15	198	45	947	-144	13469	7805
	2009	1331	12	225	49	1045	-156	12070	7541
	2010	359	7	219	2	131	58	13621	7727
Luxembourg	2007	86	..	..	..	86	-36	4856	255
	2008	90	..	..	..	90	7	4857	225
	2009	79	..	..	..	79	2	4603	233
	2010	133	..	..	..	133	-18	4906	283
Malta	2007	..	..	..	..	..	0	1844	..
	2008	..	..	..	..	..	0	1901	..
	2009	..	..	..	..	..	-35	2040	9
	2010	..	..	..	..	..	-8	2458	16
Montenegro	2007	376	266	..	..	110	..	555	32
	2008	515	383	..	..	132	..	534	32
	2009	389	211	..	..	178	..	411	40
	2010	663	426	..	..	236	..	349	74
Netherlands	2007	63910	..	2748	60492	669	345	151604	119873
	2008	69611	..	2326	66548	737	2005	149307	120048
	2009	65475	..	2028	62678	770	3029	154741	123750
	2010	72992	..	1813	70480	699	917	161993	137812
Norway	2007	222377	2734	121220	86762	11662	-779	5815	198843
	2008	227487	2302	116265	96805	12115	449	5772	200841
	2009	223327	1773	109867	100762	10925	-981	6347	199954
	2010	216583	1299	101109	103957	10218	-12	7681	189749
Poland	2007	67970	62511	832	4330	298	-138	42227	15128
	2008	66389	60926	1055	4100	308	2869	45042	12430
	2009	61998	56428	1135	4086	348	2899	43239	11018
	2010	61046	55395	1105	4103	443	-2224	47501	13334
Portugal	2007	1427	..	162	..	1265	-305	23295	2397
	2008	1295	..	153	..	1142	8	23667	2140
	2009	1684	..	228	..	1456	135	22555	1979
	2010	2532	..	284	..	2247	-231	21687	2528

Table 2

Production, commerce et consommation d'énergie commerciale
Milliers de tonnes métriques d'équivalent pétrole et kilogrammes par habitant

Bunkers Soutes		Unallocated Quantités non réparties	Consumption Consommation						Year Année	Country or area Pays ou zone
Aviation Avion	Marine Maritime		Per capita Par habitant	Total Totale	Solids Solides	Liquids Liquides	Gas Gaz	Electricity Electricité		
167	67	162	6381	1951	106	612	203	1029	2007	Islande
140	73	359	7460	2318	94	565	244	1416	2008	
112	52	371	7381	2329	85	553	244	1447	2009	
124	58	360	7238	2317	90	517	244	1467	2010	
973	111	132	3518	15096	2395	7571	4760	370	2007	Irlande
913	86	-45	3443	14988	2441	7209	4980	358	2008	
557	113	72	3263	14397	2204	7006	4760	428	2009	
725	83	38	3210	14349	2098	6684	5218	349	2010	
..	..	..	-29	-2	..	..	..	-2	2007	Île de Man
..	..	..	-65	-5	..	..	..	-5	2008	
..	..	..	-95	-8	..	..	..	-8	2009	
..	..	..	-62	-5	..	..	..	-5	2010	
3428	2433	2960	2981	177435	16789	75272	77257	8117	2007	Italie
3308	2554	3193	2900	173780	16294	71830	77244	8412	2008	
3011	2383	4191	2643	159335	12709	66083	71002	9541	2009	
3182	3031	6374	2691	163004	14160	63325	75633	9886	2010	
..	..	..	545	51	..	..	..	51	2007	Le Jersey
..	..	..	611	58	..	..	..	58	2008	
..	..	..	591	57	..	..	..	57	2009	
..	..	..	592	58	..	..	..	58	2010	
80	181	31	1529	3488	107	1373	1511	498	2007	Lettonie
97	209	23	1482	3366	106	1289	1481	489	2008	
102	278	3	1327	3000	85	1107	1364	444	2009	
118	255	1	1429	3219	109	1104	1624	382	2010	
72	121	-897	2303	7783	299	3405	3260	819	2007	Lituanie
76	92	-55	2054	6900	249	2858	2929	865	2008	
36	129	-84	1776	5934	186	2482	2473	793	2009	
48	144	-86	1832	6089	233	2439	2771	646	2010	
436	..	..	9010	4286	86	2498	1276	427	2007	Luxembourg
440	..	..	8783	4275	83	2514	1215	464	2008	
421	..	..	8089	4025	76	2341	1236	373	2009	
432	..	..	8556	4342	75	2455	1330	482	2010	
91	865	..	2154	889	..	889	..	..	2007	Malte
129	935	..	2022	837	..	837	..	..	2008	
92	1157	..	1967	817	..	817	..	..	2009	
102	1502	..	2031	846	..	846	..	..	2010	
11	..	..	1414	888	259	342	..	287	2007	Monténégro
14	..	..	1594	1003	383	362	..	258	2008	
2	..	..	1202	758	207	289	..	262	2009	
2	..	..	1482	936	411	267	..	258	2010	
3684	16270	14172	3720	61170	7076	14951	36964	2180	2007	Pays-Bas
3736	15677	14040	3842	63412	7099	15706	38507	2100	2008	
3473	14399	13910	3723	61655	6545	15064	38856	1190	2009	
3392	14111	13200	3946	65553	6706	14347	43563	937	2010	
380	665	397	6075	28686	805	11673	5408	10799	2007	Norvège
384	483	4030	5665	27071	860	9890	5398	10923	2008	
358	498	2451	5667	27394	560	10579	6102	10152	2009	
432	393	3451	6195	30251	839	11624	6921	10867	2010	
450	253	2255	2416	92250	56705	21824	13883	-162	2007	Pologne
539	281	2775	2421	92538	55912	22414	13962	251	2008	
489	253	1738	2323	88838	52353	22923	13403	160	2009	
515	220	3117	2445	93585	55861	23170	14227	327	2010	
848	510	1277	1885	19995	2884	10971	4232	1909	2007	Portugal
879	543	1488	1871	19902	2556	10795	4598	1953	2008	
822	489	1348	1827	19466	2829	10085	4686	1866	2009	
893	472	1617	1774	18940	1651	9828	4988	2473	2010	

Table 2

Production, trade and consumption of commercial energy

Thousand metric tons of oil equivalent and kilograms per capita

Country or area Pays ou zone	Year Année	Primary energy production Production d'énergie primaire					Changes in stocks Variations des stocks	Imports Importations	Exports Exportations
		Total Totale	Solids Solides	Liquids Liquides	Gas Gaz	Electricity Electricité			
Republic of Moldova	2007	11	..	8	0	3	37	2050	1
	2008	22	..	15	0	7	22	2039	5
	2009	22	..	17	0	5	1	1932	14
	2010	18	..	11	0	7	-42	2013	9
Romania	2007	24001	6712	4989	10263	2036	432	17689	4649
	2008	24013	6729	4847	9993	2444	217	16413	5293
	2009	23480	6565	4614	9932	2370	246	11147	4237
	2010	22602	5904	4386	9577	2735	-262	10916	3662
Russian Federation	2007	1266546	162944	494061	580349	29193	9525	24434	595287
	2008	1282458	167173	492340	594547	28398	25315	29671	584358
	2009	1207733	153630	497320	527534	29249	81	24821	574376
	2010	1320374	180029	510645	600524	29176	5008	23103	617751
Serbia	2007	9631	7893	655	220	863	-66	7066	996
	2008	9985	8224	653	238	869	198	7243	1030
	2009	9200	7331	678	233	958	39	5659	879
	2010	9543	7229	890	343	1081	10	5834	765
Slovakia	2007	2521	551	81	174	1716	466	18064	5110
	2008	2737	624	163	148	1801	-16	17278	4736
	2009	2586	653	171	155	1607	481	16314	4535
	2010	2696	613	180	161	1741	-300	16098	4123
Slovenia	2007	2017	1239	4	3	771	-54	4791	930
	2008	2080	1185	7	3	885	115	5481	1204
	2009	2068	1160	6	3	899	-43	4669	1265
	2010	2076	1160	17	8	891	37	5124	1553
Spain	2007	15779	5456	528	17	9777	-1474	136002	10722
	2008	15086	4194	503	16	10373	2194	137467	10709
	2009	15475	3628	991	14	10843	1006	125857	10740
	2010	17885	3034	1145	57	13650	1727	122678	11197
Sweden	2007	12118	155	384	..	11579	-180	30561	11347
	2008	12288	250	421	..	11617	470	33014	13132
	2009	11076	210	493	..	10373	-34	30435	12039
	2010	11772	238	542	..	10992	-698	33116	12965
Switzerland	2007	5606	..	12	30	5564	-267	17554	3705
	2008	5691	..	12	31	5648	52	18588	3406
	2009	5648	..	5	31	5612	110	18771	3364
	2010	5565	..	6	31	5527	-35	17952	3195
T.F.Yug.Rep. Macedonia	2007	1844	1754	3	..	87	-92	1664	262
	2008	2129	2056	1	..	72	16	1715	379
	2009	2111	2001	1	..	109	59	1567	359
	2010	2023	1812	2	..	209	-32	1525	346
Ukraine	2007	64673	33613	4584	17633	8843	3478	70601	7611
	2008	64738	33651	4452	17916	8719	4817	70168	7871
	2009	61514	31326	4074	17954	8160	5921	51316	6880
	2010	60635	31015	3674	17145	8801	-13768	53758	8662
United Kingdom	2007	167140	10190	78181	72125	6644	-3399	138258	89129
	2008	159523	10821	73116	69665	5921	2287	147987	86256
	2009	147423	10705	69486	59720	7512	3588	140143	81346
	2010	139257	11033	64235	57187	6802	-6389	146948	82839
Oceania	**2007**	**311514**	**230763**	**29076**	**47593**	**4082**	**8737**	**47076**	**204483**
	2008	**312306**	**232491**	**28100**	**47842**	**3874**	**1802**	**50652**	**212991**
	2009	**324627**	**241318**	**29088**	**50007**	**4214**	**4210**	**50569**	**220848**
	2010	**322939**	**240471**	**26215**	**51800**	**4453**	**-2856**	**53414**	**234417**
Australia	2007	297799	227935	25077	43303	1484	8524	35879	199679
	2008	297889	229657	23148	43768	1316	2353	39444	206292
	2009	310236	238683	24384	45760	1408	4107	40074	214907
	2010	309315	237340	23205	47257	1513	-3309	42489	229752

Table 2

Production, commerce et consommation d'énergie commerciale
Milliers de tonnes métriques d'équivalent pétrole et kilogrammes par habitant

Bunkers Soutes		Unallocated Quantités non réparties	Consumption Consommation						Year Année	Country or area Pays ou zone
Aviation Avion	Marine Maritime		Per capita Par habitant	Total Totale	Solids Solides	Liquids Liquides	Gas Gaz	Electricity Electricité		
*14	..	0	547	2009	45	652	1056	255	2007	Rép. de Moldova
*14	..	4	555	2016	86	677	992	261	2008	
*14	..	-4	535	1928	92	667	911	258	2009	
14	..	-4	575	2053	86	737	962	268	2010	
109	34	1799	1602	34665	10142	8482	14185	1856	2007	Roumanie
123	70	1091	1558	33632	9351	8691	13512	2079	2008	
130	15	200	1384	29798	7542	8328	11756	2173	2009	
145	15	617	1366	29340	6980	7833	11987	2540	2010	
5519	..	26790	4563	653859	112161	106515	407091	28092	2007	Fédération de Russie
5878	..	33098	4634	663480	118617	110679	407302	26882	2008	
5885	..	32529	4332	619682	96190	105865	389655	27972	2009	
6267	1552	36382	4732	676516	117282	105903	425655	27676	2010	
48	..	447	1553	15272	8625	3557	2235	856	2007	Serbie
50	..	680	1552	15271	8955	3216	2224	875	2008	
41	..	413	1369	13487	7952	3150	1550	836	2009	
42	..	503	1426	14055	7782	3158	2059	1055	2010	
50	..	242	2710	14718	3985	3161	5708	1864	2007	Slovaquie
63	..	304	2743	14927	4025	3264	5792	1846	2008	
45	..	168	2508	13671	3879	3099	4974	1720	2009	
41	..	213	2694	14715	3932	3327	5626	1830	2010	
32	49	44	2886	5808	1593	2409	1016	790	2007	Slovénie
35	66	47	3019	6093	1565	2805	976	747	2008	
27	33	10	2690	5445	1411	2475	924	635	2009	
26	19	16	2734	5550	1421	2460	960	709	2010	
3413	8649	4471	2825	126000	19832	61571	35315	9282	2007	Espagne
3426	8967	4819	2712	122439	14149	60077	38789	9424	2008	
3186	8911	1688	2537	115800	10567	60393	34694	10146	2009	
3058	8589	2964	2453	113028	8175	57267	34653	12933	2010	
654	2115	2496	2865	26246	2651	10891	1012	11692	2007	Suède
785	2081	2071	2897	26763	2431	11966	918	11448	2008	
716	2167	1405	2709	25219	1928	11304	1211	10776	2009	
692	2002	2249	2951	27678	2495	12393	1619	11171	2010	
1312	9	-26	2438	18426	177	9905	2958	5386	2007	Suisse
1404	10	-33	2555	19439	163	10575	3150	5551	2008	
1350	8	-66	2567	19654	151	11052	3025	5426	2009	
1410	10	3	2459	18933	155	9831	3375	5572	2010	
7	..	-3	1628	3333	1927	1010	95	301	2007	L'ex-RY Macédoine
6	..	20	1667	3422	2124	883	108	307	2008	
3	..	13	1577	3244	2020	919	72	233	2009	
7	..	26	1553	3201	1889	874	106	331	2010	
359	..	554	2663	123272	40362	13932	60923	8055	2007	Ukraine
263	..	-215	2656	122170	40524	14039	59468	8140	2008	
242	..	134	2180	99653	33131	13395	45334	7793	2009	
275	..	570	2611	118653	36491	12327	61383	8452	2010	
12218	2373	1362	3345	203716	38993	66560	91071	7092	2007	Royaume-Uni
11848	2588	1684	3311	202846	36068	66056	93853	6868	2008	
11186	2485	1635	3038	187327	29791	62977	86800	7758	2009	
10781	2139	1840	3143	194994	31022	62704	94237	7031	2010	
4050	**1261**	**930**	**4007**	**139129**	**56141**	**44827**	**34079**	**4082**	**2007**	**Océanie**
3990	**1403**	**-619**	**4056**	**143391**	**56605**	**48014**	**34898**	**3874**	**2008**	
3960	**1251**	**-1701**	**4075**	**146629**	**57286**	**49550**	**35579**	**4214**	**2009**	
4349	**1143**	**-864**	**3830**	**140163**	**52786**	**49087**	**33837**	**4453**	**2010**	
2990	815	274	5748	121396	54306	35815	29790	1484	2007	Australie
2963	930	-866	5841	125660	54431	39088	30824	1316	2008	
3027	805	-1921	5907	129384	55627	40920	31429	1408	2009	
3306	688	-1154	5502	122520	51045	40527	29435	1513	2010	

Table 2

Production, trade and consumption of commercial energy
Thousand metric tons of oil equivalent and kilograms per capita

Country or area Pays ou zone	Year Année	Primary energy production Production d'énergie primaire					Changes in stocks Variations des stocks	Imports Importations	Exports Exportations
		Total Totale	Solids Solides	Liquids Liquides	Gas Gaz	Electricity Electricité			
Cook Islands	2007	..	..	..	..	..	..	*23	..
	2008	..	..	..	..	..	..	*24	..
	2009	..	..	..	..	..	..	*24	..
	2010	..	..	..	..	..	..	*24	..
Fiji	2007	44	..	..	..	44	..	730	*67
	2008	43	..	..	..	43	..	623	*48
	2009	40	..	..	..	40	..	476	*34
	2010	36	..	..	..	36	..	688	*23
French Polynesia	2007	19	..	..	..	19	..	335	..
	2008	18	..	..	..	18	..	340	..
	2009	18	..	..	..	18	..	338	..
	2010	24	..	..	..	24	..	342	..
Kiribati	2007	..	..	..	..	..	..	21	..
	2008	..	..	..	..	..	..	*22	..
	2009	..	..	..	..	..	..	*14	..
	2010	..	..	..	..	..	..	*25	..
Marshall Islands	2007	..	..	..	..	..	..	*32	..
	2008	..	..	..	..	..	..	*33	..
	2009	..	..	..	..	..	..	*33	..
	2010	..	..	..	..	..	..	*34	..
Micronesia(Fed. States of)	2007	0	..	..	..	0	..	*30	..
	2008	0	..	..	..	0	..	*30	..
	2009	0	..	..	..	0	..	*31	..
	2010	0	..	..	..	0	..	*31	..
Nauru	2007	..	..	..	..	..	..	*32	..
	2008	..	..	..	..	..	..	*32	..
	2009	..	..	..	..	..	..	*32	..
	2010	..	..	..	..	..	..	*31	..
New Caledonia	2007	37	..	..	..	37	..	919	*5
	2008	42	..	..	..	42	..	1005	*5
	2009	39	..	..	..	39	..	874	*5
	2010	27	..	..	..	27	..	1163	*2
New Zealand	2007	11335	2828	2039	4050	2418	233	7546	3199
	2008	11876	2834	2847	3821	2373	-623	7548	4570
	2009	11947	2636	2689	3995	2628	181	7351	3962
	2010	12846	3132	2660	4284	2771	406	7000	4193
Niue	2007	..	..	..	..	..	..	*2	..
	2008	..	..	..	..	..	..	*2	..
	2009	..	..	..	..	..	..	*2	..
	2010	..	..	..	..	..	..	*2	..
Palau	2007	*2	..	..	..	*2	..	*86	..
	2008	*2	..	..	..	*2	..	*86	..
	2009	*2	..	..	..	*2	..	*86	..
	2010	*2	..	..	..	*2	..	*89	..
Papua New Guinea	2007	2274	..	1960	*239	74	-20	1225	1532
	2008	2431	..	2104	*253	74	72	1248	2075
	2009	2341	..	2015	*253	*74	-79	1003	1940
	2010	683	..	351	*259	*74	47	1268	447
Samoa	2007	*5	..	..	..	*5	..	*54	..
	2008	*5	..	..	..	*5	..	*54	..
	2009	*5	..	..	..	*5	..	*55	..
	2010	*5	..	..	..	*5	..	*55	..
Solomon Islands	2007	..	..	..	..	..	..	*69	..
	2008	..	..	..	..	..	..	*67	..
	2009	..	..	..	..	..	..	*68	..
	2010	..	..	..	..	..	..	*69	..

Table 2

Production, commerce et consommation d'énergie commerciale

Milliers de tonnes métriques d'équivalent pétrole et kilogrammes par habitant

Bunkers Soutes		Unallocated Quantités non réparties	Consumption Consommation						Year Année	Country or area Pays ou zone
Aviation Avion	Marine Maritime		Per capita Par habitant	Total Totale	Solids Solides	Liquids Liquides	Gas Gaz	Electricity Electricité		
..	..	..	*1133	*23	..	*23	..	..	2007	Iles Cook
..	..	..	*1175	*24	..	*24	..	..	2008	
..	..	..	*1167	*24	..	*24	..	..	2009	
..	..	..	*1159	*24	..	*24	..	..	2010	
*225	*61	..	504	421	0	377	..	44	2007	Fidji
*186	*53	..	449	379	0	337	..	43	2008	
*142	*36	..	358	305	0	265	..	40	2009	
*197	*52	..	524	451	0	415	..	36	2010	
*6	*49	..	1143	299	..	279	..	19	2007	Polynésie française
*6	*46	..	1157	306	..	288	..	18	2008	
*6	*44	..	1142	306	..	287	..	18	2009	
*6	*45	..	1165	315	..	291	..	24	2010	
*3	..	..	188	18	..	18	..	..	2007	Kiribati
*3	..	..	*190	*18	..	*18	..	..	2008	
*2	..	..	*131	*13	..	*13	..	..	2009	
*4	..	..	*209	*21	..	*21	..	..	2010	
..	..	..	*619	*32	..	*32	..	..	2007	Iles Marshall
..	..	..	*616	*33	..	*33	..	..	2008	
..	..	..	*627	*33	..	*33	..	..	2009	
..	..	..	*636	*34	..	*34	..	..	2010	
*1	..	..	*273	*30	..	*30	..	0	2007	Micronésie(États. féds. de)
*1	..	..	*274	*30	..	*30	..	0	2008	
*1	..	..	*281	*31	..	*31	..	0	2009	
*1	..	..	*280	*31	..	*31	..	0	2010	
*3	..	..	*2893	*29	..	*29	..	..	2007	Nauru
*3	..	..	*2885	*29	..	*29	..	..	2008	
*3	..	..	*2800	*29	..	*29	..	..	2009	
*3	..	..	*2720	*28	..	*28	..	..	2010	
12	..	..	3924	938	171	730	..	37	2007	Nouvelle-Calédonie
10	..	..	4247	1032	257	732	..	42	2008	
0	..	..	3672	907	177	691	..	39	2009	
*5	..	..	4715	1183	420	735	..	27	2010	
746	304	3	3401	14395	1664	6264	4049	2418	2007	Nouvelle-Zélande
751	341	25	3357	14359	1917	6248	3821	2373	2008	
715	333	-39	3273	14146	1482	6140	3897	2628	2009	
757	325	94	3221	14070	1320	5836	4143	2771	2010	
0	..	..	*1023	*2	..	*2	..	..	2007	Nioué
0	..	..	*1051	*2	..	*2	..	..	2008	
0	..	..	*1082	*2	..	*2	..	..	2009	
0	..	..	*1118	*2	..	*2	..	..	2010	
*17	..	..	*3519	*71	..	*69	..	*2	2007	Palaos
*17	..	..	*3499	*71	..	*69	..	*2	2008	
*17	..	..	*3479	*71	..	*69	..	*2	2009	
*17	..	..	*3595	*74	..	*72	..	*2	2010	
*40	*32	653	197	1261	..	948	*239	74	2007	Papouasie-Nvl-Guinée
*43	*32	222	188	1234	..	908	*253	74	2008	
*41	*32	260	172	1150	..	824	*253	*74	2009	
*44	*32	196	173	1186	..	853	*259	*74	2010	
..	..	..	*321	*58	..	*54	..	*5	2007	Samoa
..	..	..	*320	*58	..	*54	..	*5	2008	
..	..	..	*326	*59	..	*55	..	*5	2009	
..	..	..	*324	*59	..	*55	..	*5	2010	
*5	..	..	*128	*64	..	*64	..	..	2007	Iles Salomon
*4	..	..	*123	*63	..	*63	..	..	2008	
*4	..	..	*122	*64	..	*64	..	..	2009	
*5	..	..	*121	*65	..	*65	..	..	2010	

Table 2

Production, trade and consumption of commercial energy
Thousand metric tons of oil equivalent and kilograms per capita

Country or area Pays ou zone	Year Année	Primary energy production Production d'énergie primaire					Changes in stocks Variations des stocks	Imports Importations	Exports Exportations
		Total Totale	Solids Solides	Liquids Liquides	Gas Gaz	Electricity Electricité			
Tonga	2007	..	..	..	..	..	..	*52	..
	2008	..	..	..	..	..	..	*55	..
	2009	..	..	..	..	..	..	*58	..
	2010	..	..	..	..	..	..	*55	..
Vanuatu	2007	0	..	..	..	0	..	32	..
	2008	1	..	..	..	1	..	31	..
	2009	1	..	..	..	1	..	39	..
	2010	1	..	..	..	1	..	39	..
Wallis and Futuna Is.	2007	..	..	..	..	..	..	10	..
	2008	..	..	..	..	..	..	*9	..
	2009	..	..	..	..	..	..	*9	..
	2010	..	..	..	..	..	..	*9	..

Table 2

Production, commerce et consommation d'énergie commerciale
Milliers de tonnes métriques d'équivalent pétrole et kilogrammes par habitant

Bunkers Soutes		Unallocated Quantités	Consumption Consommation						Year	Country or area
Aviation Avion	Marine Maritime	non réparties	Per capita Par habitant	Total Totale	Solids Solides	Liquids Liquides	Gas Gaz	Electricity Electricité	Année	Pays ou zone
0	..	..	*501	*51	..	*51	..	..	2007	Tonga
*1	..	..	*521	*54	..	*54	..	..	2008	
*1	..	..	*551	*57	..	*57	..	..	2009	
*3	..	..	*492	*51	..	*51	..	..	2010	
..	..	..	145	32	..	32	..	0	2007	Vanuatu
..	..	..	142	32	..	31	..	1	2008	
..	..	..	172	40	..	39	..	1	2009	
..	..	..	169	41	..	39	..	1	2010	
1	..	..	627	9	..	9	..	..	2007	Iles Wallis et Futuna
1	..	..	*609	*8	..	*8	..	..	2008	
1	..	..	*633	*9	..	*9	..	..	2009	
1	..	..	*639	*9	..	*9	..	..	2010	

Table 3

Production, trade and consumption of commercial energy
Production, commerce et consommation d'énergie commerciale
Thousand terajoules and gigajoules per capita
Milliers de térajoules et gigajoules par habitant

Table Notes:
Please refer to notes on table 1.

Please refer to the Definitions Section on pages xv to xxix for the appropriate product description/ classification.

Notes relatives aux tableaux:
Veuillez consulter les notes de bas de page au tableau 1.

Veuillez consulter la section "définitions" de la page xv à la page xxix pour une description/classification appropriée des produits.

Figure 7: World commercial primary energy production 1994-2010

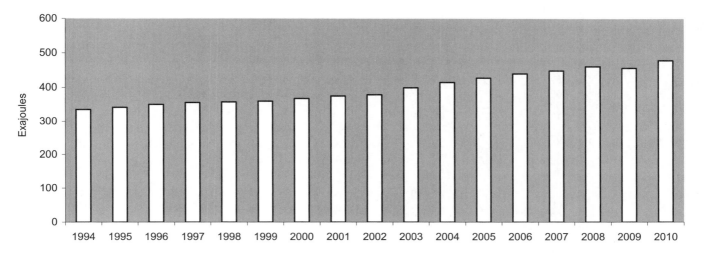

Figure 8: World commercial primary energy production, by type, in 2010

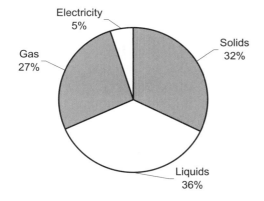

Figure 9: World commercial primary energy production, by region, in 2010

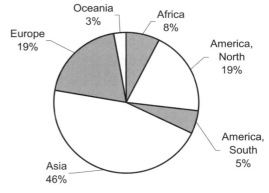

Table 3

Production, trade and consumption of commercial energy
Thousand terajoules and gigajoules per capita

| Country or area
Pays ou zone | Year
Année | Primary energy production
Production d'énergie primaire | | | | | Changes in
stocks
Variations
des stocks | Imports
Importations | Exports
Exportations |
		Total Totale	Solids Solides	Liquids Liquides	Gas Gaz	Electricity Electricité			
World	**2007**	**448059**	**139324**	**169625**	**117086**	**22024**	**465**	**193918**	**193695**
	2008	**460119**	**143659**	**172281**	**121511**	**22668**	**4130**	**196190**	**197786**
	2009	**455672**	**145672**	**168893**	**118111**	**22997**	**4110**	**190711**	**191666**
	2010	**478104**	**154657**	**172398**	**126828**	**24222**	**1610**	**199969**	**203063**
Africa	**2007**	**35889**	**5611**	**21850**	**8030**	**398**	**-195**	**4510**	**25244**
	2008	**36462**	**5646**	**22113**	**8298**	**405**	**128**	**4470**	**25056**
	2009	**35137**	**5635**	**21305**	**7778**	**419**	**-168**	**4899**	**23866**
	2010	**36326**	**5761**	**21857**	**8260**	**449**	**39**	**4744**	**24697**
Algeria	2007	7777	..	4352	3425	1	-30	57	5996
	2008	7687	..	4253	3433	1	16	60	5851
	2009	7290	..	3989	3299	1	-17	62	5290
	2010	7206	..	3857	3349	1	13	55	5062
Angola	2007	3664	..	3622	32	9	3	75	3558
	2008	4099	..	4062	26	11	35	101	3961
	2009	3892	..	3854	26	11	-7	130	3796
	2010	3785	..	3745	28	13	75	147	3586
Benin	2007	0	..	..	..	..	0	0	55	..
	2008	0	..	..	..	..	0	0	57	..
	2009	0	..	..	..	..	0	0	63	..
	2010	0	..	..	..	..	0	0	72	..
Botswana	2007	24	24	..	..	..	-2	42	..
	2008	27	27	..	..	..	0	46	..
	2009	22	22	..	..	..	0	45	..
	2010	29	29	..	..	..	0	48	..
Burkina Faso	2007	0	..	..	..	0	0	23	..
	2008	0	..	..	..	0	*1	25	..
	2009	0	..	..	..	0	0	24	..
	2010	0	..	..	..	0	0	*26	..
Burundi	2007	1	0	..	..	0	0	3	..
	2008	1	0	..	..	0	0	4	..
	2009	1	0	..	..	0	0	3	..
	2010	1	0	..	..	1	0	4	..
Cameroon	2007	213	..	185	14	14	-12	85	208
	2008	212	..	182	14	15	-13	81	203
	2009	185	..	159	12	14	-15	73	160
	2010	167	..	140	12	15	-11	83	139
Cape Verde	2007	0	..	..	..	..	0	..	*5	..
	2008	0	..	..	..	..	0	..	5	..
	2009	0	..	..	..	..	0	..	5	..
	2010	0	..	..	..	..	0	..	6	..
Central African Rep.	2007	0	..	..	..	..	0	..	*5	..
	2008	0	..	..	..	..	0	..	*5	..
	2009	0	..	..	..	..	0	..	*5	..
	2010	0	..	..	..	..	0	..	*5	..
Chad	2007	304	..	304	..	..	..	*4	301
	2008	268	..	268	..	..	..	*4	264
	2009	256	..	256	..	..	..	*4	253
	2010	263	..	263	..	..	..	*4	260
Comoros	2007	0	..	..	..	..	0	..	*2	..
	2008	0	..	..	..	..	0	..	*2	..
	2009	0	..	..	..	..	0	..	*2	..
	2010	0	..	..	..	..	0	..	*2	..
Congo	2007	488	..	486	1	1	0	7	472
	2008	518	..	515	1	1	4	12	500
	2009	601	..	598	2	1	-15	10	597
	2010	684	..	681	1	2	6	10	656

Table 3

Production, commerce et consommation d'énergie commerciale

Milliers de térajoules et gigajoules par habitant

Bunkers Soutes		Unallocated Quantités	Consumption Consommation						Year	Country or area
Aviation Avion	Marine Maritime	non réparties	Per capita Par habitant	Total Totale	Solids Solides	Liquids Liquides	Gas Gaz	Electricity Electricité	Année	Pays ou zone
5815	8004	20292	62	413707	137453	136267	117913	22074	2007	**Monde**
5935	7906	19235	63	421319	140583	137438	120591	22706	2008	
5682	7596	20099	61	417230	140965	134782	118438	23044	2009	
6039	8334	22569	63	436459	148145	136445	127587	24283	2010	
221	233	717	15	14179	4465	5361	3900	453	2007	**Afrique**
247	114	708	15	14679	4522	5683	4002	471	2008	
242	113	1092	15	14892	4755	5780	3880	477	2009	
236	227	1068	14	14802	4579	5687	4033	503	2010	
15	15	299	45	1539	32	468	1038	1	2007	Algérie
17	14	272	46	1577	32	496	1048	1	2008	
19	12	351	49	1696	17	562	1116	1	2009	
20	14	463	48	1690	13	591	1085	0	2010	
5	1	11	9	162	..	120	32	9	2007	Angola
6	1	6	11	192	..	155	26	11	2008	
8	8	7	11	210	..	172	26	11	2009	
9	8	10	13	245	..	205	28	13	2010	
1	..	..	7	55	..	52	..	2	2007	Bénin
2	..	..	7	55	..	53	..	2	2008	
4	..	..	7	60	..	56	..	3	2009	
6	..	..	7	66	..	63	..	3	2010	
0	..	..	35	68	27	32	..	9	2007	Botswana
1	..	..	37	72	27	36	..	9	2008	
1	..	..	33	66	22	34	..	10	2009	
1	..	..	38	76	29	37	..	11	2010	
1	..	..	2	24	..	23	..	1	2007	Burkina Faso
1	..	..	2	25	..	24	..	1	2008	
1	..	..	2	24	..	23	..	1	2009	
*1	..	..	*2	*25	..	*23	..	2	2010	
0	..	..	0	3	0	2	..	1	2007	Burundi
0	..	..	0	4	0	3	..	1	2008	
1	..	..	0	3	0	2	..	1	2009	
0	..	..	1	5	0	4	..	1	2010	
3	2	16	4	81	..	54	14	14	2007	Cameroun
3	2	15	4	82	..	52	14	15	2008	
3	2	21	5	87	..	61	12	14	2009	
3	2	18	5	99	..	72	12	15	2010	
..	0	..	*9	*4	..	*4	..	0	2007	Cap-Vert
..	*1	..	8	4	..	4	..	0	2008	
..	*1	..	9	4	..	4	..	0	2009	
..	*1	..	10	5	..	5	..	0	2010	
*1	..	..	*1	*4	..	*3	..	0	2007	Rép. centrafricaine
*1	..	..	*1	*4	..	*3	..	0	2008	
*1	..	..	*1	*4	..	*3	..	0	2009	
*1	..	..	*1	*4	..	*4	..	0	2010	
*1	..	4	0	*3	..	*3	..	..	2007	Tchad
*1	..	4	0	*3	..	*3	..	..	2008	
*1	..	3	0	*3	..	*3	..	..	2009	
*1	..	3	0	*3	..	*3	..	..	2010	
..	..	..	*3	*2	..	*2	..	0	2007	Comores
..	..	..	*3	*2	..	*2	..	0	2008	
..	..	..	*2	*2	..	*2	..	0	2009	
..	..	..	*3	*2	..	*2	..	0	2010	
2	1	2	5	18	..	15	1	3	2007	Congo
2	2	2	5	20	..	16	1	3	2008	
3	0	2	6	25	..	20	2	3	2009	
3	0	1	7	27	..	23	1	3	2010	

Table 3

Production, trade and consumption of commercial energy
Thousand terajoules and gigajoules per capita

| Country or area
Pays ou zone | Year
Année | Primary energy production
Production d'énergie primaire | | | | | Changes in stocks
Variations des stocks | Imports
Importations | Exports
Exportations |
		Total Totale	Solids Solides	Liquids Liquides	Gas Gaz	Electricity Electricité			
Côte d'Ivoire	2007	167	..	102	59	6	-6	157	204
	2008	165	..	97	62	7	-13	138	188
	2009	161	..	96	57	8	-5	132	186
	2010	140	..	72	62	6	-3	111	145
Dem. Rep. of the Congo	2007	84	4	52	0	28	0	36	56
	2008	80	4	49	0	27	1	32	51
	2009	79	4	47	0	28	0	31	50
	2010	80	4	47	0	28	0	41	50
Djibouti	2007	..	..	..	..	..	..	*14	..
	2008	..	..	..	..	..	..	*15	..
	2009	..	..	..	..	..	..	*15	..
	2010	..	..	..	..	..	..	*15	..
Egypt	2007	3737	1	1397	2280	59	-7	313	779
	2008	3925	1	1502	2366	56	-6	339	962
	2009	3870	2	1459	2359	50	-6	421	1049
	2010	3880	1	1486	2341	53	-10	450	978
Equatorial Guinea	2007	1059	..	993	*65	0	..	*9	941
	2008	1223	..	991	232	0	..	*9	1113
	2009	1152	..	907	244	0	..	*9	1038
	2010	1087	..	832	255	0	..	*9	*973
Eritrea	2007	0	..	..	..	0	-1	7	..
	2008	0	..	..	..	0	0	5	..
	2009	0	..	..	..	0	0	6	..
	2010	0	..	..	..	0	0	6	..
Ethiopia	2007	12	..	..	..	12	0	80	..
	2008	12	..	..	..	12	1	86	..
	2009	13	..	..	..	13	0	87	..
	2010	18	..	..	..	18	0	86	..
Gabon	2007	529	..	520	6	3	-10	8	496
	2008	517	..	507	7	3	5	8	478
	2009	519	..	509	7	3	11	8	496
	2010	548	..	538	7	3	-31	9	531
Gambia	2007	..	..	..	..	..	..	6	0
	2008	..	..	..	..	..	..	6	0
	2009	..	..	..	..	..	..	6	0
	2010	..	..	..	..	..	..	*7	0
Ghana	2007	13	..	..	..	13	..	140	12
	2008	22	..	..	..	22	..	130	17
	2009	25	..	..	..	25	..	122	23
	2010	35	..	8	2	25	..	138	28
Guinea	2007	2	..	..	0	2	..	*18	..
	2008	2	..	..	0	2	..	*18	..
	2009	2	..	..	0	2	..	*18	..
	2010	2	..	..	0	2	..	*18	..
Guinea-Bissau	2007	..	..	..	..	..	..	*4	..
	2008	..	..	..	..	..	..	*4	..
	2009	..	..	..	..	..	..	*4	..
	2010	..	..	..	..	..	..	*4	..
Kenya	2007	16	..	..	..	16	-11	139	4
	2008	15	..	..	..	15	0	146	1
	2009	12	..	..	..	12	-9	165	2
	2010	17	..	..	..	17	-5	173	4
Lesotho	2007	2	..	..	..	2	..	0	0
	2008	2	..	..	..	2	..	1	0
	2009	2	..	..	..	2	..	1	0
	2010	*3	..	..	..	*3	..	1	0

2010 Energy Statistics Yearbook United Nations / 2010 Annuaire des statistiques de l'énergie des Nations Unies

Table 3

Production, commerce et consommation d'énergie commerciale

Milliers de térajoules et gigajoules par habitant

Bunkers Soutes		Unallocated Quantités non réparties	Consumption Consommation						Year Année	Country or area Pays ou zone
Aviation Avion	Marine Maritime		Per capita Par habitant	Total Totale	Solids Solides	Liquids Liquides	Gas Gaz	Electricity Electricité		
2	5	17	5	103	..	40	59	4	2007	Côte d'Ivoire
2	3	8	6	115	..	49	62	5	2008	
2	1	0	6	109	..	46	57	6	2009	
2	1	3	5	105	..	38	62	4	2010	
7	..	0	1	56	12	20	0	23	2007	Rép. dem. du Congo
1	..	0	1	60	13	23	0	25	2008	
1	..	0	1	59	13	21	0	25	2009	
6	..	0	1	64	14	24	0	26	2010	
4	*4	..	*7	*6	..	*6	..	..	2007	Djibouti
4	*4	..	*8	*6	..	*6	..	..	2008	
4	*4	..	*8	*7	..	*7	..	..	2009	
*4	*4	..	*7	*7	..	*7	..	..	2010	
42	41	219	39	2975	33	1237	1649	57	2007	Egypte
38	20	238	38	3014	32	1235	1694	53	2008	
41	13	229	37	2964	30	1225	1663	47	2009	
35	18	216	38	3093	46	1222	1777	48	2010	
*1	..	51	*114	*74	..	*8	*65	0	2007	Guinée équatoriale
*2	..	52	101	67	..	*9	58	0	2008	
*2	..	52	101	69	..	*9	60	0	2009	
*2	..	*52	100	70	..	*9	62	0	2010	
0	..	..	2	8	..	8	..	0	2007	Erythrée
0	..	..	1	5	..	5	..	0	2008	
0	..	..	1	7	..	7	..	0	2009	
0	..	..	1	7	..	7	..	0	2010	
9	..	..	1	83	..	71	..	12	2007	Ethiopie
9	..	..	1	88	..	76	..	12	2008	
11	..	..	1	89	..	77	..	13	2009	
14	..	..	1	89	..	72	..	18	2010	
2	11	1	26	37	..	28	6	3	2007	Gabon
2	11	-9	25	37	..	27	7	3	2008	
2	11	-31	26	39	..	29	7	3	2009	
2	12	1	27	41	..	31	7	3	2010	
..	..	..	4	6	..	5	0	..	2007	Gambie
..	..	..	4	6	..	6	0	..	2008	
..	..	..	4	6	..	6	0	..	2009	
..	..	..	*4	*7	..	*7	0	..	2010	
6	2	-1	6	135	..	121	..	14	2007	Ghana
5	2	5	5	122	..	101	..	21	2008	
6	3	4	5	110	..	88	..	23	2009	
6	4	4	5	131	..	107	2	22	2010	
*1	..	..	*2	*19	..	*17	0	2	2007	Guinée
*1	..	..	*2	*19	..	*17	0	2	2008	
*1	..	..	*2	*19	..	*17	0	2	2009	
*1	..	..	*2	*19	..	*17	0	2	2010	
0	..	..	*2	*3	..	*3	..	..	2007	Guinée-Bissau
0	..	..	*2	*3	..	*3	..	..	2008	
0	..	..	*2	*3	..	*3	..	..	2009	
0	..	..	*2	*3	..	*3	..	..	2010	
28	0	6	3	129	4	108	..	16	2007	Kenya
24	0	6	3	130	5	111	..	15	2008	
25	0	11	4	149	4	132	..	12	2009	
29	0	1	4	161	7	137	..	17	2010	
..	..	..	1	2	..	0	..	2	2007	Lesotho
..	..	..	1	3	..	0	..	2	2008	
..	..	..	1	3	..	0	..	3	2009	
..	..	..	*2	*4	..	0	..	*3	2010	

Table 3

Production, trade and consumption of commercial energy
Thousand terajoules and gigajoules per capita

| Country or area
Pays ou zone | Year
Année | Primary energy production
Production d'énergie primaire | | | | | Changes in
stocks
Variations
des stocks | Imports
Importations | Exports
Exportations |
		Total Totale	Solids Solides	Liquids Liquides	Gas Gaz	Electricity Electricité			
Liberia	2007	..	..	..	..	..	..	9	..
	2008	..	..	..	..	..	..	8	..
	2009	..	..	..	..	..	..	7	..
	2010	..	..	..	..	..	..	11	..
Libya	2007	4367	..	3742	625	..	..	0	3547
	2008	4484	..	3833	651	..	..	0	3608
	2009	3926	..	3321	604	..	..	0	2932
	2010	3988	..	3349	639	..	..	0	3103
Madagascar	2007	3	..	..	..	3	0	27	..
	2008	3	..	..	..	3	1	29	..
	2009	3	..	..	..	3	-1	25	..
	2010	3	..	..	..	3	-1	27	..
Malawi	2007	7	*2	..	..	5	..	10	0
	2008	7	*2	..	..	6	..	13	0
	2009	*7	*2	..	..	*5	..	11	0
	2010	*8	*2	..	..	*6	..	14	0
Mali	2007	*1	..	..	..	*1	..	*9	..
	2008	*1	..	..	..	*1	..	*9	..
	2009	*1	..	..	..	*1	..	*9	..
	2010	*1	..	..	..	*1	..	*10	..
Mauritania	2007	32	..	32	..	..	4	24	27
	2008	26	..	26	..	..	4	26	22
	2009	24	..	24	..	..	*12	*29	11
	2010	17	..	17	..	..	*-4	*29	21
Mauritius	2007	0	..	..	..	0	2	65	..
	2008	0	..	..	..	0	-1	63	..
	2009	0	..	..	..	0	-4	59	..
	2010	0	..	..	..	0	-2	65	..
Morocco	2007	9	..	1	2	6	-5	663	26
	2008	8	..	0	2	6	-24	623	9
	2009	14	..	0	2	12	2	650	19
	2010	18	..	0	2	15	17	673	0
Mozambique	2007	164	1	1	105	58	1	59	145
	2008	173	1	1	117	54	1	55	154
	2009	177	1	1	114	61	1	59	158
	2010	187	1	1	125	60	0	61	167
Namibia	2007	6	..	..	..	6	..	42	0
	2008	5	..	..	..	5	..	56	0
	2009	5	..	..	..	5	..	52	1
	2010	5	..	..	..	5	..	54	1
Niger	2007	4	4	..	..	0	1	9	0
	2008	4	4	..	..	0	0	9	0
	2009	4	4	..	..	0	0	12	0
	2010	5	5	..	..	0	0	15	0
Nigeria	2007	6105	0	4848	1235	22	-138	312	5663
	2008	5888	0	4662	1206	21	-77	242	5228
	2009	5797	0	4899	882	16	-125	314	5460
	2010	6953	0	5673	1257	23	-52	291	6442
Réunion	2007	3	..	..	0	2	-1	48	..
	2008	3	..	..	1	2	0	50	..
	2009	3	..	..	1	2	1	53	..
	2010	3	..	..	1	2	0	53	..
Rwanda	2007	0	..	..	0	0	0	8	0
	2008	0	..	..	0	0	0	*8	0
	2009	0	..	..	0	0	0	*8	0
	2010	0	..	..	0	0	0	*9	0

Table 3

Production, commerce et consommation d'énergie commerciale

Milliers de térajoules et gigajoules par habitant

Bunkers Soutes		Unallocated Quantités non réparties	Consumption Consommation						Year Année	Country or area Pays ou zone
Aviation Avion	Marine Maritime		Per capita Par habitant	Total Totale	Solids Solides	Liquids Liquides	Gas Gaz	Electricity Electricité		
0	*1	..	2	8	..	8	..	..	2007	Libéria
0	*1	..	2	7	..	7	..	..	2008	
0	0	..	2	7	..	7	..	..	2009	
0	*1	..	3	11	..	11	..	..	2010	
8	4	138	111	671	0	424	246	0	2007	Libye
8	4	138	118	726	0	471	256	0	2008	
10	4	218	122	763	0	507	256	0	2009	
11	4	81	124	790	0	523	266	0	2010	
2	0	0	1	26	0	23	..	3	2007	Madagascar
2	0	0	1	28	0	25	..	3	2008	
2	0	0	1	26	0	23	..	3	2009	
2	*1	0	1	28	1	25	..	3	2010	
..	..	..	1	16	*2	10	..	5	2007	Malawi
..	..	..	1	19	*2	12	..	5	2008	
..	..	..	1	18	*1	11	..	*5	2009	
..	..	..	1	21	*2	14	..	*6	2010	
*1	..	..	*1	*9	..	*8	..	*1	2007	Mali
*1	..	..	*1	*9	..	*8	..	*1	2008	
*1	..	..	*1	*10	..	*9	..	*1	2009	
*1	..	..	*1	*10	..	*9	..	*1	2010	
1	..	0	7	24	..	23	..	0	2007	Mauritanie
1	..	0	8	26	..	25	..	0	2008	
1	..	0	*8	*28	..	*28	..	0	2009	
1	..	0	*8	*28	..	*28	..	0	2010	
5	8	..	39	50	17	33	..	0	2007	Maurice
5	9	..	39	50	19	31	..	0	2008	
5	9	..	38	50	17	32	..	0	2009	
5	10	..	40	53	20	33	..	0	2010	
21	1	45	19	584	167	374	25	18	2007	Maroc
21	1	40	19	584	123	417	23	21	2008	
21	1	39	18	582	113	416	25	29	2009	
24	*1	28	19	621	117	448	26	30	2010	
3	0	0	3	75	0	26	4	45	2007	Mozambique
3	0	0	3	71	0	24	4	42	2008	
3	0	0	3	74	0	27	4	43	2009	
3	0	0	3	79	0	30	6	43	2010	
1	..	..	21	46	2	31	..	13	2007	Namibie
2	..	..	27	59	12	34	..	13	2008	
2	..	..	25	55	6	37	..	13	2009	
2	..	..	24	56	4	39	..	13	2010	
*1	..	..	1	12	4	6	..	2	2007	Niger
0	..	..	1	13	4	7	..	2	2008	
0	..	..	1	16	4	9	..	2	2009	
*1	..	..	1	20	5	13	..	2	2010	
10	24	22	6	837	0	405	409	22	2007	Nigéria
36	25	31	6	886	0	441	425	21	2008	
27	27	12	5	709	0	418	274	16	2009	
7	29	39	5	779	0	423	333	23	2010	
..	1	..	62	51	19	29	0	2	2007	Réunion
..	0	..	63	52	20	29	1	2	2008	
..	0	..	65	54	19	33	1	2	2009	
..	1	..	66	56	20	33	1	2	2010	
*1	..	..	1	8	..	7	0	0	2007	Rwanda
*1	..	..	*1	*7	..	*7	0	1	2008	
*1	..	..	*1	*8	..	*7	0	1	2009	
*1	..	..	*1	*8	..	*8	0	1	2010	

Table 3

Production, trade and consumption of commercial energy
Thousand terajoules and gigajoules per capita

| Country or area Pays ou zone | Year Année | Primary energy production Production d'énergie primaire | | | | | Changes in stocks Variations des stocks | Imports Importations | Exports Exportations |
		Total Totale	Solids Solides	Liquids Liquides	Gas Gaz	Electricity Electricité			
Sao Tome and Principe	2007	0	..	..	..	0	..	*1	..
	2008	0	..	..	..	0	..	*2	..
	2009	0	..	..	..	0	..	*2	..
	2010	0	..	..	..	0	..	2	..
Senegal	2007	0	..	..	0	0	1	79	15
	2008	0	..	..	0	0	1	80	13
	2009	1	..	..	1	0	-4	74	12
	2010	1	..	..	1	0	0	85	0
Seychelles	2007	..	..	..	..	..	..	13	..
	2008	..	..	..	..	..	..	14	..
	2009	..	..	..	..	..	..	16	..
	2010	..	..	..	..	..	..	14	..
Sierra Leone	2007	0	..	..	..	0	..	8	..
	2008	0	..	..	..	0	..	8	..
	2009	0	..	..	..	0	..	8	..
	2010	0	..	..	..	0	..	9	..
Somalia	2007	..	..	..	..	..	..	*11	0
	2008	..	..	..	..	..	..	*11	0
	2009	..	..	..	..	..	..	*11	0
	2010	..	..	..	..	..	..	*11	0
South Africa	2007	5599	5466	10	68	55	0	1332	1733
	2008	5656	5518	9	68	62	162	1287	1422
	2009	5617	5506	9	40	61	0	1550	1319
	2010	5708	5617	7	22	62	0	1291	1610
St. Helena and Depend.	2007	..	..	..	..	..	..	0	..
	2008	0	..	..	..	0	..	0	..
	2009	0	..	..	..	0	..	0	..
	2010	0	..	..	..	0	..	0	..
Sudan	2007	1012	..	1007	..	5	14	21	831
	2008	982	..	977	..	5	18	40	807
	2009	1016	..	1004	..	12	13	20	812
	2010	991	..	977	..	14	55	25	749
Swaziland	2007	*14	*14	..	..	1	0	*17	*14
	2008	*15	*14	..	..	1	0	*18	*14
	2009	*15	*14	..	..	1	0	*17	*14
	2010	*15	*14	..	..	1	0	*16	*14
Togo	2007	0	..	..	..	0	-2	14	..
	2008	0	..	..	..	0	-4	16	..
	2009	0	..	..	..	0	0	21	..
	2010	0	..	..	..	0	0	22	..
Tunisia	2007	286	..	196	90	0	3	261	209
	2008	270	..	179	90	0	19	284	182
	2009	275	..	171	103	1	3	259	178
	2010	292	..	164	127	1	-6	237	169
Uganda	2007	5	..	..	..	5	..	39	0
	2008	5	..	..	..	5	..	40	0
	2009	5	..	..	..	5	..	43	0
	2010	*4	..	..	..	*4	..	49	0
United Rep. of Tanzania	2007	33	2	..	21	9	..	62	..
	2008	34	3	..	21	10	..	66	..
	2009	38	3	..	25	9	..	61	..
	2010	42	3	..	30	9	..	63	..
Western Sahara	2007	..	..	..	..	..	..	*4	..
	2008	..	..	..	..	..	..	*4	..
	2009	..	..	..	..	..	..	*4	..
	2010	..	..	..	..	..	..	*4	..

2010 Energy Statistics Yearbook United Nations / 2010 Annuaire des statistiques de l'énergie des Nations Unies

Table 3

Production, commerce et consommation d'énergie commerciale

Milliers de térajoules et gigajoules par habitant

Bunkers Soutes		Unallocated Quantités	Consumption Consommation						Year	Country or area
Aviation Avion	Marine Maritime	non réparties	Per capita Par habitant	Total Totale	Solids Solides	Liquids Liquides	Gas Gaz	Electricity Electricité	Année	Pays ou zone
0	..	..	*7	*1	..	*1	..	0	2007	Sao Tomé-et-Principe
0	..	..	*8	*1	..	*1	..	0	2008	
0	..	..	*8	*1	..	*1	..	0	2009	
0	..	..	9	1	..	1	..	0	2010	
14	..	-2	5	53	9	43	0	1	2007	Sénégal
14	..	3	4	50	7	41	0	1	2008	
11	..	3	4	54	9	43	1	1	2009	
9	..	2	6	74	8	64	1	1	2010	
*1	*3	..	106	9	..	9	..	..	2007	Seychelles
*2	*3	..	114	10	..	10	..	..	2008	
*2	*3	..	122	10	..	10	..	..	2009	
*2	*3	..	112	10	..	10	..	..	2010	
0	..	..	1	7	0	7	..	0	2007	Sierra Leone
0	..	..	1	8	0	7	..	0	2008	
*1	..	..	1	8	0	7	..	0	2009	
*1	..	..	1	8	0	8	..	0	2010	
*2	*1	0	*1	*8	..	*8	..	..	2007	Somalie
*2	*1	0	*1	*8	..	*8	..	..	2008	
*2	*1	0	*1	*8	..	*8	..	..	2009	
*2	*1	0	*1	*8	..	*8	..	..	2010	
..	108	-136	107	5226	4040	934	178	73	2007	Afrique du Sud
..	*10	-128	111	5479	4149	1061	189	79	2008	
..	*9	143	114	5696	4417	1027	173	79	2009	
..	113	129	103	5147	4206	*724	137	80	2010	
..	..	..	39	0	..	0	..	..	2007	St-Hélène et dépend
..	..	..	32	0	..	0	..	0	2008	
..	..	..	31	0	..	0	..	0	2009	
..	..	..	32	0	..	0	..	0	2010	
10	1	16	4	161	..	156	..	5	2007	Soudan
18	1	13	4	166	..	161	..	5	2008	
9	1	15	4	186	..	175	..	12	2009	
10	1	11	4	191	..	177	..	14	2010	
0	..	..	*16	*18	*4	*9	..	4	2007	Swaziland
0	..	..	*16	*18	*5	*10	..	4	2008	
0	..	..	*15	*18	*4	*9	..	4	2009	
0	..	..	*15	*18	*4	*9	..	4	2010	
1	0	..	3	15	..	13	..	2	2007	Togo
3	0	..	3	18	..	15	..	3	2008	
3	0	..	3	18	..	16	..	3	2009	
3	0	..	3	19	..	16	..	3	2010	
..	0	7	32	328	..	177	150	0	2007	Tunisie
..	0	11	33	342	..	169	173	0	2008	
..	1	10	33	342	..	162	179	1	2009	
..	1	3	35	362	..	165	196	1	2010	
..	..	..	1	44	..	39	..	5	2007	Ouganda
..	..	..	1	45	..	40	..	5	2008	
..	..	..	1	47	..	43	..	4	2009	
..	..	..	2	53	..	48	..	*4	2010	
4	1	..	2	90	2	57	21	9	2007	Rép. Unie de Tanzanie
4	1	..	2	95	3	61	21	10	2008	
4	1	..	2	93	3	55	25	10	2009	
4	1	..	2	99	3	57	30	9	2010	
0	..	..	*7	*3	..	*3	..	..	2007	Sahara occidental
0	..	..	*7	*3	..	*3	..	..	2008	
0	..	..	*6	*3	..	*3	..	..	2009	
0	..	..	*6	*3	..	*3	..	..	2010	

Table 3

Production, trade and consumption of commercial energy
Thousand terajoules and gigajoules per capita

Country or area Pays ou zone	Year Année	Primary energy production Production d'énergie primaire					Changes in stocks Variations des stocks	Imports Importations	Exports Exportations
		Total Totale	Solids Solides	Liquids Liquides	Gas Gaz	Electricity Electricité			
Zambia	2007	36	0	..	..	35	0	22	2
	2008	35	0	..	..	35	0	25	0
	2009	37	0	..	..	37	0	27	3
	2010	41	0	..	..	41	-1	28	3
Zimbabwe	2007	109	93	..	..	15	0	46	5
	2008	86	73	..	..	13	-1	47	5
	2009	90	77	..	..	13	-1	47	5
	2010	98	83	..	..	15	-1	47	6
America, North	**2007**	**91350**	**25483**	**28173**	**31565**	**6129**	**-717**	**42381**	**21287**
	2008	**91795**	**25918**	**27359**	**32221**	**6297**	**173**	**41133**	**22247**
	2009	**90247**	**23719**	**27882**	**32342**	**6304**	**1227**	**37637**	**21372**
	2010	**92239**	**23880**	**28800**	**33180**	**6379**	**-503**	**37832**	**22921**
Anguilla	2007	..	..	..	..	..	..	1	..
	2008	..	..	..	..	..	..	1	..
	2009	..	..	..	..	..	..	1	..
	2010	..	..	..	..	..	..	1	..
Antigua and Barbuda	2007	..	..	..	..	..	..	*9	0
	2008	..	..	..	..	..	..	*9	0
	2009	..	..	..	..	..	..	*10	0
	2010	..	..	..	..	..	..	*10	0
Aruba	2007	*5	..	*5	..	..	..	*458	*444
	2008	*5	..	*5	..	..	..	*455	*442
	2009	*5	..	*5	..	..	..	*455	*442
	2010	*5	..	*5	..	..	..	*456	*442
Bahamas	2007	..	..	..	..	..	..	*35	*3
	2008	..	..	..	..	..	..	28	1
	2009	..	..	..	..	..	..	30	*1
	2010	..	..	..	..	..	..	44	*2
Barbados	2007	3	..	2	1	..	0	17	2
	2008	3	..	2	1	..	0	19	2
	2009	2	..	2	1	..	-1	19	2
	2010	2	..	2	1	..	0	18	2
Belize	2007	7	..	6	..	1	..	8	6
	2008	8	..	7	..	1	..	*7	7
	2009	9	..	8	..	1	..	*7	8
	2010	10	..	9	..	1	..	*7	9
Bermuda	2007	..	..	..	..	..	..	9	..
	2008	..	..	..	..	..	..	8	..
	2009	..	..	..	..	..	..	*9	..
	2010	..	..	..	..	..	..	*9	..
British Virgin Islands	2007	..	..	..	..	..	..	*1	..
	2008	..	..	..	..	..	..	*1	..
	2009	..	..	..	..	..	..	*2	..
	2010	..	..	..	..	..	..	*2	..
Canada	2007	16924	1435	6763	7043	1683	-383	3266	9920
	2008	16471	1439	6586	6746	1700	-273	3536	9865
	2009	15805	1317	6541	6294	1653	-289	3295	9468
	2010	16100	1413	6903	6157	1627	-253	3247	9763
Cayman Islands	2007	..	..	..	..	..	..	9	..
	2008	..	..	..	..	..	..	9	..
	2009	..	..	..	..	..	..	8	..
	2010	..	..	..	..	..	..	8	..
Costa Rica	2007	30	..	..	..	30	-1	104	0
	2008	31	..	..	..	31	3	107	1
	2009	31	..	..	..	31	-2	100	4
	2010	32	..	..	..	32	-1	103	5

Table 3

Production, commerce et consommation d'énergie commerciale

Milliers de térajoules et gigajoules par habitant

Bunkers Soutes		Unallocated Quantités non réparties	Consumption Consommation						Year Année	Country or area Pays ou zone
Aviation Avion	Marine Maritime		Per capita Par habitant	Total Totale	Solids Solides	Liquids Liquides	Gas Gaz	Electricity Electricité		
1	..	2	4	53	0	18	..	35	2007	Zambie
2	..	2	5	56	0	21	..	35	2008	
1	..	2	5	58	0	23	..	35	2009	
1	..	2	5	64	0	25	..	39	2010	
0	..	..	12	149	89	27	..	32	2007	Zimbabwe
0	..	..	10	128	69	23	..	35	2008	
0	..	..	11	132	73	24	..	35	2009	
0	..	..	11	139	80	26	..	34	2010	
1187	1568	2506	205	107899	24801	44724	32247	6126	2007	**Amérique du Nord**
1193	1386	1191	201	106738	24434	43813	32193	6298	2008	
1064	1315	1819	188	101088	21698	41085	32002	6303	2009	
1106	1414	1674	191	103459	22413	41363	33305	6378	2010	
..	..	..	57	1	..	1	..	..	2007	Anguilla
..	..	..	56	1	..	1	..	..	2008	
..	..	..	54	1	..	1	..	..	2009	
..	..	..	57	1	..	1	..	..	2010	
*2	0	..	*72	*6	..	*6	..	..	2007	Antigua-et-Barbuda
*2	0	..	*74	*6	..	*6	..	..	2008	
*2	0	..	*80	*7	..	*7	..	..	2009	
*2	0	..	*81	*7	..	*7	..	..	2010	
*3	..	*6	*99	*10	..	*10	..	..	2007	Aruba
*3	..	*5	*98	*10	..	*10	..	..	2008	
*3	..	*5	*98	*10	..	*10	..	..	2009	
*4	..	*5	*98	*11	..	*11	..	..	2010	
*5	*5	..	*66	*22	0	*21	..	..	2007	Bahamas
*8	5	..	44	15	0	15	..	..	2008	
*2	*4	..	68	23	0	23	..	..	2009	
*3	*4	..	101	34	0	34	..	..	2010	
..	..	0	66	18	..	17	1	..	2007	Barbade
..	..	0	76	21	..	20	1	..	2008	
..	..	0	75	20	..	20	1	..	2009	
..	..	0	69	19	..	18	1	..	2010	
1	..	0	25	7	..	6	..	1	2007	Belize
*1	..	0	*25	*7	..	*6	..	2	2008	
*1	..	0	*25	*8	..	*6	..	2	2009	
*1	..	0	*24	*7	..	*6	..	2	2010	
2	1	..	111	7	..	7	..	..	2007	Bermudes
2	1	..	84	5	..	5	..	..	2008	
*2	*1	..	*99	*6	..	*6	..	..	2009	
*2	*1	..	*101	*7	..	*7	..	..	2010	
..	..	..	*62	*1	..	*1	..	..	2007	Iles Vierges britanniques
..	..	..	*65	*1	..	*1	..	..	2008	
..	..	..	*67	*2	..	*2	..	..	2009	
..	..	..	*69	*2	..	*2	..	..	2010	
21	27	762	298	9843	1107	3415	3750	1571	2007	Canada
22	23	617	293	9753	1165	3360	3642	1586	2008	
28	20	517	278	9357	994	3170	3660	1532	2009	
43	29	479	273	9285	933	3160	3657	1535	2010	
..	..	..	156	9	..	9	..	..	2007	Iles Caïmanes
..	..	..	159	9	..	9	..	..	2008	
..	..	..	147	8	..	8	..	..	2009	
..	..	..	146	8	..	8	..	..	2010	
..	..	1	30	133	3	99	..	30	2007	Costa Rica
..	..	3	29	133	3	98	..	31	2008	
..	..	3	28	128	3	94	..	32	2009	
..	..	0	28	131	3	96	..	32	2010	

Table 3

Production, trade and consumption of commercial energy
Thousand terajoules and gigajoules per capita

Country or area Pays ou zone	Year Année	Primary energy production Production d'énergie primaire					Changes in stocks Variations des stocks	Imports Importations	Exports Exportations
		Total Totale	Solids Solides	Liquids Liquides	Gas Gaz	Electricity Electricité			
Cuba	2007	176	..	129	46	0	..	212	..
	2008	179	..	133	45	0	..	260	..
	2009	167	..	121	45	1	..	266	..
	2010	176	..	134	42	0	..	372	..
Dominica	2007	0	..	..	..	0	..	2	..
	2008	0	..	..	..	0	..	2	..
	2009	0	..	..	..	0	..	2	..
	2010	0	..	..	..	0	..	*2	..
Dominican Republic	2007	6	..	..	..	6	0	276	..
	2008	5	..	..	..	5	0	268	..
	2009	5	..	..	..	5	0	267	..
	2010	5	..	..	..	5	1	281	..
El Salvador	2007	11	..	..	..	11	1	98	3
	2008	13	..	..	..	13	-3	90	4
	2009	11	..	..	..	11	-1	92	4
	2010	13	..	..	..	13	-1	89	5
Greenland	2007	1	..	..	..	1	0	12	0
	2008	1	..	..	..	1	*-1	11	0
	2009	1	..	..	..	1	0	11	0
	2010	1	..	..	..	1	*1	13	0
Grenada	2007	..	..	..	..	..	0	4	..
	2008	..	..	..	..	..	0	4	..
	2009	..	..	..	..	..	0	4	..
	2010	..	..	..	..	..	0	4	..
Guadeloupe	2007	*1	..	..	..	*1	..	28	..
	2008	*1	..	..	..	*1	..	29	..
	2009	*1	..	..	..	*1	..	*29	..
	2010	*1	..	..	..	*1	..	*29	..
Guatemala	2007	48	..	35	..	13	9	177	35
	2008	47	..	32	..	14	-1	155	37
	2009	42	..	31	..	10	6	175	34
	2010	40	..	28	..	13	0	160	31
Haiti	2007	1	..	..	..	1	..	32	..
	2008	1	..	..	..	1	..	33	..
	2009	1	..	..	..	1	..	30	..
	2010	1	..	..	..	1	..	28	..
Honduras	2007	8	..	..	..	8	-4	113	8
	2008	8	..	..	..	8	-4	116	12
	2009	10	..	..	..	10	-2	109	14
	2010	11	..	..	..	11	0	101	0
Jamaica	2007	1	..	..	..	1	2	195	0
	2008	1	..	..	..	1	-1	174	0
	2009	1	..	..	..	1	-9	113	0
	2010	1	..	..	..	1	-2	114	11
Martinique	2007	0	..	..	..	0	..	36	*6
	2008	0	..	..	..	0	..	36	*7
	2009	0	..	..	..	0	..	38	*7
	2010	0	..	..	..	0	..	38	*7
Mexico	2007	9508	251	7311	1782	163	25	1562	3959
	2008	8854	229	6647	1775	203	42	1764	3379
	2009	8349	212	6190	1787	160	-15	1635	3090
	2010	8473	203	6138	1950	183	44	1943	3364
Montserrat	2007	..	..	..	..	..	..	*1	..
	2008	..	..	..	..	..	..	*1	..
	2009	..	..	..	..	..	..	*1	..
	2010	..	..	..	..	..	..	1	..

Table 3

Production, commerce et consommation d'énergie commerciale
Milliers de térajoules et gigajoules par habitant

Bunkers Soutes		Unallocated Quantités non réparties	Consumption Consommation						Year Année	Country or area Pays ou zone
Aviation Avion	Marine Maritime		Per capita Par habitant	Total Totale	Solids Solides	Liquids Liquides	Gas Gaz	Electricity Electricité		
*7	*1	23	32	356	1	309	46	0	2007	Cuba
*6	*1	30	36	401	1	354	45	0	2008	
*6	*1	36	35	389	1	343	45	1	2009	
*6	*1	35	45	506	1	463	42	0	2010	
..	..	..	32	2	..	2	..	0	2007	Dominique
..	..	..	27	2	..	2	..	0	2008	
..	..	..	28	2	..	2	..	0	2009	
..	..	..	*29	*2	..	*2	..	0	2010	
*4	..	1	29	276	24	224	22	6	2007	Rép. dominicaine
*4	..	1	28	269	25	221	18	5	2008	
*4	..	3	27	265	25	214	21	5	2009	
*4	..	2	28	279	24	217	34	5	2010	
5	..	3	16	97	0	86	..	11	2007	El Salvador
5	..	3	15	94	0	81	..	13	2008	
5	..	2	15	93	0	81	..	11	2009	
5	..	3	15	91	0	78	..	13	2010	
1	2	..	162	9	..	9	..	1	2007	Groënland
1	2	..	167	10	..	9	..	1	2008	
1	2	..	151	9	..	8	..	1	2009	
1	3	..	171	10	..	9	..	1	2010	
0	..	..	33	3	..	3	..	..	2007	Grenade
0	..	..	35	4	..	4	..	..	2008	
0	..	..	34	4	..	4	..	..	2009	
0	..	..	35	4	..	4	..	..	2010	
6	..	..	52	24	..	23	..	*1	2007	Guadeloupe
6	..	..	52	24	..	23	..	*1	2008	
*6	..	..	*52	*24	..	*23	..	*1	2009	
*6	..	..	*51	*24	..	*23	..	*1	2010	
1	11	2	12	166	13	141	..	12	2007	Guatemala
1	12	2	11	152	13	125	..	14	2008	
1	12	3	12	162	9	143	..	10	2009	
2	12	2	11	154	14	126	..	14	2010	
1	..	..	3	32	..	31	..	1	2007	Haïti
1	..	..	3	33	..	32	..	1	2008	
1	..	..	3	30	..	30	..	1	2009	
1	..	..	3	28	..	28	..	1	2010	
1	0	..	16	116	4	105	..	8	2007	Honduras
2	0	..	16	114	5	101	..	8	2008	
2	0	..	14	105	5	90	..	10	2009	
2	0	..	14	109	5	94	..	11	2010	
10	1	1	67	181	1	179	..	1	2007	Jamaïque
13	1	2	58	158	1	156	..	1	2008	
7	1	2	41	112	1	110	..	1	2009	
8	3	2	34	93	1	91	..	1	2010	
0	*2	*-1	*73	*29	..	*29	..	0	2007	Martinique
0	*2	*-2	*74	*30	..	*30	..	0	2008	
0	*2	0	*74	*30	..	*30	..	0	2009	
0	*2	*-1	*75	*30	..	*30	..	0	2010	
135	37	390	60	6524	381	3827	2157	159	2007	Mexique
129	43	388	60	6636	323	3834	2280	199	2008	
109	32	223	58	6545	324	3806	2257	157	2009	
111	34	17	60	6846	361	3826	2479	180	2010	
..	0	..	*188	*1	..	*1	..	..	2007	Montserrat
..	0	..	*187	*1	..	*1	..	..	2008	
..	0	..	*185	*1	..	*1	..	..	2009	
..	0	..	183	1	..	1	..	..	2010	

Table 3

Production, trade and consumption of commercial energy
Thousand terajoules and gigajoules per capita

| Country or area
Pays ou zone | Year
Année | Primary energy production
Production d'énergie primaire | | | | | Changes in
stocks
Variations
des stocks | Imports
Importations | Exports
Exportations |
		Total Totale	Solids Solides	Liquids Liquides	Gas Gaz	Electricity Electricité			
Netherlands Antilles	2007	..	..	..	..	..	..	611	387
	2008	..	..	..	..	..	..	579	374
	2009	..	..	..	..	..	..	542	351
	2010	..	..	..	..	..	..	309	140
Nicaragua	2007	2	..	..	..	2	2	65	0
	2008	3	..	..	..	3	-2	58	0
	2009	3	..	..	..	3	0	60	0
	2010	3	..	..	..	3	-4	57	0
Panama	2007	13	..	..	..	13	-12	185	0
	2008	14	..	..	..	14	-10	185	0
	2009	14	..	..	..	14	-10	216	0
	2010	15	..	..	..	15	-15	232	0
Puerto Rico	2007	1	..	..	..	1	..	29	..
	2008	1	..	..	..	1	..	31	..
	2009	1	..	..	..	1	..	30	..
	2010	1	..	..	..	1	..	30	..
St. Kitts-Nevis	2007	..	..	..	..	..	..	*3	..
	2008	..	..	..	..	..	..	*3	..
	2009	..	..	..	..	..	..	*4	..
	2010	..	..	..	..	..	..	*3	..
St. Lucia	2007	..	..	..	..	..	..	*6	..
	2008	..	..	..	..	..	..	*6	..
	2009	..	..	..	..	..	..	6	..
	2010	..	..	..	..	..	..	6	..
St. Pierre-Miquelon	2007	0	..	..	..	0	..	*1	..
	2008	0	..	..	..	0	..	*1	..
	2009	0	..	..	..	0	..	*1	..
	2010	0	..	..	..	0	..	*1	..
St. Vincent-Grenadines	2007	0	..	..	..	0	..	*3	..
	2008	0	..	..	..	0	..	*3	..
	2009	0	..	..	..	0	..	*3	..
	2010	0	..	..	..	0	..	*3	..
Trinidad and Tobago	2007	2011	..	367	1643	..	-12	229	1295
	2008	1953	..	324	1629	..	0	197	1254
	2009	2018	..	335	1683	..	-14	209	1252
	2010	2065	..	322	1743	..	-16	151	1212
Turks and Caicos Islands	2007	..	..	..	..	..	..	*2	..
	2008	..	..	..	..	..	..	*2	..
	2009	..	..	..	..	..	..	*2	..
	2010	..	..	..	..	..	..	*2	..
United States	2007	62595	23797	13554	21049	4195	-344	34583	5218
	2008	64198	24249	13624	22024	4300	422	32941	6864
	2009	63771	22190	14648	22533	4401	1563	29855	6695
	2010	65284	22264	15261	23288	4471	-257	29952	7926
America, South	**2007**	**23561**	**2202**	**14613**	**4333**	**2413**	**213**	**4550**	**10531**
	2008	**25070**	**2285**	**15805**	**4552**	**2427**	**186**	**4600**	**11277**
	2009	**25164**	**2193**	**16065**	**4412**	**2494**	**185**	**4257**	**11353**
	2010	**25771**	**2222**	**16322**	**4731**	**2496**	**-114**	**5095**	**11714**
Argentina	2007	3535	3	1581	1811	140	-4	187	404
	2008	3518	3	1555	1821	140	2	190	328
	2009	3440	2	1553	1729	156	-6	195	377
	2010	3305	2	1544	1611	148	13	333	377
Bolivia (Plur. State of)	2007	671	..	116	547	8	1	18	488
	2008	691	..	111	571	8	-3	17	494
	2009	598	..	98	491	8	-2	23	398
	2010	684	..	102	574	8	0	29	469

Table 3

Production, commerce et consommation d'énergie commerciale

Milliers de térajoules et gigajoules par habitant

Bunkers Soutes		Unallocated Quantités	Consumption Consommation						Year	Country or area
Aviation Avion	Marine Maritime	non réparties	Per capita Par habitant	Total Totale	Solids Solides	Liquids Liquides	Gas Gaz	Electricity Electricité	Année	Pays ou zone
3	78	59	440	84	..	84	..	..	2007	Antilles néerlandaises
3	79	48	385	75	..	75	..	..	2008	
3	76	24	445	88	..	88	..	..	2009	
3	78	30	293	59	..	59	..	..	2010	
1	..	3	11	61	..	59	..	2	2007	Nicaragua
1	..	2	10	59	..	56	..	3	2008	
1	..	2	10	60	..	57	..	3	2009	
1	..	2	11	61	..	58	..	3	2010	
11	95	..	31	104	6	85	..	13	2007	Panama
13	95	..	30	102	1	86	..	15	2008	
13	111	..	34	116	2	101	..	14	2009	
15	116	..	37	132	3	114	..	15	2010	
..	..	..	8	29	..	..	29	1	2007	Porto Rico
..	..	..	9	32	..	..	31	1	2008	
..	..	..	8	30	..	..	30	1	2009	
..	..	..	8	31	..	..	30	1	2010	
..	..	..	*69	*3	..	*3	..	..	2007	St-Kitts-Nevis
..	..	..	*68	*3	..	*3	..	..	2008	
..	..	..	*70	*4	..	*4	..	..	2009	
..	..	..	*66	*3	..	*3	..	..	2010	
..	0	..	*32	*5	..	*5	..	..	2007	St-Lucie
..	0	..	*33	*6	..	*6	..	..	2008	
..	0	..	31	5	..	5	..	..	2009	
..	0	..	32	6	..	6	..	..	2010	
..	0	..	*155	*1	..	*1	..	0	2007	St-Pierre-Miquelon
..	0	..	*155	*1	..	*1	..	0	2008	
..	0	..	*156	*1	..	*1	..	0	2009	
..	0	..	*163	*1	..	*1	..	0	2010	
..	..	..	*27	*3	..	*3	..	0	2007	St. Vincent-Grenadines
..	..	..	*27	*3	..	*3	..	0	2008	
..	..	..	*26	*3	..	*3	..	0	2009	
..	..	..	*27	*3	..	*3	..	0	2010	
3	11	28	689	914	..	44	870	..	2007	Trinité-et-Tobago
*3	16	-20	675	899	..	63	835	..	2008	
3	19	37	696	931	..	64	867	..	2009	
3	14	14	736	988	..	72	916	..	2010	
..	..	..	*63	*2	..	*2	..	..	2007	Iles Turques et Caïques
..	..	..	*60	*2	..	*2	..	..	2008	
..	..	..	*59	*2	..	*2	..	..	2009	
..	..	..	*59	*2	..	*2	..	..	2010	
963	1296	1228	294	88818	23262	35876	25373	4307	2007	États-Unis
966	1106	112	287	87669	22896	35015	25340	4418	2008	
864	1034	962	268	82508	20333	32529	25122	4523	2009	
885	1116	1082	272	84484	21068	32705	26147	4564	2010	
152	**333**	**1132**	**41**	**15750**	**945**	**8036**	**4348**	**2421**	**2007**	**Amérique du Sud**
183	**397**	**1021**	**43**	**16606**	**1010**	**8529**	**4632**	**2435**	**2008**	
187	**359**	**996**	**42**	**16340**	**861**	**8473**	**4502**	**2504**	**2009**	
241	**339**	**1088**	**45**	**17598**	**1044**	**9109**	**4950**	**2495**	**2010**	
20	28	307	75	2968	46	981	1772	168	2007	Argentine
19	30	266	77	3063	47	1025	1832	160	2008	
20	30	250	74	2964	48	936	1802	178	2009	
28	*26	228	73	2966	40	1034	1712	179	2010	
2	..	9	20	190	..	98	84	8	2007	Bolivie (État plur. de)
2	..	9	21	205	..	97	100	8	2008	
2	..	9	22	216	..	98	109	8	2009	
2	..	10	23	233	..	104	121	8	2010	

Table 3

Production, trade and consumption of commercial energy
Thousand terajoules and gigajoules per capita

Country or area Pays ou zone	Year Année	Primary energy production Production d'énergie primaire					Changes in stocks Variations des stocks	Imports Importations	Exports Exportations
		Total Totale	Solids Solides	Liquids Liquides	Gas Gaz	Electricity Electricité			
Brazil	2007	6349	111	4423	424	1391	54	2340	1422
	2008	6708	123	4657	547	1381	22	2413	1357
	2009	6949	94	4929	471	1454	14	2043	1510
	2010	7381	101	5195	581	1504	-19	2549	1652
Chile	2007	180	4	23	69	83	40	1045	48
	2008	190	11	24	68	87	1	965	52
	2009	202	10	29	72	91	1	905	45
	2010	186	11	24	72	79	-3	959	24
Colombia	2007	3513	1902	1165	285	160	51	30	2371
	2008	3769	2000	1296	306	167	70	13	2531
	2009	4024	1981	1481	414	148	16	72	2840
	2010	4304	2023	1695	438	146	7	106	3103
Ecuador	2007	1195	..	1132	30	33	16	149	843
	2008	1181	..	1122	19	41	-35	140	865
	2009	1132	..	1078	20	33	-23	165	799
	2010	1132	..	1079	23	31	-10	197	804
Falkland Is. (Malvinas)	2007	0	0	..	..	0	..	*1	..
	2008	0	0	..	..	0	..	*1	..
	2009	0	0	..	..	0	..	*1	..
	2010	0	0	..	..	0	..	*1	..
French Guiana	2007	*2	..	..	..	*2	..	*10	..
	2008	*3	..	..	..	*3	..	*11	..
	2009	*3	..	..	..	*3	..	*11	..
	2010	*3	..	..	..	*3	..	*11	..
Guyana	2007	..	..	..	..	..	1	23	..
	2008	..	..	..	..	..	-1	21	..
	2009	..	..	..	..	..	0	22	..
	2010	..	..	..	..	..	0	24	..
Paraguay	2007	194	..	0	..	193	0	55	162
	2008	200	..	0	..	200	0	57	167
	2009	198	..	1	..	198	1	60	162
	2010	195	..	1	..	195	-4	64	156
Peru	2007	438	3	255	109	70	59	354	175
	2008	465	4	241	151	69	15	303	157
	2009	549	9	279	191	71	43	278	172
	2010	721	3	291	355	72	-17	311	302
Suriname	2007	31	..	28	..	3	..	12	6
	2008	31	..	28	..	3	..	12	6
	2009	31	..	28	..	3	..	12	6
	2010	36	..	33	..	*3	0	20	20
Uruguay	2007	29	..	..	..	29	-7	103	12
	2008	16	..	..	..	16	-11	139	11
	2009	19	..	..	..	19	-4	138	7
	2010	31	..	0	..	30	-4	118	11
Venezuela(Bolivar. Rep.)	2007	7424	179	5889	1057	299	3	224	4599
	2008	8298	144	6772	1070	313	127	*317	5308
	2009	8019	96	6590	1023	309	146	*330	5037
	2010	7793	83	6356	1077	276	-77	*374	4797
Asia	**2007**	**191977**	**79553**	**72396**	**34573**	**5454**	**920**	**72186**	**74741**
	2008	**200986**	**83391**	**75036**	**36780**	**5779**	**1602**	**73670**	**77296**
	2009	**203775**	**88542**	**71965**	**37167**	**6101**	**1976**	**76477**	**74068**
	2010	**217931**	**96288**	**73905**	**40863**	**6876**	**3538**	**83492**	**79885**
Afghanistan	2007	10	7	..	0	2	..	21	0
	2008	12	10	..	0	2	..	45	0
	2009	18	15	..	0	3	..	77	0
	2010	24	21	..	0	3	..	95	1

2010 Energy Statistics Yearbook United Nations / 2010 Annuaire des statistiques de l'énergie des Nations Unies

Table 3

Production, commerce et consommation d'énergie commerciale
Milliers de térajoules et gigajoules par habitant

Bunkers Soutes		Unallocated Quantités non réparties	Consumption Consommation						Year Année	Country or area Pays ou zone
Aviation Avion	Marine Maritime		Per capita Par habitant	Total Totale	Solids Solides	Liquids Liquides	Gas Gaz	Electricity Electricité		
58	153	397	35	6605	611	3640	824	1531	2007	Brésil
66	192	392	37	7093	618	3955	987	1533	2008	
68	159	429	35	6812	491	3928	795	1597	2009	
81	171	451	39	7594	646	4249	1070	1629	2010	
19	51	32	62	1037	144	626	178	89	2007	Chili
22	49	20	60	1011	185	637	98	91	2008	
18	35	47	57	960	148	586	130	96	2009	
21	17	37	61	1048	183	575	208	83	2010	
21	16	151	21	931	100	389	285	157	2007	Colombie
24	17	153	22	987	118	401	306	162	2008	
29	18	188	22	1006	130	381	349	144	2009	
*38	18	185	23	1058	134	397	383	144	2010	
14	26	25	30	420	..	354	30	35	2007	Equateur
14	44	22	29	412	..	351	19	42	2008	
14	53	0	32	453	..	396	20	37	2009	
14	42	15	32	464	..	407	23	34	2010	
..	..	..	*257	*1	0	*1	..	0	2007	Iles Falkland (Malvinas)
..	..	..	*256	*1	0	*1	..	0	2008	
..	..	..	*255	*1	0	*1	..	0	2009	
..	..	..	*258	*1	0	*1	..	0	2010	
*1	..	..	*53	*11	..	*9	..	*2	2007	Guyane française
*2	..	..	*53	*12	..	*9	..	*3	2008	
*2	..	..	*53	*12	..	*9	..	*3	2009	
*2	..	..	*52	*12	..	*9	..	*3	2010	
0	..	..	29	22	..	22	..	..	2007	Guyana
0	..	..	29	22	..	22	..	..	2008	
0	..	..	29	22	..	22	..	..	2009	
1	..	..	31	24	..	24	..	..	2010	
1	..	..	14	85	0	54	..	31	2007	Paraguay
1	..	..	14	90	0	57	..	33	2008	
1	..	..	15	95	0	60	..	35	2009	
1	..	..	16	106	0	68	..	38	2010	
7	10	44	18	496	39	278	109	70	2007	Pérou
24	11	-20	20	582	37	325	151	69	2008	
24	7	-50	22	631	33	337	191	70	2009	
26	10	-83	27	794	32	434	256	72	2010	
..	..	7	59	30	0	27	..	3	2007	Suriname
..	..	7	58	30	0	27	..	3	2008	
..	..	7	58	30	0	27	..	3	2009	
..	..	-1	71	37	0	34	..	*3	2010	
3	14	3	32	107	0	75	4	28	2007	Uruguay
3	18	10	37	123	0	100	4	20	2008	
3	21	4	38	128	0	101	3	23	2009	
3	19	4	34	116	0	83	3	29	2010	
6	35	159	103	2847	4	1484	1061	297	2007	Venezuela(Rép. bolivar.)
6	36	163	106	2975	6	1523	1136	311	2008	
6	35	113	106	3011	10	1590	1103	308	2009	
25	34	242	109	3146	8	1690	1174	274	2010	
1839	**3419**	**12378**	**42**	**170866**	**83939**	**46660**	**34816**	**5451**	**2007**	**Asie**
1835	**3561**	**12386**	**44**	**177976**	**87926**	**47498**	**36793**	**5758**	**2008**	
1866	**3567**	**12705**	**45**	**186069**	**93826**	**48506**	**37651**	**6087**	**2009**	
2117	**4032**	**14692**	**47**	**197159**	**98862**	**50008**	**41400**	**6890**	**2010**	
0	..	..	1	31	8	17	0	5	2007	Afghanistan
0	..	..	2	57	12	40	0	5	2008	
0	..	..	3	93	17	70	0	6	2009	
0	..	..	4	118	26	83	0	9	2010	

Table 3

Production, trade and consumption of commercial energy
Thousand terajoules and gigajoules per capita

| Country or area Pays ou zone | Year Année | Primary energy production Production d'énergie primaire | | | | | Changes in stocks Variations des stocks | Imports Importations | Exports Exportations |
		Total Totale	Solids Solides	Liquids Liquides	Gas Gaz	Electricity Electricité			
Armenia	2007	16	..	..	..	16	..	99	3
	2008	15	..	..	..	15	..	107	3
	2009	16	..	..	..	16	..	84	2
	2010	18	..	..	..	18	*4	*84	4
Azerbaijan	2007	*2236	..	*1806	422	9	-1	4	1677
	2008	*2534	..	*1890	636	8	14	3	1895
	2009	*2783	..	*2139	636	8	18	1	2205
	2010	*2821	..	*2157	651	12	39	0	2235
Bahrain	2007	744	..	405	339	..	-29	480	723
	2008	766	..	403	363	..	-9	479	688
	2009	768	..	401	367	..	-2	474	679
	2010	777	..	401	376	..	16	*501	697
Bangladesh	2007	630	8	4	613	5	-5	235	6
	2008	678	14	3	655	5	-3	171	7
	2009	740	18	3	713	6	-12	189	0
	2010	794	*18	3	767	6	4	219	0
Bhutan	2007	27	3	..	..	24	..	3	22
	2008	29	4	..	..	25	..	3	23
	2009	27	1	..	..	25	..	4	20
	2010	29	3	..	..	26	..	4	21
Brunei Darussalam	2007	930	..	413	517	..	-1	0	755
	2008	935	..	410	525	..	3	2	753
	2009	840	..	353	486	..	6	4	682
	2010	823	..	345	478	..	-7	5	676
Cambodia	2007	0	..	..	..	0	..	49	..
	2008	0	..	..	..	0	..	52	..
	2009	0	..	..	..	0	0	55	..
	2010	0	..	..	..	0	0	59	..
China	2007	68749	56277	7881	2580	2011	1079	9679	2518
	2008	72032	58584	8056	2992	2400	1960	10283	2403
	2009	75988	62159	8015	3178	2635	2651	13242	1992
	2010	82910	67637	8587	3534	3151	4614	16045	2057
China, Hong Kong SAR	2007	..	..	..	..	..	48	1133	55
	2008	..	..	..	..	..	38	1048	48
	2009	..	..	..	..	..	55	1217	46
	2010	..	..	..	..	..	132	1285	30
China, Macao SAR	2007	..	..	..	..	..	0	26	..
	2008	..	..	..	..	..	-1	25	..
	2009	..	..	..	..	..	0	27	..
	2010	..	..	..	..	..	0	26	..
Cyprus	2007	0	..	0	..	0	-2	120	..
	2008	0	..	0	..	0	0	127	..
	2009	0	..	0	..	0	-1	121	..
	2010	0	..	0	..	0	5	122	..
Georgia	2007	28	0	3	1	25	0	107	5
	2008	30	1	2	0	26	0	104	4
	2009	33	4	2	0	26	0	91	6
	2010	43	7	2	0	34	0	89	8
India	2007	14610	11428	1615	1071	495	53	6971	1252
	2008	15507	12279	1598	1165	465	-468	7579	1366
	2009	16913	13250	1606	1606	452	-380	9021	1706
	2010	17588	13296	1786	2000	507	-293	9363	2057
Indonesia	2007	11490	6605	2155	2664	66	-15	1630	7830
	2008	11875	6983	2089	2731	71	-5	1356	7557
	2009	12556	7485	2285	2711	74	-34	1649	7989
	2010	14631	9159	2234	3141	97	0	1770	10340

2010 Energy Statistics Yearbook United Nations / 2010 Annuaire des statistiques de l'énergie des Nations Unies

Table 3

Production, commerce et consommation d'énergie commerciale

Milliers de térajoules et gigajoules par habitant

Bunkers Soutes — Aviation Avion	Bunkers Soutes — Marine Maritime	Unallocated Quantités non réparties	Consumption — Per capita Par habitant	Consumption — Total Totale	Consumption — Solids Solides	Consumption — Liquids Liquides	Consumption — Gas Gaz	Consumption — Electricity Electricité	Year Année	Country or area Pays ou zone
5	..	*2	34	105	0	13	76	16	2007	Arménie
5	..	*1	37	114	0	15	84	15	2008	
3	..	*2	30	94	0	13	64	16	2009	
4	..	*1	*29	*90	0	14	*60	15	2010	
16	2	19	60	527	..	161	358	8	2007	Azerbaïdjan
19	3	37	64	570	..	141	422	6	2008	
13	3	51	54	494	..	104	383	7	2009	
17	3	44	53	483	..	106	366	11	2010	
25	..	113	423	392	..	53	339	0	2007	Bahreïn
25	..	122	399	420	..	58	363	-1	2008	
25	..	116	362	424	..	56	367	1	2009	
27	3	93	350	442	..	65	376	1	2010	
10	1	58	6	794	8	168	613	5	2007	Bangladesh
9	1	4	6	831	14	156	655	5	2008	
8	1	15	6	916	18	180	713	6	2009	
7	1	14	7	987	*18	196	767	6	2010	
0	..	..	12	8	1	3	..	4	2007	Bhoutan
0	..	..	13	9	1	3	..	5	2008	
0	..	..	14	10	1	3	..	6	2009	
0	..	..	17	13	1	4	..	7	2010	
..	..	14	428	161	..	29	133	..	2007	Brunéi Darussalam
..	..	19	421	162	..	30	132	..	2008	
..	..	11	367	144	..	30	114	..	2009	
..	..	2	393	157	..	32	125	..	2010	
1	..	..	4	48	..	47	..	1	2007	Cambodge
1	..	..	4	51	..	50	..	1	2008	
1	..	..	4	54	0	51	..	3	2009	
1	..	..	4	58	0	52	..	5	2010	
82	116	3875	54	70759	54915	11237	2632	1974	2007	Chine
73	*138	3939	56	73800	56845	11557	3044	2354	2008	
100	161	4367	60	79959	62381	11642	3342	2594	2009	
218	358	5578	64	86129	66303	12726	3998	3102	2010	
163	350	..	75	517	263	150	78	25	2007	Chine, Hong-Kong RAS
161	289	..	74	511	240	150	93	28	2008	
205	416	..	71	494	248	113	105	28	2009	
226	395	..	71	501	218	121	132	30	2010	
..	..	..	50	25	..	19	..	6	2007	Chine, Macao RAS
..	..	..	50	26	..	14	3	8	2008	
..	..	..	51	27	..	15	4	8	2009	
..	..	..	48	26	..	10	6	10	2010	
12	12	..	93	98	1	97	..	0	2007	Chypre
12	11	..	97	104	1	103	..	0	2008	
11	9	..	94	102	1	101	..	0	2009	
12	8	..	88	97	1	96	..	0	2010	
2	..	0	29	128	4	33	67	24	2007	Géorgie
3	..	1	29	126	8	34	58	26	2008	
2	..	0	27	116	7	39	46	24	2009	
3	..	0	28	121	11	39	43	29	2010	
200	1	1791	16	18285	12655	4046	1071	513	2007	Inde
189	0	2037	17	19962	13679	4634	1165	485	2008	
204	0	2163	18	22242	14625	5542	1606	469	2009	
204	0	2415	18	22568	14758	5285	2000	525	2010	
48	18	227	22	5013	1393	2394	1160	66	2007	Indonésie
50	19	133	23	5477	1886	2293	1226	71	2008	
3	10	543	24	5694	1886	2421	1312	74	2009	
5	8	593	23	5455	1402	2456	1499	97	2010	

Table 3

Production, trade and consumption of commercial energy
Thousand terajoules and gigajoules per capita

Country or area Pays ou zone	Year Année	Primary energy production Production d'énergie primaire					Changes in stocks Variations des stocks	Imports Importations	Exports Exportations
		Total Totale	Solids Solides	Liquids Liquides	Gas Gaz	Electricity Electricité			
Iran(Islamic Rep. of)	2007	14615	48	9474	5027	65	-66	608	6378
	2008	14706	47	9377	5264	19	12	666	6042
	2009	14904	34	9253	5591	27	123	580	5745
	2010	15405	30	9383	5957	35	0	684	6126
Iraq	2007	4234	..	3973	245	16	21	115	3558
	2008	5125	..	4802	310	13	-17	127	4037
	2009	5285	..	4934	340	12	-15	109	4036
	2010	5304	..	4985	301	17	1	117	3954
Israel	2007	103	4	0	98	0	13	953	149
	2008	135	4	0	130	0	-29	968	156
	2009	106	4	1	101	0	0	944	136
	2010	129	4	0	124	0	0	1014	155
Japan	2007	1480	..	33	166	1281	-11	18393	612
	2008	1457	..	33	166	1258	1	17976	820
	2009	1532	..	31	159	1342	-133	16343	716
	2010	1579	..	29	149	1401	-45	17357	716
Jordan	2007	7	..	0	7	0	2	311	1
	2008	7	..	0	6	0	2	304	1
	2009	7	..	0	7	0	-2	318	1
	2010	6	..	0	6	0	5	315	5
Kazakhstan	2007	5868	1811	2874	1154	29	21	658	3444
	2008	6379	2045	3024	1283	27	33	499	3630
	2009	6552	1854	3270	1402	25	-1	423	*3979
	2010	6925	2033	3404	1460	29	75	486	*3838
Korea, Dem.Ppl's.Rep.	2007	861	813	..	..	48	..	42	110
	2008	913	863	..	..	51	..	42	77
	2009	888	843	..	..	45	..	34	88
	2010	907	858	..	..	48	..	32	135
Korea, Republic of	2007	613	56	5	18	534	-90	8960	1337
	2008	645	53	7	18	566	-3	9358	1573
	2009	647	49	10	31	557	53	9302	1510
	2010	658	40	14	40	564	118	10325	1558
Kuwait	2007	6147	..	5628	519	..	22	..	4445
	2008	6409	..	5868	541	..	13	..	4659
	2009	5420	..	4964	456	..	12	34	3688
	2010	5638	..	5186	452	..	-13	106	3795
Kyrgyzstan	2007	58	5	3	1	50	..	93	17
	2008	48	6	3	1	39	..	98	17
	2009	47	7	3	1	36	..	101	6
	2010	48	7	4	1	37	..	97	7
Lao People's Dem. Rep.	2007	*31	*18	..	..	13	..	*8	15
	2008	*30	*16	..	..	14	..	*8	12
	2009	*30	*17	..	..	13	..	*9	11
	2010	*31	*19	..	..	12	..	*9	12
Lebanon	2007	2	..	..	..	2	..	190	..
	2008	1	..	..	..	1	..	211	..
	2009	2	..	..	..	2	..	269	..
	2010	3	..	..	..	3	..	264	..
Malaysia	2007	4055	31	1472	2526	25	4	1425	2022
	2008	3957	34	1484	2412	26	-32	1252	1825
	2009	*3831	63	1402	*2343	24	*8	1251	1928
	2010	*3639	70	1411	*2136	23	*-10	1699	*2051
Maldives	2007	..	..	..	..	..	..	13	..
	2008	..	..	..	..	..	..	14	..
	2009	..	..	..	..	..	..	15	..
	2010	..	..	..	..	..	..	15	..

Table 3

Production, commerce et consommation d'énergie commerciale
Milliers de térajoules et gigajoules par habitant

| Bunkers Soutes | | Unallocated Quantités non réparties | Consumption Consommation | | | | | | Year Année | Country or area Pays ou zone |
Aviation Avion	Marine Maritime		Per capita Par habitant	Total Totale	Solids Solides	Liquids Liquides	Gas Gaz	Electricity Electricité		
*43	46	614	115	8207	75	3021	5049	63	2007	Iran(Rép. islamique)
*44	66	555	120	8652	67	3218	5356	11	2008	
52	86	694	120	8786	50	3171	5552	12	2009	
53	99	662	124	9149	60	3091	5977	22	2010	
..	..	-320	38	1089	..	820	245	24	2007	Iraq
..	..	-21	42	1253	..	920	310	23	2008	
..	..	-109	48	1482	..	1111	340	32	2009	
..	..	-173	52	1638	..	1296	301	41	2010	
0	14	-42	133	921	337	493	98	-7	2007	Israël
0	16	-6	136	966	329	507	143	-13	2008	
0	15	20	121	879	302	431	159	-13	2009	
0	14	10	130	964	313	460	205	-14	2010	
253	236	1086	140	17699	4866	7689	3864	1281	2007	Japon
241	216	1154	134	17000	4749	7097	3896	1258	2008	
212	192	978	126	15911	4236	6580	3753	1342	2009	
224	188	1024	133	16829	4812	6613	4003	1401	2010	
4	2	7	53	303	..	201	101	0	2007	Jordanie
4	1	7	51	296	..	181	114	1	2008	
5	2	8	52	312	..	181	129	1	2009	
5	1	6	48	299	..	197	96	7	2010	
10	..	152	187	2899	1330	442	1099	28	2007	Kazakhstan
1	..	-18	206	3232	1454	469	1282	28	2008	
1	..	45	186	2951	1341	359	1228	22	2009	
4	..	267	201	3228	1446	384	1365	33	2010	
..	..	0	33	792	709	35	..	48	2007	Corée,Rép.pop.dém.de
..	..	0	36	878	792	36	..	51	2008	
..	..	0	34	834	761	28	..	45	2009	
..	..	0	33	804	729	27	..	48	2010	
129	396	1109	141	6692	2354	2350	1453	534	2007	Corée, République de
155	373	1041	144	6864	2636	2173	1489	566	2008	
150	343	932	145	6961	2709	2209	1486	557	2009	
163	368	1092	159	7684	3082	2221	1817	564	2010	
26	40	470	467	1143	..	624	519	..	2007	Koweït
29	42	461	472	1204	..	663	541	..	2008	
33	16	322	522	1382	..	892	490	..	2009	
33	17	537	502	1375	..	817	558	..	2010	
14	..	0	23	120	16	32	30	42	2007	Kirghizistan
17	..	1	22	112	16	31	29	37	2008	
18	..	-1	24	125	16	48	26	35	2009	
17	..	0	23	121	17	51	18	35	2010	
..	..	..	*4	*24	*12	*6	..	6	2007	Rép. dém. pop. lao
..	..	..	*4	*26	*12	*6	..	8	2008	
..	..	..	*5	*28	*13	*6	..	9	2009	
..	..	..	*5	*28	*14	*6	..	9	2010	
6	1	..	45	185	6	174	..	6	2007	Liban
7	1	..	49	204	6	195	..	3	2008	
8	1	..	63	263	6	249	2	6	2009	
10	1	..	61	256	10	229	10	8	2010	
90	3	266	114	3094	367	1006	1704	17	2007	Malaisie
88	3	191	114	3134	467	1036	1607	24	2008	
89	*2	192	102	2862	572	917	*1350	24	2009	
100	3	239	104	2956	679	949	*1306	22	2010	
..	..	..	42	13	..	13	..	..	2007	Maldives
..	..	..	46	14	..	14	..	..	2008	
..	..	..	48	15	..	15	..	..	2009	
..	..	..	47	15	..	15	..	..	2010	

Table 3

Production, trade and consumption of commercial energy

Thousand terajoules and gigajoules per capita

| Country or area Pays ou zone | Year Année | Primary energy production Production d'énergie primaire | | | | | Changes in stocks Variations des stocks | Imports Importations | Exports Exportations |
		Total Totale	Solids Solides	Liquids Liquides	Gas Gaz	Electricity Electricité			
Mongolia	2007	181	181	..	..	..	4	34	95
	2008	200	200	..	..	..	1	37	121
	2009	328	328	..	..	..	27	33	208
	2010	625	625	..	..	..	41	36	489
Myanmar	2007	594	10	44	527	13	5	40	408
	2008	511	8	40	448	15	3	25	375
	2009	553	8	41	485	19	2	18	377
	2010	567	7	40	497	22	-5	10	413
Nepal	2007	10	0	..	..	10	..	37	0
	2008	11	0	..	..	10	..	41	0
	2009	12	0	..	..	11	..	49	0
	2010	12	0	..	..	12	..	53	0
Oman	2007	2444	..	1501	943	..	6	72	1797
	2008	2530	..	1602	928	..	18	0	1830
	2009	2677	..	1719	957	..	-4	0	2003
	2010	2973	..	1925	1049	..	-64	11	2071
Other Asia	2007	194	..	1	16	178	-1	4506	695
	2008	191	..	1	13	177	53	4303	697
	2009	192	..	1	13	178	-81	4094	763
	2010	191	..	1	11	180	12	4301	642
Pakistan	2007	1678	82	162	1320	114	15	911	17
	2008	1667	74	150	1337	106	21	899	21
	2009	1690	69	148	1362	112	14	902	33
	2010	1698	68	148	1355	127	3	931	34
Philippines	2007	306	66	28	144	68	-10	823	110
	2008	328	71	32	151	74	-18	839	103
	2009	363	92	46	153	73	-45	739	89
	2010	381	130	43	144	64	11	896	129
Qatar	2007	4984	..	2422	2562	..	0	9	3847
	2008	5921	..	2679	3242	..	0	25	4781
	2009	6400	..	2700	3701	..	-2	30	5300
	2010	7715	..	2724	4992	..	1	23	6319
Saudi Arabia	2007	23390	..	20713	2678	..	-2	238	16605
	2008	24443	..	21603	2840	..	-82	377	17335
	2009	22324	..	19470	2855	..	-243	398	15283
	2010	22755	..	19661	3094	..	-1164	335	15998
Singapore	2007	..	..	..	..	..	26	4980	2650
	2008	..	..	..	..	..	43	5445	2918
	2009	..	..	..	..	..	52	5781	3151
	2010	..	..	..	..	..	-6	5977	3372
Sri Lanka	2007	14	..	..	..	14	0	168	0
	2008	15	..	..	..	15	0	160	0
	2009	14	..	..	..	14	-9	163	0
	2010	21	..	..	..	21	6	177	0
State of Palestine	2007	..	..	..	..	..	0	44	..
	2008	..	..	..	..	..	0	43	..
	2009	..	..	..	..	..	0	44	..
	2010	..	..	..	..	..	0	48	..
Syrian Arab Republic	2007	1066	..	819	234	13	4	166	331
	2008	1039	..	806	222	10	-56	344	368
	2009	1033	..	793	233	7	-44	260	346
	2010	1200	..	854	337	9	11	239	390
Tajikistan	2007	66	3	1	1	62	..	61	15
	2008	62	4	1	1	57	..	59	16
	2009	63	4	1	1	57	..	51	15
	2010	63	4	1	2	57	..	34	1

Table 3

Production, commerce et consommation d'énergie commerciale

Milliers de térajoules et gigajoules par habitant

Bunkers Soutes		Unallocated Quantités non réparties	Consumption Consommation						Year Année	Country or area Pays ou zone
Aviation Avion	Marine Maritime		Per capita Par habitant	Total Totale	Solids Solides	Liquids Liquides	Gas Gaz	Electricity Electricité		
..	..	..	44	116	82	34	..	1	2007	Mongolie
..	..	..	43	116	79	36	..	1	2008	
..	..	..	47	126	93	33	..	1	2009	
..	..	..	48	131	96	35	..	1	2010	
1	0	0	5	221	10	73	125	13	2007	Myanmar
1	0	3	3	153	8	56	74	15	2008	
1	0	10	4	181	8	45	110	19	2009	
1	0	0	4	168	8	54	84	22	2010	
2	..	..	2	45	10	24	..	11	2007	Népal
2	..	..	2	49	9	29	..	11	2008	
3	..	..	2	57	9	35	..	13	2009	
3	..	..	2	62	10	38	..	14	2010	
13	1	59	250	641	..	199	441	..	2007	Oman
13	6	-78	281	741	..	258	483	..	2008	
13	5	-108	283	768	..	261	507	..	2009	
17	8	5	340	947	..	262	685	..	2010	
91	89	531	143	3294	1706	951	460	178	2007	Autres zones d'Asie
80	77	403	138	3183	1634	872	501	177	2008	
76	68	391	133	3069	1556	810	524	178	2009	
86	73	346	144	3332	1701	849	603	180	2010	
7	6	81	15	2464	255	773	1320	115	2007	Pakistan
7	7	84	14	2426	209	774	1337	107	2008	
8	10	66	14	2461	204	783	1362	112	2009	
7	7	72	14	2507	192	832	1355	128	2010	
47	10	38	11	933	206	516	144	68	2007	Philippines
42	10	34	11	997	239	532	151	74	2008	
43	9	48	10	958	229	504	153	73	2009	
43	8	51	11	1035	264	563	144	64	2010	
32	..	104	857	1010	..	167	843	..	2007	Qatar
37	..	87	745	1040	..	195	845	..	2008	
43	..	36	659	1053	..	144	909	..	2009	
53	..	-78	820	1442	..	166	1277	..	2010	
78	117	731	239	6099	..	3422	2678	..	2007	Arabie saoudite
84	119	819	250	6544	..	3703	2840	..	2008	
84	108	704	253	6786	..	3931	2855	..	2009	
88	139	725	266	7303	..	4209	3094	..	2010	
*200	1311	225	124	569	0	270	299	0	2007	Singapour
*193	1451	217	130	622	0	316	306	0	2008	
*190	1512	96	158	780	0	470	310	0	2009	
*213	1697	-162	170	862	0	527	335	0	2010	
4	0	7	8	171	2	155	..	14	2007	Sri Lanka
4	1	7	8	163	2	146	..	15	2008	
4	0	9	8	172	2	156	..	14	2009	
4	0	8	9	179	3	156	..	21	2010	
..	..	..	12	44	..	33	..	11	2007	État de Palestine
..	..	..	11	43	..	29	..	14	2008	
..	..	..	11	44	..	29	..	14	2009	
..	..	..	12	48	..	33	..	15	2010	
4	..	71	43	822	0	574	234	14	2007	Rép. arabe syrienne
2	43	79	48	947	0	711	228	8	2008	
2	45	62	44	881	0	607	268	6	2009	
1	42	70	45	924	0	553	363	8	2010	
1	..	0	17	109	3	19	25	62	2007	Tadjikistan
1	..	1	16	104	4	20	21	60	2008	
1	..	1	14	96	4	19	17	57	2009	
1	..	1	14	95	4	20	14	58	2010	

Table 3

Production, trade and consumption of commercial energy
Thousand terajoules and gigajoules per capita

Country or area Pays ou zone	Year Année	Primary energy production Production d'énergie primaire					Changes in stocks Variations des stocks	Imports Importations	Exports Exportations
		Total Totale	Solids Solides	Liquids Liquides	Gas Gaz	Electricity Electricité			
Thailand	2007	1607	191	584	803	29	-80	2419	387
	2008	1735	188	641	880	26	13	2513	499
	2009	1932	186	655	1065	26	32	2654	534
	2010	2137	192	755	1170	20	36	2740	512
Timor-Leste	2007	*311	..	*311	..	..	..	*3	*308
	2008	*312	..	*312	..	..	..	*3	*309
	2009	*311	..	*311	..	..	..	*3	*307
	2010	*311	..	*311	..	..	..	*3	*307
Turkey	2007	875	619	91	34	131	40	3516	252
	2008	953	698	92	39	123	47	3407	288
	2009	993	729	102	26	136	40	3126	217
	2010	1066	734	106	26	199	-32	3368	289
Turkmenistan	2007	3022	..	412	2610	0	..	4	2025
	2008	3137	..	466	2671	0	..	4	2115
	2009	1869	..	423	1445	0	..	4	977
	2010	2114	..	398	1716	0	..	4	1129
United Arab Emirates	2007	7975	..	5978	1997	..	..	997	5530
	2008	8034	..	6075	1959	..	..	1407	5660
	2009	7270	..	5366	1904	..	..	1342	4839
	2010	7595	..	5596	2000	..	..	1465	5090
Uzbekistan	2007	2746	40	219	2463	23	..	93	605
	2008	2849	39	215	2555	41	..	84	617
	2009	2786	42	207	2503	34	..	76	626
	2010	2531	38	182	2271	39	..	70	596
Viet Nam	2007	2294	1245	690	276	83	-142	603	1640
	2008	2197	1166	645	293	94	49	616	1203
	2009	2408	1281	707	313	108	-84	595	1375
	2010	2404	1288	649	367	101	24	461	991
Yemen	2007	679	..	679	..	..	14	137	491
	2008	627	..	627	..	..	1	133	443
	2009	628	..	606	22	..	-25	129	451
	2010	842	..	582	260	..	16	125	634
Europe	**2007**	**92240**	**16813**	**31375**	**36593**	**7459**	**-122**	**68321**	**53331**
	2008	**92731**	**16685**	**30791**	**37656**	**7598**	**1966**	**70197**	**52993**
	2009	**87757**	**15479**	**30458**	**34318**	**7502**	**714**	**65324**	**51761**
	2010	**92316**	**16438**	**30417**	**37625**	**7836**	**-1231**	**66570**	**54031**
Albania	2007	35	1	24	1	10	1	44	6
	2008	39	1	24	0	14	3	46	8
	2009	44	0	24	0	19	0	46	16
	2010	59	0	31	1	27	4	52	32
Andorra	2007	0	..	..	..	0	0	9	..
	2008	0	..	..	..	0	0	9	..
	2009	0	..	..	..	0	0	9	..
	2010	0	..	..	..	0	0	9	..
Austria	2007	276	0	53	74	149	15	1245	239
	2008	269	0	53	62	154	29	1241	217
	2009	288	0	56	67	165	14	1201	287
	2010	279	0	52	70	158	-62	1248	331
Belarus	2007	106	24	74	8	0	-13	1730	598
	2008	104	23	74	8	0	22	1832	721
	2009	103	21	74	8	0	-21	1729	735
	2010	104	22	73	8	0	-7	1552	493
Belgium	2007	188	0	6	0	181	-43	3215	1055
	2008	184	0	12	0	173	33	3368	1041
	2009	194	0	14	0	181	-56	3116	1072
	2010	200	0	15	0	185	12	3329	1083

Table 3

Production, commerce et consommation d'énergie commerciale
Milliers de térajoules et gigajoules par habitant

Bunkers Soutes		Unallocated Quantités	Consumption Consommation						Year	Country or area
Aviation Avion	Marine Maritime	non réparties	Per capita Par habitant	Total Totale	Solids Solides	Liquids Liquides	Gas Gaz	Electricity Electricité	Année	Pays ou zone
..	1	466	48	3252	562	1474	1174	42	2007	Thaïlande
..	0	505	47	3231	614	1361	1226	31	2008	
..	0	568	50	3452	577	1389	1457	29	2009	
..	0	606	54	3723	612	1425	1646	40	2010	
..	..	*3	*2	*3	..	*3	..	..	2007	Timor-Leste
..	..	*3	*2	*3	..	*3	..	..	2008	
..	..	*3	*2	*3	..	*3	..	..	2009	
..	..	*3	*2	*3	..	*3	..	..	2010	
49	36	180	55	3835	1232	1063	1415	125	2007	Turquie
55	28	113	54	3829	1238	1064	1405	122	2008	
60	12	19	52	3771	1259	1034	1345	134	2009	
51	16	137	55	3973	1345	971	1460	197	2010	
14	..	35	196	950	..	147	810	-7	2007	Turkménistan
16	..	40	197	970	..	161	815	-5	2008	
15	..	36	170	844	..	150	701	-8	2009	
14	..	34	187	941	..	143	807	-9	2010	
135	596	307	445	2404	6	453	1945	..	2007	Emirats arabes unis
141	625	313	435	2702	16	470	2239	-23	2008	
157	524	308	401	2784	26	497	2286	-24	2009	
169	557	365	383	2878	34	520	2353	-29	2010	
..	..	59	82	2175	42	152	1958	23	2007	Ouzbékistan
..	..	54	84	2261	41	152	2028	41	2008	
..	..	41	81	2195	44	157	1961	33	2009	
..	..	33	72	1971	39	141	1753	39	2010	
15	12	4	16	1369	500	523	254	92	2007	Viet Nam
18	12	3	18	1529	619	522	283	105	2008	
21	12	21	19	1658	625	600	313	121	2009	
28	13	37	20	1771	655	631	367	118	2010	
5	5	36	12	265	..	265	..	..	2007	Yémen
5	5	40	12	266	..	266	..	..	2008	
6	5	44	12	275	..	271	4	..	2009	
5	4	35	11	272	..	238	34	..	2010	
2246	**2399**	**3519**	**135**	**99189**	**20953**	**29609**	**41175**	**7452**	**2007**	**Europe**
2310	**2388**	**3954**	**135**	**99317**	**20321**	**29905**	**41509**	**7582**	**2008**	
2158	**2189**	**3559**	**126**	**92701**	**17428**	**28864**	**38912**	**7497**	**2009**	
2156	**2274**	**4083**	**132**	**97572**	**19037**	**28223**	**42482**	**7830**	**2010**	
1	..	9	20	62	1	40	1	20	2007	Albanie
1	..	7	21	67	1	43	0	22	2008	
1	..	7	21	66	2	39	0	24	2009	
1	..	5	22	70	2	44	1	24	2010	
0	..	..	117	10	0	7	..	2	2007	Andorre
0	..	..	116	10	0	8	..	2	2008	
0	..	..	110	9	0	7	..	*2	2009	
0	..	..	109	9	0	7	..	2	2010	
30	..	65	141	1173	163	501	337	173	2007	Autriche
30	..	60	141	1173	158	488	356	171	2008	
26	..	63	131	1099	120	463	348	167	2009	
28	..	64	139	1166	143	474	383	166	2010	
..	..	164	112	1087	21	243	807	16	2007	Bélarus
..	..	103	113	1090	18	241	823	7	2008	
..	..	97	106	1020	18	303	683	16	2009	
..	..	52	117	1118	20	244	844	10	2010	
43	400	193	167	1755	173	682	695	206	2007	Belgique
86	413	233	165	1747	176	669	690	211	2008	
81	302	299	151	1612	123	612	703	174	2009	
65	329	341	159	1700	132	592	789	187	2010	

Table 3

Production, trade and consumption of commercial energy
Thousand terajoules and gigajoules per capita

Country or area Pays ou zone	Year Année	Primary energy production Production d'énergie primaire					Changes in stocks Variations des stocks	Imports Importations	Exports Exportations
		Total Totale	Solids Solides	Liquids Liquides	Gas Gaz	Electricity Electricité			
Bosnia and Herzegovina	2007	260	245	..	..	14	0	99	33
	2008	290	272	..	..	18	0	106	37
	2009	292	269	..	..	22	4	117	45
	2010	287	258	..	..	29	-3	135	50
Bulgaria	2007	279	201	1	12	65	2	636	184
	2008	280	202	1	8	69	21	641	186
	2009	266	193	2	2	70	2	506	152
	2010	290	207	2	4	78	-9	499	171
Croatia	2007	166	..	40	110	16	-1	346	107
	2008	158	..	37	102	19	14	339	95
	2009	162	..	35	102	25	-9	304	105
	2010	166	..	32	103	31	4	300	97
Czech Republic	2007	1126	997	18	8	104	-44	880	375
	2008	1082	954	15	8	105	6	921	371
	2009	1008	873	18	8	110	13	889	368
	2010	1011	868	17	9	116	-60	861	348
Denmark	2007	1055	..	644	385	26	1	563	830
	2008	1042	..	597	420	25	47	624	868
	2009	924	..	549	350	24	12	567	783
	2010	887	..	517	342	28	-55	537	745
Estonia	2007	153	153	..	..	0	1	100	29
	2008	146	145	..	..	1	0	92	23
	2009	138	138	..	..	1	12	85	28
	2010	166	165	..	..	1	-1	78	35
Faeroe Islands	2007	0	..	..	..	0	..	*11	..
	2008	0	..	..	..	0	..	*10	..
	2009	0	..	..	..	0	..	*9	..
	2010	0	..	..	..	0	..	*10	..
Finland	2007	182	46	..	..	136	-67	1103	250
	2008	193	44	3	..	145	3	1107	272
	2009	231	92	8	..	131	45	1045	276
	2010	216	76	11	..	130	-80	1040	285
France	2007	1972	11	90	43	1828	-72	7038	1194
	2008	2020	7	124	38	1850	31	7373	1327
	2009	1906	4	137	36	1730	-4	6937	1139
	2010	1994	7	134	30	1823	-123	6821	1053
Germany	2007	4097	2286	440	610	762	-135	10227	1876
	2008	3786	2095	370	527	794	-24	10575	1731
	2009	3461	1914	292	518	738	80	10071	1496
	2010	3421	1889	297	452	783	-178	10090	1605
Gibraltar	2007	..	..	..	..	..	..	84	..
	2008	..	..	..	..	..	..	88	..
	2009	..	..	..	..	..	..	109	..
	2010	..	..	..	..	..	..	112	..
Greece	2007	378	351	7	1	19	8	1377	298
	2008	369	340	5	1	23	22	1408	296
	2009	379	342	6	1	30	-26	1343	350
	2010	353	306	9	0	37	-15	1327	381
Guernsey	2007	..	..	..	..	..	..	1	..
	2008	..	..	..	..	..	..	1	..
	2009	..	..	..	..	..	..	1	..
	2010	..	..	..	..	..	..	1	..
Hungary	2007	275	74	53	94	54	-8	908	155
	2008	280	71	60	94	55	33	927	143
	2009	288	65	58	107	58	37	772	89
	2010	283	67	52	105	59	10	813	114

Table 3

Production, commerce et consommation d'énergie commerciale

Milliers de térajoules et gigajoules par habitant

| Bunkers Soutes | | Unallocated Quantités non réparties | Consumption Consommation | | | | | | Year Année | Country or area Pays ou zone |
Aviation Avion	Marine Maritime		Per capita Par habitant	Total Totale	Solids Solides	Liquids Liquides	Gas Gaz	Electricity Electricité		
0	..	0	86	325	248	50	16	12	2007	Bosnie-Herzégovine
0	..	1	95	359	275	57	16	12	2008	
0	..	6	94	354	276	57	9	12	2009	
0	..	14	96	362	279	58	9	15	2010	
8	2	47	88	672	329	153	141	48	2007	Bulgarie
9	5	39	87	662	318	158	136	50	2008	
6	9	21	77	582	267	161	101	52	2009	
7	4	2	82	614	287	172	108	47	2010	
2	1	7	90	396	34	198	126	39	2007	Croatie
2	1	8	85	378	35	180	120	43	2008	
2	0	10	81	358	25	176	112	45	2009	
2	0	12	80	351	34	147	122	48	2010	
14	..	87	153	1573	894	300	334	46	2007	République tchèque
14	..	94	146	1518	827	295	332	64	2008	
14	..	86	136	1416	748	293	314	61	2009	
13	..	98	140	1472	778	277	354	63	2010	
37	45	4	128	700	194	294	189	23	2007	Danemark
37	39	16	120	659	164	275	190	30	2008	
33	22	7	115	634	168	258	182	25	2009	
34	29	10	119	662	169	263	206	24	2010	
2	11	-15	168	226	155	42	37	-8	2007	Estonie
1	11	-12	159	214	144	37	36	-3	2008	
1	10	-17	141	189	128	36	24	1	2009	
2	9	-16	161	216	164	36	26	-11	2010	
0	..	..	*229	*11	..	*11	..	0	2007	Iles Féroé
0	..	..	*212	*10	..	*10	..	0	2008	
0	..	..	*196	*10	..	*9	..	0	2009	
0	..	..	*207	*10	..	*10	..	0	2010	
23	19	-51	210	1110	305	450	173	181	2007	Finlande
24	17	-85	201	1069	224	474	179	191	2008	
21	11	-99	191	1023	216	470	162	175	2009	
23	9	-83	205	1102	293	463	179	167	2010	
248	124	338	116	7178	571	3192	1790	1624	2007	France
249	108	305	119	7371	542	3297	1855	1678	2008	
227	108	185	115	7188	469	3293	1789	1636	2009	
232	105	132	118	7416	504	3220	1979	1712	2010	
350	131	259	144	11843	3631	3933	3576	703	2007	Allemagne
355	127	322	144	11851	3392	4175	3562	721	2008	
346	116	351	135	11143	2999	3888	3563	693	2009	
341	118	391	137	11234	3229	3861	3416	729	2010	
0	78	..	194	6	..	6	..	..	2007	Gibraltar
0	82	..	196	6	..	6	..	..	2008	
0	103	..	203	6	..	6	..	..	2009	
0	105	..	216	6	..	6	..	..	2010	
40	134	-91	121	1365	370	804	157	34	2007	Grèce
42	131	-94	122	1380	348	826	163	43	2008	
36	111	-102	119	1352	353	816	138	45	2009	
29	116	-37	106	1206	329	669	150	58	2010	
..	..	..	12	1	..	..	..	1	2007	Guernesey
..	..	..	15	1	..	..	..	1	2008	
..	..	..	12	1	..	..	..	1	2009	
..	..	..	14	1	..	..	..	1	2010	
10	..	48	97	978	132	278	499	68	2007	Hongrie
12	..	53	97	967	129	277	492	69	2008	
10	..	44	88	880	107	270	426	77	2009	
10	..	24	94	938	115	288	457	78	2010	

Table 3

Production, trade and consumption of commercial energy

Thousand terajoules and gigajoules per capita

Country or area Pays ou zone	Year Année	Primary energy production Production d'énergie primaire					Changes in stocks Variations des stocks	Imports Importations	Exports Exportations
		Total Totale	Solids Solides	Liquids Liquides	Gas Gaz	Electricity Electricité			
Iceland	2007	52	..	..	9	43	0	47	0
	2008	69	..	..	10	59	0	51	0
	2009	71	..	..	10	61	1	51	1
	2010	72	..	..	10	61	-1	47	0
Ireland	2007	55	26	1	17	11	-21	659	52
	2008	60	29	2	16	13	1	661	53
	2009	59	27	2	15	15	-11	605	40
	2010	74	44	3	15	13	-8	617	63
Isle of Man	2007	0	..	..	..	0	..	0	0
	2008	0	..	..	..	0	..	0	0
	2009	0	..	..	..	0	..	0	0
	2010	0	..	..	..	0	..	0	0
Italy	2007	803	4	255	370	173	-65	8137	1206
	2008	814	3	250	353	208	24	7997	1131
	2009	781	2	236	305	238	-72	7240	1021
	2010	848	3	270	321	255	53	7686	1129
Jersey	2007	..	..	..	..	..	..	2	..
	2008	..	..	..	..	..	..	2	..
	2009	..	..	..	..	..	..	2	..
	2010	..	..	..	..	..	..	2	..
Latvia	2007	11	0	1	..	10	-4	157	13
	2008	13	0	1	..	11	-11	145	14
	2009	15	0	2	..	13	8	157	22
	2010	15	0	2	..	13	-30	128	22
Lithuania	2007	50	1	8	2	39	5	439	187
	2008	50	1	8	2	40	-6	564	327
	2009	56	1	9	2	44	-7	505	316
	2010	15	0	9	0	5	2	570	323
Luxembourg	2007	4	..	..	..	4	-1	203	11
	2008	4	..	..	..	4	0	203	9
	2009	3	..	..	..	3	0	193	10
	2010	6	..	..	..	6	-1	205	12
Malta	2007	..	..	..	..	..	0	77	..
	2008	..	..	..	..	..	0	80	..
	2009	..	..	..	..	..	-1	85	0
	2010	..	..	..	..	..	0	103	1
Montenegro	2007	16	11	..	..	5	..	23	1
	2008	22	16	..	..	6	..	22	1
	2009	16	9	..	..	7	..	17	2
	2010	28	18	..	..	10	..	15	3
Netherlands	2007	2676	..	115	2533	28	14	6347	5019
	2008	2914	..	97	2786	31	84	6251	5026
	2009	2741	..	85	2624	32	127	6479	5181
	2010	3056	..	76	2951	29	38	6782	5770
Norway	2007	9310	114	5075	3633	488	-33	243	8325
	2008	9524	96	4868	4053	507	19	242	8409
	2009	9350	74	4600	4219	457	-41	266	8372
	2010	9068	54	4233	4352	428	-1	322	7944
Poland	2007	2846	2617	35	181	12	-6	1768	633
	2008	2780	2551	44	172	13	120	1886	520
	2009	2596	2363	48	171	15	121	1810	461
	2010	2556	2319	46	172	19	-93	1989	558
Portugal	2007	60	..	7	..	53	-13	975	100
	2008	54	..	6	..	48	0	991	90
	2009	70	..	10	..	61	6	944	83
	2010	106	..	12	..	94	-10	908	106

Table 3

Production, commerce et consommation d'énergie commerciale
Milliers de térajoules et gigajoules par habitant

Bunkers Soutes		Unallocated Quantités	Consumption Consommation						Year	Country or area
Aviation Avion	Marine Maritime	non réparties	Per capita Par habitant	Total Totale	Solids Solides	Liquids Liquides	Gas Gaz	Electricity Electricité	Année	Pays ou zone
7	3	7	267	82	4	26	9	43	2007	Islande
6	3	15	312	97	4	24	10	59	2008	
5	2	16	309	98	4	23	10	61	2009	
5	2	15	303	97	4	22	10	61	2010	
41	5	6	147	632	100	317	199	15	2007	Irlande
38	4	-2	144	628	102	302	209	15	2008	
23	5	3	137	603	92	293	199	18	2009	
30	3	2	134	601	88	280	218	15	2010	
..	..	..	-1	0	..	..	..	0	2007	Île de Man
..	..	..	-3	0	..	..	..	0	2008	
..	..	..	-4	0	..	..	..	0	2009	
..	..	..	-3	0	..	..	..	0	2010	
144	102	124	125	7429	703	3151	3235	340	2007	Italie
138	107	134	121	7276	682	3007	3234	352	2008	
126	100	175	111	6671	532	2767	2973	399	2009	
133	127	267	113	6825	593	2651	3167	414	2010	
..	..	..	23	2	..	..	..	2	2007	Le Jersey
..	..	..	26	2	..	..	..	2	2008	
..	..	..	25	2	..	..	..	2	2009	
..	..	..	25	2	..	..	..	2	2010	
3	8	1	64	146	4	57	63	21	2007	Lettonie
4	9	1	62	141	4	54	62	20	2008	
4	12	0	56	126	4	46	57	19	2009	
5	11	0	60	135	5	46	68	16	2010	
3	5	-38	96	326	13	143	136	34	2007	Lituanie
3	4	-2	86	289	10	120	123	36	2008	
2	5	-4	74	248	8	104	104	33	2009	
2	6	-4	77	255	10	102	116	27	2010	
18	..	..	377	179	4	105	53	18	2007	Luxembourg
18	..	..	368	179	3	105	51	19	2008	
18	..	..	339	169	3	98	52	16	2009	
18	..	..	358	182	3	103	56	20	2010	
4	36	..	90	37	..	37	..	..	2007	Malte
5	39	..	85	35	..	35	..	..	2008	
4	48	..	82	34	..	34	..	..	2009	
4	63	..	85	35	..	35	..	..	2010	
0	..	..	59	37	11	14	..	12	2007	Monténégro
1	..	..	67	42	16	15	..	11	2008	
0	..	..	50	32	9	12	..	11	2009	
0	..	..	62	39	17	11	..	11	2010	
154	681	593	156	2561	296	626	1548	91	2007	Pays-Bas
156	656	588	161	2655	297	658	1612	88	2008	
145	603	582	156	2581	274	631	1627	50	2009	
142	591	553	165	2745	281	601	1824	39	2010	
16	28	17	254	1201	34	489	226	452	2007	Norvège
16	20	169	237	1133	36	414	226	457	2008	
15	21	103	237	1147	23	443	255	425	2009	
18	16	144	259	1267	35	487	290	455	2010	
19	11	94	101	3862	2374	914	581	-7	2007	Pologne
23	12	116	101	3874	2341	938	585	10	2008	
20	11	73	97	3719	2192	960	561	7	2009	
22	9	131	102	3918	2339	970	596	14	2010	
36	21	53	79	837	121	459	177	80	2007	Portugal
37	23	62	78	833	107	452	193	82	2008	
34	20	56	76	815	118	422	196	78	2009	
37	20	68	74	793	69	411	209	104	2010	

Table 3

Production, trade and consumption of commercial energy
Thousand terajoules and gigajoules per capita

Country or area Pays ou zone	Year Année	Primary energy production Production d'énergie primaire					Changes in stocks Variations des stocks	Imports Importations	Exports Exportations
		Total Totale	Solids Solides	Liquids Liquides	Gas Gaz	Electricity Electricité			
Republic of Moldova	2007	0	..	0	0	0	2	86	0
	2008	1	..	1	0	0	1	85	0
	2009	1	..	1	0	0	0	81	1
	2010	1	..	0	0	0	-2	84	0
Romania	2007	1005	281	209	430	85	18	741	195
	2008	1005	282	203	418	102	9	687	222
	2009	983	275	193	416	99	10	467	177
	2010	946	247	184	401	115	-11	457	153
Russian Federation	2007	53028	6822	20685	24298	1222	399	1023	24923
	2008	53694	6999	20613	24893	1189	1060	1242	24466
	2009	50565	6432	20822	22087	1225	3	1039	24048
	2010	55281	7537	21380	25143	1222	210	967	25864
Serbia	2007	403	330	27	9	36	-3	296	42
	2008	418	344	27	10	36	8	303	43
	2009	385	307	28	10	40	2	237	37
	2010	400	303	37	14	45	0	244	32
Slovakia	2007	106	23	3	7	72	20	756	214
	2008	115	26	7	6	75	-1	723	198
	2009	108	27	7	6	67	20	683	190
	2010	113	26	8	7	73	-13	674	173
Slovenia	2007	84	52	0	0	32	-2	201	39
	2008	87	50	0	0	37	5	229	50
	2009	87	49	0	0	38	-2	195	53
	2010	87	49	1	0	37	2	215	65
Spain	2007	661	228	22	1	409	-62	5694	449
	2008	632	176	21	1	434	92	5755	448
	2009	648	152	41	1	454	42	5269	450
	2010	749	127	48	2	571	72	5136	469
Sweden	2007	507	7	16	..	485	-8	1280	475
	2008	514	10	18	..	486	20	1382	550
	2009	464	9	21	..	434	-1	1274	504
	2010	493	10	23	..	460	-29	1386	543
Switzerland	2007	235	..	0	1	233	-11	735	155
	2008	238	..	0	1	236	2	778	143
	2009	236	..	0	1	235	5	786	141
	2010	233	..	0	1	231	-1	752	134
T.F.Yug.Rep. Macedonia	2007	77	73	0	..	4	-4	70	11
	2008	89	86	0	..	3	1	72	16
	2009	88	84	0	..	5	2	66	15
	2010	85	76	0	..	9	-1	64	14
Ukraine	2007	2708	1407	192	738	370	146	2956	319
	2008	2710	1409	186	750	365	202	2938	330
	2009	2575	1312	171	752	342	248	2148	288
	2010	2539	1299	154	718	368	-576	2251	363
United Kingdom	2007	6998	427	3273	3020	278	-142	5789	3732
	2008	6679	453	3061	2917	248	96	6196	3611
	2009	6172	448	2909	2500	315	150	5868	3406
	2010	5830	462	2689	2394	285	-267	6152	3468
Oceania	**2007**	**13042**	**9662**	**1217**	**1993**	**171**	**366**	**1971**	**8561**
	2008	**13076**	**9734**	**1176**	**2003**	**162**	**75**	**2121**	**8917**
	2009	**13591**	**10104**	**1218**	**2094**	**176**	**176**	**2117**	**9246**
	2010	**13521**	**10068**	**1098**	**2169**	**186**	**-120**	**2236**	**9815**
Australia	2007	12468	9543	1050	1813	62	357	1502	8360
	2008	12472	9615	969	1832	55	99	1651	8637
	2009	12989	9993	1021	1916	59	172	1678	8998
	2010	12950	9937	972	1979	63	-139	1779	9619

Table 3

Production, commerce et consommation d'énergie commerciale

Milliers de térajoules et gigajoules par habitant

Bunkers Soutes		Unallocated Quantités non réparties	Consumption Consommation						Year Année	Country or area Pays ou zone
Aviation Avion	Marine Maritime		Per capita Par habitant	Total Totale	Solids Solides	Liquids Liquides	Gas Gaz	Electricity Electricité		
*1	..	0	23	84	2	27	44	11	2007	Rép. de Moldova
*1	..	0	23	84	4	28	42	11	2008	
*1	..	0	22	81	4	28	38	11	2009	
1	..	0	24	86	4	31	40	11	2010	
5	1	75	67	1451	425	355	594	78	2007	Roumanie
5	3	46	65	1408	391	364	566	87	2008	
5	1	8	58	1248	316	349	492	91	2009	
6	1	26	57	1228	292	328	502	106	2010	
231	..	1122	191	27376	4696	4460	17044	1176	2007	Fédération de Russie
246	..	1386	194	27779	4966	4634	17053	1125	2008	
246	..	1362	181	25945	4027	4432	16314	1171	2009	
262	65	1523	198	28324	4910	4434	17821	1159	2010	
2	..	19	65	639	361	149	94	36	2007	Serbie
2	..	28	65	639	375	135	93	37	2008	
2	..	17	57	565	333	132	65	35	2009	
2	..	21	60	588	326	132	86	44	2010	
2	..	10	113	616	167	132	239	78	2007	Slovaquie
3	..	13	115	625	169	137	242	77	2008	
2	..	7	105	572	162	130	208	72	2009	
2	..	9	113	616	165	139	236	77	2010	
1	2	2	121	243	67	101	43	33	2007	Slovénie
1	3	2	126	255	66	117	41	31	2008	
1	1	0	113	228	59	104	39	27	2009	
1	1	1	114	232	59	103	40	30	2010	
143	362	187	118	5275	830	2578	1479	389	2007	Espagne
143	375	202	114	5126	592	2515	1624	395	2008	
133	373	71	106	4848	442	2529	1453	425	2009	
128	360	124	103	4732	342	2398	1451	541	2010	
27	89	104	120	1099	111	456	42	490	2007	Suède
33	87	87	121	1120	102	501	38	479	2008	
30	91	59	113	1056	81	473	51	451	2009	
29	84	94	124	1159	104	519	68	468	2010	
55	0	-1	102	771	7	415	124	226	2007	Suisse
59	0	-1	107	814	7	443	132	232	2008	
57	0	-3	107	823	6	463	127	227	2009	
59	0	0	103	793	6	412	141	233	2010	
0	..	0	68	140	81	42	4	13	2007	L'ex-RY Macédoine
0	..	1	70	143	89	37	5	13	2008	
0	..	1	66	136	85	38	3	10	2009	
0	..	1	65	134	79	37	4	14	2010	
15	..	23	112	5161	1690	583	2551	337	2007	Ukraine
11	..	-9	111	5115	1697	588	2490	341	2008	
10	..	6	91	4172	1387	561	1898	326	2009	
12	..	24	109	4968	1528	516	2570	354	2010	
512	99	57	140	8529	1633	2787	3813	297	2007	Royaume-Uni
496	108	71	139	8493	1510	2766	3929	288	2008	
468	104	68	127	7843	1247	2637	3634	325	2009	
451	90	77	132	8164	1299	2625	3946	294	2010	
170	**53**	**39**	**168**	**5825**	**2351**	**1877**	**1427**	**171**	**2007**	**Océanie**
167	**59**	**-26**	**170**	**6004**	**2370**	**2010**	**1461**	**162**	**2008**	
166	**52**	**-71**	**171**	**6139**	**2398**	**2075**	**1490**	**176**	**2009**	
182	**48**	**-36**	**160**	**5868**	**2210**	**2055**	**1417**	**186**	**2010**	
125	34	11	241	5083	2274	1500	1247	62	2007	Australie
124	39	-36	245	5261	2279	1637	1291	55	2008	
127	34	-80	247	5417	2329	1713	1316	59	2009	
138	29	-48	230	5130	2137	1697	1232	63	2010	

Table 3

Production, trade and consumption of commercial energy
Thousand terajoules and gigajoules per capita

Country or area Pays ou zone	Year Année	Primary energy production Production d'énergie primaire					Changes in stocks Variations des stocks	Imports Importations	Exports Exportations
		Total Totale	Solids Solides	Liquids Liquides	Gas Gaz	Electricity Electricité			
Cook Islands	2007	..	..	..	..	..	..	*1	..
	2008	..	..	..	..	..	..	*1	..
	2009	..	..	..	..	..	..	*1	..
	2010	..	..	..	..	..	..	*1	..
Fiji	2007	2	..	..	..	2	..	31	*3
	2008	2	..	..	..	2	..	26	*2
	2009	2	..	..	..	2	..	20	*1
	2010	1	..	..	..	1	..	29	*1
French Polynesia	2007	1	..	..	..	1	..	14	..
	2008	1	..	..	..	1	..	14	..
	2009	1	..	..	..	1	..	14	..
	2010	1	..	..	..	1	..	14	..
Kiribati	2007	..	..	..	..	..	..	1	..
	2008	..	..	..	..	..	..	*1	..
	2009	..	..	..	..	..	..	*1	..
	2010	..	..	..	..	..	..	*1	..
Marshall Islands	2007	..	..	..	..	..	..	*1	..
	2008	..	..	..	..	..	..	*1	..
	2009	..	..	..	..	..	..	*1	..
	2010	..	..	..	..	..	..	*1	..
Micronesia(Fed. States of)	2007	0	..	..	..	0	..	*1	..
	2008	0	..	..	..	0	..	*1	..
	2009	0	..	..	..	0	..	*1	..
	2010	0	..	..	..	0	..	*1	..
Nauru	2007	..	..	..	..	..	..	*1	..
	2008	..	..	..	..	..	..	*1	..
	2009	..	..	..	..	..	..	*1	..
	2010	..	..	..	..	..	..	*1	..
New Caledonia	2007	2	..	..	..	2	..	38	0
	2008	2	..	..	..	2	..	42	0
	2009	2	..	..	..	2	..	37	0
	2010	1	..	..	..	1	..	49	0
New Zealand	2007	475	118	85	170	101	10	316	134
	2008	497	119	119	160	99	-26	316	191
	2009	500	110	113	167	110	8	308	166
	2010	538	131	111	179	116	17	293	176
Niue	2007	..	..	..	..	..	..	0	..
	2008	..	..	..	..	..	..	0	..
	2009	..	..	..	..	..	..	0	..
	2010	..	..	..	..	..	..	0	..
Palau	2007	0	..	..	..	0	..	*4	..
	2008	0	..	..	..	0	..	*4	..
	2009	0	..	..	..	0	..	*4	..
	2010	0	..	..	..	0	..	*4	..
Papua New Guinea	2007	95	..	82	*10	3	-1	51	64
	2008	102	..	88	*11	3	3	52	87
	2009	98	..	84	*11	*3	-3	42	81
	2010	29	..	15	*11	*3	2	53	19
Samoa	2007	0	..	..	..	0	..	*2	..
	2008	0	..	..	..	0	..	*2	..
	2009	0	..	..	..	0	..	*2	..
	2010	0	..	..	..	0	..	*2	..
Solomon Islands	2007	..	..	..	..	..	..	*3	..
	2008	..	..	..	..	..	..	*3	..
	2009	..	..	..	..	..	..	*3	..
	2010	..	..	..	..	..	..	*3	..

2010 Energy Statistics Yearbook United Nations / 2010 Annuaire des statistiques de l'énergie des Nations Unies

Table 3

Production, commerce et consommation d'énergie commerciale

Milliers de térajoules et gigajoules par habitant

Bunkers Soutes		Unallocated Quantités non réparties	Consumption Consommation						Year Année	Country or area Pays ou zone
Aviation Avion	Marine Maritime		Per capita Par habitant	Total Totale	Solids Solides	Liquids Liquides	Gas Gaz	Electricity Electricité		
..	..	..	*47	*1	..	*1	..	..	2007	Iles Cook
..	..	..	*49	*1	..	*1	..	..	2008	
..	..	..	*49	*1	..	*1	..	..	2009	
..	..	..	*49	*1	..	*1	..	..	2010	
*9	*3	..	21	18	0	16	..	2	2007	Fidji
*8	*2	..	19	16	0	14	..	2	2008	
*6	*1	..	15	13	0	11	..	2	2009	
*8	*2	..	22	19	0	17	..	1	2010	
0	*2	..	48	13	..	12	..	1	2007	Polynésie française
0	*2	..	48	13	..	12	..	1	2008	
0	*2	..	48	13	..	12	..	1	2009	
0	*2	..	49	13	..	12	..	1	2010	
0	..	..	8	1	..	1	..	..	2007	Kiribati
0	..	..	*8	*1	..	*1	..	..	2008	
0	..	..	*5	*1	..	*1	..	..	2009	
0	..	..	*9	*1	..	*1	..	..	2010	
..	..	..	*26	*1	..	*1	..	..	2007	Iles Marshall
..	..	..	*26	*1	..	*1	..	..	2008	
..	..	..	*26	*1	..	*1	..	..	2009	
..	..	..	*27	*1	..	*1	..	..	2010	
0	..	..	*11	*1	..	*1	..	0	2007	Micronésie(États. féds. de)
0	..	..	*11	*1	..	*1	..	0	2008	
0	..	..	*12	*1	..	*1	..	0	2009	
0	..	..	*12	*1	..	*1	..	0	2010	
0	..	..	*121	*1	..	*1	..	..	2007	Nauru
0	..	..	*121	*1	..	*1	..	..	2008	
0	..	..	*117	*1	..	*1	..	..	2009	
0	..	..	*114	*1	..	*1	..	..	2010	
1	..	..	164	39	7	31	..	2	2007	Nouvelle-Calédonie
0	..	..	178	43	11	31	..	2	2008	
0	..	..	154	38	7	29	..	2	2009	
0	..	..	197	50	18	31	..	1	2010	
31	13	0	142	603	70	262	170	101	2007	Nouvelle-Zélande
31	14	1	141	601	80	262	160	99	2008	
30	14	-2	137	592	62	257	163	110	2009	
32	14	4	135	589	55	244	173	116	2010	
0	..	..	*43	0	..	0	..	..	2007	Nioué
0	..	..	*44	0	..	0	..	..	2008	
0	..	..	*45	0	..	0	..	..	2009	
0	..	..	*47	0	..	0	..	..	2010	
*1	..	..	*147	*3	..	*3	..	0	2007	Palaos
*1	..	..	*147	*3	..	*3	..	0	2008	
*1	..	..	*146	*3	..	*3	..	0	2009	
*1	..	..	*151	*3	..	*3	..	0	2010	
*2	*1	27	8	53	..	40	*10	3	2007	Papouasie-Nvl-Guinée
*2	*1	9	8	52	..	38	*11	3	2008	
*2	*1	11	7	48	..	34	*11	*3	2009	
*2	*1	8	7	50	..	36	*11	*3	2010	
..	..	..	*13	*2	..	*2	..	0	2007	Samoa
..	..	..	*13	*2	..	*2	..	0	2008	
..	..	..	*14	*2	..	*2	..	0	2009	
..	..	..	*14	*2	..	*2	..	0	2010	
0	..	..	*5	*3	..	*3	..	..	2007	Iles Salomon
0	..	..	*5	*3	..	*3	..	..	2008	
0	..	..	*5	*3	..	*3	..	..	2009	
0	..	..	*5	*3	..	*3	..	..	2010	

Table 3

Production, trade and consumption of commercial energy
Thousand terajoules and gigajoules per capita

Country or area Pays ou zone	Year Année	Primary energy production Production d'énergie primaire					Changes in stocks Variations des stocks	Imports Importations	Exports Exportations
		Total Totale	Solids Solides	Liquids Liquides	Gas Gaz	Electricity Electricité			
Tonga	2007	..	..	..	..	..	..	*2	..
	2008	..	..	..	..	..	..	*2	..
	2009	..	..	..	..	..	..	*2	..
	2010	..	..	..	..	..	..	*2	..
Vanuatu	2007	0	..	..	..	0	..	1	..
	2008	0	..	..	..	0	..	1	..
	2009	0	..	..	..	0	..	2	..
	2010	0	..	..	..	0	..	2	..
Wallis and Futuna Is.	2007	..	..	..	..	..	..	0	..
	2008	..	..	..	..	..	..	0	..
	2009	..	..	..	..	..	..	0	..
	2010	..	..	..	..	..	..	0	..

Table 3

Production, commerce et consommation d'énergie commerciale

Milliers de térajoules et gigajoules par habitant

Bunkers Soutes		Unallocated Quantités	Consumption Consommation						Year Année	Country or area Pays ou zone
Aviation Avion	Marine Maritime	non réparties	Per capita Par habitant	Total Totale	Solids Solides	Liquids Liquides	Gas Gaz	Electricity Electricité		
0	..	..	*21	*2	..	*2	..	..	2007	Tonga
0	..	..	*22	*2	..	*2	..	..	2008	
0	..	..	*23	*2	..	*2	..	..	2009	
0	..	..	*21	*2	..	*2	..	..	2010	
..	..	..	6	1	..	1	..	0	2007	Vanuatu
..	..	..	6	1	..	1	..	0	2008	
..	..	..	7	2	..	2	..	0	2009	
..	..	..	7	2	..	2	..	0	2010	
0	..	..	26	0	..	0	..	..	2007	Iles Wallis et Futuna
0	..	..	*26	0	..	0	..	..	2008	
0	..	..	*27	0	..	0	..	..	2009	
0	..	..	*27	0	..	0	..	..	2010	

Table 4

Total energy requirement
Besoins énergétiques totals
Thousand terajoules and gigajoules per capita
Milliers de térajoules et gigajoules par habitant

Table Notes:

Total energy requirement is defined as consumption of commercial energy (see Tables 1-3) plus biogas and traditional fuels which include fuelwood, charcoal, bagasse, animal, vegetal and other wastes. Please refer to notes on table 1.

Please refer to the Definitions Section on pages xv to xxix for the appropriate product description/ classification.

Notes relatives aux tableaux:

La demande énergétique totale est définie par la consommation d'énergie commerciale (voir les Tableaux 1 à 3) à laquelle s'ajoute le biogaz et les combustibles traditionnels, y compris le bois de chauffage, le charbon de bois, la bagasse et les déchets animaux, végétaux et autres. Veuillez consulter les notes de bas de page au tableau 1.

Veuillez consulter la section "définitions" de la page xv à la page xxix pour une description/classification appropriée des produits.

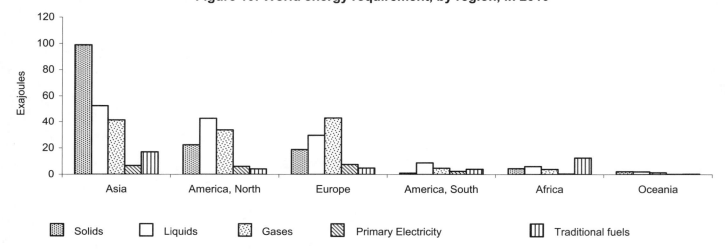

Figure 10: World energy requirement, by region, in 2010

Table 4

Total energy requirement
Besoins énergétiques totales
Thousand terajoules and gigajoules per capita
Milliers de térajoules et gigajoules par habitant

Country or area Pays ou zone	Year Année	Solids Solides	Liquids Liquides	Gases Gaz	Primary electricity Électricité primaire	Traditional fuels Combustibles traditionnels	Requirement Besoins	
							Total Totale	Per capita Par habitant
World	**2007**	**137453**	**142068**	**118431**	**22074**	**42489**	**462515**	**69**
Monde	**2008**	**140583**	**143360**	**121136**	**22706**	**42628**	**470413**	**70**
	2009	**140965**	**140802**	**119040**	**23044**	**42521**	**466373**	**68**
	2010	**148145**	**142149**	**128320**	**24283**	**44016**	**486912**	**71**
Africa	**2007**	**4465**	**5633**	**3900**	**453**	**12124**	**26575**	**28**
Afrique	**2008**	**4522**	**5972**	**4002**	**471**	**12362**	**27329**	**28**
	2009	**4755**	**6121**	**3880**	**477**	**12639**	**27872**	**28**
	2010	**4579**	**6171**	**4034**	**503**	**12931**	**28218**	**28**
Algeria	2007	32	512	1038	1	24	1607	47
Algérie	2008	32	540	1048	1	23	1645	48
	2009	17	665	1116	1	24	1823	52
	2010	13	846	1085	0	24	1969	56
Angola	2007	..	120	32	9	312	474	27
Angola	2008	..	155	26	11	336	528	29
	2009	..	172	26	11	345	555	30
	2010	..	205	28	13	355	600	31
Benin	2007	..	52	..	2	86	140	17
Bénin	2008	..	53	..	2	88	143	17
	2009	..	56	..	3	91	150	17
	2010	..	63	..	3	93	159	18
Botswana	2007	27	32	..	9	8	76	39
Botswana	2008	27	36	..	9	8	80	41
	2009	22	34	..	10	8	74	37
	2010	29	37	..	11	8	85	42
Burkina Faso	2007	..	23	..	1	122	146	10
Burkina Faso	2008	..	24	..	1	130	155	10
	2009	..	23	..	1	133	157	10
	2010	..	*23	..	2	135	160	10
Burundi	2007	0	2	..	1	83	86	11
Burundi	2008	0	3	..	1	84	88	11
	2009	0	2	..	1	85	88	11
	2010	0	4	..	1	92	97	12
Cameroon	2007	..	54	14	14	183	265	14
Cameroun	2008	..	52	14	15	187	269	14
	2009	..	61	12	14	195	282	15
	2010	..	72	12	15	194	293	15
Cape Verde	2007	..	*4	..	0	2	*6	*12
Cap-Vert	2008	..	4	..	0	2	6	12
	2009	..	4	..	0	2	6	12
	2010	..	5	..	0	3	7	15
Central African Rep.	2007	..	*3	..	0	24	27	7
Rép. centrafricaine	2008	..	*3	..	0	24	27	6
	2009	..	*3	..	0	24	27	6
	2010	..	*4	..	0	24	28	6
Chad	2007	..	*3	..	..	73	76	7
Tchad	2008	..	*3	..	..	74	77	7
	2009	..	*3	..	..	76	79	7
	2010	..	*3	..	..	77	81	7
Comoros	2007	..	*2	..	0	3	5	7
Comores	2008	..	*2	..	0	3	5	7
	2009	..	*2	..	0	3	5	7
	2010	..	*2	..	0	4	6	8

Table 4

Total energy requirement
Besoins énergétiques totales
Thousand terajoules and gigajoules per capita
Milliers de térajoules et gigajoules par habitant

Country or area Pays ou zone	Year Année	Solids Solides	Liquids Liquides	Gases Gaz	Primary electricity Électricité primaire	Traditional fuels Combustibles traditionnels	Requirement Besoins	
							Total Totale	Per capita Par habitant
Congo	2007	..	15	1	3	35	54	14
Congo	2008	..	17	1	3	37	57	15
	2009	..	21	2	3	38	64	16
	2010	..	24	1	3	39	67	17
Côte d'Ivoire	2007	..	40	59	4	354	457	24
Côte d'Ivoire	2008	..	49	62	5	354	469	25
	2009	..	46	57	6	330	439	23
	2010	..	38	62	4	337	441	22
Dem. Rep. of the Congo	2007	12	20	0	23	860	916	15
Rép. dem. du Congo	2008	13	23	0	25	889	950	15
	2009	13	21	0	25	920	979	15
	2010	14	24	0	26	951	1015	15
Djibouti	2007	..	*6	..	..	4	*10	*12
Djibouti	2008	..	*6	..	..	4	*11	*13
	2009	..	*7	..	..	5	*11	*13
	2010	..	*7	..	..	5	*11	*13
Egypt	2007	33	1455	1649	57	256	3450	45
Egypte	2008	32	1471	1694	53	257	3507	45
	2009	30	1453	1663	47	255	3448	43
	2010	46	1444	1777	48	257	3572	44
Equatorial Guinea	2007	..	*8	*65	0	4	*78	*121
Guinée équatoriale	2008	..	*9	58	0	4	71	107
	2009	..	*9	60	0	4	73	108
	2010	..	*9	62	0	4	75	106
Eritrea	2007	..	8	..	0	26	33	7
Erythrée	2008	..	5	..	0	26	32	6
	2009	..	7	..	0	27	34	7
	2010	..	7	..	0	28	35	7
Ethiopia	2007	..	71	..	12	1237	1320	17
Ethiopie	2008	..	76	..	12	1258	1346	17
	2009	..	77	..	13	1279	1368	17
	2010	..	72	..	18	1301	1391	17
Gabon	2007	..	28	6	3	46	83	59
Gabon	2008	..	27	7	3	47	84	58
	2009	..	29	7	3	48	86	58
	2010	..	31	7	3	48	89	59
Gambia	2007	..	5	0	..	8	14	8
Gambie	2008	..	6	0	..	8	14	8
	2009	..	6	0	..	9	15	9
	2010	..	*7	0	..	*9	*15	*9
Ghana	2007	..	121	..	14	258	393	17
Ghana	2008	..	101	..	21	260	383	16
	2009	..	88	..	23	263	373	16
	2010	..	107	2	22	266	397	16
Guinea	2007	..	*17	0	2	118	136	15
Guinée	2008	..	*17	0	2	118	137	14
	2009	..	*17	0	2	119	138	14
	2010	..	*17	0	2	120	139	14
Guinea-Bissau	2007	..	*3	..	..	24	28	19
Guinée-Bissau	2008	..	*3	..	..	25	28	19
	2009	..	*3	..	..	25	28	19
	2010	..	*3	..	..	26	29	19

Table 4

Total energy requirement
Besoins énergétiques totales
Thousand terajoules and gigajoules per capita
Milliers de térajoules et gigajoules par habitant

Country or area Pays ou zone	Year Année	Solids Solides	Liquids Liquides	Gases Gaz	Primary electricity Électricité primaire	Traditional fuels Combustibles traditionnels	Requirement Besoins	
							Total Totale	Per capita Par habitant
Kenya	2007	4	108	..	16	300	429	11
Kenya	2008	5	111	..	15	254	384	10
	2009	4	132	..	12	286	434	11
	2010	7	137	..	17	311	471	12
Lesotho	2007	..	0	..	2	22	24	11
Lesotho	2008	..	0	..	2	22	24	11
	2009	..	0	..	3	22	25	12
	2010	..	0	..	*3	22	25	12
Liberia	2007	..	8	..	..	63	72	21
Libéria	2008	..	7	..	..	66	73	20
	2009	..	7	..	..	68	75	20
	2010	..	11	..	..	71	81	20
Libya	2007	0	424	246	0	7	677	112
Libye	2008	0	471	256	0	7	733	119
	2009	0	507	256	0	7	770	123
	2010	0	523	266	0	7	797	125
Madagascar	2007	0	23	..	3	148	174	9
Madagascar	2008	0	25	..	3	150	177	9
	2009	0	23	..	3	152	178	9
	2010	1	25	..	3	156	184	9
Malawi	2007	*2	10	..	5	89	105	8
Malawi	2008	*2	12	..	5	90	110	8
	2009	*1	11	..	*5	91	109	8
	2010	*2	14	..	*6	91	113	8
Mali	2007	..	*8	..	*1	51	60	4
Mali	2008	..	*8	..	*1	52	61	4
	2009	..	*9	..	*1	53	62	4
	2010	..	*9	..	*1	53	63	4
Mauritania	2007	..	23	..	0	20	44	14
Mauritanie	2008	..	25	..	0	21	47	14
	2009	..	*28	..	0	22	*50	*15
	2010	..	*28	..	0	22	*51	*15
Mauritius	2007	17	33	..	0	11	61	48
Maurice	2008	19	31	..	0	12	63	49
	2009	17	32	..	0	11	60	47
	2010	20	33	..	0	11	64	49
Morocco	2007	167	374	25	18	69	653	21
Maroc	2008	123	417	23	21	67	651	21
	2009	113	416	25	29	67	649	21
	2010	117	448	26	30	67	687	22
Mozambique	2007	0	26	4	45	330	405	19
Mozambique	2008	0	24	4	42	342	412	18
	2009	0	27	4	43	354	428	19
	2010	0	30	6	43	369	448	19
Namibia	2007	2	31	..	13	8	54	25
Namibie	2008	12	34	..	13	8	67	31
	2009	6	37	..	13	9	64	28
	2010	4	39	..	13	9	64	28
Niger	2007	4	6	..	2	*36	*47	*3
Niger	2008	4	7	..	2	*37	*50	*3
	2009	4	9	..	2	*38	*54	*4
	2010	5	13	..	2	*39	*59	*4

Table 4

Total energy requirement
Besoins énergétiques totales
Thousand terajoules and gigajoules per capita
Milliers de térajoules et gigajoules par habitant

Country or area Pays ou zone	Year Année	Solids Solides	Liquids Liquides	Gases Gaz	Primary electricity Électricité primaire	Traditional fuels Combustibles traditionnels	Requirement Besoins Total Totale	Per capita Par habitant
Nigeria	2007	0	405	409	22	3716	4553	31
Nigéria	2008	0	441	425	21	3809	4695	31
	2009	0	418	274	16	3906	4615	30
	2010	0	423	333	23	4005	4784	30
Réunion	2007	19	29	0	2	4	55	68
Réunion	2008	20	29	1	2	5	57	69
	2009	19	33	1	2	5	59	71
	2010	20	33	1	2	5	61	72
Rwanda	2007	..	7	0	0	47	55	6
Rwanda	2008	..	*7	0	1	47	55	5
	2009	..	*7	0	1	47	55	5
	2010	..	*8	0	1	47	56	5
Sao Tome and Principe	2007	..	*1	..	0	1	2	15
Sao Tomé-et-Principe	2008	..	*1	..	0	1	*2	*15
	2009	..	*1	..	0	1	*3	*16
	2010	..	1	..	0	1	3	16
Senegal	2007	9	43	0	1	74	127	11
Sénégal	2008	7	41	0	1	76	125	11
	2009	9	43	1	1	83	137	11
	2010	8	64	1	1	85	159	13
Seychelles	2007	..	9	..	..	0	9	107
Seychelles	2008	..	10	..	..	0	10	114
	2009	..	10	..	..	0	10	122
	2010	..	10	..	..	0	10	112
Sierra Leone	2007	0	7	..	0	60	68	12
Sierra Leone	2008	0	7	..	0	61	69	12
	2009	0	7	..	0	62	69	12
	2010	0	8	..	0	62	71	12
Somalia	2007	..	*8	..	..	131	140	16
Somalie	2008	..	*8	..	..	140	148	17
	2009	..	*8	..	..	145	154	17
	2010	..	*8	..	..	150	159	17
South Africa	2007	4040	942	178	73	658	5891	121
Afrique du Sud	2008	4149	1068	189	79	679	6164	125
	2009	4417	1034	173	79	683	6385	128
	2010	4206	*728	137	80	684	5835	116
St. Helena and Depend.	2007	..	0	..	..	0	0	41
St-Hélène et dépend	2008	..	0	..	0	0	0	34
	2009	..	0	..	0	0	0	33
	2010	..	0	..	0	0	0	34
Sudan	2007	..	156	..	5	281	443	11
Soudan	2008	..	161	..	5	280	446	11
	2009	..	175	..	12	289	475	11
	2010	..	177	..	14	286	477	11
Swaziland	2007	*4	*9	..	4	*25	*43	*38
Swaziland	2008	*5	*10	..	4	*26	*44	*39
	2009	*4	*9	..	4	*27	*44	*38
	2010	*4	*9	..	4	*27	*45	*38
Togo	2007	..	13	..	2	103	118	21
Togo	2008	..	15	..	3	105	123	21
	2009	..	16	..	3	107	126	21
	2010	..	16	..	3	109	128	21

Table 4

Total energy requirement
Besoins énergétiques totales
Thousand terajoules and gigajoules per capita
Milliers de térajoules et gigajoules par habitant

Country or area Pays ou zone	Year Année	Solids Solides	Liquids Liquides	Gases Gaz	Primary electricity Électricité primaire	Traditional fuels Combustibles traditionnels	Requirement Besoins	
							Total Totale	Per capita Par habitant
Tunisia	2007	..	178	150	0	57	385	38
Tunisie	2008	..	170	173	0	59	402	39
	2009	..	163	179	1	61	405	39
	2010	..	167	196	1	62	426	41
Uganda	2007	..	39	..	5	378	422	14
Ouganda	2008	..	40	..	5	386	431	14
	2009	..	43	..	4	394	441	14
	2010	..	48	..	*4	400	452	14
United Rep. of Tanzania	2007	2	57	21	9	730	820	20
Rép. Unie de Tanzanie	2008	3	61	21	10	752	846	20
	2009	3	55	25	10	772	865	20
	2010	3	57	30	9	796	896	20
Western Sahara	2007	..	*3	..	..	..	*3	*7
Sahara occidental	2008	..	*3	..	..	..	*3	*7
	2009	..	*3	..	..	..	*3	*6
	2010	..	*3	..	..	..	*3	*6
Zambia	2007	0	18	..	35	288	341	28
Zambie	2008	0	21	..	35	294	350	28
	2009	0	23	..	35	305	363	29
	2010	0	25	..	39	312	376	29
Zimbabwe	2007	89	27	..	32	267	415	33
Zimbabwe	2008	69	23	..	35	268	395	32
	2009	73	24	..	35	268	400	32
	2010	80	26	..	34	271	410	33
America, North	**2007**	**24801**	**46043**	**32439**	**6126**	**4405**	**113815**	**217**
Amérique du Nord	**2008**	**24434**	**45065**	**32397**	**6298**	**4338**	**112532**	**212**
	2009	**21698**	**42409**	**32224**	**6303**	**4157**	**106791**	**199**
	2010	**22413**	**42648**	**33538**	**6378**	**4335**	**109312**	**202**
Anguilla	2007	..	1	..	..	0	1	60
Anguilla	2008	..	1	..	..	0	1	59
	2009	..	1	..	..	0	1	57
	2010	..	1	..	..	0	1	60
Antigua and Barbuda	2007	..	*6	..	..	..	*6	*72
Antigua-et-Barbuda	2008	..	*6	..	..	..	*6	*74
	2009	..	*7	..	..	..	*7	*80
	2010	..	*7	..	..	..	*7	*81
Aruba	2007	..	*10	..	..	0	*10	*99
Aruba	2008	..	*10	..	..	0	*10	*98
	2009	..	*10	..	..	0	*10	*98
	2010	..	*11	..	..	0	*11	*98
Bahamas	2007	0	*21	..	..	1	*22	*67
Bahamas	2008	0	15	..	..	0	15	45
	2009	0	23	..	..	0	23	69
	2010	0	34	..	..	0	35	102
Barbados	2007	..	17	1	..	1	19	71
Barbade	2008	..	20	1	..	1	22	81
	2009	..	20	1	..	1	22	81
	2010	..	18	1	..	1	20	75
Belize	2007	..	6	..	1	4	11	38
Belize	2008	..	*6	..	2	3	*11	*36
	2009	..	*6	..	2	3	*11	*36
	2010	..	*6	..	2	4	*11	*36

Table 4

Total energy requirement
Besoins énergétiques totales
Thousand terajoules and gigajoules per capita
Milliers de térajoules et gigajoules par habitant

Country or area Pays ou zone	Year Année	Solids Solides	Liquids Liquides	Gases Gaz	Primary electricity Électricité primaire	Traditional fuels Combustibles traditionnels	Requirement Besoins	
							Total Totale	Per capita Par habitant
Bermuda	2007	..	7	..	..	..	7	111
Bermudes	2008	..	5	..	..	..	5	84
	2009	..	*6	..	..	..	*6	*99
	2010	..	*7	..	..	..	*7	*101
British Virgin Islands	2007	..	*1	..	..	0	*1	*63
Iles Vierges britanniques	2008	..	*1	..	..	0	*1	*66
	2009	..	*2	..	..	0	*2	*68
	2010	..	*2	..	..	0	*2	*69
Canada	2007	1107	3939	3757	1571	489	10863	329
Canada	2008	1165	3852	3649	1586	478	10730	322
	2009	994	3621	3667	1532	449	10264	305
	2010	933	3604	3665	1535	470	10207	300
Cayman Islands	2007	..	9	..	..	..	9	156
Iles Caïmanes	2008	..	9	..	..	..	9	159
	2009	..	8	..	..	..	8	147
	2010	..	8	..	..	..	8	146
Costa Rica	2007	3	99	..	30	37	170	38
Costa Rica	2008	3	98	..	31	37	169	37
	2009	3	94	..	32	34	162	35
	2010	3	96	..	32	34	164	35
Cuba	2007	1	309	46	0	41	397	35
Cuba	2008	1	354	45	0	43	444	39
	2009	1	343	45	1	47	436	39
	2010	1	463	42	0	36	542	48
Dominica	2007	..	2	..	0	0	2	33
Dominique	2008	..	2	..	0	0	2	29
	2009	..	2	..	0	0	2	29
	2010	..	*2	..	0	0	*2	*30
Dominican Republic	2007	24	224	22	6	32	309	32
Rép. dominicaine	2008	25	221	18	5	33	302	31
	2009	25	214	21	5	34	299	31
	2010	24	217	34	5	31	311	31
El Salvador	2007	0	86	..	11	53	150	25
El Salvador	2008	0	81	..	13	54	147	24
	2009	0	81	..	11	45	138	22
	2010	0	78	..	13	45	136	22
Greenland	2007	..	9	..	1	0	9	164
Groënland	2008	..	9	..	1	0	10	168
	2009	..	8	..	1	0	9	153
	2010	..	9	..	1	0	10	173
Grenada	2007	..	3	..	..	0	4	36
Grenade	2008	..	4	..	..	0	4	38
	2009	..	4	..	..	0	4	37
	2010	..	4	..	..	0	4	38
Guadeloupe	2007	..	23	..	*1	0	24	53
Guadeloupe	2008	..	23	..	*1	0	24	52
	2009	..	*23	..	*1	0	*24	*52
	2010	..	*23	..	*1	0	*24	*52
Guatemala	2007	13	141	..	12	242	408	31
Guatemala	2008	13	125	..	14	236	388	28
	2009	9	143	..	10	276	438	31
	2010	14	126	..	14	331	485	34

Table 4

Total energy requirement
Besoins énergétiques totales
Thousand terajoules and gigajoules per capita
Milliers de térajoules et gigajoules par habitant

Country or area Pays ou zone	Year Année	Solids Solides	Liquids Liquides	Gases Gaz	Primary electricity Électricité primaire	Traditional fuels Combustibles traditionnels	Requirement Besoins	
							Total Totale	Per capita Par habitant
Haiti	2007	..	31	..	1	22	54	6
Haïti	2008	..	32	..	1	22	55	6
	2009	..	30	..	1	22	52	5
	2010	..	28	..	1	20	48	5
Honduras	2007	4	105	..	8	91	207	29
Honduras	2008	5	101	..	8	91	206	28
	2009	5	90	..	10	92	198	27
	2010	5	94	..	11	94	203	27
Jamaica	2007	1	179	..	1	21	202	74
Jamaïque	2008	1	156	..	1	25	184	68
	2009	1	110	..	1	25	138	50
	2010	1	91	..	1	7	99	36
Martinique	2007	..	*29	..	0	0	*29	*73
Martinique	2008	..	*30	..	0	0	*30	*75
	2009	..	*30	..	0	0	*30	*75
	2010	..	*30	..	0	0	*31	*76
Mexico	2007	381	3827	2158	159	590	7115	65
Mexique	2008	323	3834	2281	199	605	7243	65
	2009	324	3806	2259	157	576	7122	64
	2010	361	3826	2480	180	572	7420	65
Montserrat	2007	..	*1	..	..	..	*1	*188
Montserrat	2008	..	*1	..	..	..	*1	*187
	2009	..	*1	..	..	..	*1	*185
	2010	..	1	..	..	..	1	183
Netherlands Antilles	2007	..	84	..	..	0	84	440
Antilles néerlandaises	2008	..	75	..	..	0	75	385
	2009	..	88	..	..	0	88	445
	2010	..	59	..	..	0	59	293
Nicaragua	2007	..	59	..	2	60	121	22
Nicaragua	2008	..	56	..	3	58	117	21
	2009	..	57	..	3	58	118	21
	2010	..	58	..	3	60	121	21
Panama	2007	6	85	..	13	20	124	37
Panama	2008	1	86	..	15	26	128	37
	2009	2	101	..	14	24	140	40
	2010	3	114	..	15	23	155	44
Puerto Rico	2007	..	..	29	1	..	29	8
Porto Rico	2008	..	..	31	1	..	32	9
	2009	..	..	30	1	..	30	8
	2010	..	..	30	1	..	31	8
St. Kitts-Nevis	2007	..	*3	..	..	..	*3	*69
St-Kitts-Nevis	2008	..	*3	..	..	..	*3	*68
	2009	..	*4	..	..	..	*4	*70
	2010	..	*3	..	..	..	*3	*66
St. Lucia	2007	..	*5	..	..	0	*5	*33
St-Lucie	2008	..	*6	..	..	0	*6	*33
	2009	..	5	..	..	0	5	32
	2010	..	6	..	..	0	6	33
St. Pierre-Miquelon	2007	..	*1	..	0	..	*1	*155
St-Pierre-Miquelon	2008	..	*1	..	0	..	*1	*155
	2009	..	*1	..	0	..	*1	*156
	2010	..	*1	..	0	..	*1	*163

Table 4

Total energy requirement
Besoins énergétiques totales
Thousand terajoules and gigajoules per capita
Milliers de térajoules et gigajoules par habitant

Country or area Pays ou zone	Year Année	Solids Solides	Liquids Liquides	Gases Gaz	Primary electricity Électricité primaire	Traditional fuels Combustibles traditionnels	Requirement Besoins Total Totale	Per capita Par habitant
St. Vincent-Grenadines	2007	..	*3	..	0	0	*3	*27
St. Vincent-Grenadines	2008	..	*3	..	0	0	*3	*27
	2009	..	*3	..	0	0	*3	*27
	2010	..	*3	..	0	0	*3	*28
Trinidad and Tobago	2007	..	32	870	..	2	903	681
Trinité-et-Tobago	2008	..	47	835	..	1	883	664
	2009	..	56	867	..	1	924	691
	2010	..	60	916	..	0	976	728
Turks and Caicos Islands	2007	..	*2	..	..	0	*2	*63
Iles Turques et Caïques	2008	..	*2	..	..	0	*2	*61
	2009	..	*2	..	..	0	*2	*60
	2010	..	*2	..	..	0	*2	*59
United States	2007	23262	36682	25556	4307	2698	92506	306
États-Unis	2008	22896	35791	25536	4418	2623	91264	299
	2009	20333	33411	25335	4523	2468	86070	280
	2010	21068	33557	26370	4564	2607	88166	284
America, South	**2007**	**945**	**8147**	**4348**	**2421**	**4343**	**20203**	**53**
Amérique du Sud	**2008**	**1010**	**8639**	**4632**	**2435**	**3992**	**20708**	**54**
	2009	**861**	**8583**	**4502**	**2504**	**3825**	**20275**	**52**
	2010	**1044**	**9200**	**4950**	**2495**	**4102**	**21791**	**56**
Argentina	2007	46	981	1772	168	174	3142	80
Argentine	2008	47	1025	1832	160	202	3265	82
	2009	48	936	1802	178	222	3186	80
	2010	40	1034	1712	179	246	3211	79
Bolivia (Plur. State of)	2007	..	100	84	8	50	242	26
Bolivie (État plur. de)	2008	..	99	100	8	47	255	26
	2009	..	101	109	8	49	267	27
	2010	..	106	121	8	79	314	32
Brazil	2007	611	3728	824	1531	3314	10008	53
Brésil	2008	618	4043	987	1533	2930	10111	53
	2009	491	4013	795	1597	2700	9596	50
	2010	646	4319	1070	1629	2934	10599	54
Chile	2007	144	644	178	89	225	1280	77
Chili	2008	185	655	98	91	230	1260	75
	2009	148	607	130	96	238	1219	72
	2010	183	590	208	83	212	1276	75
Colombia	2007	100	389	285	157	196	1128	25
Colombie	2008	118	401	306	162	180	1168	26
	2009	130	381	349	144	196	1201	26
	2010	134	397	383	144	178	1236	27
Ecuador	2007	..	355	30	35	53	474	34
Equateur	2008	..	353	19	42	53	467	33
	2009	..	398	20	37	60	516	36
	2010	..	409	23	34	60	526	36
Falkland Is. (Malvinas)	2007	0	*1	..	0	0	*1	*261
Iles Falkland (Malvinas)	2008	0	*1	..	0	0	*1	*260
	2009	0	*1	..	0	0	*1	*258
	2010	0	*1	..	0	0	*1	*261
French Guiana	2007	..	*9	..	*2	1	*13	*59
Guyane française	2008	..	*9	..	*3	1	*13	*59
	2009	..	*9	..	*3	1	*13	*59
	2010	..	*9	..	*3	1	*13	*58

Table 4

Total energy requirement
Besoins énergétiques totales
Thousand terajoules and gigajoules per capita
Milliers de térajoules et gigajoules par habitant

Country or area Pays ou zone	Year Année	Solids Solides	Liquids Liquides	Gases Gaz	Primary electricity Électricité primaire	Traditional fuels Combustibles traditionnels	Requirement Besoins	
							Total Totale	Per capita Par habitant
Guyana	2007	..	22	..	..	9	31	41
Guyana	2008	..	22	..	..	9	30	40
	2009	..	22	..	..	9	30	40
	2010	..	24	..	..	8	32	42
Paraguay	2007	0	54	..	31	104	189	31
Paraguay	2008	0	57	..	33	149	239	38
	2009	0	60	..	35	136	230	36
	2010	0	68	..	38	138	244	38
Peru	2007	39	278	109	70	133	628	22
Pérou	2008	37	325	151	69	106	687	24
	2009	33	337	191	70	131	762	26
	2010	32	434	256	72	155	949	33
Suriname	2007	0	27	..	3	1	31	62
Suriname	2008	0	27	..	3	1	31	61
	2009	0	27	..	3	1	32	61
	2010	0	34	..	*3	1	38	73
Uruguay	2007	0	75	4	28	25	133	40
Uruguay	2008	0	100	4	20	24	147	44
	2009	0	101	3	23	25	152	45
	2010	0	83	3	29	34	149	44
Venezuela(Bolivar. Rep.)	2007	4	1484	1061	297	57	2904	105
Venezuela(Rép. bolivar.)	2008	6	1523	1136	311	59	3035	108
	2009	10	1590	1103	308	58	3069	108
	2010	8	1690	1174	274	56	3202	110
Asia	**2007**	**83939**	**49226**	**34833**	**5451**	**16893**	**190342**	**47**
Asie	**2008**	**87926**	**50416**	**36811**	**5758**	**17056**	**197967**	**49**
	2009	**93826**	**51471**	**37671**	**6087**	**16810**	**205864**	**50**
	2010	**98862**	**52532**	**41422**	**6890**	**17155**	**216862**	**52**
Afghanistan	2007	8	17	0	5	17	48	2
Afghanistan	2008	12	40	0	5	17	74	2
	2009	17	70	0	6	18	111	4
	2010	26	83	0	9	18	136	4
Armenia	2007	0	13	76	16	0	106	34
Arménie	2008	0	15	84	15	0	114	37
	2009	0	13	64	16	0	94	31
	2010	0	14	*60	15	0	*90	*29
Azerbaijan	2007	..	218	358	8	3	587	67
Azerbaïdjan	2008	..	246	422	6	3	678	76
	2009	..	197	383	7	3	590	65
	2010	..	208	366	11	3	588	64
Bahrain	2007	..	53	339	0	0	392	424
Bahreïn	2008	..	58	363	-1	0	420	399
	2009	..	56	367	1	0	424	363
	2010	..	65	376	1	0	442	351
Bangladesh	2007	8	172	613	5	599	1397	10
Bangladesh	2008	14	159	655	5	600	1434	10
	2009	18	183	713	6	602	1522	10
	2010	*18	199	767	6	606	1596	11
Bhutan	2007	1	3	..	4	43	52	75
Bhoutan	2008	1	3	..	5	44	54	77
	2009	1	3	..	6	45	55	77
	2010	1	4	..	7	46	59	81

Table 4

Total energy requirement
Besoins énergétiques totales

Thousand terajoules and gigajoules per capita
Milliers de térajoules et gigajoules par habitant

Country or area Pays ou zone	Year Année	Solids Solides	Liquids Liquides	Gases Gaz	Primary electricity Électricité primaire	Traditional fuels Combustibles traditionnels	Requirement Besoins Total Totale	Per capita Par habitant
Brunei Darussalam	2007	..	47	133	..	*1	180	477
Brunéi Darussalam	2008	..	51	132	..	*1	184	479
	2009	..	*48	114	..	*1	162	415
	2010	..	*43	125	..	*1	168	421
Cambodia	2007	..	47	..	1	110	158	12
Cambodge	2008	..	50	..	1	108	159	11
	2009	0	51	..	3	173	226	16
	2010	0	52	..	5	174	232	16
China	2007	54915	11237	2632	1974	2193	72952	55
Chine	2008	56845	11557	3044	2354	2201	76001	57
	2009	62381	11642	3342	2594	2135	82094	61
	2010	66303	12726	3998	3102	2045	88174	66
China, Hong Kong SAR	2007	263	150	78	25	0	517	75
Chine, Hong-Kong RAS	2008	240	150	93	28	0	512	74
	2009	248	113	105	28	0	494	71
	2010	218	121	132	30	0	501	71
China, Macao SAR	2007	..	19	..	6	0	25	50
Chine, Macao RAS	2008	..	14	3	8	0	26	50
	2009	..	15	4	8	0	27	51
	2010	..	10	6	10	0	26	48
Cyprus	2007	1	97	0	0	1	100	94
Chypre	2008	1	103	0	0	1	105	98
	2009	1	101	0	0	1	103	95
	2010	1	96	0	0	1	99	89
Georgia	2007	4	33	67	24	17	144	33
Géorgie	2008	8	34	58	26	16	142	32
	2009	7	39	46	24	16	132	30
	2010	11	39	43	29	15	136	31
India	2007	12655	4125	1071	513	7587	25952	22
Inde	2008	13679	4716	1165	485	7620	27664	23
	2009	14625	5621	1606	469	7445	29766	25
	2010	14758	5376	2000	525	7729	30388	25
Indonesia	2007	1393	2406	1160	66	2285	7310	31
Indonésie	2008	1886	2304	1226	71	2311	7799	33
	2009	1886	2445	1312	74	2289	8007	34
	2010	1402	2457	1499	97	2334	7789	32
Iran(Islamic Rep. of)	2007	75	3335	5049	63	47	8569	120
Iran(Rép. islamique)	2008	67	3560	5356	11	47	9040	125
	2009	50	3595	5552	12	47	9256	127
	2010	60	3516	5977	22	47	9621	130
Iraq	2007	..	827	245	24	..	1096	38
Iraq	2008	..	930	310	23	..	1263	42
	2009	..	1126	340	32	..	1497	49
	2010	..	1312	301	41	..	1655	52
Israel	2007	337	493	98	-7	0	921	133
Israël	2008	329	507	143	-13	0	967	136
	2009	302	431	159	-13	0	879	121
	2010	313	460	205	-14	0	965	130
Japan	2007	4866	8003	3871	1281	308	18328	145
Japon	2008	4749	7484	3901	1258	294	17687	140
	2009	4236	7044	3759	1342	275	16656	132
	2010	4812	7066	4008	1401	298	17586	139

Table 4

Total energy requirement
Besoins énergétiques totales
Thousand terajoules and gigajoules per capita
Milliers de térajoules et gigajoules par habitant

Country or area Pays ou zone	Year Année	Solids Solides	Liquids Liquides	Gases Gaz	Primary electricity Électricité primaire	Traditional fuels Combustibles traditionnels	Requirement Besoins	
							Total Totale	Per capita Par habitant
Jordan	2007	..	201	101	0	4	306	54
Jordanie	2008	..	181	114	1	4	300	51
	2009	..	181	129	1	4	316	52
	2010	..	197	96	7	4	304	49
Kazakhstan	2007	1330	471	1099	28	0	2929	189
Kazakhstan	2008	1454	491	1282	28	0	3255	208
	2009	1341	382	1228	22	2	2975	188
	2010	1446	405	1365	33	2	3252	203
Korea, Dem.Ppl's.Rep.	2007	709	35	..	48	44	836	35
Corée,Rép.pop.dém.de	2008	792	36	..	51	44	923	38
	2009	761	28	..	45	44	878	36
	2010	729	27	..	48	45	848	35
Korea, Republic of	2007	2354	2350	1461	534	104	6804	143
Corée, République de	2008	2636	2173	1496	566	112	6984	146
	2009	2709	2209	1493	557	111	7079	148
	2010	3082	2221	1825	564	124	7816	162
Kuwait	2007	..	624	519	..	0	1143	467
Koweït	2008	..	663	541	..	0	1204	472
	2009	..	892	490	..	0	1382	522
	2010	..	817	558	..	0	1375	502
Kyrgyzstan	2007	16	32	30	42	0	120	23
Kirghizistan	2008	16	31	29	37	0	112	22
	2009	16	48	26	35	0	125	24
	2010	17	51	18	35	0	121	23
Lao People's Dem. Rep.	2007	*12	*6	..	6	55	79	13
Rép. dém. pop. lao	2008	*12	*6	..	8	55	80	13
	2009	*13	*6	..	9	55	83	13
	2010	*14	*6	..	9	54	83	13
Lebanon	2007	6	174	..	6	1	186	45
Liban	2008	6	195	..	3	1	205	49
	2009	6	249	2	6	1	263	63
	2010	10	229	10	8	1	257	61
Malaysia	2007	367	1006	1704	17	283	3377	125
Malaisie	2008	467	1036	1607	24	286	3420	124
	2009	572	917	*1350	24	289	3152	113
	2010	679	949	*1306	22	256	3212	113
Maldives	2007	..	13	..	..	0	13	43
Maldives	2008	..	14	..	..	0	14	46
	2009	..	15	..	..	0	15	48
	2010	..	15	..	..	0	15	48
Mongolia	2007	82	34	..	1	5	122	46
Mongolie	2008	79	36	..	1	6	122	46
	2009	93	33	..	1	7	134	49
	2010	96	35	..	1	8	140	51
Myanmar	2007	10	73	125	13	391	612	13
Myanmar	2008	8	56	74	15	402	555	12
	2009	8	45	110	19	411	592	12
	2010	8	54	84	22	420	589	12
Nepal	2007	10	24	2	11	158	205	7
Népal	2008	9	29	3	11	158	210	7
	2009	9	35	3	13	159	219	7
	2010	10	38	3	14	159	223	7

Table 4

Total energy requirement
Besoins énergétiques totales
Thousand terajoules and gigajoules per capita
Milliers de térajoules et gigajoules par habitant

Country or area Pays ou zone	Year Année	Solids Solides	Liquids Liquides	Gases Gaz	Primary electricity Électricité primaire	Traditional fuels Combustibles traditionnels	Requirement Besoins Total Totale	Per capita Par habitant
Oman	2007	..	199	441	..	0	641	250
Oman	2008	..	258	483	..	0	742	281
	2009	..	261	507	..	0	768	283
	2010	..	262	685	..	1	948	341
Other Asia	2007	1706	951	460	178	56	3349	146
Autres zones d'Asie	2008	1634	872	501	177	52	3236	140
	2009	1556	810	524	178	51	3120	135
	2010	1701	849	603	180	55	3387	146
Pakistan	2007	255	773	1320	115	531	2994	18
Pakistan	2008	209	774	1337	107	552	2978	18
	2009	204	783	1362	112	516	2977	17
	2010	192	832	1355	128	528	3034	17
Philippines	2007	206	516	144	68	204	1137	13
Philippines	2008	239	532	151	74	200	1197	13
	2009	229	504	153	73	195	1153	13
	2010	264	563	144	64	194	1229	13
Qatar	2007	..	167	843	..	0	1010	857
Qatar	2008	..	195	845	..	0	1040	745
	2009	..	144	909	..	0	1053	659
	2010	..	*175	1277	..	0	1452	826
Saudi Arabia	2007	..	3817	2678	..	0	6494	255
Arabie saoudite	2008	..	4140	2840	..	0	6980	267
	2009	..	4324	2855	..	0	7179	268
	2010	..	4648	3094	..	0	7742	282
Singapore	2007	0	943	299	0	1	1244	271
Singapour	2008	0	1123	306	0	1	1431	300
	2009	0	1107	310	0	0	1417	287
	2010	0	740	335	0	0	1076	212
Sri Lanka	2007	2	155	..	14	113	284	14
Sri Lanka	2008	2	146	..	15	110	273	13
	2009	2	156	..	14	105	277	13
	2010	3	156	..	21	101	280	13
State of Palestine	2007	..	33	..	11	3	47	13
État de Palestine	2008	..	29	..	14	3	46	12
	2009	..	29	..	14	3	46	12
	2010	..	33	..	15	4	52	13
Syrian Arab Republic	2007	0	577	234	14	0	825	43
Rép. arabe syrienne	2008	0	713	228	8	0	949	48
	2009	0	610	268	6	0	884	44
	2010	0	555	363	8	0	927	45
Tajikistan	2007	3	19	25	62	..	109	17
Tadjikistan	2008	4	20	21	60	..	104	16
	2009	4	19	17	57	..	96	14
	2010	4	20	14	58	..	95	14
Thailand	2007	562	1604	1175	42	844	4226	62
Thaïlande	2008	614	1518	1226	31	934	4323	63
	2009	577	1604	1458	29	943	4612	67
	2010	612	1645	1649	40	1025	4972	72
Timor-Leste	2007	..	*3	..	..	1	*4	*4
Timor-Leste	2008	..	*3	..	..	1	*4	*4
	2009	..	*3	..	..	1	*4	*3
	2010	..	*3	..	..	1	*4	*3

Table 4

Total energy requirement
Besoins énergétiques totales
Thousand terajoules and gigajoules per capita
Milliers de térajoules et gigajoules par habitant

Country or area Pays ou zone	Year Année	Solids Solides	Liquids Liquides	Gases Gaz	Primary electricity Électricité primaire	Traditional fuels Combustibles traditionnels	Requirement Besoins	
							Total Totale	Per capita Par habitant
Turkey	2007	1232	1063	1416	125	211	4046	58
Turquie	2008	1238	1064	1406	122	200	4031	57
	2009	1259	1034	1347	134	193	3966	55
	2010	1345	971	1463	197	188	4164	57
Turkmenistan	2007	..	178	810	-7	0	982	202
Turkménistan	2008	..	196	815	-5	0	1005	204
	2009	..	182	701	-8	0	876	176
	2010	..	173	807	-9	0	971	193
United Arab Emirates	2007	6	876	1945	..	1	2828	523
Emirats arabes unis	2008	16	889	2239	-23	1	3123	503
	2009	26	969	2286	-24	1	3258	469
	2010	34	948	2353	-29	1	3307	440
Uzbekistan	2007	42	228	1958	23	0	2251	85
Ouzbékistan	2008	41	228	2028	41	0	2337	87
	2009	44	228	1961	33	0	2267	84
	2010	39	200	1753	39	0	2031	74
Viet Nam	2007	500	523	254	92	665	2034	24
Viet Nam	2008	619	522	283	105	660	2188	25
	2009	625	600	313	121	660	2318	27
	2010	655	631	367	118	656	2427	28
Yemen	2007	..	265	..	..	6	271	12
Yémen	2008	..	266	..	..	6	272	12
	2009	..	271	4	..	6	282	12
	2010	..	238	34	..	6	279	12
Europe	**2007**	**20953**	**31142**	**41473**	**7452**	**4283**	**105302**	**144**
Europe	**2008**	**20321**	**31257**	**41819**	**7582**	**4426**	**105405**	**143**
	2009	**17428**	**30143**	**39259**	**7497**	**4653**	**98979**	**134**
	2010	**19037**	**29542**	**42945**	**7830**	**5091**	**104446**	**141**
Albania	2007	1	40	1	20	9	71	22
Albanie	2008	1	43	0	22	9	76	24
	2009	2	39	0	24	9	74	23
	2010	2	44	1	24	9	79	25
Andorra	2007	0	7	..	2	0	10	120
Andorre	2008	0	8	..	2	0	10	119
	2009	0	7	..	*2	0	9	113
	2010	0	7	..	2	0	10	112
Austria	2007	163	509	343	173	184	1371	165
Autriche	2008	158	494	363	171	203	1389	166
	2009	120	468	355	167	195	1306	156
	2010	143	480	390	166	217	1396	166
Belarus	2007	21	243	807	16	61	1148	118
Bélarus	2008	18	241	823	7	64	1154	119
	2009	18	303	684	16	67	1087	113
	2010	20	244	844	10	71	1189	124
Belgium	2007	173	682	698	206	59	1818	172
Belgique	2008	176	669	694	211	68	1818	172
	2009	123	612	708	174	74	1691	159
	2010	132	594	794	187	86	1793	167
Bosnia and Herzegovina	2007	248	50	16	12	6	331	88
Bosnie-Herzégovine	2008	275	57	16	12	7	365	97
	2009	276	57	9	12	6	360	96
	2010	279	58	9	15	6	368	98

Table 4

Total energy requirement
Besoins énergétiques totales
Thousand terajoules and gigajoules per capita
Milliers de térajoules et gigajoules par habitant

Country or area Pays ou zone	Year Année	Solids Solides	Liquids Liquides	Gases Gaz	Primary electricity Électricité primaire	Traditional fuels Combustibles traditionnels	Requirement Besoins	
							Total Totale	Per capita Par habitant
Bulgaria	2007	329	153	141	48	31	703	92
Bulgarie	2008	318	158	136	50	32	694	91
	2009	267	161	101	52	31	613	81
	2010	287	172	108	47	33	648	86
Croatia	2007	34	200	126	39	16	414	93
Croatie	2008	35	181	120	43	17	396	90
	2009	25	177	112	45	18	378	86
	2010	34	148	123	48	20	373	85
Czech Republic	2007	894	300	337	46	84	1661	161
République tchèque	2008	827	295	336	64	85	1607	155
	2009	748	293	319	61	86	1507	144
	2010	778	277	361	63	94	1573	150
Denmark	2007	194	294	193	23	104	808	148
Danemark	2008	164	275	194	30	104	767	140
	2009	168	258	186	25	102	740	134
	2010	169	263	211	24	112	778	140
Estonia	2007	155	42	38	-8	25	251	187
Estonie	2008	144	37	36	-3	26	241	179
	2009	128	36	25	1	29	218	163
	2010	164	36	26	-11	34	250	186
Faeroe Islands	2007	..	*11	..	0	0	*11	*229
Iles Féroé	2008	..	*10	..	0	0	*10	*212
	2009	..	*9	..	0	0	*10	*196
	2010	..	*10	..	0	0	*10	*207
Finland	2007	305	498	175	181	312	1472	278
Finlande	2008	224	510	181	191	318	1424	268
	2009	216	498	164	175	283	1336	250
	2010	293	483	180	167	334	1458	272
France	2007	571	3193	1802	1624	441	7632	124
France	2008	542	3298	1868	1678	473	7857	126
	2009	469	3295	1804	1636	490	7696	123
	2010	504	3221	1996	1712	544	7978	127
Germany	2007	3631	3933	3730	703	717	12715	154
Allemagne	2008	3392	4175	3716	721	730	12736	154
	2009	2999	3888	3740	693	794	12114	147
	2010	3229	3861	3695	729	859	12373	150
Gibraltar	2007	..	6	..	..	..	6	194
Gibraltar	2008	..	6	..	..	..	6	196
	2009	..	6	..	..	..	6	203
	2010	..	6	..	..	..	6	216
Greece	2007	370	804	158	34	44	1411	125
Grèce	2008	348	826	165	43	40	1421	126
	2009	353	816	141	45	36	1390	123
	2010	329	669	153	58	38	1246	110
Guernsey	2007	..	..	..	1	..	1	12
Guernesey	2008	..	..	..	1	..	1	15
	2009	..	..	..	1	..	1	12
	2010	..	..	..	1	..	1	14
Hungary	2007	132	286	499	68	52	1038	103
Hongrie	2008	129	287	493	69	56	1034	103
	2009	107	280	428	77	65	957	96
	2010	115	296	459	78	70	1017	102

Table 4

Total energy requirement
Besoins énergétiques totales
Thousand terajoules and gigajoules per capita
Milliers de térajoules et gigajoules par habitant

Country or area Pays ou zone	Year Année	Solids Solides	Liquids Liquides	Gases Gaz	Primary electricity Électricité primaire	Traditional fuels Combustibles traditionnels	Requirement Besoins	
							Total Totale	Per capita Par habitant
Iceland	2007	4	26	9	43	0	82	268
Islande	2008	4	24	10	59	0	97	313
	2009	4	23	10	61	0	98	309
	2010	4	22	10	61	0	97	303
Ireland	2007	100	317	201	15	7	641	149
Irlande	2008	102	302	211	15	7	637	146
	2009	92	293	202	18	9	614	139
	2010	88	280	221	15	9	612	137
Isle of Man	2007	..	..	..	0	0	0	*2
Île de Man	2008	..	..	..	0	0	0	*2
	2009	..	..	..	0	0	0	*1
	2010	..	..	..	0	0	0	*2
Italy	2007	703	3151	3251	340	175	7620	128
Italie	2008	682	3007	3251	352	178	7471	125
	2009	532	2767	2991	399	218	6907	115
	2010	593	2651	3188	414	259	7105	117
Jersey	2007	..	..	..	2	0	2	25
Le Jersey	2008	..	..	..	2	0	3	28
	2009	..	..	..	2	0	3	27
	2010	..	..	..	2	0	3	27
Latvia	2007	4	57	64	21	64	211	92
Lettonie	2008	4	54	62	20	62	203	89
	2009	4	46	57	19	73	199	88
	2010	5	46	69	16	73	208	93
Lithuania	2007	13	143	137	34	37	363	107
Lituanie	2008	10	120	123	36	39	328	98
	2009	8	104	104	33	42	291	87
	2010	10	102	116	27	42	297	89
Luxembourg	2007	4	105	54	18	15	194	409
Luxembourg	2008	3	105	51	19	16	195	401
	2009	3	98	52	16	12	182	365
	2010	3	103	56	20	15	197	388
Malta	2007	..	37	..	..	0	37	90
Malte	2008	..	35	..	..	0	35	85
	2009	..	34	..	..	0	34	82
	2010	..	35	..	..	0	35	85
Montenegro	2007	11	14	..	12	9	46	74
Monténégro	2008	16	15	..	11	9	51	81
	2009	9	12	..	11	10	41	65
	2010	17	11	..	11	10	49	77
Netherlands	2007	296	1081	1555	91	94	3117	190
Pays-Bas	2008	297	1072	1622	88	103	3182	193
	2009	274	1094	1638	50	106	3162	191
	2010	281	1011	1836	39	108	3276	197
Norway	2007	34	489	227	452	55	1257	266
Norvège	2008	36	414	227	457	57	1192	249
	2009	23	443	257	425	55	1203	249
	2010	35	487	291	455	65	1332	273
Poland	2007	2374	914	584	-7	208	4073	107
Pologne	2008	2341	938	589	10	222	4101	107
	2009	2192	960	565	7	247	3970	104
	2010	2339	970	600	14	276	4199	110

Table 4

Total energy requirement
Besoins énergétiques totales
Thousand terajoules and gigajoules per capita
Milliers de térajoules et gigajoules par habitant

Country or area Pays ou zone	Year Année	Solids Solides	Liquids Liquides	Gases Gaz	Primary electricity Électricité primaire	Traditional fuels Combustibles traditionnels	Requirement Besoins	
							Total Totale	Per capita Par habitant
Portugal	2007	121	459	178	80	128	966	91
Portugal	2008	107	452	193	82	129	963	91
	2009	118	422	197	78	132	948	89
	2010	69	417	210	104	119	919	86
Republic of Moldova	2007	2	27	44	11	3	87	24
Rép. de Moldova	2008	4	28	42	11	4	88	24
	2009	4	28	38	11	4	84	23
	2010	4	31	40	11	3	89	25
Romania	2007	425	364	594	78	143	1604	74
Roumanie	2008	391	372	566	87	159	1575	73
	2009	316	354	492	91	158	1411	65
	2010	292	333	502	106	169	1402	65
Russian Federation	2007	4696	5341	17044	1176	282	28539	199
Fédération de Russie	2008	4966	5389	17053	1125	263	28796	201
	2009	4027	5089	16314	1171	269	26871	188
	2010	4910	5190	17821	1159	293	29373	205
Serbia	2007	361	149	94	36	34	674	69
Serbie	2008	375	135	93	37	34	673	68
	2009	333	132	65	35	12	577	59
	2010	326	133	86	44	12	601	61
Slovakia	2007	167	133	239	78	68	684	126
Slovaquie	2008	169	137	243	77	87	713	131
	2009	162	130	209	72	121	694	127
	2010	165	139	236	77	141	758	139
Slovenia	2007	67	101	43	33	19	262	130
Slovénie	2008	66	117	41	31	20	276	137
	2009	59	104	40	27	23	252	125
	2010	59	103	41	30	25	259	127
Spain	2007	830	2578	1488	389	203	5488	123
Espagne	2008	592	2515	1633	395	204	5339	118
	2009	442	2529	1461	425	215	5071	111
	2010	342	2398	1459	541	217	4958	108
Sweden	2007	111	456	44	490	393	1494	163
Suède	2008	102	501	43	479	393	1517	164
	2009	81	473	55	451	407	1467	158
	2010	104	519	72	468	468	1631	174
Switzerland	2007	7	415	126	226	86	860	114
Suisse	2008	7	443	135	232	90	907	119
	2009	6	463	129	227	90	915	120
	2010	6	412	144	233	94	890	116
T.F.Yug.Rep. Macedonia	2007	81	42	4	13	6	145	71
L'ex-RY Macédoine	2008	89	37	5	13	7	150	73
	2009	85	38	3	10	8	144	70
	2010	79	37	4	14	8	142	69
Ukraine	2007	1690	635	2551	337	24	5237	113
Ukraine	2008	1697	639	2490	341	25	5192	113
	2009	1387	609	1898	326	58	4278	94
	2010	1528	562	2570	354	59	5073	112
United Kingdom	2007	1633	2855	3879	297	83	8746	144
Royaume-Uni	2008	1510	2835	3997	288	85	8715	142
	2009	1247	2694	3705	325	99	8071	131
	2010	1299	2682	4020	294	100	8395	135

Table 4

Total energy requirement
Besoins énergétiques totales
Thousand terajoules and gigajoules per capita
Milliers de térajoules et gigajoules par habitant

Country or area Pays ou zone	Year Année	Solids Solides	Liquids Liquides	Gases Gaz	Primary electricity Électricité primaire	Traditional fuels Combustibles traditionnels	Requirement Besoins	
							Total Totale	Per capita Par habitant
Oceania	**2007**	**2351**	**1878**	**1438**	**171**	**442**	**6278**	**181**
Océanie	**2008**	**2370**	**2011**	**1475**	**162**	**455**	**6472**	**183**
	2009	**2398**	**2075**	**1504**	**176**	**438**	**6591**	**183**
	2010	**2210**	**2055**	**1431**	**186**	**401**	**6284**	**172**
Australia	2007	2274	1500	1255	62	324	5415	256
Australie	2008	2279	1637	1301	55	340	5612	261
	2009	2329	1713	1327	59	330	5758	263
	2010	2137	1697	1243	63	289	5430	244
Cook Islands	2007	..	*1	..	..	..	*1	*47
Iles Cook	2008	..	*1	..	..	..	*1	*49
	2009	..	*1	..	..	..	*1	*49
	2010	..	*1	..	..	..	*1	*49
Fiji	2007	0	16	..	2	7	24	29
Fidji	2008	0	14	..	2	8	23	28
	2009	0	11	..	2	4	17	20
	2010	0	17	..	1	4	23	27
French Polynesia	2007	..	12	..	1	0	13	48
Polynésie française	2008	..	12	..	1	0	13	49
	2009	..	12	..	1	0	13	48
	2010	..	12	..	1	0	13	49
Kiribati	2007	..	1	..	..	0	1	8
Kiribati	2008	..	*1	..	..	0	*1	*8
	2009	..	*1	..	..	0	*1	*6
	2010	..	*1	..	..	0	*1	*9
Marshall Islands	2007	..	*1	..	..	..	*1	*26
Iles Marshall	2008	..	*1	..	..	..	*1	*26
	2009	..	*1	..	..	..	*1	*26
	2010	..	*1	..	..	..	*1	*27
Micronesia(Fed. States of)	2007	..	*1	..	0	0	*1	*12
Micronésie(États. féds. de)	2008	..	*1	..	0	0	*1	*12
	2009	..	*1	..	0	0	*1	*12
	2010	..	*1	..	0	0	*1	*12
Nauru	2007	..	*1	..	..	..	*1	*121
Nauru	2008	..	*1	..	..	..	*1	*121
	2009	..	*1	..	..	..	*1	*117
	2010	..	*1	..	..	..	*1	*114
New Caledonia	2007	7	31	..	2	0	39	164
Nouvelle-Calédonie	2008	11	31	..	2	0	43	178
	2009	7	29	..	2	0	38	154
	2010	18	31	..	1	0	50	197
New Zealand	2007	70	263	172	101	49	655	155
Nouvelle-Zélande	2008	80	262	163	99	45	650	152
	2009	62	257	166	110	42	637	147
	2010	55	244	176	116	46	638	146
Niue	2007	..	0	..	..	0	0	*43
Nioué	2008	..	0	..	..	0	0	*44
	2009	..	0	..	..	0	0	*46
	2010	..	0	..	..	0	0	*47
Palau	2007	..	*3	..	0	..	*3	*147
Palaos	2008	..	*3	..	0	..	*3	*147
	2009	..	*3	..	0	..	*3	*146
	2010	..	*3	..	0	..	*3	*151

Table 4

Total energy requirement
Besoins énergétiques totales
Thousand terajoules and gigajoules per capita
Milliers de térajoules et gigajoules par habitant

Country or area Pays ou zone	Year Année	Solids Solides	Liquids Liquides	Gases Gaz	Primary electricity Électricité primaire	Traditional fuels Combustibles traditionnels	Requirement Besoins	
							Total Totale	Per capita Par habitant
Papua New Guinea	2007	..	40	*10	3	57	110	17
Papouasie-Nvl-Guinée	2008	..	38	*11	3	57	109	17
	2009	..	34	*11	*3	57	105	16
	2010	..	36	*11	*3	57	107	16
Samoa	2007	..	*2	..	0	1	*3	*17
Samoa	2008	..	*2	..	0	1	*3	*17
	2009	..	*2	..	0	1	*3	*18
	2010	..	*2	..	0	1	*3	*17
Solomon Islands	2007	..	*3	..	..	*3	*6	*12
Iles Salomon	2008	..	*3	..	..	*3	*6	*11
	2009	..	*3	..	..	*3	*6	*11
	2010	..	*3	..	..	*3	*6	*11
Tonga	2007	..	*2	..	..	0	*2	*21
Tonga	2008	..	*2	..	..	0	*2	*22
	2009	..	*2	..	..	0	*2	*23
	2010	..	*2	..	..	0	*2	*21
Vanuatu	2007	..	1	..	0	1	2	10
Vanuatu	2008	..	1	..	0	1	2	10
	2009	..	2	..	0	1	3	11
	2010	..	2	..	0	1	3	11
Wallis and Futuna Is.	2007	..	0	..	..	..	0	26
Iles Wallis et Futuna	2008	..	0	..	..	..	0	*26
	2009	..	0	..	..	..	0	*27
	2010	..	0	..	..	..	0	*27

Table 5

Production, trade and consumption of solid fuels
Production, commerce et consommation de combustibles solides
Thousand metric tons of coal equivalent and kilograms per capita
Milliers de tonnes métriques d'équivalent houille et kilogrammes par habitant

Table Notes:
Production
Production of coal, lignite, oil shale and peat.

Imports
Import of coal, lignite, peat, coke oven coke, gas coke, brown coal coke, hard coal briquettes, lignite-brown coal briquettes and peat briquettes.

Exports
Export of coal, lignite, peat coke oven coke, gas coke, brown coal coke, hard coal briquettes, lignite-brown coal briquettes and peat briquettes.

Changes in stocks
Changes in stocks of coal, lignite, peat, coke oven coke, gas coke, brown coal coke, hard coal briquettes, lignite-brown coal briquettes and peat briquettes.

Please refer to the Definitions Section on pages xv to xxix for the appropriate product description/ classification.

Notes relatives aux tableaux:
Production
Production de houille, lignite, schiste bitumineux et tourbe.

Importations
Importation de houille, lignite, tourbe, coke de four, coke de gaz, coke de lignite, briquettes de houille, briquettes de lignite et briquettes de tourbe.

Exportations
Exportation de houille, lignite, tourbe, coke de four, coke de gaz, coke de lignite, briquettes de houille, briquettes de lignite et briquettes de tourbe.

Variations de stocks
Variations de stocks de houille, lignite, tourbe, coke de four, coke de gaz, coke de lignite, briquettes de houille, briquettes de lignite et briquettes de tourbe.

Veuillez consulter la section "définitions" de la page xv à la page xxix pour une description/classification appropriée des produits.

Figure 11: World solid fuel production, by region, in 2010

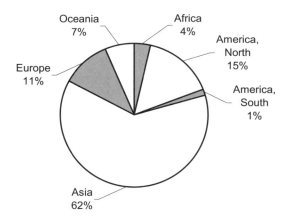

Figure 12: World solid fuel consumption, by region, in 2010

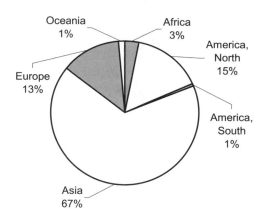

Table 5

Production, trade and consumption of solid fuels
Production, commerce et consommation de combustibles solides

Thousand metric tons of coal equivalent and kilograms per capita
Milliers de tonnes métriques d'équivalent houille et kilogrammes par habitant

Country or area Pays ou zone	Year Année	Production Production	Imports Importations	Exports Exportations	Changes in stocks Variations des stocks	Consumption Consommation	
						Total Totale	Per capita Par habitant
World	**2007**	**4753859**	**836316**	**865734**	**34414**	**4690027**	**704**
Monde	**2008**	**4901770**	**837492**	**861438**	**81017**	**4796807**	**712**
	2009	**4970462**	**811813**	**837006**	**135413**	**4809856**	**706**
	2010	**5277026**	**897347**	**1000628**	**118914**	**5054832**	**733**
Africa	**2007**	**191450**	**12474**	**51566**	**14**	**152344**	**160**
Afrique	**2008**	**192635**	**11800**	**44720**	**5417**	**154297**	**158**
	2009	**192273**	**10127**	**40221**	**-64**	**162243**	**162**
	2010	**196555**	**10815**	**51135**	**-7**	**156242**	**153**
Algeria	2007	..	1073	..	-22	1095	32
Algérie	2008	..	1072	..	-23	1094	32
	2009	..	372	..	-218	590	17
	2010	..	451	..	-7	458	13
Botswana	2007	828	15	..	-62	905	470
Botswana	2008	910	3	..	-1	914	468
	2009	738	3	..	-1	742	374
	2010	988	3	..	-1	992	494
Burundi	2007	4	..	..	..	4	0
Burundi	2008	5	..	..	..	5	1
	2009	6	..	..	..	6	1
	2010	7	..	..	..	7	1
Dem. Rep. of the Congo	2007	127	282	..	..	409	7
Rép. dem. du Congo	2008	131	300	..	..	431	7
	2009	135	307	..	..	442	7
	2010	139	330	..	..	469	7
Egypt	2007	22	1556	467	..	1111	14
Egypte	2008	22	1523	458	..	1087	14
	2009	60	1370	405	..	1026	13
	2010	33	1964	430	..	1567	19
Kenya	2007	..	151	..	..	151	4
Kenya	2008	..	155	..	..	155	4
	2009	..	138	..	..	138	3
	2010	..	236	..	..	236	6
Madagascar	2007	..	10	..	..	10	1
Madagascar	2008	..	13	..	..	13	1
	2009	..	14	..	..	14	1
	2010	..	40	..	..	40	2
Malawi	2007	*60	11	*10	..	*61	*5
Malawi	2008	*52	8	*9	..	*51	*4
	2009	*54	2	*8	..	*48	*3
	2010	*54	6	*8	..	*52	*4
Mauritius	2007	..	648	..	75	573	449
Maurice	2008	..	606	..	-45	651	507
	2009	..	560	..	-36	596	461
	2010	..	661	..	-7	668	514
Morocco	2007	..	5683	..	0	5683	183
Maroc	2008	..	4223	..	17	4206	134
	2009	..	4020	..	164	3856	122
	2010	..	4021	..	41	3980	125
Mozambique	2007	24	..	22	-7	9	0
Mozambique	2008	38	..	5	23	10	0
	2009	38	..	5	23	10	0
	2010	38	..	28	0	10	0

Table 5

Production, trade and consumption of solid fuels
Production, commerce et consommation de combustibles solides
Thousand metric tons of coal equivalent and kilograms per capita
Milliers de tonnes métriques d'équivalent houille et kilogrammes par habitant

Country or area Pays ou zone	Year Année	Production Production	Imports Importations	Exports Exportations	Changes in stocks Variations des stocks	Consumption Consommation	
						Total Totale	Per capita Par habitant
Namibia	2007	..	77	..	..	77	36
Namibie	2008	..	413	..	..	413	188
	2009	..	193	..	..	193	86
	2010	..	136	..	..	136	60
Niger	2007	134	..	..	8	126	9
Niger	2008	144	..	..	-2	146	10
	2009	150	..	..	-1	151	10
	2010	186	..	..	2	185	12
Nigeria	2007	8	*3	..	..	11	0
Nigéria	2008	8	*3	..	..	11	0
	2009	8	*3	..	..	11	0
	2010	8	*3	..	..	11	0
Réunion	2007	..	679	..	19	660	809
Réunion	2008	..	626	..	-52	678	821
	2009	..	681	..	30	651	778
	2010	..	690	..	-5	695	821
Senegal	2007	..	301	..	..	301	26
Sénégal	2008	..	254	..	..	254	22
	2009	..	316	..	..	316	26
	2010	..	264	..	..	264	21
South Africa	2007	186504	1783	50427	0	137860	2823
Afrique du Sud	2008	188266	2405	43594	5515	141563	2870
	2009	187877	*1976	39141	0	150712	3029
	2010	191667	1842	49999	0	143510	2863
Swaziland	2007	*462	*156	*462	*5	*151	*134
Swaziland	2008	*476	*160	*476	*5	*155	*134
	2009	*481	*132	*481	*-4	*137	*117
	2010	*489	*126	*489	*-7	*133	*112
United Rep. of Tanzania	2007	84	..	..	..	84	2
Rép. Unie de Tanzanie	2008	90	..	..	..	90	2
	2009	98	..	..	..	98	2
	2010	105	..	..	..	105	2
Zambia	2007	12	..	0	..	12	1
Zambie	2008	1	..	0	..	1	0
	2009	1	..	0	..	1	0
	2010	1	..	0	..	1	0
Zimbabwe	2007	3182	45	179	-2	3050	244
Zimbabwe	2008	2493	37	179	-19	2370	190
	2009	2627	39	180	-21	2507	201
	2010	2840	42	181	-23	2724	217
America, North	**2007**	**869505**	**52587**	**74951**	**900**	**846241**	**1610**
Amérique du Nord	**2008**	**884339**	**53135**	**95235**	**8536**	**833703**	**1570**
	2009	**809325**	**35804**	**73113**	**31678**	**740338**	**1380**
	2010	**814811**	**34645**	**95831**	**-11115**	**764739**	**1411**
Bahamas	2007	..	*2	..	..	*2	*6
Bahamas	2008	..	2	..	..	2	6
	2009	..	*2	..	..	*2	*6
	2010	..	*2	..	..	*2	*6
Canada	2007	48965	14994	26304	-100	37755	1145
Canada	2008	49104	17621	27574	-612	39763	1193
	2009	44942	11762	24255	-1479	33929	1008
	2010	48227	10842	28131	-905	31842	936

Table 5

Production, trade and consumption of solid fuels
Production, commerce et consommation de combustibles solides

Thousand metric tons of coal equivalent and kilograms per capita
Milliers de tonnes métriques d'équivalent houille et kilogrammes par habitant

Country or area Pays ou zone	Year Année	Production Production	Imports Importations	Exports Exportations	Changes in stocks Variations des stocks	Consumption Consommation	
						Total Totale	Per capita Par habitant
Costa Rica	2007	..	117	..	..	117	26
Costa Rica	2008	..	117	..	..	117	26
	2009	..	102	..	..	102	22
	2010	..	92	..	..	92	20
Cuba	2007	..	28	..	..	28	2
Cuba	2008	..	34	..	..	34	3
	2009	..	33	..	..	33	3
	2010	..	29	..	..	29	3
Dominican Republic	2007	..	823	..	..	823	86
Rép. dominicaine	2008	..	858	..	..	858	89
	2009	..	842	..	..	842	86
	2010	..	804	..	..	804	81
Guatemala	2007	..	464	..	17	447	33
Guatemala	2008	..	477	..	25	452	33
	2009	..	345	..	51	294	21
	2010	..	571	..	79	492	34
Honduras	2007	..	122	..	0	122	17
Honduras	2008	..	197	..	29	168	23
	2009	..	165	..	0	165	22
	2010	..	172	..	0	172	23
Jamaica	2007	..	36	..	0	36	13
Jamaïque	2008	..	77	..	29	48	18
	2009	..	33	..	-18	51	19
	2010	..	27	..	-4	31	11
Mexico	2007	8572	4073	9	-363	12999	119
Mexique	2008	7824	3587	8	388	11015	100
	2009	7233	4238	4	400	11068	99
	2010	6912	5665	5	239	12333	109
Panama	2007	..	202	..	..	202	60
Panama	2008	..	28	..	..	28	8
	2009	..	56	..	..	56	16
	2010	..	97	..	..	97	28
United States	2007	811968	31725	48638	1347	793709	2626
États-Unis	2008	827411	30137	67652	8677	781218	2561
	2009	757149	18225	48854	32725	693795	2255
	2010	759672	16343	67695	-10524	718844	2316
America, South	**2007**	**75145**	**25468**	**66441**	**1930**	**32242**	**85**
Amérique du Sud	**2008**	**77979**	**26348**	**67759**	**2100**	**34468**	**90**
	2009	**74824**	**20587**	**65588**	**460**	**29363**	**76**
	2010	**75833**	**26186**	**67154**	**-755**	**35620**	**91**
Argentina	2007	93	1602	63	48	1583	40
Argentine	2008	93	1603	81	20	1595	40
	2009	68	1646	83	-7	1638	41
	2010	54	1356	45	-25	1390	34
Brazil	2007	3786	17131	2	70	20844	110
Brésil	2008	4196	17935	1	1037	21093	110
	2009	3212	13438	0	-108	16758	87
	2010	3437	18455	0	-158	22049	113
Chile	2007	148	5594	41	800	4901	295
Chili	2008	375	5941	11	-1	6307	375
	2009	337	4764	0	39	5062	299
	2010	362	5441	0	-429	6232	364

Table 5

Production, trade and consumption of solid fuels
Production, commerce et consommation de combustibles solides

Thousand metric tons of coal equivalent and kilograms per capita
Milliers de tonnes métriques d'équivalent houille et kilogrammes par habitant

Country or area Pays ou zone	Year Année	Production Production	Imports Importations	Exports Exportations	Changes in stocks Variations des stocks	Consumption Consommation	
						Total Totale	Per capita Par habitant
Colombia	2007	64909	0	59980	1514	3415	77
Colombie	2008	68252	0	62939	1291	4022	89
	2009	67606	0	62549	605	4452	98
	2010	69039	0	64442	28	4569	99
Falkland Is. (Malvinas)	2007	*4	..	..	..	*4	*1418
Iles Falkland (Malvinas)	2008	4	..	..	..	4	1412
	2009	*4	..	..	..	*4	*1406
	2010	*4	..	..	..	*4	*1400
Peru	2007	110	1137	0	-92	1339	48
Pérou	2008	139	867	0	-246	1252	44
	2009	315	736	0	-69	1120	39
	2010	90	930	105	-172	1087	37
Uruguay	2007	..	4	..	..	4	1
Uruguay	2008	..	2	..	..	2	1
	2009	..	3	..	..	3	1
	2010	..	4	..	..	4	1
Venezuela(Bolivar. Rep.)	2007	6095	..	6353	-410	152	6
Venezuela(Rép. bolivar.)	2008	4921	..	4728	0	193	7
	2009	3281	..	2956	0	325	11
	2010	2847	..	2562	0	285	10
Asia	**2007**	**2714413**	**468043**	**291344**	**27055**	**2864058**	**710**
Asie	**2008**	**2845386**	**469593**	**270526**	**44334**	**3000120**	**736**
	2009	**3021131**	**524356**	**265528**	**78545**	**3201413**	**777**
	2010	**3285411**	**594244**	**350126**	**156271**	**3373258**	**810**
Afghanistan	2007	243	39	0	..	282	10
Afghanistan	2008	347	60	1	..	407	14
	2009	500	96	13	..	583	19
	2010	725	184	32	..	877	28
Armenia	2007	..	5	0	..	5	2
Arménie	2008	..	5	0	..	5	1
	2009	..	1	0	..	1	0
	2010	..	5	0	..	5	1
Bangladesh	2007	277	0	..	..	277	2
Bangladesh	2008	483	0	..	..	484	3
	2009	612	0	..	..	612	4
	2010	*613	0	..	..	*613	*4
Bhutan	2007	105	..	75	..	30	43
Bhoutan	2008	124	..	81	..	43	61
	2009	49	..	27	..	21	30
	2010	88	..	59	..	29	40
Cambodia	2007	..	..	..	..	..	..
Cambodge	2008	..	..	..	..	..	..
	2009	..	12	..	6	6	0
	2010	..	13	..	7	7	0
China	2007	1920214	37288	52805	30938	1873758	1418
Chine	2008	1998943	28632	44277	43700	1939599	1460
	2009	2120934	91234	16507	67176	2128485	1594
	2010	2307845	116459	16883	145121	2262299	1687
China, Hong Kong SAR	2007	..	9371	0	389	8982	1307
Chine, Hong-Kong RAS	2008	..	8671	0	470	8201	1184
	2009	..	9425	0	973	8452	1210
	2010	..	7891	0	442	7449	1056

Table 5

Production, trade and consumption of solid fuels
Production, commerce et consommation de combustibles solides

Thousand metric tons of coal equivalent and kilograms per capita
Milliers de tonnes métriques d'équivalent houille et kilogrammes par habitant

Country or area Pays ou zone	Year Année	Production Production	Imports Importations	Exports Exportations	Changes in stocks Variations des stocks	Consumption Consommation	
						Total Totale	Per capita Par habitant
Cyprus	2007	..	33	..	-16	49	46
Chypre	2008	..	41	..	1	40	37
	2009	..	26	..	5	21	20
	2010	..	17	..	-9	26	24
Georgia	2007	16	131	4	..	143	32
Géorgie	2008	48	221	3	..	266	60
	2009	141	96	3	..	234	53
	2010	227	144	13	..	359	82
India	2007	389938	45081	1435	1792	431792	368
Inde	2008	418983	50582	2575	256	466734	392
	2009	452095	62681	2093	13676	499006	413
	2010	453664	59807	3820	6087	503565	411
Indonesia	2007	225382	128	178489	-509	47531	204
Indonésie	2008	238277	137	174338	-278	64354	274
	2009	255408	109	191016	147	64354	271
	2010	312498	107	264570	183	47851	199
Iran(Islamic Rep. of)	2007	1634	949	18	..	2565	36
Iran(Rép. islamique)	2008	1591	747	40	..	2298	32
	2009	1152	579	23	..	1708	23
	2010	1024	1127	117	..	2035	28
Israel	2007	135	11577	..	196	11516	1664
Israël	2008	134	10942	..	-166	11243	1585
	2009	140	10161	..	4	10297	1418
	2010	136	10537	..	0	10673	1439
Japan	2007	..	167295	1392	-113	166016	1312
Japon	2008	..	163982	954	976	162052	1281
	2009	..	145178	1048	-401	144531	1142
	2010	..	164733	672	-133	164194	1298
Kazakhstan	2007	61790	1048	16897	558	45383	2932
Kazakhstan	2008	69780	865	20962	88	49596	3168
	2009	63260	780	18124	154	45763	2889
	2010	69353	875	19670	1224	49334	3078
Korea, Dem.Ppl's.Rep.	2007	27747	191	3740	..	24198	1008
Corée,Rép.pop.dém.de	2008	29439	194	2626	..	27007	1119
	2009	28775	206	3002	..	25979	1072
	2010	29292	177	4601	..	24869	1021
Korea, Republic of	2007	1896	77861	..	-574	80331	1691
Corée, République de	2008	1822	87867	..	-241	89930	1884
	2009	1655	89890	..	-894	92439	1927
	2010	1369	104213	..	412	105170	2183
Kyrgyzstan	2007	162	385	0	..	547	106
Kirghizistan	2008	203	346	15	..	534	103
	2009	248	302	0	..	550	104
	2010	235	339	0	..	574	108
Lao People's Dem. Rep.	2007	*618	..	*223	..	*395	*67
Rép. dém. pop. lao	2008	*538	..	*117	..	*422	*70
	2009	*591	..	*146	..	*446	*73
	2010	*632	..	*158	..	*474	*77
Lebanon	2007	..	200	..	..	200	48
Liban	2008	..	200	..	..	200	48
	2009	..	200	..	..	200	48
	2010	..	340	..	..	340	80

Table 5

Production, trade and consumption of solid fuels
Production, commerce et consommation de combustibles solides

Thousand metric tons of coal equivalent and kilograms per capita
Milliers de tonnes métriques d'équivalent houille et kilogrammes par habitant

Country or area Pays ou zone	Year Année	Production Production	Imports Importations	Exports Exportations	Changes in stocks Variations des stocks	Consumption Consommation	
						Total Totale	Per capita Par habitant
Malaysia	2007	1063	12036	390	180	12529	463
Malaisie	2008	1167	13884	294	-1162	15919	579
	2009	2138	17026	22	-358	19500	698
	2010	2397	20737	98	-125	23161	816
Mongolia	2007	6174	1	3240	136	2800	1067
Mongolie	2008	6827	1	4112	18	2698	1011
	2009	11194	0	7101	920	3174	1170
	2010	21328	0	16675	1385	3268	1186
Myanmar	2007	344	14	..	..	358	8
Myanmar	2008	275	6	..	..	281	6
	2009	263	2	..	..	265	6
	2010	255	*2	..	..	257	5
Nepal	2007	14	314	..	..	328	12
Népal	2008	15	294	..	..	309	11
	2009	15	307	..	..	322	11
	2010	16	321	..	..	337	11
Other Asia	2007	..	58333	11	111	58211	2536
Autres zones d'Asie	2008	..	56918	85	1089	55745	2420
	2009	..	51777	36	-1367	53108	2297
	2010	..	58080	113	-77	58045	2500
Pakistan	2007	2786	5924	..	..	8710	53
Pakistan	2008	2525	4602	..	..	7128	43
	2009	2352	4625	..	..	6977	41
	2010	2331	4237	..	..	6568	38
Philippines	2007	2267	5284	532	..	7019	79
Philippines	2008	2406	6182	596	-166	8159	90
	2009	3124	4836	1329	-1182	7814	85
	2010	4433	7462	2732	141	9021	97
Singapore	2007	..	11	1	..	11	2
Singapour	2008	..	7	0	..	6	1
	2009	..	5	0	..	5	1
	2010	..	10	0	..	10	2
Sri Lanka	2007	..	68	..	0	68	3
Sri Lanka	2008	..	72	..	0	72	4
	2009	..	75	..	0	75	4
	2010	..	108	..	13	95	5
Syrian Arab Republic	2007	..	8	4	..	4	0
Rép. arabe syrienne	2008	..	8	4	..	4	0
	2009	..	8	4	..	4	0
	2010	..	8	4	..	4	0
Tajikistan	2007	109	6	0	..	115	17
Tadjikistan	2008	120	7	1	..	126	19
	2009	122	9	0	..	131	19
	2010	121	12	0	..	133	19
Thailand	2007	6516	12704	..	42	19178	283
Thaïlande	2008	6424	14411	75	-182	20942	307
	2009	6354	14685	27	1313	19699	287
	2010	6553	15306	21	952	20886	302
Turkey	2007	21134	20914	..	17	42031	601
Turquie	2008	23821	18366	..	-69	42256	596
	2009	24861	19052	..	961	42951	598
	2010	25034	19784	..	-1070	45888	631

Table 5

Production, trade and consumption of solid fuels
Production, commerce et consommation de combustibles solides

Thousand metric tons of coal equivalent and kilograms per capita
Milliers de tonnes métriques d'équivalent houille et kilogrammes par habitant

Country or area Pays ou zone	Year Année	Production Production	Imports Importations	Exports Exportations	Changes in stocks Variations des stocks	Consumption Consommation Total Totale	Consumption Consommation Per capita Par habitant
United Arab Emirates	2007	..	220	..	..	220	41
Emirats arabes unis	2008	..	557	..	..	557	90
	2009	..	894	..	..	894	129
	2010	..	1162	..	..	1162	155
Uzbekistan	2007	1365	77	13	..	1429	54
Ouzbékistan	2008	1316	100	12	..	1404	52
	2009	1432	77	14	..	1495	55
	2010	1302	46	13	..	1335	49
Viet Nam	2007	42483	546	32072	-6092	17049	201
Viet Nam	2008	39777	685	19358	0	21104	246
	2009	43715	0	24992	-2587	21310	245
	2010	43940	0	19876	1718	22346	254
Europe	**2007**	**573685**	**276918**	**143275**	**-7612**	**714940**	**974**
Europe	**2008**	**569302**	**275797**	**133914**	**17830**	**693354**	**943**
	2009	**528169**	**220176**	**134488**	**19195**	**594662**	**807**
	2010	**560885**	**230656**	**162843**	**-20866**	**649565**	**880**
Albania	2007	21	4	..	..	26	8
Albanie	2008	29	4	..	..	33	10
	2009	5	71	..	..	76	24
	2010	5	79	..	..	83	26
Andorra	2007	..	0	..	..	0	0
Andorre	2008	..	0	..	..	0	0
	2009	..	0	..	..	0	0
	2010	..	0	..	..	0	1
Austria	2007	0	5852	19	284	5548	668
Autriche	2008	0	5572	4	193	5375	644
	2009	0	3953	12	-170	4111	491
	2010	0	4297	16	-606	4887	582
Belarus	2007	815	133	148	92	708	73
Bélarus	2008	768	111	234	17	628	65
	2009	719	115	330	-102	607	63
	2010	764	112	259	-67	684	71
Belgium	2007	0	7213	1583	-286	5916	561
Belgique	2008	0	7791	1328	443	6019	568
	2009	0	4644	1280	-828	4192	393
	2010	0	5454	1048	-84	4490	419
Bosnia and Herzegovina	2007	8372	672	598	-6	8452	2237
Bosnie-Herzégovine	2008	9284	708	631	-6	9367	2482
	2009	9196	816	428	150	9434	2504
	2010	8811	1245	631	-111	9536	2536
Bulgaria	2007	6873	4357	1	-3	11231	1470
Bulgarie	2008	6879	4613	17	630	10845	1429
	2009	6569	2495	5	-58	9117	1209
	2010	7054	2486	38	-280	9781	1305
Croatia	2007	..	1169	1	21	1147	259
Croatie	2008	..	1325	0	146	1179	267
	2009	..	765	0	-88	852	193
	2010	..	1190	1	29	1160	264
Czech Republic	2007	34006	3196	7810	-1097	30488	2956
République tchèque	2008	32550	2821	7243	-73	28201	2718
	2009	29790	2602	7166	-295	25521	2445
	2010	29614	3054	7173	-1058	26553	2531

Table 5

Production, trade and consumption of solid fuels
Production, commerce et consommation de combustibles solides
Thousand metric tons of coal equivalent and kilograms per capita
Milliers de tonnes métriques d'équivalent houille et kilogrammes par habitant

Country or area Pays ou zone	Year Année	Production Production	Imports Importations	Exports Exportations	Changes in stocks Variations des stocks	Consumption Consommation	
						Total Totale	Per capita Par habitant
Denmark	2007	..	6827	190	28	6609	1208
Danemark	2008	..	6346	156	581	5609	1020
	2009	..	5665	64	-135	5736	1038
	2010	..	3835	71	-1998	5761	1038
Estonia	2007	5220	163	125	-38	5296	3944
Estonie	2008	4947	122	97	71	4902	3652
	2009	4694	34	43	329	4357	3247
	2010	5624	66	90	8	5593	4170
Finland	2007	1555	6525	21	-2357	10416	1969
Finlande	2008	1502	5633	9	-513	7640	1437
	2009	3134	5434	19	1189	7360	1378
	2010	2580	5703	11	-1734	10007	1865
France	2007	374	18947	952	-1125	19496	316
France	2008	246	21411	1114	2063	18480	297
	2009	130	15372	682	-1194	16015	256
	2010	242	17617	241	411	17207	274
Germany	2007	77986	46913	1104	-89	123884	1501
Allemagne	2008	71497	45840	1471	113	115752	1403
	2009	65290	38232	1223	-13	102313	1242
	2010	64464	46836	1339	-215	110176	1339
Greece	2007	11984	535	16	-132	12636	1123
Grèce	2008	11614	593	2	334	11871	1051
	2009	11680	242	2	-124	12044	1063
	2010	10451	572	0	-210	11233	989
Hungary	2007	2533	2447	435	35	4509	449
Hongrie	2008	2419	2433	368	80	4405	440
	2009	2223	1583	216	-60	3650	365
	2010	2276	2017	383	-11	3921	393
Iceland	2007	..	165	..	14	151	495
Islande	2008	..	121	..	-12	134	430
	2009	..	129	..	8	121	384
	2010	..	124	..	-4	129	402
Ireland	2007	898	2209	15	-329	3421	797
Irlande	2008	981	2434	19	-92	3488	801
	2009	905	1974	14	-283	3148	713
	2010	1485	1507	24	-28	2997	671
Italy	2007	143	24003	213	-51	23985	403
Italie	2008	106	23907	236	499	23277	388
	2009	65	18013	273	-351	18156	301
	2010	92	20730	304	288	20229	334
Latvia	2007	4	137	3	-16	153	67
Lettonie	2008	4	152	4	0	152	67
	2009	8	118	7	-3	122	54
	2010	3	164	4	8	155	69
Lithuania	2007	17	389	8	-30	428	127
Lituanie	2008	22	402	11	58	356	106
	2009	17	226	19	-42	266	80
	2010	10	337	38	-24	334	100
Luxembourg	2007	..	123	..	..	123	258
Luxembourg	2008	..	119	..	..	119	244
	2009	..	109	..	..	109	218
	2010	..	107	..	..	107	212

Table 5

Production, trade and consumption of solid fuels
Production, commerce et consommation de combustibles solides

Thousand metric tons of coal equivalent and kilograms per capita
Milliers de tonnes métriques d'équivalent houille et kilogrammes par habitant

Country or area Pays ou zone	Year Année	Production Production	Imports Importations	Exports Exportations	Changes in stocks Variations des stocks	Consumption Consommation	
						Total Totale	Per capita Par habitant
Montenegro	2007	380	9	19	..	370	589
Monténégro	2008	547	13	13	..	546	869
	2009	301	13	18	..	295	468
	2010	609	0	22	..	587	930
Netherlands	2007	..	23230	12447	675	10108	615
Pays-Bas	2008	..	18759	7757	859	10142	615
	2009	..	17423	4888	3185	9350	565
	2010	..	18283	6023	2681	9580	577
Norway	2007	3905	1015	3232	538	1150	244
Norvège	2008	3289	1060	3211	-91	1228	257
	2009	2532	678	2298	111	801	166
	2010	1855	1078	1585	150	1198	245
Poland	2007	89301	5499	16185	-2391	81007	2121
Pologne	2008	87037	9276	13048	3391	79874	2090
	2009	80611	9336	11662	3495	74790	1955
	2010	79136	11811	14384	-3238	79801	2085
Portugal	2007	..	4157	13	24	4120	388
Portugal	2008	..	3324	40	-367	3651	343
	2009	..	4423	67	315	4041	379
	2010	..	2428	114	-45	2359	221
Republic of Moldova	2007	..	114	..	50	64	17
Rép. de Moldova	2008	..	131	..	8	123	34
	2009	..	87	..	-45	132	37
	2010	..	118	..	-5	123	35
Romania	2007	9589	5275	71	305	14489	669
Roumanie	2008	9612	3703	26	-68	13358	619
	2009	9378	1486	23	67	10774	500
	2010	8434	1757	59	160	9972	464
Russian Federation	2007	232777	20763	91681	1628	160230	1118
Fédération de Russie	2008	238819	26898	89189	7074	169453	1184
	2009	219472	20738	95984	6810	137415	961
	2010	257184	21853	119822	-8332	167546	1172
Serbia	2007	11275	1172	139	-13	12321	1253
Serbie	2008	11749	1272	95	133	12793	1300
	2009	10473	831	53	-108	11360	1153
	2010	10327	1033	58	185	11118	1128
Slovakia	2007	787	5676	206	564	5692	1048
Slovaquie	2008	891	5162	230	73	5750	1057
	2009	933	4820	214	-2	5541	1016
	2010	876	4594	368	-515	5617	1028
Slovenia	2007	1770	475	2	-32	2275	1131
Slovénie	2008	1693	633	1	89	2235	1108
	2009	1657	369	5	5	2015	996
	2010	1657	404	0	32	2030	1000
Spain	2007	7795	20928	1720	-1329	28332	635
Espagne	2008	5992	17922	1820	1881	20213	448
	2009	5182	14152	1060	3179	15096	331
	2010	4334	11211	1258	2608	11679	253
Sweden	2007	222	3537	29	-58	3787	413
Suède	2008	357	3285	41	129	3473	376
	2009	299	2201	269	-523	2755	296
	2010	340	3669	33	413	3564	380

Table 5

Production, trade and consumption of solid fuels
Production, commerce et consommation de combustibles solides

Thousand metric tons of coal equivalent and kilograms per capita
Milliers de tonnes métriques d'équivalent houille et kilogrammes par habitant

Country or area Pays ou zone	Year Année	Production Production	Imports Importations	Exports Exportations	Changes in stocks Variations des stocks	Consumption Consommation	
						Total Totale	Per capita Par habitant
Switzerland	2007	..	296	0	43	253	33
Suisse	2008	..	227	0	-6	233	31
	2009	..	240	0	25	216	28
	2010	..	187	0	-34	222	29
T.F.Yug.Rep. Macedonia	2007	2506	167	1	-81	2753	1344
L'ex-RY Macédoine	2008	2938	154	1	57	3034	1478
	2009	2859	42	7	8	2886	1403
	2010	2589	120	16	-6	2699	1310
Ukraine	2007	48018	13347	3566	139	57661	1246
Ukraine	2008	48073	12277	4779	-2320	57891	1259
	2009	44751	7097	5430	-912	47330	1035
	2010	44307	10866	6315	-3272	52130	1147
United Kingdom	2007	14558	39277	721	-2591	55704	915
Royaume-Uni	2008	15458	39242	719	2456	51526	841
	2009	15294	33648	727	5655	42559	690
	2010	15761	23711	1115	-5961	44317	714
Oceania	**2007**	**329661**	**826**	**238158**	**12127**	**80202**	**2310**
Océanie	**2008**	**332130**	**818**	**249284**	**2799**	**80865**	**2287**
	2009	**344741**	**763**	**258068**	**5599**	**81837**	**2274**
	2010	**343530**	**802**	**273538**	**-4614**	**75409**	**2061**
Australia	2007	325621	39	236079	12000	77581	3673
Australie	2008	328081	6	246718	3611	77759	3614
	2009	340976	0	255984	5525	79467	3628
	2010	339057	12	271105	-4958	72922	3275
New Caledonia	2007	..	244	..	..	244	1021
Nouvelle-Calédonie	2008	..	367	..	..	367	1511
	2009	..	253	..	..	253	1025
	2010	..	600	..	..	600	2393
New Zealand	2007	4039	543	2079	127	2377	562
Nouvelle-Zélande	2008	4049	445	2566	-812	2739	640
	2009	3765	510	2084	74	2117	490
	2010	4474	189	2433	344	1886	432

Table 6

Production, trade and consumption of hard coal
Production, commerce et consommation de houille
Thousand metric tons and kilograms per capita
Milliers de tones métriques et kilogrammes par habitant

Table Notes:

Data for China include lignite.

Please refer to the Definitions Section on pages xv to xxix for the appropriate product description/ classification.

Notes relatives aux tableaux:

Les données pour la Chine comprennent lignite.

Veuillez consulter la section "définitions" de la page xv à la page xxix pour une description/classification appropriée des produits.

Figure 13: World hard coal production 1994-2010

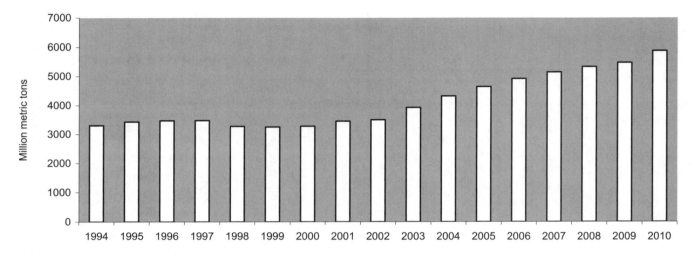

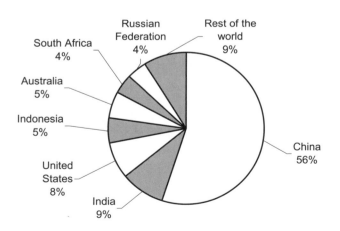

Figure 14: Major hard coal producing countries in 2010

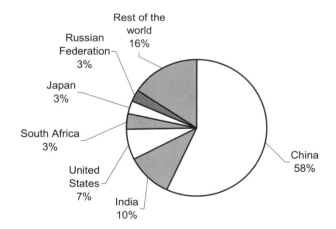

Figure 15: Major hard coal consuming countries in 2010

Table 6

Production, trade and consumption of hard coal
Production, commerce et consommation de houille

Thousand metric tons and kilograms per capita
Milliers de tonnes métriques et kilogrammes par habitant

Country or area Pays ou zone	Year Année	Production Production	Imports Importations	Exports Exportations	Changes in stocks Variations des stocks	Consumption Consommation	
						Total Totale	Per capita Par habitant
World	2007	5146380	881956	918211	28887	5081238	763
Monde	2008	5331429	885105	911518	82583	5222432	775
	2009	5474765	894391	895482	141340	5332335	782
	2010	5878618	980249	1084198	152446	5622224	815
Africa	2007	252923	12519	67508	-15	197949	208
Afrique	2008	254626	11743	58430	7215	200723	206
	2009	254154	10070	52471	28	211725	212
	2010	259703	10590	66921	-1	203373	199
Algeria	2007	..	826	..	-30	856	25
Algérie	2008	..	825	..	-31	856	25
	2009	..	166	..	-124	290	8
	2010	..	0	..	0	0	0
Botswana	2007	828	15	..	-62	905	470
Botswana	2008	910	3	..	-1	914	468
	2009	738	3	..	-1	742	374
	2010	988	3	..	-1	992	494
Dem. Rep. of the Congo	2007	127	52	..	..	179	3
Rép. dem. du Congo	2008	131	59	..	..	190	3
	2009	135	60	..	..	195	3
	2010	139	70	..	..	209	3
Egypt	2007	25	1733	50	..	1708	22
Egypte	2008	25	1696	50	..	1671	21
	2009	69	1522	0	..	1591	20
	2010	38	2205	0	..	2243	28
Kenya	2007	..	151	..	..	151	4
Kenya	2008	..	155	..	..	155	4
	2009	..	138	..	..	138	3
	2010	..	236	..	..	236	6
Madagascar	2007	..	10	..	..	10	1
Madagascar	2008	..	13	..	..	13	1
	2009	..	14	..	..	14	1
	2010	..	40	..	..	40	2
Malawi	2007	*60	11	*10	..	*61	*5
Malawi	2008	*52	8	*9	..	*51	*4
	2009	*54	2	*8	..	*48	*3
	2010	*54	6	*8	..	*52	*4
Mauritius	2007	..	648	..	75	573	449
Maurice	2008	..	606	..	-45	651	507
	2009	..	560	..	-36	596	461
	2010	..	661	..	-7	668	514
Morocco	2007	..	6027	..	0	6027	194
Maroc	2008	..	4479	..	17	4462	142
	2009	..	4264	..	164	4100	130
	2010	..	4265	..	41	4224	132
Mozambique	2007	24	..	22	-7	9	0
Mozambique	2008	38	..	5	23	10	0
	2009	38	..	5	23	10	0
	2010	38	..	28	0	10	0
Namibia	2007	..	77	..	..	77	36
Namibie	2008	..	413	..	..	413	188
	2009	..	193	..	..	193	86
	2010	..	136	..	..	136	60

Table 6

Production, trade and consumption of hard coal
Production, commerce et consommation de houille
Thousand metric tons and kilograms per capita
Milliers de tonnes métriques et kilogrammes par habitant

Country or area Pays ou zone	Year Année	Production Production	Imports Importations	Exports Exportations	Changes in stocks Variations des stocks	Consumption Consommation	
						Total Totale	Per capita Par habitant
Niger	2007	171	..	..	11	161	12
Niger	2008	183	..	..	-3	186	13
	2009	191	..	..	-1	192	13
	2010	238	..	..	2	235	15
Nigeria	2007	8	..	..	..	8	0
Nigéria	2008	8	..	..	..	8	0
	2009	8	..	..	..	8	0
	2010	8	..	..	..	8	0
Réunion	2007	..	679	..	19	660	809
Réunion	2008	..	626	..	-52	678	821
	2009	..	681	..	30	651	778
	2010	..	690	..	-5	695	821
Senegal	2007	..	301	..	..	301	26
Sénégal	2008	..	254	..	..	254	22
	2009	..	316	..	..	316	26
	2010	..	264	..	..	264	21
South Africa	2007	247666	1783	66964	0	182485	3736
Afrique du Sud	2008	250006	2405	57890	7323	187198	3796
	2009	249489	*1976	51977	0	199488	4010
	2010	254522	1842	66396	0	189968	3789
Swaziland	2007	*462	*156	*462	*5	*151	*134
Swaziland	2008	*476	*160	*476	*5	*155	*134
	2009	*481	*132	*481	*-4	*137	*117
	2010	*489	*126	*489	*-7	*133	*112
United Rep. of Tanzania	2007	84	..	..	..	84	2
Rép. Unie de Tanzanie	2008	90	..	..	..	90	2
	2009	98	..	..	..	98	2
	2010	105	..	..	..	105	2
Zambia	2007	14	..	0	..	14	1
Zambie	2008	1	..	0	..	1	0
	2009	1	..	0	..	1	0
	2010	1	..	0	..	1	0
Zimbabwe	2007	3454	49	..	-25	3528	283
Zimbabwe	2008	2706	40	..	-21	2767	222
	2009	2852	42	..	-23	2917	234
	2010	3083	46	..	-25	3154	251
America, North	**2007**	**541221**	**43723**	**76373**	**-5603**	**514174**	**978**
Amérique du Nord	**2008**	**552574**	**42179**	**97812**	**5839**	**491102**	**925**
	2009	**500923**	**29093**	**76436**	**32982**	**420598**	**784**
	2010	**492959**	**27839**	**100382**	**-14317**	**434733**	**802**
Canada	2007	32812	10399	30422	-166	12955	393
Canada	2008	32841	11026	31513	-264	12618	379
	2009	27961	8353	28466	-1997	9845	292
	2010	33705	8817	33272	-1076	10326	304
Costa Rica	2007	..	22	..	..	22	5
Costa Rica	2008	..	1	..	..	1	0
	2009	..	4	..	..	4	1
	2010	..	1	..	..	1	0
Cuba	2007	..	18	..	..	18	2
Cuba	2008	..	24	..	..	24	2
	2009	..	23	..	..	23	2
	2010	..	23	..	..	23	2

Table 6

Production, trade and consumption of hard coal
Production, commerce et consommation de houille
Thousand metric tons and kilograms per capita
Milliers de tonnes métriques et kilogrammes par habitant

Country or area Pays ou zone	Year Année	Production Production	Imports Importations	Exports Exportations	Changes in stocks Variations des stocks	Consumption Consommation	
						Total Totale	Per capita Par habitant
Dominican Republic	2007	..	728	..	..	728	76
Rép. dominicaine	2008	..	763	..	..	763	79
	2009	..	747	..	..	747	76
	2010	..	709	..	..	709	71
Guatemala	2007	..	464	..	17	447	33
Guatemala	2008	..	477	..	25	452	33
	2009	..	345	..	51	294	21
	2010	..	571	..	79	492	34
Honduras	2007	..	64	..	0	64	9
Honduras	2008	..	104	..	-1	105	14
	2009	..	103	..	0	103	14
	2010	..	107	..	0	107	14
Jamaica	2007	..	36	..	0	36	13
Jamaïque	2008	..	77	..	29	48	18
	2009	..	33	..	-18	51	19
	2010	..	27	..	-4	31	11
Mexico	2007	2058	1502	8	1039	2513	23
Mexique	2008	1841	1854	7	834	2854	26
	2009	1793	542	5	-110	2440	22
	2010	1587	1531	5	417	2696	24
United States	2007	506351	30490	45943	-6493	497391	1645
États-Unis	2008	517892	27853	66292	5216	474237	1555
	2009	471169	18943	47965	35056	407091	1323
	2010	457667	16053	67105	-13733	420348	1354
America, South	**2007**	**82429**	**24079**	**70969**	**2340**	**33199**	**87**
Amérique du Sud	**2008**	**85954**	**24652**	**72529**	**2331**	**35746**	**93**
	2009	**82189**	**21079**	**69755**	**539**	**32974**	**85**
	2010	**83270**	**25108**	**70712**	**-1327**	**38993**	**99**
Argentina	2007	110	1558	39	50	1579	40
Argentine	2008	110	1558	39	50	1579	40
	2009	81	1600	42	18	1621	40
	2010	64	1318	0	-4	1386	34
Brazil	2007	5965	14864	..	-86	20915	110
Brésil	2008	6611	15311	..	1100	20822	109
	2009	5061	12462	..	-145	17668	91
	2010	5415	15909	..	-383	21707	111
Chile	2007	243	6733	..	1255	5721	344
Chili	2008	667	7102	..	43	7726	460
	2009	636	6255	..	74	6817	402
	2010	619	6933	..	-799	8351	488
Colombia	2007	69902	0	64575	1630	3697	83
Colombie	2008	73502	0	67761	1390	4351	97
	2009	72807	0	66756	652	5399	118
	2010	74350	0	68148	30	6172	133
Peru	2007	112	922	0	-99	1133	40
Pérou	2008	142	679	0	-252	1073	38
	2009	322	760	0	-60	1142	40
	2010	92	944	107	-171	1100	38
Uruguay	2007	..	2	..	..	2	1
Uruguay	2008	..	2	..	..	2	1
	2009	..	2	..	..	2	1
	2010	..	4	..	..	4	1

Table 6

Production, trade and consumption of hard coal
Production, commerce et consommation de houille

Thousand metric tons and kilograms per capita
Milliers de tonnes métriques et kilogrammes par habitant

Country or area Pays ou zone	Year Année	Production Production	Imports Importations	Exports Exportations	Changes in stocks Variations des stocks	Consumption Consommation Total Totale	Per capita Par habitant
Venezuela(Bolivar. Rep.)	2007	6097	..	6355	-410	152	6
Venezuela(Rép. bolivar.)	2008	4922	..	4729	0	193	7
	2009	3282	..	2957	0	325	11
	2010	2730	..	2457	0	273	9
Asia	**2007**	**3551551**	**515556**	**317506**	**30761**	**3718840**	**922**
Asie	**2008**	**3723313**	**519032**	**295700**	**45780**	**3900865**	**957**
	2009	**3947367**	**599865**	**296627**	**79466**	**4171139**	**1012**
	2010	**4293613**	**678450**	**385385**	**193922**	**4392756**	**1055**
Afghanistan	2007	243	..	..	..	243	8
Afghanistan	2008	347	..	..	..	347	12
	2009	500	..	..	..	500	16
	2010	725	..	..	..	725	23
Armenia	2007	..	3	..	..	3	1
Arménie	2008	..	2	..	..	2	1
	2009	..	0	..	..	0	0
	2010	..	2	..	..	2	1
Bangladesh	2007	388	0	..	..	388	3
Bangladesh	2008	677	0	..	..	677	5
	2009	858	0	..	..	858	6
	2010	*858	0	..	..	*858	*6
Bhutan	2007	105	..	75	..	30	43
Bhoutan	2008	124	..	81	..	43	61
	2009	49	..	27	..	21	30
	2010	88	..	59	..	29	40
China	2007	2691643	51016	53187	34036	2655436	2009
Chine	2008	2802000	40341	45434	46296	2750611	2071
	2009	2973000	125840	22396	63606	3012838	2257
	2010	3235001	163095	19104	181272	3197720	2384
China, Hong Kong SAR	2007	..	12261	0	389	11872	1727
Chine, Hong-Kong RAS	2008	..	11345	0	470	10875	1570
	2009	..	12332	0	973	11359	1626
	2010	..	10324	0	442	9882	1401
Cyprus	2007	..	33	..	-16	49	46
Chypre	2008	..	41	..	1	40	37
	2009	..	26	..	5	21	19
	2010	..	17	..	-9	26	24
Georgia	2007	19	56	5	..	70	16
Géorgie	2008	58	167	4	..	221	50
	2009	169	37	4	..	202	46
	2010	266	67	15	..	318	73
India	2007	457082	49794	1627	2431	502818	428
Inde	2008	492757	59003	1655	538	549567	461
	2009	532062	73260	2450	16804	586068	485
	2010	532694	68918	4409	7329	589874	482
Indonesia	2007	223845	68	196986	-572	27499	118
Indonésie	2008	238000	107	190002	-312	48417	206
	2009	253886	70	208294	159	45503	192
	2010	319190	55	291061	206	27978	117
Iran(Islamic Rep. of)	2007	1634	390	17	..	2007	28
Iran(Rép. islamique)	2008	1591	143	37	..	1697	23
	2009	1152	10	22	..	1140	16
	2010	1024	51	115	..	960	13

Table 6

Production, trade and consumption of hard coal
Production, commerce et consommation de houille
Thousand metric tons and kilograms per capita
Milliers de tonnes métriques et kilogrammes par habitant

Country or area Pays ou zone	Year Année	Production Production	Imports Importations	Exports Exportations	Changes in stocks Variations des stocks	Consumption Consommation	
						Total Totale	Per capita Par habitant
Israel	2007	..	13490	..	196	13294	1921
Israël	2008	..	12774	..	-166	12940	1825
	2009	..	11843	..	4	11839	1631
	2010	..	12310	..	0	12310	1659
Japan	2007	..	186988	4	..	186984	1478
Japon	2008	..	184091	3	..	184088	1455
	2009	..	163719	2	..	163717	1294
	2010	..	185371	4	..	185367	1465
Kazakhstan	2007	94014	367	26177	868	67336	4351
Kazakhstan	2008	106296	264	32045	66	74449	4756
	2009	95770	276	28295	221	67530	4263
	2010	103646	249	29372	1791	72732	4538
Korea, Dem.Ppl's.Rep.	2007	23860	19	3740	..	20139	839
Corée,Rép.pop.dém.de	2008	25098	2	2626	..	22474	932
	2009	24602	22	3002	..	21622	892
	2010	25295	0	4601	..	20694	850
Korea, Republic of	2007	2886	84799	..	-873	88558	1864
Corée, République de	2008	2773	96424	..	-366	99563	2086
	2009	2519	99420	..	-1360	103299	2154
	2010	2084	113501	..	627	114958	2386
Kyrgyzstan	2007	37	538	0	..	575	112
Kirghizistan	2008	55	499	0	..	554	106
	2009	67	435	0	..	502	95
	2010	55	489	0	..	544	102
Lao People's Dem. Rep.	2007	*355	..	..	..	*355	*60
Rép. dém. pop. lao	2008	*392	..	..	..	*392	*65
	2009	*412	..	..	..	*412	*67
	2010	*439	..	..	..	*439	*71
Lebanon	2007	..	200	..	..	200	48
Liban	2008	..	200	..	..	200	48
	2009	..	200	..	..	200	48
	2010	..	340	..	..	340	80
Malaysia	2007	1063	12036	390	180	12529	463
Malaisie	2008	1167	13884	294	-1162	15919	579
	2009	2138	17026	22	-358	19500	698
	2010	2397	20737	98	-125	23161	816
Mongolia	2007	4665	1	3226	171	1269	484
Mongolie	2008	5228	1	4084	-3	1148	430
	2009	9594	0	7094	928	1572	580
	2010	19439	0	16650	1313	1476	536
Myanmar	2007	310	14	..	..	324	7
Myanmar	2008	245	6	..	..	251	5
	2009	235	2	..	..	237	5
	2010	240	*2	..	..	242	5
Nepal	2007	14	314	..	..	328	12
Népal	2008	15	294	..	..	309	11
	2009	15	307	..	..	322	11
	2010	16	321	..	..	337	11
Other Asia	2007	..	59344	..	-14	59358	2585
Autres zones d'Asie	2008	..	58019	..	1048	56971	2473
	2009	..	52835	..	-1352	54187	2344
	2010	..	58911	..	-88	58999	2541

Table 6

Production, trade and consumption of hard coal
Production, commerce et consommation de houille
Thousand metric tons and kilograms per capita
Milliers de tonnes métriques et kilogrammes par habitant

Country or area Pays ou zone	Year Année	Production Production	Imports Importations	Exports Exportations	Changes in stocks Variations des stocks	Consumption Consommation	
						Total Totale	Per capita Par habitant
Pakistan	2007	4124	5987	..	..	10111	61
Pakistan	2008	3738	4651	..	..	8389	50
	2009	3481	4658	..	..	8139	48
	2010	3450	4267	..	..	7717	44
Singapore	2007	..	0	0	..	0	0
Singapour	2008	..	1	0	..	1	0
	2009	..	0	0	..	0	0
	2010	..	0	0	..	0	0
Sri Lanka	2007	..	68	..	0	68	3
Sri Lanka	2008	..	72	..	0	72	4
	2009	..	75	..	0	75	4
	2010	..	108	..	13	95	5
Tajikistan	2007	158	8	0	..	166	25
Tadjikistan	2008	176	10	2	..	184	27
	2009	179	13	0	..	192	28
	2010	177	17	0	..	194	28
Thailand	2007	..	14051	..	..	14051	207
Thaïlande	2008	..	15960	75	..	15885	233
	2009	..	16200	27	1238	14935	217
	2010	..	16802	21	899	15882	230
Turkey	2007	2462	22945	..	57	25350	362
Turquie	2008	2601	19489	..	-630	22720	320
	2009	2864	20364	..	1185	22043	307
	2010	2524	21333	..	-1466	25323	348
United Arab Emirates	2007	..	220	..	..	220	41
Emirats arabes unis	2008	..	557	..	..	557	90
	2009	..	894	..	..	894	129
	2010	..	1162	..	..	1162	155
Uzbekistan	2007	160	..	..	..	160	6
Ouzbékistan	2008	198	..	..	..	198	7
	2009	101	..	..	..	101	4
	2010	65	..	..	..	65	2
Viet Nam	2007	42483	546	32072	-6092	17049	201
Viet Nam	2008	39777	685	19358	0	21104	246
	2009	43715	0	24992	-2587	21310	245
	2010	43940	0	19876	1718	22346	254
Europe	**2007**	**435699**	**285722**	**139452**	**-8169**	**590138**	**804**
Europe	**2008**	**431373**	**287042**	**132298**	**18847**	**567270**	**771**
	2009	**396577**	**233968**	**136416**	**24077**	**470052**	**638**
	2010	**432218**	**237609**	**165761**	**-23356**	**527422**	**714**
Andorra	2007	..	0	..	..	0	0
Andorre	2008	..	0	..	..	0	0
	2009	..	0	..	..	0	0
	2010	..	0	..	..	0	1
Austria	2007	..	4426	1	154	4271	514
Autriche	2008	..	4063	2	42	4019	482
	2009	..	3108	0	-157	3265	390
	2010	..	3054	1	-681	3734	445
Belarus	2007	..	74	..	-9	83	9
Bélarus	2008	..	47	..	-29	76	8
	2009	..	69	..	-10	79	8
	2010	..	55	..	-24	79	8

Table 6

Production, trade and consumption of hard coal
Production, commerce et consommation de houille
Thousand metric tons and kilograms per capita
Milliers de tonnes métriques et kilogrammes par habitant

Country or area Pays ou zone	Year Année	Production Production	Imports Importations	Exports Exportations	Changes in stocks Variations des stocks	Consumption Consommation	
						Total Totale	Per capita Par habitant
Belgium	2007	..	7415	1470	-573	6518	618
Belgique	2008	..	7431	1213	337	5881	555
	2009	..	4806	886	-762	4682	439
	2010	..	5527	604	3	4920	459
Bosnia and Herzegovina	2007	3876	672	..	..	4548	1203
Bosnie-Herzégovine	2008	4109	708	..	..	4817	1276
	2009	3901	816	..	-43	4760	1263
	2010	3810	1232	1	-33	5074	1349
Bulgaria	2007	215	4842	1	140	4916	643
Bulgarie	2008	41	5421	27	798	4637	611
	2009	131	2782	6	-108	3015	400
	2010	48	2777	46	-377	3156	421
Croatia	2007	..	1102	1	20	1081	244
Croatie	2008	..	1267	0	146	1121	254
	2009	..	713	0	-86	799	181
	2010	..	1113	0	29	1084	246
Czech Republic	2007	12894	2553	6808	-1121	9760	946
République tchèque	2008	12663	2285	6087	-567	9428	909
	2009	11001	1929	6518	-345	6757	647
	2010	11435	2009	6272	-640	7812	744
Denmark	2007	..	8122	190	31	7901	1445
Danemark	2008	..	7569	156	577	6836	1244
	2009	..	6711	64	-131	6778	1227
	2010	..	4570	71	-1997	6496	1170
Estonia	2007	..	176	..	46	130	97
Estonie	2008	..	123	..	-6	129	96
	2009	..	30	..	-57	87	65
	2010	..	71	..	11	60	45
Finland	2007	..	6670	..	-405	7075	1337
Finlande	2008	..	5672	..	686	4986	938
	2009	..	5949	..	536	5413	1013
	2010	..	5920	..	-1062	6982	1302
France	2007	422	18958	213	-1345	20512	332
France	2008	277	21288	186	2254	19125	308
	2009	147	15408	97	-864	16322	261
	2010	261	17540	131	376	17294	275
Germany	2007	24185	46287	310	65	70097	849
Allemagne	2008	19068	45427	519	-91	64067	777
	2009	13766	38475	311	-86	52016	631
	2010	12900	45725	253	-216	58588	712
Greece	2007	..	605	16	-121	710	63
Grèce	2008	..	664	2	139	523	46
	2009	..	267	2	-72	337	30
	2010	..	617	0	3	614	54
Hungary	2007	..	2000	0	35	1965	196
Hongrie	2008	..	1931	3	21	1907	190
	2009	..	1336	3	-16	1349	135
	2010	..	1767	10	-30	1787	179
Iceland	2007	..	140	..	19	121	396
Islande	2008	..	101	..	-8	109	351
	2009	..	115	..	17	98	311
	2010	..	106	..	0	106	331

Table 6

Production, trade and consumption of hard coal
Production, commerce et consommation de houille
Thousand metric tons and kilograms per capita
Milliers de tonnes métriques et kilogrammes par habitant

Country or area Pays ou zone	Year Année	Production Production	Imports Importations	Exports Exportations	Changes in stocks Variations des stocks	Consumption Consommation	
						Total Totale	Per capita Par habitant
Ireland	2007	54	2318	4	-134	2502	583
Irlande	2008	59	2544	5	241	2357	541
	2009	71	2055	7	162	1957	444
	2010	66	1571	9	-328	1956	438
Italy	2007	158	24953	..	-7	25118	422
Italie	2008	117	25099	..	306	24910	416
	2009	72	18914	..	-378	19364	321
	2010	101	21712	5	441	21367	353
Latvia	2007	..	150	0	-12	162	71
Lettonie	2008	..	167	3	2	162	71
	2009	..	127	5	-8	130	57
	2010	..	180	2	11	167	74
Lithuania	2007	..	362	8	-25	379	112
Lituanie	2008	..	383	9	50	324	96
	2009	..	215	17	-44	242	72
	2010	..	319	35	-21	305	92
Luxembourg	2007	..	121	..	..	121	254
Luxembourg	2008	..	115	..	..	115	236
	2009	..	104	..	..	104	209
	2010	..	102	..	..	102	201
Netherlands	2007	..	26035	11882	708	13445	818
Pays-Bas	2008	..	21157	7528	944	12685	769
	2009	..	19906	4732	3303	11871	717
	2010	..	20440	5866	2701	11873	715
Norway	2007	4073	610	3371	556	756	160
Norvège	2008	3430	644	3349	-101	826	173
	2009	2641	424	2397	130	538	111
	2010	1935	684	1649	152	818	168
Poland	2007	88312	5924	11900	-3000	85336	2235
Pologne	2008	84345	10331	8461	3547	82668	2163
	2009	78064	10793	8396	4731	75730	1980
	2010	76728	13603	9965	-4422	84788	2215
Portugal	2007	..	4782	13	27	4742	447
Portugal	2008	..	3829	40	-367	4156	391
	2009	..	5061	67	317	4677	439
	2010	..	2771	114	-45	2702	253
Republic of Moldova	2007	..	180	..	50	130	35
Rép. de Moldova	2008	..	206	..	8	198	54
	2009	..	134	..	-45	179	50
	2010	..	181	..	-5	186	52
Romania	2007	..	2966	67	-51	2950	136
Roumanie	2008	..	2066	0	18	2048	95
	2009	..	309	17	-115	407	19
	2010	..	219	47	-22	194	9
Russian Federation	2007	217878	23441	98054	1231	142034	991
Fédération de Russie	2008	222432	30992	97470	7191	148763	1039
	2009	206980	23808	105552	8799	116437	814
	2010	245580	24859	132275	-9380	147544	1032
Serbia	2007	..	101	1	7	93	9
Serbie	2008	..	166	6	9	151	15
	2009	..	62	17	-3	48	5
	2010	..	158	7	4	147	15

Table 6

Production, trade and consumption of hard coal
Production, commerce et consommation de houille
Thousand metric tons and kilograms per capita
Milliers de tonnes métriques et kilogrammes par habitant

Country or area Pays ou zone	Year Année	Production Production	Imports Importations	Exports Exportations	Changes in stocks Variations des stocks	Consumption Consommation	
						Total Totale	Per capita Par habitant
Slovakia	2007	..	5286	..	265	5021	925
Slovaquie	2008	..	4600	..	-51	4651	855
	2009	..	4359	..	32	4327	794
	2010	..	3798	..	-365	4163	762
Slovenia	2007	..	76	1	9	66	33
Slovénie	2008	..	75	1	11	63	31
	2009	..	33	5	3	25	12
	2010	..	27	0	7	20	10
Spain	2007	7873	24439	974	-1752	33090	742
Espagne	2008	7314	20967	1829	2470	23982	531
	2009	6952	17038	1374	4313	18303	401
	2010	5986	12817	1488	3439	13876	301
Sweden	2007	..	3180	2	-14	3192	348
Suède	2008	..	2857	7	76	2774	300
	2009	..	1898	6	-541	2433	261
	2010	..	3285	1	425	2859	305
Switzerland	2007	..	224	0	42	182	24
Suisse	2008	..	152	0	-10	162	21
	2009	..	178	0	23	155	20
	2010	..	130	0	-36	166	22
T.F.Yug.Rep. Macedonia	2007	..	18	..	..	18	9
L'ex-RY Macédoine	2008	..	14	..	..	14	7
	2009	..	5	..	..	5	2
	2010	..	4	..	..	4	2
Ukraine	2007	58752	13150	3621	71	68210	1474
Ukraine	2008	59464	12805	4795	-2906	70380	1530
	2009	54977	7864	5290	-1026	58577	1281
	2010	54952	12145	6194	-4068	64971	1430
United Kingdom	2007	17007	43364	544	-3076	62903	1033
Royaume-Uni	2008	18054	43876	600	3110	58220	950
	2009	17874	38167	647	6608	48786	791
	2010	18416	26521	715	-7206	51428	829
Oceania	**2007**	**282557**	**357**	**246403**	**9573**	**26938**	**776**
Océanie	**2008**	**283590**	**457**	**254750**	**2571**	**26726**	**756**
	2009	**293555**	**316**	**263776**	**4248**	**25847**	**718**
	2010	**316856**	**652**	**295037**	**-2475**	**24946**	**682**
Australia	2007	280538	..	244389	9663	26486	1254
Australie	2008	281198	..	252189	2848	26161	1216
	2009	291469	..	261742	4379	25348	1157
	2010	314259	..	292617	-2450	24092	1082
New Caledonia	2007	..	244	..	..	244	1021
Nouvelle-Calédonie	2008	..	367	..	..	367	1511
	2009	..	253	..	..	253	1025
	2010	..	600	..	..	600	2393
New Zealand	2007	2019	113	2014	-90	208	49
Nouvelle-Zélande	2008	2392	90	2561	-277	198	46
	2009	2086	63	2034	-131	246	57
	2010	2597	52	2420	-25	254	58

Table 7

International trade of hard coal
(Principal importers/exporters)
Thousand metric tons

2009

Importers	Exporters					
	World Monde	Australia Australie	Canada Canada	China Chine	Colombia Colombie	Indonesia Indonésie
Austria	3108	..	..	..	..	..
Belgium	4806	377	140	..	114	..
Brazil	12462	2897	882	5	1173	..
Canada	8353	..	..	..	1220	..
Chile	6255	433	229	..	4144	512
China	125840	43949	4093	..	..	30308
China, Hong Kong SAR	12332	1299	..	121	..	10487
Denmark	6711	..	..	..	2019	..
Finland	5949	223	293	..	74	13
France	15408	2948	197	9	1700	..
Germany	38475	3607	1109	..	6487	..
India	73260	19851	..	42	..	31178
Israel	11843	..	..	..	..	..
Italy	18914	1039	423	..	2305	5977
Japan	164051	103623	9310	6008	30	32423
Korea, Republic of	99420	42228	7677	9666	..	30592
Malaysia	17026	929	..	28	..	7789
Morocco	4264	..	..	..	884	..
Netherlands	19906	612	258	6	7910	674
Pakistan	4658	978	182	..	..	2191
Poland	10793	65	..	5	255	..
Portugal	5061	..	..	..	1894	..
Russian Federation	23808	..	..	..	17	..
Slovakia	4359	..	..	..	..	..
Spain	17038	1151	..	6	2802	4633
Thailand	16200	3401	127	8	..	10587
Turkey	20364	1727	946	221	2785	..
Ukraine	7864	2	21	..	..	..
United Kingdom	38167	2931	201	615	5250	721
United States	18943	138	1039	8	16137	426

Table 7

Commerce international de houille
(Principaux importateurs/exportateurs)
Milliers de tonnes métriques

2009

Exportateurs						Importtateurs
Kazakhstan Kazakhstan	Poland Pologne	Russian Federation Fédération de Russie	South Africa Customs Un. Un.douan.d'Afr.méri d	United States États-Unis	Viet Nam Viet Nam	
..	1102	..	..	286	..	Autriche
..	86	206	1900	1618	..	Belgique
..	..	241	454	6085	..	Brésil
..	..	157	..	6662	..	Canada
..	..	..	..	733	..	Chili
..	..	11784	731	804	*18082	Chine
..	..	67	299	..	..	Chine, Hong-Kong RAS
..	100	2710	1075	516	..	Danemark
19	189	4682	..	443	..	Finlande
..	594	1598	2903	3867	..	France
..	4056	9529	5320	4424	..	Allemagne
..	..	203	12836	1112	147	Inde
..	..	..	..	..	..	Israël
..	..	928	4054	2122	..	Italie
..	..	8840	548	1144	1684	Japon
..	..	4713	620	1642	1870	Corée, République de
..	..	3	317	..	..	Malaisie
..	..	1215	1054	757	..	Maroc
..	2	2507	4292	2070	10	Pays-Bas
..	..	..	*1303	..	..	Pakistan
298	..	7075	3	963	..	Pologne
..	..	73	1654	1064	..	Portugal
23512	..	..	..	33	..	Fédération de Russie
..	446	1577	..	370	..	Slovaquie
..	43	1915	4201	1629	..	Espagne
..	..	..	126	59	672	Thaïlande
..	478	9003	2565	1358	..	Turquie
1055	9	6213	..	516	..	Ukraine
..	566	18810	3063	4700	..	Royaume-Uni
..	..	..	..	..	..	États-Unis

Table 7

International trade of hard coal
(Principal importers/exporters)
Thousand metric tons

2010

Importers	Exporters					
	World Monde	Australia Australie	Canada Canada	China Chine	Colombia Colombie	Indonesia Indonésie
Austria	3054	..	..	..	..	..
Belgium	5527	847	28	6	228	..
Brazil	15909	4683	1546	11	1616	..
Canada	8817	..	..	..	1430	..
Chile	6933	959	210	..	3431	745
China	163095	36642	5151	..	..	54288
China, Hong Kong SAR	10324	440	..	394	..	9303
Denmark	4570	..	..	..	1375	..
Finland	5920	406	416	3	477	..
France	17540	3435	162	14	2819	..
Germany	45725	4303	1130	..	7434	70
India	68918	19051	..	194	96	33817
Israel	12310	..	..	..	..	..
Italy	21712	2447	771	..	1891	6958
Japan	185371	117496	10542	6301	60	33835
Korea, Republic of	113501	41113	9497	6980	1623	39036
Malaysia	20737	..	..	..	..	..
Morocco	4265	..	..	..	258	..
Netherlands	20440	555	503	24	7373	..
Pakistan	4267	192	187	4	..	2103
Poland	13603	283	..	5	344	..
Portugal	2771	..	..	..	1301	..
Russian Federation	24859	..	..	..	46	..
Slovakia	3798	..	59	..	..	..
Spain	12817	1672	60	8	2552	2261
Thailand	16802	2288	128	8	144	12492
Turkey	21333	1330	922	208	2746	134
Ukraine	12145	..	..	..	..	..
United Kingdom	26521	3299	424	7	5503	239
United States	16053	318	1355	43	12191	1591

Table 7

Commerce international de houille
(Principaux importateurs/exportateurs)
Milliers de tonnes métriques

2010

Exportateurs						Importtateurs
Kazakhstan Kazakhstan	Poland Pologne	Russian Federation Fédération de Russie	South Africa Customs Un. Un.douan.d'Afr.méri d	United States États-Unis	Viet Nam Viet Nam	
..	707	97	..	540	..	Autriche
..	96	1816	452	1154	..	Belgique
..	..	349	868	5869	..	Brésil
..	..	19	..	7229	..	Canada
..	..	..	..	1566	..	Chili
..	..	11480	6942	4726	*15889	Chine
..	..	134	..	..	..	Chine, Hong-Kong RAS
..	68	1844	731	351	..	Danemark
..	211	3680	..	603	..	Finlande
..	1273	2705	2272	3187	..	France
..	3465	10309	3331	5727	..	Allemagne
..	..	353	11906	1682	245	Inde
..	..	..	..	..	..	Israël
..	..	2264	3752	3182	..	Italie
..	..	10673	299	3065	1734	Japon
..	..	8190	2245	2597	1757	Corée, République de
..	..	..	..	..	..	Malaisie
..	..	1479	1271	1139	..	Maroc
..	306	4080	1717	3754	..	Pays-Bas
..	..	..	1755	..	..	Pakistan
267	..	8155	..	1852	..	Pologne
..	..	39	482	609	..	Portugal
*23000	..	..	..	657	..	Fédération de Russie
..	593	757	..	221	..	Slovaquie
..	..	725	2178	1866	..	Espagne
..	..	..	436	..	150	Thaïlande
..	282	9641	1765	2361	..	Turquie
809	..	9734	..	1441	..	Ukraine
..	563	8263	680	4005	..	Royaume-Uni
..	..	..	..	..	..	États-Unis

Table 8

Production, trade and consumption of lignite and sub-bituminous coal
Production, commerce et consommation de lignite et charbon sous-bitumineux

Thousand metric tons and kilograms per capita
Milliers de tonnes métriques et kilogrammes par habitant

Table Notes:

Production and consumption of lignite, sub-bituminous coal and oil shale. Imports, exports and changes in stocks for sub-bituminous coal and lignite.

Please refer to the Definitions Section on pages xv to xxix for the appropriate product description/ classification.

Notes relatives aux tableaux:

Production et consommation de lignite, charbon sous-bitumineux et schiste bitumineux. Commerce et variations des stocks de charbon sous-bitumineux et lignite.

Veuillez consulter la section "définitions" de la page xv à la page xxix pour une description/classification appropriée des produits.

Figure 16: World lignite and sub-bituminous coal production 1994-2010

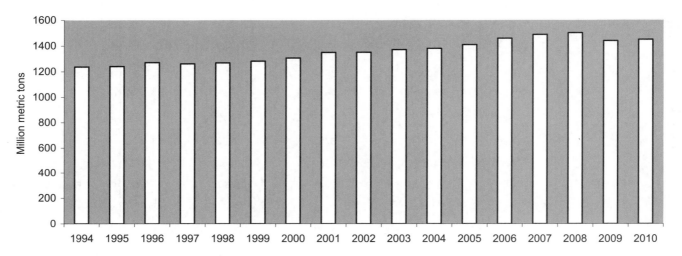

Figure 17: Major lignite and sub-bituminous coal producing countries in 2010

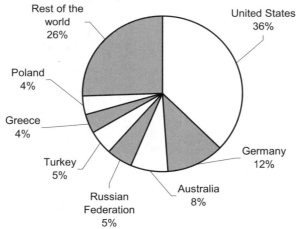

Figure 18: Major lignite and sub-bituminous coal consuming countries in 2010

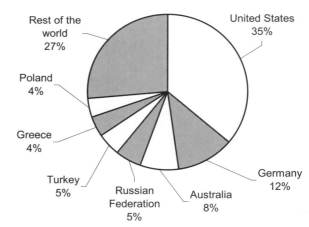

Table 8

Production, trade and consumption of lignite and sub-bituminous coal
Production, commerce et consommation de lignite et charbon sous-bitumineux

Thousand metric tons and kilograms per capita
Milliers de tonnes métriques et kilogrammes par habitant

Country or area Pays ou zone	Year Année	Production Production	Imports Importations	Exports Exportations	Changes in stocks Variations des stocks	Consumption Consommation	
						Total Totale	Per capita Par habitant
World	**2007**	**1488479**	**38723**	**17166**	**16261**	**1493774**	**224**
Monde	**2008**	**1501517**	**40148**	**21741**	**12302**	**1507622**	**224**
	2009	**1439960**	**33762**	**19187**	**4731**	**1449804**	**213**
	2010	**1449817**	**37000**	**23848**	**-944**	**1463912**	**212**
America, North	**2007**	**593638**	**14476**	**8094**	**11205**	**588815**	**1120**
Amérique du Nord	**2008**	**602486**	**15401**	**9177**	**7136**	**601574**	**1133**
	2009	**560113**	**11601**	**5934**	**2219**	**563561**	**1050**
	2010	**581150**	**11467**	**7166**	**3305**	**582146**	**1074**
Canada	2007	36552	8033	364	0	44221	1341
Canada	2008	34908	9523	1516	0	42915	1288
	2009	34975	4544	287	1000	38232	1135
	2010	34191	3794	139	0	37846	1113
Mexico	2007	10456	3960	..	-561	14977	137
Mexique	2008	9589	2699	..	1142	11146	101
	2009	8755	5462	..	290	13927	124
	2010	8519	6170	..	-257	14946	132
United States	2007	546630	2483	7730	11766	529617	1752
États-Unis	2008	557989	3179	7661	5994	547513	1795
	2009	516383	1595	5647	929	511402	1662
	2010	538440	1503	7027	3562	529354	1705
Asia	**2007**	**185530**	**17422**	**6202**	**-417**	**197166**	**49**
Asie	**2008**	**190593**	**18416**	**9625**	**-130**	**199514**	**49**
	2009	**198012**	**16692**	**10573**	**-2566**	**206697**	**50**
	2010	**199333**	**20537**	**14324**	**1280**	**204265**	**49**
Cambodia	2007	..	..	..	..	..	..
Cambodge	2008	..	..	..	..	..	..
	2009	..	31	..	15	16	1
	2010	..	34	..	17	17	1
Cyprus	2007	..	1	..	..	1	1
Chypre	2008	..	1	..	..	1	1
	2009	..	1	..	..	1	1
	2010	..	1	..	..	1	1
India	2007	33980	..	..	-674	34654	30
Inde	2008	32421	..	..	-575	32996	28
	2009	34071	..	..	-748	34819	29
	2010	37730	..	..	45	37685	31
Indonesia	2007	36723	..	4278	..	32445	140
Indonésie	2008	38488	..	7404	..	31084	132
	2009	*42853	..	*7835	..	*35018	*147
	2010	41274	..	7782	..	33492	140
Israel	2007	429	..	..	..	429	62
Israël	2008	427	..	..	..	427	60
	2009	444	..	..	..	444	61
	2010	432	..	..	..	432	58
Kazakhstan	2007	4370	3	469	1	3903	252
Kazakhstan	2008	4777	19	867	53	3876	248
	2009	5084	4	309	70	4709	297
	2010	7283	7	1924	69	5297	331
Korea, Dem.Ppl's.Rep.	2007	6478	..	..	..	6478	270
Corée,Rép.pop.dém.de	2008	7235	..	..	..	7235	300
	2009	6954	..	..	..	6954	287
	2010	6662	..	..	..	6662	274

Table 8

Production, trade and consumption of lignite and sub-bituminous coal
Production, commerce et consommation de lignite et charbon sous-bitumineux

Thousand metric tons and kilograms per capita
Milliers de tonnes métriques et kilogrammes par habitant

Country or area Pays ou zone	Year Année	Production Production	Imports Importations	Exports Exportations	Changes in stocks Variations des stocks	Consumption Consommation	
						Total Totale	Per capita Par habitant
Korea, Republic of	2007	..	3486	..	..	3486	73
Corée, République de	2008	..	3160	..	..	3160	66
	2009	..	3562	..	..	3562	74
	2010	..	5090	..	..	5090	106
Kyrgyzstan	2007	358	115	0	..	473	92
Kirghizistan	2008	437	77	40	..	474	91
	2009	535	67	0	..	602	114
	2010	520	75	0	..	595	112
Lao People's Dem. Rep.	2007	682	..	*580	..	102	17
Rép. dém. pop. lao	2008	379	..	*303	..	76	13
	2009	466	..	*378	..	88	14
	2010	502	..	*409	..	92	15
Mongolia	2007	4573	..	42	-107	4638	1767
Mongolie	2008	4844	..	85	63	4696	1760
	2009	4849	..	20	-25	4854	1790
	2010	5723	..	76	217	5430	1970
Myanmar	2007	89	..	..	..	89	2
Myanmar	2008	77	..	..	..	77	2
	2009	72	..	..	..	72	2
	2010	40	..	..	..	40	1
Other Asia	2007	..	5888	..	170	5718	249
Autres zones d'Asie	2008	..	5821	..	181	5640	245
	2009	..	5800	..	-31	5831	252
	2010	..	4244	..	-172	4416	190
Philippines	2007	3401	7729	799	..	10331	117
Philippines	2008	3609	9078	893	-249	12043	134
	2009	4687	7027	1994	-1774	11494	125
	2010	6650	10966	4099	211	13306	143
Tajikistan	2007	23	..	..	..	23	3
Tadjikistan	2008	23	..	..	..	23	3
	2009	23	..	..	..	23	3
	2010	23	..	..	..	23	3
Thailand	2007	18239	..	..	118	18121	267
Thaïlande	2008	17982	..	..	-510	18492	271
	2009	17786	..	..	-57	17843	260
	2010	18344	..	..	303	18041	261
Turkey	2007	72902	0	..	75	72827	1040
Turquie	2008	76801	0	..	907	75894	1070
	2009	76635	0	..	-16	76651	1067
	2010	70875	0	..	590	70285	966
Uzbekistan	2007	3282	200	34	..	3448	130
Ouzbékistan	2008	3092	260	32	..	3320	124
	2009	3553	200	37	..	3716	137
	2010	3275	120	34	..	3361	122
Europe	**2007**	**586334**	**6216**	**2870**	**883**	**588797**	**803**
Europe	**2008**	**590122**	**5822**	**2939**	**5705**	**587300**	**799**
	2009	**559179**	**4830**	**2607**	**1485**	**559917**	**760**
	2010	**556769**	**4797**	**2358**	**301**	**558907**	**757**
Albania	2007	64	13	..	..	77	24
Albanie	2008	85	13	..	..	98	31
	2009	14	212	..	..	226	71
	2010	14	234	..	..	248	77

Table 8

Production, trade and consumption of lignite and sub-bituminous coal
Production, commerce et consommation de lignite et charbon sous-bitumineux

Thousand metric tons and kilograms per capita
Milliers de tonnes métriques et kilogrammes par habitant

Country or area Pays ou zone	Year Année	Production Production	Imports Importations	Exports Exportations	Changes in stocks Variations des stocks	Consumption Consommation	
						Total Totale	Per capita Par habitant
Austria Autriche	2007	0	119	0	24	95	11
	2008	0	132	5	39	88	11
	2009	0	111	3	28	80	10
	2010	0	85	8	-4	81	10
Belgium Belgique	2007	0	317	0	0	317	30
	2008	0	282	0	1	281	27
	2009	0	172	0	-1	173	16
	2010	0	245	0	1	244	23
Bosnia and Herzegovina Bosnie-Herzégovine	2007	9765	..	339	-13	9439	2498
	2008	11244	..	359	-13	10898	2888
	2009	11469	..	168	613	10688	2837
	2010	10985	19	351	-173	10826	2879
Bulgaria Bulgarie	2007	28418	..	0	-269	28687	3755
	2008	28748	..	6	473	28269	3724
	2009	27148	..	8	-31	27171	3602
	2010	29379	..	43	-109	29445	3929
Croatia Croatie	2007	..	65	..	..	65	15
	2008	..	61	..	..	61	14
	2009	..	49	..	..	49	11
	2010	..	87	..	..	87	20
Czech Republic République tchèque	2007	49732	0	1194	-39	48577	4710
	2008	47537	35	1537	654	45381	4373
	2009	45416	109	1175	112	44238	4237
	2010	43774	58	1056	-956	43732	4168
Estonia Estonie	2007	16544	0	5	-271	16810	12518
	2008	16117	31	0	444	15704	11701
	2009	14939	23	0	1193	13769	10263
	2010	17933	0	0	44	17889	13339
France France	2007	..	51	..	..	51	1
	2008	..	67	..	..	67	1
	2009	..	51	..	..	51	1
	2010	..	53	..	..	53	1
Germany Allemagne	2007	180409	27	1	-125	180560	2188
	2008	175313	28	15	493	174833	2120
	2009	169857	10	38	-17	169846	2061
	2010	169403	0	0	-117	169520	2060
Greece Grèce	2007	66308	6	..	-59	66373	5897
	2008	65720	13	..	1101	64632	5724
	2009	64893	30	..	-290	65213	5758
	2010	56520	34	..	-1150	57704	5080
Hungary Hongrie	2007	9818	652	393	-11	10088	1005
	2008	9404	813	152	135	9930	991
	2009	8986	381	41	-1	9327	932
	2010	9113	292	3	200	9202	922
Ireland Irlande	2007	..	11	..	-3	14	3
	2008	..	26	1	0	25	6
	2009	..	32	1	7	24	5
	2010	..	22	1	0	21	5
Italy Italie	2007	..	4	..	..	4	0
	2008	..	4	..	..	4	0
	2009	..	585	..	..	585	10
	2010	..	400	..	..	400	7

Table 8

Production, trade and consumption of lignite and sub-bituminous coal
Production, commerce et consommation de lignite et charbon sous-bitumineux

Thousand metric tons and kilograms per capita
Milliers de tonnes métriques et kilogrammes par habitant

Country or area Pays ou zone	Year Année	Production Production	Imports Importations	Exports Exportations	Changes in stocks Variations des stocks	Consumption Consommation	
						Total Totale	Per capita Par habitant
Lithuania	2007	..	0	..	..	0	0
Lituanie	2008	..	0	..	..	0	0
	2009	..	0	..	..	0	0
	2010	..	1	..	..	1	0
Montenegro	2007	1203	19	59	..	1163	1852
Monténégro	2008	1740	28	41	..	1727	2745
	2009	957	38	58	..	937	1486
	2010	1938	0	69	..	1869	2960
Netherlands	2007	..	58	..	0	58	4
Pays-Bas	2008	..	25	..	0	25	2
	2009	..	38	..	10	28	2
	2010	..	29	4	-5	30	2
Poland	2007	57538	8	0	17	57529	1506
Pologne	2008	59668	20	1	36	59651	1561
	2009	57108	30	68	-14	57084	1492
	2010	56510	24	115	-174	56593	1479
Romania	2007	35780	2338	0	1505	36613	1692
Roumanie	2008	35861	1322	5	-319	37497	1737
	2009	33961	849	3	731	34076	1582
	2010	31127	741	27	428	31413	1462
Russian Federation	2007	71143	270	584	682	70147	490
Fédération de Russie	2008	82530	275	649	1387	80769	564
	2009	69011	338	893	-1769	70225	491
	2010	76121	681	526	0	76276	534
Serbia	2007	37148	428	291	-74	37359	3799
Serbie	2008	38709	421	165	375	38590	3921
	2009	38499	323	116	-331	39037	3963
	2010	37976	324	114	654	37532	3808
Slovakia	2007	2111	923	..	99	2935	540
Slovaquie	2008	2423	1037	..	86	3374	620
	2009	2573	780	..	87	3266	599
	2010	2378	613	..	-60	3051	559
Slovenia	2007	4535	567	2	-98	5198	2583
Slovénie	2008	4520	835	0	221	5134	2544
	2009	4429	506	0	18	4917	2429
	2010	4430	548	0	76	4902	2415
Spain	2007	9309	..	..	-270	9579	215
Espagne	2008	2873	..	..	442	2431	54
	2009	2493	..	..	1118	1375	30
	2010	2444	..	..	1659	785	17
Switzerland	2007	..	88	..	3	85	11
Suisse	2008	..	85	..	10	75	10
	2009	..	71	..	5	66	9
	2010	..	66	..	4	62	8
T.F.Yug.Rep. Macedonia	2007	6509	247	2	-212	6966	3401
L'ex-RY Macédoine	2008	7630	256	2	154	7730	3766
	2009	7426	89	18	22	7475	3634
	2010	6724	236	40	-15	6935	3366
Ukraine	2007	..	5	0	-3	8	0
Ukraine	2008	..	13	1	-14	26	1
	2009	..	3	17	-5	-9	0
	2010	..	5	1	-2	6	0

Table 8

Production, trade and consumption of lignite and sub-bituminous coal
Production, commerce et consommation de lignite et charbon sous-bitumineux

Thousand metric tons and kilograms per capita
Milliers de tonnes métriques et kilogrammes par habitant

Country or area Pays ou zone	Year Année	Production Production	Imports Importations	Exports Exportations	Changes in stocks Variations des stocks	Consumption Consommation	
						Total Totale	Per capita Par habitant
Oceania	**2007**	**122977**	**609**	**..**	**4590**	**118996**	**3427**
Océanie	**2008**	**118316**	**509**	**..**	**-409**	**119234**	**3372**
	2009	**122656**	**639**	**73**	**3593**	**119629**	**3325**
	2010	**112565**	**199**	**0**	**-5830**	**118594**	**3241**
Australia	2007	120162	..	..	4274	115888	5487
Australie	2008	115878	..	..	379	115499	5369
	2009	120178	..	..	3290	116888	5337
	2010	109831	..	..	-6372	116203	5218
New Zealand	2007	2815	609	..	316	3108	734
Nouvelle-Zélande	2008	2438	509	..	-788	3735	873
	2009	2478	639	73	303	2741	634
	2010	2734	199	0	542	2391	547

Table 9

Production, trade and consumption of coke
Production, commerce et consommation de coke
Thousand metric tons and kilograms per capita
Milliers de tonnes métriques et kilogrammes par habitant

Table Notes:

Production, trade, stock change and consumption for coke oven coke, brown coal coke, petroleum coke and gas coke.

Please refer to the Definitions Section on pages xv to xxix for the appropriate product description/ classification.

Notes relatives aux tableaux:

Production, commerce, variations des stocks et consommation de coke de four, coke de lignite, coke de pétrole et coke de gaz.

Veuillez consulter la section "définitions" de la page xv à la page xxix pour une description/classification appropriée des produits.

Figure 19: World production of coke 1994-2010

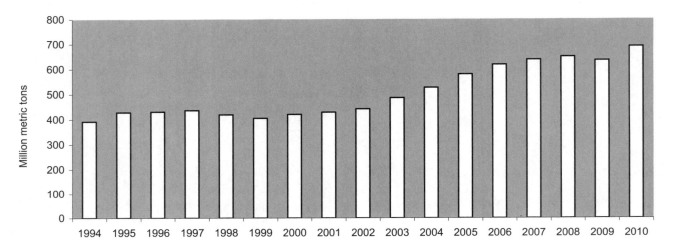

Figure 20: Major coke producing countries in 2010

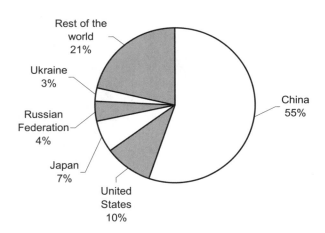

Figure 21: Major coke consuming countries in 2010

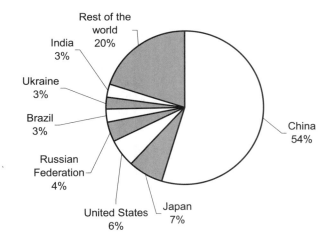

Table 9

Production, trade and consumption of coke
Production, commerce et consommation de coke

Thousand metric tons and kilograms per capita
Milliers de tonnes métriques et kilogrammes par habitant

Country or area Pays ou zone	Year Année	Production Production	Imports Importations	Exports Exportations	Changes in stocks Variations des stocks	Consumption Consommation	
						Total Totale	Per capita Par habitant
World	**2007**	**637626**	**72333**	**66728**	**8079**	**635152**	**95**
Monde	**2008**	**649569**	**68093**	**71202**	**14707**	**631753**	**94**
	2009	**634435**	**53805**	**55882**	**20332**	**612026**	**90**
	2010	**690080**	**66752**	**68318**	**18490**	**670025**	**97**
Africa	**2007**	**5981**	**1726**	**713**	**305**	**6689**	**7**
Afrique	**2008**	**5817**	**1883**	**726**	**230**	**6744**	**7**
	2009	**3801**	**1844**	**660**	**-92**	**5077**	**5**
	2010	**4105**	**2387**	**679**	**243**	**5570**	**5**
Algeria	2007	621	275	..	9	887	26
Algérie	2008	621	274	..	9	886	26
	2009	206	229	..	-104	539	15
	2010	0	501	..	-8	509	14
Dem. Rep. of the Congo	2007	..	136	..	..	136	2
Rép. dem. du Congo	2008	..	144	..	..	144	2
	2009	..	148	..	..	148	2
	2010	..	159	..	..	159	2
Egypt	2007	1986	51	470	..	1567	20
Egypte	2008	1942	50	460	..	1532	20
	2009	1911	49	450	..	1510	19
	2010	1740	47	478	..	1309	16
Malawi	2007	..	*3	..	..	*3	0
Malawi	2008	..	*2	..	..	*2	0
	2009	..	*2	..	..	*2	0
	2010	..	*2	..	..	*2	0
Morocco	2007	..	1007	..	0	1007	32
Maroc	2008	..	1082	..	-8	1090	35
	2009	..	1007	..	-62	1069	34
	2010	..	1226	..	170	1056	33
Nigeria	2007	0	*3	..	..	*3	0
Nigéria	2008	7	*3	..	..	10	0
	2009	6	*3	..	..	9	0
	2010	3	*3	..	..	6	0
South Africa	2007	2601	..	..	..	2601	53
Afrique du Sud	2008	2682	..	..	..	2682	54
	2009	1093	..	..	..	1093	22
	2010	1680	..	..	..	1680	34
Sudan	2007	317	..	44	273	0	0
Soudan	2008	296	..	67	229	0	0
	2009	311	..	10	58	243	6
	2010	401	..	0	60	341	8
Tunisia	2007	..	251	..	0	251	25
Tunisie	2008	..	328	..	0	328	32
	2009	..	406	..	16	390	38
	2010	..	449	..	21	428	41
Zimbabwe	2007	456	..	199	23	234	19
Zimbabwe	2008	269	..	199	0	70	6
	2009	274	..	200	0	74	6
	2010	281	..	201	0	80	6
America, North	**2007**	**81105**	**10983**	**26144**	**-1013**	**66957**	**127**
Amérique du Nord	**2008**	**80587**	**11382**	**27434**	**-461**	**64996**	**122**
	2009	**74018**	**6169**	**27661**	**100**	**52426**	**98**
	2010	**80241**	**7648**	**31659**	**471**	**55759**	**103**

Table 9

Production, trade and consumption of coke
Production, commerce et consommation de coke

Thousand metric tons and kilograms per capita
Milliers de tonnes métriques et kilogrammes par habitant

Country or area Pays ou zone	Year Année	Production Production	Imports Importations	Exports Exportations	Changes in stocks Variations des stocks	Consumption Consommation	
						Total Totale	Per capita Par habitant
Canada	2007	6986	2684	274	52	9344	283
Canada	2008	6919	2727	201	-389	9834	295
	2009	6205	2309	435	-420	8499	252
	2010	8105	2251	253	-38	10141	298
Costa Rica	2007	..	106	..	..	106	24
Costa Rica	2008	..	129	..	..	129	29
	2009	..	109	..	..	109	24
	2010	..	101	..	..	101	22
Cuba	2007	14	11	..	..	25	2
Cuba	2008	6	11	..	..	17	2
	2009	3	11	..	..	14	1
	2010	8	7	..	..	15	1
Dominican Republic	2007	..	106	..	..	106	11
Rép. dominicaine	2008	..	106	..	..	106	11
	2009	..	106	..	..	106	11
	2010	..	106	..	..	106	11
Guatemala	2007	..	229	..	18	211	16
Guatemala	2008	..	163	..	-14	177	13
	2009	..	143	..	-55	198	14
	2010	..	114	..	-62	176	12
Honduras	2007	..	65	..	0	65	9
Honduras	2008	..	103	..	33	70	10
	2009	..	69	..	0	69	9
	2010	..	72	..	0	72	9
Mexico	2007	3747	3852	47	-871	8423	77
Mexique	2008	3955	3802	53	-465	8169	74
	2009	3725	2361	94	380	5612	50
	2010	3720	3266	50	431	6505	57
Netherlands Antilles	2007	98	..	..	..	98	511
Antilles néerlandaises	2008	84	..	..	..	84	431
	2009	66	..	..	..	66	333
	2010	53	..	..	..	53	264
Nicaragua	2007	..	117	..	8	109	20
Nicaragua	2008	..	107	..	-7	114	20
	2009	..	0	..	-44	44	8
	2010	..	65	..	4	61	11
Panama	2007	..	224	..	..	224	67
Panama	2008	..	31	..	..	31	9
	2009	..	63	..	..	63	18
	2010	..	108	..	..	108	31
United States	2007	70260	3589	25823	-220	48246	160
États-Unis	2008	69623	4203	27180	381	46265	152
	2009	64019	998	27132	239	37646	122
	2010	68355	1558	31356	136	38421	124
America, South	**2007**	**17435**	**5859**	**2162**	**153**	**20979**	**55**
Amérique du Sud	**2008**	**23902**	**6668**	**7666**	**584**	**22320**	**58**
	2009	**24203**	**4669**	**8861**	**-13**	**20024**	**52**
	2010	**28006**	**6626**	**10597**	**209**	**23826**	**61**
Argentina	2007	3101	21	96	3	3023	77
Argentine	2008	3449	0	53	-50	3446	87
	2009	3408	0	53	-50	3405	85
	2010	3265	0	75	-2	3192	79

Table 9

Production, trade and consumption of coke
Production, commerce et consommation de coke
Thousand metric tons and kilograms per capita
Milliers de tonnes métriques et kilogrammes par habitant

Country or area Pays ou zone	Year Année	Production Production	Imports Importations	Exports Exportations	Changes in stocks Variations des stocks	Consumption Consommation	
						Total Totale	Per capita Par habitant
Brazil	2007	11237	5145	239	91	16052	85
Brésil	2008	11554	5930	366	587	16531	86
	2009	10774	4180	282	-21	14693	76
	2010	12673	6220	205	36	18652	96
Chile	2007	817	354	46	-19	1144	69
Chili	2008	669	443	12	46	1054	63
	2009	629	420	0	70	979	58
	2010	725	295	0	163	857	50
Colombia	2007	478	..	26	..	452	10
Colombie	2008	478	..	26	..	452	10
	2009	1110	..	818	..	292	6
	2010	2084	..	1695	..	389	8
Peru	2007	..	307	..	5	302	11
Pérou	2008	..	259	..	1	258	9
	2009	..	33	..	-12	45	2
	2010	..	59	..	-5	64	2
Uruguay	2007	27	32	..	-8	67	20
Uruguay	2008	*29	*36	..	0	*65	*20
	2009	*29	*36	..	0	*65	*19
	2010	24	52	..	17	59	18
Venezuela(Bolivar. Rep.)	2007	1775	..	1755	81	-61	-2
Venezuela(Rép. bolivar.)	2008	7723	..	7209	0	514	18
	2009	8253	..	7708	0	545	19
	2010	9235	..	8622	0	613	21
Asia	**2007**	**411149**	**20908**	**19866**	**6889**	**405302**	**100**
Asie	**2008**	**419947**	**16164**	**17959**	**12103**	**406049**	**100**
	2009	**433743**	**17557**	**4358**	**22250**	**424692**	**103**
	2010	**469871**	**22348**	**7778**	**17354**	**467087**	**112**
Afghanistan	2007	0	43	0	..	43	1
Afghanistan	2008	*1	67	1	..	67	2
	2009	*20	107	20	..	107	3
	2010	*48	205	48	..	205	7
Armenia	2007	..	53	0	..	53	17
Arménie	2008	..	40	0	..	40	13
	2009	..	43	0	..	43	14
	2010	..	32	0	..	32	10
Azerbaijan	2007	85	..	83	..	2	0
Azerbaïdjan	2008	169	..	161	..	8	1
	2009	127	..	120	..	7	1
	2010	396	..	390	..	6	1
China	2007	323320	752	16891	6853	300328	227
Chine	2008	333247	921	13996	10986	309186	233
	2009	353899	3456	1944	22441	332970	249
	2010	380823	7849	5452	17467	365753	273
Cyprus	2007	..	149	..	6	143	135
Chypre	2008	..	163	..	11	152	141
	2009	..	118	..	-26	144	132
	2010	..	123	..	7	116	105
Georgia	2007	..	94	..	..	94	21
Géorgie	2008	..	90	..	..	90	20
	2009	..	73	..	..	73	17
	2010	..	99	..	..	99	23

Table 9

Production, trade and consumption of coke
Production, commerce et consommation de coke

Thousand metric tons and kilograms per capita
Milliers de tonnes métriques et kilogrammes par habitant

Country or area Pays ou zone	Year Année	Production Production	Imports Importations	Exports Exportations	Changes in stocks Variations des stocks	Consumption Consommation	
						Total Totale	Per capita Par habitant
India	2007	16671	5856	462	..	22065	19
Inde	2008	16860	4253	1470	..	19643	16
	2009	16270	4948	321	..	20897	17
	2010	14443	3004	185	..	17262	14
Indonesia	2007	630	*118	*335	..	413	2
Indonésie	2008	496	103	282	..	317	1
	2009	757	146	155	..	748	3
	2010	558	140	263	..	435	2
Iran(Islamic Rep. of)	2007	985	621	1	..	1605	22
Iran(Rép. islamique)	2008	782	671	3	..	1450	20
	2009	980	632	1	..	1611	22
	2010	844	1196	2	..	2038	28
Israel	2007	..	506	..	48	458	66
Israël	2008	..	372	..	12	360	51
	2009	..	206	..	0	206	28
	2010	..	381	..	-8	389	52
Japan	2007	46566	6400	1490	-119	51595	408
Japon	2008	43256	6026	1056	972	47254	373
	2009	40033	5080	1108	-402	44407	351
	2010	44892	5642	701	-133	49966	395
Kazakhstan	2007	3226	904	74	8	4048	262
Kazakhstan	2008	2872	765	235	22	3380	216
	2009	2757	670	34	-24	3417	216
	2010	2717	793	96	60	3354	209
Korea, Dem.Ppl's.Rep.	2007	..	191	..	..	191	8
Corée,Rép.pop.dém.de	2008	..	213	..	..	213	9
	2009	..	205	..	..	205	8
	2010	..	197	..	..	197	8
Korea, Republic of	2007	10635	551	48	3	11135	234
Corée, République de	2008	11615	700	100	0	12215	256
	2009	10296	256	43	0	10509	219
	2010	14272	629	23	4	14874	309
Malaysia	2007	3	*3300	191	..	*3112	*115
Malaisie	2008	574	811	262	..	1123	41
	2009	*96	*811	*262	..	*645	*23
	2010	*15	*11	*194	..	*-168	*-6
Myanmar	2007	19	..	..	0	19	0
Myanmar	2008	20	..	..	0	20	0
	2009	17	..	..	0	17	0
	2010	17	..	..	-2	19	0
Other Asia	2007	5147	591	231	118	5389	235
Autres zones d'Asie	2008	5047	447	341	0	5153	224
	2009	4565	158	301	-61	4483	194
	2010	6096	1422	381	22	7115	306
Pakistan	2007	326	..	..	..	326	2
Pakistan	2008	840	..	..	..	840	5
	2009	302	..	..	..	302	2
	2010	300	..	..	..	300	2
Philippines	2007	..	147	..	..	147	2
Philippines	2008	..	146	..	..	146	2
	2009	..	169	..	..	169	2
	2010	..	*169	..	..	*169	*2

Table 9

Production, trade and consumption of coke
Production, commerce et consommation de coke
Thousand metric tons and kilograms per capita
Milliers de tonnes métriques et kilogrammes par habitant

Country or area Pays ou zone	Year Année	Production Production	Imports Importations	Exports Exportations	Changes in stocks Variations des stocks	Consumption Consommation	
						Total Totale	Per capita Par habitant
Singapore	2007	..	29	0	..	29	6
Singapour	2008	..	31	0	..	31	7
	2009	..	27	0	..	27	5
	2010	..	24	0	..	24	5
Syrian Arab Republic	2007	170	9	60	11	108	6
Rép. arabe syrienne	2008	*162	9	*52	*5	*114	*6
	2009	*158	9	*49	*5	*113	*6
	2010	*151	9	*43	*5	*113	*6
Tajikistan	2007	..	87	..	..	87	13
Tadjikistan	2008	..	67	..	..	67	10
	2009	..	52	..	..	52	8
	2010	..	40	..	..	40	6
Thailand	2007	..	65	..	..	65	1
Thaïlande	2008	..	52	..	..	52	1
	2009	..	117	..	106	11	0
	2010	..	209	..	-61	270	4
Turkey	2007	3335	442	..	-39	3816	55
Turquie	2008	3976	216	..	95	4097	58
	2009	3437	274	..	211	3500	49
	2010	4274	173	..	-7	4454	61
Uzbekistan	2007	31	..	..	..	31	1
Ouzbékistan	2008	30	..	..	..	30	1
	2009	29	..	..	..	29	1
	2010	25	..	..	..	25	1
Europe	**2007**	**117199**	**31854**	**17843**	**919**	**130291**	**178**
Europe	**2008**	**114633**	**30984**	**17417**	**1507**	**126693**	**172**
	2009	**94865**	**22682**	**14342**	**-1583**	**104788**	**142**
	2010	**104000**	**26886**	**17605**	**109**	**113172**	**153**
Albania	2007	92	0	..	10	82	26
Albanie	2008	61	0	..	6	55	17
	2009	94	0	..	33	61	19
	2010	21	139	..	0	160	50
Austria	2007	1548	1513	20	123	2918	351
Autriche	2008	1529	1505	2	110	2922	350
	2009	1396	875	10	-34	2295	274
	2010	1501	1358	12	73	2774	330
Belarus	2007	..	83	0	2	81	8
Bélarus	2008	..	79	0	2	77	8
	2009	..	65	0	-1	66	7
	2010	..	76	0	5	71	7
Belgium	2007	2887	335	103	286	2833	269
Belgique	2008	2628	941	108	101	3360	317
	2009	1907	207	406	-104	1812	170
	2010	2270	284	451	-56	2159	202
Bosnia and Herzegovina	2007	517	..	491	..	26	7
Bosnie-Herzégovine	2008	545	..	518	..	27	7
	2009	609	..	389	-100	320	85
	2010	920	6	522	1	403	107
Bulgaria	2007	545	760	1	54	1250	164
Bulgarie	2008	350	407	5	1	751	99
	2009	71	330	0	17	384	51
	2010	78	467	3	-64	606	81

Table 9

Production, trade and consumption of coke
Production, commerce et consommation de coke
Thousand metric tons and kilograms per capita
Milliers de tonnes métriques et kilogrammes par habitant

Country or area Pays ou zone	Year Année	Production Production	Imports Importations	Exports Exportations	Changes in stocks Variations des stocks	Consumption Consommation	
						Total Totale	Per capita Par habitant
Croatia	2007	113	229	41	5	296	67
Croatie	2008	90	217	35	-3	275	62
	2009	102	157	22	-1	238	54
	2010	101	146	54	-6	199	45
Czech Republic	2007	3476	1020	826	-24	3694	358
République tchèque	2008	3645	809	848	185	3421	330
	2009	2486	816	573	-24	2753	264
	2010	2743	1168	887	-54	3078	293
Denmark	2007	..	362	13	18	331	61
Danemark	2008	..	334	15	62	257	47
	2009	..	184	12	-38	210	38
	2010	..	141	13	-60	188	34
Estonia	2007	40	..	40	0	0	0
Estonie	2008	35	..	28	6	1	1
	2009	18	..	26	-8	0	0
	2010	22	..	21	1	0	0
Finland	2007	1007	617	3	21	1600	302
Finlande	2008	1001	635	3	33	1600	301
	2009	877	341	3	-53	1268	237
	2010	959	542	5	-7	1503	280
France	2007	5454	2645	831	71	7197	116
France	2008	5532	2766	1034	70	7194	116
	2009	4151	2472	644	-449	6428	103
	2010	3966	2484	135	65	6250	99
Germany	2007	10292	5420	750	-101	15063	183
Allemagne	2008	10259	5284	839	90	14614	177
	2009	8673	3916	920	98	11571	140
	2010	10163	5320	963	-44	14564	177
Greece	2007	183	958	..	62	1079	96
Grèce	2008	176	865	..	64	977	87
	2009	171	563	..	-42	776	69
	2010	201	719	..	30	890	78
Hungary	2007	1434	27	430	3	1028	102
Hongrie	2008	1402	16	416	28	974	97
	2009	1076	6	296	-45	831	83
	2010	1391	10	511	-30	920	92
Iceland	2007	..	220	..	-6	226	739
Islande	2008	..	440	..	-5	445	1432
	2009	..	448	..	-10	458	1451
	2010	..	439	..	-5	444	1387
Ireland	2007	..	396	0	0	396	92
Irlande	2008	..	349	0	-6	355	82
	2009	..	187	1	4	182	41
	2010	..	81	0	0	81	18
Italy	2007	6217	3613	385	3	9442	159
Italie	2008	5941	3267	367	13	8828	147
	2009	3999	2635	403	-162	6393	106
	2010	5678	2387	487	-183	7761	128
Latvia	2007	..	3	..	-5	8	4
Lettonie	2008	..	3	..	-2	5	2
	2009	..	24	..	14	10	4
	2010	..	8	..	-14	22	10

Table 9

Production, trade and consumption of coke
Production, commerce et consommation de coke

Thousand metric tons and kilograms per capita
Milliers de tonnes métriques et kilogrammes par habitant

Country or area Pays ou zone	Year Année	Production Production	Imports Importations	Exports Exportations	Changes in stocks Variations des stocks	Consumption Consommation	
						Total Totale	Per capita Par habitant
Lithuania	2007	98	24	..	-24	146	43
Lituanie	2008	126	47	..	23	150	45
	2009	119	10	..	-22	151	45
	2010	118	16	..	-3	137	41
Luxembourg	2007	..	1	..	..	1	2
Luxembourg	2008	..	2	..	..	2	4
	2009	..	1	..	..	1	2
	2010	..	1	..	..	1	2
Netherlands	2007	2273	629	581	-34	2355	143
Pays-Bas	2008	2204	327	236	-87	2382	144
	2009	1776	154	160	-125	1895	114
	2010	2131	355	160	-19	2345	141
Norway	2007	481	802	34	2	1247	264
Norvège	2008	388	952	53	14	1273	266
	2009	152	657	2	-24	831	172
	2010	162	813	22	6	947	194
Poland	2007	10628	188	6682	42	4092	107
Pologne	2008	10492	150	6447	516	3679	96
	2009	7405	185	5115	-309	2784	73
	2010	10175	146	6762	403	3156	82
Portugal	2007	..	596	..	-56	652	61
Portugal	2008	..	820	..	113	707	66
	2009	..	596	..	-13	609	57
	2010	..	585	..	5	580	54
Republic of Moldova	2007	..	..	..	0	0	0
Rép. de Moldova	2008	..	..	..	0	0	0
	2009	..	2	..	0	2	1
	2010	..	4	..	0	4	1
Romania	2007	2545	981	140	-51	3437	159
Roumanie	2008	2043	1009	171	19	2862	133
	2009	1088	727	347	-35	1503	70
	2010	695	1102	225	26	1546	72
Russian Federation	2007	33247	169	3176	157	30083	210
Fédération de Russie	2008	33285	164	3028	57	30364	212
	2009	28641	219	1858	-118	27120	190
	2010	29428	822	2384	0	27866	195
Serbia	2007	35	1015	1	5	1044	106
Serbie	2008	0	1107	18	2	1087	110
	2009	35	722	0	-3	760	77
	2010	33	871	15	-19	908	92
Slovakia	2007	1879	534	212	268	1933	356
Slovaquie	2008	1699	497	245	101	1850	340
	2009	1687	357	222	-70	1892	347
	2010	1762	687	381	-139	2207	404
Slovenia	2007	..	157	11	-8	154	77
Slovénie	2008	..	154	15	-5	144	71
	2009	..	82	3	-6	85	42
	2010	..	88	3	3	82	40
Spain	2007	3880	4291	1543	-93	6721	151
Espagne	2008	3797	4295	1124	110	6858	152
	2009	3095	4166	706	75	6480	142
	2010	3281	3917	886	15	6297	137

Table 9

Production, trade and consumption of coke
Production, commerce et consommation de coke

Thousand metric tons and kilograms per capita
Milliers de tonnes métriques et kilogrammes par habitant

Country or area Pays ou zone	Year Année	Production Production	Imports Importations	Exports Exportations	Changes in stocks Variations des stocks	Consumption Consommation	
						Total Totale	Per capita Par habitant
Sweden	2007	1241	311	27	-43	1568	171
Suède	2008	1224	370	33	61	1500	162
	2009	1051	146	274	9	914	98
	2010	1244	247	33	-34	1492	159
Switzerland	2007	49	89	3	..	135	18
Suisse	2008	77	80	0	..	157	21
	2009	64	76	0	..	140	18
	2010	63	91	0	..	154	20
T.F.Yug.Rep. Macedonia	2007	..	154	15	-15	154	75
L'ex-RY Macédoine	2008	..	161	22	-1	140	68
	2009	..	60	20	-12	52	25
	2010	..	121	31	0	90	44
Ukraine	2007	20573	2158	614	76	22041	476
Ukraine	2008	19540	1327	1014	30	19823	431
	2009	18210	305	1236	-76	17355	380
	2010	18600	377	1470	37	17470	384
United Kingdom	2007	6465	1554	870	171	6978	115
Royaume-Uni	2008	6564	1605	793	-201	7577	124
	2009	5912	991	694	51	6158	100
	2010	6294	868	1169	176	5817	94
Oceania	**2007**	**4757**	**1003**	**..**	**826**	**4934**	**142**
Océanie	**2008**	**4683**	**1011**	**..**	**744**	**4950**	**140**
	2009	**3805**	**883**	**..**	**-330**	**5018**	**139**
	2010	**3857**	**857**	**..**	**104**	**4610**	**126**
Australia	2007	4339	872	..	826	4385	208
Australie	2008	4291	876	..	744	4423	206
	2009	3391	798	..	-330	4519	206
	2010	3399	732	..	104	4027	181
New Zealand	2007	418	131	..	..	549	130
Nouvelle-Zélande	2008	392	135	..	..	527	123
	2009	414	85	..	..	499	115
	2010	458	125	..	..	583	133

Table 10

Production, trade and consumption of hard coal briquettes
Production, commerce et consommation d'agglomérés (briquettes de houille)
Thousand metric tons and kilograms per capita
Milliers de tonnes métriques et kilogrammes par habitant

Table Notes:
Please refer to the Definitions Section on pages xv to xxix for the appropriate product description/classification.

Notes relatives aux tableaux:
Veuillez consulter la section "définitions" de la page xv à la page xxix pour une description/classification appropriée des produits.

Figure 22: Major hard coal briquette producing countries in 2010

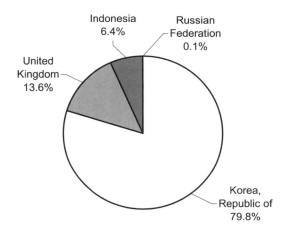

Figure 23: Major hard coal briquette consuming countries in 2010

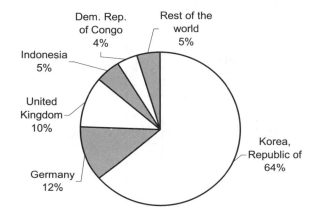

Table 10

Production, trade and consumption of hard coal briquettes
Production, commerce et consommation d'agglomérés (briquettes de houille)

Thousand metric tons and kilograms per capita
Milliers de tonnes métriques et kilogrammes par habitant

Country or area Pays ou zone	Year Année	Production Production	Imports Importations	Exports Exportations	Changes in stocks Variations des stocks	Consumption Consommation	
						Total Totale	Per capita Par habitant
World	**2007**	**135783**	**276**	**147**	**-6**	**135918**	**20**
Monde	**2008**	**2942**	**401**	**40**	**-130**	**3433**	**1**
	2009	**2730**	**325**	**181**	**18**	**2856**	**0**
	2010	**2330**	**619**	**50**	**-17**	**2916**	**0**
Africa	**2007**	..	**108**	..	..	**108**	**0**
Afrique	**2008**	..	**111**	..	..	**111**	**0**
	2009	..	**114**	..	..	**114**	**0**
	2010	..	**117**	..	..	**117**	**0**
Dem. Rep. of the Congo	2007	..	108	..	..	108	2
Rép. dem. du Congo	2008	..	111	..	..	111	2
	2009	..	114	..	..	114	2
	2010	..	117	..	..	117	2
America, North	**2007**	**133319**	**2**	..	**0**	**133321**	**254**
Amérique du Nord	**2008**	**0**	**2**	..	**-153**	**155**	**0**
	2009	**0**	**2**	..	**0**	**2**	**0**
	2010	**0**	**2**	..	**0**	**2**	**0**
Bahamas	2007	..	*2	..	..	*2	*6
Bahamas	2008	..	2	..	..	2	6
	2009	..	*2	..	..	*2	*6
	2010	..	*2	..	..	*2	*6
United States	2007	133319	..	..	0	133319	441
États-Unis	2008	0	..	..	-153	153	1
	2009	0	..	..	0	0	0
	2010	0	..	..	0	0	0
Asia	**2007**	**2118**	**3**	**1**	..	**2120**	**1**
Asie	**2008**	**2612**	**3**	**0**	..	**2614**	**1**
	2009	**2411**	**1**	**133**	**5**	**2274**	**1**
	2010	**2009**	**2**	**0**	**0**	**2011**	**0**
Armenia	2007	..	3	0	..	3	1
Arménie	2008	..	3	0	..	3	1
	2009	..	0	0	..	0	0
	2010	..	2	0	..	2	1
Indonesia	2007	..	..	..	..	..	..
Indonésie	2008	323	..	..	..	323	1
	2009	470	1	133	5	333	1
	2010	*150	0	0	0	*150	*1
Kazakhstan	2007	*27	..	..	..	*27	*2
Kazakhstan	2008	0	..	..	..	0	0
	2009	0	..	..	..	0	0
	2010	0	..	..	..	0	0
Korea, Republic of	2007	2091	..	..	..	2091	44
Corée, République de	2008	2289	..	..	..	2289	48
	2009	1941	..	..	..	1941	40
	2010	1859	..	..	..	1859	39
Europe	**2007**	**346**	**163**	**146**	**-6**	**369**	**1**
Europe	**2008**	**330**	**286**	**40**	**23**	**553**	**1**
	2009	**319**	**208**	**48**	**13**	**466**	**1**
	2010	**321**	**498**	**50**	**-17**	**786**	**1**
Austria	2007	..	9	..	0	9	1
Autriche	2008	..	75	..	25	50	6
	2009	..	18	..	0	18	2
	2010	..	13	..	0	13	2

Table 10

Production, trade and consumption of hard coal briquettes
Production, commerce et consommation d'agglomérés (briquettes de houille)
Thousand metric tons and kilograms per capita
Milliers de tonnes métriques et kilogrammes par habitant

Country or area Pays ou zone	Year Année	Production Production	Imports Importations	Exports Exportations	Changes in stocks Variations des stocks	Consumption Consommation	
						Total Totale	Per capita Par habitant
Belgium	2007	4	17	16	-1	6	1
Belgique	2008	6	19	11	3	11	1
	2009	0	8	7	-2	3	0
	2010	0	10	7	0	3	0
Bulgaria	2007	..	..	..	..	..	..
Bulgarie	2008	..	12	..	..	12	2
	2009	..	0	..	..	0	0
	2010	..	0	..	..	0	0
France	2007	16	115	2	0	129	2
France	2008	16	113	0	-3	132	2
	2009	7	110	6	1	110	2
	2010	0	100	2	0	98	2
Germany	2007	89	4	31	-4	66	1
Allemagne	2008	0	25	4	0	21	0
	2009	0	54	3	0	51	1
	2010	0	345	1	0	344	4
Hungary	2007	10	..	..	0	10	1
Hongrie	2008	6	..	..	-3	9	1
	2009	9	..	..	4	5	0
	2010	0	..	..	-3	3	0
Netherlands	2007	..	0	0	0	0	0
Pays-Bas	2008	..	7	0	0	7	0
	2009	..	0	0	0	0	0
	2010	..	0	0	0	0	0
Poland	2007	..	0	0	0	0	0
Pologne	2008	..	9	0	7	2	0
	2009	..	3	0	2	1	0
	2010	..	9	1	0	8	0
Russian Federation	2007	..	..	..	..	..	..
Fédération de Russie	2008	..	..	..	..	..	..
	2009	..	..	..	..	..	..
	2010	3	..	3	..	0	0
Serbia	2007	..	0	..	..	0	0
Serbie	2008	..	0	..	..	0	0
	2009	..	0	..	..	0	0
	2010	..	2	..	..	2	0
Slovakia	2007	..	5	..	..	5	1
Slovaquie	2008	..	10	..	..	10	2
	2009	..	9	..	..	9	2
	2010	..	9	..	..	9	2
Ukraine	2007	..	0	90	1	-91	-2
Ukraine	2008	..	0	0	0	0	0
	2009	..	0	1	-2	1	0
	2010	..	0	1	-1	0	0
United Kingdom	2007	227	13	7	-2	235	4
Royaume-Uni	2008	302	16	25	-6	299	5
	2009	303	6	31	10	268	4
	2010	318	10	35	-13	306	5

Table 11

Production, trade and consumption of briquettes of lignite and peat
Production, commerce et consommation de briquettes de lignite et de tourbe

Thousand metric tons and kilograms per capita
Milliers de tonnes métriques et kilogrammes par habitant

Table Notes:

Production, trade, stock change and consumption for lignite-brown coal briquettes and peat briquettes.

Please refer to the Definitions Section on pages xv to xxix for the appropriate product description/classification.

Notes relatives aux tableaux:

Production, commerce, variations des stocks et consommation de briquettes de lignite, et briquettes de tourbe.

Veuillez consulter la section "définitions" de la page xv à la page xxix pour une description/classification appropriée des produits.

Figure 24: World production of briquettes of lignite and peat 1994-2010

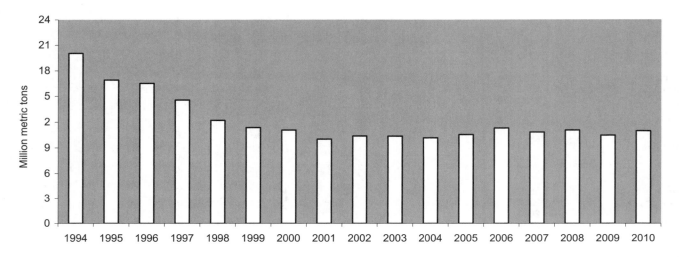

Figure 25: Major briquettes of lignite and peat producing countries in 2010

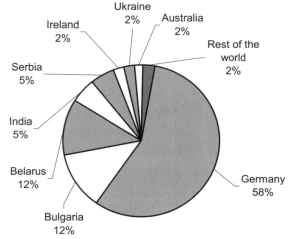

Figure 26: Major briquettes of lignite and peat consuming countries in 2010

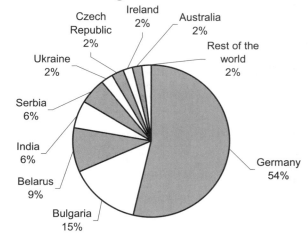

Table 11

Production, trade and consumption of briquettes of lignite and peat
Production, commerce et consommation de briquettes de lignite et de tourbe

Thousand metric tons and kilograms per capita
Milliers de tonnes métriques et kilogrammes par habitant

Country or area Pays ou zone	Year Année	Production Production	Imports Importations	Exports Exportations	Changes in stocks Variations des stocks	Consumption Consommation	
						Total Totale	Per capita Par habitant
World	**2007**	**10841**	**215**	**1432**	**32**	**9592**	**1**
Monde	**2008**	**11069**	**208**	**1708**	**-6**	**9575**	**1**
	2009	**10469**	**282**	**1748**	**9**	**8994**	**1**
	2010	**10988**	**422**	**1829**	**45**	**9536**	**1**
Asia	**2007**	**564**	..	..	..	**564**	**0**
Asie	**2008**	**533**	..	..	..	**533**	**0**
	2009	**511**	..	..	..	**511**	**0**
	2010	**566**	..	..	..	**566**	**0**
India	2007	502	..	..	..	502	0
Inde	2008	486	..	..	..	486	0
	2009	511	..	..	..	511	0
	2010	566	..	..	..	566	0
Turkey	2007	62	..	..	..	62	1
Turquie	2008	47	..	..	..	47	1
	2009	0	..	..	..	0	0
	2010	0	..	..	..	0	0
Europe	**2007**	**10122**	**215**	**1432**	**32**	**8873**	**12**
Europe	**2008**	**10399**	**208**	**1708**	**-6**	**8905**	**12**
	2009	**9836**	**282**	**1748**	**9**	**8361**	**11**
	2010	**10232**	**422**	**1829**	**45**	**8780**	**12**
Austria	2007	..	40	1	2	37	4
Autriche	2008	..	38	0	-2	40	5
	2009	..	44	2	15	27	3
	2010	..	37	0	7	30	4
Belarus	2007	1162	..	221	18	923	95
Bélarus	2008	1183	..	349	-9	843	87
	2009	1257	..	492	-31	796	83
	2010	1317	..	386	31	900	94
Belgium	2007	..	13	1	6	6	1
Belgique	2008	..	16	5	-2	13	1
	2009	..	15	6	-1	10	1
	2010	..	53	23	4	26	2
Bulgaria	2007	2077	..	0	11	2066	270
Bulgarie	2008	1991	..	0	81	1910	252
	2009	1672	..	0	9	1663	220
	2010	1356	..	0	-39	1395	186
Czech Republic	2007	247	0	114	-1	134	13
République tchèque	2008	156	13	60	2	107	10
	2009	170	63	88	-1	146	14
	2010	145	149	71	3	220	21
Denmark	2007	..	0	..	..	0	0
Danemark	2008	..	1	..	..	1	0
	2009	..	1	..	..	1	0
	2010	..	2	..	..	2	0
Estonia	2007	128	..	96	19	13	10
Estonie	2008	68	..	91	-40	17	13
	2009	45	..	20	15	10	7
	2010	84	..	64	9	11	8
Germany	2007	5386	125	906	-21	4626	56
Allemagne	2008	5933	94	1120	-19	4926	60
	2009	5752	121	1123	16	4734	57
	2010	6253	104	1251	-5	5111	62

Table 11

Production, trade and consumption of briquettes of lignite and peat
Production, commerce et consommation de briquettes de lignite et de tourbe

Thousand metric tons and kilograms per capita
Milliers de tonnes métriques et kilogrammes par habitant

Country or area Pays ou zone	Year Année	Production Production	Imports Importations	Exports Exportations	Changes in stocks Variations des stocks	Consumption Consommation	
						Total Totale	Per capita Par habitant
Greece	2007	97	..	0	-1	98	9
Grèce	2008	24	..	0	0	24	2
	2009	0	..	0	0	0	0
	2010	0	..	0	0	0	0
Hungary	2007	..	13	..	..	13	1
Hongrie	2008	..	16	..	..	16	2
	2009	..	17	..	..	17	2
	2010	..	14	..	..	14	1
Ireland	2007	214	..	18	3	193	45
Irlande	2008	209	..	22	-32	219	50
	2009	243	..	11	6	226	51
	2010	238	..	23	18	197	44
Lithuania	2007	13	8	..	0	21	6
Lituanie	2008	15	7	..	1	21	6
	2009	10	3	..	-3	16	5
	2010	6	5	..	-1	12	4
Luxembourg	2007	..	7	..	..	7	15
Luxembourg	2008	..	7	..	..	7	14
	2009	..	8	..	..	8	16
	2010	..	10	..	..	10	20
Poland	2007	..	4	0	1	3	0
Pologne	2008	..	8	0	0	8	0
	2009	..	7	0	0	7	0
	2010	..	5	1	0	4	0
Russian Federation	2007	23	..	0	-4	27	0
Fédération de Russie	2008	45	..	0	3	42	0
	2009	53	..	0	2	51	0
	2010	39	..	1	-3	41	0
Serbia	2007	592	3	73	-4	526	53
Serbie	2008	602	6	58	11	539	55
	2009	435	2	6	-21	452	46
	2010	557	9	9	19	538	55
Slovakia	2007	..	1	..	..	1	0
Slovaquie	2008	..	2	..	..	2	0
	2009	..	1	..	..	1	0
	2010	..	34	..	2	32	6
Sweden	2007	..	1	2	-1	0	0
Suède	2008	..	0	3	-3	0	0
	2009	..	0	0	0	0	0
	2010	..	0	0	0	0	0
Ukraine	2007	183	..	..	4	179	4
Ukraine	2008	*173	..	..	3	*170	*4
	2009	*199	..	..	3	*196	*4
	2010	*237	..	..	0	*237	*5
Oceania	**2007**	**155**	**..**	**..**	**..**	**155**	**4**
Océanie	**2008**	**137**	**..**	**..**	**..**	**137**	**4**
	2009	**122**	**..**	**..**	**..**	**122**	**3**
	2010	**190**	**..**	**..**	**..**	**190**	**5**
Australia	2007	155	..	..	..	155	7
Australie	2008	137	..	..	..	137	6
	2009	122	..	..	..	122	6
	2010	190	..	..	..	190	9

Table 12

Production, trade and consumption of peat
Production, commerce et consommation de tourbe
Thousand metric tons and kilograms per capita
Milliers de tonnes métriques et kilogrammes par habitant

Table Notes:
Please refer to the Definitions Section on pages xv to xxix for the appropriate product description/classification.

Notes relatives aux tableaux:
Veuillez consulter la section "définitions" de la page xv à la page xxix pour une description/classification appropriée des produits.

Figure 27: World production of peat 1994-2010

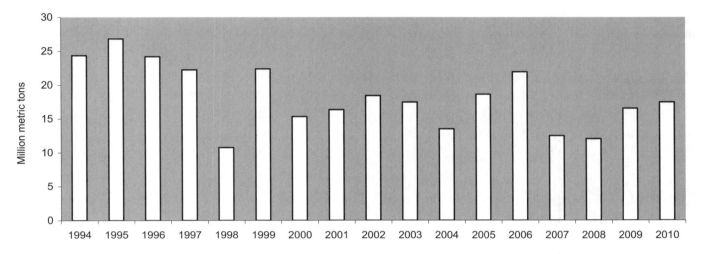

Figure 28: Major peat producing countries in 2010

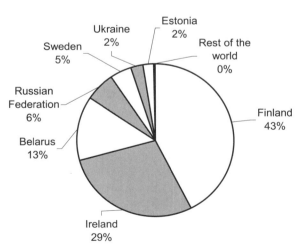

Figure 29: Major peat consuming countries in 2010

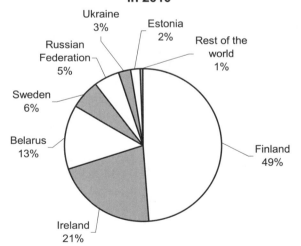

Table 12

Production, trade and consumption of peat
Production, commerce et consommation de tourbe

Thousand metric tons and kilograms per capita
Milliers de tonnes métriques et kilogrammes par habitant

Country or area Pays ou zone	Year Année	Production Production	Imports Importations	Exports Exportations	Changes in stocks Variations des stocks	Consumption Consommation	
						Total Totale	Per capita Par habitant
World	**2007**	**12511**	**473**	**130**	**-5979**	**18833**	**3**
Monde	**2008**	**12053**	**617**	**68**	**-4628**	**17230**	**3**
	2009	**16563**	**602**	**135**	**333**	**16697**	**2**
	2010	**17489**	**442**	**230**	**-1361**	**19062**	**3**
Africa	**2007**	**7**	..	..	..	**7**	**0**
Afrique	**2008**	**10**	..	..	..	**10**	**0**
	2009	**11**	..	..	..	**11**	**0**
	2010	**13**	..	..	..	**13**	**0**
Burundi	2007	7	..	..	..	7	1
Burundi	2008	10	..	..	..	10	1
	2009	11	..	..	..	11	1
	2010	13	..	..	..	13	2
America, South	**2007**	**13**	..	..	..	**13**	**0**
Amérique du Sud	**2008**	**13**	..	..	..	**13**	**0**
	2009	**13**	..	..	..	**13**	**0**
	2010	**13**	..	..	..	**13**	**0**
Falkland Is. (Malvinas)	2007	*13	..	..	..	*13	*4364
Iles Falkland (Malvinas)	2008	13	..	..	..	13	4343
	2009	*13	..	..	..	*13	*4325
	2010	*13	..	..	..	*13	*4309
Asia	**2007**	..	**3**	**0**	..	**3**	**0**
Asie	**2008**	..	**0**	**0**	..	**0**	**0**
	2009	..	**0**	**0**	..	**0**	**0**
	2010	..	**0**	**0**	..	**0**	**0**
Kazakhstan	2007	..	2	..	..	2	0
Kazakhstan	2008	..	0	..	..	0	0
	2009	..	0	..	..	0	0
	2010	..	0	..	..	0	0
Europe	**2007**	**12491**	**470**	**130**	**-5979**	**18810**	**26**
Europe	**2008**	**12030**	**617**	**68**	**-4628**	**17207**	**23**
	2009	**16539**	**602**	**135**	**333**	**16673**	**23**
	2010	**17463**	**442**	**230**	**-1361**	**19036**	**26**
Austria	2007	1	..	..	..	1	0
Autriche	2008	1	..	..	..	1	0
	2009	1	..	..	..	1	0
	2010	1	..	..	..	1	0
Belarus	2007	2507	..	..	267	2240	230
Bélarus	2008	2364	..	..	156	2208	228
	2009	2212	..	..	-216	2428	252
	2010	2352	..	..	-209	2561	267
Estonia	2007	475	..	61	-41	455	339
Estonie	2008	214	..	27	-111	298	222
	2009	328	..	13	52	263	196
	2010	361	..	81	-73	353	263
Finland	2007	4469	55	53	-5670	10141	1917
Finlande	2008	4317	206	18	-3541	8046	1513
	2009	9004	117	45	2029	7047	1319
	2010	7421	7	17	-1914	9325	1738
Ireland	2007	2772	..	..	-643	3415	796
Irlande	2008	3089	..	..	-1050	4139	951
	2009	2771	..	..	-1501	4272	968
	2010	4991	..	..	962	4029	901

Table 12

Production, trade and consumption of peat
Production, commerce et consommation de tourbe
Thousand metric tons and kilograms per capita
Milliers de tonnes métriques et kilogrammes par habitant

Country or area Pays ou zone	Year Année	Production Production	Imports Importations	Exports Exportations	Changes in stocks Variations des stocks	Consumption Consommation	
						Total Totale	Per capita Par habitant
Latvia	2007	11	..	10	-8	9	4
Lettonie	2008	11	..	2	0	9	4
	2009	25	..	7	15	3	1
	2010	10	..	6	-6	10	4
Lithuania	2007	53	..	1	-15	67	20
Lituanie	2008	67	..	5	24	38	11
	2009	53	..	7	14	32	10
	2010	31	..	9	-8	30	9
Romania	2007	1	24	0	..	25	1
Roumanie	2008	10	30	1	..	39	2
	2009	9	35	1	..	43	2
	2010	3	37	1	..	39	2
Russian Federation	2007	1287	..	..	111	1176	8
Fédération de Russie	2008	762	..	..	-122	884	6
	2009	910	..	..	-26	936	7
	2010	1066	15	66	0	1015	7
Sweden	2007	520	379	..	..	899	98
Suède	2008	837	364	..	..	1201	130
	2009	702	435	..	..	1137	122
	2010	797	365	..	..	1162	124
T.F.Yug.Rep. Macedonia	2007	..	3	..	..	3	1
L'ex-RY Macédoine	2008	..	4	..	..	4	2
	2009	..	4	..	..	4	2
	2010	..	4	..	..	4	2
Ukraine	2007	395	9	5	20	379	8
Ukraine	2008	358	13	15	16	340	7
	2009	524	11	62	-34	507	11
	2010	430	14	50	-113	507	11

Table 13

Selected series of statistics on renewables and wastes
Séries de statistiques des renouvelables et des déchets
Thousand cubic metres, Thousand metric tons, Gigawatt-hours and Terajoules
Milliers de mètres cubes, Milliers de tonnes métriques, Gigawatt-heures et Térajoules

Table Notes:

Data on fuelwood and charcoal production were primarily taken from information provided by the Food and Agriculture Organization of the United Nations (FAO).

The conversion of fuelwood (solid volume, .33 tce/m3) is based on an average 20-30% moisture content.

The methodology used for estimating fuel bagasse production is derived from the work done by the Economic Commission for Latin America and the Caribbean (ECLAC). Although several different methodologies have been devised, the one selected assumes a yield of 3.26 tons of fuel bagasse at 50% humidity per ton of cane sugar produced. In most cases, bagasse production data were extracted from the Sugar Yearbook of the International Sugar Organization (London).

Liquids and gases include biodiesel, alcohol, biogas and steam/heat from geothermal sources.

Electricity refers to production from geothermal, hydro, solar, wind and wave sources.

Wastes refer to animal, vegetal, municipal and pulp and paper wastes.

Total primary includes all the commodities listed before but charcoal.

The share of total primary indicates the percentage of primary energy produced coming from renewable energy and energy from wastes.

In various cases data were supplied through questionnaires and/or official publications.

Please refer to the Definitions Section on pages xv to xxix for the appropriate product description/classification.

Notes relatives aux tableaux:

Les données relatives à la production du bois de chauffage et du charbon de bois proviennent premièrement des renseignements de l'Organisation des Nations Unies pour l'alimentation et l'agriculture (FAO).

La conversion du bois de chauffage (volume solide, 0,33 tec/m3) est fondée sur une teneur moyenne en humidité de 20 à 30%.

Les méthodes de calcul de la production de bagasse combustible s'inspirent des travaux effectués par la Commission économique pour l'Amérique latine et les Caraïbes (CEPALC). Des diverses formules élaborées, on a retenu celle qui suppose un rendement de 3,26 tonnes de bagasse combustible (d'une teneur en humidité de 50%) par tonne de sucre de canne produite. Les données relatives à la production de bagasse proviennent pour la plupart du Sugar Yearbook publié par l'Organisation internationale du sucre (Londres).

Les liquides et gaz comprennent le biodiesel, l'alcool, le biogaz et la vapeur/chaleur de sources géothermiques.

La colonne Electricité fait référence à la production à partir de sources géothermique, hydraulique, solaire, éolienne et marémotrice.

Les déchets peuvent être d'origine animale, végétale, municipale et de la fabrication de papier.

Le total primaire inclut tous les produits énergétiques listés ci-dessus, à l'exception du charbon de bois.

La part du total primaire indique le pourcentage de l'énergie primaire produite provenant de sources renouvelables et de déchets.

Dans certains cas les données proviennent des questionnaires et/ou des publications officiels.

Veuillez consulter la section "définitions" de la page xv à la page xxix pour une description/classification appropriée des produits.

Figure 30: World fuelwood production 1994-2010

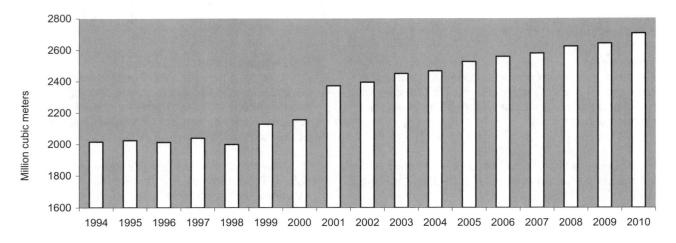

Figure 31: World charcoal production 1994-2010

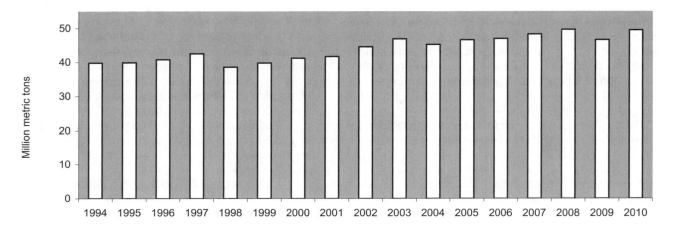

Figure 32: Fuelwood production, by region, in 2010

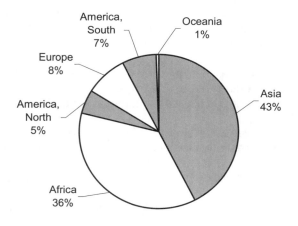

Figure 33: Charcoal production, by region, in 2010

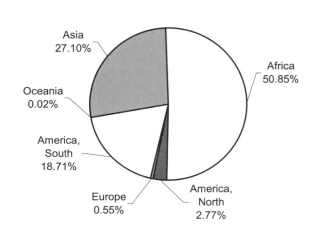

Figure 34: World total primary energy production from renewable sources 1994-2010

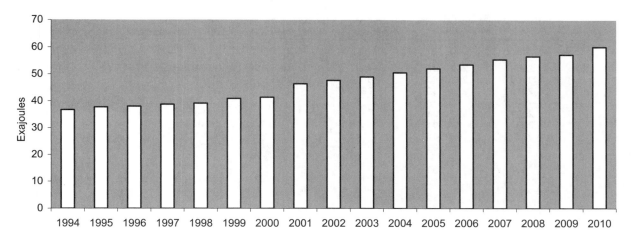

Figure 35: Bagasse production, by region, in 2010

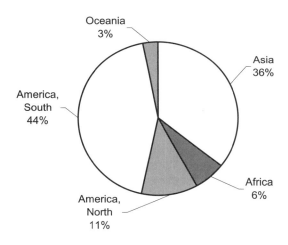

Figure 36: Liquids and gases production from renewable sources, by region, in 2010

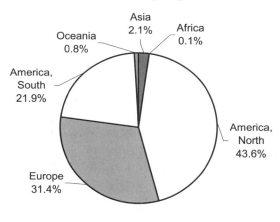

Figure 37: Electricity production from renewable sources, by region, in 2010

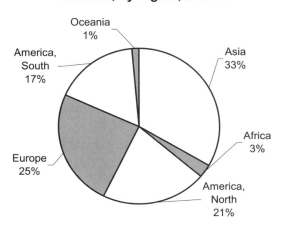

Figure 38: Energy production from wastes, by region, in 2010

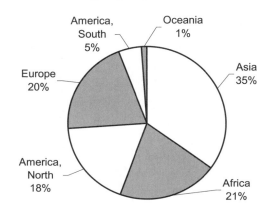

Table 13

Selected series of statistics on renewables and wastes

Thousand cubic metres (1000 c.m.) / Thousand metric tons (1000 m.t.) / GWh / Terajoules (TJ)

Country or area Pays ou zone	Year Année	Fuelwood (1000 c.m.) Bois de chauffage (1000 m.c.)			Charcoal (1000 m.t) Charbon de bois (1000 t.m.)			Bagasse (1000 m.t.) Bagasse (1000 t.m.)
		Production Production	Imports Importations	Exports Exportations	Production Production	Imports Importations	Exports Exportations	Production Production
World	2007	2578120	5259	4855	48264	918	1110	442017
	2008	2622187	4672	4623	49611	1047	1130	444309
	2009	2640855	6028	3966	46586	1131	1169	404158
	2010	2704642	7610	3919	49418	1218	1262	422494
Africa	2007	924394	0	2	22850	13	161	28279
	2008	939001	1	2	23946	14	242	28251
	2009	959805	1	2	24491	5	275	28594
	2010	983103	2	2	25128	14	287	27362
Algeria	2007	184	..	..	644	0	0	..
	2008	119	..	..	656	0	0	..
	2009	139	..	..	669	0	0	..
	2010	135	..	..	682	0	0	..
Angola	2007	18741	..	..	1040	..	..	..
	2008	20184	..	..	1091	..	..	..
	2009	20762	..	..	1122	..	..	..
	2010	21352	..	..	1154	..	..	..
Benin	2007	8590	..	..	220	..	..	33
	2008	8846	..	..	228	..	..	33
	2009	9110	..	..	236	..	..	33
	2010	9381	..	..	245	..	..	33
Botswana	2007	669	0	..	69	0	..	..
	2008	674	0	..	70	0	..	..
	2009	679	0	..	71	0	..	..
	2010	683	0	..	72	0	..	..
Burkina Faso	2007	11576	..	..	539	..	..	130
	2008	12422	..	..	554	..	..	130
	2009	12604	..	..	570	..	..	130
	2010	12789	..	..	586	..	..	130
Burundi	2007	8824	..	..	60	..	..	66
	2008	8968	..	..	60	..	..	59
	2009	9114	..	..	60	..	..	47
	2010	9849	..	..	60	..	..	62
Cameroon	2007	17955	..	..	201	..	..	325
	2008	18320	..	..	205	..	..	326
	2009	19165	..	..	214	..	..	359
	2010	19165	..	..	214	..	..	346
Cape Verde	2007	180	0	..	1	0	..	..
	2008	185	0	..	1	0	..	..
	2009	189	0	..	1	0	..	..
	2010	193	1	..	27	0	..	..
Central African Rep.	2007	2001	..	..	182	..	0	..
	2008	2001	..	..	186	..	0	..
	2009	2001	..	..	186	..	0	..
	2010	2001	..	..	192	0	0	..
Chad	2007	6716	..	..	373	..	..	114
	2008	6832	..	..	383	..	..	118
	2009	6951	..	..	393	..	..	130
	2010	7072	..	..	403	..	..	123
Comoros	2007	245	..	..	36	..	..	..
	2008	252	..	..	38	..	..	..
	2009	259	..	..	39	..	..	..
	2010	266	..	..	40	..	..	..
Congo	2007	2126	..	..	163	..	..	183
	2008	2186	..	..	165	..	..	220
	2009	2246	..	..	169	..	..	228
	2010	2303	..	..	179	..	..	228

Table 13

Séries de statistiques des renouvelables et des déchets

Milliers de mètres cubes (1000 m.c.) / Milliers de tonnes métriques (1000 t.m.) / GWh / Tèrajoules (TJ)

Liquids and gases (TJ) Liquides et gazes (TJ)	Electricity (GWh) Électricité (GWh)	Wastes (TJ) Déchets (TJ)	Total primary (TJ) Totale primaire(TJ)	Renewables and wastes (%) Renouvelables et déchets (%)	Year Année	Country or area Pays ou zone
Production Production	Production Production	Production Production	Production Production	Share of total primary Part du total primaire		
2142506	3398746	14138374	55473128	12	2007	**Monde**
2601384	3566264	13818722	56635498	12	2008	
2814826	3691769	13925593	57268030	12	2009	
3235828	3972226	14592504	60089629	12	2010	
2867	99293	2807822	11828444	26	2007	**Afrique**
3178	99530	2883091	12038054	26	2008	
3472	103707	2953552	12316486	27	2009	
3646	112629	3023329	12621810	27	2010	
..	226	*3425	*5919	0	2007	Algérie
..	283	*3425	*5531	0	2008	
..	306	*3425	*5796	0	2009	
..	174	*3505	*5365	0	2010	
..	2497	111219	291360	8	2007	Angola
..	3134	119812	315422	8	2008	
..	3094	123246	323995	8	2009	
..	3535	126746	334468	9	2010	
..	0	468	79174	100	2007	Bénin
..	0	448	81486	100	2008	
..	0	375	83820	100	2009	
..	0	375	86300	100	2010	
..	..	1	6112	25	2007	Botswana
..	..	1	6157	23	2008	
..	..	1	6200	28	2009	
..	..	1	6243	22	2010	
..	111	..	107123	100	2007	Burkina Faso
..	136	..	114932	100	2008	
..	132	..	116581	100	2009	
..	118	..	118218	100	2010	
..	117	..	81521	100	2007	Burundi
..	112	..	82757	100	2008	
..	121	..	84025	100	2009	
..	142	..	90931	100	2010	
..	3847	10967	191303	50	2007	Cameroun
..	4232	11282	196345	51	2008	
..	4016	10598	202853	55	2009	
..	4260	10456	203489	58	2010	
..	7	..	1671	100	2007	Cap-Vert
..	6	..	1705	100	2008	
..	5	..	1744	100	2009	
..	4	..	1781	100	2010	
..	137	..	18763	100	2007	Rép. centrafricaine
..	*137	..	18763	100	2008	
..	136	..	18760	100	2009	
..	*135	..	18756	100	2010	
..	..	..	62213	19	2007	Tchad
..	..	..	63303	22	2008	
..	..	..	64486	23	2009	
..	..	..	65533	23	2010	
..	*5	..	2256	100	2007	Comores
..	*5	..	2318	100	2008	
..	*5	..	2382	100	2009	
..	*5	..	2447	100	2010	
..	335	9953	31983	7	2007	Congo
..	375	10235	33245	7	2008	
..	330	10515	33972	6	2009	
..	430	10786	35131	6	2010	

Table 13

Selected series of statistics on renewables and wastes
Thousand cubic metres (1000 c.m.) / Thousand metric tons (1000 m.t.) / GWh / Terajoules (TJ)

Country or area Pays ou zone	Year Année	Fuelwood (1000 c.m.) Bois de chauffage (1000 m.c.)			Charcoal (1000 m.t) Charbon de bois (1000 t.m.)			Bagasse (1000 m.t.) Bagasse (1000 t.m.)
		Production Production	Imports Importations	Exports Exportations	Production Production	Imports Importations	Exports Exportations	Production Production
Côte d'Ivoire	2007	34772	..	..	1079	..	0	473
	2008	34669	..	..	1093	..	0	489
	2009	32410	..	..	1007	..	0	489
	2010	33060	..	..	1027	..	0	489
Dem. Rep. of the Congo	2007	90549	..	..	658	..	..	..
	2008	93630	..	..	681	..	..	..
	2009	96814	..	..	704	..	..	..
	2010	100105	..	..	728	..	..	..
Djibouti	2007	337	0	..	45	0	0	..
	2008	343	0	..	46	0	0	..
	2009	350	0	..	47	0	0	..
	2010	356	0	..	48	0	0	..
Egypt	2007	17175	0	..	1312	0	9	3810
	2008	17288	0	..	1328	0	30	3804
	2009	17401	0	..	1344	0	25	3293
	2010	17516	1	0	1360	0	25	3176
Equatorial Guinea	2007	447	..	..	8	..	..	..
	2008	447	..	..	9	..	..	..
	2009	447	..	..	9	..	..	..
	2010	447	..	..	9	..	..	..
Eritrea	2007	2044	..	..	121	..	..	..
	2008	2105	..	..	125	..	..	..
	2009	2170	..	..	128	..	..	..
	2010	2249	..	..	135	..	..	..
Ethiopia	2007	97158	..	..	3470	..	0	1108
	2008	98517	0	0	3556	..	0	1108
	2009	99899	0	0	3644	..	0	1043
	2010	101303	0	0	3735	..	0	1043
Gabon	2007	4620	..	..	19	..	..	72
	2008	4704	..	..	19	..	..	72
	2009	4795	..	..	20	..	..	77
	2010	4883	..	..	20	..	..	78
Gambia	2007	696	..	..	55	0	0	..
	2008	696	..	..	56	0	0	..
	2009	758	..	..	58	0	0	..
	2010	*768	..	..	59	0	0	..
Ghana	2007	26454	..	..	562	..	..	..
	2008	26725	..	..	567	..	..	..
	2009	26999	..	..	573	..	..	..
	2010	27275	..	..	579	..	..	..
Guinea	2007	11795	..	..	326	..	0	82
	2008	11849	..	..	333	0	0	65
	2009	11905	..	..	341	0	0	82
	2010	11962	..	..	348	0	0	82
Guinea-Bissau	2007	2486	..	..	60	..	0	..
	2008	2524	..	..	61	..	0	..
	2009	2562	..	..	63	..	0	..
	2010	2601	..	..	64	..	0	..
Kenya	2007	26407	..	..	18	..	..	1697
	2008	21147	..	..	18	..	..	1834
	2009	24840	..	..	18	..	..	1981
	2010	28031	..	..	18	..	..	2093
Lesotho	2007	2069	..	..	91	..	..	..
	2008	2077	..	..	93	..	..	..
	2009	2084	..	..	95	..	..	..
	2010	2092	..	..	97	..	..	..

Table 13

Séries de statistiques des renouvelables et des déchets

Milliers de mètres cubes (1000 m.c.) / Milliers de tonnes métriques (1000 t.m.) / GWh / Tèrajoules (TJ)

Liquids and gases (TJ) Liquides et gazes (TJ)	Electricity (GWh) Électricité (GWh)	Wastes (TJ) Déchets (TJ)	Total primary (TJ) Totale primaire(TJ)	Renewables and wastes (%) Renouvelables et déchets (%)	Year Année	Country or area Pays ou zone
Production Production	Production Production	Production Production	Production Production	Share of total primary Part du total primaire		
..	1797	1674	329351	69	2007	Côte d'Ivoire
..	1898	1718	328940	69	2008	
..	2131	1549	308979	69	2009	
..	1618	1580	313098	72	2010	
..	7821	14220	869307	94	2007	Rép. dem. du Congo
..	7480	14618	896612	95	2008	
..	7797	15023	927232	95	2009	
..	7850	15435	957888	95	2010	
..	..	..	3077	100	2007	Djibouti
..	..	..	3134	100	2008	
..	..	..	3192	100	2009	
..	..	..	3252	100	2010	
..	16342	31757	276854	8	2007	Egypte
..	15614	32327	275785	8	2008	
..	13997	32902	267631	7	2009	
..	14751	33482	271072	8	2010	
..	*7	..	4109	0	2007	Guinée équatoriale
..	*7	..	4109	0	2008	
..	*7	..	4109	0	2009	
..	*7	..	4109	0	2010	
..	2	3516	22190	100	2007	Erythrée
..	2	3616	22847	100	2008	
..	2	3692	23514	100	2009	
..	2	3779	24328	100	2010	
..	3385	240462	1148499	100	2007	Ethiopie
..	3310	246876	1167052	100	2008	
..	3548	253468	1186612	100	2009	
..	4949	260235	1211248	100	2010	
..	801	2555	48186	8	2007	Gabon
..	894	2602	49335	9	2008	
..	886	2652	50224	9	2009	
..	809	2700	50807	9	2010	
..	..	..	6358	100	2007	Gambie
..	..	..	6358	100	2008	
..	..	..	6924	100	2009	
..	..	..	*7016	100	2010	
..	3727	..	255006	100	2007	Ghana
..	6196	..	266370	100	2008	
..	6878	..	271320	100	2009	
..	6997	..	274273	97	2010	
..	538	..	110283	100	2007	Guinée
..	529	..	110616	100	2008	
..	522	..	111229	100	2009	
..	487	..	111628	100	2010	
..	..	..	22703	100	2007	Guinée-Bissau
..	..	..	23048	100	2008	
..	..	..	23397	100	2009	
..	..	..	23751	100	2010	
..	4581	45241	315999	100	2007	Kenya
..	4028	45824	267610	100	2008	
..	3453	42990	297568	100	2009	
..	4666	38035	326985	100	2010	
..	560	..	20910	100	2007	Lesotho
..	590	..	21089	100	2008	
..	654	..	21392	100	2009	
..	*701	..	21631	100	2010	

Table 13

Selected series of statistics on renewables and wastes
Thousand cubic metres (1000 c.m.) / Thousand metric tons (1000 m.t.) / GWh / Terajoules (TJ)

Country or area Pays ou zone	Year Année	Fuelwood (1000 c.m.) Bois de chauffage (1000 m.c.)			Charcoal (1000 m.t) Charbon de bois (1000 t.m.)			Bagasse (1000 m.t.) Bagasse (1000 t.m.)
		Production Production	Imports Importations	Exports Exportations	Production Production	Imports Importations	Exports Exportations	Production Production
Liberia	2007	6265	..	..	208	0	..	..
	2008	6504	..	..	217	0	..	..
	2009	6753	..	..	225	0	..	..
	2010	7010	..	..	235	0	..	..
Libya	2007	740	..	..	..	..	..	..
	2008	755	..	..	..	..	..	..
	2009	769	..	..	..	..	..	..
	2010	780	..	..	..	..	..	..
Madagascar	2007	13104	..	..	989	..	29	65
	2008	13104	..	..	1029	..	0	52
	2009	13104	..	..	1068	..	0	196
	2010	13104	..	..	1195	..	0	196
Malawi	2007	5242	0	2	457	0	0	913
	2008	5294	0	2	467	0	0	1011
	2009	5350	0	2	479	0	0	978
	2010	5407	0	1	490	0	0	909
Mali	2007	5144	..	0	121	..	0	111
	2008	5204	..	0	125	..	0	114
	2009	5265	..	0	129	..	0	114
	2010	5328	..	0	133	0	0	114
Mauritania	2007	1704	..	..	168	..	..	..
	2008	1748	..	..	174	..	..	..
	2009	1792	..	..	180	..	..	..
	2010	1837	..	..	186	..	..	..
Mauritius	2007	21	..	..	..	1	..	1441
	2008	20	..	..	..	1	..	1540
	2009	20	..	..	..	1	..	1362
	2010	20	..	..	..	1	..	1406
Morocco	2007	6842	0	..	102	..	..	408
	2008	6823	0	..	103	..	..	276
	2009	6804	0	..	105	..	..	238
	2010	6788	0	..	107	..	..	209
Mozambique	2007	32065	..	..	433	..	..	795
	2008	32819	..	..	443	..	..	816
	2009	33568	..	..	453	..	..	823
	2010	34396	..	..	464	..	..	918
Namibia	2007	393	..	..	..	..	..	..
	2008	400	..	..	..	..	..	..
	2009	408	..	..	..	..	..	..
	2010	415	..	..	..	..	..	..
Niger	2007	*3698	..	..	35	..	..	..
	2008	*3820	..	..	36	..	..	..
	2009	*3946	..	..	38	..	..	..
	2010	*4077	..	..	39	..	..	..
Nigeria	2007	194980	..	..	1059	..	..	179
	2008	199910	..	..	1086	..	..	68
	2009	204981	..	..	1114	..	..	122
	2010	210202	..	..	1142	..	..	98
Réunion	2007	31	..	..	15	1	..	469
	2008	31	..	..	15	1	..	510
	2009	31	..	..	15	1	..	537
	2010	31	..	..	15	1	..	541
Rwanda	2007	5001	..	..	48	..	..	33
	2008	5001	..	0	48	..	2	33
	2009	5001	..	0	48	0	2	33
	2010	5001	..	0	48	0	0	33

Table 13

Séries de statistiques des renouvelables et des déchets
Milliers de mètres cubes (1000 m.c.) / Milliers de tonnes métriques (1000 t.m.) / GWh / Tèrajoules (TJ)

Liquids and gases (TJ) Liquides et gazes (TJ) Production	Electricity (GWh) Électricité (GWh) Production	Wastes (TJ) Déchets (TJ) Production	Total primary (TJ) Totale primaire(TJ) Production	Renewables and wastes (%) Renouvelables et déchets (%) Share of total primary Part du total primaire	Year Année	Country or area Pays ou zone
..	..	..	57213	100	2007	Libéria
..	..	..	59400	100	2008	
..	..	..	61667	100	2009	
..	..	..	64021	100	2010	
..	..	..	6755	0	2007	Libye
..	..	..	6897	0	2008	
..	..	..	7024	0	2009	
..	..	..	7127	0	2010	
..	719	..	122759	100	2007	Madagascar
..	700	..	122592	100	2008	
..	741	..	123846	100	2009	
..	711	..	123738	100	2010	
..	1403	*21000	80969	98	2007	Malawi
..	1544	*20821	82536	98	2008	
..	*1503	*20850	82668	98	2009	
..	*1752	*20850	83551	98	2010	
..	*271	..	48814	100	2007	Mali
..	*281	..	49421	100	2008	
..	*285	..	49994	100	2009	
..	*289	..	50575	100	2010	
..	..	..	15566	39	2007	Mauritanie
..	..	..	15960	45	2008	
..	..	..	16361	48	2009	
..	..	..	16774	56	2010	
..	84	..	11623	100	2007	Maurice
..	108	..	12465	100	2008	
..	124	..	11145	100	2009	
..	104	..	11413	100	2010	
..	1597	..	71378	96	2007	Maroc
..	1658	..	70406	97	2008	
..	3343	..	76003	97	2009	
..	4290	..	79048	97	2010	
..	16064	18468	375264	78	2007	Mozambique
..	15115	22717	383142	77	2008	
..	16951	27944	401874	78	2009	
..	16648	34374	415513	77	2010	
..	1564	4649	13865	100	2007	Namibie
..	1415	4737	13485	100	2008	
..	1429	4827	13695	100	2009	
..	1264	4915	13257	100	2010	
..	0	871	*34645	90	2007	Niger
..	0	977	*35865	90	2008	
..	0	937	*36977	90	2009	
..	0	814	*38043	88	2010	
..	6227	1902976	3707421	38	2007	Nigéria
..	5721	1951084	3797862	39	2008	
..	4529	2000578	3889798	40	2009	
..	6375	2051535	3994889	37	2010	
491	673	..	6816	100	2007	Réunion
608	653	..	7182	100	2008	
681	567	..	7152	100	2009	
745	635	..	7489	100	2010	
..	43	..	46080	100	2007	Rwanda
..	72	..	46187	100	2008	
..	99	..	46284	100	2009	
..	112	..	46331	100	2010	

Table 13

Selected series of statistics on renewables and wastes
Thousand cubic metres (1000 c.m.) / Thousand metric tons (1000 m.t.) / GWh / Terajoules (TJ)

Country or area Pays ou zone	Year Année	Fuelwood (1000 c.m.) Bois de chauffage (1000 m.c.)			Charcoal (1000 m.t) Charbon de bois (1000 t.m.)			Bagasse (1000 m.t.) Bagasse (1000 t.m.)
		Production Production	Imports Importations	Exports Exportations	Production Production	Imports Importations	Exports Exportations	Production Production
Sao Tome and Principe	2007	104	..	..	8	..	..	..
	2008	105	..	..	9	..	..	..
	2009	106	..	..	9	..	..	..
	2010	107	..	..	9	..	..	..
Senegal	2007	6026	..	..	490	..	1	310
	2008	6180	..	..	502	..	0	326
	2009	6714	..	..	562	..	1	342
	2010	6894	..	..	577	..	1	342
Seychelles	2007	3	..	..	..	..	..	..
	2008	3	..	..	..	..	..	..
	2009	3	..	..	..	..	..	..
	2010	3	..	..	..	..	..	..
Sierra Leone	2007	5479	..	..	354	..	..	20
	2008	5511	..	..	363	..	..	20
	2009	5546	..	..	373	..	..	20
	2010	5584	..	..	382	..	..	26
Somalia	2007	11764	..	0	913	..	110	65
	2008	12584	0	0	1027	..	189	65
	2009	13097	0	0	1089	..	215	65
	2010	13505	0	0	1133	..	221	65
South Africa	2007	56246	..	..	189	12	13	7932
	2008	56870	..	..	702	12	21	7872
	2009	57484	..	..	703	3	25	7597
	2010	58266	..	..	705	7	34	6746
St. Helena and Depend.	2007	1	..	..	..	..	..	..
	2008	1	..	..	..	..	..	..
	2009	*1	..	..	..	..	..	..
	2010	*1	..	..	..	..	..	..
Sudan	2007	18115	..	..	1781	..	..	2423
	2008	18330	..	..	1762	..	..	2125
	2009	18552	..	..	1813	..	..	2670
	2010	18780	..	..	1860	..	..	1658
Swaziland	2007	1012	..	..	39	..	..	*1343
	2008	1029	..	..	40	..	..	*1411
	2009	1046	..	..	41	..	..	*1426
	2010	1063	..	..	43	..	..	*1451
Togo	2007	9438	..	..	530	..	..	..
	2008	9670	..	..	543	..	..	..
	2009	9880	..	..	556	..	..	..
	2010	10091	..	..	566	..	..	..
Tunisia	2007	4465	..	..	224	..	..	..
	2008	4616	..	..	233	..	..	..
	2009	4806	..	..	245	..	..	..
	2010	5217	..	..	196	..	..	..
Uganda	2007	37911	..	0	859	0	0	*900
	2008	38479	0	0	882	0	0	1200
	2009	39057	0	0	907	0	0	*1400
	2010	39648	0	0	932	0	0	*1400
United Rep. of Tanzania	2007	62493	..	..	1521	..	..	869
	2008	64396	..	..	1537	..	..	933
	2009	66223	..	..	1553	..	..	878
	2010	68395	..	..	1569	..	..	942
Zambia	2007	23787	..	..	943	..	..	772
	2008	24429	..	..	968	..	..	673
	2009	25107	..	..	995	..	..	1053
	2010	25506	..	..	1011	..	..	1335

Table 13

Séries de statistiques des renouvelables et des déchets

Milliers de mètres cubes (1000 m.c.) / Milliers de tonnes métriques (1000 t.m.) / GWh / Tèrajoules (TJ)

Liquids and gases (TJ) Liquides et gazes (TJ)	Electricity (GWh) Électricité (GWh)	Wastes (TJ) Déchets (TJ)	Total primary (TJ) Totale primaire(TJ)	Renewables and wastes (%) Renouvelables et déchets (%)	Year Année	Country or area Pays ou zone
Production Production	Production Production	Production Production	Production Production	Share of total primary Part du total primaire		
..	10	..	986	100	2007	Sao Tomé-et-Principe
..	*8	..	988	100	2008	
..	*7	..	994	100	2009	
..	5	..	995	100	2010	
..	*4	2038	59480	99	2007	Sénégal
..	*4	2103	61073	99	2008	
..	*4	2583	66559	99	2009	
..	*4	2652	68271	99	2010	
..	..	..	29	100	2007	Seychelles
..	..	..	29	100	2008	
..	..	..	29	100	2009	
..	..	..	29	100	2010	
..	18	..	50252	100	2007	Sierra Leone
..	*96	..	50824	100	2008	
..	*88	..	51116	100	2009	
..	*125	..	51641	100	2010	
..	..	..	107940	100	2007	Somalie
..	..	..	115426	100	2008	
..	..	..	120110	100	2009	
..	..	..	123835	100	2010	
2376	3961	77532	669078	11	2007	Afrique du Sud
2570	4085	78393	675817	11	2008	
2791	4247	79240	680953	11	2009	
*2901	5144	80318	685946	11	2010	
..	..	..	9	100	2007	St-Hélène et dépend
..	1	..	11	100	2008	
..	1	..	*11	100	2009	
..	*1	..	*11	100	2010	
..	1451	45641	235010	22	2007	Soudan
..	1463	45142	234217	23	2008	
..	3228	46430	248096	23	2009	
..	3842	47859	246003	23	2010	
..	173	*4476	*24711	66	2007	Swaziland
..	160	*4700	*25570	66	2008	
..	245	*4788	*26233	66	2009	
..	288	*4926	*26877	66	2010	
..	92	1355	87879	100	2007	Togo
..	91	896	89539	100	2008	
..	94	915	91479	100	2009	
..	97	935	93436	100	2010	
..	92	9546	50656	17	2007	Tunisie
..	77	9877	52312	18	2008	
..	176	10297	54824	18	2009	
..	189	8818	57147	18	2010	
..	1412	..	358250	100	2007	Ouganda
..	1467	..	365953	100	2008	
..	1281	..	372106	100	2009	
..	*1201	..	377213	100	2010	
..	2511	108920	695385	97	2007	Rép. Unie de Tanzanie
..	2655	112103	716954	97	2008	
..	2629	115436	736453	97	2009	
..	2574	118926	760072	96	2010	
..	9802	37089	295570	100	2007	Zambie
..	9667	38089	301178	100	2008	
..	10384	39147	313948	100	2009	
..	11274	39768	323591	100	2010	

Table 13

Selected series of statistics on renewables and wastes
Thousand cubic metres (1000 c.m.) / Thousand metric tons (1000 m.t.) / GWh / Terajoules (TJ)

Country or area Pays ou zone	Year Année	Fuelwood (1000 c.m.) Bois de chauffage (1000 m.c.)			Charcoal (1000 m.t) Charbon de bois (1000 t.m.)			Bagasse (1000 m.t.) Bagasse (1000 t.m.)
		Production Production	Imports Importations	Exports Exportations	Production Production	Imports Importations	Exports Exportations	Production Production
Zimbabwe	2007	17501	..	..	11	0	0	1139
	2008	17656	..	..	11	0	0	948
	2009	17741	..	..	11	0	6	850
	2010	17809	..	..	11	5	5	1092
America, North	**2007**	**137297**	**118**	**122**	**1450**	**68**	**41**	**47875**
	2008	**136183**	**125**	**227**	**1582**	**50**	**43**	**48463**
	2009	**132864**	**108**	**238**	**1608**	**59**	**64**	**46647**
	2010	**138197**	**85**	**266**	**1369**	**57**	**71**	**47330**
Anguilla	2007	*2	..	..	*1	..	..	..
	2008	*2	..	..	*1	..	..	..
	2009	*2	..	..	*1	..	..	..
	2010	*2	..	..	*1	..	..	..
Aruba	2007	2	0	..	0	0	..	..
	2008	2	0	..	0	0	..	..
	2009	2	0	..	0	0	..	..
	2010	2	0	..	0	0	..	..
Bahamas	2007	33	0	0	1	8	0	..
	2008	33	0	0	1	0	0	..
	2009	33	0	0	1	0	0	..
	2010	33	0	0	1	0	0	..
Barbados	2007	5	3	..	0	0	..	176
	2008	5	0	..	0	0	..	176
	2009	5	0	..	0	3	..	178
	2010	5	0	0	0	0	..	180
Belize	2007	126	..	..	1	0	..	326
	2008	126	..	..	1	0	..	281
	2009	126	..	..	1	0	..	287
	2010	126	..	..	1	0	..	317
British Virgin Islands	2007	1	..	..	..	..	..	..
	2008	1	..	..	..	..	..	..
	2009	1	..	..	..	..	..	..
	2010	1	..	..	..	..	..	..
Canada	2007	10465	..	..	..	..	..	..
	2008	10462	..	..	..	..	..	..
	2009	10536	..	..	..	..	..	..
	2010	11300	..	..	..	..	..	..
Costa Rica	2007	2171	..	..	2	..	..	1311
	2008	2307	..	..	2	..	..	1111
	2009	1742	..	..	1	..	..	1349
	2010	1961	..	..	1	..	..	1395
Cuba	2007	1413	..	..	56	..	..	3415
	2008	1286	..	..	53	..	..	3863
	2009	1743	..	..	73	..	..	3719
	2010	1141	..	..	68	..	..	3027
Dominica	2007	8	..	0	0	0	0	..
	2008	8	..	0	0	0	0	..
	2009	8	..	0	0	0	0	..
	2010	8	..	0	0	0	0	..
Dominican Republic	2007	887	..	..	30	..	..	1592
	2008	895	..	..	40	..	..	1604
	2009	904	..	..	40	..	..	1760
	2010	904	..	..	40	..	..	1434
El Salvador	2007	3456	..	..	48	0	..	1316
	2008	3529	..	..	49	0	..	1307
	2009	2325	..	..	50	0	..	1439
	2010	2337	..	..	50	0	..	1457

Table 13

Séries de statistiques des renouvelables et des déchets

Milliers de mètres cubes (1000 m.c.) / Milliers de tonnes métriques (1000 t.m.) / GWh / Tèrajoules (TJ)

Liquids and gases (TJ) Liquides et gazes (TJ)	Electricity (GWh) Électricité (GWh)	Wastes (TJ) Déchets (TJ)	Total primary (TJ) Totale primaire(TJ)	Renewables and wastes (%) Renouvelables et déchets (%)	Year Année	Country or area Pays ou zone
Production Production	Production Production	Production Production	Production Production	Share of total primary Part du total primaire		
..	4275	97802	281813	75	2007	Zimbabwe
..	3517	98668	279894	79	2008	
..	3729	99144	281150	79	2009	
..	4064	99524	285228	77	2010	
821414	**761902**	**2739277**	**7926866**	**8**	**2007**	**Amérique du Nord**
1087105	**807622**	**2672784**	**8285014**	**9**	**2008**	
1228997	**820064**	**2538145**	**8292717**	**9**	**2009**	
1411847	**836482**	**2670480**	**8720972**	**9**	**2010**	
..	..	..	*18	100	2007	Anguilla
..	..	..	*18	100	2008	
..	..	..	*18	100	2009	
..	..	..	*18	100	2010	
..	..	..	15	0	2007	Aruba
..	..	..	15	0	2008	
..	..	..	16	0	2009	
..	..	..	16	0	2010	
..	..	..	298	100	2007	Bahamas
..	..	..	299	100	2008	
..	..	..	301	100	2009	
..	..	..	301	100	2010	
..	..	..	1409	33	2007	Barbade
..	..	..	1402	34	2008	
..	..	..	1421	38	2009	
..	..	..	1433	37	2010	
..	179	..	4313	41	2007	Belize
..	207	..	4064	36	2008	
..	240	..	4232	34	2009	
..	270	..	4572	34	2010	
..	..	..	12	100	2007	Iles Vierges britanniques
..	..	..	12	100	2008	
..	..	..	12	100	2009	
..	..	..	12	100	2010	
24831	373915	393418	1859810	11	2007	Canada
24748	378211	382310	1864050	11	2008	
35441	368697	352597	1811463	11	2009	
36229	361363	366437	1806661	11	2010	
..	8250	6688	66331	100	2007	Costa Rica
..	8716	7200	68219	100	2008	
..	8738	7588	65371	100	2009	
..	8798	4877	65232	100	2010	
6217	121	38	45969	22	2007	Cuba
5692	138	125	47892	22	2008	
5443	151	63	50690	25	2009	
5664	97	50	39861	20	2010	
..	22	..	149	100	2007	Dominique
..	21	..	144	100	2008	
..	23	..	153	100	2009	
..	23	..	152	100	2010	
..	1701	11145	37665	100	2007	Rép. dominicaine
..	1384	11102	36646	100	2008	
..	1464	10871	37990	100	2009	
..	1416	10871	35300	100	2010	
..	3121	10171	63133	100	2007	El Salvador
..	3557	10097	65221	100	2008	
..	3029	11122	54376	100	2009	
..	3609	10947	56528	100	2010	

Table 13

Selected series of statistics on renewables and wastes
Thousand cubic metres (1000 c.m.) / Thousand metric tons (1000 m.t.) / GWh / Terajoules (TJ)

Country or area Pays ou zone	Year Année	Fuelwood (1000 c.m.) Bois de chauffage (1000 m.c.)			Charcoal (1000 m.t) Charbon de bois (1000 t.m.)			Bagasse (1000 m.t.) Bagasse (1000 t.m.)
		Production Production	Imports Importations	Exports Exportations	Production Production	Imports Importations	Exports Exportations	Production Production
Greenland	2007	..	..	..	..	..	..	..
	2008	..	..	..	..	..	..	..
	2009	..	..	..	..	..	..	..
	2010	..	..	..	..	..	..	..
Grenada	2007	25	..	..	2	..	..	3
	2008	25	..	..	2	..	..	3
	2009	25	..	..	2	..	..	3
	2010	26	..	..	2	..	..	3
Guadeloupe	2007	15	0	..	2	..	..	..
	2008	15	0	..	2	..	..	..
	2009	15	0	..	2	..	..	..
	2010	15	0	..	2	..	..	..
Guatemala	2007	16670	..	..	36	..	..	7705
	2008	16935	..	..	58	..	..	6991
	2009	17989	..	..	62	..	..	7764
	2010	24106	..	..	64	..	..	8133
Haiti	2007	2017	..	..	30	..	..	..
	2008	2025	..	..	30	..	..	..
	2009	2034	..	..	31	..	..	..
	2010	2042	..	..	32	..	..	..
Honduras	2007	6984	..	..	26	..	..	1275
	2008	7333	..	..	26	..	..	1251
	2009	7462	..	..	27	..	..	1279
	2010	7644	..	..	28	..	..	1400
Jamaica	2007	1147	..	..	216	..	..	531
	2008	1687	..	..	223	..	..	458
	2009	1706	..	..	226	..	..	425
	2010	358	..	..	38	..	..	310
Martinique	2007	10	..	..	2	0	..	*23
	2008	10	..	..	2	0	..	*22
	2009	10	..	..	2	0	..	*23
	2010	10	..	..	2	0	..	*23
Mexico	2007	38611	2	7	65	1	31	17669
	2008	38687	2	7	151	1	31	19364
	2009	38763	2	7	141	1	49	16890
	2010	38839	0	8	76	0	57	16545
Netherlands Antilles	2007	3	0	..	0	0	..	..
	2008	3	0	..	0	1	..	..
	2009	3	0	..	0	0	..	..
	2010	3	0	..	0	0	..	..
Nicaragua	2007	5331	..	..	22	..	..	1401
	2008	5062	..	..	16	..	..	1435
	2009	5001	..	..	15	..	..	1510
	2010	5046	..	..	15	..	..	1718
Panama	2007	1491	..	..	5	..	..	536
	2008	2069	..	..	5	..	..	571
	2009	1929	..	..	5	..	..	505
	2010	1789	..	..	5	..	..	571
Puerto Rico	2007	..	..	..	..	..	..	..
	2008	..	..	..	..	..	..	..
	2009	..	..	..	..	..	..	..
	2010	..	..	..	..	..	..	..
St. Lucia	2007	10	0	..	0	..	..	..
	2008	10	0	..	0	..	..	..
	2009	10	0	..	0	..	..	..
	2010	10	0	..	0	..	..	..

Table 13

Séries de statistiques des renouvelables et des déchets

Milliers de mètres cubes (1000 m.c.) / Milliers de tonnes métriques (1000 t.m.) / GWh / Tèrajoules (TJ)

Liquids and gases (TJ) Liquides et gazes (TJ)	Electricity (GWh) Électricité (GWh)	Wastes (TJ) Déchets (TJ)	Total primary (TJ) Totale primaire(TJ)	Renewables and wastes (%) Renouvelables et déchets (%)	Year Année	Country or area Pays ou zone
Production Production	Production Production	Production Production	Production Production	Share of total primary Part du total primaire		
..	204	88	822	100	2007	Groënland
..	202	87	814	100	2008	
..	254	80	996	100	2009	
..	281	90	1102	100	2010	
..	..	..	251	100	2007	Grenade
..	..	..	249	100	2008	
..	..	..	250	100	2009	
..	..	..	256	100	2010	
..	*279	..	*1141	100	2007	Guadeloupe
..	*280	..	*1145	100	2008	
..	*280	..	*1145	100	2009	
..	*280	..	*1145	100	2010	
..	3491	29458	253763	88	2007	Guatemala
..	3977	25395	248350	89	2008	
..	2897	50288	284951	90	2009	
..	3565	46160	341948	93	2010	
..	154	2792	21763	100	2007	Haïti
..	181	2766	21907	100	2008	
..	207	2127	21444	100	2009	
..	177	377	19659	100	2010	
..	2214	16998	98598	100	2007	Honduras
..	2291	11801	96677	100	2008	
..	2797	13692	101785	100	2009	
..	2966	12468	103763	100	2010	
..	212	..	15341	100	2007	Jamaïque
..	207	..	19685	100	2008	
..	163	..	19448	100	2009	
..	205	..	6398	100	2010	
..	37	..	401	100	2007	Martinique
..	41	..	411	100	2008	
..	*47	..	*434	100	2009	
..	*45	..	*426	100	2010	
1048	34954	99561	715485	7	2007	Mexique
1184	46516	99134	770597	8	2008	
1633	34064	88726	697404	8	2009	
1900	45013	88970	735358	8	2010	
..	..	..	30	100	2007	Antilles néerlandaises
..	..	..	30	100	2008	
..	..	..	30	100	2009	
..	..	..	30	100	2010	
..	549	0	61483	100	2007	Nicaragua
..	856	0	60395	100	2008	
..	704	0	59861	100	2009	
..	969	0	62841	100	2010	
..	3666	2289	33241	100	2007	Panama
..	3973	2169	39777	100	2008	
..	3899	1968	37522	100	2009	
..	4194	*2175	38022	100	2010	
..	164	..	590	100	2007	Porto Rico
..	156	..	562	100	2008	
..	156	..	562	100	2009	
..	160	..	576	100	2010	
..	..	..	89	100	2007	St-Lucie
..	..	..	90	100	2008	
..	..	..	90	100	2009	
..	..	..	90	100	2010	

Table 13

Selected series of statistics on renewables and wastes

Thousand cubic metres (1000 c.m.) / Thousand metric tons (1000 m.t.) / GWh / Terajoules (TJ)

Country or area Pays ou zone	Year Année	Fuelwood (1000 c.m.) Bois de chauffage (1000 m.c.)			Charcoal (1000 m.t) Charbon de bois (1000 t.m.)			Bagasse (1000 m.t.) Bagasse (1000 t.m.)
		Production Production	Imports Importations	Exports Exportations	Production Production	Imports Importations	Exports Exportations	Production Production
St. Pierre-Miquelon	2007	..	..	..	..	..	..	..
	2008	..	..	..	..	..	..	..
	2009	..	..	..	..	..	..	..
	2010	..	..	..	..	..	..	..
St. Vincent-Grenadines	2007	8	..	..	0	0	0	..
	2008	8	..	..	0	0	0	..
	2009	8	..	..	0	0	0	..
	2010	7	..	..	0	0	0	..
Trinidad and Tobago	2007	34	..	..	2	..	..	98
	2008	33	..	..	2	..	..	0
	2009	33	..	..	2	..	..	0
	2010	33	..	..	2	..	..	0
Turks and Caicos Islands	2007	1	..	0	0	..	..	..
	2008	1	..	0	0	..	..	..
	2009	1	..	0	0	..	..	..
	2010	1	..	0	0	..	..	..
United States	2007	46371	113	115	902	59	10	10497
	2008	43626	122	220	917	48	12	10026
	2009	40448	105	231	924	55	15	9516
	2010	40448	84	257	939	56	14	10817
America, South	**2007**	**192554**	**..**	**..**	**11931**	**18**	**449**	**162423**
	2008	**199073**	**..**	**5**	**11940**	**5**	**428**	**168070**
	2009	**180706**	**..**	**101**	**8178**	**6**	**207**	**173012**
	2010	**186747**	**..**	**25**	**9246**	**4**	**211**	**184899**
Argentina	2007	4111	..	..	332	..	..	7711
	2008	4149	..	..	344	..	..	7229
	2009	4033	..	..	366	..	..	7229
	2010	4033	..	..	391	..	..	6610
Bolivia (Plur. State of)	2007	2290	..	..	36	..	..	1222
	2008	2310	..	..	36	0	1	1108
	2009	2330	..	..	36	0	1	1157
	2010	2351	..	..	36	0	2	1304
Brazil	2007	127315	..	..	9959	15	0	134552
	2008	129686	..	..	9893	1	0	144445
	2009	110481	..	..	6344	1	0	146178
	2010	115877	..	..	7380	1	0	160335
Chile	2007	23803	..	..	250	..	..	..
	2008	24394	..	..	250	..	..	..
	2009	25232	..	..	249	..	..	..
	2010	22438	..	..	249	..	..	..
Colombia	2007	8200	..	..	481	..	..	10570
	2008	9808	..	..	481	..	..	6638
	2009	8197	..	..	481	..	..	9712
	2010	8197	..	..	481	..	..	8478
Ecuador	2007	4113	..	..	91	0	0	1614
	2008	4077	..	..	88	0	0	1663
	2009	4926	..	..	85	0	0	1663
	2010	4941	..	..	83	0	0	1629
Falkland Is. (Malvinas)	2007	1	..	..	0	0	..	..
	2008	1	..	..	0	0	..	..
	2009	1	..	..	0	0	..	..
	2010	1	..	..	0	0	..	..
French Guiana	2007	111	..	..	6	..	..	..
	2008	116	..	..	6	..	..	..
	2009	122	..	..	7	..	..	..
	2010	128	..	..	7	..	..	..

Table 13

Séries de statistiques des renouvelables et des déchets
Milliers de mètres cubes (1000 m.c.) / Milliers de tonnes métriques (1000 t.m.) / GWh / Tèrajoules (TJ)

Liquids and gases (TJ) Liquides et gazes (TJ)	Electricity (GWh) Électricité (GWh)	Wastes (TJ) Déchets (TJ)	Total primary (TJ) Totale primaire(TJ)	Renewables and wastes (%) Renouvelables et déchets (%)	Year Année	Country or area Pays ou zone
Production Production	Production Production	Production Production	Production Production	Share of total primary Part du total primaire		
..	*1	..	*3	100	2007	St-Pierre-Miquelon
..	*1	..	*3	100	2008	
..	*1	..	*3	100	2009	
..	1	..	3	100	2010	
..	23	..	152	100	2007	St. Vincent-Grenadines
..	24	..	155	100	2008	
..	*24	..	*155	100	2009	
..	*24	..	*155	100	2010	
..	..	482	1546	0	2007	Trinité-et-Tobago
..	..	482	787	0	2008	
..	..	487	789	0	2009	
..	..	0	300	0	2010	
..	..	..	8	100	2007	Iles Turques et Caïques
..	..	..	8	100	2008	
..	..	..	9	100	2009	
..	..	..	9	100	2010	
789318	328645	2166150	4643036	7	2007	États-Unis
1055481	356684	2120116	4935391	8	2008	
1186480	392227	1998537	5039799	8	2009	
1368053	403024	2127058	5398804	8	2010	
513235	**650703**	**997830**	**6866121**	**26**	**2007**	**Amérique du Sud**
639877	**653010**	**545744**	**6652119**	**24**	**2008**	
641240	**671672**	**609122**	**6654461**	**24**	**2009**	
709096	**671591**	**707515**	**6967385**	**24**	**2010**	
6882	31717	67365	285507	8	2007	Argentine
27491	31589	98324	333240	9	2008	
43216	35224	118546	381213	11	2009	
67144	33925	146373	423512	12	2010	
..	2319	18273	56968	8	2007	Bolivie (État plur. de)
..	2311	16678	54649	8	2008	
..	2298	17408	55894	9	2009	
..	2185	46237	85638	11	2010	
500103	374045	824574	4872833	54	2007	Brésil
601892	369586	347225	4579265	51	2008	
579981	391019	378638	4503922	49	2009	
620017	403321	424400	4792600	49	2010	
0	23141	68	300749	76	2007	Chili
49	24233	129	310185	76	2008	
288	25377	97	322163	75	2009	
362	22051	85	284736	73	2010	
6079	44498	25878	348639	10	2007	Colombie
10121	46461	25770	343966	9	2008	
16084	41111	31935	345861	9	2009	
19009	40666	23882	329602	8	2010	
..	9039	..	82563	7	2007	Equateur
..	11298	..	90745	8	2008	
..	9226	..	91042	8	2009	
..	8640	..	88807	8	2010	
..	0	..	7	8	2007	Iles Falkland (Malvinas)
..	0	..	7	8	2008	
..	0	..	7	8	2009	
..	*6	..	*27	19	2010	
..	*670	..	*3422	100	2007	Guyane française
..	*696	..	*3567	100	2008	
..	*715	..	*3688	100	2009	
..	*744	..	*3848	100	2010	

Table 13

Selected series of statistics on renewables and wastes
Thousand cubic metres (1000 c.m.) / Thousand metric tons (1000 m.t.) / GWh / Terajoules (TJ)

Country or area Pays ou zone	Year Année	Fuelwood (1000 c.m.) Bois de chauffage (1000 m.c.)			Charcoal (1000 m.t) Charbon de bois (1000 t.m.)			Bagasse (1000 m.t.) Bagasse (1000 t.m.)
		Production Production	Imports Importations	Exports Exportations	Production Production	Imports Importations	Exports Exportations	Production Production
Guyana	2007	165	..	..	1	..	..	1009
	2008	160	..	..	1	..	..	945
	2009	155	..	..	1	..	..	917
	2010	151	..	..	1	..	..	883
Paraguay	2007	7679	..	..	684	..	449	408
	2008	12368	..	5	725	..	426	408
	2009	11144	..	101	474	..	206	424
	2010	11201	..	25	480	..	209	424
Peru	2007	9469	..	..	87	..	..	2950
	2008	6786	..	..	54	..	..	3276
	2009	8776	..	..	74	..	..	3505
	2010	11254	..	..	77	..	..	3323
Suriname	2007	134	..	..	..	2	..	23
	2008	134	..	..	..	2	..	23
	2009	136	..	..	..	2	..	23
	2010	82	..	..	..	1	..	23
Uruguay	2007	2337	..	..	..	1	..	82
	2008	2211	..	..	..	1	..	85
	2009	2298	..	..	..	2	..	*85
	2010	3220	..	..	..	2	..	97
Venezuela(Bolivar. Rep.)	2007	2827	..	..	4	..	..	2282
	2008	2874	..	..	61	..	..	2249
	2009	2874	..	..	61	..	..	2119
	2010	2873	..	..	61	..	..	1793
Asia	**2007**	**1113270**	**180**	**4**	**11444**	**291**	**283**	**187407**
	2008	**1128181**	**163**	**23**	**11650**	**417**	**301**	**183425**
	2009	**1133756**	**142**	**15**	**11818**	**458**	**488**	**140517**
	2010	**1150632**	**189**	**18**	**13391**	**544**	**555**	**150419**
Afghanistan	2007	1531	..	..	103	..	..	..
	2008	1564	..	..	106	..	..	..
	2009	1598	..	..	109	..	..	..
	2010	1642	..	..	112	..	..	..
Armenia	2007	40	..	..	..	0	..	..
	2008	40	..	..	..	0	..	..
	2009	40	..	..	..	0	..	..
	2010	40	..	..	..	0	..	..
Azerbaijan	2007	365	..	..	..	..	..	..
	2008	349	..	..	..	..	..	..
	2009	302	1	..	..	..	..	..
	2010	374	0	..	..	..	..	..
Bahrain	2007	6	0	0	1	4	0	..
	2008	6	0	0	1	1	0	..
	2009	7	0	0	1	2	0	..
	2010	7	0	0	1	4	1	..
Bangladesh	2007	27516	0	0	314	0	0	554
	2008	27441	0	0	318	0	0	359
	2009	27367	0	0	321	0	0	261
	2010	27295	0	0	324	0	0	310
Bhutan	2007	4664	..	..	7	28	4	..
	2008	4724	..	..	7	47	8	..
	2009	4784	..	..	7	47	8	..
	2010	4846	..	..	7	72	14	..
Brunei Darussalam	2007	12	..	..	..	..	..	..
	2008	12	..	..	..	..	..	..
	2009	12	..	..	..	..	..	..
	2010	12	..	..	..	..	..	..

Table 13

Séries de statistiques des renouvelables et des déchets

Milliers de mètres cubes (1000 m.c.) / Milliers de tonnes métriques (1000 t.m.) / GWh / Tèrajoules (TJ)

Liquids and gases (TJ) Liquides et gazes (TJ) Production	Electricity (GWh) Électricité (GWh) Production	Wastes (TJ) Déchets (TJ) Production	Total primary (TJ) Totale primaire(TJ) Production	Renewables and wastes (%) Renouvelables et déchets (%) Share of total primary	Year Année	Country or area Pays ou zone
..	..	..	9297	100	2007	Guyana
..	..	..	8760	100	2008	
..	..	..	8497	100	2009	
..	..	..	8195	100	2010	
172	53719	23754	290569	100	2007	Paraguay
324	55458	24108	340160	100	2008	
598	54954	23657	327119	100	2009	
807	54069	24485	325494	100	2010	
..	19552	20801	200441	36	2007	Pérou
..	19151	16679	172888	31	2008	
1073	19615	22009	200904	30	2009	
1346	20038	24602	226512	26	2010	
..	871	..	4539	14	2007	Suriname
..	871	..	4539	14	2008	
..	871	..	4550	14	2009	
..	*753	..	*3637	10	2010	
..	8068	3272	54285	100	2007	Uruguay
..	4508	2985	40062	100	2008	
..	5292	*2986	43682	100	2009	
411	8408	3605	64436	100	2010	
..	83066	13846	356299	5	2007	Venezuela(Rép. bolivar.)
..	86848	13846	370087	4	2008	
..	85969	13846	365919	5	2009	
..	76786	13846	330341	4	2010	
30202	983133	4946435	20129635	10	2007	**Asie**
47491	1068198	4994949	20607074	10	2008	
60843	1131567	5029457	20602627	10	2009	
67608	1325498	5098576	21607178	9	2010	
..	684	..	16444	73	2007	Afghanistan
..	541	..	16231	65	2008	
..	775	..	17384	58	2009	
..	767	..	17754	50	2010	
..	1856	..	7047	100	2007	Arménie
..	1799	..	6842	100	2008	
..	2024	..	7652	100	2009	
..	2563	..	9592	100	2010	
..	2364	..	11845	1	2007	Azerbaïdjan
..	2232	..	11223	0	2008	
..	2310	..	11075	0	2009	
..	3447	..	15826	1	2010	
..	..	..	58	0	2007	Bahreïn
..	..	..	59	0	2008	
..	..	..	59	0	2009	
..	..	..	60	0	2010	
..	1392	334066	594642	49	2007	Bangladesh
..	1474	337595	596271	47	2008	
..	1552	341197	598725	45	2009	
..	1662	345054	602694	44	2010	
..	6561	..	66213	96	2007	Bhoutan
..	6962	..	68204	95	2008	
..	6999	..	68886	98	2009	
..	7329	..	70640	96	2010	
..	..	*666	*773	0	2007	Brunéi Darussalam
..	..	*666	*773	0	2008	
..	..	*666	*773	0	2009	
..	..	*666	*773	0	2010	

Table 13

Selected series of statistics on renewables and wastes
Thousand cubic metres (1000 c.m.) / Thousand metric tons (1000 m.t.) / GWh / Terajoules (TJ)

Country or area Pays ou zone	Year Année	Fuelwood (1000 c.m.) Bois de chauffage (1000 m.c.)			Charcoal (1000 m.t) Charbon de bois (1000 t.m.)			Bagasse (1000 m.t.) Bagasse (1000 t.m.)
		Production Production	Imports Importations	Exports Exportations	Production Production	Imports Importations	Exports Exportations	Production Production
Cambodia	2007	10572	..	..	444	..	..	..
	2008	10402	..	..	441	..	..	..
	2009	16475	..	..	760	..	..	..
	2010	16561	..	..	785	..	..	..
China	2007	199791	26	1	1749	117	46	40913
	2008	196083	14	1	1741	180	52	46145
	2009	192445	4	2	1733	197	47	41890
	2010	188876	5	2	1725	215	54	34442
China, Hong Kong SAR	2007	..	..	..	..	7	3	..
	2008	..	..	..	..	8	1	..
	2009	..	..	..	..	9	3	..
	2010	..	..	..	..	7	3	..
China, Macao SAR	2007	..	0	..	..	1	..	..
	2008	..	0	..	..	1	..	..
	2009	..	0	..	..	2	..	..
	2010	..	..	..	..	3	..	..
Cyprus	2007	41	0	..	4	9	..	..
	2008	38	19	..	3	10	..	..
	2009	30	32	..	2	10	..	..
	2010	19	29	..	6	10	..	..
Georgia	2007	1807	..	..	..	..	..	..
	2008	1733	..	..	..	..	..	..
	2009	1751	..	..	..	..	..	..
	2010	1646	..	..	..	..	..	..
India	2007	402288	..	..	1752	0	3	91738
	2008	407717	..	..	1765	2	24	84552
	2009	413219	..	..	1777	3	203	51036
	2010	418795	..	..	2880	2	196	68953
Indonesia	2007	193100	..	1	681	..	144	9174
	2008	195219	..	1	664	..	144	9438
	2009	192614	..	2	658	..	144	8932
	2010	198374	40	1	602	..	207	7987
Iran(Islamic Rep. of)	2007	5001	..	..	2	..	..	..
	2008	5001	..	..	2	..	..	..
	2009	5001	..	..	2	..	..	..
	2010	5001	..	..	1	..	..	..
Iraq	2007	..	..	..	..	..	..	..
	2008	..	..	..	..	..	..	..
	2009	..	..	..	..	..	..	..
	2010	..	..	..	..	..	..	..
Israel	2007	2	..	..	..	6	..	..
	2008	2	..	..	..	6	..	..
	2009	2	..	..	..	6	..	..
	2010	*2	..	..	..	6	..	..
Japan	2007	2962	..	..	17	..	..	521
	2008	3641	..	..	16	..	..	595
	2009	3916	..	..	15	..	..	532
	2010	4219	..	..	15	..	..	538
Jordan	2007	340	..	..	17	2	..	..
	2008	286	0	0	38	12	0	..
	2009	294	0	0	39	5	0	..
	2010	302	0	0	40	13	0	..
Kazakhstan	2007	50	0	0	0	1	0	..
	2008	50	0	0	0	0	0	..
	2009	243	0	0	0	0	0	..
	2010	272	0	0	0	0	0	..

Table 13

Séries de statistiques des renouvelables et des déchets
Milliers de mètres cubes (1000 m.c.) / Milliers de tonnes métriques (1000 t.m.) / GWh / Tèrajoules (TJ)

Liquids and gases (TJ) Liquides et gazes (TJ)	Electricity (GWh) Électricité (GWh)	Wastes (TJ) Déchets (TJ)	Total primary (TJ) Totale primaire(TJ)	Renewables and wastes (%) Renouvelables et déchets (%)	Year Année	Country or area Pays ou zone
Production Production	Production Production	Production Production	Production Production	Share of total primary Part du total primaire		
..	49	233	96958	100	2007	Cambodge
..	45	250	95404	100	2008	
..	39	268	150861	100	2009	
..	29	288	151637	100	2010	
..	496530	..	3927878	6	2007	Chine
..	598314	..	4300802	6	2008	
..	661789	..	4463206	6	2009	
..	801416	..	4875730	6	2010	
..	..	..	..	..	2007	Chine, Hong-Kong RAS
..	..	..	..	..	2008	
..	..	..	..	..	2009	
..	..	..	..	..	2010	
..	..	..	..	..	2007	Chine, Macao RAS
..	..	..	..	..	2008	
..	..	..	..	..	2009	
..	..	..	..	..	2010	
6	2	421	809	100	2007	Chypre
412	3	346	1116	100	2008	
283	4	392	963	100	2009	
349	38	381	1040	100	2010	
3	6817	..	41041	92	2007	Géorgie
3	7197	..	41738	91	2008	
3	7156	..	41755	86	2009	
3	9349	..	48687	84	2010	
..	120599	3154698	7971087	36	2007	Inde
..	114346	3193068	7981037	35	2008	
..	106918	3231909	7784567	32	2009	
..	114495	3294136	8063348	32	2010	
..	18308	435588	2335801	17	2007	Indonésie
..	19827	440613	2367687	17	2008	
..	20685	446567	2349034	16	2009	
..	27036	448415	2419049	14	2010	
0	18132	1166	112110	1	2007	Iran(Rép. islamique)
0	5199	1166	65558	0	2008	
127	7459	1166	73817	0	2009	
127	9690	1166	81849	1	2010	
..	4548	..	16373	0	2007	Iraq
..	3485	..	12546	0	2008	
..	3228	..	11621	0	2009	
..	4767	..	17161	0	2010	
..	24	..	105	0	2007	Israël
38	25	..	146	0	2008	
545	55	128	890	1	2009	
462	107	131	996	1	2010	
6192	91923	276320	644485	76	2007	Japon
5946	91458	255555	628568	76	2008	
5825	93099	234743	615571	76	2009	
5459	101083	255870	667887	78	2010	
120	64	..	3456	36	2007	Jordanie
107	65	..	2954	39	2008	
83	62	..	2992	38	2009	
83	64	..	3072	42	2010	
..	8172	..	29869	1	2007	Kazakhstan
..	7461	..	27309	0	2008	
..	6880	..	26984	0	2009	
..	8023	..	31364	0	2010	

Table 13

Selected series of statistics on renewables and wastes
Thousand cubic metres (1000 c.m.) / Thousand metric tons (1000 m.t.) / GWh / Terajoules (TJ)

Country or area Pays ou zone	Year Année	Fuelwood (1000 c.m.) Bois de chauffage (1000 m.c.)			Charcoal (1000 m.t) Charbon de bois (1000 t.m.)			Bagasse (1000 m.t.) Bagasse (1000 t.m.)
		Production Production	Imports Importations	Exports Exportations	Production Production	Imports Importations	Exports Exportations	Production Production
Korea, Dem.Ppl's.Rep.	2007	4816	..	..	..	..	..	..
	2008	4840	..	..	..	..	..	..
	2009	4862	..	..	..	..	..	..
	2010	4884	..	..	..	..	..	..
Korea, Republic of	2007	199	*132	..	..	..	..	..
	2008	189	*119	..	..	..	..	..
	2009	226	*96	..	..	..	..	..
	2010	107	*81	..	..	..	..	..
Kuwait	2007	17	0	0	3	0	0	..
	2008	18	0	0	3	3	0	..
	2009	18	0	0	3	4	0	..
	2010	18	0	0	3	2	0	..
Kyrgyzstan	2007	5	..	..	..	..	..	..
	2008	8	..	..	..	..	..	..
	2009	16	..	..	..	..	..	..
	2010	14	..	..	..	..	..	..
Lao People's Dem. Rep.	2007	5946	..	0	20	..	..	..
	2008	5946	..	0	20	..	10	..
	2009	5948	..	0	21	..	10	..
	2010	5950	..	0	21	..	15	..
Lebanon	2007	19	..	..	11	6	..	..
	2008	19	..	..	3	9	..	..
	2009	19	..	..	3	9	..	..
	2010	19	..	..	11	23	..	..
Malaysia	2007	2960	12	0	17	11	28	196
	2008	2909	0	11	17	5	40	114
	2009	2859	1	4	29	9	32	98
	2010	2811	0	5	29	18	40	82
Maldives	2007	15	0	..	1	0	..	..
	2008	15	1	..	1	0	..	..
	2009	15	1	..	1	0	..	..
	2010	15	0	..	1	0	..	..
Mongolia	2007	580	..	..	..	..	..	..
	2008	642	..	..	..	..	..	..
	2009	802	..	..	..	..	..	..
	2010	910	..	..	..	..	..	..
Myanmar	2007	39643	..	..	34	..	..	377
	2008	40842	..	..	33	..	..	426
	2009	41926	..	..	26	..	..	281
	2010	42966	..	..	27	..	..	259
Nepal	2007	12623	..	..	73	0	..	456
	2008	12590	0	..	75	0	..	456
	2009	12559	0	..	76	0	..	424
	2010	12530	13	..	78	0	..	424
Oman	2007	35	0	1	5	0	0	..
	2008	36	0	1	5	0	0	..
	2009	38	0	1	6	0	0	..
	2010	39	0	0	6	3	0	..
Other Asia	2007	1336	..	..	..	..	..	..
	2008	1029	..	..	..	..	..	..
	2009	1015	..	..	..	..	..	..
	2010	1184	..	..	..	..	..	..
Pakistan	2007	29528	0	..	72	0	..	14165
	2008	29668	0	..	75	0	..	16270
	2009	29668	0	..	70	0	..	11378
	2010	29668	0	0	72	0	..	12551

Table 13

Séries de statistiques des renouvelables et des déchets
Milliers de mètres cubes (1000 m.c.) / Milliers de tonnes métriques (1000 t.m.) / GWh / Tèrajoules (TJ)

Liquids and gases (TJ) Liquides et gazes (TJ)	Electricity (GWh) Électricité (GWh)	Wastes (TJ) Déchets (TJ)	Total primary (TJ) Totale primaire(TJ)	Renewables and wastes (%) Renouvelables et déchets (%)	Year Année	Country or area Pays ou zone
Production Production	Production Production	Production Production	Production Production	Share of total primary Part du total primaire		
..	13281	..	91791	10	2007	Corée,Rép.pop.dém.de
..	14069	..	94842	10	2008	
..	12465	..	89272	10	2009	
..	13409	..	92869	10	2010	
11242	5488	100751	133568	48	2007	Corée, République de
12935	6285	109517	146800	51	2008	
16168	6893	108079	151123	51	2009	
20489	8062	121785	172274	54	2010	
..	..	..	159	0	2007	Koweït
..	..	..	162	0	2008	
..	..	..	165	0	2009	
..	..	..	168	0	2010	
..	13949	..	50258	86	2007	Kirghizistan
..	10741	..	38735	80	2008	
..	9911	..	35818	76	2009	
..	10331	..	37318	77	2010	
..	3563	..	67125	79	2007	Rép. dém. pop. lao
..	3872	..	68241	81	2008	
..	3575	..	67183	80	2009	
..	3455	..	66773	78	2010	
..	585	..	2279	100	2007	Liban
..	373	..	1515	100	2008	
..	622	..	2412	100	2009	
..	839	..	3193	100	2010	
..	7011	254313	308094	7	2007	Malaisie
..	7191	258488	311815	7	2008	
..	6626	262625	313339	8	2009	
..	6252	229325	278133	7	2010	
..	..	..	135	100	2007	Maldives
..	..	..	137	100	2008	
..	..	..	139	100	2009	
..	..	..	141	100	2010	
..	..	..	5298	3	2007	Mongolie
..	..	..	5865	3	2008	
..	..	..	7326	2	2009	
..	..	..	8313	1	2010	
..	3619	24659	402635	41	2007	Myanmar
..	4071	24835	415763	46	2008	
..	5257	25019	428996	45	2009	
..	6189	25209	441874	45	2010	
2384	2783	36904	168103	100	2007	Népal
2593	2803	37702	168880	100	2008	
2640	3102	38391	170162	100	2009	
2687	3204	39078	170999	100	2010	
..	..	..	320	0	2007	Oman
..	..	..	331	0	2008	
..	..	..	344	0	2009	
..	..	..	356	0	2010	
..	8797	43416	87283	84	2007	Autres zones d'Asie
..	8366	42971	82485	86	2008	
..	7849	41602	79124	85	2009	
..	8255	43848	84379	88	2010	
..	28709	149419	631811	29	2007	Pakistan
..	27786	153155	649760	29	2008	
..	28095	*154998	614934	28	2009	
..	31814	*157946	640330	29	2010	

Table 13

Selected series of statistics on renewables and wastes
Thousand cubic metres (1000 c.m.) / Thousand metric tons (1000 m.t.) / GWh / Terajoules (TJ)

Country or area Pays ou zone	Year Année	Fuelwood (1000 c.m.) Bois de chauffage (1000 m.c.)			Charcoal (1000 m.t) Charbon de bois (1000 t.m.)			Bagasse (1000 m.t.) Bagasse (1000 t.m.)
		Production Production	Imports Importations	Exports Exportations	Production Production	Imports Importations	Exports Exportations	Production Production
Philippines	2007	14273	..	..	1152	..	..	1808
	2008	13838	..	..	1164	..	..	1880
	2009	13357	..	..	1175	..	..	1799
	2010	13012	..	..	1187	..	..	2057
Qatar	2007	5	0	..	1	1	..	..
	2008	5	1	..	1	1	..	..
	2009	5	1	..	1	1	..	..
	2010	5	1	..	1	9	..	..
Saudi Arabia	2007	..	0	..	..	6	..	..
	2008	..	0	..	..	6	..	..
	2009	..	0	..	..	6	..	..
	2010	..	0	..	..	6	..	..
Singapore	2007	..	0	0	35	23	14	..
	2008	..	0	0	34	18	8	..
	2009	..	0	0	5	23	13	..
	2010	..	0	0	5	16	9	..
Sri Lanka	2007	12274	..	..	2	5	2	128
	2008	11907	..	..	1	12	3	170
	2009	11325	..	..	2	13	4	143
	2010	10919	..	..	2	15	3	148
State of Palestine	2007	256	9	0	..	..	..	..
	2008	258	8	10	..	..	..	..
	2009	271	5	5	..	..	..	..
	2010	365	9	10	..	..	..	..
Syrian Arab Republic	2007	28	..	..	1	..	..	..
	2008	28	..	..	1	..	..	..
	2009	29	..	..	1	..	..	..
	2010	29	..	..	1	..	..	..
Tajikistan	2007	..	..	..	..	..	..	..
	2008	..	..	..	..	..	..	..
	2009	..	..	..	..	..	..	..
	2010	..	..	..	..	..	..	..
Thailand	2007	52621	..	..	4298	30	39	23298
	2008	64093	..	..	4477	62	11	19548
	2009	64400	..	..	4329	78	24	20313
	2010	73278	10	..	4794	87	13	19652
Timor-Leste	2007	136	..	..	..	..	..	..
	2008	131	..	..	..	..	..	..
	2009	125	..	..	..	..	..	..
	2010	120	..	..	..	..	..	..
Turkey	2007	17781	..	..	..	..	..	..
	2008	16867	..	..	..	..	..	..
	2009	16182	..	..	..	..	..	..
	2010	15551	..	..	..	..	..	..
Turkmenistan	2007	10	..	..	..	..	..	..
	2008	10	..	..	..	..	..	..
	2009	10	..	..	..	..	..	..
	2010	10	..	..	..	..	..	..
United Arab Emirates	2007	..	..	..	..	34	..	..
	2008	..	..	..	..	34	..	..
	2009	..	..	..	..	34	..	..
	2010	..	..	..	..	34	..	..
Uzbekistan	2007	23	..	..	..	..	..	..
	2008	22	..	..	..	..	..	..
	2009	22	..	..	..	..	..	..
	2010	22	..	..	..	..	..	..

Table 13

Séries de statistiques des renouvelables et des déchets

Milliers de mètres cubes (1000 m.c.) / Milliers de tonnes métriques (1000 t.m.) / GWh / Tèrajoules (TJ)

Liquids and gases (TJ) Liquides et gazes (TJ)	Electricity (GWh) Électricité (GWh)	Wastes (TJ) Déchets (TJ)	Total primary (TJ) Totale primaire(TJ)	Renewables and wastes (%) Renouvelables et déchets (%)	Year Année	Country or area Pays ou zone
Production Production	Production Production	Production Production	Production Production	Share of total primary Part du total primaire		
1446	18856	26190	239817	54	2007	Philippines
2175	20647	25375	242768	52	2008	
5323	20196	24905	238796	49	2009	
4394	17814	24967	228199	46	2010	
..	..	..	44	0	2007	Qatar
..	..	..	45	0	2008	
..	..	..	45	0	2009	
..	..	..	45	0	2010	
..	..	..	..	..	2007	Arabie saoudite
..	..	..	..	..	2008	
..	..	..	..	..	2009	
..	..	..	..	..	2010	
..	..	..	..	100	2007	Singapour
..	..	..	..	100	2008	
..	..	..	..	100	2009	
..	..	..	..	100	2010	
..	3950	..	127304	100	2007	Sri Lanka
..	4138	..	124953	100	2008	
..	3907	..	118596	100	2009	
..	5719	..	121449	100	2010	
..	..	253	2587	100	2007	État de Palestine
..	..	539	2895	100	2008	
..	..	139	2614	100	2009	
..	..	720	4051	100	2010	
..	3478	..	12774	1	2007	Rép. arabe syrienne
..	2869	..	10586	1	2008	
..	1866	..	6982	1	2009	
..	2592	..	9600	1	2010	
..	17115	..	61610	94	2007	Tadjikistan
..	15801	..	56880	91	2008	
..	15801	..	56880	90	2009	
..	15846	..	57042	90	2010	
7662	8118	*59229	756578	36	2007	Thaïlande
21544	7119	66705	850152	37	2008	
27591	7161	71270	869626	35	2009	
30450	5565	63820	935261	34	2010	
..	..	..	1246	0	2007	Timor-Leste
..	..	..	1194	0	2008	
..	..	..	1145	0	2009	
..	..	..	1097	0	2010	
1147	36365	48144	342578	31	2007	Turquie
1737	34282	46405	325584	28	2008	
2254	37892	45393	331829	28	2009	
3105	55384	45771	390258	31	2010	
..	3	..	102	0	2007	Turkménistan
..	3	..	102	0	2008	
..	3	..	102	0	2009	
..	3	..	102	0	2010	
..	..	..	..	..	2007	Emirats arabes unis
..	..	..	..	..	2008	
..	..	..	..	..	2009	
..	..	..	..	..	2010	
..	6401	..	23250	1	2007	Ouzbékistan
..	11361	..	41097	1	2008	
..	9331	..	33789	1	2009	
..	10841	..	39225	2	2010	

Table 13

Selected series of statistics on renewables and wastes
Thousand cubic metres (1000 c.m.) / Thousand metric tons (1000 m.t.) / GWh / Terajoules (TJ)

Country or area Pays ou zone	Year Année	Fuelwood (1000 c.m.) Bois de chauffage (1000 m.c.)			Charcoal (1000 m.t) Charbon de bois (1000 t.m.)			Bagasse (1000 m.t.) Bagasse (1000 t.m.)
		Production Production	Imports Importations	Exports Exportations	Production Production	Imports Importations	Exports Exportations	Production Production
Viet Nam	2007	67613	..	..	565	..	..	4078
	2008	67509	..	..	571	..	..	3472
	2009	67493	..	..	577	..	..	3432
	2010	67439	..	..	583	..	..	3016
Yemen	2007	439	..	..	65	..	..	..
	2008	453	..	..	67	..	..	..
	2009	467	..	..	69	..	..	..
	2010	481	..	..	71	..	..	..
Europe	**2007**	**193844**	**4958**	**4726**	**578**	**526**	**176**	**..**
	2008	**202097**	**4381**	**4365**	**482**	**562**	**117**	**..**
	2009	**216465**	**5775**	**3609**	**481**	**601**	**135**	**..**
	2010	**229753**	**7333**	**3608**	**273**	**598**	**137**	**..**
Albania	2007	985	..	..	..	..	..	..
	2008	985	..	..	..	..	..	..
	2009	962	..	..	..	..	..	..
	2010	939	..	..	..	..	..	..
Andorra	2007	..	2	0	..	0	..	..
	2008	..	2	0	..	0	..	..
	2009	..	2	0	1	0	..	..
	2010	..	2	0	1	0	..	..
Austria	2007	6036	..	..	1	11	..	..
	2008	6226	..	..	1	12	..	..
	2009	5843	..	..	1	14	..	..
	2010	6528	..	..	1	12	4	..
Belarus	2007	4387	..	..	3	..	..	..
	2008	4279	..	..	4	..	..	..
	2009	4465	..	..	4	..	..	..
	2010	4848	..	..	3	..	..	..
Belgium	2007	916	..	..	..	0	..	..
	2008	1001	..	..	..	9	..	..
	2009	997	..	..	..	9	..	..
	2010	1124	..	..	..	9	..	..
Bosnia and Herzegovina	2007	676	..	..	22	0	22	..
	2008	758	..	..	14	0	19	..
	2009	673	..	..	20	1	18	..
	2010	699	..	..	17	0	14	..
Bulgaria	2007	3162	..	115	25	..	25	..
	2008	3093	..	82	17	..	10	..
	2009	3196	..	83	17	..	10	..
	2010	3464	..	225	17	..	14	..
Croatia	2007	1430	..	..	3	15	3	..
	2008	1483	..	..	3	8	4	..
	2009	1614	..	..	3	6	3	..
	2010	1769	..	..	3	5	2	..
Czech Republic	2007	5283	103	864	..	..	..	..
	2008	4981	100	1050	..	..	..	..
	2009	4920	173	938	..	..	..	..
	2010	5379	244	779	..	..	..	..
Denmark	2007	2740	174	33	..	13	1	..
	2008	2632	273	32	..	11	1	..
	2009	2524	226	53	..	14	1	..
	2010	2692	214	77	..	9	1	..
Estonia	2007	1390	..	648	4	0	3	..
	2008	1935	..	476	6	0	3	..
	2009	2265	..	631	3	2	4	..
	2010	2629	..	705	3	3	6	..

Table 13

Séries de statistiques des renouvelables et des déchets
Milliers de mètres cubes (1000 m.c.) / Milliers de tonnes métriques (1000 t.m.) / GWh / Tèrajoules (TJ)

Liquids and gases (TJ) Liquides et gazes (TJ)	Electricity (GWh) Électricité (GWh)	Wastes (TJ) Déchets (TJ)	Total primary (TJ) Totale primaire(TJ)	Renewables and wastes (%) Renouvelables et déchets (%)	Year Année	Country or area Pays ou zone
Production Production	Production Production	Production Production	Production Production	Share of total primary Part du total primaire		
..	23037	..	731883	25	2007	Viet Nam
..	25988	..	736884	26	2008	
..	29983	..	750807	25	2009	
..	28057	..	740173	25	2010	
..	..	..	4011	1	2007	Yémen
..	..	..	4135	1	2008	
..	..	..	4263	1	2009	
..	..	..	4395	1	2010	
759070	**856236**	**2482566**	**8094102**	**9**	**2007**	**Europe**
803309	**892850**	**2553071**	**8416020**	**9**	**2008**	
855945	**915752**	**2634268**	**8763509**	**10**	**2009**	
1017647	**974238**	**2936110**	**9558932**	**10**	**2010**	
..	2860	..	19294	43	2007	Albanie
..	3797	..	22667	47	2008	
..	5207	..	27533	53	2009	
..	7581	..	35866	53	2010	
..	57	*274	*479	100	2007	Andorre
..	63	*226	453	100	2008	
..	*62	*224	*447	100	2009	
..	100	*218	578	100	2010	
17711	41314	128408	349963	74	2007	Autriche
18809	42736	146112	375620	78	2008	
19272	45702	141314	378457	76	2009	
16196	43754	156986	390297	77	2010	
..	36	21171	61368	34	2007	Bélarus
311	40	24993	64524	34	2008	
913	45	25693	67543	36	2009	
1496	46	26602	72540	38	2010	
9880	2180	50544	76639	100	2007	Belgique
15178	2436	58692	91780	100	2008	
18920	2919	64250	102781	100	2009	
20525	3520	75146	118604	100	2010	
..	4001	..	20579	8	2007	Bosnie-Herzégovine
..	4867	..	24446	8	2008	
..	6239	..	28608	10	2009	
..	8027	..	35279	12	2010	
111	3281	3633	44430	16	2007	Bulgarie
425	3399	4366	45278	17	2008	
717	4293	2726	48084	20	2009	
815	6390	3258	58710	22	2010	
177	4435	2328	31526	17	2007	Croatie
333	5366	3393	36589	21	2008	
361	6870	3542	43375	24	2009	
647	8575	3975	51645	28	2010	
6969	2650	42607	107365	9	2007	République tchèque
8203	2634	48539	111716	10	2008	
13662	3359	47759	118443	11	2009	
17349	4331	49638	131705	12	2010	
6851	7202	77043	134840	12	2007	Danemark
7899	6958	77093	134075	12	2008	
7720	6745	77443	132495	13	2009	
7469	7837	85425	145683	15	2010	
176	112	17909	31179	17	2007	Estonie
119	161	13254	31625	18	2008	
105	227	14589	36199	21	2009	
155	304	16086	41345	20	2010	

Table 13

Selected series of statistics on renewables and wastes
Thousand cubic metres (1000 c.m.) / Thousand metric tons (1000 m.t.) / GWh / Terajoules (TJ)

Country or area Pays ou zone	Year Année	Fuelwood (1000 c.m.) Bois de chauffage (1000 m.c.)			Charcoal (1000 m.t) Charbon de bois (1000 t.m.)			Bagasse (1000 m.t.) Bagasse (1000 t.m.)
		Production Production	Imports Importations	Exports Exportations	Production Production	Imports Importations	Exports Exportations	Production Production
Faeroe Islands	2007	..	..	..	..	0	..	..
	2008	..	..	..	..	0	..	..
	2009	..	..	..	..	0	..	..
	2010	..	..	..	..	0	..	..
Finland	2007	8206	157	495	..	...	..	..
	2008	9369	346	587	..	..	..	..
	2009	10403	688	259	..	..	..	..
	2010	12146	257	368	..	..	..	..
France	2007	33361	..	..	51	71	11	..
	2008	36068	..	..	55	62	6	..
	2009	37501	..	..	55	69	19	..
	2010	42078	..	..	51	88	19	..
Germany	2007	8701	526	83	..	166	9	..
	2008	8563	473	144	2	158	11	..
	2009	9089	371	153	2	202	15	..
	2010	9033	416	133	2	217	13	..
Greece	2007	3488	..	..	2	62	..	..
	2008	2821	..	..	1	67	..	..
	2009	2484	..	..	1	67	..	..
	2010	2132	*459	0	1	56	..	..
Hungary	2007	2611	203	182	1	2	2	..
	2008	2634	114	227	1	0	0	..
	2009	2956	86	218	1	0	0	..
	2010	3208	238	236	0	1	0	..
Iceland	2007	..	0	..	..	0	..	..
	2008	..	0	..	..	0	..	..
	2009	..	0	..	..	0	..	..
	2010	..	0	..	..	0	..	..
Ireland	2007	32	8	0	..	1	..	..
	2008	52	5	5	..	1	..	..
	2009	167	2	5	..	1	..	..
	2010	181	4	0	..	1	..	..
Isle of Man	2007	..	..	..	..	..	..	..
	2008	..	..	..	..	..	..	..
	2009	..	..	..	..	..	..	..
	2010	..	..	..	..	..	..	..
Italy	2007	7826	3621	8	156	64	0	..
	2008	9593	2914	19	136	68	3	..
	2009	12655	4046	28	129	76	2	..
	2010	15340	4915	69	10	69	1	..
Jersey	2007	..	..	..	..	..	..	..
	2008	..	..	..	..	..	..	..
	2009	..	..	..	..	..	..	..
	2010	..	..	..	..	..	..	..
Latvia	2007	3991	..	..	9	0	7	..
	2008	3971	..	..	9	0	7	..
	2009	4568	..	..	10	1	8	..
	2010	4306	..	..	9	2	10	..
Lithuania	2007	1863	..	..	1	1	1	..
	2008	1974	..	..	0	3	1	..
	2009	1647	..	..	0	2	1	..
	2010	1645	..	..	1	2	1	..
Luxembourg	2007	64	..	..	..	..	..	..
	2008	70	..	..	..	..	..	..
	2009	69	..	..	..	..	..	..
	2010	87	..	..	..	..	..	..

Table 13

Séries de statistiques des renouvelables et des déchets
Milliers de mètres cubes (1000 m.c.) / Milliers de tonnes métriques (1000 t.m.) / GWh / Tèrajoules (TJ)

Liquids and gases (TJ) Liquides et gazes (TJ)	Electricity (GWh) Électricité (GWh)	Wastes (TJ) Déchets (TJ)	Total primary (TJ) Totale primaire(TJ)	Renewables and wastes (%) Renouvelables et déchets (%)	Year Année	Country or area Pays ou zone
Production Production	Production Production	Production Production	Production Production	Share of total primary Part du total primaire		
..	120	..	432	100	2007	Iles Féroé
..	109	..	392	100	2008	
..	108	..	389	100	2009	
..	81	..	292	100	2010	
1747	14370	240546	368965	89	2007	Finlande
5362	17378	234367	387845	90	2008	
9836	12968	184060	335581	78	2009	
12237	13222	223903	394662	84	2010	
58647	68183	133609	742363	89	2007	France
93837	74569	140110	831765	90	2008	
112217	70760	144917	854319	92	2009	
111787	77894	155798	932254	92	2010	
452035	71251	629264	1417247	32	2007	Allemagne
397391	71981	644517	1379223	33	2008	
352594	69953	703739	1391148	34	2009	
471752	76865	768180	1599119	39	2010	
4880	5195	10612	66045	16	2007	Grèce
3964	6397	11806	64561	16	2008	
5229	8239	10925	68500	16	2009	
6653	10358	12226	75630	19	2010	
1617	320	28372	54987	20	2007	Hongrie
7897	419	32822	66280	23	2008	
7926	560	39616	76552	25	2009	
7634	723	40422	79959	27	2010	
8526	11974	252	51881	100	2007	Islande
10210	16466	154	69638	100	2008	
10218	16833	41	70854	100	2009	
10222	17058	36	71663	100	2010	
2793	2974	6448	20240	32	2007	Irlande
3565	3710	6482	23878	35	2008	
4635	4212	7283	28606	41	2009	
5033	3591	7599	27213	32	2010	
..	2	*298	*306	100	2007	Île de Man
..	3	*352	*364	100	2008	
..	3	*449	*461	100	2009	
..	3	*407	*418	100	2010	
23714	48127	63880	332309	35	2007	Italie
46247	57806	58239	400174	41	2008	
62299	66009	59715	475195	49	2009	
76656	70820	72103	543783	50	2010	
..	..	*236	*236	100	2007	Le Jersey
..	..	*238	*238	100	2008	
..	..	*238	*238	100	2009	
..	..	*238	*238	100	2010	
981	2786	27884	75342	100	2007	Lettonie
1737	3168	25406	74814	100	2008	
2460	3507	30778	87577	100	2009	
2591	3569	33650	88409	100	2010	
1475	1064	19974	42295	83	2007	Lituanie
3014	1119	21166	46238	85	2008	
4850	1297	26928	51490	88	2009	
4801	1519	26938	52231	91	2010	
356	1004	14092	18647	100	2007	Luxembourg
427	1046	14963	19797	100	2008	
518	916	11827	16276	100	2009	
544	1544	13800	20692	100	2010	

Table 13

Selected series of statistics on renewables and wastes
Thousand cubic metres (1000 c.m.) / Thousand metric tons (1000 m.t.) / GWh / Terajoules (TJ)

Country or area Pays ou zone	Year Année	Fuelwood (1000 c.m.) Bois de chauffage (1000 m.c.)			Charcoal (1000 m.t) Charbon de bois (1000 t.m.)			Bagasse (1000 m.t.) Bagasse (1000 t.m.)
		Production Production	Imports Importations	Exports Exportations	Production Production	Imports Importations	Exports Exportations	Production Production
Montenegro	2007	1005	3	7	..	..	..	..
	2008	1005	3	7	..	..	..	..
	2009	1049	2	6	..	..	..	..
	2010	1063	2	9	..	..	..	..
Netherlands	2007	1100	..	..	6	60	57	..
	2008	1111	..	..	6	42	39	..
	2009	1116	..	..	6	46	43	..
	2010	1171	..	..	6	40	37	..
Norway	2007	4804	156	3	..	26	2	..
	2008	4962	145	3	..	38	2	..
	2009	4777	105	8	..	30	1	..
	2010	5565	175	24	..	30	3	..
Poland	2007	14937	..	..	..	..	..	..
	2008	16101	..	..	..	..	..	..
	2009	18310	..	..	..	..	..	..
	2010	19740	..	..	..	..	..	..
Portugal	2007	5322	..	..	20	25	2	..
	2008	5322	..	..	21	71	0	..
	2009	5322	..	..	19	51	3	..
	2010	3264	..	..	19	33	7	..
Republic of Moldova	2007	275	..	..	..	..	..	..
	2008	284	..	..	..	..	..	..
	2009	283	..	..	..	..	..	..
	2010	231	..	..	..	..	..	..
Romania	2007	13908	..	..	88	4	26	..
	2008	16917	..	..	14	5	6	..
	2009	17347	16	227	14	4	2	..
	2010	17447	360	47	9	14	1	..
Russian Federation	2007	16784	0	0	72	2	4	..
	2008	14244	0	0	76	3	2	..
	2009	13463	0	0	76	1	4	..
	2010	13499	0	0	76	2	4	..
Serbia	2007	4139	..	460	..	..	..	..
	2008	3697	2	18	..	..	..	..
	2009	1267	3	20	..	..	..	..
	2010	1335	5	14	..	..	..	..
Slovakia	2007	6242	2	1149	84	1	0	..
	2008	8867	1	1019	85	1	2	..
	2009	12094	16	980	80	3	1	..
	2010	13980	5	920	3	2	1	..
Slovenia	2007	1916	..	..	..	2	1	..
	2008	2109	..	..	..	2	1	..
	2009	2427	..	..	..	2	0	..
	2010	2584	..	..	..	2	0	..
Spain	2007	13285	..	..	..	..	..	..
	2008	11719	..	..	..	..	..	..
	2009	12232	..	..	..	..	..	..
	2010	12292	..	..	..	..	..	..
Sweden	2007	4387	..	..	..	..	..	..
	2008	4329	..	..	..	..	..	..
	2009	5582	..	..	..	..	..	..
	2010	4494	..	..	..	..	..	..
Switzerland	2007	3137	..	..	..	..	..	..
	2008	3563	..	..	..	..	..	..
	2009	3674	..	..	..	..	..	..
	2010	3931	..	..	..	..	..	..

Table 13

Séries de statistiques des renouvelables et des déchets
Milliers de mètres cubes (1000 m.c.) / Milliers de tonnes métriques (1000 t.m.) / GWh / Tèrajoules (TJ)

Liquids and gases (TJ) Liquides et gazes (TJ)	Electricity (GWh) Électricité (GWh)	Wastes (TJ) Déchets (TJ)	Total primary (TJ) Totale primaire(TJ)	Renewables and wastes (%) Renouvelables et déchets (%)	Year Année	Country or area Pays ou zone
Production Production	Production Production	Production Production	Production Production	Share of total primary Part du total primaire		
..	1284	..	13803	55	2007	Monténégro
..	1539	..	14721	48	2008	
..	2071	..	17038	66	2009	
..	2750	..	19611	52	2010	
11891	3580	83337	118163	4	2007	Pays-Bas
14096	4400	92435	132516	4	2008	
22900	4725	95876	145980	5	2009	
27249	4158	97108	150023	5	2010	
1041	135639	9136	542308	6	2007	Norvège
1137	140905	9798	563472	6	2008	
1037	127064	10084	512143	5	2009	
974	118847	11591	491202	5	2010	
7025	3461	71338	227235	7	2007	Pologne
16280	3584	75203	251423	8	2008	
22578	4051	79558	283934	9	2009	
21989	5152	95814	316624	10	2010	
7440	14712	78479	187478	100	2007	Portugal
7353	13284	77524	181296	100	2008	
10542	16931	80984	201074	100	2009	
13191	26139	88299	225389	100	2010	
..	33	775	3406	90	2007	Rép. de Moldova
..	82	1017	3907	85	2008	
..	55	1188	3971	83	2009	
..	79	522	2917	85	2010	
1070	15970	15791	201362	18	2007	Roumanie
2896	17201	5631	224938	20	2008	
2629	15817	3172	221158	20	2009	
2105	20191	5232	239350	22	2010	
..	179488	122301	921684	2	2007	Fédération de Russie
..	167194	128221	860154	1	2008	
..	176600	145474	904137	2	2009	
..	168920	167991	899328	1	2010	
..	10038	449	74382	17	2007	Serbie
..	10110	6	70162	16	2008	
..	11145	93	51780	13	2009	
..	12572	449	57893	14	2010	
2865	4623	16859	93370	75	2007	Slovaquie
6502	4248	15033	117800	78	2008	
7205	4610	17948	152200	82	2009	
7601	5672	19363	175054	84	2010	
684	3266	989	30932	37	2007	Slovénie
884	4019	978	35586	41	2008	
1196	4717	1153	41494	46	2009	
2023	4710	1320	43899	47	2010	
25186	58603	81740	439203	65	2007	Espagne
24352	61673	96586	449970	71	2008	
45115	73349	103152	524013	77	2009	
51040	96766	104723	616348	82	2010	
18095	67700	353287	655152	99	2007	Suède
21921	71217	353019	670834	98	2008	
25222	68474	355848	678536	99	2009	
27342	70018	426591	747014	99	2010	
3060	36783	57572	221688	99	2007	Suisse
3200	37991	57579	230077	99	2008	
3075	37583	56022	227933	99	2009	
3404	37948	58082	233986	99	2010	

Table 13

Selected series of statistics on renewables and wastes
Thousand cubic metres (1000 c.m.) / Thousand metric tons (1000 m.t.) / GWh / Terajoules (TJ)

Country or area Pays ou zone	Year Année	Fuelwood (1000 c.m.) Bois de chauffage (1000 m.c.)			Charcoal (1000 m.t) Charbon de bois (1000 t.m.)			Bagasse (1000 m.t.) Bagasse (1000 t.m.)
		Production Production	Imports Importations	Exports Exportations	Production Production	Imports Importations	Exports Exportations	Production Production
T.F.Yug.Rep. Macedonia	2007	688	0	5	..	..	..	..
	2008	753	0	3	..	..	..	..
	2009	891	38	0	..	..	..	..
	2010	912	38	0	..	..	..	..
Ukraine	2007	3487	2	675	29	..	..	..
	2008	3243	1	695	32	..	..	..
	2009	6188	0	0	39	..	..	..
	2010	6509	0	0	40	..	..	..
United Kingdom	2007	1279	..	..	..	..	..	..
	2008	1381	..	..	..	..	..	..
	2009	1445	..	..	..	..	..	..
	2010	1509	..	..	..	..	..	..
Oceania	**2007**	**16762**	**2**	**1**	**11**	**0**	**..**	**16034**
	2008	**17651**	**2**	**1**	**11**	**0**	**..**	**16100**
	2009	**17258**	**2**	**1**	**11**	**2**	**..**	**15388**
	2010	**16211**	**1**	**1**	**12**	**0**	**..**	**12484**
Australia	2007	10224	..	..	..	..	..	15084
	2008	11118	..	..	..	..	..	15057
	2009	10732	..	..	..	..	..	14744
	2010	9693	..	..	..	..	..	11847
Fiji	2007	37	..	0	2	..	..	828
	2008	37	..	0	2	..	..	921
	2009	37	..	0	2	..	..	522
	2010	37	..	0	2	..	..	499
French Polynesia	2007	4	..	..	..	0	..	..
	2008	4	0	..	..	0	..	..
	2009	4	0	..	..	0	..	..
	2010	4	0	..	..	0	..	..
Kiribati	2007	3	0	..	0	..	..	..
	2008	3	0	..	0	..	..	..
	2009	3	0	..	0	..	..	..
	2010	3	0	..	0	..	..	..
Micronesia(Fed. States of)	2007	2	0	..	0	..	..	..
	2008	2	0	..	0	..	..	..
	2009	2	0	..	0	..	..	..
	2010	2	0	..	0	..	..	..
New Caledonia	2007	..	0	..	..	0	..	..
	2008	..	0	..	..	0	..	..
	2009	..	0	..	..	2	..	..
	2010	..	0	..	..	0	..	..
New Zealand	2007	669	..	..	..	..	..	..
	2008	663	..	..	..	..	..	..
	2009	655	..	..	..	..	..	..
	2010	645	..	..	..	..	..	..
Niue	2007	0	..	..	0	..	..	..
	2008	0	..	..	0	..	..	..
	2009	0	..	..	0	..	..	..
	2010	0	..	..	0	..	..	..
Palau	2007	..	..	..	..	..	..	..
	2008	..	..	..	..	..	..	..
	2009	..	..	..	..	..	..	..
	2010	..	..	..	..	..	..	..
Papua New Guinea	2007	5535	..	..	6	..	..	114
	2008	5535	..	..	6	..	..	114
	2009	5535	..	..	6	..	..	114
	2010	5535	..	..	6	..	..	130

Table 13

Séries de statistiques des renouvelables et des déchets
Milliers de mètres cubes (1000 m.c.) / Milliers de tonnes métriques (1000 t.m.) / GWh / Tèrajoules (TJ)

Liquids and gases (TJ) Liquides et gazes (TJ) Production	Electricity (GWh) Électricité (GWh) Production	Wastes (TJ) Déchets (TJ) Production	Total primary (TJ) Totale primaire(TJ) Production	Renewables and wastes (%) Renouvelables et déchets (%) Share of total primary Part du total primaire	Year Année	Country or area Pays ou zone
111	1010	..	10026	12	2007	L'ex-RY Macédoine
37	840	..	9939	10	2008	
37	1270	..	12744	13	2009	
74	2429	..	17150	18	2010	
..	10305	..	68939	3	2007	Ukraine
..	11558	..	71221	3	2008	
..	11980	..	99634	4	2009	
..	13204	..	106972	5	2010	
81956	14238	71129	216014	3	2007	Royaume-Uni
79727	16372	72752	224024	3	2008	
79958	18272	85660	244587	4	2009	
86094	16971	86392	247356	4	2010	
15718	**47479**	**164443**	**627962**	**5**	**2007**	**Océanie**
20425	**45055**	**169082**	**637216**	**5**	**2008**	
24329	**49008**	**161049**	**638229**	**5**	**2009**	
25985	**51788**	**156493**	**613352**	**4**	**2010**	
12941	17256	114527	399438	3	2007	Australie
17733	15311	122566	413218	3	2008	
21482	16379	118000	410306	3	2009	
22988	17598	108824	375167	3	2010	
..	509	..	8562	100	2007	Fidji
..	495	..	9233	100	2008	
..	460	..	6022	100	2009	
..	414	..	5677	100	2010	
..	223	..	841	100	2007	Polynésie française
..	214	..	812	100	2008	
..	214	..	811	100	2009	
..	280	..	1048	100	2010	
..	..	..	25	100	2007	Kiribati
..	..	..	26	100	2008	
..	..	..	26	100	2009	
..	..	..	27	100	2010	
..	*3	..	32	100	2007	Micronésie(États. féds. de)
..	*3	..	32	100	2008	
..	*3	..	33	100	2009	
..	*3	..	33	100	2010	
..	427	..	1537	100	2007	Nouvelle-Calédonie
..	493	..	1775	100	2008	
..	448	..	1613	100	2009	
..	319	..	1150	100	2010	
2777	28125	42629	152757	29	2007	Nouvelle-Zélande
2692	27598	39241	147337	27	2008	
2847	30562	35772	154616	28	2009	
2997	32234	40390	165308	28	2010	
..	..	..	0	100	2007	Nioué
..	..	..	0	100	2008	
..	..	..	0	100	2009	
..	..	..	0	100	2010	
..	*18	..	*65	100	2007	Palaos
..	*18	..	*65	100	2008	
..	*18	..	*65	100	2009	
..	*18	..	*65	100	2010	
..	863	*5263	59794	39	2007	Papouasie-Nvl-Guinée
..	855	*5263	59765	38	2008	
..	*855	*5263	59765	39	2009	
..	*855	*5263	59891	70	2010	

Table 13

Selected series of statistics on renewables and wastes
Thousand cubic metres (1000 c.m.) / Thousand metric tons (1000 m.t.) / GWh / Terajoules (TJ)

Country or area Pays ou zone	Year Année	Fuelwood (1000 c.m.) Bois de chauffage (1000 m.c.)			Charcoal (1000 m.t) Charbon de bois (1000 t.m.)			Bagasse (1000 m.t.) Bagasse (1000 t.m.)
		Production Production	Imports Importations	Exports Exportations	Production Production	Imports Importations	Exports Exportations	Production Production
Samoa	2007	70	0	..	..	..	..	8
	2008	70	0	..	..	..	..	8
	2009	70	0	..	0	0	..	8
	2010	70	0	..	0	0	..	8
Solomon Islands	2007	124	..	..	1	..	..	..
	2008	126	..	..	1	..	..	..
	2009	127	..	..	1	..	..	..
	2010	128	..	..	1	..	..	..
Tonga	2007	2	2	..	0	0	..	..
	2008	2	2	..	0	0	..	..
	2009	2	2	..	0	0	..	..
	2010	2	0	..	0	0	..	..
Vanuatu	2007	91	..	1	0	0	..	..
	2008	91	..	1	0	0	..	..
	2009	91	..	1	0	0	..	..
	2010	91	..	1	1	0	..	..

Table 13

Séries de statistiques des renouvelables et des déchets
Milliers de mètres cubes (1000 m.c.) / Milliers de tonnes métriques (1000 t.m.) / GWh / Tèrajoules (TJ)

Liquids and gases (TJ) Liquides et gazes (TJ)	Electricity (GWh) Électricité (GWh)	Wastes (TJ) Déchets (TJ)	Total primary (TJ) Totale primaire(TJ)	Renewables and wastes (%) Renouvelables et déchets (%)	Year Année	Country or area Pays ou zone
Production Production	Production Production	Production Production	Production Production	Share of total primary Part du total primaire		
..	*53	..	892	100	2007	Samoa
..	*54	..	896	100	2008	
..	*55	..	899	100	2009	
..	*54	..	897	100	2010	
..	..	*2025	*3161	100	2007	Iles Salomon
..	..	*2013	*3161	100	2008	
..	..	*2015	*3176	100	2009	
..	..	*2017	*3190	100	2010	
..	..	..	20	100	2007	Tonga
..	..	..	19	100	2008	
..	..	..	19	100	2009	
..	..	..	19	100	2010	
..	*2	..	837	100	2007	Vanuatu
..	13	..	878	100	2008	
..	13	..	878	100	2009	
..	13	..	879	100	2010	

Table 14

Production, trade and consumption of crude petroleum
Production, commerce et consommation de pétrole brut

Thousand metric tons; kilograms per capita; reserves production ratio (R/P) in years
Milliers de tonnes métriques; kilogrammes par habitant; le rapport entre réserves et production (R/P) en années

Table Notes:

The reserves to production ratio refers to crude petroleum and natural gas liquids

Data on reserves were taken from the Survey of Energy Resources, World Energy Council.

Please refer to the Definitions Section on pages xv to xxix for the appropriate product description/classification.

Notes relatives aux tableaux:

Le rapport entre réserves et production comprend le pétrole brut et les liquides de gaz naturel.

Les données en réserves proviennent de l'enquête des ressources de l'énergie du Conseil Mondial de l'Energie.

Veuillez consulter la section "définitions" de la page xv à la page xxix pour une description/classification appropriée des produits.

Figure 39: World crude petroleum production 1994-2010

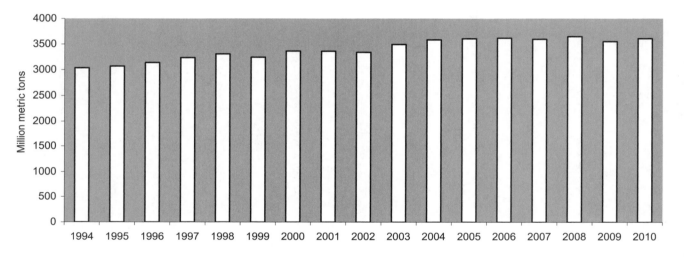

Figure 40: World crude petroleum export 1994-2010

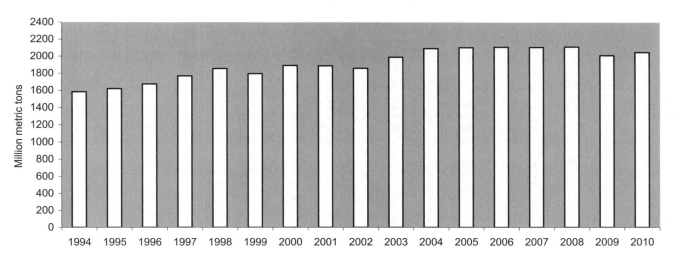

Figure 41: Production, trade, and consumption of crude petroleum, by region, in 2010

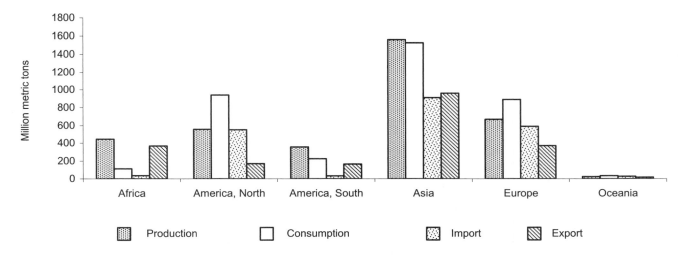

Figure 42: Major crude petroleum producing countries in 2010

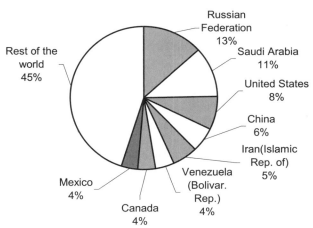

Figure 43: Major crude petroleum consuming countries in 2010

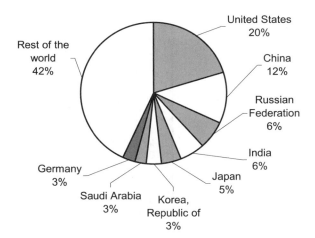

Table 14

Production, trade and consumption of crude petroleum
Production, commerce et consommation de pétrole brut

Thousand metric tons; kilograms per capita; reserves/production ratio (R/P) in years
Milliers de tonnes métriques; kilogrammes par habitant; le rapport entre réserves et production (R/P) en années

Country or area Pays ou zone	Year Année	Production Production		Imports Importations	Exports Exportations	Changes in stocks Variations des stocks	Consumption Consommation	
		Total Totale	Reserves/ Production Réserves/ Production				Total Totale	Per Capita Par habitant
World	**2007**	**3596255**	**42**	**2197982**	**2108022**	**-4445**	**3690660**	**554**
Monde	**2008**	**3648412**	**41**	**2181733**	**2112756**	**21140**	**3696249**	**548**
	2009	**3553440**	**42**	**2110269**	**2010707**	**12828**	**3640173**	**534**
	2010	**3609389**	**41**	**2151154**	**2048593**	**-13921**	**3725870**	**540**
Africa	**2007**	**448473**	**34**	**42368**	**379072**	**-1721**	**113490**	**119**
Afrique	**2008**	**453965**	**34**	**40597**	**375348**	**2188**	**117026**	**120**
	2009	**432876**	**36**	**42137**	**357909**	**-630**	**117733**	**118**
	2010	**444740**	**35**	**36194**	**366930**	**555**	**113448**	**111**
Algeria	2007	64085	27	359	43248	-264	21460	633
Algérie	2008	61585	28	445	39179	-93	22944	666
	2009	57112	30	366	34731	11	22736	651
	2010	55694	31	320	32974	42	22998	648
Angola	2007	84908	15	..	82943	77	1888	108
Angola	2008	95302	13	..	92469	985	1848	102
	2009	90448	14	..	88622	-25	1851	100
	2010	87880	14	..	84150	1847	1883	99
Cameroon	2007	4376	38	1760	3926	-125	2335	127
Cameroun	2008	4302	39	1663	3826	-67	2206	118
	2009	3757	45	1420	3237	-174	2114	110
	2010	3304	51	1711	2821	-128	2322	118
Chad	2007	7190	31	..	7105	..	85	8
Tchad	2008	6331	35	..	6232	..	99	9
	2009	6059	37	..	5986	..	73	7
	2010	6214	36	..	6141	..	72	6
Congo	2007	11374	24	..	10626	0	748	201
Congo	2008	12091	22	..	11461	74	556	145
	2009	13829	19	..	13446	-325	708	180
	2010	15788	17	..	14984	148	656	162
Côte d'Ivoire	2007	2418	26	3606	2400	-28	3652	196
Côte d'Ivoire	2008	2282	28	3139	2076	-120	3465	182
	2009	2277	28	2982	2164	0	3095	160
	2010	1697	38	2489	1613	0	2573	130
Dem. Rep. of the Congo	2007	1218	21	..	1215	3	0	0
Rép. dem. du Congo	2008	1155	22	..	1139	16	0	0
	2009	1108	23	..	1109	-4	3	0
	2010	1108	23	..	1109	-1	0	0
Egypt	2007	26354	17	2407	1474	..	27287	355
Egypte	2008	28300	16	2351	4975	..	25676	328
	2009	27600	16	2521	5437	..	24684	310
	2010	28280	16	2437	6824	..	23893	295
Equatorial Guinea	2007	17457	10	..	17457	..	0	0
Guinée équatoriale	2008	17397	10	..	17397	..	0	0
	2009	15406	11	..	15406	..	0	0
	2010	13629	12	..	*13629	..	0	0
Gabon	2007	12291	35	..	11372	115	804	565
Gabon	2008	11977	42	..	10958	429	590	407
	2009	12035	42	..	11342	573	120	81
	2010	12717	40	..	12156	-377	938	623
Ghana	2007	..	..	2054	..	..	2054	90
Ghana	2008	..	..	1976	..	..	1976	85
	2009	..	..	983	..	..	983	41
	2010	181	11	1603	..	..	1784	73

Table 14

Production, trade and consumption of crude petroleum
Production, commerce et consommation de pétrole brut

Thousand metric tons; kilograms per capita; reserves/production ratio (R/P) in years
Milliers de tonnes métriques; kilogrammes par habitant; le rapport entre réserves et production (R/P) en années

Country or area Pays ou zone	Year Année	Production Production		Imports Importations	Exports Exportations	Changes in stocks Variations des stocks	Consumption Consommation	
		Total Totale	Reserves/ Production Réserves/ Production				Total Totale	Per Capita Par habitant
Kenya	2007	..	..	1599	..	-134	1733	46
Kenya	2008	..	..	1773	..	139	1634	42
	2009	..	..	1628	..	-153	1781	45
	2010	..	..	1552	..	46	1506	37
Libya	2007	80603	64	..	65463	..	15140	2514
Libye	2008	82895	63	..	66687	..	16208	2636
	2009	70978	73	..	51727	..	19251	3074
	2010	71555	73	..	53835	..	17720	2788
Mauritania	2007	750	19	..	648	101	1	0
Mauritanie	2008	604	23	..	510	93	1	0
	2009	561	25	..	267	*294	0	0
	2010	410	34	..	494	*-84	0	0
Morocco	2007	14	10	6268	..	-104	6386	206
Maroc	2008	9	15	5535	..	-160	5704	182
	2009	8	17	4786	..	151	4643	147
	2010	10	14	5243	..	-201	5454	171
Nigeria	2007	107067	43	..	105577	-1532	3022	21
Nigéria	2008	102499	45	..	96597	720	5182	34
	2009	104046	43	..	102559	-989	2476	16
	2010	119472	37	..	115294	-666	4844	31
Senegal	2007	..	..	670	..	60	610	53
Sénégal	2008	..	..	933	..	24	909	77
	2009	..	..	655	..	-89	744	61
	2010	..	..	775	..	0	775	62
South Africa	2007	..	12	22090	3048	..	19042	390
Afrique du Sud	2008	..	14	21068	13	..	21055	427
	2009	..	14	25040	15	..	25025	503
	2010	..	20	19255	0	..	19255	384
Sudan	2007	23807	38	..	18709	..	5098	126
Soudan	2008	23098	39	..	18391	..	4707	114
	2009	23738	38	..	18535	..	5203	122
	2010	23104	39	..	17204	..	5900	135
Tunisia	2007	4562	15	1111	3861	111	1701	168
Tunisie	2008	4137	16	1235	3438	148	1786	174
	2009	3914	17	1169	3326	100	1657	160
	2010	3697	18	184	3702	-71	250	24
Zambia	2007	..	..	444	..	..	444	37
Zambie	2008	..	..	479	..	..	479	39
	2009	..	..	587	..	..	587	46
	2010	..	..	625	..	..	625	48
America, North	**2007**	**559789**	**13**	**610786**	**180944**	**-2044**	**991676**	**1886**
Amérique du Nord	**2008**	**536180**	**13**	**598742**	**166257**	**3824**	**964841**	**1817**
	2009	**544341**	**13**	**553127**	**158224**	**2902**	**936343**	**1745**
	2010	**558024**	**13**	**553072**	**169863**	**1628**	**939606**	**1733**
Aruba	2007	*125	..	*10500	..	..	*10625	*101943
Aruba	2008	*122	..	*10429	..	..	*10551	*99983
	2009	*123	..	*10438	..	..	*10561	*99059
	2010	*123	..	*10452	..	..	*10575	*98381
Barbados	2007	46	6	..	46	0	0	0
Barbade	2008	40	7	..	37	0	3	11
	2009	38	7	..	37	0	2	6
	2010	42	6	..	42	0	0	0

Table 14

Production, trade and consumption of crude petroleum
Production, commerce et consommation de pétrole brut

Thousand metric tons; kilograms per capita; reserves/production ratio (R/P) in years
Milliers de tonnes métriques; kilogrammes par habitant; le rapport entre réserves et production (R/P) en années

Country or area Pays ou zone	Year Année	Production Production		Imports Importations	Exports Exportations	Changes in stocks Variations des stocks	Consumption Consommation	
		Total Totale	Reserves/ Production Réserves/ Production				Total Totale	Per Capita Par habitant
Belize	2007	150	7	..	150	..	0	0
Belize	2008	175	6	..	175	..	0	0
	2009	199	5	..	199	..	0	0
	2010	212	5	..	212	..	0	0
Canada	2007	136000	18	42006	84968	-1751	94789	2874
Canada	2008	132951	20	41449	86389	-75	88086	2643
	2009	132919	20	39554	87471	72	84930	2522
	2010	142277	19	37841	93052	1148	85918	2526
Costa Rica	2007	..	..	718	..	-26	744	167
Costa Rica	2008	..	..	638	..	18	620	137
	2009	..	..	406	..	16	390	85
	2010	..	..	501	..	-7	508	109
Cuba	2007	2905	7	2156	..	..	5061	449
Cuba	2008	3003	6	4849	..	..	7852	697
	2009	2731	7	5536	..	..	8267	734
	2010	3025	6	5049	..	..	8074	717
Dominican Republic	2007	..	..	1841	..	50	1791	188
Rép. dominicaine	2008	..	..	1711	..	0	1711	177
	2009	..	..	1271	..	-26	1297	132
	2010	..	..	1350	..	-27	1377	139
El Salvador	2007	..	..	1027	..	25	1002	164
El Salvador	2008	..	..	848	..	-20	868	142
	2009	..	..	893	..	-6	899	146
	2010	..	..	808	..	-26	834	135
Guatemala	2007	826	16	0	708	33	85	6
Guatemala	2008	763	17	0	706	-2	59	4
	2009	736	18	0	631	14	91	6
	2010	651	20	0	555	22	74	5
Jamaica	2007	..	..	855	..	0	855	316
Jamaïque	2008	..	..	1130	..	0	1130	415
	2009	..	..	1190	..	0	1190	436
	2010	..	..	1144	..	0	1144	417
Martinique	2007	..	..	798	..	..	798	1990
Martinique	2008	..	..	798	..	..	798	1981
	2009	..	..	846	..	..	846	2092
	2010	..	..	846	..	..	846	2085
Mexico	2007	160829	10	..	89551	224	71054	651
Mexique	2008	146000	10	..	74755	613	70632	638
	2009	135096	11	..	64964	-419	70551	630
	2010	133632	11	..	71612	117	61903	546
Netherlands Antilles	2007	..	..	11008	..	..	11008	57397
Antilles néerlandaises	2008	..	..	10369	..	..	10369	53175
	2009	..	..	9505	..	..	9505	47996
	2010	..	..	4270	..	..	4270	21277
Nicaragua	2007	..	..	822	..	4	818	147
Nicaragua	2008	..	..	697	..	-26	723	128
	2009	..	..	836	..	12	824	144
	2010	..	..	782	..	0	782	135
Trinidad and Tobago	2007	6986	9	5411	4130	-11	8278	6244
Trinité-et-Tobago	2008	5809	11	4664	2741	-11	7743	5817
	2009	5509	10	4878	2762	-180	7805	5841
	2010	5047	11	3513	2336	-278	6502	4847

Table 14

Production, trade and consumption of crude petroleum
Production, commerce et consommation de pétrole brut

Thousand metric tons; kilograms per capita; reserves/production ratio (R/P) in years
Milliers de tonnes métriques; kilogrammes par habitant; le rapport entre réserves et production (R/P) en années

| Country or area Pays ou zone | Year Année | Production Production | | Imports Importations | Exports Exportations | Changes in stocks Variations des stocks | Consumption Consommation | |
		Total Totale	Reserves/ Production Réserves/ Production				Total Totale	Per Capita Par habitant
United States	2007	251923	12	533644	1391	-592	784768	2596
États-Unis	2008	247317	11	521160	1454	3327	763696	2504
	2009	266991	11	477774	2160	3419	739186	2402
	2010	273015	10	486517	2054	679	756799	2438
America, South	**2007**	**315661**	**51**	**40202**	**133109**	**396**	**222358**	**585**
Amérique du Sud	**2008**	**344994**	**47**	**36265**	**150395**	**2771**	**228093**	**593**
	2009	**350718**	**46**	**35787**	**152134**	**7026**	**227344**	**585**
	2010	**355357**	**46**	**32242**	**164737**	**-1426**	**224288**	**571**
Argentina	2007	32945	10	40	2922	-173	30236	768
Argentine	2008	32323	10	5	2835	82	29411	741
	2009	32002	10	0	4680	-33	27355	683
	2010	31274	10	0	4661	202	26411	654
Bolivia (Plur. State of)	2007	2412	20	..	139	5	2268	240
Bolivie (État plur. de)	2008	2299	21	..	0	-22	2321	241
	2009	1996	23	..	0	-22	2018	206
	2010	2097	23	..	0	1	2096	211
Brazil	2007	88934	18	21081	21373	336	88306	465
Brésil	2008	92310	11	19335	21970	27	89648	468
	2009	99216	11	19020	26660	1093	90483	468
	2010	104526	10	17182	32028	-1163	90843	466
Chile	2007	123	6	10754	..	444	10433	627
Chili	2008	127	7	10019	..	20	10126	603
	2009	178	6	9849	..	-62	10089	595
	2010	207	7	8337	..	-1	8545	499
Colombia	2007	27345	7	401	11681	-502	16567	374
Colombie	2008	30360	7	0	13347	138	16875	375
	2009	34572	7	0	18087	23	16462	361
	2010	39584	6	0	22344	-17	17257	373
Ecuador	2007	26675	25	..	17717	329	8629	623
Equateur	2008	26416	34	..	18217	-362	8561	609
	2009	25370	36	..	17097	200	8073	566
	2010	25372	36	..	17494	200	7678	531
Peru	2007	4474	21	6397	1589	61	9221	327
Pérou	2008	4957	22	4876	893	131	8809	309
	2009	5357	19	4993	944	-44	9450	329
	2010	5501	18	4772	936	-84	9421	324
Suriname	2007	656	20	0	95	..	561	1100
Suriname	2008	656	18	0	95	..	561	1089
	2009	662	18	0	95	..	567	1090
	2010	792	15	0	0	4	788	1502
Uruguay	2007	..	..	1529	..	-104	1633	490
Uruguay	2008	..	..	2030	..	-243	2273	679
	2009	..	..	1925	..	-129	2053	612
	2010	..	..	1951	..	-59	2010	597
Venezuela(Bolivar. Rep.)	2007	132097	101	..	77593	0	54504	1975
Venezuela(Rép. bolivar.)	2008	155546	88	..	93038	3000	59508	2121
	2009	151365	90	..	84571	6000	60794	2132
	2010	146004	93	..	87274	-509	59239	2044
Asia	**2007**	**1554859**	**64**	**832104**	**982180**	**-349**	**1405131**	**348**
Asie	**2008**	**1607571**	**61**	**829803**	**1013983**	**7580**	**1415811**	**347**
	2009	**1524345**	**64**	**854512**	**935927**	**4883**	**1438046**	**349**
	2010	**1558777**	**62**	**909604**	**959592**	**-16537**	**1525326**	**366**

Table 14

Production, trade and consumption of crude petroleum
Production, commerce et consommation de pétrole brut

Thousand metric tons; kilograms per capita; reserves/production ratio (R/P) in years
Milliers de tonnes métriques; kilogrammes par habitant; le rapport entre réserves et production (R/P) en années

Country or area Pays ou zone	Year Année	Production Production		Imports Importations	Exports Exportations	Changes in stocks Variations des stocks	Consumption Consommation	
		Total Totale	Reserves/ Production Réserves/ Production				Total Totale	Per Capita Par habitant
Azerbaijan	2007	*41342	22	0	34780	10	*6552	*743
Azerbaïdjan	2008	*42190	21	0	36858	87	*5245	*586
	2009	*48354	19	1	44332	-127	*4150	*458
	2010	*48581	19	0	44508	-37	*4110	*447
Bahrain	2007	9189	2	11354	7369	1	13173	14230
Bahreïn	2008	9135	2	11324	7442	0	13017	12369
	2009	9086	2	11188	7579	0	12695	10854
	2010	9068	2	*11827	*7579	0	*13316	*10553
Bangladesh	2007	..	36	2093		-1	2094	15
Bangladesh	2008	..	39	806		39	767	5
	2009	..	43	861		-139	1000	7
	2010	..	48	1181		274	907	6
Brunei Darussalam	2007	9051	15	..	8523	-41	569	1507
Brunéi Darussalam	2008	8852	17	..	8180	84	588	1528
	2009	7658	19	..	7064	142	452	1154
	2010	7616	20	..	7356	-165	425	1065
China	2007	186318	13	163160	3884	5244	340350	258
Chine	2008	190440	13	178885	4238	10101	354986	267
	2009	189490	13	203653	5073	6765	381305	286
	2010	203014	12	237682	3030	8900	428766	320
Georgia	2007	64	78	14	58	-2	22	5
Géorgie	2008	52	96	37	35	3	51	12
	2009	53	94	5	60	0	-2	0
	2010	50	100	5	58	0	-3	-1
India	2007	34118	19	121672	..	..	155790	133
Inde	2008	33508	20	132775	..	..	166283	140
	2009	33690	20	159260	..	..	192950	160
	2010	37733	18	168421	..	..	206154	168
Indonesia	2007	47720	10	15130	17416	0	45434	195
Indonésie	2008	45422	10	11395	13698	76	43043	183
	2009	47461	9	16383	18257	-656	46243	195
	2010	48175	9	14221	18048	-120	44468	185
Iran(Islamic Rep. of)	2007	205700	83	..	124800	-1550	82450	1154
Iran(Rép. islamique)	2008	201900	79	..	118500	288	83112	1150
	2009	196900	80	..	109890	2900	84110	1150
	2010	197700	79	..	114300	0	83400	1127
Iraq	2007	93174	165	..	81040	495	11639	402
Iraq	2008	112509	136	..	91451	-405	21463	720
	2009	115221	133	..	94012	-365	21574	702
	2010	116307	131	..	93223	31	23053	728
Israel	2007	2	137	8914	..	0	8916	1288
Israël	2008	7	39	10147	..	-251	10405	1467
	2009	3	91	11344	..	0	11347	1563
	2010	3	91	11030	..	43	10990	1481
Japan	2007	286	8	199873	..	-522	200681	1586
Japon	2008	291	12	190726	..	-192	191209	1511
	2009	265	13	169199	..	-1566	171030	1351
	2010	250	14	171833	..	-1161	173244	1369
Jordan	2007	1	137	4044	..	27	4018	709
Jordanie	2008	2	81	3799	..	-24	3825	654
	2009	2	91	3633	..	-13	3648	605
	2010	1	114	3485	..	46	3440	556

Table 14

Production, trade and consumption of crude petroleum
Production, commerce et consommation de pétrole brut

Thousand metric tons; kilograms per capita; reserves/production ratio (R/P) in years
Milliers de tonnes métriques; kilogrammes par habitant; le rapport entre réserves et production (R/P) en années

Country or area Pays ou zone	Year Année	Production Production		Imports Importations	Exports Exportations	Changes in stocks Variations des stocks	Consumption Consommation	
		Total Totale	Reserves/ Production Réserves/ Production				Total Totale	Per Capita Par habitant
Kazakhstan	2007	55265	75	7050	46306	..	16009	1034
Kazakhstan	2008	58646	41	3187	48979	..	12854	821
	2009	64354	38	6029	*57030	-44	13397	846
	2010	68084	36	5978	*52800	973	20289	1266
Korea, Dem.Ppl's.Rep.	2007	..	..	439	..	..	439	18
Corée,Rép.pop.dém.de	2008	..	..	450	..	..	450	19
	2009	..	..	343	..	..	343	14
	2010	..	..	327	..	..	327	13
Korea, Republic of	2007	31	..	118349	..	-882	119262	2511
Corée, République de	2008	21	..	116305	..	-801	117127	2454
	2009	42	..	115084	..	3073	112053	2336
	2010	53	..	118897	..	562	118388	2457
Kuwait	2007	128376	103	..	80596	..	47780	19519
Koweït	2008	133801	99	..	87806	..	45995	18049
	2009	112772	117	..	67154	..	45618	17238
	2010	117211	112	..	69778	..	47433	17332
Kyrgyzstan	2007	69	73	58	0	..	127	25
Kirghizistan	2008	71	70	126	53	..	144	28
	2009	77	65	11	6	..	82	16
	2010	83	60	15	3	..	95	18
Malaysia	2007	32788	14	9359	16388	-150	25909	958
Malaisie	2008	33133	20	8364	14495	140	26862	977
	2009	31642	21	9071	15960	*73	24680	883
	2010	30653	21	9067	16381	*328	23011	810
Myanmar	2007	1041	7	..	150	80	811	17
Myanmar	2008	941	7	..	41	51	849	18
	2009	952	7	..	44	-41	949	20
	2010	927	7	..	0	43	884	18
Oman	2007	35374	22	..	30286	134	4954	1934
Oman	2008	37756	20	..	29645	176	7935	3009
	2009	40524	18	..	33333	330	6861	2530
	2010	45428	16	..	39103	-1303	7628	2741
Other Asia	2007	16	10	51800	..	-231	52047	2267
Autres zones d'Asie	2008	15	18	47719	..	640	47094	2044
	2009	14	20	47426	..	-337	47777	2066
	2010	12	23	43944	..	151	43805	1887
Pakistan	2007	3435	11	8424	..	81	11777	72
Pakistan	2008	3224	12	8061	..	182	11103	66
	2009	3180	12	6888	..	137	9932	58
	2010	3225	12	6658	..	47	9837	57
Philippines	2007	25	28	10135	0	-320	10480	118
Philippines	2008	132	22	9435	69	353	9145	101
	2009	399	16	6839	261	-428	7405	81
	2010	418	17	9098	357	124	9035	97
Qatar	2007	38545	33	..	31197	0	7348	6237
Qatar	2008	41128	50	..	34218	0	6910	4950
	2009	35677	50	..	29255	-47	6469	4049
	2010	35683	49	..	28540	-13	7156	4069
Saudi Arabia	2007	439406	71	..	347011	-1051	93446	3664
Arabie saoudite	2008	459694	68	..	364935	-2509	97268	3717
	2009	407930	76	..	312394	-3780	99316	3705
	2010	406992	75	..	331161	-24968	100799	3672

Table 14

Production, trade and consumption of crude petroleum
Production, commerce et consommation de pétrole brut

Thousand metric tons; kilograms per capita; reserves/production ratio (R/P) in years
Milliers de tonnes métriques; kilogrammes par habitant; le rapport entre réserves et production (R/P) en années

Country or area Pays ou zone	Year Année	Production Production		Imports Importations	Exports Exportations	Changes in stocks Variations des stocks	Consumption Consommation	
		Total Totale	Reserves/ Production Réserves/ Production				Total Totale	Per Capita Par habitant
Singapore	2007	..	..	35999	0	..	35999	7852
Singapour	2008	..	..	32035	1	..	32034	6713
	2009	..	..	29773	17	..	29756	6017
	2010	..	..	36428	37	..	36390	7154
Sri Lanka	2007	..	..	1939	..	32	1907	94
Sri Lanka	2008	..	..	1854	..	-24	1878	92
	2009	..	..	1932	..	-77	2009	97
	2010	..	..	1819	..	69	1750	84
Syrian Arab Republic	2007	18951	17	448	7607	46	11746	608
Rép. arabe syrienne	2008	18647	18	6	7830	-1223	12046	612
	2009	18325	18	7	7172	-521	11681	582
	2010	19785	17	0	8138	-218	11865	581
Tajikistan	2007	12	167	..	2	..	10	2
Tadjikistan	2008	14	143	..	2	..	12	2
	2009	26	77	..	4	..	22	3
	2010	27	74	..	4	..	23	3
Thailand	2007	7170	4	38405	2488	-2864	45951	678
Thaïlande	2008	7320	4	40641	2388	-524	46097	675
	2009	7585	3	41362	2140	-926	47733	695
	2010	7641	3	40734	1471	-863	47767	691
Timor-Leste	2007	*139	..	..	*139	..	0	0
Timor-Leste	2008	*141	..	..	*141	..	0	0
	2009	*136	..	..	*136	..	0	0
	2010	*136	..	..	*136	..	0	0
Turkey	2007	2134	77	23446	..	-66	25646	366
Turquie	2008	2160	20	21725	..	143	23742	335
	2009	2402	18	14219	..	70	16551	230
	2010	2508	18	16954	..	-157	19619	270
Turkmenistan	2007	9000	8	..	1900	..	7100	1461
Turkménistan	2008	10178	7	..	2400	..	7778	1581
	2009	9250	8	..	2000	..	7250	1456
	2010	8700	9	..	1800	..	6900	1369
United Arab Emirates	2007	121523	90	..	114472	..	7051	1304
Emirats arabes unis	2008	123937	88	..	116936	..	7001	1128
	2009	107712	100	..	99828	..	7884	1136
	2010	111672	96	..	104529	..	7143	951
Uzbekistan	2007	3363	14	..	..	..	3363	127
Ouzbékistan	2008	3259	14	..	..	..	3259	122
	2009	3187	15	..	..	..	3187	117
	2010	2891	17	..	..	..	2891	105
Viet Nam	2007	15920	28	..	15062	858	0	0
Viet Nam	2008	14904	41	..	13752	1152	0	0
	2009	16360	38	..	13373	1050	1937	22
	2010	15014	41	..	8072	490	6452	73
Yemen	2007	15311	22	..	10706	323	4282	195
Yémen	2008	14141	23	..	9890	18	4233	187
	2009	13617	24	..	9553	-590	4654	200
	2010	13135	25	..	9179	388	3568	148
Europe	**2007**	**691545**	**18**	**647684**	**417943**	**-963**	**922249**	**1257**
Europe	**2008**	**680429**	**18**	**650473**	**390521**	**4788**	**935593**	**1272**
	2009	**675056**	**18**	**600373**	**389816**	**-1282**	**886895**	**1204**
	2010	**669245**	**18**	**592785**	**371026**	**1557**	**889447**	**1205**

Table 14

Production, trade and consumption of crude petroleum
Production, commerce et consommation de pétrole brut

Thousand metric tons; kilograms per capita; reserves/production ratio (R/P) in years
Milliers de tonnes métriques; kilogrammes par habitant; le rapport entre réserves et production (R/P) en années

Country or area Pays ou zone	Year Année	Production Production		Imports Importations	Exports Exportations	Changes in stocks Variations des stocks	Consumption Consommation	
		Total Totale	Reserves/ Production Réserves/ Production				Total Totale	Per Capita Par habitant
Albania Albanie	2007	564	53	0	151	0	413	130
	2008	578	52	0	181	59	338	106
	2009	577	52	73	338	-15	327	102
	2010	744	40	0	498	90	156	49
Austria Autriche	2007	853	7	7591	..	-104	8548	1029
	2008	862	7	7864	..	60	8666	1039
	2009	909	7	7424	..	27	8306	992
	2010	877	7	6795	..	-77	7749	923
Belarus Bélarus	2007	1760	15	20036	851	-420	21365	2196
	2008	1740	16	21461	1453	414	21334	2204
	2009	1720	16	21509	1716	-146	21659	2248
	2010	1700	16	14739	0	-60	16499	1719
Belgium Belgique	2007	..	..	32976	..	0	32976	3129
	2008	..	..	33825	..	96	33729	3181
	2009	..	..	31224	..	-101	31325	2938
	2010	..	..	33284	..	-7	33291	3108
Bosnia and Herzegovina Bosnie-Herzégovine	2007	..	..	13	..	..	13	3
	2008	..	..	106	..	..	106	28
	2009	..	..	932	..	..	932	247
	2010	..	..	1107	..	..	1107	294
Bulgaria Bulgarie	2007	26	77	7113	..	39	7100	929
	2008	24	83	7219	..	96	7147	941
	2009	25	80	6158	..	-65	6248	828
	2010	23	87	5434	..	-24	5481	731
Croatia Croatie	2007	768	11	4198	..	11	4955	1120
	2008	717	12	3473	..	-115	4305	974
	2009	667	12	4048	..	20	4695	1064
	2010	616	14	3536	..	-11	4163	945
Czech Republic République tchèque	2007	330	27	7187	17	19	7481	725
	2008	242	8	8109	20	78	8253	795
	2009	222	9	7187	21	18	7370	706
	2010	176	11	7727	20	-18	7901	753
Denmark Danemark	2007	15169	10	2032	9402	40	7759	1419
	2008	14035	8	2364	8656	-8	7751	1410
	2009	12903	8	3511	8557	88	7769	1406
	2010	12157	9	2712	7702	-81	7248	1306
Estonia Estonie	2007	..	..	..	360	..	-360	-268
	2008	..	..	..	291	..	-291	-217
	2009	..	..	..	393	..	-393	-293
	2010	..	..	..	388	..	-388	-289
Finland Finlande	2007	..	..	11160	..	34	11126	2103
	2008	..	..	11107	..	20	11087	2085
	2009	..	..	10784	..	-213	10997	2059
	2010	..	..	10770	..	120	10650	1985
France France	2007	974	16	81000	..	-540	82514	1336
	2008	975	14	82721	..	2	83694	1347
	2009	899	15	71404	..	-403	72706	1164
	2010	896	15	64087	..	-245	65228	1038
Germany Allemagne	2007	3361	11	106816	690	81	109406	1326
	2008	3024	5	105365	135	722	107532	1304
	2009	2768	6	98028	110	-389	101075	1227
	2010	2486	6	93268	706	-422	95470	1160

Table 14

Production, trade and consumption of crude petroleum
Production, commerce et consommation de pétrole brut

Thousand metric tons; kilograms per capita; reserves/production ratio (R/P) in years
Milliers de tonnes métriques; kilogrammes par habitant; le rapport entre réserves et production (R/P) en années

Country or area Pays ou zone	Year Année	Production Production		Imports Importations	Exports Exportations	Changes in stocks Variations des stocks	Consumption Consommation	
		Total Totale	Reserves/ Production Réserves/ Production				Total Totale	Per Capita Par habitant
Greece	2007	74	12	20330	1056	207	19141	1701
Grèce	2008	59	16	19286	1063	328	17954	1590
	2009	80	13	17780	998	-270	17132	1513
	2010	115	9	20129	847	20	19377	1706
Hungary	2007	849	17	6884	596	34	7103	707
Hongrie	2008	811	4	6665	475	34	6967	695
	2009	791	4	5425	0	-108	6324	632
	2010	734	5	5731	0	76	6389	640
Ireland	2007	..	..	3411	..	22	3389	790
Irlande	2008	..	..	3274	..	115	3159	726
	2009	..	..	2678	..	-119	2797	634
	2010	..	..	3044	92	47	2905	650
Italy	2007	5860	18	88158	1213	-468	93273	1567
Italie	2008	5220	12	82432	978	-211	86885	1450
	2009	4551	14	76297	375	220	80253	1331
	2010	5080	12	78620	369	485	82846	1367
Latvia	2007	..	..	29	..	-2	31	14
Lettonie	2008	..	..	23	..	0	23	10
	2009	..	..	2	..	-1	3	1
	2010	..	..	2	..	1	1	0
Lithuania	2007	154	416	4764	155	21	4742	1403
Lituanie	2008	128	16	9129	129	-113	9241	2750
	2009	115	17	8384	113	-21	8407	2516
	2010	115	17	9006	111	25	8985	2703
Netherlands	2007	2068	5	48891	886	190	49883	3034
Pays-Bas	2008	1731	3	49274	936	-287	50356	3051
	2009	1312	4	48203	657	434	48424	2924
	2010	1020	4	51341	507	-247	52101	3136
Norway	2007	110658	8	1103	98511	-925	14175	3002
Norvège	2008	106036	8	856	91299	511	15082	3156
	2009	99211	9	998	87944	-947	13212	2733
	2010	91322	9	1509	79238	151	13442	2753
Poland	2007	721	22	20885	288	1294	20024	524
Pologne	2008	755	20	20787	247	259	21036	550
	2009	687	22	20098	226	277	20282	530
	2010	687	22	22688	211	325	22839	597
Portugal	2007	..	..	12335	..	-27	12362	1165
Portugal	2008	..	..	12083	..	16	12067	1135
	2009	..	..	10268	..	-138	10406	976
	2010	..	..	11166	..	-131	11297	1058
Republic of Moldova	2007	8	..	..	..	0	8	2
Rép. de Moldova	2008	15	..	..	..	0	15	4
	2009	17	..	..	..	0	17	5
	2010	11	..	..	..	-1	12	3
Romania	2007	4702	11	8534	..	-362	13598	628
Roumanie	2008	4542	12	8429	..	102	12869	596
	2009	4386	12	6894	..	96	11184	519
	2010	4168	13	5827	78	-151	10068	469
Russian Federation	2007	468174	22	2693	258579	694	211594	1477
Fédération de Russie	2008	469470	22	2456	243098	2146	226682	1583
	2009	476709	22	1784	248899	1627	227967	1593
	2010	484687	21	0	243260	2443	238984	1672

Table 14

Production, trade and consumption of crude petroleum
Production, commerce et consommation de pétrole brut

Thousand metric tons; kilograms per capita; reserves/production ratio (R/P) in years
Milliers de tonnes métriques; kilogrammes par habitant; le rapport entre réserves et production (R/P) en années

Country or area Pays ou zone	Year Année	Production Production		Imports Importations	Exports Exportations	Changes in stocks Variations des stocks	Consumption Consommation	
		Total Totale	Reserves/ Production Réserves/ Production				Total Totale	Per Capita Par habitant
Serbia	2007	641	17	2586	..	-45	3272	333
Serbie	2008	639	15	2585	..	66	3158	321
	2009	663	15	2279	..	62	2880	292
	2010	866	11	1883	..	-108	2857	290
Slovakia	2007	22	42	6056	22	101	5955	1096
Slovaquie	2008	18	48	5906	47	30	5847	1075
	2009	15	56	5704	15	4	5700	1045
	2010	13	63	5465	13	8	5457	999
Spain	2007	142	141	57508	..	-66	57716	1294
Espagne	2008	127	157	58508	..	13	58622	1298
	2009	105	190	52297	..	-261	52663	1154
	2010	123	163	52461	..	-222	52806	1146
Sweden	2007	..	..	18001	33	10	17958	1960
Suède	2008	..	..	21032	0	419	20613	2232
	2009	..	..	19005	0	-322	19327	2076
	2010	..	..	19861	0	-200	20061	2139
Switzerland	2007	..	..	4633	..	-41	4674	619
Suisse	2008	..	..	5044	..	23	5021	660
	2009	..	..	4711	..	-34	4745	620
	2010	..	..	4488	..	0	4488	583
T.F.Yug.Rep. Macedonia	2007	..	..	1060	..	10	1050	513
L'ex-RY Macédoine	2008	..	..	1056	..	-6	1062	517
	2009	..	..	998	..	26	972	473
	2010	..	..	843	..	-11	854	414
Ukraine	2007	3310	34	9808	4	-120	13234	286
Ukraine	2008	3184	35	6568	9	91	9652	210
	2009	2904	38	7182	8	-126	10204	223
	2010	2582	42	7765	0	-52	10399	229
United Kingdom	2007	70357	6	49893	45129	-650	75771	1244
Royaume-Uni	2008	65497	6	51466	41504	-172	75631	1234
	2009	62820	6	47104	39446	-502	70980	1151
	2010	58047	6	47497	36986	-166	68724	1108
Oceania	**2007**	**25928**	**10**	**24838**	**14775**	**235**	**35756**	**1030**
Océanie	**2008**	**25274**	**10**	**25853**	**16252**	**-11**	**34886**	**987**
	2009	**26104**	**10**	**24333**	**16697**	**-71**	**33811**	**940**
	2010	**23246**	**11**	**27257**	**16445**	**302**	**33756**	**923**
Australia	2007	22097	11	19652	11698	161	29890	1415
Australie	2008	20466	11	20271	11655	-33	29115	1353
	2009	21536	11	19047	12502	-59	28140	1285
	2010	20436	11	21375	13661	239	27911	1253
New Zealand	2007	1891	9	4417	1608	98	4602	1087
Nouvelle-Zélande	2008	2725	7	4707	2543	-48	4937	1154
	2009	2574	8	4542	2275	56	4785	1107
	2010	2463	8	4901	2342	38	4984	1141
Papua New Guinea	2007	1940	6	769	1469	-24	1264	198
Papouasie-Nvl-Guinée	2008	2083	4	875	2054	70	834	127
	2009	1994	5	744	1920	-68	886	132
	2010	347	26	981	442	25	861	126

Table 15

International trade of crude petroleum
(Principal importers/exporters)
Thousand metric tons

2009

Importers	Exporters							
	World Monde	Algeria Algérie	Angola Angola	Canada Canada	Iran(Islamic Rep. of) Iran(Rép. islamique)	Iraq Iraq	Kazakhstan Kazakhstan	Kuwait Koweït
Australia	19047	164	..	..	..	32	..	..
Belarus	21509	..	..	..	..	..	..	..
Belgium	31224	134	995	..	2960	712	72	..
Brazil	19020	1560	263	..	..	1650	..	..
Canada	39554	6949	2695	..	..	1267	2929	..
Chile	9849	..	125	..	..	..	..	..
China	203653	1604	32173	440	23147	7162	6006	7075
Finland	10784	..	..	..	..	..	206	..
France	71404	2031	7880	..	2945	2467	9482	..
Germany	98028	1762	733	..	796	277	6850	271
Greece	17780	..	..	..	4232	1524	1258	..
India	159260	962	7237	79	23809	12799	..	15793
Indonesia	16383	124	..	125	..	..	..	87
Italy	76297	451	73	..	5658	8849	1557	..
Japan	169199	458	180	..	16988	4089	..	*12736
Korea, Republic of	115084	854	125	..	11025	8483	..	*12385
Netherlands	48203	505	2071	..	762	1988	..	3831
Philippines	6839	..	..	..	..	13	..	..
Poland	20098	..	..	..	..	..	7	..
Portugal	10268	550	542	..	584	537	827	..
Singapore	29773	..	..	..	531	..	..	4742
South Africa	25040	..	3816	..	5603	544	..	..
Spain	52297	1081	672	..	6270	2250	..	..
Sweden	19005	..	..	..	..	..	..	..
Thailand	41362	947	..	..	72	..	..	511
Turkey	14219	..	..	..	3183	1843	224	..
United Kingdom	47104	1038	984	..	213	..	65	..
United States	477009	12969	22170	*86555	..	22782	861	9128

Table 15

Commerce international de pétrole brut
(Principaux importateurs/exportateurs)
Milliers de tonnes métriques

2009

Exportateurs									Importtateurs
Libya Libye	Mexico Mexique	Nigeria Nigéria	Norway Norvège	Russian Federation Fédération de Russie	Saudi Arabia Arabie saoudite	United Arab Emirates Emirats arabes unis	United Kingdom Royaume-Uni	Venezuela(Bolivar. Rep.) Venezuela(Rép. bolivar.)	
..	..	..	..	478	620	2334	..	..	Australie
..	..	..	..	21509	..	..	..	..	Bélarus
91	142	436	5517	11248	4495	..	2183	824	Belgique
1676	..	9541	..	..	3414	..	22	28	Brésil
..	1150	1666	5945	1702	3553	..	4531	1750	Canada
..	..	..	486	..	..	..	1002	..	Chili
6344	..	1393	157	15303	41857	3307	..	5266	Chine
..	..	..	747	9581	..	..	..	..	Finlande
6381	..	3246	9453	10251	5615	260	2715	..	France
8293	..	3662	13754	34649	1418	..	10528	1922	Allemagne
2313	..	91	..	5710	2385	150	..	..	Grèce
1104	1735	11273	..	1039	26454	11369	94	5389	Inde
262	..	1146	..	..	4818	..	..	..	Indonésie
*16395	..	2088	2727	15128	4641	..	89	..	Italie
..	..	143	..	8211	54813	38575	..	..	Japon
..	..	..	..	3917	36125	16105	..	..	Corée, République de
72	197	2359	5274	16262	4004	..	6762	599	Pays-Bas
..	..	..	..	178	3025	1367	..	..	Philippines
..	..	..	276	18930	..	..	323	..	Pologne
896	..	2221	918	..	1161	..	..	273	Portugal
143	..	..	..	554	12370	6335	..	..	Singapour
..	..	3962	73	839	6968	553	79	276	Afrique du Sud
5041	5657	5398	686	8201	5807	..	1193	2680	Espagne
154	..	234	4761	6845	..	..	497	673	Suède
..	..	47	..	650	..	13694	41	..	Thaïlande
139	..	269	..	5984	2096	..	..	..	Turquie
1845	..	2367	30665	3831	..	..	..	1201	Royaume-Uni
..	55707	39409	2910	11659	49403	1768	5257	25113	États-Unis

Table 15

International trade of crude petroleum
(Principal importers/exporters)
Thousand metric tons

2010

Importers	Exporters							
	World Monde	Algeria Algérie	Angola Angola	Canada Canada	Iran(Islamic Rep. of) Iran(Rép. islamique)	Iraq Iraq	Kazakhstan Kazakhstan	Kuwait Koweït
Australia	21375	193	..	..	..	..	..	..
Belarus	14739	..	..	..	..	..	..	..
Belgium	33284	*235	..	..	..	..	..	..
Brazil	17182	426	662	..	..	1389	..	..
Canada	37841	*4696	2581	..	..	3043	3186	..
Chile	8337	..	..	..	..	..	..	..
China	237682	1741	39113	305	21174	11162	9986	9764
Finland	10770	..	..	..	..	..	29	..
France	64087	820	3676	..	1891	2356	6166	..
Germany	93268	922	520	91	1387	379	7262	112
Greece	20129	..	..	..	2864	1568	2414	..
India	168421	2776	8377	..	17240	12777	..	13560
Indonesia	14221	380	..	..	..	..	..	..
Italy	78620	460	596	..	10406	7208	4462	..
Japan	171833	487	134	..	17305	5895	..	13536
Korea, Republic of	118897	401	7	..	10145	7931	..	12232
Netherlands	51341	*873	899	..	1784	1637	1435	2874
Philippines	9098	..	..	..	111	..	..	..
Poland	22688	..	..	..	..	..	..	..
Portugal	11166	376	1351	..	248	..	1387	..
Singapore	36428	..	..	..	141	..	..	3420
South Africa	19255	..	3408	..	5528	244	..	..
Spain	52461	1268	1053	135	7706	1974	582	..
Sweden	19861	..	..	..	..	..	..	..
Thailand	40734	604	132	72	..	..	..	277
Turkey	16954	..	..	..	7405	2060	1798	..
United Kingdom	47497	979	111	272	432	..	165	..
United States	486517	*14760	20065	*91211	..	21897	959	9465

Table 15

Commerce international de pétrole brut
(Principaux importateurs/exportateurs)
Milliers de tonnes métriques

2010

				Exportateurs					
Libya Libye	Mexico Mexique	Nigeria Nigéria	Norway Norvège	Russian Federation Fédération de Russie	Saudi Arabia Arabie saoudite	United Arab Emirates Emirats arabes unis	United Kingdom Royaume-Uni	Venezuela(Bolivar. Rep.) Venezuela(Rép. bolivar.)	Importtateurs
..	..	1258	..	336	202	1488	..	..	Australie
..	..	..	..	12962	..	..	..	1777	Bélarus
27	..	..	347	2669	..	..	396	646	Belgique
137	..	8935	..	178	3308	..	258	3	Brésil
..	1099	2584	3520	1314	3064	..	4672	962	Canada
..	..	..	..	..	..	..	971	..	Chili
7322	1123	1282	78	15137	44343	5249	80	7496	Chine
..	..	..	516	10145	..	..	..	..	Finlande
*6993	..	3053	6664	11240	5507	125	752	..	France
6557	..	3937	8284	35351	678	..	13036	1262	Allemagne
2977	..	12	..	6586	2309	..	..	..	Grèce
1230	943	16449	298	493	27698	12457	..	12264	Inde
..	..	1484	..	..	5320	..	..	..	Indonésie
*15949	82	833	1272	10451	5551	..	368	31	Italie
..	..	121	48	9495	53036	35465	..	..	Japon
49	..	..	..	6727	39870	14645	..	..	Corée, République de
1147	124	3127	6017	15329	3571	249	5359	151	Pays-Bas
..	..	..	..	596	4056	2158	..	..	Philippines
..	..	..	1142	20761	..	..	..	..	Pologne
1546	282	1686	370	243	1065	..	..	287	Portugal
39	..	..	..	537	11239	5768	..	..	Singapour
..	..	3594	37	..	4584	1018	..	..	Afrique du Sud
6580	5861	5812	531	6596	6191	..	394	870	Espagne
33	..	126	4887	9142	..	..	677	1211	Suède
49	..	36	..	2745	7866	13564	..	..	Thaïlande
..	..	..	..	3290	1803	..	..	..	Turquie
2677	..	1737	36730	3302	..	..	..	650	Royaume-Uni
..	55948	49517	1557	13174	54009	42	5828	55663	États-Unis

Table 16

Refinery distillation capacity, throughput and output
Capacité de traitement des raffineries, quantités traitées et production totale
Thousand metric tons
Milliers de tonnes métriques

Table Notes:

Output is equal to the sum of "production from refineries" for aviation gasolene, motor gasolene, jet fuel, kerosene, gas-diesel oils, residual fuel oil, liquefied petroleum gas, feedstocks, naphtha, white spirit, lubricants, bitumen asphalt, petroleum waxes, petroleum coke, other petroleum products and refinery gas.

Throughput is equal to the sum of "conversion in refineries" for crude petroleum, feedstocks, natural gas and natural gas liquids n.e.s.

Please refer to the Definitions Section on pages xv to xxix for the appropriate product description/ classification.

Notes relatives aux tableaux:

Production est égal à la production de raffinerie pour essence d'aviation, essence d'auto, carburateurs, pétrole lampant, carburant diesel, mazout résiduel, gaz de pétrole liquéfies, produits d'alimentation de raffinerie, naphta, essences spéciales, lubrifiants, gaz de bitumen, cires de pétrole (paraffines), coke de pétrole, autres produits pétroliers et gaz de raffinerie.

Quantités traitées est égal a la somme de « conversion en raffineries » pour pétrole brut, produits d'alimentation de raffinerie, gaz naturel et liquides de gaz naturel n.d.a.

Veuillez consulter la section "définitions" de la page xv à la page xxix pour une description/classification appropriée des produits.

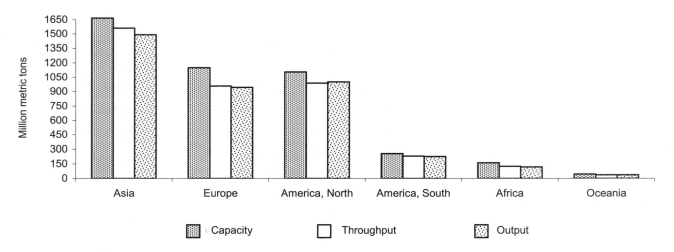

Figure 44: Refinery distillation capacity, throughput and output, by region, in 2010

Figure 45: World total refinery distillation capacity by region 1994-2010

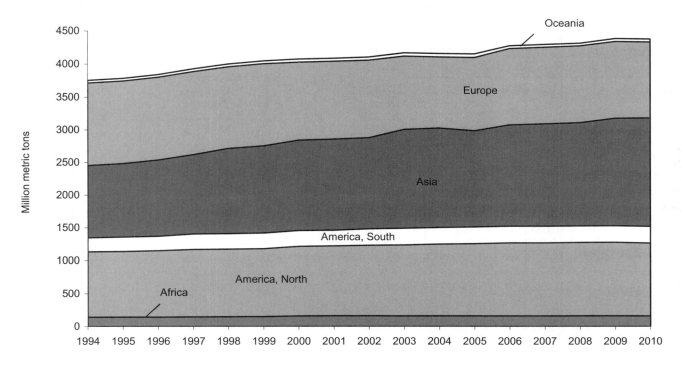

Table 16

Refinery distillation capacity, throughput and output
Capacité de traitement des raffineries, quantités traitées et production totale

Thousand metric tons
Milliers de tonnes métriques

Country or area Pays ou zone	Year Année	Capacity Capacité	Throughput Quantités traitées	Output Production totale
World	**2007**	**4303990**	**3863888**	**3786927**
Monde	**2008**	**4323253**	**3890847**	**3810499**
	2009	**4392376**	**3830825**	**3717918**
	2010	**4386604**	**3896447**	**3810939**
Africa	**2007**	**161026**	**117004**	**117469**
Afrique	**2008**	**163857**	**121994**	**121500**
	2009	**163857**	**123337**	**115131**
	2010	**160932**	**124705**	**117825**
Algeria	2007	21392	20778	19802
Algérie	2008	22444	23139	21769
	2009	22444	24523	22414
	2010	22444	28292	26273
Angola	2007	2750	1888	1794
Angola	2008	2750	1848	1847
	2009	2750	1851	1851
	2010	2750	1883	1843
Cameroon	2007	1847	2145	2097
Cameroun	2008	1845	2026	2001
	2009	1845	1762	1732
	2010	1845	2063	2057
Congo	2007	1048	753	725
Congo	2008	1047	577	543
	2009	1047	728	688
	2010	1047	671	649
Côte d'Ivoire	2007	3194	3710	3377
Côte d'Ivoire	2008	3192	3548	3406
	2009	3192	3533	3217
	2010	3192	2639	2604
Egypt	2007	36247	32529	32120
Egypte	2008	36222	30807	30275
	2009	36222	29771	28969
	2010	36222	28921	28270
Gabon	2007	1198	804	856
Gabon	2008	1198	814	863
	2009	1198	876	924
	2010	1198	938	985
Ghana	2007	2244	1243	1232
Ghana	2008	2244	1397	1264
	2009	2244	441	340
	2010	2244	903	975
Kenya	2007	4492	1733	1606
Kenya	2008	4488	1634	1510
	2009	4488	1781	1511
	2010	4492	1506	1473
Liberia	2007	749	..	..
Libéria	2008	749	..	..
	2009	749	..	..
	2010	749	..	..
Libya	2007	18852	15177	14084
Libye	2008	18852	16248	15078
	2009	18852	17622	16353
	2010	18852	19673	18256

Table 16

Refinery distillation capacity, throughput and output
Capacité de traitement des raffineries, quantités traitées et production totale

Thousand metric tons
Milliers de tonnes métriques

Country or area Pays ou zone	Year Année	Capacity Capacité	Throughput Quantités traitées	Output Production totale
Mauritania Mauritanie	2007 2008 2009 2010	1000 *1000 *1000 *1000	.. ..	.. ..
Morocco Maroc	2007 2008 2009 2010	6386 6500 6500 6500	6386 5704 4643 5454	6276 5589 4429 5700
Nigeria Nigéria	2007 2008 2009 2010	22204 25187 25187 22195	2937 5256 2531 4850	2797 5006 2461 4885
Senegal Sénégal	2007 2008 2009 2010	1248 1248 1248 1248	610 909 744 775	668 834 682 717
Sierra Leone Sierra Leone	2007 2008 2009 2010	498 498 498 498	.. ..	.. ..
Somalia Somalie	2007 2008 2009 2010	496 496 *496 *496	0 0 0 0	0 0 0 0
South Africa Afrique du Sud	2007 2008 2009 2010	24221 24204 24204 24267	19213 21202 25172 *19353	23082 24872 22490 *16662
Sudan Soudan	2007 2008 2009 2010	7336 6070 6070 6070	4954 4620 5088 5900	4716 4398 4843 5617
Tunisia Tunisie	2007 2008 2009 2010	1695 1695 1695 1695	1700 1786 1684 259	1817 1791 1670 266
United Rep. of Tanzania Rép. Unie de Tanzanie	2007 2008 2009 2010	744 743 743 743	.. ..	.. ..
Zambia Zambie	2007 2008 2009 2010	1185 1185 1185 1185	444 479 587 625	421 454 557 593
America, North **Amérique du Nord**	**2007** **2008** **2009** **2010**	**1108537** **1112726** **1115590** **1106558**	**1037446** **1030784** **984158** **987510**	**1045115** **1041960** **989707** **999201**
Aruba Aruba	2007 2008 2009 2010	13526 11728 11721 11747	*10625 *10551 *10561 *10575	*10100 *10050 *10058 *10067

Table 16

Refinery distillation capacity, throughput and output
Capacité de traitement des raffineries, quantités traitées et production totale

Thousand metric tons
Milliers de tonnes métriques

Country or area Pays ou zone	Year Année	Capacity Capacité	Throughput Quantités traitées	Output Production totale
Canada	2007	98323	100367	102987
Canada	2008	101219	96226	99203
	2009	101708	93503	96299
	2010	*101708	95060	99726
Costa Rica	2007	1247	752	738
Costa Rica	2008	1247	613	592
	2009	1247	378	349
	2010	1247	511	502
Cuba	2007	7481	*2178	2301
Cuba	2008	7481	*5058	5193
	2009	9975	*5237	5185
	2010	5827	*5053	5003
Dominican Republic	2007	2594	1760	1756
Rép. dominicaine	2008	2594	1664	1679
	2009	1721	1345	1216
	2010	1721	1393	1312
El Salvador	2007	2198	1002	974
El Salvador	2008	2198	868	834
	2009	2198	899	885
	2010	*2198	834	806
Guatemala	2007	1122	85	81
Guatemala	2008	1122	59	57
	2009	748	91	89
	2010	748	74	67
Jamaica	2007	1745	855	846
Jamaïque	2008	1795	1130	1113
	2009	1795	1190	1166
	2010	1795	1144	1104
Martinique	2007	848	*821	*817
Martinique	2008	848	*843	*839
	2009	848	*848	*844
	2010	864	*862	*861
Mexico	2007	83990	70755	68106
Mexique	2008	76808	70245	67365
	2009	76808	69941	70053
	2010	76808	65371	66005
Netherlands Antilles	2007	15971	11621	11518
Antilles néerlandaises	2008	15960	10833	10788
	2009	15960	10045	9835
	2010	15960	4512	4395
Nicaragua	2007	997	818	795
Nicaragua	2008	997	723	699
	2009	997	824	798
	2010	997	782	763
Trinidad and Tobago	2007	8379	8278	8091
Trinité-et-Tobago	2008	8379	7731	8551
	2009	8379	7805	7487
	2010	8379	6502	6217
United States	2007	870116	827529	836005
États-Unis	2008	880350	824240	834997
	2009	881485	781491	785443
	2010	876559	794837	802374

Table 16

Refinery distillation capacity, throughput and output
Capacité de traitement des raffineries, quantités traitées et production totale

Thousand metric tons
Milliers de tonnes métriques

Country or area Pays ou zone	Year Année	Capacity Capacité	Throughput Quantités traitées	Output Production totale
America, South	**2007**	**256763**	**231030**	**222785**
Amérique du Sud	**2008**	**254711**	**237048**	**229763**
	2009	**253677**	**237408**	**229699**
	2010	**255146**	**230033**	**224990**
Argentina	2007	31226	31909	29663
Argentine	2008	31226	30354	28379
	2009	31276	28797	26672
	2010	31276	26410	26240
Bolivia (Plur. State of)	2007	3479	2227	2152
Bolivie (État plur. de)	2008	3476	2339	2267
	2009	3476	2018	1956
	2010	3476	2088	2024
Brazil	2007	103279	90027	91908
Brésil	2008	105732	91348	93198
	2009	106144	91935	93676
	2010	107313	91875	94100
Chile	2007	11867	11552	10908
Chili	2008	11312	11287	10806
	2009	11312	11388	10023
	2010	11312	9456	8668
Colombia	2007	17456	15268	14573
Colombie	2008	17456	15509	14852
	2009	15960	14560	12996
	2010	*15960	15079	13752
Ecuador	2007	8828	8485	8351
Equateur	2008	8728	8787	8550
	2009	8728	8776	8668
	2010	8728	7792	7794
Paraguay	2007	370	..	..
Paraguay	2008	370	..	..
	2009	370	..	..
	2010	*370	..	..
Peru	2007	9732	10025	8360
Pérou	2008	9623	9564	9408
	2009	9623	11073	10810
	2010	9923	12035	11631
Suriname	2007	349	387	402
Suriname	2008	349	387	402
	2009	349	390	405
	2010	349	759	835
Uruguay	2007	2496	1632	1609
Uruguay	2008	2494	2268	2076
	2009	2494	2050	2007
	2010	2494	2008	1954
Venezuela(Bolivar. Rep.)	2007	67681	59518	54858
Venezuela(Rép. bolivar.)	2008	63945	65205	59826
	2009	63945	66421	62486
	2010	63945	62531	57991
Asia	**2007**	**1571609**	**1438970**	**1372169**
Asie	**2008**	**1585443**	**1458982**	**1386268**
	2009	**1651210**	**1488256**	**1402851**
	2010	**1667481**	**1560603**	**1490772**

Table 16

Refinery distillation capacity, throughput and output
Capacité de traitement des raffineries, quantités traitées et production totale

Thousand metric tons
Milliers de tonnes métriques

Country or area Pays ou zone	Year Année	Capacity Capacité	Throughput Quantités traitées	Output Production totale
Azerbaijan	2007	16000	*8454	8335
Azerbaïdjan	2008	16000	*8004	7857
	2009	16000	*6036	5801
	2010	16000	*6305	6317
Bahrain	2007	14000	13000	12802
Bahreïn	2008	14000	12953	12531
	2009	14000	12872	12329
	2010	14000	13316	13174
Bangladesh	2007	1647	1296	1251
Bangladesh	2008	1646	1177	1139
	2009	1646	1069	1046
	2010	1646	970	957
Brunei Darussalam	2007	*1000	920	662
Brunéi Darussalam	2008	*1000	1023	691
	2009	*1000	877	644
	2010	*1000	731	615
China	2007	311739	328326	295621
Chine	2008	321496	340953	307744
	2009	339451	371094	332694
	2010	339451	418694	402647
Georgia	2007	*5440	42	39
Géorgie	2008	*5440	58	50
	2009	*5440	15	13
	2010	*5440	0	0
India	2007	148968	155790	147280
Inde	2008	148968	166283	150736
	2009	177968	192950	175933
	2010	183386	206154	190652
Indonesia	2007	52410	46135	45329
Indonésie	2008	52410	45198	44641
	2009	52410	49998	37615
	2010	52410	49469	33182
Iran(Islamic Rep. of)	2007	71440	82930	81134
Iran(Rép. islamique)	2008	71440	83940	82821
	2009	71440	85170	83496
	2010	71440	84490	82815
Iraq	2007	37546	16376	17214
Iraq	2008	37649	21762	20970
	2009	40112	21900	22098
	2010	44674	25747	25658
Israel	2007	12500	11351	10726
Israël	2008	*12500	12386	12017
	2009	*12500	12075	11895
	2010	*12500	12814	12506
Japan	2007	232132	204516	197815
Japon	2008	233950	195458	189113
	2009	230608	182482	179019
	2010	235905	180685	177948
Jordan	2007	5977	4018	3995
Jordanie	2008	*5977	3824	3812
	2009	*5977	3647	3635
	2010	*5977	3441	3435

Table 16

Refinery distillation capacity, throughput and output
Capacité de traitement des raffineries, quantités traitées et production totale

Thousand metric tons
Milliers de tonnes métriques

Country or area Pays ou zone	Year Année	Capacity Capacité	Throughput Quantités traitées	Output Production totale
Kazakhstan	2007	17224	12864	13542
Kazakhstan	2008	17212	12177	14010
	2009	17212	*12446	13098
	2010	17212	*14012	14782
Korea, Dem.Ppl's.Rep.	2007	3544	439	422
Corée,Rép.pop.dém.de	2008	3544	450	434
	2009	3544	343	332
	2010	3544	327	318
Korea, Republic of	2007	128593	124922	122594
Corée, République de	2008	130000	122498	119811
	2009	134738	119020	116272
	2010	135736	122338	119614
Kuwait	2007	46683	45516	44625
Koweït	2008	46683	44785	43667
	2009	46683	42873	45654
	2010	46683	44443	42615
Kyrgyzstan	2007	499	127	121
Kirghizistan	2008	499	137	132
	2009	499	*82	97
	2010	433	*95	97
Malaysia	2007	25704	25823	27090
Malaisie	2008	27197	25962	28683
	2009	*26862	*25567	25161
	2010	*26862	*21945	21424
Myanmar	2007	2845	864	817
Myanmar	2008	2845	833	769
	2009	2843	799	712
	2010	2843	882	889
Oman	2007	11072	3680	3692
Oman	2008	11072	10965	10416
	2009	11072	10265	10108
	2010	11072	8433	7973
Other Asia	2007	64384	51893	49750
Autres zones d'Asie	2008	64339	47203	46237
	2009	65337	47922	47824
	2010	65337	43944	44667
Pakistan	2007	13000	11690	11303
Pakistan	2008	12950	10736	10332
	2009	13190	9868	9523
	2010	13150	9774	9398
Philippines	2007	14075	9853	9759
Philippines	2008	14065	8862	8663
	2009	13616	7055	6815
	2010	13616	8691	8423
Qatar	2007	9975	7213	5837
Qatar	2008	9975	7056	5824
	2009	16893	*7841	7781
	2010	16893	14327	12943
Saudi Arabia	2007	106309	96421	94530
Arabie saoudite	2008	103741	100779	98803
	2009	103741	96011	94128
	2010	103741	95682	93806

Table 16

Refinery distillation capacity, throughput and output
Capacité de traitement des raffineries, quantités traitées et production totale

Thousand metric tons
Milliers de tonnes métriques

Country or area Pays ou zone	Year Année	Capacity Capacité	Throughput Quantités traitées	Output Production totale
Singapore	2007	67079	*56850	56804
Singapour	2008	67079	*56500	56454
	2009	67681	*52300	52292
	2010	67681	*55400	55373
Sri Lanka	2007	2350	1796	1912
Sri Lanka	2008	2350	1856	1901
	2009	2350	1895	1986
	2010	2350	1649	1723
Syrian Arab Republic	2007	12910	11958	11599
Rép. arabe syrienne	2008	11963	12046	11638
	2009	11963	11681	11287
	2010	11963	11865	11876
Tajikistan	2007	*100	10	8
Tadjikistan	2008	*100	12	10
	2009	*100	22	19
	2010	*100	23	19
Thailand	2007	46475	45803	39053
Thaïlande	2008	49410	45913	38595
	2009	49410	47550	40133
	2010	49410	47581	39532
Turkey	2007	35651	25864	25554
Turquie	2008	35625	24617	24390
	2009	35625	18793	18637
	2010	35625	20096	19907
Turkmenistan	2007	11829	7100	6966
Turkménistan	2008	11819	7778	7631
	2009	11819	7250	7113
	2010	11819	6900	6770
United Arab Emirates	2007	22431	16398	16077
Emirats arabes unis	2008	22431	16282	15963
	2009	22431	18335	17975
	2010	22431	16612	16286
Uzbekistan	2007	11095	4891	4255
Ouzbékistan	2008	11086	4792	4236
	2009	11086	4626	4353
	2010	11186	4072	3888
Viet Nam	2007	..	..	..
Viet Nam	2008	..	..	..
	2009	6981	1460	1460
	2010	6983	5507	5507
Yemen	2007	6983	3840	3657
Yémen	2008	6983	3724	3547
	2009	6983	4068	3874
	2010	6983	3189	3037
Europe	**2007**	**1163807**	**1001489**	**992761**
Europe	**2008**	**1164736**	**1004574**	**993623**
	2009	**1164938**	**960036**	**943304**
	2010	**1151765**	**956541**	**942033**
Albania	2007	1313	458	427
Albanie	2008	1312	338	344
	2009	1312	355	358
	2010	1312	157	162

Table 16

Refinery distillation capacity, throughput and output
Capacité de traitement des raffineries, quantités traitées et production totale

Thousand metric tons
Milliers de tonnes métriques

Country or area Pays ou zone	Year Année	Capacity Capacité	Throughput Quantités traitées	Output Production totale
Austria Autriche	2007 2008 2009 2010	10404 10404 10404 10404	9036 9180 8638 8065	8964 9165 8549 7938
Belarus Bélarus	2007 2008 2009 2010	24620 24605 24605 24605	21349 21305 21634 16455	20966 20933 21310 16220
Belgium Belgique	2007 2008 2009 2010	39828 39782 39782 36924	39384 38260 35045 35476	38196 37901 33401 33892
Bosnia and Herzegovina Bosnie-Herzégovine	2007 2008 2009 2010	*1320 *1320 *1320 *1320	15 116 1083 1209	14 111 1040 1161
Bulgaria Bulgarie	2007 2008 2009 2010	5750 5748 5748 5748	7296 7288 6451 6083	6929 7149 6367 5943
Croatia Croatie	2007 2008 2009 2010	12493 12485 12485 12485	5288 4495 4809 4192	5312 4503 4831 4231
Czech Republic République tchèque	2007 2008 2009 2010	9134 9127 9127 9127	7599 8462 7594 8119	7753 8583 7657 8174
Denmark Danemark	2007 2008 2009 2010	8684 8698 8698 8698	7798 7782 7805 7246	7622 7326 7523 6985
Finland Finlande	2007 2008 2009 2010	12567 12748 12893 12893	14509 14934 15083 14145	14388 14831 14867 13915
France France	2007 2008 2009 2010	96426 99062 98936 91961	86458 88844 78669 72303	86060 88475 78298 71906
Germany Allemagne	2007 2008 2009 2010	120653 120575 120233 120582	119183 116223 108274 102329	118471 115912 107713 101450
Greece Grèce	2007 2008 2009 2010	21097 21097 21097 21097	23132 21894 21401 22104	23047 21823 21293 22197
Hungary Hongrie	2007 2008 2009 2010	8030 8030 8030 8030	8669 8525 7657 8536	8623 8439 7549 8475

Table 16

Refinery distillation capacity, throughput and output
Capacité de traitement des raffineries, quantités traitées et production totale

Thousand metric tons
Milliers de tonnes métriques

Country or area Pays ou zone	Year Année	Capacity Capacité	Throughput Quantités traitées	Output Production totale
Ireland Irlande	2007	3544	3389	3261
	2008	3541	3285	3216
	2009	3541	2821	2737
	2010	3541	2905	2880
Italy Italie	2007	116650	101199	100714
	2008	116570	94222	94663
	2009	116570	86138	86403
	2010	116570	89800	90031
Lithuania Lituanie	2007	9483	5690	5776
	2008	9476	9463	9473
	2009	9476	8558	8646
	2010	9476	9129	9196
Netherlands Pays-Bas	2007	61192	57634	57262
	2008	60234	57582	57502
	2009	60135	58092	57349
	2010	60280	58626	58334
Norway Norvège	2007	15721	16534	16518
	2008	15710	15083	15083
	2009	15910	15164	14969
	2010	15910	14428	14049
Poland Pologne	2007	24606	22080	21716
	2008	24586	22671	21976
	2009	24586	22509	22012
	2010	24586	24242	23373
Portugal Portugal	2007	15183	12681	12621
	2008	15171	12427	12397
	2009	15171	10709	10807
	2010	15171	11690	11808
Republic of Moldova Rép. de Moldova	2007	..	8	8
	2008	..	14	11
	2009	..	17	21
	2010	..	11	16
Romania Roumanie	2007	25763	13835	13835
	2008	25763	13751	14015
	2009	25763	11893	12196
	2010	26797	10784	10968
Russian Federation Fédération de Russie	2007	270937	227263	223731
	2008	270748	238306	229924
	2009	270748	239115	227927
	2010	270868	249997	240448
Serbia Serbie	2007	10721	3510	3426
	2008	10715	3190	3004
	2009	10715	2895	2883
	2010	10715	2878	2890
Slovakia Slovaquie	2007	5740	6438	6628
	2008	5736	6325	6415
	2009	5736	6200	6355
	2010	5736	5930	6087
Slovenia Slovénie	2007	674	..	..
	2008	674	..	..
	2009	674	..	..
	2010	674	..	..

Table 16

Refinery distillation capacity, throughput and output
Capacité de traitement des raffineries, quantités traitées et production totale

Thousand metric tons
Milliers de tonnes métriques

Country or area Pays ou zone	Year Année	Capacity Capacité	Throughput Quantités traitées	Output Production totale
Spain	2007	63735	60371	59855
Espagne	2008	63416	61077	60543
	2009	63416	57702	57224
	2010	63416	58115	57644
Sweden	2007	21811	18788	17953
Suède	2008	21796	21679	20879
	2009	21796	20659	20248
	2010	21796	21230	20769
Switzerland	2007	6588	4674	4740
Suisse	2008	6584	5021	5095
	2009	6584	4800	4816
	2010	6584	4494	4513
T.F.Yug.Rep. Macedonia	2007	2496	1097	1049
L'ex-RY Macédoine	2008	2494	1105	1037
	2009	2494	1008	955
	2010	2494	876	823
Ukraine	2007	43911	14646	15475
Ukraine	2008	43878	10987	12470
	2009	43878	12032	12107
	2010	43878	11787	12684
United Kingdom	2007	92733	81478	81421
Royaume-Uni	2008	92652	80740	80425
	2009	93076	75226	74893
	2010	88088	73200	72871
Oceania	**2007**	**42248**	**37950**	**36629**
Océanie	**2008**	**41779**	**37465**	**37384**
	2009	**43104**	**37629**	**37226**
	2010	**44721**	**37056**	**36118**
Australia	2007	35286	32348	30988
Australie	2008	34820	31498	31453
	2009	36146	31777	31396
	2010	37763	30931	30102
New Zealand	2007	5340	4811	4869
Nouvelle-Zélande	2008	5337	5163	5153
	2009	5337	5037	5037
	2010	5337	5170	5149
Papua New Guinea	2007	1622	791	772
Papouasie-Nvl-Guinée	2008	1622	804	778
	2009	1621	815	793
	2010	1621	955	867

Table 17

Production, trade and consumption of liquefied petroleum gas
Production, commerce et consommation de gaz de pétrole liquéfiés
Thousand metric tons and kilograms per capita
Milliers de tonnes métriques et kilogrammes par habitant

Table Notes:
Production from refineries and plants.

Please refer to the Definitions Section on pages xv to xxix for the appropriate product description/ classification.

Notes relatives aux tableaux:
Production à partir des raffineries et des usines.

Veuillez consulter la section "définitions" de la page xv à la page xxix pour une description/classification appropriée des produits.

Figure 46: World liquefied petroleum gas production 1994-2010

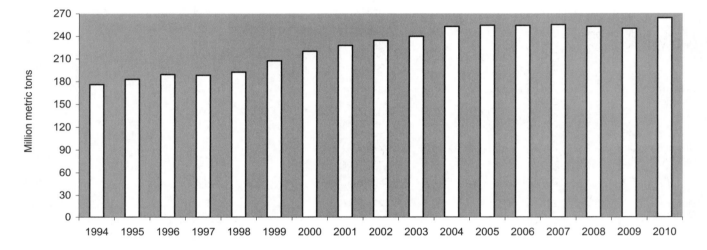

Figure 47: Major LPG producing countries in 2010

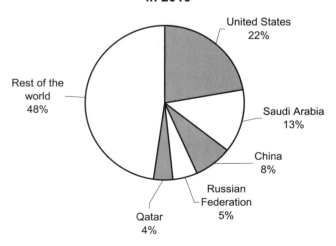

Figure 48: Major LPG consuming countries in 2010

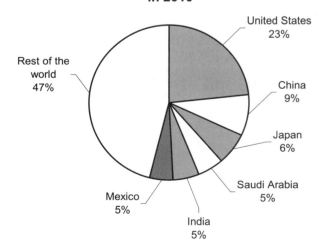

Table 17

Production, trade and consumption of liquefied petroleum gas (LPG)
Production, commerce et consommation de gaz de pétrole liquéfiés (GPL)
Thousand metric tons and kilograms per capita
Milliers de tonnes métriques et kilogrammes par habitant

Country or area Pays ou zone	Year Année	Production Production	Imports Importations	Exports Exportations	Changes in stocks Variations des stocks	Consumption Consommation	
						Total Totale	Per Capita Par habitant
World	**2007**	**255165**	**64833**	**74005**	**79**	**245914**	**37**
Monde	**2008**	**252657**	**64782**	**74654**	**246**	**242537**	**36**
	2009	**250028**	**64740**	**70482**	**-2283**	**246569**	**36**
	2010	**264115**	**68860**	**75665**	**-965**	**258275**	**37**
Africa	**2007**	**13846**	**4524**	**8392**	**-38**	**10016**	**10**
Afrique	**2008**	**14108**	**4697**	**8409**	**-208**	**10604**	**11**
	2009	**13112**	**5407**	**7647**	**-89**	**10961**	**11**
	2010	**12474**	**5374**	**6770**	**-113**	**11191**	**11**
Algeria	2007	9183	..	7447	..	1736	51
Algérie	2008	9240	..	7485	..	1755	51
	2009	8869	..	6818	..	2051	59
	2010	8179	..	5922	-2	2259	64
Angola	2007	711	0	542	..	169	10
Angola	2008	709	0	565	..	144	8
	2009	649	0	449	..	200	11
	2010	639	0	477	..	162	8
Benin	2007	..	8	..	-1	9	1
Bénin	2008	..	9	..	-1	10	1
	2009	..	11	..	2	9	1
	2010	..	11	..	2	9	1
Botswana	2007	..	34	..	..	34	18
Botswana	2008	..	32	..	..	32	16
	2009	..	30	..	..	30	15
	2010	..	32	..	..	32	16
Burkina Faso	2007	..	22	..	3	19	1
Burkina Faso	2008	..	25	..	*2	23	1
	2009	..	21	..	*-3	24	2
	2010	..	25	..	0	25	2
Burundi	2007	..	*2	..	..	*2	0
Burundi	2008	..	*2	..	..	*2	0
	2009	..	*2	..	..	*2	0
	2010	..	*2	..	..	*2	0
Cameroon	2007	19	29	0	0	48	3
Cameroun	2008	17	36	0	-1	54	3
	2009	15	37	1	0	51	3
	2010	20	36	0	0	56	3
Cape Verde	2007	..	*8	..	..	*8	*17
Cap-Vert	2008	..	10	..	..	10	21
	2009	..	13	..	..	13	26
	2010	..	11	..	..	11	22
Chad	2007	..	*1	..	..	*1	0
Tchad	2008	..	*1	..	..	*1	0
	2009	..	*1	..	..	*1	0
	2010	..	*1	..	..	*1	0
Congo	2007	7	1	..	..	8	2
Congo	2008	5	4	..	..	9	2
	2009	9	2	..	..	11	3
	2010	12	2	..	3	11	3
Côte d'Ivoire	2007	38	68	2	0	104	6
Côte d'Ivoire	2008	115	73	9	0	179	9
	2009	30	100	11	-6	125	6
	2010	22	103	8	-6	123	6

Table 17

Production, trade and consumption of liquefied petroleum gas (LPG)
Production, commerce et consommation de gaz de pétrole liquéfiés (GPL)
Thousand metric tons and kilograms per capita
Milliers de tonnes métriques et kilogrammes par habitant

Country or area Pays ou zone	Year Année	Production Production	Imports Importations	Exports Exportations	Changes in stocks Variations des stocks	Consumption Consommation	
						Total Totale	Per Capita Par habitant
Djibouti	2007	..	*30	..	..	*30	*36
Djibouti	2008	..	*30	..	..	*30	*35
	2009	..	*30	..	..	*30	*34
	2010	..	*30	..	..	*30	*34
Egypt	2007	1898	1888	..	-146	3932	51
Egypte	2008	2027	2059	..	-134	4220	54
	2009	1820	2456	..	-124	4400	55
	2010	1896	2286	..	-211	4393	54
Equatorial Guinea	2007	*92	..	*73	..	*19	*29
Guinée équatoriale	2008	*93	..	*73	..	*20	*30
	2009	*93	..	*73	..	*20	*29
	2010	*93	..	*73	..	*20	*29
Eritrea	2007	..	2	..	0	2	0
Erythrée	2008	..	3	..	0	3	1
	2009	..	4	..	0	4	1
	2010	..	2	..	0	2	0
Ethiopia	2007	..	0	..	..	0	0
Ethiopie	2008	..	0	..	..	0	0
	2009	..	8	..	..	8	0
	2010	..	0	..	..	0	0
Gabon	2007	14	0	..	-10	24	17
Gabon	2008	13	0	..	-9	22	15
	2009	14	0	..	-10	24	16
	2010	15	0	..	-11	26	17
Gambia	2007	..	2	..	..	2	1
Gambie	2008	..	2	..	..	2	1
	2009	..	3	..	..	3	2
	2010	..	*3	..	..	*3	*2
Ghana	2007	67	47	10	..	104	5
Ghana	2008	55	68	5	..	118	5
	2009	14	151	1	..	164	7
	2010	32	148	0	..	180	7
Guinea-Bissau	2007	..	*2	..	..	*2	*1
Guinée-Bissau	2008	..	*2	..	..	*2	*1
	2009	..	*2	..	..	*2	*2
	2010	..	*2	..	..	*2	*2
Kenya	2007	33	26	2	..	57	2
Kenya	2008	33	30	4	..	59	2
	2009	45	40	3	..	82	2
	2010	59	47	3	..	103	3
Lesotho	2007	..	2	..	..	2	1
Lesotho	2008	..	6	..	..	6	3
	2009	..	8	..	..	8	4
	2010	..	6	..	..	6	3
Liberia	2007	..	*3	..	..	*3	*1
Libéria	2008	..	*3	..	..	*3	*1
	2009	..	*3	..	..	*3	*1
	2010	..	*3	..	..	*3	*1
Libya	2007	876	..	300	..	576	96
Libye	2008	828	..	252	..	576	94
	2009	640	..	278	..	362	58
	2010	642	..	274	..	368	58

Table 17

Production, trade and consumption of liquefied petroleum gas (LPG)
Production, commerce et consommation de gaz de pétrole liquéfiés (GPL)
Thousand metric tons and kilograms per capita
Milliers de tonnes métriques et kilogrammes par habitant

Country or area Pays ou zone	Year Année	Production Production	Imports Importations	Exports Exportations	Changes in stocks Variations des stocks	Consumption Consommation	
						Total Totale	Per Capita Par habitant
Madagascar	2007	..	7	..	0	7	0
Madagascar	2008	..	7	..	0	7	0
	2009	..	7	..	0	7	0
	2010	..	6	..	-1	7	0
Malawi	2007	..	*2	..	..	*2	0
Malawi	2008	..	*2	..	..	*2	0
	2009	..	*2	..	..	*2	0
	2010	..	*2	..	..	*2	0
Mauritania	2007	..	29	..	..	29	9
Mauritanie	2008	..	33	..	..	33	10
	2009	..	*47	..	..	*47	*14
	2010	..	*25	..	..	*25	*7
Mauritius	2007	..	63	..	-1	64	50
Maurice	2008	..	63	..	0	63	49
	2009	..	63	..	-1	64	50
	2010	..	63	..	-2	65	50
Morocco	2007	170	1605	..	9	1766	57
Maroc	2008	170	1594	..	-115	1879	60
	2009	102	1813	..	20	1895	60
	2010	22	1921	..	-31	1974	62
Mozambique	2007	..	14	..	..	14	1
Mozambique	2008	..	12	..	..	12	1
	2009	..	15	..	..	15	1
	2010	..	14	..	..	14	1
Namibia	2007	..	9	..	..	9	4
Namibie	2008	..	9	..	..	9	4
	2009	..	9	..	..	9	4
	2010	..	10	..	..	10	4
Niger	2007	..	2	..	0	2	0
Niger	2008	..	2	..	0	2	0
	2009	..	2	..	0	2	0
	2010	..	3	..	0	3	0
Nigeria	2007	4	..	..	-1	5	0
Nigéria	2008	65	..	..	0	65	0
	2009	30	..	..	0	30	0
	2010	84	..	..	0	84	1
Réunion	2007	..	23	..	-1	24	30
Réunion	2008	..	24	..	0	24	29
	2009	..	21	..	-2	23	28
	2010	..	23	..	1	23	27
Sao Tome and Principe	2007	..	0	..	..	0	0
Sao Tomé-et-Principe	2008	..	0	..	..	0	1
	2009	..	0	..	..	0	1
	2010	..	0	..	..	0	1
Senegal	2007	0	123	6	1	116	10
Sénégal	2008	0	125	2	0	123	10
	2009	0	125	1	0	124	10
	2010	4	131	1	0	134	11
Seychelles	2007	..	4	..	..	4	44
Seychelles	2008	..	4	..	..	4	47
	2009	..	3	..	..	3	40
	2010	..	4	..	..	4	43

Table 17

Production, trade and consumption of liquefied petroleum gas (LPG)
Production, commerce et consommation de gaz de pétrole liquéfiés (GPL)

Thousand metric tons and kilograms per capita
Milliers de tonnes métriques et kilogrammes par habitant

Country or area Pays ou zone	Year Année	Production Production	Imports Importations	Exports Exportations	Changes in stocks Variations des stocks	Consumption Consommation	
						Total Totale	Per Capita Par habitant
Somalia	2007	0	*5	0	..	*5	*1
Somalie	2008	0	*5	0	..	*5	*1
	2009	0	5	0	..	5	1
	2010	0	*5	0	..	*5	*1
South Africa	2007	319	26	1	..	344	7
Afrique du Sud	2008	325	26	0	..	351	7
	2009	303	0	0	..	303	6
	2010	*233	0	0	..	*233	*5
Sudan	2007	309	0	9	45	255	6
Soudan	2008	287	33	14	56	250	6
	2009	338	9	11	41	295	7
	2010	394	41	12	144	279	6
Swaziland	2007	..	*8	..	..	*8	*7
Swaziland	2008	..	*8	..	..	*8	*7
	2009	..	*7	..	..	*7	*6
	2010	..	*7	..	..	*7	*6
Togo	2007	..	3	..	..	3	1
Togo	2008	..	4	..	..	4	1
	2009	..	4	..	..	4	1
	2010	..	4	..	..	4	1
Tunisia	2007	103	411	..	64	450	44
Tunisie	2008	123	337	..	-6	466	45
	2009	137	335	..	-6	478	46
	2010	124	349	..	2	471	45
Uganda	2007	..	*4	..	..	*4	0
Ouganda	2008	..	*4	..	..	*4	0
	2009	..	*5	..	..	*5	0
	2010	..	*4	..	..	*4	0
United Rep. of Tanzania	2007	..	7	..	..	7	0
Rép. Unie de Tanzanie	2008	..	7	..	..	7	0
	2009	..	8	..	..	8	0
	2010	..	8	..	..	8	0
Zambia	2007	3	..	..	..	3	0
Zambie	2008	3	..	..	..	3	0
	2009	4	..	1	..	3	0
	2010	4	..	0	..	4	0
Zimbabwe	2007	..	4	..	..	4	0
Zimbabwe	2008	..	4	..	..	4	0
	2009	..	4	..	..	4	0
	2010	..	4	..	..	4	0
America, North	**2007**	**70916**	**5964**	**1281**	**-470**	**76070**	**145**
Amérique du Nord	**2008**	**68564**	**6467**	**1555**	**937**	**72539**	**137**
	2009	**67826**	**6276**	**1638**	**-69**	**72533**	**135**
	2010	**70960**	**6355**	**1474**	**-112**	**75953**	**140**
Antigua and Barbuda	2007	..	*3	..	..	*3	*35
Antigua-et-Barbuda	2008	..	*3	..	..	*3	*36
	2009	..	*3	..	..	*3	*38
	2010	..	*3	..	..	*3	*37
Aruba	2007	..	*9	..	..	*9	*87
Aruba	2008	..	*9	..	..	*9	*88
	2009	..	*9	..	..	*9	*87
	2010	..	*9	..	..	*9	*86

Table 17

Production, trade and consumption of liquefied petroleum gas (LPG)
Production, commerce et consommation de gaz de pétrole liquéfiés (GPL)

Thousand metric tons and kilograms per capita
Milliers de tonnes métriques et kilogrammes par habitant

Country or area Pays ou zone	Year Année	Production Production	Imports Importations	Exports Exportations	Changes in stocks Variations des stocks	Consumption Consommation	
						Total Totale	Per Capita Par habitant
Bahamas	2007	..	*13	..	..	*13	*40
Bahamas	2008	..	13	..	..	13	37
	2009	..	7	..	..	7	21
	2010	..	8	..	..	8	24
Barbados	2007	1	12	..	..	13	48
Barbade	2008	1	12	..	..	13	48
	2009	1	12	..	..	13	48
	2010	1	12	..	..	13	49
Belize	2007	..	15	..	..	15	51
Belize	2008	..	*15	..	..	*15	*50
	2009	..	*15	..	..	*15	*49
	2010	..	*15	..	..	*15	*48
Bermuda	2007	..	5	..	..	5	78
Bermudes	2008	..	4	..	..	4	62
	2009	..	*3	..	..	*3	*46
	2010	..	*2	..	..	*2	*31
Canada	2007	1878	5	313	4	1566	47
Canada	2008	1821	122	343	30	1570	47
	2009	1739	182	259	-40	1702	51
	2010	1845	191	384	24	1628	48
Cayman Islands	2007	..	2	..	..	2	37
Iles Caïmanes	2008	..	3	..	..	3	54
	2009	..	2	..	..	2	36
	2010	..	2	..	..	2	36
Costa Rica	2007	4	112	..	3	113	25
Costa Rica	2008	5	102	..	-3	110	24
	2009	4	107	..	0	111	24
	2010	5	112	..	-1	117	25
Cuba	2007	59	50	..	..	109	10
Cuba	2008	56	62	..	..	118	10
	2009	46	74	..	..	120	11
	2010	59	89	..	..	148	13
Dominica	2007	..	*2	..	..	*2	*29
Dominique	2008	..	*2	..	..	*2	*29
	2009	..	*2	..	..	*2	*29
	2010	..	*2	..	..	*2	*30
Dominican Republic	2007	25	773	..	-3	801	84
Rép. dominicaine	2008	23	823	..	5	841	87
	2009	25	813	..	1	837	85
	2010	27	792	..	-5	824	83
El Salvador	2007	20	208	16	2	210	34
El Salvador	2008	20	212	0	0	232	38
	2009	14	237	0	6	245	40
	2010	13	233	1	0	245	40
Greenland	2007	..	0	0	..	0	2
Groënland	2008	..	0	0	..	0	2
	2009	..	0	0	..	0	2
	2010	..	0	0	..	0	2
Grenada	2007	..	7	..	..	7	70
Grenade	2008	..	7	..	..	7	71
	2009	..	5	..	..	5	45
	2010	..	5	..	..	5	43

Table 17

Production, trade and consumption of liquefied petroleum gas (LPG)
Production, commerce et consommation de gaz de pétrole liquéfiés (GPL)

Thousand metric tons and kilograms per capita
Milliers de tonnes métriques et kilogrammes par habitant

Country or area Pays ou zone	Year Année	Production Production	Imports Importations	Exports Exportations	Changes in stocks Variations des stocks	Consumption Consommation	
						Total Totale	Per Capita Par habitant
Guadeloupe	2007	..	14	..	..	14	31
Guadeloupe	2008	..	*14	..	..	*14	*31
	2009	..	*14	..	..	*14	*31
	2010	..	*14	..	..	*14	*30
Guatemala	2007	..	322	56	21	245	18
Guatemala	2008	..	326	77	-2	251	18
	2009	..	312	89	-9	232	17
	2010	..	343	98	3	242	17
Haiti	2007	..	10	..	..	10	1
Haïti	2008	..	10	..	..	10	1
	2009	..	12	..	..	12	1
	2010	..	3	..	..	3	0
Honduras	2007	..	241	150	0	91	13
Honduras	2008	..	301	254	-31	78	11
	2009	..	362	304	15	43	6
	2010	..	85	0	0	85	11
Jamaica	2007	8	73	..	1	80	30
Jamaïque	2008	12	71	..	3	80	29
	2009	10	73	..	8	75	27
	2010	7	70	..	2	76	28
Martinique	2007	*19	*3	*10	..	*12	*30
Martinique	2008	*20	*3	*10	..	*12	*30
	2009	*20	*3	*11	..	*12	*30
	2010	*19	*3	*12	..	*10	*24
Mexico	2007	9662	2902	34	12	12518	115
Mexique	2008	9048	3104	4	-5	12153	110
	2009	9044	2802	34	0	11812	105
	2010	9059	2758	3	-43	11857	105
Netherlands Antilles	2007	83	60	53	..	90	469
Antilles néerlandaises	2008	67	61	42	..	86	441
	2009	60	59	27	..	92	465
	2010	26	60	21	..	65	324
Nicaragua	2007	16	47	..	1	62	11
Nicaragua	2008	9	51	..	0	60	11
	2009	12	52	..	3	61	11
	2010	15	56	..	0	71	12
Panama	2007	..	91	..	-39	130	39
Panama	2008	..	70	..	-65	135	40
	2009	..	145	..	-9	154	44
	2010	..	270	..	-23	293	83
St. Lucia	2007	..	*6	..	..	*6	*36
St-Lucie	2008	..	*6	..	..	*6	*35
	2009	..	*6	..	..	*6	*36
	2010	..	*6	..	..	*6	*36
St. Vincent-Grenadines	2007	..	*7	..	..	*7	*64
St. Vincent-Grenadines	2008	..	*7	..	..	*7	*64
	2009	..	*7	..	..	*7	*64
	2010	..	*7	..	..	*7	*66
Trinidad and Tobago	2007	848	..	649	..	199	150
Trinité-et-Tobago	2008	886	..	825	..	61	46
	2009	1126	..	914	..	212	159
	2010	1161	..	955	-2	208	155

Table 17

Production, trade and consumption of liquefied petroleum gas (LPG)
Production, commerce et consommation de gaz de pétrole liquéfiés (GPL)

Thousand metric tons and kilograms per capita
Milliers de tonnes métriques et kilogrammes par habitant

Country or area Pays ou zone	Year Année	Production Production	Imports Importations	Exports Exportations	Changes in stocks Variations des stocks	Consumption Consommation	
						Total Totale	Per Capita Par habitant
United States	2007	58293	972	..	-472	59737	198
États-Unis	2008	56596	1054	..	1005	56645	186
	2009	55725	957	..	-44	56726	184
	2010	58723	1204	..	-67	59994	193
America, South	**2007**	**17887**	**3031**	**2988**	**159**	**17771**	**47**
Amérique du Sud	**2008**	**16635**	**3195**	**3408**	**43**	**16379**	**43**
	2009	**16280**	**3276**	**3409**	**29**	**16119**	**41**
	2010	**16384**	**3518**	**3060**	**11**	**16830**	**43**
Argentina	2007	4215	..	1478	0	2737	70
Argentine	2008	3988	..	1557	0	2431	61
	2009	3866	..	1535	0	2331	58
	2010	3789	..	1214	66	2509	62
Bolivia (Plur. State of)	2007	345	..	..	0	345	36
Bolivie (État plur. de)	2008	339	..	..	0	339	35
	2009	341	3	..	0	344	35
	2010	335	21	..	0	356	36
Brazil	2007	5731	968	13	35	6651	35
Brésil	2008	5505	1181	4	2	6680	35
	2009	5001	1380	11	9	6361	33
	2010	5110	1685	4	-30	6821	35
Chile	2007	377	975	104	44	1204	72
Chili	2008	262	970	50	-27	1209	72
	2009	269	927	32	-12	1176	69
	2010	394	802	13	25	1158	68
Colombia	2007	727	0	4	2	721	16
Colombie	2008	700	0	4	2	694	15
	2009	634	31	10	0	655	14
	2010	562	29	7	0	584	13
Ecuador	2007	165	836	..	-1	1002	72
Equateur	2008	234	801	..	0	1035	74
	2009	253	783	..	0	1036	73
	2010	242	811	..	0	1053	73
French Guiana	2007	..	4	..	..	4	19
Guyane française	2008	..	4	..	..	4	18
	2009	..	4	..	..	4	18
	2010	..	*4	..	..	*4	*17
Guyana	2007	..	9	..	0	9	12
Guyana	2008	..	12	..	0	11	15
	2009	..	13	..	0	13	17
	2010	..	14	..	-1	14	19
Paraguay	2007	..	83	..	0	83	14
Paraguay	2008	..	82	..	1	81	13
	2009	..	85	..	-1	85	13
	2010	..	82	..	0	82	13
Peru	2007	788	89	3	53	821	29
Pérou	2008	887	119	17	68	921	32
	2009	1289	0	256	32	1001	35
	2010	1439	0	375	-50	1114	38
Suriname	2007	..	24	..	..	24	46
Suriname	2008	..	24	..	..	24	46
	2009	..	24	..	..	24	46
	2010	..	15	..	0	15	28

Table 17

Production, trade and consumption of liquefied petroleum gas (LPG)
Production, commerce et consommation de gaz de pétrole liquéfiés (GPL)

Thousand metric tons and kilograms per capita
Milliers de tonnes métriques et kilogrammes par habitant

Country or area Pays ou zone	Year Année	Production Production	Imports Importations	Exports Exportations	Changes in stocks Variations des stocks	Consumption Consommation	
						Total Totale	Per Capita Par habitant
Uruguay	2007	65	43	4	0	104	31
Uruguay	2008	91	4	2	-3	95	28
	2009	86	27	3	0	110	33
	2010	71	55	8	1	117	35
Venezuela(Bolivar. Rep.)	2007	5474	..	1382	26	4066	147
Venezuela(Rép. bolivar.)	2008	4629	..	1774	0	2855	102
	2009	4541	..	1562	0	2979	104
	2010	4442	..	1439	0	3003	104
Asia	**2007**	**108236**	**34794**	**45207**	**622**	**97201**	**24**
Asie	**2008**	**109864**	**32788**	**45524**	**-832**	**97960**	**24**
	2009	**108889**	**33325**	**41981**	**-2099**	**102331**	**25**
	2010	**121102**	**36638**	**48058**	**-875**	**110558**	**27**
Armenia	2007	..	11	..	..	11	4
Arménie	2008	..	9	..	..	9	3
	2009	..	8	..	..	8	2
	2010	..	8	*1	..	7	2
Azerbaijan	2007	187	..	46	-2	143	16
Azerbaïdjan	2008	203	..	99	9	95	11
	2009	193	..	111	-5	87	10
	2010	240	..	156	-5	89	10
Bahrain	2007	197	..	170	-15	42	45
Bahreïn	2008	200	..	152	2	46	44
	2009	198	..	152	-4	50	43
	2010	206	..	160	-8	54	43
Bangladesh	2007	12	8	0	..	20	0
Bangladesh	2008	40	6	0	..	46	0
	2009	40	0	0	..	40	0
	2010	40	0	0	..	40	0
Bhutan	2007	..	5	..	..	5	8
Bhoutan	2008	..	6	..	..	6	8
	2009	..	*6	..	..	*6	*9
	2010	..	7	..	..	7	10
Brunei Darussalam	2007	15	..	..	..	15	40
Brunéi Darussalam	2008	15	..	..	..	15	39
	2009	15	..	..	..	15	38
	2010	14	..	..	..	14	35
Cambodia	2007	..	35	..	..	35	3
Cambodge	2008	..	38	..	..	38	3
	2009	..	41	..	..	41	3
	2010	..	44	..	..	44	3
China	2007	19447	4054	338	-38	23201	18
Chine	2008	19148	2592	679	-81	21142	16
	2009	18317	4080	849	-29	21577	16
	2010	20455	3270	930	25	22770	17
China, Hong Kong SAR	2007	..	386	0	-40	426	62
Chine, Hong-Kong RAS	2008	..	393	0	-42	435	63
	2009	..	383	1	-58	440	63
	2010	..	389	0	-9	398	56
China, Macao SAR	2007	..	36	..	1	35	69
Chine, Macao RAS	2008	..	40	..	0	40	77
	2009	..	39	..	0	39	73
	2010	..	40	..	0	40	74

Table 17

Production, trade and consumption of liquefied petroleum gas (LPG)
Production, commerce et consommation de gaz de pétrole liquéfiés (GPL)
Thousand metric tons and kilograms per capita
Milliers de tonnes métriques et kilogrammes par habitant

Country or area Pays ou zone	Year Année	Production Production	Imports Importations	Exports Exportations	Changes in stocks Variations des stocks	Consumption Consommation	
						Total Totale	Per Capita Par habitant
Cyprus	2007	..	52	..	1	51	48
Chypre	2008	..	52	..	0	52	48
	2009	..	50	..	-1	51	47
	2010	..	51	..	2	49	44
Georgia	2007	..	18	0	..	18	4
Géorgie	2008	..	11	0	..	11	3
	2009	..	10	0	..	10	2
	2010	..	17	0	..	17	4
India	2007	8792	2832	99	0	11525	10
Inde	2008	6996	2360	109	-1487	10734	9
	2009	8091	2718	131	-1484	12162	10
	2010	7538	4484	154	-1926	13794	11
Indonesia	2007	1410	138	269	..	1279	6
Indonésie	2008	1690	418	269	..	1839	8
	2009	2180	52	154	..	2078	9
	2010	2483	1622	224	..	3881	16
Iran(Islamic Rep. of)	2007	4521	269	3017	..	1773	25
Iran(Rép. islamique)	2008	5384	282	2832	..	2834	39
	2009	5741	285	2971	..	3055	42
	2010	6102	235	2342	..	3994	54
Iraq	2007	638	427	..	..	1065	37
Iraq	2008	951	441	..	..	1392	47
	2009	1214	272	..	..	1486	48
	2010	1359	206	..	..	1565	49
Israel	2007	508	224	144	0	588	85
Israël	2008	539	218	122	0	635	90
	2009	518	235	124	0	629	87
	2010	565	215	122	0	658	89
Japan	2007	4409	13705	13	438	17663	140
Japon	2008	4096	13217	36	68	17209	136
	2009	4525	11799	18	-440	16746	132
	2010	4315	12511	38	64	16724	132
Jordan	2007	119	259	..	7	371	65
Jordanie	2008	134	218	..	-4	355	61
	2009	118	261	..	6	373	62
	2010	94	243	..	-4	341	55
Kazakhstan	2007	1262	13	1019	11	245	16
Kazakhstan	2008	1342	24	1038	22	306	20
	2009	1732	9	1405	2	334	21
	2010	*2129	4	1756	33	*344	*21
Korea, Republic of	2007	2927	5068	45	-80	8030	169
Corée, République de	2008	2977	5591	32	129	8407	176
	2009	3026	5534	8	-207	8759	183
	2010	2973	6233	79	226	8901	185
Kuwait	2007	3447	..	3200	..	247	101
Koweït	2008	3723	..	3471	..	252	99
	2009	3442	..	3064	..	378	143
	2010	4079	..	2887	..	1192	436
Lao People's Dem. Rep.	2007	..	*19	..	..	*19	*3
Rép. dém. pop. lao	2008	..	*19	..	..	*19	*3
	2009	..	*20	..	..	*20	*3
	2010	..	*20	..	..	*20	*3

Table 17

Production, trade and consumption of liquefied petroleum gas (LPG)
Production, commerce et consommation de gaz de pétrole liquéfiés (GPL)

Thousand metric tons and kilograms per capita
Milliers de tonnes métriques et kilogrammes par habitant

Country or area Pays ou zone	Year Année	Production Production	Imports Importations	Exports Exportations	Changes in stocks Variations des stocks	Consumption Consommation	
						Total Totale	Per Capita Par habitant
Lebanon	2007	..	160	..	..	160	39
Liban	2008	..	163	..	..	163	39
	2009	..	199	..	..	199	47
	2010	..	164	..	..	164	39
Malaysia	2007	3021	294	1915	3	1397	52
Malaisie	2008	*3543	157	1519	-9	*2190	*80
	2009	*3256	*362	*1395	0	*2223	*80
	2010	*3117	*423	669	266	*2605	*92
Maldives	2007	..	6	..	..	6	20
Maldives	2008	..	10	..	..	10	33
	2009	..	12	..	..	12	37
	2010	..	12	..	..	12	37
Myanmar	2007	15	..	..	1	14	0
Myanmar	2008	15	..	..	5	10	0
	2009	12	..	..	4	8	0
	2010	13	..	..	-4	17	0
Nepal	2007	..	97	..	..	97	3
Népal	2008	..	116	..	..	116	4
	2009	..	141	..	..	141	5
	2010	..	159	..	..	159	5
Oman	2007	150	..	..	1	149	58
Oman	2008	678	..	..	234	444	168
	2009	677	..	526	-375	526	194
	2010	533	..	381	-7	159	57
Other Asia	2007	1693	1086	303	1	2475	108
Autres zones d'Asie	2008	1609	993	297	-14	2319	101
	2009	1584	1168	148	81	2523	109
	2010	1455	899	93	-18	2279	98
Pakistan	2007	578	24	..	..	602	4
Pakistan	2008	507	60	..	..	567	3
	2009	485	68	..	..	553	3
	2010	432	60	..	..	492	3
Philippines	2007	253	763	3	3	1011	11
Philippines	2008	305	692	9	-22	1010	11
	2009	282	826	0	19	1089	12
	2010	361	752	1	16	1096	12
Qatar	2007	9566	..	8000	..	1566	1329
Qatar	2008	9917	..	8297	..	1620	1160
	2009	6184	..	5784	..	400	250
	2010	*9646	..	9269	..	*377	*214
Saudi Arabia	2007	29422	489	18454	-5	11462	449
Arabie saoudite	2008	29698	560	18723	-4	11539	441
	2009	31583	138	18729	-1	12993	485
	2010	35174	0	21324	-6	13856	505
Singapore	2007	681	19	296	..	404	88
Singapour	2008	650	14	225	..	439	92
	2009	608	6	196	..	418	85
	2010	378	5	97	..	286	56
Sri Lanka	2007	16	156	..	..	172	8
Sri Lanka	2008	16	144	..	..	160	8
	2009	24	146	..	..	170	8
	2010	23	137	..	..	160	8

Table 17

Production, trade and consumption of liquefied petroleum gas (LPG)
Production, commerce et consommation de gaz de pétrole liquéfiés (GPL)

Thousand metric tons and kilograms per capita
Milliers de tonnes métriques et kilogrammes par habitant

Country or area Pays ou zone	Year Année	Production Production	Imports Importations	Exports Exportations	Changes in stocks Variations des stocks	Consumption Consommation	
						Total Totale	Per Capita Par habitant
State of Palestine	2007	..	144	..	..	144	39
État de Palestine	2008	..	122	..	..	122	32
	2009	..	125	..	..	125	32
	2010	..	122	..	..	122	30
Syrian Arab Republic	2007	463	371	0	-12	846	44
Rép. arabe syrienne	2008	*461	369	0	0	*830	*42
	2009	*446	397	0	0	*843	*42
	2010	455	410	0	0	865	42
Tajikistan	2007	..	7	..	..	7	1
Tadjikistan	2008	..	7	..	..	7	1
	2009	..	7	..	..	7	1
	2010	..	7	..	..	7	1
Thailand	2007	4291	0	272	233	3786	56
Thaïlande	2008	4773	7	22	339	4419	65
	2009	5101	0	16	436	4649	68
	2010	5868	9	26	474	5377	78
Timor-Leste	2007	*2220	..	*2220	..	0	0
Timor-Leste	2008	*2227	..	*2227	..	0	0
	2009	*2215	..	*2215	..	0	0
	2010	*2215	..	*2215	..	0	0
Turkey	2007	762	2922	150	114	3420	49
Turquie	2008	793	2684	74	22	3381	48
	2009	604	3075	88	-43	3634	51
	2010	652	3097	67	6	3676	51
Turkmenistan	2007	..	80	..	..	80	16
Turkménistan	2008	..	80	..	..	80	16
	2009	..	80	..	..	80	16
	2010	..	80	..	..	80	16
United Arab Emirates	2007	6149	..	5212	..	937	173
Emirats arabes unis	2008	6244	..	5270	..	974	157
	2009	5351	..	3873	..	1478	213
	2010	6963	..	5046	..	1917	255
Uzbekistan	2007	23	..	..	..	23	1
Ouzbékistan	2008	23	..	..	..	23	1
	2009	22	..	..	..	22	1
	2010	18	..	..	..	18	1
Viet Nam	2007	281	616	..	..	897	11
Viet Nam	2008	260	675	..	..	935	11
	2009	373	775	..	..	1148	13
	2010	563	704	..	..	1267	14
Yemen	2007	761	..	23	..	738	34
Yémen	2008	707	..	22	..	685	30
	2009	731	..	23	..	708	30
	2010	645	..	20	..	625	26
Europe	**2007**	**40986**	**16001**	**14603**	**-180**	**42564**	**58**
Europe	**2008**	**40470**	**16985**	**14349**	**288**	**42818**	**58**
	2009	**40862**	**15819**	**14449**	**-39**	**42271**	**57**
	2010	**40294**	**16351**	**14782**	**103**	**41760**	**57**
Albania	2007	..	65	..	..	65	21
Albanie	2008	..	73	..	..	73	23
	2009	..	82	..	..	82	26
	2010	..	97	..	..	97	30

Table 17

Production, trade and consumption of liquefied petroleum gas (LPG)
Production, commerce et consommation de gaz de pétrole liquéfiés (GPL)

Thousand metric tons and kilograms per capita
Milliers de tonnes métriques et kilogrammes par habitant

Country or area Pays ou zone	Year Année	Production Production	Imports Importations	Exports Exportations	Changes in stocks Variations des stocks	Consumption Consommation	
						Total Totale	Per Capita Par habitant
Andorra	2007	..	3	..	..	3	36
Andorre	2008	..	3	..	..	3	35
	2009	..	*3	..	..	*3	*31
	2010	..	*3	..	..	*3	*32
Austria	2007	70	129	21	-3	181	22
Autriche	2008	98	112	37	1	172	21
	2009	92	99	8	0	183	22
	2010	87	114	11	1	189	23
Belarus	2007	439	50	245	-13	257	26
Bélarus	2008	482	29	276	-35	270	28
	2009	417	25	230	-23	235	24
	2010	413	56	240	6	223	23
Belgium	2007	464	512	339	0	637	60
Belgique	2008	524	1177	966	27	708	67
	2009	463	1025	788	2	698	65
	2010	517	1127	868	16	760	71
Bosnia and Herzegovina	2007	4	56	0	..	60	16
Bosnie-Herzégovine	2008	6	66	0	..	72	19
	2009	25	63	3	..	85	23
	2010	29	51	2	..	78	21
Bulgaria	2007	136	249	7	-1	379	50
Bulgarie	2008	161	235	13	8	375	49
	2009	155	268	28	-5	400	53
	2010	120	278	16	1	381	51
Croatia	2007	433	2	199	2	234	53
Croatie	2008	373	10	133	2	248	56
	2009	405	17	186	2	234	53
	2010	347	14	156	-3	208	47
Czech Republic	2007	192	96	121	1	166	16
République tchèque	2008	210	82	114	3	175	17
	2009	203	81	120	0	164	16
	2010	215	69	128	-3	159	15
Denmark	2007	159	6	103	1	61	11
Danemark	2008	114	15	69	0	60	11
	2009	140	5	96	-3	52	9
	2010	152	7	105	-1	55	10
Estonia	2007	..	7	..	..	7	5
Estonie	2008	..	8	..	..	8	6
	2009	..	7	..	..	7	5
	2010	..	8	..	..	8	6
Finland	2007	350	189	0	-11	550	104
Finlande	2008	357	214	0	35	536	101
	2009	274	224	12	-2	488	91
	2010	246	256	5	-14	511	95
France	2007	2478	2914	1559	-13	3846	62
France	2008	2784	2804	1396	27	4165	67
	2009	2418	2596	1132	-30	3912	63
	2010	2100	2696	1017	35	3744	60
Germany	2007	3065	679	549	-7	3202	39
Allemagne	2008	2893	890	559	-2	3226	39
	2009	2662	893	412	4	3139	38
	2010	2637	901	254	12	3272	40

Table 17

Production, trade and consumption of liquefied petroleum gas (LPG)
Production, commerce et consommation de gaz de pétrole liquéfiés (GPL)

Thousand metric tons and kilograms per capita
Milliers de tonnes métriques et kilogrammes par habitant

Country or area Pays ou zone	Year Année	Production Production	Imports Importations	Exports Exportations	Changes in stocks Variations des stocks	Consumption Consommation	
						Total Totale	Per Capita Par habitant
Greece	2007	645	22	251	2	414	37
Grèce	2008	665	46	284	-6	433	38
	2009	611	42	240	-2	415	37
	2010	682	9	352	6	333	29
Hungary	2007	379	48	113	-4	318	32
Hongrie	2008	400	55	109	9	337	34
	2009	352	76	111	-10	327	33
	2010	334	164	93	1	404	40
Iceland	2007	..	3	..	..	3	10
Islande	2008	..	4	..	..	4	13
	2009	..	3	..	..	3	10
	2010	..	3	..	..	3	9
Ireland	2007	36	117	11	-2	144	34
Irlande	2008	34	130	11	3	150	34
	2009	34	82	9	-8	115	26
	2010	56	102	22	1	135	30
Italy	2007	2349	1484	578	72	3183	53
Italie	2008	2257	1629	460	82	3344	56
	2009	2113	1838	391	51	3509	58
	2010	1871	2054	474	24	3427	57
Latvia	2007	..	95	41	1	53	23
Lettonie	2008	..	92	45	-1	48	21
	2009	..	106	61	1	44	19
	2010	..	124	79	-1	46	20
Lithuania	2007	330	121	149	1	301	89
Lituanie	2008	466	80	245	1	300	89
	2009	354	86	154	-5	291	87
	2010	359	108	175	2	290	87
Luxembourg	2007	..	14	5	..	9	19
Luxembourg	2008	..	14	5	..	9	18
	2009	..	13	3	..	10	20
	2010	..	14	4	..	10	20
Malta	2007	..	20	..	..	20	48
Malte	2008	..	21	..	..	21	51
	2009	..	21	..	1	20	48
	2010	..	22	..	1	21	50
Montenegro	2007	..	18	..	..	18	29
Monténégro	2008	..	22	..	..	22	35
	2009	..	18	..	..	18	29
	2010	..	18	..	..	18	29
Netherlands	2007	1312	2294	1071	-28	2563	156
Pays-Bas	2008	1313	2333	957	0	2689	163
	2009	1403	2183	1045	9	2532	153
	2010	1426	2085	1039	39	2433	146
Norway	2007	8136	214	5462	8	2880	610
Norvège	2008	6869	272	5259	-54	1936	405
	2009	7124	255	5666	-70	1783	369
	2010	6465	312	4677	62	2038	417
Poland	2007	360	2221	25	8	2548	67
Pologne	2008	419	2124	38	2	2503	65
	2009	432	2015	18	37	2392	63
	2010	424	1982	60	-49	2395	63

Table 17

Production, trade and consumption of liquefied petroleum gas (LPG)
Production, commerce et consommation de gaz de pétrole liquéfiés (GPL)

Thousand metric tons and kilograms per capita
Milliers de tonnes métriques et kilogrammes par habitant

Country or area Pays ou zone	Year Année	Production Production	Imports Importations	Exports Exportations	Changes in stocks Variations des stocks	Consumption Consommation	
						Total Totale	Per Capita Par habitant
Portugal	2007	366	565	82	-8	857	81
Portugal	2008	369	572	84	10	847	80
	2009	326	439	48	-19	736	69
	2010	380	432	65	14	733	69
Republic of Moldova	2007	..	50	0	-4	54	15
Rép. de Moldova	2008	..	60	0	4	56	15
	2009	..	61	1	-3	63	17
	2010	..	67	2	-2	67	19
Romania	2007	754	69	81	15	727	34
Roumanie	2008	594	105	146	-7	560	26
	2009	750	130	251	-1	630	29
	2010	570	111	211	4	466	22
Russian Federation	2007	10856	0	1217	1	9638	67
Fédération de Russie	2008	11422	146	1231	71	10266	72
	2009	12810	7	2000	25	10792	75
	2010	13625	122	3292	52	10403	73
Serbia	2007	98	231	7	-4	326	33
Serbie	2008	119	241	10	13	337	34
	2009	134	257	7	-6	390	40
	2010	128	255	8	3	372	38
Slovakia	2007	143	60	0	2	201	37
Slovaquie	2008	164	50	2	2	210	39
	2009	133	81	0	-3	217	40
	2010	134	45	5	1	173	32
Slovenia	2007	..	90	8	-2	84	42
Slovénie	2008	..	100	13	2	85	42
	2009	..	93	11	2	80	40
	2010	..	95	9	1	85	42
Spain	2007	1436	1001	264	-29	2202	49
Espagne	2008	1484	970	303	28	2123	47
	2009	1397	867	245	-21	2040	45
	2010	1456	801	228	-23	2052	45
Sweden	2007	261	1325	353	-96	1329	145
Suède	2008	336	1248	378	96	1110	120
	2009	278	1057	404	29	902	97
	2010	344	1239	426	-100	1257	134
Switzerland	2007	202	49	65	0	186	25
Suisse	2008	239	54	87	-1	207	27
	2009	204	46	62	0	188	25
	2010	170	50	24	0	196	25
T.F.Yug.Rep. Macedonia	2007	25	42	2	1	64	31
L'ex-RY Macédoine	2008	29	43	7	-1	66	32
	2009	28	43	6	1	64	31
	2010	25	41	3	0	63	31
Ukraine	2007	824	32	118	-3	741	16
Ukraine	2008	727	39	52	-1	715	16
	2009	733	99	42	1	789	17
	2010	679	57	0	1	735	16
United Kingdom	2007	4684	859	1557	-67	4053	67
Royaume-Uni	2008	4562	817	1060	-30	4349	71
	2009	4392	513	659	7	4239	69
	2010	4303	362	732	16	3917	63

Table 17

Production, trade and consumption of liquefied petroleum gas (LPG)
Production, commerce et consommation de gaz de pétrole liquéfiés (GPL)

Thousand metric tons and kilograms per capita
Milliers de tonnes métriques et kilogrammes par habitant

Country or area Pays ou zone	Year Année	Production Production	Imports Importations	Exports Exportations	Changes in stocks Variations des stocks	Consumption Consommation	
						Total Totale	Per Capita Par habitant
Oceania	**2007**	**3294**	**518**	**1533**	**-13**	**2292**	**66**
Océanie	**2008**	**3016**	**650**	**1409**	**19**	**2238**	**63**
	2009	**3059**	**638**	**1358**	**-16**	**2355**	**65**
	2010	**2901**	**624**	**1521**	**21**	**1983**	**54**
Australia	2007	3172	381	1533	-12	2032	96
Australie	2008	2935	493	1409	16	2003	93
	2009	2979	487	1358	-14	2122	97
	2010	2738	545	1507	18	1758	79
Fiji	2007	..	18	..	..	18	22
Fidji	2008	..	17	..	..	17	20
	2009	..	16	..	..	16	19
	2010	..	21	..	..	21	24
French Polynesia	2007	..	8	..	..	8	31
Polynésie française	2008	..	*8	..	..	*8	*31
	2009	..	*8	..	..	*8	*30
	2010	..	*8	..	..	*8	*30
Kiribati	2007	..	0	..	..	0	3
Kiribati	2008	..	0	..	..	0	2
	2009	..	0	..	..	0	2
	2010	..	0	..	..	0	1
New Caledonia	2007	..	8	..	..	8	33
Nouvelle-Calédonie	2008	..	8	..	..	8	33
	2009	..	10	..	..	10	41
	2010	..	8	..	..	8	31
New Zealand	2007	100	84	0	-1	185	44
Nouvelle-Zélande	2008	74	101	0	3	172	40
	2009	71	94	0	-2	167	39
	2010	149	8	14	3	140	32
Niue	2007	..	0	..	..	0	*6
Nioué	2008	..	0	..	..	0	*6
	2009	..	0	..	..	0	*7
	2010	..	0	..	..	0	*7
Papua New Guinea	2007	22	*17	..	..	39	6
Papouasie-Nvl-Guinée	2008	7	*20	..	..	*27	*4
	2009	9	*20	..	..	*29	*4
	2010	14	*31	..	..	*45	*7
Solomon Islands	2007	..	*2	..	..	*2	*4
Iles Salomon	2008	..	*2	..	..	*2	*3
	2009	..	*2	..	..	*2	*3
	2010	..	*2	..	..	*2	*3
Tonga	2007	..	0	..	..	0	1
Tonga	2008	..	0	..	..	0	3
	2009	..	1	..	..	1	8
	2010	..	1	..	..	1	14
Wallis and Futuna Is.	2007	..	0	..	..	0	9
Iles Wallis et Futuna	2008	..	0	..	..	0	*22
	2009	..	0	..	..	0	*18
	2010	..	0	..	..	0	*19

Table 18

Production, trade and consumption of aviation gasolene
Production, commerce et consommation d'essence aviation
Thousand metric tons
Milliers de tonnes métriques

Table Notes:
Production from refineries and plants.

Please refer to the Definitions Section on pages xv to xxix for the appropriate product description/ classification.

Notes relatives aux tableaux:
Production à partir des raffineries et des usines.

Veuillez consulter la section "définitions" de la page xv à la page xxix pour une description/classification appropriée des produits.

Figure 49: World production of aviation gasolene 1994-2010

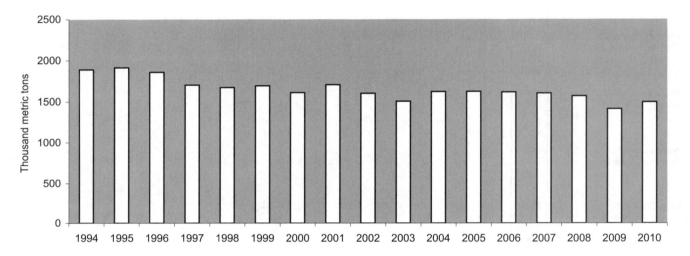

Figure 50: Major aviation gasolene producing countries in 2010

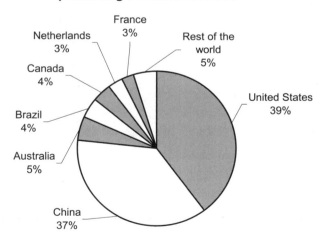

Figure 51: Major aviation gasolene consuming countries in 2010

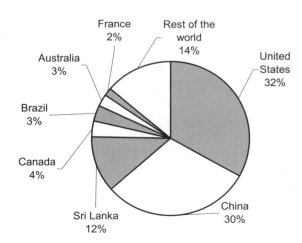

Table 18

Production, trade and consumption of aviation gasolene
Productiom, commerce et consommation d'essence aviation
Thousand metric tons
Milliers de tonnes métriques

Country or area Pays ou zone	Year Année	Production Production	Imports Importations	Exports Exportations	Bunkers Soutes	Changes in stocks Variations des stocks	Consumption Consommation
World	**2007**	**1606**	**547**	**214**	**122**	**-36**	**1852**
Monde	**2008**	**1572**	**479**	**229**	**121**	**6**	**1695**
	2009	**1414**	**530**	**179**	**117**	**-14**	**1663**
	2010	**1498**	**580**	**141**	**119**	**5**	**1813**
Africa	**2007**	**14**	**118**	**3**	**49**	**0**	**80**
Afrique	**2008**	**4**	**118**	**3**	**52**	**0**	**67**
	2009	**5**	**119**	**6**	**51**	**0**	**67**
	2010	**3**	**121**	**5**	**51**	**0**	**69**
Botswana	2007	..	2	..	..	..	2
Botswana	2008	..	2	..	..	..	2
	2009	..	2	..	..	..	2
	2010	..	2	..	..	..	2
Burkina Faso	2007	..	*5	..	..	..	*5
Burkina Faso	2008	..	*4	..	..	..	*4
	2009	..	*4	..	..	..	*4
	2010	..	*3	..	..	..	*3
Cameroon	2007	0	0	..	..	..	0
Cameroun	2008	0	1	..	..	..	1
	2009	0	2	..	..	..	2
	2010	0	3	..	..	..	3
Central African Rep.	2007	..	*1	..	*1	..	0
Rép. centrafricaine	2008	..	*1	..	*1	..	0
	2009	..	*1	..	*1	..	0
	2010	..	*1	..	*1	..	0
Chad	2007	..	*5	..	*5	..	0
Tchad	2008	..	*5	..	*5	..	0
	2009	..	*5	..	*5	..	0
	2010	..	*4	..	*4	..	0
Comoros	2007	..	*2	..	..	..	*2
Comores	2008	..	*2	..	..	..	*2
	2009	..	*2	..	..	..	*2
	2010	..	*2	..	..	..	*2
Djibouti	2007	..	*1	..	*1	..	0
Djibouti	2008	..	*1	..	*1	..	0
	2009	..	*1	..	*1	..	0
	2010	..	*1	..	*1	..	0
Gabon	2007	..	13	..	13	..	0
Gabon	2008	..	14	..	14	..	0
	2009	..	14	..	14	..	0
	2010	..	15	..	15	..	0
Ghana	2007	..	5	..	5	..	0
Ghana	2008	..	5	..	5	..	0
	2009	..	5	..	5	..	0
	2010	..	5	..	5	..	0
Guinea	2007	..	*18	..	*13	..	*5
Guinée	2008	..	*17	..	*13	..	*5
	2009	..	*17	..	*13	..	*5
	2010	..	*18	..	*13	..	*5
Kenya	2007	..	2	..	..	..	2
Kenya	2008	..	3	..	..	..	3
	2009	..	3	..	..	..	3
	2010	..	3	..	..	..	3

Table 18

Production, trade and consumption of aviation gasolene
Productiom, commerce et consommation d'essence aviation

Thousand metric tons
Milliers de tonnes métriques

Country or area Pays ou zone	Year Année	Production Production	Imports Importations	Exports Exportations	Bunkers Soutes	Changes in stocks Variations des stocks	Consumption Consommation
Liberia	2007	..	*6	..	*1	..	*5
Libéria	2008	..	*6	..	*1	..	*5
	2009	..	*6	..	*1	..	*5
	2010	..	*6	..	*1	..	*5
Libya	2007	3	..	..	..	..	3
Libye	2008	3	..	..	..	..	3
	2009	3	..	..	..	..	3
	2010	3	..	..	..	..	3
Madagascar	2007	..	1	..	1	0	0
Madagascar	2008	..	1	..	1	0	0
	2009	..	0	..	0	0	0
	2010	..	0	..	0	0	0
Mali	2007	..	*1	..	*1	..	0
Mali	2008	..	*1	..	*1	..	0
	2009	..	*1	..	*1	..	0
	2010	..	*1	..	*1	..	0
Mauritania	2007	..	17	..	..	..	17
Mauritanie	2008	..	*20	..	..	..	*20
	2009	..	*20	..	..	..	*20
	2010	..	*19	..	..	..	*19
Namibia	2007	..	3	..	3	..	0
Namibie	2008	..	3	..	3	..	0
	2009	..	3	..	3	..	0
	2010	..	3	..	3	..	0
Nigeria	2007	..	*2	..	*2	..	0
Nigéria	2008	..	*2	..	*2	..	0
	2009	..	*2	..	*2	..	0
	2010	..	*2	..	*2	..	0
Sao Tome and Principe	2007	..	*1	..	..	..	*1
Sao Tomé-et-Principe	2008	..	*1	..	..	..	*1
	2009	..	*1	..	..	..	*1
	2010	..	*1	..	..	..	*1
Sierra Leone	2007	..	0	..	0	..	0
Sierra Leone	2008	..	2	..	*2	..	0
	2009	..	*2	..	*2	..	0
	2010	..	*2	..	*2	..	0
South Africa	2007	11	30	3	..	0	38
Afrique du Sud	2008	1	23	3	..	0	21
	2009	2	25	6	..	0	21
	2010	0	27	5	..	0	22
Western Sahara	2007	..	*2	..	*2	..	0
Sahara occidental	2008	..	*2	..	*2	..	0
	2009	..	*2	..	*2	..	0
	2010	..	*2	..	*2	..	0
Zambia	2007	..	1	..	1	..	0
Zambie	2008	..	1	..	1	..	0
	2009	..	1	..	1	..	0
	2010	..	1	..	1	..	0
America, North	**2007**	**767**	**76**	**21**	**44**	**-13**	**791**
Amérique du Nord	**2008**	**706**	**59**	**17**	**46**	**-13**	**715**
	2009	**629**	**62**	**23**	**46**	**-14**	**636**
	2010	**658**	**71**	**9**	**45**	**5**	**670**

Table 18

Production, trade and consumption of aviation gasolene
Productiom, commerce et consommation d'essence aviation
Thousand metric tons
Milliers de tonnes métriques

Country or area Pays ou zone	Year Année	Production Production	Imports Importations	Exports Exportations	Bunkers Soutes	Changes in stocks Variations des stocks	Consumption Consommation
Antigua and Barbuda	2007	..	*2	..	..	..	*2
Antigua-et-Barbuda	2008	..	*2	..	..	..	*2
	2009	..	*2	..	..	..	*2
	2010	..	*2	..	..	..	*2
Bahamas	2007	..	*1	..	..	..	*1
Bahamas	2008	..	0	..	..	..	0
	2009	..	0	..	..	..	0
	2010	..	0	..	..	..	0
Canada	2007	77	12	5	..	1	83
Canada	2008	71	0	3	..	1	67
	2009	61	2	4	..	-2	61
	2010	57	11	4	..	0	64
Costa Rica	2007	..	2	0	..	0	2
Costa Rica	2008	..	2	0	..	0	2
	2009	..	3	1	..	0	2
	2010	..	2	1	..	-1	2
Cuba	2007	..	6	..	..	..	6
Cuba	2008	..	5	..	..	..	5
	2009	..	5	..	..	..	5
	2010	..	5	..	..	..	5
Dominican Republic	2007	..	1	..	..	..	1
Rép. dominicaine	2008	..	2	..	..	..	2
	2009	..	1	..	..	..	1
	2010	..	2	..	..	..	2
Grenada	2007	..	*4	..	*4	..	0
Grenade	2008	..	*4	..	*4	..	0
	2009	..	*4	..	*4	..	0
	2010	..	*4	..	*4	..	0
Guadeloupe	2007	..	*13	..	*13	..	0
Guadeloupe	2008	..	*14	..	*14	..	0
	2009	..	*14	..	*14	..	0
	2010	..	*14	..	*14	..	0
Guatemala	2007	..	2	..	2	..	0
Guatemala	2008	..	2	..	2	..	0
	2009	..	1	..	2	..	-1
	2010	..	2	..	2	..	0
Mexico	2007	1	20	..	23	0	-2
Mexique	2008	0	20	..	24	-1	-3
	2009	0	20	..	23	0	-3
	2010	0	20	..	23	0	-3
Netherlands Antilles	2007	18	..	16	2	..	0
Antilles néerlandaises	2008	16	..	14	2	..	0
	2009	20	..	18	2	..	0
	2010	6	..	4	2	..	0
Nicaragua	2007	..	0	..	..	..	0
Nicaragua	2008	..	0	..	..	..	0
	2009	..	1	..	1	..	0
	2010	..	1	..	1	..	0
United States	2007	671	13	..	..	-14	698
États-Unis	2008	619	7	..	..	-13	639
	2009	548	8	..	..	-12	568
	2010	595	8	..	..	6	597

Table 18

Production, trade and consumption of aviation gasolene
Productiom, commerce et consommation d'essence aviation

Thousand metric tons
Milliers de tonnes métriques

Country or area Pays ou zone	Year Année	Production Production	Imports Importations	Exports Exportations	Bunkers Soutes	Changes in stocks Variations des stocks	Consumption Consommation
America, South	**2007**	**77**	**16**	**6**	**1**	**-6**	**92**
Amérique du Sud	**2008**	**77**	**20**	**6**	**1**	**6**	**84**
	2009	**65**	**22**	**4**	**1**	**-8**	**90**
	2010	**82**	**33**	**8**	**1**	**4**	**102**
Argentina	2007	0	5	..	..	..	5
Argentine	2008	0	7	..	..	..	7
	2009	0	8	..	..	..	8
	2010	0	*10	..	..	..	*10
Bolivia (Plur. State of)	2007	4	..	..	..	..	4
Bolivie (État plur. de)	2008	4	..	..	..	..	4
	2009	2	2	..	..	..	4
	2010	0	4	..	..	..	4
Brazil	2007	44	0	6	..	-6	44
Brésil	2008	48	0	6	..	6	36
	2009	37	2	4	..	-7	42
	2010	63	4	8	..	2	57
Chile	2007	8	..	..	..	0	8
Chili	2008	4	..	..	..	0	4
	2009	6	..	..	..	0	6
	2010	8	..	..	..	1	7
Colombia	2007	21	..	..	..	..	21
Colombie	2008	21	..	..	..	..	21
	2009	20	..	..	..	..	20
	2010	11	..	..	..	..	11
Ecuador	2007	..	3	..	..	..	3
Equateur	2008	..	1	..	..	..	1
	2009	..	1	..	..	..	1
	2010	..	4	..	..	..	4
French Guiana	2007	..	*3	..	*1	..	*2
Guyane française	2008	..	*4	..	*1	..	*3
	2009	..	*4	..	*1	..	*3
	2010	..	*4	..	*1	..	*3
Paraguay	2007	..	1	..	..	..	1
Paraguay	2008	..	3	..	..	..	3
	2009	..	3	..	..	..	3
	2010	..	3	..	..	..	3
Peru	2007	..	1	..	..	..	1
Pérou	2008	..	2	..	..	..	2
	2009	..	1	..	..	..	1
	2010	..	1	..	..	..	1
Uruguay	2007	0	3	0	..	1	3
Uruguay	2008	0	3	0	..	0	3
	2009	0	2	0	..	-1	2
	2010	0	3	0	..	1	2
Asia	**2007**	**474**	**222**	**0**	**12**	**-6**	**690**
Asie	**2008**	**554**	**170**	**0**	**8**	**7**	**709**
	2009	**518**	**209**	**0**	**8**	**13**	**706**
	2010	**566**	**233**	**0**	**8**	**3**	**787**
China	2007	458	..	..	..	..	458
Chine	2008	541	..	..	..	..	541
	2009	504	..	..	..	..	504
	2010	554	..	..	..	..	554

Table 18

Production, trade and consumption of aviation gasolene
Productiom, commerce et consommation d'essence aviation

Thousand metric tons
Milliers de tonnes métriques

Country or area Pays ou zone	Year Année	Production Production	Imports Importations	Exports Exportations	Bunkers Soutes	Changes in stocks Variations des stocks	Consumption Consommation
Indonesia	2007	4	..	..	..	0	4
Indonésie	2008	3	..	..	..	0	3
	2009	2	..	..	..	0	2
	2010	1	2	..	0	0	2
Iran(Islamic Rep. of)	2007	..	1	..	..	..	1
Iran(Rép. islamique)	2008	..	1	..	..	..	1
	2009	..	1	..	..	..	1
	2010	..	0	..	..	..	0
Japan	2007	3	..	..	..	..	3
Japon	2008	2	..	..	..	..	2
	2009	2	..	..	..	..	2
	2010	1	..	..	..	..	1
Jordan	2007	6	..	..	6	..	0
Jordanie	2008	7	..	..	*7	..	0
	2009	7	..	..	*7	..	0
	2010	7	..	..	*7	..	0
Kazakhstan	2007	..	1	..	..	..	1
Kazakhstan	2008	..	1	..	..	..	1
	2009	..	1	..	..	..	1
	2010	..	0	..	..	..	0
Korea, Republic of	2007	..	0	..	..	0	0
Corée, République de	2008	..	0	..	..	0	0
	2009	..	0	..	..	0	0
	2010	..	2	..	..	1	1
Lao People's Dem. Rep.	2007	..	*11	..	..	..	*11
Rép. dém. pop. lao	2008	..	*11	..	..	..	*11
	2009	..	*11	..	..	..	*11
	2010	..	*11	..	..	..	*11
Lebanon	2007	..	*3	..	..	..	*3
Liban	2008	..	*3	..	..	..	*3
	2009	..	*3	..	..	..	*3
	2010	..	*3	..	..	..	*3
Malaysia	2007	..	5	..	5	..	0
Malaisie	2008	..	0	..	0	..	0
	2009	..	0	..	0	..	0
	2010	..	0	..	0	..	0
Philippines	2007	..	4	..	..	..	4
Philippines	2008	..	4	..	..	..	4
	2009	..	5	..	..	..	5
	2010	..	3	..	..	1	3
Singapore	2007	..	0	0	..	..	0
Singapour	2008	..	1	0	..	..	1
	2009	..	0	0	..	..	0
	2010	..	0	0	..	..	0
Sri Lanka	2007	..	196	..	..	-6	202
Sri Lanka	2008	..	149	..	..	7	142
	2009	..	188	..	..	13	175
	2010	..	211	..	..	1	210
Uzbekistan	2007	3	..	..	..	..	3
Ouzbékistan	2008	1	..	..	..	..	1
	2009	3	..	..	..	..	3
	2010	3	..	..	..	..	3

Table 18

Production, trade and consumption of aviation gasolene
Productiom, commerce et consommation d'essence aviation

Thousand metric tons
Milliers de tonnes métriques

Country or area Pays ou zone	Year Année	Production Production	Imports Importations	Exports Exportations	Bunkers Soutes	Changes in stocks Variations des stocks	Consumption Consommation
Yemen	2007	..	1	..	1	..	0
Yémen	2008	..	1	..	1	..	0
	2009	..	1	..	1	..	0
	2010	..	1	..	1	..	0
Europe	**2007**	**189**	**82**	**127**	**6**	**-1**	**139**
Europe	**2008**	**147**	**83**	**134**	**6**	**1**	**89**
	2009	**123**	**91**	**107**	**5**	**-3**	**105**
	2010	**116**	**93**	**97**	**5**	**-10**	**117**
Belgium	2007	..	3	..	..	..	3
Belgique	2008	..	2	..	..	..	2
	2009	..	3	..	..	..	3
	2010	..	2	..	..	..	2
Croatia	2007	..	1	..	..	..	1
Croatie	2008	..	1	..	..	..	1
	2009	..	1	..	..	..	1
	2010	..	1	..	..	..	1
Czech Republic	2007	..	2	..	..	0	2
République tchèque	2008	..	2	..	..	0	2
	2009	..	2	..	..	0	2
	2010	..	2	..	..	0	2
Denmark	2007	..	1	..	..	-1	2
Danemark	2008	..	2	..	..	0	2
	2009	..	2	..	..	0	2
	2010	..	3	..	..	0	3
Estonia	2007	..	0	..	0	..	0
Estonie	2008	..	1	..	0	..	1
	2009	..	0	..	0	..	0
	2010	..	0	..	0	..	0
Finland	2007	..	7	7	..	3	-3
Finlande	2008	..	13	7	..	-1	7
	2009	..	10	7	..	-1	4
	2010	..	9	6	..	-1	4
France	2007	46	3	36	..	-8	21
France	2008	56	0	38	..	10	8
	2009	39	3	28	..	-11	25
	2010	39	14	20	..	5	28
Germany	2007	..	15	2	..	0	13
Allemagne	2008	..	17	1	..	0	16
	2009	..	15	1	..	-1	15
	2010	..	15	2	..	0	13
Iceland	2007	..	1	..	..	..	1
Islande	2008	..	1	..	..	..	1
	2009	..	1	..	..	..	1
	2010	..	1	..	..	..	1
Italy	2007	15	..	..	..	..	15
Italie	2008	9	..	..	..	..	9
	2009	17	..	..	..	..	17
	2010	19	..	..	..	..	19
Lithuania	2007	..	0	..	..	..	0
Lituanie	2008	..	1	..	..	..	1
	2009	..	0	..	..	..	0
	2010	..	0	..	..	..	0

Table 18

Production, trade and consumption of aviation gasolene
Productiom, commerce et consommation d'essence aviation

Thousand metric tons
Milliers de tonnes métriques

Country or area Pays ou zone	Year Année	Production Production	Imports Importations	Exports Exportations	Bunkers Soutes	Changes in stocks Variations des stocks	Consumption Consommation
Malta Malte	2007	..	1	..	1	..	0
	2008	..	0	..	0	..	0
	2009	..	0	..	0	..	0
	2010	..	0	..	0	..	0
Netherlands Pays-Bas	2007	80	7	73	..	12	2
	2008	66	0	70	..	-5	1
	2009	56	12	62	..	4	2
	2010	46	6	60	..	-10	2
Norway Norvège	2007	..	1	0	..	-1	2
	2008	..	0	0	..	0	0
	2009	..	0	0	..	0	0
	2010	..	0	0	..	0	0
Poland Pologne	2007	9	0	5	4	0	0
	2008	15	0	12	3	0	0
	2009	11	0	7	4	0	0
	2010	12	0	8	4	0	0
Portugal Portugal	2007	..	3	..	..	1	2
	2008	..	2	..	..	0	2
	2009	..	3	..	..	0	3
	2010	..	3	..	..	0	3
Romania Roumanie	2007	0	1	..	1	..	0
	2008	0	1	..	2	..	-1
	2009	0	1	..	0	..	1
	2010	0	1	..	0	..	1
Russian Federation Fédération de Russie	2007	37	..	..	..	..	37
	2008	0	..	..	..	..	0
	2009	0	..	..	..	..	0
	2010	0	..	..	..	..	0
Serbia Serbie	2007	..	..	..	..	..	..
	2008	..	1	..	1	..	0
	2009	..	1	..	1	..	0
	2010	..	1	..	1	..	0
Slovenia Slovénie	2007	..	1	..	..	..	1
	2008	..	1	..	..	..	1
	2009	..	1	..	..	..	1
	2010	..	1	..	..	..	1
Spain Espagne	2007	..	8	..	..	0	8
	2008	..	8	3	..	0	5
	2009	..	3	0	..	4	-1
	2010	..	6	0	..	-4	10
Sweden Suède	2007	..	2	0	..	-1	3
	2008	..	4	1	..	-2	5
	2009	..	4	1	..	1	2
	2010	..	4	1	..	0	3
Switzerland Suisse	2007	..	4	..	..	0	4
	2008	..	4	..	..	0	4
	2009	..	3	..	..	-1	4
	2010	..	7	..	..	2	5
Ukraine Ukraine	2007	2	..	..	..	..	2
	2008	1	..	..	..	..	1
	2009	..	..	..	..	..	..
	2010	..	..	..	..	..	..

Table 18

Production, trade and consumption of aviation gasolene
Productiom, commerce et consommation d'essence aviation

Thousand metric tons
Milliers de tonnes métriques

Country or area Pays ou zone	Year Année	Production Production	Imports Importations	Exports Exportations	Bunkers Soutes	Changes in stocks Variations des stocks	Consumption Consommation
United Kingdom	2007	0	21	4	0	-5	22
Royaume-Uni	2008	0	22	2	0	-1	21
	2009	0	26	1	0	2	23
	2010	0	17	0	0	-2	19
Oceania	**2007**	**85**	**32**	**57**	**11**	**-10**	**60**
Océanie	**2008**	**84**	**29**	**68**	**9**	**5**	**31**
	2009	**74**	**27**	**39**	**7**	**-3**	**58**
	2010	**73**	**28**	**22**	**9**	**3**	**68**
Australia	2007	85	1	57	..	-9	38
Australie	2008	84	0	68	..	6	10
	2009	74	0	39	..	-2	37
	2010	73	0	22	..	2	49
Fiji	2007	..	3	..	*5	..	*-1
Fidji	2008	..	*3	..	*4	..	*-1
	2009	..	*2	..	*2	..	0
	2010	..	*2	..	*2	..	0
French Polynesia	2007	..	*1	..	*1	..	0
Polynésie française	2008	..	*1	..	*1	..	0
	2009	..	*1	..	*1	..	0
	2010	..	*1	..	*1	..	0
Kiribati	2007	..	*2	..	*2	..	0
Kiribati	2008	..	*2	..	*2	..	0
	2009	..	*1	..	*1	..	0
	2010	..	*3	..	*3	..	0
New Caledonia	2007	..	1	..	..	..	1
Nouvelle-Calédonie	2008	..	0	..	..	..	0
	2009	..	0	..	..	..	0
	2010	..	0	..	..	..	0
New Zealand	2007	..	13	..	..	-1	14
Nouvelle-Zélande	2008	..	13	..	..	-1	14
	2009	..	13	..	..	-1	14
	2010	..	12	..	..	1	11
Palau	2007	..	*1	..	*1	..	0
Palaos	2008	..	*1	..	*1	..	0
	2009	..	*1	..	*1	..	0
	2010	..	*1	..	*1	..	0
Papua New Guinea	2007	..	*8	..	..	..	*8
Papouasie-Nvl-Guinée	2008	..	*7	..	..	..	*7
	2009	..	*7	..	..	..	*7
	2010	..	*7	..	..	..	*7
Solomon Islands	2007	..	*2	..	*2	..	0
Iles Salomon	2008	..	*2	..	*2	..	0
	2009	..	*2	..	*2	..	0
	2010	..	*2	..	*2	..	0

Table 19

Production, trade and consumption of motor gasolene
Production, commerce et consommation d'essence auto

Thousand metric tons and kilograms per capita
Milliers de tonnes métriques et kilogrammes par habitant

Table Notes:

Production from refineries and plants.

Please refer to the Definitions Section on pages xv to xxix for the appropriate product description/ classification.

Notes relatives aux tableaux:

Production à partir des raffineries et des usines.

Veuillez consulter la section "définitions" de la page xv à la page xxix pour une description/classification appropriée des produits.

Figure 52: World production of motor gasolene 1994-2010

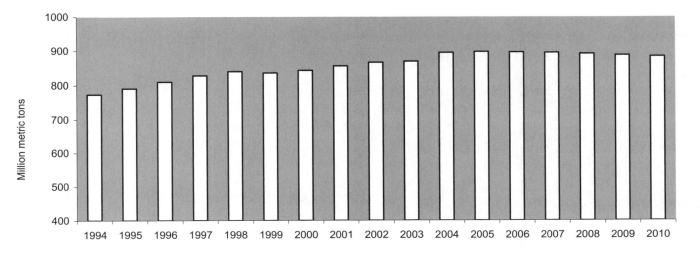

Figure 53: Major motor gasolene producing countries in 2010

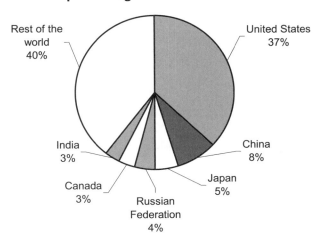

Figure 54: Major motor gasolene consuming countries in 2010

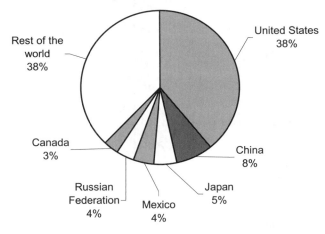

Table 19

Production, trade and consumption of motor gasolene
Production, commerce et consommation d'essence auto

Thousand metric tons and kilograms per capita
Milliers de tonnes métriques et kilogrammes par habitant

Country or area Pays ou zone	Year Année	Production Production	Imports Importations	Exports Exportations	Changes in stocks Variations des stocks	Consumption Consommation	
						Total Totale	Per Capita Par habitant
World	**2007**	**894989**	**161052**	**153954**	**2690**	**899398**	**135**
Monde	**2008**	**891811**	**160098**	**150300**	**-1746**	**903356**	**134**
	2009	**888044**	**161843**	**155337**	**6835**	**887715**	**130**
	2010	**884072**	**167788**	**163940**	**-2563**	**890482**	**129**
Africa	**2007**	**19012**	**11869**	**2179**	**-125**	**28827**	**30**
Afrique	**2008**	**20467**	**10882**	**1824**	**-1305**	**30830**	**32**
	2009	**19276**	**14218**	**1582**	**-479**	**32390**	**32**
	2010	**18619**	**13948**	**1518**	**303**	**30745**	**30**
Algeria	2007	2100	..	0	40	2060	61
Algérie	2008	2780	..	308	315	2157	63
	2009	2417	..	97	-18	2338	67
	2010	2667	..	28	130	2509	71
Angola	2007	56	414	7	0	463	26
Angola	2008	68	750	5	202	611	34
	2009	42	1053	4	341	750	40
	2010	65	1260	0	0	1325	69
Benin	2007	..	496	..	-2	498	61
Bénin	2008	..	506	..	2	504	60
	2009	..	512	..	0	512	60
	2010	..	585	..	0	585	66
Botswana	2007	..	326	..	..	326	169
Botswana	2008	..	363	..	..	363	186
	2009	..	345	..	..	345	174
	2010	..	370	..	..	370	184
Burkina Faso	2007	..	148	..	-8	156	10
Burkina Faso	2008	..	167	..	*27	140	9
	2009	..	133	..	*-8	141	9
	2010	..	143	..	0	143	9
Burundi	2007	..	25	..	2	22	3
Burundi	2008	..	25	..	1	24	3
	2009	..	16	..	1	15	2
	2010	..	37	..	0	37	4
Cameroon	2007	390	46	120	-43	359	20
Cameroun	2008	399	44	79	-53	417	22
	2009	350	64	51	-43	406	21
	2010	383	50	56	-39	416	21
Cape Verde	2007	..	8	..	..	8	16
Cap-Vert	2008	..	8	..	..	8	17
	2009	..	8	..	..	8	17
	2010	..	8	..	..	8	17
Central African Rep.	2007	..	*22	..	..	*22	*5
Rép. centrafricaine	2008	..	*22	..	..	*22	*5
	2009	..	*22	..	..	*22	*5
	2010	..	*23	..	..	*23	*5
Chad	2007	..	*9	..	..	*9	*1
Tchad	2008	..	*9	..	..	*9	*1
	2009	..	*9	..	..	*9	*1
	2010	..	*10	..	..	*10	*1
Comoros	2007	..	*8	..	..	*8	*12
Comores	2008	..	*8	..	..	*8	*11
	2009	..	*8	..	..	*8	*11
	2010	..	*9	..	..	*9	*12

Table 19

Production, trade and consumption of motor gasolene
Production, commerce et consommation d'essence auto

Thousand metric tons and kilograms per capita
Milliers de tonnes métriques et kilogrammes par habitant

Country or area Pays ou zone	Year Année	Production Production	Imports Importations	Exports Exportations	Changes in stocks Variations des stocks	Consumption Consommation	
						Total Totale	Per Capita Par habitant
Congo	2007	63	28	..	0	91	24
Congo	2008	46	54	..	1	99	26
	2009	68	36	..	0	104	26
	2010	98	39	..	-5	142	35
Côte d'Ivoire	2007	564	0	467	-10	107	6
Côte d'Ivoire	2008	466	0	436	-101	131	7
	2009	526	0	583	-200	143	7
	2010	392	0	434	-149	107	5
Dem. Rep. of the Congo	2007	..	186	..	..	186	3
Rép. dem. du Congo	2008	..	192	..	..	192	3
	2009	..	198	..	..	198	3
	2010	..	225	..	..	225	3
Djibouti	2007	..	*28	..	..	*28	*33
Djibouti	2008	..	*28	..	..	*28	*32
	2009	..	*28	..	..	*28	*32
	2010	..	*28	..	..	*28	*31
Egypt	2007	4195	0	350	..	3845	50
Egypte	2008	4240	130	0	..	4370	56
	2009	4384	492	0	..	4876	61
	2010	4089	1065	0	..	5154	64
Equatorial Guinea	2007	..	*22	..	..	*22	*34
Guinée équatoriale	2008	..	*23	..	..	*23	*35
	2009	..	*23	..	..	*23	*34
	2010	..	*23	..	..	*23	*33
Eritrea	2007	..	6	..	-2	8	2
Erythrée	2008	..	4	..	-1	5	1
	2009	..	6	..	-1	7	1
	2010	..	8	..	-1	9	2
Ethiopia	2007	..	139	..	-4	143	2
Ethiopie	2008	..	150	..	0	150	2
	2009	..	156	..	-6	162	2
	2010	..	144	..	-8	152	2
Gabon	2007	81	6	17	23	47	33
Gabon	2008	84	0	18	17	49	34
	2009	90	0	19	18	53	36
	2010	96	0	20	19	57	38
Gambia	2007	..	49	..	..	49	31
Gambie	2008	..	50	..	..	50	31
	2009	..	67	..	..	67	40
	2010	..	*73	..	..	*73	*42
Ghana	2007	493	275	164	..	604	27
Ghana	2008	391	255	112	..	534	23
	2009	135	563	72	..	626	26
	2010	338	570	213	..	695	28
Guinea	2007	..	*84	..	..	*84	*9
Guinée	2008	..	*84	..	..	*84	*9
	2009	..	*85	..	..	*85	*9
	2010	..	*86	..	..	*86	*9
Guinea-Bissau	2007	..	*2	..	..	*2	*1
Guinée-Bissau	2008	..	*2	..	..	*2	*1
	2009	..	*2	..	..	*2	*1
	2010	..	*2	..	..	*2	*1

Table 19

Production, trade and consumption of motor gasolene
Production, commerce et consommation d'essence auto

Thousand metric tons and kilograms per capita
Milliers de tonnes métriques et kilogrammes par habitant

Country or area Pays ou zone	Year Année	Production Production	Imports Importations	Exports Exportations	Changes in stocks Variations des stocks	Consumption Consommation	
						Total Totale	Per Capita Par habitant
Kenya	2007	207	294	52	..	449	12
Kenya	2008	182	201	2	..	381	10
	2009	157	342	3	..	496	13
	2010	181	359	8	..	532	13
Liberia	2007	..	54	..	..	54	15
Libéria	2008	..	44	..	..	44	12
	2009	..	59	..	..	59	15
	2010	..	78	..	..	78	20
Libya	2007	1295	..	75	..	1220	203
Libye	2008	1285	..	74	..	1211	197
	2009	1372	..	79	..	1293	206
	2010	1285	..	74	..	1211	191
Madagascar	2007	..	83	..	0	83	4
Madagascar	2008	..	82	..	4	78	4
	2009	..	77	..	-3	79	4
	2010	..	73	..	-8	81	4
Malawi	2007	..	59	..	..	59	4
Malawi	2008	..	73	..	..	73	5
	2009	..	78	..	..	78	5
	2010	..	81	..	..	81	5
Mali	2007	..	*68	..	..	*68	*5
Mali	2008	..	*69	..	..	*69	*5
	2009	..	*71	..	..	*71	*5
	2010	..	*73	..	..	*73	*5
Mauritania	2007	..	23	..	..	23	7
Mauritanie	2008	..	20	..	..	20	6
	2009	..	*24	..	..	*24	*7
	2010	..	*25	..	..	*25	*7
Mauritius	2007	..	96	..	-3	99	78
Maurice	2008	..	108	..	7	101	79
	2009	..	99	..	-13	112	87
	2010	..	121	..	3	118	91
Morocco	2007	365	58	..	6	417	13
Maroc	2008	404	44	..	-30	478	15
	2009	313	223	..	30	506	16
	2010	328	230	..	8	550	17
Mozambique	2007	..	107	..	0	107	5
Mozambique	2008	..	98	..	0	98	4
	2009	..	95	..	0	95	4
	2010	..	155	..	0	155	7
Namibia	2007	..	260	..	..	260	120
Namibie	2008	..	255	..	..	255	116
	2009	..	291	..	..	291	130
	2010	..	301	..	..	301	132
Niger	2007	..	61	..	8	53	4
Niger	2008	..	50	..	-2	52	4
	2009	..	72	..	1	72	5
	2010	..	78	..	-5	83	5
Nigeria	2007	287	5792	0	-125	6204	42
Nigéria	2008	698	4596	0	-1711	7005	46
	2009	364	5989	0	-656	7009	45
	2010	748	5031	0	0	5779	36

Table 19

Production, trade and consumption of motor gasolene
Production, commerce et consommation d'essence auto

Thousand metric tons and kilograms per capita
Milliers de tonnes métriques et kilogrammes par habitant

Country or area Pays ou zone	Year Année	Production Production	Imports Importations	Exports Exportations	Changes in stocks Variations des stocks	Consumption Consommation	
						Total Totale	Per Capita Par habitant
Réunion	2007	..	108	..	-12	120	147
Réunion	2008	..	117	..	2	115	139
	2009	..	115	..	1	114	137
	2010	..	106	..	-4	110	130
Rwanda	2007	..	50	..	-1	51	5
Rwanda	2008	..	*50	..	0	*50	*5
	2009	..	*53	..	0	*53	*5
	2010	..	*56	..	0	*56	*5
Sao Tome and Principe	2007	..	*7	..	..	*7	*41
Sao Tomé-et-Principe	2008	..	*7	..	..	*7	*44
	2009	..	*7	..	..	*7	*43
	2010	..	7	..	..	7	44
Senegal	2007	77	0	31	2	44	4
Sénégal	2008	68	1	1	-2	70	6
	2009	83	0	1	-2	84	7
	2010	86	40	1	2	123	10
Seychelles	2007	..	18	..	..	18	206
Seychelles	2008	..	22	..	..	22	260
	2009	..	13	..	..	13	154
	2010	..	19	..	..	19	217
Sierra Leone	2007	..	52	..	..	52	10
Sierra Leone	2008	..	43	..	..	43	8
	2009	..	61	..	..	61	11
	2010	..	69	..	..	69	12
Somalia	2007	0	*34	..	..	*34	*4
Somalie	2008	0	*34	..	..	*34	*4
	2009	0	*34	..	..	*34	*4
	2010	0	*35	..	..	*35	*4
South Africa	2007	7403	1243	290	..	8356	171
Afrique du Sud	2008	8038	934	355	..	8617	175
	2009	7609	1450	325	..	8734	176
	2010	*6216	810	319	..	*6707	*134
St. Helena and Depend.	2007	..	1	..	..	1	228
St-Hélène et dépend	2008	..	1	..	..	1	149
	2009	..	1	..	..	1	129
	2010	..	1	..	..	1	131
Sudan	2007	1205	0	606	49	550	14
Soudan	2008	1084	27	434	87	590	14
	2009	1112	0	348	89	675	16
	2010	1491	0	365	364	762	17
Swaziland	2007	..	*88	..	..	*88	*78
Swaziland	2008	..	*91	..	..	*91	*79
	2009	..	*88	..	..	*88	*75
	2010	..	*89	..	..	*89	*75
Togo	2007	..	103	..	-5	108	19
Togo	2008	..	118	..	-60	178	31
	2009	..	183	..	0	183	31
	2010	..	189	..	0	189	31
Tunisia	2007	134	238	..	-41	413	41
Tunisie	2008	129	285	..	-10	424	41
	2009	125	301	..	-10	436	42
	2010	19	437	..	-4	460	44

Table 19

Production, trade and consumption of motor gasolene
Production, commerce et consommation d'essence auto

Thousand metric tons and kilograms per capita
Milliers de tonnes métriques et kilogrammes par habitant

Country or area Pays ou zone	Year Année	Production Production	Imports Importations	Exports Exportations	Changes in stocks Variations des stocks	Consumption Consommation	
						Total Totale	Per Capita Par habitant
Uganda	2007	..	222	..	..	222	7
Ouganda	2008	..	225	..	..	225	7
	2009	..	259	..	..	259	8
	2010	..	302	..	..	302	9
United Rep. of Tanzania	2007	..	231	..	..	231	6
Rép. Unie de Tanzanie	2008	..	248	..	..	248	6
	2009	..	239	..	..	239	5
	2010	..	245	..	..	245	5
Western Sahara	2007	..	*6	..	..	*6	*12
Sahara occidental	2008	..	*6	..	..	*6	*12
	2009	..	*6	..	..	*6	*12
	2010	..	*6	..	..	*6	*11
Zambia	2007	97	24	..	..	121	10
Zambie	2008	105	24	..	..	129	10
	2009	129	18	..	..	147	12
	2010	137	20	..	..	157	12
Zimbabwe	2007	..	164	..	..	164	13
Zimbabwe	2008	..	135	..	..	135	11
	2009	..	143	..	..	143	11
	2010	..	156	..	..	156	12
America, North	**2007**	**403600**	**65647**	**15840**	**1436**	**451972**	**860**
Amérique du Nord	**2008**	**401462**	**65313**	**17139**	**-847**	**450483**	**848**
	2009	**381002**	**60434**	**17924**	**1366**	**422147**	**787**
	2010	**380707**	**59859**	**22375**	**145**	**418045**	**771**
Antigua and Barbuda	2007	..	*40	*5	..	*35	*407
Antigua-et-Barbuda	2008	..	*41	*5	..	*36	*414
	2009	..	*43	*5	..	*38	*433
	2010	..	*45	*4	..	*41	*462
Aruba	2007	..	*57	..	..	*57	*547
Aruba	2008	..	*58	..	..	*58	*545
	2009	..	*58	..	..	*58	*547
	2010	..	*59	..	..	*59	*552
Bahamas	2007	..	*104	*1	..	*103	*313
Bahamas	2008	..	105	1	..	105	314
	2009	..	154	*1	..	153	453
	2010	..	217	*1	..	217	632
Barbados	2007	..	97	..	-1	97	358
Barbade	2008	..	96	..	-1	97	356
	2009	..	97	..	0	97	355
	2010	..	94	..	0	94	344
Belize	2007	..	42	..	..	42	142
Belize	2008	..	*42	..	..	*42	*140
	2009	..	*43	..	..	*43	*141
	2010	..	*44	..	..	*44	*141
Bermuda	2007	..	37	..	..	37	574
Bermudes	2008	..	34	..	..	34	526
	2009	..	*38	..	..	*38	*579
	2010	..	*39	..	..	*39	*596
British Virgin Islands	2007	..	*13	..	..	*13	*555
Iles Vierges britanniques	2008	..	*13	..	..	*13	*562
	2009	..	*13	..	..	*13	*565
	2010	..	*14	..	..	*14	*581

Table 19

Production, trade and consumption of motor gasolene
Production, commerce et consommation d'essence auto
Thousand metric tons and kilograms per capita
Milliers de tonnes métriques et kilogrammes par habitant

Country or area Pays ou zone	Year Année	Production Production	Imports Importations	Exports Exportations	Changes in stocks Variations des stocks	Consumption Consommation	
						Total Totale	Per Capita Par habitant
Canada	2007	32630	3073	6284	61	29358	890
Canada	2008	30090	4011	5525	-162	28738	862
	2009	30609	3918	5815	148	28564	848
	2010	30667	3439	6383	429	27294	802
Cayman Islands	2007	..	40	..	..	40	732
Iles Caïmanes	2008	..	45	..	..	45	814
	2009	..	42	..	..	42	753
	2010	..	39	..	..	39	694
Costa Rica	2007	132	520	..	13	639	144
Costa Rica	2008	105	572	..	19	658	146
	2009	87	598	..	-15	700	152
	2010	110	619	..	-17	745	160
Cuba	2007	392	133	..	..	525	47
Cuba	2008	716	205	..	..	921	82
	2009	492	120	..	..	612	54
	2010	568	386	..	..	954	85
Dominica	2007	..	*13	..	..	*13	*190
Dominique	2008	..	*13	..	..	*13	*191
	2009	..	*13	..	..	*13	*191
	2010	..	*13	..	..	*13	*192
Dominican Republic	2007	404	583	..	-17	1004	105
Rép. dominicaine	2008	384	469	..	13	840	87
	2009	254	625	..	-5	884	90
	2010	269	695	..	21	943	95
El Salvador	2007	117	314	1	9	421	69
El Salvador	2008	111	273	2	-24	406	66
	2009	105	323	0	-12	440	71
	2010	100	333	0	3	430	69
Greenland	2007	..	14	0	*2	12	211
Groënland	2008	..	12	0	*-1	12	217
	2009	..	12	0	0	13	222
	2010	..	14	0	*1	13	231
Grenada	2007	..	30	..	0	30	291
Grenade	2008	..	22	..	-4	26	247
	2009	..	26	..	-1	27	256
	2010	..	27	..	0	27	260
Guadeloupe	2007	..	142	..	..	142	314
Guadeloupe	2008	..	135	..	..	135	297
	2009	..	*135	..	..	*135	*295
	2010	..	*135	..	..	*135	*293
Guatemala	2007	0	982	36	47	899	67
Guatemala	2008	0	862	32	-48	878	64
	2009	0	1052	43	33	976	70
	2010	0	1007	31	17	959	67
Haiti	2007	..	223	..	..	223	23
Haïti	2008	..	227	..	..	227	23
	2009	..	228	..	..	228	23
	2010	..	122	..	..	122	12
Honduras	2007	..	416	..	0	416	58
Honduras	2008	..	421	..	-7	428	59
	2009	..	457	..	-9	466	63
	2010	..	476	..	0	476	63

Table 19

Production, trade and consumption of motor gasolene
Production, commerce et consommation d'essence auto

Thousand metric tons and kilograms per capita
Milliers de tonnes métriques et kilogrammes par habitant

Country or area Pays ou zone	Year Année	Production Production	Imports Importations	Exports Exportations	Changes in stocks Variations des stocks	Consumption Consommation	
						Total Totale	Per Capita Par habitant
Jamaica	2007	104	384	..	-8	496	183
Jamaïque	2008	129	360	..	-21	510	187
	2009	129	383	..	18	494	181
	2010	123	331	..	-5	458	167
Martinique	2007	*145	*15	*45	..	*115	*287
Martinique	2008	*146	*15	*46	..	*115	*286
	2009	*141	*17	*46	..	*112	*276
	2010	*139	*17	*47	..	*109	*268
Mexico	2007	21415	12455	16	329	33525	307
Mexique	2008	20899	13830	8	32	34689	314
	2009	21960	13309	15	-62	35316	315
	2010	20103	15489	0	-100	35692	315
Montserrat	2007	..	*11	..	..	*11	*1882
Montserrat	2008	..	*11	..	..	*11	*1872
	2009	..	*11	..	..	*11	*1866
	2010	..	*11	..	..	*11	*1854
Netherlands Antilles	2007	1987	75	1987	..	75	391
Antilles néerlandaises	2008	1873	76	1873	..	76	390
	2009	1685	73	1685	..	73	369
	2010	560	74	560	..	74	369
Nicaragua	2007	87	118	..	2	203	36
Nicaragua	2008	84	110	..	-2	196	35
	2009	101	113	..	-2	216	38
	2010	96	112	..	-25	233	40
Panama	2007	..	472	..	21	451	135
Panama	2008	..	473	..	-3	476	140
	2009	..	521	..	27	494	143
	2010	..	537	..	78	459	131
St. Kitts-Nevis	2007	..	*12	..	..	*12	*238
St-Kitts-Nevis	2008	..	*12	..	..	*12	*235
	2009	..	*13	..	..	*13	*251
	2010	..	*12	..	..	*12	*227
St. Lucia	2007	..	*44	..	..	*44	*261
St-Lucie	2008	..	*45	..	..	*45	*264
	2009	..	*46	..	..	*46	*267
	2010	..	*47	..	..	*47	*270
St. Pierre-Miquelon	2007	..	*4	..	..	*4	*657
St-Pierre-Miquelon	2008	..	*4	..	..	*4	*659
	2009	..	*4	..	..	*4	*660
	2010	..	*4	..	..	*4	*662
St. Vincent-Grenadines	2007	..	*17	..	..	*17	*156
St. Vincent-Grenadines	2008	..	*17	..	..	*17	*156
	2009	..	*17	..	..	*17	*156
	2010	..	*17	..	..	*17	*156
Trinidad and Tobago	2007	1273	0	1115	21	137	103
Trinité-et-Tobago	2008	1543	0	1100	-14	457	343
	2009	1352	48	972	-48	476	356
	2010	1242	32	831	-32	475	354
United States	2007	344914	45169	6350	957	382776	1266
États-Unis	2008	345382	42704	8547	-625	380164	1246
	2009	324087	37885	9342	1294	351336	1142
	2010	326731	35359	14519	-225	347796	1121

Table 19

Production, trade and consumption of motor gasolene
Production, commerce et consommation d'essence auto

Thousand metric tons and kilograms per capita
Milliers de tonnes métriques et kilogrammes par habitant

Country or area Pays ou zone	Year Année	Production Production	Imports Importations	Exports Exportations	Changes in stocks Variations des stocks	Consumption Consommation	
						Total Totale	Per Capita Par habitant
America, South	**2007**	**47745**	**2193**	**11005**	**76**	**38856**	**102**
Amérique du Sud	**2008**	**43858**	**1972**	**6539**	**-15**	**39307**	**102**
	2009	**44301**	**2228**	**5570**	**586**	**40373**	**104**
	2010	**44804**	**3442**	**4124**	**231**	**43891**	**112**
Argentina	2007	4846	17	1030	-1	3834	97
Argentine	2008	4603	38	681	-3	3963	100
	2009	4763	0	318	0	4445	111
	2010	4707	103	455	0	4355	108
Bolivia (Plur. State of)	2007	554	..	0	-8	562	59
Bolivie (État plur. de)	2008	651	..	28	-5	628	65
	2009	623	17	0	-2	642	66
	2010	640	70	0	-1	711	72
Brazil	2007	15733	7	2738	-59	13061	69
Brésil	2008	15341	0	1918	42	13381	70
	2009	15201	7	1860	67	13281	69
	2010	15921	374	564	60	15671	80
Chile	2007	2349	710	589	13	2457	148
Chili	2008	2569	421	603	-83	2470	147
	2009	2445	553	462	110	2426	143
	2010	2028	737	219	-54	2600	152
Colombia	2007	3164	1	363	-200	3002	68
Colombie	2008	3164	1	363	-270	3072	68
	2009	2964	15	418	-14	2575	56
	2010	3113	37	551	89	2510	54
Ecuador	2007	1940	913	147	5	2701	195
Equateur	2008	2027	869	215	0	2681	191
	2009	2185	982	173	31	2963	208
	2010	2072	1038	86	-28	3052	211
Falkland Is. (Malvinas)	2007	..	*1	..	..	*1	*336
Iles Falkland (Malvinas)	2008	..	*1	..	..	*1	*334
	2009	..	*1	..	..	*1	*333
	2010	..	*1	..	..	*1	*331
French Guiana	2007	..	27	..	..	27	126
Guyane française	2008	..	*29	..	..	*29	*132
	2009	..	*30	..	..	*30	*133
	2010	..	*30	..	..	*30	*130
Guyana	2007	..	93	..	0	93	123
Guyana	2008	..	95	..	-5	100	133
	2009	..	112	..	1	111	147
	2010	..	118	..	-1	119	157
Paraguay	2007	..	209	..	6	204	33
Paraguay	2008	..	211	..	-15	226	36
	2009	..	247	..	-17	264	42
	2010	..	299	..	-44	342	53
Peru	2007	2356	87	1061	489	892	32
Pérou	2008	2332	103	1143	293	999	35
	2009	2922	140	1467	422	1173	41
	2010	3106	381	1663	205	1619	56
Suriname	2007	..	85	..	..	85	167
Suriname	2008	..	85	..	..	85	166
	2009	..	86	..	..	86	166
	2010	..	138	..	..	138	263

Table 19

Production, trade and consumption of motor gasolene
Production, commerce et consommation d'essence auto

Thousand metric tons and kilograms per capita
Milliers de tonnes métriques et kilogrammes par habitant

Country or area Pays ou zone	Year Année	Production Production	Imports Importations	Exports Exportations	Changes in stocks Variations des stocks	Consumption Consommation	
						Total Totale	Per Capita Par habitant
Uruguay	2007	352	43	173	-29	251	75
Uruguay	2008	449	119	257	14	297	89
	2009	442	37	137	7	336	100
	2010	427	116	180	-16	379	113
Venezuela(Bolivar. Rep.)	2007	16451	..	4904	-140	11687	424
Venezuela(Rép. bolivar.)	2008	12722	..	1331	17	11374	405
	2009	12756	..	735	-19	12040	422
	2010	12790	..	406	20	12364	427
Asia	**2007**	**219927**	**43381**	**42240**	**1045**	**220023**	**55**
Asie	**2008**	**226975**	**46177**	**45204**	**2155**	**225793**	**55**
	2009	**248115**	**50483**	**53569**	**5355**	**239674**	**58**
	2010	**252889**	**55261**	**60145**	**-2895**	**250900**	**60**
Afghanistan	2007	..	207	..	..	207	7
Afghanistan	2008	..	558	..	..	558	19
	2009	..	932	..	..	932	30
	2010	..	1091	..	..	1091	35
Armenia	2007	..	169	..	..	169	55
Arménie	2008	..	198	..	..	198	64
	2009	..	184	..	..	184	60
	2010	..	*189	..	..	*189	*61
Azerbaijan	2007	1129	..	332	4	793	90
Azerbaïdjan	2008	1320	..	372	-4	952	106
	2009	1235	..	227	11	997	110
	2010	1249	..	197	-4	1056	115
Bahrain	2007	766	..	265	-30	531	574
Bahreïn	2008	892	..	352	-24	564	536
	2009	804	..	214	31	559	478
	2010	790	..	247	-138	681	540
Bangladesh	2007	127	113	..	-88	328	2
Bangladesh	2008	115	149	..	-84	348	2
	2009	104	143	..	-121	368	3
	2010	94	135	..	-161	390	3
Bhutan	2007	..	13	..	..	13	19
Bhoutan	2008	..	13	..	..	13	19
	2009	..	*15	..	..	*15	*21
	2010	..	18	..	..	18	25
Brunei Darussalam	2007	217	0	..	2	215	570
Brunéi Darussalam	2008	202	11	..	-5	218	567
	2009	199	22	..	3	218	556
	2010	197	35	..	0	232	582
Cambodia	2007	..	129	..	..	129	9
Cambodge	2008	..	139	..	..	139	10
	2009	..	150	..	..	150	11
	2010	..	158	..	..	158	11
China	2007	58721	227	4643	-429	54734	41
Chine	2008	62931	1987	2034	1949	60935	46
	2009	72703	44	4919	6514	61314	46
	2010	73051	0	5170	-708	68589	51
China, Hong Kong SAR	2007	..	384	36	10	338	49
Chine, Hong-Kong RAS	2008	..	366	35	-4	335	48
	2009	..	385	26	3	356	51
	2010	..	394	15	7	372	53

Table 19

Production, trade and consumption of motor gasolene
Production, commerce et consommation d'essence auto

Thousand metric tons and kilograms per capita
Milliers de tonnes métriques et kilogrammes par habitant

Country or area Pays ou zone	Year Année	Production Production	Imports Importations	Exports Exportations	Changes in stocks Variations des stocks	Consumption Consommation	
						Total Totale	Per Capita Par habitant
Cyprus	2007	..	344	..	-1	345	325
Chypre	2008	..	372	..	-9	381	354
	2009	..	380	..	2	378	347
	2010	..	402	..	9	393	356
Georgia	2007	..	384	..	..	384	87
Géorgie	2008	..	407	..	..	407	93
	2009	..	465	..	..	465	106
	2010	..	436	..	..	436	100
India	2007	14167	328	4258	..	10237	9
Inde	2008	16020	397	5427	..	10990	9
	2009	22554	385	9762	..	13177	11
	2010	26135	1702	13581	..	14256	12
Indonesia	2007	8363	6217	6	..	14574	63
Indonésie	2008	8155	4058	6	..	12207	52
	2009	9243	8596	0	..	17839	75
	2010	8350	9664	313	..	17701	74
Iran(Islamic Rep. of)	2007	12179	5147	..	..	17326	243
Iran(Rép. islamique)	2008	12047	5583	..	..	17630	244
	2009	12075	5674	..	..	17748	243
	2010	12084	5033	..	..	17118	231
Iraq	2007	2531	1372	..	..	3903	135
Iraq	2008	2520	1485	..	..	4005	134
	2009	2496	1469	..	..	3965	129
	2010	2472	1677	..	..	4149	131
Israel	2007	2602	749	896	0	2455	355
Israël	2008	2869	612	728	0	2753	388
	2009	2984	319	830	0	2473	341
	2010	2727	886	635	0	2978	401
Japan	2007	42744	620	395	196	42773	338
Japon	2008	41852	480	523	-56	41865	331
	2009	42188	628	1143	-255	41928	331
	2010	42957	798	1618	-59	42196	333
Jordan	2007	706	273	..	18	961	170
Jordanie	2008	771	146	..	8	909	155
	2009	788	240	..	-36	1064	177
	2010	732	416	..	38	1110	179
Kazakhstan	2007	2633	683	236	60	3020	195
Kazakhstan	2008	2505	1037	155	372	3015	193
	2009	2613	889	154	4	3344	211
	2010	2926	728	115	93	3446	215
Korea, Dem.Ppl's.Rep.	2007	146	17	..	..	163	7
Corée,Rép.pop.dém.de	2008	151	16	..	..	167	7
	2009	116	11	..	..	127	5
	2010	112	10	..	..	122	5
Korea, Republic of	2007	8505	0	1786	13	6706	141
Corée, République de	2008	10188	0	3624	-168	6732	141
	2009	11975	0	4694	157	7124	149
	2010	12083	0	4596	42	7445	155
Kuwait	2007	2852	..	47	499	2306	942
Koweït	2008	2731	..	57	297	2377	933
	2009	3092	..	28	283	2781	1051
	2010	2241	..	26	-305	2520	921

Table 19

Production, trade and consumption of motor gasolene
Production, commerce et consommation d'essence auto

Thousand metric tons and kilograms per capita
Milliers de tonnes métriques et kilogrammes par habitant

Country or area Pays ou zone	Year Année	Production Production	Imports Importations	Exports Exportations	Changes in stocks Variations des stocks	Consumption Consommation	
						Total Totale	Per Capita Par habitant
Kyrgyzstan	2007	14	435	0	..	449	87
Kirghizistan	2008	13	509	54	..	468	90
	2009	10	260	0	..	270	51
	2010	15	280	0	..	295	55
Lao People's Dem. Rep.	2007	..	*25	..	..	*25	*4
Rép. dém. pop. lao	2008	..	*25	..	..	*25	*4
	2009	..	*25	..	..	*25	*4
	2010	..	*26	..	..	*26	*4
Lebanon	2007	..	1307	..	..	1307	316
Liban	2008	..	1401	..	..	1401	336
	2009	..	1618	..	..	1618	386
	2010	..	1595	..	..	1595	377
Malaysia	2007	5759	3636	358	66	8971	332
Malaisie	2008	4819	3342	168	40	7953	289
	2009	4197	*3165	*11	*-1117	*8468	*303
	2010	4171	*4157	*20	*-1056	*9364	*330
Maldives	2007	..	28	..	..	28	93
Maldives	2008	..	27	..	..	27	86
	2009	..	28	..	..	28	91
	2010	..	30	..	..	30	95
Mongolia	2007	..	346	..	..	346	132
Mongolie	2008	..	366	..	..	366	137
	2009	..	323	..	..	323	119
	2010	..	285	..	..	285	103
Myanmar	2007	419	14	..	17	416	9
Myanmar	2008	396	18	..	-4	418	9
	2009	430	20	..	-3	453	10
	2010	493	53	..	-32	578	12
Nepal	2007	..	71	..	..	71	3
Népal	2008	..	88	..	..	88	3
	2009	..	115	..	..	115	4
	2010	..	133	..	..	133	4
Oman	2007	535	807	0	..	1342	524
Oman	2008	2243	0	663	..	1580	599
	2009	2157	0	484	..	1673	617
	2010	1903	0	35	..	1868	671
Other Asia	2007	8603	0	4758	-32	3877	169
Autres zones d'Asie	2008	7670	0	4211	-89	3548	154
	2009	8313	0	4164	53	4096	177
	2010	7778	0	3697	66	4015	173
Pakistan	2007	1337	127	41	-36	1459	9
Pakistan	2008	1287	249	3	5	1527	9
	2009	1338	577	4	3	1907	11
	2010	1237	1130	16	24	2327	13
Philippines	2007	1470	1343	89	103	2621	30
Philippines	2008	1410	1270	137	-183	2727	30
	2009	1077	1543	73	62	2485	27
	2010	1344	1480	23	9	2792	30
Qatar	2007	1957	..	1090	..	867	736
Qatar	2008	1916	..	948	..	968	693
	2009	1752	..	669	..	1083	678
	2010	1866	..	733	..	1133	644

Table 19

Production, trade and consumption of motor gasolene
Production, commerce et consommation d'essence auto

Thousand metric tons and kilograms per capita
Milliers de tonnes métriques et kilogrammes par habitant

Country or area Pays ou zone	Year Année	Production Production	Imports Importations	Exports Exportations	Changes in stocks Variations des stocks	Consumption Consommation	
						Total Totale	Per Capita Par habitant
Saudi Arabia	2007	15050	3227	2898	524	14855	582
Arabie saoudite	2008	14538	4625	2874	263	16026	612
	2009	15196	4404	2909	-322	17013	635
	2010	16070	3688	2820	-805	17743	646
Singapore	2007	8422	8557	16111	72	796	174
Singapour	2008	9326	9853	18343	0	836	175
	2009	9627	11032	19443	349	867	175
	2010	*10948	12421	22481	0	888	175
Sri Lanka	2007	163	209	..	-11	383	19
Sri Lanka	2008	164	205	..	17	352	17
	2009	179	221	..	-18	418	20
	2010	158	327	..	-1	486	23
State of Palestine	2007	..	107	..	..	107	29
État de Palestine	2008	..	99	..	..	99	26
	2009	..	116	..	..	116	30
	2010	..	172	..	..	172	43
Syrian Arab Republic	2007	1220	176	5	-59	1450	75
Rép. arabe syrienne	2008	1329	223	3	0	1549	79
	2009	1359	308	2	0	1665	83
	2010	974	883	1	54	1802	88
Tajikistan	2007	..	84	..	..	84	13
Tadjikistan	2008	..	80	..	..	80	12
	2009	..	75	..	..	75	11
	2010	..	86	..	..	86	13
Thailand	2007	6311	120	1168	-39	5302	78
Thaïlande	2008	5884	0	1030	-104	4958	73
	2009	6163	9	941	-7	5238	76
	2010	6087	0	936	-13	5164	75
Timor-Leste	2007	..	*13	..	..	*13	*12
Timor-Leste	2008	..	*14	..	..	*14	*13
	2009	..	*13	..	..	*13	*12
	2010	..	*13	..	..	*13	*12
Turkey	2007	4098	578	2027	186	2463	35
Turquie	2008	4562	302	2572	-62	2354	33
	2009	3963	205	1960	-241	2449	34
	2010	3828	270	2012	45	2041	28
Turkmenistan	2007	1414	..	598	..	816	168
Turkménistan	2008	1549	..	655	..	894	182
	2009	1444	..	611	..	833	167
	2010	1374	..	581	..	793	157
United Arab Emirates	2007	2336	1237	..	..	3573	661
Emirats arabes unis	2008	2171	1547	..	..	3718	599
	2009	2392	1515	..	..	3907	563
	2010	1844	2140	..	..	3984	530
Uzbekistan	2007	1410	..	32	..	1378	52
Ouzbékistan	2008	1476	..	33	..	1443	54
	2009	1622	..	36	..	1586	58
	2010	1444	..	32	..	1412	51
Viet Nam	2007	..	3299	165	..	3134	37
Viet Nam	2008	..	3640	197	..	3443	40
	2009	674	3678	265	..	4087	47
	2010	2329	1995	246	..	4078	46

Table 19

Production, trade and consumption of motor gasolene
Production, commerce et consommation d'essence auto

Thousand metric tons and kilograms per capita
Milliers de tonnes métriques et kilogrammes par habitant

Country or area Pays ou zone	Year Année	Production Production	Imports Importations	Exports Exportations	Changes in stocks Variations des stocks	Consumption Consommation	
						Total Totale	Per Capita Par habitant
Yemen	2007	1021	259	..	..	1280	58
Yémen	2008	954	280	..	..	1234	55
	2009	1054	302	..	..	1356	58
	2010	827	326	..	..	1153	48
Europe	**2007**	**190246**	**34532**	**82096**	**188**	**142494**	**194**
Europe	**2008**	**184964**	**32027**	**79102**	**-1700**	**139589**	**190**
	2009	**181327**	**30201**	**76503**	**-45**	**135070**	**183**
	2010	**173295**	**31227**	**75580**	**-355**	**129297**	**175**
Albania	2007	0	157	..	..	157	50
Albanie	2008	0	97	..	..	97	30
	2009	0	92	..	..	92	29
	2010	0	118	..	..	118	37
Andorra	2007	..	25	..	..	25	306
Andorre	2008	..	23	..	..	23	283
	2009	..	22	..	..	22	265
	2010	..	21	..	..	21	249
Austria	2007	1669	884	648	-21	1926	232
Autriche	2008	1595	713	651	-8	1665	200
	2009	1652	677	550	133	1646	197
	2010	1353	794	570	-43	1620	193
Belarus	2007	3181	61	2095	53	1094	112
Bélarus	2008	3330	8	2128	73	1137	117
	2009	3272	2	2211	-32	1095	114
	2010	3158	3	2122	65	974	102
Belgium	2007	5041	931	4625	-93	1440	137
Belgique	2008	4338	812	3717	153	1280	121
	2009	3355	340	2712	-349	1332	125
	2010	3572	936	3430	74	1004	94
Bosnia and Herzegovina	2007	0	306	0	..	306	81
Bosnie-Herzégovine	2008	4	293	0	..	297	79
	2009	97	203	4	..	296	79
	2010	88	173	0	..	261	69
Bulgaria	2007	1466	222	1078	13	597	78
Bulgarie	2008	1571	191	1197	-45	610	80
	2009	1457	238	970	99	626	83
	2010	1479	258	1144	-2	595	79
Croatia	2007	1202	254	717	15	724	164
Croatie	2008	1001	287	584	9	695	157
	2009	1207	220	719	17	691	157
	2010	1094	230	664	10	650	148
Czech Republic	2007	1555	695	194	-43	2099	204
République tchèque	2008	1601	584	234	-14	1965	189
	2009	1412	676	144	-6	1950	187
	2010	1463	579	248	26	1768	168
Denmark	2007	1962	977	1121	-21	1839	336
Danemark	2008	1924	844	1062	-40	1746	318
	2009	2092	552	1144	27	1473	267
	2010	1817	708	954	8	1563	282
Estonia	2007	..	342	..	19	323	241
Estonie	2008	..	309	..	-11	320	238
	2009	..	305	..	11	294	219
	2010	..	273	..	-2	275	205

2010 Energy Statistics Yearbook United Nations / 2010 Annuaire des statistiques de l'énergie des Nations Unies

Table 19

Production, trade and consumption of motor gasolene
Production, commerce et consommation d'essence auto
Thousand metric tons and kilograms per capita
Milliers de tonnes métriques et kilogrammes par habitant

Country or area Pays ou zone	Year Année	Production Production	Imports Importations	Exports Exportations	Changes in stocks Variations des stocks	Consumption Consommation	
						Total Totale	Per Capita Par habitant
Faeroe Islands	2007	..	*12	..	..	*12	*255
Iles Féroé	2008	..	*12	..	..	*12	*252
	2009	..	*12	..	..	*12	*252
	2010	..	*12	..	..	*12	*242
Finland	2007	4348	88	2421	2	2013	380
Finlande	2008	4308	94	2270	47	2085	392
	2009	4230	0	2354	130	1746	327
	2010	3891	17	2331	-209	1786	333
France	2007	16496	661	6435	306	10416	169
France	2008	16370	735	8616	-379	8868	143
	2009	15440	603	6565	-8	9486	152
	2010	13361	863	5947	38	8239	131
Germany	2007	25892	1783	5421	-246	22500	273
Allemagne	2008	24820	1598	5737	-738	21419	260
	2009	23486	1475	5437	-77	19601	238
	2010	20940	2028	4867	62	18039	219
Gibraltar	2007	..	23	..	..	23	785
Gibraltar	2008	..	23	..	..	23	785
	2009	..	26	..	..	26	889
	2010	..	26	..	..	26	889
Greece	2007	4318	609	1373	-59	3613	321
Grèce	2008	4251	629	1081	32	3767	334
	2009	4075	936	1152	-192	4051	358
	2010	4407	371	1372	46	3360	296
Hungary	2007	1322	428	197	20	1533	153
Hongrie	2008	1264	464	200	-10	1538	153
	2009	1238	423	164	10	1487	149
	2010	1184	392	217	23	1336	134
Iceland	2007	..	157	..	-3	160	523
Islande	2008	..	152	..	-3	155	499
	2009	..	159	..	2	157	498
	2010	..	144	..	-4	148	462
Ireland	2007	493	1124	26	-9	1600	373
Irlande	2008	570	992	6	12	1544	355
	2009	481	1046	0	-21	1548	351
	2010	463	1048	35	109	1367	306
Italy	2007	21417	258	9444	-110	12341	207
Italie	2008	19921	157	9161	-175	11092	185
	2009	18721	181	7727	161	11014	183
	2010	18755	133	8903	-115	10100	167
Latvia	2007	..	441	44	-19	416	182
Lettonie	2008	..	400	26	-5	379	167
	2009	..	369	57	-2	314	139
	2010	..	250	14	-33	269	119
Lithuania	2007	1569	8	1209	9	359	106
Lituanie	2008	2686	7	2325	24	344	102
	2009	2585	9	2351	-22	265	79
	2010	2675	59	2550	-11	195	59
Luxembourg	2007	..	427	0	-4	431	906
Luxembourg	2008	..	406	0	-4	410	842
	2009	..	379	0	3	376	756
	2010	..	347	0	-4	351	692

Table 19

Production, trade and consumption of motor gasolene
Production, commerce et consommation d'essence auto

Thousand metric tons and kilograms per capita
Milliers de tonnes métriques et kilogrammes par habitant

Country or area Pays ou zone	Year Année	Production Production	Imports Importations	Exports Exportations	Changes in stocks Variations des stocks	Consumption Consommation	
						Total Totale	Per Capita Par habitant
Malta	2007	..	64	..	0	64	155
Malte	2008	..	70	..	0	70	169
	2009	..	71	..	-1	72	173
	2010	..	69	..	4	65	156
Montenegro	2007	..	63	9	..	54	86
Monténégro	2008	..	62	12	..	50	79
	2009	..	65	1	..	64	102
	2010	..	57	0	..	57	90
Netherlands	2007	6905	12004	18327	-94	676	41
Pays-Bas	2008	6903	9792	15467	50	1178	71
	2009	6971	10209	16294	-211	1097	66
	2010	7368	9381	16550	-242	441	27
Norway	2007	3942	262	3013	25	1166	247
Norvège	2008	2983	348	2122	10	1199	251
	2009	3512	283	2758	-6	1043	216
	2010	3324	257	1976	-133	1738	356
Poland	2007	3867	749	418	149	4049	106
Pologne	2008	3665	665	327	4	3999	105
	2009	4039	492	369	155	4007	105
	2010	4025	415	463	21	3956	103
Portugal	2007	2591	89	1091	34	1555	147
Portugal	2008	2091	115	767	12	1427	134
	2009	2056	240	835	0	1461	137
	2010	2218	178	1035	-30	1391	130
Republic of Moldova	2007	..	205	..	0	205	56
Rép. de Moldova	2008	..	213	..	3	210	58
	2009	..	216	..	8	208	58
	2010	..	186	..	-13	199	56
Romania	2007	3799	73	2201	63	1608	74
Roumanie	2008	3654	79	2314	-95	1514	70
	2009	3311	64	1680	126	1569	73
	2010	2823	65	1361	95	1432	67
Russian Federation	2007	35097	15	6007	348	28757	201
Fédération de Russie	2008	35602	241	4461	-413	31795	222
	2009	35827	223	4501	270	31279	219
	2010	35950	498	2963	127	33358	233
Serbia	2007	624	0	22	-5	607	62
Serbie	2008	616	0	72	-7	551	56
	2009	570	0	57	-9	522	53
	2010	473	0	0	-11	484	49
Slovakia	2007	1596	228	1180	29	615	113
Slovaquie	2008	1516	235	1116	-11	646	119
	2009	1496	230	1120	-9	615	113
	2010	1255	251	910	-9	605	111
Slovenia	2007	..	665	71	-25	619	308
Slovénie	2008	..	771	100	24	647	321
	2009	..	669	105	-30	594	293
	2010	..	723	146	11	566	279
Spain	2007	9232	757	3231	-75	6833	153
Espagne	2008	8729	478	3309	-85	5983	133
	2009	8973	332	3813	-89	5581	122
	2010	8013	163	3423	45	4708	102

Table 19

Production, trade and consumption of motor gasolene
Production, commerce et consommation d'essence auto

Thousand metric tons and kilograms per capita
Milliers de tonnes métriques et kilogrammes par habitant

Country or area Pays ou zone	Year Année	Production Production	Imports Importations	Exports Exportations	Changes in stocks Variations des stocks	Consumption Consommation	
						Total Totale	Per Capita Par habitant
Sweden	2007	3729	1880	1944	-48	3713	405
Suède	2008	4562	1643	2709	-35	3531	382
	2009	4506	1619	2562	-38	3601	387
	2010	3873	1858	2133	-31	3629	387
Switzerland	2007	1280	2135	..	-37	3452	457
Suisse	2008	1370	1947	..	-53	3370	443
	2009	1427	1873	..	-13	3313	433
	2010	1319	1850	..	9	3160	410
T.F.Yug.Rep. Macedonia	2007	179	4	66	3	114	56
L'ex-RY Macédoine	2008	177	2	75	-14	118	57
	2009	176	29	67	15	123	60
	2010	161	34	62	9	124	60
Ukraine	2007	4161	1201	134	-3	5231	113
Ukraine	2008	3223	2233	239	-75	5292	115
	2009	3259	1675	269	-41	4706	103
	2010	2875	2118	571	54	4368	96
United Kingdom	2007	21313	3265	7334	15	17229	283
Royaume-Uni	2008	20319	3302	7017	67	16537	270
	2009	20404	2966	7811	-56	15615	253
	2010	19918	3341	8619	-299	14939	241
Oceania	**2007**	**14460**	**3429**	**594**	**70**	**17225**	**496**
Océanie	**2008**	**14085**	**3728**	**493**	**-34**	**17354**	**491**
	2009	**14023**	**4278**	**189**	**52**	**18060**	**502**
	2010	**13758**	**4051**	**198**	**7**	**17604**	**481**
Australia	2007	12992	2128	564	36	14520	688
Australie	2008	12541	2581	458	-32	14696	683
	2009	12570	2987	178	43	15336	700
	2010	12340	2839	161	-47	15065	677
Cook Islands	2007	..	*5	..	..	*5	*252
Iles Cook	2008	..	*5	..	..	*5	*250
	2009	..	*5	..	..	*5	*248
	2010	..	*5	..	..	*5	*246
Fiji	2007	..	58	*11	..	47	57
Fidji	2008	..	47	*2	..	45	54
	2009	..	43	*1	..	42	49
	2010	..	75	*1	..	74	86
French Polynesia	2007	..	48	..	..	48	185
Polynésie française	2008	..	48	..	..	48	182
	2009	..	49	..	..	49	182
	2010	..	49	..	..	49	180
Kiribati	2007	..	4	..	..	4	41
Kiribati	2008	..	*4	..	..	*4	*41
	2009	..	*3	..	..	*3	*26
	2010	..	*4	..	..	*4	*42
Micronesia(Fed. States of)	2007	..	*8	..	..	*8	*73
Micronésie(États. féds. de)	2008	..	*8	..	..	*8	*73
	2009	..	*9	..	..	*9	*80
	2010	..	*10	..	..	*10	*86
Nauru	2007	..	*5	..	..	*5	*492
Nauru	2008	..	*5	..	..	*5	*491
	2009	..	*5	..	..	*5	*509
	2010	..	*6	..	..	*6	*536

Table 19

Production, trade and consumption of motor gasolene
Production, commerce et consommation d'essence auto

Thousand metric tons and kilograms per capita
Milliers de tonnes métriques et kilogrammes par habitant

Country or area Pays ou zone	Year Année	Production Production	Imports Importations	Exports Exportations	Changes in stocks Variations des stocks	Consumption Consommation	
						Total Totale	Per Capita Par habitant
New Caledonia	2007	..	63	*5	..	58	243
Nouvelle-Calédonie	2008	..	66	*5	..	61	251
	2009	..	71	*5	..	66	267
	2010	..	72	*2	..	70	279
New Zealand	2007	1423	1020	14	31	2398	567
Nouvelle-Zélande	2008	1503	858	28	2	2331	545
	2009	1416	1003	5	6	2408	557
	2010	1373	913	34	55	2197	503
Niue	2007	..	*1	..	..	*1	*338
Nioué	2008	..	*1	..	..	*1	*347
	2009	..	*1	..	..	*1	*357
	2010	..	*1	..	..	*1	*368
Palau	2007	..	*25	..	..	*25	*1243
Palaos	2008	..	*25	..	..	*25	*1236
	2009	..	*25	..	..	*25	*1229
	2010	..	*25	..	..	*25	*1241
Papua New Guinea	2007	45	16	0	3	58	9
Papouasie-Nvl-Guinée	2008	41	31	0	-4	76	12
	2009	37	23	0	3	57	9
	2010	45	0	0	-1	46	7
Samoa	2007	..	*19	..	..	*19	*105
Samoa	2008	..	*19	..	..	*19	*105
	2009	..	*20	..	..	*20	*110
	2010	..	*20	..	..	*20	*108
Solomon Islands	2007	..	*14	..	..	*14	*28
Iles Salomon	2008	..	*14	..	..	*14	*28
	2009	..	*15	..	..	*15	*29
	2010	..	*16	..	..	*16	*29
Tonga	2007	..	9	..	..	9	88
Tonga	2008	..	11	..	..	11	104
	2009	..	12	..	..	12	118
	2010	..	9	..	..	9	84
Vanuatu	2007	..	4	..	..	4	20
Vanuatu	2008	..	4	..	..	4	17
	2009	..	6	..	..	6	26
	2010	..	7	..	..	7	30
Wallis and Futuna Is.	2007	..	2	..	..	2	121
Iles Wallis et Futuna	2008	..	*1	..	..	*1	*108
	2009	..	*2	..	..	*2	*114
	2010	..	*2	..	..	*2	*111

Table 20

Production, trade and consumption of kerosene
Production, commerce et consommation de pétrole lampant
Thousand metric tons and kilograms per capita
Milliers de tonnes métriques et kilogrammes par habitant

Table Notes:

Production from refineries and plants.

Please refer to the Definitions Section on pages xv to xxix for the appropriate product description/ classification.

Notes relatives aux tableaux:

Production à partir des raffineries et des usines.

Veuillez consulter la section "définitions" de la page xv à la page xxix pour une description/classification appropriée des produits.

Figure 55: World production of kerosene 1994-2010

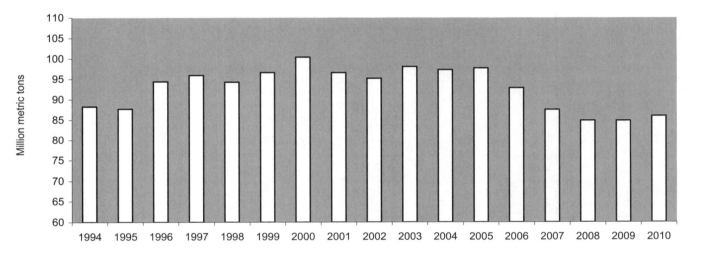

Figure 56: Major kerosene producing countries in 2010

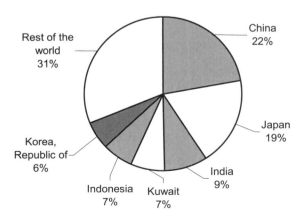

Figure 57: Major kerosene consuming countries in 2010

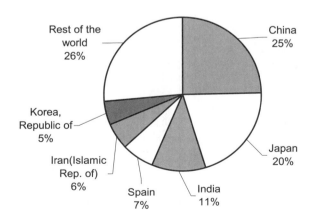

Table 20

Production, trade and consumption of kerosene
Production, commerce et consommation de pétrole lampant

Thousand metric tons and kilograms per capita
Milliers de tonnes métriques et kilogrammes par habitant

Country or area Pays ou zone	Year Année	Production Production	Imports Importations	Exports Exportations	Changes in stocks Variations des stocks	Consumption Consommation	
						Total Totale	Per Capita Per habitant
World	**2007**	**87569**	**16017**	**20720**	**-319**	**83186**	**12**
Monde	**2008**	**84900**	**14451**	**20891**	**-310**	**78771**	**12**
	2009	**84852**	**14408**	**22217**	**-915**	**77957**	**11**
	2010	**86026**	**17862**	**22499**	**-481**	**81870**	**12**
Africa	**2007**	**2680**	**2766**	**930**	**-27**	**4542**	**5**
Afrique	**2008**	**2737**	**1843**	**720**	**-28**	**3887**	**4**
	2009	**2555**	**2179**	**804**	**-2**	**3932**	**4**
	2010	**2601**	**3038**	**609**	**8**	**5022**	**5**
Algeria	2007	6	..	..	..	6	0
Algérie	2008	2	..	..	..	2	0
	2009	1	..	..	..	1	0
	2010	0	..	..	..	0	0
Angola	2007	1	76	0	..	77	4
Angola	2008	1	77	3	..	75	4
	2009	0	63	0	..	63	3
	2010	0	64	0	..	64	3
Benin	2007	..	334	..	1	333	41
Bénin	2008	..	347	..	-2	349	42
	2009	..	350	..	-4	354	41
	2010	..	346	..	-4	350	40
Botswana	2007	..	13	..	..	13	7
Botswana	2008	..	8	..	..	8	4
	2009	..	8	..	..	8	4
	2010	..	9	..	..	9	4
Burkina Faso	2007	..	18	..	-7	25	2
Burkina Faso	2008	..	24	..	*-1	25	2
	2009	..	15	..	*-2	17	1
	2010	..	*16	..	0	*16	*1
Burundi	2007	..	1	..	0	1	0
Burundi	2008	..	1	..	0	1	0
	2009	..	7	..	0	6	1
	2010	..	3	..	0	3	0
Cameroon	2007	0	13	0	-24	37	2
Cameroun	2008	0	0	1	-27	26	1
	2009	0	0	0	-24	24	1
	2010	0	0	0	-17	17	1
Cape Verde	2007	..	*5	..	..	*5	*10
Cap-Vert	2008	..	*5	..	..	*5	*10
	2009	..	0	..	..	0	0
	2010	..	0	..	..	0	0
Central African Rep.	2007	..	*25	..	..	*25	*6
Rép. centrafricaine	2008	..	*26	..	..	*26	*6
	2009	..	*26	..	..	*26	*6
	2010	..	*26	..	..	*26	*6
Chad	2007	..	*1	..	..	*1	0
Tchad	2008	..	*1	..	..	*1	0
	2009	..	*1	..	..	*1	0
	2010	..	*1	..	..	*1	0
Comoros	2007	..	*7	..	..	*7	*10
Comores	2008	..	*7	..	..	*7	*10
	2009	..	*7	..	..	*7	*10
	2010	..	*8	..	..	*8	*11

Table 20

Production, trade and consumption of kerosene
Production, commerce et consommation de pétrole lampant

Thousand metric tons and kilograms per capita
Milliers de tonnes métriques et kilogrammes par habitant

Country or area Pays ou zone	Year Année	Production Production	Imports Importations	Exports Exportations	Changes in stocks Variations des stocks	Consumption Consommation	
						Total Totale	Per Capita Per habitant
Congo	2007	14	..	..	..	14	4
Congo	2008	17	..	..	..	17	4
	2009	21	..	..	..	21	5
	2010	34	4	..	14	24	6
Côte d'Ivoire	2007	933	0	865	-13	81	4
Côte d'Ivoire	2008	750	0	666	0	84	4
	2009	826	0	733	0	93	5
	2010	616	0	547	0	69	3
Dem. Rep. of the Congo	2007	..	5	..	..	5	0
Rép. dem. du Congo	2008	..	1	..	..	1	0
	2009	..	12	..	..	12	0
	2010	..	4	..	..	4	0
Djibouti	2007	..	*15	..	..	*15	*18
Djibouti	2008	..	*15	..	..	*15	*18
	2009	..	*15	..	..	*15	*17
	2010	..	*16	..	..	*16	*18
Egypt	2007	143	..	..	..	143	2
Egypte	2008	133	..	..	..	133	2
	2009	151	..	..	..	151	2
	2010	151	..	..	..	151	2
Equatorial Guinea	2007	..	*10	..	..	*10	*16
Guinée équatoriale	2008	..	*10	..	..	*10	*15
	2009	..	*10	..	..	*10	*15
	2010	..	*10	..	..	*10	*14
Eritrea	2007	..	24	..	-3	27	6
Erythrée	2008	..	13	..	0	13	3
	2009	..	16	..	0	16	3
	2010	..	13	..	0	13	2
Ethiopia	2007	..	263	..	-3	266	3
Ethiopie	2008	..	292	..	20	272	3
	2009	..	282	..	25	257	3
	2010	..	229	..	-10	239	3
Gabon	2007	23	4	..	0	27	19
Gabon	2008	25	4	..	0	29	20
	2009	27	4	..	0	31	21
	2010	29	4	..	0	33	22
Gambia	2007	..	15	1	..	14	9
Gambie	2008	..	15	1	..	14	9
	2009	..	20	1	..	19	11
	2010	..	*22	*1	..	*21	*12
Ghana	2007	122	67	..	..	189	8
Ghana	2008	169	136	..	..	305	13
	2009	49	78	..	..	126	5
	2010	71	0	..	..	71	3
Guinea	2007	..	*41	..	..	*41	*4
Guinée	2008	..	*41	..	..	*41	*4
	2009	..	*42	..	..	*42	*4
	2010	..	*42	..	..	*42	*4
Guinea-Bissau	2007	..	*8	..	..	*8	*6
Guinée-Bissau	2008	..	*8	..	..	*8	*5
	2009	..	*8	..	..	*8	*5
	2010	..	*8	..	..	*8	*5

Table 20

Production, trade and consumption of kerosene
Production, commerce et consommation de pétrole lampant

Thousand metric tons and kilograms per capita
Milliers de tonnes métriques et kilogrammes par habitant

Country or area Pays ou zone	Year Année	Production Production	Imports Importations	Exports Exportations	Changes in stocks Variations des stocks	Consumption Consommation	
						Total Totale	Per Capita Per habitant
Kenya	2007	103	162	..	..	265	7
Kenya	2008	96	149	..	..	245	6
	2009	142	180	..	..	322	8
	2010	149	167	..	..	316	8
Liberia	2007	..	3	..	..	3	1
Libéria	2008	..	0	..	..	0	0
	2009	..	0	..	..	0	0
	2010	..	0	..	..	0	0
Libya	2007	283	..	24	..	259	43
Libye	2008	290	..	24	..	266	43
	2009	359	..	30	..	329	53
	2010	396	..	33	..	363	57
Madagascar	2007	..	*35	..	0	*34	*2
Madagascar	2008	..	*43	..	9	*34	*2
	2009	..	29	..	-5	35	2
	2010	..	38	..	-3	40	2
Malawi	2007	..	*21	..	..	*21	*2
Malawi	2008	..	*21	..	..	*21	*1
	2009	..	*22	..	..	*22	*2
	2010	..	*22	..	..	*22	*1
Mali	2007	..	*20	..	..	*20	*1
Mali	2008	..	*21	..	..	*21	*1
	2009	..	*22	..	..	*22	*1
	2010	..	*22	..	..	*22	*1
Mauritius	2007	..	4	..	2	2	2
Maurice	2008	..	6	..	2	4	3
	2009	..	4	..	-2	6	5
	2010	..	7	..	-1	8	6
Mozambique	2007	..	29	..	..	29	1
Mozambique	2008	..	22	..	..	22	1
	2009	..	22	..	..	22	1
	2010	..	22	..	..	22	1
Niger	2007	..	5	..	0	5	0
Niger	2008	..	3	..	0	3	0
	2009	..	3	..	0	2	0
	2010	..	3	..	-1	4	0
Nigeria	2007	296	1138	6	0	1428	10
Nigéria	2008	601	146	12	-61	796	5
	2009	347	572	0	0	919	6
	2010	584	1512	0	0	2096	13
Rwanda	2007	..	11	..	..	11	1
Rwanda	2008	..	*12	..	..	*12	*1
	2009	..	*12	..	..	*12	*1
	2010	..	*12	..	..	*12	*1
Sao Tome and Principe	2007	..	*3	..	..	*3	*16
Sao Tomé-et-Principe	2008	..	*3	..	..	*3	*19
	2009	..	*3	..	..	*3	*18
	2010	..	3	..	..	3	20
Senegal	2007	5	..	0	..	5	0
Sénégal	2008	4	..	0	..	4	0
	2009	3	..	0	..	3	0
	2010	3	..	0	..	3	0

Table 20

Production, trade and consumption of kerosene
Production, commerce et consommation de pétrole lampant

Thousand metric tons and kilograms per capita
Milliers de tonnes métriques et kilogrammes par habitant

Country or area Pays ou zone	Year Année	Production Production	Imports Importations	Exports Exportations	Changes in stocks Variations des stocks	Consumption Consommation Total Totale	Consumption Consommation Per Capita Per habitant
Seychelles	2007	..	*6	..	..	*6	*71
Seychelles	2008	..	*6	..	..	*6	*67
	2009	..	*6	..	..	*6	*66
	2010	..	*6	..	..	*6	*67
Sierra Leone	2007	..	25	..	..	25	5
Sierra Leone	2008	..	22	..	..	22	4
	2009	..	15	..	..	15	3
	2010	..	13	..	..	13	2
Somalia	2007	0	*40	..	..	*40	*5
Somalie	2008	0	*38	..	..	*38	*4
	2009	0	*33	..	..	*33	*4
	2010	0	*39	..	..	*39	*4
South Africa	2007	570	0	22	..	548	11
Afrique du Sud	2008	473	0	11	..	462	9
	2009	485	0	9	..	476	10
	2010	*497	0	16	..	*481	*10
Sudan	2007	31	..	0	22	9	0
Soudan	2008	33	..	0	26	7	0
	2009	31	..	1	26	4	0
	2010	25	..	0	22	3	0
Swaziland	2007	..	*10	..	..	*10	*9
Swaziland	2008	..	*10	..	..	*10	*9
	2009	..	*9	..	..	*9	*8
	2010	..	*9	..	..	*9	*7
Togo	2007	..	39	..	0	39	7
Togo	2008	..	27	..	-12	39	7
	2009	..	41	..	0	41	7
	2010	..	43	..	0	43	7
Tunisia	2007	129	0	0	-2	131	13
Tunisie	2008	120	0	0	18	102	10
	2009	85	0	16	-17	86	8
	2010	16	37	0	7	46	4
Uganda	2007	..	60	..	..	60	2
Ouganda	2008	..	60	..	..	60	2
	2009	..	53	..	..	53	2
	2010	..	64	..	..	64	2
United Rep. of Tanzania	2007	..	173	..	..	173	4
Rép. Unie de Tanzanie	2008	..	186	..	..	186	4
	2009	..	154	..	..	154	4
	2010	..	158	..	..	158	4
Western Sahara	2007	..	*4	..	..	*4	*8
Sahara occidental	2008	..	*4	..	..	*4	*8
	2009	..	*4	..	..	*4	*8
	2010	..	*4	..	..	*4	*8
Zambia	2007	21	..	12	..	9	1
Zambie	2008	23	..	2	..	21	2
	2009	28	..	14	..	14	1
	2010	30	..	12	..	18	1
Zimbabwe	2007	..	34	..	..	34	3
Zimbabwe	2008	..	33	..	..	33	3
	2009	..	33	..	..	33	3
	2010	..	33	..	..	33	3

Table 20

Production, trade and consumption of kerosene
Production, commerce et consommation de pétrole lampant

Thousand metric tons and kilograms per capita
Milliers de tonnes métriques et kilogrammes par habitant

Country or area Pays ou zone	Year Année	Production Production	Imports Importations	Exports Exportations	Changes in stocks Variations des stocks	Consumption Consommation	
						Total Totale	Per Capita Per habitant
America, North	**2007**	**3617**	**496**	**513**	**-99**	**3699**	**7**
Amérique du Nord	**2008**	**2597**	**446**	**331**	**-75**	**2788**	**5**
	2009	**2535**	**364**	**325**	**33**	**2541**	**5**
	2010	**1612**	**345**	**123**	**-41**	**1875**	**3**
Bahamas	2007	..	*5	..	..	*5	*15
Bahamas	2008	..	3	..	..	3	8
	2009	..	*4	..	..	*4	*12
	2010	..	*3	..	..	*3	*9
Barbados	2007	..	3	..	..	3	11
Barbade	2008	..	3	..	..	3	10
	2009	..	3	..	..	3	11
	2010	..	3	..	..	3	11
Bermuda	2007	..	1	..	..	1	12
Bermudes	2008	..	0	..	..	0	3
	2009	..	0	..	..	0	*5
	2010	..	0	..	..	0	*3
British Virgin Islands	2007	..	*3	..	..	*3	*133
Iles Vierges britanniques	2008	..	*4	..	..	*4	*154
	2009	..	*4	..	..	*4	*165
	2010	..	*4	..	..	*4	*172
Canada	2007	1544	150	74	-25	1645	50
Canada	2008	1450	198	52	12	1584	48
	2009	1286	72	76	-23	1305	39
	2010	607	46	16	-15	652	19
Costa Rica	2007	1	..	..	..	1	0
Costa Rica	2008	2	..	..	..	2	0
	2009	2	..	..	..	2	0
	2010	2	..	..	-2	4	1
Cuba	2007	69	..	..	..	69	6
Cuba	2008	42	..	..	..	42	4
	2009	24	..	..	..	24	2
	2010	0	..	..	..	0	0
Dominica	2007	..	*1	..	..	*1	*15
Dominique	2008	..	*1	..	..	*1	*15
	2009	..	*1	..	..	*1	*15
	2010	..	*1	..	..	*1	*15
Dominican Republic	2007	8	..	..	..	8	1
Rép. dominicaine	2008	8	..	..	..	8	1
	2009	9	..	..	..	9	1
	2010	9	..	..	..	9	1
El Salvador	2007	2	2	0	0	4	1
El Salvador	2008	2	2	0	0	4	1
	2009	2	2	0	0	4	1
	2010	2	2	0	0	4	1
Grenada	2007	..	1	..	..	1	6
Grenade	2008	..	1	..	1	0	2
	2009	..	2	..	2	0	2
	2010	..	0	..	0	0	2
Guadeloupe	2007	..	6	..	..	6	13
Guadeloupe	2008	..	7	..	..	7	15
	2009	..	*7	..	..	*7	*15
	2010	..	*7	..	..	*7	*15

Table 20

Production, trade and consumption of kerosene
Production, commerce et consommation de pétrole lampant

Thousand metric tons and kilograms per capita
Milliers de tonnes métriques et kilogrammes par habitant

Country or area Pays ou zone	Year Année	Production Production	Imports Importations	Exports Exportations	Changes in stocks Variations des stocks	Consumption Consommation	
						Total Totale	Per Capita Per habitant
Guatemala	2007	1	25	..	15	11	1
Guatemala	2008	1	23	..	15	9	1
	2009	1	20	..	12	9	1
	2010	1	40	..	-1	42	3
Haiti	2007	..	66	..	..	66	7
Haïti	2008	..	67	..	..	67	7
	2009	..	56	..	..	56	6
	2010	..	64	..	..	64	6
Honduras	2007	..	60	..	0	60	8
Honduras	2008	..	39	..	-8	47	6
	2009	..	17	..	-2	19	3
	2010	..	44	..	0	44	6
Jamaica	2007	1	4	..	0	5	2
Jamaïque	2008	1	2	..	0	3	1
	2009	1	1	..	0	2	1
	2010	2	0	..	0	2	1
Martinique	2007	*122	*2	*32	..	*92	*229
Martinique	2008	*125	*2	*33	..	*94	*233
	2009	*120	*2	*33	..	*89	*220
	2010	*116	*2	*33	..	*85	*208
Mexico	2007	2	..	..	-16	18	0
Mexique	2008	1	..	..	0	1	0
	2009	0	..	..	0	0	0
	2010	0	..	..	0	0	0
Montserrat	2007	..	*1	..	..	*1	*171
Montserrat	2008	..	*1	..	..	*1	*170
	2009	..	*1	..	..	*1	*170
	2010	..	*1	..	..	*1	*169
Nicaragua	2007	9	..	..	0	9	2
Nicaragua	2008	6	..	..	0	6	1
	2009	6	..	..	0	6	1
	2010	6	..	..	0	6	1
Panama	2007	..	1	..	..	1	0
Panama	2008	..	2	..	..	2	1
	2009	..	33	..	..	33	10
	2010	..	23	..	..	23	7
St. Kitts-Nevis	2007	..	*11	..	..	*11	*218
St-Kitts-Nevis	2008	..	*11	..	..	*11	*215
	2009	..	*12	..	..	*12	*232
	2010	..	*11	..	..	*11	*208
St. Lucia	2007	..	*1	..	..	*1	*6
St-Lucie	2008	..	*1	..	..	*1	*6
	2009	..	*1	..	..	*1	*6
	2010	..	*1	..	..	*1	*6
Trinidad and Tobago	2007	78	..	..	..	78	59
Trinité-et-Tobago	2008	80	..	..	..	80	60
	2009	60	..	..	..	60	45
	2010	62	..	..	..	62	46
United States	2007	1780	154	407	-73	1600	5
États-Unis	2008	879	81	246	-95	809	3
	2009	1024	126	216	44	890	3
	2010	805	93	74	-23	847	3

Table 20

Production, trade and consumption of kerosene
Production, commerce et consommation de pétrole lampant

Thousand metric tons and kilograms per capita
Milliers de tonnes métriques et kilogrammes par habitant

Country or area Pays ou zone	Year Année	Production Production	Imports Importations	Exports Exportations	Changes in stocks Variations des stocks	Consumption Consommation	
						Total Totale	Per Capita Per habitant
America, South	**2007**	**379**	**25**	**..**	**-10**	**414**	**1**
Amérique du Sud	**2008**	**350**	**22**	**..**	**0**	**371**	**1**
	2009	**379**	**27**	**..**	**8**	**397**	**1**
	2010	**388**	**15**	**..**	**-17**	**420**	**1**
Argentina	2007	21	..	..	..	21	1
Argentine	2008	8	..	..	..	8	0
	2009	11	..	..	..	11	0
	2010	44	..	..	..	44	1
Bolivia (Plur. State of)	2007	17	..	..	0	17	2
Bolivie (État plur. de)	2008	15	..	..	0	15	2
	2009	16	..	..	0	16	2
	2010	16	..	..	0	16	2
Brazil	2007	20	..	..	0	20	0
Brésil	2008	19	..	..	0	19	0
	2009	19	..	..	0	19	0
	2010	20	..	..	0	20	0
Chile	2007	93	0	..	-11	104	6
Chili	2008	77	0	..	3	74	4
	2009	60	0	..	6	54	3
	2010	58	0	..	-12	70	4
Colombia	2007	130	..	..	..	130	3
Colombie	2008	145	..	..	..	145	3
	2009	159	..	..	..	159	3
	2010	136	..	..	-5	141	3
Ecuador	2007	11	..	..	..	11	1
Equateur	2008	7	..	..	..	7	0
	2009	6	..	..	..	6	0
	2010	6	..	..	..	6	0
Falkland Is. (Malvinas)	2007	..	*4	..	..	*4	*1343
Iles Falkland (Malvinas)	2008	..	*4	..	..	*4	*1336
	2009	..	*4	..	..	*4	*1331
	2010	..	*5	..	..	*5	*1591
French Guiana	2007	..	1	..	..	1	5
Guyane française	2008	..	1	..	..	1	5
	2009	..	*1	..	..	*1	*4
	2010	..	*1	..	..	*1	*4
Guyana	2007	..	14	..	0	14	18
Guyana	2008	..	12	..	-1	13	18
	2009	..	17	..	3	14	19
	2010	..	9	..	0	9	12
Paraguay	2007	..	1	..	..	1	0
Paraguay	2008	..	0	..	..	0	0
	2009	..	0	..	..	0	0
	2010	..	0	..	..	0	0
Peru	2007	56	..	..	0	56	2
Pérou	2008	46	..	..	0	46	2
	2009	72	..	..	0	72	3
	2010	67	..	..	0	67	2
Suriname	2007	..	5	..	..	5	10
Suriname	2008	..	5	..	..	5	10
	2009	..	5	..	..	5	10
	2010	..	0	..	..	0	0

Table 20

Production, trade and consumption of kerosene
Production, commerce et consommation de pétrole lampant
Thousand metric tons and kilograms per capita
Milliers de tonnes métriques et kilogrammes par habitant

Country or area Pays ou zone	Year Année	Production Production	Imports Importations	Exports Exportations	Changes in stocks Variations des stocks	Consumption Consommation	
						Total Totale	Per Capita Per habitant
Uruguay	2007	9	..	..	1	8	2
Uruguay	2008	7	..	..	-1	8	2
	2009	8	..	..	-1	8	2
	2010	8	..	..	0	8	2
Venezuela(Bolivar. Rep.)	2007	22	..	..	..	22	1
Venezuela(Rép. bolivar.)	2008	26	..	..	..	26	1
	2009	28	..	..	..	28	1
	2010	33	..	..	..	33	1
Asia	**2007**	**72096**	**10681**	**17928**	**-112**	**64961**	**16**
Asie	**2008**	**70542**	**9885**	**18572**	**-62**	**61916**	**15**
	2009	**70555**	**8751**	**19807**	**-1003**	**60502**	**15**
	2010	**72080**	**10480**	**20248**	**-349**	**62661**	**15**
Afghanistan	2007	..	13	..	..	13	0
Afghanistan	2008	..	22	..	..	22	1
	2009	..	93	..	..	93	3
	2010	..	50	..	..	50	2
Armenia	2007	..	57	0	..	57	18
Arménie	2008	..	56	0	..	56	18
	2009	..	29	1	..	29	9
	2010	..	43	0	..	43	14
Azerbaijan	2007	32	..	..	-2	34	4
Azerbaïdjan	2008	40	..	..	2	38	4
	2009	7	..	..	-2	9	1
	2010	0	..	..	-1	1	0
Bahrain	2007	112	..	109	-19	22	24
Bahreïn	2008	85	..	96	-37	26	25
	2009	53	..	27	0	26	22
	2010	330	..	103	198	29	23
Bangladesh	2007	304	567	..	0	871	6
Bangladesh	2008	276	206	..	0	482	3
	2009	251	116	..	0	367	2
	2010	228	101	..	0	329	2
Bhutan	2007	..	8	..	..	8	12
Bhoutan	2008	..	4	..	..	4	6
	2009	..	4	..	..	4	6
	2010	..	5	..	..	5	6
Brunei Darussalam	2007	4	..	..	..	4	11
Brunéi Darussalam	2008	3	..	..	..	3	8
	2009	3	..	..	..	3	8
	2010	0	4	..	..	4	10
Cambodia	2007	..	62	..	..	62	5
Cambodge	2008	..	67	..	..	67	5
	2009	..	72	..	..	72	5
	2010	..	78	..	..	78	6
China	2007	11533	5243	4481	20	12275	9
Chine	2008	11589	6478	5364	-13	12716	10
	2009	14803	6119	5942	11	14969	11
	2010	19217	7261	6050	123	20305	15
China, Macao SAR	2007	..	5	..	0	5	10
Chine, Macao RAS	2008	..	4	..	0	4	8
	2009	..	3	..	0	3	6
	2010	..	1	..	..	1	2

Table 20

Production, trade and consumption of kerosene
Production, commerce et consommation de pétrole lampant

Thousand metric tons and kilograms per capita
Milliers de tonnes métriques et kilogrammes par habitant

Country or area Pays ou zone	Year Année	Production Production	Imports Importations	Exports Exportations	Changes in stocks Variations des stocks	Consumption Consommation	
						Total Totale	Per Capita Per habitant
Cyprus	2007	..	13	..	-1	14	13
Chypre	2008	..	18	..	2	16	15
	2009	..	19	..	0	19	17
	2010	..	8	..	0	8	7
India	2007	7794	2489	137	..	10146	9
Inde	2008	8223	1423	77	..	9569	8
	2009	8545	985	46	..	9484	8
	2010	7702	1381	33	..	9050	7
Indonesia	2007	6894	878	..	0	7772	33
Indonésie	2008	6182	69	..	0	6251	27
	2009	3794	42	..	-246	4082	17
	2010	2478	0	179	0	2299	10
Iran(Islamic Rep. of)	2007	6568	..	41	..	6527	91
Iran(Rép. islamique)	2008	6311	..	148	..	6163	85
	2009	5491	..	19	..	5472	75
	2010	4558	..	0	..	4558	62
Iraq	2007	1272	210	..	..	1482	51
Iraq	2008	2042	264	..	..	2306	77
	2009	2056	50	..	..	2106	69
	2010	2100	55	..	..	2155	68
Israel	2007	1204	279	393	0	1090	158
Israël	2008	1416	299	480	0	1235	174
	2009	1229	340	337	0	1232	170
	2010	1351	292	520	0	1123	151
Japan	2007	18783	138	515	-147	18553	147
Japon	2008	16562	409	406	-69	16634	131
	2009	16479	373	290	-137	16699	132
	2010	15971	857	160	-45	16713	132
Jordan	2007	144	..	..	9	135	24
Jordanie	2008	108	..	..	5	103	18
	2009	84	..	..	-31	114	19
	2010	88	..	..	16	71	12
Kazakhstan	2007	176	82	0	0	258	17
Kazakhstan	2008	402	126	4	4	520	33
	2009	374	70	25	7	412	26
	2010	491	5	80	-6	422	26
Korea, Dem.Ppl's.Rep.	2007	29	1	..	..	30	1
Corée,Rép.pop.dém.de	2008	30	1	..	..	31	1
	2009	23	1	..	..	24	1
	2010	22	1	..	..	23	1
Korea, Republic of	2007	3827	64	161	-156	3886	82
Corée, République de	2008	4116	35	311	-163	4003	84
	2009	4642	10	705	-13	3960	83
	2010	4931	42	835	80	4058	84
Kuwait	2007	6233	..	6200	..	33	13
Koweït	2008	5856	..	5812	..	44	17
	2009	5805	..	5768	..	37	14
	2010	5892	..	5853	..	39	14
Lao People's Dem. Rep.	2007	..	*22	..	..	*22	*4
Rép. dém. pop. lao	2008	..	*22	..	..	*22	*4
	2009	..	*22	..	..	*22	*4
	2010	..	*22	..	..	*22	*4

Table 20

Production, trade and consumption of kerosene
Production, commerce et consommation de pétrole lampant
Thousand metric tons and kilograms per capita
Milliers de tonnes métriques et kilogrammes par habitant

Country or area Pays ou zone	Year Année	Production Production	Imports Importations	Exports Exportations	Changes in stocks Variations des stocks	Consumption Consommation	
						Total Totale	Per Capita Per habitant
Malaysia	2007	227	46	191	7	75	3
Malaisie	2008	237	97	147	-19	206	7
	2009	547	143	581	1	108	4
	2010	468	148	433	1	182	6
Maldives	2007	..	1	..	..	1	2
Maldives	2008	..	1	..	..	1	2
	2009	..	1	..	..	1	3
	2010	..	0	..	..	0	0
Mongolia	2007	..	39	..	..	39	15
Mongolie	2008	..	32	..	..	32	12
	2009	..	15	..	..	15	6
	2010	..	16	..	..	16	6
Myanmar	2007	2	..	..	..	2	0
Myanmar	2008	2	..	..	..	2	0
	2009	1	..	..	..	1	0
	2010	*1	..	..	..	*1	0
Nepal	2007	..	121	..	..	121	4
Népal	2008	..	55	..	..	55	2
	2009	..	43	..	..	43	1
	2010	..	39	..	..	39	1
Oman	2007	60	..	..	..	60	23
Oman	2008	39	..	..	..	39	15
	2009	8	..	..	..	8	3
	2010	0	..	..	..	0	0
Pakistan	2007	219	..	0	-13	232	1
Pakistan	2008	175	..	0	-13	188	1
	2009	138	..	0	4	134	1
	2010	122	..	0	-11	134	1
Philippines	2007	166	53	..	-8	226	3
Philippines	2008	133	39	..	-108	279	3
	2009	129	62	..	13	179	2
	2010	140	37	13	-19	184	2
Saudi Arabia	2007	5403	..	5073	92	238	9
Arabie saoudite	2008	5596	..	5052	298	246	9
	2009	5100	..	5467	-591	224	8
	2010	4667	..	4901	-439	205	7
Singapore	2007	658	14	566	29	77	17
Singapour	2008	658	16	568	22	84	18
	2009	613	40	551	17	85	17
	2010	647	0	729	-166	84	17
Sri Lanka	2007	97	21	..	-10	128	6
Sri Lanka	2008	111	0	..	12	99	5
	2009	83	39	..	5	117	6
	2010	93	0	..	-12	105	5
State of Palestine	2007	..	4	..	..	4	1
État de Palestine	2008	..	3	..	..	3	1
	2009	..	3	..	..	3	1
	2010	..	2	..	..	2	0
Syrian Arab Republic	2007	19	0	1	-3	21	1
Rép. arabe syrienne	2008	15	0	0	0	15	1
	2009	3	0	0	0	3	0
	2010	4	0	0	2	2	0

Table 20

Production, trade and consumption of kerosene
Production, commerce et consommation de pétrole lampant

Thousand metric tons and kilograms per capita
Milliers de tonnes métriques et kilogrammes par habitant

Country or area Pays ou zone	Year Année	Production Production	Imports Importations	Exports Exportations	Changes in stocks Variations des stocks	Consumption Consommation	
						Total Totale	Per Capita Per habitant
Thailand	2007	103	..	29	60	14	0
Thaïlande	2008	152	..	85	54	13	0
	2009	80	..	14	52	14	0
	2010	372	..	333	28	11	0
Turkey	2007	71	..	..	29	42	1
Turquie	2008	13	..	..	-39	52	1
	2009	25	..	..	-12	37	1
	2010	39	..	..	-15	54	1
Uzbekistan	2007	66	..	..	..	66	2
Ouzbékistan	2008	65	..	..	..	65	2
	2009	63	..	..	..	63	2
	2010	55	..	..	..	55	2
Viet Nam	2007	..	251	31	..	220	3
Viet Nam	2008	..	140	22	..	118	1
	2009	..	56	*34	-80	102	1
	2010	..	*32	26	-82	88	1
Yemen	2007	97	..	..	..	97	4
Yémen	2008	106	..	..	..	106	5
	2009	126	..	..	..	126	5
	2010	113	..	..	..	113	5
Europe	**2007**	**8724**	**1970**	**1349**	**-71**	**9416**	**13**
Europe	**2008**	**8590**	**2197**	**1268**	**-149**	**9668**	**13**
	2009	**8770**	**3036**	**1282**	**55**	**10469**	**14**
	2010	**9314**	**3941**	**1519**	**-80**	**11816**	**16**
Austria	2007	1	2	..	..	3	0
Autriche	2008	8	2	..	..	10	1
	2009	6	2	..	..	8	1
	2010	14	1	..	..	15	2
Belarus	2007	428	0	410	11	7	1
Bélarus	2008	355	0	357	-9	7	1
	2009	361	0	351	1	9	1
	2010	251	0	252	11	-12	-1
Belgium	2007	32	37	28	-13	54	5
Belgique	2008	31	43	27	6	41	4
	2009	66	66	23	3	106	10
	2010	44	68	53	-4	63	6
Croatia	2007	0	1	0	0	1	0
Croatie	2008	0	1	0	0	1	0
	2009	0	1	0	0	1	0
	2010	0	1	0	0	1	0
Czech Republic	2007	..	5	0	..	5	0
République tchèque	2008	..	6	1	..	5	0
	2009	..	4	0	..	4	0
	2010	..	3	0	..	3	0
Finland	2007	..	68	86	..	-18	-3
Finlande	2008	..	521	99	..	422	79
	2009	..	808	104	..	704	132
	2010	..	662	85	..	577	108
France	2007	77	156	25	-5	213	3
France	2008	74	207	34	1	246	4
	2009	53	224	26	-17	268	4
	2010	96	271	38	-5	334	5

Table 20

Production, trade and consumption of kerosene
Production, commerce et consommation de pétrole lampant
Thousand metric tons and kilograms per capita
Milliers de tonnes métriques et kilogrammes par habitant

Country or area Pays ou zone	Year Année	Production Production	Imports Importations	Exports Exportations	Changes in stocks Variations des stocks	Consumption Consommation	
						Total Totale	Per Capita Per habitant
Germany	2007	2	16	2	-1	17	0
Allemagne	2008	4	17	1	-2	22	0
	2009	3	14	1	2	14	0
	2010	6	21	1	0	26	0
Greece	2007	26	..	17	1	8	1
Grèce	2008	20	..	15	-4	9	1
	2009	54	27	13	3	65	6
	2010	12	0	3	-2	11	1
Ireland	2007	202	396	17	10	571	133
Irlande	2008	210	461	0	-25	696	160
	2009	200	510	0	18	692	157
	2010	209	722	140	7	784	175
Italy	2007	190	254	56	113	275	5
Italie	2008	342	65	70	-77	414	7
	2009	262	148	75	-15	350	6
	2010	136	409	245	-51	351	6
Latvia	2007	..	2	0	-1	3	1
Lettonie	2008	..	2	0	-3	5	2
	2009	..	0	0	0	0	0
	2010	..	0	0	0	0	0
Luxembourg	2007	..	1	..	..	1	2
Luxembourg	2008	..	0	..	..	0	0
	2009	..	0	..	..	0	0
	2010	..	0	..	..	0	0
Malta	2007	..	2	..	..	2	5
Malte	2008	..	1	..	..	1	2
	2009	..	0	..	..	0	0
	2010	..	0	..	..	0	0
Netherlands	2007	430	462	234	-20	678	41
Pays-Bas	2008	337	329	250	24	392	24
	2009	373	532	354	99	452	27
	2010	288	705	377	-102	718	43
Norway	2007	225	0	131	-2	96	20
Norvège	2008	209	1	163	-34	81	17
	2009	108	17	90	-19	54	11
	2010	183	57	131	43	66	14
Poland	2007	1	1	2	..	0	0
Pologne	2008	4	1	3	..	2	0
	2009	1	1	0	..	2	0
	2010	1	0	0	..	1	0
Portugal	2007	2	1	..	1	2	0
Portugal	2008	2	1	..	0	3	0
	2009	0	1	..	-1	2	0
	2010	2	1	..	1	2	0
Romania	2007	8	2	0	-1	11	1
Roumanie	2008	18	1	1	3	15	1
	2009	12	1	0	-3	16	1
	2010	14	1	0	0	15	1
Russian Federation	2007	75	..	..	..	75	1
Fédération de Russie	2008	74	..	..	..	74	1
	2009	0	..	..	..	0	0
	2010	0	..	..	..	0	0

Table 20

Production, trade and consumption of kerosene
Production, commerce et consommation de pétrole lampant

Thousand metric tons and kilograms per capita
Milliers de tonnes métriques et kilogrammes par habitant

Country or area Pays ou zone	Year Année	Production Production	Imports Importations	Exports Exportations	Changes in stocks Variations des stocks	Consumption Consommation	
						Total Totale	Per Capita Per habitant
Serbia	2007	0	6	..	..	6	1
Serbie	2008	0	1	..	..	1	0
	2009	0	0	..	..	0	0
	2010	0	0	..	..	0	0
Slovakia	2007	2	0	1	0	1	0
Slovaquie	2008	3	0	1	0	2	0
	2009	1	7	1	0	7	1
	2010	1	2	0	1	2	0
Slovenia	2007	..	1	..	..	1	0
Slovénie	2008	..	1	..	..	1	0
	2009	..	0	..	..	0	0
	2010	..	0	..	..	0	0
Spain	2007	4055	..	0	0	4055	91
Espagne	2008	3807	..	30	-20	3797	84
	2009	4440	..	0	-10	4450	98
	2010	5487	13	0	15	5485	119
Sweden	2007	..	3	1	0	2	0
Suède	2008	..	3	3	-1	1	0
	2009	..	2	3	0	-1	0
	2010	..	2	3	0	-1	0
Switzerland	2007	..	3	..	..	3	0
Suisse	2008	..	3	..	..	3	0
	2009	..	2	..	..	2	0
	2010	..	3	..	..	3	0
Ukraine	2007	..	0	..	0	0	0
Ukraine	2008	..	2	..	-3	5	0
	2009	..	1	..	-2	3	0
	2010	..	27	..	1	26	1
United Kingdom	2007	2968	551	339	-164	3344	55
Royaume-Uni	2008	3092	528	213	-5	3412	56
	2009	2830	668	241	-4	3261	53
	2010	2570	972	191	5	3346	54
Oceania	**2007**	**74**	**80**	**..**	**-1**	**155**	**4**
Océanie	**2008**	**85**	**58**	**..**	**3**	**140**	**4**
	2009	**59**	**51**	**..**	**-5**	**115**	**3**
	2010	**30**	**43**	**..**	**-3**	**76**	**2**
Australia	2007	71	..	..	-3	74	4
Australie	2008	84	..	..	3	81	4
	2009	58	..	..	-3	61	3
	2010	28	..	..	-3	31	1
Fiji	2007	..	1	..	..	1	1
Fidji	2008	..	0	..	..	0	0
	2009	..	0	..	..	0	0
	2010	..	0	..	..	0	0
French Polynesia	2007	..	*1	..	..	*1	*4
Polynésie française	2008	..	*1	..	..	*1	*4
	2009	..	*1	..	..	*1	*4
	2010	..	*1	..	..	*1	*4
Kiribati	2007	..	2	..	..	2	24
Kiribati	2008	..	*3	..	..	*3	*27
	2009	..	*2	..	..	*2	*20
	2010	..	*3	..	..	*3	*30

Table 20

Production, trade and consumption of kerosene
Production, commerce et consommation de pétrole lampant

Thousand metric tons and kilograms per capita
Milliers de tonnes métriques et kilogrammes par habitant

Country or area Pays ou zone	Year Année	Production Production	Imports Importations	Exports Exportations	Changes in stocks Variations des stocks	Consumption Consommation	
						Total Totale	Per Capita Per habitant
New Caledonia	2007	..	13	..	..	13	55
Nouvelle-Calédonie	2008	..	14	..	..	14	58
	2009	..	7	..	..	7	30
	2010	..	0	..	..	0	0
New Zealand	2007	3	..	..	2	1	0
Nouvelle-Zélande	2008	1	..	..	0	1	0
	2009	1	..	..	-2	3	1
	2010	2	..	..	0	2	0
Niue	2007	..	0	..	..	0	*13
Nioué	2008	..	0	..	..	0	*13
	2009	..	0	..	..	0	*13
	2010	..	0	..	..	0	*16
Palau	2007	..	*2	..	..	*2	*99
Palaos	2008	..	*2	..	..	*2	*99
	2009	..	*2	..	..	*2	*98
	2010	..	*2	..	..	*2	*98
Papua New Guinea	2007	..	46	..	..	46	7
Papouasie-Nvl-Guinée	2008	..	23	..	..	23	4
	2009	..	*23	..	..	*23	*3
	2010	..	*23	..	..	*23	*3
Samoa	2007	..	*9	..	..	*9	*50
Samoa	2008	..	*9	..	..	*9	*50
	2009	..	*9	..	..	*9	*49
	2010	..	*9	..	..	*9	*50
Solomon Islands	2007	..	*3	..	..	*3	*6
Iles Salomon	2008	..	*3	..	..	*3	*5
	2009	..	*3	..	..	*3	*5
	2010	..	*3	..	..	*3	*5
Tonga	2007	..	2	..	..	2	22
Tonga	2008	..	3	..	..	3	26
	2009	..	4	..	..	4	37
	2010	..	2	..	..	2	18
Vanuatu	2007	..	0	..	..	0	1
Vanuatu	2008	..	0	..	..	0	2
	2009	..	0	..	..	0	1
	2010	..	0	..	..	0	0

Table 21

Production, trade and consumption of jet fuels
Production, commerce et consommation de carburéacteurs

Thousand metric tons and kilograms per capita
Milliers de tonnes métriques et kilogrammes par habitant

Table Notes:

Production from refineries and plants.

Please refer to the Definitions Section on pages xv to xxix for the appropriate product description/ classification.

Notes relatives aux tableaux:

Production à partir des raffineries et des usines.

Veuillez consulter la section "définitions" de la page xv à la page xxix pour une description/classification appropriée des produits.

Figure 58: World production of jet fuels 1994-2010

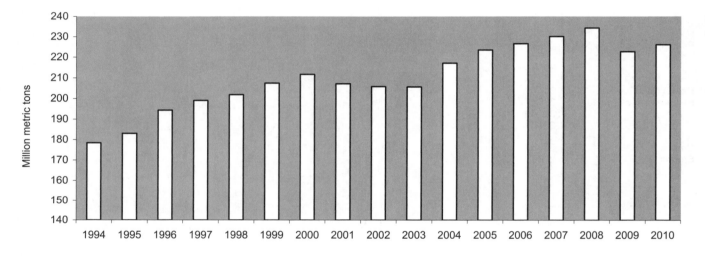

Figure 59: Major jet fuel producing countries in 2010

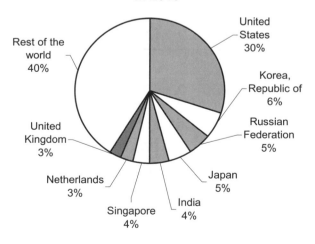

Figure 60: Major jet fuel consuming[1] countries in 2010

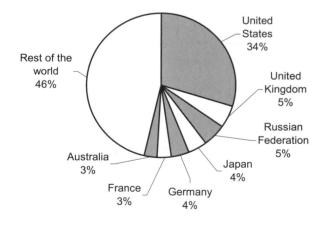

[1] Consumption includes bunkers

Table 21

Production, trade and consumption of jet fuels
Production, commerce et consommation de carburéacteurs

Thousand metric tons and kilograms per capita
Milliers de tonnes métriques et kilogrammes par habitant

Country or area Pays ou zone	Year Année	Production Production	Imports Importations	Exports Exportations	Bunkers Soutes	Changes in stocks Variations des stocks	Consumption Consommation	
							Total Totale	Per capita Par habitant
World	**2007**	**230139**	**58650**	**59002**	**132515**	**-1409**	**98681**	**15**
Monde	**2008**	**234319**	**59365**	**63049**	**135485**	**551**	**94598**	**14**
	2009	**222749**	**56772**	**61781**	**129058**	**660**	**88022**	**13**
	2010	**226131**	**60441**	**61634**	**134570**	**-197**	**90565**	**13**
Africa	**2007**	**8216**	**3248**	**2954**	**5053**	**-204**	**3661**	**4**
Afrique	**2008**	**8238**	**3763**	**2805**	**5662**	**-168**	**3702**	**4**
	2009	**8085**	**3480**	**2485**	**5538**	**-32**	**3573**	**4**
	2010	**8109**	**3642**	**2898**	**5415**	**-8**	**3446**	**3**
Algeria	2007	1034	..	680	354	..	0	0
Algérie	2008	988	..	377	396	..	215	6
	2009	977	..	357	444	..	176	5
	2010	1409	..	543	467	..	399	11
Angola	2007	351	116	5	111	0	351	20
Angola	2008	325	227	8	133	109	302	17
	2009	356	59	9	193	0	213	11
	2010	303	114	2	197	0	218	11
Benin	2007	..	25	..	25	..	0	0
Bénin	2008	..	41	..	41	..	0	0
	2009	..	86	..	86	..	0	0
	2010	..	149	..	149	..	0	0
Botswana	2007	..	9	..	8	..	1	1
Botswana	2008	..	16	..	16	..	0	0
	2009	..	15	..	15	..	0	0
	2010	..	16	..	16	..	0	0
Burkina Faso	2007	..	21	..	14	7	0	0
Burkina Faso	2008	..	23	..	20	*3	0	0
	2009	..	28	..	15	*13	0	0
	2010	..	*25	..	*20	0	*5	0
Burundi	2007	..	6	..	6	-1	1	0
Burundi	2008	..	6	..	6	0	0	0
	2009	..	17	..	17	0	0	0
	2010	..	5	..	*5	0	0	0
Cameroon	2007	404	0	257	62	-8	93	5
Cameroun	2008	346	0	254	65	-14	41	2
	2009	292	0	130	67	-12	107	6
	2010	332	0	152	65	-12	127	6
Central African Rep.	2007	..	*28	..	*28	..	0	0
Rép. centrafricaine	2008	..	*29	..	*29	..	0	0
	2009	..	*29	..	*29	..	0	0
	2010	..	*30	..	*30	..	0	0
Chad	2007	..	*20	..	*14	..	*6	*1
Tchad	2008	..	*19	..	*13	..	*6	*1
	2009	..	*19	..	*13	..	*6	*1
	2010	..	*21	..	*14	..	*7	*1
Comoros	2007	..	*2	..	..	..	*2	*3
Comores	2008	..	*2	..	..	..	*2	*3
	2009	..	*2	..	..	..	*2	*3
	2010	..	*2	..	..	..	*2	*3
Congo	2007	55	31	..	48	0	38	10
Congo	2008	31	41	..	56	0	16	4
	2009	56	42	..	60	-2	40	10
	2010	47	44	..	60	4	27	7

Table 21

Production, trade and consumption of jet fuels
Production, commerce et consommation de carburéacteurs

Thousand metric tons and kilograms per capita
Milliers de tonnes métriques et kilogrammes par habitant

Country or area Pays ou zone	Year Année	Production Production	Imports Importations	Exports Exportations	Bunkers Soutes	Changes in stocks Variations des stocks	Consumption Consommation	
							Total Totale	Per capita Par habitant
Côte d'Ivoire	2007	47	..	..	47	..	0	0
Côte d'Ivoire	2008	53	..	..	53	..	0	0
	2009	53	..	..	53	..	0	0
	2010	40	..	..	40	..	0	0
Dem. Rep. of the Congo	2007	..	169	..	169	..	0	0
Rép. dem. du Congo	2008	..	15	..	15	..	0	0
	2009	..	15	..	15	..	0	0
	2010	..	152	..	147	..	5	0
Djibouti	2007	..	*100	..	100	..	0	0
Djibouti	2008	..	*100	..	100	..	0	0
	2009	..	*100	..	100	..	0	0
	2010	..	*100	..	*100	..	0	0
Egypt	2007	2422	..	772	967	..	683	9
Egypte	2008	2319	..	892	872	..	555	7
	2009	2016	..	482	950	..	584	7
	2010	1908	..	544	808	..	556	7
Equatorial Guinea	2007	..	*34	..	*34	..	0	0
Guinée équatoriale	2008	..	*35	..	*35	..	0	0
	2009	..	*35	..	*35	..	0	0
	2010	..	*35	..	*35	..	0	0
Eritrea	2007	..	3	..	5	-2	0	0
Erythrée	2008	..	2	..	3	1	-2	0
	2009	..	1	..	1	0	0	0
	2010	..	1	..	1	0	0	0
Ethiopia	2007	..	219	..	219	..	0	0
Ethiopie	2008	..	214	..	214	..	0	0
	2009	..	248	..	248	..	0	0
	2010	..	320	..	320	..	0	0
Gabon	2007	55	8	18	39	6	0	0
Gabon	2008	57	8	19	40	6	0	0
	2009	61	9	20	39	11	0	0
	2010	65	9	21	42	11	0	0
Ghana	2007	66	0	3	123	..	-60	-3
Ghana	2008	21	0	0	119	..	-98	-4
	2009	1	71	0	125	..	-53	-2
	2010	117	18	0	136	..	-1	0
Guinea	2007	..	*12	..	*12	..	0	0
Guinée	2008	..	*11	..	*11	..	0	0
	2009	..	*12	..	*12	..	0	0
	2010	..	*12	..	*12	..	0	0
Guinea-Bissau	2007	..	*11	..	*11	..	0	0
Guinée-Bissau	2008	..	*11	..	*11	..	0	0
	2009	..	*11	..	*11	..	0	0
	2010	..	*11	..	*11	..	0	0
Kenya	2007	236	297	15	639	-121	0	0
Kenya	2008	221	284	3	559	-57	0	0
	2009	217	385	1	571	32	-2	0
	2010	200	509	1	673	35	0	0
Liberia	2007	..	10	..	*2	..	8	2
Libéria	2008	..	9	..	*2	..	7	2
	2009	..	12	..	*3	..	9	2
	2010	..	16	..	*4	..	12	3

2010 Energy Statistics Yearbook United Nations / 2010 Annuaire des statistiques de l'énergie des Nations Unies

Table 21

Production, trade and consumption of jet fuels
Production, commerce et consommation de carburéacteurs

Thousand metric tons and kilograms per capita
Milliers de tonnes métriques et kilogrammes par habitant

Country or area Pays ou zone	Year Année	Production Production	Imports Importations	Exports Exportations	Bunkers Soutes	Changes in stocks Variations des stocks	Consumption Consommation	
							Total Totale	Per capita Par habitant
Libya	2007	1323	..	1141	182	..	0	0
Libye	2008	1357	..	1170	187	..	0	0
	2009	1678	..	1447	231	..	0	0
	2010	1851	..	1596	255	..	0	0
Madagascar	2007	..	92	..	53	2	36	2
Madagascar	2008	..	100	..	54	1	45	2
	2009	..	65	..	37	-4	32	2
	2010	..	87	..	49	-1	40	2
Malawi	2007	..	*11	..	..	..	*11	*1
Malawi	2008	..	*13	..	..	..	*13	*1
	2009	..	*13	..	..	..	*13	*1
	2010	..	*13	..	..	..	*13	*1
Mali	2007	..	*18	..	*18	..	0	0
Mali	2008	..	*18	..	*18	..	0	0
	2009	..	*19	..	*19	..	0	0
	2010	..	*20	..	*20	..	0	0
Mauritania	2007	..	17	..	17	..	0	0
Mauritanie	2008	..	15	..	15	..	0	0
	2009	..	*21	..	21	..	0	0
	2010	..	*18	..	18	..	0	0
Mauritius	2007	..	263	..	117	8	138	108
Maurice	2008	..	262	..	125	5	132	103
	2009	..	205	..	113	-14	106	82
	2010	..	235	..	115	1	119	92
Morocco	2007	292	149	..	484	-43	0	0
Maroc	2008	262	120	..	484	-102	0	0
	2009	257	167	..	488	-64	0	0
	2010	410	102	..	560	-48	0	0
Mozambique	2007	..	92	..	63	29	0	0
Mozambique	2008	..	58	..	58	0	0	0
	2009	..	67	..	67	0	0	0
	2010	..	64	..	64	0	0	0
Namibia	2007	..	39	..	31	..	8	4
Namibie	2008	..	41	..	33	..	8	4
	2009	..	40	..	32	..	8	4
	2010	..	42	..	34	..	8	4
Niger	2007	..	12	..	*12	..	0	0
Niger	2008	..	11	..	*11	..	0	0
	2009	..	11	..	*11	..	0	0
	2010	..	13	..	*13	..	0	0
Nigeria	2007	34	197	..	231	..	0	0
Nigéria	2008	69	764	..	833	..	0	0
	2009	33	599	..	632	..	0	0
	2010	67	96	..	163	..	0	0
Réunion	2007	..	133	..	..	-14	146	179
Réunion	2008	..	161	..	..	13	148	179
	2009	..	163	..	..	-1	164	196
	2010	..	180	..	..	2	178	211
Rwanda	2007	..	*25	..	*12	..	*13	*1
Rwanda	2008	..	*24	..	*12	..	*12	*1
	2009	..	*25	..	*14	..	*11	*1
	2010	..	*27	..	*15	..	*12	*1

Table 21

Production, trade and consumption of jet fuels
Production, commerce et consommation de carburéacteurs

Thousand metric tons and kilograms per capita
Milliers de tonnes métriques et kilogrammes par habitant

Country or area Pays ou zone	Year Année	Production Production	Imports Importations	Exports Exportations	Bunkers Soutes	Changes in stocks Variations des stocks	Consumption Consommation	
							Total Totale	Per capita Par habitant
Sao Tome and Principe	2007	..	*7	..	*7	..	0	0
Sao Tomé-et-Principe	2008	..	*8	..	*8	..	0	0
	2009	..	*9	..	*9	..	0	0
	2010	..	10	..	10	..	0	0
Senegal	2007	48	223	0	314	-44	1	0
Sénégal	2008	99	273	0	319	7	46	4
	2009	68	*145	0	251	*6	-44	-4
	2010	71	151	0	209	6	7	1
Seychelles	2007	..	34	..	*28	..	6	71
Seychelles	2008	..	44	..	*36	..	8	89
	2009	..	48	..	*40	..	8	97
	2010	..	50	..	*42	..	8	95
Sierra Leone	2007	..	*6	..	*6	..	0	0
Sierra Leone	2008	..	0	..	0	..	0	0
	2009	..	*15	..	*15	..	0	0
	2010	..	*15	..	*15	..	0	0
Somalia	2007	0	*42	..	*42	..	0	0
Somalie	2008	0	*42	..	*42	..	0	0
	2009	0	*40	..	*40	..	0	0
	2010	0	*43	..	*43	..	0	0
South Africa	2007	1711	224	63	..	..	1872	38
Afrique du Sud	2008	1962	59	82	..	..	1939	39
	2009	1868	83	39	..	..	1912	38
	2010	1106	290	39	..	..	1357	27
Sudan	2007	117	89	..	233	-27	0	0
Soudan	2008	105	118	..	407	-184	0	0
	2009	124	107	..	219	12	0	0
	2010	153	92	..	236	9	0	0
Swaziland	2007	..	*1	..	*1	..	0	0
Swaziland	2008	..	*1	..	*1	..	0	0
	2009	..	*1	..	*1	..	0	0
	2010	..	*1	..	*1	..	0	0
Togo	2007	..	40	..	30	-2	12	2
Togo	2008	..	58	..	59	-3	2	0
	2009	..	61	..	61	0	0	0
	2010	..	63	..	63	0	0	0
Tunisia	2007	0	221	..	..	4	217	21
Tunisie	2008	0	275	..	..	48	227	22
	2009	0	193	..	..	-8	201	19
	2010	0	249	..	..	-15	264	25
Uganda	2007	..	78	..	..	..	78	3
Ouganda	2008	..	79	..	..	..	79	3
	2009	..	*79	..	..	..	*79	*2
	2010	..	*79	..	..	..	*79	*2
United Rep. of Tanzania	2007	..	95	..	95	..	0	0
Rép. Unie de Tanzanie	2008	..	102	..	102	..	0	0
	2009	..	99	..	99	..	0	0
	2010	..	101	..	101	..	0	0
Western Sahara	2007	..	*4	..	*4	..	0	0
Sahara occidental	2008	..	*4	..	*4	..	0	0
	2009	..	*4	..	*4	..	0	0
	2010	..	*4	..	*4	..	0	0

Table 21

Production, trade and consumption of jet fuels
Production, commerce et consommation de carburéacteurs
Thousand metric tons and kilograms per capita
Milliers de tonnes métriques et kilogrammes par habitant

Country or area Pays ou zone	Year Année	Production Production	Imports Importations	Exports Exportations	Bunkers Soutes	Changes in stocks Variations des stocks	Consumption Consommation Total Totale	Per capita Par habitant
Zambia	2007	21	9	..	30	..	0	0
Zambie	2008	23	15	..	38	..	0	0
	2009	28	0	..	28	..	0	0
	2010	30	2	..	28	..	4	0
Zimbabwe	2007	..	7	..	7	..	0	0
Zimbabwe	2008	..	6	..	6	..	0	0
	2009	..	6	..	6	..	0	0
	2010	..	7	..	7	..	0	0
America, North	**2007**	**78392**	**12505**	**4028**	**27440**	**-317**	**59746**	**114**
Amérique du Nord	**2008**	**80813**	**7469**	**5421**	**27561**	**-63**	**55363**	**104**
	2009	**75088**	**5812**	**5555**	**24580**	**677**	**50088**	**93**
	2010	**75474**	**7394**	**5765**	**25558**	**-21**	**51566**	**95**
Antigua and Barbuda	2007	..	*79	..	*50	..	*29	*337
Antigua-et-Barbuda	2008	..	*81	..	*51	..	*30	*345
	2009	..	*83	..	*52	..	*31	*353
	2010	..	*85	..	*53	..	*32	*361
Aruba	2007	..	*77	..	*77	..	0	0
Aruba	2008	..	*78	..	*78	..	0	0
	2009	..	*79	..	*79	..	0	0
	2010	..	*81	..	*81	..	0	0
Bahamas	2007	..	*121	*8	*113	..	0	0
Bahamas	2008	..	210	15	*195	..	0	0
	2009	..	65	*8	*57	..	0	0
	2010	..	87	*8	*79	..	0	0
Belize	2007	..	16	..	16	..	0	0
Belize	2008	..	*17	..	*17	..	0	0
	2009	..	*18	..	*18	..	0	0
	2010	..	*19	..	*19	..	0	0
Bermuda	2007	..	36	..	36	..	0	0
Bermudes	2008	..	50	..	50	..	0	0
	2009	..	*50	..	*50	..	0	0
	2010	..	*50	..	*50	..	0	0
Canada	2007	4038	2308	365	492	19	5470	166
Canada	2008	4114	2117	332	511	-12	5400	162
	2009	3884	1352	318	640	22	4256	126
	2010	3873	1453	387	1004	-133	4068	120
Cayman Islands	2007	..	14	..	..	..	14	256
Iles Caïmanes	2008	..	16	..	..	..	16	289
	2009	..	11	..	..	..	11	197
	2010	..	11	..	..	..	11	196
Costa Rica	2007	0	179	0	..	-2	181	41
Costa Rica	2008	0	198	0	..	5	193	43
	2009	16	146	0	..	-3	165	36
	2010	40	129	0	..	4	165	35
Cuba	2007	56	333	..	*168	..	221	20
Cuba	2008	289	187	..	*139	..	337	30
	2009	295	295	..	*132	..	458	41
	2010	329	572	..	*134	..	767	68
Dominican Republic	2007	195	228	..	*93	-2	332	35
Rép. dominicaine	2008	230	194	..	*93	4	327	34
	2009	213	206	..	*93	0	326	33
	2010	224	200	..	*94	8	322	32

Table 21

Production, trade and consumption of jet fuels
Production, commerce et consommation de carburéacteurs
Thousand metric tons and kilograms per capita
Milliers de tonnes métriques et kilogrammes par habitant

Country or area Pays ou zone	Year Année	Production Production	Imports Importations	Exports Exportations	Bunkers Soutes	Changes in stocks Variations des stocks	Consumption Consommation Total Totale	Consumption Consommation Per capita Par habitant
El Salvador	2007	68	45	0	113	0	0	0
El Salvador	2008	58	58	5	111	0	0	0
	2009	55	56	0	111	0	0	0
	2010	53	55	0	108	0	0	0
Greenland	2007	..	22	0	16	..	6	99
Groënland	2008	..	22	0	17	..	5	80
	2009	..	20	0	15	..	5	84
	2010	..	18	0	15	..	3	44
Grenada	2007	..	5	..	5	..	0	0
Grenade	2008	..	7	..	7	..	0	0
	2009	..	5	..	5	..	0	0
	2010	..	5	..	5	..	0	0
Guadeloupe	2007	..	121	..	121	..	0	0
Guadeloupe	2008	..	124	..	124	..	0	0
	2009	..	*124	..	*124	..	0	0
	2010	..	*124	..	*124	..	0	0
Guatemala	2007	0	69	..	26	43	0	0
Guatemala	2008	0	64	..	23	41	0	0
	2009	0	55	..	21	34	0	0
	2010	0	36	..	37	-1	0	0
Haiti	2007	..	20	..	20	..	0	0
Haïti	2008	..	21	..	21	..	0	0
	2009	..	17	..	17	..	0	0
	2010	..	20	..	20	..	0	0
Honduras	2007	..	25	..	25	..	0	0
Honduras	2008	..	45	..	45	..	0	0
	2009	..	49	..	49	..	0	0
	2010	..	46	..	46	..	0	0
Jamaica	2007	53	235	..	240	48	0	0
Jamaïque	2008	66	218	..	311	-26	-1	0
	2009	86	79	..	164	1	0	0
	2010	99	87	..	187	0	0	0
Mexico	2007	3024	158	155	3094	20	-87	-1
Mexique	2008	2928	223	261	2960	-53	-17	0
	2009	2603	49	193	2498	-16	-23	0
	2010	2366	181	60	2537	12	-62	-1
Netherlands Antilles	2007	783	68	783	68	..	0	0
Antilles néerlandaises	2008	768	69	768	69	..	0	0
	2009	700	66	700	66	..	0	0
	2010	321	67	321	67	..	0	0
Nicaragua	2007	26	0	0	26	0	0	0
Nicaragua	2008	19	5	0	25	-6	5	1
	2009	22	0	0	18	2	2	0
	2010	22	0	0	17	6	-1	0
Panama	2007	..	166	..	257	-92	1	0
Panama	2008	..	324	..	297	27	0	0
	2009	..	311	..	299	-45	57	16
	2010	..	358	..	338	-64	84	24
Trinidad and Tobago	2007	746	0	790	80	-124	0	0
Trinité-et-Tobago	2008	894	0	763	*60	4	67	50
	2009	733	2	670	66	-1	0	0
	2010	523	30	488	66	-1	0	0

2010 Energy Statistics Yearbook United Nations / 2010 Annuaire des statistiques de l'énergie des Nations Unies

Table 21

Production, trade and consumption of jet fuels
Production, commerce et consommation de carburéacteurs
Thousand metric tons and kilograms per capita
Milliers de tonnes métriques et kilogrammes par habitant

Country or area Pays ou zone	Year Année	Production Production	Imports Importations	Exports Exportations	Bunkers Soutes	Changes in stocks Variations des stocks	Consumption Consommation	
							Total Totale	Per capita Par habitant
United States	2007	69403	8179	1927	22303	-227	53579	177
États-Unis	2008	71447	3140	3277	22356	-47	49001	161
	2009	66481	2674	3666	20006	683	44800	146
	2010	67624	3681	4501	20478	148	46178	149
America, South	**2007**	**10041**	**1107**	**3721**	**3516**	**28**	**3883**	**10**
Amérique du Sud	**2008**	**9971**	**1737**	**3902**	**4235**	**-376**	**3946**	**10**
	2009	**11130**	**1343**	**4226**	**4329**	**-288**	**4206**	**11**
	2010	**11320**	**2047**	**3467**	**5578**	**-352**	**4674**	**12**
Argentina	2007	1283	2	72	456	1	756	19
Argentine	2008	1240	12	0	441	0	811	20
	2009	1292	18	0	460	0	850	21
	2010	1316	35	0	640	-7	718	18
Bolivia (Plur. State of)	2007	124	..	..	40	-2	86	9
Bolivie (État plur. de)	2008	127	..	..	41	-1	87	9
	2009	131	..	..	42	2	87	9
	2010	137	..	..	44	2	91	9
Brazil	2007	3263	722	40	1343	6	2596	14
Brésil	2008	3074	1213	68	1524	-22	2717	14
	2009	3495	1029	68	1582	42	2832	15
	2010	3780	1558	85	1864	11	3378	17
Chile	2007	537	285	..	435	20	367	22
Chili	2008	511	344	..	505	-17	367	22
	2009	610	142	..	412	-16	356	21
	2010	585	286	..	482	8	381	22
Colombia	2007	537	4	47	491	-22	25	1
Colombie	2008	522	4	47	549	22	-92	-2
	2009	955	2	196	677	56	28	1
	2010	1000	23	141	*882	0	0	0
Ecuador	2007	357	0	..	330	..	27	2
Equateur	2008	355	9	..	334	..	30	2
	2009	343	10	..	326	..	27	2
	2010	340	7	..	325	..	22	2
French Guiana	2007	..	27	..	*27	..	0	0
Guyane française	2008	..	38	..	*38	..	0	0
	2009	..	*38	..	*38	..	0	0
	2010	..	*38	..	*38	..	0	0
Guyana	2007	..	9	..	9	..	0	0
Guyana	2008	..	9	..	9	..	0	0
	2009	..	9	..	9	..	0	0
	2010	..	14	..	14	..	0	0
Paraguay	2007	..	24	..	24	0	0	0
Paraguay	2008	..	25	..	25	0	0	0
	2009	..	21	..	21	0	0	0
	2010	..	27	..	26	0	0	0
Peru	2007	565	1	365	164	37	0	0
Pérou	2008	582	59	415	564	-338	0	0
	2009	559	44	405	551	-353	0	0
	2010	605	13	445	613	-440	0	0
Suriname	2007	..	24	..	..	..	24	47
Suriname	2008	..	24	..	..	..	24	47
	2009	..	24	..	..	..	24	46
	2010	..	42	..	..	..	42	80

Table 21

Production, trade and consumption of jet fuels
Production, commerce et consommation de carburéacteurs

Thousand metric tons and kilograms per capita
Milliers de tonnes métriques et kilogrammes par habitant

Country or area Pays ou zone	Year Année	Production Production	Imports Importations	Exports Exportations	Bunkers Soutes	Changes in stocks Variations des stocks	Consumption Consommation	
							Total Totale	Per capita Par habitant
Uruguay	2007	61	10	..	66	3	2	1
Uruguay	2008	67	0	..	66	-2	2	1
	2009	61	6	..	64	1	2	1
	2010	74	4	..	74	2	2	1
Venezuela(Bolivar. Rep.)	2007	3314	..	3197	132	-15	0	0
Venezuela(Rép. bolivar.)	2008	3493	..	3372	139	-18	0	0
	2009	3684	..	3557	147	-20	0	0
	2010	3483	..	2796	576	71	40	1
Asia	**2007**	**78307**	**12679**	**35282**	**40596**	**-296**	**15403**	**4**
Asie	**2008**	**79143**	**12702**	**36825**	**40714**	**-5**	**14310**	**4**
	2009	**77634**	**12314**	**35409**	**40840**	**-362**	**14061**	**3**
	2010	**80249**	**14437**	**35291**	**43915**	**244**	**15237**	**4**
Afghanistan	2007	..	*67	..	*10	..	*57	*2
Afghanistan	2008	..	72	..	10	..	62	2
	2009	..	93	..	10	..	83	3
	2010	..	32	..	10	..	22	1
Armenia	2007	..	59	..	59	..	0	0
Arménie	2008	..	56	..	56	..	0	0
	2009	..	29	1	29	..	0	0
	2010	..	43	0	*43	..	0	0
Azerbaijan	2007	761	..	315	381	-9	74	8
Azerbaïdjan	2008	731	..	206	429	30	66	7
	2009	603	..	272	302	-33	62	7
	2010	600	..	115	392	-2	95	10
Bahrain	2007	2227	..	2142	587	-502	0	0
Bahreïn	2008	2219	..	1863	582	-237	11	10
	2009	2205	..	1605	576	12	12	10
	2010	2281	..	1942	624	-298	13	10
Bangladesh	2007	4	452	..	237	-15	234	2
Bangladesh	2008	3	279	..	206	-13	89	1
	2009	3	166	..	180	-11	0	0
	2010	3	145	..	158	-10	0	0
Bhutan	2007	..	1	..	1	..	0	0
Bhoutan	2008	..	1	..	1	..	0	0
	2009	..	1	..	1	..	0	0
	2010	..	1	..	1	..	0	0
Brunei Darussalam	2007	82	..	..	..	-1	83	220
Brunéi Darussalam	2008	97	..	..	..	1	96	250
	2009	93	..	..	..	0	93	237
	2010	108	..	..	..	1	107	268
Cambodia	2007	..	25	..	20	..	5	0
Cambodge	2008	..	27	..	21	..	6	0
	2009	..	29	..	23	..	6	0
	2010	..	31	..	25	..	6	0
China, Hong Kong SAR	2007	..	5219	148	3783	340	947	138
Chine, Hong-Kong RAS	2008	..	5041	181	3734	265	862	125
	2009	..	4835	132	4738	-59	24	3
	2010	..	5412	140	5236	17	19	3
Cyprus	2007	..	269	..	287	-16	-2	-2
Chypre	2008	..	286	..	286	3	-3	-3
	2009	..	285	..	265	0	20	18
	2010	..	277	..	270	8	-1	-1

Table 21

Production, trade and consumption of jet fuels
Production, commerce et consommation de carburéacteurs

Thousand metric tons and kilograms per capita
Milliers de tonnes métriques et kilogrammes par habitant

Country or area Pays ou zone	Year Année	Production Production	Imports Importations	Exports Exportations	Bunkers Soutes	Changes in stocks Variations des stocks	Consumption Consommation	
							Total Totale	Per capita Par habitant
Georgia	2007	..	44	..	44	..	0	0
Géorgie	2008	..	58	..	58	..	0	0
	2009	..	57	..	57	..	0	0
	2010	..	64	..	64	..	0	0
India	2007	9107	3	4486	4624	0	0	0
Inde	2008	8071	4	3701	4374	0	0	0
	2009	9296	3	4588	4719	0	-8	0
	2010	9570	2	4478	4719	0	375	0
Indonesia	2007	1087	933	..	1106	..	914	4
Indonésie	2008	1445	610	..	1156	..	899	4
	2009	1911	195	..	72	..	2034	9
	2010	1791	486	1	105	..	2171	9
Iran(Islamic Rep. of)	2007	1013	..	0	*992	..	20	0
Iran(Rép. islamique)	2008	1043	..	0	*1021	..	22	0
	2009	1237	..	0	1197	..	41	1
	2010	1313	..	7	1230	..	76	1
Iraq	2007	106	..	..	..	..	106	4
Iraq	2008	142	..	..	..	..	142	5
	2009	159	..	..	..	..	159	5
	2010	295	..	..	..	..	295	9
Japan	2007	11663	508	1940	5837	-186	4580	36
Japon	2008	12416	506	2942	5570	65	4345	34
	2009	10623	337	1967	4898	19	4076	32
	2010	10983	297	2100	5194	-53	4039	32
Jordan	2007	301	1	..	88	-3	217	38
Jordanie	2008	309	1	..	84	3	223	38
	2009	319	1	..	101	-11	231	38
	2010	355	1	..	118	-9	247	40
Kazakhstan	2007	210	144	0	230	12	112	7
Kazakhstan	2008	0	86	0	32	-11	65	4
	2009	0	31	0	23	1	7	0
	2010	0	222	4	82	2	134	8
Korea, Republic of	2007	13379	0	9121	2981	129	1148	24
Corée, République de	2008	13671	32	9695	3581	-133	560	12
	2009	12945	0	8873	3471	-26	627	13
	2010	13639	0	9010	3775	33	821	17
Kuwait	2007	2675	..	2068	607	..	0	0
Koweït	2008	2513	..	1832	681	..	0	0
	2009	2491	..	1729	762	..	0	0
	2010	2489	..	1728	761	..	0	0
Kyrgyzstan	2007	..	409	90	319	..	0	0
Kirghizistan	2008	..	505	111	394	..	0	0
	2009	..	520	114	406	..	0	0
	2010	..	513	112	401	..	0	0
Lao People's Dem. Rep.	2007	..	*11	..	..	..	*11	*2
Rép. dém. pop. lao	2008	..	*11	..	..	..	*11	*2
	2009	..	*11	..	..	..	*11	*2
	2010	..	*11	..	..	..	*11	*2
Lebanon	2007	..	130	..	130	..	0	0
Liban	2008	..	167	..	167	..	0	0
	2009	..	175	..	175	..	0	0
	2010	..	221	..	221	..	0	0

Table 21

Production, trade and consumption of jet fuels
Production, commerce et consommation de carburéacteurs
Thousand metric tons and kilograms per capita
Milliers de tonnes métriques et kilogrammes par habitant

Country or area Pays ou zone	Year Année	Production Production	Imports Importations	Exports Exportations	Bunkers Soutes	Changes in stocks Variations des stocks	Consumption Consommation	
							Total Totale	Per capita Par habitant
Malaysia	2007	3040	197	1143	2088	-1	7	0
Malaisie	2008	3040	24	981	2046	-18	55	2
	2009	2990	49	758	2054	215	12	0
	2010	2802	390	706	2307	209	-30	-1
Maldives	2007	..	13	..	..	..	13	44
Maldives	2008	..	24	..	..	..	24	76
	2009	..	26	..	..	..	26	82
	2010	..	21	..	..	..	21	68
Myanmar	2007	57	18	..	15	7	53	1
Myanmar	2008	47	9	..	15	-3	44	1
	2009	38	24	..	16	-4	50	1
	2010	44	31	..	18	-14	71	1
Nepal	2007	..	54	..	54	..	0	0
Népal	2008	..	54	..	54	..	0	0
	2009	..	64	..	64	..	0	0
	2010	..	79	..	79	..	0	0
Oman	2007	219	74	0	293	..	0	0
Oman	2008	767	0	464	303	..	0	0
	2009	749	0	440	309	..	0	0
	2010	594	0	200	394	..	0	0
Other Asia	2007	4265	..	1947	2104	-38	252	11
Autres zones d'Asie	2008	4279	..	2081	1857	-19	360	16
	2009	4502	..	2589	1755	-119	277	12
	2010	3829	..	1543	1980	10	296	13
Pakistan	2007	1009	121	331	164	5	630	4
Pakistan	2008	958	253	419	154	14	624	4
	2009	938	606	631	178	8	728	4
	2010	824	803	642	158	-17	844	5
Philippines	2007	771	399	35	1096	0	38	0
Philippines	2008	716	422	10	966	0	162	2
	2009	675	510	0	989	40	156	2
	2010	786	453	0	1002	5	232	2
Qatar	2007	1106	..	307	742	..	57	48
Qatar	2008	1115	..	230	857	..	28	20
	2009	1460	..	439	994	..	27	17
	2010	3454	..	2171	1217	..	66	38
Saudi Arabia	2007	3211	..	790	1816	..	605	24
Arabie saoudite	2008	3325	..	717	1956	..	652	25
	2009	3030	..	450	1935	..	645	24
	2010	2773	..	46	2045	..	682	25
Singapore	2007	9389	2659	7420	*4628	..	0	0
Singapour	2008	8918	3325	7777	*4466	..	0	0
	2009	8248	2904	6755	*4397	..	0	0
	2010	8313	3384	6770	*4927	..	0	0
Sri Lanka	2007	171	162	..	102	-9	240	12
Sri Lanka	2008	154	194	..	97	6	245	12
	2009	195	52	..	89	-17	175	8
	2010	126	223	..	104	11	234	11
Syrian Arab Republic	2007	183	0	59	90	3	31	2
Rép. arabe syrienne	2008	210	0	86	46	0	78	4
	2009	196	0	72	43	0	81	4
	2010	354	0	114	30	150	60	3

Table 21

Production, trade and consumption of jet fuels
Production, commerce et consommation de carburéacteurs
Thousand metric tons and kilograms per capita
Milliers de tonnes métriques et kilogrammes par habitant

Country or area Pays ou zone	Year Année	Production Production	Imports Importations	Exports Exportations	Bunkers Soutes	Changes in stocks Variations des stocks	Consumption Consommation	
							Total Totale	Per capita Par habitant
Tajikistan	2007	..	25	..	25	..	0	0
Tadjikistan	2008	..	27	..	27	..	0	0
	2009	..	27	..	27	..	0	0
	2010	..	27	..	27	..	0	0
Thailand	2007	3992	29	337	..	-11	3695	55
Thaïlande	2008	4607	37	1034	..	52	3558	52
	2009	4586	8	1234	..	-42	3402	50
	2010	4756	2	1078	..	63	3617	52
Turkey	2007	2336	137	355	1123	-1	996	14
Turquie	2008	2556	5	538	1268	-10	765	11
	2009	2004	621	663	1385	-135	712	10
	2010	2613	433	1322	1184	138	402	6
Turkmenistan	2007	331	..	..	331	..	0	0
Turkménistan	2008	363	..	..	363	..	0	0
	2009	338	..	..	338	..	0	0
	2010	322	..	..	322	..	0	0
United Arab Emirates	2007	4948	..	1823	3125	..	0	0
Emirats arabes unis	2008	4911	..	1653	3258	..	0	0
	2009	5141	..	1505	3636	..	0	0
	2010	4681	..	769	3912	..	0	0
Uzbekistan	2007	179	..	..	..	..	179	7
Ouzbékistan	2008	175	..	..	..	..	175	7
	2009	170	..	..	..	..	170	6
	2010	148	..	..	..	..	148	5
Viet Nam	2007	..	516	64	351	..	101	1
Viet Nam	2008	..	587	76	427	..	84	1
	2009	81	656	*320	493	-200	124	1
	2010	39	833	50	657	0	165	2
Yemen	2007	486	..	361	125	0	0	0
Yémen	2008	341	..	228	113	0	0	0
	2009	407	..	272	135	0	0	0
	2010	364	..	243	121	0	0	0
Europe	**2007**	**50030**	**27747**	**12907**	**51995**	**-573**	**13448**	**18**
Europe	**2008**	**51059**	**31744**	**13963**	**53456**	**1190**	**14194**	**19**
	2009	**45495**	**31845**	**14012**	**49939**	**632**	**12757**	**17**
	2010	**45649**	**30899**	**14146**	**49899**	**-18**	**12520**	**17**
Albania	2007	..	19	..	19	..	0	0
Albanie	2008	..	26	..	26	..	0	0
	2009	..	17	..	17	..	0	0
	2010	..	17	..	17	..	0	0
Austria	2007	604	164	4	690	38	36	4
Autriche	2008	472	259	6	692	-4	37	4
	2009	313	232	2	601	-93	35	4
	2010	476	197	2	650	-12	33	4
Belgium	2007	1751	634	1410	986	8	-19	-2
Belgique	2008	1878	1455	1358	1988	-13	0	0
	2009	1838	1695	1539	1878	72	44	4
	2010	1775	1900	1707	1498	310	160	15
Bosnia and Herzegovina	2007	..	5	..	5	..	0	0
Bosnie-Herzégovine	2008	..	5	..	5	..	0	0
	2009	..	5	..	5	..	0	0
	2010	..	5	..	5	..	0	0

Table 21

Production, trade and consumption of jet fuels
Production, commerce et consommation de carburéacteurs
Thousand metric tons and kilograms per capita
Milliers de tonnes métriques et kilogrammes par habitant

Country or area Pays ou zone	Year Année	Production Production	Imports Importations	Exports Exportations	Bunkers Soutes	Changes in stocks Variations des stocks	Consumption Consommation	
							Total Totale	Per capita Par habitant
Bulgaria	2007	183	40	0	177	6	40	5
Bulgarie	2008	199	24	3	206	-6	20	3
	2009	184	4	4	148	8	28	4
	2010	190	1	12	163	-1	17	2
Croatia	2007	97	3	0	43	0	57	13
Croatie	2008	97	20	1	50	3	63	14
	2009	94	0	1	43	-4	54	12
	2010	94	11	5	53	-3	50	11
Czech Republic	2007	145	244	2	334	13	40	4
République tchèque	2008	170	238	0	325	-4	87	8
	2009	112	277	0	329	27	33	3
	2010	144	205	0	303	7	39	4
Denmark	2007	542	684	467	863	-124	20	4
Danemark	2008	500	983	357	862	323	-59	-11
	2009	409	830	353	754	63	69	12
	2010	407	657	336	786	17	-75	-14
Estonia	2007	..	51	..	49	2	0	0
Estonie	2008	..	27	..	27	-1	1	1
	2009	..	34	..	32	1	1	1
	2010	..	32	..	36	-5	1	1
Faeroe Islands	2007	..	*3	..	3	..	0	0
Iles Féroé	2008	..	*4	..	4	..	0	0
	2009	..	*4	..	4	..	0	0
	2010	..	*3	..	3	..	0	0
Finland	2007	717	9	13	522	-14	205	39
Finlande	2008	683	79	0	565	23	174	33
	2009	632	87	0	495	12	212	40
	2010	610	112	0	522	-27	227	42
France	2007	5536	3455	1436	5741	-186	2000	32
France	2008	5571	3615	1275	5775	147	1989	32
	2009	4944	3915	1682	5261	-126	2042	33
	2010	4360	3883	1247	5363	-121	1754	28
Germany	2007	4592	4611	504	8094	-17	622	8
Allemagne	2008	4760	4727	466	8211	79	731	9
	2009	4591	4961	591	8014	392	555	7
	2010	4876	4611	688	7901	-18	916	11
Gibraltar	2007	..	6	..	6	..	0	0
Gibraltar	2008	..	6	..	6	..	0	0
	2009	..	6	..	6	..	0	0
	2010	..	5	..	5	..	0	0
Greece	2007	1719	401	793	928	-6	405	36
Grèce	2008	1853	490	922	965	54	402	36
	2009	1574	527	934	830	-16	353	31
	2010	1602	457	950	664	27	418	37
Hungary	2007	273	1	39	242	-7	0	0
Hongrie	2008	263	11	10	269	-5	0	0
	2009	241	0	8	230	3	0	0
	2010	231	0	10	229	-8	0	0
Iceland	2007	..	170	..	162	1	7	23
Islande	2008	..	152	..	136	9	7	23
	2009	..	116	..	109	1	6	19
	2010	..	120	..	120	-8	8	25

Table 21

Production, trade and consumption of jet fuels
Production, commerce et consommation de carburéacteurs
Thousand metric tons and kilograms per capita
Milliers de tonnes métriques et kilogrammes par habitant

Country or area Pays ou zone	Year Année	Production Production	Imports Importations	Exports Exportations	Bunkers Soutes	Changes in stocks Variations des stocks	Consumption Consommation	
							Total Totale	Per capita Par habitant
Ireland	2007	..	1036	0	943	-115	208	48
Irlande	2008	..	1116	0	885	-8	239	55
	2009	..	1085	0	540	78	467	106
	2010	..	1014	0	703	-75	386	86
Italy	2007	4034	479	367	3322	-85	909	15
Italie	2008	3219	730	144	3206	103	496	8
	2009	3050	788	188	2918	-42	774	13
	2010	3204	892	137	3084	51	824	14
Latvia	2007	..	81	..	78	0	3	1
Lettonie	2008	..	95	..	94	0	1	0
	2009	..	99	..	99	0	0	0
	2010	..	119	4	114	1	0	0
Lithuania	2007	503	16	108	70	-8	349	103
Lituanie	2008	929	0	404	74	0	451	134
	2009	752	0	187	35	-2	532	159
	2010	848	19	210	47	-3	613	184
Luxembourg	2007	..	425	..	423	2	0	0
Luxembourg	2008	..	423	..	426	-2	-1	-2
	2009	..	400	..	408	-8	0	0
	2010	..	422	..	419	4	-1	-2
Malta	2007	..	87	..	87	0	0	0
Malte	2008	..	125	..	125	0	0	0
	2009	..	61	..	89	-29	1	2
	2010	..	94	..	99	-6	1	2
Montenegro	2007	..	11	0	11	..	0	0
Monténégro	2008	..	14	0	14	..	0	0
	2009	..	12	10	2	..	0	0
	2010	..	19	17	2	..	0	0
Netherlands	2007	6583	2754	5721	3570	-48	94	6
Pays-Bas	2008	6136	3787	6133	3621	97	72	4
	2009	5526	4265	6395	3366	-71	101	6
	2010	6284	3798	6666	3287	59	70	4
Norway	2007	575	193	94	368	-27	333	71
Norvège	2008	707	249	117	372	60	407	85
	2009	680	181	51	347	26	437	90
	2010	477	267	36	419	-58	347	71
Poland	2007	801	..	345	432	22	2	0
Pologne	2008	944	..	421	519	3	1	0
	2009	692	..	227	470	-6	1	0
	2010	693	..	189	495	8	1	0
Portugal	2007	745	266	20	822	13	156	15
Portugal	2008	748	250	14	852	-10	142	13
	2009	782	159	0	797	-3	147	14
	2010	967	131	71	865	12	150	14
Republic of Moldova	2007	..	20	..	*14	-1	7	2
Rép. de Moldova	2008	..	21	..	*14	3	4	1
	2009	..	17	4	*14	-1	0	0
	2010	..	17	5	14	-1	-1	0
Romania	2007	278	20	130	105	7	56	3
Roumanie	2008	328	5	165	117	-9	60	3
	2009	292	6	153	126	5	14	1
	2010	281	36	157	141	6	13	1

Table 21

Production, trade and consumption of jet fuels
Production, commerce et consommation de carburéacteurs

Thousand metric tons and kilograms per capita
Milliers de tonnes métriques et kilogrammes par habitant

Country or area Pays ou zone	Year Année	Production Production	Imports Importations	Exports Exportations	Bunkers Soutes	Changes in stocks Variations des stocks	Consumption Consommation	
							Total Totale	Per capita Par habitant
Russian Federation	2007	10699	..	..	5349	..	5350	37
Fédération de Russie	2008	11394	..	..	5697	..	5697	40
	2009	10445	..	..	5704	..	4741	33
	2010	11123	..	..	6074	..	5049	35
Serbia	2007	57	9	19	47	..	0	0
Serbie	2008	69	7	26	47	3	0	0
	2009	52	5	22	39	-4	0	0
	2010	68	5	34	40	-1	0	0
Slovakia	2007	78	2	13	48	0	19	3
Slovaquie	2008	88	0	23	61	4	0	0
	2009	68	3	32	44	-5	0	0
	2010	45	0	5	40	0	0	0
Slovenia	2007	..	32	0	31	1	0	0
Slovénie	2008	..	33	1	34	-2	0	0
	2009	..	26	0	26	0	0	0
	2010	..	25	0	25	0	0	0
Spain	2007	2562	2254	180	3308	51	1277	29
Espagne	2008	2749	2585	113	3320	-33	1934	43
	2009	1875	2473	120	3088	26	1114	24
	2010	848	2434	51	2964	-11	278	6
Sweden	2007	196	806	18	634	-3	353	39
Suède	2008	247	891	46	761	65	266	29
	2009	211	717	21	694	-6	219	24
	2010	181	672	30	671	-35	187	20
Switzerland	2007	183	1144	..	1272	6	49	6
Suisse	2008	190	1256	..	1361	32	53	7
	2009	96	1298	..	1308	28	58	8
	2010	64	1354	..	1367	0	51	7
T.F.Yug.Rep. Macedonia	2007	17	0	12	7	-2	0	0
L'ex-RY Macédoine	2008	20	0	13	6	1	0	0
	2009	20	0	16	3	1	0	0
	2010	20	0	15	7	-2	0	0
Ukraine	2007	384	3	50	348	-14	3	0
Ukraine	2008	296	1	37	255	-5	10	0
	2009	..	8	21	225	-8	-230	-5
	2010	..	11	75	255	-9	-310	-7
United Kingdom	2007	6176	7608	1162	11841	-86	867	14
Royaume-Uni	2008	6549	8035	1908	11483	283	910	15
	2009	6022	7532	1451	10841	313	949	15
	2010	5781	7353	1487	10449	-116	1314	21
Oceania	**2007**	**5153**	**1364**	**109**	**3915**	**-47**	**2540**	**73**
Océanie	**2008**	**5095**	**1951**	**133**	**3857**	**-28**	**3083**	**87**
	2009	**5316**	**1980**	**95**	**3831**	**33**	**3337**	**93**
	2010	**5330**	**2022**	**67**	**4205**	**-42**	**3122**	**85**
Australia	2007	4238	829	95	2898	-42	2116	100
Australie	2008	4121	1462	118	2872	-30	2623	122
	2009	4370	1604	84	2934	35	2921	133
	2010	4255	1718	57	3204	-34	2746	123
Fiji	2007	..	236	*14	*214	..	8	9
Fidji	2008	..	199	*15	*176	..	8	9
	2009	..	153	*11	*135	..	8	9
	2010	..	206	*10	*189	..	7	8

Table 21

Production, trade and consumption of jet fuels
Production, commerce et consommation de carburéacteurs

Thousand metric tons and kilograms per capita
Milliers de tonnes métriques et kilogrammes par habitant

Country or area Pays ou zone	Year Année	Production Production	Imports Importations	Exports Exportations	Bunkers Soutes	Changes in stocks Variations des stocks	Consumption Consommation	
							Total Totale	Per capita Par habitant
French Polynesia	2007	..	*18	..	*5	..	*13	*50
Polynésie française	2008	..	*17	..	*5	..	*12	*47
	2009	..	*17	..	*5	..	*12	*46
	2010	..	*17	..	*5	..	*12	*45
Kiribati	2007	..	*1	..	*1	..	0	0
Kiribati	2008	..	*1	..	*1	..	0	0
	2009	..	*1	..	*1	..	0	0
	2010	..	*1	..	*1	..	0	0
Micronesia(Fed. States of)	2007	..	*3	..	*1	..	*2	*19
Micronésie(États. féds. de)	2008	..	*3	..	*1	..	*2	*19
	2009	..	*2	..	*1	..	*2	*17
	2010	..	*2	..	*1	..	*2	*17
Nauru	2007	..	*3	..	*3	..	0	0
Nauru	2008	..	*3	..	*3	..	0	0
	2009	..	*3	..	*3	..	0	0
	2010	..	*3	..	*3	..	0	0
New Caledonia	2007	..	12	..	12	..	0	0
Nouvelle-Calédonie	2008	..	10	..	10	..	0	0
	2009	..	0	..	0	..	0	0
	2010	..	5	..	*5	..	0	0
New Zealand	2007	837	243	..	723	-5	362	86
Nouvelle-Zélande	2008	891	236	..	728	1	398	93
	2009	867	179	..	693	-1	354	82
	2010	988	47	..	732	-9	312	71
Palau	2007	..	*15	..	*15	..	0	0
Palaos	2008	..	*15	..	*15	..	0	0
	2009	..	*15	..	*15	..	0	0
	2010	..	*15	..	*15	..	0	0
Papua New Guinea	2007	78	0	0	*39	..	39	6
Papouasie-Nvl-Guinée	2008	83	0	0	*42	1	40	6
	2009	79	0	0	*40	-1	40	6
	2010	87	0	0	*43	1	43	6
Solomon Islands	2007	..	*3	..	*3	..	0	0
Iles Salomon	2008	..	*3	..	*3	..	0	0
	2009	..	*3	..	*3	..	0	0
	2010	..	*3	..	*3	..	0	0
Tonga	2007	..	0	..	0	..	0	0
Tonga	2008	..	1	..	*1	..	0	0
	2009	..	1	..	*1	..	0	0
	2010	..	3	..	*3	..	0	0
Wallis and Futuna Is.	2007	..	1	..	1	..	0	0
Iles Wallis et Futuna	2008	..	*1	..	1	..	0	0
	2009	..	*1	..	1	..	0	0
	2010	..	*1	..	1	..	0	0

Table 22

Production, trade and consumption of gas-diesel oils
Production, commerce et consommation de gazole/carburant diesel

Thousand metric tons and kilograms per capita
Milliers de tonnes métriques et kilogrammes par habitant

Table Notes:

Production from refineries and plants.

Please refer to the Definitions Section on pages xv to xxix for the appropriate product description/ classification.

Notes relatives aux tableaux:

Production à partir des raffineries et des usines.

Veuillez consulter la section "définitions" de la page xv à la page xxix pour une description/classification appropriée des produits.

Figure 61: World production of gas-diesel oils 1994-2010

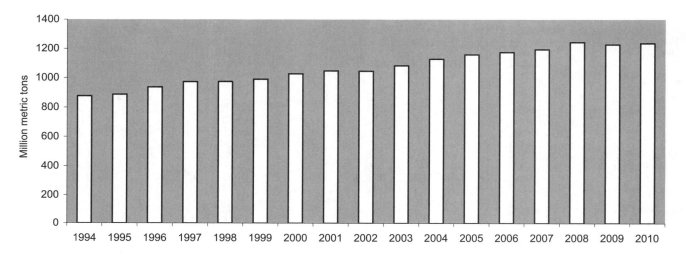

Figure 62: Major gas-diesel oils producing countries in 2010

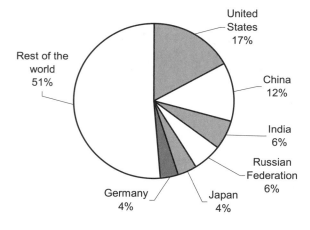

Figure 63: Major gas-diesel oils consuming countries in 2010

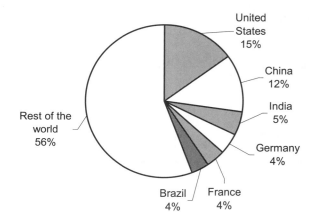

Table 22

Production, trade and consumption of gas-diesel oils
Production, commerce et consommation de gazole/carburant diesel
Thousand metric tons and kilograms per capita
Milliers de tonnes métriques et kilogrammes par habitant

Country or area Pays ou zone	Year Année	Production Production	Imports Importations	Exports Exportations	Bunkers Soutes	Changes in stocks Variations des stocks	Consumption Consommation	
							Total Totale	Per capita Par habitant
World	**2007**	**1194551**	**241376**	**257572**	**24536**	**-2971**	**1156790**	**174**
Monde	**2008**	**1244378**	**268090**	**288676**	**22171**	**-1034**	**1202655**	**178**
	2009	**1228470**	**273960**	**307127**	**24878**	**-5941**	**1176367**	**173**
	2010	**1236607**	**295015**	**308221**	**26666**	**-5010**	**1201745**	**174**
Africa	**2007**	**36476**	**19047**	**2517**	**1173**	**-1354**	**53187**	**56**
Afrique	**2008**	**41081**	**20211**	**2283**	**1144**	**-178**	**58043**	**59**
	2009	**39913**	**23522**	**2709**	**1093**	**-888**	**60521**	**61**
	2010	**38935**	**23769**	**2808**	**1160**	**463**	**58272**	**57**
Algeria	2007	6388	0	86	56	-474	6720	198
Algérie	2008	7403	0	0	52	274	7077	206
	2009	7533	577	0	54	-103	8159	233
	2010	7806	380	0	52	-92	8226	232
Angola	2007	513	1139	15	14	0	1623	93
Angola	2008	527	1296	12	0	-66	1877	104
	2009	509	1842	19	5	0	2327	125
	2010	530	1985	3	5	0	2507	131
Benin	2007	..	316	..	..	1	315	39
Bénin	2008	..	330	..	..	1	329	39
	2009	..	388	..	..	3	385	45
	2010	..	460	..	..	3	457	52
Botswana	2007	..	356	..	..	..	356	185
Botswana	2008	..	417	..	..	..	417	213
	2009	..	396	..	..	..	396	200
	2010	..	424	..	..	..	424	211
Burkina Faso	2007	..	222	..	..	-5	227	15
Burkina Faso	2008	..	260	..	..	*-16	276	18
	2009	..	268	..	..	*-9	277	17
	2010	..	*275	..	..	0	*275	*17
Burundi	2007	..	29	..	..	2	27	4
Burundi	2008	..	41	..	..	2	39	5
	2009	..	24	..	..	1	23	3
	2010	..	47	..	..	0	47	6
Cameroon	2007	686	163	381	43	-26	451	25
Cameroun	2008	650	157	413	43	-81	432	23
	2009	610	189	218	44	-69	606	32
	2010	740	156	254	39	-55	658	34
Cape Verde	2007	..	*53	..	*10	..	*43	*89
Cap-Vert	2008	..	54	..	*13	..	41	84
	2009	..	57	..	*20	..	37	75
	2010	..	79	..	*23	..	56	113
Central African Rep.	2007	..	*24	..	..	..	*24	*6
Rép. centrafricaine	2008	..	*24	..	..	..	*24	*6
	2009	..	*24	..	..	..	*24	*6
	2010	..	*32	..	..	..	*32	*7
Chad	2007	..	*48	..	..	..	*48	*5
Tchad	2008	..	*50	..	..	..	*50	*5
	2009	..	*55	..	..	..	*55	*5
	2010	..	*61	..	..	..	*61	*5
Comoros	2007	..	*21	..	..	..	*21	*31
Comores	2008	..	*22	..	..	..	*22	*32
	2009	..	*22	..	..	..	*22	*31
	2010	..	*24	..	..	..	*24	*33

Table 22

Production, trade and consumption of gas-diesel oils
Production, commerce et consommation de gazole/carburant diesel

Thousand metric tons and kilograms per capita
Milliers de tonnes métriques et kilogrammes par habitant

Country or area Pays ou zone	Year Année	Production Production	Imports Importations	Exports Exportations	Bunkers Soutes	Changes in stocks Variations des stocks	Consumption Consommation	
							Total Totale	Per capita Par habitant
Congo	2007	141	68	..	28	0	181	49
Congo	2008	109	145	..	42	10	202	53
	2009	177	119	..	0	4	292	74
	2010	223	85	..	0	-14	322	80
Côte d'Ivoire	2007	1089	..	573	59	-33	490	26
Côte d'Ivoire	2008	1174	..	585	44	-10	555	29
	2009	1153	..	421	0	180	552	29
	2010	983	..	381	0	153	449	23
Dem. Rep. of the Congo	2007	..	236	..	..	..	236	4
Rép. dem. du Congo	2008	..	287	..	..	..	287	5
	2009	..	225	..	..	..	225	4
	2010	..	287	..	..	..	287	4
Djibouti	2007	..	*50	..	*31	..	*19	*23
Djibouti	2008	..	*50	..	*31	..	*19	*22
	2009	..	*55	..	*34	..	*21	*24
	2010	..	*55	..	*34	..	*21	*24
Egypt	2007	8803	1856	..	161	..	10498	136
Egypte	2008	8666	2246	..	118	..	10794	138
	2009	8267	3302	..	94	..	11475	144
	2010	8385	3252	..	114	..	11523	142
Equatorial Guinea	2007	..	*144	..	..	..	*144	*223
Guinée équatoriale	2008	..	*145	..	..	..	*145	*219
	2009	..	*145	..	..	..	*145	*213
	2010	..	*145	..	..	..	*145	*207
Eritrea	2007	..	69	..	..	-22	91	19
Erythrée	2008	..	49	..	..	-3	52	11
	2009	..	68	..	..	-8	76	15
	2010	..	70	..	..	-5	75	14
Ethiopia	2007	..	1073	..	..	-4	1077	14
Ethiopie	2008	..	1203	..	..	3	1200	15
	2009	..	1237	..	..	-14	1251	15
	2010	..	1183	..	..	28	1155	14
Gabon	2007	260	164	6	81	-152	489	343
Gabon	2008	258	163	6	80	-111	446	308
	2009	278	165	6	86	-130	481	326
	2010	298	175	6	99	-148	516	343
Gambia	2007	..	60	1	..	..	59	37
Gambie	2008	..	64	1	..	..	63	39
	2009	..	49	1	..	..	48	29
	2010	..	*53	*1	..	..	*52	*30
Ghana	2007	398	807	53	44	..	1108	49
Ghana	2008	361	579	88	57	..	795	34
	2009	103	970	382	74	..	616	26
	2010	293	872	304	96	..	764	31
Guinea	2007	..	*81	..	..	..	*81	*9
Guinée	2008	..	*82	..	..	..	*82	*9
	2009	..	*83	..	..	..	*83	*8
	2010	..	*83	..	..	..	*83	*8
Guinea-Bissau	2007	..	*35	..	..	..	*35	*25
Guinée-Bissau	2008	..	*34	..	..	..	*34	*23
	2009	..	*37	..	..	..	*37	*25
	2010	..	*38	..	..	..	*38	*25

Table 22

Production, trade and consumption of gas-diesel oils
Production, commerce et consommation de gazole/carburant diesel

Thousand metric tons and kilograms per capita
Milliers de tonnes métriques et kilogrammes par habitant

Country or area Pays ou zone	Year Année	Production Production	Imports Importations	Exports Exportations	Bunkers Soutes	Changes in stocks Variations des stocks	Consumption Consommation	
							Total Totale	Per capita Par habitant
Kenya	2007	397	778	18	..	..	1157	31
Kenya	2008	374	801	4	..	..	1171	30
	2009	372	1072	32	..	..	1412	36
	2010	347	1158	12	..	..	1493	37
Liberia	2007	..	87	..	*2	..	85	24
Libéria	2008	..	78	..	*2	..	76	21
	2009	..	45	..	*2	..	43	11
	2010	..	124	..	*3	..	121	30
Libya	2007	4542	..	341	..	..	4201	697
Libye	2008	5377	..	135	..	..	5242	852
	2009	6253	..	320	..	..	5933	947
	2010	7307	..	1148	..	..	6159	969
Madagascar	2007	..	370	..	*2	12	356	19
Madagascar	2008	..	372	..	*3	7	363	19
	2009	..	333	..	*2	-4	334	17
	2010	..	328	..	*2	-11	336	16
Malawi	2007	..	126	..	..	..	126	9
Malawi	2008	..	177	..	..	..	177	13
	2009	..	142	..	..	..	142	10
	2010	..	194	..	..	..	194	13
Mali	2007	..	*88	..	..	..	*88	*6
Mali	2008	..	*90	..	..	..	*90	*6
	2009	..	*92	..	..	..	*92	*6
	2010	..	*93	..	..	..	*93	*6
Mauritania	2007	..	368	..	..	..	368	115
Mauritanie	2008	..	393	..	..	..	393	119
	2009	..	*429	..	..	..	*429	*127
	2010	..	*428	..	..	..	*428	*124
Mauritius	2007	..	308	..	118	-15	205	161
Maurice	2008	..	328	..	117	8	203	158
	2009	..	288	..	109	-25	204	158
	2010	..	310	..	113	-14	211	162
Morocco	2007	1996	1813	5	13	0	3791	122
Maroc	2008	1819	2078	32	13	-237	4089	131
	2009	1385	3147	237	13	-44	4326	137
	2010	2256	2295	0	*13	8	4530	142
Mozambique	2007	..	448	..	0	..	448	21
Mozambique	2008	..	437	..	0	..	437	20
	2009	..	509	..	0	..	509	22
	2010	..	500	..	0	..	500	21
Namibia	2007	..	421	..	..	..	421	195
Namibie	2008	..	516	..	..	..	516	235
	2009	..	542	..	..	..	542	242
	2010	..	577	..	..	..	577	253
Niger	2007	..	91	..	..	9	82	6
Niger	2008	..	94	..	..	-3	97	7
	2009	..	129	..	..	0	129	9
	2010	..	190	..	..	-2	192	12
Nigeria	2007	638	..	13	182	-645	1088	7
Nigéria	2008	1186	..	0	193	-316	1309	9
	2009	571	..	103	207	-703	964	6
	2010	1027	..	0	223	36	768	5

Table 22

Production, trade and consumption of gas-diesel oils
Production, commerce et consommation de gazole/carburant diesel

Thousand metric tons and kilograms per capita
Milliers de tonnes métriques et kilogrammes par habitant

Country or area Pays ou zone	Year Année	Production Production	Imports Importations	Exports Exportations	Bunkers Soutes	Changes in stocks Variations des stocks	Consumption Consommation	
							Total Totale	Per capita Par habitant
Réunion	2007	..	328	..	15	-5	318	390
Réunion	2008	..	371	..	11	30	330	400
	2009	..	373	..	11	-13	375	449
	2010	..	392	..	13	4	375	443
Rwanda	2007	..	86	..	..	1	85	9
Rwanda	2008	..	*85	..	..	*1	*84	*8
	2009	..	*92	..	..	*1	*91	*9
	2010	..	*93	..	..	0	*93	*9
Sao Tome and Principe	2007	..	*16	..	..	..	*16	*100
Sao Tomé-et-Principe	2008	..	*17	..	..	..	*17	*105
	2009	..	*19	..	..	..	*19	*114
	2010	..	21	..	..	..	21	125
Senegal	2007	339	439	293	..	-9	494	43
Sénégal	2008	409	141	289	..	-13	274	23
	2009	326	236	266	..	-13	309	26
	2010	340	330	0	..	0	670	54
Seychelles	2007	..	189	..	*66	..	124	1453
Seychelles	2008	..	194	..	*69	..	125	1462
	2009	..	207	..	*76	..	131	1525
	2010	..	184	..	*59	..	125	1441
Sierra Leone	2007	..	85	..	..	..	85	15
Sierra Leone	2008	..	104	..	..	..	104	19
	2009	..	83	..	..	..	83	15
	2010	..	83	..	..	..	83	14
Somalia	2007	0	*106	..	*12	..	*94	*11
Somalie	2008	0	*108	..	*11	..	*97	*11
	2009	0	*106	..	*11	..	*95	*10
	2010	0	*104	..	*11	..	*93	*10
South Africa	2007	7482	2260	702	217	..	8823	181
Afrique du Sud	2008	10157	2033	718	*224	..	11248	228
	2009	9455	1874	700	*220	..	10409	209
	2010	*5693	1877	699	226	..	*6645	*133
St. Helena and Depend.	2007	..	3	..	..	..	3	684
St-Hélène et dépend	2008	..	3	..	..	..	3	583
	2009	..	2	..	..	..	2	589
	2010	..	2	..	..	..	2	600
Sudan	2007	2066	393	30	16	39	2374	59
Soudan	2008	1864	768	0	18	239	2375	57
	2009	2105	361	4	18	67	2377	56
	2010	2368	458	0	19	600	2207	51
Swaziland	2007	..	*105	..	..	..	*105	*92
Swaziland	2008	..	*108	..	..	..	*108	*94
	2009	..	*107	..	..	..	*107	*92
	2010	..	*108	..	..	..	*108	*91
Togo	2007	..	96	..	2	-19	113	20
Togo	2008	..	81	..	4	-23	100	17
	2009	..	116	..	4	0	112	19
	2010	..	120	..	4	0	116	19
Tunisia	2007	556	1256	..	0	-9	1821	180
Tunisie	2008	551	1320	..	0	127	1744	170
	2009	576	1181	..	9	-10	1758	170
	2010	83	1715	..	11	-29	1816	173

Table 22

Production, trade and consumption of gas-diesel oils
Production, commerce et consommation de gazole/carburant diesel

Thousand metric tons and kilograms per capita
Milliers de tonnes métriques et kilogrammes par habitant

Country or area Pays ou zone	Year Année	Production Production	Imports Importations	Exports Exportations	Bunkers Soutes	Changes in stocks Variations des stocks	Consumption Consommation	
							Total Totale	Per capita Par habitant
Uganda	2007	..	517	..	..	..	517	17
Ouganda	2008	..	529	..	..	..	529	17
	2009	..	568	..	..	..	568	18
	2010	..	651	..	..	..	651	19
United Rep. of Tanzania	2007	..	762	..	1	..	761	19
Rép. Unie de Tanzanie	2008	..	818	..	0	..	818	19
	2009	..	719	..	0	..	719	17
	2010	..	737	..	0	..	737	16
Western Sahara	2007	..	*46	..	..	..	*46	*96
Sahara occidental	2008	..	*46	..	..	..	*46	*93
	2009	..	*46	..	..	..	*46	*90
	2010	..	*46	..	..	..	*46	*87
Zambia	2007	182	26	..	..	..	208	17
Zambie	2008	196	58	..	..	..	254	21
	2009	240	25	..	..	..	265	21
	2010	256	20	..	..	..	276	21
Zimbabwe	2007	..	422	..	..	..	422	34
Zimbabwe	2008	..	368	..	..	..	368	30
	2009	..	383	..	..	..	383	31
	2010	..	408	..	..	..	408	32
America, North	**2007**	**262645**	**26045**	**24592**	**8506**	**-1677**	**257268**	**489**
Amérique du Nord	**2008**	**271565**	**23455**	**38932**	**6048**	**1264**	**248775**	**468**
	2009	**257318**	**21314**	**40105**	**6412**	**2117**	**229999**	**429**
	2010	**263560**	**24889**	**41409**	**7341**	**-111**	**239809**	**442**
Anguilla	2007	..	19	..	..	..	19	1333
Anguilla	2008	..	19	..	..	..	19	1310
	2009	..	19	..	..	..	19	1277
	2010	..	21	..	..	..	21	1343
Antigua and Barbuda	2007	..	*57	*4	..	..	*53	*617
Antigua-et-Barbuda	2008	..	*58	*4	..	..	*54	*622
	2009	..	*64	*3	..	..	*61	*689
	2010	..	*65	*4	..	..	*61	*688
Aruba	2007	..	*28	..	..	..	*28	*269
Aruba	2008	..	*28	..	..	..	*28	*265
	2009	..	*28	..	..	..	*28	*267
	2010	..	*29	..	..	..	*29	*270
Bahamas	2007	..	*370	*20	..	..	*350	*1064
Bahamas	2008	..	212	3	..	..	208	625
	2009	..	368	*9	..	..	360	1063
	2010	..	596	*35	..	..	562	1638
Barbados	2007	..	93	..	..	4	89	329
Barbade	2008	..	113	..	..	-2	115	423
	2009	..	105	..	..	0	105	383
	2010	..	113	..	..	0	113	414
Belize	2007	..	77	..	..	..	77	262
Belize	2008	..	*70	..	..	..	*70	*232
	2009	..	*72	..	..	..	*72	*235
	2010	..	*73	..	..	..	*73	*233
Bermuda	2007	..	57	..	..	..	57	884
Bermudes	2008	..	25	..	..	..	25	387
	2009	..	*38	..	..	..	*38	*586
	2010	..	*38	..	..	..	*38	*588

Table 22

Production, trade and consumption of gas-diesel oils
Production, commerce et consommation de gazole/carburant diesel

Thousand metric tons and kilograms per capita
Milliers de tonnes métriques et kilogrammes par habitant

Country or area Pays ou zone	Year Année	Production Production	Imports Importations	Exports Exportations	Bunkers Soutes	Changes in stocks Variations des stocks	Consumption Consommation Total Totale	Per capita Par habitant
British Virgin Islands	2007	..	*17	..	..	..	*17	*755
Iles Vierges britanniques	2008	..	*18	..	..	..	*18	*791
	2009	..	*19	..	..	..	*19	*826
	2010	..	*20	..	..	..	*20	*839
Canada	2007	31223	1528	7047	40	8	25656	778
Canada	2008	30873	3315	7766	32	158	26232	787
	2009	30426	1587	7657	17	-169	24508	728
	2010	30881	622	6967	35	121	24380	717
Cayman Islands	2007	..	143	..	..	..	143	2615
Iles Caïmanes	2008	..	141	..	..	..	141	2550
	2009	..	136	..	..	..	136	2439
	2010	..	140	..	..	..	140	2490
Costa Rica	2007	248	784	0	..	-17	1049	236
Costa Rica	2008	244	839	1	..	28	1054	233
	2009	127	911	73	..	-42	1007	219
	2010	147	920	51	..	-18	1035	222
Cuba	2007	464	1083	..	*28	..	1519	135
Cuba	2008	1097	626	..	*29	..	1694	150
	2009	1271	210	..	*29	..	1452	129
	2010	1224	815	..	*29	..	2010	179
Dominica	2007	..	33	..	..	..	33	478
Dominique	2008	..	26	..	..	..	26	376
	2009	..	26	..	..	..	26	380
	2010	..	*28	..	..	..	*28	*406
Dominican Republic	2007	359	1037	..	..	-14	1410	148
Rép. dominicaine	2008	363	1059	..	..	-27	1449	150
	2009	341	1043	..	..	2	1382	141
	2010	393	974	..	..	11	1356	137
El Salvador	2007	229	421	11	..	-3	642	105
El Salvador	2008	186	424	23	..	-22	609	99
	2009	197	433	21	..	-3	612	99
	2010	132	482	10	..	-2	606	98
Greenland	2007	..	244	..	54	*7	183	3191
Groënland	2008	..	226	..	57	*-21	190	3310
	2009	..	217	..	45	*8	164	2865
	2010	..	280	..	72	*19	189	3295
Grenada	2007	..	40	..	..	0	40	389
Grenade	2008	..	53	..	..	1	52	501
	2009	..	49	..	..	-2	51	485
	2010	..	53	..	..	0	53	511
Guadeloupe	2007	..	264	..	..	..	264	584
Guadeloupe	2008	..	269	..	..	..	269	591
	2009	..	*269	..	..	..	*269	*587
	2010	..	*269	..	..	..	*269	*584
Guatemala	2007	25	1264	6	262	26	995	74
Guatemala	2008	22	1050	26	271	-54	829	61
	2009	24	1359	9	272	106	996	71
	2010	23	1208	29	280	-61	983	68
Haiti	2007	..	407	..	..	..	407	42
Haïti	2008	..	414	..	..	..	414	43
	2009	..	383	..	..	..	383	39
	2010	..	449	..	..	..	449	45

Table 22

Production, trade and consumption of gas-diesel oils
Production, commerce et consommation de gazole/carburant diesel
Thousand metric tons and kilograms per capita
Milliers de tonnes métriques et kilogrammes par habitant

Country or area Pays ou zone	Year Année	Production Production	Imports Importations	Exports Exportations	Bunkers Soutes	Changes in stocks Variations des stocks	Consumption Consommation	
							Total Totale	Per capita Par habitant
Honduras	2007	..	669	0	..	-85	754	105
Honduras	2008	..	686	0	..	-53	739	101
	2009	..	653	0	..	-18	671	90
	2010	..	681	0	..	0	681	90
Jamaica	2007	190	691	0	16	0	865	319
Jamaïque	2008	176	693	0	16	277	576	212
	2009	172	376	0	16	41	491	180
	2010	192	327	0	71	-11	458	167
Martinique	2007	*170	*38	*28	*30	..	*150	*374
Martinique	2008	*183	*36	*30	*30	..	*159	*394
	2009	*191	*36	*31	*31	..	*166	*410
	2010	*198	*37	*31	*31	..	*173	*426
Mexico	2007	16931	3503	434	759	110	19131	175
Mexique	2008	17477	3689	388	919	-257	20116	182
	2009	19077	2874	237	663	-203	21254	190
	2010	17782	5912	68	699	188	22739	200
Montserrat	2007	..	*14	..	*1	..	*13	*2293
Montserrat	2008	..	*14	..	*1	..	*13	*2280
	2009	..	*14	..	*1	..	*13	*2239
	2010	..	14	..	*1	..	13	2224
Netherlands Antilles	2007	2350	547	2344	230	..	323	1684
Antilles néerlandaises	2008	2252	558	2248	234	..	328	1682
	2009	2056	536	2039	225	..	328	1656
	2010	927	544	918	229	..	324	1614
Nicaragua	2007	198	287	1	..	18	466	84
Nicaragua	2008	187	233	0	..	8	412	73
	2009	222	204	0	..	-2	428	75
	2010	213	184	6	..	-61	452	78
Panama	2007	..	855	..	94	-175	936	279
Panama	2008	..	931	..	94	-67	904	265
	2009	..	976	..	109	-38	905	261
	2010	..	1107	..	135	-71	1043	297
St. Kitts-Nevis	2007	..	*58	..	..	..	*58	*1150
St-Kitts-Nevis	2008	..	*58	..	..	..	*58	*1135
	2009	..	*60	..	..	..	*60	*1159
	2010	..	*58	..	..	..	*58	*1103
St. Lucia	2007	..	*74	..	..	..	*74	*438
St-Lucie	2008	..	*77	..	..	..	*77	*449
	2009	..	72	..	..	..	72	415
	2010	..	77	..	..	..	77	440
St. Pierre-Miquelon	2007	..	*24	..	*6	..	*18	*2956
St-Pierre-Miquelon	2008	..	*24	..	*6	..	*18	*2964
	2009	..	*24	..	*6	..	*18	*2972
	2010	..	*25	..	*6	..	*19	*3143
St. Vincent-Grenadines	2007	..	*41	..	..	..	*41	*376
St. Vincent-Grenadines	2008	..	*41	..	..	..	*41	*376
	2009	..	*41	..	..	..	*41	*375
	2010	..	*43	..	..	..	*43	*389
Trinidad and Tobago	2007	1736	0	1367	92	0	277	209
Trinité-et-Tobago	2008	1788	0	1176	84	38	490	368
	2009	1709	0	972	253	-24	508	380
	2010	1434	0	691	180	-59	622	464

Table 22

Production, trade and consumption of gas-diesel oils
Production, commerce et consommation de gazole/carburant diesel

Thousand metric tons and kilograms per capita
Milliers de tonnes métriques et kilogrammes par habitant

Country or area Pays ou zone	Year Année	Production Production	Imports Importations	Exports Exportations	Bunkers Soutes	Changes in stocks Variations des stocks	Consumption Consommation Total Totale	Consumption Consommation Per capita Par habitant
Turks and Caicos Islands	2007	..	*51	..	..	..	*51	*1482
Iles Turques et Caïques	2008	..	*51	..	..	..	*51	*1418
	2009	..	*52	..	..	..	*52	*1395
	2010	..	*53	..	..	..	*53	*1390
United States	2007	208522	11227	13330	6894	-1555	201080	665
États-Unis	2008	216717	7379	27267	4275	1256	191298	627
	2009	201505	8061	29054	4745	2461	173306	563
	2010	210014	8633	32600	5573	-168	180642	582
America, South	**2007**	**72323**	**15148**	**8623**	**1376**	**994**	**76479**	**201**
Amérique du Sud	**2008**	**75067**	**17074**	**7520**	**1529**	**402**	**82689**	**215**
	2009	**76626**	**14907**	**11119**	**1403**	**-1633**	**80644**	**208**
	2010	**72000**	**24391**	**5164**	**1502**	**-551**	**90277**	**230**
Argentina	2007	9893	730	40	..	30	10553	268
Argentine	2008	9758	1343	5	..	-30	11126	280
	2009	9392	422	0	..	-30	9844	246
	2010	9511	2260	0	..	147	11624	288
Bolivia (Plur. State of)	2007	656	431	..	..	-15	1102	116
Bolivie (État plur. de)	2008	679	396	..	..	-3	1078	112
	2009	544	528	..	..	-2	1074	110
	2010	542	589	..	..	-10	1141	115
Brazil	2007	34035	4432	2214	646	30	35577	187
Brésil	2008	35697	5066	583	770	70	39340	205
	2009	36886	3055	1075	672	29	38165	197
	2010	36004	7827	597	746	-8	42496	218
Chile	2007	3623	4807	287	40	-73	8176	492
Chili	2008	3811	5007	537	40	48	8193	488
	2009	3442	4224	474	37	-57	7212	425
	2010	2920	4550	331	19	47	7073	413
Colombia	2007	4395	285	0	367	109	4204	95
Colombie	2008	4395	285	0	387	109	4184	93
	2009	3570	1628	263	415	45	4475	98
	2010	3501	2397	780	430	10	4678	101
Ecuador	2007	1637	1588	..	..	46	3179	230
Equateur	2008	1654	1496	..	..	0	3150	224
	2009	1774	1930	..	..	-42	3746	263
	2010	1483	2608	..	..	78	4013	277
Falkland Is. (Malvinas)	2007	..	*10	..	..	..	*10	*3357
Iles Falkland (Malvinas)	2008	..	*10	..	..	..	*10	*3341
	2009	..	*10	..	..	..	*10	*3327
	2010	..	*9	..	..	..	*9	*2983
French Guiana	2007	..	*134	..	..	..	*134	*625
Guyane française	2008	..	*136	..	..	..	*136	*618
	2009	..	*137	..	..	..	*137	*608
	2010	..	*137	..	..	..	*137	*593
Guyana	2007	..	264	..	..	11	252	336
Guyana	2008	..	224	..	..	-7	231	307
	2009	..	229	..	..	-3	232	308
	2010	..	225	..	..	0	225	298
Paraguay	2007	..	940	..	..	0	940	154
Paraguay	2008	..	984	..	..	4	980	157
	2009	..	1025	..	..	32	994	157
	2010	..	1025	..	..	-56	1081	168

Table 22

Production, trade and consumption of gas-diesel oils
Production, commerce et consommation de gazole/carburant diesel
Thousand metric tons and kilograms per capita
Milliers de tonnes métriques et kilogrammes par habitant

Country or area Pays ou zone	Year Année	Production Production	Imports Importations	Exports Exportations	Bunkers Soutes	Changes in stocks Variations des stocks	Consumption Consommation	
							Total Totale	Per capita Par habitant
Peru	2007	3063	981	..	150	529	3365	119
Pérou	2008	3076	1378	..	147	220	4087	144
	2009	4334	827	..	73	884	4204	146
	2010	4701	1402	..	133	-256	6226	214
Suriname	2007	42	144	..	..	..	186	365
Suriname	2008	42	144	..	..	..	186	361
	2009	42	145	..	..	..	187	360
	2010	56	227	34	..	0	250	476
Uruguay	2007	637	402	19	101	-23	942	282
Uruguay	2008	827	605	0	109	-9	1331	398
	2009	684	746	0	126	11	1293	385
	2010	705	320	0	111	-5	919	273
Venezuela(Bolivar. Rep.)	2007	14342	..	6063	72	349	7858	285
Venezuela(Rép. bolivar.)	2008	15128	..	6395	76	0	8657	309
	2009	15958	..	9307	80	-2500	9071	318
	2010	12577	815	3422	63	-498	10405	359
Asia	**2007**	**456786**	**68156**	**94519**	**6504**	**1200**	**422718**	**105**
Asie	**2008**	**481081**	**80329**	**107617**	**6636**	**-5248**	**452405**	**111**
	2009	**497527**	**83352**	**118061**	**9144**	**-7247**	**460921**	**112**
	2010	**507875**	**85698**	**123668**	**8280**	**-3677**	**465303**	**112**
Afghanistan	2007	..	113	..	..	..	113	4
Afghanistan	2008	..	273	..	..	..	273	9
	2009	..	502	..	..	..	502	16
	2010	..	748	..	..	..	748	24
Armenia	2007	..	121	..	..	..	121	39
Arménie	2008	..	129	..	..	..	129	42
	2009	..	118	0	..	..	118	38
	2010	..	131	0	..	..	131	42
Azerbaijan	2007	2109	11	1408	55	45	612	69
Azerbaïdjan	2008	2526	39	1613	59	24	869	97
	2009	2367	8	1577	71	9	718	79
	2010	2488	0	1569	73	-22	868	94
Bahrain	2007	4904	..	4620	..	-92	376	406
Bahreïn	2008	4547	..	4072	..	46	429	408
	2009	4439	..	4087	..	-43	395	338
	2010	4712	..	4189	..	53	470	372
Bangladesh	2007	258	2053	..	..	..	2311	16
Bangladesh	2008	234	2355	..	..	..	2589	18
	2009	212	2700	..	..	..	2912	20
	2010	192	3096	..	..	..	3288	22
Bhutan	2007	..	47	..	..	..	47	68
Bhoutan	2008	..	48	..	..	..	48	69
	2009	..	54	..	..	..	54	76
	2010	..	72	..	..	..	72	99
Brunei Darussalam	2007	189	0	..	..	0	189	501
Brunéi Darussalam	2008	187	27	..	..	0	214	556
	2009	173	62	..	..	0	235	600
	2010	169	83	..	..	-3	255	639
Cambodia	2007	..	522	..	..	..	522	38
Cambodge	2008	..	537	..	..	..	537	39
	2009	..	543	..	..	..	543	39
	2010	..	570	..	..	..	570	40

Table 22

Production, trade and consumption of gas-diesel oils
Production, commerce et consommation de gazole/carburant diesel

Thousand metric tons and kilograms per capita
Milliers de tonnes métriques et kilogrammes par habitant

Country or area Pays ou zone	Year Année	Production Production	Imports Importations	Exports Exportations	Bunkers Soutes	Changes in stocks Variations des stocks	Consumption Consommation Total Totale	Consumption Consommation Per capita Par habitant
China	2007	123591	1621	661	272	-547	124826	94
Chine	2008	134092	6245	631	261	4100	135345	102
	2009	142886	1836	4507	280	2343	137592	103
	2010	149244	1902	4640	364	-775	146917	110
China, Hong Kong SAR	2007	..	3815	125	2096	98	1496	218
Chine, Hong-Kong RAS	2008	..	2810	178	1204	-31	1459	211
	2009	..	6104	89	4196	51	1768	253
	2010	..	5278	64	3265	-39	1988	282
China, Macao SAR	2007	..	163	..	..	10	153	303
Chine, Macao RAS	2008	..	128	..	..	-9	137	264
	2009	..	128	..	..	2	126	237
	2010	..	123	..	..	-4	127	234
Cyprus	2007	..	606	..	104	-20	522	491
Chypre	2008	..	615	..	88	2	525	487
	2009	..	639	..	73	19	547	502
	2010	..	680	..	53	34	593	537
Georgia	2007	0	340	0	..	..	340	77
Géorgie	2008	0	351	0	..	..	351	80
	2009	0	376	1	..	..	375	86
	2010	0	418	0	..	..	418	96
India	2007	59032	2951	14308	15	..	47660	41
Inde	2008	63495	2788	14690	0	-9600	61193	51
	2009	77605	2531	18460	0	-9600	71276	59
	2010	78631	1996	20335	0	-800	61092	50
Indonesia	2007	11368	10426	132	330	..	21332	92
Indonésie	2008	12766	10355	0	350	..	22771	97
	2009	13769	6918	133	148	..	20406	86
	2010	13338	8497	611	103	..	21121	88
Iran(Islamic Rep. of)	2007	25905	2210	71	0	..	28044	393
Iran(Rép. islamique)	2008	27062	2440	267	319	..	28915	400
	2009	28178	1584	795	80	..	28887	395
	2010	28892	1350	145	79	..	30017	406
Iraq	2007	2946	418	..	..	..	3364	116
Iraq	2008	4152	467	..	..	..	4619	155
	2009	4220	220	..	..	..	4440	145
	2010	5213	170	..	..	..	5383	170
Israel	2007	3025	1280	875	37	0	3393	490
Israël	2008	3730	471	1003	32	-37	3203	452
	2009	3788	213	1044	31	0	2926	403
	2010	3775	314	1142	31	0	2916	393
Japan	2007	55300	245	7642	239	49	47615	376
Japon	2008	54572	352	11343	134	210	43237	342
	2009	50048	325	10014	109	-334	40584	321
	2010	49901	524	9930	78	-76	40493	320
Jordan	2007	1292	508	..	14	-41	1827	322
Jordanie	2008	1260	326	..	11	53	1521	260
	2009	1177	422	..	19	-41	1622	269
	2010	922	683	..	7	24	1574	254
Kazakhstan	2007	4295	469	1706	..	5	3053	197
Kazakhstan	2008	4375	599	1602	..	199	3173	203
	2009	4405	252	1754	..	-8	2911	184
	2010	4613	416	1917	..	181	2931	183

Table 22

Production, trade and consumption of gas-diesel oils
Production, commerce et consommation de gazole/carburant diesel
Thousand metric tons and kilograms per capita
Milliers de tonnes métriques et kilogrammes par habitant

Country or area Pays ou zone	Year Année	Production Production	Imports Importations	Exports Exportations	Bunkers Soutes	Changes in stocks Variations des stocks	Consumption Consommation	
							Total Totale	Per capita Par habitant
Korea, Dem.Ppl's.Rep.	2007	157	57	..	..	..	214	9
Corée,Rép.pop.dém.de	2008	161	58	..	..	..	219	9
	2009	123	45	..	..	..	168	7
	2010	117	43	..	..	..	160	7
Korea, Republic of	2007	34314	210	13813	1048	243	19420	409
Corée, République de	2008	35860	155	17552	865	-595	18193	381
	2009	35519	314	16812	866	255	17900	373
	2010	36441	307	17523	919	45	18261	379
Kuwait	2007	11475	..	9235	88	..	2152	879
Koweït	2008	11848	..	8799	92	..	2957	1160
	2009	12324	..	7478	35	..	4811	1818
	2010	10551	..	7429	35	..	3087	1128
Kyrgyzstan	2007	52	289	113	..	..	228	44
Kirghizistan	2008	60	194	76	..	..	178	34
	2009	48	540	0	..	..	588	112
	2010	38	560	0	..	..	598	112
Lao People's Dem. Rep.	2007	..	*27	..	..	..	*27	*5
Rép. dém. pop. lao	2008	..	*27	..	..	..	*27	*5
	2009	..	*28	..	..	..	*28	*5
	2010	..	*22	..	..	..	*22	*4
Lebanon	2007	..	1353	..	..	..	1353	327
Liban	2008	..	1803	..	..	..	1803	433
	2009	..	2595	..	..	..	2595	618
	2010	..	2252	..	..	..	2252	533
Malaysia	2007	8806	1434	859	17	44	9320	345
Malaisie	2008	9622	1480	1133	16	-97	10050	365
	2009	9245	*1949	*1394	*22	*979	8799	315
	2010	8599	3186	2456	33	*80	9216	324
Maldives	2007	..	251	..	..	..	251	827
Maldives	2008	..	267	..	..	..	267	868
	2009	..	280	..	..	..	280	898
	2010	..	287	..	..	..	287	909
Mongolia	2007	..	388	..	..	..	388	148
Mongolie	2008	..	428	..	..	..	428	160
	2009	..	416	..	..	..	416	153
	2010	..	499	..	..	..	499	181
Myanmar	2007	212	895	..	3	7	1097	23
Myanmar	2008	192	557	..	3	21	725	15
	2009	125	387	..	3	87	422	9
	2010	240	144	..	3	-109	490	10
Nepal	2007	..	251	..	..	..	251	9
Népal	2008	..	405	..	..	..	405	14
	2009	..	503	..	..	..	503	17
	2010	..	540	..	..	..	540	18
Oman	2007	650	786	28	..	..	1408	550
Oman	2008	1975	0	447	..	..	1528	579
	2009	1795	0	341	..	-15	1469	542
	2010	1490	82	76	..	-199	1695	609
Other Asia	2007	11368	0	8634	180	-147	2701	118
Autres zones d'Asie	2008	11715	0	8859	163	-99	2792	121
	2009	13616	0	10045	188	275	3108	134
	2010	11670	0	8615	149	-115	3021	130

Table 22

Production, trade and consumption of gas-diesel oils
Production, commerce et consommation de gazole/carburant diesel

Thousand metric tons and kilograms per capita
Milliers de tonnes métriques et kilogrammes par habitant

Country or area Pays ou zone	Year Année	Production Production	Imports Importations	Exports Exportations	Bunkers Soutes	Changes in stocks Variations des stocks	Consumption Consommation	
							Total Totale	Per capita Par habitant
Pakistan	2007	3697	4508	20	12	-120	8293	50
Pakistan	2008	3351	4395	62	38	-120	7767	46
	2009	3213	4395	126	37	-13	7457	44
	2010	3288	3778	120	30	-25	6940	40
Philippines	2007	3659	2258	73	49	131	5665	64
Philippines	2008	3302	2499	98	46	-220	5877	65
	2009	2426	3297	34	34	101	5554	61
	2010	3175	3094	18	35	49	6167	66
Qatar	2007	1030	201	0	..	..	1231	1045
Qatar	2008	1194	584	0	..	..	1778	1274
	2009	1737	696	689	..	..	1744	1092
	2010	2901	534	1232	..	..	2203	1253
Saudi Arabia	2007	31970	389	5695	..	618	26046	1021
Arabie saoudite	2008	33169	2558	7364	..	16	28347	1083
	2009	30521	4301	5766	..	-543	29599	1104
	2010	30993	4029	5832	..	-1090	30280	1103
Singapore	2007	16321	6213	17582	1523	53	3376	736
Singapour	2008	16947	8738	19906	1549	775	3455	724
	2009	15106	14604	23963	1595	222	3930	795
	2010	16161	16851	26422	1605	111	4874	958
Sri Lanka	2007	445	1020	..	0	23	1442	71
Sri Lanka	2008	451	930	..	7	-6	1380	67
	2009	485	846	..	1	-100	1430	69
	2010	442	985	..	0	12	1415	68
State of Palestine	2007	..	502	..	..	0	503	135
État de Palestine	2008	..	445	..	..	0	445	116
	2009	..	436	..	..	0	436	111
	2010	..	476	..	..	0	476	118
Syrian Arab Republic	2007	3824	432	7	..	49	4200	217
Rép. arabe syrienne	2008	3735	4269	0	1004	0	7000	355
	2009	3980	2269	13	1070	0	5166	258
	2010	3698	2071	11	994	221	4543	223
Tajikistan	2007	..	183	..	..	..	183	28
Tadjikistan	2008	..	193	..	..	..	193	29
	2009	..	204	..	..	..	204	30
	2010	..	220	..	..	..	220	32
Thailand	2007	18381	164	2313	26	142	16064	237
Thaïlande	2008	17754	75	3170	0	-40	14699	215
	2009	18738	321	3995	0	-323	15387	224
	2010	19417	52	4595	0	-529	15403	223
Timor-Leste	2007	..	*47	..	..	..	*47	*44
Timor-Leste	2008	..	*48	..	..	..	*48	*44
	2009	..	*47	..	..	..	*47	*43
	2010	..	*47	..	..	..	*47	*42
Turkey	2007	7016	7942	579	224	651	13504	193
Turquie	2008	7078	8333	524	218	160	14509	205
	2009	5102	9117	395	100	80	13644	190
	2010	5317	9682	344	233	-22	14444	199
Turkmenistan	2007	2809	..	1772	..	..	1037	213
Turkménistan	2008	3077	..	1941	..	..	1136	231
	2009	2868	..	1809	..	..	1059	213
	2010	2730	..	1722	..	..	1008	200

Table 22

Production, trade and consumption of gas-diesel oils
Production, commerce et consommation de gazole/carburant diesel

Thousand metric tons and kilograms per capita
Milliers de tonnes métriques et kilogrammes par habitant

Country or area Pays ou zone	Year Année	Production Production	Imports Importations	Exports Exportations	Bunkers Soutes	Changes in stocks Variations des stocks	Consumption Consommation	
							Total Totale	Per capita Par habitant
United Arab Emirates	2007	4242	2295	1752	108	..	4677	865
Emirats arabes unis	2008	4219	2471	1743	113	..	4834	779
	2009	4364	2263	1803	122	..	4702	678
	2010	3890	2590	1607	127	..	4746	632
Uzbekistan	2007	1130	..	154	..	..	976	37
Ouzbékistan	2008	1287	..	170	..	..	1117	42
	2009	1302	..	177	..	..	1125	41
	2010	1125	..	153	..	..	972	35
Viet Nam	2007	..	6461	342	..	..	6119	72
Viet Nam	2008	..	6489	374	..	..	6115	71
	2009	553	6493	760	..	-650	6936	80
	2010	2670	4940	970	..	-680	7320	83
Yemen	2007	1014	1681	0	64	..	2631	120
Yémen	2008	1086	1573	0	64	..	2595	115
	2009	1070	1472	0	64	..	2478	106
	2010	832	1377	0	64	..	2145	89
Europe	**2007**	**354925**	**106506**	**127040**	**6738**	**-2081**	**329734**	**449**
Europe	**2008**	**363246**	**118951**	**131905**	**6588**	**2629**	**341075**	**464**
	2009	**344709**	**122405**	**134810**	**6630**	**1555**	**324119**	**440**
	2010	**342117**	**127505**	**135003**	**8164**	**-969**	**327424**	**444**
Albania	2007	82	532	..	..	6	608	192
Albanie	2008	84	666	..	..	4	746	234
	2009	55	607	..	..	-16	678	212
	2010	21	629	..	..	0	650	203
Andorra	2007	..	148	..	..	..	148	1813
Andorre	2008	..	149	..	..	..	149	1809
	2009	..	143	..	..	..	143	1714
	2010	..	145	..	..	..	145	1704
Austria	2007	3461	4812	944	..	-115	7444	896
Autriche	2008	3945	4709	1031	..	173	7450	893
	2009	3567	4341	798	..	73	7037	841
	2010	3274	4762	829	..	-55	7262	865
Belarus	2007	6679	991	4555	..	82	3033	312
Bélarus	2008	7404	1853	4722	..	82	4453	460
	2009	7559	2184	5312	..	-211	4642	482
	2010	5956	1093	3449	..	-55	3655	381
Belgium	2007	12836	7312	8703	527	-476	11394	1081
Belgique	2008	12959	7705	8423	365	134	11742	1108
	2009	12248	7242	8126	354	23	10987	1031
	2010	12535	7344	6547	492	152	12688	1184
Bosnia and Herzegovina	2007	0	694	0	..	..	694	184
Bosnie-Herzégovine	2008	27	785	0	..	..	812	215
	2009	338	516	130	..	..	724	192
	2010	411	475	77	..	..	809	215
Bulgaria	2007	2376	541	1189	52	-2	1678	220
Bulgarie	2008	2397	523	1086	106	-11	1739	229
	2009	2108	626	739	150	89	1756	233
	2010	1938	694	693	52	150	1737	232
Croatia	2007	1676	718	514	4	2	1874	423
Croatie	2008	1397	1062	534	0	63	1862	421
	2009	1488	585	302	1	-20	1790	406
	2010	1307	765	374	1	-26	1723	391

Table 22

Production, trade and consumption of gas-diesel oils
Production, commerce et consommation de gazole/carburant diesel

Thousand metric tons and kilograms per capita
Milliers de tonnes métriques et kilogrammes par habitant

Country or area Pays ou zone	Year Année	Production Production	Imports Importations	Exports Exportations	Bunkers Soutes	Changes in stocks Variations des stocks	Consumption Consommation	
							Total Totale	Per capita Par habitant
Czech Republic	2007	2902	1589	299	..	73	4119	399
République tchèque	2008	3460	1280	654	..	38	4048	390
	2009	3131	1302	410	..	7	4016	385
	2010	3277	1222	700	..	-76	3875	369
Denmark	2007	3198	2146	1103	214	-29	4056	742
Danemark	2008	3098	2666	1016	263	366	4119	749
	2009	3308	2221	1161	244	123	4001	724
	2010	3029	2219	1011	269	6	3962	714
Estonia	2007	..	696	..	31	42	623	464
Estonie	2008	..	530	..	20	-33	543	405
	2009	..	576	..	15	54	507	378
	2010	..	545	..	21	-24	548	409
Faeroe Islands	2007	..	*173	..	..	..	*173	*3568
Iles Féroé	2008	..	*149	..	..	..	*149	*3066
	2009	..	*127	..	..	..	*127	*2602
	2010	..	*135	..	..	..	*135	*2778
Finland	2007	5863	2655	2569	76	-46	5919	1119
Finlande	2008	6494	2774	3072	74	136	5986	1126
	2009	6643	2283	2566	48	464	5848	1095
	2010	6377	1829	2912	63	-541	5772	1076
France	2007	34392	14597	3422	190	-319	45696	740
France	2008	35693	15582	5065	197	-329	46342	746
	2009	31719	19155	4573	180	184	45937	735
	2010	28977	20519	2518	194	-74	46858	746
Germany	2007	49315	9313	12256	569	-735	46538	564
Allemagne	2008	48639	15569	9904	473	-196	54027	655
	2009	45682	14509	8754	483	256	50698	615
	2010	43310	15595	6664	523	163	51555	626
Gibraltar	2007	..	293	..	220	..	73	2492
Gibraltar	2008	..	304	..	233	..	71	2424
	2009	..	362	..	291	..	71	2427
	2010	..	376	..	297	..	79	2701
Greece	2007	6562	2629	2307	365	-178	6697	595
Grèce	2008	6517	2598	2087	339	180	6509	576
	2009	6443	3137	3018	318	-353	6597	582
	2010	6791	2505	2997	344	84	5871	517
Hungary	2007	3722	1423	1304	..	39	3802	379
Hongrie	2008	3605	1388	1340	..	-81	3734	373
	2009	3290	1248	974	..	-2	3566	357
	2010	3873	1603	1285	..	6	4185	419
Iceland	2007	..	394	0	46	8	340	1112
Islande	2008	..	356	0	39	-8	325	1046
	2009	..	359	12	27	12	308	976
	2010	..	292	0	30	-24	286	893
Ireland	2007	1186	2499	14	43	16	3612	842
Irlande	2008	1132	2356	19	41	-30	3458	794
	2009	975	2368	22	71	22	3228	732
	2010	1070	2217	372	80	-177	3012	674
Italy	2007	41079	1309	10179	99	82	32028	538
Italie	2008	39586	1838	9978	113	180	31153	520
	2009	35985	1995	9240	219	-422	28943	480
	2010	36664	2426	10625	237	-252	28480	470

Table 22

Production, trade and consumption of gas-diesel oils
Production, commerce et consommation de gazole/carburant diesel
Thousand metric tons and kilograms per capita
Milliers de tonnes métriques et kilogrammes par habitant

Country or area Pays ou zone	Year Année	Production Production	Imports Importations	Exports Exportations	Bunkers Soutes	Changes in stocks Variations des stocks	Consumption Consommation	
							Total Totale	Per capita Par habitant
Latvia	2007	..	954	41	59	10	844	370
Lettonie	2008	..	908	42	45	7	814	358
	2009	..	856	123	61	-7	679	300
	2010	..	830	121	69	-51	691	307
Lithuania	2007	1493	290	1023	14	47	699	207
Lituanie	2008	2716	184	2185	14	70	631	188
	2009	2613	133	2397	16	-16	349	104
	2010	2908	203	2698	18	-1	396	119
Luxembourg	2007	..	1928	1	..	-33	1960	4120
Luxembourg	2008	..	2019	6	..	13	2000	4109
	2009	..	1877	6	..	7	1864	3746
	2010	..	1986	2	..	-18	2002	3945
Malta	2007	..	344	..	180	0	164	397
Malte	2008	..	404	..	226	0	178	430
	2009	..	557	9	355	0	193	465
	2010	..	467	16	266	-10	195	468
Montenegro	2007	..	149	..	..	..	149	237
Monténégro	2008	..	178	..	..	..	178	283
	2009	..	166	..	..	..	166	263
	2010	..	174	..	..	..	174	276
Netherlands	2007	19253	9362	20606	1418	-504	7095	431
Pays-Bas	2008	20438	12322	22716	1411	844	7789	472
	2009	20384	16330	27457	1206	475	7576	458
	2010	21254	18853	31143	1537	19	7408	446
Norway	2007	6847	820	2952	350	-241	4606	975
Norvège	2008	6107	943	2441	274	-15	4350	910
	2009	6052	1705	2265	265	-50	5277	1092
	2010	5716	1135	1925	188	-162	4900	1003
Poland	2007	8787	2970	342	50	488	10877	285
Pologne	2008	9428	2291	268	49	-57	11459	300
	2009	9745	2196	118	64	248	11511	301
	2010	10388	2116	24	54	62	12364	323
Portugal	2007	4634	776	192	50	-212	5380	507
Portugal	2008	4484	1011	164	55	112	5164	486
	2009	3810	1478	95	42	-22	5173	485
	2010	3918	1185	35	50	-115	5133	481
Republic of Moldova	2007	3	357	..	..	8	352	96
Rép. de Moldova	2008	4	371	..	..	6	369	102
	2009	5	350	..	..	16	339	94
	2010	4	400	..	..	-15	419	117
Romania	2007	4660	427	1171	20	63	3833	177
Roumanie	2008	4841	763	1060	18	-23	4549	211
	2009	4422	821	1080	6	32	4125	192
	2010	3835	1265	817	11	163	4109	191
Russian Federation	2007	66301	0	36791	..	70	29440	205
Fédération de Russie	2008	68879	247	37568	..	326	31232	218
	2009	67233	257	39774	..	-135	27851	195
	2010	69975	516	41639	897	385	27570	193
Serbia	2007	1091	429	17	..	2	1501	153
Serbie	2008	1054	585	5	..	28	1606	163
	2009	983	540	74	..	-2	1451	147
	2010	901	606	38	..	-7	1476	150

Table 22

Production, trade and consumption of gas-diesel oils
Production, commerce et consommation de gazole/carburant diesel

Thousand metric tons and kilograms per capita
Milliers de tonnes métriques et kilogrammes par habitant

Country or area Pays ou zone	Year Année	Production Production	Imports Importations	Exports Exportations	Bunkers Soutes	Changes in stocks Variations des stocks	Consumption Consommation	
							Total Totale	Per capita Par habitant
Slovakia	2007	2819	587	2097	..	10	1299	239
Slovaquie	2008	2774	597	1982	..	16	1373	252
	2009	2743	503	2121	..	-60	1185	217
	2010	2706	660	1896	..	-6	1476	270
Slovenia	2007	..	1879	314	..	0	1565	778
Slovénie	2008	..	2334	389	..	29	1916	949
	2009	..	1973	339	..	-16	1650	815
	2010	..	2159	497	..	-4	1666	821
Spain	2007	23933	14410	951	1122	-202	36472	818
Espagne	2008	24792	12266	1003	1442	424	34189	757
	2009	22390	11272	777	1405	119	31361	687
	2010	22900	10801	1148	1475	242	30836	669
Sweden	2007	6414	1839	3871	129	153	4100	448
Suède	2008	7991	1763	5028	101	-88	4713	510
	2009	7670	1992	4942	85	704	3931	422
	2010	7558	2138	4589	179	-435	5363	572
Switzerland	2007	2172	3156	17	9	-232	5534	732
Suisse	2008	2326	3975	7	10	58	6226	818
	2009	2381	4555	6	8	154	6768	884
	2010	2269	3510	21	10	-38	5786	751
T.F.Yug.Rep. Macedonia	2007	424	34	111	..	-18	365	178
L'ex-RY Macédoine	2008	450	45	148	..	0	347	169
	2009	367	185	162	..	6	384	187
	2010	357	196	165	..	-1	389	189
Ukraine	2007	4368	2159	634	..	-21	5914	128
Ukraine	2008	3765	3271	716	..	187	6133	133
	2009	3979	2157	896	..	69	5171	113
	2010	3781	2472	697	..	-78	5634	124
United Kingdom	2007	26397	8172	6551	901	81	27036	444
Royaume-Uni	2008	26760	7632	7246	680	24	26442	432
	2009	25393	6616	6032	716	-250	25511	414
	2010	24837	8443	6479	807	-156	26150	422
Oceania	**2007**	**11396**	**6474**	**281**	**239**	**-53**	**17404**	**501**
Océanie	**2008**	**12338**	**8070**	**419**	**226**	**97**	**19666**	**556**
	2009	**12377**	**8460**	**323**	**196**	**155**	**20163**	**560**
	2010	**12121**	**8763**	**170**	**219**	**-164**	**20660**	**565**
Australia	2007	9270	4588	241	71	-65	13611	644
Australie	2008	10201	6302	389	65	78	15971	742
	2009	10248	6959	302	61	197	16647	760
	2010	9808	7260	158	67	-114	16957	761
Cook Islands	2007	..	*17	..	..	..	*17	*856
Iles Cook	2008	..	*18	..	..	..	*18	*899
	2009	..	*18	..	..	..	*18	*893
	2010	..	*18	..	..	..	*18	*887
Fiji	2007	..	381	*40	*57	..	284	340
Fidji	2008	..	314	*30	*46	..	238	282
	2009	..	225	*21	*31	..	173	203
	2010	..	340	*12	*45	..	284	330
French Polynesia	2007	..	162	..	*46	..	116	443
Polynésie française	2008	..	153	..	*43	..	110	414
	2009	..	147	..	*41	..	105	393
	2010	..	148	..	*42	..	106	391

Table 22

Production, trade and consumption of gas-diesel oils
Production, commerce et consommation de gazole/carburant diesel

Thousand metric tons and kilograms per capita
Milliers de tonnes métriques et kilogrammes par habitant

Country or area Pays ou zone	Year Année	Production Production	Imports Importations	Exports Exportations	Bunkers Soutes	Changes in stocks Variations des stocks	Consumption Consommation	
							Total Totale	Per capita Par habitant
Kiribati	2007	..	11	..	..	..	11	116
Kiribati	2008	..	*11	..	..	..	*11	*115
	2009	..	*8	..	..	..	*8	*80
	2010	..	*13	..	..	..	*13	*131
Marshall Islands	2007	..	*32	..	..	..	*32	*610
Iles Marshall	2008	..	*32	..	..	..	*32	*606
	2009	..	*33	..	..	..	*33	*617
	2010	..	*34	..	..	..	*34	*626
Micronesia(Fed. States of)	2007	..	*19	..	..	..	*19	*173
Micronésie(États. féds. de)	2008	..	*19	..	..	..	*19	*172
	2009	..	*19	..	..	..	*19	*174
	2010	..	*19	..	..	..	*19	*167
Nauru	2007	..	*14	..	..	..	*14	*1379
Nauru	2008	..	*14	..	..	..	*14	*1375
	2009	..	*14	..	..	..	*14	*1371
	2010	..	*13	..	..	..	*13	*1268
New Caledonia	2007	..	159	..	..	..	159	665
Nouvelle-Calédonie	2008	..	179	..	..	..	179	737
	2009	..	176	..	..	..	176	713
	2010	..	199	..	..	..	199	793
New Zealand	2007	1731	883	..	39	11	2564	606
Nouvelle-Zélande	2008	1778	826	..	45	15	2544	595
	2009	1723	710	..	37	-31	2427	561
	2010	1911	570	..	39	-62	2504	573
Niue	2007	..	*1	..	..	..	*1	*626
Nioué	2008	..	*1	..	..	..	*1	*643
	2009	..	*1	..	..	..	*1	*662
	2010	..	*1	..	..	..	*1	*681
Palau	2007	..	*12	..	..	..	*12	*596
Palaos	2008	..	*12	..	..	..	*12	*593
	2009	..	*12	..	..	..	*12	*590
	2010	..	*12	..	..	..	*12	*606
Papua New Guinea	2007	395	69	0	*26	1	437	68
Papouasie-Nvl-Guinée	2008	359	63	0	*26	4	392	60
	2009	406	7	0	*26	-11	398	59
	2010	402	7	0	*26	12	371	54
Samoa	2007	..	*24	..	..	..	*24	*132
Samoa	2008	..	*24	..	..	..	*24	*132
	2009	..	*24	..	..	..	*24	*132
	2010	..	*24	..	..	..	*24	*132
Solomon Islands	2007	..	*43	..	..	..	*43	*87
Iles Salomon	2008	..	*43	..	..	..	*43	*84
	2009	..	*43	..	..	..	*43	*82
	2010	..	*43	..	..	..	*43	*80
Tonga	2007	..	*26	..	..	..	*26	*254
Tonga	2008	..	*26	..	..	..	*26	*253
	2009	..	*26	..	..	..	*26	*251
	2010	..	*25	..	..	..	*25	*236
Vanuatu	2007	..	27	..	..	..	27	122
Vanuatu	2008	..	26	..	..	..	26	115
	2009	..	32	..	..	..	32	137
	2010	..	31	..	..	..	31	131

Table 22

Production, trade and consumption of gas-diesel oils
Production, commerce et consommation de gazole/carburant diesel

Thousand metric tons and kilograms per capita
Milliers de tonnes métriques et kilogrammes par habitant

Country or area Pays ou zone	Year Année	Production Production	Imports Importations	Exports Exportations	Bunkers Soutes	Changes in stocks Variations des stocks	Consumption Consommation	
							Total Totale	Per capita Par habitant
Wallis and Futuna Is.	2007	..	7	..	..	..	7	482
Iles Wallis et Futuna	2008	..	*6	..	..	..	*6	*466
	2009	..	*7	..	..	..	*7	*486
	2010	..	*7	..	..	..	*7	*494

Table 23

Production, trade and consumption of residual fuel oil
Production, commerce et consommation de mazout résiduel
Thousand metric tons and kilograms per capita
Milliers de tonnes métriques et kilogrammes par habitant

Table Notes:
Production from refineries and plants.

Please refer to the Definitions Section on pages xv to xxix for the appropriate product description /classification.

Notes relatives aux tableaux:
Production à partir des raffineries et des usines.

Veuillez consulter la section "définitions" de la page xv à la page xxix pour une description/classification appropriée des produits.

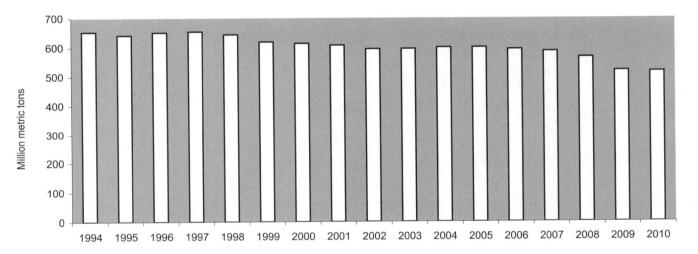

Figure 64: World production of residual fuel oil 1994-2010

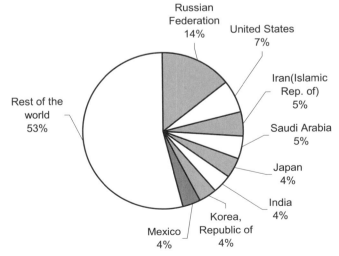

Figure 65: Major residual fuel oil producing countries in 2010

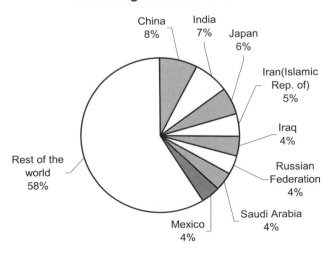

Figure 66: Major residual fuel oil consuming countries in 2010

Table 23

Production, trade and consumption of residual fuel oil
Production, commerce et consommation de mazout résiduel

Thousand metric tons and kilograms per capita
Milliers de tonnes métriques et kilogrammes par habitant

Country or area Pays ou zone	Year Année	Production Production	Imports Importations	Exports Exportations	Bunkers Soutes	Changes in stocks Variations des stocks	Consumption Consommation Total Totale	Per capita Par habitant
World	**2007**	**587714**	**221564**	**277797**	**167725**	**-922**	**364679**	**55**
Monde	**2008**	**567858**	**231042**	**288986**	**167775**	**-2864**	**345003**	**51**
	2009	**521434**	**233486**	**284188**	**157537**	**-11442**	**324638**	**48**
	2010	**518233**	**251608**	**291714**	**173483**	**-6757**	**311400**	**45**
Africa	**2007**	**32055**	**3028**	**12333**	**4415**	**-1347**	**19682**	**21**
Afrique	**2008**	**29912**	**3631**	**12814**	**1582**	**-1097**	**20244**	**21**
	2009	**26050**	**5656**	**13578**	**1597**	**-1610**	**18140**	**18**
	2010	**27495**	**6837**	**11887**	**4288**	**-605**	**18762**	**18**
Algeria	2007	5518	217	5436	295	2	2	0
Algérie	2008	6009	217	6072	274	-121	1	0
	2009	5581	238	5585	240	-7	1	0
	2010	5749	227	5611	273	92	0	0
Angola	2007	601	..	559	0	0	42	2
Angola	2008	680	..	555	14	-425	536	30
	2009	671	..	614	185	-512	384	21
	2010	620	..	113	176	-69	400	21
Benin	2007	..	51	..	..	-7	58	7
Bénin	2008	..	32	..	..	4	28	3
	2009	..	47	..	..	2	45	5
	2010	..	47	..	..	2	45	5
Botswana	2007	..	16	..	..	..	16	8
Botswana	2008	..	9	..	..	..	9	5
	2009	..	9	..	..	..	9	5
	2010	..	10	..	..	..	10	5
Burkina Faso	2007	..	100	..	..	0	100	7
Burkina Faso	2008	..	77	..	..	*-3	80	5
	2009	..	73	..	..	*-2	75	5
	2010	..	*76	..	..	0	*76	*5
Burundi	2007	..	2	..	..	..	2	0
Burundi	2008	..	4	..	..	..	4	1
	2009	..	2	..	..	..	2	0
	2010	..	*2	..	..	..	*2	0
Cameroon	2007	364	0	226	8	-67	197	11
Cameroun	2008	354	0	226	6	-52	174	9
	2009	259	0	146	5	-32	140	7
	2010	329	0	7	4	0	318	16
Cape Verde	2007	..	*34	..	..	..	*34	*71
Cap-Vert	2008	..	33	..	..	..	33	67
	2009	..	40	..	..	..	40	81
	2010	..	38	..	..	..	38	76
Central African Rep.	2007	..	*5	..	..	..	*5	*1
Rép. centrafricaine	2008	..	*5	..	..	..	*5	*1
	2009	..	*5	..	..	..	*5	*1
	2010	..	*5	..	..	..	*5	*1
Congo	2007	437	..	428	..	0	9	2
Congo	2008	327	..	282	..	24	21	5
	2009	349	..	369	..	-20	0	0
	2010	227	13	235	..	0	5	1
Côte d'Ivoire	2007	500	..	424	50	-9	35	2
Côte d'Ivoire	2008	657	..	602	24	-33	64	3
	2009	438	..	401	16	-33	54	3
	2010	408	..	374	15	-33	52	3

Table 23

Production, trade and consumption of residual fuel oil
Production, commerce et consommation de mazout résiduel
Thousand metric tons and kilograms per capita
Milliers de tonnes métriques et kilogrammes par habitant

Country or area Pays ou zone	Year Année	Production Production	Imports Importations	Exports Exportations	Bunkers Soutes	Changes in stocks Variations des stocks	Consumption Consommation Total Totale	Per capita Par habitant
Dem. Rep. of the Congo	2007	..	45	..	..	..	45	1
Rép. dem. du Congo	2008	..	44	..	..	..	44	1
	2009	..	42	..	..	..	42	1
	2010	..	42	..	..	..	42	1
Djibouti	2007	..	*100	..	*53	..	*47	*56
Djibouti	2008	..	*125	..	*66	..	*59	*69
	2009	..	*125	..	*66	..	*59	*68
	2010	..	*125	..	*66	..	*59	*66
Egypt	2007	10989	..	489	835	..	9665	126
Egypte	2008	9529	..	557	368	..	8604	110
	2009	9166	..	2077	214	..	6875	86
	2010	8851	..	2026	325	..	6500	80
Eritrea	2007	..	50	..	..	-3	53	11
Erythrée	2008	..	57	..	..	0	57	12
	2009	..	57	..	..	0	57	11
	2010	..	59	..	..	0	59	11
Ethiopia	2007	..	187	..	..	11	176	2
Ethiopie	2008	..	153	..	..	-2	155	2
	2009	..	112	..	..	-5	117	1
	2010	..	131	..	..	0	131	2
Gabon	2007	356	..	308	185	-213	76	53
Gabon	2008	364	..	315	189	-217	77	53
	2009	392	..	339	173	-203	83	56
	2010	420	..	363	199	-231	89	59
Gambia	2007	..	3	..	..	..	3	2
Gambie	2008	..	3	..	..	..	3	2
	2009	..	4	..	..	..	4	2
	2010	..	*4	..	..	..	*4	*3
Ghana	2007	49	..	26	..	..	23	1
Ghana	2008	225	..	148	..	..	77	3
	2009	25	..	30	..	..	-5	0
	2010	97	..	41	..	..	56	2
Guinea	2007	..	*183	..	..	..	*183	*20
Guinée	2008	..	*184	..	..	..	*184	*19
	2009	..	*186	..	..	..	*186	*19
	2010	..	*186	..	..	..	*186	*19
Guinea-Bissau	2007	..	*28	..	..	..	*28	*20
Guinée-Bissau	2008	..	*28	..	..	..	*28	*19
	2009	..	*28	..	..	..	*28	*19
	2010	..	*28	..	..	..	*28	*19
Kenya	2007	534	0	0	5	0	529	14
Kenya	2008	515	89	6	1	-93	690	18
	2009	498	120	5	2	-101	712	18
	2010	450	82	66	1	-215	680	17
Liberia	2007	..	*48	..	*11	..	*37	*11
Libéria	2008	..	*46	..	*10	..	*36	*10
	2009	..	*50	..	*10	..	*40	*10
	2010	..	40	..	*10	..	30	8
Libya	2007	4310	..	994	90	..	3226	536
Libye	2008	4508	..	1175	90	..	3243	527
	2009	4269	..	735	90	..	3444	550
	2010	4802	..	1128	90	..	3584	564

Table 23

Production, trade and consumption of residual fuel oil
Production, commerce et consommation de mazout résiduel

Thousand metric tons and kilograms per capita
Milliers de tonnes métriques et kilogrammes par habitant

Country or area Pays ou zone	Year Année	Production Production	Imports Importations	Exports Exportations	Bunkers Soutes	Changes in stocks Variations des stocks	Consumption Consommation	
							Total Totale	Per capita Par habitant
Madagascar	2007	..	26	..	*9	-2	18	1
Madagascar	2008	..	64	..	*5	7	51	3
	2009	..	58	..	*6	-2	55	3
	2010	..	73	..	*12	-11	73	4
Malawi	2007	..	*2	..	..	..	*2	0
Malawi	2008	..	*2	..	..	..	*2	0
	2009	..	*2	..	..	..	*2	0
	2010	..	*2	..	..	..	*2	0
Mali	2007	..	*13	..	..	..	*13	*1
Mali	2008	..	*14	..	..	..	*14	*1
	2009	..	*14	..	..	..	*14	*1
	2010	..	*15	..	..	..	*15	*1
Mauritania	2007	..	111	..	..	-2	112	35
Mauritanie	2008	..	131	..	..	-1	131	40
	2009	..	*138	..	..	0	*138	*41
	2010	..	*160	..	..	0	*160	*46
Mauritius	2007	..	334	..	76	-4	262	205
Maurice	2008	..	291	..	96	-27	222	173
	2009	..	344	..	108	-16	252	195
	2010	..	341	..	123	-24	242	186
Morocco	2007	2269	0	625	..	16	1628	52
Maroc	2008	1880	525	191	..	98	2116	68
	2009	1492	493	223	..	-106	1868	59
	2010	1586	1222	0	..	509	2299	72
Mozambique	2007	..	1	..	..	0	1	0
Mozambique	2008	..	0	..	..	-1	1	0
	2009	..	0	..	..	0	0	0
	2010	..	0	..	..	0	0	0
Namibia	2007	..	11	..	..	..	11	5
Namibie	2008	..	11	..	..	..	11	5
	2009	..	11	..	..	..	11	5
	2010	..	12	..	..	..	12	5
Niger	2007	..	11	..	..	2	9	1
Niger	2008	..	11	..	..	0	12	1
	2009	..	11	..	..	-1	12	1
	2010	..	11	..	..	-1	11	1
Nigeria	2007	1138	..	1245	381	-972	484	3
Nigéria	2008	1702	..	834	404	-381	845	6
	2009	770	..	307	432	-594	625	4
	2010	1276	..	547	466	-620	883	6
Réunion	2007	..	60	..	..	3	57	70
Réunion	2008	..	62	..	..	1	62	74
	2009	..	100	..	..	16	85	101
	2010	..	73	..	..	-3	76	89
Rwanda	2007	..	3	..	..	-1	4	0
Rwanda	2008	..	*3	..	..	*1	*3	0
	2009	..	*4	..	..	0	*4	0
	2010	..	*3	..	..	0	*3	0
Senegal	2007	188	*174	*14	..	*7	*341	*30
Sénégal	2008	243	*214	*10	..	*8	440	37
	2009	191	*349	*10	..	0	*530	*44
	2010	199	364	0	..	0	563	45

Table 23

Production, trade and consumption of residual fuel oil
Production, commerce et consommation de mazout résiduel

Thousand metric tons and kilograms per capita
Milliers de tonnes métriques et kilogrammes par habitant

Country or area Pays ou zone	Year Année	Production Production	Imports Importations	Exports Exportations	Bunkers Soutes	Changes in stocks Variations des stocks	Consumption Consommation	
							Total Totale	Per capita Par habitant
Seychelles	2007	..	58	..	*2	..	56	663
Seychelles	2008	..	67	..	*2	..	65	760
	2009	..	89	..	*4	..	85	990
	2010	..	69	..	*2	..	67	775
Sierra Leone	2007	..	7	..	..	..	7	1
Sierra Leone	2008	..	5	..	..	..	5	1
	2009	..	15	..	..	..	15	3
	2010	..	22	..	..	..	22	4
Somalia	2007	0	*39	..	*10	..	*29	*3
Somalie	2008	0	*39	..	*10	..	*29	*3
	2009	0	*39	..	*8	..	*31	*3
	2010	0	*39	..	*8	..	*31	*3
South Africa	2007	3465	75	699	2383	..	458	9
Afrique du Sud	2008	1501	101	1043	0	..	559	11
	2009	483	2081	1840	0	..	724	15
	2010	1561	2653	*1170	2493	..	551	11
Sudan	2007	627	0	233	..	-43	437	11
Soudan	2008	681	0	176	..	-1	506	12
	2009	774	0	271	..	5	498	12
	2010	735	0	107	..	73	555	13
Swaziland	2007	..	*5	..	..	..	*5	*4
Swaziland	2008	..	*5	..	..	..	*5	*4
	2009	..	*5	..	..	..	*5	*4
	2010	..	*5	..	..	..	*5	*4
Togo	2007	..	10	..	..	-13	23	4
Togo	2008	..	19	..	..	-2	21	4
	2009	..	20	..	..	0	20	3
	2010	..	20	..	..	0	20	3
Tunisia	2007	646	791	627	0	-51	861	85
Tunisie	2008	668	725	622	0	115	656	64
	2009	607	499	626	17	0	463	45
	2010	94	379	99	3	-46	417	40
Uganda	2007	..	33	..	..	..	33	1
Ouganda	2008	..	28	..	..	..	28	1
	2009	..	27	..	..	..	27	1
	2010	..	*27	..	..	..	*27	*1
United Rep. of Tanzania	2007	..	175	..	22	..	153	4
Rép. Unie de Tanzanie	2008	..	186	..	22	..	164	4
	2009	..	197	..	22	..	175	4
	2010	..	209	..	22	..	187	4
Western Sahara	2007	..	*22	..	..	..	*22	*46
Sahara occidental	2008	..	*22	..	..	..	*22	*44
	2009	..	*22	..	..	..	*22	*43
	2010	..	*22	..	..	..	*22	*41
Zambia	2007	64	..	..	..	-1	65	5
Zambie	2008	69	..	..	..	5	64	5
	2009	85	..	..	..	2	83	7
	2010	91	..	..	..	-28	119	9
America, North	**2007**	**75859**	**38103**	**32705**	**29069**	**-1340**	**53528**	**102**
Amérique du Nord	**2008**	**73161**	**35692**	**35110**	**27205**	**-1374**	**47912**	**90**
	2009	**70732**	**32954**	**39564**	**25119**	**-1025**	**40030**	**75**
	2010	**67752**	**35224**	**37315**	**26566**	**531**	**38564**	**71**

Table 23

Production, trade and consumption of residual fuel oil
Production, commerce et consommation de mazout résiduel
Thousand metric tons and kilograms per capita
Milliers de tonnes métriques et kilogrammes par habitant

Country or area Pays ou zone	Year Année	Production Production	Imports Importations	Exports Exportations	Bunkers Soutes	Changes in stocks Variations des stocks	Consumption Consommation	
							Total Totale	Per capita Par habitant
Antigua and Barbuda	2007	..	*26	..	*3	..	*23	*268
Antigua-et-Barbuda	2008	..	*27	..	*3	..	*24	*279
	2009	..	*31	..	*3	..	*28	*319
	2010	..	*31	..	*3	..	*28	*316
Aruba	2007	..	*149	..	..	..	*149	*1430
Aruba	2008	..	*149	..	..	..	*149	*1413
	2009	..	*150	..	..	..	*150	*1405
	2010	..	*151	..	..	..	*151	*1402
Bahamas	2007	..	*200	*50	*120	..	*30	*91
Bahamas	2008	..	119	0	109	..	10	31
	2009	..	100	0	*90	..	9	28
	2010	..	117	0	*104	..	12	35
Barbados	2007	..	199	..	..	0	199	732
Barbade	2008	..	225	..	..	-8	234	858
	2009	..	236	..	..	-14	250	917
	2010	..	207	..	..	0	207	757
Belize	2007	..	*5	..	..	..	*5	*17
Belize	2008	..	*5	..	..	..	*5	*17
	2009	..	*5	..	..	..	*5	*16
	2010	..	*5	..	..	..	*5	*16
Bermuda	2007	..	86	..	18	..	68	1054
Bermudes	2008	..	82	..	18	..	64	990
	2009	..	*91	..	*18	..	*73	*1127
	2010	..	*94	..	*18	..	*76	*1164
Canada	2007	8407	1847	4207	617	9	5421	164
Canada	2008	7870	1684	4336	511	-71	4778	143
	2009	6366	729	2903	473	-73	3792	113
	2010	6719	909	2829	672	103	4024	118
Costa Rica	2007	330	0	0	..	5	325	73
Costa Rica	2008	201	62	0	..	3	260	57
	2009	91	82	0	..	-10	183	40
	2010	196	42	46	..	27	165	35
Cuba	2007	940	1227	..	..	..	2167	192
Cuba	2008	2668	166	..	..	..	2834	252
	2009	2629	0	..	..	..	2629	233
	2010	2436	1860	..	..	..	4296	382
Dominican Republic	2007	753	892	..	..	-5	1650	173
Rép. dominicaine	2008	660	995	..	..	0	1655	171
	2009	363	1181	..	..	8	1536	157
	2010	379	1193	..	..	3	1569	158
El Salvador	2007	477	265	32	..	0	710	116
El Salvador	2008	410	268	55	..	0	623	102
	2009	465	186	69	..	0	582	94
	2010	464	149	97	..	0	516	83
Greenland	2007	..	0	..	0	..	0	0
Groënland	2008	..	0	..	0	..	0	0
	2009	..	0	..	0	..	0	0
	2010	..	3	..	1	..	2	36
Guadeloupe	2007	..	104	..	..	..	104	230
Guadeloupe	2008	..	*104	..	..	..	*104	*228
	2009	..	*104	..	..	..	*104	*227
	2010	..	*104	..	..	..	*104	*226

Table 23

Production, trade and consumption of residual fuel oil
Production, commerce et consommation de mazout résiduel
Thousand metric tons and kilograms per capita
Milliers de tonnes métriques et kilogrammes par habitant

Country or area Pays ou zone	Year Année	Production Production	Imports Importations	Exports Exportations	Bunkers Soutes	Changes in stocks Variations des stocks	Consumption Consommation	
							Total Totale	Per capita Par habitant
Guatemala	2007	..	959	12	..	-10	957	72
Guatemala	2008	..	824	13	..	29	782	57
	2009	..	917	12	..	-43	948	68
	2010	..	570	9	..	19	542	38
Haiti	2007	..	26	..	..	..	26	3
Haïti	2008	..	26	..	..	..	26	3
	2009	..	11	..	..	..	11	1
	2010	..	6	..	..	..	6	1
Honduras	2007	..	1162	19	0	0	1143	160
Honduras	2008	..	1097	19	0	-19	1097	150
	2009	..	903	1	1	-27	928	125
	2010	..	915	0	1	0	914	120
Jamaica	2007	473	2349	0	14	0	2808	1037
Jamaïque	2008	707	1581	0	14	-272	2546	936
	2009	745	535	0	14	-283	1549	567
	2010	673	719	272	0	-33	1152	420
Martinique	2007	*361	*3	*33	*17	..	*314	*782
Martinique	2008	*366	*3	*33	*18	..	*317	*788
	2009	*371	*3	*34	*18	..	*322	*797
	2010	*388	*3	*34	*18	..	*340	*838
Mexico	2007	17147	966	1910	103	52	16048	147
Mexique	2008	16465	1877	3368	100	36	14838	134
	2009	17982	2229	6894	103	-52	13266	118
	2010	18328	626	6954	103	38	11859	105
Netherlands Antilles	2007	4056	2076	3930	1639	..	563	2936
Antilles néerlandaises	2008	3960	2107	3861	1670	..	536	2749
	2009	4038	2048	3803	1605	..	678	3424
	2010	1533	2076	1481	1633	..	495	2467
Nicaragua	2007	395	142	0	..	13	524	94
Nicaragua	2008	346	163	0	..	-13	522	93
	2009	395	217	0	..	26	586	103
	2010	372	156	0	..	-15	543	94
Panama	2007	..	2666	..	2188	0	478	143
Panama	2008	..	2567	..	2188	-125	504	148
	2009	..	3095	..	2553	-171	713	206
	2010	..	3132	..	2663	-286	755	215
St. Lucia	2007	..	*6	..	*6	..	0	0
St-Lucie	2008	..	*6	..	*6	..	0	0
	2009	..	*6	..	*6	..	0	0
	2010	..	*6	..	*6	..	0	0
Trinidad and Tobago	2007	3027	..	3035	173	-185	4	3
Trinité-et-Tobago	2008	3038	..	2791	292	-47	2	2
	2009	2547	..	2411	188	-74	22	16
	2010	2210	..	2041	159	0	10	7
United States	2007	39493	22748	19477	24171	-1219	19812	66
États-Unis	2008	36470	21554	20634	22276	-887	16001	52
	2009	34740	20096	23437	20046	-312	11665	38
	2010	34054	22151	23552	21184	675	10794	35
America, South	**2007**	**48150**	**768**	**21476**	**6608**	**1272**	**19562**	**51**
Amérique du Sud	**2008**	**48769**	**1414**	**21261**	**8003**	**360**	**20558**	**53**
	2009	**45959**	**1009**	**21238**	**7221**	**-795**	**19303**	**50**
	2010	**43369**	**1820**	**20909**	**6612**	**-1042**	**18710**	**48**

Table 23

Production, trade and consumption of residual fuel oil
Production, commerce et consommation de mazout résiduel

Thousand metric tons and kilograms per capita
Milliers de tonnes métriques et kilogrammes par habitant

Country or area Pays ou zone	Year Année	Production Production	Imports Importations	Exports Exportations	Bunkers Soutes	Changes in stocks Variations des stocks	Consumption Consommation Total Totale	Per capita Par habitant
Argentina	2007	4267	45	924	678	7	2703	69
Argentine	2008	4714	0	624	723	-5	3372	85
	2009	3219	0	426	730	-31	2094	52
	2010	2655	696	561	*630	-58	2218	55
Bolivia (Plur. State of)	2007	528	..	465	..	34	29	3
Bolivie (État plur. de)	2008	487	..	523	..	-36	0	0
	2009	338	..	369	..	-31	0	0
	2010	391	..	379	..	12	0	0
Brazil	2007	15707	111	4992	3021	105	7700	41
Brésil	2008	15553	188	4508	3832	-46	7447	39
	2009	14386	10	3956	3144	65	7231	37
	2010	14115	153	4536	3356	10	6366	33
Chile	2007	2445	191	90	1180	0	1366	82
Chili	2008	1906	677	0	1141	12	1430	85
	2009	1802	480	81	811	-15	1405	83
	2010	1401	427	0	397	9	1422	83
Colombia	2007	3318	6	2359	19	793	153	3
Colombie	2008	3318	6	2359	19	793	153	3
	2009	3251	4	3248	3	-158	162	4
	2010	3871	5	3545	0	61	270	6
Ecuador	2007	3815	..	2088	629	5	1093	79
Equateur	2008	3644	..	2039	1060	-484	1029	73
	2009	3371	..	1631	1283	-747	1204	84
	2010	3040	..	1458	1016	-499	1065	74
French Guiana	2007	..	43	..	..	..	43	201
Guyane française	2008	..	*43	..	..	..	*43	*196
	2009	..	*44	..	..	..	*44	*195
	2010	..	*44	..	..	..	*44	*190
Guyana	2007	..	141	..	..	0	141	188
Guyana	2008	..	152	..	..	0	152	202
	2009	..	136	..	..	-1	137	182
	2010	..	185	..	..	-1	186	247
Paraguay	2007	..	20	..	..	-1	22	4
Paraguay	2008	..	30	..	..	0	30	5
	2009	..	27	..	..	0	27	4
	2010	..	47	..	..	2	45	7
Peru	2007	2693	0	1084	99	266	1245	44
Pérou	2008	2825	0	1212	109	135	1369	48
	2009	2338	0	916	104	118	1200	42
	2010	2429	41	1208	110	364	788	27
Suriname	2007	360	..	58	..	..	302	592
Suriname	2008	360	..	58	..	..	302	586
	2009	363	..	58	..	..	305	586
	2010	779	38	449	..	-1	369	703
Uruguay	2007	368	210	0	224	-2	356	107
Uruguay	2008	509	318	0	325	-10	511	153
	2009	591	308	0	378	5	516	154
	2010	549	184	0	346	-26	414	123
Venezuela(Bolivar. Rep.)	2007	14649	..	9416	758	65	4410	160
Venezuela(Rép. bolivar.)	2008	15453	..	9938	794	0	4721	168
	2009	16300	..	10553	768	0	4979	175
	2010	14139	..	8773	757	-915	5524	191

Table 23

Production, trade and consumption of residual fuel oil
Production, commerce et consommation de mazout résiduel
Thousand metric tons and kilograms per capita
Milliers de tonnes métriques et kilogrammes par habitant

Country or area Pays ou zone	Year Année	Production Production	Imports Importations	Exports Exportations	Bunkers Soutes	Changes in stocks Variations des stocks	Consumption Consommation	
							Total Totale	Per capita Par habitant
Asia	**2007**	**242360**	**118391**	**84624**	**75722**	**1263**	**199141**	**49**
Asie	**2008**	**231159**	**124764**	**89025**	**79016**	**273**	**187609**	**46**
	2009	**206479**	**127487**	**83999**	**76596**	**-6339**	**179710**	**44**
	2010	**206484**	**138983**	**82674**	**88673**	**-4714**	**178834**	**43**
Afghanistan	2007	..	*1	..	..	..	*1	0
Afghanistan	2008	..	1	..	..	..	1	0
	2009	..	1	..	..	..	1	0
	2010	..	1	..	..	..	1	0
Armenia	2007	..	0	..	..	..	0	0
Arménie	2008	..	1	..	..	..	1	0
	2009	..	1	..	..	..	1	0
	2010	..	*1	..	..	..	*1	0
Azerbaijan	2007	2949	40	926	..	93	1970	223
Azerbaïdjan	2008	1624	4	583	..	-32	1077	120
	2009	287	1	35	..	-13	266	29
	2010	231	0	184	..	-34	81	9
Bahrain	2007	2355	..	2370	..	-15	0	0
Bahreïn	2008	2242	..	2210	..	33	-1	-1
	2009	2314	..	2360	..	-45	-1	-1
	2010	2866	..	2204	75	587	0	0
Bangladesh	2007	49	245	143	36	..	115	1
Bangladesh	2008	42	210	163	36	..	53	0
	2009	38	478	0	36	..	480	3
	2010	34	505	0	36	..	503	3
Brunei Darussalam	2007	97	..	..	..	..	97	257
Brunéi Darussalam	2008	91	..	..	..	..	91	237
	2009	84	..	..	..	..	84	214
	2010	91	..	..	..	..	91	228
Cambodia	2007	..	364	..	..	..	364	27
Cambodge	2008	..	382	..	..	..	382	28
	2009	..	378	..	..	..	378	27
	2010	..	374	..	..	..	374	26
China	2007	19672	24171	3797	2516	-149	37679	29
Chine	2008	17374	21861	7317	*3048	-83	28953	22
	2009	13534	24072	8624	3600	255	25127	19
	2010	15074	26952	9900	8259	-30	23897	18
China, Hong Kong SAR	2007	..	7492	652	6283	283	274	40
Chine, Hong-Kong RAS	2008	..	6835	443	5740	258	394	57
	2009	..	7236	532	5739	937	28	4
	2010	..	9667	278	6168	3197	24	3
China, Macao SAR	2007	..	261	..	..	-3	264	522
Chine, Macao RAS	2008	..	144	..	..	-12	156	301
	2009	..	197	..	..	2	195	367
	2010	..	65	..	..	-5	70	129
Cyprus	2007	..	1403	..	171	-10	1242	1168
Chypre	2008	..	1479	..	165	-4	1318	1224
	2009	..	1356	..	146	-37	1247	1144
	2010	..	1317	..	134	66	1117	1012
Georgia	2007	13	9	0	..	..	22	5
Géorgie	2008	17	16	5	..	..	28	6
	2009	5	49	4	..	..	50	11
	2010	0	30	4	..	..	26	6

Table 23

Production, trade and consumption of residual fuel oil
Production, commerce et consommation de mazout résiduel

Thousand metric tons and kilograms per capita
Milliers de tonnes métriques et kilogrammes par habitant

Country or area Pays ou zone	Year Année	Production Production	Imports Importations	Exports Exportations	Bunkers Soutes	Changes in stocks Variations des stocks	Consumption Consommation Total Totale	Consumption Consommation Per capita Par habitant
India	2007	15804	1187	4718	..	0	12273	10
Inde	2008	17684	1637	6118	..	0	13203	11
	2009	18346	896	5155	..	-7368	21455	18
	2010	20519	1013	6734	..	-8415	23213	19
Indonesia	2007	10173	2043	5513	85	..	6618	28
Indonésie	2008	9471	2430	5468	90	..	6343	27
	2009	2803	1980	223	*94	..	4466	19
	2010	2271	948	24	82	..	3113	13
Iran(Islamic Rep. of)	2007	25311	..	9703	1101	..	14507	203
Iran(Rép. islamique)	2008	26809	..	8672	1263	..	16874	233
	2009	26379	..	7801	1980	..	16598	227
	2010	26481	..	10161	2307	..	14013	189
Iraq	2007	9166	..	3135	..	..	6031	208
Iraq	2008	10855	..	4071	..	..	6784	227
	2009	11526	..	1419	..	..	10107	329
	2010	13458	..	250	..	..	13208	417
Israel	2007	2786	377	1008	307	121	1727	250
Israël	2008	2155	715	1008	345	-307	1824	257
	2009	2436	90	522	326	0	1678	231
	2010	2521	81	585	312	-13	1718	232
Japan	2007	29545	4116	2847	5431	17	25366	200
Japon	2008	26868	4169	3305	5059	-308	22981	182
	2009	21872	2146	2623	4509	80	16806	133
	2010	21137	3049	2477	4451	-40	17298	137
Jordan	2007	1215	0	..	24	38	1153	203
Jordanie	2008	992	88	..	19	-3	1063	182
	2009	889	0	..	20	93	777	129
	2010	1045	297	104	10	4	1224	198
Kazakhstan	2007	2584	191	917	..	9	1849	119
Kazakhstan	2008	3204	138	1145	..	129	2068	132
	2009	3261	3	2310	..	-101	1055	67
	2010	3806	1	2530	..	-89	1366	85
Korea, Dem.Ppl's.Rep.	2007	90	341	..	..	..	431	18
Corée,Rép.pop.dém.de	2008	92	350	..	..	..	442	18
	2009	70	267	..	..	..	337	14
	2010	67	255	..	..	..	322	13
Korea, Republic of	2007	27363	877	6412	8466	-197	13559	285
Corée, République de	2008	22370	1081	5303	8110	12	10026	210
	2009	18470	2978	3880	7388	-63	10243	214
	2010	19002	2626	3888	7931	78	9731	202
Kuwait	2007	11559	..	3330	883	..	7346	3001
Koweït	2008	11301	..	1938	923	..	8440	3312
	2009	11885	..	1561	353	..	9971	3768
	2010	11057	..	1640	371	..	9046	3305
Kyrgyzstan	2007	56	16	0	..	..	72	14
Kirghizistan	2008	59	42	37	..	..	64	12
	2009	39	240	0	..	..	279	53
	2010	44	250	0	..	..	294	55
Lao People's Dem. Rep.	2007	..	*22	..	..	..	*22	*4
Rép. dém. pop. lao	2008	..	*22	..	..	..	*22	*4
	2009	..	*22	..	..	..	*22	*4
	2010	..	*22	..	..	..	*22	*4

Table 23

Production, trade and consumption of residual fuel oil
Production, commerce et consommation de mazout résiduel
Thousand metric tons and kilograms per capita
Milliers de tonnes métriques et kilogrammes par habitant

Country or area Pays ou zone	Year Année	Production Production	Imports Importations	Exports Exportations	Bunkers Soutes	Changes in stocks Variations des stocks	Consumption Consommation	
							Total Totale	Per capita Par habitant
Lebanon	2007	..	1259	..	20	..	1239	300
Liban	2008	..	1214	..	22	..	1192	286
	2009	..	1422	..	24	..	1398	333
	2010	..	1356	..	26	..	1330	315
Malaysia	2007	2006	1939	1352	48	0	2545	94
Malaisie	2008	2010	1069	538	44	6	2491	91
	2009	1182	*1064	*583	*21	*337	*1305	*47
	2010	*330	*1199	*954	*23	*33	*519	*18
Mongolia	2007	..	8	..	..	..	8	3
Mongolie	2008	..	7	..	..	..	7	3
	2009	..	5	..	..	..	5	2
	2010	..	5	..	..	..	5	2
Myanmar	2007	59	0	..	..	-2	61	1
Myanmar	2008	63	0	..	..	1	62	1
	2009	54	0	..	..	-1	55	1
	2010	43	0	..	..	-8	51	1
Nepal	2007	..	3	..	..	..	3	0
Népal	2008	..	2	..	..	..	2	0
	2009	..	2	..	..	..	2	0
	2010	..	1	..	..	..	1	0
Oman	2007	1979	..	324	18	..	1637	639
Oman	2008	3770	..	1515	134	..	2121	804
	2009	3760	..	1527	122	..	2111	778
	2010	2698	..	366	186	..	2146	771
Other Asia	2007	11137	2525	317	1962	170	11213	488
Autres zones d'Asie	2008	10124	1850	492	1684	-62	9860	428
	2009	8328	845	565	1447	-146	7307	316
	2010	8714	2284	724	1618	54	8602	371
Pakistan	2007	3324	4268	0	120	437	7035	43
Pakistan	2008	3093	5077	1	132	437	7601	45
	2009	2497	5600	13	195	191	7699	45
	2010	2435	6661	4	146	36	8909	51
Philippines	2007	3206	718	1472	197	-165	2420	27
Philippines	2008	2413	1073	1147	190	-81	2231	25
	2009	1628	836	267	172	-68	2093	23
	2010	1949	855	239	156	16	2392	26
Qatar	2007	410	..	408	..	0	2	2
Qatar	2008	213	..	215	..	-2	0	0
	2009	340	..	334	..	-6	12	8
	2010	312	..	*263	..	49	0	0
Saudi Arabia	2007	26184	1390	8608	2811	-250	16405	643
Arabie saoudite	2008	26183	942	7148	2874	-11	17114	654
	2009	27269	360	13015	2598	-487	12503	466
	2010	24411	28	8982	3343	-164	12278	447
Singapore	2007	9814	41509	20041	30023	462	797	174
Singapour	2008	8097	48753	21504	33387	218	1741	365
	2009	7009	56387	22940	34792	649	5015	1014
	2010	7393	59714	22439	39248	-83	5503	1082
Sri Lanka	2007	810	192	0	0	-11	1013	50
Sri Lanka	2008	768	230	0	16	-20	1002	49
	2009	781	348	0	5	-8	1132	55
	2010	686	365	0	0	54	997	48

Table 23

Production, trade and consumption of residual fuel oil
Production, commerce et consommation de mazout résiduel
Thousand metric tons and kilograms per capita
Milliers de tonnes métriques et kilogrammes par habitant

Country or area Pays ou zone	Year Année	Production Production	Imports Importations	Exports Exportations	Bunkers Soutes	Changes in stocks Variations des stocks	Consumption Consommation	
							Total Totale	Per capita Par habitant
Syrian Arab Republic	2007	4474	2372	7	..	238	6601	342
Rép. arabe syrienne	2008	4376	3130	708	..	-100	6898	350
	2009	4116	2270	808	..	-529	6107	305
	2010	4838	1549	845	..	47	5495	269
Tajikistan	2007	..	98	..	..	..	98	15
Tadjikistan	2008	..	123	..	..	..	123	18
	2009	..	107	..	..	..	107	16
	2010	..	112	..	..	..	112	16
Thailand	2007	7333	504	2329	..	253	5255	78
Thaïlande	2008	7174	263	3765	..	238	3434	50
	2009	7188	86	4029	..	376	2869	42
	2010	6266	105	3360	..	262	2749	40
Turkey	2007	6369	493	2555	631	-56	3732	53
Turquie	2008	5363	796	2531	451	-34	3211	45
	2009	3012	631	1171	177	-66	2361	33
	2010	2780	651	2255	138	34	1004	14
Turkmenistan	2007	1951	..	878	..	..	1073	221
Turkménistan	2008	2137	..	962	..	..	1175	239
	2009	1992	..	897	..	..	1095	220
	2010	1896	..	854	..	..	1042	207
United Arab Emirates	2007	1102	14303	..	14249	..	1156	214
Emirats arabes unis	2008	907	15241	..	14942	..	1206	194
	2009	1715	11997	..	12501	..	1211	175
	2010	871	13614	..	13301	..	1184	158
Uzbekistan	2007	740		..	..	..	740	28
Ouzbékistan	2008	526		..	..	..	526	20
	2009	499		..	..	..	499	18
	2010	508		..	..	..	508	19
Viet Nam	2007	..	2338	353	278	..	1707	20
Viet Nam	2008	..	2091	370	280	..	1441	17
	2009	37	1855	*400	290	-320	1522	18
	2010	148	1766	207	320	-350	1737	20
Yemen	2007	676	1315	509	62	..	1420	65
Yémen	2008	691	1298	343	62	..	1584	70
	2009	834	1281	401	62	..	1652	71
	2010	502	1264	218	32	..	1516	63
Europe	**2007**	**187866**	**59051**	**126309**	**50882**	**-710**	**70436**	**96**
Europe	**2008**	**183244**	**63123**	**130356**	**50785**	**-998**	**66224**	**90**
	2009	**170672**	**64002**	**125429**	**45943**	**-1685**	**64987**	**88**
	2010	**171778**	**66273**	**138757**	**46415**	**-863**	**53742**	**73**
Albania	2007	32	0	..	..	3	29	9
Albanie	2008	30	0	..	..	2	28	9
	2009	12	0	..	..	10	2	1
	2010	4	5	..	..	0	9	3
Austria	2007	880	183	37	..	24	1002	121
Autriche	2008	769	185	148	..	-9	815	98
	2009	852	109	296	..	-56	721	86
	2010	699	174	244	..	-166	795	95
Belarus	2007	6195	30	5420	..	-13	818	84
Bélarus	2008	6831	30	7515	..	28	-682	-70
	2009	7291	266	6992	..	-119	684	71
	2010	5104	371	4955	..	-15	535	56

Table 23

Production, trade and consumption of residual fuel oil
Production, commerce et consommation de mazout résiduel

Thousand metric tons and kilograms per capita
Milliers de tonnes métriques et kilogrammes par habitant

Country or area Pays ou zone	Year Année	Production Production	Imports Importations	Exports Exportations	Bunkers Soutes	Changes in stocks Variations des stocks	Consumption Consommation Total Totale	Consumption Consommation Per capita Par habitant
Belgium	2007	7391	7002	4125	9105	-222	1385	131
Belgique	2008	7268	7641	4321	9580	57	951	90
	2009	5039	5904	3215	6925	-217	1020	96
	2010	5564	5587	3867	7423	-97	-42	-4
Bosnia and Herzegovina	2007	0	95	0	..	..	95	25
Bosnie-Herzégovine	2008	54	96	0	..	..	150	40
	2009	338	15	130	..	..	223	59
	2010	257	26	77	..	..	206	55
Bulgaria	2007	1550	78	1414	0	-45	259	34
Bulgarie	2008	1596	56	1333	16	-42	345	45
	2009	1536	64	1154	57	-24	413	55
	2010	1422	43	1305	46	-3	117	16
Croatia	2007	1180	97	215	20	47	995	225
Croatie	2008	1128	74	176	22	194	810	183
	2009	1066	75	336	6	-68	867	197
	2010	869	57	402	6	46	472	107
Czech Republic	2007	417	118	146	..	1	388	38
République tchèque	2008	335	69	76	..	-3	331	32
	2009	260	106	61	..	2	303	29
	2010	239	72	77	..	9	225	21
Denmark	2007	1415	1491	1657	867	-58	440	80
Danemark	2008	1379	1983	2243	668	-38	489	89
	2009	1265	1212	1888	273	110	206	37
	2010	1276	2536	2801	430	280	301	54
Estonia	2007	..	232	..	222	-12	22	16
Estonie	2008	..	232	..	238	2	-8	-6
	2009	..	220	..	215	-12	17	13
	2010	..	210	..	205	-2	7	5
Faeroe Islands	2007	..	*67	..	..	..	*67	*1379
Iles Féroé	2008	..	*73	..	..	..	*73	*1499
	2009	..	*78	..	..	..	*78	*1597
	2010	..	*85	..	..	..	*85	*1740
Finland	2007	1402	786	463	391	124	1210	229
Finlande	2008	1372	800	516	335	-30	1351	254
	2009	1435	581	867	206	-140	1083	203
	2010	1209	723	704	152	-25	1101	205
France	2007	11441	5764	7728	2793	8	6676	108
France	2008	11415	6335	7526	2408	-34	7850	126
	2009	9483	6884	5957	2423	-38	8025	128
	2010	9196	7012	6408	2333	-187	7654	122
Germany	2007	13669	2607	5390	2574	49	8263	100
Allemagne	2008	12023	3063	4454	2568	98	7966	97
	2009	9756	3042	3297	2295	-330	7536	91
	2010	7942	2679	1755	2306	155	6405	78
Gibraltar	2007	..	1689	..	1651	..	38	1297
Gibraltar	2008	..	1790	..	1749	..	41	1400
	2009	..	2228	..	2185	..	43	1470
	2010	..	2273	..	2229	..	44	1505
Greece	2007	7116	677	979	2860	261	3693	328
Grèce	2008	6008	2304	1301	2815	-219	4415	391
	2009	5959	1845	1583	2359	191	3671	324
	2010	5878	1558	2172	2444	-48	2868	252

Table 23

Production, trade and consumption of residual fuel oil
Production, commerce et consommation de mazout résiduel

Thousand metric tons and kilograms per capita
Milliers de tonnes métriques et kilogrammes par habitant

Country or area Pays ou zone	Year Année	Production Production	Imports Importations	Exports Exportations	Bunkers Soutes	Changes in stocks Variations des stocks	Consumption Consommation	
							Total Totale	Per capita Par habitant
Hungary	2007	200	27	45	..	-14	196	20
Hongrie	2008	207	12	49	..	-15	185	18
	2009	168	32	23	..	-48	225	22
	2010	111	17	25	..	-39	142	14
Iceland	2007	..	101	..	20	-7	88	288
Islande	2008	..	94	..	34	0	60	193
	2009	..	96	..	25	5	66	209
	2010	..	93	..	28	6	59	184
Ireland	2007	1250	601	1156	68	-195	822	192
Irlande	2008	1161	599	1194	45	37	484	111
	2009	949	436	917	41	-40	467	106
	2010	969	303	783	2	-103	590	132
Italy	2007	15220	2322	4878	2353	105	10206	171
Italie	2008	12763	2434	3513	2461	-399	9622	161
	2009	11236	1921	3151	2180	-185	8011	133
	2010	10548	968	3378	2815	-9	5332	88
Latvia	2007	..	122	0	122	-10	10	4
Lettonie	2008	..	167	0	165	-3	5	2
	2009	..	244	0	218	-6	32	14
	2010	..	216	0	187	3	26	12
Lithuania	2007	1381	137	1108	108	16	286	85
Lituanie	2008	1955	126	1724	78	-75	354	105
	2009	1660	188	1416	114	-36	354	106
	2010	1741	269	1513	127	94	276	83
Luxembourg	2007	..	1	..	..	..	1	2
Luxembourg	2008	..	1	..	..	..	1	2
	2009	..	2	..	..	..	2	4
	2010	..	4	..	..	..	4	8
Malta	2007	..	1325	..	688	0	637	1544
Malte	2008	..	1276	..	712	0	564	1362
	2009	..	1326	..	804	-5	527	1269
	2010	..	1807	..	1243	3	561	1347
Montenegro	2007	..	115	0	..	..	115	183
Monténégro	2008	..	107	1	..	..	106	168
	2009	..	35	1	..	..	34	54
	2010	..	11	0	..	..	11	17
Netherlands	2007	9526	24571	18019	14962	140	976	59
Pays-Bas	2008	8647	24139	16801	14371	823	791	48
	2009	8496	26828	21453	13292	62	517	31
	2010	9800	30080	27061	12662	-657	814	49
Norway	2007	2066	1668	2037	313	23	1361	288
Norvège	2008	2359	1495	2723	207	27	897	188
	2009	2009	1458	2088	231	32	1116	231
	2010	1870	1612	1646	204	-19	1651	338
Poland	2007	2831	97	1155	204	-54	1623	42
Pologne	2008	2758	33	1078	233	-18	1498	39
	2009	2599	50	998	190	-21	1482	39
	2010	3123	86	1575	167	-18	1485	39
Portugal	2007	2622	461	759	463	-113	1974	186
Portugal	2008	2783	574	912	492	48	1905	179
	2009	1976	435	669	450	-17	1309	123
	2010	2199	264	916	425	9	1113	104

Table 23

Production, trade and consumption of residual fuel oil
Production, commerce et consommation de mazout résiduel

Thousand metric tons and kilograms per capita
Milliers de tonnes métriques et kilogrammes par habitant

Country or area Pays ou zone	Year Année	Production Production	Imports Importations	Exports Exportations	Bunkers Soutes	Changes in stocks Variations des stocks	Consumption Consommation	
							Total Totale	Per capita Par habitant
Republic of Moldova	2007	5	10	1	..	0	14	4
Rép. de Moldova	2008	7	14	5	..	-1	17	5
	2009	16	41	9	..	12	36	10
	2010	12	17	2	..	-4	31	9
Romania	2007	1186	104	475	14	52	749	35
Roumanie	2008	1168	70	877	52	-124	433	20
	2009	883	53	383	9	13	531	25
	2010	764	83	426	4	-60	477	22
Russian Federation	2007	67690	22	51524	..	-439	16627	116
Fédération de Russie	2008	69105	330	55502	..	-769	14702	103
	2009	69573	319	56248	..	-654	14298	100
	2010	74998	870	62583	647	343	12295	86
Serbia	2007	796	57	41	..	..	812	83
Serbie	2008	572	9	72	..	-9	518	53
	2009	626	22	109	..	-3	542	55
	2010	691	0	134	..	-8	565	57
Slovakia	2007	544	50	270	..	-75	399	73
Slovaquie	2008	512	103	233	..	0	382	70
	2009	630	84	300	..	38	376	69
	2010	692	80	384	..	-29	417	76
Slovenia	2007	..	77	9	49	0	19	9
Slovénie	2008	..	85	3	67	-2	17	8
	2009	..	53	0	33	0	20	10
	2010	..	28	0	19	0	9	4
Spain	2007	9340	3379	2904	7562	-43	2296	51
Espagne	2008	9638	3481	2463	7558	-193	3291	73
	2009	9147	4255	1854	7539	13	3996	88
	2010	8334	3408	2143	7143	-95	2551	55
Sweden	2007	4246	920	3054	2002	-128	238	26
Suède	2008	4636	1062	2991	1996	-108	819	89
	2009	4426	1240	2545	2099	-40	1062	114
	2010	5153	1048	3627	1836	-128	866	92
Switzerland	2007	587	0	447	..	12	128	17
Suisse	2008	596	7	494	..	-2	111	15
	2009	383	63	411	..	-45	80	10
	2010	377	33	323	..	17	70	9
T.F.Yug.Rep. Macedonia	2007	402	0	52	..	-18	368	180
L'ex-RY Macédoine	2008	360	1	110	..	-4	255	124
	2009	362	19	80	..	22	279	136
	2010	260	0	56	..	-16	220	107
Ukraine	2007	3477	838	3062	..	162	1091	24
Ukraine	2008	2460	958	2698	..	-217	937	20
	2009	2600	932	1451	..	-9	2090	46
	2010	2952	545	2520	..	15	962	21
United Kingdom	2007	11809	1130	7739	1471	-291	4020	66
Royaume-Uni	2008	11349	1215	7304	1915	0	3345	55
	2009	8641	1241	5547	1774	-82	2643	43
	2010	7525	1020	4895	1332	-115	2433	39
Oceania	**2007**	**1424**	**2225**	**350**	**1028**	**-60**	**2331**	**67**
Océanie	**2008**	**1613**	**2418**	**420**	**1184**	**-28**	**2455**	**69**
	2009	**1542**	**2379**	**380**	**1061**	**12**	**2469**	**69**
	2010	**1355**	**2471**	**172**	**929**	**-64**	**2789**	**76**

Table 23

Production, trade and consumption of residual fuel oil
Production, commerce et consommation de mazout résiduel
Thousand metric tons and kilograms per capita
Milliers de tonnes métriques et kilogrammes par habitant

Country or area Pays ou zone	Year Année	Production Production	Imports Importations	Exports Exportations	Bunkers Soutes	Changes in stocks Variations des stocks	Consumption Consommation Total Totale	Consumption Consommation Per capita Par habitant
Australia	2007	952	1288	196	750	-65	1359	64
Australie	2008	984	1540	243	872	-7	1416	66
	2009	890	1596	179	750	3	1554	71
	2010	860	1616	103	626	-67	1814	81
Fiji	2007	..	15	..	*3	..	12	15
Fidji	2008	..	28	..	*6	..	22	26
	2009	..	25	..	*5	..	21	24
	2010	..	25	..	*7	..	18	21
French Polynesia	2007	..	91	..	*2	..	89	340
Polynésie française	2008	..	*106	..	*2	..	*104	*393
	2009	..	*110	..	*2	..	*108	*402
	2010	..	*114	..	*2	..	*111	*411
Nauru	2007	..	*10	..	..	..	*10	*985
Nauru	2008	..	*10	..	..	..	*10	*982
	2009	..	*9	..	..	..	*9	*881
	2010	..	*9	..	..	..	*9	*878
New Caledonia	2007	..	489	..	..	..	489	2047
Nouvelle-Calédonie	2008	..	467	..	..	..	467	1923
	2009	..	428	..	..	..	428	1733
	2010	..	455	..	..	..	455	1813
New Zealand	2007	400	0	106	267	5	22	5
Nouvelle-Zélande	2008	509	8	177	298	-21	63	15
	2009	558	0	201	298	10	49	11
	2010	380	0	69	288	-7	30	7
Palau	2007	..	*29	..	..	..	*29	*1441
Palaos	2008	..	*29	..	..	..	*29	*1434
	2009	..	*29	..	..	..	*29	*1425
	2010	..	*31	..	..	..	*31	*1514
Papua New Guinea	2007	72	289	48	*6	..	308	48
Papouasie-Nvl-Guinée	2008	120	217	0	*6	..	332	51
	2009	94	*169	0	*6	-1	*258	*39
	2010	115	*207	0	*6	10	*306	*45
Tonga	2007	..	*13	..	..	..	*13	*127
Tonga	2008	..	*13	..	..	..	*13	*126
	2009	..	*13	..	..	..	*13	*126
	2010	..	*14	..	..	..	*14	*132

Table 24

Production, trade and consumption of energy petroleum products
Production, commerce et consommation de produits pétroliers énergétiques
Thousand metric tons and kilograms per capita
Milliers de tonnes métriques et kilogrammes par habitant

Table Notes:
Production

Production refers to the production from refineries and plants of aviation gasoline, motor gasoline, jet fuels, kerosene, gas diesel oil, residual fuel oil, natural gasoline, condensate, feedstocks, petroleum coke, liquefied petroleum gas and refinery gas.

Imports and Exports

Imports and Exports of the same products listed above except refinery gas.

Bunkers

Bunkers of aviation gasoline, jet fuel, kerosene, gas-diesel oils and residual fuel oil.

Please refer to the Definitions Section on pages xv to xxix for the appropriate product description /classification.

Notes relatives aux tableaux:
Production

Production se reporter aux la production à partir des raffineries et des usines d'essence d'aviation, d'essence d'automobile, de carburéacteurs, de pétrole lampant, de carburant diesel, de mazout résiduel, d'essence naturelle, de condensat d'usine, de produits d'alimentation de raffinerie, de coke de pétrole, de gaz de pétrole liquéfiés et de gaz de raffinerie.

Importations et importations

Importations et importations de les mêmes produits mentionnés dans la production à l'exception des gaz de raffinerie.

Soutages

Soutages de l'essence d'aviation, carburateurs, pétrole lampant, produits d'alimentation de raffinerie et mazout résiduel.

Veuillez consulter la section "définitions" de la page xv à la page xxix pour une description/classification appropriée des produits.

Figure 67: World production of energy petroleum products by region 1994-2010

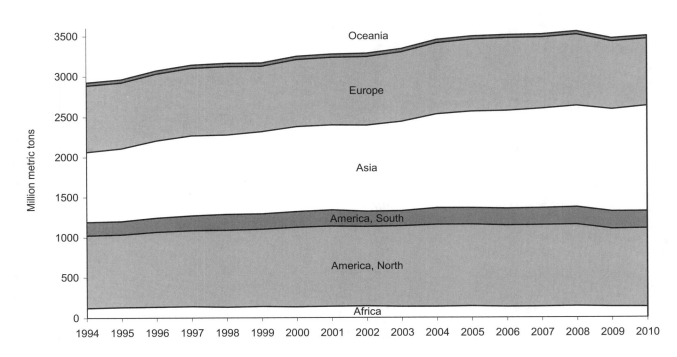

Table 24

Production, trade and consumption of energy petroleum products
Production, commerce et consommation de produits pétroliers énergétiques

Thousand metric tons and kilograms per capita
Milliers de tonnes métriques et kilogrammes par habitant

Country or area Pays ou zone	Year Année	Production Production	Imports Importations	Exports Exportations	Bunkers Soutes	Changes in stocks Variations des stocks	Consumption Consommation	
							Total Totale	Per capita Par habitant
World	2007	3521386	892337	917860	326858	-2922	3171926	476
Monde	2008	3556788	932378	969087	327323	-3091	3195847	474
	2009	3470174	930442	984246	313952	-15102	3117520	457
	2010	3501661	975069	1012684	339946	-12487	3136586	455
Africa	2007	139783	45898	47352	10695	-2871	130505	137
Afrique	2008	144595	46594	46925	8444	-2811	138632	142
	2009	136600	56030	46821	8284	-3134	140658	141
	2010	135379	58434	44495	10918	262	138138	135
Algeria	2007	39026	217	27149	705	-432	11821	349
Algérie	2008	41187	217	27742	722	468	12472	362
	2009	40142	815	*26357	738	-128	13990	400
	2010	40569	607	*25604	792	128	14652	413
Angola	2007	2308	1745	1128	125	0	2800	160
Angola	2008	2384	2350	1148	147	-180	3619	201
	2009	2313	3017	1095	383	-171	4023	217
	2010	2244	3423	595	378	-69	4763	250
Benin	2007	..	1230	..	25	-8	1213	150
Bénin	2008	..	1265	..	41	4	1220	146
	2009	..	1394	..	86	3	1305	152
	2010	..	1598	..	149	3	1446	163
Botswana	2007	..	756	..	8	..	748	388
Botswana	2008	..	847	..	16	..	831	425
	2009	..	805	..	15	..	790	399
	2010	..	863	..	16	..	847	422
Burkina Faso	2007	..	535	..	14	-10	532	35
Burkina Faso	2008	..	580	..	20	*11	549	35
	2009	..	543	..	15	*-10	539	34
	2010	..	*563	..	*20	0	*543	*33
Burundi	2007	..	65	..	6	4	55	7
Burundi	2008	..	79	..	6	3	70	9
	2009	..	67	..	17	2	48	6
	2010	..	96	..	*5	0	91	11
Cameroon	2007	1926	251	984	113	-168	1248	68
Cameroun	2008	1827	238	973	114	-228	1206	64
	2009	1599	292	546	116	-180	1409	73
	2010	1880	245	469	108	-123	1671	85
Cape Verde	2007	..	*108	..	*10	..	*98	*203
Cap-Vert	2008	..	110	..	*13	..	97	198
	2009	..	118	..	*20	..	98	200
	2010	..	136	..	*23	..	113	228
Central African Rep.	2007	..	*105	..	*29	..	*76	*18
Rép. centrafricaine	2008	..	*107	..	*30	..	*77	*18
	2009	..	*107	..	*30	..	*77	*18
	2010	..	*117	..	*31	..	*86	*20
Chad	2007	..	*84	..	*19	..	*65	*6
Tchad	2008	..	*85	..	*18	..	*67	*6
	2009	..	*90	..	*18	..	*72	*7
	2010	..	*98	..	*18	..	*80	*7
Comoros	2007	..	*40	..	..	..	*40	*59
Comores	2008	..	*41	..	..	..	*41	*59
	2009	..	*41	..	..	..	*41	*57
	2010	..	*45	..	..	..	*45	*62

2010 Energy Statistics Yearbook United Nations / 2010 Annuaire des statistiques de l'énergie des Nations Unies

Table 24

Production, trade and consumption of energy petroleum products
Production, commerce et consommation de produits pétroliers énergétiques

Thousand metric tons and kilograms per capita
Milliers de tonnes métriques et kilogrammes par habitant

Country or area Pays ou zone	Year Année	Production Production	Imports Importations	Exports Exportations	Bunkers Soutes	Changes in stocks Variations des stocks	Consumption Consommation	
							Total Totale	Per capita Par habitant
Congo	2007	717	128	428	76	0	341	91
Congo	2008	535	244	282	98	35	364	95
	2009	680	199	369	60	-18	468	119
	2010	641	187	235	60	2	531	131
Côte d'Ivoire	2007	3200	105	2331	156	-113	931	50
Côte d'Ivoire	2008	3243	110	2298	121	-193	1127	59
	2009	3054	135	2149	69	-105	1076	56
	2010	2482	131	1744	55	-73	887	45
Dem. Rep. of the Congo	2007	..	641	..	169	..	472	8
Rép. dem. du Congo	2008	..	539	..	15	..	524	8
	2009	..	492	..	15	..	477	7
	2010	..	710	..	147	..	563	9
Djibouti	2007	..	*324	..	185	..	*139	*165
Djibouti	2008	..	*349	..	198	..	*151	*176
	2009	..	*354	..	*201	..	*153	*175
	2010	..	*354	..	*201	..	*153	*173
Egypt	2007	33950	3744	1611	1963	-146	34266	445
Egypte	2008	32784	4435	1449	1358	-134	34546	441
	2009	31494	6250	2559	1258	-124	34051	427
	2010	30758	6603	2570	1247	-211	33755	416
Equatorial Guinea	2007	*4592	*210	*4573	*34	..	*195	*302
Guinée équatoriale	2008	*4593	*213	*4573	*35	..	*198	*299
	2009	*4593	*213	*4573	*35	..	*198	*291
	2010	*4593	*213	*4573	*35	..	*198	*283
Eritrea	2007	..	154	..	5	-32	181	38
Erythrée	2008	..	128	..	3	-3	128	26
	2009	..	152	..	1	-9	160	31
	2010	..	153	..	1	-6	158	30
Ethiopia	2007	..	1881	..	219	0	1662	21
Ethiopie	2008	..	2012	..	214	21	1777	22
	2009	..	2043	..	248	0	1795	22
	2010	..	2007	..	320	10	1677	20
Gabon	2007	789	195	349	318	-346	663	466
Gabon	2008	801	189	358	323	-314	623	430
	2009	862	192	384	312	-314	672	455
	2010	923	203	410	355	-360	721	479
Gambia	2007	..	129	2	..	..	127	80
Gambie	2008	..	134	2	..	..	132	81
	2009	..	143	2	..	..	141	84
	2010	..	*156	*2	..	..	*154	*89
Ghana	2007	1232	1201	256	172	..	2005	88
Ghana	2008	1264	1043	353	181	..	1773	76
	2009	340	1837	485	204	..	1488	62
	2010	975	1612	558	237	..	1793	74
Guinea	2007	..	*419	..	*25	..	*394	*42
Guinée	2008	..	*420	..	*24	..	*396	*41
	2009	..	*425	..	*25	..	*400	*41
	2010	..	*427	..	*25	..	*403	*40
Guinea-Bissau	2007	..	*86	..	*11	..	*75	*52
Guinée-Bissau	2008	..	*83	..	*11	..	*73	*50
	2009	..	*87	..	*11	..	*76	*51
	2010	..	*89	..	*11	..	*78	*51

Table 24

Production, trade and consumption of energy petroleum products
Production, commerce et consommation de produits pétroliers énergétiques

Thousand metric tons and kilograms per capita
Milliers de tonnes métriques et kilogrammes par habitant

Country or area Pays ou zone	Year Année	Production Production	Imports Importations	Exports Exportations	Bunkers Soutes	Changes in stocks Variations des stocks	Consumption Consommation	
							Total Totale	Per capita Par habitant
Kenya	2007	1580	1559	87	644	-121	2529	67
Kenya	2008	1489	1557	19	560	-150	2617	68
	2009	1502	2142	44	573	-69	3096	78
	2010	1464	2325	90	674	-180	3205	79
Lesotho	2007	..	2	..	..	..	2	1
Lesotho	2008	..	6	..	..	..	6	3
	2009	..	8	..	..	..	8	4
	2010	..	6	..	..	..	6	3
Liberia	2007	..	211	..	*16	..	195	56
Libéria	2008	..	186	..	*15	..	171	47
	2009	..	175	..	*15	..	159	41
	2010	..	267	..	*18	..	249	62
Libya	2007	13131	..	2875	272	..	9984	1658
Libye	2008	14182	..	2830	277	..	11075	1801
	2009	15153	..	2889	321	..	11943	1907
	2010	16932	..	4253	345	..	12334	1941
Madagascar	2007	..	613	..	66	12	535	28
Madagascar	2008	..	670	..	63	28	579	30
	2009	..	569	..	46	-19	542	27
	2010	..	605	..	63	-35	576	28
Malawi	2007	..	224	..	..	..	224	16
Malawi	2008	..	290	..	..	..	290	21
	2009	..	262	..	..	..	262	18
	2010	..	317	..	..	..	317	21
Mali	2007	..	*208	..	*19	..	*189	*13
Mali	2008	..	*213	..	*19	..	*194	*13
	2009	..	*219	..	*20	..	*199	*13
	2010	..	*224	..	*21	..	*203	*13
Mauritania	2007	..	565	..	17	-2	550	171
Mauritanie	2008	..	611	..	15	-1	596	181
	2009	..	*678	..	21	0	*657	*195
	2010	..	*674	..	18	0	*657	*190
Mauritius	2007	..	1068	..	311	-13	770	604
Maurice	2008	..	1058	..	338	-5	725	565
	2009	..	1003	..	330	-71	744	576
	2010	..	1077	..	351	-37	763	587
Morocco	2007	5333	4632	630	497	-12	8850	285
Maroc	2008	4750	5443	223	497	-394	9867	315
	2009	3720	6850	460	501	-226	9835	311
	2010	4782	6996	0	573	616	10589	331
Mozambique	2007	..	691	..	63	29	599	27
Mozambique	2008	..	627	..	58	-1	570	26
	2009	..	708	..	67	0	641	28
	2010	..	755	..	64	0	691	30
Namibia	2007	..	743	..	34	..	709	328
Namibie	2008	..	835	..	36	..	799	363
	2009	..	896	..	35	..	861	384
	2010	..	945	..	37	..	908	398
Niger	2007	..	181	..	*12	19	150	11
Niger	2008	..	171	..	*11	-5	165	11
	2009	..	229	..	*11	0	217	15
	2010	..	298	..	*13	-8	293	19

Table 24

Production, trade and consumption of energy petroleum products
Production, commerce et consommation de produits pétroliers énergétiques

Thousand metric tons and kilograms per capita
Milliers de tonnes métriques et kilogrammes par habitant

Country or area Pays ou zone	Year Année	Production Production	Imports Importations	Exports Exportations	Bunkers Soutes	Changes in stocks Variations des stocks	Consumption Consommation Total Totale	Consumption Consommation Per capita Par habitant
Nigeria	2007	2498	7129	1264	796	-1743	9310	63
Nigéria	2008	4433	5508	846	1432	-2469	10132	67
	2009	2172	7162	410	1273	-1953	9604	62
	2010	3901	6641	547	854	-584	9725	61
Réunion	2007	..	652	..	15	-28	665	816
Réunion	2008	..	734	..	11	46	678	821
	2009	..	773	..	11	1	761	910
	2010	..	775	..	13	1	761	900
Rwanda	2007	..	175	..	*12	-1	164	17
Rwanda	2008	..	*174	..	*12	*2	*161	*16
	2009	..	*186	..	*14	*1	*171	*17
	2010	..	*191	..	*15	0	*176	*17
Sao Tome and Principe	2007	..	*33	..	*7	..	*26	*164
Sao Tomé-et-Principe	2008	..	*36	..	*8	..	*28	*175
	2009	..	*39	..	*9	..	*30	*182
	2010	..	42	..	10	..	32	196
Senegal	2007	665	959	344	314	-43	1009	88
Sénégal	2008	831	754	302	319	-1	965	82
	2009	679	*855	278	251	-9	1014	84
	2010	714	1016	2	209	8	1511	122
Seychelles	2007	..	309	..	*96	..	213	2508
Seychelles	2008	..	337	..	*107	..	230	2685
	2009	..	366	..	*119	..	247	2872
	2010	..	331	..	*103	..	228	2637
Sierra Leone	2007	..	175	..	*6	..	169	31
Sierra Leone	2008	..	177	..	*3	..	174	31
	2009	..	190	..	*17	..	174	30
	2010	..	203	..	*17	..	187	32
Somalia	2007	0	*266	0	*69	..	*197	*23
Somalie	2008	0	*266	0	*68	..	*198	*22
	2009	0	*257	0	*64	..	*193	*21
	2010	0	*264	0	*67	..	*197	*21
South Africa	2007	22121	3858	1780	2600	0	21599	442
Afrique du Sud	2008	23840	3176	2212	*224	0	24580	498
	2009	21403	5513	2919	*220	0	23777	478
	2010	*16021	5657	*2248	2719	0	*16711	*333
St. Helena and Depend.	2007	..	4	..	..	..	4	912
St-Hélène et dépend	2008	..	3	..	..	..	3	732
	2009	..	3	..	..	..	3	717
	2010	..	3	..	..	..	3	731
Sudan	2007	4697	482	922	249	358	3650	90
Soudan	2008	4373	946	691	425	452	3751	91
	2009	4820	477	645	237	298	4117	97
	2010	5597	591	484	255	1272	4177	96
Swaziland	2007	..	*216	..	*1	..	*215	*190
Swaziland	2008	..	*222	..	*1	..	*222	*193
	2009	..	*217	..	*1	..	*216	*185
	2010	..	*218	..	*1	..	*217	*183
Togo	2007	..	291	..	32	-39	298	53
Togo	2008	..	307	..	63	-100	344	60
	2009	..	425	..	65	0	360	61
	2010	..	439	..	67	0	372	62

Table 24

Production, trade and consumption of energy petroleum products
Production, commerce et consommation de produits pétroliers énergétiques

Thousand metric tons and kilograms per capita
Milliers de tonnes métriques et kilogrammes par habitant

Country or area Pays ou zone	Year Année	Production Production	Imports Importations	Exports Exportations	Bunkers Soutes	Changes in stocks Variations des stocks	Consumption Consommation	
							Total Totale	Per capita Par habitant
Tunisia	2007	1619	3168	627	0	-35	4195	414
Tunisie	2008	1647	3270	622	0	292	4003	391
	2009	1544	2915	642	26	-35	3826	369
	2010	338	3615	99	14	-64	3904	372
Uganda	2007	..	913	..	..	..	913	30
Ouganda	2008	..	925	..	..	..	925	30
	2009	..	991	..	..	..	991	31
	2010	..	1128	..	..	..	1128	34
United Rep. of Tanzania	2007	..	1443	..	118	..	1325	32
Rép. Unie de Tanzanie	2008	..	1547	..	124	..	1423	34
	2009	..	1416	..	121	..	1295	30
	2010	..	1458	..	123	..	1335	30
Western Sahara	2007	..	*84	..	*6	..	*78	*162
Sahara occidental	2008	..	*84	..	*6	..	*78	*157
	2009	..	*84	..	*6	..	*78	*152
	2010	..	*84	..	*6	..	*78	*147
Zambia	2007	400	60	12	31	-1	418	35
Zambie	2008	432	98	2	39	5	484	39
	2009	530	44	15	29	2	528	41
	2010	565	43	12	29	-28	595	45
Zimbabwe	2007	..	631	..	7	..	624	50
Zimbabwe	2008	..	546	..	6	..	540	43
	2009	..	569	..	6	..	563	45
	2010	..	608	..	7	..	601	48
America, North	**2007**	**1011562**	**194047**	**113733**	**65060**	**-3037**	**1029853**	**1959**
Amérique du Nord	**2008**	**1012982**	**186377**	**134140**	**60859**	**830**	**1003530**	**1889**
	2009	**967419**	**168404**	**141591**	**56156**	**3038**	**935037**	**1743**
	2010	**974793**	**171400**	**148787**	**59511**	**792**	**937103**	**1729**
Anguilla	2007	..	19	..	..	..	19	1333
Anguilla	2008	..	19	..	..	..	19	1310
	2009	..	19	..	..	..	19	1277
	2010	..	21	..	..	..	21	1343
Antigua and Barbuda	2007	..	*207	*9	*53	..	*145	*1687
Antigua-et-Barbuda	2008	..	*212	*9	*54	..	*149	*1721
	2009	..	*226	*8	*55	..	*163	*1858
	2010	..	*232	*8	*56	..	*168	*1888
Aruba	2007	*10100	*320	*10100	*77	..	*243	*2332
Aruba	2008	*10050	*321	*10050	*78	..	*244	*2310
	2009	*10058	*325	*10058	*79	..	*246	*2306
	2010	*10067	*329	*10067	*81	..	*248	*2310
Bahamas	2007	..	*814	*79	*233	..	*502	*1525
Bahamas	2008	..	662	19	*304	..	339	1017
	2009	..	698	*18	*147	..	533	1577
	2010	..	1029	*44	*183	..	802	2339
Barbados	2007	1	403	..	..	3	402	1478
Barbade	2008	1	449	..	..	-11	462	1696
	2009	1	452	..	..	-14	468	1715
	2010	1	429	..	..	0	430	1574
Belize	2007	..	155	..	16	..	139	473
Belize	2008	..	*149	..	*17	..	*132	*441
	2009	..	*153	..	*18	..	*135	*443
	2010	..	*156	..	*19	..	*137	*440

Table 24

Production, trade and consumption of energy petroleum products
Production, commerce et consommation de produits pétroliers énergétiques
Thousand metric tons and kilograms per capita
Milliers de tonnes métriques et kilogrammes par habitant

Country or area Pays ou zone	Year Année	Production Production	Imports Importations	Exports Exportations	Bunkers Soutes	Changes in stocks Variations des stocks	Consumption Consommation	
							Total Totale	Per capita Par habitant
Bermuda	2007	..	222	..	54	..	168	2601
Bermudes	2008	..	195	..	68	..	127	1967
	2009	..	*220	..	*68	..	*152	*2343
	2010	..	*223	..	*68	..	*155	*2382
British Virgin Islands	2007	..	*33	..	..	..	*33	*1444
Iles Vierges britanniques	2008	..	*34	..	..	..	*34	*1507
	2009	..	*36	..	..	..	*36	*1556
	2010	..	*37	..	..	..	*37	*1592
Canada	2007	89483	10850	18391	1149	85	80708	2447
Canada	2008	85653	13370	18488	1054	-16	79497	2385
	2009	83826	9374	17392	1130	-123	74801	2221
	2010	85284	8172	17141	1711	491	74113	2179
Cayman Islands	2007	..	199	..	..	..	199	3639
Iles Caïmanes	2008	..	205	..	..	..	205	3707
	2009	..	191	..	..	..	191	3425
	2010	..	192	..	..	..	192	3415
Costa Rica	2007	715	1597	0	..	2	2310	519
Costa Rica	2008	557	1775	1	..	52	2279	504
	2009	327	1847	74	..	-70	2170	473
	2010	499	1824	98	..	-6	2232	479
Cuba	2007	2020	2832	..	*196	..	4656	413
Cuba	2008	4892	1251	..	*168	..	5975	530
	2009	4788	704	..	*161	..	5331	473
	2010	4655	3727	..	*163	..	8219	730
Dominica	2007	..	49	..	..	..	49	712
Dominique	2008	..	42	..	..	..	42	610
	2009	..	42	..	..	..	42	615
	2010	..	*44	..	..	..	*44	*642
Dominican Republic	2007	1756	3514	..	*93	-41	5218	547
Rép. dominicaine	2008	1679	3542	..	*93	-5	5133	531
	2009	1216	3869	..	*93	6	4986	509
	2010	1312	3856	..	*94	38	5036	507
El Salvador	2007	928	1255	60	113	8	2002	328
El Salvador	2008	800	1237	85	111	-46	1887	308
	2009	853	1237	90	111	-9	1898	308
	2010	777	1254	108	108	1	1814	293
Greenland	2007	..	280	0	70	*9	201	3506
Groënland	2008	..	260	0	74	*-22	207	3611
	2009	..	249	0	60	*7	182	3173
	2010	..	315	0	88	*20	207	3609
Grenada	2007	..	87	..	9	0	78	755
Grenade	2008	..	95	..	11	-2	85	821
	2009	..	90	..	9	-1	82	788
	2010	..	94	..	8	0	85	816
Guadeloupe	2007	..	664	..	134	..	530	1172
Guadeloupe	2008	..	667	..	138	..	529	1162
	2009	..	*667	..	*138	..	*529	*1155
	2010	..	*667	..	*138	..	*529	*1148
Guatemala	2007	26	3852	110	290	160	3318	248
Guatemala	2008	23	3314	148	296	-33	2926	214
	2009	25	3859	153	295	78	3358	239
	2010	24	3320	167	319	-86	2944	205

Table 24

Production, trade and consumption of energy petroleum products
Production, commerce et consommation de produits pétroliers énergétiques

Thousand metric tons and kilograms per capita
Milliers de tonnes métriques et kilogrammes par habitant

Country or area Pays ou zone	Year Année	Production Production	Imports Importations	Exports Exportations	Bunkers Soutes	Changes in stocks Variations des stocks	Consumption Consommation	
							Total Totale	Per capita Par habitant
Haiti	2007	..	752	..	20	..	732	76
Haïti	2008	..	765	..	21	..	744	76
	2009	..	707	..	17	..	690	70
	2010	..	664	..	20	..	644	64
Honduras	2007	..	2573	169	25	-85	2464	344
Honduras	2008	..	2589	273	45	-118	2389	327
	2009	..	2441	305	50	-41	2127	286
	2010	..	2247	0	47	0	2200	289
Jamaica	2007	829	3736	0	270	41	4254	1570
Jamaïque	2008	1091	2925	0	341	-39	3714	1365
	2009	1143	1447	0	194	-215	2611	956
	2010	1095	1534	272	258	-47	2146	783
Martinique	2007	*817	*61	*148	*47	..	*683	*1703
Martinique	2008	*839	*59	*153	*48	..	*697	*1731
	2009	*844	*60	*154	*49	..	*701	*1733
	2010	*861	*61	*157	*50	..	*716	*1764
Mexico	2007	72708	23582	2593	3979	547	89171	816
Mexique	2008	71529	26197	4079	4003	432	89212	806
	2009	75449	23436	7467	3287	-280	88411	789
	2010	71930	27861	7134	3362	443	88852	783
Montserrat	2007	..	*26	..	*1	..	*25	*4346
Montserrat	2008	..	*26	..	*1	..	*25	*4323
	2009	..	*26	..	*1	..	*25	*4275
	2010	..	26	..	*1	..	25	4247
Netherlands Antilles	2007	9600	3439	9113	1939	..	1987	10360
Antilles néerlandaises	2008	9216	3335	8806	1975	..	1770	9077
	2009	8922	3322	8272	1898	..	2074	10473
	2010	3563	3063	3305	1931	..	1390	6926
Nicaragua	2007	754	711	1	26	42	1396	251
Nicaragua	2008	669	669	0	25	-20	1333	237
	2009	770	587	0	19	-17	1355	237
	2010	735	574	6	18	-91	1376	238
Panama	2007	..	4251	..	2539	-285	1997	596
Panama	2008	..	4367	..	2579	-233	2021	593
	2009	..	5081	..	2961	-236	2356	681
	2010	..	5427	..	3136	-366	2657	756
St. Kitts-Nevis	2007	..	*81	..	..	..	*81	*1605
St-Kitts-Nevis	2008	..	*81	..	..	..	*81	*1585
	2009	..	*85	..	..	..	*85	*1642
	2010	..	*81	..	..	..	*81	*1538
St. Lucia	2007	..	*131	..	*6	..	*125	*740
St-Lucie	2008	..	*135	..	*6	..	*129	*754
	2009	..	131	..	*6	..	125	724
	2010	..	137	..	*6	..	131	751
St. Pierre-Miquelon	2007	..	*28	..	*6	..	*22	*3612
St-Pierre-Miquelon	2008	..	*28	..	*6	..	*22	*3623
	2009	..	*28	..	*6	..	*22	*3632
	2010	..	*29	..	*6	..	*23	*3804
St. Vincent-Grenadines	2007	..	*65	..	..	..	*65	*596
St. Vincent-Grenadines	2008	..	*65	..	..	..	*65	*595
	2009	..	*65	..	..	..	*65	*595
	2010	..	*67	..	..	..	*67	*611

Table 24

Production, trade and consumption of energy petroleum products
Production, commerce et consommation de produits pétroliers énergétiques
Thousand metric tons and kilograms per capita
Milliers de tonnes métriques et kilogrammes par habitant

Country or area Pays ou zone	Year Année	Production Production	Imports Importations	Exports Exportations	Bunkers Soutes	Changes in stocks Variations des stocks	Consumption Consommation	
							Total Totale	Per capita Par habitant
Trinidad and Tobago	2007	8029	0	6956	345	-288	1016	766
Trinité-et-Tobago	2008	8543	0	6655	436	-19	1471	1105
	2009	7726	50	5939	507	-147	1477	1105
	2010	6925	62	5006	405	-94	1670	1245
Turks and Caicos Islands	2007	..	*51	..	..	..	*51	*1482
Iles Turques et Caïques	2008	..	*51	..	..	..	*51	*1418
	2009	..	*52	..	..	..	*52	*1395
	2010	..	*53	..	..	..	*53	*1390
United States	2007	813796	127208	66004	53368	-3234	824866	2729
États-Unis	2008	817440	117284	85374	48907	909	799534	2622
	2009	771471	106627	91661	44797	4100	737540	2397
	2010	787065	103595	105275	47235	489	737661	2377
America, South	**2007**	**211238**	**31242**	**49873**	**11501**	**2497**	**178608**	**470**
Amérique du Sud	**2008**	**216556**	**35578**	**50210**	**13769**	**731**	**187424**	**488**
	2009	**216843**	**32692**	**53556**	**12955**	**-2062**	**185086**	**476**
	2010	**211540**	**45555**	**45584**	**13693**	**-1636**	**199454**	**508**
Argentina	2007	26976	820	3606	1134	33	23023	585
Argentine	2008	26648	1400	2867	1164	-63	24080	606
	2009	24845	448	2279	1190	-86	21910	547
	2010	24365	3104	2255	1270	138	23806	589
Bolivia (Plur. State of)	2007	2386	431	465	40	9	2303	243
Bolivie (État plur. de)	2008	2431	396	551	41	-45	2280	237
	2009	2147	550	369	42	-33	2319	237
	2010	2190	684	379	44	3	2448	247
Brazil	2007	82210	9809	10240	5010	82	76687	404
Brésil	2008	83484	11678	7452	6126	314	81270	424
	2009	83529	9229	7256	5398	199	79905	413
	2010	83351	16020	5999	5966	-1	87407	448
Chile	2007	10048	7288	1070	1655	-63	14674	882
Chili	2008	10000	7800	1190	1686	10	14914	888
	2009	9385	6746	1049	1260	86	13736	810
	2010	7970	7096	563	898	144	13461	787
Colombia	2007	12884	296	2773	877	682	8848	199
Colombie	2008	13139	296	2773	955	656	9051	201
	2009	11954	1680	4135	1095	-71	8475	186
	2010	12792	2491	5024	*1312	155	8792	190
Ecuador	2007	7960	3340	2235	959	55	8051	581
Equateur	2008	7963	3176	2254	1394	-484	7975	567
	2009	7979	3706	1804	1609	-758	9030	633
	2010	7230	4468	1544	1341	-449	9262	640
Falkland Is. (Malvinas)	2007	..	*15	..	..	..	*15	*5035
Iles Falkland (Malvinas)	2008	..	*15	..	..	..	*15	*5012
	2009	..	*15	..	..	..	*15	*4990
	2010	..	*15	..	..	..	*15	*4906
French Guiana	2007	..	*239	..	*28	..	*211	*984
Guyane française	2008	..	*255	..	*39	..	*216	*982
	2009	..	*258	..	*39	..	*219	*971
	2010	..	*258	..	*39	..	*219	*947
Guyana	2007	..	529	..	9	12	508	678
Guyana	2008	..	503	..	9	-14	508	676
	2009	..	517	..	9	1	507	673
	2010	..	564	..	14	-3	553	733

Table 24

Production, trade and consumption of energy petroleum products
Production, commerce et consommation de produits pétroliers énergétiques

Thousand metric tons and kilograms per capita
Milliers de tonnes métriques et kilogrammes par habitant

Country or area Pays ou zone	Year Année	Production Production	Imports Importations	Exports Exportations	Bunkers Soutes	Changes in stocks Variations des stocks	Consumption Consommation	
							Total Totale	Per capita Par habitant
Paraguay	2007	..	1280	..	24	5	1251	204
Paraguay	2008	..	1335	..	25	-10	1320	212
	2009	..	1408	..	21	14	1373	217
	2010	..	1484	..	26	-97	1554	241
Peru	2007	9612	1159	2513	413	1374	6471	230
Pérou	2008	9903	1661	2787	820	378	7579	266
	2009	11628	1012	3044	728	1103	7765	270
	2010	12525	1838	3691	856	-177	9993	344
Suriname	2007	402	282	58	..	..	626	1226
Suriname	2008	402	282	58	..	..	626	1215
	2009	405	284	58	..	..	631	1213
	2010	835	460	483	..	-1	813	1550
Uruguay	2007	1552	741	196	391	-57	1763	529
Uruguay	2008	2015	1084	259	501	-10	2349	702
	2009	1957	1162	140	569	22	2388	711
	2010	1911	735	188	531	-26	1953	580
Venezuela(Bolivar. Rep.)	2007	57208	5014	26717	962	366	34177	1239
Venezuela(Rép. bolivar.)	2008	60572	*5697	30019	1009	-1	35242	1256
	2009	63014	*5677	33422	995	-2539	36813	1291
	2010	58371	*6339	25458	1396	-1322	39178	1352
Asia	**2007**	**1240046**	**318895**	**327763**	**124790**	**3423**	**1102965**	**273**
Asie	**2008**	**1264298**	**339143**	**351067**	**128140**	**-3398**	**1127631**	**277**
	2009	**1272645**	**349060**	**360603**	**128936**	**-12386**	**1144552**	**278**
	2010	**1313282**	**368211**	**378986**	**145965**	**-9810**	**1166352**	**280**
Afghanistan	2007	..	401	..	*10	..	391	13
Afghanistan	2008	..	926	..	10	..	916	31
	2009	..	1621	..	10	..	1611	53
	2010	..	1922	..	10	..	1912	61
Armenia	2007	..	470	0	115	..	355	115
Arménie	2008	..	489	0	112	..	377	122
	2009	..	412	1	58	..	353	114
	2010	..	447	*1	86	..	360	116
Azerbaijan	2007	7427	51	3110	436	129	3803	431
Azerbaïdjan	2008	6830	43	3034	488	29	3322	371
	2009	5095	9	2342	373	-33	2422	267
	2010	5466	0	2611	465	-68	2458	268
Bahrain	2007	10821	..	9676	587	-673	1231	1330
Bahreïn	2008	10444	..	8745	582	-217	1334	1268
	2009	10270	..	8445	576	-49	1298	1110
	2010	11451	..	8845	699	394	1513	1199
Bangladesh	2007	797	3438	143	273	-103	3922	27
Bangladesh	2008	751	3206	163	242	-97	3649	25
	2009	696	3603	0	216	-132	4215	29
	2010	642	3982	0	194	-171	4601	31
Bhutan	2007	..	74	..	1	..	73	106
Bhoutan	2008	..	72	..	1	..	71	102
	2009	..	80	..	1	..	79	111
	2010	..	102	..	1	..	101	139
Brunei Darussalam	2007	1320	0	248	..	1	1071	2837
Brunéi Darussalam	2008	1427	38	292	..	-4	1177	3060
	2009	*1260	84	*244	..	3	*1097	*2800
	2010	1121	122	*259	..	-2	986	2472

Table 24

Production, trade and consumption of energy petroleum products
Production, commerce et consommation de produits pétroliers énergétiques

Thousand metric tons and kilograms per capita
Milliers de tonnes métriques et kilogrammes par habitant

Country or area Pays ou zone	Year Année	Production Production	Imports Importations	Exports Exportations	Bunkers Soutes	Changes in stocks Variations des stocks	Consumption Consommation	
							Total Totale	Per capita Par habitant
Cambodia	2007	..	1137	..	20	..	1117	82
Cambodge	2008	..	1190	..	21	..	1169	85
	2009	..	1213	..	23	..	1190	85
	2010	..	1255	..	25	..	1230	87
China	2007	253976	36068	15512	4678	-1143	270997	205
Chine	2008	266743	40084	17808	*5010	5872	278137	209
	2009	286216	39448	26240	6199	9094	284131	213
	2010	307578	47124	28792	13669	-165	312406	233
China, Hong Kong SAR	2007	..	17296	961	12162	691	3482	507
Chine, Hong-Kong RAS	2008	..	15445	836	10678	446	3485	503
	2009	..	18943	780	14673	874	2616	374
	2010	..	21140	497	14669	3173	2800	397
China, Macao SAR	2007	..	465	..	..	8	457	904
Chine, Macao RAS	2008	..	316	..	..	-21	337	650
	2009	..	367	..	..	4	363	683
	2010	..	229	..	..	-9	238	438
Cyprus	2007	..	2836	..	562	-41	2315	2178
Chypre	2008	..	2985	..	539	5	2441	2266
	2009	..	2847	..	484	-43	2406	2206
	2010	..	2858	..	457	126	2275	2061
Georgia	2007	13	795	0	44	..	764	173
Géorgie	2008	17	843	5	58	..	797	181
	2009	5	958	5	57	..	901	206
	2010	0	967	4	64	..	899	207
India	2007	121175	11398	28371	4639	0	99563	85
Inde	2008	127112	10980	30254	4374	-11087	114551	96
	2009	150528	10266	38393	4719	-18452	136134	113
	2010	156955	10578	45315	4719	-11141	128640	105
Indonesia	2007	40565	22939	6255	1521	0	55728	240
Indonésie	2008	40698	20269	5978	1596	0	53393	227
	2009	34904	21985	665	314	-246	56156	237
	2010	31878	26810	1615	290	0	56782	237
Iran(Islamic Rep. of)	2007	77922	7627	12832	2093	..	70624	989
Iran(Rép. islamique)	2008	81473	8305	11920	2603	..	75255	1041
	2009	81430	7543	11586	3257	..	74131	1014
	2010	81794	6618	12656	3616	..	72140	975
Iraq	2007	17219	2427	3135	..	..	16511	570
Iraq	2008	21012	2657	4071	..	..	19598	657
	2009	22454	2011	1419	..	..	23046	750
	2010	25878	2108	250	..	..	27736	876
Israel	2007	10125	5533	3316	344	169	11829	1709
Israël	2008	10709	4806	3341	377	-332	12129	1710
	2009	10955	2511	2857	357	0	10252	1412
	2010	10939	3663	3268	343	-45	11036	1488
Japan	2007	171155	23589	13458	11516	-341	170111	1345
Japon	2008	164576	23771	18663	10772	-156	159068	1257
	2009	154033	20262	16120	9516	-1806	150465	1189
	2010	154031	22690	16358	9723	189	150451	1189
Jordan	2007	3821	1041	..	132	28	4702	830
Jordanie	2008	3624	779	..	121	64	4218	721
	2009	3422	924	..	146	-20	4220	700
	2010	3265	1641	104	142	70	4590	742

Table 24

Production, trade and consumption of energy petroleum products
Production, commerce et consommation de produits pétroliers énergétiques
Thousand metric tons and kilograms per capita
Milliers de tonnes métriques et kilogrammes par habitant

Country or area Pays ou zone	Year Année	Production Production	Imports Importations	Exports Exportations	Bunkers Soutes	Changes in stocks Variations des stocks	Consumption Consommation Total Totale	Per capita Par habitant
Kazakhstan	2007	12996	1583	3878	230	97	10374	670
Kazakhstan	2008	13677	2011	3944	32	715	10997	702
	2009	12689	1255	5648	23	-95	8368	528
	2010	14273	1376	6402	82	214	8951	559
Korea, Dem.Ppl's.Rep.	2007	422	416	..	..	..	838	35
Corée,Rép.pop.dém.de	2008	434	425	..	..	..	859	36
	2009	332	324	..	..	..	656	27
	2010	318	309	..	..	..	627	26
Korea, Republic of	2007	92575	6258	31411	12495	173	54754	1153
Corée, République de	2008	91850	6954	36844	12556	-994	50398	1056
	2009	89190	8948	35310	11725	-32	51135	1066
	2010	91730	9336	36403	12625	715	51323	1065
Kuwait	2007	38667	..	24080	1578	499	12510	5111
Koweït	2008	38391	..	21909	1696	297	14489	5686
	2009	39440	..	19628	1150	283	18379	6945
	2010	36718	..	19563	1167	-305	16293	5953
Kyrgyzstan	2007	121	1149	203	319	..	748	145
Kirghizistan	2008	132	1250	278	394	..	710	136
	2009	97	1560	114	406	..	1137	216
	2010	97	1603	112	401	..	1187	223
Lao People's Dem. Rep.	2007	..	*137	..	..	..	*137	*23
Rép. dém. pop. lao	2008	..	*137	..	..	..	*137	*23
	2009	..	*138	..	..	..	*138	*23
	2010	..	*134	..	..	..	*134	*22
Lebanon	2007	..	4212	..	150	..	4062	982
Liban	2008	..	4751	..	189	..	4562	1095
	2009	..	6012	..	199	..	5813	1385
	2010	..	5591	..	247	..	5344	1264
Malaysia	2007	23784	10929	6009	2158	119	26427	977
Malaisie	2008	24822	7069	4748	2106	-97	25134	914
	2009	21692	*7616	*4984	2097	*415	21812	780
	2010	19694	*9596	5432	2363	*-467	21962	773
Maldives	2007	..	299	..	..	..	299	986
Maldives	2008	..	328	..	..	..	328	1066
	2009	..	346	..	..	..	346	1111
	2010	..	350	..	..	..	350	1108
Mongolia	2007	..	781	..	..	..	781	298
Mongolie	2008	..	833	..	..	..	833	312
	2009	..	759	..	..	..	759	280
	2010	..	805	..	..	..	805	292
Myanmar	2007	816	927	..	18	30	1695	36
Myanmar	2008	767	584	..	18	20	1313	28
	2009	708	431	..	19	83	1037	22
	2010	885	228	..	21	-169	1261	26
Nepal	2007	..	597	..	54	..	543	19
Népal	2008	..	720	..	54	..	666	23
	2009	..	868	..	64	..	804	27
	2010	..	951	..	79	..	872	29
Oman	2007	3667	1667	352	311	1	4670	1823
Oman	2008	9801	0	3089	437	234	6041	2291
	2009	9454	0	3318	431	-390	6095	2247
	2010	7496	82	1058	580	-206	6146	2209

Table 24

Production, trade and consumption of energy petroleum products
Production, commerce et consommation de produits pétroliers énergétiques

Thousand metric tons and kilograms per capita
Milliers de tonnes métriques et kilogrammes par habitant

Country or area Pays ou zone	Year Année	Production Production	Imports Importations	Exports Exportations	Bunkers Soutes	Changes in stocks Variations des stocks	Consumption Consommation	
							Total Totale	Per capita Par habitant
Other Asia	2007	39233	3645	16179	4246	11	22442	978
Autres zones d'Asie	2008	37333	2888	16193	3704	-253	20577	893
	2009	38225	2062	17775	3390	85	19037	823
	2010	35388	3232	14936	3747	-61	19998	861
Pakistan	2007	10164	9048	392	297	273	18250	111
Pakistan	2008	9371	10034	485	323	323	18274	109
	2009	8609	11246	775	409	193	18478	108
	2010	8338	12431	782	335	7	19645	113
Philippines	2007	9525	5537	1671	1343	64	11985	135
Philippines	2008	8279	5998	1400	1202	-615	12290	136
	2009	6217	7077	374	1195	166	11559	126
	2010	7755	6673	294	1193	76	12865	138
Qatar	2007	14125	201	9805	742	0	3779	3207
Qatar	2008	14411	584	9690	857	-2	4450	3188
	2009	11529	696	7915	994	-6	3322	2079
	2010	*18238	534	13668	1217	49	*3838	*2182
Saudi Arabia	2007	113526	5495	41518	4627	979	71897	2819
Arabie saoudite	2008	115648	8685	41878	4830	562	77063	2945
	2009	114212	9203	46336	4533	-1944	74490	2779
	2010	116617	7745	43905	5388	-2504	77573	2826
Singapore	2007	46151	74279	62105	36174	616	21535	4697
Singapour	2008	45464	89005	68386	39402	1015	25665	5378
	2009	42020	99398	73874	40784	1237	25522	5161
	2010	44693	97208	78938	45780	-138	17321	3405
Sri Lanka	2007	1746	1956	0	102	-24	3624	179
Sri Lanka	2008	1708	1852	0	120	16	3424	167
	2009	1796	1840	0	95	-125	3666	177
	2010	1568	2248	0	104	65	3647	175
State of Palestine	2007	..	758	..	..	0	759	203
État de Palestine	2008	..	669	..	..	0	669	175
	2009	..	681	..	..	0	681	173
	2010	..	772	..	..	0	772	191
Syrian Arab Republic	2007	10555	3351	134	90	53	13629	705
Rép. arabe syrienne	2008	10655	7991	844	1050	-95	16847	855
	2009	10671	5244	939	1113	-524	14387	717
	2010	10678	4913	1009	1024	479	13079	641
Tajikistan	2007	..	483	..	25	..	458	69
Tadjikistan	2008	..	496	..	27	..	469	70
	2009	..	471	..	27	..	444	65
	2010	..	491	..	27	..	464	67
Thailand	2007	43701	817	6529	26	908	37055	547
Thaïlande	2008	44392	382	9203	0	938	34633	507
	2009	45799	1666	10308	0	744	36413	530
	2010	47236	1492	10420	0	1009	37299	540
Timor-Leste	2007	*6745	*60	*6745	..	..	*60	*57
Timor-Leste	2008	*6767	*62	*6767	..	..	*62	*57
	2009	*6745	*60	*6745	..	..	*60	*55
	2010	*6745	*60	*6745	..	..	*60	*53
Turkey	2007	21215	12072	5666	1978	899	24744	354
Turquie	2008	20858	12120	6239	1937	36	24766	349
	2009	15899	13649	4277	1662	-420	24029	334
	2010	16150	14133	6000	1555	187	22541	310

Table 24

Production, trade and consumption of energy petroleum products
Production, commerce et consommation de produits pétroliers énergétiques

Thousand metric tons and kilograms per capita
Milliers de tonnes métriques et kilogrammes par habitant

Country or area Pays ou zone	Year Année	Production Production	Imports Importations	Exports Exportations	Bunkers Soutes	Changes in stocks Variations des stocks	Consumption Consommation Total Totale	Consumption Consommation Per capita Par habitant
Turkmenistan	2007	6966	80	3248	331	..	3467	714
Turkménistan	2008	7631	80	3558	363	..	3790	771
	2009	7113	80	3317	338	..	3538	710
	2010	6770	80	3157	322	..	3371	669
United Arab Emirates	2007	18936	17835	8787	17482	..	10502	1943
Emirats arabes unis	2008	18610	19259	8666	18313	..	10890	1755
	2009	19141	15775	7181	16259	..	11476	1654
	2010	18410	18344	7422	17340	..	11992	1596
Uzbekistan	2007	3738	..	186	..	..	3552	134
Ouzbékistan	2008	3736	..	203	..	..	3533	132
	2009	3859	..	213	..	..	3646	134
	2010	3456	..	185	..	..	3271	119
Viet Nam	2007	281	13481	955	629	..	12178	143
Viet Nam	2008	260	13621	1039	707	..	12135	141
	2009	1718	13513	1779	783	-1250	13919	160
	2010	5749	10270	1499	977	-1112	14655	167
Yemen	2007	4055	3256	893	252	0	6166	281
Yémen	2008	3885	3152	593	240	0	6204	274
	2009	4222	3056	696	262	0	6320	271
	2010	3283	2968	481	218	0	5552	231
Europe	**2007**	**881234**	**286224**	**375140**	**109621**	**-2938**	**685635**	**934**
Europe	**2008**	**880468**	**305880**	**382660**	**110835**	**1696**	**691157**	**940**
	2009	**838825**	**304859**	**378540**	**102527**	**-818**	**663436**	**900**
	2010	**829625**	**311907**	**391911**	**104495**	**-2013**	**647138**	**877**
Albania	2007	218	773	..	19	19	953	301
Albanie	2008	183	862	..	26	12	1007	317
	2009	172	798	..	17	27	926	290
	2010	49	1005	..	17	0	1037	324
Andorra	2007	..	175	..	0	0	175	2155
Andorre	2008	..	176	..	0	0	176	2126
	2009	..	168	..	0	0	168	2010
	2010	..	169	..	0	0	168	1985
Austria	2007	7175	6554	1675	690	-44	11408	1373
Autriche	2008	7336	6412	1898	692	83	11075	1328
	2009	6918	5696	1658	601	7	10348	1236
	2010	6357	6363	1698	650	-295	10667	1271
Belarus	2007	17402	1132	12725	..	120	5689	585
Bélarus	2008	18823	1920	14998	..	139	5606	579
	2009	19303	2477	15096	..	-384	7068	733
	2010	15178	1523	11018	..	12	5671	591
Belgium	2007	28277	20180	22707	10618	-782	15914	1510
Belgique	2008	28100	21734	21979	11933	297	15625	1474
	2009	24150	18431	19855	9157	-493	14062	1319
	2010	25174	18814	20457	9413	528	13590	1269
Bosnia and Herzegovina	2007	4	1156	0	5	..	1155	306
Bosnie-Herzégovine	2008	91	1245	0	5	..	1331	353
	2009	798	802	267	5	..	1328	352
	2010	785	730	156	5	..	1354	360
Bulgaria	2007	5938	1650	3688	229	46	3625	474
Bulgarie	2008	6175	1414	3637	328	-95	3719	490
	2009	5701	1518	2895	355	176	3793	503
	2010	5402	2196	3172	261	111	4054	541

Table 24

Production, trade and consumption of energy petroleum products
Production, commerce et consommation de produits pétroliers énergétiques

Thousand metric tons and kilograms per capita
Milliers de tonnes métriques et kilogrammes par habitant

Country or area Pays ou zone	Year Année	Production Production	Imports Importations	Exports Exportations	Bunkers Soutes	Changes in stocks Variations des stocks	Consumption Consommation	
							Total Totale	Per capita Par habitant
Croatia Croatie	2007	4918	1552	1686	67	45	4672	1056
	2008	4240	1845	1463	72	303	4247	961
	2009	4562	1038	1566	50	-149	4133	937
	2010	3974	1210	1654	60	25	3445	782
Czech Republic République tchèque	2007	5351	2755	765	334	44	6963	675
	2008	5941	2266	1080	325	31	6771	652
	2009	5264	2453	736	329	21	6631	635
	2010	5493	2159	1155	303	-35	6229	594
Denmark Danemark	2007	7582	5654	4577	1944	-199	6914	1264
	2008	7299	6908	5243	1793	714	6457	1175
	2009	7511	4990	4941	1271	229	6060	1097
	2010	6944	6256	5317	1485	267	6131	1105
Estonia Estonie	2007	..	1328	..	302	51	975	726
	2008	..	1107	..	285	-43	865	644
	2009	..	1142	..	262	54	826	616
	2010	..	1068	..	262	-33	839	626
Faeroe Islands Iles Féroé	2007	..	*256	..	3	..	*253	*5203
	2008	..	*238	..	4	..	*234	*4817
	2009	..	*220	..	4	..	*216	*4452
	2010	..	*235	..	3	..	*232	*4760
Finland Finlande	2007	13266	3847	5559	989	27	10538	1992
	2008	13770	4596	5964	974	391	11037	2076
	2009	13832	4088	5910	749	437	10824	2026
	2010	12909	3709	6043	737	-805	10643	1984
France France	2007	73801	29275	20676	8724	99	73577	1191
	2008	75742	31253	23991	8380	-624	75248	1211
	2009	67687	35054	19990	7864	-72	74959	1200
	2010	61526	36511	17207	7890	-375	73315	1167
Germany Allemagne	2007	102552	19751	24752	11237	-965	87279	1058
	2008	99274	26818	21794	11252	-730	93776	1137
	2009	91918	25657	19308	10792	278	87197	1058
	2010	85557	26860	15005	10730	302	86380	1050
Gibraltar Gibraltar	2007	..	2011	..	1877	..	134	4574
	2008	..	2123	..	1988	..	135	4610
	2009	..	2622	..	2482	..	140	4785
	2010	..	2680	..	2531	..	149	5095
Greece Grèce	2007	21238	7651	5720	4153	109	18907	1680
	2008	20075	9101	5690	4119	-45	19412	1719
	2009	19444	9834	6940	3507	-270	19101	1686
	2010	20166	6610	7846	3452	-211	15689	1381
Hungary Hongrie	2007	6418	2008	1797	242	-98	6485	646
	2008	6243	2014	1800	269	-130	6318	630
	2009	5772	1918	1376	230	-50	6134	613
	2010	6235	2329	1777	229	10	6548	656
Iceland Islande	2007	..	1012	0	228	-1	785	2568
	2008	..	1172	0	209	-2	965	3106
	2009	..	1161	12	161	20	968	3068
	2010	..	1067	0	178	-30	919	2871
Ireland Irlande	2007	3251	6176	1224	1054	-289	7438	1733
	2008	3192	6018	1230	971	-22	7031	1615
	2009	2714	5727	949	652	57	6783	1537
	2010	2855	5487	1352	785	-238	6443	1441

Table 24

Production, trade and consumption of energy petroleum products
Production, commerce et consommation de produits pétroliers énergétiques

Thousand metric tons and kilograms per capita
Milliers de tonnes métriques et kilogrammes par habitant

Country or area Pays ou zone	Year Année	Production Production	Imports Importations	Exports Exportations	Bunkers Soutes	Changes in stocks Variations des stocks	Consumption Consommation Total Totale	Consumption Consommation Per capita Par habitant
Italy	2007	89577	16853	26476	5774	165	74015	1243
Italie	2008	82989	16956	24621	5780	-565	70109	1170
	2009	75383	15584	22824	5317	-897	63723	1057
	2010	75865	16107	25328	6136	57	60451	998
Latvia	2007	..	1695	126	259	-23	1333	584
Lettonie	2008	..	1664	113	304	-5	1252	551
	2009	..	1693	241	378	0	1074	475
	2010	..	1544	218	370	-95	1051	467
Lithuania	2007	5567	1510	3597	192	31	3257	964
Lituanie	2008	9179	641	6883	166	34	2737	815
	2009	8384	551	6505	165	-118	2383	713
	2010	8959	788	7146	192	64	2345	706
Luxembourg	2007	..	2796	6	423	-35	2402	5049
Luxembourg	2008	..	2863	11	426	7	2419	4969
	2009	..	2671	9	408	2	2252	4525
	2010	..	2773	6	419	-18	2366	4663
Malta	2007	..	1843	..	956	0	887	2150
Malte	2008	..	1897	..	1063	0	834	2015
	2009	..	2036	9	1248	-34	813	1958
	2010	..	2459	16	1608	-8	843	2024
Montenegro	2007	..	356	9	11	..	336	535
Monténégro	2008	..	383	13	14	..	356	566
	2009	..	296	12	2	..	282	447
	2010	..	279	17	2	..	260	412
Netherlands	2007	46201	51454	64051	19950	-542	14196	863
Pays-Bas	2008	45833	52702	62394	19403	1833	14905	903
	2009	45179	60359	73060	17864	367	14247	860
	2010	48310	64908	82896	17486	-894	13730	826
Norway	2007	22716	3518	13723	1031	-218	11698	2477
Norvège	2008	20040	3805	12878	853	1	10113	2116
	2009	20049	4277	12920	843	-96	10659	2205
	2010	18580	4019	10409	811	-266	11645	2385
Poland	2007	17618	7068	2293	690	595	21108	553
Pologne	2008	18110	6145	2150	804	-51	21352	559
	2009	18367	6244	1737	728	456	21690	567
	2010	19568	5211	2319	720	-32	21772	569
Portugal	2007	10981	2915	2144	1335	-277	10694	1008
Portugal	2008	10500	3622	1941	1399	253	10529	990
	2009	8969	3668	1647	1289	-19	9720	912
	2010	9714	3048	2122	1340	-60	9360	877
Republic of Moldova	2007	8	642	1	*14	3	632	172
Rép. de Moldova	2008	11	679	5	*14	15	656	180
	2009	21	685	14	*14	32	646	179
	2010	16	687	9	14	-35	715	200
Romania	2007	12487	914	4194	140	201	8866	410
Roumanie	2008	12510	1251	4707	189	-235	9100	422
	2009	11325	1246	3889	141	159	8382	389
	2010	9808	1601	3192	156	161	7900	368
Russian Federation	2007	204013	37	95539	5349	-20	103182	720
Fédération de Russie	2008	209795	964	98762	5697	-785	107085	748
	2009	209243	806	102523	5704	-494	102316	715
	2010	218732	2632	110571	7618	907	102268	715

Table 24

Production, trade and consumption of energy petroleum products
Production, commerce et consommation de produits pétroliers énergétiques

Thousand metric tons and kilograms per capita
Milliers de tonnes métriques et kilogrammes par habitant

Country or area Pays ou zone	Year Année	Production Production	Imports Importations	Exports Exportations	Bunkers Soutes	Changes in stocks Variations des stocks	Consumption Consommation	
							Total Totale	Per capita Par habitant
Serbia Serbie	2007	2820	824	106	47	-6	3497	356
	2008	2462	975	203	48	34	3152	320
	2009	2458	904	269	40	-31	3084	313
	2010	2358	962	214	41	-34	3099	314
Slovakia Slovaquie	2007	5707	1040	3647	48	-32	3084	568
	2008	5539	1122	3442	61	13	3145	578
	2009	5527	990	3574	44	-41	2940	539
	2010	5250	1115	3200	40	-47	3172	581
Slovenia Slovénie	2007	..	2853	413	80	-31	2391	1188
	2008	..	3445	521	101	51	2772	1374
	2009	..	2872	458	59	-45	2400	1186
	2010	..	3090	655	44	15	2376	1171
Spain Espagne	2007	53375	27444	8020	11992	-180	60987	1367
	2008	53924	25881	7724	12320	467	59294	1313
	2009	51049	26831	7316	12032	-557	59089	1295
	2010	49970	25071	7509	11582	308	55642	1208
Sweden Suède	2007	15379	7236	9837	2765	-141	10154	1108
	2008	18416	7194	11597	2858	-52	11207	1213
	2009	17797	7062	10836	2878	644	10501	1128
	2010	17727	7315	11615	2686	-770	11511	1227
Switzerland Suisse	2007	4695	6558	532	1281	-251	9691	1282
	2008	5039	7302	588	1371	34	10348	1360
	2009	4791	7947	479	1316	124	10819	1413
	2010	4489	6883	368	1377	-11	9638	1252
T.F.Yug.Rep. Macedonia L'ex-RY Macédoine	2007	1049	175	258	7	-50	1009	493
	2008	1037	207	375	6	-17	880	429
	2009	955	334	351	3	33	902	439
	2010	823	365	331	7	-10	860	417
Ukraine Ukraine	2007	13756	4299	4031	348	117	13559	293
	2008	10960	6600	3749	255	-110	13666	297
	2009	11072	4911	2679	235	8	13061	286
	2010	10832	5301	3867	267	-19	12018	264
United Kingdom Royaume-Uni	2007	77894	29297	28586	14213	-426	64818	1064
	2008	77640	30360	29216	14078	495	64211	1048
	2009	72510	27098	25689	13331	-199	60787	986
	2010	70020	28768	26046	12588	-459	60613	977
Oceania **Océanie**	**2007**	**37522**	**16031**	**3998**	**5192**	**4**	**44359**	**1278**
	2008	**37888**	**18807**	**4085**	**5276**	**-139**	**47473**	**1343**
	2009	**37843**	**19398**	**3136**	**5095**	**259**	**48751**	**1355**
	2010	**37041**	**19562**	**2922**	**5363**	**-82**	**48401**	**1323**
Australia Australie	2007	32151	10738	3759	3719	-43	35454	1679
	2008	32237	13911	3828	3809	-133	38644	1796
	2009	32310	14887	2892	3745	293	40267	1838
	2010	31306	15222	2780	3897	-85	39936	1793
Cook Islands Iles Cook	2007	..	*22	..	..	..	*22	*1108
	2008	..	*23	..	..	..	*23	*1149
	2009	..	*23	..	..	..	*23	*1141
	2010	..	*23	..	..	..	*23	*1134
Fiji Fidji	2007	..	712	*65	*278	..	369	442
	2008	..	608	*47	*232	..	329	390
	2009	..	465	*33	*173	..	259	304
	2010	..	670	*23	*243	..	405	471

Table 24

Production, trade and consumption of energy petroleum products
Production, commerce et consommation de produits pétroliers énergétiques

Thousand metric tons and kilograms per capita
Milliers de tonnes métriques et kilogrammes par habitant

Country or area Pays ou zone	Year Année	Production Production	Imports Importations	Exports Exportations	Bunkers Soutes	Changes in stocks Variations des stocks	Consumption Consommation Total Totale	Per capita Par habitant
French Polynesia	2007	..	329	..	*54	..	275	1052
Polynésie française	2008	..	335	..	*52	..	283	1071
	2009	..	333	..	*50	..	283	1057
	2010	..	337	..	*50	..	287	1061
Kiribati	2007	..	20	..	*3	..	17	183
Kiribati	2008	..	*21	..	*3	..	*18	*185
	2009	..	*14	..	*2	..	*13	*128
	2010	..	*24	..	*4	..	*20	*204
Marshall Islands	2007	..	*32	..	..	..	*32	*610
Iles Marshall	2008	..	*32	..	..	..	*32	*606
	2009	..	*33	..	..	..	*33	*617
	2010	..	*34	..	..	..	*34	*626
Micronesia(Fed. States of)	2007	..	*30	..	*1	..	*29	*264
Micronésie(États. féds. de)	2008	..	*30	..	*1	..	*29	*265
	2009	..	*31	..	*1	..	*30	*272
	2010	..	*31	..	*1	..	*30	*270
Nauru	2007	..	*32	..	*3	..	*29	*2856
Nauru	2008	..	*32	..	*3	..	*29	*2849
	2009	..	*31	..	*3	..	*28	*2761
	2010	..	*31	..	*3	..	*28	*2682
New Caledonia	2007	..	745	*5	12	..	728	3047
Nouvelle-Calédonie	2008	..	744	*5	10	..	729	3003
	2009	..	693	*5	0	..	688	2786
	2010	..	739	*2	*5	..	732	2918
New Zealand	2007	4759	2628	120	1029	43	6195	1464
Nouvelle-Zélande	2008	5041	2413	205	1071	-7	6185	1446
	2009	4908	2329	206	1028	-24	6027	1394
	2010	5072	1865	117	1061	-19	5778	1323
Niue	2007	..	*2	..	0	..	*2	*995
Nioué	2008	..	*2	..	0	..	*2	*1023
	2009	..	*2	..	0	..	*2	*1052
	2010	..	*2	..	0	..	*2	*1087
Palau	2007	..	*84	..	*16	..	*68	*3380
Palaos	2008	..	*84	..	*16	..	*68	*3362
	2009	..	*84	..	*16	..	*68	*3342
	2010	..	*87	..	*16	..	*71	*3458
Papua New Guinea	2007	612	445	48	*71	4	935	146
Papouasie-Nvl-Guinée	2008	610	361	0	*74	1	897	137
	2009	625	*249	0	*72	-10	812	121
	2010	663	*275	0	*75	22	841	123
Samoa	2007	..	*52	..	..	..	*52	*287
Samoa	2008	..	*52	..	..	..	*52	*286
	2009	..	*53	..	..	..	*53	*291
	2010	..	*53	..	..	..	*53	*290
Solomon Islands	2007	..	*67	..	*5	..	*62	*125
Iles Salomon	2008	..	*65	..	*4	..	*61	*120
	2009	..	*66	..	*4	..	*62	*119
	2010	..	*68	..	*4	..	*63	*118
Tonga	2007	..	*51	..	0	..	*50	*493
Tonga	2008	..	*54	..	*1	..	*53	*512
	2009	..	*57	..	*1	..	*56	*541
	2010	..	*54	..	*3	..	*50	*484

Table 24

Production, trade and consumption of energy petroleum products
Production, commerce et consommation de produits pétroliers énergétiques

Thousand metric tons and kilograms per capita
Milliers de tonnes métriques et kilogrammes par habitant

Country or area Pays ou zone	Year Année	Production Production	Imports Importations	Exports Exportations	Bunkers Soutes	Changes in stocks Variations des stocks	Consumption Consommation	
							Total Totale	Per capita Par habitant
Vanuatu	2007	..	32	..	..	..	32	142
Vanuatu	2008	..	31	..	..	..	31	134
	2009	..	38	..	..	..	38	164
	2010	..	39	..	..	..	39	161
Wallis and Futuna Is.	2007	..	9	..	1	..	9	613
Iles Wallis et Futuna	2008	..	*9	..	1	..	*8	*595
	2009	..	*9	..	1	..	*8	*619
	2010	..	*9	..	1	..	*8	*625

Table 25

Production of non-energy products from refineries - by type
Production des raffineries - produits non-énergétiques - par catégorie

Thousand metric tons
Milliers de tonnes métriques

Table Notes:
Total production

Total production of naphtha, white spirit, lubricants, bitumen asphalt, petroleum waxes, petroleum coke and other petroleum products.

Please refer to the Definitions Section on pages xv to xxix for the appropriate product description /classification.

Notes relatives aux tableaux:
Production totale

Production totale de naphtas, essences spéciales, lubrifiants, asphalte de bitume, cires de pétrole, coke de pétrole, et autres produits pétroliers.

Veuillez consulter la section "définitions" de la page xv à la page xxix pour une description/classification appropriée des produits.

Figure 68: Production of non-energy products from refineries, by region, 2010

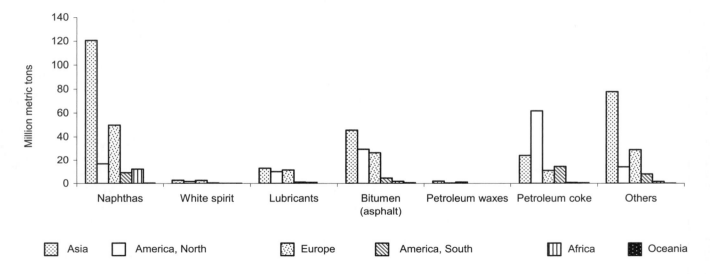

Figure 69: World non-energy products production from refineries in 2010

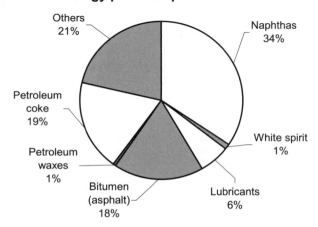

Table 25

Production of non-energy products from refineries - by type
Production des raffineries - produits non-énergétiques - par catégorie
Thousand metric tons
Milliers de tonnes métriques

Country or area Pays ou zone	Year Année	Total Totale	Naphthas Naphtas	White spirit Essences spéciales	Lubricants Lubrifiants	Bitumen (asphalt) Bitumen (brai)	Petroleum waxes Cires de pétrole	Petroleum coke Coke de pétrole	Others Autres
World	2007	546646	211438	5252	42132	111065	5277	97600	73882
Monde	2008	538146	203455	4949	42166	107458	4934	104401	70784
	2009	525753	202146	4670	40606	103120	5057	103684	66471
	2010	608962	209133	7689	36586	108922	3512	112708	130414
Africa	2007	13688	8536	121	1166	2167	58	745	895
Afrique	2008	13513	8152	129	1145	2234	66	721	1066
	2009	14187	8916	146	1191	2291	67	736	840
	2010	17336	12179	83	910	1853	40	735	1536
Algeria	2007	3903	3416	*13	143	331	..	..	..
Algérie	2008	3806	3389	*13	89	315	..	..	..
	2009	5119	4656	*13	140	310	..	..	..
	2010	7814	7440	*13	152	209	..	..	..
Angola	2007	169	140	..	..	29	..	..	..
Angola	2008	146	118	..	..	28	..	..	..
	2009	162	133	..	..	29	..	..	..
	2010	206	169	..	..	37	..	..	..
Cameroon	2007	171	..	0	0	0	..	..	171
Cameroun	2008	174	..	0	0	0	..	..	174
	2009	133	..	0	0	0	..	..	133
	2010	177	..	0	0	0	..	..	177
Congo	2007	8	..	..	..	..	..	..	8
Congo	2008	8	..	..	..	..	..	..	8
	2009	8	..	..	..	..	..	..	8
	2010	8	..	..	..	..	..	..	8
Côte d'Ivoire	2007	177	..	..	13	164	..	..	..
Côte d'Ivoire	2008	163	..	..	12	151	..	..	..
	2009	163	..	..	12	151	..	..	..
	2010	122	..	..	9	113	..	..	..
Egypt	2007	4851	2813	..	375	831	..	428	404
Egypte	2008	4663	2727	..	353	783	..	418	382
	2009	4342	2237	..	393	871	..	419	422
	2010	4245	2504	..	328	726	..	331	356
Gabon	2007	*67	*52	*11	..	4	..	..	..
Gabon	2008	*62	*50	*10	..	2	..	..	..
	2009	*62	*50	*10	..	2	..	..	..
	2010	*62	*50	*10	..	2	..	..	..
Kenya	2007	26	..	..	..	17	..	..	9
Kenya	2008	21	..	..	..	12	..	..	9
	2009	9	..	..	..	0	..	..	9
	2010	9	..	..	..	8	..	..	1
Libya	2007	1484	1287	..	..	181	..	..	16
Libye	2008	1434	1204	..	..	214	..	..	16
	2009	1520	1300	..	..	204	..	..	16
	2010	1651	1426	..	..	209	..	..	16
Morocco	2007	943	596	..	86	257	4	..	..
Maroc	2008	839	455	..	105	275	4	..	..
	2009	709	335	..	85	287	2	..	..
	2010	918	538	..	101	277	2	..	..
Nigeria	2007	299	..	..	79	0	..	0	220
Nigéria	2008	580	..	..	143	22	..	7	408
	2009	295	..	..	89	0	..	6	200
	2010	987	..	..	37	11	..	3	936

Table 25

Production of non-energy products from refineries - by type
Production des raffineries - produits non-énergétiques - par catégorie
Thousand metric tons
Milliers de tonnes métriques

Country or area Pays ou zone	Year Année	Total Totale	Naphthas Naphtas	White spirit Essences spéciales	Lubricants Lubrifiants	Bitumen (asphalt) Bitumen (brai)	Petroleum waxes Cires de pétrole	Petroleum coke Coke de pétrole	Others Autres
Senegal	2007	*3	..	..	0	..	..	..	*3
Sénégal	2008	*3	..	..	0	..	..	..	*3
	2009	*3	..	..	0	..	..	..	*3
	2010	*3	..	..	0	..	..	..	*3
South Africa	2007	961	..	86	460	349	54	..	12
Afrique du Sud	2008	1032	..	93	433	428	62	..	16
	2009	1087	..	101	462	432	65	..	27
	2010	641	..	57	274	256	38	..	16
Sudan	2007	336	19	..	..	..	..	317	..
Soudan	2008	321	25	..	..	..	..	296	..
	2009	334	23	..	..	..	..	311	..
	2010	421	20	..	..	..	..	401	..
Tunisia	2007	269	213	11	10	..	..	..	35
Tunisie	2008	239	184	13	10	..	..	..	32
	2009	214	182	22	*10	..	..	..	0
	2010	44	32	3	*9	..	..	..	0
Zambia	2007	21	..	..	..	4	..	..	17
Zambie	2008	22	..	..	..	4	..	..	18
	2009	27	..	..	..	5	..	..	22
	2010	28	..	..	..	5	..	..	23
America, North	**2007**	**145467**	**17637**	**1855**	**10946**	**34933**	**625**	**61252**	**18219**
Amérique du Nord	**2008**	**139014**	**14962**	**1798**	**10702**	**32106**	**510**	**61279**	**17657**
	2009	**128527**	**14797**	**1451**	**9286**	**28204**	**393**	**59957**	**14439**
	2010	**134462**	**16887**	**1677**	**9990**	**29647**	**425**	**61684**	**14152**
Canada	2007	17392	3767	41	1051	4280	..	3888	4365
Canada	2008	17429	3489	38	1153	4228	..	3879	4642
	2009	16488	2307	26	965	4116	..	4015	5059
	2010	19827	4015	49	1006	4470	..	5385	4902
Costa Rica	2007	23	1	..	..	22	..	..	..
Costa Rica	2008	35	27	..	..	8	..	..	..
	2009	22	8	..	..	14	..	..	..
	2010	2	0	..	..	2	..	..	..
Cuba	2007	295	175	..	50	56	..	14	..
Cuba	2008	307	188	..	51	62	..	6	..
	2009	400	279	..	38	80	..	3	..
	2010	356	214	..	47	87	..	8	..
El Salvador	2007	46	..	..	..	..	..	..	46
El Salvador	2008	34	..	..	..	..	..	..	34
	2009	32	..	..	..	..	..	..	32
	2010	29	..	..	..	..	..	..	29
Guatemala	2007	55	..	..	9	46	..	..	0
Guatemala	2008	34	..	..	6	28	..	..	0
	2009	64	..	..	7	57	..	..	0
	2010	43	..	..	0	43	..	..	0
Jamaica	2007	17	..	..	..	17	..	..	..
Jamaïque	2008	22	..	..	..	22	..	..	..
	2009	23	..	..	..	23	..	..	..
	2010	9	..	..	..	9	..	..	..
Mexico	2007	8332	4404	..	268	1908	53	1689	10
Mexique	2008	8139	3870	..	264	2057	47	1881	20
	2009	7086	2949	..	217	1908	37	1962	13
	2010	6316	3047	..	220	1486	40	1511	12

2010 Energy Statistics Yearbook United Nations / 2010 Annuaire des statistiques de l'énergie des Nations Unies

Table 25

Production of non-energy products from refineries - by type
Production des raffineries - produits non-énergétiques - par catégorie
Thousand metric tons
Milliers de tonnes métriques

Country or area Pays ou zone	Year Année	Total Totale	Naphthas Naphtas	White spirit Essences spéciales	Lubricants Lubrifiants	Bitumen (asphalt) Bitumen (brai)	Petroleum waxes Cires de pétrole	Petroleum coke Coke de pétrole	Others Autres
Netherlands Antilles	2007	2016	374	..	327	1128	..	98	89
Antilles néerlandaises	2008	1656	353	..	274	895	..	84	50
	2009	979	317	..	204	354	..	66	38
	2010	885	152	..	124	529	..	53	27
Nicaragua	2007	41	..	28	..	13	..	..	..
Nicaragua	2008	30	..	18	..	12	..	..	..
	2009	28	..	18	..	10	..	..	..
	2010	28	..	19	..	9	..	..	..
Trinidad and Tobago	2007	801	144	..	..	26	..	..	631
Trinité-et-Tobago	2008	763	185	..	..	40	..	..	538
	2009	778	53	..	..	30	..	..	695
	2010	373	26	..	..	41	..	..	306
United States	2007	116449	8772	1786	9241	27437	572	55563	13078
États-Unis	2008	110565	6850	1742	8954	24754	463	55429	12373
	2009	102627	8884	1407	7855	21612	356	53911	8602
	2010	106594	9433	1609	8593	22971	385	54727	8876
America, South	**2007**	**31833**	**10636**	**669**	**1123**	**3878**	**19**	**6465**	**9043**
Amérique du Sud	**2008**	**35928**	**9599**	**520**	**1205**	**3593**	**31**	**12628**	**8352**
	2009	**36532**	**9730**	**509**	**1012**	**3801**	**17**	**13390**	**8073**
	2010	**37733**	**9117**	**539**	**1173**	**4506**	**18**	**14494**	**7886**
Argentina	2007	7880	1313	257	304	680	2	1512	3812
Argentine	2008	6525	968	180	303	553	15	1454	3052
	2009	6490	827	188	247	641	1	1413	3173
	2010	6408	1070	178	394	700	1	1398	2667
Bolivia (Plur. State of)	2007	77	..	..	18	2	..	..	57
Bolivie (État plur. de)	2008	140	..	..	19	3	..	..	118
	2009	117	..	..	20	3	..	..	94
	2010	136	..	..	21	2	..	..	113
Brazil	2007	14225	6691	410	571	1680	..	2922	1951
Brésil	2008	14377	5857	338	669	2126	..	3268	2119
	2009	14972	6079	319	526	2090	..	3515	2443
	2010	15199	5295	357	534	2767	..	3484	2762
Chile	2007	1089	221	..	..	..	..	229	639
Chili	2008	960	126	..	..	..	..	154	680
	2009	818	116	..	..	..	..	180	522
	2010	1051	72	..	..	..	..	353	626
Colombia	2007	1734	322	..	..	..	..	..	1412
Colombie	2008	1739	327	..	..	..	..	..	1412
	2009	1103	308	..	..	..	..	..	795
	2010	1004	306	..	..	..	..	..	698
Ecuador	2007	470	..	..	..	163	..	..	307
Equateur	2008	684	..	..	..	233	..	..	451
	2009	803	..	..	..	387	..	..	416
	2010	681	..	..	..	351	..	..	330
Peru	2007	179	..	..	..	..	..	..	179
Pérou	2008	185	..	..	..	..	..	..	185
	2009	288	..	..	..	..	..	..	288
	2010	341	..	..	..	..	..	..	341
Uruguay	2007	84	..	2	..	55	..	27	..
Uruguay	2008	90	..	*2	..	59	..	*29	..
	2009	79	..	*2	..	48	..	*29	..
	2010	68	..	4	..	40	..	24	..

Table 25

Production of non-energy products from refineries - by type
Production des raffineries - produits non-énergétiques - par catégorie

Thousand metric tons
Milliers de tonnes métriques

Country or area Pays ou zone	Year Année	Total Totale	Naphthas Naphtas	White spirit Essences spéciales	Lubricants Lubrifiants	Bitumen (asphalt) Bitumen (brai)	Petroleum waxes Cires de pétrole	Petroleum coke Coke de pétrole	Others Autres
Venezuela(Bolivar. Rep.)	2007	6095	2089	..	230	1298	17	1775	686
Venezuela(Rép. bolivar.)	2008	11228	*2321	..	214	619	16	7723	335
	2009	11862	*2400	..	219	632	16	8253	342
	2010	12845	*2374	..	224	646	17	9235	349
Asia	**2007**	**220438**	**123764**	**1503**	**17241**	**39773**	**3362**	**17665**	**17131**
Asie	**2008**	**213566**	**118246**	**1385**	**17475**	**39477**	**3288**	**17821**	**15875**
	2009	**219574**	**118922**	**1581**	**18497**	**41097**	**3689**	**18197**	**17592**
	2010	**285685**	**120611**	**2717**	**13004**	**45562**	**1902**	**24284**	**77606**
Azerbaijan	2007	993	576	..	55	183	..	85	94
Azerbaïdjan	2008	1196	612	..	66	220	..	169	129
	2009	833	257	..	46	236	..	127	167
	2010	1247	239	..	87	242	..	396	283
Bahrain	2007	2140	1554	..	..	550	..	..	36
Bahreïn	2008	2249	1638	..	..	558	..	..	53
	2009	2219	1629	..	..	501	..	..	89
	2010	1890	1442	..	..	411	..	..	37
Bangladesh	2007	454	32	..	13	..	..	..	409
Bangladesh	2008	388	29	..	11	..	..	..	348
	2009	350	26	..	10	..	..	..	314
	2010	315	24	..	9	..	..	..	282
Brunei Darussalam	2007	6	6	..	..	..	..	..	..
Brunéi Darussalam	2008	48	6	..	..	..	..	..	42
	2009	37	0	..	..	..	..	..	37
	2010	0	0	..	..	..	..	..	0
China	2007	51912	21969	..	6174	10465	3037	10267	..
Chine	2008	51109	21629	..	6079	10303	2990	10108	..
	2009	57936	24519	..	6891	11679	3389	11458	..
	2010	111314	19316	743	2189	19639	1601	16245	51581
Georgia	2007	26	..	..	..	26	..	..	..
Géorgie	2008	33	..	..	..	33	..	..	..
	2009	8	..	..	..	8	..	..	..
	2010	0	..	..	..	0	..	..	..
India	2007	32294	16440	..	881	4507	71	4129	6266
Inde	2008	30027	14826	..	874	4713	74	4241	5299
	2009	31363	14812	..	950	4873	67	3709	6952
	2010	40342	17531	..	737	2632	73	4478	14891
Indonesia	2007	5941	3017	397	397	467	*31	630	1002
Indonésie	2008	5199	2663	*400	439	396	*32	346	923
	2009	4676	1921	537	388	316	10	540	*964
	2010	3672	1731	22	283	115	14	543	*964
Iran(Islamic Rep. of)	2007	6159	..	..	1536	4498	..	..	126
Iran(Rép. islamique)	2008	5137	..	..	1308	3745	..	..	84
	2009	6159	..	..	1492	4576	..	..	91
	2010	5399	..	..	1497	3816	..	..	86
Iraq	2007	690	407	..	22	261	..	..	..
Iraq	2008	916	523	..	32	361	..	..	..
	2009	973	550	..	44	379	..	..	..
	2010	1229	774	..	43	412	..	..	..
Israel	2007	601	348	..	0	221	..	..	32
Israël	2008	1308	612	..	0	209	..	..	487
	2009	940	368	..	0	266	..	..	306
	2010	1567	439	747	0	257	..	..	124

Table 25

Production of non-energy products from refineries - by type
Production des raffineries - produits non-énergétiques - par catégorie
Thousand metric tons
Milliers de tonnes métriques

Country or area Pays ou zone	Year Année	Total Totale	Naphthas Naphtas	White spirit Essences spéciales	Lubricants Lubrifiants	Bitumen (asphalt) Bitumen (brai)	Petroleum waxes Cires de pétrole	Petroleum coke Coke de pétrole	Others Autres
Japan	2007	27507	16699	109	2325	4974	111	847	2442
Japon	2008	25452	15112	104	2110	4694	83	915	2434
	2009	25862	15767	77	2169	4608	141	876	2224
	2010	25128	14689	74	2358	4369	82	1211	2345
Jordan	2007	174	..	..	16	154	..	..	4
Jordanie	2008	188	..	..	*16	168	..	..	4
	2009	213	..	..	*16	193	..	..	4
	2010	170	..	..	*16	150	..	..	4
Kazakhstan	2007	847	..	22	1	111	..	301	412
Kazakhstan	2008	517	..	8	1	70	..	184	254
	2009	614	..	0	0	129	..	205	*280
	2010	699	..	0	0	174	..	190	*335
Korea, Republic of	2007	30296	23147	610	2163	3061	18	277	1020
Corée, République de	2008	28217	20441	491	2629	3251	16	256	1133
	2009	27316	19034	492	2974	3519	14	234	1049
	2010	28149	20167	596	2239	3660	17	265	1205
Kuwait	2007	9283	8057	..	..	188	..	..	1038
Koweït	2008	8872	7802	..	..	136	..	..	934
	2009	9526	8413	..	..	151	..	..	962
	2010	9840	8694	..	..	140	..	..	1006
Malaysia	2007	5202	4184	..	103	881	31	3	0
Malaisie	2008	6160	4143	..	112	1290	42	574	0
	2009	4923	3992	..	101	706	28	*96	0
	2010	4273	3936	..	172	113	38	*15	0
Myanmar	2007	30	..	..	..	..	1	19	10
Myanmar	2008	31	..	..	..	..	1	20	10
	2009	29	..	..	..	..	1	17	11
	2010	29	..	..	..	..	1	17	11
Oman	2007	25	..	..	25	..	..	..	..
Oman	2008	615	541	..	74	..	..	..	..
	2009	654	585	..	69	..	..	..	..
	2010	477	420	..	57	..	..	..	..
Other Asia	2007	11423	8456	88	230	1008	..	906	735
Autres zones d'Asie	2008	9720	7387	90	193	579	..	816	655
	2009	10347	8177	73	175	665	..	748	509
	2010	10027	7758	83	234	723	..	748	481
Pakistan	2007	1501	942	..	203	296	10	..	51
Pakistan	2008	1272	757	..	195	265	12	..	42
	2009	1212	673	..	195	286	8	..	51
	2010	1313	814	..	199	214	31	..	54
Philippines	2007	234	60	..	..	..	..	..	173
Philippines	2008	384	124	..	..	..	..	..	260
	2009	598	276	..	..	..	..	..	322
	2010	668	171	..	..	..	..	..	498
Qatar	2007	1124	1053	..	..	..	..	..	71
Qatar	2008	1174	984	..	..	..	..	..	190
	2009	2314	1460	..	..	..	..	..	854
	2010	3982	3454	..	..	..	..	..	528
Saudi Arabia	2007	9433	7089	..	..	1488	..	..	856
Arabie saoudite	2008	11879	9012	..	..	2290	..	..	577
	2009	10405	7689	..	..	2152	..	..	564
	2010	11309	8434	..	..	2082	..	..	793

Table 25

Production of non-energy products from refineries - by type
Production des raffineries - produits non-énergétiques - par catégorie

Thousand metric tons
Milliers de tonnes métriques

Country or area Pays ou zone	Year Année	Total Totale	Naphthas Naphtas	White spirit Essences spéciales	Lubricants Lubrifiants	Bitumen (asphalt) Bitumen (brai)	Petroleum waxes Cires de pétrole	Petroleum coke Coke de pétrole	Others Autres
Singapore	2007	10653	5057	247	2646	1992	9	..	702
Singapour	2008	10990	5066	247	2907	2051	21	..	698
	2009	10272	4722	230	2581	1946	17	..	776
	2010	10680	4981	243	2447	1883	25	..	1101
Sri Lanka	2007	166	92	4	..	35	..	..	35
Sri Lanka	2008	193	100	3	..	45	..	..	45
	2009	190	105	1	..	42	..	..	42
	2010	155	84	3	..	35	..	..	33
Syrian Arab Republic	2007	1608	902	*2	..	504	*2	170	28
Rép. arabe syrienne	2008	1531	780	*2	..	559	*2	*162	26
	2009	1160	495	*2	..	478	*2	*158	25
	2010	1729	967	*2	43	537	*2	*151	27
Tajikistan	2007	8	8	..	..	..	..	..	..
Tadjikistan	2008	10	10	..	..	..	..	..	..
	2009	19	19	..	..	..	..	..	..
	2010	19	19	..	..	..	..	..	..
Thailand	2007	1399	..	..	..	1399	..	..	..
Thaïlande	2008	1081	..	..	..	1081	..	..	..
	2009	1154	..	..	..	1154	..	..	..
	2010	1238	..	..	..	1238	..	..	..
Turkey	2007	4339	974	14	294	2286	40	..	731
Turquie	2008	3532	577	30	275	2244	14	..	392
	2009	2738	168	159	246	2010	11	..	144
	2010	3757	604	195	263	2496	17	..	182
United Arab Emirates	2007	3114	2534	..	..	..	..	..	580
Emirats arabes unis	2008	3289	2705	..	..	..	..	..	584
	2009	3682	3092	..	..	..	..	..	590
	2010	4260	3736	..	..	..	..	..	524
Uzbekistan	2007	565	..	10	157	88	1	31	278
Ouzbékistan	2008	547	..	10	154	80	1	30	272
	2009	539	..	10	150	84	1	29	265
	2010	470	..	9	131	73	1	25	231
Yemen	2007	291	161	..	..	130	..	..	..
Yémen	2008	302	167	..	..	135	..	..	..
	2009	313	173	..	..	140	..	..	..
	2010	338	187	..	..	151	..	..	..
Europe	**2007**	**133048**	**50494**	**999**	**11531**	**29483**	**1207**	**10953**	**28381**
Europe	**2008**	**133947**	**51948**	**1014**	**11536**	**29282**	**1034**	**11480**	**27653**
	2009	**124798**	**49359**	**907**	**10523**	**26987**	**885**	**10931**	**25206**
	2010	**131924**	**49975**	**2604**	**11446**	**26666**	**1124**	**11019**	**29090**
Albania	2007	301	26	..	..	76	..	92	107
Albanie	2008	222	22	..	..	51	..	61	88
	2009	280	22	..	..	79	..	94	85
	2010	134	3	..	..	67	..	21	43
Austria	2007	1862	937	0	122	411	..	73	319
Autriche	2008	1895	909	0	128	444	..	66	348
	2009	1698	870	64	97	420	..	67	180
	2010	1643	892	70	96	292	..	62	231
Belarus	2007	3564	..	..	..	611	..	..	2953
Bélarus	2008	2110	..	..	..	720	..	..	1390
	2009	2007	..	..	..	518	..	..	1489
	2010	1042	..	..	..	513	..	..	529

Table 25

Production of non-energy products from refineries - by type
Production des raffineries - produits non-énergétiques - par catégorie
Thousand metric tons
Milliers de tonnes métriques

Country or area Pays ou zone	Year Année	Total Totale	Naphthas Naphtas	White spirit Essences spéciales	Lubricants Lubrifiants	Bitumen (asphalt) Bitumen (brai)	Petroleum waxes Cires de pétrole	Petroleum coke Coke de pétrole	Others Autres
Belgium	2007	10199	1607	82	3	1425	..	280	6802
Belgique	2008	10120	1809	67	2	1300	..	319	6623
	2009	9584	1178	69	78	1342	..	333	6584
	2010	9053	1401	86	9	1294	..	335	5928
Bosnia and Herzegovina	2007	10	..	..	10	0	..	..	0
Bosnie-Herzégovine	2008	20	..	..	10	0	..	..	10
	2009	242	7	..	84	104	..	..	47
	2010	376	43	..	134	141	..	..	58
Bulgaria	2007	991	494	0	..	211	..	..	286
Bulgarie	2008	974	628	5	..	192	..	..	149
	2009	737	429	1	..	175	..	71	61
	2010	617	322	3	..	173	..	76	43
Croatia	2007	632	188	..	65	190	9	113	67
Croatie	2008	472	129	..	37	169	6	90	41
	2009	480	138	..	18	107	0	102	115
	2010	459	66	..	13	66	0	101	213
Czech Republic	2007	2402	627	..	169	444	12	..	1150
République tchèque	2008	2642	838	..	146	485	9	..	1164
	2009	2393	736	..	152	473	6	..	1026
	2010	2681	860	..	172	523	9	..	1117
Denmark	2007	40	40	..	..	..	..	..	..
Danemark	2008	27	27	..	..	..	..	..	..
	2009	12	12	..	..	..	..	..	..
	2010	41	41	..	..	..	..	..	..
Finland	2007	1260	318	163	268	275	..	138	98
Finlande	2008	1199	248	144	280	272	..	138	117
	2009	1167	264	157	250	238	..	132	126
	2010	1132	200	175	255	254	..	126	122
France	2007	13139	5033	187	1560	3436	213	863	1847
France	2008	13685	5408	209	1618	3323	198	938	1991
	2009	11484	4586	62	1286	2773	153	860	1764
	2010	11139	5042	107	1383	2461	177	747	1222
Germany	2007	17770	8207	0	2431	3500	305	1851	1476
Allemagne	2008	18655	8634	15	2409	3595	192	2017	1793
	2009	17697	7967	33	2237	3775	111	1902	1672
	2010	17906	8018	30	2511	3402	123	2013	1809
Greece	2007	1992	843	..	271	528	..	183	167
Grèce	2008	1924	609	..	203	689	..	176	247
	2009	2020	608	..	210	782	..	171	249
	2010	2232	1010	..	219	494	..	201	308
Hungary	2007	2852	1217	27	162	449	54	351	592
Hongrie	2008	2849	1097	32	159	563	58	331	609
	2009	2343	953	16	166	544	53	285	326
	2010	2807	1045	25	115	552	53	309	708
Ireland	2007	10	10	..	..	..	..	..	..
Irlande	2008	24	24	..	..	..	..	..	..
	2009	23	23	..	..	..	..	..	..
	2010	25	25	..	..	..	..	..	..
Italy	2007	12627	2545	35	1252	3775	79	1490	3451
Italie	2008	13130	3016	21	1084	3649	89	1456	3815
	2009	12264	2725	20	954	3688	71	1244	3562
	2010	15734	3582	10	1222	4114	90	1568	5148

Table 25

Production of non-energy products from refineries - by type
Production des raffineries - produits non-énergétiques - par catégorie
Thousand metric tons
Milliers de tonnes métriques

Country or area Pays ou zone	Year Année	Total Totale	Naphthas Naphtas	White spirit Essences spéciales	Lubricants Lubrifiants	Bitumen (asphalt) Bitumen (brai)	Petroleum waxes Cires de pétrole	Petroleum coke Coke de pétrole	Others Autres
Lithuania	2007	307	46	..	26	95	..	98	42
Lituanie	2008	420	42	..	29	149	..	126	74
	2009	381	45	..	30	117	..	119	70
	2010	355	0	..	36	127	..	118	74
Netherlands	2007	11061	8457	38	583	362	113	..	1508
Pays-Bas	2008	11669	9052	40	794	275	116	..	1392
	2009	12170	9570	39	993	291	188	..	1089
	2010	10024	7539	107	916	183	272	..	1007
Norway	2007	2027	1546	..	..	..	..	481	..
Norvège	2008	1974	1586	..	..	..	..	388	..
	2009	1778	1626	..	..	..	..	152	..
	2010	1701	1539	..	..	..	..	162	..
Poland	2007	4098	1398	115	258	1667	72	..	588
Pologne	2008	3866	1288	166	287	1544	72	..	509
	2009	3645	1150	124	296	1568	64	..	443
	2010	3805	1363	161	370	1567	68	..	276
Portugal	2007	1640	1071	22	120	298	12	..	117
Portugal	2008	1897	1151	21	166	304	17	..	238
	2009	1838	992	21	126	322	12	..	365
	2010	2094	1081	29	123	260	11	..	590
Romania	2007	2246	610	40	48	160	7	898	483
Roumanie	2008	2410	566	42	48	240	7	905	602
	2009	1618	537	48	1	162	2	747	121
	2010	1855	397	60	0	78	0	695	625
Russian Federation	2007	20711	11252	..	2820	5422	224	993	..
Fédération de Russie	2008	21332	11418	..	2784	5735	192	1203	..
	2009	19936	11976	..	2428	4083	197	1252	..
	2010	22755	12453	1510	2723	4778	252	1039	..
Serbia	2007	641	254	..	22	192	..	35	138
Serbie	2008	542	254	..	9	221	..	0	58
	2009	460	144	..	4	127	..	35	150
	2010	565	134	..	6	155	..	33	237
Slovakia	2007	983	538	23	1	36	..	62	323
Slovaquie	2008	931	498	23	2	42	..	55	311
	2009	884	471	14	0	29	..	56	314
	2010	884	527	2	0	14	..	47	294
Spain	2007	7526	425	191	241	2789	83	1046	2751
Espagne	2008	7676	566	174	246	2561	58	1057	3014
	2009	7286	535	178	131	2740	28	1111	2563
	2010	8824	519	163	237	2617	44	1150	4094
Sweden	2007	2621	237	..	338	926	..	47	1073
Suède	2008	2511	244	..	393	826	..	48	1000
	2009	2515	266	..	349	843	..	64	993
	2010	3089	277	..	375	792	..	47	1598
Switzerland	2007	94	7	..	..	0	..	49	38
Suisse	2008	133	22	..	..	0	..	77	34
	2009	89	0	..	..	0	..	64	25
	2010	87	0	..	..	0	..	63	24
Ukraine	2007	1719	0	6	214	577	12	..	910
Ukraine	2008	1510	0	..	188	448	12	..	862
	2009	1035	0	..	103	349	..	..	583
	2010	1852	0	..	119	473	14	..	1246

Table 25

Production of non-energy products from refineries - by type
Production des raffineries - produits non-énergétiques - par catégorie
Thousand metric tons
Milliers de tonnes métriques

Country or area Pays ou zone	Year Année	Total Totale	Naphthas Naphtas	White spirit Essences spéciales	Lubricants Lubrifiants	Bitumen (asphalt) Bitumen (brai)	Petroleum waxes Cires de pétrole	Petroleum coke Coke de pétrole	Others Autres
United Kingdom	2007	7723	2561	70	547	1628	12	1810	1095
Royaume-Uni	2008	7128	1863	55	514	1485	8	2029	1174
	2009	6732	1529	61	530	1338	0	2070	1204
	2010	7013	1596	66	412	1276	11	2106	1546
Oceania	**2007**	**2172**	**371**	**105**	**125**	**832**	**6**	**520**	**213**
Océanie	**2008**	**2178**	**548**	**103**	**103**	**766**	**5**	**472**	**181**
	2009	**2135**	**422**	**76**	**97**	**740**	**6**	**473**	**321**
	2010	**1823**	**364**	**69**	**63**	**688**	**3**	**492**	**144**
Australia	2007	1802	211	105	125	701	6	520	134
Australie	2008	1824	380	103	103	653	5	472	108
	2009	1767	254	76	97	621	6	473	240
	2010	1393	160	69	63	540	3	492	66
New Zealand	2007	210	..	..	..	131	..	..	79
Nouvelle-Zélande	2008	186	..	..	..	113	..	..	73
	2009	200	..	..	..	119	..	..	81
	2010	226	..	..	..	148	..	..	78
Papua New Guinea	2007	*160	*160	..	..	..	..	..	..
Papouasie-Nvl-Guinée	2008	*168	*168	..	..	..	..	..	..
	2009	*168	*168	..	..	..	..	..	..
	2010	*204	*204	..	..	..	..	..	..

Table 26

Production of energy products from refineries - by type
Production des raffineries - produits énergétiques - par catégorie
Thousand metric tons
Milliers de tonnes métriques

Table Notes:
Total production

Total production of aviation gasolene, motor gasolene, jet fuels, kerosene, gas-diesel oils, residual fuel oil, liquefied petroleum gas, refinery gas and feedstocks.

Aruba produces only feedstocks to be further refined abroad.

Please refer to the Definitions Section on pages xv to xxix for the appropriate product description /classification.

Notes relatives aux tableaux:
Production totale

Production totale d'essence aviation, essence auto, carburéacteurs, pétrole lampant, gazole carburant diesel, mazout résiduel, G.P.L., gaz de raffinerie et charges d'alimentation de raffineries.

Aruba produit seulement des matières de base à raffiner encore à l'étranger.

Veuillez consulter la section "définitions" de la page xv à la page xxix pour une description/classification appropriée des produits.

Figure 70: Production of energy products from refineries, by region, 2010

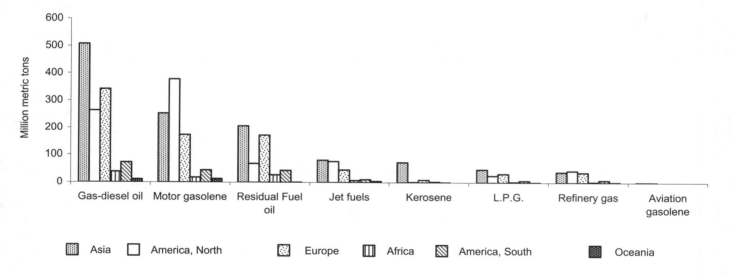

Figure 71: World production of energy products from refineries in 2010

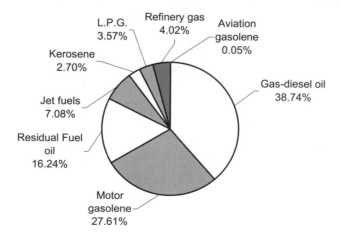

Table 26

Production of energy products from refineries - by type
Production des rafinneries - produits énergétiques - par catégorie
Thousand metric tons
Milliers de tonnes métriques

Country or area Pays ou zone	Year Année	Total Totale	Aviation gasolene Essence aviation	Motor gasolene Essence auto	Jet fuels Carbu- réacteurs	Kerosene Pétrole lampant	Gas-diesel oil Gazole carburant diesel	Residual Fuel oil Mazout résiduel	L.P.G. G.P.L.	Refinery gas Gaz de rafinnerie
World	**2007**	**3240281**	**1606**	**889241**	**230139**	**87569**	**1194416**	**587714**	**110263**	**129232**
Monde	**2008**	**3272353**	**1572**	**888907**	**234319**	**84900**	**1244378**	**567858**	**109597**	**130771**
	2009	**3192165**	**1414**	**884791**	**222749**	**84852**	**1228470**	**521434**	**112691**	**125705**
	2010	**3201977**	**1498**	**881263**	**226131**	**86026**	**1236607**	**518233**	**113981**	**128172**
Africa	**2007**	**103782**	**14**	**19012**	**8216**	**2680**	**36476**	**32055**	**2545**	**2784**
Afrique	**2008**	**107987**	**4**	**20467**	**8238**	**2737**	**41081**	**29912**	**2570**	**2978**
	2009	**100944**	**5**	**19276**	**8085**	**2555**	**39913**	**26050**	**2340**	**2720**
	2010	**100489**	**3**	**18619**	**8109**	**2601**	**38935**	**27495**	**2347**	**2382**
Algeria	2007	15899	..	2100	1034	6	6388	5518	556	297
Algérie	2008	17963	..	2780	988	2	7403	6009	516	265
	2009	17295	..	2417	977	1	7533	5581	522	264
	2010	18459	..	2667	1409	0	7806	5749	569	259
Angola	2007	1625	..	56	351	1	513	601	28	75
Angola	2008	1701	..	68	325	1	527	680	26	74
	2009	1689	..	42	356	0	509	671	25	86
	2010	1637	..	65	303	0	530	620	32	87
Cameroon	2007	1926	0	390	404	0	686	364	19	63
Cameroun	2008	1827	0	399	346	0	650	354	17	61
	2009	1599	0	350	292	0	610	259	15	73
	2010	1880	0	383	332	0	740	329	20	76
Congo	2007	717	..	63	55	14	141	437	7	..
Congo	2008	535	..	46	31	17	109	327	5	..
	2009	680	..	68	56	21	177	349	9	..
	2010	641	..	98	47	34	223	227	12	..
Côte d'Ivoire	2007	3200	..	564	47	933	1089	500	38	29
Côte d'Ivoire	2008	3243	..	466	53	750	1174	657	115	28
	2009	3054	..	526	53	826	1153	438	30	28
	2010	2482	..	392	40	616	983	408	22	21
Egypt	2007	27269	..	4195	2422	143	8803	10989	581	136
Egypte	2008	25612	..	4240	2319	133	8666	9529	597	128
	2009	24627	..	4384	2016	151	8267	9166	520	123
	2010	24025	..	4089	1908	151	8385	8851	522	119
Gabon	2007	789	..	81	55	23	260	356	14	..
Gabon	2008	801	..	84	57	25	258	364	13	..
	2009	862	..	90	61	27	278	392	14	..
	2010	923	..	96	65	29	298	420	15	..
Ghana	2007	1232	..	493	66	122	398	49	67	37
Ghana	2008	1264	..	391	21	169	361	225	55	42
	2009	340	..	135	1	49	103	25	14	13
	2010	975	..	338	117	71	293	97	32	29
Kenya	2007	1580	..	207	236	103	397	534	33	70
Kenya	2008	1489	..	182	221	96	374	515	33	68
	2009	1502	..	157	217	142	372	498	45	71
	2010	1464	..	181	200	149	347	450	59	78
Libya	2007	12600	3	1295	1323	283	4542	4310	345	499
Libye	2008	13644	3	1285	1357	290	5377	4508	290	534
	2009	14833	3	1372	1678	359	6253	4269	320	579
	2010	16605	3	1285	1851	396	7307	4802	315	646
Morocco	2007	5333	..	365	292	0	1996	2269	170	241
Maroc	2008	4750	..	404	262	0	1819	1880	170	215
	2009	3720	..	313	257	0	1385	1492	102	171
	2010	4782	..	328	410	0	2256	1586	22	180

Table 26

Production of energy products from refineries - by type
Production des rafinneries - produits énergétiques - par catégorie

Thousand metric tons
Milliers de tonnes métriques

Country or area Pays ou zone	Year Année	Total Totale	Aviation gasolene Essence aviation	Motor gasolene Essence auto	Jet fuels Carbu- réacteurs	Kerosene Pétrole lampant	Gas-diesel oil Gazole carburant diesel	Residual Fuel oil Mazout résiduel	L.P.G. G.P.L.	Refinery gas Gaz de rafinnerie
Nigeria	2007	2498	..	287	34	296	638	1138	4	101
Nigéria	2008	4426	..	698	69	601	1186	1702	65	105
	2009	2166	..	364	33	347	571	770	30	51
	2010	3898	..	748	67	584	1027	1276	84	112
Senegal	2007	665	..	77	48	5	339	188	0	8
Sénégal	2008	831	..	68	99	4	409	243	0	8
	2009	679	..	83	68	3	326	191	0	8
	2010	714	..	86	71	3	340	199	4	11
South Africa	2007	22121	11	7403	1711	570	7482	3465	319	1160
Afrique du Sud	2008	23840	1	8038	1962	473	10157	1501	325	1383
	2009	21403	2	7609	1868	485	9455	483	303	1198
	2010	*16021	0	*6216	1106	*497	*5693	1561	*233	715
Sudan	2007	4380	..	1205	117	31	2066	627	309	25
Soudan	2008	4077	..	1084	105	33	1864	681	287	23
	2009	4509	..	1112	124	31	2105	774	338	25
	2010	5196	..	1491	153	25	2368	735	394	30
Tunisia	2007	1548	..	134	0	129	556	646	52	31
Tunisie	2008	1552	..	129	0	120	551	668	53	31
	2009	1456	..	125	0	85	576	607	49	14
	2010	222	..	19	0	16	83	94	8	2
Zambia	2007	400	..	97	21	21	182	64	3	12
Zambie	2008	432	..	105	23	23	196	69	3	13
	2009	530	..	129	28	28	240	85	4	16
	2010	565	..	137	30	30	256	91	4	17
America, North	**2007**	**899648**	**767**	**401067**	**78392**	**3617**	**262645**	**75859**	**22787**	**44414**
Amérique du Nord	**2008**	**902946**	**706**	**399209**	**80813**	**2597**	**271565**	**73161**	**22060**	**42786**
	2009	**861180**	**629**	**378648**	**75088**	**2535**	**257318**	**70732**	**23898**	**42273**
	2010	**864739**	**658**	**378236**	**75474**	**1612**	**263560**	**67752**	**25061**	**42319**
Aruba	2007	*10100	..	..	..	..	..	..	..	..
Aruba	2008	*10050	..	..	..	..	..	..	..	..
	2009	*10058	..	..	..	..	..	..	..	..
	2010	*10067	..	..	..	..	..	..	..	..
Canada	2007	85595	77	32630	4038	1544	31223	8407	1878	5798
Canada	2008	81774	71	30090	4114	1450	30873	7870	1821	5485
	2009	79811	61	30609	3884	1286	30426	6366	1739	5440
	2010	79899	57	30667	3873	607	30881	6719	1845	5250
Costa Rica	2007	715	..	132	0	1	248	330	4	..
Costa Rica	2008	557	..	105	0	2	244	201	5	..
	2009	327	..	87	16	2	127	91	4	..
	2010	499	..	110	40	2	147	196	5	..
Cuba	2007	2006	..	392	56	69	464	940	59	26
Cuba	2008	4886	..	716	289	42	1097	2668	56	18
	2009	4785	..	492	295	24	1271	2629	46	28
	2010	4647	..	568	329	0	1224	2436	59	31
Dominican Republic	2007	1756	..	404	195	8	359	753	25	12
Rép. dominicaine	2008	1679	..	384	230	8	363	660	23	11
	2009	1216	..	254	213	9	341	363	25	11
	2010	1312	..	269	224	9	393	379	27	11
El Salvador	2007	928	..	117	68	2	229	477	20	15
El Salvador	2008	800	..	111	58	2	186	410	20	13
	2009	853	..	105	55	2	197	465	14	15
	2010	777	..	100	53	2	132	464	13	13

Table 26

Production of energy products from refineries - by type
Production des rafinneries - produits énergétiques - par catégorie

Thousand metric tons
Milliers de tonnes métriques

Country or area Pays ou zone	Year Année	Total Totale	Aviation gasolene Essence aviation	Motor gasolene Essence auto	Jet fuels Carbu- réacteurs	Kerosene Pétrole lampant	Gas-diesel oil Gazole carburant diesel	Residual Fuel oil Mazout résiduel	L.P.G. G.P.L.	Refinery gas Gaz de rafinnerie
Guatemala	2007	26	..	0	0	1	25	..	..	..
Guatemala	2008	23	..	0	0	1	22	..	..	..
	2009	25	..	0	0	1	24	..	..	..
	2010	24	..	0	0	1	23	..	..	..
Jamaica	2007	829	..	104	53	1	190	473	8	..
Jamaïque	2008	1091	..	129	66	1	176	707	12	..
	2009	1143	..	129	86	1	172	745	10	..
	2010	1095	..	123	99	2	192	673	7	..
Martinique	2007	*817	..	*145	..	*122	*170	*361	*19	..
Martinique	2008	*839	..	*146	..	*125	*183	*366	*20	..
	2009	*844	..	*141	..	*120	*191	*371	*20	..
	2010	*861	..	*139	..	*116	*198	*388	*19	..
Mexico	2007	59774	1	18882	3024	2	16931	17147	950	2837
Mexique	2008	59226	0	18646	2928	1	17477	16465	879	2830
	2009	62967	0	19606	2603	0	19077	17982	878	2821
	2010	59689	0	17632	2366	0	17782	18328	800	2781
Netherlands Antilles	2007	9502	18	1987	783	..	2350	4056	83	225
Antilles néerlandaises	2008	9132	16	1873	768	..	2252	3960	67	196
	2009	8856	20	1685	700	..	2056	4038	60	297
	2010	3510	6	560	321	..	927	1533	26	137
Nicaragua	2007	754	..	87	26	9	198	395	16	23
Nicaragua	2008	669	..	84	19	6	187	346	9	18
	2009	770	..	101	22	6	222	395	12	12
	2010	735	..	96	22	6	213	372	15	11
Trinidad and Tobago	2007	7290	..	1273	746	78	1736	3027	109	321
Trinité-et-Tobago	2008	7788	..	1543	894	80	1788	3038	131	314
	2009	6709	..	1352	733	60	1709	2547	109	199
	2010	5844	..	1242	523	62	1434	2210	80	293
United States	2007	719556	671	344914	69403	1780	208522	39493	19616	35157
États-Unis	2008	724432	619	345382	71447	879	216717	36470	19017	33901
	2009	682816	548	324087	66481	1024	201505	34740	20981	33450
	2010	695780	595	326731	67624	805	210014	34054	22165	33792
America, South	**2007**	**190951**	**77**	**44551**	**10041**	**379**	**72188**	**48150**	**7479**	**8086**
Amérique du Sud	**2008**	**193835**	**77**	**43225**	**9971**	**350**	**75067**	**48769**	**7267**	**9111**
	2009	**193167**	**65**	**43419**	**11130**	**379**	**76626**	**45959**	**6973**	**8616**
	2010	**187257**	**82**	**44482**	**11320**	**388**	**72000**	**43369**	**7014**	**8602**
Argentina	2007	21783	0	4426	1283	21	9893	4267	954	939
Argentine	2008	21854	0	4345	1240	8	9758	4714	906	883
	2009	20182	0	4505	1292	11	9392	3219	874	889
	2010	19832	0	4429	1316	44	9511	2655	932	945
Bolivia (Plur. State of)	2007	2075	4	554	124	17	656	528	84	108
Bolivie (État plur. de)	2008	2127	4	651	127	15	679	487	85	79
	2009	1839	2	623	131	16	544	338	83	102
	2010	1888	0	640	137	16	542	391	83	79
Brazil	2007	77683	44	15331	3263	20	34035	15707	4528	4755
Brésil	2008	78821	48	14966	3074	19	35697	15553	4485	4979
	2009	78704	37	14638	3495	19	36886	14386	4254	4989
	2010	78901	63	15921	3780	20	36004	14115	4144	4854
Chile	2007	9819	8	2349	537	93	3623	2445	377	387
Chili	2008	9846	4	2569	511	77	3811	1906	262	706
	2009	9205	6	2445	610	60	3442	1802	269	571
	2010	7617	8	2028	585	58	2920	1401	394	223

Table 26

Production of energy products from refineries - by type
Production des rafinneries - produits énergétiques - par catégorie

Thousand metric tons
Milliers de tonnes métriques

Country or area Pays ou zone	Year Année	Total Totale	Aviation gasolene Essence aviation	Motor gasolene Essence auto	Jet fuels Carbu- réacteurs	Kerosene Pétrole lampant	Gas-diesel oil Gazole carburant diesel	Residual Fuel oil Mazout résiduel	L.P.G. G.P.L.	Refinery gas Gaz de rafinnerie
Colombia	2007	12839	21	3164	537	130	4395	3318	682	592
Colombie	2008	13113	21	3164	522	145	4395	3318	674	874
	2009	11893	20	2903	955	159	3570	3251	634	401
	2010	12748	11	3069	1000	136	3501	3871	562	598
Ecuador	2007	7881	..	1940	357	11	1637	3815	121	..
Equateur	2008	7866	..	2027	355	7	1654	3644	179	..
	2009	7865	..	2185	343	6	1774	3371	186	..
	2010	7113	..	2072	340	6	1483	3040	172	..
Peru	2007	8181	..	1642	565	56	2928	2693	206	91
Pérou	2008	9223	..	2332	582	46	3076	2825	207	155
	2009	10522	..	2922	559	72	4334	2338	183	114
	2010	11290	..	3106	605	67	4701	2429	204	178
Suriname	2007	402	..	..	..	..	42	360	..	..
Suriname	2008	402	..	..	..	..	42	360	..	..
	2009	405	..	..	..	..	42	363	..	..
	2010	835	..	..	..	..	56	779	..	..
Uruguay	2007	1525	0	352	61	9	637	368	65	33
Uruguay	2008	1986	0	449	67	7	827	509	91	37
	2009	1928	0	442	61	8	684	591	86	56
	2010	1887	0	427	74	8	705	549	71	53
Venezuela(Bolivar. Rep.)	2007	48763	0	14793	3314	22	14342	14649	462	1181
Venezuela(Rép. bolivar.)	2008	48598	0	12722	3493	26	15128	15453	378	1398
	2009	50624	0	12756	3684	28	15958	16300	404	1494
	2010	45146	0	12790	3483	33	12577	14139	452	1672
Asia	**2007**	**1151731**	**474**	**219923**	**78307**	**72096**	**456786**	**242360**	**46268**	**35517**
Asie	**2008**	**1172702**	**554**	**226971**	**79143**	**70542**	**481081**	**231159**	**45723**	**37528**
	2009	**1183277**	**518**	**248111**	**77634**	**70555**	**497527**	**206479**	**47213**	**35240**
	2010	**1205087**	**566**	**252885**	**80249**	**72080**	**507875**	**206484**	**47104**	**37845**
Azerbaijan	2007	7342	..	1129	761	32	2109	2949	187	175
Azerbaïdjan	2008	6661	..	1320	731	40	2526	1624	203	217
	2009	4968	..	1235	603	7	2367	287	193	276
	2010	5070	..	1249	600	0	2488	231	240	262
Bahrain	2007	10662	..	766	2227	112	4904	2355	38	260
Bahreïn	2008	10282	..	892	2219	85	4547	2242	38	259
	2009	10110	..	804	2205	53	4439	2314	38	257
	2010	11284	..	790	2281	330	4712	2866	39	266
Bangladesh	2007	797	..	127	4	304	258	49	12	43
Bangladesh	2008	751	..	115	3	276	234	42	40	41
	2009	696	..	104	3	251	212	38	40	48
	2010	642	..	94	3	228	192	34	40	51
Brunei Darussalam	2007	656	..	217	82	4	189	97	..	67
Brunéi Darussalam	2008	643	..	202	97	3	187	91	..	63
	2009	607	..	199	93	3	173	84	..	55
	2010	615	..	197	108	0	169	91	..	50
China	2007	243709	458	58721	..	11533	123591	19672	19447	10287
Chine	2008	256635	541	62931	..	11589	134092	17374	19148	10960
	2009	274758	504	72703	..	14803	142886	13534	18317	12011
	2010	291333	554	73051	..	19217	149244	15074	20455	13738
Georgia	2007	13	..	..	..	..	0	13	..	..
Géorgie	2008	17	..	..	..	..	0	17	..	..
	2009	5	..	..	..	..	0	5	..	..
	2010	0	..	..	..	..	0	0	..	..

Table 26

Production of energy products from refineries - by type
Production des rafinneries - produits énergétiques - par catégorie
Thousand metric tons
Milliers de tonnes métriques

Country or area Pays ou zone	Year Année	Total Totale	Aviation gasolene Essence aviation	Motor gasolene Essence auto	Jet fuels Carbu-réacteurs	Kerosene Pétrole lampant	Gas-diesel oil Gazole carburant diesel	Residual Fuel oil Mazout résiduel	L.P.G. G.P.L.	Refinery gas Gaz de rafinnerie
India	2007	114986	..	14167	9107	7794	59032	15804	6732	2350
Inde	2008	120709	..	16020	8071	8223	63495	17684	4834	2382
	2009	144570	..	22554	9296	8545	77605	18346	5842	*2382
	2010	150310	..	26135	9570	7702	78631	20519	5371	2382
Indonesia	2007	39388	4	8363	1087	6894	11368	10173	863	636
Indonésie	2008	39442	3	8155	1445	6182	12766	9471	780	640
	2009	32939	2	9243	1911	3794	13769	2803	755	662
	2010	29510	1	8350	1791	2478	13338	2271	658	623
Iran(Islamic Rep. of)	2007	74975	..	12179	1013	6568	25905	25311	1573	2426
Iran(Rép. islamique)	2008	77684	..	12047	1043	6311	27062	26809	1595	2817
	2009	77337	..	12075	1237	5491	28178	26379	1648	2329
	2010	77416	..	12084	1313	4558	28892	26481	1724	2364
Iraq	2007	16524	..	2531	106	1272	2946	9166	94	409
Iraq	2008	20054	..	2520	142	2042	4152	10855	212	131
	2009	21125	..	2496	159	2056	4220	11526	211	457
	2010	24429	..	2472	295	2100	5213	13458	278	613
Israel	2007	10125	..	2602	..	1204	3025	2786	508	..
Israël	2008	10709	..	2869	..	1416	3730	2155	539	..
	2009	10955	..	2984	..	1229	3788	2436	518	..
	2010	10939	..	2727	..	1351	3775	2521	565	..
Japan	2007	170308	3	42744	11663	18783	55300	29545	4409	7861
Japon	2008	163661	2	41852	12416	16562	54572	26868	4096	7293
	2009	153157	2	42188	10623	16479	50048	21872	4525	7420
	2010	152820	1	42957	10983	15971	49901	21137	4315	7555
Jordan	2007	3821	6	706	301	144	1292	1215	119	38
Jordanie	2008	3624	7	771	309	108	1260	992	134	43
	2009	3422	7	788	319	84	1177	889	118	39
	2010	3265	7	732	355	88	922	1045	94	23
Kazakhstan	2007	12695	..	2633	210	176	4295	2584	1262	1535
Kazakhstan	2008	13493	..	2505	0	402	4375	3204	1342	1665
	2009	12484	..	2613	0	374	4405	3261	1732	99
	2010	14083	..	2926	0	491	4613	3806	*2129	118
Korea, Dem.Ppl's.Rep.	2007	422	..	146	..	29	157	90	..	..
Corée,Rép.pop.dém.de	2008	434	..	151	..	30	161	92	..	..
	2009	332	..	116	..	23	123	70	..	..
	2010	318	..	112	..	22	117	67	..	..
Korea, Republic of	2007	92298	..	8505	13379	3827	34314	27363	2927	1983
Corée, République de	2008	91594	..	10188	13671	4116	35860	22370	2977	2412
	2009	88956	..	11975	12945	4642	35519	18470	3026	2379
	2010	91465	..	12083	13639	4931	36441	19002	2973	2396
Kuwait	2007	35342	..	2852	2675	6233	11475	11559	122	426
Koweït	2008	34795	..	2731	2513	5856	11848	11301	127	419
	2009	36128	..	3092	2491	5805	12324	11885	130	401
	2010	32775	..	2241	2489	5892	10551	11057	136	409
Kyrgyzstan	2007	121	..	14	..	..	52	56	..	..
Kirghizistan	2008	132	..	13	..	..	60	59	..	..
	2009	97	..	10	..	..	48	39	..	..
	2010	97	..	15	..	..	38	44	..	..
Malaysia	2007	21888	..	5759	3040	227	8806	2006	1128	923
Malaisie	2008	22523	..	4819	3040	237	9622	2010	*1818	976
	2009	20238	..	4197	2990	547	9245	1182	*1898	179
	2010	17151	..	4171	2802	468	8599	*330	*589	192

Table 26

Production of energy products from refineries - by type
Production des rafinneries - produits énergétiques - par catégorie

Thousand metric tons
Milliers de tonnes métriques

Country or area Pays ou zone	Year Année	Total Totale	Aviation gasolene Essence aviation	Motor gasolene Essence auto	Jet fuels Carbu-réacteurs	Kerosene Pétrole lampant	Gas-diesel oil Gazole carburant diesel	Residual Fuel oil Mazout résiduel	L.P.G. G.P.L.	Refinery gas Gaz de rafinnerie
Myanmar	2007	787	..	415	57	2	212	59	9	33
Myanmar	2008	738	..	392	47	2	192	63	10	32
	2009	683	..	426	38	1	125	54	8	31
	2010	860	..	489	44	*1	240	43	9	34
Oman	2007	3667	..	535	219	60	650	1979	150	74
Oman	2008	9801	..	2243	767	39	1975	3770	678	329
	2009	9454	..	2157	749	8	1795	3760	677	308
	2010	7496	..	1903	594	0	1490	2698	533	278
Other Asia	2007	38327	..	8603	4265	..	11368	11137	1693	1261
Autres zones d'Asie	2008	36517	..	7670	4279	..	11715	10124	1609	1120
	2009	37477	..	8313	4502	..	13616	8328	1584	1134
	2010	34640	..	7778	3829	..	11670	8714	1455	1194
Pakistan	2007	9801	..	1337	1009	219	3697	3324	215	..
Pakistan	2008	9060	..	1287	958	175	3351	3093	197	..
	2009	8311	..	1338	938	138	3213	2497	187	..
	2010	8085	..	1237	824	122	3288	2435	178	..
Philippines	2007	9525	..	1470	771	166	3659	3206	253	..
Philippines	2008	8279	..	1410	716	133	3302	2413	305	..
	2009	6217	..	1077	675	129	2426	1628	282	..
	2010	7755	..	1344	786	140	3175	1949	361	..
Qatar	2007	4713	..	1957	1106	..	1030	410	154	56
Qatar	2008	4650	..	1916	1115	..	1194	213	156	56
	2009	5467	..	1752	1460	..	1737	340	122	56
	2010	8961	..	1866	3454	..	2901	312	*369	59
Saudi Arabia	2007	85097	..	15050	3211	5403	31970	26184	993	2286
Arabie saoudite	2008	86924	..	14538	3325	5596	33169	26183	974	3139
	2009	83723	..	15196	3030	5100	30521	27269	1094	1513
	2010	82497	..	16070	2773	4667	30993	24411	1054	2529
Singapore	2007	46151	..	8422	9389	658	16321	9814	681	866
Singapour	2008	45464	..	9326	8918	658	16947	8097	650	868
	2009	42020	..	9627	8248	613	15106	7009	608	809
	2010	44693	..	*10948	8313	647	16161	7393	378	853
Sri Lanka	2007	1746	..	163	171	97	445	810	16	44
Sri Lanka	2008	1708	..	164	154	111	451	768	16	44
	2009	1796	..	179	195	83	485	781	24	49
	2010	1568	..	158	126	93	442	686	23	40
Syrian Arab Republic	2007	9991	..	1220	183	19	3824	4474	132	139
Rép. arabe syrienne	2008	10107	..	1329	210	15	3735	4376	129	313
	2009	10127	..	1359	196	3	3980	4116	114	359
	2010	10147	..	974	354	4	3698	4838	123	156
Thailand	2007	37654	..	6311	3992	103	18381	7333	1534	..
Thaïlande	2008	37514	..	5884	4607	152	17754	7174	1943	..
	2009	38979	..	6163	4586	80	18738	7188	2224	..
	2010	38294	..	6087	4756	372	19417	6266	1396	..
Turkey	2007	21215	..	4098	2336	71	7016	6369	762	563
Turquie	2008	20858	..	4562	2556	13	7078	5363	793	493
	2009	15899	..	3963	2004	25	5102	3012	604	1189
	2010	16150	..	3828	2613	39	5317	2780	652	921
Turkmenistan	2007	6966	..	1414	331	..	2809	1951	..	461
Turkménistan	2008	7631	..	1549	363	..	3077	2137	..	505
	2009	7113	..	1444	338	..	2868	1992	..	471
	2010	6770	..	1374	322	..	2730	1896	..	448

Table 26

Production of energy products from refineries - by type
Production des rafinneries - produits énergétiques - par catégorie
Thousand metric tons
Milliers de tonnes métriques

Country or area Pays ou zone	Year Année	Total Totale	Aviation gasolene Essence aviation	Motor gasolene Essence auto	Jet fuels Carbu-réacteurs	Kerosene Pétrole lampant	Gas-diesel oil Gazole carburant diesel	Residual Fuel oil Mazout résiduel	L.P.G. G.P.L.	Refinery gas Gaz de rafinnerie
United Arab Emirates	2007	12963	..	2336	4948	..	4242	1102	176	159
Emirats arabes unis	2008	12674	..	2171	4911	..	4219	907	308	158
	2009	14293	..	2392	5141	..	4364	1715	503	178
	2010	12026	..	1844	4681	..	3890	871	579	161
Uzbekistan	2007	3690	3	1410	179	66	1130	740	6	156
Ouzbékistan	2008	3689	1	1476	175	65	1287	526	6	153
	2009	3814	3	1622	170	63	1302	499	6	149
	2010	3418	3	1444	148	55	1125	508	5	130
Viet Nam	2007	..	..	..	..	..	..	..	..	..
Viet Nam	2008	..	..	..	..	..	..	..	..	..
	2009	1460	..	674	81	..	553	37	115	..
	2010	5507	..	2329	39	..	2670	148	321	..
Yemen	2007	3366	..	1021	486	97	1014	676	72	..
Yémen	2008	3245	..	954	341	106	1086	691	67	..
	2009	3561	..	1054	407	126	1070	834	70	..
	2010	2699	..	827	364	113	832	502	61	..
Europe	**2007**	**859713**	**189**	**190229**	**50030**	**8724**	**354925**	**187866**	**30435**	**37315**
Europe	**2008**	**859676**	**147**	**184950**	**51059**	**8590**	**363246**	**183244**	**31172**	**37268**
	2009	**818506**	**123**	**181314**	**45495**	**8770**	**344709**	**170672**	**31487**	**35936**
	2010	**810109**	**116**	**173283**	**45649**	**9314**	**342117**	**171778**	**31809**	**36043**
Albania	2007	126	..	0	..	..	82	32	..	12
Albanie	2008	122	..	0	..	..	84	30	..	8
	2009	78	..	0	..	..	55	12	..	11
	2010	28	..	0	..	..	21	4	..	3
Austria	2007	7102	..	1669	604	1	3461	880	70	417
Autriche	2008	7270	..	1595	472	8	3945	769	98	383
	2009	6851	..	1652	313	6	3567	852	92	369
	2010	6295	..	1353	476	14	3274	699	87	392
Belarus	2007	17402	..	3181	..	428	6679	6195	439	480
Bélarus	2008	18823	..	3330	..	355	7404	6831	482	421
	2009	19303	..	3272	..	361	7559	7291	417	403
	2010	15178	..	3158	..	251	5956	5104	413	296
Belgium	2007	27997	..	5041	1751	32	12836	7391	464	482
Belgique	2008	27781	..	4338	1878	31	12959	7268	524	783
	2009	23817	..	3355	1838	66	12248	5039	463	808
	2010	24839	..	3572	1775	44	12535	5564	517	832
Bosnia and Herzegovina	2007	4	..	0	..	..	0	0	4	..
Bosnie-Herzégovine	2008	91	..	4	..	..	27	54	6	..
	2009	798	..	97	..	..	338	338	25	..
	2010	785	..	88	..	..	411	257	29	..
Bulgaria	2007	5938	..	1466	183	..	2376	1550	136	227
Bulgarie	2008	6175	..	1571	199	..	2397	1596	161	251
	2009	5630	..	1457	184	..	2108	1536	155	190
	2010	5326	..	1479	190	..	1938	1422	120	177
Croatia	2007	4680	..	1202	97	0	1676	1180	308	217
Croatie	2008	4031	..	1001	97	0	1397	1128	254	154
	2009	4351	..	1207	94	0	1488	1066	296	200
	2010	3772	..	1094	94	0	1307	869	246	162
Czech Republic	2007	5351	..	1555	145	..	2902	417	192	140
République tchèque	2008	5941	..	1601	170	..	3460	335	210	165
	2009	5264	..	1412	112	..	3131	260	203	146
	2010	5493	..	1463	144	..	3277	239	215	155

Table 26

Production of energy products from refineries - by type
Production des rafinneries - produits énergétiques - par catégorie

Thousand metric tons
Milliers de tonnes métriques

Country or area Pays ou zone	Year Année	Total Totale	Aviation gasolene Essence aviation	Motor gasolene Essence auto	Jet fuels Carbu-réacteurs	Kerosene Pétrole lampant	Gas-diesel oil Gazole carburant diesel	Residual Fuel oil Mazout résiduel	L.P.G. G.P.L.	Refinery gas Gaz de rafinnerie
Denmark	2007	7582	..	1962	542	..	3198	1415	159	306
Danemark	2008	7299	..	1924	500	..	3098	1379	114	284
	2009	7511	..	2092	409	..	3308	1265	140	297
	2010	6944	..	1817	407	..	3029	1276	152	263
Finland	2007	13128	..	4348	717	..	5863	1402	350	448
Finlande	2008	13632	..	4308	683	..	6494	1372	357	418
	2009	13700	..	4230	632	..	6643	1435	274	486
	2010	12783	..	3891	610	..	6377	1209	246	450
France	2007	72921	46	16479	5536	77	34392	11441	2478	2472
France	2008	74790	56	16356	5571	74	35693	11415	2784	2841
	2009	66814	39	15427	4944	53	31719	9483	2418	2731
	2010	60767	39	13349	4360	96	28977	9196	2100	2650
Germany	2007	100701	..	25892	4592	2	49315	13669	3065	4166
Allemagne	2008	97257	..	24820	4760	4	48639	12023	2893	4118
	2009	90016	..	23486	4591	3	45682	9756	2662	3836
	2010	83544	..	20940	4876	6	43310	7942	2637	3833
Greece	2007	21055	..	4318	1719	26	6562	7116	645	669
Grèce	2008	19899	..	4251	1853	20	6517	6008	665	585
	2009	19273	..	4075	1574	54	6443	5959	611	557
	2010	19965	..	4407	1602	12	6791	5878	682	593
Hungary	2007	5771	0	1322	273	0	3722	200	83	171
Hongrie	2008	5590	0	1264	263	0	3605	207	78	173
	2009	5206	0	1238	241	0	3290	168	71	198
	2010	5668	0	1184	231	0	3873	111	76	193
Ireland	2007	3251	..	493	..	202	1186	1250	36	84
Irlande	2008	3192	..	570	..	210	1132	1161	34	85
	2009	2714	..	481	..	200	975	949	34	75
	2010	2855	..	463	..	209	1070	969	56	88
Italy	2007	88087	15	21417	4034	190	41079	15220	2349	3783
Italie	2008	81533	9	19921	3219	342	39586	12763	2257	3436
	2009	74139	17	18721	3050	262	35985	11236	2113	2755
	2010	74297	19	18755	3204	136	36664	10548	1871	3100
Lithuania	2007	5469	..	1569	503	..	1493	1381	330	193
Lituanie	2008	9053	..	2686	929	..	2716	1955	466	301
	2009	8265	..	2585	752	..	2613	1660	354	301
	2010	8841	..	2675	848	..	2908	1741	359	310
Netherlands	2007	46201	80	6905	6583	430	19253	9526	1312	2112
Pays-Bas	2008	45833	66	6903	6136	337	20438	8647	1313	1993
	2009	45179	56	6971	5526	373	20384	8496	1403	1970
	2010	48310	46	7368	6284	288	21254	9800	1426	1844
Norway	2007	14491	..	3942	575	225	6847	2066	392	444
Norvège	2008	13109	..	2983	707	209	6107	2359	326	418
	2009	13191	..	3512	680	108	6052	2009	418	412
	2010	12348	..	3324	477	183	5716	1870	395	383
Poland	2007	17618	9	3867	801	1	8787	2831	360	962
Pologne	2008	18110	15	3665	944	4	9428	2758	419	877
	2009	18367	11	4039	692	1	9745	2599	432	848
	2010	19568	12	4025	693	1	10388	3123	424	902
Portugal	2007	10981	..	2591	745	2	4634	2622	366	21
Portugal	2008	10500	..	2091	748	2	4484	2783	369	23
	2009	8969	..	2056	782	0	3810	1976	326	19
	2010	9714	..	2218	967	2	3918	2199	380	30

Table 26

Production of energy products from refineries - by type
Production des rafinneries - produits énergétiques - par catégorie
Thousand metric tons
Milliers de tonnes métriques

Country or area Pays ou zone	Year Année	Total Totale	Aviation gasolene Essence aviation	Motor gasolene Essence auto	Jet fuels Carbu-réacteurs	Kerosene Pétrole lampant	Gas-diesel oil Gazole carburant diesel	Residual Fuel oil Mazout résiduel	L.P.G. G.P.L.	Refinery gas Gaz de rafinnerie
Republic of Moldova	2007	8	..	..	..	..	3	5	..	..
Rép. de Moldova	2008	11	..	..	..	..	4	7	..	..
	2009	21	..	..	..	..	5	16	..	..
	2010	16	..	..	..	..	4	12	..	..
Romania	2007	11589	0	3799	278	8	4660	1186	754	904
Roumanie	2008	11605	0	3654	328	18	4841	1168	594	1002
	2009	10578	0	3311	292	12	4422	883	750	908
	2010	9113	0	2823	281	14	3835	764	570	826
Russian Federation	2007	203020	37	35097	10699	75	66301	67690	10856	12265
Fédération de Russie	2008	208592	0	35602	11394	74	68879	69105	11422	12116
	2009	207991	0	35827	10445	0	67233	69573	12810	12103
	2010	217693	0	35950	11123	0	69975	74998	13625	12022
Serbia	2007	2785	..	624	57	0	1091	796	98	119
Serbie	2008	2462	..	616	69	0	1054	572	119	32
	2009	2423	..	570	52	0	983	626	134	58
	2010	2325	..	473	68	0	901	691	128	64
Slovakia	2007	5645	..	1596	78	2	2819	544	143	463
Slovaquie	2008	5484	..	1516	88	3	2774	512	164	427
	2009	5471	..	1496	68	1	2743	630	133	400
	2010	5203	..	1255	45	1	2706	692	134	370
Spain	2007	52329	..	9232	2562	4055	23933	9340	1436	1771
Espagne	2008	52867	..	8729	2749	3807	24792	9638	1484	1668
	2009	49938	..	8973	1875	4440	22390	9147	1397	1716
	2010	48820	..	8013	848	5487	22900	8334	1456	1782
Sweden	2007	15332	..	3729	196	..	6414	4246	261	486
Suède	2008	18368	..	4562	247	..	7991	4636	336	596
	2009	17733	..	4506	211	..	7670	4426	278	642
	2010	17680	..	3873	181	..	7558	5153	344	571
Switzerland	2007	4646	..	1280	183	..	2172	587	202	222
Suisse	2008	4962	..	1370	190	..	2326	596	239	241
	2009	4727	..	1427	96	..	2381	383	204	236
	2010	4426	..	1319	64	..	2269	377	170	227
T.F.Yug.Rep. Macedonia	2007	1049	..	179	17	..	424	402	25	2
L'ex-RY Macédoine	2008	1037	..	177	20	..	450	360	29	1
	2009	955	..	176	20	..	367	362	28	2
	2010	823	..	161	20	..	357	260	25	0
Ukraine	2007	13756	2	4161	384	..	4368	3477	824	540
Ukraine	2008	10960	1	3223	296	..	3765	2460	727	488
	2009	11072	..	3259	..	..	3979	2600	733	501
	2010	10832	..	2875	..	..	3781	2952	679	545
United Kingdom	2007	73698	0	21313	6176	2968	26397	11809	2298	2737
Royaume-Uni	2008	73297	0	20319	6549	3092	26760	11349	2248	2980
	2009	68161	0	20404	6022	2830	25393	8641	2113	2758
	2010	65858	0	19918	5781	2570	24837	7525	2247	2980
Oceania	**2007**	**34457**	**85**	**14460**	**5153**	**74**	**11396**	**1424**	**749**	**1116**
Océanie	**2008**	**35206**	**84**	**14085**	**5095**	**85**	**12338**	**1613**	**806**	**1100**
	2009	**35091**	**74**	**14023**	**5316**	**59**	**12377**	**1542**	**780**	**920**
	2010	**34295**	**73**	**13758**	**5330**	**30**	**12121**	**1355**	**647**	**981**
Australia	2007	29186	85	12992	4238	71	9270	952	727	851
Australie	2008	29629	84	12541	4121	84	10201	984	799	815
	2009	29629	74	12570	4370	58	10248	890	771	648
	2010	28709	73	12340	4255	28	9808	860	633	712

Table 26

Production of energy products from refineries - by type
Production des rafinneries - produits énergétiques - par catégorie

Thousand metric tons
Milliers de tonnes métriques

Country or area Pays ou zone	Year Année	Total Totale	Aviation gasolene Essence aviation	Motor gasolene Essence auto	Jet fuels Carbu- réacteurs	Kerosene Pétrole lampant	Gas-diesel oil Gazole carburant diesel	Residual Fuel oil Mazout résiduel	L.P.G. G.P.L.	Refinery gas Gaz de rafinnerie
New Zealand	2007	4659	..	1423	837	3	1731	400	..	265
Nouvelle-Zélande	2008	4967	..	1503	891	1	1778	509	..	285
	2009	4837	..	1416	867	1	1723	558	..	272
	2010	4923	..	1373	988	2	1911	380	..	269
Papua New Guinea	2007	612	..	45	78	..	395	72	22	..
Papouasie-Nvl-Guinée	2008	610	..	41	83	..	359	120	7	..
	2009	625	..	37	79	..	406	94	9	..
	2010	663	..	45	87	..	402	115	14	..

Table 27

Capacity and production of natural gas liquid plants - by type
Capacité et production des usines d'extraction de liquides de gaz naturel - par catégorie
Capacities in million cubic metres and production in thousand metric tons
Capacités en million de mètres cubes et production en milliers de tonnes métriques

Table Notes:
Total production

Total production of aviation gasolene, motor gasolene, natural gasolene, jet fuel, kerosene, gas-diesel oils, residual fuel oil, liquefied petroleum gas, plant condensate, naphtha, white spirit, petroleum coke, lubricants, bitumen asphalt, petroleum waxes, natural gas liquids n.e.s. and other petroleum products.

Notes relatives aux tableaux:
Production totale

Production totale d'essence d'aviation, essence d'auto, essence naturelle, carburéacteurs, carburant diesel, mazout résiduel, gaz de pétrole liquéfiés, condensats d'usine, naphtas, essences spéciales, coke de pétrole, lubrifiants, asphalte de bitume, cires de pétrole, liquides de gaz naturel n.d.a. et autres produits pétroliers.

Other natural gas liquids

Total production excluding natural gasolene, plant condensate and liquefied petroleum gas.

Autres produits pétroliers

Production totale non compris l'essence naturelle, les condensats d'usine et les gaz de pétrole liquéfies.

Please refer to the Definitions Section on pages xv to xxix for the appropriate product description /classification.

Veuillez consulter la section "définitions" de la page xv à la page xxix pour une description/classification appropriée des produits.

Figure 72: World natural gas liquids plant capacity, by region, in 2010

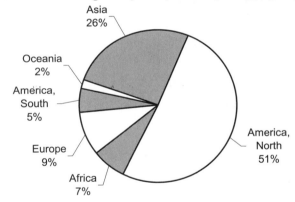

Figure 73: World natural gas liquids production from plants, by type, in 2010

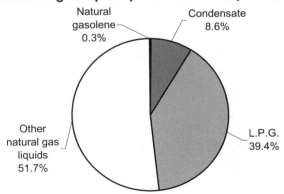

Table 27

Capacity and production of natural gas liquid plants - by type
Capacité et production des usines d'extraction de liquides de gaz naturel - par catégorie

Capacities in million cubic metres and production in thousand metric tons
Capacités en millions de mètres cubes et production en milliers de tonnes métriques

Country or area Pays ou zone	Year Année	Capacity Capacité	Total production Production totale	Natural gasolene Essence naturelle	Condensate Condensats d'usine	L.P.G. G.P.L.	Other natural gas liquids Autres condensats de gaz naturel
World	**2007**	**2560644**	**351609**	**1210**	**31509**	**144902**	**173988**
Monde	**2008**	**2575455**	**352060**	**1430**	**32641**	**143059**	**174930**
	2009	**2650287**	**362518**	**1425**	**32311**	**137337**	**191445**
	2010	**2714116**	**381306**	**1313**	**32720**	**150134**	**197140**
Africa	**2007**	**179465**	**63663**	**20**	**23936**	**11301**	**28406**
Afrique	**2008**	**181046**	**64350**	**25**	**24324**	**11538**	**28463**
	2009	**191381**	**66193**	**0**	**24148**	**10772**	**31273**
	2010	**189211**	**67296**	**0**	**24028**	**10127**	**33141**
Algeria	2007	55143	36311	..	*14500	8627	13184
Algérie	2008	55143	36460	..	*14500	8724	13236
	2009	55143	34821	..	*14500	8347	11974
	2010	55143	33209	..	*14500	7610	11099
Angola	2007	2067	683	..	..	683	..
Angola	2008	2067	683	..	..	683	..
	2009	2067	624	..	..	624	..
	2010	2067	607	..	..	607	..
Congo	2007	*660	108	..	..	..	108
Congo	2008	*660	89	..	..	..	89
	2009	*660	287	..	..	..	287
	2010	*660	284	..	..	..	284
Egypt	2007	46614	6253	..	4936	1317	..
Egypte	2008	48195	6754	..	5324	1430	..
	2009	48195	6448	..	5148	1300	..
	2010	48195	*6402	..	*5028	1374	..
Equatorial Guinea	2007	8992	*5642	..	*4500	*92	*1050
Guinée équatoriale	2008	8992	*5653	..	*4500	*93	*1060
	2009	8992	*5653	..	*4500	*93	*1060
	2010	8992	*5653	..	*4500	*93	*1060
Libya	2007	50614	7348	..	..	531	6817
Libye	2008	50614	7224	..	..	538	6686
	2009	50614	7060	..	..	320	6740
	2010	50614	7139	..	..	327	6812
Mozambique	2007	..	25	..	..	..	25
Mozambique	2008	..	28	..	..	..	28
	2009	..	27	..	..	..	27
	2010	..	30	..	..	..	30
Nigeria	2007	13106	7051	..	..	..	7051
Nigéria	2008	13106	7217	..	..	..	7217
	2009	20237	11008	..	..	..	11008
	2010	20237	13702	..	..	..	13702
South Africa	2007	*471	171	..	..	..	171
Afrique du Sud	2008	*471	147	..	..	..	147
	2009	*471	147	..	..	..	147
	2010	*471	98	..	..	..	98
Tunisia	2007	1798	71	20	..	51	0
Tunisie	2008	1798	95	25	..	70	0
	2009	5002	118	0	..	88	30
	2010	2832	172	0	..	116	56
America, North	**2007**	**1347306**	**85501**	**..**	**..**	**48129**	**37372**
Amérique du Nord	**2008**	**1360536**	**83998**	**..**	**..**	**46504**	**37494**
	2009	**1375773**	**85161**	**..**	**..**	**43928**	**41233**
	2010	**1389467**	**88877**	**..**	**..**	**45899**	**42978**

Table 27

Capacity and production of natural gas liquid plants - by type
Capacité et production des usines d'extraction de liquides de gaz naturel - par catégorie

Capacities in million cubic metres and production in thousand metric tons
Capacités en millions de mètres cubes et production en milliers de tonnes métriques

Country or area Pays ou zone	Year Année	Capacity Capacité	Total production Production totale	Natural gasolene Essence naturelle	Condensate Condensats d'usine	L.P.G. G.P.L.	Other natural gas liquids Autres condensats de gaz naturel
Barbados	2007	*100	1	..	..	1	..
Barbade	2008	*100	1	..	..	1	..
	2009	*100	1	..	..	1	..
	2010	*100	1	..	..	1	..
Canada	2007	547892	21952	..	..	..	21952
Canada	2008	547892	20893	..	..	..	20893
	2009	548409	19703	..	..	..	19703
	2010	550878	18943	..	..	..	18943
Mexico	2007	50428	11245	..	..	8712	2533
Mexique	2008	50428	10422	..	..	8169	2253
	2009	50428	10520	..	..	8166	2354
	2010	50428	10730	..	..	8259	2471
Trinidad and Tobago	2007	14408	1590	..	..	739	851
Trinité-et-Tobago	2008	14408	1730	..	..	755	975
	2009	14408	2258	..	..	1017	1241
	2010	14408	2401	..	..	1081	1320
United States	2007	734478	50713	..	..	38677	12036
États-Unis	2008	747708	50952	..	..	37579	13373
	2009	762428	52679	..	..	34744	17935
	2010	773653	56802	..	..	36558	20244
America, South	**2007**	**125839**	**16540**	**85**	**..**	**10408**	**6047**
Amérique du Sud	**2008**	**125839**	**12653**	**92**	**..**	**9368**	**3193**
	2009	**125839**	**13032**	**97**	**..**	**9307**	**3628**
	2010	**133843**	**12874**	**97**	**..**	**9370**	**3407**
Argentina	2007	50493	4002	..	..	3261	741
Argentine	2008	50493	3537	..	..	3082	455
	2009	50493	3447	..	..	2992	455
	2010	50493	3410	..	..	2857	553
Bolivia (Plur. State of)	2007	9124	311	*50	..	261	..
Bolivie (État plur. de)	2008	9124	304	*50	..	254	..
	2009	9124	308	*50	..	258	..
	2010	9124	302	*50	..	252	..
Brazil	2007	11198	3569	..	..	1203	2366
Brésil	2008	11198	3334	..	..	1020	2314
	2009	11198	3374	..	..	747	2627
	2010	11198	3402	..	..	966	2436
Chile	2007	4930	404	..	..	0	404
Chili	2008	4930	409	..	..	0	409
	2009	4930	466	..	..	0	466
	2010	12934	344	..	..	0	344
Colombia	2007	3442	45	..	..	45	..
Colombie	2008	3442	26	..	..	26	..
	2009	3442	61	..	..	0	61
	2010	3442	44	..	..	0	44
Ecuador	2007	424	79	35	..	44	..
Equateur	2008	424	97	42	..	55	..
	2009	424	114	47	..	67	..
	2010	424	117	47	..	70	..
Peru	2007	5640	1460	..	..	582	878
Pérou	2008	5640	695	..	..	680	15
	2009	5640	1125	..	..	1106	19
	2010	5640	1265	..	..	1235	30

Table 27

Capacity and production of natural gas liquid plants - by type
Capacité et production des usines d'extraction de liquides de gaz naturel - par catégorie

Capacities in million cubic metres and production in thousand metric tons
Capacités en millions de mètres cubes et production en milliers de tonnes métriques

Country or area Pays ou zone	Year Année	Capacity Capacité	Total production Production totale	Natural gasolene Essence naturelle	Condensate Condensats d'usine	L.P.G. G.P.L.	Other natural gas liquids Autres condensats de gaz naturel
Venezuela(Bolivar. Rep.)	2007	40588	6670	..	..	5012	1658
Venezuela(Rép. bolivar.)	2008	40588	4251	..	..	4251	0
	2009	40588	4137	..	..	4137	0
	2010	40588	3990	..	..	3990	0
Asia	**2007**	**630778**	**146332**	**1105**	**7573**	**61968**	**75686**
Asie	**2008**	**630778**	**155017**	**1313**	**8317**	**64141**	**81246**
	2009	**653832**	**164723**	**1328**	**8163**	**61676**	**93557**
	2010	**698226**	**175328**	**1216**	**8692**	**73999**	**91422**
Azerbaijan	2007	*2000	1256	..	..	..	1256
Azerbaïdjan	2008	*2000	2324	..	..	..	2324
	2009	*2000	2062	..	..	..	2062
	2010	*2000	2257	..	..	..	2257
Bahrain	2007	2894	355	..	..	159	196
Bahreïn	2008	2894	362	..	..	162	200
	2009	2894	364	..	..	160	204
	2010	2894	383	..	..	167	216
Bangladesh	2007	1447	84	..	..	..	84
Bangladesh	2008	1447	76	..	..	..	76
	2009	1447	69	..	..	..	69
	2010	1447	63	..	..	..	63
Brunei Darussalam	2007	12217	*664	*401	248	15	..
Brunéi Darussalam	2008	12217	*784	*477	292	15	..
	2009	12217	*653	*394	*244	15	..
	2010	12217	*506	*233	*259	14	..
India	2007	38158	3806	..	..	2060	1746
Inde	2008	38158	3988	..	..	2162	1826
	2009	38158	3993	..	..	2249	1744
	2010	38158	4191	..	..	2167	2024
Indonesia	2007	82399	3028	..	..	547	2481
Indonésie	2008	82399	3701	..	..	910	2791
	2009	82399	6134	..	..	1425	4709
	2010	82399	*4340	..	..	1825	*2515
Iran(Islamic Rep. of)	2007	177174	17107	..	..	2947	14160
Iran(Rép. islamique)	2008	177174	18509	..	..	3789	14720
	2009	177174	20448	..	..	4093	16355
	2010	177174	22577	..	..	4377	18200
Iraq	2007	21508	695	151	..	544	..
Iraq	2008	21508	958	219	..	739	..
	2009	21508	1329	326	..	1003	..
	2010	21508	1449	368	..	1081	..
Japan	2007	..	461	..	..	..	461
Japon	2008	..	452	..	..	..	452
	2009	..	434	..	..	..	434
	2010	..	400	..	..	..	400
Kazakhstan	2007	1602	11860	..	..	..	11860
Kazakhstan	2008	1602	12025	..	..	..	12025
	2009	1602	12128	..	..	..	12128
	2010	1602	11600	..	..	..	11600
Kuwait	2007	18110	4366	..	..	3325	1041
Koweït	2008	18110	4604	..	..	3596	1008
	2009	18110	4280	..	..	3312	968
	2010	18110	5035	..	..	3943	1092

Table 27

Capacity and production of natural gas liquid plants - by type
Capacité et production des usines d'extraction de liquides de gaz naturel - par catégorie

Capacities in million cubic metres and production in thousand metric tons
Capacités en millions de mètres cubes et production en milliers de tonnes métriques

Country or area Pays ou zone	Year Année	Capacity Capacité	Total production Production totale	Natural gasolene Essence naturelle	Condensate Condensats d'usine	L.P.G. G.P.L.	Other natural gas liquids Autres condensats de gaz naturel
Malaysia	2007	43926	1893	..	..	1893	0
Malaisie	2008	43926	*1834	..	..	*1725	109
	2009	43926	*1396	..	..	*1358	*38
	2010	43926	*2528	..	..	*2528	0
Myanmar	2007	248	10	..	..	6	4
Myanmar	2008	248	9	..	..	5	4
	2009	248	8	..	..	4	4
	2010	248	8	..	..	4	4
Oman	2007	8537	110	..	..	..	110
Oman	2008	8537	110	..	..	..	110
	2009	8537	110	..	..	..	110
	2010	8537	66	..	..	..	66
Pakistan	2007	12351	363	..	..	363	..
Pakistan	2008	12351	311	..	..	311	..
	2009	12971	298	..	..	298	..
	2010	12971	253	..	..	253	..
Philippines	2007	..	553	..	..	..	553
Philippines	2008	..	539	..	..	..	539
	2009	..	525	..	..	..	525
	2010	..	471	..	..	..	471
Qatar	2007	10439	17520	..	..	9412	8108
Qatar	2008	10439	20795	..	..	9761	11034
	2009	10439	26344	..	..	6062	20282
	2010	51831	*26868	..	..	*9277	*17591
Saudi Arabia	2007	103770	47041	..	..	28429	18612
Arabie saoudite	2008	103770	47745	..	..	28724	19021
	2009	122374	48996	..	..	30489	18507
	2010	122374	54108	..	..	34120	19988
Syrian Arab Republic	2007	4651	394	63	..	331	..
Rép. arabe syrienne	2008	4651	*386	54	..	*332	..
	2009	8481	*386	*54	..	*332	..
	2010	8481	380	*48	..	332	..
Thailand	2007	11059	6047	490	2800	2757	..
Thaïlande	2008	11059	6878	563	3485	2830	..
	2009	11059	6820	554	3389	2877	..
	2010	11059	8942	567	3903	4472	..
Timor-Leste	2007	*10000	*6745	..	*4525	*2220	..
Timor-Leste	2008	*10000	*6767	..	*4540	*2227	..
	2009	*10000	*6745	..	*4530	*2215	..
	2010	*10000	*6745	..	*4530	*2215	..
Turkmenistan	2007	*2000	687	..	..	..	687
Turkménistan	2008	*2000	777	..	..	..	777
	2009	*2000	706	..	..	..	706
	2010	5002	664	..	..	..	664
United Arab Emirates	2007	40547	18537	..	..	5973	12564
Emirats arabes unis	2008	40547	18413	..	..	5936	12477
	2009	40547	17909	..	..	4848	13061
	2010	40547	19291	..	..	6384	12907
Uzbekistan	2007	*6000	1700	..	..	17	1683
Ouzbékistan	2008	*6000	1700	..	..	17	1683
	2009	*6000	1600	..	..	16	1584
	2010	*6000	1320	..	..	13	1307

Table 27

Capacity and production of natural gas liquid plants - by type
Capacité et production des usines d'extraction de liquides de gaz naturel - par catégorie

Capacities in million cubic metres and production in thousand metric tons
Capacités en millions de mètres cubes et production en milliers de tonnes métriques

Country or area Pays ou zone	Year Année	Capacity Capacité	Total production Production totale	Natural gasolene Essence naturelle	Condensate Condensats d'usine	L.P.G. G.P.L.	Other natural gas liquids Autres condensats de gaz naturel
Viet Nam	2007	1550	361	..	..	281	80
Viet Nam	2008	1550	330	..	..	260	70
	2009	1550	325	..	..	258	67
	2010	1550	299	..	..	242	57
Yemen	2007	18191	689	..	..	689	..
Yémen	2008	18191	640	..	..	640	..
	2009	18191	661	..	..	661	..
	2010	18191	584	..	..	584	..
Europe	**2007**	**222632**	**37010**	..	..	**10551**	**26459**
Europe	**2008**	**222632**	**33820**	..	..	**9298**	**24522**
	2009	**249417**	**31120**	..	..	**9375**	**21745**
	2010	**249417**	**34670**	..	..	**8485**	**26185**
Austria	2007	889	129	..	..	..	129
Autriche	2008	889	118	..	..	..	118
	2009	889	131	..	..	..	131
	2010	889	134	..	..	..	134
Croatia	2007	*700	157	..	..	125	32
Croatie	2008	*700	146	..	..	119	27
	2009	*700	140	..	..	109	31
	2010	*700	124	..	..	101	23
France	2007	5891	39	..	..	0	39
France	2008	5891	35	..	..	0	35
	2009	5891	33	..	..	0	33
	2010	5891	29	..	..	0	29
Greece	2007	*295	7	..	..	..	7
Grèce	2008	*295	3	..	..	..	3
	2009	*295	0	..	..	..	0
	2010	*295	0	..	..	..	0
Hungary	2007	11756	357	..	..	296	61
Hongrie	2008	11756	424	..	..	322	102
	2009	11756	405	..	..	281	124
	2010	11756	342	..	..	258	84
Netherlands	2007	7493	508	..	..	..	508
Pays-Bas	2008	7493	432	..	..	..	432
	2009	7493	392	..	..	..	392
	2010	7493	394	..	..	..	394
Norway	2007	32557	8727	..	..	7744	983
Norvège	2008	32557	8463	..	..	6543	1920
	2009	33281	8924	..	..	6706	2218
	2010	33281	8194	..	..	6070	2124
Poland	2007	568	..	..	..	..	..
Pologne	2008	568	..	..	..	..	..
	2009	568	..	..	..	..	..
	2010	568	..	..	..	..	..
Romania	2007	*700	203	..	..	..	203
Roumanie	2008	*700	177	..	..	..	177
	2009	1390	112	..	..	..	112
	2010	*1390	119	..	..	..	119
Russian Federation	2007	14528	19507	..	..	..	19507
Fédération de Russie	2008	14528	16700	..	..	..	16700
	2009	39899	14538	..	..	..	14538
	2010	*39899	19415	..	..	..	19415

Table 27

Capacity and production of natural gas liquid plants - by type
Capacité et production des usines d'extraction de liquides de gaz naturel - par catégorie

Capacities in million cubic metres and production in thousand metric tons
Capacités en millions de mètres cubes et production en milliers de tonnes métriques

Country or area Pays ou zone	Year Année	Capacity Capacité	Total production Production totale	Natural gasolene Essence naturelle	Condensate Condensats d'usine	L.P.G. G.P.L.	Other natural gas liquids Autres condensats de gaz naturel
Serbia	2007	444	7	..	..	..	7
Serbie	2008	444	7	..	..	..	7
	2009	444	8	..	..	..	8
	2010	444	14	..	..	..	14
Slovakia	2007	*600	2	..	..	..	2
Slovaquie	2008	*600	3	..	..	..	3
	2009	*600	3	..	..	..	3
	2010	*600	3	..	..	..	3
Ukraine	2007	*3000	1149	..	..	..	1149
Ukraine	2008	*3000	1144	..	..	..	1144
	2009	*3000	1056	..	..	..	1056
	2010	*3000	987	..	..	..	987
United Kingdom	2007	143211	6218	..	..	2386	3832
Royaume-Uni	2008	143211	6168	..	..	2314	3854
	2009	143211	5378	..	..	2279	3099
	2010	143211	4915	..	..	2056	2859
Oceania	**2007**	**54624**	**2563**	**..**	**..**	**2545**	**18**
Océanie	**2008**	**54624**	**2222**	**..**	**..**	**2210**	**12**
	2009	**54045**	**2288**	**..**	**..**	**2279**	**9**
	2010	**53952**	**2261**	**..**	**..**	**2254**	**7**
Australia	2007	44862	2445	..	..	2445	..
Australie	2008	44862	2136	..	..	2136	..
	2009	44283	2208	..	..	2208	..
	2010	44190	2105	..	..	2105	..
New Zealand	2007	9762	118	..	..	100	18
Nouvelle-Zélande	2008	9762	86	..	..	74	12
	2009	9762	80	..	..	71	9
	2010	9762	156	..	..	149	7

Table 28

Production, trade and consumption of natural gas
Production, commerce et consommation de gaz naturel
Terajoules and megajoules per capita
Térajoules et mégajoules par habitant

Table Notes:
Production

Production refers to net production: gross production minus re-injected, minus flared and vented, minus extraction loss shrinkage.

Please refer to the Definitions Section on pages xv to xxix for the appropriate product description /classification.

Notes relatives aux tableaux :
Production

Production en gros moins réinjectées, moins brûlées à la torchère ou éventées, moins perte par extraction et réduction.

Veuillez consulter la section "définitions" de la page xv à la page xxix pour une description/classification appropriée des produits.

Figure 74: World production of natural gas 1994-2010

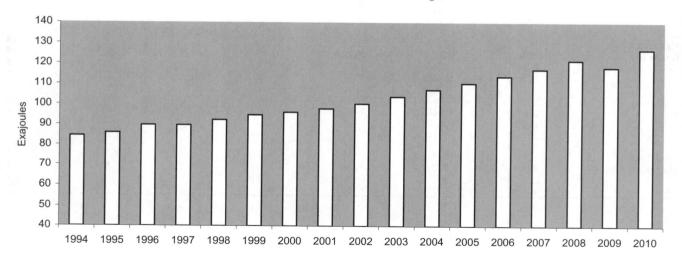

Figure 75: Major natural gas producing countries in 2010

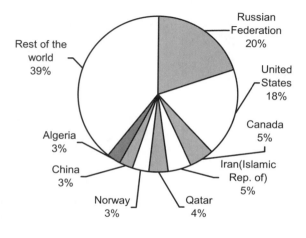

Figure 76: Major natural gas consuming countries in 2010

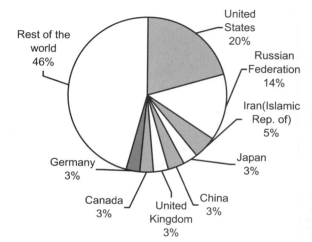

Table 28

Production, trade and consumption of natural gas
Production, commerce et consommation de gaz naturel
Terajoules and megajoules per capita
Térajoules et mégajoules par habitant

Country or area Pays ou zone	Year Année	Production Production	Imports Importations	Exports Exportations	Changes in stocks Variations des stocks	Consumption Consommation	
						Total Totale	Per capita Par habitant
World **Monde**	2007	117052802	34737356	34183007	-272709	117879860	17696
	2008	121476416	35899349	35816929	1001807	120557028	17888
	2009	118075568	34400374	33759876	313270	118402796	17367
	2010	126792780	37505198	37588504	-842414	127551888	18497
Africa **Afrique**	2007	8029227	213237	4342498	..	3899966	4088
	2008	8296952	235821	4531008	..	4001765	4099
	2009	7777272	242551	4140298	..	3879525	3884
	2010	8259020	216905	4443167	..	4032758	3946
Algeria Algérie	2007	3424652	..	2386198	..	1038454	30627
	2008	3433373	..	2385245	..	1048128	30444
	2009	3299215	..	2183127	..	1116088	31934
	2010	3348647	..	2263580	..	1085067	30593
Angola Angola	2007	32387	..	..	..	32387	1848
	2008	25841	..	..	..	25841	1433
	2009	26221	..	..	..	26221	1413
	2010	27739	..	..	..	27739	1454
Cameroon Cameroun	2007	13963	..	..	..	13963	761
	2008	14481	..	..	..	14481	772
	2009	11965	..	..	..	11965	624
	2010	12070	..	..	..	12070	616
Congo Congo	2007	824	..	..	..	824	221
	2008	987	..	..	..	987	257
	2009	2125	..	..	..	2125	539
	2010	1332	..	..	..	1332	329
Côte d'Ivoire Côte d'Ivoire	2007	58683	..	..	..	58683	3147
	2008	61754	..	..	..	61754	3252
	2009	56594	..	..	..	56594	2925
	2010	62103	..	..	..	62103	3146
Dem. Rep. of the Congo Rép. dem. du Congo	2007	331	..	..	..	331	5
	2008	331	..	..	..	331	5
	2009	331	..	..	..	331	5
	2010	331	..	..	..	331	5
Egypt Egypte	2007	2280000	..	630800	..	1649200	21434
	2008	2366117	..	672535	..	1693582	21623
	2009	2358964	..	696350	..	1662614	20857
	2010	2340724	..	563540	..	1777184	21908
Equatorial Guinea Guinée équatoriale	2007	*65250	..	..	..	*65250	*101330
	2008	232001	..	173917	..	58084	87697
	2009	244487	..	184062	..	60425	88715
	2010	255046	..	193430	..	61616	87972
Gabon Gabon	2007	6300	..	..	..	6300	4425
	2008	7061	..	..	..	7061	4869
	2009	6961	..	..	..	6961	4711
	2010	7355	..	..	..	7355	4886
Gambia Gambie	2007	..	90	..	..	90	56
	2008	..	90	..	..	90	55
	2009	..	102	..	..	102	61
	2010	..	*102	..	..	*102	*59
Ghana Ghana	2007	..	..	..	..	..	..
	2008	..	..	..	..	..	..
	2009	..	..	..	..	..	..
	2010	2274	..	..	..	2274	93

Table 28

Production, trade and consumption of natural gas
Production, commerce et consommation de gaz naturel

Terajoules and megajoules per capita
Térajoules et mégajoules par habitant

Country or area Pays ou zone	Year Année	Production Production	Imports Importations	Exports Exportations	Changes in stocks Variations des stocks	Consumption Consommation	
						Total Totale	Per capita Par habitant
Guinea	2007	4	..	..	..	4	0
Guinée	2008	4	..	..	..	4	0
	2009	3	..	..	..	3	0
	2010	3	..	..	..	3	0
Libya	2007	625480	..	379354	..	246126	40864
Libye	2008	650859	..	395200	..	255659	41573
	2009	604200	..	348460	..	255740	40836
	2010	638780	..	372400	..	266380	41916
Morocco	2007	2494	22790	..	..	25284	815
Maroc	2008	2077	20557	..	..	22634	723
	2009	1724	22818	..	..	24542	776
	2010	2088	24403	..	..	26491	829
Mozambique	2007	104520	..	100469	..	4051	186
Mozambique	2008	116617	..	112671	..	3946	177
	2009	113996	..	110139	..	3857	169
	2010	124783	..	118817	..	5966	255
Nigeria	2007	1235000	..	825677	..	409323	2785
Nigéria	2008	1205740	..	780900	..	424840	2820
	2009	881828	..	607620	..	274208	1775
	2010	1256569	..	923400	..	333169	2103
Rwanda	2007	*24	..	..	..	*24	*2
Rwanda	2008	*24	..	..	..	*24	*2
	2009	*26	..	..	..	*26	*3
	2010	*23	..	..	..	*23	*2
Senegal	2007	470	..	..	..	470	41
Sénégal	2008	429	..	..	..	429	36
	2009	677	..	..	..	677	56
	2010	705	..	..	..	705	57
South Africa	2007	67732	110200	..	..	177932	3643
Afrique du Sud	2008	67732	121600	..	..	189332	3839
	2009	39597	133000	..	..	172597	3469
	2010	21674	115520	..	..	137194	2737
Tunisia	2007	89876	80157	20000	..	150033	14810
Tunisie	2008	90141	93574	10540	..	173175	16900
	2009	103087	86631	*10540	..	179178	17287
	2010	126860	76880	*8000	..	195740	18676
United Rep. of Tanzania	2007	21237	..	..	..	21237	517
Rép. Unie de Tanzanie	2008	21383	..	..	..	21383	506
	2009	25271	..	..	..	25271	581
	2010	29915	..	..	..	29915	667
America, North	**2007**	**31565099**	**5975942**	**5814841**	**-521257**	**32247457**	**61345**
Amérique du Nord	**2008**	**32221274**	**5479463**	**5804424**	**-296598**	**32192911**	**60611**
	2009	**32342224**	**5395601**	**5650152**	**85236**	**32002437**	**59640**
	2010	**33179892**	**5557634**	**5759943**	**-327538**	**33305121**	**61442**
Barbados	2007	927	..	..	..	927	3414
Barbade	2008	1047	..	..	..	1047	3848
	2009	687	..	..	..	687	2518
	2010	678	..	..	..	678	2479
Canada	2007	7043320	502330	4106487	-311181	3750344	113725
Canada	2008	6746226	596887	3940791	-239355	3641677	109268
	2009	6293604	793925	3660092	-232882	3660319	108694
	2010	6156621	871340	3682101	-311310	3657170	107511

Table 28

Production, trade and consumption of natural gas
Production, commerce et consommation de gaz naturel

Terajoules and megajoules per capita
Térajoules et mégajoules par habitant

Country or area Pays ou zone	Year Année	Production Production	Imports Importations	Exports Exportations	Changes in stocks Variations des stocks	Consumption Consommation	
						Total Totale	Per capita Par habitant
Cuba	2007	46280	..	..	..	46280	4107
Cuba	2008	45302	..	..	..	45302	4021
	2009	45068	..	..	..	45068	4002
	2010	41868	..	..	..	41868	3719
Dominican Republic	2007	..	21750	..	..	21750	2282
Rép. dominicaine	2008	..	18046	..	..	18046	1867
	2009	..	22017	..	1008	21009	2144
	2010	..	34267	..	325	33942	3419
Mexico	2007	1782114	434901	57078	3071	2156866	19748
Mexique	2008	1774732	537743	41544	-9134	2280065	20610
	2009	1786656	501323	27336	3206	2257437	20150
	2010	1949685	578624	34234	15546	2478529	21852
Puerto Rico	2007	..	28730	..	..	28730	7630
Porto Rico	2008	..	31474	..	..	31474	8373
	2009	..	29527	..	..	29527	7876
	2010	..	30003	..	..	30003	8003
Trinidad and Tobago	2007	1643168	..	773328	..	869840	656150
Trinité-et-Tobago	2008	1629485	..	794138	..	835347	627590
	2009	1683412	..	816748	..	866664	648531
	2010	1742571	..	826979	..	915592	682531
United States	2007	21049290	4988231	877948	-213147	25372720	83937
États-Unis	2008	22024481	4295313	1027951	-48109	25339952	83085
	2009	22532797	4048809	1145976	313904	25121726	81647
	2010	23288469	4043400	1216629	-32099	26147339	84242
America, South	**2007**	**4332879**	**582675**	**567749**	**0**	**4347805**	**11437**
Amérique du Sud	**2008**	**4552351**	**593017**	**513110**	**0**	**4632258**	**12053**
	2009	**4411890**	**559933**	**470344**	**-704**	**4502183**	**11590**
	2010	**4730920**	**854211**	**631062**	**3966**	**4950103**	**12610**
Argentina	2007	1810663	66263	104741	..	1772185	45016
Argentine	2008	1820978	52604	41624	..	1831958	46128
	2009	1729199	96366	23907	..	1801658	44971
	2010	1611164	124767	23488	..	1712443	42374
Bolivia (Plur. State of)	2007	547033	..	462987	..	84046	8881
Bolivie (État plur. de)	2008	571390	..	471465	..	99925	10389
	2009	491489	..	382216	..	109273	11181
	2010	574209	..	452892	..	121317	12217
Brazil	2007	423995	400215	..	..	824210	4343
Brésil	2008	547058	439482	..	..	986540	5150
	2009	471307	323991	..	..	795298	4115
	2010	580681	489800	..	..	1070481	5491
Chile	2007	69355	108772	..	0	178127	10709
Chili	2008	67578	30491	..	0	98069	5839
	2009	71956	56980	..	-704	129640	7646
	2010	71948	139900	..	3966	207882	12147
Colombia	2007	285275	..	21	..	285254	6432
Colombie	2008	305847	..	21	..	305826	6795
	2009	413714	..	64221	..	349493	7655
	2010	438457	..	55616	..	382841	8270
Ecuador	2007	30478	..	..	..	30478	2201
Equateur	2008	18917	..	..	..	18917	1346
	2009	19988	..	..	..	19988	1402
	2010	22608	..	..	..	22608	1563

Table 28

Production, trade and consumption of natural gas
Production, commerce et consommation de gaz naturel

Terajoules and megajoules per capita
Térajoules et mégajoules par habitant

Country or area Pays ou zone	Year Année	Production Production	Imports Importations	Exports Exportations	Changes in stocks Variations des stocks	Consumption Consommation	
						Total Totale	Per capita Par habitant
Peru	2007	108691	..	0	..	108691	3859
Pérou	2008	151025	..	0	..	151025	5306
	2009	190834	..	0	..	190834	6634
	2010	354750	..	99066	..	255684	8793
Uruguay	2007	..	3965	..	..	3965	1189
Uruguay	2008	..	3870	..	..	3870	1157
	2009	..	2712	..	..	2712	808
	2010	..	2996	..	..	2996	889
Venezuela(Bolivar. Rep.)	2007	1057389	3460	..	..	1060849	38446
Venezuela(Rép. bolivar.)	2008	1069558	66570	..	..	1136128	40493
	2009	1023403	79884	..	..	1103287	38685
	2010	1077103	96748	..	..	1173851	40506
Asia	**2007**	**34573264**	**9162749**	**8925119**	**-4966**	**34815861**	**8632**
Asie	**2008**	**36780323**	**9759212**	**9618472**	**127925**	**36793138**	**9024**
	2009	**37167004**	**9406845**	**8934790**	**-12076**	**37651134**	**9137**
	2010	**40863370**	**11215864**	**10596670**	**82978**	**41399586**	**9942**
Afghanistan	2007	161	..	..	..	161	6
Afghanistan	2008	155	..	..	..	155	5
	2009	142	..	..	..	142	5
	2010	161	..	..	..	161	5
Armenia	2007	..	77436	980	..	76456	24870
Arménie	2008	..	84975	1206	..	83769	27206
	2009	..	65601	1192	..	64409	20878
	2010	..	*63761	0	*3698	*60063	*19425
Azerbaijan	2007	421780	0	71003	-7207	357984	40583
Azerbaïdjan	2008	636110	0	204826	8831	422453	47235
	2009	635663	0	228449	24484	382730	42213
	2010	651236	0	241672	43876	365688	39802
Bahrain	2007	338924	..	..	..	338924	366114
Bahreïn	2008	363186	..	..	..	363186	345116
	2009	367276	..	..	..	367276	314024
	2010	376204	..	..	..	376204	298140
Bangladesh	2007	613134	..	..	..	613134	4259
Bangladesh	2008	655274	..	..	..	655274	4504
	2009	712953	..	..	..	712953	4849
	2010	767318	..	..	..	767318	5160
Brunei Darussalam	2007	516967	..	383698	576	132693	351493
Brunéi Darussalam	2008	525272	..	394051	-772	131993	343111
	2009	486450	..	372663	0	113787	290394
	2010	477733	..	353186	0	124547	312210
China	2007	2579882	149040	96876	..	2632046	1992
Chine	2008	2991978	171396	119232	..	3044142	2292
	2009	3178278	283176	119232	..	3342222	2504
	2010	3534036	614537	150158	..	3998415	2981
China, Hong Kong SAR	2007	..	85466	..	7181	78285	11391
Chine, Hong-Kong RAS	2008	..	98866	..	5888	92978	13424
	2009	..	96017	..	-9173	105190	15053
	2010	..	119324	..	-12359	131683	18670
China, Macao SAR	2007	..	..	..	..	..	..
Chine, Macao RAS	2008	..	3221	..	3	3218	6207
	2009	..	3643	..	0	3643	6858
	2010	..	6029	..	0	6029	11090

Table 28

Production, trade and consumption of natural gas
Production, commerce et consommation de gaz naturel

Terajoules and megajoules per capita
Térajoules et mégajoules par habitant

Country or area Pays ou zone	Year Année	Production Production	Imports Importations	Exports Exportations	Changes in stocks Variations des stocks	Consumption Consommation	
						Total Totale	Per capita Par habitant
Georgia Géorgie	2007	623	66492	..	335	66779	15122
	2008	483	57166	..	-335	57983	13196
	2009	420	45928	..	0	46348	10597
	2010	271	42416	..	0	42687	9808
India Inde	2007	1071204	..	..	..	1071204	912
	2008	1165167	..	..	..	1165167	978
	2009	1605979	..	..	..	1605979	1330
	2010	1999826	..	..	..	1999826	1633
Indonesia Indonésie	2007	2663613	..	1503312	..	1160301	4991
	2008	2731470	..	1505383	..	1226087	5218
	2009	2711004	..	1399023	..	1311981	5526
	2010	3140796	..	1642022	..	1498774	6248
Iran(Islamic Rep. of) Iran(Rép. islamique)	2007	5027349	240721	219337	..	5048732	70675
	2008	5263855	275761	183945	..	5355671	74087
	2009	5590773	225893	264757	..	5551908	75911
	2010	5957180	351072	331327	..	5976925	80798
Iraq Iraq	2007	244531	..	..	..	244531	8444
	2008	309994	..	..	..	309994	10395
	2009	339516	..	..	..	339516	11050
	2010	301176	..	..	..	301176	9509
Israel Israël	2007	98431	..	..	..	98431	14224
	2008	130310	12323	..	..	142633	20111
	2009	100849	58150	..	..	158999	21898
	2010	124307	80719	..	..	205026	27637
Japan Japon	2007	166369	3726023	..	28006	3864386	30545
	2008	165667	3716978	..	-12870	3895515	30784
	2009	159411	3618570	..	24574	3753407	29659
	2010	149324	3852397	..	-815	4002536	31632
Jordan Jordanie	2007	6908	93830	..	..	100738	17775
	2008	6385	107707	..	..	114092	19506
	2009	6778	122406	..	..	129185	21439
	2010	5711	90110	..	..	95821	15487
Kazakhstan Kazakhstan	2007	1153500	249025	303341	..	1099184	71025
	2008	1283362	241873	243438	..	1281797	81876
	2009	1402492	84069	258345	543	1227673	77499
	2010	1459620	137089	243105	-11024	1364628	85149
Korea, Republic of Corée, République de	2007	18032	1391631	..	-43215	1452878	30587
	2008	18449	1551273	..	80226	1489496	31204
	2009	31297	1405435	..	-48961	1485693	30975
	2010	39570	1827765	..	50803	1816532	37700
Kuwait Koweït	2007	519174	..	..	..	519174	212097
	2008	541101	..	..	..	541101	212334
	2009	456049	33820	..	..	489869	185116
	2010	452200	105640	..	..	557840	203834
Kyrgyzstan Kirghizistan	2007	581	29308	..	..	29889	5816
	2008	663	28135	..	..	28798	5534
	2009	588	25009	..	..	25597	4856
	2010	872	17585	..	..	18457	3460
Lebanon Liban	2007	..	..	..	..	..	..
	2008	..	..	..	..	..	..
	2009	..	1931	..	..	1931	460
	2010	..	9867	..	..	9867	2334

Table 28

Production, trade and consumption of natural gas
Production, commerce et consommation de gaz naturel
Terajoules and megajoules per capita
Térajoules et mégajoules par habitant

Country or area Pays ou zone	Year Année	Production Production	Imports Importations	Exports Exportations	Changes in stocks Variations des stocks	Consumption Consommation	
						Total Totale	Per capita Par habitant
Malaysia	2007	2526083	227400	1049012	..	1704471	63009
Malaisie	2008	2412200	191000	995834	..	1607366	58445
	2009	*2342520	44500	1037154	..	*1349866	*48297
	2010	*2135645	*293620	*1123193	..	*1306072	*45987
Myanmar	2007	526563	..	401178	..	125385	2673
Myanmar	2008	447815	..	373657	..	74158	1569
	2009	485464	..	375260	..	110204	2315
	2010	497353	..	413187	..	84166	1755
Oman	2007	942844	..	501407	..	441437	172356
Oman	2008	927816	..	444828	..	482988	183161
	2009	957495	..	450681	..	506814	186869
	2010	1048845	7865	371458	..	685252	246278
Other Asia	2007	15532	449740	..	5674	459598	20019
Autres zones d'Asie	2008	13316	492365	..	5032	500649	21732
	2009	13066	480365	..	-31055	524486	22686
	2010	11037	602086	..	10263	602860	25967
Pakistan	2007	1320373	..	..	26	1320347	8029
Pakistan	2008	1336820	..	..	143	1336676	7983
	2009	1361910	..	..	173	1361737	7987
	2010	1355455	..	..	750	1354705	7804
Philippines	2007	143876	..	..	..	143876	1623
Philippines	2008	151458	..	..	..	151458	1680
	2009	152517	..	..	..	152517	1663
	2010	143652	..	..	..	143652	1540
Qatar	2007	2561748	..	1718772	..	842976	715483
Qatar	2008	3241856	..	2396941	..	844915	605214
	2009	3700699	..	2791405	..	909294	569104
	2010	4991505	..	3715000	..	1276505	725785
Saudi Arabia	2007	2677617	..	..	..	2677617	104987
Arabie saoudite	2008	2840389	..	..	..	2840389	108550
	2009	2854671	..	..	..	2854671	106481
	2010	3094078	..	..	..	3094078	112725
Singapore	2007	..	299287	..	..	299287	65277
Singapour	2008	..	306351	..	..	306351	64195
	2009	..	309652	..	..	309652	62611
	2010	..	334944	..	..	334944	65851
Syrian Arab Republic	2007	233740	0	..	..	233740	12098
Rép. arabe syrienne	2008	222430	5278	..	..	227708	11562
	2009	233363	34307	..	..	267670	13348
	2010	337038	26013	..	..	363051	17787
Tajikistan	2007	551	24596	..	..	25147	3808
Tadjikistan	2008	1349	19494	..	..	20843	3115
	2009	1444	15450	..	..	16894	2490
	2010	1558	12245	..	..	13803	2007
Thailand	2007	802644	371817	..	..	1174461	17323
Thaïlande	2008	879730	345872	..	..	1225602	17953
	2009	1064620	392052	..	..	1456672	21201
	2010	1169540	476667	..	..	1646207	23816
Turkey	2007	34202	1385956	1188	3658	1415312	20221
Turquie	2008	38965	1424072	16706	41779	1404552	19804
	2009	26224	1373446	27139	27339	1345192	18723
	2010	26134	1456993	24846	-2214	1460495	20075

Table 28

Production, trade and consumption of natural gas
Production, commerce et consommation de gaz naturel

Terajoules and megajoules per capita
Térajoules et mégajoules par habitant

Country or area Pays ou zone	Year Année	Production Production	Imports Importations	Exports Exportations	Changes in stocks Variations des stocks	Consumption Consommation	
						Total Totale	Per capita Par habitant
Turkmenistan	2007	2609794	..	1799728	..	810066	166720
Turkménistan	2008	2671175	..	1856562	..	814613	165626
	2009	1445465	..	744226	..	701239	140820
	2010	1716372	..	909668	..	806704	159997
United Arab Emirates	2007	1996800	245100	297180	..	1944720	359764
Emirats arabes unis	2008	1958970	585200	304980	..	2239190	360774
	2009	1903980	655500	273390	..	2286090	329464
	2010	1999530	661580	308100	..	2353010	313246
Uzbekistan	2007	2463465	49882	555498	..	1957849	73870
Ouzbékistan	2008	2554536	39906	566835	..	2027607	75623
	2009	2503446	31925	574393	..	1960978	72286
	2010	2271497	25540	544162	..	1752875	63869
Viet Nam	2007	276269	..	22609	..	253660	2984
Viet Nam	2008	292618	..	10048	..	282570	3288
	2009	312558	..	0	..	312558	3597
	2010	366875	..	0	..	366875	4176
Yemen	2007	..	..	..	..	..	..
Yémen	2008	..	..	..	..	..	..
	2009	21643	..	17481	..	4162	178
	2010	259715	..	225586	..	34129	1419
Europe	**2007**	**36559716**	**18588833**	**13753120**	**253464**	**41141965**	**56075**
Europe	**2008**	**37622487**	**19629652**	**14605825**	**1170463**	**41475851**	**56405**
	2009	**34283478**	**18557157**	**13725994**	**236735**	**38877906**	**52762**
	2010	**37590825**	**19434856**	**15185753**	**-607713**	**42447641**	**57501**
Albania	2007	670	..	..	..	670	211
Albanie	2008	335	..	..	..	335	105
	2009	342	..	..	..	342	107
	2010	538	..	..	..	538	168
Austria	2007	73899	379606	105296	12122	336087	40445
Autriche	2008	61262	386405	75640	16869	355158	42576
	2009	66667	442252	144024	17117	347778	41552
	2010	69128	474151	189705	-28561	382135	45527
Belarus	2007	7763	796579	..	-2896	807238	82979
Bélarus	2008	7840	813418	..	-1815	823073	85022
	2009	7918	680404	..	4828	683494	70931
	2010	8226	833077	..	-3051	844354	87996
Belgium	2007	..	693125	0	-1350	694475	65897
Belgique	2008	..	720653	27567	2815	690271	65107
	2009	..	836911	140866	-6954	702999	65942
	2010	..	909253	128123	-7842	788972	73653
Bosnia and Herzegovina	2007	..	15632	..	..	15632	4137
Bosnie-Herzégovine	2008	..	15513	..	..	15513	4110
	2009	..	8849	..	..	8849	2349
	2010	..	9283	..	..	9283	2469
Bulgaria	2007	10966	128088	..	-991	140045	18330
Bulgarie	2008	7273	130460	..	2164	135569	17858
	2009	609	99130	..	-778	100517	13326
	2010	2749	99133	..	-5131	107013	14279
Croatia	2007	109900	40094	28565	-4226	125655	28390
Croatie	2008	102080	45882	26027	2064	119871	27130
	2009	102181	39448	30407	-578	111800	25347
	2010	103028	40407	18288	2690	122457	27810

Table 28

Production, trade and consumption of natural gas
Production, commerce et consommation de gaz naturel

Terajoules and megajoules per capita
Térajoules et mégajoules par habitant

Country or area Pays ou zone	Year Année	Production Production	Imports Importations	Exports Exportations	Changes in stocks Variations des stocks	Consumption Consommation	
						Total Totale	Per capita Par habitant
Czech Republic	2007	6524	327343	15196	-14464	333135	32301
République tchèque	2008	7468	363565	36766	3024	331243	31920
	2009	6775	368886	42309	20437	312915	29973
	2010	7779	324541	6063	-26434	352691	33612
Denmark	2007	384607	..	188377	7283	188947	34548
Danemark	2008	419374	..	229373	516	189485	34469
	2009	349886	..	166516	2165	181205	32798
	2010	341653	6328	146899	-4699	205781	37077
Estonia	2007	..	37372	..	..	37372	27830
Estonie	2008	..	35844	..	..	35844	26707
	2009	..	24429	..	..	24429	18208
	2010	..	26168	..	..	26168	19512
Finland	2007	..	173166	..	..	173166	32732
Finlande	2008	..	179240	..	..	179240	33715
	2009	..	162080	..	..	162080	30343
	2010	..	178520	..	..	178520	33278
France	2007	42585	1763524	36192	-20520	1790437	28981
France	2008	37724	1865485	50991	-3240	1855458	29862
	2009	35516	1894275	89626	50922	1789243	28637
	2010	30044	1959008	118983	-108882	1978951	31501
Germany	2007	609138	3323694	450935	-93960	3575857	43335
Allemagne	2008	526334	3480471	471304	-25920	3561421	43182
	2009	517126	3551278	420979	84960	3562465	43231
	2010	450948	3456727	660239	-167400	3414836	41491
Greece	2007	1026	155138	..	-336	156500	13904
Grèce	2008	681	163122	..	697	163106	14445
	2009	545	137835	..	169	138211	12202
	2010	354	150292	..	177	150469	13246
Hungary	2007	93251	398883	795	-6650	497989	49588
Hongrie	2008	93312	433824	874	34972	491290	49022
	2009	106405	367843	3283	45219	425746	42565
	2010	103967	368092	8668	6774	456617	45737
Ireland	2007	17181	182153	..	50	199284	46440
Irlande	2008	16477	191988	..	-53	208518	47904
	2009	14814	184417	..	-53	199284	45167
	2010	14717	204042	..	306	218453	48872
Italy	2007	369799	2817495	2591	-49873	3234576	54339
Italie	2008	352617	2928634	8003	39205	3234043	53970
	2009	305293	2638433	4764	-33755	2972717	49315
	2010	320268	2870987	5372	19887	3165996	52259
Latvia	2007	..	61201	..	-2046	63247	27719
Lettonie	2008	..	50953	..	-11062	62015	27305
	2009	..	65117	..	8028	57089	25245
	2010	..	42014	..	-25993	68007	30198
Lithuania	2007	..	138425	..	3907	134518	39809
Lituanie	2008	..	116284	..	-4465	120749	35939
	2009	..	101846	..	372	101474	30371
	2010	..	115577	..	-335	115912	34875
Luxembourg	2007	..	53426	..	..	53426	112307
Luxembourg	2008	..	50857	..	..	50857	104476
	2009	..	51752	..	..	51752	103995
	2010	..	55665	..	..	55665	109696

Table 28

Production, trade and consumption of natural gas
Production, commerce et consommation de gaz naturel
Terajoules and megajoules per capita
Térajoules et mégajoules par habitant

Country or area Pays ou zone	Year Année	Production Production	Imports Importations	Exports Exportations	Changes in stocks Variations des stocks	Consumption Consommation	
						Total Totale	Per capita Par habitant
Netherlands	2007	2532697	869930	1855921	-914	1547620	94118
Pays-Bas	2008	2786225	882112	2057637	-1496	1612196	97690
	2009	2624186	855399	1854073	-1302	1626814	98242
	2010	2950851	858439	1984740	669	1823881	109786
Norway	2007	3632557	..	3406124	..	226433	47953
Norvège	2008	4053028	..	3827004	..	226024	47296
	2009	4218715	..	3963230	..	255485	52852
	2010	4352477	..	4062705	..	289772	59342
Poland	2007	181274	385427	1677	-16225	581249	15220
Pologne	2008	171652	425945	1470	11562	584565	15295
	2009	171089	379452	1554	-12154	561141	14671
	2010	171797	414583	1752	-11048	595676	15562
Portugal	2007	..	174947	..	-2218	177165	16701
Portugal	2008	..	192795	..	271	192524	18104
	2009	..	198472	..	2287	196185	18409
	2010	..	209589	..	772	208817	19560
Republic of Moldova	2007	4	44199	0	-29	44232	12047
Rép. de Moldova	2008	5	41541	0	29	41517	11421
	2009	8	38158	0	20	38146	10588
	2010	3	40218	0	-62	40283	11275
Romania	2007	429507	179802	..	15621	593688	27429
Roumanie	2008	418334	164264	..	16940	565658	26201
	2009	415816	74342	..	-2040	492198	22853
	2010	400938	84471	..	-16459	501868	23358
Russian Federation	2007	24283317	278603	7210955	321630	17029335	118841
Fédération de Russie	2008	24878778	297467	7342290	794775	17039180	119019
	2009	22073061	310620	6328479	-245159	16300361	113937
	2010	25128116	162745	7172216	311972	17806673	124559
Serbia	2007	9197	84136	..	-226	93559	9515
Serbie	2008	9975	83149	..	0	93124	9463
	2009	9735	58673	..	3511	64897	6588
	2010	14342	72890	..	1013	86219	8748
Slovakia	2007	5056	238667	6967	0	236756	43594
Slovaquie	2008	4065	238647	7176	-4801	240337	44169
	2009	4078	224072	594	21736	205820	37752
	2010	4108	232724	0	3933	232899	42639
Slovenia	2007	120	42408	..	..	42528	21134
Slovénie	2008	120	40757	..	..	40877	20254
	2009	120	38563	..	..	38683	19112
	2010	279	39860	..	..	40139	19776
Spain	2007	727	1465575	0	-12273	1478575	33149
Espagne	2008	652	1641119	1899	15873	1623999	35972
	2009	568	1478110	41552	-15462	1452588	31828
	2010	2390	1486539	46749	-8676	1450856	31488
Sweden	2007	..	42358	..	..	42358	4624
Suède	2008	..	38450	..	..	38450	4163
	2009	..	50684	..	..	50684	5443
	2010	..	67785	..	..	67785	7227
Switzerland	2007	..	122562	..	..	122562	16219
Suisse	2008	..	130599	..	..	130599	17164
	2009	..	125341	..	..	125341	16370
	2010	..	140015	..	..	140015	18183

Table 28

Production, trade and consumption of natural gas
Production, commerce et consommation de gaz naturel

Terajoules and megajoules per capita
Térajoules et mégajoules par habitant

Country or area Pays ou zone	Year Année	Production Production	Imports Importations	Exports Exportations	Changes in stocks Variations des stocks	Consumption Consommation	
						Total Totale	Per capita Par habitant
T.F.Yug.Rep. Macedonia	2007	..	3988	..	4	3984	1945
L'ex-RY Macédoine	2008	..	4529	..	-1	4530	2207
	2009	..	2997	..	-4	3001	1459
	2010	..	4449	..	4	4445	2157
Ukraine	2007	738239	1954395	156	141772	2550706	55112
Ukraine	2008	750124	2010286	192	270427	2489791	54136
	2009	751685	1426247	178	279729	1898025	41519
	2010	717826	1375095	214	-477263	2569970	56547
United Kingdom	2007	3019712	1216892	443373	-19728	3812959	62614
Royaume-Uni	2008	2916752	1465394	441612	11113	3929421	64133
	2009	2500340	1640842	493560	13474	3634148	58946
	2010	2394299	2122189	635037	-64074	3945525	63601
Oceania	**2007**	**1992616**	**213920**	**779680**	**50**	**1426806**	**41092**
Océanie	**2008**	**2003029**	**202184**	**744090**	**17**	**1461106**	**41327**
	2009	**2093700**	**238287**	**838297**	**4079**	**1489611**	**41397**
	2010	**2168752**	**225728**	**971908**	**5893**	**1416679**	**38716**
Australia	2007	1813026	213920	779680	..	1247266	59056
Australie	2008	1832459	202184	744090	..	1290553	59987
	2009	1915880	238287	838297	..	1315870	60079
	2010	1978561	225728	971908	..	1232381	55342
New Zealand	2007	169570	..	..	50	169520	40052
Nouvelle-Zélande	2008	159992	..	..	17	159975	37396
	2009	167242	..	..	4079	163163	37746
	2010	179342	..	..	5893	173449	39708
Papua New Guinea	2007	*10020	..	..	..	*10020	*1567
Papouasie-Nvl-Guinée	2008	*10578	..	..	..	*10578	*1615
	2009	*10578	..	..	..	*10578	*1578
	2010	*10849	..	..	..	*10849	*1582

Table 29

International trade of natural gas
(Principal importers/exporters)
Terajoules

2009

Importers	Exporters							
	World Monde	Algeria Algérie	Australia Australie	Canada Canada	Egypt Egypte	Indonesia Indonésie	Kazakhstan Kazakhstan	Malaysia Malaisie
Austria	442252	..	..	..	..	..	..	..
Belarus	680404	..	..	..	..	..	..	..
Belgium	836911	..	..	..	..	3334	..	..
Canada	793925	..	..	..	..	..	..	..
Czech Republic	368886	..	..	..	..	..	..	..
Finland	162080	..	..	..	..	..	..	..
France	1894275	306152	..	..	61445	..	..	..
Germany	3551278	..	..	..	..	..	..	..
Hungary	367843	..	..	..	..	..	..	..
Italy	2638433	863727	..	..	..	..	..	..
Japan	3618570	3256	679313	..	..	695097	..	685524
Kazakhstan	84069	..	..	..	..	..	..	..
Korea, Republic of	1405435	3240	71495	..	13005	167864	..	319718
Mexico	501323	..	..	..	17516	..	..	..
Poland	379452	..	..	..	..	..	..	..
Portugal	198472	80906	..	..	..	..	..	..
Russian Federation	310620	..	..	..	..	..	..	..
Slovakia	224072	..	..	..	..	..	..	..
Spain	1478110	513626	..	..	182093	..	..	..
Turkey	1373446	171865	..	..	..	..	..	..
Ukraine	1426247	..	..	..	..	..	196349	..
United Kingdom	1640842	69811	..	..	20894	..	..	..
United States	4048809	..	..	3516921	176046	..	..	..

Table 29

Commerce international du gaz naturel
(Principaux importateurs/exportateurs)
Térajoules

2009

			Exportateurs					
Netherlands Pays-Bas	Nigeria Nigéria	Norway Norvège	Qatar Qatar	Russian Federation Fédération de Russie	Trinidad and Tobago Trinité-et-Tobago	Turkmenistan Turkménistan	United States États-Unis	Importtateurs
..	..	61387	..	277315	..	..	..	Autriche
..	..	..	..	..	..	..	..	Bélarus
243642	3266	250426	240293	19536	6155	..	..	Belgique
..	..	..	3574	..	..	..	756379	Canada
..	..	114290	..	254596	..	..	..	République tchèque
..	..	..	..	162080	..	..	..	Finlande
306065	50241	614858	19766	278432	..	..	..	France
726248	..	1299062	..	1343539	..	..	..	Allemagne
..	..	..	..	303996	..	9708	..	Hongrie
162992	..	158496	60617	761962	..	..	..	Italie
..	..	..	436892	236608	8889	..	30725	Japon
..	..	..	..	23399	..	..	..	Kazakhstan
..	9578	..	379540	55349	36755	..	..	Corée, République de
..	104421	3384	5135	..	3344	..	361233	Mexique
..	..	..	..	311174	..	..	..	Pologne
..	85580	..	..	..	..	..	..	Portugal
..	..	..	..	..	..	..	..	Fédération de Russie
..	..	..	..	222395	..	..	..	Slovaquie
..	177164	141282	182747	..	179785	..	..	Espagne
..	34604	..	..	745878	..	..	..	Turquie
..	..	..	..	865815	..	175667	..	Ukraine
250304	..	944280	220172	..	74758	..	..	Royaume-Uni
..	15583	33418	15059	..	261927	..	..	États-Unis

Table 29

International trade of natural gas
(Principal importers/exporters)
Terajoules

2010

Importers	Exporters							
	World Monde	Algeria Algérie	Australia Australie	Canada Canada	Egypt Egypte	Indonesia Indonésie	Kazakhstan Kazakhstan	Malaysia Malaisie
Austria	474151	..	..	..	..	..	..	..
Belarus	833077	..	..	..	..	..	..	..
Belgium	909253	..	..	..	..	6826	..	..
Canada	871340	..	..	..	..	..	..	..
Czech Republic	324541	..	..	..	..	..	..	..
Finland	178520	..	..	..	..	..	..	..
France	1959008	255883	..	..	26726	..	..	..
Germany	3456727	..	..	..	..	..	..	..
Hungary	368092	..	..	..	..	..	..	..
Italy	2870987	1052132	..	..	..	..	..	..
Japan	3852397	..	722744	..	29738	705383	..	797416
Kazakhstan	137089	..	..	..	..	..	..	..
Korea, Republic of	1827765	..	56085	..	40024	296688	..	258246
Mexico	578624	..	..	..	3203	1853	..	..
Poland	414583	..	..	..	..	..	..	..
Portugal	209589	76902	..	..	..	..	..	..
Russian Federation	162745	..	..	..	..	..	..	..
Slovakia	232724	..	..	..	..	..	..	..
Spain	1486539	486064	..	..	114414	..	..	..
Turkey	1456993	149637	..	..	10342	..	..	..
Ukraine	1375095	..	..	..	..	..	..	..
United Kingdom	2122189	41486	..	..	4547	..	..	..
United States	4043400	..	..	3522021	80095	..	..	..

Table 29

Commerce international du gaz naturel
(Principaux importateurs/exportateurs)
Térajoules

2010

| Exportateurs | | | | | | | | Importtateurs |
Netherlands Pays-Bas	Nigeria Nigéria	Norway Norvège	Qatar Qatar	Russian Federation Fédération de Russie	Trinidad and Tobago Trinité-et-Tobago	Turkmenistan Turkménistan	United States États-Unis	
..	..	65815	..	297317	..	..	..	Autriche
..	..	..	..	..	..	..	..	Bélarus
214110	6588	250577	234045	18186	..	..	..	Belgique
..	..	..	16296	..	..	..	788184	Canada
..	..	40051	..	284490	..	..	..	République tchèque
..	..	..	..	178520	..	..	..	Finlande
299408	145846	611958	100593	267418	..	..	..	France
*744149	..	*1210981	..	*1355678	..	..	..	Allemagne
..	..	..	..	258639	..	..	..	Hongrie
120548	..	109195	234467	564071	..	..	..	Italie
..	..	..	421178	326100	..	..	30365	Japon
..	..	..	..	28872	..	..	..	Kazakhstan
..	48372	..	405412	159628	29153	..	12648	Corée, République de
..	79624	..	45157	..	..	..	383297	Mexique
..	..	..	..	371296	..	..	..	Pologne
..	109434	..	..	..	..	..	..	Portugal
..	..	..	..	..	..	..	..	Fédération de Russie
..	..	..	..	*232724	..	..	..	Slovaquie
..	302086	135120	236386	..	129294	..	..	Espagne
..	45550	9576	70673	673241	..	..	..	Turquie
..	..	..	..	*1375095	..	..	..	Ukraine
313632	..	1028559	575942	..	59926	..	..	Royaume-Uni
..	48876	29671	54107	..	210416	..	..	États-Unis

Table 30

Production of other gases - by type
Production d'autres gaz - par catégorie
Terajoules
Térajoules

Table Notes:
Total production

Total production of liquefied petroleum gas production by refinery and plant, refinery gas production from refinery, production of gasworks gas, coke oven gas, blast furnace gas and biogas.

Please refer to the Definitions Section on pages xv to xxix for the appropriate product description /classification.

Notes relatives aux tableaux:
Production totale

Production totale de gaz de pétrole liquéfiés par raffinement, production de gaz raffiné naturellement, production de gaz d'usine à gaz, gaz de cokerie, gaz de haut-fourneau et biogaz.

Veuillez consulter la section "définitions" de la page xv à la page xxix pour une description/classification appropriée des produits.

Figure 77: Production of other gases, by region, in 2010

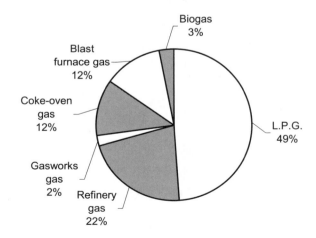

Figure 78: World production of other gases in 2010

Table 30

Production of other gases - by type
Production d'autres gaz - par catégorie
Terajoules
Térajoules

Country or area Pays ou zone	Year Année	Total Totale	L.P.G. G.P.L.	Refinery gas Gaz de raffinerie	Gasworks gas Gaz d'usines à gaz	Coke-oven gas Gaz de cokerie	Blast furnace gas Gaz de haut-fourneau	Biogas Biogaz
World	**2007**	**23074381**	**11621236**	**5411736**	**431515**	**2663442**	**2428386**	**518066**
Monde	**2008**	**22899057**	**11506997**	**5476174**	**368424**	**2697771**	**2304267**	**545424**
	2009	**21996541**	**11387261**	**5264036**	**362877**	**2495648**	**1884332**	**602388**
	2010	**24612794**	**12028866**	**5367313**	**509674**	**2913502**	**3060435**	**733004**
Africa	**2007**	**911306**	**630602**	**116583**	**106064**	**18838**	**39219**	**0**
Afrique	**2008**	**927464**	**642535**	**124707**	**106064**	**16592**	**37517**	**50**
	2009	**866288**	**597173**	**113903**	**106064**	**14813**	**34263**	**72**
	2010	**789798**	**568098**	**99749**	**83558**	**8642**	**29671**	**80**
Algeria	2007	439463	418231	12437	..	825	7970	..
Algérie	2008	440707	420827	11097	..	825	7958	..
	2009	420246	403930	11055	..	398	4863	..
	2010	387842	372504	10846	..	0	4492	..
Angola	2007	35522	32382	3141	..	..	..	..
Angola	2008	35390	32291	3099	..	..	..	..
	2009	33159	29558	3601	..	..	..	..
	2010	32746	29103	3643	..	..	..	..
Cameroon	2007	3504	865	2638	..	..	..	..
Cameroun	2008	3329	774	2554	..	..	..	..
	2009	3740	683	3057	..	..	..	..
	2010	4093	911	3183	..	..	..	..
Congo	2007	319	319	..	..	..	..	..
Congo	2008	228	228	..	..	..	..	..
	2009	410	410	..	..	..	..	..
	2010	547	547	..	..	..	..	..
Côte d'Ivoire	2007	2945	1731	1214	..	..	..	..
Côte d'Ivoire	2008	6410	5238	1173	..	..	..	..
	2009	2539	1366	1173	..	..	..	..
	2010	1881	1002	879	..	..	..	..
Dem. Rep. of the Congo	2007	1219	..	..	..	..	1219	..
Rép. dem. du Congo	2008	1294	..	..	..	..	1294	..
	2009	1331	..	..	..	..	1331	..
	2010	1427	..	..	..	..	1427	..
Egypt	2007	101936	86443	5695	380	..	9418	..
Egypte	2008	107269	92318	5360	380	..	9211	..
	2009	97436	82890	5151	380	..	9015	..
	2010	100486	86351	4983	354	..	8797	..
Equatorial Guinea	2007	*4181	*4181	..	..	..	..	..
Guinée équatoriale	2008	*4236	*4236	..	..	..	..	..
	2009	*4236	*4236	..	..	..	..	..
	2010	*4236	*4236	..	..	..	..	..
Gabon	2007	638	638	..	..	..	..	..
Gabon	2008	592	592	..	..	..	..	..
	2009	638	638	..	..	..	..	..
	2010	683	683	..	..	..	..	..
Ghana	2007	4601	3051	1549	..	..	..	..
Ghana	2008	4264	2505	1759	..	..	..	..
	2009	1182	638	544	..	..	..	..
	2010	2654	1439	1214	..	..	..	..
Kenya	2007	4443	1512	2931	..	..	..	..
Kenya	2008	4351	1503	2848	..	..	..	..
	2009	5023	2049	2973	..	..	..	..
	2010	5953	2687	3266	..	..	..	..

Table 30

Production of other gases - by type
Production d'autres gaz - par catégorie

Terajoules
Térajoules

Country or area Pays ou zone	Year Année	Total Totale	L.P.G. G.P.L.	Refinery gas Gaz de raffinerie	Gasworks gas Gaz d'usines à gaz	Coke-oven gas Gaz de cokerie	Blast furnace gas Gaz de haut-fourneau	Biogas Biogaz
Libya Libye	2007	60793	39897	20896	..	..	..	..
	2008	60072	37710	22362	..	..	..	..
	2009	53394	29148	24246	..	..	..	..
	2010	56291	29239	27052	..	..	..	..
Morocco Maroc	2007	17835	7742	10092	..	..	..	..
	2008	16746	7742	9003	..	..	..	..
	2009	11806	4645	7161	..	..	..	..
	2010	8540	1002	7538	..	..	..	..
Nigeria Nigéria	2007	4412	182	4229	..	..	..	..
	2008	7357	2960	4397	..	..	..	..
	2009	3502	1366	2136	..	..	..	..
	2010	8516	3826	4690	..	..	..	..
Réunion Réunion	2007	0	..	..	..	..	..	0
	2008	*50	..	..	..	..	..	*50
	2009	72	..	..	..	..	..	72
	2010	80	..	..	..	..	..	80
Senegal Sénégal	2007	335	0	335	..	..	..	..
	2008	335	0	335	..	..	..	..
	2009	335	0	335	..	..	..	..
	2010	643	182	461	..	..	..	..
South Africa Afrique du Sud	2007	*203699	14529	48576	*105684	15856	19054	..
	2008	211949	14802	57915	*105684	14495	19054	..
	2009	*201824	13800	50167	*105684	13119	19054	..
	2010	146025	*10612	29941	83204	7313	14955	..
Sudan Soudan	2007	15120	14073	1047	..	..	..	..
	2008	14034	13071	963	..	..	..	..
	2009	16441	15394	1047	..	..	..	..
	2010	19201	17944	1256	..	..	..	..
Tunisia Tunisie	2007	5989	4691	1298	..	..	..	..
	2008	6900	5602	1298	..	..	..	..
	2009	6826	6240	586	..	..	..	..
	2010	5731	5647	84	..	..	..	..
Zambia Zambie	2007	639	137	503	..	..	..	..
	2008	681	137	544	..	..	..	..
	2009	852	182	670	..	..	..	..
	2010	894	182	712	..	..	..	..
Zimbabwe Zimbabwe	2007	3715	..	..	..	2157	1558	..
	2008	1272	..	..	..	1272	0	..
	2009	1296	..	..	..	1296	0	..
	2010	1329	..	..	..	1329	0	..
America, North Amérique du Nord	**2007**	**5649331**	**3229810**	**1859881**	**55624**	**118980**	**193333**	**191704**
	2008	**5460443**	**3122674**	**1791707**	**55610**	**106041**	**180207**	**204204**
	2009	**5324512**	**3089051**	**1770224**	**58265**	**74838**	**110427**	**221706**
	2010	**5541255**	**3231814**	**1772150**	**59790**	**100736**	**144211**	**232553**
Barbados Barbade	2007	47	47	..	..	..	..	..
	2008	47	47	..	..	..	..	..
	2009	47	47	..	..	..	..	..
	2010	48	48	..	..	..	..	..
Canada Canada	2007	392971	85532	242797	..	29569	28091	6982
	2008	363088	82936	229690	..	22298	21183	6982
	2009	353288	79201	227805	..	20200	19100	6982
	2010	355178	84029	219849	..	22266	21153	7881

Table 30

Production of other gases - by type
Production d'autres gaz - par catégorie
Terajoules
Térajoules

Country or area Pays ou zone	Year Année	Total Totale	L.P.G. G.P.L.	Refinery gas Gaz de raffinerie	Gasworks gas Gaz d'usines à gaz	Coke-oven gas Gaz de cokerie	Blast furnace gas Gaz de haut-fourneau	Biogas Biogaz
Costa Rica	2007	1080	182	..	..	..	898	..
Costa Rica	2008	1320	228	..	..	..	1092	..
	2009	1104	182	..	..	..	922	..
	2010	1063	207	..	..	..	856	..
Cuba	2007	7100	2687	1089	3325	..	..	..
Cuba	2008	6822	2550	754	3518	..	..	..
	2009	6786	2095	1173	3518	..	..	..
	2010	7679	2687	1298	3694	..	..	..
Dominican Republic	2007	1641	1139	503	..	..	..	..
Rép. dominicaine	2008	1508	1048	461	..	..	..	..
	2009	1599	1139	461	..	..	..	..
	2010	1690	1230	461	..	..	..	..
El Salvador	2007	1539	911	628	..	..	0	..
El Salvador	2008	1455	911	544	..	..	0	..
	2009	1266	638	628	..	..	0	..
	2010	1136	592	544	..	..	0	..
Jamaica	2007	364	364	..	..	..	..	..
Jamaïque	2008	547	547	..	..	..	..	..
	2009	455	455	..	..	..	..	..
	2010	337	337	..	..	..	..	..
Martinique	2007	*876	*876	..	..	..	..	..
Martinique	2008	*905	*905	..	..	..	..	..
	2009	*893	*893	..	..	..	..	..
	2010	*877	*877	..	..	..	..	..
Mexico	2007	564384	440046	118802	..	1356	3132	1048
Mexique	2008	536873	412082	118509	..	960	4138	1184
	2009	536074	411900	118132	..	822	3587	1633
	2010	536550	412583	116457	..	838	4772	1900
Netherlands Antilles	2007	13202	3780	9422	..	..	..	..
Antilles néerlandaises	2008	11259	3051	8208	..	..	..	..
	2009	15170	2733	12437	..	..	..	..
	2010	6921	1184	5737	..	..	..	..
Nicaragua	2007	1692	729	963	..	..	..	..
Nicaragua	2008	1164	410	754	..	..	..	..
	2009	1049	547	503	..	..	..	..
	2010	1144	683	461	..	..	..	..
Trinidad and Tobago	2007	52064	38621	13442	..	..	..	..
Trinité-et-Tobago	2008	53501	40352	13149	..	..	..	..
	2009	59616	51283	8333	..	..	..	..
	2010	65146	52877	12270	..	..	..	..
United States	2007	4612371	2654896	1472235	52299	88055	161212	183674
États-Unis	2008	4481953	2577608	1419638	52092	82783	153794	196038
	2009	4347164	2537939	1400752	54747	53816	86818	213091
	2010	4563484	2674480	1415074	56096	77632	117430	222772
America, South	**2007**	**1266263**	**814654**	**338613**	**1286**	**88413**	**23296**	**0**
Amérique du Sud	**2008**	**1251372**	**757602**	**381534**	**1066**	**88530**	**22591**	**49**
	2009	**1206564**	**741452**	**360798**	**850**	**83949**	**19227**	**288**
	2010	**1215119**	**746193**	**360218**	**799**	**90245**	**17302**	**362**
Argentina	2007	253860	191968	39322	..	10420	12150	..
Argentine	2008	241683	181629	36977	..	10693	12384	..
	2009	236378	176073	37228	..	10693	12384	..
	2010	234162	172566	39573	..	9630	12393	..

Table 30

Production of other gases - by type
Production d'autres gaz - par catégorie
Terajoules
Térajoules

Country or area Pays ou zone	Year Année	Total Totale	L.P.G. G.P.L.	Refinery gas Gaz de raffinerie	Gasworks gas Gaz d'usines à gaz	Coke-oven gas Gaz de cokerie	Blast furnace gas Gaz de haut-fourneau	Biogas Biogaz
Bolivia (Plur. State of)	2007	20235	15713	4523	..	..	..	..
Bolivie (État plur. de)	2008	18748	15439	3308	..	..	..	..
	2009	19802	15531	4271	..	..	..	..
	2010	18565	15257	3308	..	..	..	..
Brazil	2007	531117	261013	199121	..	70983	..	..
Brésil	2008	529955	250720	208497	..	70738	..	..
	2009	503690	227766	208914	..	67010	..	..
	2010	512097	232730	203275	..	76092	..	..
Chile	2007	45065	17170	16206	1286	5059	5344	0
Chili	2008	52529	11933	29564	1066	4687	5230	49
	2009	45922	12251	23911	850	4056	4565	288
	2010	35302	17944	9338	799	3652	3206	362
Colombia	2007	62427	33110	24794	..	1951	2572	..
Colombie	2008	73423	31881	36601	..	2412	2529	..
	2009	50135	28875	16792	..	2190	2278	..
	2010	53212	25596	25042	..	871	1703	..
Ecuador	2007	7515	7515	..	..	..	..	..
Equateur	2008	10657	10657	..	..	..	..	..
	2009	11523	11523	..	..	..	..	..
	2010	11022	11022	..	..	..	..	..
Peru	2007	42938	35898	3811	..	..	3230	..
Pérou	2008	49336	40398	6491	..	..	2448	..
	2009	63480	58706	4774	..	..	0	..
	2010	72992	65538	7454	..	..	0	..
Uruguay	2007	4342	2960	1382	..	..	..	..
Uruguay	2008	5675	4122	1554	..	..	..	..
	2009	6257	3912	2345	..	..	..	..
	2010	5445	3234	2211	..	..	..	..
Venezuela(Bolivar. Rep.)	2007	298763	249308	49456	..	..	..	..
Venezuela(Rép. bolivar.)	2008	269366	210823	58543	..	..	..	..
	2009	269378	206815	62563	..	..	..	..
	2010	272323	202306	70017	..	..	..	..
Asia	**2007**	**9177388**	**4929483**	**1487323**	**235268**	**1597483**	**910341**	**17489**
Asie	**2008**	**9318953**	**5003660**	**1571528**	**172080**	**1680342**	**873875**	**17468**
	2009	**9062798**	**4959247**	**1475729**	**165133**	**1618598**	**824255**	**19837**
	2010	**11152716**	**5515488**	**1584779**	**331602**	**1911238**	**1786971**	**22638**
Azerbaijan	2007	15845	8517	7328	..	..	..	..
Azerbaïdjan	2008	18333	9245	9087	..	..	..	..
	2009	20348	8790	11558	..	..	..	..
	2010	21902	10931	10972	..	..	..	..
Bahrain	2007	19860	8972	10888	..	..	..	..
Bahreïn	2008	19955	9109	10846	..	..	..	..
	2009	19780	9018	10762	..	..	..	..
	2010	20521	9382	11139	..	..	..	..
Bangladesh	2007	2347	547	1801	..	..	..	..
Bangladesh	2008	3539	1822	1717	..	..	..	..
	2009	3832	1822	2010	..	..	..	..
	2010	3957	1822	2136	..	..	..	..
Brunei Darussalam	2007	3489	683	2806	..	..	..	..
Brunéi Darussalam	2008	3321	683	2638	..	..	..	..
	2009	2986	683	2303	..	..	..	..
	2010	2731	638	2094	..	..	..	..

Table 30

Production of other gases - by type
Production d'autres gaz - par catégorie

Terajoules
Térajoules

Country or area Pays ou zone	Year Année	Total Totale	L.P.G. G.P.L.	Refinery gas Gaz de raffinerie	Gasworks gas Gaz d'usines à gaz	Coke-oven gas Gaz de cokerie	Blast furnace gas Gaz de haut-fourneau	Biogas Biogaz
China Chine	2007 2008 2009 2010	2545446 2597617 2583969 3992177	885694 872077 834229 931603	430778 458961 502973 575292	199116 135243 128547 294675	1029857 1131336 1118220 1335339	 855268	.. ..
China, Hong Kong SAR Chine, Hong-Kong RAS	2007 2008 2009 2010	27041 27583 27274 27578	.. ..	.. ..	27041 27583 27274 27578	.. ..	.. ..	.. ..
Cyprus Chypre	2007 2008 2009 2010	6 153 24 127	.. ..	.. ..	.. ..	.. ..	.. ..	6 153 24 127
Georgia Géorgie	2007 2008 2009 2010	3 3 3 3	.. ..	.. ..	.. ..	.. ..	.. ..	3 3 3 3
India Inde	2007 2008 2009 2010	661907 581628 632189 589972	400423 318626 368497 343311	98409 99749 *99749 99749	677 714 751 788	.. ..	162399 162540 163193 146125	.. ..
Indonesia Indonésie	2007 2008 2009 2010	94150 107070 130308 142474	64217 76969 99286 113086	26633 26801 27722 26089	*3300 *3300 *3300 *3300	.. ..	.. ..	.. ..
Iran(Islamic Rep. of) Iran(Rép. islamique)	2007 2008 2009 2010	331766 384927 383102 401714	205882 245229 261485 277887	101604 117970 97548 98977	.. ..	6895 5224 6491 5119	17384 16504 17452 19604	0 0 127 127
Iraq Iraq	2007 2008 2009 2010	46184 48798 74428 87564	29057 43312 55290 61894	17127 5486 19137 25670	.. ..	.. ..	.. ..	.. ..
Israel Israël	2007 2008 2009 2010	23136 24586 23723 26111	23136 24548 23592 25732	.. ..	.. ..	.. ..	.. ..	.. 38 131 379
Japan Japon	2007 2008 2009 2010	1384754 1274298 1248654 1330915	200803 186548 206087 196522	329187 305402 310720 316373	.. ..	383183 358766 332337 363852	465388 417636 393685 448708	6192 5946 5825 5459
Jordan Jordanie	2007 2008 2009 2010	7131 7992 7109 5346	5420 6085 5392 4299	1591 1801 1633 963	.. ..	.. ..	.. ..	120 107 83 83
Kazakhstan Kazakhstan	2007 2008 2009 2010	169193 170486 121130 *138964	57477 61120 78882 *96963	64280 69724 4146 4941	.. ..	28084 18246 17238 15612	19353 21396 20864 21447	.. ..
Korea, Dem.Ppl's.Rep. Corée,Rép.pop.dém.de	2007 2008 2009 2010	1765 1971 1895 1816	.. ..	.. ..	.. ..	.. ..	1765 1971 1895 1816	.. ..

Table 30

Production of other gases - by type
Production d'autres gaz - par catégorie
Terajoules
Térajoules

Country or area Pays ou zone	Year Année	Total Totale	L.P.G. G.P.L.	Refinery gas Gaz de raffinerie	Gasworks gas Gaz d'usines à gaz	Coke-oven gas Gaz de cokerie	Blast furnace gas Gaz de haut-fourneau	Biogas Biogaz
Korea, Republic of	2007	457554	133307	83040	..	83987	149308	7912
Corée, République de	2008	499952	135584	101005	..	93135	163361	6867
	2009	472463	137816	99623	..	78035	149479	7510
	2010	548568	135402	100335	..	108214	196301	8316
Kuwait	2007	174829	156990	17839	..	..	..	..
Koweït	2008	187106	169560	17546	..	..	..	..
	2009	173555	156762	16792	..	..	..	..
	2010	202901	185774	17127	..	..	..	..
Malaysia	2007	176240	137588	38652	..	..	..	..
Malaisie	2008	*202233	*161362	40871	..	..	..	..
	2009	*155787	*148291	7496	..	..	..	..
	2010	*150001	*141961	8040	..	..	..	..
Myanmar	2007	2065	683	1382	..	..	..	..
Myanmar	2008	2009	669	1340	..	..	..	..
	2009	1852	554	1298	..	..	..	..
	2010	1993	569	1424	..	..	..	..
Nepal	2007	2384	..	..	..	..	..	2384
Népal	2008	2593	..	..	..	..	..	2593
	2009	2640	..	..	..	..	..	2640
	2010	2687	..	..	..	..	..	2687
Oman	2007	9930	6832	3099	..	..	..	..
Oman	2008	44656	30879	13777	..	..	..	..
	2009	43731	30833	12898	..	..	..	..
	2010	35916	24275	11642	..	..	..	..
Other Asia	2007	223297	77106	52806	..	42293	51092	..
Autres zones d'Asie	2008	209048	73280	46901	..	42534	46333	..
	2009	197726	72142	47487	..	39940	38157	..
	2010	225622	66267	50000	..	55204	54152	..
Pakistan	2007	29193	26317	..	..	..	2876	..
Pakistan	2008	30510	23106	..	..	..	7404	..
	2009	24760	22094	..	..	..	2666	..
	2010	22305	19661	..	..	..	2644	..
Philippines	2007	13025	11536	..	..	..	1489	..
Philippines	2008	15379	13901	..	..	..	1478	..
	2009	14563	12848	..	..	..	1715	..
	2010	18170	16455	..	..	..	1715	..
Qatar	2007	438019	435674	2345	..	..	..	..
Qatar	2008	454005	451660	2345	..	..	..	..
	2009	283989	281644	2345	..	..	..	..
	2010	*441788	*439317	2471	..	..	..	..
Saudi Arabia	2007	1435724	1339996	95729	..	..	..	..
Arabie saoudite	2008	1484014	1352566	131449	..	..	..	..
	2009	1501775	1438416	63358	..	..	..	..
	2010	1707869	1601965	105904	..	..	..	..
Singapore	2007	72414	31015	36265	5134	..	..	..
Singapour	2008	71192	29604	36348	5240	..	..	..
	2009	66829	27691	33878	5261	..	..	..
	2010	58197	17216	35720	*5261	..	..	..
Sri Lanka	2007	2571	729	1843	..	..	..	..
Sri Lanka	2008	2571	729	1843	..	..	..	..
	2009	3145	1093	2052	..	..	..	..
	2010	2723	1048	1675	..	..	..	..

Table 30

Production of other gases - by type
Production d'autres gaz - par catégorie
Terajoules
Térajoules

Country or area Pays ou zone	Year Année	Total Totale	L.P.G. G.P.L.	Refinery gas Gaz de raffinerie	Gasworks gas Gaz d'usines à gaz	Coke-oven gas Gaz de cokerie	Blast furnace gas Gaz de haut-fourneau	Biogas Biogaz
Syrian Arab Republic	2007	26930	21087	5821	..	..	22	..
Rép. arabe syrienne	2008	*34125	*20996	13107	..	..	22	..
	2009	*35391	*20313	15033	..	..	45	..
	2010	27300	20723	6533	..	..	45	..
Thailand	2007	196056	195429		..	..	384	243
Thaïlande	2008	218526	217382		..	..	474	670
	2009	234173	232320		..	..	327	1526
	2010	270235	267252		..	..	*372	2611
Timor-Leste	2007	*101108	*101108		..	..	..	..
Timor-Leste	2008	*101426	*101426		..	..	..	..
	2009	*100880	*100880		..	..	..	..
	2010	*100880	*100880		..	..	..	..
Turkey	2007	120975	34705	23576	..	23184	38881	629
Turquie	2008	123709	36116	20645	..	31101	34756	1091
	2009	140381	27509	49791	..	26337	34777	1968
	2010	137780	29695	38568	..	27898	38774	2846
Turkmenistan	2007	19305	..	19305	..	..	..	..
Turkménistan	2008	21147	..	21147	..	..	..	..
	2009	19724	..	19724	..	..	..	..
	2010	18760	..	18760	..	..	..	..
United Arab Emirates	2007	286708	280050	6658	..	..	..	..
Emirats arabes unis	2008	290993	284377	6616	..	..	..	..
	2009	251160	243706	7454	..	..	..	..
	2010	323865	317123	6742	..	..	..	..
Uzbekistan	2007	7580	1048	6533	..	..	..	..
Ouzbékistan	2008	7455	1048	6407	..	..	..	..
	2009	7241	1002	6240	..	..	..	..
	2010	6264	820	5444	..	..	..	..
Viet Nam	2007	12798	12798		..	..	..	..
Viet Nam	2008	11841	11841		..	..	..	..
	2009	16988	16988		..	..	..	..
	2010	25641	25641		..	..	..	..
Yemen	2007	34659	34659		..	..	..	..
Yémen	2008	32200	32200		..	..	..	..
	2009	33293	33293		..	..	..	..
	2010	29376	29376		..	..	..	..
Europe	**2007**	**5775532**	**1866666**	**1562603**	**28575**	**802500**	**1217254**	**297934**
Europe	**2008**	**5657081**	**1843166**	**1560635**	**29938**	**769301**	**1143825**	**310217**
	2009	**5279855**	**1861019**	**1504856**	**29703**	**675767**	**862091**	**346419**
	2010	**5657837**	**1835150**	**1509337**	**33593**	**775104**	**1041173**	**463480**
Albania	2007	503	..	503	..	..	..	..
Albanie	2008	335	..	335	..	..	..	..
	2009	461	..	461	..	..	..	..
	2010	126	..	126	..	..	..	..
Austria	2007	69649	3188	17462	..	9524	33031	6444
Autriche	2008	72109	4463	16039	..	9903	34556	7148
	2009	59666	4190	15452	..	9072	24261	6691
	2010	70307	3962	16415	..	9772	32977	7180
Belarus	2007	40094	19994	20100	..	..	..	..
Bélarus	2008	39597	21952	17630	..	..	..	15
	2009	35930	18992	16876	..	..	..	62
	2010	31295	18810	12395	..	..	..	90

Table 30

Production of other gases - by type
Production d'autres gaz - par catégorie
Terajoules
Térajoules

Country or area Pays ou zone	Year Année	Total Totale	L.P.G. G.P.L.	Refinery gas Gaz de raffinerie	Gasworks gas Gaz d'usines à gaz	Coke-oven gas Gaz de cokerie	Blast furnace gas Gaz de haut-fourneau	Biogas Biogaz
Belgium	2007	96385	21132	20184	..	21034	30630	3404
Belgique	2008	109660	23865	32789	..	16926	32490	3590
	2009	84864	21087	33836	..	10318	14375	5248
	2010	101265	23546	34841	..	15711	21831	5336
Bosnia and Herzegovina	2007	4181	182	..	..	3999	..	..
Bosnie-Herzégovine	2008	4486	273	..	..	4213	..	..
	2009	9266	1139	..	..	4921	3206	..
	2010	12802	1321	..	..	7295	4186	..
Bulgaria	2007	26128	6194	9506	..	3866	6562	..
Bulgarie	2008	23196	7333	10511	..	2151	3202	..
	2009	15030	7059	7956	..	0	0	14
	2010	12989	5465	7412	..	0	0	112
Croatia	2007	29336	19721	9087	462	..	..	66
Croatie	2008	23887	16988	6449	228	..	..	222
	2009	27236	18445	8375	220	..	..	195
	2010	23045	15804	6784	197	..	..	260
Czech Republic	2007	85953	8744	5863	14473	23700	29984	3189
République tchèque	2008	90187	9564	6910	16353	26227	27363	3770
	2009	74764	9245	6114	16738	18606	18621	5440
	2010	85022	9792	6491	19402	20144	21795	7398
Denmark	2007	24467	7241	12814	497	..	..	3914
Danemark	2008	21510	5192	11893	497	..	..	3928
	2009	23541	6376	12437	558	..	..	4170
	2010	22821	6923	11013	607	..	..	4278
Estonia	2007	5702	..	..	5526	..	..	176
Estonie	2008	5761	..	..	5642	..	..	119
	2009	6465	..	..	6360	..	..	105
	2010	7282	..	..	7127	..	..	155
Finland	2007	62311	15940	18760	..	7540	18323	1747
Finlande	2008	60658	16259	17504	..	7170	17841	1884
	2009	52264	12479	20352	..	6358	11342	1733
	2010	53446	11204	18844	..	6993	14713	1692
France	2007	324597	112858	103517	..	34227	62056	11938
France	2008	350823	126794	118970	..	34021	58706	12332
	2009	307041	110125	114363	..	24878	42533	15141
	2010	300254	95642	110971	..	24117	52219	17304
Germany	2007	721202	139592	174455	467	70504	182223	153960
Allemagne	2008	699840	131759	172445	473	68808	171654	154701
	2009	632735	121238	160636	0	57926	116528	176407
	2010	797782	120100	160511	0	68614	169314	279244
Greece	2007	58867	29376	28015	..	..	..	1476
Grèce	2008	56195	30287	24497	..	..	..	1411
	2009	53495	27827	23325	..	..	..	2343
	2010	57958	31061	24832	..	..	..	2065
Hungary	2007	42204	17261	7161	..	9155	7927	700
Hongrie	2008	42953	18218	7245	..	8997	7581	913
	2009	39422	16031	8291	..	6486	7319	1294
	2010	43318	15212	8082	..	9220	9288	1516
Iceland	2007	11	..	..	..	..	..	11
Islande	2008	15	..	..	..	..	..	15
	2009	18	..	..	..	..	..	18
	2010	22	..	..	..	..	..	22

Table 30

Production of other gases - by type
Production d'autres gaz - par catégorie
Terajoules
Térajoules

Country or area Pays ou zone	Year Année	Total Totale	L.P.G. G.P.L.	Refinery gas Gaz de raffinerie	Gasworks gas Gaz d'usines à gaz	Coke-oven gas Gaz de cokerie	Blast furnace gas Gaz de haut-fourneau	Biogas Biogaz
Ireland Irlande	2007 2008 2009 2010	7081 7147 6965 8633	1640 1548 1548 2550	3518 3559 3141 3685	.. ..	.. ..	.. ..	1924 2039 2276 2397
Italy Italie	2007 2008 2009 2010	337361 317799 265206 281957	106983 102793 96234 85213	158417 143886 115368 129816	.. ..	16480 17106 12897 16088	39241 36849 22107 29591	16240 17165 18599 21250
Latvia Lettonie	2007 2008 2009 2010	316 369 408 558	.. ..	.. ..	.. ..	.. ..	.. ..	316 369 408 558
Lithuania Lituanie	2007 2008 2009 2010	23215 33953 28922 29750	15030 21224 16123 16350	8082 12605 12605 12982	.. ..	.. ..	.. ..	103 125 195 418
Luxembourg Luxembourg	2007 2008 2009 2010	356 427 518 544	.. ..	.. ..	.. ..	.. ..	.. ..	356 427 518 544
Netherlands Pays-Bas	2007 2008 2009 2010	214450 210513 201086 208669	59754 59799 63898 64946	88442 83459 82496 77219	.. ..	19582 19469 15421 18328	39418 38336 28056 35890	7254 9450 11215 12286
Norway Norvège	2007 2008 2009 2010	392252 333397 344165 314385	370546 312842 324455 294442	18593 17504 17253 16039	.. ..	.. ..	2072 1914 1420 2931	1041 1137 1037 974
Poland Pologne	2007 2008 2009 2010	179630 170641 136320 165136	16396 19083 19675 19311	40285 36725 35511 37772	115 106 113 114	85500 82150 59307 81120	34626 28551 17610 22022	2708 4026 4104 4797
Portugal Portugal	2007 2008 2009 2010	18209 18731 16639 19850	16669 16806 14847 17307	879 963 796 1256	.. ..	.. ..	.. ..	660 962 996 1287
Romania Roumanie	2007 2008 2009 2010	106721 92849 83505 70025	34340 27053 34158 25960	37856 41960 38023 34590	.. ..	10966 6916 2341 0	23506 16895 8938 9346	53 25 45 129
Russian Federation Fédération de Russie	2007 2008 2009 2010	1659876 1652208 1661382 1777544	494426 520204 583419 620537	513609 507370 506825 503433	.. ..	236088 226573 240914 272945	415753 398062 330224 380629	.. ..
Serbia Serbie	2007 2008 2009 2010	12872 18642 16737 17660	4463 5420 6103 5830	4983 1340 2429 2680	.. ..	.. ..	3425 11882 8205 9150	.. ..
Slovakia Slovaquie	2007 2008 2009 2010	65593 60926 55127 58745	6513 7469 6057 6103	19389 17881 16750 15494	.. ..	14521 13575 12311 13544	24857 21576 19329 23004	314 425 679 600

Table 30

Production of other gases - by type
Production d'autres gaz - par catégorie
Terajoules
Térajoules

Country or area Pays ou zone	Year Année	Total Totale	L.P.G. G.P.L.	Refinery gas Gaz de raffinerie	Gasworks gas Gaz d'usines à gaz	Coke-oven gas Gaz de cokerie	Blast furnace gas Gaz de haut-fourneau	Biogas Biogaz
Slovenia	2007	499	..	..	..	..	..	499
Slovénie	2008	588	..	..	..	..	..	588
	2009	937	..	..	..	..	..	937
	2010	1273	..	..	..	..	..	1273
Spain	2007	190253	65401	74162	1968	21475	18169	9077
Espagne	2008	186445	67587	69849	2043	20742	17564	8660
	2009	174206	63625	71859	1820	14395	14431	8076
	2010	185416	66312	74623	1541	17867	16755	8318
Sweden	2007	60167	11887	20352	1161	9702	15041	2024
Suède	2008	70611	15303	24958	1136	9319	15607	4288
	2009	63523	12661	26884	967	7436	11002	4572
	2010	67653	15667	23911	851	8516	14054	4654
Switzerland	2007	21162	9200	9296	96	..	..	2570
Suisse	2008	23748	10885	10092	61	..	..	2710
	2009	22027	9291	9883	0	..	..	2853
	2010	20393	7742	9506	0	..	..	3145
T.F.Yug.Rep. Macedonia	2007	1222	1139	84	..	..	..	..
L'ex-RY Macédoine	2008	1363	1321	42	..	..	..	..
	2009	1359	1275	84	..	..	..	..
	2010	1139	1139	0	..	..	..	..
Ukraine	2007	403840	37528	22613	3810	169602	170287	..
Ukraine	2008	365803	33110	20435	3399	160904	147954	..
	2009	321781	33384	20980	2927	142221	122269	..
	2010	340006	30924	22822	3754	152083	130422	..
United Kingdom	2007	488871	213328	114615	..	35035	60123	65770
Royaume-Uni	2008	489708	207772	124790	..	34131	55242	67773
	2009	456845	200029	115494	..	29959	40315	71048
	2010	468767	195976	124790	..	32747	41056	74198
Oceania	**2007**	**294562**	**150020**	**46734**	**4698**	**37228**	**44943**	**10939**
Océanie	**2008**	**283743**	**137361**	**46064**	**3666**	**36965**	**46252**	**13436**
	2009	**256525**	**139319**	**38526**	**2862**	**27683**	**34069**	**14066**
	2010	**256071**	**132123**	**41080**	**332**	**27537**	**41107**	**13891**
Australia	2007	263802	144466	35636	4698	32283	38520	8199
Australie	2008	254636	133672	34129	3666	32296	40064	10809
	2009	228427	135676	27136	2862	23445	27998	11311
	2010	222670	124699	29816	332	22691	34118	11014
New Zealand	2007	29760	4554	11097	..	4945	6423	2740
Nouvelle-Zélande	2008	28789	3370	11935	..	4669	6188	2627
	2009	27688	3234	11390	..	4238	6071	2755
	2010	32763	6786	11265	..	4846	6989	2877
Papua New Guinea	2007	1000	1000	..	..	..	..	..
Papouasie-Nvl-Guinée	2008	319	319	..	..	..	..	..
	2009	410	410	..	..	..	..	..
	2010	638	638	..	..	..	..	..

Table 31

Production, trade and consumption of gases
Production, commerce et consommation de gaz

Terajoules and megajoules per capita
Térajoules et mégajoules par habitant

Table Notes
Production

Gross natural gas production minus re-injected minus flared and vented minus extraction loss shrinkage plus gasworks gas plus coke oven gas plus blast furnace gas plus biogas plus liquefied petroleum gas production by refinery and plant plus refinery gas production from refinery.

Imports

Imports of natural gas, gasworks gas and liquefied petroleum gas.

Exports

Exports of natural gas, gasworks gas and liquefied petroleum gas.

Changes in stocks

Changes in stocks of natural gas, gasworks gas, coke oven gas, liquefied petroleum gas and refinery gas.

Please refer to the Definitions Section on pages xv to xxix for the appropriate product description /classification.

Notes relatives aux tableaux:
Production

Production en gros de gaz naturel moins réinjectées moins brûlées à la torchère ou éventées moins perte par extraction et réduction plus gaz d'usine à gaz plus gaz de cokerie plus gaz de haut-fourneau plus biogaz plus production de gaz de pétrole liquéfiés par raffinement, production de gaz raffiné naturellement.

Importations

Importation de gaz naturel, gaz d'usine à gaz et gaz de pétrole liquéfiés.

Exportations

Exportation de gaz naturel, gaz d'usine à gaz et gaz de pétrole liquéfiés.

Variations de stocks

Variations de stocks de gaz naturel, gaz d'usine à gaz, gaz de cokerie, gaz de pétrole liquéfies et gaz de raffinerie.

Veuillez consulter la section "définitions" de la page xv à la page xxix pour une description/classification appropriée des produits.

Figure 79: World production of gases 1994-2010

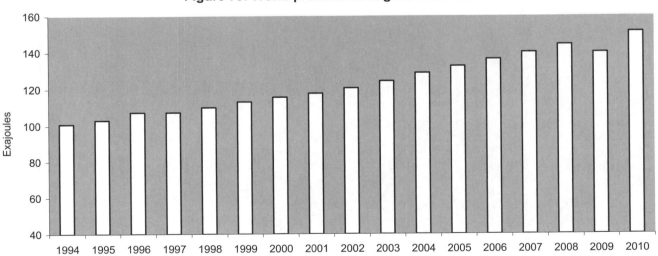

Figure 80: World gases consumption, by region, in 2010

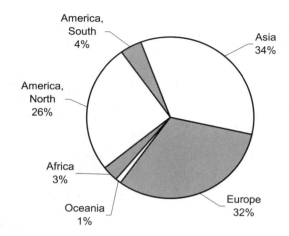

Table 31

Production, trade and consumption of gases
Production, commerce et consommation de gaz
Terajoules and megajoules per capita
Térajoules et mégajoules par habitant

Country or area Pays ou zone	Year Année	Production Production	Imports Importations	Exports Exportations	Changes in stocks Variations des stocks	Consumption Consommation Total Totale	Consumption Consommation Per Capita Par habitant
World	2007	140127183	37690130	37553473	-276377	140540217	21098
Monde	2008	144375473	38849763	39216991	1013160	142995085	21218
	2009	140072109	37348896	36969900	209212	140241894	20571
	2010	151405574	40641360	41034592	-887686	151900027	22028
Africa	2007	8940533	419296	4724712	-1743	4636860	4861
Afrique	2008	9224416	449744	4913987	-9491	4769664	4886
	2009	8643560	488800	4488573	-4051	4647838	4653
	2010	9048818	461676	4751500	-5128	4764121	4661
Algeria	2007	3864115	..	2725364	..	1138751	33585
Algérie	2008	3874080	..	2726142	..	1147938	33343
	2009	3719461	..	2493646	..	1225815	35073
	2010	3736489	..	2533292	-91	1203289	33926
Angola	2007	67910	0	24685	..	43225	2466
Angola	2008	61231	0	25732	..	35498	1968
	2009	59380	0	20449	..	38931	2098
	2010	60485	0	21724	..	38760	2031
Benin	2007	..	364	..	-46	410	51
Bénin	2008	..	410	..	-46	455	55
	2009	..	501	..	91	410	48
	2010	..	501	..	91	410	46
Botswana	2007	..	1548	..	..	1548	803
Botswana	2008	..	1457	..	..	1457	746
	2009	..	1366	..	..	1366	690
	2010	..	1457	..	..	1457	726
Burkina Faso	2007	..	1020	..	135	885	59
Burkina Faso	2008	..	1125	..	*76	1049	68
	2009	..	974	..	*-138	1112	70
	2010	..	1143	..	0	1143	69
Burundi	2007	..	*91	..	..	*91	*12
Burundi	2008	..	*82	..	..	*82	*10
	2009	..	*91	..	..	*91	*11
	2010	..	*91	..	..	*91	*11
Cameroon	2007	17467	1321	0	0	18787	1024
Cameroun	2008	17810	1640	0	-46	19495	1039
	2009	15705	1685	46	0	17345	905
	2010	16163	1640	0	0	17803	908
Cape Verde	2007	..	*364	..	..	*364	*754
Cap-Vert	2008	..	455	..	..	455	934
	2009	..	592	..	..	592	1204
	2010	..	487	..	..	487	983
Chad	2007	..	*46	..	..	*46	*4
Tchad	2008	..	*46	..	..	*46	*4
	2009	..	*46	..	..	*46	*4
	2010	..	*46	..	..	*46	*4
Congo	2007	1143	46	..	..	1188	319
Congo	2008	1215	182	..	..	1397	364
	2009	2535	91	..	..	2626	666
	2010	1879	91	..	137	1833	453
Côte d'Ivoire	2007	61628	3097	91	0	64634	3466
Côte d'Ivoire	2008	68164	3325	410	0	71079	3744
	2009	59133	4554	501	-273	63460	3280
	2010	63984	4691	364	-273	68584	3475

Table 31

Production, trade and consumption of gases
Production, commerce et consommation de gaz

Terajoules and megajoules per capita
Térajoules et mégajoules par habitant

Country or area Pays ou zone	Year Année	Production Production	Imports Importations	Exports Exportations	Changes in stocks Variations des stocks	Consumption Consommation Total Totale	Consumption Consommation Per Capita Par habitant
Dem. Rep. of the Congo	2007	1550	..	..	..	1550	26
Rép. dem. du Congo	2008	1625	..	..	..	1625	26
	2009	1662	..	..	..	1662	26
	2010	1758	..	..	..	1758	27
Djibouti	2007	..	*1366	..	..	*1366	*1628
Djibouti	2008	..	*1366	..	..	*1366	*1597
	2009	..	*1366	..	..	*1366	*1567
	2010	..	*1366	..	..	*1366	*1537
Egypt	2007	2381936	85987	630800	-6649	1843772	23963
Egypte	2008	2473386	93775	672535	-6103	1900729	24268
	2009	2456400	111856	696350	-5647	1877553	23553
	2010	2441210	104114	563540	-9610	1991393	24548
Equatorial Guinea	2007	*69431	..	*3320	..	*66111	*102667
Guinée équatoriale	2008	236236	..	177241	..	58995	89072
	2009	248723	..	187387	..	61336	90052
	2010	259282	..	196755	..	62527	89272
Eritrea	2007	..	91	..	0	91	19
Erythrée	2008	..	137	..	0	137	28
	2009	..	182	..	0	182	36
	2010	..	91	..	0	91	17
Ethiopia	2007	..	0	..	..	0	0
Ethiopie	2008	..	0	..	..	0	0
	2009	..	364	..	..	364	4
	2010	..	0	..	..	0	0
Gabon	2007	6938	0	..	-455	7393	5193
Gabon	2008	7653	0	..	-410	8063	5559
	2009	7599	0	..	-455	8054	5451
	2010	8038	0	..	-501	8539	5672
Gambia	2007	..	181	..	..	181	114
Gambie	2008	..	181	..	..	181	110
	2009	..	239	..	..	239	142
	2010	..	*252	..	..	*252	*146
Ghana	2007	4601	2150	455	..	6295	277
Ghana	2008	4264	3088	228	..	7124	306
	2009	1182	6859	46	..	7995	336
	2010	4927	6741	0	..	11668	478
Guinea	2007	4	..	..	..	4	0
Guinée	2008	4	..	..	..	4	0
	2009	3	..	..	..	3	0
	2010	3	..	..	..	3	0
Guinea-Bissau	2007	..	*91	..	..	*91	*64
Guinée-Bissau	2008	..	*94	..	..	*94	*65
	2009	..	*102	..	..	*102	*68
	2010	..	*108	..	..	*108	*72
Kenya	2007	4443	1189	105	..	5527	147
Kenya	2008	4351	1366	182	..	5535	144
	2009	5023	1822	137	..	6708	170
	2010	5953	2141	137	..	7957	196
Lesotho	2007	..	96	..	..	96	45
Lesotho	2008	..	264	..	..	264	124
	2009	..	360	..	..	360	167
	2010	..	282	..	..	282	130

Table 31

Production, trade and consumption of gases
Production, commerce et consommation de gaz

Terajoules and megajoules per capita
Térajoules et mégajoules par habitant

Country or area Pays ou zone	Year Année	Production Production	Imports Importations	Exports Exportations	Changes in stocks Variations des stocks	Consumption Consommation	
						Total Totale	Per Capita Par habitant
Liberia Libéria	2007	..	*137	..	..	*137	*39
	2008	..	*137	..	..	*137	*37
	2009	..	*137	..	..	*137	*36
	2010	..	*137	..	..	*137	*34
Libya Libye	2007	686273	..	393017	..	293255	48689
	2008	710931	..	406677	..	304254	49475
	2009	657594	..	361121	..	296473	47340
	2010	695071	..	384879	..	310192	48810
Madagascar Madagascar	2007	..	316	..	-18	334	18
	2008	..	326	..	-1	327	17
	2009	..	314	..	1	313	16
	2010	..	271	..	-54	325	16
Malawi Malawi	2007	..	*91	..	..	*91	*7
	2008	..	*100	..	..	*100	*7
	2009	..	*100	..	..	*100	*7
	2010	..	*100	..	..	*100	*7
Mauritania Mauritanie	2007	..	1343	..	..	1343	418
	2008	..	1480	..	..	1480	449
	2009	..	*2136	..	..	*2136	*632
	2010	..	*1116	..	..	*1116	*323
Mauritius Maurice	2007	..	2869	..	-46	2915	2285
	2008	..	2869	..	0	2869	2235
	2009	..	2869	..	-46	2915	2257
	2010	..	2869	..	-91	2960	2279
Morocco Maroc	2007	20329	95888	..	410	115807	3734
	2008	18823	93154	..	-5238	117215	3742
	2009	13530	105389	..	911	118009	3730
	2010	10628	111893	..	-1412	123933	3879
Mozambique Mozambique	2007	104520	638	100469	..	4689	215
	2008	116617	547	112671	..	4493	201
	2009	113996	683	110139	..	4540	199
	2010	124783	638	118817	..	6604	282
Namibia Namibie	2007	..	410	..	..	410	190
	2008	..	410	..	..	410	186
	2009	..	410	..	..	410	183
	2010	..	455	..	..	455	199
Niger Niger	2007	..	79	..	-1	80	6
	2008	..	86	..	2	84	6
	2009	..	108	..	2	106	7
	2010	..	129	..	0	129	8
Nigeria Nigéria	2007	1239412	..	825677	-46	413780	2816
	2008	1213097	..	780900	0	432197	2869
	2009	885330	..	607620	0	277710	1798
	2010	1265085	..	923400	0	341685	2157
Réunion Réunion	2007	0	1061	..	-36	1098	1345
	2008	*50	1079	..	-5	1134	1373
	2009	72	966	..	-91	1129	1350
	2010	80	1066	..	27	1119	1322
Rwanda Rwanda	2007	*24	..	..	..	*24	*2
	2008	*24	..	..	..	*24	*2
	2009	*26	..	..	..	*26	*3
	2010	*23	..	..	..	*23	*2

Table 31

Production, trade and consumption of gases
Production, commerce et consommation de gaz

Terajoules and megajoules per capita
Térajoules et mégajoules par habitant

Country or area Pays ou zone	Year Année	Production Production	Imports Importations	Exports Exportations	Changes in stocks Variations des stocks	Consumption Consommation	
						Total Totale	Per Capita Par habitant
Sao Tome and Principe	2007	..	2	..	..	2	12
Sao Tomé-et-Principe	2008	..	7	..	..	7	43
	2009	..	5	..	..	5	28
	2010	..	4	..	..	4	25
Senegal	2007	805	5602	273	46	6088	531
Sénégal	2008	764	5693	91	0	6366	540
	2009	1012	5693	46	0	6659	550
	2010	1348	5966	46	0	7269	585
Seychelles	2007	..	169	..	..	169	1983
Seychelles	2008	..	185	..	..	185	2161
	2009	..	156	..	..	156	1817
	2010	..	168	..	..	168	1946
Somalia	2007	0	*228	0	..	*228	*26
Somalie	2008	0	*228	0	..	*228	*26
	2009	0	228	0	..	228	25
	2010	0	*228	0	..	*228	*24
South Africa	2007	271431	111384	46	..	382769	7837
Afrique du Sud	2008	279681	122784	0	..	402465	8160
	2009	241421	133000	0	..	374421	7526
	2010	167699	115520	0	..	283219	5649
Sudan	2007	15120	0	410	2049	12661	314
Soudan	2008	14034	1503	638	2550	12349	298
	2009	16441	410	501	1867	14482	341
	2010	19201	1867	547	6558	13963	321
Swaziland	2007	..	*344	..	..	*344	*303
Swaziland	2008	..	*354	..	..	*354	*308
	2009	..	*317	..	..	*317	*272
	2010	..	*310	..	..	*310	*261
Togo	2007	..	137	..	..	137	24
Togo	2008	..	182	..	..	182	32
	2009	..	182	..	..	182	31
	2010	..	182	..	..	182	30
Tunisia	2007	95865	98876	20000	2915	171826	16961
Tunisie	2008	97041	108922	10540	-273	195697	19097
	2009	109913	101888	*10540	-273	201534	19444
	2010	132591	92775	*8000	91	217275	20730
Uganda	2007	..	*176	..	..	*176	*6
Ouganda	2008	..	*203	..	..	*203	*6
	2009	..	*211	..	..	*211	*7
	2010	..	*193	..	..	*193	*6
United Rep. of Tanzania	2007	21237	319	..	..	21555	525
Rép. Unie de Tanzanie	2008	21383	319	..	..	21702	513
	2009	25271	364	..	..	25635	589
	2010	29915	364	..	..	30279	675
Zambia	2007	639	..	..	..	639	53
Zambie	2008	681	..	..	..	681	55
	2009	852	..	46	..	807	63
	2010	894	..	0	..	894	68
Zimbabwe	2007	3715	182	..	..	3897	312
Zimbabwe	2008	1272	182	..	..	1454	117
	2009	1296	182	..	..	1478	119
	2010	1329	182	..	..	1511	120

Table 31

Production, trade and consumption of gases
Production, commerce et consommation de gaz

Terajoules and megajoules per capita
Térajoules et mégajoules par habitant

Country or area Pays ou zone	Year Année	Production Production	Imports Importations	Exports Exportations	Changes in stocks Variations des stocks	Consumption Consommation	
						Total Totale	Per Capita Par habitant
America, North	**2007**	**37214430**	**6247588**	**5873183**	**-542663**	**38131498**	**72538**
Amérique du Nord	**2008**	**37681716**	**5773999**	**5875263**	**-253923**	**37834376**	**71233**
	2009	**37666736**	**5681421**	**5724732**	**82093**	**37541331**	**69962**
	2010	**38721147**	**5847074**	**5827093**	**-332643**	**39073771**	**72084**
Antigua and Barbuda	2007	..	*137	..	..	*137	*1590
Antigua-et-Barbuda	2008	..	*141	..	..	*141	*1625
	2009	..	*150	..	..	*150	*1712
	2010	..	*150	..	..	*150	*1694
Aruba	2007	..	*413	..	..	*413	*3963
Aruba	2008	..	*422	..	..	*422	*3997
	2009	..	*424	..	..	*424	*3973
	2010	..	*421	..	..	*421	*3919
Bahamas	2007	..	*592	..	..	*592	*1800
Bahamas	2008	..	569	..	..	569	1706
	2009	..	321	..	..	321	949
	2010	..	369	..	..	369	1076
Barbados	2007	974	549	..	..	1523	5608
Barbade	2008	1094	546	..	..	1640	6027
	2009	734	554	..	..	1289	4725
	2010	726	562	..	..	1288	4712
Belize	2007	..	685	..	..	685	2335
Belize	2008	..	*683	..	..	*683	*2283
	2009	..	*683	..	..	*683	*2237
	2010	..	*683	..	..	*683	*2192
Bermuda	2007	..	228	..	..	228	3530
Bermudes	2008	..	182	..	..	182	2818
	2009	..	*137	..	..	*137	*2108
	2010	..	*91	..	..	*91	*1403
Canada	2007	7436291	502558	4120742	-310999	4129105	125210
Canada	2008	7109314	602443	3956413	-237989	3993334	119819
	2009	6646892	802214	3671888	-234704	4011922	119135
	2010	6511799	880039	3699590	-310217	4002465	117662
Cayman Islands	2007	..	91	..	..	91	1666
Iles Caïmanes	2008	..	137	..	..	137	2471
	2009	..	91	..	..	91	1633
	2010	..	91	..	..	91	1620
Costa Rica	2007	1080	5101	..	137	6044	1358
Costa Rica	2008	1320	4645	..	-137	6102	1349
	2009	1104	4873	..	0	5977	1302
	2010	1063	5098	..	-36	6197	1330
Cuba	2007	53380	2277	..	..	55658	4939
Cuba	2008	52124	2824	..	..	54948	4877
	2009	51854	3370	..	..	55224	4903
	2010	49548	4053	..	..	53601	4761
Dominica	2007	..	*91	..	..	*91	*1331
Dominique	2008	..	*91	..	..	*91	*1336
	2009	..	*91	..	..	*91	*1341
	2010	..	*91	..	..	*91	*1344
Dominican Republic	2007	1641	56956	..	-137	58733	6162
Rép. dominicaine	2008	1508	55529	..	228	56809	5878
	2009	1599	59044	..	1054	59590	6083
	2010	1690	70338	..	97	71931	7246

Table 31

Production, trade and consumption of gases
Production, commerce et consommation de gaz

Terajoules and megajoules per capita
Térajoules et mégajoules par habitant

Country or area Pays ou zone	Year Année	Production Production	Imports Importations	Exports Exportations	Changes in stocks Variations des stocks	Consumption Consommation	
						Total Totale	Per Capita Par habitant
El Salvador El Salvador	2007	1539	9473	729	91	10192	1671
	2008	1455	9655	0	0	11111	1813
	2009	1266	10794	0	273	11786	1913
	2010	1136	10612	46	0	11703	1890
Greenland Groënland	2007	..	5	0	..	5	89
	2008	..	5	0	..	5	88
	2009	..	4	0	..	4	74
	2010	..	4	0	..	4	73
Grenada Grenade	2007	..	328	..	..	328	3177
	2008	..	335	..	..	335	3227
	2009	..	212	..	..	212	2039
	2010	..	207	..	..	207	1979
Guadeloupe Guadeloupe	2007	..	638	..	..	638	1410
	2008	..	*638	..	..	*638	*1401
	2009	..	*638	..	..	*638	*1392
	2010	..	*638	..	..	*638	*1384
Guatemala Guatemala	2007	..	14665	2550	956	11158	835
	2008	..	14847	3507	-91	11432	835
	2009	..	14210	4053	-410	10566	753
	2010	..	15622	4463	137	11022	766
Haiti Haïti	2007	..	455	..	..	455	47
	2008	..	455	..	..	455	47
	2009	..	547	..	..	547	55
	2010	..	137	..	..	137	14
Honduras Honduras	2007	..	10976	6832	0	4145	579
	2008	..	13709	11568	-1412	3552	486
	2009	..	16487	13845	683	1958	263
	2010	..	3871	0	0	3871	509
Jamaica Jamaïque	2007	364	3325	..	46	3644	1345
	2008	547	3234	..	137	3644	1339
	2009	455	3325	..	364	3416	1251
	2010	337	3202	..	77	3461	1263
Martinique Martinique	2007	*876	*137	*455	..	*557	*1388
	2008	*905	*125	*473	..	*557	*1383
	2009	*893	*133	*480	..	*546	*1351
	2010	*877	*132	*564	..	*445	*1097
Mexico Mexique	2007	2346498	567070	58626	3618	2851324	26106
	2008	2311605	679112	41726	-9362	2958352	26742
	2009	2322730	628937	28884	3206	2919577	26060
	2010	2486235	704234	34371	13588	3142511	27706
Netherlands Antilles Antilles néerlandaises	2007	13202	2733	2414	..	13521	70500
	2008	11259	2778	1913	..	12124	62177
	2009	15170	2687	1230	..	16627	83960
	2010	6921	2733	956	..	8697	43338
Nicaragua Nicaragua	2007	1692	2141	..	46	3787	681
	2008	1164	2323	..	0	3486	619
	2009	1049	2368	..	137	3281	575
	2010	1144	2550	..	0	3694	638
Panama Panama	2007	..	4145	..	-1776	5921	1767
	2008	..	3188	..	-2960	6148	1805
	2009	..	6604	..	-410	7014	2026
	2010	..	12297	..	-1048	13344	3794

Table 31

Production, trade and consumption of gases
Production, commerce et consommation de gaz
Terajoules and megajoules per capita
Térajoules et mégajoules par habitant

Country or area Pays ou zone	Year Année	Production Production	Imports Importations	Exports Exportations	Changes in stocks Variations des stocks	Consumption Consommation	
						Total Totale	Per Capita Par habitant
Puerto Rico	2007	..	28730	..	..	28730	7630
Porto Rico	2008	..	31474	..	..	31474	8373
	2009	..	29527	..	..	29527	7876
	2010	..	30003	..	..	30003	8003
St. Lucia	2007	..	*273	..	..	*273	*1619
St-Lucie	2008	..	*273	..	..	*273	*1602
	2009	..	*282	..	..	*282	*1637
	2010	..	*282	..	..	*282	*1620
St. Vincent-Grenadines	2007	..	*319	..	..	*319	*2923
St. Vincent-Grenadines	2008	..	*319	..	..	*319	*2920
	2009	..	*319	..	..	*319	*2918
	2010	..	*328	..	..	*328	*2999
Trinidad and Tobago	2007	1695232	..	802886	..	892345	673127
Trinité-et-Tobago	2008	1682986	..	831712	..	851274	639556
	2009	1743028	..	858375	..	884653	661992
	2010	1807717	..	870474	-91	937335	698740
United States	2007	25661661	5032500	877948	-234644	30050856	99412
États-Unis	2008	26506435	4343316	1027951	-2337	29824137	97788
	2009	26879961	4092395	1145976	311900	29514479	95924
	2010	27851953	4098235	1216629	-35150	30768710	99131
America, South	**2007**	**5599142**	**720708**	**703842**	**7242**	**5608767**	**14754**
Amérique du Sud	**2008**	**5803723**	**738545**	**668333**	**1961**	**5871975**	**15279**
	2009	**5618454**	**709151**	**625599**	**601**	**5701405**	**14678**
	2010	**5946039**	**1014412**	**770427**	**3135**	**6186889**	**15761**
Argentina	2007	2064523	66263	172055	0	1958730	49754
Argentine	2008	2062661	52604	112536	0	2002729	50428
	2009	1965577	96366	93817	0	1968126	49126
	2010	1845326	124767	78778	1666	1889649	46759
Bolivia (Plur. State of)	2007	567268	..	462987	0	104281	11019
Bolivie (État plur. de)	2008	590138	..	471465	0	118673	12338
	2009	511291	137	382216	0	129211	13221
	2010	592774	956	452892	0	140839	14183
Brazil	2007	955112	444302	592	1594	1397227	7362
Brésil	2008	1077013	493269	182	91	1570009	8197
	2009	974997	386842	501	410	1360927	7042
	2010	1092778	566542	182	-1366	1660504	8518
Chile	2007	114420	153177	4737	2004	260857	15683
Chili	2008	120107	74669	2277	-1230	193728	11534
	2009	117878	99199	1457	-1251	216870	12790
	2010	107250	176426	592	5105	277979	16243
Colombia	2007	347702	0	203	91	347408	7833
Colombie	2008	379270	0	203	91	378976	8421
	2009	463849	1412	64676	0	400585	8774
	2010	491669	1321	55935	0	437055	9441
Ecuador	2007	37993	38075	..	-46	76113	5496
Equateur	2008	29574	36481	..	0	66055	4699
	2009	31511	35661	..	0	67172	4710
	2010	33630	36936	..	0	70566	4878
French Guiana	2007	..	182	..	..	182	850
Guyane française	2008	..	182	..	..	182	828
	2009	..	182	..	..	182	808
	2010	..	*182	..	..	*182	*788

Table 31

Production, trade and consumption of gases
Production, commerce et consommation de gaz

Terajoules and megajoules per capita
Térajoules et mégajoules par habitant

Country or area Pays ou zone	Year Année	Production Production	Imports Importations	Exports Exportations	Changes in stocks Variations des stocks	Consumption Consommation	
						Total Totale	Per Capita Par habitant
Guyana	2007	..	426	..	-1	427	569
Guyana	2008	..	527	..	5	521	694
	2009	..	598	..	5	593	787
	2010	..	619	..	-33	651	863
Paraguay	2007	..	3780	..	0	3780	618
Paraguay	2008	..	3715	..	24	3691	592
	2009	..	3858	..	-35	3893	614
	2010	..	3745	..	0	3745	580
Peru	2007	151629	4049	144	2414	153120	5436
Pérou	2008	200361	5420	774	3097	201910	7094
	2009	254314	0	11659	1457	241197	8385
	2010	427742	0	116145	-2277	313874	10795
Suriname	2007	..	1070	..	..	1070	2098
Suriname	2008	..	1070	..	..	1070	2078
	2009	..	1079	..	..	1079	2076
	2010	..	669	..	-5	674	1285
Uruguay	2007	4342	5923	182	0	10083	3023
Uruguay	2008	5675	4039	100	-118	9732	2909
	2009	6257	3933	132	14	10044	2992
	2010	5445	5501	364	46	10536	3127
Venezuela(Bolivar. Rep.)	2007	1356152	3460	62942	1184	1295486	46949
Venezuela(Rép. bolivar.)	2008	1338924	66570	80795	0	1324699	47214
	2009	1292781	79884	71140	0	1301525	45636
	2010	1349426	96748	65538	0	1380636	47641
Asia	**2007**	**43750652**	**10747425**	**10984038**	**16063**	**43497976**	**10785**
Asie	**2008**	**46099277**	**11252500**	**11691811**	**90025**	**45569940**	**11177**
	2009	**46229802**	**10924581**	**10846791**	**-107657**	**46415249**	**11264**
	2010	**52016086**	**12884496**	**12785407**	**43122**	**52072053**	**12505**
Afghanistan	2007	161	..	..	..	161	6
Afghanistan	2008	155	..	..	..	155	5
	2009	142	..	..	..	142	5
	2010	161	..	..	..	161	5
Armenia	2007	..	77955	980	..	76975	25039
Arménie	2008	..	85385	1206	..	84179	27339
	2009	..	65943	1192	..	64751	20989
	2010	..	*64114	*46	*3698	*60371	*19524
Azerbaijan	2007	437625	0	73098	-7298	371825	42152
Azerbaïdjan	2008	654443	0	209335	9241	435867	48735
	2009	656011	0	233504	24256	398250	43925
	2010	673138	0	248777	43648	380713	41437
Bahrain	2007	358784	..	7742	-683	351725	379942
Bahreïn	2008	383141	..	6923	91	376127	357413
	2009	387056	..	6923	-182	380315	325173
	2010	396725	..	7287	-364	389802	308917
Bangladesh	2007	615481	360	0	..	615841	4278
Bangladesh	2008	658813	292	0	..	659104	4531
	2009	716785	0	0	..	716785	4875
	2010	771275	0	0	..	771275	5187
Bhutan	2007	..	246	..	..	246	357
Bhoutan	2008	..	260	..	..	260	370
	2009	..	*281	..	..	*281	*394
	2010	..	314	..	..	314	433

Table 31

Production, trade and consumption of gases
Production, commerce et consommation de gaz
Terajoules and megajoules per capita
Térajoules et mégajoules par habitant

Country or area Pays ou zone	Year Année	Production Production	Imports Importations	Exports Exportations	Changes in stocks Variations des stocks	Consumption Consommation	
						Total Totale	Per Capita Par habitant
Brunei Darussalam	2007	520456	..	383698	576	136182	360734
Brunéi Darussalam	2008	528593	..	394051	-772	135314	351744
	2009	489436	..	372663	0	116773	298015
	2010	480464	..	353186	0	127278	319057
Cambodia	2007	..	1594	..	..	1594	117
Cambodge	2008	..	1731	..	..	1731	125
	2009	..	1867	..	..	1867	134
	2010	..	2004	..	..	2004	142
China	2007	5125328	333675	112270	-1731	5348465	4047
Chine	2008	5589595	289446	150156	-3689	5732574	4316
	2009	5762247	468996	157899	-1321	6074665	4551
	2010	7526213	763466	192514	1139	8096026	6036
China, Hong Kong SAR	2007	27041	103046	0	5359	124728	18148
Chine, Hong-Kong RAS	2008	27583	116765	0	3975	140373	20266
	2009	27274	113460	46	-11815	152503	21824
	2010	27578	137041	0	-12769	177388	25150
China, Macao SAR	2007	..	1640	..	46	1594	3152
Chine, Macao RAS	2008	..	5043	..	14	5028	9699
	2009	..	5419	..	11	5408	10180
	2010	..	7851	..	0	7851	14441
Cyprus	2007	6	2368	..	46	2329	2191
Chypre	2008	153	2368	..	0	2521	2341
	2009	24	2277	..	-46	2347	2152
	2010	127	2323	..	91	2359	2137
Georgia	2007	626	67312	0	335	67602	15309
Géorgie	2008	486	57667	0	-335	58487	13311
	2009	423	46383	0	0	46806	10702
	2010	274	43190	0	0	43464	9987
India	2007	1733112	128981	4509	0	1857584	1582
Inde	2008	1746796	107484	4964	-67724	1917039	1610
	2009	2238169	123789	5966	-67587	2423578	2007
	2010	2589799	204219	7014	-87718	2874722	2347
Indonesia	2007	2757763	6285	1515563	..	1248485	5371
Indonésie	2008	2838540	19037	1517634	..	1339943	5703
	2009	2841312	2368	1406037	..	1437643	6055
	2010	3283270	73872	1652224	..	1704919	7108
Iran(Islamic Rep. of)	2007	5359115	252992	356731	..	5255375	73568
Iran(Rép. islamique)	2008	5648782	288598	312929	..	5624452	77805
	2009	5973875	238852	400086	..	5812641	79476
	2010	6358894	361769	438007	..	6282656	84931
Iraq	2007	290715	19447	..	..	310163	10710
Iraq	2008	358792	20085	..	..	378877	12705
	2009	413944	12388	..	..	426332	13876
	2010	388740	9382	..	..	398122	12570
Israel	2007	121567	10202	6558	0	125211	18094
Israël	2008	154896	22252	5556	0	171591	24194
	2009	124572	68853	5647	0	187777	25861
	2010	150418	90511	5556	0	235373	31728
Japan	2007	1551123	4350204	592	47954	5852780	46261
Japon	2008	1439965	4318933	1640	-9773	5767031	45573
	2009	1408065	4155944	820	4535	5558654	43924
	2010	1480239	4422198	1731	2100	5898606	46616

Table 31

Production, trade and consumption of gases
Production, commerce et consommation de gaz

Terajoules and megajoules per capita
Térajoules et mégajoules par habitant

Country or area Pays ou zone	Year Année	Production Production	Imports Importations	Exports Exportations	Changes in stocks Variations des stocks	Consumption Consommation	
						Total Totale	Per Capita Par habitant
Jordan	2007	14039	105626	..	319	119346	21058
Jordanie	2008	14377	117626	..	-159	132163	22596
	2009	13887	134280	..	269	147898	24545
	2010	11056	101182	..	-173	112411	18168
Kazakhstan	2007	1322693	249617	349750	501	1222059	78964
Kazakhstan	2008	1453848	242966	290713	1002	1405099	89752
	2009	1523622	84479	322334	634	1285132	81126
	2010	1598584	137271	323080	-9521	1422296	88747
Korea, Dem.Ppl's.Rep.	2007	1765	..	..	..	1765	74
Corée,Rép.pop.dém.de	2008	1971	..	..	..	1971	82
	2009	1895	..	..	..	1895	78
	2010	1816	..	..	..	1816	75
Korea, Republic of	2007	475586	1622448	2049	-46859	2142843	45113
Corée, République de	2008	518401	1805910	1457	86101	2236752	46859
	2009	503760	1657475	364	-58389	2219260	46269
	2010	588138	2111641	3598	61096	2635085	54688
Kuwait	2007	694003	..	145741	..	548263	223980
Koweït	2008	728207	..	158083	..	570124	223723
	2009	629604	33820	139547	..	523877	197967
	2010	655101	105640	131486	..	629256	229930
Kyrgyzstan	2007	581	29308	..	..	29889	5816
Kirghizistan	2008	663	28135	..	..	28798	5534
	2009	588	25009	..	..	25597	4856
	2010	872	17585	..	..	18457	3460
Lao People's Dem. Rep.	2007	..	*865	..	..	*865	*146
Rép. dém. pop. lao	2008	..	*875	..	..	*875	*145
	2009	..	*891	..	..	*891	*146
	2010	..	*908	..	..	*908	*146
Lebanon	2007	..	7287	..	..	7287	1762
Liban	2008	..	7424	..	..	7424	1782
	2009	..	10994	..	..	10994	2620
	2010	..	17336	..	..	17336	4101
Malaysia	2007	2702323	240790	1136229	137	1806748	66790
Malaisie	2008	2614433	198150	1065015	-410	1747978	63558
	2009	*2498307	60987	1100688	0	*1458606	*52187
	2010	*2285646	*312885	*1153662	12115	*1432754	*50447
Maldives	2007	..	278	..	..	278	915
Maldives	2008	..	469	..	..	469	1525
	2009	..	524	..	..	524	1680
	2010	..	537	..	..	537	1701
Myanmar	2007	528628	..	401178	46	127404	2716
Myanmar	2008	449824	..	373657	228	75939	1607
	2009	487316	..	375260	182	111874	2350
	2010	499346	..	413187	-182	86341	1800
Nepal	2007	2384	4418	..	..	6802	240
Népal	2008	2593	5283	..	..	7876	272
	2009	2640	6422	..	..	9062	308
	2010	2687	7241	..	..	9928	331
Oman	2007	952774	..	501407	46	451322	176216
Oman	2008	972472	..	444828	10657	516987	196054
	2009	1001226	..	474637	-17079	543668	200457
	2010	1084762	7865	388810	-319	704135	253064

Table 31

Production, trade and consumption of gases
Production, commerce et consommation de gaz

Terajoules and megajoules per capita
Térajoules et mégajoules par habitant

Country or area Pays ou zone	Year Année	Production Production	Imports Importations	Exports Exportations	Changes in stocks Variations des stocks	Consumption Consommation	
						Total Totale	Per Capita Par habitant
Other Asia	2007	238829	499201	13800	5720	718510	31296
Autres zones d'Asie	2008	222364	537590	13527	4394	742034	32210
	2009	210792	533560	6741	-27366	764978	33088
	2010	236659	643030	4236	9443	866011	37302
Pakistan	2007	1349565	1082	..	26	1350622	8213
Pakistan	2008	1367330	2718	..	143	1369904	8181
	2009	1386670	3084	..	173	1389581	8150
	2010	1377760	2739	..	750	1379750	7948
Philippines	2007	156901	34754	114	124	191417	2159
Philippines	2008	166838	31523	401	-998	198958	2206
	2009	167080	37610	0	874	203816	2223
	2010	161822	34235	59	715	195283	2094
Qatar	2007	2999767	..	2083124	..	916643	778008
Qatar	2008	3695861	..	2774820	..	921041	659743
	2009	3984688	..	3054831	..	929857	581973
	2010	5433293	..	4137147	..	1296146	736952
Saudi Arabia	2007	4113341	22271	840469	-228	3295371	129209
Arabie saoudite	2008	4324403	25505	852720	-182	3497370	133658
	2009	4356446	6285	852994	-46	3509783	130918
	2010	4801947	0	971180	-273	3831040	139574
Singapore	2007	72414	300152	13481	..	359085	78319
Singapour	2008	71192	306989	10247	..	367933	77099
	2009	66829	309925	8927	..	367828	74374
	2010	58197	335172	4418	..	388951	76469
Sri Lanka	2007	2571	7105	..	..	9676	477
Sri Lanka	2008	2571	6558	..	..	9130	446
	2009	3145	6649	..	..	9794	474
	2010	2723	6240	..	..	8962	430
State of Palestine	2007	..	6572	..	..	6572	1763
État de Palestine	2008	..	5543	..	..	5543	1448
	2009	..	5698	..	..	5698	1450
	2010	..	5538	..	..	5538	1371
Syrian Arab Republic	2007	260670	16897	0	-7833	285399	14771
Rép. arabe syrienne	2008	256555	22084	0	0	278639	14148
	2009	268754	52388	0	0	321142	16014
	2010	364338	44686	0	0	409024	20040
Tajikistan	2007	551	24915	..	..	25466	3856
Tadjikistan	2008	1349	19813	..	..	21162	3163
	2009	1444	15769	..	..	17213	2537
	2010	1558	12564	..	..	14122	2053
Thailand	2007	998700	371817	12388	10612	1347518	19876
Thaïlande	2008	1098256	346191	1002	15439	1428005	20918
	2009	1298793	392052	729	19857	1670259	24310
	2010	1439775	477077	1184	21588	1894080	27402
Timor-Leste	2007	*101108	..	*101108	..	0	0
Timor-Leste	2008	*101426	..	*101426	..	0	0
	2009	*100880	..	*100880	..	0	0
	2010	*100880	..	*100880	..	0	0
Turkey	2007	155177	1519036	8020	8850	1657343	23679
Turquie	2008	162674	1546312	20076	42781	1646129	23210
	2009	166605	1513494	31147	25381	1623571	22598
	2010	163914	1598043	27897	-1941	1736001	23862

Table 31

Production, trade and consumption of gases
Production, commerce et consommation de gaz

Terajoules and megajoules per capita
Térajoules et mégajoules par habitant

Country or area Pays ou zone	Year Année	Production Production	Imports Importations	Exports Exportations	Changes in stocks Variations des stocks	Consumption Consommation Total Totale	Consumption Consommation Per Capita Par habitant
Turkmenistan	2007	2629099	3644	1799728	..	833014	171443
Turkménistan	2008	2692322	3644	1856562	..	839404	170666
	2009	1465189	3644	744226	..	724606	145513
	2010	1735132	3644	909668	..	829108	164440
United Arab Emirates	2007	2283508	245100	534555	..	1994053	368891
Emirats arabes unis	2008	2249963	585200	544997	..	2290166	368987
	2009	2155140	655500	449782	..	2360858	340239
	2010	2323395	661580	537915	..	2447060	325767
Uzbekistan	2007	2471045	49882	555498	..	1965429	74156
Ouzbékistan	2008	2561991	39906	566835	..	2035062	75901
	2009	2510687	31925	574393	..	1968219	72553
	2010	2277761	25540	544162	..	1759139	64098
Viet Nam	2007	289067	28055	22609	..	294513	3465
Viet Nam	2008	304460	30742	10048	..	325154	3783
	2009	329546	35297	0	..	364843	4198
	2010	392517	32063	0	..	424580	4833
Yemen	2007	34659	..	1048	..	33611	1531
Yémen	2008	32200	..	1002	..	31198	1379
	2009	54936	..	18529	..	36407	1561
	2010	289091	..	226497	..	62594	2602
Europe	**2007**	**42335248**	**19317578**	**14418199**	**245266**	**46989362**	**64045**
Europe	**2008**	**43279568**	**20403210**	**15259336**	**1183706**	**47239736**	**64244**
	2009	**39563333**	**19277600**	**14384059**	**234875**	**44221998**	**60014**
	2010	**43248662**	**20179533**	**15858984**	**-603022**	**48172232**	**65256**
Albania	2007	1173	2960	..	..	4133	1304
Albanie	2008	670	3325	..	..	3995	1256
	2009	803	3735	..	..	4537	1421
	2010	664	4418	..	..	5081	1586
Andorra	2007	..	133	..	..	133	1628
Andorre	2008	..	130	..	..	130	1572
	2009	..	*119	..	..	*119	*1421
	2010	..	*123	..	..	*123	*1454
Austria	2007	143548	385481	106252	11985	410792	49435
Autriche	2008	133371	391506	77325	16915	430637	51624
	2009	126333	446761	144388	17117	411589	49176
	2010	139435	479343	190206	-28515	457087	54456
Belarus	2007	47857	798856	11158	-3488	839043	86248
Bélarus	2008	47437	814739	12570	-3409	853015	88115
	2009	43848	681543	10475	3780	711135	73800
	2010	39521	835627	10931	-2778	866996	90355
Belgium	2007	96385	716444	15439	-1350	798739	75791
Belgique	2008	109660	774258	71563	4045	808311	76240
	2009	84864	883594	176755	-6863	798566	74906
	2010	101265	960581	167655	-7113	901304	84139
Bosnia and Herzegovina	2007	4181	18182	0	..	22364	5918
Bosnie-Herzégovine	2008	4486	18519	0	..	23005	6095
	2009	9266	11718	137	..	20847	5533
	2010	12802	11606	91	..	24316	6467
Bulgaria	2007	37094	139428	319	-1037	177240	23198
Bulgarie	2008	30469	141163	592	2528	168512	22198
	2009	15639	111336	1275	-1006	126705	16798
	2010	15738	111794	729	-5085	131889	17599

Table 31

Production, trade and consumption of gases
Production, commerce et consommation de gaz

Terajoules and megajoules per capita
Térajoules et mégajoules par habitant

Country or area Pays ou zone	Year Année	Production Production	Imports Importations	Exports Exportations	Changes in stocks Variations des stocks	Consumption Consommation	
						Total Totale	Per Capita Par habitant
Croatia Croatie	2007	139236	40185	37628	-4135	145927	32971
	2008	125967	46337	32084	2155	138065	31248
	2009	129417	40222	38878	-487	131247	29756
	2010	126073	41045	25393	2553	139171	31606
Czech Republic République tchèque	2007	92477	331715	20707	-14418	417904	40520
	2008	97655	367300	41958	3161	419836	40457
	2009	81539	372575	47774	20437	385903	36965
	2010	92801	327684	11893	-26571	435162	41472
Denmark Danemark	2007	409074	273	193068	7329	208950	38205
	2008	440884	683	232516	516	208535	37934
	2009	373427	228	170888	2028	200738	36334
	2010	364474	6647	151681	-4745	224184	40393
Estonia Estonie	2007	5702	37691	..	..	43393	32313
	2008	5761	36208	..	..	41969	31270
	2009	6465	24748	..	..	31213	23265
	2010	7282	26532	..	..	33814	25213
Finland Finlande	2007	62311	181774	0	-501	244586	46232
	2008	60658	188986	0	1594	248051	46658
	2009	52264	172282	547	-91	224090	41952
	2010	53446	190179	228	-638	244035	45490
France France	2007	367182	1896239	107195	-21112	2177338	35243
	2008	388547	1993190	114570	-2010	2269177	36521
	2009	342557	2012507	141182	49556	2164326	34640
	2010	330298	2081795	165301	-107288	2354079	37472
Germany Allemagne	2007	1330340	3354618	475939	-94279	4303298	52151
	2008	1226174	3521005	496763	-25885	4276302	51850
	2009	1149861	3591949	439743	85058	4217009	51174
	2010	1248730	3497762	671807	-166853	4241539	51536
Greece Grèce	2007	59893	156140	11432	-245	204846	18199
	2008	56876	165217	12934	424	208735	18486
	2009	54040	139748	10931	78	182780	16137
	2010	58312	150702	16031	450	192533	16949
Hungary Hongrie	2007	135455	401069	5941	-6832	537415	53514
	2008	136265	436329	5838	35382	531374	53021
	2009	145827	371304	8338	44764	464029	46393
	2010	147285	375561	12904	6820	503123	50395
Iceland Islande	2007	11	137	..	..	148	483
	2008	15	182	..	..	197	635
	2009	18	137	..	..	155	490
	2010	22	137	..	..	159	496
Ireland Irlande	2007	24262	187482	501	-41	211284	49236
	2008	23624	197909	501	84	220948	50759
	2009	21779	188152	410	-417	209938	47582
	2010	23350	208687	1002	352	230684	51608
Italy Italie	2007	707160	2885082	28915	-46594	3609920	60644
	2008	670416	3002825	28953	42940	3601348	60100
	2009	570499	2722143	22572	-31432	3301502	54769
	2010	602225	2964534	26960	20980	3518820	58083
Latvia Lettonie	2007	316	65528	1867	-2000	65977	28916
	2008	369	55143	2049	-11108	64570	28430
	2009	408	69945	2778	8074	59501	26312
	2010	558	47661	3598	-26039	70660	31376

Table 31

Production, trade and consumption of gases
Production, commerce et consommation de gaz

Terajoules and megajoules per capita
Térajoules et mégajoules par habitant

Country or area Pays ou zone	Year Année	Production Production	Imports Importations	Exports Exportations	Changes in stocks Variations des stocks	Consumption Consommation	
						Total Totale	Per Capita Par habitant
Lithuania	2007	23215	143936	6786	3953	156412	46289
Lituanie	2008	33953	119928	11158	-4419	147142	43795
	2009	28922	105763	7014	144	127527	38169
	2010	29750	120496	7970	-244	142519	42881
Luxembourg	2007	356	54064	228	..	54192	113917
Luxembourg	2008	427	51495	228	..	51694	106195
	2009	518	52344	137	..	52725	105952
	2010	544	56303	182	..	56664	111666
Malta	2007	..	911	..	..	911	2208
Malte	2008	..	956	..	..	956	2311
	2009	..	956	..	46	911	2194
	2010	..	1002	..	46	956	2296
Montenegro	2007	..	820	..	..	820	1305
Monténégro	2008	..	1002	..	..	1002	1592
	2009	..	820	..	..	820	1300
	2010	..	820	..	..	820	1298
Netherlands	2007	2747147	974408	1904699	-2189	1819045	110624
Pays-Bas	2008	2996738	988366	2101223	-1496	1885378	114243
	2009	2825272	954822	1901666	-892	1879319	113490
	2010	3159520	953398	2032060	2445	2078413	125108
Norway	2007	4024809	9746	3654885	364	379306	80327
Norvège	2008	4386425	12388	4066520	-2459	334752	70047
	2009	4562880	11614	4221282	-3188	356400	73728
	2010	4666862	14210	4275714	2824	402534	82434
Poland	2007	360904	486580	2816	-15861	860529	22533
Pologne	2008	342293	522680	3201	11653	850120	22244
	2009	307409	471223	2374	-10469	786727	20568
	2010	336933	504851	4485	-13280	850579	22222
Portugal	2007	18209	200679	3735	-2582	217736	20526
Portugal	2008	18731	218846	3826	726	233025	21912
	2009	16639	218466	2186	1422	231497	21722
	2010	19850	229264	2960	1410	244744	22926
Republic of Moldova	2007	4	46476	0	-211	46691	12717
Rép. de Moldova	2008	5	44274	0	211	44067	12123
	2009	8	40936	46	-117	41015	11384
	2010	3	43269	91	-153	43334	12129
Romania	2007	536228	182945	3689	16304	699179	32302
Roumanie	2008	511183	169046	6649	16621	656958	30429
	2009	499321	80263	11432	-2086	570238	26477
	2010	470963	89526	9610	-16277	567156	26396
Russian Federation	2007	25943193	278603	7266382	321676	18633738	130038
Fédération de Russie	2008	26530986	304116	7398355	798009	18638739	130192
	2009	23734443	310939	6419567	-244020	17869835	124908
	2010	26905660	168301	7322147	314340	19437475	135966
Serbia	2007	22069	94657	319	-408	116815	11880
Serbie	2008	28617	94125	455	592	121694	12366
	2009	26472	70378	319	3238	93293	9470
	2010	32002	84504	364	1150	114991	11667
Slovakia	2007	70649	241400	6967	91	304991	56158
Slovaquie	2008	64991	240924	7267	-4710	303358	55751
	2009	59205	227761	594	21599	264772	48565
	2010	62853	234773	228	3979	293420	53719

Table 31

Production, trade and consumption of gases
Production, commerce et consommation de gaz

Terajoules and megajoules per capita
Térajoules et mégajoules par habitant

Country or area Pays ou zone	Year Année	Production Production	Imports Importations	Exports Exportations	Changes in stocks Variations des stocks	Consumption Consommation	
						Total Totale	Per Capita Par habitant
Slovenia	2007	619	46507	364	-91	46853	23283
Slovénie	2008	708	45311	592	91	45336	22464
	2009	1057	42799	501	91	43264	21375
	2010	1552	44187	410	46	45283	22311
Spain	2007	190980	1511165	12024	-13594	1703714	38196
Espagne	2008	187097	1685297	15699	17148	1839547	40746
	2009	174774	1517597	52710	-16418	1656079	36287
	2010	187806	1523020	57133	-9724	1663416	36101
Sweden	2007	60167	102704	16077	-4372	151166	16500
Suède	2008	70611	95289	17216	4372	144312	15623
	2009	63523	98824	18400	1321	142626	15318
	2010	67653	124214	19402	-4554	177020	18873
Switzerland	2007	21162	124794	2960	0	142996	18923
Suisse	2008	23748	133058	3962	-46	152890	20094
	2009	22027	127436	2824	0	146639	19151
	2010	20393	142292	1093	0	161592	20985
T.F.Yug.Rep. Macedonia	2007	1222	5901	91	50	6983	3410
L'ex-RY Macédoine	2008	1363	6487	319	-47	7578	3692
	2009	1359	4955	273	42	6000	2917
	2010	1139	6316	137	4	7314	3550
Ukraine	2007	1142079	1955852	5530	141635	2950766	63756
Ukraine	2008	1115927	2012062	2560	270382	2855046	62078
	2009	1073466	1430756	2091	279775	2222356	48613
	2010	1057832	1377691	214	-477217	2912526	64084
United Kingdom	2007	3508583	1256014	514285	-22779	4273091	70170
Royaume-Uni	2008	3406460	1502603	489889	9747	4409428	71967
	2009	2957185	1664206	523573	13793	4084025	66243
	2010	2863066	2138676	668375	-63345	4396712	70874
Oceania	**2007**	**2287178**	**237533**	**849499**	**-542**	**1675754**	**48261**
Océanie	**2008**	**2286772**	**231765**	**808261**	**882**	**1709393**	**48350**
	2009	**2350225**	**267343**	**900146**	**3350**	**1714072**	**47635**
	2010	**2424822**	**254169**	**1041180**	**6849**	**1630961**	**44572**
Australia	2007	2076828	231272	849499	-547	1459148	69088
Australie	2008	2087095	224637	808261	729	1502742	69850
	2009	2144307	260467	900146	-638	1505266	68726
	2010	2201231	250549	1040543	820	1410418	63337
Fiji	2007	..	820	..	..	820	981
Fidji	2008	..	774	..	..	774	918
	2009	..	729	..	..	729	855
	2010	..	956	..	..	956	1111
French Polynesia	2007	..	364	..	..	364	1391
Polynésie française	2008	..	*370	..	..	*370	*1400
	2009	..	*369	..	..	*369	*1377
	2010	..	*368	..	..	*368	*1358
Kiribati	2007	..	13	..	..	13	138
Kiribati	2008	..	10	..	..	10	102
	2009	..	8	..	..	8	79
	2010	..	5	..	..	5	50
New Caledonia	2007	..	364	..	..	364	1525
Nouvelle-Calédonie	2008	..	364	..	..	364	1500
	2009	..	455	..	..	455	1845
	2010	..	359	..	..	359	1431

Table 31

Production, trade and consumption of gases
Production, commerce et consommation de gaz
Terajoules and megajoules per capita
Térajoules et mégajoules par habitant

Country or area Pays ou zone	Year Année	Production Production	Imports Importations	Exports Exportations	Changes in stocks Variations des stocks	Consumption Consommation	
						Total Totale	Per Capita Par habitant
New Zealand	2007	199330	3826	0	4	203151	47998
Nouvelle-Zélande	2008	188781	4600	0	154	193227	45170
	2009	194930	4281	0	3988	195223	45163
	2010	212105	364	638	6030	205802	47114
Niue	2007	..	0	..	..	0	*285
Nioué	2008	..	0	..	..	0	*293
	2009	..	0	..	..	0	*301
	2010	..	0	..	..	0	*310
Papua New Guinea	2007	*11020	*774	..	..	*11794	*1844
Papouasie-Nvl-Guinée	2008	*10897	*911	..	..	*11808	*1803
	2009	*10988	*911	..	..	*11899	*1775
	2010	*11486	*1412	..	..	*12898	*1881
Solomon Islands	2007	..	*91	..	..	*91	*183
Iles Salomon	2008	..	*68	..	..	*68	*134
	2009	..	*73	..	..	*73	*139
	2010	..	*76	..	..	*76	*141
Tonga	2007	..	3	..	..	3	29
Tonga	2008	..	16	..	..	16	152
	2009	..	39	..	..	39	377
	2010	..	67	..	..	67	642
Wallis and Futuna Is.	2007	..	6	..	..	6	422
Iles Wallis et Futuna	2008	..	*14	..	..	*14	*987
	2009	..	*11	..	..	*11	*828
	2010	..	*12	..	..	*12	*866

Table 32

Net installed capacity of electric generating plants - by type
Puissance nette installée des centrales électriques - par catégorie
Thousand kilowatts
Milliers de kilowatts

Table Notes:

For this table, Other refers to geothermal, wind, solar, tide and wave net installed capacity, whenever they are available in the country.

For Austria data are given in gross maximum capacity.

Please refer to the Definitions Section on pages xv to xxix for the appropriate product description /classification.

Notes relatives aux tableaux :

Dans ce tableau, "autre" fait référence à la capacités nette instalées en energies géothermique, éolienne, solaire, marémotrice et énergie des vagues quand elles sont disponibles dans le pays.

Pour l'Autriche les données représentent la capacité maximale brute.

Veuillez consulter la section "définitions" de la page xv à la page xxix pour une description/classification appropriée des produits.

Figure 81: Net installed capacity of electric generating plants in 2010

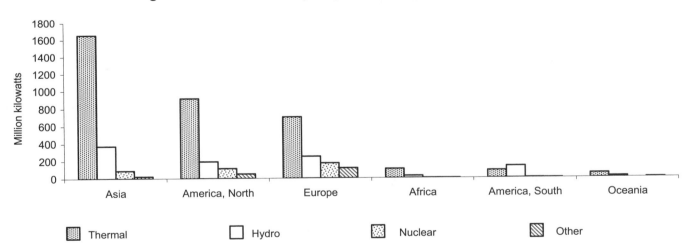

Table 32

Net installed capacity of electric generating plants by type
Thousand kilowatts

Country or area Pays ou zone	Year Année	Self-producers and public utilities Autoproducteurs et services publics					Self- Auto-	
		Total Totale	Thermal Thermique	Hydro Hydraulique	Nuclear Nucléaire	Other Autre	Total Totale	Thermal Thermique
World	**2007**	**4529057**	**3122852**	**924181**	**380625**	**101398**	**326120**	**298803**
	2008	**4707186**	**3247165**	**949926**	**379839**	**130256**	**343334**	**312512**
	2009	**4833357**	**3326679**	**962760**	**380189**	**163729**	**365585**	**331940**
	2010	**5092945**	**3518127**	**995249**	**382260**	**197310**	**399019**	**359528**
Africa	**2007**	**119667**	**94364**	**22854**	**1842**	**607**	**6001**	**5290**
	2008	**123233**	**97546**	**23086**	**1842**	**758**	**6049**	**5323**
	2009	**131139**	**103034**	**25278**	**1842**	**986**	**6260**	**5534**
	2010	**135058**	**106578**	**25370**	**1842**	**1268**	**6178**	**5451**
Algeria	2007	8127	7852	275	..	..	*490	*490
	2008	8132	7852	280	..	..	*490	*490
	2009	11324	11049	275	..	..	*490	*490
	2010	11524	11249	275	..	..	*490	*490
Angola	2007	*1155	*657	498	..	..	*130	*130
	2008	*1155	*657	498	..	..	*130	*130
	2009	*1155	*657	498	..	..	*130	*130
	2010	*1155	*657	498	..	..	*130	*130
Benin	2007	*61	*60	*1	..	..	*5	*5
	2008	*171	*170	*1	..	..	*5	*5
	2009	*171	*170	*1	..	..	*5	*5
	2010	*171	*170	*1	..	..	*5	*5
Botswana	2007	152	152	..	..	..	*20	*20
	2008	152	152	..	..	..	*20	*20
	2009	152	152	..	..	..	*20	*20
	2010	152	152	..	..	..	*20	*20
Burkina Faso	2007	249	217	32	..	..	..	..
	2008	252	220	32	..	..	..	..
	2009	251	219	32	..	..	..	..
	2010	238	206	32	..	..	..	..
Burundi	2007	*33	*1	*32	..	..	..	..
	2008	*33	*1	*32	..	..	..	..
	2009	*33	*1	*32	..	..	..	..
	2010	*33	*1	*32	..	..	..	..
Cameroon	2007	922	*203	719	..	..	*133	*133
	2008	937	*218	719	..	..	*148	*148
	2009	1022	*303	719	..	..	*233	*233
	2010	1007	*288	719	..	..	*218	*218
Cape Verde	2007	75	73	..	..	2	*1	*1
	2008	89	87	..	..	2	*1	*1
	2009	89	87	..	..	2	*1	*1
	2010	93	83	..	..	10	*1	*1
Central African Rep.	2007	41	19	22	..	..	..	..
	2008	*44	*19	*25	..	..	..	..
	2009	*44	*19	*25	..	..	..	..
	2010	*44	*19	*25	..	..	..	..
Chad	2007	*32	*32	..	..	..	..	..
	2008	*31	*31	..	..	..	..	..
	2009	*31	*31	..	..	..	..	..
	2010	*31	*31	..	..	..	..	..
Comoros	2007	*22	*21	1	..	..	..	..
	2008	*22	*21	*1	..	..	..	..
	2009	*22	*21	*1	..	..	..	..
	2010	*22	*21	*1	..	..	..	..
Congo	2007	121	29	92	..	..	..	..
	2008	148	29	119	..	..	..	..
	2009	*148	*29	*119	..	..	..	..
	2010	*148	*29	*119	..	..	..	..

Table 32

Puissance nette installée des centrales électriques - par catégorie

Milliers de kilowatts

producers producteurs			Public utilities Services publics					Year Année	Country or area Pays ou zone
Hydro Hydraulique	Nuclear Nucléaire	Other Autre	Total Totale	Thermal Thermique	Hydro Hydraulique	Nuclear Nucléaire	Other Autre		
21164	..	6154	4202937	2824050	903017	380625	95244	2007	**Monde**
23223	..	7599	4363851	2934652	926703	379839	122657	2008	
23089	..	10555	4467772	2994738	939671	380189	153174	2009	
26015	..	13476	4693927	3158599	969234	382260	183834	2010	
706	..	5	113667	89075	22148	1842	602	2007	**Afrique**
721	..	5	117184	92224	22365	1842	753	2008	
721	..	5	124879	97500	24557	1842	981	2009	
722	..	5	128880	101127	24648	1842	1263	2010	
..	..	..	7637	7362	275	..	..	2007	Algérie
..	..	..	7642	7362	280	..	..	2008	
..	..	..	10834	10559	275	..	..	2009	
..	..	..	11034	10759	275	..	..	2010	
..	..	..	*1025	*527	498	..	..	2007	Angola
..	..	..	*1025	*527	498	..	..	2008	
..	..	..	*1025	*527	498	..	..	2009	
..	..	..	*1025	*527	498	..	..	2010	
..	..	..	*56	*55	*1	..	..	2007	Bénin
..	..	..	*166	*165	*1	..	..	2008	
..	..	..	*166	*165	*1	..	..	2009	
..	..	..	*166	*165	*1	..	..	2010	
..	..	..	132	132	..	..	..	2007	Botswana
..	..	..	132	132	..	..	..	2008	
..	..	..	132	132	..	..	..	2009	
..	..	..	132	132	..	..	..	2010	
..	..	..	249	217	32	..	..	2007	Burkina Faso
..	..	..	252	220	32	..	..	2008	
..	..	..	251	219	32	..	..	2009	
..	..	..	238	206	32	..	..	2010	
..	..	..	*33	*1	*32	..	..	2007	Burundi
..	..	..	*33	*1	*32	..	..	2008	
..	..	..	*33	*1	*32	..	..	2009	
..	..	..	*33	*1	*32	..	..	2010	
..	..	..	789	*70	719	..	..	2007	Cameroun
..	..	..	789	*70	719	..	..	2008	
..	..	..	789	*70	719	..	..	2009	
..	..	..	789	*70	719	..	..	2010	
..	..	..	74	72	..	..	2	2007	Cap-Vert
..	..	..	88	86	..	..	2	2008	
..	..	..	88	86	..	..	2	2009	
..	..	..	92	82	..	..	10	2010	
..	..	..	41	19	22	..	..	2007	Rép. centrafricaine
..	..	..	*44	*19	*25	..	..	2008	
..	..	..	*44	*19	*25	..	..	2009	
..	..	..	*44	*19	*25	..	..	2010	
..	..	..	*32	*32	..	..	..	2007	Tchad
..	..	..	*31	*31	..	..	..	2008	
..	..	..	*31	*31	..	..	..	2009	
..	..	..	*31	*31	..	..	..	2010	
..	..	..	*22	*21	1	..	..	2007	Comores
..	..	..	*22	*21	*1	..	..	2008	
..	..	..	*22	*21	*1	..	..	2009	
..	..	..	*22	*21	*1	..	..	2010	
..	..	..	121	29	92	..	..	2007	Congo
..	..	..	148	29	119	..	..	2008	
..	..	..	*148	*29	*119	..	..	2009	
..	..	..	*148	*29	*119	..	..	2010	

Table 32

Net installed capacity of electric generating plants by type
Thousand kilowatts

Country or area Pays ou zone	Year Année	Self-producers and public utilities Autoproducteurs et services publics					Self- Auto-	
		Total Totale	Thermal Thermique	Hydro Hydraulique	Nuclear Nucléaire	Other Autre	Total Totale	Thermal Thermique
Côte d'Ivoire	2007	*1510	*612	*898	..	..	*22	*22
	2008	*1516	*618	*898	..	..	*23	*23
	2009	*1516	*618	*898	..	..	*23	*23
	2010	*1816	*918	*898	..	..	*23	*23
Dem. Rep. of the Congo	2007	2444	34	2410	..	..	*569	*4
	2008	2476	34	2442	..	..	*577	*4
	2009	*2476	*34	*2442	..	..	*577	*4
	2010	*2506	*34	*2472	..	..	*577	*4
Djibouti	2007	118	118	..	..	..	..	..
	2008	130	130	..	..	..	..	..
	2009	130	130	..	..	..	..	..
	2010	130	130	..	..	..	..	..
Egypt	2007	23266	20119	2842	..	305	*683	*683
	2008	24185	20960	2800	..	425	*683	*683
	2009	25409	22119	2800	..	490	*683	*683
	2010	27732	24245	2800	..	687	*683	*683
Equatorial Guinea	2007	*41	*37	*4	..	..	..	..
	2008	*41	*37	*4	..	..	..	..
	2009	*41	*37	*4	..	..	..	..
	2010	*41	*37	*4	..	..	..	..
Eritrea	2007	*167	*166	..	..	*1	*6	*6
	2008	*140	*139	..	..	*1	*6	*6
	2009	*140	*139	..	..	*1	*6	*6
	2010	*140	*139	..	..	*1	*6	*6
Ethiopia	2007	829	*154	668	..	*7	..	..
	2008	878	*203	669	..	*7	..	..
	2009	2044	*188	1849	..	*7	..	..
	2010	*2044	*188	*1849	..	*7	..	..
Gabon	2007	*415	*245	*170	..	..	*97	*97
	2008	*366	*196	*170	..	..	*48	*48
	2009	*415	*245	*170	..	..	*97	*97
	2010	*415	*245	*170	..	..	*97	*97
Gambia	2007	53	53	..	..	..	25	25
	2008	53	53	..	..	..	25	25
	2009	62	62	..	..	..	34	34
	2010	*62	*62	..	..	..	*34	*34
Ghana	2007	*1935	*755	*1180	..	..	*225	*225
	2008	*1981	*801	*1180	..	..	*235	*235
	2009	*1970	*790	*1180	..	..	*230	*230
	2010	2180	1000	1180	..	..	210	210
Guinea	2007	*379	*216	*163	..	..	*119	*105
	2008	*440	*270	*170	..	..	*180	*159
	2009	*440	*270	*170	..	..	*180	*159
	2010	*440	*270	*170	..	..	*180	*159
Guinea-Bissau	2007	*22	*22	..	..	..	*1	*1
	2008	26	26	..	..	..	*1	*1
	2009	26	26	..	..	..	*1	*1
	2010	*26	*26	..	..	..	*1	*1
Kenya	2007	1216	*424	677	..	115	*289	*289
	2008	1594	*712	747	..	*135	*289	*289
	2009	1600	712	730	..	158	289	289
	2010	1701	784	728	..	189	289	289
Lesotho	2007	80	..	80	..	..	..	..
	2008	80	..	80	..	..	..	..
	2009	80	..	80	..	..	..	..
	2010	80	..	80	..	..	..	..

Table 32

Puissance nette installée des centrales électriques - par catégorie

Milliers de kilowatts

producers producteurs			Public utilities Services publics					Year Année	Country or area Pays ou zone
Hydro Hydraulique	Nuclear Nucléaire	Other Autre	Total Totale	Thermal Thermique	Hydro Hydraulique	Nuclear Nucléaire	Other Autre		
..	..	..	*1488	*590	*898	..	..	2007	Côte d'Ivoire
..	..	..	*1493	*595	*898	..	..	2008	
..	..	..	*1493	*595	*898	..	..	2009	
..	..	..	*1793	*895	*898	..	..	2010	
*565	..	..	1875	30	1845	..	..	2007	Rép. dem. du Congo
*573	..	..	1899	30	1869	..	..	2008	
*573	..	..	*1899	*30	*1869	..	..	2009	
*573	..	..	*1929	*30	*1899	..	..	2010	
..	..	..	118	118	..	..	..	2007	Djibouti
..	..	..	130	130	..	..	..	2008	
..	..	..	130	130	..	..	..	2009	
..	..	..	130	130	..	..	..	2010	
..	..	..	22583	19436	2842	..	305	2007	Egypte
..	..	..	23502	20277	2800	..	425	2008	
..	..	..	24726	21436	2800	..	490	2009	
..	..	..	27049	23562	2800	..	687	2010	
..	..	..	*41	*37	*4	..	..	2007	Guinée équatoriale
..	..	..	*41	*37	*4	..	..	2008	
..	..	..	*41	*37	*4	..	..	2009	
..	..	..	*41	*37	*4	..	..	2010	
..	..	..	*161	*160	..	..	*1	2007	Erythrée
..	..	..	*134	*133	..	..	*1	2008	
..	..	..	*134	*133	..	..	*1	2009	
..	..	..	*134	*133	..	..	*1	2010	
..	..	..	829	*154	668	..	*7	2007	Ethiopie
..	..	..	878	*203	669	..	*7	2008	
..	..	..	2044	*188	1849	..	*7	2009	
..	..	..	*2044	*188	*1849	..	*7	2010	
..	..	..	*318	*148	*170	..	..	2007	Gabon
..	..	..	*318	*148	*170	..	..	2008	
..	..	..	*318	*148	*170	..	..	2009	
..	..	..	*318	*148	*170	..	..	2010	
..	..	..	28	28	..	..	..	2007	Gambie
..	..	..	28	28	..	..	..	2008	
..	..	..	28	28	..	..	..	2009	
..	..	..	*28	*28	..	..	..	2010	
..	..	..	*1710	*530	*1180	..	..	2007	Ghana
..	..	..	*1746	*566	*1180	..	..	2008	
..	..	..	*1740	*560	*1180	..	..	2009	
..	..	..	1970	790	1180	..	..	2010	
14	..	..	*260	*111	*149	..	..	2007	Guinée
*21	..	..	*260	*111	*149	..	..	2008	
*21	..	..	*260	*111	*149	..	..	2009	
*21	..	..	*260	*111	*149	..	..	2010	
..	..	..	*21	*21	..	..	..	2007	Guinée-Bissau
..	..	..	25	25	..	..	..	2008	
..	..	..	25	25	..	..	..	2009	
..	..	..	*25	*25	..	..	..	2010	
..	..	..	927	135	677	..	115	2007	Kenya
..	..	..	1305	*423	747	..	*135	2008	
..	..	..	1311	423	730	..	158	2009	
..	..	..	1412	495	728	..	189	2010	
..	..	..	80	..	80	..	..	2007	Lesotho
..	..	..	80	..	80	..	..	2008	
..	..	..	80	..	80	..	..	2009	
..	..	..	80	..	80	..	..	2010	

Table 32

Net installed capacity of electric generating plants by type
Thousand kilowatts

Country or area Pays ou zone	Year Année	Self-producers and public utilities Autoproducteurs et services publics					Self- Auto-	
		Total Totale	Thermal Thermique	Hydro Hydraulique	Nuclear Nucléaire	Other Autre	Total Totale	Thermal Thermique
Liberia	2007	*198	*198	..	..	..	..	..
	2008	*197	*197	..	..	..	..	..
	2009	*197	*197	..	..	..	..	..
	2010	*197	*197	..	..	..	..	..
Libya	2007	5541	5541	..	..	..	..	..
	2008	6612	6612	..	..	..	..	..
	2009	6766	6766	..	..	..	..	..
	2010	7066	7066	..	..	..	..	..
Madagascar	2007	*348	*243	105	..	0	*32	*32
	2008	431	282	148	..	0	*32	*32
	2009	431	282	148	..	0	*32	*32
	2010	507	379	128	..	0	*32	*32
Malawi	2007	476	*186	290	..	..	*174	*170
	2008	476	*186	290	..	..	*174	*170
	2009	476	*186	290	..	..	*174	*170
	2010	477	*186	291	..	..	*175	*170
Mali	2007	280	*125	155	..	..	*18	*18
	2008	*280	*125	*155	..	..	*18	*18
	2009	*304	*147	*157	..	..	*18	*18
	2010	*304	*147	*157	..	..	*18	*18
Mauritania	2007	156	156	..	..	..	*70	*70
	2008	156	156	..	..	..	*70	*70
	2009	166	166	..	..	..	*70	*70
	2010	196	196	..	..	..	*70	*70
Mauritius	2007	753	694	59	..	..	311	311
	2008	725	666	59	..	..	283	283
	2009	739	680	59	..	..	297	297
	2010	740	680	60	..	..	297	297
Morocco	2007	5564	3721	1729	..	114	272	272
	2008	5564	3721	1729	..	114	272	272
	2009	6466	4496	1749	..	221	331	331
	2010	6676	4684	1771	..	221	331	331
Mozambique	2007	2499	249	2250	..	..	..	..
	2008	2428	249	2179	..	..	..	..
	2009	2428	249	2179	..	..	..	..
	2010	2428	249	2179	..	..	..	..
Namibia	2007	395	*20	375	..	..	..	..
	2008	*467	*92	*375	..	..	..	..
	2009	*467	*92	*375	..	..	..	..
	2010	*467	*92	*375	..	..	..	..
Niger	2007	134	133	..	..	1	30	29
	2008	134	133	..	..	1	30	29
	2009	135	134	..	..	1	30	29
	2010	*135	*134	..	..	*1	*30	*29
Nigeria	2007	*5881	*3500	*2381	..	..	*40	..
	2008	*5881	*3500	*2381	..	..	*40	..
	2009	*5881	*3500	*2381	..	..	*40	..
	2010	*5881	*3500	*2381	..	..	*40	..
Réunion	2007	575	438	121	..	16	..	..
	2008	587	439	121	..	27	..	..
	2009	651	471	121	..	59	..	..
	2010	710	471	133	..	106	..	..
Rwanda	2007	57	31	27	..	0	*1	*1
	2008	57	31	27	..	0	*1	*1
	2009	76	34	42	..	0	*1	*1
	2010	85	34	51	..	0	*1	*1

Table 32

Puissance nette installée des centrales électriques - par catégorie

Milliers de kilowatts

producers producteurs			Public utilities Services publics					Year Année	Country or area Pays ou zone
Hydro Hydraulique	Nuclear Nucléaire	Other Autre	Total Totale	Thermal Thermique	Hydro Hydraulique	Nuclear Nucléaire	Other Autre		
..	..	..	*198	*198	..	..	..	2007	Libéria
..	..	..	*197	*197	..	..	..	2008	
..	..	..	*197	*197	..	..	..	2009	
..	..	..	*197	*197	..	..	..	2010	
..	..	..	5541	5541	..	..	..	2007	Libye
..	..	..	6612	6612	..	..	..	2008	
..	..	..	6766	6766	..	..	..	2009	
..	..	..	7066	7066	..	..	..	2010	
..	..	..	*316	*211	105	..	0	2007	Madagascar
..	..	..	399	250	148	..	0	2008	
..	..	..	399	250	148	..	0	2009	
..	..	..	475	347	128	..	0	2010	
*4	..	..	302	16	286	..	..	2007	Malawi
*4	..	..	302	*16	286	..	..	2008	
*4	..	..	302	*16	286	..	..	2009	
5	..	..	302	*16	286	..	..	2010	
..	..	..	262	*107	155	..	..	2007	Mali
..	..	..	*262	*107	*155	..	..	2008	
..	..	..	*286	*129	*157	..	..	2009	
..	..	..	*286	*129	*157	..	..	2010	
..	..	..	86	86	..	..	..	2007	Mauritanie
..	..	..	86	86	..	..	..	2008	
..	..	..	96	96	..	..	..	2009	
..	..	..	126	126	..	..	..	2010	
..	..	..	442	383	59	..	..	2007	Maurice
..	..	..	442	383	59	..	..	2008	
..	..	..	442	383	59	..	..	2009	
..	..	..	443	383	60	..	..	2010	
..	..	..	5292	3449	1729	..	114	2007	Maroc
..	..	..	5292	3449	1729	..	114	2008	
..	..	..	6135	4165	1749	..	221	2009	
..	..	..	6345	4353	1771	..	221	2010	
..	..	..	2499	249	2250	..	..	2007	Mozambique
..	..	..	2428	249	2179	..	..	2008	
..	..	..	2428	249	2179	..	..	2009	
..	..	..	2428	249	2179	..	..	2010	
..	..	..	395	*20	375	..	..	2007	Namibie
..	..	..	*467	*92	*375	..	..	2008	
..	..	..	*467	*92	*375	..	..	2009	
..	..	..	*467	*92	*375	..	..	2010	
..	..	1	104	104	..	..	..	2007	Niger
..	..	1	104	104	..	..	..	2008	
..	..	1	105	105	..	..	..	2009	
..	..	*1	*105	*105	..	..	..	2010	
*40	..	..	*5841	*3500	*2341	..	..	2007	Nigéria
*40	..	..	*5841	*3500	*2341	..	..	2008	
*40	..	..	*5841	*3500	*2341	..	..	2009	
*40	..	..	*5841	*3500	*2341	..	..	2010	
..	..	..	575	438	121	..	16	2007	Réunion
..	..	..	587	439	121	..	27	2008	
..	..	..	651	471	121	..	59	2009	
..	..	..	710	471	133	..	106	2010	
..	..	..	56	30	27	..	0	2007	Rwanda
..	..	..	56	30	27	..	0	2008	
..	..	..	75	33	42	..	0	2009	
..	..	..	84	33	51	..	0	2010	

Table 32

Net installed capacity of electric generating plants by type
Thousand kilowatts

| Country or area
Pays ou zone | Year
Année | Self-producers and public utilities
Autoproducteurs et services publics | | | | | Self-
Auto- | |
		Total Totale	Thermal Thermique	Hydro Hydraulique	Nuclear Nucléaire	Other Autre	Total Totale	Thermal Thermique
Sao Tome and Principe	2007	14	12	2	..	..	..	..
	2008	14	12	2	..	..	..	..
	2009	14	12	2	..	..	..	..
	2010	14	12	2	..	..	..	..
Senegal	2007	579	575	..	..	*4	163	159
	2008	640	636	..	..	*4	163	159
	2009	656	652	..	..	*4	*163	*159
	2010	625	621	..	..	*4	132	128
Seychelles	2007	89	89	..	..	..	..	..
	2008	89	89	..	..	..	..	..
	2009	89	89	..	..	..	..	..
	2010	89	89	..	..	..	..	..
Sierra Leone	2007	*77	*27	*50	..	..	*8	*8
	2008	*77	*27	*50	..	..	*8	*8
	2009	*77	*27	*50	..	..	*8	*8
	2010	77	*27	50	..	..	*8	*8
Somalia	2007	80	80	..	..	..	..	..
	2008	80	80	..	..	..	..	..
	2009	80	80	..	..	..	..	..
	2010	80	80	..	..	..	..	..
South Africa	2007	42727	40166	696	1842	23	*1358	*1323
	2008	43061	40500	696	1842	23	*1358	*1323
	2009	43061	40500	696	1842	23	*1358	*1323
	2010	*43061	*40500	*696	*1842	*23	*1358	*1323
St. Helena and Depend.	2007	4	4	..	..	..	..	..
	2008	5	5	..	..	0	..	..
	2009	5	5	..	..	0	..	..
	2010	*5	*5	..	..	0	..	..
Sudan	2007	1061	718	343	..	..	..	..
	2008	1268	718	550	..	..	..	..
	2009	2268	718	1550	..	..	..	..
	2010	2268	718	1550	..	..	..	..
Swaziland	2007	*134	*89	45	..	..	*83	*79
	2008	*153	*89	64	..	..	*83	*79
	2009	*153	*89	64	..	..	*83	*79
	2010	*153	*89	64	..	..	*83	*79
Togo	2007	84	*18	66	..	..	*3	*3
	2008	85	18	67	..	..	*3	*3
	2009	*85	*18	*67	..	..	*3	*3
	2010	*85	*18	*67	..	..	*3	*3
Tunisia	2007	3196	3115	62	..	19	498	498
	2008	3335	3254	62	..	19	*520	*520
	2009	*3502	*3420	63	..	19	*520	*520
	2010	*3580	*3498	63	..	19	*500	*500
Uganda	2007	511	116	395	..	..	*11	*1
	2008	539	214	325	..	..	*24	*14
	2009	502	164	338	..	..	*24	*14
	2010	549	187	362	..	..	*27	*17
United Rep. of Tanzania	2007	957	378	579	..	..	*20	*20
	2008	957	378	579	..	..	*20	*20
	2009	811	249	562	..	..	*20	*20
	2010	809	233	576	..	..	*20	*20
Western Sahara	2007	*58	*58	..	..	..	..	..
	2008	*58	*58	..	..	..	..	..
	2009	*58	*58	..	..	..	..	..
	2010	*58	*58	..	..	..	..	..

Table 32

Puissance nette installée des centrales électriques - par catégorie

Milliers de kilowatts

producers producteurs			Public utilities Services publics					Year Année	Country or area Pays ou zone
Hydro Hydraulique	Nuclear Nucléaire	Other Autre	Total Totale	Thermal Thermique	Hydro Hydraulique	Nuclear Nucléaire	Other Autre		
..	..	..	14	12	2	..	..	2007	Sao Tomé-et-Principe
..	..	..	14	12	2	..	..	2008	
..	..	..	14	12	2	..	..	2009	
..	..	..	14	12	2	..	..	2010	
..	..	*4	416	416	..	..	..	2007	Sénégal
..	..	*4	477	477	..	..	..	2008	
..	..	*4	493	493	..	..	..	2009	
..	..	*4	493	493	..	..	..	2010	
..	..	..	89	89	..	..	..	2007	Seychelles
..	..	..	89	89	..	..	..	2008	
..	..	..	89	89	..	..	..	2009	
..	..	..	89	89	..	..	..	2010	
..	..	..	*69	*19	*50	..	..	2007	Sierra Leone
..	..	..	*69	*19	*50	..	..	2008	
..	..	..	*69	*19	*50	..	..	2009	
..	..	..	69	*19	50	..	..	2010	
..	..	..	80	80	..	..	..	2007	Somalie
..	..	..	80	80	..	..	..	2008	
..	..	..	80	80	..	..	..	2009	
..	..	..	80	80	..	..	..	2010	
*35	..	..	41369	38843	661	1842	23	2007	Afrique du Sud
*35	..	..	41703	39177	661	1842	23	2008	
*35	..	..	41703	39177	661	1842	23	2009	
*35	..	..	*41703	*39177	*661	*1842	*23	2010	
..	..	..	4	4	..	..	..	2007	St-Hélène et dépend
..	..	..	5	5	..	..	0	2008	
..	..	..	5	5	..	..	0	2009	
..	..	..	*5	*5	..	..	0	2010	
..	..	..	1061	718	343	..	..	2007	Soudan
..	..	..	1268	718	550	..	..	2008	
..	..	..	2268	718	1550	..	..	2009	
..	..	..	2268	718	1550	..	..	2010	
*4	..	..	51	10	41	..	..	2007	Swaziland
*4	..	..	70	10	60	..	..	2008	
*4	..	..	70	10	60	..	..	2009	
*4	..	..	70	10	60	..	..	2010	
..	..	..	81	*15	66	..	..	2007	Togo
..	..	..	82	15	67	..	..	2008	
..	..	..	*82	*15	*67	..	..	2009	
..	..	..	*82	*15	*67	..	..	2010	
..	..	..	2698	2617	62	..	19	2007	Tunisie
..	..	..	2815	2734	62	..	19	2008	
..	..	..	*2982	*2900	63	..	19	2009	
..	..	..	*3080	*2998	63	..	19	2010	
*10	..	..	500	115	385	..	..	2007	Ouganda
10	..	..	515	200	315	..	..	2008	
10	..	..	478	150	328	..	..	2009	
*10	..	..	522	170	352	..	..	2010	
..	..	..	937	358	579	..	..	2007	Rép. Unie de Tanzanie
..	..	..	937	358	579	..	..	2008	
..	..	..	791	229	562	..	..	2009	
..	..	..	789	213	576	..	..	2010	
..	..	..	*58	*58	..	..	..	2007	Sahara occidental
..	..	..	*58	*58	..	..	..	2008	
..	..	..	*58	*58	..	..	..	2009	
..	..	..	*58	*58	..	..	..	2010	

Table 32

Net installed capacity of electric generating plants by type

Thousand kilowatts

Country or area Pays ou zone	Year Année	Self-producers and public utilities Autoproducteurs et services publics					Self- Auto-	
		Total Totale	Thermal Thermique	Hydro Hydraulique	Nuclear Nucléaire	Other Autre	Total Totale	Thermal Thermique
Zambia	2007	1770	90	1680	..	..	*44	10
	2008	1770	90	1680	..	..	*44	10
	2009	1770	90	1680	..	..	*44	10
	2010	1770	90	1680	..	..	*44	10
Zimbabwe	2007	2005	1325	680	..	..	*50	*50
	2008	2035	1355	680	..	..	45	45
	2009	2035	1355	680	..	..	45	45
	2010	2035	1355	680	..	..	45	45
America, North	**2007**	**1212337**	**883907**	**189799**	**114976**	**23655**	**49968**	**43118**
	2008	**1230191**	**891270**	**190860**	**115465**	**32596**	**50751**	**43625**
	2009	**1255604**	**904071**	**192184**	**115034**	**44315**	**52639**	**44704**
	2010	**1274660**	**915052**	**192868**	**115197**	**51542**	**55424**	**46400**
Anguilla	2007	23	23	..	..	..	..	..
	2008	23	23	..	..	..	..	..
	2009	28	28	..	..	..	..	..
	2010	28	28	..	..	..	..	..
Antigua and Barbuda	2007	*55	*55	..	..	..	1	1
	2008	*55	*55	..	..	..	1	1
	2009	55	55	..	..	..	1	1
	2010	55	55	..	..	..	1	1
Aruba	2007	149	149	..	..	..	..	..
	2008	236	236	..	..	..	..	..
	2009	236	236	..	..	..	..	..
	2010	320	290	..	..	30	..	..
Bahamas	2007	493	493	..	..	..	*55	*55
	2008	493	493	..	..	..	*55	*55
	2009	493	493	..	..	..	*55	*55
	2010	493	493	..	..	..	*55	*55
Barbados	2007	216	216	..	..	..	*6	*6
	2008	216	216	..	..	..	*6	*6
	2009	221	221	..	..	..	*6	*6
	2010	263	263	..	..	..	*6	*6
Belize	2007	74	36	38	..	..	..	..
	2008	75	37	38	..	..	..	..
	2009	117	60	57	..	..	..	..
	2010	*118	*61	*57	..	..	..	..
Bermuda	2007	165	165	..	..	..	..	..
	2008	165	165	..	..	..	..	..
	2009	*165	*165	..	..	..	..	..
	2010	*165	*165	..	..	..	..	..
British Virgin Islands	2007	42	42	..	..	..	..	..
	2008	42	42	..	..	..	..	..
	2009	44	44	..	..	..	..	..
	2010	44	44	..	..	..	..	..
Canada	2007	126376	37757	73458	13345	1816	8461	3395
	2008	127610	37436	74407	13345	2422	8669	3522
	2009	135397	44611	74687	12665	3434	8809	3663
	2010	136947	45103	75078	12665	4101	8932	3762
Cayman Islands	2007	137	137	..	..	..	..	..
	2008	137	137	..	..	..	..	..
	2009	153	153	..	..	..	..	..
	2010	153	153	..	..	..	..	..
Costa Rica	2007	2146	448	1457	..	241	*289	*24
	2008	2414	605	1568	..	241	*304	*24
	2009	2415	619	1542	..	254	*314	*24
	2010	2953	906	1554	..	493	*277	*24

Table 32

Puissance nette installée des centrales électriques - par catégorie
Milliers de kilowatts

producers producteurs			Public utilities Services publics					Year Année	Country or area Pays ou zone
Hydro Hydraulique	Nuclear Nucléaire	Other Autre	Total Totale	Thermal Thermique	Hydro Hydraulique	Nuclear Nucléaire	Other Autre		
*34	..	..	1726	80	1646	..	..	2007	Zambie
*34	..	..	1726	80	1646	..	..	2008	
*34	..	..	1726	80	1646	..	..	2009	
*34	..	..	1726	80	1646	..	..	2010	
..	..	..	1955	1275	680	..	..	2007	Zimbabwe
..	..	..	1990	1310	680	..	..	2008	
..	..	..	1990	1310	680	..	..	2009	
..	..	..	1990	1310	680	..	..	2010	
5793	..	1057	1162368	840789	184005	114976	22598	2007	**Amérique du Nord**
5924	..	1202	1179440	847646	184935	115465	31394	2008	
5966	..	1969	1202965	859367	186217	115034	42346	2009	
5905	..	3119	1219236	868653	186963	115197	48423	2010	
..	..	..	23	23	..	..	..	2007	Anguilla
..	..	..	23	23	..	..	..	2008	
..	..	..	28	28	..	..	..	2009	
..	..	..	28	28	..	..	..	2010	
..	..	..	*54	*54		..	..	2007	Antigua-et-Barbuda
..	..	..	*54	*54		..	..	2008	
..	..	..	54	54		..	..	2009	
..	..	..	54	54		..	..	2010	
..	..	..	149	149	..	..	..	2007	Aruba
..	..	..	236	236	..	..	..	2008	
..	..	..	236	236	..	..	..	2009	
..	..	..	320	290	..	..	30	2010	
..	..	..	438	438	..	..	..	2007	Bahamas
..	..	..	438	438	..	..	..	2008	
..	..	..	438	438	..	..	..	2009	
..	..	..	438	438	..	..	..	2010	
..	..	..	210	210	..	..	..	2007	Barbade
..	..	..	210	210	..	..	..	2008	
..	..	..	215	215	..	..	..	2009	
..	..	..	257	257	..	..	..	2010	
..	..	..	74	36	38	..	..	2007	Belize
..	..	..	75	37	38	..	..	2008	
..	..	..	117	60	57	..	..	2009	
..	..	..	*118	*61	*57	..	..	2010	
..	..	..	165	165	..	..	..	2007	Bermudes
..	..	..	165	165	..	..	..	2008	
..	..	..	*165	*165	..	..	..	2009	
..	..	..	*165	*165	..	..	..	2010	
..	..	..	42	42	..	..	..	2007	Iles Vierges britanniques
..	..	..	42	42	..	..	..	2008	
..	..	..	44	44	..	..	..	2009	
..	..	..	44	44	..	..	..	2010	
5066	..	..	117915	34362	68392	13345	1816	2007	Canada
5147	..	..	118941	33914	69260	13345	2422	2008	
5146	..	..	126588	40948	69541	12665	3434	2009	
5170	..	..	128015	41341	69908	12665	4101	2010	
..	..	..	137	137	..	..	..	2007	Iles Caïmanes
..	..	..	137	137	..	..	..	2008	
..	..	..	153	153	..	..	..	2009	
..	..	..	153	153	..	..	..	2010	
*180	..	*85	1857	424	1277	..	156	2007	Costa Rica
*195	..	*85	2110	581	1373	..	156	2008	
*205	..	*85	2101	595	1337	..	169	2009	
*168	..	*85	2676	882	1386	..	408	2010	

Table 32

Net installed capacity of electric generating plants by type
Thousand kilowatts

Country or area Pays ou zone	Year Année	Self-producers and public utilities Autoproducteurs et services publics					Self-Auto-	
		Total Totale	Thermal Thermique	Hydro Hydraulique	Nuclear Nucléaire	Other Autre	Total Totale	Thermal Thermique
Cuba	2007	5430	5389	41	..	..	547	547
	2008	5397	5337	60	..	..	547	547
	2009	5551	5493	58	..	..	547	547
	2010	5853	5790	63	..	..	549	549
Dominica	2007	25	17	8	..	..	..	..
	2008	21	17	5	..	..	..	..
	2009	24	19	5	..	..	..	..
	2010	27	20	7	..	..	..	..
Dominican Republic	2007	5518	5049	469	..	..	2352	2352
	2008	5270	4798	472	..	..	2352	2352
	2009	5314	4791	523	..	..	2352	2352
	2010	5311	4788	523	..	..	2352	2352
El Salvador	2007	1372	695	472	..	204	157	137
	2008	1422	746	472	..	204	200	180
	2009	1471	795	472	..	204	200	180
	2010	1461	785	472	..	204	177	177
Greenland	2007	*144	*106	38	..	..	*16	*16
	2008	*144	*106	38	..	..	*16	*16
	2009	*174	*106	68	..	..	*16	*16
	2010	*174	*106	68	..	..	*16	*16
Grenada	2007	32	32	..	..	..	..	..
	2008	32	32	..	..	..	..	..
	2009	33	33	..	..	..	..	..
	2010	49	49	..	..	..	..	..
Guadeloupe	2007	405	368	9	..	28	..	..
	2008	*405	*368	*9	..	28	..	..
	2009	*406	*368	*9	..	29	..	..
	2010	397	359	8	..	31	..	..
Guatemala	2007	2230	1454	776	..	..	*140	*136
	2008	2379	1602	777	..	..	*140	*136
	2009	2333	1555	778	..	..	375	371
	2010	2405	1552	853	..	..	382	378
Haiti	2007	244	181	63	..	..	..	..
	2008	244	181	63	..	..	..	..
	2009	240	178	62	..	..	..	..
	2010	267	207	61	..	..	..	..
Honduras	2007	1599	1079	520	..	..	75	73
	2008	1593	1071	522	..	..	64	62
	2009	1606	1084	522	..	..	76	74
	2010	1611	1084	527	..	..	76	74
Jamaica	2007	1173	1119	33	..	21	495	484
	2008	1174	1120	33	..	21	496	485
	2009	1168	1114	33	..	21	496	485
	2010	921	846	33	..	42	242	231
Martinique	2007	*404	*396	..	..	*8	..	..
	2008	*404	*396	..	..	8	..	..
	2009	*411	*396	..	..	15	..	..
	2010	*411	*396	..	..	*15	..	..
Mexico	2007	57839	43817	11577	1365	1080	6677	6541
	2008	58304	44383	11471	1365	1085	7198	7035
	2009	59693	45320	11543	1365	1465	8007	7432
	2010	62002	47736	11338	1365	1563	9344	8708
Montserrat	2007	*10	*10	..	..	..	..	..
	2008	*10	*10	..	..	..	..	..
	2009	*10	*10	..	..	..	..	..
	2010	*10	*10	..	..	..	..	..

Table 32

Puissance nette installée des centrales électriques - par catégorie

Milliers de kilowatts

producers producteurs			Public utilities Services publics					Year Année	Country or area Pays ou zone
Hydro Hydraulique	Nuclear Nucléaire	Other Autre	Total Totale	Thermal Thermique	Hydro Hydraulique	Nuclear Nucléaire	Other Autre		
..	..	..	4883	4842	41	..	..	2007	Cuba
..	..	..	4850	4790	60	..	..	2008	
..	..	..	5004	4946	58	..	..	2009	
..	..	..	5304	5241	63	..	..	2010	
..	..	..	25	17	8	..	..	2007	Dominique
..	..	..	21	17	5	..	..	2008	
..	..	..	24	19	5	..	..	2009	
..	..	..	27	20	7	..	..	2010	
..	..	..	3166	2697	469	..	..	2007	Rép. dominicaine
..	..	..	2918	2446	472	..	..	2008	
..	..	..	2962	2439	523	..	..	2009	
..	..	..	2959	2436	523	..	..	2010	
20	..	..	1215	559	452	..	204	2007	El Salvador
20	..	..	1222	566	452	..	204	2008	
20	..	..	1271	615	452	..	204	2009	
0	..	..	1284	608	472	..	204	2010	
..	..	..	*128	*90	38	..	..	2007	Groënland
..	..	..	*128	*90	38	..	..	2008	
..	..	..	*158	*90	68	..	..	2009	
..	..	..	*158	*90	68	..	..	2010	
..	..	..	32	32	..	..	..	2007	Grenade
..	..	..	32	32	..	..	..	2008	
..	..	..	33	33	..	..	..	2009	
..	..	..	49	49	..	..	..	2010	
..	..	..	405	368	9	..	28	2007	Guadeloupe
..	..	..	*405	*368	*9	..	28	2008	
..	..	..	*406	*368	*9	..	29	2009	
..	..	..	397	359	8	..	31	2010	
4	..	..	2090	1318	772	..	..	2007	Guatemala
4	..	..	2239	1466	773	..	..	2008	
4	..	..	1958	1184	774	..	..	2009	
4	..	..	2023	1174	849	..	..	2010	
..	..	..	244	181	63	..	..	2007	Haïti
..	..	..	244	181	63	..	..	2008	
..	..	..	240	178	62	..	..	2009	
..	..	..	267	207	61	..	..	2010	
2	..	..	1524	1006	518	..	..	2007	Honduras
2	..	..	1529	1009	520	..	..	2008	
2	..	..	1530	1010	520	..	..	2009	
2	..	..	1535	1010	525	..	..	2010	
11	..	..	678	635	22	..	21	2007	Jamaïque
11	..	..	678	635	22	..	21	2008	
11	..	..	672	629	22	..	21	2009	
11	..	..	678	615	22	..	42	2010	
..	..	..	*404	*396	..	..	*8	2007	Martinique
..	..	..	*404	*396	..	..	8	2008	
..	..	..	*411	*396	..	..	15	2009	
..	..	..	*411	*396	..	..	*15	2010	
101	..	35	51162	37276	11476	1365	1045	2007	Mexique
128	..	35	51106	37348	11343	1365	1050	2008	
160	..	415	51686	37888	11383	1365	1050	2009	
123	..	513	52658	39028	11215	1365	1050	2010	
..	..	..	*10	*10	..	..	..	2007	Montserrat
..	..	..	*10	*10	..	..	..	2008	
..	..	..	*10	*10	..	..	..	2009	
..	..	..	*10	*10	..	..	..	2010	

Table 32

Net installed capacity of electric generating plants by type

Thousand kilowatts

Country or area Pays ou zone	Year Année	Self-producers and public utilities Autoproducteurs et services publics					Self-Auto-	
		Total Totale	Thermal Thermique	Hydro Hydraulique	Nuclear Nucléaire	Other Autre	Total Totale	Thermal Thermique
Netherlands Antilles	2007	*235	*235	..	..	..	*100	*100
	2008	*235	*235	..	..	..	*100	*100
	2009	*235	*235	..	..	..	*100	*100
	2010	*235	*235	..	..	..	*100	*100
Nicaragua	2007	840	648	104	..	88	127	127
	2008	896	703	105	..	88	127	127
	2009	982	749	105	..	128	122	122
	2010	1073	817	105	..	151	62	62
Panama	2007	1511	717	794	..	..	190	133
	2008	1658	789	869	..	..	205	143
	2009	1819	940	879	..	..	216	155
	2010	1976	1040	936	..	..	224	159
Puerto Rico	2007	*5515	*5351	164	..	..	*61	*61
	2008	*5515	*5359	156	..	..	*61	*61
	2009	*5571	*5415	*156	..	..	*61	*61
	2010	*5571	*5415	*156	..	..	*61	*61
St. Kitts-Nevis	2007	*51	*51	..	..	..	*6	*6
	2008	44	44	..	..	..	*6	*6
	2009	*44	*44	..	..	..	*6	*6
	2010	*44	*44	..	..	..	*6	*6
St. Lucia	2007	76	76	..	..	..	..	..
	2008	76	76	..	..	..	..	..
	2009	76	76	..	..	..	..	..
	2010	76	76	..	..	..	..	..
St. Pierre-Miquelon	2007	27	26	..	..	1	..	..
	2008	27	26	..	..	1	..	..
	2009	27	26	..	..	1	..	..
	2010	27	26	..	..	1	..	..
St. Vincent-Grenadines	2007	*41	*34	*7	..	..	..	..
	2008	*41	*34	*7	..	..	..	..
	2009	*41	*34	*7	..	..	..	..
	2010	*41	*34	*7	..	..	..	..
Trinidad and Tobago	2007	1489	1489	..	..	..	*64	*64
	2008	1807	1807	..	..	..	196	196
	2009	1807	1807	..	..	..	196	196
	2010	1807	1807	..	..	..	196	196
Turks and Caicos Islands	2007	*50	*50	..	..	..	..	..
	2008	*50	*50	..	..	..	..	..
	2009	*50	*50	..	..	..	..	..
	2010	48	48	..	..	..	..	..
United States	2007	995879	775674	99771	100266	20168	30135	28845
	2008	1011255	782214	99788	100755	28498	29993	28555
	2009	1026871	786425	100678	101004	38764	30669	28842
	2010	1041000	793898	101023	101167	44912	32350	29467
United States Virgin Is.	2007	323	323	..	..	..	*15	*15
	2008	323	323	..	..	..	*15	*15
	2009	*323	*323	..	..	..	*15	*15
	2010	*323	*323	..	..	..	*15	*15
America, South	**2007**	**202920**	**68446**	**131132**	**3025**	**317**	**18498**	**14699**
	2008	**209163**	**73265**	**132431**	**3025**	**442**	**19715**	**15773**
	2009	**219733**	**81543**	**134290**	**3025**	**874**	**21632**	**17672**
	2010	**229168**	**88535**	**136682**	**3025**	**927**	**25163**	**21198**
Argentina	2007	29139	18126	9966	1018	29	3357	3336
	2008	30984	19926	10011	1018	29	3629	3609
	2009	32125	21035	10044	1018	28	3795	3775
	2010	32876	21783	10045	1018	30	3866	3844

Table 32

Puissance nette installée des centrales électriques - par catégorie
Milliers de kilowatts

producers producteurs			Public utilities Services publics					Year Année	Country or area Pays ou zone
Hydro Hydraulique	Nuclear Nucléaire	Other Autre	Total Totale	Thermal Thermique	Hydro Hydraulique	Nuclear Nucléaire	Other Autre		
..	..	..	*135	*135	..	..	..	2007	Antilles néerlandaises
..	..	..	*135	*135	..	..	..	2008	
..	..	..	*135	*135	..	..	..	2009	
..	..	..	*135	*135	..	..	..	2010	
..	..	..	713	521	104	..	88	2007	Nicaragua
..	..	..	769	576	105	..	88	2008	
..	..	..	860	627	105	..	128	2009	
..	..	..	1011	755	105	..	151	2010	
57	..	..	1321	584	737	..	..	2007	Panama
62	..	..	1453	646	807	..	..	2008	
61	..	..	1603	785	818	..	..	2009	
65	..	..	1752	881	871	..	..	2010	
..	..	..	*5454	*5290	164	..	..	2007	Porto Rico
..	..	..	*5454	*5298	156	..	..	2008	
..	..	..	*5510	*5354	*156	..	..	2009	
..	..	..	*5510	*5354	*156	..	..	2010	
..	..	..	*45	*45	..	..	..	2007	St-Kitts-Nevis
..	..	..	38	38	..	..	..	2008	
..	..	..	*38	*38	..	..	..	2009	
..	..	..	*38	*38	..	..	..	2010	
..	..	..	76	76	..	..	..	2007	St-Lucie
..	..	..	76	76	..	..	..	2008	
..	..	..	76	76	..	..	..	2009	
..	..	..	76	76	..	..	..	2010	
..	..	..	27	26	..	..	1	2007	St-Pierre-Miquelon
..	..	..	27	26	..	..	1	2008	
..	..	..	27	26	..	..	1	2009	
..	..	..	27	26	..	..	1	2010	
..	..	..	*41	*34	*7	..	..	2007	St. Vincent-Grenadines
..	..	..	*41	*34	*7	..	..	2008	
..	..	..	*41	*34	*7	..	..	2009	
..	..	..	*41	*34	*7	..	..	2010	
..	..	..	1425	1425	..	..	..	2007	Trinité-et-Tobago
..	..	..	1611	1611	..	..	..	2008	
..	..	..	1611	1611	..	..	..	2009	
..	..	..	1611	1611	..	..	..	2010	
..	..	..	*50	*50	..	..	..	2007	Iles Turques et Caïques
..	..	..	*50	*50	..	..	..	2008	
..	..	..	*50	*50	..	..	..	2009	
..	..	..	48	48	..	..	..	2010	
353	..	937	965744	746829	99418	100266	19231	2007	États-Unis
356	..	1082	981262	753659	99432	100755	27416	2008	
358	..	1469	996202	757583	100320	101004	37295	2009	
362	..	2521	1008650	764431	100661	101167	42391	2010	
..	..	..	308	308	..	..	..	2007	Iles Vierges américaines
..	..	..	308	308	..	..	..	2008	
..	..	..	*308	*308	..	..	..	2009	
..	..	..	*308	*308	..	..	..	2010	
3799	**..**	**0**	**184422**	**53747**	**127333**	**3025**	**317**	**2007**	**Amérique du Sud**
3938	**..**	**4**	**189448**	**57492**	**128493**	**3025**	**438**	**2008**	
3950	**..**	**10**	**198101**	**63871**	**130341**	**3025**	**864**	**2009**	
3940	**..**	**25**	**204005**	**67337**	**132742**	**3025**	**902**	**2010**	
21	..	..	25782	14790	9945	1018	29	2007	Argentine
20	..	..	27355	16317	9991	1018	29	2008	
20	..	..	28330	17260	10024	1018	28	2009	
20	..	2	29010	17939	10025	1018	28	2010	

Table 32

Net installed capacity of electric generating plants by type
Thousand kilowatts

Country or area Pays ou zone	Year Année	Self-producers and public utilities Autoproducteurs et services publics					Self- Auto-	
		Total Totale	Thermal Thermique	Hydro Hydraulique	Nuclear Nucléaire	Other Autre	Total Totale	Thermal Thermique
Bolivia (Plur. State of)	2007	1499	1014	485	..	..	121	97
	2008	1454	1014	440	..	..	121	97
	2009	1529	1041	488	..	..	126	99
	2010	1645	1157	488	..	..	137	110
Brazil	2007	100450	21325	76871	2007	247	10303	7054
	2008	102962	22923	77694	2007	338	11099	7707
	2009	106573	25353	78611	2007	602	12274	8873
	2010	112400	29154	80637	2007	602	15533	12141
Chile	2007	13180	7804	5356	..	20	1066	977
	2008	14019	8566	5433	..	20	1184	1096
	2009	15706	10091	5452	..	163	1286	1198
	2010	16206	10576	5467	..	163	1275	1191
Colombia	2007	13225	4604	8602	..	18	*270	*229
	2008	13717	4683	8996	..	38	*272	*229
	2009	13762	4688	9026	..	48	*272	*229
	2010	13797	4688	9026	..	83	*272	*229
Ecuador	2007	4489	2429	2058	..	2	736	638
	2008	4239	2152	2085	..	2	559	467
	2009	4891	2778	2111	..	2	776	684
	2010	5195	2898	2295	..	2	839	747
Falkland Is. (Malvinas)	2007	*9	*9	..	..	0	*2	*2
	2008	*9	*9	..	..	0	*2	*2
	2009	*9	*9	..	..	0	*2	*2
	2010	*12	*9	..	..	*3	*2	*2
French Guiana	2007	*140	*14	*126	..	..	..	..
	2008	*140	*14	*126	..	..	..	..
	2009	*140	*14	*126	..	..	..	..
	2010	*140	*14	*126	..	..	..	..
Guyana	2007	308	308	1	..	..	170	170
	2008	264	264	..	..	..	112	112
	2009	342	342	..	..	..	179	179
	2010	348	348	..	..	..	179	179
Paraguay	2007	8116	6	8110	..	..	..	..
	2008	8116	6	8110	..	..	..	..
	2009	8816	6	8810	..	..	..	..
	2010	8816	6	8810	..	..	..	..
Peru	2007	7029	3795	3233	..	1	1038	950
	2008	7158	3915	3242	..	1	1160	1070
	2009	7983	4709	3273	..	1	1259	1169
	2010	8614	5175	3438	..	1	1304	1211
Suriname	2007	389	200	189	..	..	329	140
	2008	389	200	189	..	..	329	140
	2009	389	200	189	..	..	329	140
	2010	410	221	189	..	..	330	141
Uruguay	2007	2407	869	1538	..	0	182	182
	2008	2524	972	1538	..	14	189	185
	2009	2621	1053	1538	..	30	196	186
	2010	2717	1136	1538	..	43	288	265
Venezuela(Bolivar. Rep.)	2007	22540	7943	14597	..	..	924	924
	2008	23188	8621	14567	..	..	1059	1059
	2009	24846	10224	14622	..	..	1138	1138
	2010	25992	11370	14622	..	..	*1138	*1138
Asia	**2007**	**1774081**	**1357995**	**317974**	**86317**	**11795**	**170089**	**159290**
	2008	**1900191**	**1457757**	**339871**	**84785**	**17777**	**182663**	**169628**
	2009	**1956636**	**1503537**	**345560**	**86137**	**21402**	**199196**	**185582**
	2010	**2139230**	**1652971**	**373767**	**88795**	**23697**	**224516**	**206725**

Table 32

Puissance nette installée des centrales électriques - par catégorie

Milliers de kilowatts

producers producteurs			Public utilities Services publics					Year Année	Country or area Pays ou zone
Hydro Hydraulique	Nuclear Nucléaire	Other Autre	Total Totale	Thermal Thermique	Hydro Hydraulique	Nuclear Nucléaire	Other Autre		
24	..	..	1378	917	461	..	..	2007	Bolivie (État plur. de)
24	..	..	1334	917	416	..	..	2008	
27	..	..	1403	942	461	..	..	2009	
27	..	..	1508	1047	462	..	..	2010	
3249	..	..	90147	14271	73622	2007	247	2007	Brésil
3392	..	..	91863	15216	74302	2007	338	2008	
3401	..	..	94299	16480	75210	2007	602	2009	
3392	..	..	96867	17013	77245	2007	602	2010	
89	..	..	12114	6827	5267	..	20	2007	Chili
88	..	..	12835	7470	5345	..	20	2008	
88	..	..	14420	8893	5364	..	163	2009	
84	..	..	14931	9385	5383	..	163	2010	
41	..	..	12954	4375	8561	..	18	2007	Colombie
43	..	..	13445	4454	8953	..	38	2008	
43	..	..	13490	4459	8983	..	48	2009	
43	..	..	13525	4459	8983	..	83	2010	
98	..	..	3753	1791	1960	..	2	2007	Equateur
*92	..	..	3680	1685	1993	..	2	2008	
*92	..	..	4115	2094	2019	..	2	2009	
*92	..	..	4356	2151	2203	..	2	2010	
..	..	..	*7	*7	..	..	0	2007	Iles Falkland (Malvinas)
..	..	..	*7	*7	..	..	0	2008	
..	..	..	*7	*7	..	..	0	2009	
..	..	..	*10	*7	..	..	*3	2010	
..	..	..	*140	*14	*126	..	..	2007	Guyane française
..	..	..	*140	*14	*126	..	..	2008	
..	..	..	*140	*14	*126	..	..	2009	
..	..	..	*140	*14	*126	..	..	2010	
..	..	..	138	138	1	..	..	2007	Guyana
..	..	..	152	152	..	..	..	2008	
..	..	..	163	163	..	..	..	2009	
..	..	..	170	170	..	..	..	2010	
..	..	..	8116	6	8110	..	..	2007	Paraguay
..	..	..	8116	6	8110	..	..	2008	
..	..	..	8816	6	8810	..	..	2009	
..	..	..	8816	6	8810	..	..	2010	
88	..	..	5991	2845	3145	..	1	2007	Pérou
90	..	..	5998	2845	3152	..	1	2008	
90	..	..	6724	3540	3183	..	1	2009	
93	..	..	7310	3964	3345	..	1	2010	
189	..	..	60	60	..	..	..	2007	Suriname
189	..	..	60	60	..	..	..	2008	
189	..	..	60	60	..	..	..	2009	
189	..	..	80	80	..	..	..	2010	
..	..	0	2225	687	1538	..	0	2007	Uruguay
..	..	4	2335	787	1538	..	10	2008	
..	..	10	2425	867	1538	..	20	2009	
..	..	23	2429	871	1538	..	20	2010	
..	..	..	21616	7019	14597	..	..	2007	Venezuela(Rép. bolivar.)
..	..	..	22129	7562	14567	..	..	2008	
..	..	..	23708	9086	14622	..	..	2009	
..	..	..	24854	10232	14622	..	..	2010	
7074	..	3725	1603993	1198705	310900	86317	8070	2007	Asie
8752	..	4283	1717528	1288130	331119	84785	13494	2008	
8677	..	4937	1757440	1317955	336883	86137	16465	2009	
11643	..	6148	1914714	1446246	362124	88795	17549	2010	

Table 32

Net installed capacity of electric generating plants by type
Thousand kilowatts

Country or area Pays ou zone	Year Année	Self-producers and public utilities Autoproducteurs et services publics					Self- Auto-	
		Total Totale	Thermal Thermique	Hydro Hydraulique	Nuclear Nucléaire	Other Autre	Total Totale	Thermal Thermique
Afghanistan	2007	*489	*115	*374	..	..	*182	*55
	2008	489	115	374	..	..	182	55
	2009	*489	115	*374	..	..	*182	55
	2010	*489	115	*374	..	..	*182	55
Armenia	2007	3180	1702	1070	408	..	42	42
	2008	3193	1702	1080	408	3	42	42
	2009	3205	1692	1102	408	3	30	30
	2010	3505	1931	1162	408	4	25	25
Azerbaijan	2007	5728	4703	1025	..	..	200	200
	2008	5798	4773	1025	..	..	200	200
	2009	6388	5401	987	..	..	200	200
	2010	6396	5401	995	..	..	200	200
Bahrain	2007	2500	2500	..	..	..	*300	*300
	2008	2777	2777	..	..	..	*300	*300
	2009	3168	3168	..	..	..	*300	*300
	2010	3168	3168	..	..	..	*300	*300
Bangladesh	2007	*5245	*5015	230	..	..	*1258	*1258
	2008	5453	5223	230	..	..	*1258	*1258
	2009	5719	5489	230	..	..	*1907	*1907
	2010	5823	5593	230	..	..	*1907	*1907
Bhutan	2007	1505	17	1488	..	0	..	..
	2008	1505	17	1488	..	0	..	..
	2009	1505	17	1488	..	0	..	..
	2010	1505	17	1488	..	0	..	..
Brunei Darussalam	2007	*759	*759	..	..	..	68	68
	2008	*759	*759	..	..	..	*68	*68
	2009	*759	*759	..	..	..	*68	*68
	2010	*759	*759	..	..	..	*68	*68
Cambodia	2007	315	302	13	..	*1	..	..
	2008	386	371	13	..	1	..	..
	2009	373	359	13	..	*1	..	..
	2010	361	347	13	..	*1	..	..
China	2007	762570	600950	148620	9000	4000	*49890	*46530
	2008	848700	663000	168000	9000	8700	*55000	*50000
	2009	*859900	*669300	*171000	*9000	*10600	*57000	*52000
	2010	*991600	*776000	*194000	*11000	*10600	*57000	*52000
China, Hong Kong SAR	2007	12644	12644	..	..	..	..	..
	2008	12624	12624	..	..	..	..	..
	2009	12624	12624	..	..	..	..	..
	2010	12624	12624	..	..	..	..	..
China, Macao SAR	2007	472	472	..	..	..	..	..
	2008	472	472	..	..	..	..	..
	2009	472	472	..	..	..	..	..
	2010	472	472	..	..	..	..	..
Cyprus	2007	1136	1134	..	..	*2	*17	*16
	2008	1187	1185	..	..	*2	*18	*17
	2009	1357	1355	..	..	*2	*18	*17
	2010	1539	1455	..	..	84	*18	*17
Georgia	2007	4323	1688	2635	..	..	..	..
	2008	4538	1688	2850	..	..	..	..
	2009	*4538	*1688	*2850	..	..	..	..
	2010	*4538	*1688	*2850	..	..	..	..
India	2007	168048	127958	35970	4120	..	24987	24926
	2008	174947	133888	36939	4120	..	26981	26920
	2009	187872	146388	36924	4560	..	28474	28413
	2010	206526	164118	37628	4780	..	32900	32839

Table 32

Puissance nette installée des centrales électriques - par catégorie
Milliers de kilowatts

producers producteurs			Public utilities Services publics					Year Année	Country or area Pays ou zone
Hydro Hydraulique	Nuclear Nucléaire	Other Autre	Total Totale	Thermal Thermique	Hydro Hydraulique	Nuclear Nucléaire	Other Autre		
*127	..	..	*307	*60	*247	..	..	2007	Afghanistan
127	..	..	307	60	247	..	..	2008	
*127	..	..	*307	60	*247	..	..	2009	
*127	..	..	*307	60	*247	..	..	2010	
..	..	..	3138	1660	1070	408	..	2007	Arménie
..	..	..	3151	1660	1080	408	3	2008	
..	..	..	3175	1662	1102	408	3	2009	
..	..	..	3480	1906	1162	408	4	2010	
..	..	..	5528	4503	1025	..	..	2007	Azerbaïdjan
..	..	..	5598	4573	1025	..	..	2008	
..	..	..	6188	5201	987	..	..	2009	
..	..	..	6196	5201	995	..	..	2010	
..	..	..	2200	2200	..	..	..	2007	Bahreïn
..	..	..	2477	2477	..	..	..	2008	
..	..	..	2868	2868	..	..	..	2009	
..	..	..	2868	2868	..	..	..	2010	
..	..	..	*3987	*3757	230	..	..	2007	Bangladesh
..	..	..	4195	3965	230	..	..	2008	
..	..	..	3812	3582	230	..	..	2009	
..	..	..	3916	3686	230	..	..	2010	
..	..	..	1505	17	1488	..	0	2007	Bhoutan
..	..	..	1505	17	1488	..	0	2008	
..	..	..	1505	17	1488	..	0	2009	
..	..	..	1505	17	1488	..	0	2010	
..	..	..	*691	*691	..	..	..	2007	Brunéi Darussalam
..	..	..	*691	*691	..	..	..	2008	
..	..	..	*691	*691	..	..	..	2009	
..	..	..	*691	*691	..	..	..	2010	
..	..	..	315	302	13	..	*1	2007	Cambodge
..	..	..	386	371	13	..	1	2008	
..	..	..	373	359	13	..	*1	2009	
..	..	..	361	347	13	..	*1	2010	
*3360	..	..	712680	554420	145260	9000	4000	2007	Chine
*5000	..	..	793700	613000	163000	9000	8700	2008	
*5000	..	..	*802900	*617300	*166000	*9000	*10600	2009	
*5000	..	..	*934600	*724000	*189000	*11000	*10600	2010	
..	..	..	12644	12644	..	..	..	2007	Chine, Hong-Kong RAS
..	..	..	12624	12624	..	..	..	2008	
..	..	..	12624	12624	..	..	..	2009	
..	..	..	12624	12624	..	..	..	2010	
..	..	..	472	472	..	..	..	2007	Chine, Macao RAS
..	..	..	472	472	..	..	..	2008	
..	..	..	472	472	..	..	..	2009	
..	..	..	472	472	..	..	..	2010	
..	..	*1	1119	1118	..	..	*1	2007	Chypre
..	..	*1	1169	1168	..	..	*1	2008	
..	..	*1	1339	1338	..	..	*1	2009	
..	..	*1	1521	1438	..	..	83	2010	
..	..	..	4323	1688	2635	..	..	2007	Géorgie
..	..	..	4538	1688	2850	..	..	2008	
..	..	..	*4538	*1688	*2850	..	..	2009	
..	..	..	*4538	*1688	*2850	..	..	2010	
61	..	..	143061	103032	35909	4120	..	2007	Inde
61	..	..	147966	106968	36878	4120	..	2008	
61	..	..	159398	117975	36863	4560	..	2009	
61	..	..	173626	131279	37567	4780	..	2010	

Table 32

Net installed capacity of electric generating plants by type
Thousand kilowatts

| Country or area
Pays ou zone | Year
Année | Self-producers and public utilities
Autoproducteurs et services publics | | | | | Self-
Auto- | |
		Total Totale	Thermal Thermique	Hydro Hydraulique	Nuclear Nucléaire	Other Autre	Total Totale	Thermal Thermique
Indonesia	2007	27329	21527	4869	..	933	*4658	*3290
	2008	31114	25003	5059	..	1052	*4718	*3350
	2009	32504	26251	5063	..	1190	5909	4541
	2010	*34240	*27972	5078	..	1190	*5711	*4343
Iran(Islamic Rep. of)	2007	49425	41928	7422	..	74	2342	2342
	2008	52972	45209	7673	..	90	2660	2660
	2009	56506	48711	7705	..	90	4231	4231
	2010	61454	52873	8488	..	93	5024	5024
Iraq	2007	9089	7225	1864	..	..	..	..
	2008	13079	10566	2513	..	..	..	..
	2009	14384	11871	2513	..	..	..	..
	2010	14171	11658	2513	..	..	..	..
Israel	2007	11758	11747	5	..	6	*201	*193
	2008	11920	11909	5	..	6	268	260
	2009	12042	12029	7	..	6	322	320
	2010	15078	15051	7	..	20	1192	1190
Japan	2007	279152	178394	47313	49467	3978	45173	40267
	2008	280533	180825	47341	47935	4432	46204	40803
	2009	284486	183237	47243	48847	5159	46713	40663
	2010	287027	183882	47736	48960	6449	59030	48812
Jordan	2007	2176	2163	12	..	1	197	197
	2008	2670	2654	12	..	4	*199	*199
	2009	2948	2932	12	..	4	*199	*199
	2010	3178	3162	12	..	4	*199	*199
Kazakhstan	2007	*18734	*16517	*2217	..	..	..	..
	2008	*18734	*16517	*2217	..	..	..	..
	2009	*18734	*16517	*2217	..	..	..	..
	2010	*18734	*16517	*2217	..	..	..	..
Korea, Dem.Ppl's.Rep.	2007	*9500	*4500	*5000	..	..	..	..
	2008	*9500	*4500	*5000	..	..	..	..
	2009	*9500	*4500	*5000	..	..	..	..
	2010	*9500	*4500	*5000	..	..	..	..
Korea, Republic of	2007	73373	49888	5492	17716	277	5636	5572
	2008	79859	55977	5505	17716	661	5705	5537
	2009	80610	56504	5515	17716	875	5888	5776
	2010	84700	60426	5525	17716	1033	5598	5477
Kuwait	2007	10944	10944	..	..	..	*96	*96
	2008	10944	10944	..	..	..	*96	*96
	2009	12679	12679	..	..	..	*100	*100
	2010	12679	12679	..	..	..	*100	*100
Kyrgyzstan	2007	3739	793	2946	..	..	*1	..
	2008	3741	796	2945	..	..	*1	..
	2009	3741	796	2945	..	..	*1	..
	2010	3860	795	3065	..	..	*1	..
Lao People's Dem. Rep.	2007	907	*50	681	..	*176	*176	..
	2008	907	*50	681	..	*176	*176	..
	2009	2071	*50	1845	..	*176	*176	..
	2010	2786	*50	2560	..	*176	*176	..
Lebanon	2007	2308	2034	274	..	..	..	..
	2008	*2308	*2034	*274	..	..	..	..
	2009	2308	2034	274	..	..	..	..
	2010	2312	2038	*274	..	..	..	..
Malaysia	2007	22973	20853	2120	..	..	1158	1158
	2008	23354	21234	2120	..	..	1405	1405
	2009	*25398	*23278	*2120	..	..	*1405	*1405
	2010	*25398	*23278	*2120	..	..	1405	1405

Table 32

Puissance nette installée des centrales électriques - par catégorie

Milliers de kilowatts

producers producteurs			Public utilities Services publics					Year Année	Country or area Pays ou zone
Hydro Hydraulique	Nuclear Nucléaire	Other Autre	Total Totale	Thermal Thermique	Hydro Hydraulique	Nuclear Nucléaire	Other Autre		
*1368	..	..	22671	18237	3501	..	933	2007	Indonésie
*1368	..	..	26396	21653	3691	..	1052	2008	
1368	..	..	26595	21710	3695	..	1190	2009	
*1368	..	..	*28529	*23629	3710	..	1190	2010	
..	..	..	47083	39586	7422	..	74	2007	Iran(Rép. islamique)
..	..	..	50312	42549	7673	..	90	2008	
..	..	..	52275	44480	7705	..	90	2009	
..	..	..	56431	47850	8488	..	93	2010	
..	..	..	9089	7225	1864	..	..	2007	Iraq
..	..	..	13079	10566	2513	..	..	2008	
..	..	..	14384	11871	2513	..	..	2009	
..	..	..	14171	11658	2513	..	..	2010	
2	..	6	11557	11554	3	..	..	2007	Israël
2	..	6	11652	11649	3	..	..	2008	
2	..	0	11720	11709	5	..	6	2009	
2	..	0	13886	13861	5	..	20	2010	
1429	..	3477	233979	138127	45884	49467	501	2007	Japon
1470	..	3931	234329	140022	45871	47935	501	2008	
1403	..	4647	237773	142574	45840	48847	512	2009	
4369	..	5849	227997	135070	43367	48960	600	2010	
..	..	..	1979	1966	12	..	1	2007	Jordanie
..	..	..	2471	2455	12	..	4	2008	
..	..	..	2749	2733	12	..	4	2009	
..	..	..	2979	2963	12	..	4	2010	
..	..	..	*18734	*16517	*2217	..	..	2007	Kazakhstan
..	..	..	*18734	*16517	*2217	..	..	2008	
..	..	..	*18734	*16517	*2217	..	..	2009	
..	..	..	*18734	*16517	*2217	..	..	2010	
..	..	..	*9500	*4500	*5000	..	..	2007	Corée,Rép.pop.dém.de
..	..	..	*9500	*4500	*5000	..	..	2008	
..	..	..	*9500	*4500	*5000	..	..	2009	
..	..	..	*9500	*4500	*5000	..	..	2010	
..	..	64	67737	44316	5492	17716	213	2007	Corée, République de
..	..	168	74154	50440	5505	17716	493	2008	
..	..	112	74722	50728	5515	17716	763	2009	
..	..	121	79102	54949	5525	17716	912	2010	
..	..	..	10848	10848		..	..	2007	Koweït
..	..	..	10848	10848		..	..	2008	
..	..	..	12579	12579		..	..	2009	
..	..	..	12579	12579		..	..	2010	
*1	..	..	3738	793	2945	..	..	2007	Kirghizistan
*1	..	..	3740	796	2944	..	..	2008	
*1	..	..	3740	796	2944	..	..	2009	
*1	..	..	3859	795	3064	..	..	2010	
..	..	*176	731	*50	681	..	..	2007	Rép. dém. pop. lao
..	..	*176	731	*50	681	..	..	2008	
..	..	*176	1895	*50	1845	..	..	2009	
..	..	*176	2610	*50	2560	..	..	2010	
..	..	..	2308	2034	274	..	..	2007	Liban
..	..	..	*2308	*2034	*274	..	..	2008	
..	..	..	2308	2034	274	..	..	2009	
..	..	..	2312	2038	*274	..	..	2010	
..	..	..	21815	19695	2120	..	..	2007	Malaisie
..	..	..	21949	19829	2120	..	..	2008	
..	..	..	*23993	*21873	*2120	..	..	2009	
..	..	..	*23993	*21873	*2120	..	..	2010	

Table 32

Net installed capacity of electric generating plants by type
Thousand kilowatts

Country or area Pays ou zone	Year Année	Self-producers and public utilities Autoproducteurs et services publics					Self- Auto-	
		Total Totale	Thermal Thermique	Hydro Hydraulique	Nuclear Nucléaire	Other Autre	Total Totale	Thermal Thermique
Maldives	2007	61	61	..	..	..	..	..
	2008	75	75	..	..	..	..	..
	2009	75	75	..	..	..	..	..
	2010	77	77	..	..	..	..	..
Mongolia	2007	832	832	..	..	..	60	60
	2008	832	832	..	..	..	60	60
	2009	832	832	..	..	..	60	60
	2010	*832	*832	..	..	..	*60	*60
Myanmar	2007	1717	914	803	..	..	..	..
	2008	1748	901	847	..	..	..	..
	2009	2544	890	1654	..	..	..	..
	2010	3413	891	2522	..	..	..	..
Nepal	2007	*622	*57	*565	..	..	*152	..
	2008	*625	*57	*568	..	..	*153	..
	2009	*630	*57	*573	..	..	*155	..
	2010	*630	*57	*573	..	..	*155	..
Oman	2007	3420	3420	..	..	..	..	..
	2008	3859	3859	..	..	..	..	..
	2009	4202	4202	..	..	..	..	..
	2010	4265	4265	..	..	..	..	..
Other Asia	2007	45089	35233	4523	5144	189	*7000	*7000
	2008	45442	35530	4510	5144	258	*7000	*7000
	2009	47237	37168	4539	5144	386	*7000	*7000
	2010	48144	37924	4579	5144	497	*7000	*7000
Pakistan	2007	19420	12478	6480	462	..	5822	5822
	2008	19785	12842	6481	462	..	5987	5987
	2009	20921	13978	6481	462	..	7123	7123
	2010	22477	15209	6481	787	..	8363	8363
Philippines	2007	15962	10673	3305	..	1984	*26	*10
	2008	15706	10407	3307	..	1992	*26	*10
	2009	15635	10311	3307	..	2017	*26	*10
	2010	16386	10931	3416	..	2039	*26	*10
Qatar	2007	3164	3164	..	..	..	2408	2408
	2008	*4314	*4314	..	..	..	*3558	*3558
	2009	*5321	*5321	..	..	..	*3671	*3671
	2010	*7830	*7830	..	..	..	*6180	*6180
Saudi Arabia	2007	41694	41694	..	..	..	*3900	*3900
	2008	45774	45774	..	..	..	*4883	*4883
	2009	44582	44582	..	..	..	*6780	*6780
	2010	46374	46374	..	..	..	*10351	*10351
Singapore	2007	10950	10950	..	..	..	..	..
	2008	10453	10453	..	..	..	..	..
	2009	10657	10657	..	..	..	..	..
	2010	10261	10261	..	..	..	..	..
Sri Lanka	2007	2444	1115	1326	..	3	..	..
	2008	2645	1285	1357	..	3	..	..
	2009	2684	1290	1391	..	3	..	..
	2010	2818	1390	1395	..	33	..	..
State of Palestine	2007	140	140	..	..	..	..	..
	2008	140	140	..	..	..	..	..
	2009	140	140	..	..	..	..	..
	2010	140	140	..	..	..	..	..
Syrian Arab Republic	2007	8523	7018	1505	..	..	1634	1634
	2008	7635	6735	900	..	..	861	861
	2009	8322	7422	900	..	..	1184	1184
	2010	*8322	*7422	*900	..	..	*1184	*1184

2010 Energy Statistics Yearbook United Nations / 2010 Annuaire des statistiques de l'énergie des Nations Unies

Table 32

Puissance nette installée des centrales électriques - par catégorie

Milliers de kilowatts

producers producteurs			Public utilities Services publics					Year Année	Country or area Pays ou zone
Hydro Hydraulique	Nuclear Nucléaire	Other Autre	Total Totale	Thermal Thermique	Hydro Hydraulique	Nuclear Nucléaire	Other Autre		
..	..	..	61	61	..	..	..	2007	Maldives
..	..	..	75	75	..	..	..	2008	
..	..	..	75	75	..	..	..	2009	
..	..	..	77	77	..	..	..	2010	
..	..	..	772	772	..	..	..	2007	Mongolie
..	..	..	772	772	..	..	..	2008	
..	..	..	772	772	..	..	..	2009	
..	..	..	*772	*772	..	..	..	2010	
..	..	..	1717	914	803	..	..	2007	Myanmar
..	..	..	1748	901	847	..	..	2008	
..	..	..	2544	890	1654	..	..	2009	
..	..	..	3413	891	2522	..	..	2010	
*152	..	..	*470	*57	*413	..	..	2007	Népal
*153	..	..	*472	*57	*415	..	..	2008	
*155	..	..	*475	*57	*418	..	..	2009	
*155	..	..	*475	*57	*418	..	..	2010	
..	..	..	3420	3420	..	..	..	2007	Oman
..	..	..	3859	3859	..	..	..	2008	
..	..	..	4202	4202	..	..	..	2009	
..	..	..	4265	4265	..	..	..	2010	
..	..	..	38089	28233	4523	5144	189	2007	Autres zones d'Asie
..	..	..	38442	28530	4510	5144	258	2008	
..	..	..	40237	30168	4539	5144	386	2009	
..	..	..	41144	30924	4579	5144	497	2010	
..	..	..	13598	6656	6480	462	..	2007	Pakistan
..	..	..	13798	6855	6481	462	..	2008	
..	..	..	13798	6855	6481	462	..	2009	
..	..	..	14114	6846	6481	787	..	2010	
*16	..	..	15936	10663	3289	..	1984	2007	Philippines
*16	..	..	15680	10397	3291	..	1992	2008	
*16	..	..	15609	10301	3291	..	2017	2009	
*16	..	..	16360	10921	3400	..	2039	2010	
..	..	..	*756	*756	..	..	..	2007	Qatar
..	..	..	*756	*756	..	..	..	2008	
..	..	..	*1650	*1650	..	..	..	2009	
..	..	..	*1650	*1650	..	..	..	2010	
..	..	..	37794	37794	..	..	..	2007	Arabie saoudite
..	..	..	40891	40891	..	..	..	2008	
..	..	..	37802	37802	..	..	..	2009	
..	..	..	36023	36023	..	..	..	2010	
..	..	..	10950	10950	..	..	..	2007	Singapour
..	..	..	10453	10453	..	..	..	2008	
..	..	..	10657	10657	..	..	..	2009	
..	..	..	10261	10261	..	..	..	2010	
..	..	..	2444	1115	1326	..	3	2007	Sri Lanka
..	..	..	2645	1285	1357	..	3	2008	
..	..	..	2684	1290	1391	..	3	2009	
..	..	..	2818	1390	1395	..	33	2010	
..	..	..	140	140	..	..	..	2007	État de Palestine
..	..	..	140	140	..	..	..	2008	
..	..	..	140	140	..	..	..	2009	
..	..	..	140	140	..	..	..	2010	
..	..	..	6889	5384	1505	..	..	2007	Rép. arabe syrienne
..	..	..	6774	5874	900	..	..	2008	
..	..	..	7138	6238	900	..	..	2009	
..	..	..	*7138	*6238	*900	..	..	2010	

Table 32

Net installed capacity of electric generating plants by type
Thousand kilowatts

Country or area Pays ou zone	Year Année	Self-producers and public utilities Autoproducteurs et services publics					Self- Auto-	
		Total Totale	Thermal Thermique	Hydro Hydraulique	Nuclear Nucléaire	Other Autre	Total Totale	Thermal Thermique
Tajikistan	2007	4426	389	4037	..	..	..	..
	2008	4426	389	4037	..	..	..	..
	2009	4426	389	4037	..	..	..	..
	2010	4426	389	4037	..	..	..	..
Thailand	2007	36116	32640	3475	..	1	7833	7833
	2008	40666	37182	3481	..	3	10158	10158
	2009	46578	43077	3488	..	13	15971	15971
	2010	47456	43939	3488	..	29	*15971	*15971
Timor-Leste	2007	*45	*45	..	..	..	..	..
	2008	*45	*45	..	..	..	..	..
	2009	44	44	..	..	..	..	..
	2010	*44	*44	..	..	..	..	..
Turkey	2007	40835	27271	13395	..	169	3734	3175
	2008	41818	27595	13829	..	394	3533	2978
	2009	44761	29339	14553	..	869	3056	2511
	2010	49524	32279	15831	..	1414	3143	2598
Turkmenistan	2007	2852	2851	1	..	..	..	..
	2008	2852	2851	1	..	..	..	..
	2009	2852	2851	1	..	..	..	..
	2010	*2852	*2851	*1	..	..	..	..
United Arab Emirates	2007	18474	18474	..	..	..	..	..
	2008	19814	19814	..	..	..	..	..
	2009	19814	19814	..	..	..	..	..
	2010	20414	20414	..	..	..	..	..
Uzbekistan	2007	*12194	*10774	*1420	..	..	*155	*155
	2008	11580	9870	1710	..	..	*155	*155
	2009	*11580	*9870	*1710	..	..	*155	*155
	2010	*11580	*9870	*1710	..	..	*155	*155
Viet Nam	2007	*13850	*8350	5500	..	..	*700	*700
	2008	*14516	*9015	5500	..	1	*721	*721
	2009	*15186	*9678	5500	..	8	*774	*774
	2010	*15209	*9678	5500	..	31	*774	*774
Yemen	2007	930	930	..	..	..	*83	*83
	2008	980	980	..	..	..	*87	*87
	2009	1334	1334	..	..	..	*118	*118
	2010	1334	1334	..	..	..	*118	*118
Europe	**2007**	**1154999**	**670388**	**247263**	**174465**	**62883**	**77779**	**72776**
	2008	**1177906**	**678496**	**248503**	**174722**	**76185**	**80170**	**74346**
	2009	**1202312**	**684679**	**250324**	**174151**	**93159**	**82798**	**75580**
	2010	**1243794**	**702598**	**251274**	**173401**	**116522**	**84645**	**76931**
Albania	2007	1592	160	1432	..	..	160	160
	2008	*1592	*160	*1432	..	..	*160	*160
	2009	1592	*160	1432	..	..	*160	*160
	2010	*1592	*160	*1432	..	..	*160	*160
Andorra	2007	32	*5	27	..	..	..	..
	2008	32	*5	27	..	..	..	..
	2009	*32	*5	*27	..	..	..	..
	2010	*32	*5	*27	..	..	..	..
Austria	2007	19100	6280	11807	..	1013	1815	1272
	2008	20555	7247	12262	..	1046	1915	1373
	2009	20857	7287	12512	..	1058	1979	1513
	2010	21114	7340	12701	..	1073	2300	1752
Belarus	2007	8025	8011	13	..	1	*296	*292
	2008	8025	8011	13	..	1	*296	*292
	2009	*8026	*8011	*13	..	*2	*297	*292
	2010	*8025	*8011	*13	..	*1	*296	*292

Table 32

Puissance nette installée des centrales électriques - par catégorie
Milliers de kilowatts

producers producteurs			Public utilities Services publics					Year Année	Country or area Pays ou zone
Hydro Hydraulique	Nuclear Nucléaire	Other Autre	Total Totale	Thermal Thermique	Hydro Hydraulique	Nuclear Nucléaire	Other Autre		
..	..	..	4426	389	4037	..	..	2007	Tadjikistan
..	..	..	4426	389	4037	..	..	2008	
..	..	..	4426	389	4037	..	..	2009	
..	..	..	4426	389	4037	..	..	2010	
..	..	..	28283	24807	3475	..	1	2007	Thaïlande
..	..	..	30508	27024	3481	..	3	2008	
..	..	..	30607	27106	3488	..	13	2009	
..	..	..	31485	27968	3488	..	29	2010	
..	..	..	*45	*45		..	..	2007	Timor-Leste
..	..	..	*45	*45		..	..	2008	
..	..	..	44	44		..	..	2009	
..	..	..	*44	*44		..	..	2010	
558	..	1	37101	24096	12837	..	168	2007	Turquie
554	..	1	38285	24617	13275	..	393	2008	
544	..	1	41705	26828	14009	..	868	2009	
544	..	1	46381	29681	15287	..	1413	2010	
..	..	..	2852	2851	1	..	..	2007	Turkménistan
..	..	..	2852	2851	1	..	..	2008	
..	..	..	2852	2851	1	..	..	2009	
..	..	..	*2852	*2851	*1	..	..	2010	
..	..	..	18474	18474	..	..	..	2007	Emirats arabes unis
..	..	..	19814	19814	..	..	..	2008	
..	..	..	19814	19814	..	..	..	2009	
..	..	..	20414	20414	..	..	..	2010	
..	..	..	*12039	*10619	*1420	..	..	2007	Ouzbékistan
..	..	..	11425	9715	1710	..	..	2008	
..	..	..	*11425	*9715	*1710	..	..	2009	
..	..	..	*11425	*9715	*1710	..	..	2010	
..	..	..	*13150	*7650	5500	..	..	2007	Viet Nam
..	..	..	*13795	*8294	5500	..	1	2008	
..	..	..	*14412	*8904	5500	..	8	2009	
..	..	..	*14435	*8904	5500	..	31	2010	
..	..	..	847	847	..	..	..	2007	Yémen
..	..	..	893	893	..	..	..	2008	
..	..	..	1216	1216	..	..	..	2009	
..	..	..	1216	1216	..	..	..	2010	
3714	..	1289	1077220	597612	243549	174465	61594	2007	**Europe**
3809	..	2015	1097735	604150	244694	174722	74170	2008	
3697	..	3521	1119514	609099	246627	174151	89638	2009	
3727	..	3987	1159149	625667	247547	173401	112535	2010	
..	..	..	1432	..	1432	..	..	2007	Albanie
..	..	..	*1432	..	*1432	..	..	2008	
..	..	..	1432	..	1432	..	..	2009	
..	..	..	*1432	..	*1432	..	..	2010	
..	..	..	32	*5	27	..	..	2007	Andorre
..	..	..	32	*5	27	..	..	2008	
..	..	..	*32	*5	*27	..	..	2009	
..	..	..	*32	*5	*27	..	..	2010	
543	..	..	17285	5008	11264	..	1013	2007	Autriche
542	..	..	18640	5874	11720	..	1046	2008	
466	..	..	18878	5774	12046	..	1058	2009	
548	..	..	18814	5588	12153	..	1073	2010	
*3	..	1	7729	7719	10	..	..	2007	Bélarus
*3	..	1	7729	7719	10	..	..	2008	
*3	..	*2	*7729	*7719	*10	..	..	2009	
*3	..	*1	*7729	*7719	*10	..	..	2010	

Table 32

Net installed capacity of electric generating plants by type
Thousand kilowatts

Country or area Pays ou zone	Year Année	Self-producers and public utilities Autoproducteurs et services publics					Self- Auto-	
		Total Totale	Thermal Thermique	Hydro Hydraulique	Nuclear Nucléaire	Other Autre	Total Totale	Thermal Thermique
Belgium	2007	16380	8842	1417	5825	296	573	549
	2008	16759	9130	1418	5825	386	974	918
	2009	17496	9183	1417	5902	994	1327	944
	2010	18322	9154	1425	5927	1816	2126	1306
Bosnia and Herzegovina	2007	*4304	*2187	*2117	..	..	*230	*230
	2008	*4304	*2187	*2117	..	..	*230	*230
	2009	*4304	*2187	*2117	..	..	*230	*230
	2010	*4304	*2187	*2117	..	..	*230	*230
Bulgaria	2007	*11984	*6683	*2567	*2722	*12	*264	*264
	2008	*12003	*6683	*2567	*2722	*31	*264	*264
	2009	*12033	*6683	*2567	*2722	*61	*264	*264
	2010	*12196	*6683	*2567	*2772	*174	*264	*264
Croatia	2007	3906	1814	2075	..	17	213	209
	2008	3908	1816	2075	..	17	215	211
	2009	3976	1876	2083	..	17	214	210
	2010	3976	1876	2083	..	17	214	210
Czech Republic	2007	17562	11508	2176	3760	118	2346	2190
	2008	17739	11583	2192	3760	204	1959	1799
	2009	18326	11654	2184	3830	658	2188	2028
	2010	20067	11793	2197	3900	2177	1862	1688
Denmark	2007	12995	9858	9	..	3128	665	664
	2008	12997	9821	9	..	3167	686	685
	2009	13389	9892	9	..	3488	679	678
	2010	13708	9889	9	..	3810	669	668
Estonia	2007	2823	2760	5	..	58	33	32
	2008	2861	2779	5	..	77	33	32
	2009	2994	2871	7	..	116	30	29
	2010	3070	2931	7	..	132	34	33
Faeroe Islands	2007	*100	*64	*33	..	*3	..	..
	2008	*101	*65	*33	..	*3	..	..
	2009	*101	*65	*33	..	*3	..	..
	2010	*101	*65	*33	..	*3	..	..
Finland	2007	16703	10815	3102	2671	115	2250	2250
	2008	16648	10726	3102	2671	149	2188	2188
	2009	16318	10374	3120	2671	153	2216	2216
	2010	16678	10634	3140	2700	204	2216	2216
France	2007	116546	25672	25128	63260	2486	6784	6392
	2008	117746	25648	25096	63260	3742	6905	6392
	2009	119023	25624	25184	63130	5085	6088	5018
	2010	124260	28824	25214	63130	7092	7050	5645
Germany	2007	134074	77738	10067	20208	26061	9795	9728
	2008	139276	79555	10000	20486	29235	10195	10111
	2009	146948	80244	10640	20480	35584	10948	10865
	2010	156983	80951	11028	20467	44537	11103	11001
Gibraltar	2007	*38	*38	..	..	..	..	..
	2008	*43	*43	..	..	..	..	..
	2009	*43	*43	..	..	..	..	..
	2010	*43	*43	..	..	..	..	..
Greece	2007	13686	9681	3150	..	855	176	176
	2008	14253	10043	3176	..	1034	526	526
	2009	14223	10209	3018	..	996	542	542
	2010	15115	10597	3018	..	1500	522	522
Guernsey	2007	116	116	..	..	..	..	..
	2008	116	116	..	..	..	..	..
	2009	115	115	..	..	..	..	..
	2010	115	115	..	..	..	..	..

Table 32

Puissance nette installée des centrales électriques - par catégorie
Milliers de kilowatts

producers producteurs			Public utilities Services publics					Year Année	Country or area Pays ou zone
Hydro Hydraulique	Nuclear Nucléaire	Other Autre	Total Totale	Thermal Thermique	Hydro Hydraulique	Nuclear Nucléaire	Other Autre		
..	..	24	15807	8293	1417	5825	272	2007	Belgique
..	..	56	15785	8212	1418	5825	330	2008	
..	..	383	16169	8239	1417	5902	611	2009	
..	..	820	16196	7848	1425	5927	996	2010	
..	..	..	*4074	*1957	*2117	..	..	2007	Bosnie-Herzégovine
..	..	..	*4074	*1957	*2117	..	..	2008	
..	..	..	*4074	*1957	*2117	..	..	2009	
..	..	..	*4074	*1957	*2117	..	..	2010	
..	..	..	*11720	*6419	*2567	*2722	*12	2007	Bulgarie
..	..	..	*11739	*6419	*2567	*2722	*31	2008	
..	..	..	*11769	*6419	*2567	*2722	*61	2009	
..	..	..	*11932	*6419	*2567	*2772	*174	2010	
4	..	..	3693	1605	2071	..	17	2007	Croatie
4	..	..	3693	1605	2071	..	17	2008	
*4	..	..	3762	1666	2079	..	17	2009	
*4	..	..	3762	1666	2079	..	17	2010	
156	..	..	15216	9318	2020	3760	118	2007	République tchèque
160	..	..	15780	9784	2032	3760	204	2008	
160	..	..	16138	9626	2024	3830	658	2009	
174	..	..	18205	10105	2023	3900	2177	2010	
..	..	*1	12330	9194	9	..	3127	2007	Danemark
..	..	*1	12311	9136	9	..	3166	2008	
..	..	*1	12710	9214	9	..	3487	2009	
..	..	*1	13039	9221	9	..	3809	2010	
..	..	1	2790	2728	5	..	57	2007	Estonie
..	..	1	2828	2747	5	..	76	2008	
..	..	1	2964	2842	7	..	115	2009	
..	..	1	3036	2898	7	..	131	2010	
..	..	..	*100	*64	*33	..	*3	2007	Iles Féroé
..	..	..	*101	*65	*33	..	*3	2008	
..	..	..	*101	*65	*33	..	*3	2009	
..	..	..	*101	*65	*33	..	*3	2010	
..	..	..	14453	8565	3102	2671	115	2007	Finlande
..	..	..	14460	8538	3102	2671	149	2008	
..	..	..	14102	8158	3120	2671	153	2009	
..	..	..	14462	8418	3140	2700	204	2010	
262	..	130	109762	19280	24866	63260	2356	2007	France
287	..	226	110841	19256	24809	63260	3516	2008	
256	..	814	112935	20606	24928	63130	4271	2009	
255	..	1150	117210	23179	24959	63130	5942	2010	
67	..	..	124279	68010	10000	20208	26061	2007	Allemagne
52	..	32	129081	69444	9948	20486	29203	2008	
51	..	32	136000	69379	10589	20480	35552	2009	
47	..	55	145880	69950	10981	20467	44482	2010	
..	..	..	*38	*38	..	..	..	2007	Gibraltar
..	..	..	*43	*43	..	..	..	2008	
..	..	..	*43	*43	..	..	..	2009	
..	..	..	*43	*43	..	..	..	2010	
..	..	..	13510	9505	3150	..	855	2007	Grèce
..	..	..	13727	9517	3176	..	1034	2008	
..	..	..	13681	9667	3018	..	996	2009	
..	..	..	14593	10075	3018	..	1500	2010	
..	..	..	116	116	..	..	..	2007	Guernesey
..	..	..	116	116	..	..	..	2008	
..	..	..	115	115	..	..	..	2009	
..	..	..	115	115	..	..	..	2010	

Table 32

Net installed capacity of electric generating plants by type
Thousand kilowatts

Country or area Pays ou zone	Year Année	Self-producers and public utilities Autoproducteurs et services publics					Self- Auto-	
		Total Totale	Thermal Thermique	Hydro Hydraulique	Nuclear Nucléaire	Other Autre	Total Totale	Thermal Thermique
Hungary	2007	8542	6607	49	1825	61	135	135
	2008	8631	6506	51	1940	134	136	136
	2009	8807	6611	53	1940	203	127	127
	2010	9014	6668	53	2000	293	126	126
Iceland	2007	2363	120	1758	..	485	0	0
	2008	2574	120	1879	..	575	0	0
	2009	2571	121	1875	..	575	0	0
	2010	2579	121	1883	..	575	0	0
Ireland	2007	7486	6105	526	..	855	289	289
	2008	7402	5843	531	..	1028	289	289
	2009	7604	5810	530	..	1264	301	301
	2010	8517	6581	530	..	1406	314	314
Isle of Man	2007	186	185	1	..	..	..	..
	2008	186	185	1	..	..	..	..
	2009	186	185	1	..	..	..	..
	2010	*172	*171	*1	..	..	..	..
Italy	2007	93599	69022	21117	..	3460	4698	4509
	2008	98626	72722	21276	..	4628	5569	5379
	2009	101447	73360	21371	..	6716	6114	5936
	2010	106488	74976	21520	..	9992	6163	5987
Jersey	2007	217	217	..	..	..	*5	*5
	2008	217	217	..	..	..	*5	*5
	2009	*217	*217	..	..	..	*5	*5
	2010	*217	*217	..	..	..	*5	*5
Latvia	2007	2132	569	1536	..	27	18	12
	2008	2154	590	1536	..	28	22	16
	2009	2154	590	1536	..	28	22	16
	2010	2154	590	1536	..	28	22	16
Lithuania	2007	*4615	*2508	*877	1190	*40	*75	*75
	2008	*4615	*2508	*877	*1190	*40	*75	*75
	2009	*4615	*2508	*877	*1190	*40	*75	*75
	2010	*3425	*2508	*877	0	*40	*75	*75
Luxembourg	2007	1685	492	1134	..	59	134	108
	2008	1699	497	1134	..	68	140	113
	2009	1703	500	1134	..	69	144	116
	2010	1723	516	1134	..	73	152	121
Malta	2007	*921	*921	..	..	..	..	..
	2008	*921	*921	..	..	..	..	..
	2009	*921	*921	..	..	..	..	..
	2010	*921	*921	..	..	..	..	..
Montenegro	2007	868	210	658	..	..	..	..
	2008	868	210	658	..	..	..	..
	2009	868	210	658	..	..	..	..
	2010	868	210	658	..	..	..	..
Netherlands	2007	23802	21454	37	510	1801	4690	4291
	2008	24875	22122	37	510	2206	5109	4626
	2009	25992	23155	37	510	2290	5307	4799
	2010	26686	23814	37	510	2325	5331	4801
Norway	2007	30001	688	28957	..	356	1026	150
	2008	30565	749	29413	..	403	1106	210
	2009	31063	*1093	29539	..	431	1447	*551
	2010	30457	*1031	29003	..	423	1490	*610
Poland	2007	32497	29863	2328	..	306	1943	1942
	2008	32677	29816	2335	..	526	1623	1622
	2009	33032	29985	2338	..	709	1657	1656
	2010	33360	29910	2342	..	1108	1796	1795

Table 32

Puissance nette installée des centrales électriques - par catégorie
Milliers de kilowatts

producers producteurs			Public utilities Services publics					Year Année	Country or area Pays ou zone
Hydro Hydraulique	Nuclear Nucléaire	Other Autre	Total Totale	Thermal Thermique	Hydro Hydraulique	Nuclear Nucléaire	Other Autre		
..	..	..	8407	6472	49	1825	61	2007	Hongrie
..	..	..	8495	6370	51	1940	134	2008	
..	..	..	8680	6484	53	1940	203	2009	
..	..	..	8888	6542	53	2000	293	2010	
0	..	..	2363	120	1758	..	485	2007	Islande
0	..	..	2574	120	1879	..	575	2008	
0	..	..	2571	121	1875	..	575	2009	
0	..	..	2579	121	1883	..	575	2010	
..	..	..	7197	5816	526	..	855	2007	Irlande
..	..	..	7113	5554	531	..	1028	2008	
..	..	..	7303	5509	530	..	1264	2009	
..	..	..	8203	6267	530	..	1406	2010	
..	..	..	186	185	1	..	..	2007	Île de Man
..	..	..	186	185	1	..	..	2008	
..	..	..	186	185	1	..	..	2009	
..	..	..	*172	*171	*1	..	..	2010	
188	..	1	88901	64513	20929	..	3459	2007	Italie
186	..	4	93057	67343	21090	..	4624	2008	
176	..	2	95333	67424	21195	..	6714	2009	
172	..	4	100325	68989	21348	..	9988	2010	
..	..	..	212	212	..	..	..	2007	Le Jersey
..	..	..	212	212	..	..	..	2008	
..	..	..	*212	*212	..	..	..	2009	
..	..	..	*212	*212	..	..	..	2010	
5	..	*1	2114	557	1531	..	26	2007	Lettonie
5	..	1	2132	574	1531	..	27	2008	
5	..	1	2132	574	1531	..	27	2009	
5	..	1	2132	574	1531	..	27	2010	
..	..	..	*4540	*2433	*877	1190	*40	2007	Lituanie
..	..	..	*4540	*2433	*877	*1190	*40	2008	
..	..	..	*4540	*2433	*877	*1190	*40	2009	
..	..	..	*3350	*2433	*877	0	*40	2010	
2	..	24	1551	384	1132	..	35	2007	Luxembourg
2	..	25	1559	384	1132	..	43	2008	
2	..	26	1559	384	1132	..	43	2009	
2	..	29	1571	395	1132	..	44	2010	
..	..	..	*921	*921	..	..	..	2007	Malte
..	..	..	*921	*921	..	..	..	2008	
..	..	..	*921	*921	..	..	..	2009	
..	..	..	*921	*921	..	..	..	2010	
..	..	..	868	210	658	..	..	2007	Monténégro
..	..	..	868	210	658	..	..	2008	
..	..	..	868	210	658	..	..	2009	
..	..	..	868	210	658	..	..	2010	
..	..	399	19112	17163	37	510	1402	2007	Pays-Bas
..	..	483	19766	17496	37	510	1723	2008	
..	..	508	20685	18356	37	510	1782	2009	
..	..	530	21355	19013	37	510	1795	2010	
868	..	8	28975	538	28089	..	348	2007	Norvège
888	..	8	29459	539	28525	..	395	2008	
888	..	8	29616	542	28651	..	423	2009	
872	..	8	28967	421	28131	..	415	2010	
1	..	..	30554	27921	2327	..	306	2007	Pologne
1	..	..	31054	28194	2334	..	526	2008	
1	..	..	31375	28329	2337	..	709	2009	
1	..	..	31564	28115	2341	..	1108	2010	

Table 32

Net installed capacity of electric generating plants by type
Thousand kilowatts

Country or area Pays ou zone	Year Année	Self-producers and public utilities Autoproducteurs et services publics					Self- Auto-	
		Total Totale	Thermal Thermique	Hydro Hydraulique	Nuclear Nucléaire	Other Autre	Total Totale	Thermal Thermique
Portugal	2007	14994	7692	5052	..	2250	1444	1439
	2008	15763	7767	5055	..	2941	1505	1497
	2009	17392	8846	5080	..	3466	1685	1679
	2010	18919	9871	5093	..	3955	1826	1820
Republic of Moldova	2007	504	488	16	..	..	158	158
	2008	503	487	16	..	..	157	157
	2009	504	488	16	..	..	158	158
	2010	502	486	16	..	..	156	156
Romania	2007	20229	12463	6352	1413	1	*626	*604
	2008	20379	12582	6377	1413	7	*627	*604
	2009	*20649	*12761	*6464	1413	11	*714	*604
	2010	*21183	*12761	*6464	*1413	545	*714	*604
Russian Federation	2007	223971	153335	46804	23742	90	15823	15320
	2008	*223971	*153335	*46804	*23742	*90	*15823	*15320
	2009	*223971	*153335	*46804	*23742	*90	*15823	*15320
	2010	*223971	*153335	*46804	*23742	*90	*15823	*15320
Serbia	2007	*8385	*5554	*2831	..	..	*30	*30
	2008	8385	5554	2831	..	..	*30	*30
	2009	8385	5554	2831	..	..	*30	*30
	2010	*8490	*5559	*2931	..	..	*35	*35
Slovakia	2007	7348	2628	2515	2200	5	634	604
	2008	7357	2604	2548	2200	5	637	607
	2009	7154	2843	2487	1820	4	626	597
	2010	7874	3515	2516	1820	23	616	570
Slovenia	2007	3035	1351	1018	666	..	174	62
	2008	2989	1295	1027	666	1	175	61
	2009	3050	1310	1070	666	4	187	68
	2010	3193	1261	1254	666	12	184	57
Spain	2007	95933	54412	18572	7365	15584	*7214	*7000
	2008	100867	54832	18651	7365	20019	*7214	*7000
	2009	103790	54760	18705	7365	22960	*7214	*7000
	2010	108987	57457	18735	7424	25371	*7214	*7000
Sweden	2007	34300	7873	16637	9074	716	1200	1197
	2008	33943	7746	16437	8938	822	1311	1308
	2009	35285	8337	16652	8839	1457	1239	1236
	2010	36454	8715	16732	8977	2030	1120	1117
Switzerland	2007	17582	851	13465	3220	46	1395	790
	2008	17624	870	13475	3220	59	1444	776
	2009	17728	881	13520	3238	89	1387	786
	2010	18073	947	13720	3253	153	1433	841
T.F.Yug.Rep. Macedonia	2007	1585	1012	573	..	..	*2	*2
	2008	1585	1012	573	..	..	*2	*2
	2009	*1596	*1023	*573	..	..	*2	*2
	2010	*1849	*1276	*573	..	..	*2	*2
Ukraine	2007	53971	34998	5056	13835	82	3282	3274
	2008	54041	35040	5083	13835	83	3262	3254
	2009	54385	35043	5421	13835	86	3259	3253
	2010	54567	35186	5458	13835	88	3261	3256
United Kingdom	2007	84283	66539	4269	10979	2496	7184	6372
	2008	85531	66748	4374	10979	3430	7363	6078
	2009	87448	67749	4389	10858	4452	8113	6276
	2010	93450	72736	4393	10865	5456	7741	6316
Oceania	**2007**	**65053**	**47752**	**15160**	**..**	**2140**	**3786**	**3631**
	2008	**66502**	**48830**	**15175**	**..**	**2497**	**3987**	**3819**
	2009	**67933**	**49816**	**15124**	**..**	**2993**	**3061**	**2870**
	2010	**71036**	**52393**	**15288**	**..**	**3354**	**3093**	**2823**

Table 32

Puissance nette installée des centrales électriques - par catégorie
Milliers de kilowatts

producers producteurs			Public utilities Services publics					Year Année	Country or area Pays ou zone
Hydro Hydraulique	Nuclear Nucléaire	Other Autre	Total Totale	Thermal Thermique	Hydro Hydraulique	Nuclear Nucléaire	Other Autre		
5	..	..	13550	6253	5047	..	2250	2007	Portugal
8	..	..	14258	6270	5047	..	2941	2008	
6	..	..	15707	7167	5074	..	3466	2009	
6	..	..	17093	8051	5087	..	3955	2010	
..	..	..	346	330	16	..	..	2007	Rép. de Moldova
..	..	..	346	330	16	..	..	2008	
..	..	..	346	330	16	..	..	2009	
..	..	..	346	330	16	..	..	2010	
*22	..	..	19603	11859	6330	1413	1	2007	Roumanie
*23	..	..	19752	11978	6354	1413	7	2008	
*110	..	..	*19935	*12157	*6354	1413	11	2009	
*110	..	..	*20469	*12157	*6354	*1413	545	2010	
503	..	..	208148	138015	46301	23742	90	2007	Fédération de Russie
*503	..	..	*208148	*138015	*46301	*23742	*90	2008	
*503	..	..	*208148	*138015	*46301	*23742	*90	2009	
*503	..	..	*208148	*138015	*46301	*23742	*90	2010	
..	..	..	*8355	*5524	*2831	..	..	2007	Serbie
..	..	..	8355	5524	2831	..	..	2008	
..	..	..	8355	5524	2831	..	..	2009	
..	..	..	*8455	*5524	*2931	..	..	2010	
25	..	5	6714	2024	2490	2200	..	2007	Slovaquie
25	..	5	6720	1997	2523	2200	..	2008	
25	..	4	6528	2246	2462	1820	..	2009	
25	..	21	7258	2945	2491	1820	2	2010	
112	..	..	2861	1289	906	666	..	2007	Slovénie
114	..	..	2814	1234	913	666	1	2008	
116	..	3	2863	1242	954	666	1	2009	
116	..	11	3009	1204	1138	666	1	2010	
*200	..	*14	88719	47412	18372	7365	15570	2007	Espagne
*200	..	*14	93653	47832	18451	7365	20005	2008	
*200	..	*14	96576	47760	18505	7365	22946	2009	
*200	..	*14	101773	50457	18535	7424	25357	2010	
3	..	..	33100	6676	16634	9074	716	2007	Suède
3	..	..	32632	6438	16434	8938	822	2008	
3	..	..	34046	7101	16649	8839	1457	2009	
3	..	..	35334	7598	16729	8977	2030	2010	
571	..	34	16187	61	12894	3220	12	2007	Suisse
623	..	45	16180	94	12852	3220	14	2008	
530	..	71	16341	95	12990	3238	18	2009	
481	..	111	16640	106	13239	3253	42	2010	
..	..	..	1583	1010	573	..	..	2007	L'ex-RY Macédoine
..	..	..	1583	1010	573	..	..	2008	
..	..	..	*1594	*1021	*573	..	..	2009	
..	..	..	*1847	*1274	*573	..	..	2010	
8	..	0	50689	31724	5048	13835	82	2007	Ukraine
7	..	1	50779	31786	5076	13835	82	2008	
6	..	0	51126	31790	5415	13835	86	2009	
5	..	0	51306	31930	5453	13835	88	2010	
166	..	646	77099	60167	4103	10979	1850	2007	Royaume-Uni
173	..	1112	78168	60670	4201	10979	2318	2008	
186	..	1651	79335	61473	4203	10858	2801	2009	
195	..	1230	85709	66420	4198	10865	4226	2010	
77	..	**78**	**61267**	**44122**	**15083**	..	**2062**	**2007**	**Océanie**
78	..	**90**	**62515**	**45011**	**15097**	..	**2407**	**2008**	
78	..	**113**	**64872**	**46946**	**15046**	..	**2880**	**2009**	
78	..	**192**	**67943**	**49570**	**15210**	..	**3162**	**2010**	

Table 32

Net installed capacity of electric generating plants by type
Thousand kilowatts

| Country or area
Pays ou zone | Year
Année | Self-producers and public utilities
Autoproducteurs et services publics | | | | | Self-
Auto- | |
		Total Totale	Thermal Thermique	Hydro Hydraulique	Nuclear Nucléaire	Other Autre	Total Totale	Thermal Thermique
American Samoa	2007	45	45	..	..	..	..	..
	2008	45	45	..	..	..	..	..
	2009	49	49	..	..	..	..	..
	2010	45	45	..	..	..	..	..
Australia	2007	53178	42539	9317	..	1322	3009	2939
	2008	54604	43774	9304	..	1526	3209	3127
	2009	55985	44876	9298	..	1811	2320	2215
	2010	58820	47231	9538	..	2051	2326	2142
Cook Islands	2007	*8	*8	..	..	..	..	..
	2008	8	8	..	..	..	..	..
	2009	*8	*8	..	..	..	..	..
	2010	*8	*8	..	..	..	..	..
Fiji	2007	*214	*94	*110	..	*10	*44	*44
	2008	*215	*94	*111	..	*10	*44	*44
	2009	*215	*94	*111	..	*10	*44	*44
	2010	*215	*94	*111	..	*10	*44	*44
French Polynesia	2007	227	177	47	..	2	..	..
	2008	227	177	47	..	3	..	..
	2009	228	177	47	..	3	..	..
	2010	*228	*177	*47	..	*3	..	..
Guam	2007	553	553	..	..	..	..	..
	2008	553	553	..	..	..	..	..
	2009	552	552	..	..	..	..	..
	2010	552	552	..	..	..	..	..
Kiribati	2007	6	5	..	..	*1	..	..
	2008	*6	*5	..	..	*1	..	..
	2009	*6	*5	..	..	*1	..	..
	2010	*6	*5	..	..	*1	..	..
Marshall Islands	2007	*17	*17	..	..	0	..	..
	2008	*17	*17	..	..	0	..	..
	2009	*17	*17	..	..	0	..	..
	2010	*17	*17	..	..	0	..	..
Micronesia(Fed. States of)	2007	28	23	..	..	*5	..	..
	2008	*28	*23	..	..	*5	..	..
	2009	*28	*23	..	..	*5	..	..
	2010	*28	*23	..	..	*5	..	..
Nauru	2007	*6	*6	..	..	..	..	..
	2008	*6	*6	..	..	..	..	..
	2009	*6	*6	..	..	..	..	..
	2010	*6	*6	..	..	..	..	..
New Caledonia	2007	391	283	78	..	30	..	..
	2008	447	333	78	..	36	..	..
	2009	493	383	78	..	32	..	..
	2010	500	383	78	..	39	..	..
New Zealand	2007	9481	3363	5347	..	771	329	319
	2008	9436	3151	5371	..	914	330	319
	2009	9436	2981	5326	..	1129	293	282
	2010	9698	3205	5250	..	1243	319	308
Niue	2007	*1	*1	..	..	..	..	..
	2008	*1	*1	..	..	..	..	..
	2009	*1	*1	..	..	..	..	..
	2010	*1	*1	..	..	..	..	..
Northern Mariana Islands	2007	59	59	..	..	..	..	..
	2008	*59	*59	..	..	..	..	..
	2009	*59	*59	..	..	..	..	..
	2010	*59	*59	..	..	..	..	..

2010 Energy Statistics Yearbook United Nations / 2010 Annuaire des statistiques de l'énergie des Nations Unies

Table 32

Puissance nette installée des centrales électriques - par catégorie

Milliers de kilowatts

producers producteurs			Public utilities Services publics					Year Année	Country or area Pays ou zone
Hydro Hydraulique	Nuclear Nucléaire	Other Autre	Total Totale	Thermal Thermique	Hydro Hydraulique	Nuclear Nucléaire	Other Autre		
..	..	..	45	45	..	..	..	2007	Samoa américaines
..	..	..	45	45	..	..	..	2008	
..	..	..	49	49	..	..	..	2009	
..	..	..	45	45	..	..	..	2010	
..	..	70	50169	39600	9317	..	1252	2007	Australie
..	..	82	51395	40647	9304	..	1444	2008	
..	..	105	53665	42661	9298	..	1706	2009	
..	..	184	56494	45089	9538	..	1867	2010	
..	..	..	*8	*8	..	..	..	2007	Iles Cook
..	..	..	8	8	..	..	..	2008	
..	..	..	*8	*8	..	..	..	2009	
..	..	..	*8	*8	..	..	..	2010	
..	..	..	*170	*50	*110	..	*10	2007	Fidji
..	..	..	*171	*50	*111	..	*10	2008	
..	..	..	*171	*50	*111	..	*10	2009	
..	..	..	*171	*50	*111	..	*10	2010	
..	..	..	227	177	47	..	2	2007	Polynésie française
..	..	..	227	177	47	..	3	2008	
..	..	..	228	177	47	..	3	2009	
..	..	..	*228	*177	*47	..	*3	2010	
..	..	..	553	553	..	..	..	2007	Guam
..	..	..	553	553	..	..	..	2008	
..	..	..	552	552	..	..	..	2009	
..	..	..	552	552	..	..	..	2010	
..	..	..	6	5	..	..	*1	2007	Kiribati
..	..	..	*6	*5	..	..	*1	2008	
..	..	..	*6	*5	..	..	*1	2009	
..	..	..	*6	*5	..	..	*1	2010	
..	..	..	*17	*17	..	..	0	2007	Iles Marshall
..	..	..	*17	*17	..	..	0	2008	
..	..	..	*17	*17	..	..	0	2009	
..	..	..	*17	*17	..	..	0	2010	
..	..	..	28	23	..	..	*5	2007	Micronésie(États. féds. de)
..	..	..	*28	*23	..	..	*5	2008	
..	..	..	*28	*23	..	..	*5	2009	
..	..	..	*28	*23	..	..	*5	2010	
..	..	..	*6	*6	..	..	..	2007	Nauru
..	..	..	*6	*6	..	..	..	2008	
..	..	..	*6	*6	..	..	..	2009	
..	..	..	*6	*6	..	..	..	2010	
..	..	..	391	283	78	..	30	2007	Nouvelle-Calédonie
..	..	..	447	333	78	..	36	2008	
..	..	..	493	383	78	..	32	2009	
..	..	..	500	383	78	..	39	2010	
2	..	8	9152	3044	5345	..	763	2007	Nouvelle-Zélande
3	..	8	9106	2832	5368	..	906	2008	
3	..	8	9143	2699	5323	..	1121	2009	
3	..	8	9379	2897	5247	..	1235	2010	
..	..	..	*1	*1	..	..	..	2007	Nioué
..	..	..	*1	*1	..	..	..	2008	
..	..	..	*1	*1	..	..	..	2009	
..	..	..	*1	*1	..	..	..	2010	
..	..	..	59	59	..	..	..	2007	Îles Mariannes du Nord
..	..	..	*59	*59	..	..	..	2008	
..	..	..	*59	*59	..	..	..	2009	
..	..	..	*59	*59	..	..	..	2010	

Table 32

Net installed capacity of electric generating plants by type
Thousand kilowatts

| Country or area Pays ou zone | Year Année | Self-producers and public utilities Autoproducteurs et services publics | | | | | Self- Auto- | |
		Total Totale	Thermal Thermique	Hydro Hydraulique	Nuclear Nucléaire	Other Autre	Total Totale	Thermal Thermique
Palau	2007	*52	*42	*10	..	..	*2	*2
	2008	*52	*42	*10	..	..	*2	*2
	2009	*52	*42	*10	..	..	*2	*2
	2010	*52	*42	*10	..	..	*2	*2
Papua New Guinea	2007	*666	*428	*238	..	..	*394	*319
	2008	*666	*428	*238	..	..	*394	*319
	2009	*666	*428	*238	..	..	*394	*319
	2010	*666	*428	*238	..	..	*394	*319
Samoa	2007	40	28	12	..	..	3	3
	2008	42	30	12	..	..	3	3
	2009	42	30	12	..	..	3	3
	2010	*42	*30	*12	..	..	*3	*3
Solomon Islands	2007	*36	*36	0	..	..	*5	*5
	2008	*36	*36	0	..	..	*5	*5
	2009	*36	*36	0	..	..	*5	*5
	2010	*36	*36	0	..	..	*5	*5
Tonga	2007	*12	*12	..	..	..	..	..
	2008	*12	*12	..	..	..	..	..
	2009	*12	*12	..	..	..	..	..
	2010	14	14	..	..	..	..	..
Tuvalu	2007	*2	*2	..	..	..	..	..
	2008	*2	*2	..	..	..	..	..
	2009	*2	*2	..	..	..	..	..
	2010	*2	*2	..	..	..	..	..
Vanuatu	2007	*22	*21	*1	..	..	..	..
	2008	31	25	4	..	2	..	..
	2009	31	25	4	..	2	..	..
	2010	31	25	4	..	2	..	..
Wallis and Futuna Is.	2007	9	9	..	..	..	..	..
	2008	9	9	..	..	..	..	..
	2009	9	9	0	..	0	..	..
	2010	10	10	0	..	0	..	..

Table 32

Puissance nette installée des centrales électriques - par catégorie

Milliers de kilowatts

producers producteurs			Public utilities Services publics					Year Année	Country or area Pays ou zone
Hydro Hydraulique	Nuclear Nucléaire	Other Autre	Total Totale	Thermal Thermique	Hydro Hydraulique	Nuclear Nucléaire	Other Autre		
..	..	..	*50	*40	*10	..	..	2007	Palaos
..	..	..	*50	*40	*10	..	..	2008	
..	..	..	*50	*40	*10	..	..	2009	
..	..	..	*50	*40	*10	..	..	2010	
*75	..	..	*272	*109	*163	..	..	2007	Papouasie-Nvl-Guinée
*75	..	..	*272	*109	*163	..	..	2008	
*75	..	..	*272	*109	*163	..	..	2009	
*75	..	..	*272	*109	*163	..	..	2010	
..	..	..	38	26	12	..	..	2007	Samoa
..	..	..	39	27	12	..	..	2008	
..	..	..	39	27	12	..	..	2009	
..	..	..	*39	*27	*12	..	..	2010	
..	..	..	*31	*31	0	..	..	2007	Iles Salomon
..	..	..	*31	*31	0	..	..	2008	
..	..	..	*31	*31	0	..	..	2009	
..	..	..	*31	*31	0	..	..	2010	
..	..	..	*12	*12	..	..	..	2007	Tonga
..	..	..	*12	*12	..	..	..	2008	
..	..	..	*12	*12	..	..	..	2009	
..	..	..	14	14	..	..	..	2010	
..	..	..	*2	*2	..	..	..	2007	Tuvalu
..	..	..	*2	*2	..	..	..	2008	
..	..	..	*2	*2	..	..	..	2009	
..	..	..	*2	*2	..	..	..	2010	
..	..	..	*22	*21	*1	..	..	2007	Vanuatu
..	..	..	31	25	4	..	2	2008	
..	..	..	31	25	4	..	2	2009	
..	..	..	31	25	4	..	2	2010	
..	..	..	9	9	..	..	..	2007	Iles Wallis et Futuna
..	..	..	9	9	..	..	..	2008	
..	..	..	9	9	0	..	0	2009	
..	..	..	10	10	0	..	0	2010	

Table 33

Utilization of installed electric generating capacity - by type
Utilisation de la capacité des centrales électriques - par catégorie
Kilowatt-hours per kilowatt
Kilowattheures par kilowatt

Table Notes:

Data on utilization are derived by dividing the data on electricity production shown in Table 34 by the net installed capacity shown in Table 32.

For this table, Other refers to geothermal, wind, solar, tide and wave, whenever they are available in the country.

For Austria data are given in gross maximum capacity.

Please refer to the Definitions Section on pages xv to xxix for the appropriate product description /classification.

Notes relatives aux tableaux:

Les données sur l'utilisation sont obtenues en divisant la production (Tableau 34) par la puissance nette installée (Tableau 32).

Dans ce tableau, "autre" fait référence aux energies géothermique, éolienne, solaire, marémotrice et énergie des vagues quand elles sont disponibles dans le pays.

Pour l'Autriche les données représentent la capacité maximale brute.

Veuillez consulter la section "définitions" de la page xv à la page xxix pour une description/classification appropriée des produits.

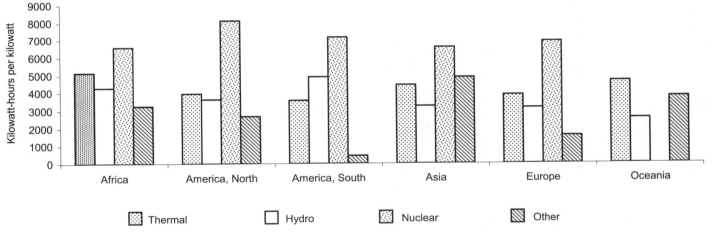

Figure 82: Utilization of installed electric generating capacity, by region, by type, in 2010

Table 33

Utilization of installed electric generating capacity - by type
Kilowatt-hours per kilowatt

Country or area Pays ou zone	Year Année	Self-producers and public utilities Autoproducteurs et services publics					Self- Auto-	
		Total Totale	Thermal Thermique	Hydro Hydraulique	Nuclear Nucléaire	Other Autre	Total Totale	Thermal Thermique
World	2007	**4399**	**4420**	**3423**	**7144**	**2314**	**4102**	**4193**
	2008	**4308**	**4306**	**3457**	**7189**	**2168**	**4069**	**4177**
	2009	**4175**	**4145**	**3458**	**7092**	**2215**	**3727**	**3808**
	2010	**4225**	**4204**	**3533**	**7211**	**2310**	**3826**	**3953**
Africa	2007	**5163**	**5376**	**4247**	**6144**	**3660**	**4224**	**4633**
	2008	**5088**	**5275**	**4201**	**7060**	**3360**	**4375**	**4813**
	2009	**4820**	**5004**	**3982**	**6952**	**3084**	**3709**	**4046**
	2010	**4987**	**5150**	**4277**	**6568**	**3250**	**3743**	**4074**
Algeria	2007	4577	4708	822	..	..	973	973
	2008	4948	5088	1011	..	..	1053	1053
	2009	3373	3429	1113	..	..	600	600
	2010	3953	4035	633	..	..	1145	1145
Angola	2007	2785	1096	5014	..	..	1092	1092
	2008	3598	1556	6293	..	..	1554	1554
	2009	4100	2498	6213	..	..	2492	2492
	2010	4551	2619	7098	..	..	2615	2615
Benin	2007	3607	3667	0	..	..	8200	8200
	2008	1343	1351	0	..	..	6000	6000
	2009	751	755	0	..	..	3200	3200
	2010	880	885	0	..	..	5400	5400
Botswana	2007	5405	5405	..	..	..	0	0
	2008	4586	4586	..	..	..	0	0
	2009	4084	4084	..	..	..	0	0
	2010	3501	3501	..	..	..	0	0
Burkina Faso	2007	2458	2309	3469	..	..	..	..
	2008	2458	2198	4247	..	..	..	..
	2009	2788	2591	4134	..	..	..	..
	2010	2380	2179	3672	..	..	..	..
Burundi	2007	3620	2000	3671	..	..	..	..
	2008	3448	2000	3493	..	..	..	..
	2009	3732	2000	3786	..	..	..	..
	2010	4365	2000	4438	..	..	..	..
Cameroon	2007	5690	6894	5350	..	..	7449	7449
	2008	6064	6650	5886	..	..	7972	7972
	2009	5659	5832	5586	..	..	5717	5717
	2010	5858	5691	5925	..	..	5821	5821
Cape Verde	2007	3598	3607	..	..	3271	1000	1000
	2008	3212	3226	..	..	2624	1000	1000
	2009	3315	3337	..	..	2381	1000	1000
	2010	3434	3780	..	..	427	1000	1000
Central African Rep.	2007	3346	11	6227	..	..	..	..
	2008	3118	11	5480	..	..	..	..
	2009	3093	5	5440	..	..	..	..
	2010	3636	1316	5400	..	..	..	..
Chad	2007	4031	4031	..	..	..	..	..
	2008	4839	4839	..	..	..	..	..
	2009	5903	5903	..	..	..	..	..
	2010	6452	6452	..	..	..	..	..
Comoros	2007	2136	2000	5000	..	..	..	..
	2008	2045	1905	5000	..	..	..	..
	2009	1955	1810	5000	..	..	..	..
	2010	1955	1810	5000	..	..	..	..
Congo	2007	3364	2483	3641	..	..	..	..
	2008	3115	2966	3151	..	..	..	..
	2009	3642	7207	2773	..	..	..	..
	2010	3777	4448	3613	..	..	..	..

2010 Energy Statistics Yearbook United Nations / 2010 Annuaire des statistiques de l'énergie des Nations Unies

Table 33

Utilisation de la capacité des centrales électriques - par catégorie
Kilowatt-heures par kilowatt

| producers producteurs | | | Public utilities Services publics | | | | | Year Année | Country or area Pays ou zone |
Hydro Hydraulique	Nuclear Nucléaire	Other Autre	Total Totale	Thermal Thermique	Hydro Hydraulique	Nuclear Nucléaire	Other Autre		
3554	..	1530	4422	4444	3420	7144	2364	2007	**Monde**
3497	..	1397	4327	4320	3456	7189	2216	2008	
3668	..	1298	4211	4182	3452	7092	2278	2009	
3376	..	1312	4259	4233	3537	7211	2383	2010	
1187	..	800	5213	5420	4345	6144	3684	2007	**Afrique**
1167	..	801	5125	5301	4298	7060	3377	2008	
1142	..	801	4875	5058	4065	6952	3096	2009	
1264	..	801	5047	5208	4365	6568	3260	2010	
..	..	..	4808	4957	822	..	..	2007	Algérie
..	..	..	5198	5357	1011	..	..	2008	
..	..	..	3498	3560	1113	..	..	2009	
..	..	..	4078	4166	633	..	..	2010	
..	..	..	3000	1097	5014	..	..	2007	Angola
..	..	..	3858	1556	6293	..	..	2008	
..	..	..	4303	2499	6213	..	..	2009	
..	..	..	4796	2620	7098	..	..	2010	
..	..	..	3196	3255	0	..	..	2007	Bénin
..	..	..	1202	1210	0	..	..	2008	
..	..	..	677	681	0	..	..	2009	
..	..	..	743	748	0	..	..	2010	
..	..	..	6223	6223	..	..	..	2007	Botswana
..	..	..	5280	5280	..	..	..	2008	
..	..	..	4702	4702	..	..	..	2009	
..	..	..	4031	4031	..	..	..	2010	
..	..	..	2458	2309	3469	..	..	2007	Burkina Faso
..	..	..	2458	2198	4247	..	..	2008	
..	..	..	2788	2591	4134	..	..	2009	
..	..	..	2380	2179	3672	..	..	2010	
..	..	..	3620	2000	3671	..	..	2007	Burundi
..	..	..	3448	2000	3493	..	..	2008	
..	..	..	3732	2000	3786	..	..	2009	
..	..	..	4365	2000	4438	..	..	2010	
..	..	..	5394	5843	5350	..	..	2007	Cameroun
..	..	..	5706	3857	5886	..	..	2008	
..	..	..	5641	6214	5586	..	..	2009	
..	..	..	5868	5286	5925	..	..	2010	
..	..	..	3633	3643	..	..	3271	2007	Cap-Vert
..	..	..	3237	3252	..	..	2624	2008	
..	..	..	3341	3364	..	..	2381	2009	
..	..	..	3460	3814	..	..	427	2010	
..	..	..	3346	11	6227	..	..	2007	Rép. centrafricaine
..	..	..	3118	11	5480	..	..	2008	
..	..	..	3093	5	5440	..	..	2009	
..	..	..	3636	1316	5400	..	..	2010	
..	..	..	4031	4031	..	..	..	2007	Tchad
..	..	..	4839	4839	..	..	..	2008	
..	..	..	5903	5903	..	..	..	2009	
..	..	..	6452	6452	..	..	..	2010	
..	..	..	2136	2000	5000	..	..	2007	Comores
..	..	..	2045	1905	5000	..	..	2008	
..	..	..	1955	1810	5000	..	..	2009	
..	..	..	1955	1810	5000	..	..	2010	
..	..	..	3364	2483	3641	..	..	2007	Congo
..	..	..	3115	2966	3151	..	..	2008	
..	..	..	3642	7207	2773	..	..	2009	
..	..	..	3777	4448	3613	..	..	2010	

Table 33

Utilization of installed electric generating capacity - by type
Kilowatt-hours per kilowatt

Country or area Pays ou zone	Year Année	Self-producers and public utilities Autoproducteurs et services publics					Self- Auto-	
		Total Totale	Thermal Thermique	Hydro Hydraulique	Nuclear Nucléaire	Other Autre	Total Totale	Thermal Thermique
Côte d'Ivoire	2007	3729	6265	2001	..	..	5318	5318
	2008	3826	6314	2114	..	..	5348	5348
	2009	3895	6107	2373	..	..	4739	4739
	2010	3300	4766	1802	..	..	4826	4826
Dem. Rep. of the Congo	2007	3214	1059	3245	..	..	494	7250
	2008	3039	1353	3063	..	..	515	7250
	2009	3163	1029	3192	..	..	529	7250
	2010	3146	1029	3175	..	..	563	7250
Djibouti	2007	2737	2737	..	..	..	..	..
	2008	2577	2577	..	..	..	..	..
	2009	2608	2608	..	..	..	..	..
	2010	2685	2685	..	..	..	..	..
Egypt	2007	5507	5556	5457	..	2725	4392	4392
	2008	5564	5675	5244	..	2191	5163	5163
	2009	5616	5818	4594	..	2312	5403	5403
	2010	5426	5599	4659	..	2480	5403	5403
Equatorial Guinea	2007	2439	2514	1750	..	..	..	..
	2008	2439	2514	1750	..	..	..	..
	2009	2439	2514	1750	..	..	..	..
	2010	2439	2514	1750	..	..	..	..
Eritrea	2007	1725	1723	..	..	2000	1667	1667
	2008	2051	2051	..	..	2000	1667	1667
	2009	2108	2109	..	..	2000	1667	1667
	2010	2222	2224	..	..	2000	1833	1833
Ethiopia	2007	4280	1054	5068	..	0	..	..
	2008	4300	2304	4929	..	2000	..	..
	2009	1953	2358	1906	..	3429	..	..
	2010	2436	165	2667	..	2571	..	..
Gabon	2007	4183	3816	4712	..	..	2175	2175
	2008	5019	4811	5259	..	..	4125	4125
	2009	4482	3976	5212	..	..	2124	2124
	2010	4451	4237	4759	..	..	2258	2258
Gambia	2007	4321	4321	..	..	..	1120	1120
	2008	4566	4566	..	..	..	1120	1120
	2009	3903	3903	..	..	..	824	824
	2010	3955	3955	..	..	..	835	835
Ghana	2007	3609	4314	3158	..	..	27	27
	2008	4223	2709	5251	..	..	26	26
	2009	4550	2642	5828	..	..	26	26
	2010	4664	3171	5929	..	..	657	657
Guinea	2007	2567	2014	3301	..	..	2857	3238
	2008	2274	1747	3111	..	..	1886	2135
	2009	2264	1755	3073	..	..	1907	2158
	2010	2164	1722	2866	..	..	1907	2158
Guinea-Bissau	2007	1349	1349	..	..	..	7000	7000
	2008	1138	1138	..	..	..	6400	6400
	2009	1179	1179	..	..	..	6710	6710
	2010	1220	1220	..	..	..	6980	6980
Kenya	2007	5570	5170	5305	..	8599	5781	5781
	2008	4426	4251	3814	..	8733	4571	4571
	2009	4031	4209	2959	..	8184	3927	3927
	2010	4037	2807	4429	..	7630	1869	1869
Lesotho	2007	7000	..	7000	..	..	..	..
	2008	7375	..	7375	..	..	..	..
	2009	8179	..	8179	..	..	..	..
	2010	8759	..	8759	..	..	..	..

Table 33

Utilisation de la capacité des centrales électriques - par catégorie
Kilowatt-heures par kilowatt

| producers producteurs | | | Public utilities Services publics | | | | | Year Année | Country or area Pays ou zone |
Hydro Hydraulique	Nuclear Nucléaire	Other Autre	Total Totale	Thermal Thermique	Hydro Hydraulique	Nuclear Nucléaire	Other Autre		
..	..	..	3706	6300	2001	..	..	2007	Côte d'Ivoire
..	..	..	3802	6351	2114	..	..	2008	
..	..	..	3882	6160	2373	..	..	2009	
..	..	..	3281	4764	1802	..	..	2010	
446	..	..	4040	233	4102	..	..	2007	Rép. dem. du Congo
468	..	..	3806	567	3858	..	..	2008	
482	..	..	3963	200	4024	..	..	2009	
517	..	..	3919	200	3977	..	..	2010	
..	..	..	2737	2737	..	..	..	2007	Djibouti
..	..	..	2577	2577	..	..	..	2008	
..	..	..	2608	2608	..	..	..	2009	
..	..	..	2685	2685	..	..	..	2010	
..	..	..	5541	5597	5457	..	2725	2007	Egypte
..	..	..	5576	5693	5244	..	2191	2008	
..	..	..	5622	5831	4594	..	2312	2009	
..	..	..	5427	5604	4659	..	2480	2010	
..	..	..	2439	2514	1750	..	..	2007	Guinée équatoriale
..	..	..	2439	2514	1750	..	..	2008	
..	..	..	2439	2514	1750	..	..	2009	
..	..	..	2439	2514	1750	..	..	2010	
..	..	..	1727	1725	..	..	2000	2007	Erythrée
..	..	..	2068	2068	..	..	2000	2008	
..	..	..	2128	2129	..	..	2000	2009	
..	..	..	2240	2241	..	..	2000	2010	
..	..	..	4280	1054	5068	..	0	2007	Ethiopie
..	..	..	4300	2304	4929	..	2000	2008	
..	..	..	1953	2358	1906	..	3429	2009	
..	..	..	2436	165	2667	..	2571	2010	
..	..	..	4796	4892	4712	..	..	2007	Gabon
..	..	..	5154	5034	5259	..	..	2008	
..	..	..	5201	5189	5212	..	..	2009	
..	..	..	5119	5534	4759	..	..	2010	
..	..	..	7179	7179	..	..	..	2007	Gambie
..	..	..	7643	7643	..	..	..	2008	
..	..	..	7643	7643	..	..	..	2009	
..	..	..	7743	7743	..	..	..	2010	
..	..	..	4081	6134	3158	..	..	2007	Ghana
..	..	..	4788	3823	5251	..	..	2008	
..	..	..	5148	3716	5828	..	..	2009	
..	..	..	5091	3839	5929	..	..	2010	
..	..	..	2435	856	3611	..	..	2007	Guinée
..	..	..	2542	1191	3549	..	..	2008	
..	..	..	2512	1177	3506	..	..	2009	
..	..	..	2342	1097	3270	..	..	2010	
..	..	..	1080	1080	..	..	..	2007	Guinée-Bissau
..	..	..	929	929	..	..	..	2008	
..	..	..	960	960	..	..	..	2009	
..	..	..	991	991	..	..	..	2010	
..	..	..	5504	3862	5305	..	8599	2007	Kenya
..	..	..	4394	4033	3814	..	8733	2008	
..	..	..	4054	4402	2959	..	8184	2009	
..	..	..	4481	3356	4429	..	7630	2010	
..	..	..	7000	..	7000	..	..	2007	Lesotho
..	..	..	7375	..	7375	..	..	2008	
..	..	..	8179	..	8179	..	..	2009	
..	..	..	8759	..	8759	..	..	2010	

Table 33

Utilization of installed electric generating capacity - by type
Kilowatt-hours per kilowatt

Country or area Pays ou zone	Year Année	Self-producers and public utilities Autoproducteurs et services publics					Self- Auto-	
		Total Totale	Thermal Thermique	Hydro Hydraulique	Nuclear Nucléaire	Other Autre	Total Totale	Thermal Thermique
Liberia	2007	1783	1783	..	..	..	..	..
	2008	1792	1792	..	..	..	..	..
	2009	1792	1792	..	..	..	..	..
	2010	1792	1792	..	..	..	..	..
Libya	2007	4637	4637	..	..	..	..	..
	2008	4336	4336	..	..	..	..	..
	2009	4497	4497	..	..	..	..	..
	2010	4474	4474	..	..	..	..	..
Madagascar	2007	3510	2068	6848	..	..	5313	5313
	2008	2959	2035	4717	..	1014	5313	5313
	2009	2958	1888	4992	..	857	5313	5313
	2010	2681	1711	5555	..	667	5313	5313
Malawi	2007	3439	1255	4840	..	..	941	941
	2008	3785	1381	5327	..	..	1035	1035
	2009	3694	1370	5185	..	..	1035	1035
	2010	4235	1440	6023	..	..	1029	1035
Mali	2007	1768	1792	1748	..	..	2556	2556
	2008	1814	1816	1813	..	..	2556	2556
	2009	1697	1571	1815	..	..	2556	2556
	2010	1711	1571	1841	..	..	2556	2556
Mauritania	2007	3762	3762	..	..	..	3899	3899
	2008	4224	4224	..	..	..	3936	3936
	2009	4530	4530	..	..	..	3946	3946
	2010	4172	4172	..	..	..	4303	4303
Mauritius	2007	3274	3431	1424	..	..	4701	4701
	2008	3527	3677	1831	..	..	5707	5707
	2009	3486	3607	2068	..	..	5051	5051
	2010	3634	3803	1683	..	..	5354	5354
Morocco	2007	3535	4857	762	..	2447	118	118
	2008	3657	5023	787	..	2614	147	147
	2009	3238	3913	1688	..	1769	381	381
	2010	3423	3963	2050	..	2982	459	459
Mozambique	2007	6433	52	7139	..	..	..	..
	2008	6230	52	6936	..	..	..	..
	2009	6986	52	7779	..	..	..	..
	2010	6864	76	7640	..	..	..	..
Namibia	2007	4289	6500	4171	..	..	..	..
	2008	4490	7413	3773	..	..	..	..
	2009	3730	3402	3811	..	..	..	..
	2010	3186	2435	3371	..	..	..	..
Niger	2007	1657	1670	..	..	2	889	920
	2008	1683	1696	..	..	3	432	447
	2009	1881	1895	..	..	3	668	691
	2010	2154	2170	..	..	3	733	758
Nigeria	2007	3907	4786	2615	..	..	3175	..
	2008	3590	4397	2403	..	..	2925	..
	2009	3363	4357	1902	..	..	2300	..
	2010	4442	5642	2677	..	..	3250	..
Réunion	2007	4282	4086	5438	..	950	..	..
	2008	4341	4312	5224	..	792	..	..
	2009	4022	4356	4388	..	605	..	..
	2010	3801	4384	4059	..	879	..	..
Rwanda	2007	2919	4082	1600	..	480	2000	2000
	2008	3426	4056	2721	..	1200	2000	2000
	2009	3317	4510	2369	..	1600	2000	2000
	2010	3327	5099	2181	..	1200	2000	2000

Table 33

Utilisation de la capacité des centrales électriques - par catégorie
Kilowatt-heures par kilowatt

producers producteurs			Public utilities Services publics					Year Année	Country or area Pays ou zone
Hydro Hydraulique	Nuclear Nucléaire	Other Autre	Total Totale	Thermal Thermique	Hydro Hydraulique	Nuclear Nucléaire	Other Autre		
..	..	..	1783	1783	..	..	..	2007	Libéria
..	..	..	1792	1792	..	..	..	2008	
..	..	..	1792	1792	..	..	..	2009	
..	..	..	1792	1792	..	..	..	2010	
..	..	..	4637	4637	..	..	..	2007	Libye
..	..	..	4336	4336	..	..	..	2008	
..	..	..	4497	4497	..	..	..	2009	
..	..	..	4474	4474	..	..	..	2010	
..	..	..	3327	1576	6848	..	..	2007	Madagascar
..	..	..	2770	1615	4717	..	1014	2008	
..	..	..	2769	1450	4992	..	857	2009	
..	..	..	2504	1379	5555	..	667	2010	
950	..	..	4878	4578	4895	..	..	2007	Malawi
1033	..	..	5369	5035	5387	..	..	2008	
1033	..	..	5225	4907	5243	..	..	2009	
826	..	..	6093	5714	6114	..	..	2010	
..	..	..	1714	1664	1748	..	..	2007	Mali
..	..	..	1763	1692	1813	..	..	2008	
..	..	..	1643	1434	1815	..	..	2009	
..	..	..	1657	1434	1841	..	..	2010	
..	..	..	3650	3650	..	..	..	2007	Mauritanie
..	..	..	4458	4458	..	..	..	2008	
..	..	..	4956	4956	..	..	..	2009	
..	..	..	4099	4099	..	..	..	2010	
..	..	..	2270	2399	1424	..	..	2007	Maurice
..	..	..	2132	2178	1831	..	..	2008	
..	..	..	2436	2488	2068	..	..	2009	
..	..	..	2482	2601	1683	..	..	2010	
..	..	..	3711	5231	762	..	2447	2007	Maroc
..	..	..	3837	5407	787	..	2614	2008	
..	..	..	3392	4194	1688	..	1769	2009	
..	..	..	3578	4229	2050	..	2982	2010	
..	..	..	6433	52	7139	..	..	2007	Mozambique
..	..	..	6230	52	6936	..	..	2008	
..	..	..	6986	52	7779	..	..	2009	
..	..	..	6864	76	7640	..	..	2010	
..	..	..	4289	6500	4171	..	..	2007	Namibie
..	..	..	4490	7413	3773	..	..	2008	
..	..	..	3730	3402	3811	..	..	2009	
..	..	..	3186	2435	3371	..	..	2010	
..	..	2	1879	1879	..	..	..	2007	Niger
..	..	3	2044	2044	..	..	..	2008	
..	..	3	2227	2227	..	..	..	2009	
..	..	3	2560	2560	..	..	..	2010	
3175	..	..	3912	4786	2606	..	..	2007	Nigéria
2925	..	..	3594	4397	2394	..	..	2008	
2300	..	..	3370	4357	1895	..	..	2009	
3250	..	..	4450	5642	2667	..	..	2010	
..	..	..	4282	4086	5438	..	950	2007	Réunion
..	..	..	4341	4312	5224	..	792	2008	
..	..	..	4022	4356	4388	..	605	2009	
..	..	..	3801	4384	4059	..	879	2010	
..	..	..	2936	4152	1600	..	480	2007	Rwanda
..	..	..	3452	4125	2721	..	1200	2008	
..	..	..	3334	4588	2369	..	1600	2009	
..	..	..	3342	5194	2181	..	1200	2010	

Table 33

Utilization of installed electric generating capacity - by type
Kilowatt-hours per kilowatt

| Country or area
Pays ou zone | Year
Année | Self-producers and public utilities
Autoproducteurs et services publics | | | | | Self-
Auto- | |
		Total Totale	Thermal Thermique	Hydro Hydraulique	Nuclear Nucléaire	Other Autre	Total Totale	Thermal Thermique
Sao Tome and Principe	2007	3147	2917	4348	..	..	..	..
	2008	3322	3292	3478	..	..	..	..
	2009	3636	3750	3043	..	..	..	..
	2010	4000	4367	2087	..	..	..	..
Senegal	2007	3677	3696	..	..	1000	3270	3327
	2008	3398	3414	..	..	1000	3908	3981
	2009	3436	3451	..	..	1000	2202	2233
	2010	3789	3807	..	..	1000	4303	4406
Seychelles	2007	3031	3031	..	..	..	..	..
	2008	2998	2998	..	..	..	..	..
	2009	3088	3088	..	..	..	..	..
	2010	3371	3371	..	..	..	..	..
Sierra Leone	2007	784	1585	360	..	..	3375	3375
	2008	1814	1623	1916	..	..	3375	3375
	2009	1725	1660	1760	..	..	3375	3375
	2010	2231	1733	2494	..	..	3375	3375
Somalia	2007	3888	3888	..	..	..	..	..
	2008	4000	4000	..	..	..	..	..
	2009	4050	4050	..	..	..	..	..
	2010	4088	4088	..	..	..	..	..
South Africa	2007	6167	6179	5615	6144	2304	7762	7833
	2008	5998	5956	5793	7060	2304	7745	7816
	2009	5795	5741	6026	6952	2304	6233	6263
	2010	6029	5984	7315	6568	2304	6144	6172
St. Helena and Depend.	2007	2133	2133	..	..	..	..	..
	2008	1604	1639	..	..	1250	..	..
	2009	1662	1697	..	..	1313	..	..
	2010	1694	1730	..	..	1333	..	..
Sudan	2007	4732	4972	4230	..	..	..	..
	2008	4342	5631	2660	..	..	..	..
	2009	3192	5586	2083	..	..	..	..
	2010	3458	5571	2479	..	..	..	..
Swaziland	2007	3399	3175	3838	..	..	3373	3544
	2008	2835	3080	2496	..	..	3272	3438
	2009	3389	3080	3814	..	..	3272	3438
	2010	3674	3080	4495	..	..	3272	3438
Togo	2007	2333	5778	1394	..	..	6000	6000
	2008	1447	1778	1358	..	..	2000	2000
	2009	1482	1778	1403	..	..	2000	2000
	2010	1529	1833	1448	..	..	2000	2000
Tunisia	2007	4399	4484	790	..	2263	7896	7896
	2008	4396	4482	613	..	2053	8337	8337
	2009	4355	4408	1254	..	5105	6600	6600
	2010	4496	4547	794	..	7316	6452	6452
Uganda	2007	3822	4664	3575	..	..	4273	1000
	2008	3874	2902	4514	..	..	3167	2143
	2009	4354	5518	3789	..	..	2431	2143
	2010	3837	4843	3318	..	..	2570	1800
United Rep. of Tanzania	2007	4363	4402	4337	..	..	5650	5650
	2008	4612	4653	4585	..	..	5950	5950
	2009	5133	6155	4680	..	..	6400	6400
	2010	5488	8009	4469	..	..	6800	6800
Western Sahara	2007	1552	1552	..	..	..	..	..
	2008	1552	1552	..	..	..	..	..
	2009	1552	1552	..	..	..	..	..
	2010	1552	1552	..	..	..	..	..

Table 33

Utilisation de la capacité des centrales électriques - par catégorie
Kilowatt-heures par kilowatt

producers producteurs			Public utilities Services publics					Year Année	Country or area Pays ou zone
Hydro Hydraulique	Nuclear Nucléaire	Other Autre	Total Totale	Thermal Thermique	Hydro Hydraulique	Nuclear Nucléaire	Other Autre		
..	..	..	3147	2917	4348	..	..	2007	Sao Tomé-et-Principe
..	..	..	3322	3292	3478	..	..	2008	
..	..	..	3636	3750	3043	..	..	2009	
..	..	..	4000	4367	2087	..	..	2010	
..	..	1000	3837	3837	..	..	..	2007	Sénégal
..	..	1000	3224	3224	..	..	..	2008	
..	..	1000	3844	3844	..	..	..	2009	
..	..	1000	3651	3651	..	..	..	2010	
..	..	..	3031	3031	..	..	..	2007	Seychelles
..	..	..	2998	2998	..	..	..	2008	
..	..	..	3088	3088	..	..	..	2009	
..	..	..	3371	3371	..	..	..	2010	
..	..	..	482	811	360	..	..	2007	Sierra Leone
..	..	..	1632	865	1916	..	..	2008	
..	..	..	1533	919	1760	..	..	2009	
..	..	..	2097	1023	2494	..	..	2010	
..	..	..	3888	3888	..	..	..	2007	Somalie
..	..	..	4000	4000	..	..	..	2008	
..	..	..	4050	4050	..	..	..	2009	
..	..	..	4088	4088	..	..	..	2010	
5086	..	..	6114	6123	5643	6144	2304	2007	Afrique du Sud
5086	..	..	5941	5893	5831	7060	2304	2008	
5086	..	..	5781	5723	6076	6952	2304	2009	
5086	..	..	6025	5978	7433	6568	2304	2010	
..	..	..	2133	2133	..	..	..	2007	St-Hélène et dépend
..	..	..	1604	1639	..	..	1250	2008	
..	..	..	1662	1697	..	..	1313	2009	
..	..	..	1694	1730	..	..	1333	2010	
..	..	..	4732	4972	4230	..	..	2007	Soudan
..	..	..	4342	5631	2660	..	..	2008	
..	..	..	3192	5586	2083	..	..	2009	
..	..	..	3458	5571	2479	..	..	2010	
..	..	..	3440	105	4211	..	..	2007	Swaziland
..	..	..	2313	105	2662	..	..	2008	
..	..	..	3527	105	4068	..	..	2009	
..	..	..	4154	105	4794	..	..	2010	
..	..	..	2198	5733	1394	..	..	2007	Togo
..	..	..	1427	1733	1358	..	..	2008	
..	..	..	1463	1733	1403	..	..	2009	
..	..	..	1512	1800	1448	..	..	2010	
..	..	..	3754	3835	790	..	2263	2007	Tunisie
..	..	..	3669	3749	613	..	2053	2008	
..	..	..	3964	4015	1254	..	5105	2009	
..	..	..	4179	4230	794	..	7316	2010	
4600	..	..	3812	4696	3548	..	..	2007	Ouganda
4600	..	..	3907	2955	4511	..	..	2008	
2835	..	..	4450	5833	3818	..	..	2009	
3880	..	..	3903	5147	3302	..	..	2010	
..	..	..	4335	4332	4337	..	..	2007	Rép. Unie de Tanzanie
..	..	..	4584	4581	4585	..	..	2008	
..	..	..	5101	6133	4680	..	..	2009	
..	..	..	5455	8122	4469	..	..	2010	
..	..	..	1552	1552	..	..	..	2007	Sahara occidental
..	..	..	1552	1552	..	..	..	2008	
..	..	..	1552	1552	..	..	..	2009	
..	..	..	1552	1552	..	..	..	2010	

Table 33

Utilization of installed electric generating capacity - by type
Kilowatt-hours per kilowatt

Country or area Pays ou zone	Year Année	Self-producers and public utilities Autoproducteurs et services publics					Self- Auto-	
		Total Totale	Thermal Thermique	Hydro Hydraulique	Nuclear Nucléaire	Other Autre	Total Totale	Thermal Thermique
Zambia	2007	5554	333	5834	..	..	5386	600
	2008	5478	333	5754	..	..	5318	600
	2009	5884	356	6180	..	..	5705	600
	2010	6388	378	6710	..	..	6182	600
Zimbabwe	2007	4243	3195	6287	..	..	..	..
	2008	3441	2572	5172	..	..	..	..
	2009	3647	2725	5484	..	..	..	..
	2010	3976	2972	5976	..	..	..	..
America, North	**2007**	**4438**	**4162**	**3658**	**8180**	**2854**	**5046**	**5055**
	2008	**4383**	**4088**	**3762**	**8154**	**2747**	**4671**	**4551**
	2009	**4123**	**3789**	**3694**	**8094**	**2482**	**4419**	**4369**
	2010	**4223**	**3947**	**3619**	**8121**	**2685**	**4557**	**4688**
Anguilla	2007	3870	3870	..	..	..	..	..
	2008	3891	3891	..	..	..	..	..
	2009	3235	3235	..	..	..	..	..
	2010	3495	3495	..	..	..	..	..
Antigua and Barbuda	2007	5091	5091	..	..	..	1000	1000
	2008	5236	5236	..	..	..	1000	1000
	2009	5953	5953	..	..	..	1000	1000
	2010	5927	5927	..	..	..	1000	1000
Aruba	2007	6282	6282	..	..	..	..	..
	2008	3868	3868	..	..	..	..	..
	2009	3913	3913	..	..	..	..	..
	2010	2935	3238	..	..	..	..	..
Bahamas	2007	4556	4556	..	..	..	1273	1273
	2008	4566	4566	..	..	..	1273	1273
	2009	4341	4341	..	..	..	1309	1309
	2010	4531	4531	..	..	..	1345	1345
Barbados	2007	4516	4516	..	..	..	7245	7245
	2008	4889	4889	..	..	..	8430	8430
	2009	4840	4840	..	..	..	8547	8547
	2010	3905	3905	..	..	..	8222	8222
Belize	2007	2935	1066	4715	..	..	..	..
	2008	2907	309	5435	..	..	..	..
	2009	2225	335	4214	..	..	..	..
	2010	2801	982	4742	..	..	..	..
Bermuda	2007	3897	3897	..	..	..	..	..
	2008	3909	3909	..	..	..	..	..
	2009	4444	4444	..	..	..	..	..
	2010	4424	4424	..	..	..	..	..
British Virgin Islands	2007	1143	1143	..	..	..	..	..
	2008	1190	1190	..	..	..	..	..
	2009	1182	1182	..	..	..	..	..
	2010	1227	1227	..	..	..	..	..
Canada	2007	5081	4628	5048	7006	1696	5898	5981
	2008	5024	4512	5032	7040	1558	5788	4713
	2009	4455	3231	4873	7139	1371	5347	4288
	2010	4439	3458	4683	7158	2376	5534	5907
Cayman Islands	2007	4409	4409	..	..	..	..	..
	2008	4489	4489	..	..	..	..	..
	2009	4092	4092	..	..	..	..	..
	2010	4078	4078	..	..	..	..	..
Costa Rica	2007	4217	1788	4647	..	6137	5858	3292
	2008	3925	1255	4710	..	5519	5898	3417
	2009	3847	893	4685	..	5953	5889	4250
	2010	3245	867	4672	..	3114	7357	6030

2010 Energy Statistics Yearbook United Nations / 2010 Annuaire des statistiques de l'énergie des Nations Unies

Table 33

Utilisation de la capacité des centrales électriques - par catégorie
Kilowatt-heures par kilowatt

| producers producteurs | | | Public utilities Services publics | | | | | Year Année | Country or area Pays ou zone |
Hydro Hydraulique	Nuclear Nucléaire	Other Autre	Total Totale	Thermal Thermique	Hydro Hydraulique	Nuclear Nucléaire	Other Autre		
6794	..	..	5559	300	5814	..	..	2007	Zambie
6706	..	..	5482	300	5734	..	..	2008	
7206	..	..	5889	325	6159	..	..	2009	
7824	..	..	6393	350	6687	..	..	2010	
..	..	..	4352	3320	6287	..	..	2007	Zimbabwe
..	..	..	3519	2660	5172	..	..	2008	
..	..	..	3730	2819	5484	..	..	2009	
..	..	..	4066	3074	5976	..	..	2010	
5661	..	**1327**	**4412**	**4116**	**3595**	**8180**	**2925**	**2007**	**Amérique du Nord**
6244	..	**1268**	**4371**	**4064**	**3682**	**8154**	**2804**	**2008**	
5857	..	**1198**	**4110**	**3759**	**3625**	**8094**	**2542**	**2009**	
5213	..	**1367**	**4208**	**3907**	**3569**	**8121**	**2770**	**2010**	
..	..	..	3870	3870	..	..	..	2007	Anguilla
..	..	..	3891	3891	..	..	..	2008	
..	..	..	3235	3235	..	..	..	2009	
..	..	..	3495	3495	..	..	..	2010	
..	..	..	5167	5167	..	..	..	2007	Antigua-et-Barbuda
..	..	..	5315	5315	..	..	..	2008	
..	..	..	6044	6044	..	..	..	2009	
..	..	..	6019	6019	..	..	..	2010	
..	..	..	6282	6282	..	..	..	2007	Aruba
..	..	..	3868	3868	..	..	..	2008	
..	..	..	3913	3913	..	..	..	2009	
..	..	..	2935	3238	..	..	..	2010	
..	..	..	4968	4968	..	..	..	2007	Bahamas
..	..	..	4979	4979	..	..	..	2008	
..	..	..	4721	4721	..	..	..	2009	
..	..	..	4932	4932	..	..	..	2010	
..	..	..	4438	4438	..	..	..	2007	Barbade
..	..	..	4788	4788	..	..	..	2008	
..	..	..	4737	4737	..	..	..	2009	
..	..	..	3804	3804	..	..	..	2010	
..	..	..	2935	1066	4715	..	..	2007	Belize
..	..	..	2907	309	5435	..	..	2008	
..	..	..	2225	335	4214	..	..	2009	
..	..	..	2801	982	4742	..	..	2010	
..	..	..	3897	3897	..	..	..	2007	Bermudes
..	..	..	3909	3909	..	..	..	2008	
..	..	..	4444	4444	..	..	..	2009	
..	..	..	4424	4424	..	..	..	2010	
..	..	..	1143	1143	..	..	..	2007	Iles Vierges britanniquès
..	..	..	1190	1190	..	..	..	2008	
..	..	..	1182	1182	..	..	..	2009	
..	..	..	1227	1227	..	..	..	2010	
5843	..	..	5022	4494	4989	7006	1696	2007	Canada
6523	..	..	4968	4491	4921	7040	1558	2008	
6100	..	..	4393	3137	4782	7139	1371	2009	
5262	..	..	4363	3235	4640	7158	2375	2010	
..	..	..	4409	4409	..	..	..	2007	Iles Caïmanes
..	..	..	4489	4489	..	..	..	2008	
..	..	..	4092	4092	..	..	..	2009	
..	..	..	4078	4078	..	..	..	2010	
6767	..	4659	3962	1703	4348	..	6942	2007	Costa Rica
6903	..	4294	3640	1165	4398	..	6186	2008	
6288	..	5388	3542	758	4440	..	6237	2009	
8250	..	5961	2818	727	4237	..	2521	2010	

Table 33

Utilization of installed electric generating capacity - by type
Kilowatt-hours per kilowatt

Country or area Pays ou zone	Year Année	Self-producers and public utilities Autoproducteurs et services publics					Self- Auto-	
		Total Totale	Thermal Thermique	Hydro Hydraulique	Nuclear Nucléaire	Other Autre	Total Totale	Thermal Thermique
Cuba	2007	3245	3248	2951	..	..	1424	1424
	2008	3276	3287	2300	..	..	1647	1647
	2009	3193	3200	2603	..	..	1587	1587
	2010	2971	2986	1540	..	..	1463	1463
Dominica	2007	3498	3772	2882	..	..	..	..
	2008	4102	4037	4328	..	..	..	..
	2009	3829	3575	4866	..	..	..	..
	2010	3714	3790	3483	..	..	..	..
Dominican Republic	2007	2611	2517	3627	..	..	1412	1412
	2008	2879	2874	2932	..	..	1499	1499
	2009	2819	2822	2799	..	..	1468	1468
	2010	2997	3028	2707	..	..	1468	1468
El Salvador	2007	4233	3863	3684	..	6761	3419	3914
	2008	4232	3302	4318	..	7432	3130	3474
	2009	3934	3472	3189	..	7455	3175	3524
	2010	4093	3021	4415	..	7459	3452	3452
Greenland	2007	2693	1745	5310	..	..	4125	4125
	2008	2686	1755	5258	..	..	3500	3500
	2009	2330	1434	3719	..	..	4125	4125
	2010	2300	1132	4110	..	..	4063	4063
Grenada	2007	5488	5488	..	..	..	..	..
	2008	5901	5901	..	..	..	..	..
	2009	6118	6118	..	..	..	..	..
	2010	4339	4339	..	..	..	..	..
Guadeloupe	2007	4600	4304	6222	..	7964	..	..
	2008	4600	4302	6222	..	8000	..	..
	2009	4589	4302	6222	..	7724	..	..
	2010	4688	4407	7368	..	7320	..	..
Guatemala	2007	3926	3620	4160	..	..	3543	3485
	2008	3664	2959	4740	..	..	3529	3471
	2009	3874	3950	3226	..	..	1835	1795
	2010	3672	3394	3862	..	..	1644	1603
Haiti	2007	1922	1740	2444	..	..	..	..
	2008	1992	1685	2873	..	..	..	..
	2009	3004	2888	3339	..	..	..	..
	2010	2196	1985	2911	..	..	..	..
Honduras	2007	3949	3799	4261	..	..	724	740
	2008	4105	3965	4392	..	..	189	194
	2009	4081	3464	5362	..	..	159	162
	2010	4181	3476	5632	..	..	159	162
Jamaica	2007	6635	6765	4848	..	2488	7386	7554
	2008	5118	5179	4788	..	2344	3720	3804
	2009	4738	4820	3394	..	2440	2556	2614
	2010	4515	4669	4663	..	1276	6194	6489
Martinique	2007	3964	3953	..	..	4513	..	..
	2008	4088	4069	..	..	5037	..	..
	2009	4141	4180	..	..	3101	..	..
	2010	4326	4378	..	..	2951	..	..
Mexico	2007	4555	4977	2356	7634	7106	4641	4698
	2008	4441	4565	3415	7182	6759	3201	3231
	2009	4373	4776	2314	7693	5016	3236	3402
	2010	4370	4610	3274	4307	5047	3043	3094
Montserrat	2007	2260	2260	..	..	..	..	..
	2008	2300	2300	..	..	..	..	..
	2009	2300	2300	..	..	..	..	..
	2010	2300	2300	..	..	..	..	..

Table 33

Utilisation de la capacité des centrales électriques - par catégorie
Kilowatt-heures par kilowatt

producers producteurs			Public utilities Services publics					Year Année	Country or area Pays ou zone
Hydro Hydraulique	Nuclear Nucléaire	Other Autre	Total Totale	Thermal Thermique	Hydro Hydraulique	Nuclear Nucléaire	Other Autre		
..	..	..	3449	3454	2951	..	..	2007	Cuba
..	..	..	3460	3474	2300	..	..	2008	
..	..	..	3369	3378	2603	..	..	2009	
..	..	..	3127	3146	1540	..	..	2010	
..	..	..	3498	3772	2882	..	..	2007	Dominique
..	..	..	4102	4037	4328	..	..	2008	
..	..	..	3829	3575	4866	..	..	2009	
..	..	..	3714	3790	3483	..	..	2010	
..	..	..	3502	3481	3627	..	..	2007	Rép. dominicaine
..	..	..	3991	4195	2932	..	..	2008	
..	..	..	3892	4127	2799	..	..	2009	
..	..	..	4212	4534	2707	..	..	2010	
..	..	..	4338	3850	3846	..	6761	2007	El Salvador
..	..	..	4413	3247	4507	..	7432	2008	
..	..	..	4054	3456	3328	..	7455	2009	
..	..	..	4181	2896	4415	..	7459	2010	
..	..	..	2515	1322	5310	..	..	2007	Groënland
..	..	..	2585	1444	5258	..	..	2008	
..	..	..	2149	956	3719	..	..	2009	
..	..	..	2122	611	4110	..	..	2010	
..	..	..	5488	5488	..	..	..	2007	Grenade
..	..	..	5901	5901	..	..	..	2008	
..	..	..	6118	6118	..	..	..	2009	
..	..	..	4339	4339	..	..	..	2010	
..	..	..	4600	4304	6222	..	7964	2007	Guadeloupe
..	..	..	4600	4302	6222	..	8000	2008	
..	..	..	4589	4302	6222	..	7724	2009	
..	..	..	4688	4407	7368	..	7320	2010	
5500	..	..	3952	3634	4153	..	..	2007	Guatemala
5500	..	..	3673	2911	4736	..	..	2008	
5500	..	..	4265	4625	3214	..	..	2009	
5500	..	..	4055	3970	3854	..	..	2010	
..	..	..	1922	1740	2444	..	..	2007	Haïti
..	..	..	1992	1685	2873	..	..	2008	
..	..	..	3004	2888	3339	..	..	2009	
..	..	..	2196	1985	2911	..	..	2010	
..	..	..	4107	4021	4274	..	..	2007	Honduras
..	..	..	4267	4196	4406	..	..	2008	
..	..	..	4275	3706	5379	..	..	2009	
..	..	..	4379	3719	5650	..	..	2010	
..	..	..	6086	6164	7273	..	2488	2007	Jamaïque
..	..	..	6141	6230	7182	..	2344	2008	
..	..	..	6348	6521	5091	..	2440	2009	
..	..	..	3914	3984	7037	..	1276	2010	
..	..	..	3964	3953	..	..	4513	2007	Martinique
..	..	..	4088	4069	..	..	5037	2008	
..	..	..	4141	4180	..	..	3101	2009	
..	..	..	4326	4378	..	..	2951	2010	
2317	..	657	4544	5026	2356	7634	7322	2007	Mexique
2234	..	657	4615	4816	3429	7182	6963	2008	
1675	..	865	4549	5046	2323	7693	6656	2009	
3106	..	2152	4606	4949	3276	4307	6461	2010	
..	..	..	2260	2260	..	..	..	2007	Montserrat
..	..	..	2300	2300	..	..	..	2008	
..	..	..	2300	2300	..	..	..	2009	
..	..	..	2300	2300	..	..	..	2010	

Table 33

Utilization of installed electric generating capacity - by type
Kilowatt-hours per kilowatt

Country or area Pays ou zone	Year Année	Self-producers and public utilities Autoproducteurs et services publics					Self- Auto-	
		Total Totale	Thermal Thermique	Hydro Hydraulique	Nuclear Nucléaire	Other Autre	Total Totale	Thermal Thermique
Netherlands Antilles	2007	5345	5345	..	..	..	6650	6650
	2008	5285	5285	..	..	..	6580	6580
	2009	5523	5523	..	..	..	6880	6880
	2010	5485	5485	..	..	..	6830	6830
Nicaragua	2007	3819	4103	2942	..	2761	3339	3339
	2008	3751	3563	5086	..	3659	3039	3039
	2009	3516	3670	2829	..	3180	3320	3320
	2010	3410	3293	4800	..	3079	6919	6919
Panama	2007	4286	3919	4617	..	..	137	195
	2008	3878	3114	4572	..	..	93	133
	2009	3819	3243	4436	..	..	79	110
	2010	3791	3171	4481	..	..	326	459
Puerto Rico	2007	4467	4573	1000	..	..	4098	4098
	2008	4192	4285	1000	..	..	4098	4098
	2009	4119	4209	1000	..	..	4098	4098
	2010	4173	4264	1026	..	..	4098	4098
St. Kitts-Nevis	2007	2882	2882	..	..	..	2333	2333
	2008	3379	3379	..	..	..	2333	2333
	2009	3379	3379	..	..	..	2333	2333
	2010	3379	3379	..	..	..	2333	2333
St. Lucia	2007	4549	4549	..	..	..	..	..
	2008	4636	4636	..	..	..	..	..
	2009	4776	4776	..	..	..	..	..
	2010	5012	5012	..	..	..	..	..
St. Pierre-Miquelon	2007	1598	1604	..	..	1333	..	..
	2008	1669	1677	..	..	1333	..	..
	2009	1688	1696	..	..	1333	..	..
	2010	1688	1695	..	..	1417	..	..
St. Vincent-Grenadines	2007	3439	3471	3286	..	..	..	..
	2008	3390	3382	3429	..	..	..	..
	2009	3415	3412	3429	..	..	..	..
	2010	3456	3453	3471	..	..	..	..
Trinidad and Tobago	2007	5146	5146	..	..	..	375	375
	2008	4308	4308	..	..	..	128	128
	2009	4281	4281	..	..	..	179	179
	2010	4697	4697	..	..	..	87	87
Turks and Caicos Islands	2007	3640	3640	..	..	..	..	..
	2008	3960	3960	..	..	..	..	..
	2009	4180	4180	..	..	..	..	..
	2010	4242	4242	..	..	..	..	..
United States	2007	4368	4106	2762	8344	2632	5279	5421
	2008	4320	4057	2826	8315	2620	5103	5258
	2009	4079	3771	2964	8220	2419	4865	5051
	2010	4206	3951	2834	8293	2598	5068	5413
United States Virgin Is.	2007	3035	3035	..	..	..	3112	3112
	2008	3008	3008	..	..	..	3133	3133
	2009	2851	2851	..	..	..	3147	3147
	2010	2965	2965	..	..	..	3147	3147
America, South	**2007**	**4473**	**3469**	**4961**	**6468**	**385**	**3933**	**3767**
	2008	**4524**	**3711**	**4929**	**7041**	**322**	**4092**	**3969**
	2009	**4324**	**3155**	**5000**	**6981**	**243**	**4118**	**3784**
	2010	**4403**	**3567**	**4910**	**7172**	**441**	**4084**	**3762**
Argentina	2007	3961	4220	3176	7089	2138	3372	3366
	2008	3983	4241	3151	7200	1448	3759	3756
	2009	3807	3752	3503	8018	1321	3803	3799
	2010	3832	3897	3375	7044	833	3965	3969

Table 33

Utilisation de la capacité des centrales électriques - par catégorie
Kilowatt-heures par kilowatt

producers producteurs			Public utilities Services publics					Year Année	Country or area Pays ou zone
Hydro Hydraulique	Nuclear Nucléaire	Other Autre	Total Totale	Thermal Thermique	Hydro Hydraulique	Nuclear Nucléaire	Other Autre		
..	..	..	4378	4378	..	..	..	2007	Antilles néerlandaises
..	..	..	4326	4326	..	..	..	2008	
..	..	..	4519	4519	..	..	..	2009	
..	..	..	4489	4489	..	..	..	2010	
..	..	..	3905	4290	2942	..	2761	2007	Nicaragua
..	..	..	3869	3679	5086	..	3659	2008	
..	..	..	3544	3738	2829	..	3180	2009	
..	..	..	3195	2995	4800	..	3079	2010	
..	..	..	4883	4767	4974	..	..	2007	Panama
..	..	..	4412	3774	4923	..	..	2008	
..	..	..	4323	3861	4767	..	..	2009	
..	..	..	4235	3661	4815	..	..	2010	
..	..	..	4471	4579	1000	..	..	2007	Porto Rico
..	..	..	4193	4287	1000	..	..	2008	
..	..	..	4120	4210	1000	..	..	2009	
..	..	..	4174	4265	1026	..	..	2010	
..	..	..	2956	2956	..	..	..	2007	St-Kitts-Nevis
..	..	..	3547	3547	..	..	..	2008	
..	..	..	3547	3547	..	..	..	2009	
..	..	..	3547	3547	..	..	..	2010	
..	..	..	4549	4549	..	..	..	2007	St-Lucie
..	..	..	4636	4636	..	..	..	2008	
..	..	..	4776	4776	..	..	..	2009	
..	..	..	5012	5012	..	..	..	2010	
..	..	..	1598	1604	..	..	1333	2007	St-Pierre-Miquelon
..	..	..	1669	1677	..	..	1333	2008	
..	..	..	1688	1696	..	..	1333	2009	
..	..	..	1688	1695	..	..	1417	2010	
..	..	..	3439	3471	3286	..	..	2007	St. Vincent-Grenadines
..	..	..	3390	3382	3429	..	..	2008	
..	..	..	3415	3412	3429	..	..	2009	
..	..	..	3456	3453	3471	..	..	2010	
..	..	..	5360	5360	..	..	..	2007	Trinité-et-Tobago
..	..	..	4817	4817	..	..	..	2008	
..	..	..	4780	4780	..	..	..	2009	
..	..	..	5258	5258	..	..	..	2010	
..	..	..	3640	3640	..	..	..	2007	Iles Turques et Caïques
..	..	..	3960	3960	..	..	..	2008	
..	..	..	4180	4180	..	..	..	2009	
..	..	..	4242	4242	..	..	..	2010	
4867	..	1050	4339	4055	2754	8344	2709	2007	États-Unis
4958	..	1050	4296	4012	2818	8315	2682	2008	
5522	..	1049	4054	3723	2955	8220	2473	2009	
4925	..	1051	4178	3894	2827	8293	2689	2010	
..	..	..	3031	3031	..	..	..	2007	Iles Vierges américaines
..	..	..	3002	3002	..	..	..	2008	
..	..	..	2836	2836	..	..	..	2009	
..	..	..	2955	2955	..	..	..	2010	
4577	..	..	**4527**	**3388**	**4972**	**6468**	**385**	**2007**	**Amérique du Sud**
4587	..	**1000**	**4568**	**3641**	**4940**	**7041**	**316**	**2008**	
5613	..	**3400**	**4346**	**2982**	**4981**	**6981**	**206**	**2009**	
5841	..	**120**	**4442**	**3506**	**4883**	**7172**	**450**	**2010**	
4381	..	..	4038	4413	3173	7089	2138	2007	Argentine
4400	..	..	4013	4348	3148	7200	1448	2008	
4550	..	..	3808	3742	3501	8018	1321	2009	
3550	..	..	3815	3882	3374	7044	893	2010	

Table 33

Utilization of installed electric generating capacity - by type
Kilowatt-hours per kilowatt

Country or area Pays ou zone	Year Année	Self-producers and public utilities Autoproducteurs et services publics					Self-Auto-	
		Total Totale	Thermal Thermique	Hydro Hydraulique	Nuclear Nucléaire	Other Autre	Total Totale	Thermal Thermique
Bolivia (Plur. State of)	2007	3825	3368	4781	..	..	512	639
	2008	4000	3458	5245	..	..	514	631
	2009	4004	3673	4704	..	..	525	645
	2010	4185	4062	4469	..	..	321	372
Brazil	2007	4431	2754	4865	6153	..	4575	4590
	2008	4498	3472	4757	6960	..	4605	4650
	2009	4374	2454	4974	6456	..	4645	4248
	2010	4589	3361	5001	7236	..	4699	4308
Chile	2007	4439	4532	4319	..	450	3530	3364
	2008	4259	4141	4453	..	1900	3449	3342
	2009	3866	3503	4640	..	485	4305	4206
	2010	3729	3629	3972	..	2037	2882	2803
Colombia	2007	4183	2350	5167	..	2663	7177	7464
	2008	4084	2043	5158	..	1421	7374	7708
	2009	4161	3446	4548	..	1208	6845	7210
	2010	4357	4148	4501	..	470	3346	3005
Ecuador	2007	3814	3327	4391	..	500	4840	4771
	2008	4485	3584	5417	..	1500	6787	6769
	2009	3685	3167	4369	..	1500	5233	5094
	2010	3405	3122	3763	..	1500	4162	4063
Falkland Is. (Malvinas)	2007	1840	1889	..	..	750	1000	1000
	2008	1862	1911	..	..	750	1000	1000
	2009	1859	1911	..	..	795	1000	1000
	2010	1476	1322	..	..	1955	1000	1000
French Guiana	2007	5314	5286	5317	..	..	..	..
	2008	5521	5500	5524	..	..	..	..
	2009	5671	5643	5675	..	..	..	..
	2010	5879	5643	5905	..	..	..	..
Guyana	2007	2269	2272	..	..	..	868	868
	2008	2685	2685	..	..	..	1295	1295
	2009	2114	2114	..	..	..	767	767
	2010	2196	2196	..	..	..	774	774
Paraguay	2007	6618	103	6623	..	..	..	..
	2008	6833	103	6838	..	..	..	..
	2009	6233	105	6237	..	..	..	..
	2010	6133	121	6137	..	..	..	..
Peru	2007	4258	2735	6047	..	1429	1678	1368
	2008	4531	3392	5906	..	1429	1610	1241
	2009	4125	2828	5992	..	1429	1606	1212
	2010	4167	3064	5828	..	1429	1811	1549
Suriname	2007	4159	3733	4610	..	..	4472	4286
	2008	4159	3733	4610	..	..	4472	4286
	2009	4159	3733	4610	..	..	4472	4286
	2010	3985	3986	3984	..	..	3855	3681
Uruguay	2007	3915	1562	5245	..	..	786	786
	2008	3474	4384	2929	..	214	4651	4735
	2009	3372	3368	3420	..	1067	4056	4102
	2010	3923	1982	5466	..	0	2868	3117
Venezuela(Bolivar. Rep.)	2007	5072	3937	5690	..	..	1584	1584
	2008	5145	3765	5961	..	..	1520	1520
	2009	4813	3288	5879	..	..	1473	1473
	2010	4550	3649	5251	..	..	1507	1507
Asia	**2007**	**4404**	**4638**	**2972**	**6164**	**3219**	**3773**	**3941**
	2008	**4242**	**4428**	**3017**	**6335**	**2410**	**3850**	**4060**
	2009	**4294**	**4461**	**3044**	**6539**	**3715**	**3403**	**3554**
	2010	**4325**	**4442**	**3237**	**6583**	**4881**	**3487**	**3659**

Table 33

Utilisation de la capacité des centrales électriques - par catégorie
Kilowatt-heures par kilowatt

producers producteurs			Public utilities Services publics					Year Année	Country or area Pays ou zone
Hydro Hydraulique	Nuclear Nucléaire	Other Autre	Total Totale	Thermal Thermique	Hydro Hydraulique	Nuclear Nucléaire	Other Autre		
..	..	..	4116	3656	5030	..	..	2007	Bolivie (État plur. de)
..	..	..	4315	3756	5548	..	..	2008	
..	..	..	4316	3992	4975	..	..	2009	
..	..	..	4536	4451	4727	..	..	2010	
4543	..	..	4415	1846	4880	6153	..	2007	Brésil
4502	..	..	4485	2876	4768	6960	..	2008	
5680	..	..	4339	1488	4942	6456	..	2009	
6100	..	..	4571	2685	4953	7236	..	2010	
5348	..	..	4519	4699	4301	..	450	2007	Chili
4784	..	..	4333	4258	4448	..	1900	2008	
5648	..	..	3827	3408	4623	..	485	2009	
4000	..	..	3801	3734	3972	..	2037	2010	
5588	..	..	4120	2083	5165	..	2663	2007	Colombie
5604	..	..	4018	1752	5156	..	1421	2008	
4917	..	..	4107	3253	4546	..	1208	2009	
5148	..	..	4377	4207	4497	..	470	2010	
5286	..	..	3612	2812	4346	..	500	2007	Equateur
6880	..	..	4135	2701	5349	..	1500	2008	
6272	..	..	3393	2537	4282	..	1500	2009	
4967	..	..	3259	2796	3713	..	1500	2010	
..	..	..	2068	2143	..	..	750	2007	Iles Falkland (Malvinas)
..	..	..	2095	2171	..	..	750	2008	
..	..	..	2090	2171	..	..	795	2009	
..	..	..	1572	1414	..	..	1955	2010	
..	..	..	5314	5286	5317	..	..	2007	Guyane française
..	..	..	5521	5500	5524	..	..	2008	
..	..	..	5671	5643	5675	..	..	2009	
..	..	..	5879	5643	5905	..	..	2010	
..	..	..	3994	4009	..	..	..	2007	Guyana
..	..	..	3711	3711	..	..	..	2008	
..	..	..	3586	3586	..	..	..	2009	
..	..	..	3695	3695	..	..	..	2010	
..	..	..	6618	103	6623	..	..	2007	Paraguay
..	..	..	6833	103	6838	..	..	2008	
..	..	..	6233	105	6237	..	..	2009	
..	..	..	6133	121	6137	..	..	2010	
5023	..	..	4705	3192	6075	..	1429	2007	Pérou
6000	..	..	5096	4201	5904	..	1429	2008	
6722	..	..	4597	3361	5971	..	1429	2009	
5215	..	..	4587	3526	5845	..	1429	2010	
4610	..	..	2444	2444	..	..	..	2007	Suriname
4610	..	..	2444	2444	..	..	..	2008	
4610	..	..	2444	2444	..	..	..	2009	
3984	..	..	4525	4525	..	..	..	2010	
..	..	..	4171	1767	5245	..	..	2007	Uruguay
..	..	750	3379	4301	2929	..	..	2008	
..	..	3200	3317	3210	3420	..	..	2009	
..	..	0	4048	1637	5466	..	..	2010	
..	..	..	5221	4247	5690	..	..	2007	Venezuela(Rép. bolivar.)
..	..	..	5318	4079	5961	..	..	2008	
..	..	..	4973	3516	5879	..	..	2009	
..	..	..	4690	3888	5251	..	..	2010	
1248	..	1368	4471	4730	3011	6164	4073	2007	**Asie**
1014	..	1326	4284	4477	3070	6335	2754	2008	
1325	..	1384	4395	4589	3089	6539	4413	2009	
1571	..	1341	4424	4554	3290	6583	6121	2010	

Table 33

Utilization of installed electric generating capacity - by type
Kilowatt-hours per kilowatt

Country or area Pays ou zone	Year Année	Self-producers and public utilities Autoproducteurs et services publics					Self- Auto-	
		Total Totale	Thermal Thermique	Hydro Hydraulique	Nuclear Nucléaire	Other Autre	Total Totale	Thermal Thermique
Afghanistan	2007	1943	2313	1829	..	..	1489	564
	2008	1611	2148	1447	..	..	1258	855
	2009	1818	991	2072	..	..	1484	91
	2010	1824	1087	2051	..	..	1484	91
Armenia	2007	1855	875	1735	6257	..	..	..
	2008	1915	1089	1664	6032	667	..	..
	2009	1770	682	1833	6113	1333	..	..
	2010	1852	745	2200	6103	1750	..	..
Azerbaijan	2007	3814	4143	2306	..	..	2160	2160
	2008	3733	4067	2178	..	..	1600	1600
	2009	2954	3066	2338	..	..	1345	1345
	2010	2925	2826	3463	..	..	1300	1300
Bahrain	2007	4363	4363	..	..	..	0	0
	2008	4297	4297	..	..	..	0	0
	2009	3806	3806	..	..	..	0	0
	2010	4176	4176	..	..	..	0	0
Bangladesh	2007	5965	5961	6052	..	..	5491	5491
	2008	6411	6411	6409	..	..	7274	7274
	2009	6620	6615	6748	..	..	5604	5604
	2010	7272	7274	7226	..	..	6945	6945
Bhutan	2007	4359	115	4409	..	..	..	..
	2008	4624	23	4678	..	..	..	..
	2009	4649	17	4703	..	..	..	..
	2010	4868	29	4925	..	..	..	..
Brunei Darussalam	2007	4473	4473	..	..	..	5147	5147
	2008	4510	4510	..	..	..	5176	5176
	2009	4759	4759	..	..	..	5044	5044
	2010	5088	5088	..	..	..	6206	6206
Cambodia	2007	4720	4776	3627	..	2000	..	..
	2008	3835	3863	3212	..	2000	..	..
	2009	3366	3392	2772	..	2000	..	..
	2010	2753	2783	1955	..	3000	..	..
China	2007	4303	4531	3265	6903	2807	4426	4746
	2008	4073	4208	3483	7599	1503	5171	5688
	2009	4320	4457	3600	7793	4349	4244	4652
	2010	4243	4294	3723	6716	7470	4741	5197
China, Hong Kong SAR	2007	3080	3080	..	..	..	..	..
	2008	3009	3009	..	..	..	..	..
	2009	3068	3068	..	..	..	..	..
	2010	3033	3033	..	..	..	..	..
China, Macao SAR	2007	3220	3220	..	..	..	..	..
	2008	2566	2566	..	..	..	..	..
	2009	3106	3106	..	..	..	..	..
	2010	2282	2282	..	..	..	..	..
Cyprus	2007	4288	4294	..	..	1000	4941	5188
	2008	4278	4283	..	..	1500	4000	4176
	2009	3856	3859	..	..	2000	4278	4471
	2010	3496	3671	..	..	452	4833	5000
Georgia	2007	1985	1045	2587	..	..	..	..
	2008	1860	737	2525	..	..	..	..
	2009	1799	598	2511	..	..	..	..
	2010	2202	382	3280	..	..	..	..
India	2007	4839	5280	3352	4116	..	3621	3622
	2008	4816	5329	3095	3571	..	3555	3553
	2009	4787	5286	2895	4087	..	3621	3621
	2010	4622	4959	3043	5495	..	3334	3333

Table 33

Utilisation de la capacité des centrales électriques - par catégorie
Kilowatt-heures par kilowatt

producers producteurs			Public utilities Services publics					Year Année	Country or area Pays ou zone
Hydro Hydraulique	Nuclear Nucléaire	Other Autre	Total Totale	Thermal Thermique	Hydro Hydraulique	Nuclear Nucléaire	Other Autre		
1890	..	..	2212	3917	1798	..	..	2007	Afghanistan
1433	..	..	1821	3333	1453	..	..	2008	
2087	..	..	2016	1817	2065	..	..	2009	
2087	..	..	2026	2000	2032	..	..	2010	
..	..	..	1880	897	1735	6257	..	2007	Arménie
..	..	..	1940	1117	1664	6032	667	2008	
..	..	..	1786	694	1833	6113	1333	2009	
..	..	..	1865	754	2200	6103	1750	2010	
..	..	..	3874	4231	2306	..	..	2007	Azerbaïdjan
..	..	..	3809	4175	2178	..	..	2008	
..	..	..	3006	3132	2338	..	..	2009	
..	..	..	2978	2885	3463	..	..	2010	
..	..	..	4958	4958		..	..	2007	Bahreïn
..	..	..	4818	4818		..	..	2008	
..	..	..	4204	4204		..	..	2009	
..	..	..	4613	4613		..	..	2010	
..	..	..	6114	6118	6052	..	..	2007	Bangladesh
..	..	..	6152	6137	6409	..	..	2008	
..	..	..	7129	7153	6748	..	..	2009	
..	..	..	7432	7444	7226	..	..	2010	
..	..	..	4359	115	4409	..	..	2007	Bhoutan
..	..	..	4624	23	4678	..	..	2008	
..	..	..	4649	17	4703	..	..	2009	
..	..	..	4868	29	4925	..	..	2010	
..	..	..	4407	4407	..	..	..	2007	Brunéi Darussalam
..	..	..	4444	4444	..	..	..	2008	
..	..	..	4731	4731	..	..	..	2009	
..	..	..	4978	4978	..	..	..	2010	
..	..	..	4720	4776	3627	..	2000	2007	Cambodge
..	..	..	3835	3863	3212	..	2000	2008	
..	..	..	3366	3392	2772	..	2000	2009	
..	..	..	2753	2783	1955	..	3000	2010	
..	..	..	4295	4513	3341	6903	2807	2007	Chine
..	..	..	3997	4088	3590	7599	1503	2008	
..	..	..	4325	4440	3709	7793	4349	2009	
..	..	..	4212	4229	3821	6716	7470	2010	
..	..	..	3080	3080	..	..	..	2007	Chine, Hong-Kong RAS
..	..	..	3009	3009	..	..	..	2008	
..	..	..	3068	3068	..	..	..	2009	
..	..	..	3033	3033	..	..	..	2010	
..	..	..	2981	2981	..	..	..	2007	Chine, Macao RAS
..	..	..	2339	2339	..	..	..	2008	
..	..	..	2860	2860	..	..	..	2009	
..	..	..	2000	2000	..	..	..	2010	
..	..	1000	4278	4281	..	..	1000	2007	Chypre
..	..	1000	4282	4284	..	..	2000	2008	
..	..	1000	3851	3851	..	..	3000	2009	
..	..	2000	3480	3656	..	..	434	2010	
..	..	..	1985	1045	2587	..	..	2007	Géorgie
..	..	..	1860	737	2525	..	..	2008	
..	..	..	1799	598	2511	..	..	2009	
..	..	..	2202	382	3280	..	..	2010	
3311	..	..	5051	5681	3353	4116	..	2007	Inde
4197	..	..	5046	5776	3093	3571	..	2008	
3754	..	..	4996	5687	2894	4087	..	2009	
3754	..	..	4866	5365	3041	5495	..	2010	

Table 33

Utilization of installed electric generating capacity - by type
Kilowatt-hours per kilowatt

| Country or area Pays ou zone | Year Année | Self-producers and public utilities Autoproducteurs et services publics | | | | | Self- Auto- | |
		Total Totale	Thermal Thermique	Hydro Hydraulique	Nuclear Nucléaire	Other Autre	Total Totale	Thermal Thermique
Indonesia	2007	5205	5757	2318	..	7524	116	151
	2008	4803	5184	2279	..	7885	138	182
	2009	4846	5212	2249	..	7811	129	157
	2010	5450	5704	3481	..	7866	2943	3870
Iran(Islamic Rep. of)	2007	4127	4433	2423	..	1931	2414	2414
	2008	4050	4630	652	..	2181	2290	2290
	2009	3918	4391	939	..	2490	1785	1785
	2010	3791	4223	1122	..	1754	1509	1509
Iraq	2007	3532	3814	2440	..	..	..	..
	2008	2812	3151	1387	..	..	..	..
	2009	3203	3609	1285	..	..	..	..
	2010	3451	3787	1897	..	..	..	..
Israel	2007	4686	4689	2800	..	1667	7075	7316
	2008	4733	4736	3200	..	1500	4627	4719
	2009	4605	4605	3143	..	5500	6988	6944
	2010	3884	3884	4143	..	3900	1422	1362
Japan	2007	4068	4372	1780	5333	1931	2902	2952
	2008	3859	4053	1764	5385	1793	2698	2737
	2009	3692	3697	1774	5727	1795	2675	2683
	2010	3899	3969	1900	5887	1612	2424	2432
Jordan	2007	5900	5906	5083	..	3000	1990	1990
	2008	5303	5311	5167	..	750	1663	1663
	2009	4841	4847	4917	..	750	1322	1322
	2010	4650	4654	5083	..	750	1367	1367
Kazakhstan	2007	4090	4144	3686	..	..	..	..
	2008	4288	4412	3365	..	..	..	..
	2009	4201	4349	3103	..	..	..	..
	2010	4412	4518	3618	..	..	..	..
Korea, Dem.Ppl's.Rep.	2007	2266	1832	2656	..	..	..	..
	2008	2443	2031	2814	..	..	..	..
	2009	2220	1918	2493	..	..	..	..
	2010	2281	1837	2682	..	..	..	..
Korea, Republic of	2007	5824	5590	918	8068	1610	4679	4723
	2008	5590	5166	1011	8521	1091	4569	4692
	2009	5638	5307	1023	8341	1430	4057	4126
	2010	5897	5674	1171	8388	1538	5088	5183
Kuwait	2007	4455	4455	..	..	..	..	..
	2008	4729	4729	..	..	..	..	..
	2009	4197	4197	..	..	..	..	..
	2010	4498	4498	..	..	..	..	..
Kyrgyzstan	2007	4343	2887	4735	..	..	..	..
	2008	3175	1428	3647	..	..	..	..
	2009	2967	1495	3365	..	..	..	..
	2010	3125	2179	3370	..	..	..	..
Lao People's Dem. Rep.	2007	4260	6000	4950	..	1098	1098	..
	2008	4601	6000	5404	..	1098	1098	..
	2009	1871	6000	1833	..	1098	1098	..
	2010	1348	6000	1274	..	1098	1098	..
Lebanon	2007	4150	4420	2139	..	..	..	..
	2008	4605	5041	1364	..	..	..	..
	2009	4690	5015	2274	..	..	..	..
	2010	6797	7298	3068	..	..	..	..
Malaysia	2007	4568	4697	3307	..	..	1747	1746
	2008	4579	4697	3392	..	..	1426	1426
	2009	4217	4317	3125	..	..	1361	1361
	2010	4599	4749	2949	..	..	1344	1344

Table 33

Utilisation de la capacité des centrales électriques - par catégorie
Kilowatt-heures par kilowatt

producers producteurs			Public utilities Services publics					Year Année	Country or area Pays ou zone
Hydro Hydraulique	Nuclear Nucléaire	Other Autre	Total Totale	Thermal Thermique	Hydro Hydraulique	Nuclear Nucléaire	Other Autre		
30	..	..	6250	6768	3212	..	7524	2007	Indonésie
30	..	..	5637	5958	3112	..	7885	2008	
37	..	..	5894	6270	3068	..	7811	2009	
0	..	..	5951	6041	4764	..	7866	2010	
..	..	..	4212	4552	2423	..	1931	2007	Iran(Rép. islamique)
..	..	..	4143	4777	652	..	2181	2008	
..	..	..	4090	4639	939	..	2490	2009	
..	..	..	3994	4508	1122	..	1754	2010	
..	..	..	3532	3814	2440	..	..	2007	Iraq
..	..	..	2812	3151	1387	..	..	2008	
..	..	..	3203	3609	1285	..	..	2009	
..	..	..	3451	3787	1897	..	..	2010	
0	..	1667	4645	4645	4667	..	..	2007	Israël
2000	..	1500	4736	4736	4000	..	..	2008	
2000	..	..	4540	4542	3600	..	1500	2009	
2000	..	..	4096	4101	5000	..	400	2010	
5165	..	1389	4294	4786	1675	5333	5695	2007	Japon
5163	..	1370	4088	4437	1655	5385	5112	2008	
6624	..	1411	3892	3987	1626	5727	5279	2009	
3778	..	1347	4281	4525	1710	5887	4187	2010	
..	..	..	6289	6298	5083	..	3000	2007	Jordanie
..	..	..	5597	5607	5167	..	750	2008	
..	..	..	5096	5103	4917	..	750	2009	
..	..	..	4870	4874	5083	..	750	2010	
..	..	..	4090	4144	3686	..	..	2007	Kazakhstan
..	..	..	4288	4412	3365	..	..	2008	
..	..	..	4201	4349	3103	..	..	2009	
..	..	..	4412	4518	3618	..	..	2010	
..	..	..	2266	1832	2656	..	..	2007	Corée,Rép.pop.dém.de
..	..	..	2443	2031	2814	..	..	2008	
..	..	..	2220	1918	2493	..	..	2009	
..	..	..	2281	1837	2682	..	..	2010	
..	..	922	5919	5699	918	8068	1817	2007	Corée, République de
..	..	524	5669	5218	1011	8521	1284	2008	
..	..	491	5763	5441	1023	8341	1567	2009	
..	..	777	5955	5723	1171	8388	1639	2010	
..	..	..	4494	4494	..	..	..	2007	Koweït
..	..	..	4770	4770	..	..	..	2008	
..	..	..	4231	4231	..	..	..	2009	
..	..	..	4534	4534	..	..	..	2010	
..	..	..	4344	2887	4736	..	..	2007	Kirghizistan
..	..	..	3176	1428	3648	..	..	2008	
..	..	..	2968	1495	3366	..	..	2009	
..	..	..	3126	2179	3371	..	..	2010	
..	..	1098	5022	6000	4950	..	..	2007	Rép. dém. pop. lao
..	..	1098	5445	6000	5404	..	..	2008	
..	..	1098	1943	6000	1833	..	..	2009	
..	..	1098	1365	6000	1274	..	..	2010	
..	..	..	4150	4420	2139	..	..	2007	Liban
..	..	..	4605	5041	1364	..	..	2008	
..	..	..	4690	5015	2274	..	..	2009	
..	..	..	4851	5090	3068	..	..	2010	
..	..	..	4718	4870	3307	..	..	2007	Malaisie
..	..	..	4780	4929	3392	..	..	2008	
..	..	..	4385	4507	3125	..	..	2009	
..	..	..	4790	4968	2949	..	..	2010	

Table 33

Utilization of installed electric generating capacity - by type
Kilowatt-hours per kilowatt

| Country or area
Pays ou zone | Year
Année | Self-producers and public utilities
Autoproducteurs et services publics | | | | | Self-
Auto- | |
		Total Totale	Thermal Thermique	Hydro Hydraulique	Nuclear Nucléaire	Other Autre	Total Totale	Thermal Thermique
Maldives	2007	4016	4016	..	..	..	..	..
	2008	3733	3733	..	..	..	..	..
	2009	3979	3979	..	..	..	..	..
	2010	3322	3322	..	..	..	..	..
Mongolia	2007	4450	4450	..	..	..	350	350
	2008	4809	4809	..	..	..	400	400
	2009	4855	4855	..	..	..	383	383
	2010	5184	5184	..	..	..	467	467
Myanmar	2007	3726	3041	4506	..	..	..	..
	2008	3788	2831	4806	..	..	..	..
	2009	2738	1919	3178	..	..	..	..
	2010	2527	2734	2454	..	..	..	..
Nepal	2007	4489	158	4926	..	..	204	..
	2008	4499	158	4935	..	..	248	..
	2009	4944	228	5414	..	..	271	..
	2010	5090	53	5592	..	..	277	..
Oman	2007	4142	4142	..	..	..	..	..
	2008	4102	4102	..	..	..	..	..
	2009	4242	4242	..	..	..	..	..
	2010	4647	4647	..	..	..	..	..
Other Asia	2007	5392	5500	1846	7881	2355	5894	5894
	2008	5244	5323	1723	7937	2302	5216	5216
	2009	4863	4850	1554	8081	2062	5231	5231
	2010	5130	5198	1584	8093	2009	5333	5333
Pakistan	2007	4926	5119	4430	6660	..	6051	6051
	2008	4631	4845	4287	3502	..	5751	5751
	2009	4558	4605	4335	6264	..	5168	5168
	2010	4199	3889	4908	4346	..	4450	4450
Philippines	2007	3737	3822	2596	..	5178	1308	1700
	2008	3875	3864	2981	..	5414	1308	1700
	2009	3963	4051	2965	..	5151	1308	1700
	2010	4136	4571	2289	..	4901	1308	1700
Qatar	2007	6151	6151	..	..	..	6422	6422
	2008	5011	5011	..	..	..	5049	5049
	2009	4540	4540	..	..	..	5440	5440
	2010	3594	3594	..	..	..	3785	3785
Saudi Arabia	2007	4570	4570	..	..	..	6834	6834
	2008	4461	4461	..	..	..	5659	5659
	2009	4869	4869	..	..	..	4869	4869
	2010	5177	5177	..	..	..	5177	5177
Singapore	2007	3757	3757	..	..	..	..	..
	2008	3991	3991	..	..	..	..	..
	2009	3922	3922	..	..	..	..	..
	2010	4421	4421	..	..	..	..	..
Sri Lanka	2007	4016	5259	2977	..	667	..	..
	2008	3743	4485	3047	..	1000	..	..
	2009	3682	4632	2807	..	1000	..	..
	2010	3802	3594	4062	..	1606	..	..
State of Palestine	2007	2979	2979	..	..	..	..	..
	2008	3047	3047	..	..	..	..	..
	2009	3576	3576	..	..	..	..	..
	2010	3381	3381	..	..	..	..	..
Syrian Arab Republic	2007	4551	5031	2311	..	..	786	786
	2008	5392	5687	3188	..	..	1436	1436
	2009	5204	5584	2073	..	..	920	920
	2010	5577	5904	2880	..	..	914	914

Table 33

Utilisation de la capacité des centrales électriques - par catégorie
Kilowatt-heures par kilowatt

producers producteurs			Public utilities Services publics					Year Année	Country or area Pays ou zone
Hydro Hydraulique	Nuclear Nucléaire	Other Autre	Total Totale	Thermal Thermique	Hydro Hydraulique	Nuclear Nucléaire	Other Autre		
..	..	..	4016	4016	..	..	..	2007	Maldives
..	..	..	3733	3733	..	..	..	2008	
..	..	..	3979	3979	..	..	..	2009	
..	..	..	3322	3322	..	..	..	2010	
..	..	..	4768	4768	..	..	..	2007	Mongolie
..	..	..	5152	5152	..	..	..	2008	
..	..	..	5202	5202	..	..	..	2009	
..	..	..	5551	5551	..	..	..	2010	
..	..	..	3726	3041	4506	..	..	2007	Myanmar
..	..	..	3788	2831	4806	..	..	2008	
..	..	..	2738	1919	3178	..	..	2009	
..	..	..	2527	2734	2454	..	..	2010	
204	..	..	5874	158	6663	..	..	2007	Népal
248	..	..	5877	158	6663	..	..	2008	
271	..	..	6469	228	7321	..	..	2009	
277	..	..	6661	53	7562	..	..	2010	
..	..	..	4142	4142	..	..	..	2007	Oman
..	..	..	4102	4102	..	..	..	2008	
..	..	..	4242	4242	..	..	..	2009	
..	..	..	4647	4647	..	..	..	2010	
..	..	..	5300	5403	1846	7881	2355	2007	Autres zones d'Asie
..	..	..	5250	5349	1723	7937	2302	2008	
..	..	..	4799	4762	1554	8081	2062	2009	
..	..	..	5096	5167	1584	8093	2009	2010	
..	..	..	4444	4304	4430	6660	..	2007	Pakistan
..	..	..	4144	4053	4287	3502	..	2008	
..	..	..	4243	4020	4335	6264	..	2009	
..	..	..	4051	3204	4908	4346	..	2010	
1063	..	..	3741	3824	2604	..	5178	2007	Philippines
1063	..	..	3879	3866	2991	..	5414	2008	
1063	..	..	3968	4054	2974	..	5151	2009	
1063	..	..	4141	4574	2295	..	4901	2010	
..	..	..	5290	5290	..	..	..	2007	Qatar
..	..	..	4829	4829	..	..	..	2008	
..	..	..	2538	2538	..	..	..	2009	
..	..	..	2881	2881	..	..	..	2010	
..	..	..	4336	4336	..	..	..	2007	Arabie saoudite
..	..	..	4318	4318	..	..	..	2008	
..	..	..	4869	4869	..	..	..	2009	
..	..	..	5177	5177	..	..	..	2010	
..	..	..	3757	3757	..	..	..	2007	Singapour
..	..	..	3991	3991	..	..	..	2008	
..	..	..	3922	3922	..	..	..	2009	
..	..	..	4421	4421	..	..	..	2010	
..	..	..	4016	5259	2977	..	667	2007	Sri Lanka
..	..	..	3743	4485	3047	..	1000	2008	
..	..	..	3682	4632	2807	..	1000	2009	
..	..	..	3802	3594	4062	..	1606	2010	
..	..	..	2979	2979	..	..	..	2007	État de Palestine
..	..	..	3047	3047	..	..	..	2008	
..	..	..	3576	3576	..	..	..	2009	
..	..	..	3381	3381	..	..	..	2010	
..	..	..	5443	6319	2311	..	..	2007	Rép. arabe syrienne
..	..	..	5895	6310	3188	..	..	2008	
..	..	..	5915	6469	2073	..	..	2009	
..	..	..	6351	6851	2880	..	..	2010	

Table 33

Utilization of installed electric generating capacity - by type
Kilowatt-hours per kilowatt

Country or area Pays ou zone	Year Année	Self-producers and public utilities Autoproducteurs et services publics					Self- Auto-	
		Total Totale	Thermal Thermique	Hydro Hydraulique	Nuclear Nucléaire	Other Autre	Total Totale	Thermal Thermique
Tajikistan	2007	3953	977	4239	..	..	..	..
	2008	3648	892	3914	..	..	..	..
	2009	3641	815	3914	..	..	..	..
	2010	3708	1452	3925	..	..	..	..
Thailand	2007	3970	4144	2335	..	2667	1859	1859
	2008	3625	3774	2043	..	2080	1442	1442
	2009	3186	3279	2049	..	902	935	935
	2010	3361	3504	1587	..	972	948	948
Timor-Leste	2007	2040	2040	..	..	..	..	..
	2008	2456	2456	..	..	..	..	..
	2009	2993	2993	..	..	..	..	..
	2010	3105	3105	..	..	..	..	..
Turkey	2007	4691	5691	2676	..	3024	4104	4538
	2008	4745	5948	2406	..	2561	4450	5028
	2009	4352	5349	2471	..	2222	4417	4740
	2010	4265	4828	3272	..	2535	3960	4319
Turkmenistan	2007	5217	5218	3000	..	..	..	..
	2008	5273	5274	3000	..	..	..	..
	2009	5603	5604	3000	..	..	..	..
	2010	5842	5843	3000	..	..	..	..
United Arab Emirates	2007	4120	4120	..	..	..	..	..
	2008	4353	4353	..	..	..	..	..
	2009	4571	4571	..	..	..	..	..
	2010	4787	4787	..	..	..	..	..
Uzbekistan	2007	4014	3949	4507	..	..	1284	1284
	2008	4266	3854	6643	..	..	1148	1148
	2009	4313	4116	5456	..	..	1226	1226
	2010	4465	4141	6339	..	..	1226	1226
Viet Nam	2007	4838	5266	4188	..	..	5710	5710
	2008	5056	5259	4725	..	..	3527	3527
	2009	5477	5496	5451	..	..	3185	3185
	2010	6235	6900	5101	..	..	4022	4022
Yemen	2007	6481	6481	..	..	..	6259	6259
	2008	6680	6680	..	..	..	6125	6125
	2009	5054	5054	..	..	..	5135	5135
	2010	5813	5813	..	..	..	3708	3708
Europe	**2007**	**4240**	**4215**	**2979**	**6969**	**1901**	**4230**	**4277**
	2008	**4196**	**4173**	**3034**	**6970**	**1821**	**4154**	**4221**
	2009	**3911**	**3824**	**3021**	**6708**	**1711**	**3904**	**4025**
	2010	**3942**	**3880**	**3143**	**6935**	**1583**	**4154**	**4320**
Albania	2007	1796	..	1997	..	..	..	..
	2008	2385	..	2652	..	..	..	..
	2009	3271	..	3636	..	..	..	..
	2010	4761	..	5293	..	..	..	..
Andorra	2007	2413	3800	2151	..	..	..	..
	2008	2498	3140	2377	..	..	..	..
	2009	2571	3800	2340	..	..	..	..
	2010	3578	2540	3774	..	..	..	..
Austria	2007	3390	3733	3324	..	2037	4872	6023
	2008	3254	3332	3318	..	1953	4661	5621
	2009	3312	3210	3491	..	1908	4268	4753
	2010	3369	3730	3275	..	2007	4069	4728
Belarus	2007	3966	3969	2692	..	1000	3706	3716
	2008	4367	4370	3000	..	1000	4689	4702
	2009	3785	3786	3385	..	500	5845	5894
	2010	4348	4350	3462	..	1000	8243	8346

2010 Energy Statistics Yearbook United Nations / 2010 Annuaire des statistiques de l'énergie des Nations Unies

Table 33

Utilisation de la capacité des centrales électriques - par catégorie
Kilowatt-heures par kilowatt

producers producteurs			Public utilities Services publics					Year Année	Country or area Pays ou zone
Hydro Hydraulique	Nuclear Nucléaire	Other Autre	Total Totale	Thermal Thermique	Hydro Hydraulique	Nuclear Nucléaire	Other Autre		
..	..	..	3953	977	4239	..	..	2007	Tadjikistan
..	..	..	3648	892	3914	..	..	2008	
..	..	..	3641	815	3914	..	..	2009	
..	..	..	3708	1452	3925	..	..	2010	
..	..	..	4555	4866	2335	..	2667	2007	Thaïlande
..	..	..	4352	4650	2043	..	2080	2008	
..	..	..	4360	4659	2049	..	902	2009	
..	..	..	4586	4963	1587	..	972	2010	
..	..	..	2040	2040	..	..	..	2007	Timor-Leste
..	..	..	2456	2456	..	..	..	2008	
..	..	..	2993	2993	..	..	..	2009	
..	..	..	3105	3105	..	..	..	2010	
1638	..	2000	4750	5843	2722	..	3030	2007	Turquie
1350	..	3000	4772	6060	2450	..	2560	2008	
2928	..	2000	4348	5406	2453	..	2222	2009	
2250	..	2000	4285	4872	3308	..	2535	2010	
..	..	..	5217	5218	3000	..	..	2007	Turkménistan
..	..	..	5273	5274	3000	..	..	2008	
..	..	..	5603	5604	3000	..	..	2009	
..	..	..	5842	5843	3000	..	..	2010	
..	..	..	4120	4120	..	..	..	2007	Emirats arabes unis
..	..	..	4353	4353	..	..	..	2008	
..	..	..	4571	4571	..	..	..	2009	
..	..	..	4787	4787	..	..	..	2010	
..	..	..	4049	3988	4507	..	..	2007	Ouzbékistan
..	..	..	4308	3897	6643	..	..	2008	
..	..	..	4355	4162	5456	..	..	2009	
..	..	..	4509	4187	6339	..	..	2010	
..	..	..	4792	5226	4188	..	..	2007	Viet Nam
..	..	..	5136	5410	4725	..	..	2008	
..	..	..	5600	5697	5451	..	..	2009	
..	..	..	6354	7150	5101	..	..	2010	
..	..	..	6502	6502	..	..	..	2007	Yémen
..	..	..	6733	6733	..	..	..	2008	
..	..	..	5046	5046	..	..	..	2009	
..	..	..	6018	6018	..	..	..	2010	
4041	..	**2125**	**4241**	**4207**	**2963**	**6969**	**1896**	**2007**	**Europe**
4218	..	**1586**	**4199**	**4168**	**3016**	**6970**	**1827**	**2008**	
4024	..	**1176**	**3912**	**3799**	**3006**	**6708**	**1732**	**2009**	
3878	..	**1214**	**3926**	**3826**	**3132**	**6935**	**1596**	**2010**	
..	..	..	1997	..	1997	..	..	2007	Albanie
..	..	..	2652	..	2652	..	..	2008	
..	..	..	3636	..	3636	..	..	2009	
..	..	..	5293	..	5293	..	..	2010	
..	..	..	2413	3800	2151	..	..	2007	Andorre
..	..	..	2498	3140	2377	..	..	2008	
..	..	..	2571	3800	2340	..	..	2009	
..	..	..	3578	2540	3774	..	..	2010	
2177	..	..	3235	3152	3379	..	2037	2007	Autriche
2231	..	..	3109	2797	3369	..	1953	2008	
2693	..	..	3212	2806	3522	..	1908	2009	
1962	..	..	3283	3417	3334	..	2007	2010	
3667	..	1000	3976	3978	2400	..	..	2007	Bélarus
4667	..	1000	4355	4357	2500	..	..	2008	
4667	..	500	3706	3706	3000	..	..	2009	
667	..	1000	4199	4199	4300	..	..	2010	

Table 33

Utilization of installed electric generating capacity - by type
Kilowatt-hours per kilowatt

Country or area Pays ou zone	Year Année	Self-producers and public utilities Autoproducteurs et services publics					Self- Auto-	
		Total Totale	Thermal Thermique	Hydro Hydraulique	Nuclear Nucléaire	Other Autre	Total Totale	Thermal Thermique
Belgium	2007	5422	4344	1188	8279	1679	3405	3532
	2008	5068	4044	1239	7823	1759	2954	3090
	2009	5214	4474	1240	8001	1169	2882	3874
	2010	5192	4769	1171	8089	1020	2435	3529
Bosnia and Herzegovina	2007	2738	3559	1890	..	..	678	678
	2008	3444	4552	2299	..	..	883	883
	2009	3640	4311	2947	..	..	1391	1391
	2010	3979	4160	3791	..	..	1748	1748
Bulgaria	2007	3613	3797	1260	5380	3917	6947	6947
	2008	3752	3871	1277	5792	3917	3299	3299
	2009	3571	3504	1579	5605	3967	773	773
	2010	3825	3743	2218	5501	4005	917	917
Croatia	2007	3135	4305	2120	..	2059	2441	2455
	2008	3154	3833	2567	..	2353	2163	2180
	2009	3213	3149	3272	..	3176	1893	1905
	2010	3548	2948	4049	..	8176	2126	2129
Czech Republic	2007	5022	5160	1159	6961	1076	3950	3973
	2008	4708	4691	1084	7061	1265	4880	5005
	2009	4488	4435	1365	7104	573	4070	4110
	2010	4281	4543	1538	7179	437	5002	5111
Denmark	2007	3025	3258	3111	..	2293	3550	3553
	2008	2818	3020	2889	..	2189	3354	3355
	2009	2717	2996	2111	..	1928	3131	3130
	2010	2829	3130	2333	..	2051	3344	3340
Estonia	2007	4318	4376	4200	..	1569	4091	4125
	2008	3698	3750	5600	..	1727	3424	3500
	2009	2932	2979	4571	..	1681	3200	3276
	2010	4223	4319	3857	..	2098	3147	3212
Faeroe Islands	2007	2690	2328	3152	..	5333	..	..
	2008	2733	2569	2909	..	4333	..	..
	2009	2733	2585	2818	..	5000	..	..
	2010	2772	3062	2030	..	4667	..	..
Finland	2007	4864	4018	4570	8769	1670	4996	4996
	2008	4651	3459	5516	8595	1779	4933	4933
	2009	4416	3429	4066	8808	1837	4095	4095
	2010	4837	4199	4115	8444	1466	4595	4595
France	2007	4889	2412	2530	6951	1849	3412	3447
	2008	4882	2372	2722	6947	1669	3085	3134
	2009	4561	2435	2469	6490	1687	3380	3863
	2010	4580	2175	2650	6788	1560	1878	2088
Germany	2007	4752	5471	2827	6954	1642	5435	5434
	2008	4575	5239	2696	7249	1540	4845	4844
	2009	4018	4804	2322	6588	1271	4005	3995
	2010	4007	5084	2481	6867	1112	4771	4772
Gibraltar	2007	4111	4111	..	..	..	..	..
	2008	3860	3860	..	..	..	..	..
	2009	4047	4047	..	..	..	..	..
	2010	4116	4116	..	..	..	..	..
Greece	2007	4639	6022	1072	..	2127	5102	5102
	2008	4473	5711	1306	..	2173	2492	2492
	2009	4314	5204	1870	..	2603	3613	3613
	2010	3797	4439	2480	..	1915	4774	4774
Guernsey	2007	1369	1369	..	..	..	..	..
	2008	958	958	..	..	..	..	..
	2009	1505	1505	..	..	..	..	..
	2010	1320	1320	..	..	..	..	..

Table 33

Utilisation de la capacité des centrales électriques - par catégorie
Kilowatt-heures par kilowatt

| producers producteurs | | | Public utilities Services publics | | | | | Year Année | Country or area Pays ou zone |
Hydro Hydraulique	Nuclear Nucléaire	Other Autre	Total Totale	Thermal Thermique	Hydro Hydraulique	Nuclear Nucléaire	Other Autre		
..	..	500	5496	4398	1188	8279	1783	2007	Belgique
..	..	714	5198	4151	1239	7823	1936	2008	
..	..	436	5405	4543	1240	8001	1628	2009	
..	..	691	5553	4975	1171	8089	1290	2010	
..	..	..	2854	3897	1890	..	..	2007	Bosnie-Herzégovine
..	..	..	3589	4984	2299	..	..	2008	
..	..	..	3767	4655	2947	..	..	2009	
..	..	..	4105	4444	3791	..	..	2010	
..	..	..	3538	3667	1260	5380	3917	2007	Bulgarie
..	..	..	3762	3895	1277	5792	3917	2008	
..	..	..	3633	3616	1579	5605	3967	2009	
..	..	..	3890	3859	2218	5501	4005	2010	
1750	..	..	3175	4546	2121	..	2059	2007	Croatie
1250	..	..	3212	4050	2569	..	2353	2008	
1250	..	..	3288	3306	3276	..	3176	2009	
2000	..	..	3628	3052	4053	..	8176	2010	
3628	..	..	5187	5438	969	6961	1076	2007	République tchèque
3475	..	..	4687	4633	896	7061	1265	2008	
3563	..	..	4545	4503	1192	7104	573	2009	
3943	..	..	4207	4449	1332	7179	437	2010	
..	..	2000	2997	3236	3111	..	2293	2007	Danemark
..	..	3000	2788	2995	2889	..	2188	2008	
..	..	4000	2695	2987	2111	..	1927	2009	
..	..	6000	2803	3114	2333	..	2050	2010	
..	..	1000	4321	4379	3800	..	1579	2007	Estonie
..	..	1000	3702	3752	5600	..	1737	2008	
..	..	1000	2929	2976	4571	..	1687	2009	
..	..	1000	4235	4332	3857	..	2107	2010	
..	..	..	2690	2328	3152	..	5333	2007	Iles Féroé
..	..	..	2733	2569	2909	..	4333	2008	
..	..	..	2733	2585	2818	..	5000	2009	
..	..	..	2772	3062	2030	..	4667	2010	
..	..	..	4844	3761	4570	8769	1670	2007	Finlande
..	..	..	4609	3081	5516	8595	1779	2008	
..	..	..	4467	3248	4066	8808	1837	2009	
..	..	..	4874	4094	4115	8444	1466	2010	
3481	..	1538	4981	2069	2520	6951	1866	2007	France
3310	..	1420	4994	2119	2716	6947	1685	2008	
3152	..	474	4625	2087	2462	6490	1918	2009	
2365	..	739	4742	2196	2653	6788	1719	2010	
5567	..	..	4698	5477	2808	6954	1642	2007	Allemagne
6577	..	2500	4554	5296	2676	7249	1539	2008	
7157	..	2344	4019	4931	2299	6588	1270	2009	
8043	..	1691	3949	5133	2457	6867	1111	2010	
..	..	..	4111	4111	..	..	..	2007	Gibraltar
..	..	..	3860	3860	..	..	..	2008	
..	..	..	4047	4047	..	..	..	2009	
..	..	..	4116	4116	..	..	..	2010	
..	..	..	4633	6039	1072	..	2127	2007	Grèce
..	..	..	4549	5889	1306	..	2173	2008	
..	..	..	4342	5293	1870	..	2603	2009	
..	..	..	3762	4421	2480	..	1915	2010	
..	..	..	1369	1369	..	..	..	2007	Guernesey
..	..	..	958	958	..	..	..	2008	
..	..	..	1505	1505	..	..	..	2009	
..	..	..	1320	1320	..	..	..	2010	

Table 33

Utilization of installed electric generating capacity - by type
Kilowatt-hours per kilowatt

Country or area Pays ou zone	Year Année	Self-producers and public utilities Autoproducteurs et services publics					Self- Auto-	
		Total Totale	Thermal Thermique	Hydro Hydraulique	Nuclear Nucléaire	Other Autre	Total Totale	Thermal Thermique
Hungary	2007	4678	3778	4286	8042	1803	2459	2459
	2008	4637	3810	4176	7638	1537	2809	2801
	2009	4077	3013	4302	7952	1635	2780	2772
	2010	4146	3132	3547	7881	1826	3381	3373
Iceland	2007	5069	33	4775	..	7379	..	..
	2008	6398	25	6614	..	7023	..	..
	2009	6548	17	6549	..	7918	..	..
	2010	6615	17	6687	..	7765	..	..
Ireland	2007	3766	4131	1932	..	2290	6304	6304
	2008	4085	4540	2448	..	2344	6498	6498
	2009	3723	4148	2372	..	2338	6080	6080
	2010	3359	3802	1464	..	2002	6255	6229
Isle of Man	2007	2483	2485	2100	..	..	..	..
	2008	2704	2701	3200	..	..	..	..
	2009	2862	2860	3400	..	..	..	..
	2010	2888	2887	3000	..	..	..	..
Italy	2007	3354	3850	1822	..	2786	4069	4083
	2008	3236	3594	2220	..	2285	3370	3325
	2009	2885	3089	2501	..	1870	3316	3265
	2010	2837	3084	2528	..	1642	3872	3831
Jersey	2007	464	464	..	..	..	2620	2620
	2008	159	159	..	..	..	2640	2640
	2009	294	294	..	..	..	3560	3560
	2010	260	260	..	..	..	3080	3080
Latvia	2007	2238	3489	1779	..	1963	4333	5583
	2008	2448	3569	2024	..	2107	3409	3813
	2009	2585	3495	2251	..	1786	3409	3938
	2010	3077	5183	2292	..	1750	3773	4250
Lithuania	2007	3035	1240	1092	8263	2650	8187	8187
	2008	3015	1156	1127	8314	3275	6000	6000
	2009	3328	1280	1299	9119	3950	8293	8293
	2010	1679	1687	1477	..	5600	7360	7360
Luxembourg	2007	2375	6093	810	..	1441	2299	2602
	2008	2094	5054	851	..	1191	2314	2628
	2009	2277	5924	735	..	1203	2049	2319
	2010	2665	5907	1295	..	1041	2211	2537
Malta	2007	2493	2493	..	..	..	..	..
	2008	2510	2510	..	..	..	..	..
	2009	2354	2354	..	..	..	..	..
	2010	2294	2294	..	..	..	..	..
Montenegro	2007	2470	4095	1951	..	..	..	..
	2008	3258	6138	2339	..	..	..	..
	2009	3180	3281	3147	..	..	..	..
	2010	4634	6057	4179	..	..	..	..
Netherlands	2007	4418	4539	2892	8235	1928	3540	3701
	2008	4327	4479	2757	8175	1948	4471	4745
	2009	4367	4515	2649	8290	2021	4106	4341
	2010	4427	4620	2838	7782	1743	4319	4618
Norway	2007	4573	2273	4653	..	2506	6501	8313
	2008	4650	1656	4759	..	2266	6167	4443
	2009	4242	4317	4268	..	2267	6574	8178
	2010	4088	5498	4067	..	2116	6789	8685
Poland	2007	4903	5220	1262	..	1706	4048	4049
	2008	4753	5089	1176	..	1591	4153	4155
	2009	4593	4925	1272	..	1519	4153	4155
	2010	4726	5099	1489	..	1502	4435	4437

Table 33

Utilisation de la capacité des centrales électriques - par catégorie
Kilowatt-heures par kilowatt

producers producteurs			Public utilities Services publics					Year Année	Country or area Pays ou zone
Hydro Hydraulique	Nuclear Nucléaire	Other Autre	Total Totale	Thermal Thermique	Hydro Hydraulique	Nuclear Nucléaire	Other Autre		
..	..	..	4714	3806	4286	8042	1803	2007	Hongrie
..	..	..	4667	3832	4176	7638	1530	2008	
..	..	..	4096	3018	4302	7952	1631	2009	
..	..	..	4157	3128	3547	7881	1823	2010	
..	..	..	5069	33	4775	..	7379	2007	Islande
..	..	..	6398	25	6614	..	7023	2008	
..	..	..	6548	17	6549	..	7918	2009	
..	..	..	6615	17	6687	..	7765	2010	
..	..	..	3665	4023	1932	..	2290	2007	Irlande
..	..	..	3987	4438	2448	..	2344	2008	
..	..	..	3626	4042	2372	..	2338	2009	
..	..	..	3248	3680	1464	..	1996	2010	
..	..	..	2483	2485	2100	..	..	2007	Île de Man
..	..	..	2704	2701	3200	..	..	2008	
..	..	..	2862	2860	3400	..	..	2009	
..	..	..	2888	2887	3000	..	..	2010	
3745	..	0	3316	3834	1805	..	2787	2007	Italie
4710	..	1000	3228	3615	2198	..	2286	2008	
5051	..	2000	2857	3074	2480	..	1870	2009	
5390	..	1000	2773	3020	2505	..	1642	2010	
..	..	..	413	413	..	..	..	2007	Le Jersey
..	..	..	100	100	..	..	..	2008	
..	..	..	217	217	..	..	..	2009	
..	..	..	193	193	..	..	..	2010	
2200	..	0	2220	3443	1778	..	2038	2007	Lettonie
2400	..	2000	2439	3563	2023	..	2111	2008	
1600	..	4000	2577	3483	2253	..	1704	2009	
2000	..	5000	3069	5209	2293	..	1630	2010	
..	..	..	2950	1026	1092	8263	2650	2007	Lituanie
..	..	..	2965	1007	1127	8314	3275	2008	
..	..	..	3246	1063	1299	9119	3950	2009	
..	..	..	1551	1512	1477	..	5600	2010	
3000	..	875	2382	7076	807	..	1829	2007	Luxembourg
3500	..	800	2074	5768	846	..	1419	2008	
3000	..	769	2298	7013	731	..	1465	2009	
4000	..	724	2709	6939	1290	..	1250	2010	
..	..	..	2493	2493	..	..	..	2007	Malte
..	..	..	2510	2510	..	..	..	2008	
..	..	..	2354	2354	..	..	..	2009	
..	..	..	2294	2294	..	..	..	2010	
..	..	..	2470	4095	1951	..	..	2007	Monténégro
..	..	..	3258	6138	2339	..	..	2008	
..	..	..	3180	3281	3147	..	..	2009	
..	..	..	4634	6057	4179	..	..	2010	
..	..	1805	4634	4749	2892	8235	1964	2007	Pays-Bas
..	..	1839	4290	4408	2757	8175	1979	2008	
..	..	1888	4434	4561	2649	8290	2058	2009	
..	..	1611	4454	4620	2838	7782	1782	2010	
6248	..	..	4505	589	4604	..	2563	2007	Norvège
6631	..	..	4593	570	4701	..	2311	2008	
5639	..	..	4128	393	4226	..	2310	2009	
5524	..	..	3949	879	4021	..	2157	2010	
2000	..	..	4958	5302	1262	..	1706	2007	Pologne
2000	..	..	4784	5142	1176	..	1591	2008	
2000	..	..	4616	4970	1272	..	1519	2009	
2000	..	..	4742	5141	1489	..	1502	2010	

Table 33

Utilization of installed electric generating capacity - by type
Kilowatt-hours per kilowatt

Country or area Pays ou zone	Year Année	Self-producers and public utilities Autoproducteurs et services publics					Self- Auto-	
		Total Totale	Thermal Thermique	Hydro Hydraulique	Nuclear Nucléaire	Other Autre	Total Totale	Thermal Thermique
Portugal	2007	3151	4231	2068	..	1894	4422	4429
	2008	2916	4208	1443	..	2036	4015	4027
	2009	2887	3762	1773	..	2285	3866	3871
	2010	2859	2832	3249	..	2425	4240	4244
Republic of Moldova	2007	2183	2186	2063	..	..	19	19
	2008	2178	2081	5125	..	..	25	25
	2009	2049	2004	3438	..	..	127	127
	2010	2118	2025	4938	..	..	243	243
Romania	2007	3049	3049	2514	5456	3000	4776	4752
	2008	3187	2903	2696	7945	714	4619	4561
	2009	2810	2386	2445	8317	818	3228	3450
	2010	2862	2257	3076	8226	561	3721	3945
Russian Federation	2007	4533	4407	3824	6741	5467	3387	3421
	2008	4645	4631	3562	6869	5222	3554	3577
	2009	4429	4251	3763	6890	5200	3309	3357
	2010	4635	4557	3598	7178	5656	3912	3981
Serbia	2007	4359	4774	3545	..	..	4600	4600
	2008	4457	4909	3571	..	..	8200	8200
	2009	4570	4893	3936	..	..	5333	5333
	2010	4488	4593	4289	..	..	8171	8171
Slovakia	2007	3818	3082	1835	6970	1600	4333	4389
	2008	3937	3076	1664	7592	1400	4320	4377
	2009	3656	2625	1851	7737	1500	3339	3310
	2010	3538	2166	2245	8008	1000	3312	3349
Slovenia	2007	4957	4502	3208	8551	..	3126	4871
	2008	5486	4716	3912	9419	1000	3080	4574
	2009	5377	4538	4405	8617	1000	2492	4412
	2010	5147	4810	3746	8494	1083	2522	5123
Spain	2007	3180	3517	1643	7482	1802	4759	4817
	2008	3111	3522	1402	8007	1775	5254	5324
	2009	2839	3077	1559	7164	1924	5285	5354
	2010	2781	2512	2428	8350	2021	5647	5710
Sweden	2007	4342	1812	3983	7380	2001	4989	4989
	2008	4420	1928	4211	7148	2433	4937	4936
	2009	3875	1928	3962	5903	1710	4501	4499
	2010	4077	2383	3974	6442	1730	5939	5943
Switzerland	2007	3863	3784	2728	8672	935	4113	3941
	2008	3911	3733	2815	8602	898	3992	3927
	2009	3862	3622	2774	8550	820	4255	3768
	2010	3753	3738	2757	8097	784	4334	3956
T.F.Yug.Rep. Macedonia	2007	4100	5423	1763	..	..	1500	1500
	2008	3982	5406	1466	..	..	1500	1500
	2009	4278	5433	2216	..	..	500	500
	2010	3925	3784	4239	..	..	1000	1000
Ukraine	2007	3636	2669	2029	6689	549	1498	1492
	2008	3564	2602	2265	6494	542	1364	1358
	2009	3192	2246	2202	5994	500	1424	1419
	2010	3456	2451	2410	6444	580	1486	1480
United Kingdom	2007	4708	4802	2096	5741	2119	6056	6410
	2008	4544	4792	2116	4781	2074	5697	6457
	2009	4308	4271	2039	6364	2094	5161	6132
	2010	4078	4152	1537	5719	1872	5308	6005
Oceania	**2007**	**4682**	**5384**	**2653**	..	**3393**	**4402**	**4443**
	2008	**4674**	**5443**	**2405**	..	**3429**	**4174**	**4207**
	2009	**4626**	**5325**	**2547**	..	**3501**	**5416**	**5533**
	2010	**4175**	**4672**	**2559**	..	**3774**	**4446**	**4623**

Table 33

Utilisation de la capacité des centrales électriques - par catégorie

Kilowatt-heures par kilowatt

producers producteurs			Public utilities Services publics					Year Année	Country or area Pays ou zone
Hydro Hydraulique	Nuclear Nucléaire	Other Autre	Total Totale	Thermal Thermique	Hydro Hydraulique	Nuclear Nucléaire	Other Autre		
2400	..	..	3016	4185	2068	..	1894	2007	Portugal
1750	..	..	2800	4252	1443	..	2036	2008	
2667	..	..	2782	3736	1772	..	2285	2009	
3167	..	..	2712	2513	3249	..	2425	2010	
..	..	..	3171	3224	2063	..	..	2007	Rép. de Moldova
..	..	..	3156	3061	5125	..	..	2008	
..	..	..	2925	2900	3438	..	..	2009	
..	..	..	2965	2870	4938	..	..	2010	
5409	..	..	2994	2962	2503	5456	2000	2007	Roumanie
6087	..	..	3142	2820	2684	7945	571	2008	
2000	..	..	2795	2333	2453	8317	727	2009	
2436	..	..	2832	2174	3087	8226	550	2010	
2338	..	..	4620	4517	3840	6741	5467	2007	Fédération de Russie
2857	..	..	4728	4748	3570	6869	5222	2008	
1853	..	..	4514	4350	3784	6890	5200	2009	
1805	..	..	4690	4621	3617	7178	5656	2010	
..	..	..	4358	4775	3545	..	..	2007	Serbie
..	..	..	4444	4892	3571	..	..	2008	
..	..	..	4568	4891	3936	..	..	2009	
..	..	..	4473	4570	4289	..	..	2010	
3520	..	1600	3770	2692	1818	6970	..	2007	Slovaquie
3520	..	1400	3900	2681	1646	7592	..	2008	
4320	..	1500	3686	2443	1826	7737	..	2009	
4400	..	1000	3557	1937	2224	8008	1000	2010	
2161	..	..	5068	4484	3338	8551	..	2007	Slovénie
2281	..	..	5636	4723	4116	9419	1000	2008	
1405	..	1000	5566	4545	4769	8617	1000	2009	
1379	..	1091	5307	4796	3987	8494	1000	2010	
2920	..	1929	3051	3325	1630	7482	1801	2007	Espagne
2975	..	2571	2946	3258	1385	8007	1774	2008	
3045	..	2714	2656	2744	1543	7164	1924	2009	
3640	..	2929	2578	2069	2415	8350	2020	2010	
5000	..	..	4318	1242	3983	7380	2001	2007	Suède
5333	..	..	4399	1317	4210	7148	2433	2008	
5333	..	..	3852	1481	3962	5903	1710	2009	
4667	..	..	4018	1860	3974	6442	1730	2010	
4550	..	794	3842	1754	2648	8672	1333	2007	Suisse
4307	..	756	3904	2138	2743	8602	1357	2008	
5453	..	704	3828	2411	2665	8550	1278	2009	
5823	..	748	3703	2009	2646	8097	881	2010	
..	..	..	4103	5431	1763	..	..	2007	L'ex-RY Macédoine
..	..	..	3985	5414	1466	..	..	2008	
..	..	..	4283	5443	2216	..	..	2009	
..	..	..	3929	3789	4239	..	..	2010	
3750	..	..	3775	2790	2026	6689	549	2007	Ukraine
4286	..	..	3705	2730	2262	6494	549	2008	
4333	..	..	3305	2331	2199	5994	500	2009	
5600	..	..	3581	2550	2407	6444	580	2010	
5699	..	2661	4582	4632	1951	5741	1929	2007	Royaume-Uni
5457	..	1580	4436	4625	1979	4781	2311	2008	
5204	..	1466	4221	4081	1898	6364	2465	2009	
4615	..	1842	3967	3976	1394	5719	1881	2010	
4662	**..**	**2244**	**4699**	**5461**	**2642**	**..**	**3436**	**2007**	**Océanie**
4705	**..**	**2311**	**4706**	**5548**	**2393**	**..**	**3471**	**2008**	
4769	**..**	**2894**	**4589**	**5312**	**2536**	**..**	**3525**	**2009**	
4782	**..**	**1703**	**4163**	**4675**	**2548**	**..**	**3899**	**2010**	

Table 33

Utilization of installed electric generating capacity - by type
Kilowatt-hours per kilowatt

Country or area Pays ou zone	Year Année	Self-producers and public utilities Autoproducteurs et services publics					Self-Auto-	
		Total Totale	Thermal Thermique	Hydro Hydraulique	Nuclear Nucléaire	Other Autre	Total Totale	Thermal Thermique
American Samoa	2007	4111	4111	..	..	..	..	..
	2008	4178	4178	..	..	..	..	..
	2009	3643	3643	..	..	..	..	..
	2010	3551	3551	..	..	..	..	..
Australia	2007	4721	5496	1558	..	2071	4300	4360
	2008	4711	5527	1296	..	2132	4008	4063
	2009	4661	5450	1322	..	2255	5519	5657
	2010	4107	4742	1313	..	2474	4251	4489
Cook Islands	2007	4213	4213	..	..	..	..	..
	2008	4188	4188	..	..	..	..	..
	2009	4088	4088	..	..	..	..	..
	2010	4213	4213	..	..	..	..	..
Fiji	2007	3891	3449	4623	..	..	1549	1549
	2008	3695	3184	4460	..	..	672	672
	2009	3729	3634	4146	..	..	720	720
	2010	4012	4776	3726	..	..	769	769
French Polynesia	2007	3028	2620	4698	..	..	..	..
	2008	3164	2852	4446	..	1263	..	..
	2009	3231	2943	4435	..	1252	..	..
	2010	3592	3036	5826	..	1239	..	..
Guam	2007	3399	3399	..	..	..	..	..
	2008	3382	3382	..	..	..	..	..
	2009	3383	3383	..	..	..	..	..
	2010	3409	3409	..	..	..	..	..
Kiribati	2007	3920	4330	..	..	..	..	..
	2008	3737	4128	..	..	..	..	..
	2009	3654	4037	..	..	..	..	..
	2010	4003	4422	..	..	..	..	..
Marshall Islands	2007	6165	6165	..	..	..	..	..
	2008	6314	6314	..	..	..	..	..
	2009	6463	6463	..	..	..	..	..
	2010	6612	6612	..	..	..	..	..
Micronesia(Fed. States of)	2007	2511	2876	..	..	652	..	..
	2008	2500	2906	..	..	600	..	..
	2009	2465	2863	..	..	600	..	..
	2010	2500	2906	..	..	600	..	..
Nauru	2007	6067	6067	..	..	..	..	..
	2008	6050	6050	..	..	..	..	..
	2009	6000	6000	..	..	..	..	..
	2010	4700	4700	..	..	..	..	..
New Caledonia	2007	4926	5297	5000	..	1233	..	..
	2008	4195	4150	5872	..	972	..	..
	2009	3933	3893	5205	..	1313	..	..
	2010	4263	4735	3400	..	1385	..	..
New Zealand	2007	4614	4647	4421	..	5816	4131	4072
	2008	4646	5155	4158	..	5756	4012	3966
	2009	4605	4325	4547	..	5616	4495	4436
	2010	4621	3928	4707	..	6047	4392	4331
Niue	2007	3000	3000	..	..	..	..	..
	2008	3000	3000	..	..	..	..	..
	2009	3000	3000	..	..	..	..	..
	2010	3000	3000	..	..	..	..	..
Northern Mariana Islands	2007	6505	6505	..	..	..	..	..
	2008	6673	6673	..	..	..	..	..
	2009	6729	6729	..	..	..	..	..
	2010	6780	6780	..	..	..	..	..

Table 33

Utilisation de la capacité des centrales électriques - par catégorie
Kilowatt-heures par kilowatt

producers producteurs			Public utilities Services publics					Year Année	Country or area Pays ou zone
Hydro Hydraulique	Nuclear Nucléaire	Other Autre	Total Totale	Thermal Thermique	Hydro Hydraulique	Nuclear Nucléaire	Other Autre		
..	..	..	4111	4111	..	..	..	2007	Samoa américaines
..	..	..	4178	4178	..	..	..	2008	
..	..	..	3643	3643	..	..	..	2009	
..	..	..	3551	3551	..	..	..	2010	
..	..	1757	4746	5580	1558	..	2089	2007	Australie
..	..	1902	4755	5640	1296	..	2145	2008	
..	..	2600	4624	5440	1322	..	2233	2009	
..	..	1484	4101	4754	1313	..	2572	2010	
..	..	..	4213	4213	..	..	..	2007	Iles Cook
..	..	..	4188	4188	..	..	..	2008	
..	..	..	4088	4088	..	..	..	2009	
..	..	..	4213	4213	..	..	..	2010	
..	..	..	4497	5120	4623	..	..	2007	Fidji
..	..	..	4473	5395	4460	..	..	2008	
..	..	..	4504	6198	4146	..	..	2009	
..	..	..	4846	8303	3726	..	..	2010	
..	..	..	3028	2620	4698	..	..	2007	Polynésie française
..	..	..	3164	2852	4446	..	1263	2008	
..	..	..	3231	2943	4435	..	1252	2009	
..	..	..	3592	3036	5826	..	1239	2010	
..	..	..	3399	3399	..	..	..	2007	Guam
..	..	..	3382	3382	..	..	..	2008	
..	..	..	3383	3383	..	..	..	2009	
..	..	..	3409	3409	..	..	..	2010	
..	..	..	3920	4330	..	..	..	2007	Kiribati
..	..	..	3737	4128	..	..	..	2008	
..	..	..	3654	4037	..	..	..	2009	
..	..	..	4003	4422	..	..	..	2010	
..	..	..	6165	6165	..	..	..	2007	Iles Marshall
..	..	..	6314	6314	..	..	..	2008	
..	..	..	6463	6463	..	..	..	2009	
..	..	..	6612	6612	..	..	..	2010	
..	..	..	2511	2876	..	..	652	2007	Micronésie(États. féds. de)
..	..	..	2500	2906	..	..	600	2008	
..	..	..	2465	2863	..	..	600	2009	
..	..	..	2500	2906	..	..	600	2010	
..	..	..	6067	6067	..	..	..	2007	Nauru
..	..	..	6050	6050	..	..	..	2008	
..	..	..	6000	6000	..	..	..	2009	
..	..	..	4700	4700	..	..	..	2010	
..	..	..	4926	5297	5000	..	1233	2007	Nouvelle-Calédonie
..	..	..	4195	4150	5872	..	972	2008	
..	..	..	3933	3893	5205	..	1313	2009	
..	..	..	4263	4735	3400	..	1385	2010	
4000	..	6500	4632	4707	4421	..	5809	2007	Nouvelle-Zélande
2333	..	6500	4669	5288	4159	..	5749	2008	
4000	..	6750	4609	4314	4548	..	5608	2009	
4333	..	6750	4629	3885	4708	..	6043	2010	
..	..	..	3000	3000	..	..	..	2007	Nioué
..	..	..	3000	3000	..	..	..	2008	
..	..	..	3000	3000	..	..	..	2009	
..	..	..	3000	3000	..	..	..	2010	
..	..	..	6505	6505	..	..	..	2007	Îles Mariannes du Nord
..	..	..	6673	6673	..	..	..	2008	
..	..	..	6729	6729	..	..	..	2009	
..	..	..	6780	6780	..	..	..	2010	

Table 33

Utilization of installed electric generating capacity - by type
Kilowatt-hours per kilowatt

| Country or area
Pays ou zone | Year
Année | Self-producers and public utilities
Autoproducteurs et services publics | | | | | Self-
Auto- | |
		Total Totale	Thermal Thermique	Hydro Hydraulique	Nuclear Nucléaire	Other Autre	Total Totale	Thermal Thermique
Palau	2007	2962	3238	1800	..	..	3000	3000
	2008	2923	3190	1800	..	..	3000	3000
	2009	2923	3190	1800	..	..	3000	3000
	2010	3115	3429	1800	..	..	3000	3000
Papua New Guinea	2007	4673	5255	3626	..	..	5789	6050
	2008	4701	5318	3592	..	..	6107	6414
	2009	4701	5318	3592	..	..	6107	6414
	2010	4701	5318	3592	..	..	6107	6414
Samoa	2007	2930	2299	4417	..	..	2000	2000
	2008	2892	2237	4500	..	..	2000	2000
	2009	2940	2271	4583	..	..	2000	2000
	2010	2906	2258	4500	..	..	2000	2000
Solomon Islands	2007	2359	2361	..	..	..	1600	1600
	2008	2394	2396	..	..	..	1578	1578
	2009	2323	2325	..	..	..	1624	1624
	2010	2428	2430	..	..	..	1668	1668
Tonga	2007	4250	4250	..	..	..	..	..
	2008	4417	4417	..	..	..	..	..
	2009	4555	4555	..	..	..	..	..
	2010	3738	3738	..	..	..	..	..
Tuvalu	2007	2150	2150	..	..	..	..	..
	2008	2200	2200	..	..	..	..	..
	2009	2275	2275	..	..	..	..	..
	2010	2300	2300	..	..	..	..	..
Vanuatu	2007	2394	2389	2600	..	..	..	..
	2008	2236	2259	2053	..	2279	..	..
	2009	2236	2259	2053	..	2279	..	..
	2010	2206	2223	2064	..	2258	..	..
Wallis and Futuna Is.	2007	2384	2384	..	..	..	..	..
	2008	2391	2391	..	..	..	..	..
	2009	2170	2208	..	..	..	..	..
	2010	2016	2071	..	..	..	..	..

Table 33

Utilisation de la capacité des centrales électriques - par catégorie
Kilowatt-heures par kilowatt

producers producteurs			Public utilities Services publics					Year Année	Country or area Pays ou zone
Hydro Hydraulique	Nuclear Nucléaire	Other Autre	Total Totale	Thermal Thermique	Hydro Hydraulique	Nuclear Nucléaire	Other Autre		
..	..	..	2960	3250	1800	..	..	2007	Palaos
..	..	..	2920	3200	1800	..	..	2008	
..	..	..	2920	3200	1800	..	..	2009	
..	..	..	3120	3450	1800	..	..	2010	
4680	..	..	3055	2927	3141	..	..	2007	Papouasie-Nvl-Guinée
4800	..	..	2665	2110	3037	..	..	2008	
4800	..	..	2665	2110	3037	..	..	2009	
4800	..	..	2665	2110	3037	..	..	2010	
..	..	..	2992	2328	4417	..	..	2007	Samoa
..	..	..	2949	2259	4500	..	..	2008	
..	..	..	3000	2296	4583	..	..	2009	
..	..	..	2964	2281	4500	..	..	2010	
..	..	..	2481	2484	..	..	..	2007	Iles Salomon
..	..	..	2525	2528	..	..	..	2008	
..	..	..	2435	2438	..	..	..	2009	
..	..	..	2550	2553	..	..	..	2010	
..	..	..	4250	4250	..	..	..	2007	Tonga
..	..	..	4417	4417	..	..	..	2008	
..	..	..	4555	4555	..	..	..	2009	
..	..	..	3738	3738	..	..	..	2010	
..	..	..	2150	2150	..	..	..	2007	Tuvalu
..	..	..	2200	2200	..	..	..	2008	
..	..	..	2275	2275	..	..	..	2009	
..	..	..	2300	2300	..	..	..	2010	
..	..	..	2394	2389	2600	..	..	2007	Vanuatu
..	..	..	2236	2259	2053	..	2279	2008	
..	..	..	2236	2259	2053	..	2279	2009	
..	..	..	2206	2223	2064	..	2258	2010	
..	..	..	2384	2384	..	..	..	2007	Iles Wallis et Futuna
..	..	..	2391	2391	..	..	..	2008	
..	..	..	2170	2208	..	..	..	2009	
..	..	..	2016	2071	..	..	..	2010	

Table 34

Production of electricity - by type
Production d'électricité - par catégorie
Million kilowatt-hours
Milliers de kilowattheures

Table Notes:

For this table, Other refers to geothermal, wind, solar, tide and wave electricity production, whenever they are available in the country.

For India, thermal production includes also wind electricity.

Please refer to the Definitions Section on pages xv to xxix for the appropriate product description /classification.

Notes relatives aux tableaux:

Dans ce tableau, "autre" fait référence à la production d'électricité géothermique, éolienne, solaire, marémotrice et énergie des vagues quand elles sont disponibles dans le pays.

Pour l'Inde, les données relatives à la production thermique incluent la production d'électricité éolienne.

Veuillez consulter la section "définitions" de la page xv à la page xxix pour une description/classification appropriée des produits.

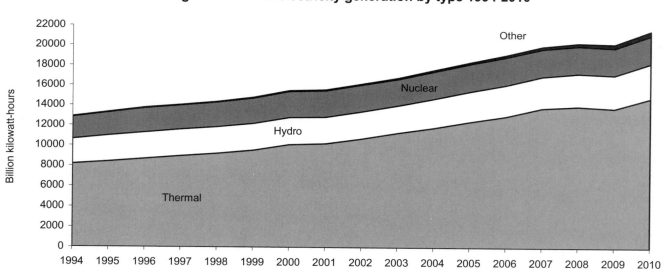

Figure 83: World electricity generation by type 1994-2010

Figure 84: World electricity production, by type and region, in 2010

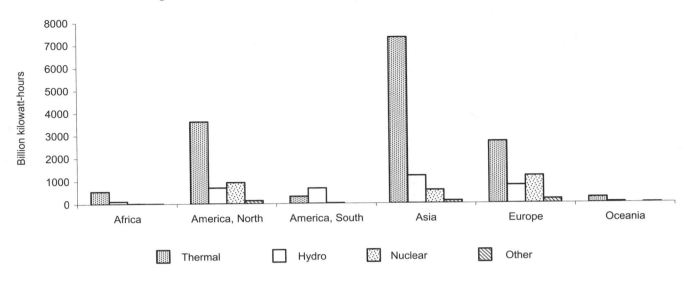

Legend: Thermal, Hydro, Nuclear, Other

Figure 85: Major Thermal electricity producing countries in 2010

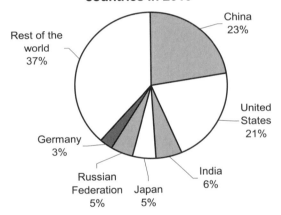

China 23%
United States 21%
India 6%
Japan 5%
Russian Federation 5%
Germany 3%
Rest of the world 37%

Figure 86: Major Hydro electricity producing countries in 2010

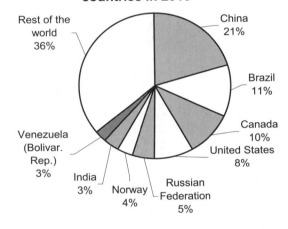

China 21%
Brazil 11%
Canada 10%
United States 8%
Russian Federation 5%
Norway 4%
India 3%
Venezuela (Bolivar. Rep.) 3%
Rest of the world 36%

Figure 87: Major Nuclear electricity producing countries in 2010

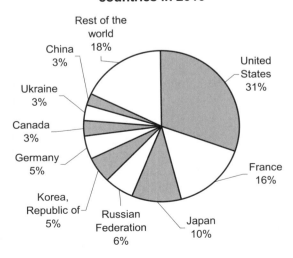

United States 31%
France 16%
Japan 10%
Russian Federation 6%
Korea, Republic of 5%
Germany 5%
Canada 3%
Ukraine 3%
China 3%
Rest of the world 18%

Figure 88: Major Other electricity producing countries in 2010

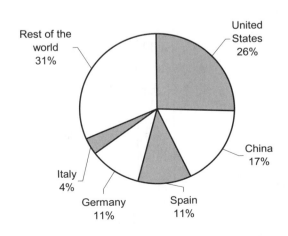

United States 26%
China 17%
Spain 11%
Germany 11%
Italy 4%
Rest of the world 31%

Table 34

Production of electricity - by type
Million kilowatt-hours

Country or area Pays ou zone	Year Année	Self-producers and public utilities Autoproducteurs et services publics					Self- Auto-	
		Total Totale	Thermal Thermique	Hydro Hydraulique	Nuclear Nucléaire	Other Autre	Total Totale	Thermal Thermique
World	**2007**	**19921675**	**13803961**	**3163879**	**2719239**	**234596**	**1337623**	**1252991**
	2008	**20279337**	**13982556**	**3283591**	**2730802**	**282388**	**1397132**	**1305304**
	2009	**20177501**	**13789538**	**3328877**	**2696490**	**362597**	**1362527**	**1264147**
	2010	**21518405**	**14790208**	**3516220**	**2756289**	**455689**	**1526712**	**1421209**
Africa	**2007**	**617891**	**507289**	**97062**	**11317**	**2224**	**25349**	**24507**
	2008	**627054**	**514528**	**96974**	**13004**	**2548**	**26465**	**25620**
	2009	**632040**	**515536**	**100658**	**12806**	**3040**	**23215**	**22388**
	2010	**673573**	**548853**	**108499**	**12099**	**4122**	**23124**	**22207**
Algeria	2007	37196	36970	226	..	..	477	477
	2008	40236	39953	283	..	..	516	516
	2009	38195	37889	306	..	..	294	294
	2010	45560	45386	174	..	..	561	561
Angola	2007	3217	720	2497	..	..	142	142
	2008	4156	1022	3134	..	..	202	202
	2009	4735	1641	3094	..	..	324	324
	2010	5256	1721	3535	..	..	340	340
Benin	2007	220	220	0	..	..	41	41
	2008	229	229	0	..	..	30	30
	2009	128	128	0	..	..	16	16
	2010	150	150	0	..	..	27	27
Botswana	2007	822	822	..	..	..	0	0
	2008	697	697	..	..	..	0	0
	2009	621	621	..	..	..	0	0
	2010	532	532	..	..	..	0	0
Burkina Faso	2007	612	501	111	..	..	..	..
	2008	619	484	136	..	..	..	..
	2009	700	568	132	..	..	..	..
	2010	565	448	118	..	..	..	..
Burundi	2007	119	*2	117	..	..	..	..
	2008	114	*2	112	..	..	..	..
	2009	123	*2	121	..	..	..	..
	2010	144	*2	142	..	..	..	..
Cameroon	2007	5243	1396	3847	..	..	987	987
	2008	5681	1449	4232	..	..	1179	1179
	2009	5783	1767	4016	..	..	1332	1332
	2010	5899	1639	4260	..	..	1269	1269
Cape Verde	2007	269	263	..	..	7	*1	*1
	2008	287	281	..	..	6	*1	*1
	2009	296	291	..	..	5	*1	*1
	2010	319	315	..	..	4	*1	*1
Central African Rep.	2007	137	0	137	..	..	..	..
	2008	*137	0	*137	..	..	..	..
	2009	136	0	136	..	..	..	..
	2010	*160	*25	*135	..	..	..	..
Chad	2007	129	129	..	..	..	..	..
	2008	150	150	..	..	..	..	..
	2009	183	183	..	..	..	..	..
	2010	200	200	..	..	..	..	..
Comoros	2007	*47	*42	*5	..	..	..	..
	2008	*45	*40	*5	..	..	..	..
	2009	*43	*38	*5	..	..	..	..
	2010	*43	*38	*5	..	..	..	..
Congo	2007	407	72	335	..	..	..	..
	2008	461	86	375	..	..	..	..
	2009	539	209	330	..	..	..	..
	2010	559	129	430	..	..	..	..

Table 34

Production d'électricité - par catégorie
Millions de kilowatt-heures

producers producteurs			Public utilities Services publics					Year Année	Country or area Pays ou zone
Hydro Hydraulique	Nuclear Nucléaire	Other Autre	Total Totale	Thermal Thermique	Hydro Hydraulique	Nuclear Nucléaire	Other Autre		
75217	..	9415	18584051	12550970	3088662	2719239	225180	2007	**Monde**
81212	..	10616	18882205	12677252	3202379	2730802	271772	2008	
84685	..	13695	18814975	12525391	3244192	2696490	348901	2009	
87825	..	17679	19991692	13368999	3428395	2756289	438010	2010	
838	..	4	592542	482782	96224	11317	2220	2007	**Afrique**
841	..	4	600589	488908	96133	13004	2544	2008	
823	..	4	608825	493148	99835	12806	3036	2009	
913	..	4	650449	526647	107586	12099	4118	2010	
..	..	..	36719	36493	226	..	..	2007	Algérie
..	..	..	39720	39437	283	..	..	2008	
..	..	..	37901	37595	306	..	..	2009	
..	..	..	44999	44825	174	..	..	2010	
..	..	..	3075	578	2497	..	..	2007	Angola
..	..	..	3954	820	3134	..	..	2008	
..	..	..	4411	1317	3094	..	..	2009	
..	..	..	4916	1381	3535	..	..	2010	
..	..	..	179	179	0	..	..	2007	Bénin
..	..	..	199	199	0	..	..	2008	
..	..	..	112	112	0	..	..	2009	
..	..	..	123	123	0	..	..	2010	
..	..	..	822	822	..	..	..	2007	Botswana
..	..	..	697	697	..	..	..	2008	
..	..	..	621	621	..	..	..	2009	
..	..	..	532	532	..	..	..	2010	
..	..	..	612	501	111	..	..	2007	Burkina Faso
..	..	..	619	484	136	..	..	2008	
..	..	..	700	568	132	..	..	2009	
..	..	..	565	448	118	..	..	2010	
..	..	..	119	*2	117	..	..	2007	Burundi
..	..	..	114	*2	112	..	..	2008	
..	..	..	123	*2	121	..	..	2009	
..	..	..	144	*2	142	..	..	2010	
..	..	..	4256	409	3847	..	..	2007	Cameroun
..	..	..	4502	270	4232	..	..	2008	
..	..	..	4451	435	4016	..	..	2009	
..	..	..	4630	370	4260	..	..	2010	
..	..	..	268	262	..	..	7	2007	Cap-Vert
..	..	..	286	280	..	..	6	2008	
..	..	..	295	290	..	..	5	2009	
..	..	..	318	314	..	..	4	2010	
..	..	..	137	0	137	..	..	2007	Rép. centrafricaine
..	..	..	*137	0	*137	..	..	2008	
..	..	..	136	0	136	..	..	2009	
..	..	..	*160	*25	*135	..	..	2010	
..	..	..	129	129	..	..	..	2007	Tchad
..	..	..	150	150	..	..	..	2008	
..	..	..	183	183	..	..	..	2009	
..	..	..	200	200	..	..	..	2010	
..	..	..	*47	*42	*5	..	..	2007	Comores
..	..	..	*45	*40	*5	..	..	2008	
..	..	..	*43	*38	*5	..	..	2009	
..	..	..	*43	*38	*5	..	..	2010	
..	..	..	407	72	335	..	..	2007	Congo
..	..	..	461	86	375	..	..	2008	
..	..	..	539	209	330	..	..	2009	
..	..	..	559	129	430	..	..	2010	

Table 34

Production of electricity - by type
Million kilowatt-hours

Country or area Pays ou zone	Year Année	Self-producers and public utilities Autoproducteurs et services publics					Self- Auto-	
		Total Totale	Thermal Thermique	Hydro Hydraulique	Nuclear Nucléaire	Other Autre	Total Totale	Thermal Thermique
Côte d'Ivoire	2007	5631	3834	1797	..	..	117	117
	2008	5800	3902	1898	..	..	123	123
	2009	5905	3774	2131	..	..	109	109
	2010	5993	4375	1618	..	..	111	111
Dem. Rep. of the Congo	2007	7856	36	7820	..	..	281	29
	2008	7525	46	7479	..	..	297	29
	2009	7831	35	7796	..	..	305	29
	2010	7884	35	7849	..	..	325	29
Djibouti	2007	323	323	..	..	..	..	..
	2008	335	335	..	..	..	..	..
	2009	339	339	..	..	..	..	..
	2010	349	349	..	..	..	..	..
Egypt	2007	128129	111788	15510	..	831	*3000	*3000
	2008	134566	118953	14682	..	931	*3526	*3526
	2009	142690	128694	12863	..	1133	*3690	*3690
	2010	150486	135736	13046	..	1704	*3690	*3690
Equatorial Guinea	2007	*100	*93	*7	..	..	..	..
	2008	*100	*93	*7	..	..	..	..
	2009	*100	*93	*7	..	..	..	..
	2010	*100	*93	*7	..	..	..	..
Eritrea	2007	288	286	..	..	2	10	10
	2008	287	285	..	..	2	10	10
	2009	295	293	..	..	2	10	10
	2010	311	309	..	..	2	11	11
Ethiopia	2007	3547	162	3385	..	0	..	..
	2008	3777	467	3296	..	14	..	..
	2009	3992	444	3524	..	24	..	..
	2010	4980	31	4931	..	18	..	..
Gabon	2007	1736	935	801	..	..	211	211
	2008	1837	943	894	..	..	198	198
	2009	1860	974	886	..	..	206	206
	2010	1847	1038	809	..	..	219	219
Gambia	2007	229	229	..	..	..	28	28
	2008	242	242	..	..	..	28	28
	2009	242	242	..	..	..	28	28
	2010	*245	*245	..	..	..	*28	*28
Ghana	2007	6984	3257	3727	..	..	*6	*6
	2008	8366	2170	6196	..	..	*6	*6
	2009	8964	2087	6877	..	..	*6	*6
	2010	10167	3171	6996	..	..	138	138
Guinea	2007	973	*435	538	..	..	*340	*340
	2008	1000	*472	529	..	..	*339	*339
	2009	996	*474	522	..	..	*343	*343
	2010	952	*465	487	..	..	*343	*343
Guinea-Bissau	2007	*30	*30	..	..	..	*7	*7
	2008	*30	*30	..	..	..	*6	*6
	2009	*31	*31	..	..	..	*7	*7
	2010	*32	*32	..	..	..	*7	*7
Kenya	2007	6773	2192	3592	..	989	1671	1671
	2008	7055	*3027	2849	..	1179	*1321	*1321
	2009	6450	2997	2160	..	1293	1135	1135
	2010	6867	2201	3224	..	1442	540	540
Lesotho	2007	560	..	560	..	..	..	..
	2008	590	..	590	..	..	..	..
	2009	654	..	654	..	..	..	..
	2010	*701	..	*701	..	..	..	..

Table 34

Production d'électricité - par catégorie
Millions de kilowatt-heures

producers producteurs			Public utilities Services publics					Year Année	Country or area Pays ou zone
Hydro Hydraulique	Nuclear Nucléaire	Other Autre	Total Totale	Thermal Thermique	Hydro Hydraulique	Nuclear Nucléaire	Other Autre		
..	..	..	5514	3717	1797	..	..	2007	Côte d'Ivoire
..	..	..	5677	3779	1898	..	..	2008	
..	..	..	5796	3665	2131	..	..	2009	
..	..	..	5882	4264	1618	..	..	2010	
252	..	..	7575	7	7568	..	..	2007	Rép. dem. du Congo
268	..	..	7228	17	7211	..	..	2008	
276	..	..	7526	6	7520	..	..	2009	
296	..	..	7559	6	7553	..	..	2010	
..	..	..	323	323	..	..	..	2007	Djibouti
..	..	..	335	335	..	..	..	2008	
..	..	..	339	339	..	..	..	2009	
..	..	..	349	349	..	..	..	2010	
..	..	..	125129	108788	15510	..	831	2007	Egypte
..	..	..	131040	115427	14682	..	931	2008	
..	..	..	139000	125004	12863	..	1133	2009	
..	..	..	146796	132046	13046	..	1704	2010	
..	..	..	*100	*93	*7	..	..	2007	Guinée équatoriale
..	..	..	*100	*93	*7	..	..	2008	
..	..	..	*100	*93	*7	..	..	2009	
..	..	..	*100	*93	*7	..	..	2010	
..	..	..	278	276	..	..	2	2007	Erythrée
..	..	..	277	275	..	..	2	2008	
..	..	..	285	283	..	..	2	2009	
..	..	..	300	298	..	..	2	2010	
..	..	..	3547	162	3385	..	0	2007	Ethiopie
..	..	..	3777	467	3296	..	14	2008	
..	..	..	3992	444	3524	..	24	2009	
..	..	..	4980	31	4931	..	18	2010	
..	..	..	1525	724	801	..	..	2007	Gabon
..	..	..	1639	745	894	..	..	2008	
..	..	..	1654	768	886	..	..	2009	
..	..	..	1628	819	809	..	..	2010	
..	..	..	201	201	..	..	..	2007	Gambie
..	..	..	214	214	..	..	..	2008	
..	..	..	214	214	..	..	..	2009	
..	..	..	*217	*217	..	..	..	2010	
..	..	..	6978	3251	3727	..	..	2007	Ghana
..	..	..	8360	2164	6196	..	..	2008	
..	..	..	8958	2081	6877	..	..	2009	
..	..	..	10029	3033	6996	..	..	2010	
..	..	..	633	*95	538	..	..	2007	Guinée
..	..	..	661	*132	529	..	..	2008	
..	..	..	653	*131	522	..	..	2009	
..	..	..	609	*122	487	..	..	2010	
..	..	..	*23	*23	..	..	..	2007	Guinée-Bissau
..	..	..	*23	*23	..	..	..	2008	
..	..	..	*24	*24	..	..	..	2009	
..	..	..	*25	*25	..	..	..	2010	
..	..	..	5102	521	3592	..	989	2007	Kenya
..	..	..	5734	*1706	2849	..	1179	2008	
..	..	..	5315	1862	2160	..	1293	2009	
..	..	..	6327	1661	3224	..	1442	2010	
..	..	..	560	..	560	..	..	2007	Lesotho
..	..	..	590	..	590	..	..	2008	
..	..	..	654	..	654	..	..	2009	
..	..	..	*701	..	*701	..	..	2010	

Table 34

Production of electricity - by type
Million kilowatt-hours

Country or area Pays ou zone	Year Année	Self-producers and public utilities Autoproducteurs et services publics					Self- Auto-	
		Total Totale	Thermal Thermique	Hydro Hydraulique	Nuclear Nucléaire	Other Autre	Total Totale	Thermal Thermique
Liberia	2007	*353	*353	..	..	..	..	..
	2008	*353	*353	..	..	..	..	..
	2009	*353	*353	..	..	..	..	..
	2010	*353	*353	..	..	..	..	..
Libya	2007	25694	25694	..	..	..	..	..
	2008	28667	28667	..	..	..	..	..
	2009	30426	30426	..	..	..	..	..
	2010	31613	31613	..	..	..	..	..
Madagascar	2007	1222	503	719	..	..	*170	*170
	2008	1274	574	700	..	0	*170	*170
	2009	1274	533	741	..	0	*170	*170
	2010	1360	649	711	..	0	*170	*170
Malawi	2007	1637	*234	1403	..	..	*164	*160
	2008	1801	*257	1544	..	..	*180	*176
	2009	*1758	*255	*1503	..	..	*180	*176
	2010	*2020	*268	*1752	..	..	*180	*176
Mali	2007	*495	*224	*271	..	..	*46	*46
	2008	*508	*227	*281	..	..	*46	*46
	2009	*516	*231	*285	..	..	*46	*46
	2010	*520	*231	*289	..	..	*46	*46
Mauritania	2007	587	587	..	..	..	273	273
	2008	659	659	..	..	..	276	276
	2009	752	752	..	..	..	276	276
	2010	818	818	..	..	..	301	301
Mauritius	2007	2465	2381	84	..	0	1462	1462
	2008	2557	2449	108	..	0	1615	1615
	2009	2577	2453	122	..	2	1500	1500
	2010	2690	2586	101	..	3	1590	1590
Morocco	2007	19670	18073	1318	..	279	32	32
	2008	20347	18689	1360	..	298	40	40
	2009	20935	17592	2952	..	391	126	126
	2010	22852	18562	3631	..	659	152	152
Mozambique	2007	16076	13	16063	..	..	..	..
	2008	15127	13	15114	..	..	..	..
	2009	16963	13	16950	..	..	..	..
	2010	16666	19	16647	..	..	..	..
Namibia	2007	1694	130	1564	..	..	..	..
	2008	2097	682	1415	..	..	..	..
	2009	1742	313	1429	..	..	..	..
	2010	1488	224	1264	..	..	..	..
Niger	2007	222	222	..	..	0	27	27
	2008	226	226	..	..	0	13	13
	2009	254	254	..	..	0	20	20
	2010	291	291	..	..	0	22	22
Nigeria	2007	22978	16751	6227	..	..	127	..
	2008	21110	15389	5721	..	..	117	..
	2009	19777	15248	4529	..	..	92	..
	2010	26121	19747	6374	..	..	130	..
Réunion	2007	2463	1790	658	..	*15	..	..
	2008	2546	1893	632	..	*21	..	..
	2009	2618	2052	531	..	36	..	..
	2010	2700	2065	542	..	93	..	..
Rwanda	2007	167	125	42	..	0	*2	*2
	2008	197	124	72	..	0	*2	*2
	2009	250	151	99	..	0	*2	*2
	2010	283	171	112	..	0	*2	*2

Table 34

Production d'électricité - par catégorie
Millions de kilowatt-heures

Hydro Hydraulique	Nuclear Nucléaire	Other Autre	Total Totale	Thermal Thermique	Hydro Hydraulique	Nuclear Nucléaire	Other Autre	Year Année	Country or area Pays ou zone
									producers producteurs / **Public utilities Services publics**
..	..	..	*353	*353	..	..	..	2007	Libéria
..	..	..	*353	*353	..	..	..	2008	
..	..	..	*353	*353	..	..	..	2009	
..	..	..	*353	*353	..	..	..	2010	
..	..	..	25694	25694	..	..	..	2007	Libye
..	..	..	28667	28667	..	..	..	2008	
..	..	..	30426	30426	..	..	..	2009	
..	..	..	31613	31613	..	..	..	2010	
..	..	..	1052	333	719	..	..	2007	Madagascar
..	..	..	1104	404	700	..	0	2008	
..	..	..	1104	363	741	..	0	2009	
..	..	..	1190	479	711	..	0	2010	
*4	..	..	1473	*74	1399	..	..	2007	Malawi
*4	..	..	1621	*81	1540	..	..	2008	
*4	..	..	*1578	*79	*1499	..	..	2009	
*4	..	..	*1840	*92	*1748	..	..	2010	
..	..	..	*449	*178	*271	..	..	2007	Mali
..	..	..	*462	*181	*281	..	..	2008	
..	..	..	*470	*185	*285	..	..	2009	
..	..	..	*474	*185	*289	..	..	2010	
..	..	..	314	314	..	..	..	2007	Mauritanie
..	..	..	383	383	..	..	..	2008	
..	..	..	476	476	..	..	..	2009	
..	..	..	516	516	..	..	..	2010	
..	..	..	1003	919	84	..	0	2007	Maurice
..	..	..	942	834	108	..	0	2008	
..	..	..	1077	953	122	..	2	2009	
..	..	..	1100	996	101	..	3	2010	
..	..	..	19638	18041	1318	..	279	2007	Maroc
..	..	..	20307	18649	1360	..	298	2008	
..	..	..	20809	17466	2952	..	391	2009	
..	..	..	22700	18410	3631	..	659	2010	
..	..	..	16076	13	16063	..	..	2007	Mozambique
..	..	..	15127	13	15114	..	..	2008	
..	..	..	16963	13	16950	..	..	2009	
..	..	..	16666	19	16647	..	..	2010	
..	..	..	1694	130	1564	..	..	2007	Namibie
..	..	..	2097	682	1415	..	..	2008	
..	..	..	1742	313	1429	..	..	2009	
..	..	..	1488	224	1264	..	..	2010	
..	..	0	195	195	..	..	..	2007	Niger
..	..	0	213	213	..	..	..	2008	
..	..	0	234	234	..	..	..	2009	
..	..	0	269	269	..	..	..	2010	
127	..	..	22851	16751	6100	..	..	2007	Nigéria
117	..	..	20993	15389	5604	..	..	2008	
92	..	..	19685	15248	4437	..	..	2009	
130	..	..	25991	19747	6244	..	..	2010	
..	..	..	2463	1790	658	..	*15	2007	Réunion
..	..	..	2546	1893	632	..	*21	2008	
..	..	..	2618	2052	531	..	36	2009	
..	..	..	2700	2065	542	..	93	2010	
..	..	..	165	123	42	..	0	2007	Rwanda
..	..	..	195	122	72	..	0	2008	
..	..	..	248	149	99	..	0	2009	
..	..	..	281	169	112	..	0	2010	

Table 34

Production of electricity - by type
Million kilowatt-hours

Country or area Pays ou zone	Year Année	Self-producers and public utilities Autoproducteurs et services publics					Self- Auto-	
		Total Totale	Thermal Thermique	Hydro Hydraulique	Nuclear Nucléaire	Other Autre	Total Totale	Thermal Thermique
Sao Tome and Principe	2007	*45	*35	10	..	..	..	..
	2008	*48	*40	*8	..	..	..	..
	2009	*52	*45	*7	..	..	..	..
	2010	57	52	5	..	..	..	..
Senegal	2007	2129	2125	..	..	*4	533	529
	2008	2175	2171	..	..	*4	637	633
	2009	2254	2250	..	..	*4	359	355
	2010	2368	2364	..	..	*4	568	564
Seychelles	2007	271	271	..	..	..	..	..
	2008	268	268	..	..	..	..	..
	2009	276	276	..	..	..	..	..
	2010	301	301	..	..	..	..	..
Sierra Leone	2007	60	*42	18	..	..	*27	*27
	2008	*139	*43	*96	..	..	*27	*27
	2009	*132	*44	*88	..	..	*27	*27
	2010	*171	*46	*125	..	..	*27	*27
Somalia	2007	311	311	..	..	..	..	..
	2008	320	320	..	..	..	..	..
	2009	324	324	..	..	..	..	..
	2010	327	327	..	..	..	..	..
South Africa	2007	263479	248201	3908	11317	53	10541	10363
	2008	258291	241202	4032	13004	53	10518	10340
	2009	249557	232504	4194	12806	53	8464	8286
	2010	259601	242358	5091	12099	53	8344	8166
St. Helena and Depend.	2007	9	9	..	..	..	..	..
	2008	9	8	..	..	1	..	..
	2009	9	8	..	..	1	..	..
	2010	*9	*8	..	..	*1	..	..
Sudan	2007	5021	3570	1451	..	..	..	..
	2008	5506	4043	1463	..	..	..	..
	2009	7239	4011	3228	..	..	..	..
	2010	7842	4000	3842	..	..	..	..
Swaziland	2007	*454	*281	173	..	..	*280	*280
	2008	*433	*273	160	..	..	*272	*272
	2009	*517	*273	245	..	..	*272	*272
	2010	561	*273	288	..	..	*272	*272
Togo	2007	196	104	92	..	..	18	18
	2008	123	32	91	..	..	6	6
	2009	126	32	94	..	..	6	6
	2010	130	33	97	..	..	6	6
Tunisia	2007	14060	13968	49	..	43	3932	3932
	2008	14662	14585	38	..	39	4335	4335
	2009	15252	15076	79	..	97	3432	3432
	2010	16096	15907	50	..	139	3226	3226
Uganda	2007	1953	541	1412	..	..	*47	*1
	2008	2088	621	1467	..	..	76	*30
	2009	2186	905	1281	..	..	*58	*30
	2010	*2107	*906	*1201	..	..	*69	*31
United Rep. of Tanzania	2007	4175	1664	2511	..	..	113	113
	2008	4414	1759	2655	..	..	119	119
	2009	4164	1535	2629	..	..	128	128
	2010	4440	1866	2574	..	..	136	136
Western Sahara	2007	*90	*90	..	..	..	..	..
	2008	*90	*90	..	..	..	..	..
	2009	*90	*90	..	..	..	..	..
	2010	*90	*90	..	..	..	..	..

Table 34

Production d'électricité - par catégorie
Millions de kilowatt-heures

producers producteurs			Public utilities Services publics					Year Année	Country or area Pays ou zone
Hydro Hydraulique	Nuclear Nucléaire	Other Autre	Total Totale	Thermal Thermique	Hydro Hydraulique	Nuclear Nucléaire	Other Autre		
..	..	..	*45	*35	10	..	..	2007	Sao Tomé-et-Principe
..	..	..	*48	*40	*8	..	..	2008	
..	..	..	*52	*45	*7	..	..	2009	
..	..	..	57	52	5	..	..	2010	
..	..	*4	1596	1596	..	..	..	2007	Sénégal
..	..	*4	1538	1538	..	..	..	2008	
..	..	*4	1895	1895	..	..	..	2009	
..	..	*4	1800	1800	..	..	..	2010	
..	..	..	271	271	..	..	..	2007	Seychelles
..	..	..	268	268	..	..	..	2008	
..	..	..	276	276	..	..	..	2009	
..	..	..	301	301	..	..	..	2010	
..	..	..	33	*15	18	..	..	2007	Sierra Leone
..	..	..	*112	*16	*96	..	..	2008	
..	..	..	*105	*17	*88	..	..	2009	
..	..	..	*144	19	*125	..	..	2010	
..	..	..	311	311	..	..	..	2007	Somalie
..	..	..	320	320	..	..	..	2008	
..	..	..	324	324	..	..	..	2009	
..	..	..	327	327	..	..	..	2010	
178	..	..	252938	237838	3730	11317	53	2007	Afrique du Sud
178	..	..	247773	230862	3854	13004	53	2008	
178	..	..	241093	224218	4016	12806	53	2009	
178	..	..	251257	234192	4913	12099	53	2010	
..	..	..	9	9	..	..	..	2007	St-Hélène et dépend
..	..	..	9	8	..	..	1	2008	
..	..	..	9	8	..	..	1	2009	
..	..	..	*9	*8	..	..	*1	2010	
..	..	..	5021	3570	1451	..	..	2007	Soudan
..	..	..	5506	4043	1463	..	..	2008	
..	..	..	7239	4011	3228	..	..	2009	
..	..	..	7842	4000	3842	..	..	2010	
..	..	..	174	*1	173	..	..	2007	Swaziland
..	..	..	161	*1	160	..	..	2008	
..	..	..	246	*1	245	..	..	2009	
..	..	..	289	*1	288	..	..	2010	
..	..	..	178	86	92	..	..	2007	Togo
..	..	..	117	26	91	..	..	2008	
..	..	..	120	26	94	..	..	2009	
..	..	..	124	27	97	..	..	2010	
..	..	..	10128	10036	49	..	43	2007	Tunisie
..	..	..	10327	10250	38	..	39	2008	
..	..	..	11820	11644	79	..	97	2009	
..	..	..	12870	12681	50	..	139	2010	
*46	..	..	1906	540	1366	..	..	2007	Ouganda
46	..	..	2012	591	1421	..	..	2008	
28	..	..	2127	875	1252	..	..	2009	
*39	..	..	*2037	*875	*1162	..	..	2010	
..	..	..	4062	1551	2511	..	..	2007	Rép. Unie de Tanzanie
..	..	..	4295	1640	2655	..	..	2008	
..	..	..	4036	1407	2629	..	..	2009	
..	..	..	4304	1730	2574	..	..	2010	
..	..	..	*90	*90	..	..	..	2007	Sahara occidental
..	..	..	*90	*90	..	..	..	2008	
..	..	..	*90	*90	..	..	..	2009	
..	..	..	*90	*90	..	..	..	2010	

Table 34

Production of electricity - by type
Million kilowatt-hours

Country or area Pays ou zone	Year Année	Self-producers and public utilities Autoproducteurs et services publics					Self- Auto-	
		Total Totale	Thermal Thermique	Hydro Hydraulique	Nuclear Nucléaire	Other Autre	Total Totale	Thermal Thermique
Zambia	2007	9831	30	9801	..	..	237	6
	2008	9696	30	9666	..	..	234	6
	2009	10415	32	10383	..	..	251	6
	2010	11307	34	11273	..	..	272	6
Zimbabwe	2007	8508	4233	4275	..	..	..	..
	2008	7002	3485	3517	..	..	..	..
	2009	7422	3693	3729	..	..	..	..
	2010	8091	4027	4064	..	..	..	..
America, North	**2007**	**5380867**	**3678478**	**694333**	**940547**	**67508**	**252142**	**217944**
	2008	**5392431**	**3643315**	**718010**	**941559**	**89548**	**237035**	**198518**
	2009	**5176818**	**3425689**	**710004**	**931130**	**109995**	**232631**	**195326**
	2010	**5383309**	**3611425**	**698006**	**935469**	**138409**	**252568**	**217523**
Anguilla	2007	89	89	..	..	..	..	..
	2008	90	90	..	..	..	..	..
	2009	91	91	..	..	..	..	..
	2010	99	99	..	..	..	..	..
Antigua and Barbuda	2007	*280	*280	..	..	..	*1	*1
	2008	*288	*288	..	..	..	*1	*1
	2009	327	327	..	..	..	*1	*1
	2010	*326	*326	..	..	..	*1	*1
Aruba	2007	936	936	..	..	..	..	..
	2008	914	914	..	..	..	..	..
	2009	924	924	..	..	..	..	..
	2010	940	940	..	..	..	..	..
Bahamas	2007	2246	2246	..	..	..	*70	*70
	2008	2251	2251	..	..	..	*70	*70
	2009	2140	2140	..	..	..	*72	*72
	2010	*2234	*2234	..	..	..	*74	*74
Barbados	2007	973	973	..	..	..	43	43
	2008	1054	1054	..	..	..	51	51
	2009	1068	1068	..	..	..	51	51
	2010	1028	1028	..	..	..	49	49
Belize	2007	218	39	179	..	..	..	..
	2008	218	11	207	..	..	..	..
	2009	260	20	240	..	..	..	..
	2010	330	60	270	..	..	..	..
Bermuda	2007	643	643	..	..	..	..	..
	2008	645	645	..	..	..	..	..
	2009	*733	*733	..	..	..	..	..
	2010	730	730	..	..	..	..	..
British Virgin Islands	2007	*48	*48	..	..	..	..	..
	2008	*50	*50	..	..	..	..	..
	2009	*52	*52	..	..	..	..	..
	2010	*54	*54	..	..	..	..	..
Canada	2007	642102	174725	370805	93492	3080	49907	20304
	2008	641051	168919	374407	93951	3774	50174	16600
	2009	603234	144147	363960	90419	4708	47098	15707
	2010	607952	155959	351591	90659	9743	49432	22224
Cayman Islands	2007	604	604	..	..	..	..	..
	2008	615	615	..	..	..	..	..
	2009	626	626	..	..	..	..	..
	2010	624	624	..	..	..	..	..
Costa Rica	2007	9050	801	6770	..	1479	1693	79
	2008	9474	759	7385	..	1330	1793	82
	2009	9290	553	7225	..	1512	1849	102
	2010	9583	786	7262	..	1535	2041	145

Table 34

Production d'électricité - par catégorie
Millions de kilowatt-heures

| producers producteurs | | | Public utilities Services publics | | | | | Year Année | Country or area Pays ou zone |
Hydro Hydraulique	Nuclear Nucléaire	Other Autre	Total Totale	Thermal Thermique	Hydro Hydraulique	Nuclear Nucléaire	Other Autre		
231	..	..	9594	24	9570	..	..	2007	Zambie
228	..	..	9462	24	9438	..	..	2008	
245	..	..	10164	26	10138	..	..	2009	
266	..	..	11035	28	11007	..	..	2010	
..	..	..	8508	4233	4275	..	..	2007	Zimbabwe
..	..	..	7002	3485	3517	..	..	2008	
..	..	..	7422	3693	3729	..	..	2009	
..	..	..	8091	4027	4064	..	..	2010	
32795	..	**1403**	**5128725**	**3460534**	**661538**	**940547**	**66105**	**2007**	**Amérique du Nord**
36993	..	**1524**	**5155397**	**3444797**	**681017**	**941559**	**88024**	**2008**	
34947	..	**2358**	**4944186**	**3230363**	**675057**	**931130**	**107637**	**2009**	
30783	..	**4263**	**5130741**	**3393903**	**667223**	**935469**	**134146**	**2010**	
..	..	..	89	89	..	..	..	2007	Anguilla
..	..	..	90	90	..	..	..	2008	
..	..	..	91	91	..	..	..	2009	
..	..	..	99	99	..	..	..	2010	
..	..	..	*279	*279	..	..	..	2007	Antigua-et-Barbuda
..	..	..	*287	*287	..	..	..	2008	
..	..	..	326	326	..	..	..	2009	
..	..	..	*325	*325	..	..	..	2010	
..	..	..	936	936	..	..	..	2007	Aruba
..	..	..	914	914	..	..	..	2008	
..	..	..	924	924	..	..	..	2009	
..	..	..	940	940	..	..	..	2010	
..	..	..	2176	2176	..	..	..	2007	Bahamas
..	..	..	2181	2181	..	..	..	2008	
..	..	..	2068	2068	..	..	..	2009	
..	..	..	*2160	*2160	..	..	..	2010	
..	..	..	930	930	..	..	..	2007	Barbade
..	..	..	1003	1003	..	..	..	2008	
..	..	..	1017	1017	..	..	..	2009	
..	..	..	978	978	..	..	..	2010	
..	..	..	218	39	179	..	..	2007	Belize
..	..	..	218	11	207	..	..	2008	
..	..	..	260	20	240	..	..	2009	
..	..	..	330	60	270	..	..	2010	
..	..	..	643	643	..	..	..	2007	Bermudes
..	..	..	645	645	..	..	..	2008	
..	..	..	*733	*733	..	..	..	2009	
..	..	..	730	730	..	..	..	2010	
..	..	..	*48	*48	..	..	..	2007	Iles Vierges britanniques
..	..	..	*50	*50	..	..	..	2008	
..	..	..	*52	*52	..	..	..	2009	
..	..	..	*54	*54	..	..	..	2010	
29603	..	..	592195	154421	341202	93492	3080	2007	Canada
33574	..	..	590877	152319	340833	93951	3774	2008	
31391	..	..	556136	128440	332569	90419	4708	2009	
27206	..	2	558520	133735	324385	90659	9741	2010	
..	..	..	604	604	..	..	..	2007	Iles Caïmanes
..	..	..	615	615	..	..	..	2008	
..	..	..	626	626	..	..	..	2009	
..	..	..	624	624	..	..	..	2010	
1218	..	396	7357	722	5552	..	1083	2007	Costa Rica
1346	..	365	7681	677	6039	..	965	2008	
1289	..	458	7441	451	5936	..	1054	2009	
1390	..	507	7542	641	5872	..	1029	2010	

Table 34

Production of electricity - by type
Million kilowatt-hours

Country or area Pays ou zone	Year Année	Self-producers and public utilities Autoproducteurs et services publics					Self- Auto-	
		Total Totale	Thermal Thermique	Hydro Hydraulique	Nuclear Nucléaire	Other Autre	Total Totale	Thermal Thermique
Cuba	2007	17622	17501	121	..	..	779	779
	2008	17681	17543	138	..	..	901	901
	2009	17727	17576	151	..	..	868	868
	2010	17387	17290	97	..	..	803	803
Dominica	2007	86	65	22	..	..	..	..
	2008	88	67	21	..	..	..	..
	2009	93	70	23	..	..	..	..
	2010	99	76	23	..	..	..	..
Dominican Republic	2007	14410	12709	1701	..	..	3322	3322
	2008	15172	13788	1384	..	..	3526	3526
	2009	14982	13518	1464	..	..	3453	3453
	2010	15915	14499	1416	..	..	3453	3453
El Salvador	2007	5807	2686	1739	..	1382	535	535
	2008	6019	2462	2038	..	1519	626	626
	2009	5788	2759	1505	..	1524	635	635
	2010	5980	2371	2084	..	1525	611	611
Greenland	2007	389	*185	204	..	..	*66	*66
	2008	388	*186	202	..	..	*56	*56
	2009	406	*152	254	..	..	*66	*66
	2010	401	*120	281	..	..	*65	*65
Grenada	2007	176	176	..	..	..	..	..
	2008	189	189	..	..	..	..	..
	2009	203	203	..	..	..	..	..
	2010	213	213	..	..	..	..	..
Guadeloupe	2007	*1863	*1584	*56	..	*223	..	..
	2008	*1863	*1583	*56	..	*224	..	..
	2009	*1863	*1583	*56	..	*224	..	..
	2010	*1863	*1583	*56	..	*224	..	..
Guatemala	2007	8755	5264	3228	..	263	496	474
	2008	8717	4740	3683	..	294	494	472
	2009	9039	6142	2510	..	387	688	666
	2010	8832	5267	3294	..	271	628	606
Haiti	2007	469	315	154	..	..	..	..
	2008	486	305	181	..	..	..	..
	2009	721	514	207	..	..	..	..
	2010	587	410	177	..	..	..	..
Honduras	2007	6313	4099	2214	..	..	54	54
	2008	6537	4246	2291	..	..	12	12
	2009	6552	3755	2797	..	..	12	12
	2010	6734	3768	2966	..	..	12	12
Jamaica	2007	7782	7570	160	..	52	3656	3656
	2008	6008	5801	158	..	49	1845	1845
	2009	5533	5370	112	..	51	1268	1268
	2010	4157	3952	152	..	53	1502	1502
Martinique	2007	*1602	*1565	0	..	37	..	..
	2008	*1652	*1611	0	..	41	..	..
	2009	*1702	*1655	0	..	*47	..	..
	2010	*1778	*1734	0	..	*45	..	..
Mexico	2007	263465	218093	27276	10421	7675	30986	30729
	2008	258913	202597	39178	9804	7334	23041	22732
	2009	261018	216456	26713	10501	7348	25912	25285
	2010	270968	220080	37121	5879	7888	28431	26945
Montserrat	2007	*23	*23	..	..	..	..	..
	2008	*23	*23	..	..	..	..	..
	2009	*23	*23	..	..	..	..	..
	2010	*23	*23	..	..	..	..	..

Table 34

Production d'électricité - par catégorie
Millions de kilowatt-heures

Hydro Hydraulique	Nuclear Nucléaire	Other Autre	Total Totale	Thermal Thermique	Hydro Hydraulique	Nuclear Nucléaire	Other Autre	Year Année	Country or area Pays ou zone
producers producteurs			Public utilities Services publics						
..	..	..	16843	16722	121	..	..	2007	Cuba
..	..	..	16780	16642	138	..	..	2008	
..	..	..	16859	16708	151	..	..	2009	
..	..	..	16584	16487	97	..	..	2010	
..	..	..	86	65	22	..	..	2007	Dominique
..	..	..	88	67	21	..	..	2008	
..	..	..	93	70	23	..	..	2009	
..	..	..	99	76	23	..	..	2010	
..	..	..	11088	9387	1701	..	..	2007	Rép. dominicaine
..	..	..	11646	10262	1384	..	..	2008	
..	..	..	11529	10065	1464	..	..	2009	
..	..	..	12462	11046	1416	..	..	2010	
..	..	..	5272	2151	1739	..	1382	2007	El Salvador
..	..	..	5393	1836	2038	..	1519	2008	
..	..	..	5153	2124	1505	..	1524	2009	
..	..	..	5369	1760	2084	..	1525	2010	
..	..	..	323	*119	204	..	..	2007	Groënland
..	..	..	332	*130	202	..	..	2008	
..	..	..	340	*86	254	..	..	2009	
..	..	..	336	*55	281	..	..	2010	
..	..	..	176	176	..	..	..	2007	Grenade
..	..	..	189	189	..	..	..	2008	
..	..	..	203	203	..	..	..	2009	
..	..	..	213	213	..	..	..	2010	
..	..	..	*1863	*1584	*56	..	*223	2007	Guadeloupe
..	..	..	*1863	*1583	*56	..	*224	2008	
..	..	..	*1863	*1583	*56	..	*224	2009	
..	..	..	*1863	*1583	*56	..	*224	2010	
22	..	..	8259	4790	3206	..	263	2007	Guatemala
22	..	..	8223	4268	3661	..	294	2008	
22	..	..	8351	5476	2488	..	387	2009	
22	..	..	8204	4661	3272	..	271	2010	
..	..	..	469	315	154	..	..	2007	Haïti
..	..	..	486	305	181	..	..	2008	
..	..	..	721	514	207	..	..	2009	
..	..	..	587	410	177	..	..	2010	
..	..	..	6259	4045	2214	..	..	2007	Honduras
..	..	..	6525	4234	2291	..	..	2008	
..	..	..	6540	3743	2797	..	..	2009	
..	..	..	6722	3756	2966	..	..	2010	
..	..	..	4126	3914	160	..	52	2007	Jamaïque
..	..	..	4163	3956	158	..	49	2008	
..	..	..	4265	4102	112	..	51	2009	
..	..	..	2655	2450	152	..	53	2010	
..	..	..	*1602	*1565	0	..	37	2007	Martinique
..	..	..	*1652	*1611	0	..	41	2008	
..	..	..	*1702	*1655	0	..	*47	2009	
..	..	..	*1778	*1734	0	..	*45	2010	
234	..	23	232479	187364	27042	10421	7652	2007	Mexique
286	..	23	235872	179865	38892	9804	7311	2008	
268	..	359	235106	191171	26445	10501	6989	2009	
382	..	1104	242537	193135	36739	5879	6784	2010	
..	..	..	*23	*23	..	..	..	2007	Montserrat
..	..	..	*23	*23	..	..	..	2008	
..	..	..	*23	*23	..	..	..	2009	
..	..	..	*23	*23	..	..	..	2010	

Table 34

Production of electricity - by type
Million kilowatt-hours

Country or area Pays ou zone	Year Année	Self-producers and public utilities Autoproducteurs et services publics					Self- Auto-	
		Total Totale	Thermal Thermique	Hydro Hydraulique	Nuclear Nucléaire	Other Autre	Total Totale	Thermal Thermique
Netherlands Antilles	2007	1256	1256	..	..	..	665	665
	2008	1242	1242	..	..	..	658	658
	2009	1298	1298	..	..	..	688	688
	2010	1289	1289	..	..	..	683	683
Nicaragua	2007	3208	2659	306	..	243	424	424
	2008	3361	2505	534	..	322	386	386
	2009	3453	2749	297	..	407	405	405
	2010	3659	2690	504	..	465	429	429
Panama	2007	6476	2810	3666	..	..	26	26
	2008	6430	2457	3973	..	..	19	19
	2009	6947	3048	3899	..	..	17	17
	2010	7492	3298	4194	..	..	73	73
Puerto Rico	2007	24636	24472	164	..	..	*250	*250
	2008	23117	22961	156	..	..	*250	*250
	2009	22949	22793	156	..	..	*250	*250
	2010	23247	23087	160	..	..	*250	*250
St. Kitts-Nevis	2007	*147	*147	..	..	..	*14	*14
	2008	*147	*147	..	..	..	*14	*14
	2009	*147	*147	..	..	..	*14	*14
	2010	*147	*147	..	..	..	*14	*14
St. Lucia	2007	346	346	..	..	..	..	..
	2008	352	352	..	..	..	..	..
	2009	363	363	..	..	..	..	..
	2010	381	381	..	..	..	..	..
St. Pierre-Miquelon	2007	43	42	..	..	*1	..	..
	2008	44	44	..	..	*1	..	..
	2009	45	44	..	..	*1	..	..
	2010	45	44	..	..	1	..	..
St. Vincent-Grenadines	2007	141	118	23	..	..	..	..
	2008	139	115	24	..	..	..	..
	2009	*140	*116	*24	..	..	..	..
	2010	*142	*117	*24	..	..	..	..
Trinidad and Tobago	2007	7662	7662	..	..	..	24	24
	2008	7785	7785	..	..	..	25	25
	2009	7735	7735	..	..	..	35	35
	2010	8487	8487	..	..	..	17	17
Turks and Caicos Islands	2007	182	182	..	..	..	..	..
	2008	*198	*198	..	..	..	..	..
	2009	*209	*209	..	..	..	..	..
	2010	*204	*204	..	..	..	..	..
United States	2007	4349840	3184587	275545	836634	53074	159083	156381
	2008	4368260	3173801	281995	837804	74660	153045	150144
	2009	4188214	2965808	298410	830210	93786	149201	145683
	2010	4378422	3136499	286333	838931	116659	163952	159519
United States Virgin Is.	2007	980	980	..	..	..	*48	*48
	2008	*972	*972	..	..	..	*48	*48
	2009	*921	*921	..	..	..	*48	*48
	2010	958	958	..	..	..	*48	*48
America, South	**2007**	**907676**	**237458**	**650529**	**19567**	**122**	**72756**	**55367**
	2008	**946165**	**271909**	**652815**	**21299**	**142**	**80673**	**62602**
	2009	**950043**	**257307**	**671405**	**21119**	**212**	**89071**	**66865**
	2010	**1009032**	**315800**	**671129**	**21694**	**409**	**102758**	**79740**
Argentina	2007	115428	76497	31652	7217	62	11321	11229
	2008	123422	84506	31544	7330	42	13643	13555
	2009	122305	78922	35184	8162	37	14433	14342
	2010	125991	84898	33897	7171	25	15328	15257

Table 34

Production d'électricité - par catégorie
Millions de kilowatt-heures

producers producteurs			Public utilities Services publics					Year Année	Country or area Pays ou zone
Hydro Hydraulique	Nuclear Nucléaire	Other Autre	Total Totale	Thermal Thermique	Hydro Hydraulique	Nuclear Nucléaire	Other Autre		
..	..	..	591	591	..	..	..	2007	Antilles néerlandaises
..	..	..	584	584	..	..	..	2008	
..	..	..	610	610	..	..	..	2009	
..	..	..	606	606	..	..	..	2010	
..	..	..	2784	2235	306	..	243	2007	Nicaragua
..	..	..	2975	2119	534	..	322	2008	
..	..	..	3048	2344	297	..	407	2009	
..	..	..	3230	2261	504	..	465	2010	
..	..	..	6450	2784	3666	..	..	2007	Panama
..	..	..	6411	2438	3973	..	..	2008	
..	..	..	6930	3031	3899	..	..	2009	
..	..	..	7419	3225	4194	..	..	2010	
..	..	..	24386	24222	164	..	..	2007	Porto Rico
..	..	..	22867	22711	156	..	..	2008	
..	..	..	22699	22543	156	..	..	2009	
..	..	..	22997	22837	160	..	..	2010	
..	..	..	*133	*133	..	..	..	2007	St-Kitts-Nevis
..	..	..	*133	*133	..	..	..	2008	
..	..	..	*133	*133	..	..	..	2009	
..	..	..	*133	*133	..	..	..	2010	
..	..	..	346	346	..	..	..	2007	St-Lucie
..	..	..	352	352	..	..	..	2008	
..	..	..	363	363	..	..	..	2009	
..	..	..	381	381	..	..	..	2010	
..	..	..	43	42	..	..	*1	2007	St-Pierre-Miquelon
..	..	..	44	44	..	..	*1	2008	
..	..	..	45	44	..	..	*1	2009	
..	..	..	45	44	..	..	1	2010	
..	..	..	141	118	23	..	..	2007	St. Vincent-Grenadines
..	..	..	139	115	24	..	..	2008	
..	..	..	*140	*116	*24	..	..	2009	
..	..	..	*142	*117	*24	..	..	2010	
..	..	..	7638	7638	..	..	..	2007	Trinité-et-Tobago
..	..	..	7760	7760	..	..	..	2008	
..	..	..	7700	7700	..	..	..	2009	
..	..	..	8470	8470	..	..	..	2010	
..	..	..	182	182	..	..	..	2007	Iles Turques et Caïques
..	..	..	*198	*198	..	..	..	2008	
..	..	..	*209	*209	..	..	..	2009	
..	..	..	*204	*204	..	..	..	2010	
1718	..	984	4190757	3028206	273827	836634	52090	2007	États-Unis
1765	..	1136	4215215	3023657	280230	837804	73524	2008	
1977	..	1541	4039013	2820125	296433	830210	92245	2009	
1783	..	2650	4214470	2976980	284550	838931	114009	2010	
..	..	..	933	933	..	..	..	2007	Iles Vierges américaines
..	..	..	*924	*924	..	..	..	2008	
..	..	..	*873	*873	..	..	..	2009	
..	..	..	909	909	..	..	..	2010	
17389	**..**	**..**	**834920**	**182091**	**633139**	**19567**	**122**	**2007**	**Amérique du Sud**
18066	**..**	**4**	**865493**	**209306**	**634749**	**21299**	**138**	**2008**	
22172	**..**	**34**	**860972**	**190441**	**649233**	**21119**	**178**	**2009**	
23015	**..**	**3**	**906273**	**236060**	**648114**	**21694**	**406**	**2010**	
92	..	..	104107	65268	31560	7217	62	2007	Argentine
88	..	..	109779	70951	31456	7330	42	2008	
91	..	..	107872	64580	35093	8162	37	2009	
71	..	..	110663	69641	33826	7171	25	2010	

Table 34

Production of electricity - by type
Million kilowatt-hours

Country or area Pays ou zone	Year Année	Self-producers and public utilities Autoproducteurs et services publics					Self- Auto-	
		Total Totale	Thermal Thermique	Hydro Hydraulique	Nuclear Nucléaire	Other Autre	Total Totale	Thermal Thermique
Bolivia (Plur. State of)	2007	5734	3415	2319	..	..	62	62
	2008	5817	3506	2310	..	1	62	61
	2009	6121	3823	2296	..	2	66	64
	2010	6884	4699	2182	..	3	44	41
Brazil	2007	445094	58729	374015	12350	..	47138	32379
	2008	463120	79595	369556	13969	..	51107	35836
	2009	466158	62213	390988	12957	..	57008	37690
	2010	515798	97986	403289	14523	..	72995	52305
Chile	2007	58509	35370	23130	..	9	3763	3287
	2008	59704	35473	24193	..	38	4084	3663
	2009	60722	35347	25296	..	79	5536	5039
	2010	60434	38385	21717	..	332	3674	3338
Colombia	2007	55314	10820	44445	..	49	1940	1709
	2008	56024	9567	46403	..	54	2007	1765
	2009	57265	16157	41050	..	58	1864	1651
	2010	60111	19448	40624	..	39	911	688
Ecuador	2007	17119	8081	9037	..	1	3562	3044
	2008	19010	7713	11294	..	3	3794	3161
	2009	18022	8797	9222	..	3	4061	3484
	2010	17688	9049	8636	..	3	3492	3035
Falkland Is. (Malvinas)	2007	*17	*17	..	..	0	*2	*2
	2008	*18	*17	..	..	0	*2	*2
	2009	*18	*17	..	..	0	*2	*2
	2010	*18	*12	..	..	*6	*2	*2
French Guiana	2007	*744	*74	*670	..	..	..	..
	2008	*773	*77	*696	..	..	..	..
	2009	*794	*79	*715	..	..	..	..
	2010	*823	*79	*744	..	..	..	..
Guyana	2007	699	699	..	..	..	148	148
	2008	709	709	..	..	..	145	145
	2009	723	723	..	..	..	137	137
	2010	765	765	..	..	..	138	138
Paraguay	2007	53715	1	53714	..	..	..	..
	2008	55454	1	55454	..	..	..	..
	2009	54950	1	54949	..	..	..	..
	2010	54066	1	54065	..	..	..	..
Peru	2007	29931	10381	19549	..	1	1742	1300
	2008	32430	13281	19148	..	1	1868	1328
	2009	32929	13316	19612	..	1	2022	1417
	2010	35890	15854	20035	..	1	2361	1876
Suriname	2007	1618	747	871	..	..	1471	600
	2008	1618	747	871	..	..	1471	600
	2009	1618	747	871	..	..	1471	600
	2010	*1634	*881	*753	..	..	*1272	*519
Uruguay	2007	9424	1357	8067	..	..	143	143
	2008	8769	4261	4505	..	3	879	876
	2009	8838	3546	5260	..	32	795	763
	2010	10659	2252	8407	..	0	826	826
Venezuela(Bolivar. Rep.)	2007	114330	31271	83059	..	..	1464	1464
	2008	119297	32456	86841	..	..	1610	1610
	2009	119581	33619	85962	..	..	1676	1676
	2010	118272	41492	76780	..	..	1715	1715
Asia	**2007**	**7813099**	**6298020**	**945090**	**532025**	**37964**	**641725**	**627804**
	2008	**8060579**	**6455368**	**1025264**	**537099**	**42848**	**703271**	**688715**
	2009	**8402147**	**6707421**	**1051977**	**563250**	**79499**	**677822**	**659496**
	2010	**9253027**	**7343124**	**1209729**	**584511**	**115662**	**782870**	**756338**

Table 34

Production d'électricité - par catégorie
Millions de kilowatt-heures

| producers producteurs | | | Public utilities Services publics | | | | | Year Année | Country or area Pays ou zone |
Hydro Hydraulique	Nuclear Nucléaire	Other Autre	Total Totale	Thermal Thermique	Hydro Hydraulique	Nuclear Nucléaire	Other Autre		
..	..	..	5672	3353	2319	..	..	2007	Bolivie (État plur. de)
..	..	1	5755	3445	2310	..	..	2008	
..	..	2	6055	3759	2296	..	..	2009	
..	..	3	6840	4658	2182	..	..	2010	
14759	..	..	397956	26350	359256	12350	..	2007	Brésil
15271	..	..	412013	43759	354285	13969	..	2008	
19318	..	..	409150	24523	371670	12957	..	2009	
20690	..	..	442803	45681	382599	14523	..	2010	
476	..	..	54746	32083	22654	..	9	2007	Chili
421	..	..	55620	31810	23772	..	38	2008	
497	..	..	55186	30308	24799	..	79	2009	
336	..	..	56760	35047	21381	..	332	2010	
231	..	..	53374	9111	44214	..	49	2007	Colombie
242	..	..	54017	7802	46161	..	54	2008	
213	..	..	55401	14506	40837	..	58	2009	
223	..	..	59200	18760	40401	..	39	2010	
518	..	..	13557	5037	8519	..	1	2007	Equateur
633	..	..	15216	4552	10661	..	3	2008	
577	..	..	13961	5313	8645	..	3	2009	
457	..	..	14196	6014	8179	..	3	2010	
..	..	..	*15	*15	..	..	0	2007	Iles Falkland (Malvinas)
..	..	..	*16	*15	..	..	0	2008	
..	..	..	*16	*15	..	..	0	2009	
..	..	..	*16	*10	..	..	*6	2010	
..	..	..	*744	*74	*670	..	..	2007	Guyane française
..	..	..	*773	*77	*696	..	..	2008	
..	..	..	*794	*79	*715	..	..	2009	
..	..	..	*823	*79	*744	..	..	2010	
..	..	..	551	551	..	..	..	2007	Guyana
..	..	..	564	564	..	..	..	2008	
..	..	..	586	586	..	..	..	2009	
..	..	..	626	626	..	..	..	2010	
..	..	..	53715	1	53714	..	..	2007	Paraguay
..	..	..	55454	1	55454	..	..	2008	
..	..	..	54950	1	54949	..	..	2009	
..	..	..	54066	1	54065	..	..	2010	
442	..	..	28189	9081	19107	..	1	2007	Pérou
540	..	..	30562	11953	18608	..	1	2008	
605	..	..	30907	11899	19007	..	1	2009	
485	..	..	33529	13978	19550	..	1	2010	
871	..	..	147	147	..	..	..	2007	Suriname
871	..	..	147	147	..	..	..	2008	
871	..	..	147	147	..	..	..	2009	
*753	..	..	362	362	..	..	..	2010	
..	..	..	9281	1214	8067	..	..	2007	Uruguay
..	..	3	7890	3385	4505	..	..	2008	
..	..	32	8043	2783	5260	..	..	2009	
..	..	0	9833	1426	8407	..	..	2010	
..	..	..	112866	29807	83059	..	..	2007	Venezuela(Rép. bolivar.)
..	..	..	117687	30846	86841	..	..	2008	
..	..	..	117905	31943	85962	..	..	2009	
..	..	..	116557	39777	76780	..	..	2010	
8827	..	**5094**	**7171374**	**5670216**	**936263**	**532025**	**32870**	**2007**	**Asie**
8876	..	**5680**	**7357308**	**5766653**	**1016388**	**537099**	**37168**	**2008**	
11494	..	**6832**	**7724324**	**6047925**	**1040483**	**563250**	**72667**	**2009**	
18289	..	**8242**	**8470157**	**6586786**	**1191440**	**584511**	**107420**	**2010**	

Table 34

Production of electricity - by type
Million kilowatt-hours

Country or area Pays ou zone	Year Année	Self-producers and public utilities Autoproducteurs et services publics					Self- Auto-	
		Total Totale	Thermal Thermique	Hydro Hydraulique	Nuclear Nucléaire	Other Autre	Total Totale	Thermal Thermique
Afghanistan	2007	950	266	684	..	..	271	31
	2008	788	247	541	..	..	229	47
	2009	889	114	775	..	..	270	5
	2010	892	125	767	..	..	270	5
Armenia	2007	5898	1489	1856	2553	..	..	..
	2008	6114	1854	1797	2461	2	..	..
	2009	5672	1154	2020	2494	4	..	..
	2010	6491	1438	2556	2490	7	..	..
Azerbaijan	2007	21847	19483	2364	..	..	432	432
	2008	21643	19411	2232	..	..	320	320
	2009	18868	16558	2308	..	2	269	269
	2010	18710	15263	3446	..	1	260	260
Bahrain	2007	10908	10908	..	..	..	0	0
	2008	11933	11933	..	..	..	0	0
	2009	12056	12056	..	..	..	0	0
	2010	13230	13230	..	..	..	0	0
Bangladesh	2007	31286	29894	1392	..	..	6908	6908
	2008	34957	33483	1474	..	..	9151	9151
	2009	37862	36310	1552	..	..	10687	10687
	2010	42347	40685	1662	..	..	13245	13245
Bhutan	2007	6562	2	6560	..	..	..	..
	2008	6961	0	6961	..	..	..	..
	2009	6998	0	6998	..	..	..	..
	2010	7329	1	7328	..	..	..	..
Brunei Darussalam	2007	3395	3395	..	..	..	350	350
	2008	3423	3423	..	..	..	352	352
	2009	3612	3612	..	..	..	343	343
	2010	3862	3862	..	..	..	422	422
Cambodia	2007	1489	1440	47	..	2	..	..
	2008	1479	1434	43	..	2	..	..
	2009	1256	1217	37	..	2	..	..
	2010	994	965	26	..	3	..	..
China	2007	3281553	2722933	485264	62130	11226	220830	220830
	2008	3456738	2790078	585187	68394	13079	*284404	*284404
	2009	3714650	2982780	615640	70134	46096	241903	241903
	2010	4207160	3331928	722172	73880	79180	270219	270219
China, Hong Kong SAR	2007	38948	38948	..	..	..	..	..
	2008	37990	37990	..	..	..	..	..
	2009	38728	38728	..	..	..	..	..
	2010	38292	38292	..	..	..	..	..
China, Macao SAR	2007	1520	1520	..	..	..	113	113
	2008	1211	1211	..	..	..	107	107
	2009	1466	1466	..	..	..	116	116
	2010	1077	1077	..	..	..	133	133
Cyprus	2007	4871	4869	..	..	2	84	83
	2008	5078	5075	..	..	3	72	71
	2009	5233	5229	..	..	4	77	76
	2010	5380	5342	..	..	38	87	85
Georgia	2007	8580	1764	6816	..	..	..	..
	2008	8440	1244	7196	..	..	..	..
	2009	8165	1010	7155	..	..	..	..
	2010	9992	644	9348	..	..	..	..
India	2007	813102	675556	120589	16957	..	90476	90274
	2008	842531	713481	114337	14713	..	95905	95649
	2009	899389	773844	106909	18636	..	103108	102879
	2010	954539	813787	114486	26266	..	109693	109464

Table 34

Production d'électricité - par catégorie
Millions de kilowatt-heures

| producers producteurs | | | Public utilities Services publics | | | | | Year Année | Country or area Pays ou zone |
Hydro Hydraulique	Nuclear Nucléaire	Other Autre	Total Totale	Thermal Thermique	Hydro Hydraulique	Nuclear Nucléaire	Other Autre		
240	..	..	679	235	444	..	..	2007	Afghanistan
182	..	..	559	200	359	..	..	2008	
265	..	..	619	109	510	..	..	2009	
265	..	..	622	120	502	..	..	2010	
..	..	..	5898	1489	1856	2553	..	2007	Arménie
..	..	..	6114	1854	1797	2461	2	2008	
..	..	..	5672	1154	2020	2494	4	2009	
..	..	..	6491	1438	2556	2490	7	2010	
..	..	..	21415	19051	2364	..	..	2007	Azerbaïdjan
..	..	..	21323	19091	2232	..	..	2008	
..	..	..	18599	16289	2308	..	2	2009	
..	..	..	18450	15003	3446	..	1	2010	
..	..	..	10908	10908	..	..	..	2007	Bahreïn
..	..	..	11933	11933	..	..	..	2008	
..	..	..	12056	12056	..	..	..	2009	
..	..	..	13230	13230	..	..	..	2010	
..	..	..	24378	22986	1392	..	..	2007	Bangladesh
..	..	..	25806	24332	1474	..	..	2008	
..	..	..	27175	25623	1552	..	..	2009	
..	..	..	29102	27440	1662	..	..	2010	
..	..	..	6562	2	6560	..	..	2007	Bhoutan
..	..	..	6961	0	6961	..	..	2008	
..	..	..	6998	0	6998	..	..	2009	
..	..	..	7329	1	7328	..	..	2010	
..	..	..	3045	3045	..	..	..	2007	Brunéi Darussalam
..	..	..	3071	3071	..	..	..	2008	
..	..	..	3269	3269	..	..	..	2009	
..	..	..	3440	3440	..	..	..	2010	
..	..	..	1489	1440	47	..	2	2007	Cambodge
..	..	..	1479	1434	43	..	2	2008	
..	..	..	1256	1217	37	..	2	2009	
..	..	..	994	965	26	..	3	2010	
..	..	..	3060723	2502103	485264	62130	11226	2007	Chine
..	..	..	3172334	2505674	585187	68394	13079	2008	
..	..	..	3472747	2740877	615640	70134	46096	2009	
..	..	..	3936941	3061709	722172	73880	79180	2010	
..	..	..	38948	38948	..	..	..	2007	Chine, Hong-Kong RAS
..	..	..	37990	37990	..	..	..	2008	
..	..	..	38728	38728	..	..	..	2009	
..	..	..	38292	38292	..	..	..	2010	
..	..	..	1407	1407	..	..	..	2007	Chine, Macao RAS
..	..	..	1104	1104	..	..	..	2008	
..	..	..	1350	1350	..	..	..	2009	
..	..	..	944	944	..	..	..	2010	
..	..	1	4787	4786	..	..	1	2007	Chypre
..	..	1	5006	5004	..	..	2	2008	
..	..	1	5156	5153	..	..	3	2009	
..	..	2	5293	5257	..	..	36	2010	
..	..	..	8580	1764	6816	..	..	2007	Géorgie
..	..	..	8440	1244	7196	..	..	2008	
..	..	..	8165	1010	7155	..	..	2009	
..	..	..	9992	644	9348	..	..	2010	
202	..	..	722626	585282	120387	16957	..	2007	Inde
256	..	..	746626	617832	114081	14713	..	2008	
229	..	..	796281	670965	106680	18636	..	2009	
229	..	..	844846	704323	114257	26266	..	2010	

Table 34

Production of electricity - by type
Million kilowatt-hours

| Country or area
Pays ou zone | Year
Année | Self-producers and public utilities
Autoproducteurs et services publics | | | | | Self-
Auto- | |
		Total Totale	Thermal Thermique	Hydro Hydraulique	Nuclear Nucléaire	Other Autre	Total Totale	Thermal Thermique
Indonesia	2007	142236	123929	11286	..	7021	538	497
	2008	149437	129612	11528	..	8297	651	610
	2009	157516	136833	11388	..	9295	765	714
	2010	186594	159560	17676	..	9358	16808	16808
Iran(Islamic Rep. of)	2007	203986	185856	17987	..	143	5653	5653
	2008	214530	209331	5003	..	196	6091	6091
	2009	221370	213912	7233	..	225	7550	7550
	2010	232955	223266	9526	..	163	7579	7579
Iraq	2007	32104	27556	4548	..	..	..	..
	2008	36780	33295	3485	..	..	..	..
	2009	46065	42837	3228	..	..	..	..
	2010	48909	44142	4767	..	..	..	..
Israel	2007	55100	55076	14	..	10	1422	1412
	2008	56422	56397	16	..	9	1240	1227
	2009	55454	55399	22	..	33	2250	2222
	2010	58566	58459	29	..	78	1695	1621
Japan	2007	1135718	779970	84234	263832	7682	131097	118887
	2008	1082549	732970	83504	258128	7947	124660	111684
	2009	1050326	677484	83832	279750	9260	124935	109085
	2010	1119221	729916	90682	288230	10393	143090	118702
Jordan	2007	12838	12774	61	..	3	392	392
	2008	14160	14095	62	..	3	331	331
	2009	14272	14210	59	..	3	263	263
	2010	14779	14715	61	..	3	272	272
Kazakhstan	2007	76621	68450	8171	..	..	..	..
	2008	80326	72866	7460	..	..	..	..
	2009	78710	71831	6879	..	..	..	..
	2010	82646	74624	8022	..	..	..	..
Korea, Dem.Ppl's.Rep.	2007	21523	8243	13280	..	..	..	..
	2008	23206	9138	14068	..	..	..	..
	2009	21093	8629	12464	..	..	..	..
	2010	21673	8265	13408	..	..	..	..
Korea, Republic of	2007	427316	278891	5042	142937	446	26373	26314
	2008	446428	289186	5563	150958	721	26065	25977
	2009	454504	299841	5641	147771	1251	23886	23831
	2010	499508	342851	6472	148596	1589	28482	28388
Kuwait	2007	48753	48753	..	..	..	..	..
	2008	51749	51749	..	..	..	..	..
	2009	53216	53216	..	..	..	..	..
	2010	57029	57029	..	..	..	..	..
Kyrgyzstan	2007	16237	2289	13948	..	..	..	..
	2008	11877	1137	10740	..	..	..	..
	2009	11100	1190	9910	..	..	..	..
	2010	12063	*1733	10330	..	..	..	..
Lao People's Dem. Rep.	2007	3863	*300	3370	..	*193	*193	..
	2008	4172	*300	3678	..	*193	*193	..
	2009	3874	*300	3381	..	*193	*193	..
	2010	3755	*300	3262	..	*193	*193	..
Lebanon	2007	9575	8990	585	..	..	..	..
	2008	10627	10254	373	..	..	..	..
	2009	10822	10200	622	..	..	..	..
	2010	15712	14873	839	..	..	4500	4500
Malaysia	2007	104950	97939	7011	..	..	2023	2022
	2008	106927	99737	7190	..	..	2004	2004
	2009	107116	100491	6625	..	..	1913	1913
	2010	116808	110556	6251	..	..	1888	1888

Table 34

Production d'électricité - par catégorie
Millions de kilowatt-heures

producers producteurs			Public utilities Services publics					Year Année	Country or area Pays ou zone
Hydro Hydraulique	Nuclear Nucléaire	Other Autre	Total Totale	Thermal Thermique	Hydro Hydraulique	Nuclear Nucléaire	Other Autre		
41	..	..	141698	123432	11245	..	7021	2007	Indonésie
41	..	..	148786	129002	11487	..	8297	2008	
51	..	..	156751	136119	11337	..	9295	2009	
0	..	..	169786	142752	17676	..	9358	2010	
..	..	..	198333	180203	17987	..	143	2007	Iran(Rép. islamique)
..	..	..	208439	203240	5003	..	196	2008	
..	..	..	213820	206362	7233	..	225	2009	
..	..	..	225376	215687	9526	..	163	2010	
..	..	..	32104	27556	4548	..	..	2007	Iraq
..	..	..	36780	33295	3485	..	..	2008	
..	..	..	46065	42837	3228	..	..	2009	
..	..	..	48909	44142	4767	..	..	2010	
0	..	10	53678	53664	14	..	..	2007	Israël
4	..	9	55182	55170	12	..	..	2008	
4	..	24	53204	53177	18	..	9	2009	
4	..	70	56871	56838	25	..	8	2010	
7381	..	4829	1004621	661083	76853	263832	2853	2007	Japon
7590	..	5386	957889	621286	75914	258128	2561	2008	
9293	..	6557	925391	568399	74539	279750	2703	2009	
16507	..	7881	976131	611214	74175	288230	2512	2010	
..	..	..	12446	12382	61	..	3	2007	Jordanie
..	..	..	13829	13764	62	..	3	2008	
..	..	..	14009	13947	59	..	3	2009	
..	..	..	14507	14443	61	..	3	2010	
..	..	..	76621	68450	8171	..	..	2007	Kazakhstan
..	..	..	80326	72866	7460	..	..	2008	
..	..	..	78710	71831	6879	..	..	2009	
..	..	..	82646	74624	8022	..	..	2010	
..	..	..	21523	8243	13280	..	..	2007	Corée,Rép.pop.dém.de
..	..	..	23206	9138	14068	..	..	2008	
..	..	..	21093	8629	12464	..	..	2009	
..	..	..	21673	8265	13408	..	..	2010	
..	..	59	400943	252577	5042	142937	387	2007	Corée, République de
..	..	88	420363	263209	5563	150958	633	2008	
..	..	55	430618	276010	5641	147771	1196	2009	
..	..	94	471026	314463	6472	148596	1495	2010	
..	..	..	48753	48753	..	..	..	2007	Koweït
..	..	..	51749	51749	..	..	..	2008	
..	..	..	53216	53216	..	..	..	2009	
..	..	..	57029	57029	..	..	..	2010	
..	..	..	16237	2289	13948	..	..	2007	Kirghizistan
..	..	..	11877	1137	10740	..	..	2008	
..	..	..	11100	1190	9910	..	..	2009	
..	..	..	12063	*1733	10330	..	..	2010	
..	..	*193	3670	*300	3370	..	..	2007	Rép. dém. pop. lao
..	..	*193	3978	*300	3678	..	..	2008	
..	..	*193	3681	*300	3381	..	..	2009	
..	..	*193	3562	*300	3262	..	..	2010	
..	..	..	9575	8990	585	..	..	2007	Liban
..	..	..	10627	10254	373	..	..	2008	
..	..	..	10822	10200	622	..	..	2009	
..	..	..	11212	10373	839	..	..	2010	
1	..	..	102927	95917	7010	..	..	2007	Malaisie
0	..	..	104923	97733	7190	..	..	2008	
0	..	..	105203	98578	6625	..	..	2009	
0	..	..	114919	108668	6251	..	..	2010	

Table 34

Production of electricity - by type
Million kilowatt-hours

Country or area Pays ou zone	Year Année	Self-producers and public utilities Autoproducteurs et services publics					Self- Auto-	
		Total Totale	Thermal Thermique	Hydro Hydraulique	Nuclear Nucléaire	Other Autre	Total Totale	Thermal Thermique
Maldives	2007	245	245	..	..	..	..	..
	2008	280	280	..	..	..	..	..
	2009	298	298	..	..	..	..	..
	2010	256	256	..	..	..	..	..
Mongolia	2007	3702	3702	..	..	..	21	21
	2008	4001	4001	..	..	..	24	24
	2009	4039	4039	..	..	..	23	23
	2010	4313	4313	..	..	..	28	28
Myanmar	2007	6398	2780	3619	..	..	..	..
	2008	6622	2551	4071	..	..	..	..
	2009	6964	1708	5256	..	..	..	..
	2010	8625	2436	6189	..	..	..	..
Nepal	2007	2792	9	2783	..	..	31	..
	2008	2812	9	2803	..	..	38	..
	2009	3115	13	3102	..	..	42	..
	2010	3207	3	3204	..	..	43	..
Oman	2007	14167	14167	..	..	..	..	..
	2008	15829	15829	..	..	..	..	..
	2009	17823	17823	..	..	..	..	..
	2010	19819	19819	..	..	..	..	..
Other Asia	2007	243121	193786	8350	40539	446	41256	41256
	2008	238313	189121	7772	40827	593	36513	36513
	2009	229694	180275	7053	41571	795	36617	36617
	2010	246996	197113	7255	41629	999	37331	37331
Pakistan	2007	95661	63877	28707	3077	..	35231	35231
	2008	91616	62214	27784	1618	..	34431	34431
	2009	95358	64371	28093	2894	..	36814	36814
	2010	94383	59152	31811	3420	..	37214	37214
Philippines	2007	59646	40792	8580	..	10274	*34	*17
	2008	60855	40210	9860	..	10785	*34	*17
	2009	61968	41774	9805	..	10389	*34	*17
	2010	67777	49964	7820	..	9992	*34	*17
Qatar	2007	19462	19462	..	..	..	15463	15463
	2008	21616	21616	..	..	..	17965	17965
	2009	*24158	*24158	..	..	..	*19970	*19970
	2010	28144	28144	..	..	..	23391	23391
Saudi Arabia	2007	190535	190535	..	..	..	26652	26652
	2008	204200	204200	..	..	..	27634	27634
	2009	217082	217082	..	..	..	33012	33012
	2010	240067	240067	..	..	..	53585	53585
Singapore	2007	41134	41134	..	..	..	..	..
	2008	41717	41717	..	..	..	..	..
	2009	41800	41800	..	..	..	..	..
	2010	45366	45366	..	..	..	..	..
Sri Lanka	2007	9814	5864	3948	..	2	0	0
	2008	9901	5763	4135	..	3	0	0
	2009	9882	5975	3904	..	3	0	0
	2010	10714	4995	5666	..	53	0	0
State of Palestine	2007	417	417	..	..	..	..	..
	2008	427	427	..	..	..	..	..
	2009	501	501	..	..	..	..	..
	2010	473	473	..	..	..	..	..
Syrian Arab Republic	2007	38784	35306	3478	..	..	1285	1285
	2008	41170	38301	2869	..	..	1236	1236
	2009	43308	41442	1866	..	..	1089	1089
	2010	46413	43821	2592	..	..	1082	1082

Table 34

Production d'électricité - par catégorie
Millions de kilowatt-heures

| producers producteurs | | | Public utilities Services publics | | | | | Year Année | Country or area Pays ou zone |
Hydro Hydraulique	Nuclear Nucléaire	Other Autre	Total Totale	Thermal Thermique	Hydro Hydraulique	Nuclear Nucléaire	Other Autre		
..	..	..	245	245	..	..	..	2007	Maldives
..	..	..	280	280	..	..	..	2008	
..	..	..	298	298	..	..	..	2009	
..	..	..	256	256	..	..	..	2010	
..	..	..	3681	3681	..	..	..	2007	Mongolie
..	..	..	3977	3977	..	..	..	2008	
..	..	..	4016	4016	..	..	..	2009	
..	..	..	4285	4285	..	..	..	2010	
..	..	..	6398	2780	3619	..	..	2007	Myanmar
..	..	..	6622	2551	4071	..	..	2008	
..	..	..	6964	1708	5256	..	..	2009	
..	..	..	8625	2436	6189	..	..	2010	
31	..	..	2761	9	2752	..	..	2007	Népal
38	..	..	2774	9	2765	..	..	2008	
42	..	..	3073	13	3060	..	..	2009	
43	..	..	3164	3	3161	..	..	2010	
..	..	..	14167	14167	..	..	..	2007	Oman
..	..	..	15829	15829	..	..	..	2008	
..	..	..	17823	17823	..	..	..	2009	
..	..	..	19819	19819	..	..	..	2010	
..	..	..	201865	152530	8350	40539	446	2007	Autres zones d'Asie
..	..	..	201800	152608	7772	40827	593	2008	
..	..	..	193077	143658	7053	41571	795	2009	
..	..	..	209665	159782	7255	41629	999	2010	
..	..	..	60430	28646	28707	3077	..	2007	Pakistan
..	..	..	57185	27783	27784	1618	..	2008	
..	..	..	58544	27557	28093	2894	..	2009	
..	..	..	57169	21938	31811	3420	..	2010	
*17	..	..	59612	40775	8563	..	10274	2007	Philippines
*17	..	..	60821	40193	9843	..	10785	2008	
*17	..	..	61934	41757	9788	..	10389	2009	
*17	..	..	67743	49947	7803	..	9992	2010	
..	..	..	3999	3999	..	..	..	2007	Qatar
..	..	..	3651	3651	..	..	..	2008	
..	..	..	4188	4188	..	..	..	2009	
..	..	..	4753	4753	..	..	..	2010	
..	..	..	163883	163883	..	..	..	2007	Arabie saoudite
..	..	..	176566	176566	..	..	..	2008	
..	..	..	184070	184070	..	..	..	2009	
..	..	..	186482	186482	..	..	..	2010	
..	..	..	41134	41134	..	..	..	2007	Singapour
..	..	..	41717	41717	..	..	..	2008	
..	..	..	41800	41800	..	..	..	2009	
..	..	..	45366	45366	..	..	..	2010	
..	..	..	9814	5864	3948	..	2	2007	Sri Lanka
..	..	..	9901	5763	4135	..	3	2008	
..	..	..	9882	5975	3904	..	3	2009	
..	..	..	10714	4995	5666	..	53	2010	
..	..	..	417	417	..	..	..	2007	État de Palestine
..	..	..	427	427	..	..	..	2008	
..	..	..	501	501	..	..	..	2009	
..	..	..	473	473	..	..	..	2010	
..	..	..	37499	34021	3478	..	..	2007	Rép. arabe syrienne
..	..	..	39934	37065	2869	..	..	2008	
..	..	..	42219	40353	1866	..	..	2009	
..	..	..	45331	42739	2592	..	..	2010	

Table 34

Production of electricity - by type

Million kilowatt-hours

Country or area Pays ou zone	Year Année	Self-producers and public utilities Autoproducteurs et services publics					Self- Auto-	
		Total Totale	Thermal Thermique	Hydro Hydraulique	Nuclear Nucléaire	Other Autre	Total Totale	Thermal Thermique
Tajikistan	2007	17494	380	17114	..	..	..	..
	2008	16147	347	15800	..	..	..	..
	2009	16117	317	15800	..	..	..	..
	2010	16410	565	15845	..	..	..	..
Thailand	2007	143378	135261	8114	..	3	14559	14559
	2008	147427	140309	7113	..	5	14646	14646
	2009	148390	141230	7148	..	12	14932	14932
	2010	159518	153953	5537	..	28	15136	15136
Timor-Leste	2007	92	92	..	..	..	..	..
	2008	111	111	..	..	..	..	..
	2009	132	132	..	..	..	..	..
	2010	137	137	..	..	..	..	..
Turkey	2007	191558	155196	35851	..	511	15325	14409
	2008	198418	164139	33270	..	1009	15723	14972
	2009	194813	156924	35958	..	1931	13498	11903
	2010	211208	155828	51796	..	3584	12447	11221
Turkmenistan	2007	14880	14877	3	..	..	..	..
	2008	15040	15037	3	..	..	..	..
	2009	15980	15977	3	..	..	..	..
	2010	16660	16657	3	..	..	..	..
United Arab Emirates	2007	76106	76106	..	..	..	..	..
	2008	86260	86260	..	..	..	..	..
	2009	90573	90573	..	..	..	..	..
	2010	97728	97728	..	..	..	..	..
Uzbekistan	2007	48950	42550	6400	..	..	199	199
	2008	49400	38040	11360	..	..	178	178
	2009	49950	40620	9330	..	..	190	190
	2010	51710	40870	10840	..	..	190	190
Viet Nam	2007	67008	43973	23035	..	..	3997	3997
	2008	73396	47410	25986	..	..	2543	2543
	2009	83175	53194	29981	..	..	2465	2465
	2010	94835	66780	28055	..	..	*3113	*3113
Yemen	2007	6027	6027	..	..	..	517	517
	2008	6546	6546	..	..	..	531	531
	2009	6744	6744	..	..	..	608	608
	2010	7757	7757	..	..	..	439	439
Europe	**2007**	**4897574**	**2825624**	**736652**	**1215783**	**119515**	**328986**	**311238**
	2008	**4942272**	**2831653**	**754037**	**1217841**	**138741**	**333048**	**313784**
	2009	**4702203**	**2618340**	**756306**	**1168185**	**159372**	**323210**	**304194**
	2010	**4902889**	**2726213**	**789731**	**1202516**	**184429**	**351644**	**332352**
Albania	2007	2860	..	2860	..	..	..	..
	2008	3797	..	3797	..	..	..	..
	2009	5207	..	5207	..	..	..	..
	2010	7580	..	7580	..	..	..	..
Andorra	2007	76	19	57	..	..	..	..
	2008	79	*16	63	..	..	..	..
	2009	*81	*19	*62	..	..	..	..
	2010	113	13	100	..	..	..	..
Austria	2007	64757	23446	39248	..	2063	8843	7661
	2008	66877	24144	40690	..	2043	8926	7717
	2009	69088	23390	43679	..	2019	8446	7191
	2010	71127	27377	41596	..	2154	9359	8284
Belarus	2007	31829	31793	35	..	1	1097	1085
	2008	35048	35008	39	..	1	1388	1373
	2009	30376	30331	44	..	1	1736	1721
	2010	34895	34849	45	..	1	2440	2437

Table 34

Production d'électricité - par catégorie
Millions de kilowatt-heures

producers producteurs			Public utilities Services publics					Year Année	Country or area Pays ou zone
Hydro Hydraulique	Nuclear Nucléaire	Other Autre	Total Totale	Thermal Thermique	Hydro Hydraulique	Nuclear Nucléaire	Other Autre		
..	..	..	17494	380	17114	..	..	2007	Tadjikistan
..	..	..	16147	347	15800	..	..	2008	
..	..	..	16117	317	15800	..	..	2009	
..	..	..	16410	565	15845	..	..	2010	
..	..	..	128819	120702	8114	..	3	2007	Thaïlande
..	..	..	132781	125663	7113	..	5	2008	
..	..	..	133458	126298	7148	..	12	2009	
..	..	..	144382	138817	5537	..	28	2010	
..	..	..	92	92	..	..	..	2007	Timor-Leste
..	..	..	111	111	..	..	..	2008	
..	..	..	132	132	..	..	..	2009	
..	..	..	137	137	..	..	..	2010	
914	..	2	176233	140787	34937	..	509	2007	Turquie
748	..	3	182695	149167	32522	..	1006	2008	
1593	..	2	181315	145021	34365	..	1929	2009	
1224	..	2	198761	144607	50572	..	3582	2010	
..	..	..	14880	14877	3	..	..	2007	Turkménistan
..	..	..	15040	15037	3	..	..	2008	
..	..	..	15980	15977	3	..	..	2009	
..	..	..	16660	16657	3	..	..	2010	
..	..	..	76106	76106	..	..	..	2007	Emirats arabes unis
..	..	..	86260	86260	..	..	..	2008	
..	..	..	90573	90573	..	..	..	2009	
..	..	..	97728	97728	..	..	..	2010	
..	..	..	48751	42351	6400	..	..	2007	Ouzbékistan
..	..	..	49222	37862	11360	..	..	2008	
..	..	..	49760	40430	9330	..	..	2009	
..	..	..	51520	40680	10840	..	..	2010	
..	..	..	63011	39976	23035	..	..	2007	Viet Nam
..	..	..	70853	44867	25986	..	..	2008	
..	..	..	80710	50729	29981	..	..	2009	
..	..	..	91722	63667	28055	..	..	2010	
..	..	..	5510	5510	..	..	..	2007	Yémen
..	..	..	6015	6015	..	..	..	2008	
..	..	..	6136	6136	..	..	..	2009	
..	..	..	7318	7318	..	..	..	2010	
15009	..	**2739**	**4568588**	**2514386**	**721643**	**1215783**	**116776**	**2007**	**Europe**
16068	..	**3196**	**4609224**	**2517869**	**737969**	**1217841**	**135545**	**2008**	
14876	..	**4140**	**4378993**	**2314146**	**741430**	**1168185**	**155232**	**2009**	
14452	..	**4840**	**4551245**	**2393861**	**775279**	**1202516**	**179589**	**2010**	
..	..	..	2860	..	2860	..	..	2007	Albanie
..	..	..	3797	..	3797	..	..	2008	
..	..	..	5207	..	5207	..	..	2009	
..	..	..	7580	..	7580	..	..	2010	
..	..	..	76	19	57	..	..	2007	Andorre
..	..	..	79	*16	63	..	..	2008	
..	..	..	*81	*19	*62	..	..	2009	
..	..	..	113	13	100	..	..	2010	
1182	..	..	55914	15785	38066	..	2063	2007	Autriche
1209	..	..	57951	16427	39481	..	2043	2008	
1255	..	..	60642	16199	42424	..	2019	2009	
1075	..	..	61768	19093	40521	..	2154	2010	
11	..	1	30732	30708	24	..	..	2007	Bélarus
14	..	1	33660	33635	25	..	..	2008	
14	..	1	28640	28610	30	..	..	2009	
2	..	1	32455	32412	43	..	..	2010	

Table 34

Production of electricity - by type
Million kilowatt-hours

Country or area Pays ou zone	Year Année	Self-producers and public utilities Autoproducteurs et services publics					Self- Auto-	
		Total Totale	Thermal Thermique	Hydro Hydraulique	Nuclear Nucléaire	Other Autre	Total Totale	Thermal Thermique
Belgium	2007	88820	38413	1683	48227	497	1951	1939
	2008	84930	36926	1757	45568	679	2877	2837
	2009	91225	41084	1757	47222	1162	3824	3657
	2010	95120	43656	1668	47944	1852	5176	4609
Bosnia and Herzegovina	2007	11784	7783	4001	..	..	156	156
	2008	14823	9956	4867	..	..	203	203
	2009	15668	9429	6239	..	..	320	320
	2010	17124	9098	8026	..	..	402	402
Bulgaria	2007	43297	25373	3234	14643	47	1834	1834
	2008	45037	25873	3277	15765	122	871	871
	2009	42964	23415	4053	15256	240	204	204
	2010	46653	25015	5693	15249	696	242	242
Croatia	2007	12245	7810	4400	..	35	520	513
	2008	12326	6960	5326	..	40	465	460
	2009	12776	5907	6815	..	54	405	400
	2010	14105	5531	8435	..	139	455	447
Czech Republic	2007	88198	59376	2523	26172	127	9267	8701
	2008	83518	54333	2376	26551	258	9560	9004
	2009	82250	51683	2982	27208	377	8906	8336
	2010	85910	53581	3380	27998	951	9314	8628
Denmark	2007	39316	32115	28	..	7173	2361	2359
	2008	36620	29663	26	..	6931	2301	2298
	2009	36384	29640	19	..	6725	2126	2122
	2010	38785	30949	21	..	7815	2237	2231
Estonia	2007	12190	12078	21	..	91	135	132
	2008	10581	10420	28	..	133	113	112
	2009	8779	8552	32	..	195	96	95
	2010	12964	12660	27	..	277	107	106
Faeroe Islands	2007	269	149	104	..	16	..	..
	2008	276	167	96	..	13	..	..
	2009	276	168	93	..	15	..	..
	2010	280	199	67	..	14	..	..
Finland	2007	81247	43455	14177	23423	192	11242	11242
	2008	77435	37100	17112	22958	265	10794	10794
	2009	72062	35569	12686	23526	281	9074	9074
	2010	80668	44647	12922	22800	299	10182	10182
France	2007	569831	61923	63581	439730	4597	23148	22036
	2008	574842	60832	68319	439447	6244	21302	20031
	2009	542877	62386	62175	409737	8579	20579	19386
	2010	569103	62694	66825	428521	11063	13242	11789
Germany	2007	637100	425321	28457	140534	42788	53235	52862
	2008	637232	416762	26963	148495	45012	49397	48975
	2009	590367	385488	24710	134932	45237	43842	43402
	2010	628984	411569	27356	140556	49503	52973	52502
Gibraltar	2007	155	155	..	..	..	..	..
	2008	166	166	..	..	..	..	..
	2009	174	174	..	..	..	..	..
	2010	177	177	..	..	..	..	..
Greece	2007	63496	58301	3376	..	1819	898	898
	2008	63749	57353	4149	..	2247	1311	1311
	2009	61365	53127	5645	..	2593	1958	1958
	2010	57392	47035	7485	..	2872	2492	2492
Guernsey	2007	158	158	..	..	..	..	..
	2008	111	111	..	..	..	..	..
	2009	174	174	..	..	..	..	..
	2010	152	152	..	..	..	..	..

Table 34

Production d'électricité - par catégorie
Millions de kilowatt-heures

Hydro Hydraulique	Nuclear Nucléaire	Other Autre	Total Totale	Thermal Thermique	Hydro Hydraulique	Nuclear Nucléaire	Other Autre	Year Année	Country or area Pays ou zone
..	..	12	86869	36474	1683	48227	485	2007	Belgique
..	..	40	82053	34089	1757	45568	639	2008	
..	..	167	87401	37427	1757	47222	995	2009	
..	..	567	89944	39047	1668	47944	1285	2010	
..	..	..	11628	7627	4001	..	..	2007	Bosnie-Herzégovine
..	..	..	14620	9753	4867	..	..	2008	
..	..	..	15348	9109	6239	..	..	2009	
..	..	..	16722	8696	8026	..	..	2010	
..	..	..	41463	23539	3234	14643	47	2007	Bulgarie
..	..	..	44166	25002	3277	15765	122	2008	
..	..	..	42760	23211	4053	15256	240	2009	
..	..	..	46411	24773	5693	15249	696	2010	
7	..	..	11725	7297	4393	..	35	2007	Croatie
5	..	..	11861	6500	5321	..	40	2008	
5	..	..	12371	5507	6810	..	54	2009	
8	..	..	13650	5084	8427	..	139	2010	
566	..	..	78931	50675	1957	26172	127	2007	République tchèque
556	..	..	73958	45329	1820	26551	258	2008	
570	..	..	73344	43347	2412	27208	377	2009	
686	..	..	76596	44953	2694	27998	951	2010	
..	..	2	36955	29756	28	..	7171	2007	Danemark
..	..	3	34319	27365	26	..	6928	2008	
..	..	4	34258	27518	19	..	6721	2009	
..	..	6	36548	28718	21	..	7809	2010	
2	..	1	12055	11946	19	..	90	2007	Estonie
0	..	1	10468	10308	28	..	132	2008	
0	..	1	8683	8457	32	..	194	2009	
0	..	1	12857	12554	27	..	276	2010	
..	..	..	269	149	104	..	16	2007	Iles Féroé
..	..	..	276	167	96	..	13	2008	
..	..	..	276	168	93	..	15	2009	
..	..	..	280	199	67	..	14	2010	
..	..	..	70005	32213	14177	23423	192	2007	Finlande
..	..	..	66641	26306	17112	22958	265	2008	
..	..	..	62988	26495	12686	23526	281	2009	
..	..	..	70486	34465	12922	22800	299	2010	
912	..	200	546683	39887	62669	439730	4397	2007	France
950	..	321	553540	40801	67369	439447	5923	2008	
807	..	386	522298	43000	61368	409737	8193	2009	
603	..	850	555861	50905	66222	428521	10213	2010	
373	..	0	583865	372459	28084	140534	42788	2007	Allemagne
342	..	80	587835	367787	26621	148495	44932	2008	
365	..	75	546525	342086	24345	134932	45162	2009	
378	..	93	576011	359067	26978	140556	49410	2010	
..	..	..	155	155	..	..	..	2007	Gibraltar
..	..	..	166	166	..	..	..	2008	
..	..	..	174	174	..	..	..	2009	
..	..	..	177	177	..	..	..	2010	
..	..	..	62598	57403	3376	..	1819	2007	Grèce
..	..	..	62438	56042	4149	..	2247	2008	
..	..	..	59407	51169	5645	..	2593	2009	
..	..	..	54900	44543	7485	..	2872	2010	
..	..	..	158	158	..	..	..	2007	Guernesey
..	..	..	111	111	..	..	..	2008	
..	..	..	174	174	..	..	..	2009	
..	..	..	152	152	..	..	..	2010	

Table 34

Production of electricity - by type
Million kilowatt-hours

Country or area Pays ou zone	Year Année	Self-producers and public utilities Autoproducteurs et services publics					Self- Auto-	
		Total Totale	Thermal Thermique	Hydro Hydraulique	Nuclear Nucléaire	Other Autre	Total Totale	Thermal Thermique
Hungary	2007	39960	24963	210	14677	110	332	332
	2008	40025	24788	213	14818	206	382	381
	2009	35908	19922	228	15426	332	353	352
	2010	37371	20887	188	15761	535	426	425
Iceland	2007	11977	4	8394	..	3579	0	0
	2008	16468	3	12427	..	4038	0	0
	2009	16834	2	12279	..	4553	0	0
	2010	17059	2	12592	..	4465	0	0
Ireland	2007	28196	25222	1016	..	1958	1822	1822
	2008	30238	26528	1300	..	2410	1878	1878
	2009	28310	24098	1257	..	2955	1830	1830
	2010	28611	25020	776	..	2815	1964	1956
Isle of Man	2007	462	460	2	..	..	..	..
	2008	503	500	3	..	..	..	..
	2009	533	529	3	..	..	..	..
	2010	498	495	3	..	..	..	..
Italy	2007	313888	265765	38482	..	9641	19116	18412
	2008	319130	261329	47227	..	10574	18766	17886
	2009	292641	226637	53443	..	12561	20275	19382
	2010	302063	231249	54406	..	16408	23866	22935
Jersey	2007	101	101	..	..	..	13	13
	2008	34	34	..	..	..	13	13
	2009	64	64	..	..	..	18	18
	2010	56	56	..	..	..	15	15
Latvia	2007	4771	1985	2733	..	53	78	67
	2008	5274	2106	3109	..	59	75	61
	2009	5569	2062	3457	..	50	75	63
	2010	6627	3058	3520	..	49	83	68
Lithuania	2007	14007	3110	958	9833	106	614	614
	2008	13912	2899	988	9894	131	450	450
	2009	15358	3209	1139	10852	158	622	622
	2010	5749	4230	1295	0	224	552	552
Luxembourg	2007	4002	2998	919	..	85	308	281
	2008	3558	2512	965	..	81	324	297
	2009	3878	2962	833	..	83	295	269
	2010	4592	3048	1468	..	76	336	307
Malta	2007	2296	2296	..	..	..	..	..
	2008	2312	2312	..	..	..	..	..
	2009	2168	2168	..	..	..	..	..
	2010	2113	2113	..	..	..	..	..
Montenegro	2007	2144	860	1284	..	..	..	..
	2008	2828	1289	1539	..	..	..	..
	2009	2760	689	2071	..	..	..	..
	2010	4022	1272	2750	..	..	..	..
Netherlands	2007	105162	97382	107	4200	3473	16602	15882
	2008	107645	99076	102	4169	4298	22840	21952
	2009	113502	104549	98	4228	4627	21790	20831
	2010	118140	110013	105	3969	4053	23026	22172
Norway	2007	137192	1564	134736	..	892	6670	1247
	2008	142134	1240	139981	..	913	6821	933
	2009	131773	4719	126077	..	977	9513	4506
	2010	124505	5668	117942	..	895	10115	5298
Poland	2007	159348	155887	2939	..	522	7865	7863
	2008	155305	151721	2747	..	837	6741	6739
	2009	151720	147669	2974	..	1077	6882	6880
	2010	157657	152505	3488	..	1664	7966	7964

2010 Energy Statistics Yearbook United Nations / 2010 Annuaire des statistiques de l'énergie des Nations Unies

Table 34

Production d'électricité - par catégorie
Millions de kilowatt-heures

producers producteurs			Public utilities Services publics					Year Année	Country or area Pays ou zone
Hydro Hydraulique	Nuclear Nucléaire	Other Autre	Total Totale	Thermal Thermique	Hydro Hydraulique	Nuclear Nucléaire	Other Autre		
..	..	..	39628	24631	210	14677	110	2007	Hongrie
..	..	1	39643	24407	213	14818	205	2008	
..	..	1	35555	19570	228	15426	331	2009	
..	..	1	36945	20462	188	15761	534	2010	
0	..	..	11977	4	8394	..	3579	2007	Islande
0	..	..	16468	3	12427	..	4038	2008	
0	..	..	16834	2	12279	..	4553	2009	
0	..	..	17059	2	12592	..	4465	2010	
..	..	..	26374	23400	1016	..	1958	2007	Irlande
..	..	..	28360	24650	1300	..	2410	2008	
..	..	..	26480	22268	1257	..	2955	2009	
..	..	8	26647	23064	776	..	2807	2010	
..	..	..	462	460	2	..	..	2007	Île de Man
..	..	..	503	500	3	..	..	2008	
..	..	..	533	529	3	..	..	2009	
..	..	..	498	495	3	..	..	2010	
704	..	0	294772	247353	37778	..	9641	2007	Italie
876	..	4	300364	243443	46351	..	10570	2008	
889	..	4	272366	207255	52554	..	12557	2009	
927	..	4	278197	208314	53479	..	16404	2010	
..	..	..	88	88	..	..	..	2007	Le Jersey
..	..	..	21	21	..	..	..	2008	
..	..	..	46	46	..	..	..	2009	
..	..	..	41	41	..	..	..	2010	
11	..	0	4693	1918	2722	..	53	2007	Lettonie
12	..	2	5199	2045	3097	..	57	2008	
8	..	4	5494	1999	3449	..	46	2009	
10	..	5	6544	2990	3510	..	44	2010	
..	..	..	13393	2496	958	9833	106	2007	Lituanie
..	..	..	13462	2449	988	9894	131	2008	
..	..	..	14736	2587	1139	10852	158	2009	
..	..	..	5197	3678	1295	0	224	2010	
6	..	21	3694	2717	913	..	64	2007	Luxembourg
7	..	20	3234	2215	958	..	61	2008	
6	..	20	3583	2693	827	..	63	2009	
8	..	21	4256	2741	1460	..	55	2010	
..	..	..	2296	2296	..	..	..	2007	Malte
..	..	..	2312	2312	..	..	..	2008	
..	..	..	2168	2168	..	..	..	2009	
..	..	..	2113	2113	..	..	..	2010	
..	..	..	2144	860	1284	..	..	2007	Monténégro
..	..	..	2828	1289	1539	..	..	2008	
..	..	..	2760	689	2071	..	..	2009	
..	..	..	4022	1272	2750	..	..	2010	
..	..	720	88560	81500	107	4200	2753	2007	Pays-Bas
..	..	888	84805	77124	102	4169	3410	2008	
..	..	959	91712	83718	98	4228	3668	2009	
..	..	854	95114	87841	105	3969	3199	2010	
5423	..	..	130522	317	129313	..	892	2007	Norvège
5888	..	..	135313	307	134093	..	913	2008	
5007	..	..	122260	213	121070	..	977	2009	
4817	..	..	114390	370	113125	..	895	2010	
2	..	..	151483	148024	2937	..	522	2007	Pologne
2	..	..	148564	144982	2745	..	837	2008	
2	..	..	144838	140789	2972	..	1077	2009	
2	..	..	149691	144541	3486	..	1664	2010	

Table 34

Production of electricity - by type
Million kilowatt-hours

Country or area Pays ou zone	Year Année	Self-producers and public utilities Autoproducteurs et services publics					Self-Auto-	
		Total Totale	Thermal Thermique	Hydro Hydraulique	Nuclear Nucléaire	Other Autre	Total Totale	Thermal Thermique
Portugal	2007	47253	32542	10449	..	4262	6385	6373
	2008	45969	32686	7296	..	5987	6042	6028
	2009	50208	33278	9009	..	7921	6515	6499
	2010	54091	27954	16547	..	9590	7743	7724
Republic of Moldova	2007	1100	1067	33	..	..	3	3
	2008	1096	1014	82	..	..	4	4
	2009	1032	977	55	..	..	20	20
	2010	1064	985	79	..	..	38	38
Romania	2007	61673	37995	15966	7709	3	2990	2870
	2008	64956	36530	17195	11226	5	2896	2755
	2009	58014	30446	15807	11752	9	2305	2084
	2010	60619	28807	19883	11623	306	2657	2383
Russian Federation	2007	1015333	675820	178982	160039	492	53592	52416
	2008	1040379	710113	166711	163085	470	56237	54800
	2009	991980	651810	176118	163584	468	52364	51432
	2010	1038030	698709	168397	170415	509	61904	60996
Serbia	2007	36550	26513	10037	..	..	138	138
	2008	37376	27267	10109	..	..	246	246
	2009	38322	27178	11144	..	..	160	160
	2010	38103	25532	12571	..	..	286	286
Slovakia	2007	28056	8099	4615	15334	8	2747	2651
	2008	28962	8011	4241	16703	7	2752	2657
	2009	26155	7464	4604	14081	6	2090	1976
	2010	27858	7612	5649	14574	23	2040	1909
Slovenia	2007	15043	6082	3266	5695	..	544	302
	2008	16399	6107	4018	6273	1	539	279
	2009	16401	5945	4713	5739	4	466	300
	2010	16433	6066	4697	5657	13	464	292
Spain	2007	305052	191351	30522	55103	28076	34329	33718
	2008	313758	193117	26144	58973	35524	37900	37269
	2009	294620	168516	29162	52761	44181	38125	37478
	2010	303092	144344	45488	61990	51270	40739	39970
Sweden	2007	148926	14262	66262	66969	1433	5987	5972
	2008	150036	14936	69211	63889	2000	6472	6456
	2009	136717	16075	65977	52173	2492	5577	5561
	2010	148609	20769	66501	57828	3511	6652	6638
Switzerland	2007	67925	3220	36737	27925	43	5738	3113
	2008	68936	3248	37935	27700	53	5764	3047
	2009	68457	3191	37507	27686	73	5902	2962
	2010	67824	3540	37825	26339	120	6211	3327
T.F.Yug.Rep. Macedonia	2007	6498	5488	1010	..	..	3	3
	2008	6311	5471	840	..	..	3	3
	2009	6828	5558	1270	..	..	1	1
	2010	7258	4829	2429	..	..	2	2
Ukraine	2007	196251	93405	10259	92542	45	4916	4886
	2008	192586	91188	11512	89841	45	4448	4418
	2009	173619	78716	11936	82924	43	4642	4616
	2010	188584	86229	13152	89152	51	4846	4818
United Kingdom	2007	396780	319515	8949	63028	5288	43507	40842
	2008	388695	319838	9257	52486	7114	41947	39246
	2009	376740	289371	8947	69098	9324	41874	38486
	2010	381129	302019	6754	62140	10216	41092	37926
Oceania	**2007**	**304567**	**257093**	**40213**	..	**7262**	**16665**	**16131**
	2008	**310835**	**265784**	**36490**	..	**8561**	**16640**	**16065**
	2009	**314250**	**265246**	**38526**	..	**10478**	**16577**	**15878**
	2010	**296576**	**244791**	**39126**	..	**12658**	**13748**	**13048**

Table 34

Production d'électricité - par catégorie
Millions de kilowatt-heures

producers producteurs			Public utilities Services publics					Year Année	Country or area Pays ou zone
Hydro Hydraulique	Nuclear Nucléaire	Other Autre	Total Totale	Thermal Thermique	Hydro Hydraulique	Nuclear Nucléaire	Other Autre		
12	..	..	40868	26169	10437	..	4262	2007	Portugal
14	..	..	39927	26658	7282	..	5987	2008	
16	..	..	43693	26779	8993	..	7921	2009	
19	..	..	46348	20230	16528	..	9590	2010	
..	..	..	1097	1064	33	..	..	2007	Rép. de Moldova
..	..	..	1092	1010	82	..	..	2008	
..	..	..	1012	957	55	..	..	2009	
..	..	..	1026	947	79	..	..	2010	
119	..	1	58683	35125	15847	7709	2	2007	Roumanie
140	..	1	62060	33775	17055	11226	4	2008	
220	..	1	55709	28362	15587	11752	8	2009	
268	..	6	57962	26424	19615	11623	300	2010	
1176	..	..	961741	623404	177806	160039	492	2007	Fédération de Russie
1437	..	..	984142	655313	165274	163085	470	2008	
932	..	..	939616	600378	175186	163584	468	2009	
908	..	..	976126	637713	167489	170415	509	2010	
..	..	..	36412	26375	10037	..	..	2007	Serbie
..	..	..	37130	27021	10109	..	..	2008	
..	..	..	38162	27018	11144	..	..	2009	
..	..	..	37817	25246	12571	..	..	2010	
88	..	8	25309	5448	4527	15334	..	2007	Slovaquie
88	..	7	26210	5354	4153	16703	..	2008	
108	..	6	24065	5488	4496	14081	..	2009	
110	..	21	25818	5703	5539	14574	2	2010	
242	..	..	14499	5780	3024	5695	..	2007	Slovénie
260	..	..	15860	5828	3758	6273	1	2008	
163	..	3	15935	5645	4550	5739	1	2009	
160	..	12	15969	5774	4537	5657	1	2010	
584	..	27	270723	157633	29938	55103	28049	2007	Espagne
595	..	36	275858	155848	25549	58973	35488	2008	
609	..	38	256495	131038	28553	52761	44143	2009	
728	..	41	262353	104374	44760	61990	51229	2010	
15	..	..	142939	8290	66247	66969	1433	2007	Suède
16	..	..	143564	8480	69195	63889	2000	2008	
16	..	..	131140	10514	65961	52173	2492	2009	
14	..	..	141957	14131	66487	57828	3511	2010	
2598	..	27	62187	107	34139	27925	16	2007	Suisse
2683	..	34	63172	201	35252	27700	19	2008	
2890	..	50	62555	229	34617	27686	23	2009	
2801	..	83	61613	213	35024	26339	37	2010	
..	..	..	6495	5485	1010	..	..	2007	L'ex-RY Macédoine
..	..	..	6308	5468	840	..	..	2008	
..	..	..	6827	5557	1270	..	..	2009	
..	..	..	7256	4827	2429	..	..	2010	
30	..	..	191335	88519	10229	92542	45	2007	Ukraine
30	..	..	188138	86770	11482	89841	45	2008	
26	..	..	168977	74100	11910	82924	43	2009	
28	..	..	183738	81411	13124	89152	51	2010	
946	..	1719	353273	278673	8003	63028	3569	2007	Royaume-Uni
944	..	1757	346748	280592	8313	52486	5357	2008	
968	..	2420	334866	250885	7979	69098	6904	2009	
900	..	2266	340037	264093	5854	62140	7950	2010	
359	..	**175**	**287902**	**240961**	**39854**	..	**7087**	**2007**	**Océanie**
367	..	**208**	**294195**	**249718**	**36123**	..	**8353**	**2008**	
372	..	**327**	**297673**	**249368**	**38154**	..	**10151**	**2009**	
373	..	**327**	**282827**	**231743**	**38753**	..	**12331**	**2010**	

Table 34

Production of electricity - by type
Million kilowatt-hours

Country or area Pays ou zone	Year Année	Self-producers and public utilities Autoproducteurs et services publics					Self-Auto-	
		Total Totale	Thermal Thermique	Hydro Hydraulique	Nuclear Nucléaire	Other Autre	Total Totale	Thermal Thermique
American Samoa	2007	185	185	..	..	..	..	..
	2008	188	188	..	..	..	..	..
	2009	179	179	..	..	..	..	..
	2010	159	159	..	..	..	..	..
Australia	2007	251054	233799	14517	..	2738	12938	12815
	2008	257246	241936	12057	..	3253	12862	12706
	2009	260965	244587	12295	..	4083	12803	12530
	2010	241584	223987	12522	..	5075	9888	9615
Cook Islands	2007	34	34	..	..	..	..	..
	2008	34	34	..	..	..	..	..
	2009	33	33	..	..	..	..	..
	2010	34	34	..	..	..	..	..
Fiji	2007	833	324	508	..	..	68	68
	2008	794	299	495	..	..	30	30
	2009	802	342	460	..	..	32	32
	2010	863	449	414	..	..	34	34
French Polynesia	2007	*687	*464	223	..	..	..	..
	2008	*720	*505	211	..	4	..	..
	2009	*736	*521	210	..	4	..	..
	2010	*818	*538	276	..	*4	..	..
Guam	2007	1879	1879	..	..	..	..	..
	2008	*1870	*1870	..	..	..	..	..
	2009	1868	1868	..	..	..	..	..
	2010	*1882	*1882	..	..	..	..	..
Kiribati	2007	24	24	..	..	..	..	..
	2008	23	23	..	..	..	..	..
	2009	*22	*22	..	..	..	..	..
	2010	*24	*24	..	..	..	..	..
Marshall Islands	2007	*106	*106	..	..	..	..	..
	2008	*109	*109	..	..	..	..	..
	2009	*111	*111	..	..	..	..	..
	2010	*114	*114	..	..	..	..	..
Micronesia(Fed. States of)	2007	70	67	..	..	*3	..	..
	2008	*71	*68	..	..	*3	..	..
	2009	*70	*67	..	..	*3	..	..
	2010	*71	*68	..	..	*3	..	..
Nauru	2007	*36	*36	..	..	..	..	..
	2008	*36	*36	..	..	..	..	..
	2009	*36	*36	..	..	..	..	..
	2010	*28	*28	..	..	..	..	..
New Caledonia	2007	1926	1499	390	..	37	..	..
	2008	1875	1382	458	..	35	..	..
	2009	1939	1491	406	..	42	..	..
	2010	2131	1811	265	..	54	..	..
New Zealand	2007	43750	15627	23639	..	4484	1359	1299
	2008	43838	16242	22335	..	5261	1324	1265
	2009	43454	12894	24219	..	6341	1317	1251
	2010	44819	12588	24714	..	7517	1401	1334
Niue	2007	*3	*3	..	..	..	..	..
	2008	*3	*3	..	..	..	..	..
	2009	*3	*3	..	..	..	..	..
	2010	*3	*3	..	..	..	..	..
Northern Mariana Islands	2007	384	384	..	..	..	..	..
	2008	*394	*394	..	..	..	..	..
	2009	*397	*397	..	..	..	..	..
	2010	*400	*400	..	..	..	..	..

Table 34

Production d'électricité - par catégorie
Millions de kilowatt-heures

producers producteurs			Public utilities Services publics					Year Année	Country or area Pays ou zone
Hydro Hydraulique	Nuclear Nucléaire	Other Autre	Total Totale	Thermal Thermique	Hydro Hydraulique	Nuclear Nucléaire	Other Autre		
..	..	..	185	185	..	..	..	2007	Samoa américaines
..	..	..	188	188	..	..	..	2008	
..	..	..	179	179	..	..	..	2009	
..	..	..	159	159	..	..	..	2010	
..	..	123	238116	220984	14517	..	2615	2007	Australie
..	..	156	244384	229230	12057	..	3097	2008	
..	..	273	248162	232057	12295	..	3810	2009	
..	..	273	231696	214372	12522	..	4802	2010	
..	..	..	34	34	..	..	..	2007	Iles Cook
..	..	..	34	34	..	..	..	2008	
..	..	..	33	33	..	..	..	2009	
..	..	..	34	34	..	..	..	2010	
..	..	..	764	256	508	..	..	2007	Fidji
..	..	..	765	270	495	..	..	2008	
..	..	..	770	310	460	..	..	2009	
..	..	..	829	415	414	..	..	2010	
..	..	..	*687	*464	223	..	..	2007	Polynésie française
..	..	..	*720	*505	211	..	4	2008	
..	..	..	*736	*521	210	..	4	2009	
..	..	..	*818	*538	276	..	*4	2010	
..	..	..	1879	1879	..	..	..	2007	Guam
..	..	..	*1870	*1870	..	..	..	2008	
..	..	..	1868	1868	..	..	..	2009	
..	..	..	*1882	*1882	..	..	..	2010	
..	..	..	24	24	..	..	..	2007	Kiribati
..	..	..	23	23	..	..	..	2008	
..	..	..	*22	*22	..	..	..	2009	
..	..	..	*24	*24	..	..	..	2010	
..	..	..	*106	*106	..	..	..	2007	Iles Marshall
..	..	..	*109	*109	..	..	..	2008	
..	..	..	*111	*111	..	..	..	2009	
..	..	..	*114	*114	..	..	..	2010	
..	..	..	70	67	..	..	*3	2007	Micronésie(États. féds. de)
..	..	..	*71	*68	..	..	*3	2008	
..	..	..	*70	*67	..	..	*3	2009	
..	..	..	*71	*68	..	..	*3	2010	
..	..	..	*36	*36	..	..	..	2007	Nauru
..	..	..	*36	*36	..	..	..	2008	
..	..	..	*36	*36	..	..	..	2009	
..	..	..	*28	*28	..	..	..	2010	
..	..	..	1926	1499	390	..	37	2007	Nouvelle-Calédonie
..	..	..	1875	1382	458	..	35	2008	
..	..	..	1939	1491	406	..	42	2009	
..	..	..	2131	1811	265	..	54	2010	
8	..	52	42391	14328	23631	..	4432	2007	Nouvelle-Zélande
7	..	52	42514	14977	22328	..	5209	2008	
12	..	54	42137	11643	24207	..	6287	2009	
13	..	54	43418	11254	24701	..	7463	2010	
..	..	..	*3	*3	..	..	..	2007	Nioué
..	..	..	*3	*3	..	..	..	2008	
..	..	..	*3	*3	..	..	..	2009	
..	..	..	*3	*3	..	..	..	2010	
..	..	..	384	384	..	..	..	2007	Îles Mariannes du Nord
..	..	..	*394	*394	..	..	..	2008	
..	..	..	*397	*397	..	..	..	2009	
..	..	..	*400	*400	..	..	..	2010	

Table 34

Production of electricity - by type
Million kilowatt-hours

| Country or area
Pays ou zone | Year
Année | Self-producers and public utilities
Autoproducteurs et services publics | | | | | Self-
Auto- | |
		Total Totale	Thermal Thermique	Hydro Hydraulique	Nuclear Nucléaire	Other Autre	Total Totale	Thermal Thermique
Palau	2007	*154	*136	*18	..	..	*6	*6
	2008	*152	*134	*18	..	..	*6	*6
	2009	*152	*134	*18	..	..	*6	*6
	2010	*162	*144	*18	..	..	*6	*6
Papua New Guinea	2007	3112	2249	863	..	..	2281	1930
	2008	3131	2276	855	..	..	2406	2046
	2009	*3131	*2276	*855	..	..	*2406	*2046
	2010	*3131	*2276	*855	..	..	*2406	*2046
Samoa	2007	*118	*65	*53	..	..	*5	*5
	2008	*120	*66	*54	..	..	*5	*5
	2009	*122	*67	*55	..	..	*5	*5
	2010	*121	*67	*54	..	..	*5	*5
Solomon Islands	2007	85	85	..	..	..	*8	*8
	2008	86	86	..	..	..	*8	*8
	2009	84	84	..	..	..	*8	*8
	2010	87	87	..	..	..	*8	*8
Tonga	2007	*51	*51	..	..	..	..	..
	2008	*53	*53	..	..	..	..	..
	2009	55	55	..	..	..	..	..
	2010	52	52	..	..	..	..	..
Tuvalu	2007	4	4	..	..	..	..	..
	2008	4	4	..	..	..	..	..
	2009	*5	*5	..	..	..	..	..
	2010	*5	*5	..	..	..	..	..
Vanuatu	2007	*52	*50	*2	..	..	..	..
	2008	69	56	7	..	6	..	..
	2009	69	56	7	..	6	..	..
	2010	69	56	8	..	5	..	..
Wallis and Futuna Is.	2007	20	20	..	..	..	..	..
	2008	20	20	..	..	..	..	..
	2009	20	20	..	..	..	..	..
	2010	20	20	..	..	..	..	..

Table 34

Production d'électricité - par catégorie
Millions de kilowatt-heures

| producers producteurs | | | Public utilities Services publics | | | | | Year Année | Country or area Pays ou zone |
Hydro Hydraulique	Nuclear Nucléaire	Other Autre	Total Totale	Thermal Thermique	Hydro Hydraulique	Nuclear Nucléaire	Other Autre		
..	..	..	*148	*130	*18	..	..	2007	Palaos
..	..	..	*146	*128	*18	..	..	2008	
..	..	..	*146	*128	*18	..	..	2009	
..	..	..	*156	*138	*18	..	..	2010	
351	..	..	831	319	512	..	..	2007	Papouasie-Nvl-Guinée
360	..	..	725	230	495	..	..	2008	
*360	..	..	*725	*230	*495	..	..	2009	
*360	..	..	*725	*230	*495	..	..	2010	
..	..	..	*113	*60	*53	..	..	2007	Samoa
..	..	..	*115	*61	*54	..	..	2008	
..	..	..	*117	*62	*55	..	..	2009	
..	..	..	*116	*62	*54	..	..	2010	
..	..	..	77	77	..	..	..	2007	Iles Salomon
..	..	..	78	78	..	..	..	2008	
..	..	..	76	76	..	..	..	2009	
..	..	..	79	79	..	..	..	2010	
..	..	..	*51	*51	..	..	..	2007	Tonga
..	..	..	*53	*53	..	..	..	2008	
..	..	..	55	55	..	..	..	2009	
..	..	..	52	52	..	..	..	2010	
..	..	..	4	4	..	..	..	2007	Tuvalu
..	..	..	4	4	..	..	..	2008	
..	..	..	*5	*5	..	..	..	2009	
..	..	..	*5	*5	..	..	..	2010	
..	..	..	*52	*50	*2	..	..	2007	Vanuatu
..	..	..	69	56	7	..	6	2008	
..	..	..	69	56	7	..	6	2009	
..	..	..	69	56	8	..	5	2010	
..	..	..	20	20	..	..	..	2007	Iles Wallis et Futuna
..	..	..	20	20	..	..	..	2008	
..	..	..	20	20	..	..	..	2009	
..	..	..	20	20	..	..	..	2010	

Table 35

Production, trade and consumption of electricity
Production, commerce et consommation d'électricité
Million kilowatt-hours and kilowatt-hours per capita
Milliers de kilowattheures et kilowattheures par habitant

Table Notes:
Please refer to the Definitions Section on pages xv to xxix for the appropriate product description /classification.

Notes relatives aux tableaux:
Veuillez consulter la section "définitions" de la page xv à la page xxix pour une description/classification appropriée des produits.

Figure 89: World electricity generation 1994-2010

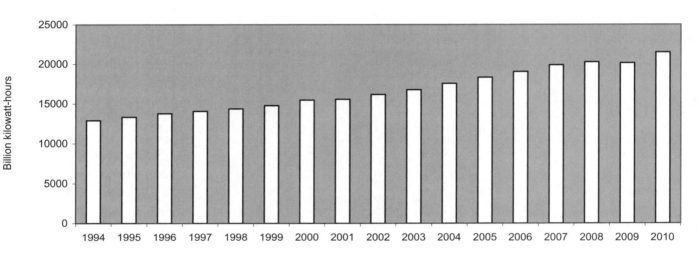

Figure 90: Major electricity producing countries in 2010

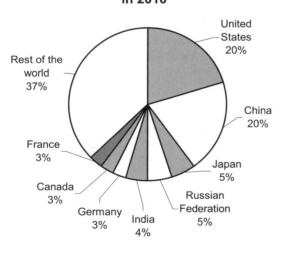

Figure 91: Major electricity consuming countries in 2010

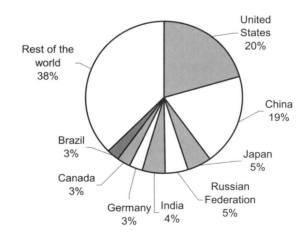

Table 35

Production, trade and consumption of electricity
Production, commerce et consommation d'électricité
Million kilowatt-hours and kilowatt-hours per capita
Millions de kilowatt-heures et kilowatt-heures par habitant

Country or area Pays ou zone	Year Année	Production Production	Imports Importations	Exports Exportations	Consumption Consommation	
					Total Totale	Per Capita Par habitant
World **Monde**	2007	19921675	643229	629382	19935521	2993
	2008	20279337	629972	619440	20289869	3011
	2009	20177501	598724	585490	20190736	2962
	2010	21518405	606571	589456	21535520	3123
Africa **Afrique**	2007	617891	45334	30208	633017	664
	2008	627054	46969	28627	645396	661
	2009	632040	46976	31022	647994	649
	2010	673573	47628	32540	688661	674
Algeria Algérie	2007	37196	279	273	37202	1097
	2008	40236	274	323	40187	1167
	2009	38195	330	362	38163	1092
	2010	45560	736	803	45493	1283
Angola Angola	2007	3217	..	..	3217	184
	2008	4156	..	..	4156	230
	2009	4735	..	..	4735	255
	2010	5256	..	..	5256	275
Benin Bénin	2007	220	579	..	799	98
	2008	229	662	..	891	107
	2009	128	866	..	994	116
	2010	150	935	..	1085	123
Botswana Botswana	2007	822	2394	..	3215	1668
	2008	697	2585	..	3282	1679
	2009	621	2749	..	3369	1700
	2010	532	2985	..	3517	1752
Burkina Faso Burkina Faso	2007	612	124	..	736	49
	2008	619	136	..	755	49
	2009	700	145	..	844	53
	2010	565	385	..	950	58
Burundi Burundi	2007	119	77	..	197	26
	2008	114	*77	..	190	24
	2009	123	*92	..	215	26
	2010	144	95	..	239	29
Cameroon Cameroun	2007	5243	..	..	5243	286
	2008	5681	..	..	5681	303
	2009	5783	..	..	5783	302
	2010	5899	..	..	5899	301
Cape Verde Cap-Vert	2007	269	..	..	269	558
	2008	287	..	..	287	588
	2009	296	..	..	296	602
	2010	319	..	..	319	644
Central African Rep. Rép. centrafricaine	2007	137	..	..	137	33
	2008	*137	..	..	*137	*32
	2009	136	..	..	136	32
	2010	*160	..	..	*160	*36
Chad Tchad	2007	129	..	..	129	12
	2008	150	..	..	150	14
	2009	183	..	..	183	17
	2010	200	..	..	200	18
Comoros Comores	2007	*47	..	..	*47	*69
	2008	*45	..	..	*45	*65
	2009	*43	..	..	*43	*60
	2010	*43	..	..	*43	*59

Table 35

Production, trade and consumption of electricity
Production, commerce et consommation d'électricité
Million kilowatt-hours and kilowatt-hours per capita
Millions de kilowatt-heures et kilowatt-heures par habitant

Country or area Pays ou zone	Year Année	Production Production	Imports Importations	Exports Exportations	Consumption Consommation	
					Total Totale	Per Capita Par habitant
Congo	2007	407	449	..	856	229
Congo	2008	461	436	..	897	234
	2009	539	440	..	979	248
	2010	559	495	..	1054	261
Côte d'Ivoire	2007	5631	..	772	4859	261
Côte d'Ivoire	2008	5800	..	599	5201	274
	2009	5905	..	484	5421	280
	2010	5993	..	471	5522	280
Dem. Rep. of the Congo	2007	7856	76	1402	6530	107
Rép. dem. du Congo	2008	7525	83	674	6934	111
	2009	7831	105	887	7049	110
	2010	7884	161	916	7129	108
Djibouti	2007	323	..	..	323	385
Djibouti	2008	335	..	..	335	392
	2009	339	..	..	339	389
	2010	349	..	..	349	393
Egypt	2007	128129	251	814	127566	1658
Egypte	2008	134566	126	1022	133670	1707
	2009	142690	183	1118	141755	1778
	2010	150486	152	1595	149043	1837
Equatorial Guinea	2007	*100	..	..	*100	*155
Guinée équatoriale	2008	*100	..	..	*100	*151
	2009	*100	..	..	*100	*147
	2010	*100	..	..	*100	*143
Eritrea	2007	288	..	..	288	60
Erythrée	2008	287	..	..	287	58
	2009	295	..	..	295	58
	2010	311	..	..	311	59
Ethiopia	2007	3547	..	..	3547	46
Ethiopie	2008	3777	..	..	3777	48
	2009	3992	..	..	3992	49
	2010	4980	..	..	4980	60
Gabon	2007	1736	..	..	1736	1219
Gabon	2008	1837	..	..	1837	1267
	2009	1860	..	..	1860	1259
	2010	1847	..	..	1847	1227
Gambia	2007	229	..	..	229	144
Gambie	2008	242	..	..	242	148
	2009	242	..	..	242	144
	2010	*245	..	..	*245	*142
Ghana	2007	6984	435	246	7173	316
Ghana	2008	8366	275	538	8103	348
	2009	8964	198	752	8410	353
	2010	10167	106	1036	9237	379
Guinea	2007	973	..	..	973	104
Guinée	2008	1000	..	..	1000	105
	2009	996	..	..	996	102
	2010	952	..	..	952	95
Guinea-Bissau	2007	*30	..	..	*30	*21
Guinée-Bissau	2008	*30	..	..	*30	*21
	2009	*31	..	..	*31	*21
	2010	*32	..	..	*32	*21

Table 35

Production, trade and consumption of electricity
Production, commerce et consommation d'électricité
Million kilowatt-hours and kilowatt-hours per capita
Millions de kilowatt-heures et kilowatt-heures par habitant

Country or area Pays ou zone	Year Année	Production Production	Imports Importations	Exports Exportations	Consumption Consommation	
					Total Totale	Per Capita Par habitant
Kenya	2007	6773	23	58	6737	180
Kenya	2008	7055	30	27	7058	184
	2009	6450	39	26	6463	164
	2010	6867	31	31	6867	170
Lesotho	2007	560	56	9	608	288
Lesotho	2008	590	77	4	663	312
	2009	654	124	2	777	361
	2010	*701	201	6	*896	*413
Liberia	2007	*353	..	..	*353	*102
Libéria	2008	*353	..	..	*353	*96
	2009	*353	..	..	*353	*92
	2010	*353	..	..	*353	*88
Libya	2007	25694	77	104	25667	4261
Libye	2008	28667	69	117	28619	4654
	2009	30426	73	124	30375	4850
	2010	31613	76	129	31560	4966
Madagascar	2007	1222	..	..	1222	64
Madagascar	2008	1274	..	..	1274	65
	2009	1274	..	..	1274	63
	2010	1360	..	..	1360	66
Malawi	2007	1637	..	17	1620	119
Malawi	2008	1801	..	20	1782	127
	2009	*1758	..	16	*1742	*121
	2010	*2020	..	21	*2000	*134
Mali	2007	*495	..	..	*495	*35
Mali	2008	*508	..	..	*508	*35
	2009	*516	..	..	*516	*35
	2010	*520	..	..	*520	*34
Mauritania	2007	587	*110	..	697	217
Mauritanie	2008	659	104	..	763	231
	2009	752	*128	..	880	260
	2010	818	*135	..	953	275
Mauritius	2007	2465	..	..	2465	1933
Maurice	2008	2557	..	..	2557	1992
	2009	2577	..	..	2577	1995
	2010	2690	..	..	2690	2070
Morocco	2007	19670	3507	..	23177	747
Maroc	2008	20347	4261	..	24608	786
	2009	20935	4623	..	25558	808
	2010	22852	3940	..	26792	839
Mozambique	2007	16076	8278	11822	12532	575
Mozambique	2008	15127	7776	11212	11691	523
	2009	16963	7869	12939	11893	520
	2010	16666	7928	12712	11882	508
Namibia	2007	1694	2045	40	3699	1713
Namibie	2008	2097	2147	47	4197	1907
	2009	1742	2202	144	3800	1695
	2010	1488	2462	207	3743	1639
Niger	2007	222	450	2	670	48
Niger	2008	226	462	2	685	47
	2009	254	535	2	786	52
	2010	291	551	2	840	54

Table 35

Production, trade and consumption of electricity
Production, commerce et consommation d'électricité
Million kilowatt-hours and kilowatt-hours per capita
Millions de kilowatt-heures et kilowatt-heures par habitant

Country or area Pays ou zone	Year Année	Production Production	Imports Importations	Exports Exportations	Consumption Consommation	
					Total Totale	Per Capita Par habitant
Nigeria Nigéria	2007	22978	..	..	22978	156
	2008	21110	..	..	21110	140
	2009	19777	..	..	19777	128
	2010	26121	..	..	26121	165
Réunion Réunion	2007	2463	..	..	2463	3019
	2008	2546	..	..	2546	3082
	2009	2618	..	..	2618	3131
	2010	2700	..	..	2700	3191
Rwanda Rwanda	2007	167	81	2	246	25
	2008	197	85	2	279	28
	2009	250	62	3	310	30
	2010	283	80	3	360	34
Sao Tome and Principe Sao Tomé-et-Principe	2007	*45	..	..	*45	*286
	2008	*48	..	..	*48	*297
	2009	*52	..	..	*52	*320
	2010	57	..	..	57	346
Senegal Sénégal	2007	2129	181	..	2310	201
	2008	2175	229	..	2404	204
	2009	2254	239	..	2493	206
	2010	2368	253	..	2621	211
Seychelles Seychelles	2007	271	..	..	271	3184
	2008	268	..	..	268	3129
	2009	276	..	..	276	3203
	2010	301	..	..	301	3479
Sierra Leone Sierra Leone	2007	*60	..	..	*60	*11
	2008	*139	..	..	*139	*25
	2009	*132	..	..	*132	*23
	2010	*171	..	..	*171	*29
Somalia Somalie	2007	311	..	..	311	36
	2008	320	..	..	320	36
	2009	324	..	..	324	36
	2010	327	..	..	327	35
South Africa Afrique du Sud	2007	263479	19163	14107	268535	5498
	2008	258291	18767	13829	263229	5337
	2009	249557	18205	13361	254401	5113
	2010	259601	18851	13899	264553	5277
St. Helena and Depend. St-Hélène et dépend	2007	9	..	..	9	1944
	2008	9	..	..	9	2006
	2009	9	..	..	9	2123
	2010	*9	..	..	*9	*2205
Sudan Soudan	2007	5021	..	..	5021	124
	2008	5506	..	..	5506	133
	2009	7239	..	..	7239	170
	2010	7842	..	..	7842	180
Swaziland Swaziland	2007	*454	936	..	1390	1227
	2008	*433	983	..	1416	1231
	2009	*517	923	..	1440	1233
	2010	561	909	..	1470	1239
Togo Togo	2007	196	514	..	710	126
	2008	123	666	..	789	137
	2009	126	687	..	813	138
	2010	130	710	..	840	139

Table 35

Production, trade and consumption of electricity
Production, commerce et consommation d'électricité
Million kilowatt-hours and kilowatt-hours per capita
Millions de kilowatt-heures et kilowatt-heures par habitant

Country or area Pays ou zone	Year Année	Production Production	Imports Importations	Exports Exportations	Consumption Consommation	
					Total Totale	Per Capita Par habitant
Tunisia Tunisie	2007	14060	0	0	14060	1388
	2008	14662	0	0	14662	1431
	2009	15252	122	81	15293	1475
	2010	16096	19	0	16115	1538
Uganda Ouganda	2007	1953	58	65	1946	64
	2008	2088	41	67	2062	66
	2009	2186	25	81	2130	66
	2010	*2107	29	*75	*2061	*62
United Rep. of Tanzania Rép. Unie de Tanzanie	2007	4175	123	..	4298	105
	2008	4414	52	..	4466	106
	2009	4164	52	..	4216	97
	2010	4440	52	..	4492	100
Western Sahara Sahara occidental	2007	*90	..	..	*90	*187
	2008	*90	..	..	*90	*181
	2009	*90	..	..	*90	*175
	2010	*90	..	..	*90	*170
Zambia Zambie	2007	9831	275	417	9689	804
	2008	9696	264	96	9864	797
	2009	10415	10	589	9836	773
	2010	11307	13	578	10742	821
Zimbabwe Zimbabwe	2007	8508	4793	58	13243	1061
	2008	7002	6304	48	13258	1065
	2009	7422	5951	51	13322	1068
	2010	8091	5338	56	13373	1064
America, North Amérique du Nord	**2007**	**5380867**	**71612**	**72229**	**5380250**	**10235**
	2008	**5392431**	**81799**	**81361**	**5392869**	**10153**
	2009	**5176818**	**71376**	**71575**	**5176619**	**9647**
	2010	**5383309**	**65129**	**65313**	**5383126**	**9931**
Anguilla Anguilla	2007	89	..	..	89	6183
	2008	90	..	..	90	6073
	2009	91	..	..	91	6059
	2010	99	..	..	99	6418
Antigua and Barbuda Antigua-et-Barbuda	2007	*280	..	..	*280	*3258
	2008	*288	..	..	*288	*3315
	2009	327	..	..	327	3729
	2010	*326	..	..	*326	*3675
Aruba Aruba	2007	936	..	..	936	8981
	2008	914	..	..	914	8658
	2009	924	..	..	924	8670
	2010	940	..	..	940	8747
Bahamas Bahamas	2007	2246	..	..	2246	6830
	2008	2251	..	..	2251	6746
	2009	2140	..	..	2140	6325
	2010	*2234	..	..	*2234	*6515
Barbados Barbade	2007	973	..	..	973	3583
	2008	1054	..	..	1054	3871
	2009	1068	..	..	1068	3917
	2010	1028	..	..	1028	3760
Belize Belize	2007	218	225	..	443	1511
	2008	218	248	..	466	1557
	2009	260	216	..	476	1560
	2010	330	160	..	490	1572

Table 35

Production, trade and consumption of electricity
Production, commerce et consommation d'électricité

Million kilowatt-hours and kilowatt-hours per capita
Millions de kilowatt-heures et kilowatt-heures par habitant

Country or area Pays ou zone	Year Année	Production Production	Imports Importations	Exports Exportations	Consumption Consommation	
					Total Totale	Per Capita Par habitant
Bermuda Bermudes	2007 2008 2009 2010	643 645 *733 730	.. ..	.. ..	643 645 *733 730	9969 9976 *11315 11241
British Virgin Islands Iles Vierges britanniques	2007 2008 2009 2010	*48 *50 *52 *54	.. ..	.. ..	*48 *50 *52 *54	*2132 *2197 *2260 *2323
Canada Canada	2007 2008 2009 2010	642102 641051 603234 607952	19380 23864 18161 18686	50331 55336 51738 44389	611151 609579 609579 582249	18532 18290 18290 17117
Cayman Islands Iles Caïmanes	2007 2008 2009 2010	604 615 626 624	.. ..	.. ..	604 615 626 624	11046 11122 11226 11097
Costa Rica Costa Rica	2007 2008 2009 2010	9050 9474 9290 9583	203 96 151 165	40 166 134 136	9213 9404 9307 9612	2069 2080 2027 2063
Cuba Cuba	2007 2008 2009 2010	17622 17681 17727 17387	.. ..	.. ..	17622 17681 17727 17387	1564 1569 1574 1544
Dominica Dominique	2007 2008 2009 2010	86 88 93 99	.. ..	.. ..	86 88 93 99	1263 1284 1365 1463
Dominican Republic Rép. dominicaine	2007 2008 2009 2010	14410 15172 14982 15915	.. ..	.. ..	14410 15172 14982 15915	1512 1570 1529 1603
El Salvador El Salvador	2007 2008 2009 2010	5807 6019 5788 5980	38 83 208 174	7 89 79 89	5838 6013 5917 6065	957 981 960 979
Greenland Groënland	2007 2008 2009 2010	389 388 406 401	.. ..	.. ..	389 388 406 401	6785 6768 7092 7000
Grenada Grenade	2007 2008 2009 2010	176 189 203 213	.. ..	.. ..	176 189 203 213	1699 1820 1950 2040
Guadeloupe Guadeloupe	2007 2008 2009 2010	*1863 *1863 *1863 *1863	.. ..	.. ..	*1863 *1863 *1863 *1863	*4119 *4092 *4067 *4044
Guatemala Guatemala	2007 2008 2009 2010	8755 8717 9039 8832	8 5 37 362	132 76 94 139	8631 8646 8982 9055	646 632 640 629

Table 35

Production, trade and consumption of electricity
Production, commerce et consommation d'électricité

Million kilowatt-hours and kilowatt-hours per capita
Millions de kilowatt-heures et kilowatt-heures par habitant

Country or area Pays ou zone	Year Année	Production Production	Imports Importations	Exports Exportations	Consumption Consommation	
					Total Totale	Per Capita Par habitant
Haiti	2007	469	..	..	469	49
Haïti	2008	486	..	..	486	50
	2009	721	..	..	721	73
	2010	587	..	..	587	59
Honduras	2007	6313	12	0	6325	884
Honduras	2008	6537	0	12	6525	894
	2009	6552	0	46	6506	873
	2010	6734	22	22	6734	886
Jamaica	2007	7782	..	..	7782	2873
Jamaïque	2008	6008	..	..	6008	2209
	2009	5533	..	..	5533	2026
	2010	4157	..	..	4157	1516
Martinique	2007	*1602	..	..	*1602	*3994
Martinique	2008	*1652	..	..	*1652	*4101
	2009	*1702	..	..	*1702	*4210
	2010	*1778	..	..	*1778	*4382
Mexico	2007	263465	277	1451	262291	2401
Mexique	2008	258913	351	1452	257812	2330
	2009	261018	346	1249	260115	2322
	2010	270968	397	1349	270016	2381
Montserrat	2007	*23	..	..	*23	*3867
Montserrat	2008	*23	..	..	*23	*3914
	2009	*23	..	..	*23	*3902
	2010	*23	..	..	*23	*3876
Netherlands Antilles	2007	1256	..	..	1256	6549
Antilles néerlandaises	2008	1242	..	..	1242	6369
	2009	1298	..	..	1298	6554
	2010	1289	..	..	1289	6423
Nicaragua	2007	3208	64	0	3272	588
Nicaragua	2008	3361	28	0	3389	601
	2009	3453	2	2	3453	605
	2010	3659	10	43	3626	626
Panama	2007	6476	9	125	6360	1898
Panama	2008	6430	105	32	6503	1909
	2009	6947	64	95	6916	1998
	2010	7492	71	39	7524	2139
Puerto Rico	2007	24636	..	..	24636	6543
Porto Rico	2008	23117	..	..	23117	6150
	2009	22949	..	..	22949	6121
	2010	23247	..	..	23247	6201
St. Kitts-Nevis	2007	*147	..	..	*147	*2913
St-Kitts-Nevis	2008	*147	..	..	*147	*2877
	2009	*147	..	..	*147	*2840
	2010	*147	..	..	*147	*2805
St. Lucia	2007	346	..	..	346	2048
St-Lucie	2008	352	..	..	352	2065
	2009	363	..	..	363	2105
	2010	381	..	..	381	2186
St. Pierre-Miquelon	2007	43	..	..	43	6979
St-Pierre-Miquelon	2008	44	..	..	44	7312
	2009	45	..	..	45	7413
	2010	45	..	..	45	7484

Table 35

Production, trade and consumption of electricity
Production, commerce et consommation d'électricité

Million kilowatt-hours and kilowatt-hours per capita
Millions de kilowatt-heures et kilowatt-heures par habitant

Country or area Pays ou zone	Year Année	Production Production	Imports Importations	Exports Exportations	Consumption Consommation	
					Total Totale	Per Capita Par habitant
St. Vincent-Grenadines	2007	141	..	..	141	1293
St. Vincent-Grenadines	2008	139	..	..	139	1273
	2009	*140	..	..	*140	*1281
	2010	*142	..	..	*142	*1296
Trinidad and Tobago	2007	7662	..	..	7662	5780
Trinité-et-Tobago	2008	7785	..	..	7785	5849
	2009	7735	..	..	7735	5788
	2010	8487	..	..	8487	6327
Turks and Caicos Islands	2007	182	..	..	182	5290
Iles Turques et Caïques	2008	*198	..	..	*198	*5506
	2009	*209	..	..	*209	*5608
	2010	*204	..	..	*204	*5308
United States	2007	4349840	51396	20143	4381093	14493
États-Unis	2008	4368260	57019	24198	4401081	14430
	2009	4188214	52191	18138	4222267	13723
	2010	4378422	45083	19107	4404398	14190
United States Virgin Is.	2007	980	..	..	980	8960
Iles Vierges américaines	2008	*972	..	..	*972	*8888
	2009	*921	..	..	*921	*8431
	2010	958	..	..	958	8780
America, South	**2007**	**907676**	**54619**	**52287**	**910008**	**2394**
Amérique du Sud	**2008**	**946165**	**54153**	**52063**	**948256**	**2467**
	2009	**950043**	**53563**	**50701**	**952906**	**2453**
	2010	**1009032**	**48432**	**48592**	**1008872**	**2570**
Argentina	2007	115428	10437	2675	123190	3129
Argentine	2008	123422	8456	2974	128904	3246
	2009	122305	8600	2445	128460	3206
	2010	125991	10299	1701	134589	3330
Bolivia (Plur. State of)	2007	5734	..	..	5734	606
Bolivie (État plur. de)	2008	5817	..	..	5817	605
	2009	6121	..	..	6121	626
	2010	6884	..	..	6884	693
Brazil	2007	445094	40866	2034	483926	2550
Brésil	2008	463120	42901	689	505332	2638
	2009	466158	40746	1080	505824	2618
	2010	515798	35906	1257	550447	2824
Chile	2007	58509	1628	..	60137	3615
Chili	2008	59704	1154	..	60858	3623
	2009	60722	1348	..	62070	3661
	2010	60434	958	..	61392	3587
Colombia	2007	55314	39	877	54476	1228
Colombie	2008	56024	77	1473	54628	1214
	2009	57265	21	1077	56209	1231
	2010	60111	10	798	59323	1281
Ecuador	2007	17119	861	39	17941	1295
Equateur	2008	19010	500	38	19472	1385
	2009	18022	1120	21	19121	1341
	2010	17688	873	10	18551	1282
Falkland Is. (Malvinas)	2007	*17	..	..	*17	*5807
Iles Falkland (Malvinas)	2008	*18	..	..	*18	*5847
	2009	*18	..	..	*18	*5838
	2010	*18	..	..	*18	*5817

Table 35

Production, trade and consumption of electricity
Production, commerce et consommation d'électricité

Million kilowatt-hours and kilowatt-hours per capita
Millions de kilowatt-heures et kilowatt-heures par habitant

Country or area Pays ou zone	Year Année	Production Production	Imports Importations	Exports Exportations	Consumption Consommation	
					Total Totale	Per Capita Par habitant
French Guiana Guyane française	2007	*744	..	..	*744	*3471
	2008	*773	..	..	*773	*3515
	2009	*794	..	..	*794	*3522
	2010	*823	..	..	*823	*3560
Guyana Guyana	2007	699	..	..	699	932
	2008	709	..	..	709	944
	2009	723	..	..	723	960
	2010	765	..	..	765	1013
Paraguay Paraguay	2007	53715	0	45127	8588	1403
	2008	55454	0	46292	9163	1471
	2009	54950	0	45123	9827	1550
	2010	54066	0	43378	10688	1656
Peru Pérou	2007	29931	..	..	29931	1063
	2008	32430	..	..	32430	1139
	2009	32929	..	63	32866	1143
	2010	35890	..	112	35778	1230
Suriname Suriname	2007	1618	..	..	1618	3172
	2008	1618	..	..	1618	3141
	2009	1618	..	..	1618	3112
	2010	*1634	..	..	*1634	*3115
Uruguay Uruguay	2007	9424	788	995	9217	2763
	2008	8769	963	28	9704	2900
	2009	8838	1468	259	10047	2993
	2010	10659	386	710	10335	3068
Venezuela(Bolivar. Rep.) Venezuela(Rép. bolivar.)	2007	114330	0	540	113790	4124
	2008	119297	102	569	118830	4235
	2009	119581	260	633	119208	4180
	2010	118272	0	626	117646	4060
Asia Asie	**2007**	**7813099**	**62495**	**63504**	**7812090**	**1937**
	2008	**8060579**	**62959**	**68813**	**8054725**	**1976**
	2009	**8402147**	**68462**	**72490**	**8398118**	**2038**
	2010	**9253027**	**78292**	**74350**	**9256968**	**2223**
Afghanistan Afghanistan	2007	950	785	..	1735	60
	2008	788	835	..	1623	54
	2009	889	957	..	1846	60
	2010	892	1867	..	2759	88
Armenia Arménie	2007	5898	419	451	5866	1908
	2008	6114	338	360	6092	1979
	2009	5672	295	325	5643	1829
	2010	6491	246	1061	5676	1836
Azerbaijan Azerbaïdjan	2007	21847	548	786	21609	2450
	2008	21643	216	812	21047	2353
	2009	18868	110	380	18598	2051
	2010	18710	100	462	18348	1997
Bahrain Bahreïn	2007	10908	13	0	10921	11797
	2008	11933	0	275	11658	11078
	2009	12056	168	0	12224	10452
	2010	13230	192	19	13403	10622
Bangladesh Bangladesh	2007	31286	..	..	31286	217
	2008	34957	..	..	34957	240
	2009	37862	..	..	37862	258
	2010	42347	..	..	42347	285

Table 35

Production, trade and consumption of electricity
Production, commerce et consommation d'électricité
Million kilowatt-hours and kilowatt-hours per capita
Millions de kilowatt-heures et kilowatt-heures par habitant

Country or area Pays ou zone	Year Année	Production Production	Imports Importations	Exports Exportations	Consumption Consommation	
					Total Totale	Per Capita Par habitant
Bhutan	2007	6562	7	5429	1140	1656
Bhoutan	2008	6961	17	5609	1369	1951
	2009	6998	20	5352	1665	2334
	2010	7329	20	5268	2081	2866
Brunei Darussalam	2007	3395	..	..	3395	8993
Brunéi Darussalam	2008	3423	..	..	3423	8898
	2009	3612	..	..	3612	9218
	2010	3862	..	..	3862	9681
Cambodia	2007	1489	103	..	1592	116
Cambodge	2008	1479	276	..	1755	127
	2009	1256	725	..	1981	142
	2010	994	1357	..	2351	166
China	2007	3281553	4251	14566	3271238	2475
Chine	2008	3456738	3842	16644	3443936	2593
	2009	3714650	6006	17386	3703270	2774
	2010	4207160	5545	19059	4193646	3126
China, Hong Kong SAR	2007	38948	10959	4035	45872	6674
Chine, Hong-Kong RAS	2008	37990	11297	3553	45734	6603
	2009	38728	11590	3731	46587	6667
	2010	38292	11046	2609	46729	6625
China, Macao SAR	2007	1520	1683	..	3203	6334
Chine, Macao RAS	2008	1211	2311	..	3522	6793
	2009	1466	2227	..	3693	6952
	2010	1077	2786	..	3863	7106
Cyprus	2007	4871	..	..	4871	4582
Chypre	2008	5078	..	..	5078	4715
	2009	5233	..	..	5233	4799
	2010	5380	..	..	5380	4875
Georgia	2007	8580	433	625	8388	1899
Géorgie	2008	8440	649	680	8409	1914
	2009	8165	255	749	7671	1754
	2010	9992	222	1524	8690	1997
India	2007	813102	5230	290	818042	697
Inde	2008	842531	5899	327	848103	712
	2009	899389	5359	519	904229	749
	2010	954539	5610	584	959565	784
Indonesia	2007	142236	..	..	142236	612
Indonésie	2008	149437	..	..	149437	636
	2009	157516	..	..	157516	663
	2010	186594	..	..	186594	778
Iran(Islamic Rep. of)	2007	203986	1842	2520	203308	2846
Iran(Rép. islamique)	2008	214530	1684	3875	212339	2937
	2009	221370	2068	6152	217286	2971
	2010	232955	3015	6707	229263	3099
Iraq	2007	32104	2196	..	34300	1184
Iraq	2008	36780	2973	..	39753	1333
	2009	46065	5604	..	51669	1682
	2010	48909	6722	..	55631	1756
Israel	2007	55100	..	2081	53019	7662
Israël	2008	56422	..	3666	52756	7438
	2009	55454	..	3783	51671	7116
	2010	58566	..	3966	54600	7360

Table 35

Production, trade and consumption of electricity
Production, commerce et consommation d'électricité

Million kilowatt-hours and kilowatt-hours per capita
Millions de kilowatt-heures et kilowatt-heures par habitant

Country or area Pays ou zone	Year Année	Production Production	Imports Importations	Exports Exportations	Consumption Consommation	
					Total Totale	Per Capita Par habitant
Japan Japon	2007 2008 2009 2010	1135718 1082549 1050326 1119221	.. ..	.. ..	1135718 1082549 1050326 1119221	8977 8555 8300 8845
Jordan Jordanie	2007 2008 2009 2010	12838 14160 14272 14779	208 547 383 1949	176 323 139 167	12870 14384 14516 16561	2271 2459 2409 2677
Kazakhstan Kazakhstan	2007 2008 2009 2010	76621 80326 78710 82646	3269 2788 1710 2914	3616 2483 2378 1757	76274 80631 78042 83803	4929 5150 4927 5229
Korea, Dem.Ppl's.Rep. Corée,Rép.pop.dém.de	2007 2008 2009 2010	21523 23206 21093 21673	.. ..	.. ..	21523 23206 21093 21673	896 962 870 890
Korea, Republic of Corée, République de	2007 2008 2009 2010	427316 446428 454504 499508	.. ..	.. ..	427316 446428 454504 499508	8996 9352 9476 10367
Kuwait Koweït	2007 2008 2009 2010	48753 51749 53216 57029	.. ..	.. ..	48753 51749 53216 57029	19917 20307 20110 20838
Kyrgyzstan Kirghizistan	2007 2008 2009 2010	16237 11877 11100 12063	0 10 0 0	2379 545 320 680	13858 11342 10780 11383	2697 2179 2045 2134
Lao People's Dem. Rep. Rép. dém. pop. lao	2007 2008 2009 2010	3863 4172 3874 3755	467 515 819 999	2226 2277 1939 2020	2104 2410 2754 2734	355 400 451 441
Lebanon Liban	2007 2008 2009 2010	9575 10627 10822 15712	972 561 1155 1245	.. ..	10547 11188 11977 16957	2551 2685 2854 4011
Malaysia Malaisie	2007 2008 2009 2010	104950 106927 107116 116808	0 0 0 0	2260 469 92 148	102690 106458 107024 116660	3796 3871 3829 4108
Maldives Maldives	2007 2008 2009 2010	245 280 298 256	.. ..	.. ..	245 280 298 256	807 910 957 810
Mongolia Mongolie	2007 2008 2009 2010	3702 4001 4039 4313	195 198 157 263	10 16 18 22	3887 4183 4178 4554	1481 1568 1541 1652
Myanmar Myanmar	2007 2008 2009 2010	6398 6622 6964 8625	.. ..	.. ..	6398 6622 6964 8625	136 140 146 180

Table 35

Production, trade and consumption of electricity
Production, commerce et consommation d'électricité

Million kilowatt-hours and kilowatt-hours per capita
Millions de kilowatt-heures et kilowatt-heures par habitant

Country or area Pays ou zone	Year Année	Production Production	Imports Importations	Exports Exportations	Consumption Consommation	
					Total Totale	Per Capita Par habitant
Nepal	2007	2792	425	60	3157	111
Népal	2008	2812	356	46	3122	108
	2009	3115	639	75	3679	125
	2010	3207	694	30	3871	129
Oman	2007	14167	..	..	14167	5531
Oman	2008	15829	..	..	15829	6003
	2009	17823	..	..	17823	6572
	2010	19819	..	..	19819	7123
Other Asia	2007	243121	..	..	243121	10590
Autres zones d'Asie	2008	238313	..	..	238313	10345
	2009	229694	..	..	229694	9935
	2010	246996	..	..	246996	10639
Pakistan	2007	95661	199	..	95860	583
Pakistan	2008	91616	227	..	91843	549
	2009	95358	249	..	95607	561
	2010	94383	269	..	94652	545
Philippines	2007	59646	..	..	59646	673
Philippines	2008	60855	..	..	60855	675
	2009	61968	..	..	61968	676
	2010	67777	..	..	67777	727
Qatar	2007	19462	..	..	19462	16519
Qatar	2008	21616	..	..	21616	15484
	2009	*24158	..	..	*24158	*15120
	2010	28144	..	..	28144	16002
Saudi Arabia	2007	190535	..	..	190535	7471
Arabie saoudite	2008	204200	..	..	204200	7804
	2009	217082	..	..	217082	8097
	2010	240067	..	..	240067	8746
Singapore	2007	41134	..	3	41131	8971
Singapour	2008	41717	..	1	41716	8741
	2009	41800	..	0	41800	8452
	2010	45366	..	0	45366	8919
Sri Lanka	2007	9814	..	..	9814	484
Sri Lanka	2008	9901	..	..	9901	484
	2009	9882	..	..	9882	478
	2010	10714	..	..	10714	514
State of Palestine	2007	417	3188	..	3605	967
État de Palestine	2008	427	3865	..	4291	1121
	2009	501	3983	..	4484	1141
	2010	473	4159	..	4632	1147
Syrian Arab Republic	2007	38784	1396	991	39189	2028
Rép. arabe syrienne	2008	41170	0	590	40580	2060
	2009	43308	*734	*865	43178	2153
	2010	46413	690	1043	46060	2257
Tajikistan	2007	17494	4361	4259	17596	2664
Tadjikistan	2008	16147	5297	4421	17023	2544
	2009	16117	4304	4247	16174	2384
	2010	16410	339	180	16569	2409
Thailand	2007	143378	4491	926	146943	2167
Thaïlande	2008	147427	2785	1180	149032	2183
	2009	148390	2439	1560	149269	2173
	2010	159518	7287	1615	165190	2390

2010 Energy Statistics Yearbook United Nations / 2010 Annuaire des statistiques de l'énergie des Nations Unies

Table 35

Production, trade and consumption of electricity
Production, commerce et consommation d'électricité

Million kilowatt-hours and kilowatt-hours per capita
Millions de kilowatt-heures et kilowatt-heures par habitant

Country or area Pays ou zone	Year Année	Production Production	Imports Importations	Exports Exportations	Consumption Consommation	
					Total Totale	Per Capita Par habitant
Timor-Leste	2007	92	..	..	92	87
Timor-Leste	2008	111	..	..	111	102
	2009	132	..	..	132	120
	2010	137	..	..	137	122
Turkey	2007	191558	864	2422	190000	2715
Turquie	2008	198418	789	1122	198085	2793
	2009	194813	812	1546	194079	2701
	2010	211208	1144	1918	210434	2892
Turkmenistan	2007	14880	..	1950	12930	2661
Turkménistan	2008	15040	..	1530	13510	2747
	2009	15980	..	2100	13880	2787
	2010	16660	..	2410	14250	2826
United Arab Emirates	2007	76106	..	..	76106	14079
Emirats arabes unis	2008	86260	..	6461	79799	12857
	2009	90573	..	6785	83788	12075
	2010	97728	..	8051	89677	11938
Uzbekistan	2007	48950	11360	11442	48868	1844
Ouzbékistan	2008	49400	11464	11547	49317	1839
	2009	49950	11592	11676	49866	1838
	2010	51710	12000	12087	51623	1881
Viet Nam	2007	67008	2630	..	69638	819
Viet Nam	2008	73396	3220	..	76616	891
	2009	83175	4102	373	86904	1000
	2010	94835	5612	964	99483	1132
Yemen	2007	6027	..	..	6027	275
Yémen	2008	6546	..	..	6546	289
	2009	6744	..	..	6744	289
	2010	7757	..	..	7757	323
Europe	**2007**	**4897574**	**409169**	**411155**	**4895588**	**6672**
Europe	**2008**	**4942272**	**384091**	**388576**	**4937787**	**6715**
	2009	**4702203**	**358347**	**359702**	**4700848**	**6380**
	2010	**4902889**	**367090**	**368662**	**4901317**	**6640**
Albania	2007	2860	2828	0	5688	1795
Albanie	2008	3797	2434	0	6231	1959
	2009	5207	1886	487	6606	2069
	2010	7580	1986	2935	6631	2069
Andorra	2007	76	501	..	577	7086
Andorre	2008	79	512	..	591	7155
	2009	*81	*506	..	*587	*7017
	2010	113	471	..	584	6884
Austria	2007	64757	22130	15511	71376	8589
Autriche	2008	66877	19796	14933	71740	8600
	2009	69088	19542	18762	69868	8348
	2010	71127	19898	17567	73458	8752
Belarus	2007	31829	9406	5062	36173	3718
Bélarus	2008	35048	7085	5245	36888	3810
	2009	30376	8404	3933	34847	3616
	2010	34895	7767	5067	37595	3918
Belgium	2007	88820	15816	9037	95599	9071
Belgique	2008	84930	17158	6561	95527	9010
	2009	91225	9486	11321	89390	8385
	2010	95120	12395	11844	95671	8931

Table 35

Production, trade and consumption of electricity
Production, commerce et consommation d'électricité
Million kilowatt-hours and kilowatt-hours per capita
Millions de kilowatt-heures et kilowatt-heures par habitant

Country or area Pays ou zone	Year Année	Production Production	Imports Importations	Exports Exportations	Consumption Consommation	
					Total Totale	Per Capita Par habitant
Bosnia and Herzegovina	2007	11784	3743	4344	11183	2959
Bosnie-Herzégovine	2008	14823	3412	5057	13178	3492
	2009	15668	2887	5877	12678	3365
	2010	17124	3076	6905	13295	3536
Bulgaria	2007	43297	3058	7533	38822	5081
Bulgarie	2008	45037	3097	8441	39693	5229
	2009	42964	2662	7735	37891	5024
	2010	46653	1167	9613	38207	5098
Croatia	2007	12245	7812	1451	18606	4204
Croatie	2008	12326	8164	1587	18903	4278
	2009	12776	7581	1899	18458	4185
	2010	14105	6682	1917	18870	4285
Czech Republic	2007	88198	10204	26357	72045	6985
République tchèque	2008	83518	8520	19989	72049	6943
	2009	82250	8586	22230	68606	6572
	2010	85910	6642	21590	70962	6763
Denmark	2007	39316	10427	11377	38366	7015
Danemark	2008	36620	12815	11360	38075	6926
	2009	36384	11208	10874	36718	6646
	2010	38785	10599	11734	37650	6784
Estonia	2007	12190	345	2765	9770	7275
Estonie	2008	10581	1369	2310	9640	7183
	2009	8779	3025	2943	8861	6605
	2010	12964	1100	4354	9710	7240
Faeroe Islands	2007	269	..	..	269	5538
Iles Féroé	2008	276	..	..	276	5679
	2009	276	..	..	276	5676
	2010	280	..	..	280	5749
Finland	2007	81247	15419	2862	93804	17731
Finlande	2008	77435	16107	3335	90207	16968
	2009	72062	15460	3375	84147	15753
	2010	80668	15719	5218	91169	16995
France	2007	569831	10782	67595	513018	8304
France	2008	574842	10748	58736	526854	8479
	2009	542877	18517	44451	516943	8274
	2010	569103	19435	50184	538354	8569
Germany	2007	637100	45953	62508	620545	7520
Allemagne	2008	637232	41670	61770	617132	7483
	2009	590367	41859	54132	578094	7015
	2010	628984	42962	57917	614029	7461
Gibraltar	2007	155	..	..	155	5291
Gibraltar	2008	166	..	..	166	5668
	2009	174	..	..	174	5947
	2010	177	..	..	177	6053
Greece	2007	63496	6412	2057	67851	6028
Grèce	2008	63749	7575	1962	69362	6143
	2009	61365	7600	3233	65732	5803
	2010	57392	8517	2811	63098	5555
Guernsey	2007	158	197	..	355	5806
Guernesey	2008	111	257	..	368	5959
	2009	174	210	..	384	6165
	2010	152	239	..	392	6271

Table 35

Production, trade and consumption of electricity
Production, commerce et consommation d'électricité

Million kilowatt-hours and kilowatt-hours per capita
Millions de kilowatt-heures et kilowatt-heures par habitant

Country or area Pays ou zone	Year Année	Production Production	Imports Importations	Exports Exportations	Consumption Consommation	
					Total Totale	Per Capita Par habitant
Hungary Hongrie	2007	39960	14680	10694	43946	4376
	2008	40025	12774	8871	43928	4383
	2009	35908	10972	5459	41421	4141
	2010	37371	9897	4702	42566	4264
Iceland Islande	2007	11977	..	..	11977	39176
	2008	16468	..	..	16468	53009
	2009	16834	..	..	16834	53349
	2010	17059	..	..	17059	53287
Ireland Irlande	2007	28196	1412	82	29526	6880
	2008	30238	753	303	30688	7050
	2009	28310	939	175	29074	6589
	2010	28611	760	290	29081	6506
Isle of Man Île de Man	2007	462	42	71	433	5330
	2008	503	31	96	438	5360
	2009	533	19	114	437	5277
	2010	498	45	108	435	5247
Italy Italie	2007	313888	48931	2648	360171	6051
	2008	319130	43433	3398	359165	5994
	2009	292641	47070	2111	337600	5601
	2010	302063	45987	1827	346223	5715
Jersey Le Jersey	2007	101	595	..	696	7403
	2008	34	678	..	712	7466
	2009	64	661	..	725	7532
	2010	56	669	..	725	7470
Latvia Lettonie	2007	4771	4964	1964	7771	3406
	2008	5274	4643	2123	7794	3432
	2009	5569	4259	2605	7223	3194
	2010	6627	3973	3100	7500	3330
Lithuania Lituanie	2007	14007	5846	7218	12635	3739
	2008	13912	5649	6606	12955	3856
	2009	15358	4783	7715	12426	3719
	2010	5749	8174	2184	11739	3532
Luxembourg Luxembourg	2007	4002	6847	2887	7962	16737
	2008	3558	6830	2484	7904	16237
	2009	3878	6022	2604	7296	14661
	2010	4592	7280	3216	8656	17058
Malta Malte	2007	2296	..	..	2296	5565
	2008	2312	..	..	2312	5585
	2009	2168	..	..	2168	5221
	2010	2113	..	..	2113	5073
Montenegro Monténégro	2007	2144	2167	108	4203	6693
	2008	2828	1571	108	4291	6820
	2009	2760	1151	172	3739	5931
	2010	4022	732	483	4271	6763
Netherlands Pays-Bas	2007	105162	23139	5565	122736	7464
	2008	107645	24967	9116	123496	7483
	2009	113502	15452	10561	118393	7150
	2010	118140	15583	12807	120916	7278
Norway Norvège	2007	137192	5285	15320	127157	26929
	2008	142134	3412	17275	128271	26841
	2009	131773	5651	14634	122790	25401
	2010	124505	14673	7124	132054	27043

Table 35

Production, trade and consumption of electricity
Production, commerce et consommation d'électricité
Million kilowatt-hours and kilowatt-hours per capita
Millions de kilowatt-heures et kilowatt-heures par habitant

Country or area Pays ou zone	Year Année	Production Production	Imports Importations	Exports Exportations	Consumption Consommation	
					Total Totale	Per Capita Par habitant
Poland	2007	159348	7761	13109	154000	4032
Pologne	2008	155305	9034	9703	154636	4046
	2009	151720	7403	9594	149529	3909
	2010	157657	6310	7664	156303	4084
Portugal	2007	47253	9641	2153	54741	5160
Portugal	2008	45969	10744	1313	55400	5209
	2009	50208	7598	2822	54984	5159
	2010	54091	5814	3191	56714	5313
Republic of Moldova	2007	1100	2931	0	4031	1098
Rép. de Moldova	2008	1096	2958	0	4054	1115
	2009	1032	2941	0	3973	1103
	2010	1064	3033	0	4097	1147
Romania	2007	61673	1269	3359	59583	2753
Roumanie	2008	64956	921	5169	60708	2812
	2009	58014	651	2946	55719	2587
	2010	60619	767	3041·	58345	2715
Russian Federation	2007	1015333	5670	18468	1002535	6996
Fédération de Russie	2008	1040379	3105	20738	1022746	7144
	2009	991980	3066	17923	977123	6830
	2010	1038030	1644	19091	1020583	7139
Serbia	2007	36550	9106	9192	36464	3708
Serbie	2008	37376	8875	8802	37449	3805
	2009	38322	5184	6609	36897	3745
	2010	38103	5620	5917	37806	3836
Slovakia	2007	28056	13580	11855	29781	5484
Slovaquie	2008	28962	9412	8891	29483	5418
	2009	26155	8994	7682	27467	5038
	2010	27858	7334	6293	28899	5291
Slovenia	2007	15043	6140	5911	15272	7589
Slovénie	2008	16399	6218	7820	14797	7332
	2009	16401	6156	9222	13335	6588
	2010	16433	8014	10136	14311	7051
Spain	2007	305052	8773	14524	299301	6710
Espagne	2008	313758	5881	16920	302719	6705
	2009	294620	6751	14855	286516	6278
	2010	303092	5206	13539	294759	6397
Sweden	2007	148926	16052	14736	150242	16400
Suède	2008	150036	12754	14715	148075	16031
	2009	136717	13765	9080	141402	15186
	2010	148609	14931	12853	150687	16065
Switzerland	2007	67925	34818	36880	65863	8716
Suisse	2008	68936	31601	32736	67801	8911
	2009	68457	31368	33525	66300	8659
	2010	67824	33401	32881	68344	8875
T.F.Yug.Rep. Macedonia	2007	6498	2491	..	8989	4389
L'ex-RY Macédoine	2008	6311	2733	..	9044	4406
	2009	6828	1438	..	8266	4019
	2010	7258	1420	..	8678	4211
Ukraine	2007	196251	3383	12554	187080	4042
Ukraine	2008	192586	2101	8831	185856	4041
	2009	173619	25	4294	169350	3704
	2010	188584	23	4078	184529	4060

Table 35

Production, trade and consumption of electricity
Production, commerce et consommation d'électricité

Million kilowatt-hours and kilowatt-hours per capita
Millions de kilowatt-heures et kilowatt-heures par habitant

Country or area Pays ou zone	Year Année	Production Production	Imports Importations	Exports Exportations	Consumption Consommation	
					Total Totale	Per Capita Par habitant
United Kingdom	2007	396780	8613	3398	401995	6601
Royaume-Uni	2008	388695	12294	1272	399717	6524
	2009	376740	6609	3748	379601	6157
	2010	381129	7144	4481	383792	6187
Oceania	**2007**	**304567**	**1**	..	**304568**	**8771**
Océanie	**2008**	**310835**	**1**	..	**310836**	**8792**
	2009	**314250**	**1**	..	**314251**	**8733**
	2010	**296576**	**1**	..	**296576**	**8105**
American Samoa	2007	185	..	..	185	2840
Samoa américaines	2008	188	..	..	188	2839
	2009	179	..	..	179	2652
	2010	159	..	..	159	2325
Australia	2007	251054	..	..	251054	11887
Australie	2008	257246	..	..	257246	11957
	2009	260965	..	..	260965	11915
	2010	241584	..	..	241584	10849
Cook Islands	2007	34	..	..	34	1697
Iles Cook	2008	34	..	..	34	1673
	2009	33	..	..	33	1622
	2010	34	..	..	34	1661
Fiji	2007	833	*1	..	833	998
Fidji	2008	794	*1	..	795	942
	2009	802	*1	..	803	942
	2010	863	*1	..	863	1003
French Polynesia	2007	*687	..	..	*687	*2629
Polynésie française	2008	*720	..	..	*720	*2721
	2009	*736	..	..	*736	*2748
	2010	*818	..	..	*818	*3021
Guam	2007	1879	..	..	1879	10843
Guam	2008	*1870	..	..	*1870	*10653
	2009	1868	..	..	1868	10511
	2010	*1882	..	..	*1882	*10464
Kiribati	2007	24	..	..	24	248
Kiribati	2008	23	..	..	23	233
	2009	*22	..	..	*22	*224
	2010	*24	..	..	*24	*242
Marshall Islands	2007	*106	..	..	*106	*2020
Iles Marshall	2008	*109	..	..	*109	*2054
	2009	*111	..	..	*111	*2082
	2010	*114	..	..	*114	*2104
Micronesia(Fed. States of)	2007	70	..	..	70	639
Micronésie(États. féds. de)	2008	*71	..	..	*71	*643
	2009	*70	..	..	*70	*632
	2010	*71	..	..	*71	*639
Nauru	2007	*36	..	..	*36	*3585
Nauru	2008	*36	..	..	*36	*3566
	2009	*36	..	..	*36	*3525
	2010	*28	..	..	*28	*2750
New Caledonia	2007	1926	..	..	1926	8061
Nouvelle-Calédonie	2008	1875	..	..	1875	7719
	2009	1939	..	..	1939	7853
	2010	2131	..	..	2131	8493

Table 35

Production, trade and consumption of electricity
Production, commerce et consommation d'électricité
Million kilowatt-hours and kilowatt-hours per capita
Millions de kilowatt-heures et kilowatt-heures par habitant

Country or area Pays ou zone	Year Année	Production Production	Imports Importations	Exports Exportations	Consumption Consommation	
					Total Totale	Per Capita Par habitant
New Zealand	2007	43750	..	..	43750	10337
Nouvelle-Zélande	2008	43838	..	..	43838	10248
	2009	43454	..	..	43454	10053
	2010	44819	..	..	44819	10260
Niue	2007	*3	..	..	*3	*1877
Nioué	2008	*3	..	..	*3	*1929
	2009	*3	..	..	*3	*1985
	2010	*3	..	..	*3	*2044
Northern Mariana Islands	2007	384	..	..	384	5964
Îles Mariannes du Nord	2008	*394	..	..	*394	*6278
	2009	*397	..	..	*397	*6458
	2010	*400	..	..	*400	*6566
Palau	2007	*154	..	..	*154	*7655
Palaos	2008	*152	..	..	*152	*7514
	2009	*152	..	..	*152	*7471
	2010	*162	..	..	*162	*7913
Papua New Guinea	2007	3112	..	..	3112	487
Papouasie-Nvl-Guinée	2008	3131	..	..	3131	478
	2009	*3131	..	..	*3131	*467
	2010	*3131	..	..	*3131	*457
Samoa	2007	*118	..	..	*118	*651
Samoa	2008	*120	..	..	*120	*660
	2009	*122	..	..	*122	*669
	2010	*121	..	..	*121	*659
Solomon Islands	2007	85	..	..	85	171
Iles Salomon	2008	86	..	..	86	169
	2009	84	..	..	84	160
	2010	87	..	..	87	163
Tonga	2007	*51	..	..	*51	*499
Tonga	2008	*53	..	..	*53	*515
	2009	55	..	..	55	528
	2010	52	..	..	52	498
Tuvalu	2007	4	..	..	4	440
Tuvalu	2008	4	..	..	4	450
	2009	*5	..	..	*5	*464
	2010	*5	..	..	*5	*468
Vanuatu	2007	*52	..	..	*52	*234
Vanuatu	2008	69	..	..	69	301
	2009	69	..	..	69	294
	2010	69	..	..	69	288
Wallis and Futuna Is.	2007	20	..	..	20	1448
Iles Wallis et Futuna	2008	20	..	..	20	1468
	2009	20	..	..	20	1467
	2010	20	..	..	20	1461

Table 36

Production of Heat – by type
Production de chaleur – par catégorie

Terajoules
Térajoules

Table Notes:

Heat from geothermal sources includes heat from chemical and from non-specified sources.

Heat from thermal power plants includes heat from nuclear and thermal CHP (combined heat and power) plants.

Please refer to the Definitions Section on pages xv to xxix for the appropriate product description /classification.

Notes relatives aux tableaux:

La chaleur des sources géothermiques inclut la chaleur des sources chimiques ou non-indiquées.

La chaleur des centrales thermiques inclut la chaleur des centrales de cogénération chaleur/électricité nucléaires et thermiques.

Veuillez consulter la section "définitions" de la page xv à la page xxix pour une description/classification appropriée des produits.

Figure 92: World heat production by type, 1994-2010

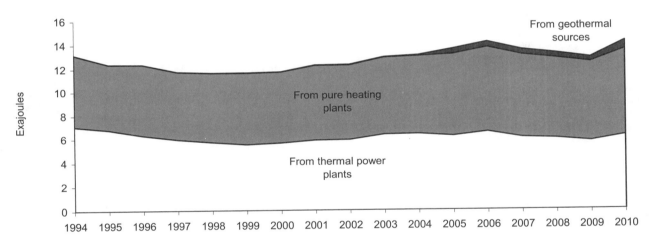

Figure 93: Major heat producing countries in 2010

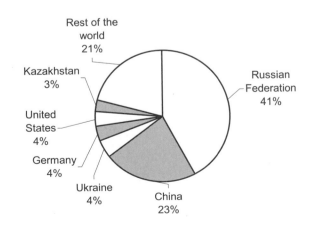

Figure 94: World heat production by type, in 2010

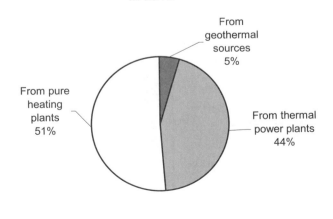

Table 36

Production of heat - by type
Production de chaleur - par catégorie
Terajoules
Térajoules

Country or area Pays ou zone	Year Année	From geothermal sources De sources géothermiques	From thermal power plants Des centrales thermiques	From pure heating plants Des centrales de chaleur	Total production Production totale
World	**2007**	**412732**	**6103846**	**7027237**	**13543815**
Monde	**2008**	**395944**	**6019541**	**6833221**	**13248706**
	2009	**368375**	**5770399**	**6740752**	**12879526**
	2010	**686283**	**6274203**	**7294272**	**14254758**
Africa	**2007**	**491**	**5726**	**4789**	**11005**
Afrique	**2008**	**558**	**5897**	**4875**	**11330**
	2009	**609**	**5937**	**4993**	**11539**
	2010	**664**	**6039**	**5141**	**11845**
Réunion	2007	491	..	..	491
Réunion	2008	558	..	..	558
	2009	609	..	..	609
	2010	664	..	..	664
Senegal	2007	..	..	469	469
Sénégal	2008	..	..	425	425
	2009	..	..	513	513
	2010	..	..	535	535
Swaziland	2007	..	*5726	*4320	*10046
Swaziland	2008	..	*5897	*4450	*10347
	2009	..	*5937	*4480	*10416
	2010	..	*6039	*4606	*10646
America, North	**2007**	**..**	**586020**	**1986**	**588006**
Amérique du Nord	**2008**	**..**	**566219**	**2115**	**568334**
	2009	**..**	**548983**	**2233**	**551216**
	2010	**..**	**525828**	**2136**	**527964**
Canada	2007	..	34325	1150	35475
Canada	2008	..	32551	1265	33816
	2009	..	28459	1411	29870
	2010	..	17541	1411	18952
Greenland	2007	..	..	*836	*836
Groënland	2008	..	..	*850	*850
	2009	..	..	822	822
	2010	..	..	*725	*725
United States	2007	..	551695	..	551695
États-Unis	2008	..	533668	..	533668
	2009	..	520524	..	520524
	2010	..	508287	..	508287
Asia	**2007**	**9586**	**705606**	**2671640**	**3386832**
Asie	**2008**	**9916**	**704941**	**2662487**	**3377344**
	2009	**11218**	**686656**	**2750275**	**3448149**
	2010	**297137**	**698839**	**3022832**	**4018808**
Armenia	2007	..	2165	295	2460
Arménie	2008	..	1854	0	1854
	2009	..	981	0	981
	2010	..	494	0	494
Azerbaijan	2007	..	4272	1888	6160
Azerbaïdjan	2008	..	3998	2238	6236
	2009	..	2259	2381	4640
	2010	..	1312	2477	3789
China	2007	..	..	2586027	2586027
Chine	2008	..	..	2577630	2577630
	2009	..	..	2667480	2667480
	2010	284656	..	2934227	3218883

Table 36

Production of heat - by type
Production de chaleur - par catégorie

Terajoules
Térajoules

Country or area Pays ou zone	Year Année	From geothermal sources De sources géothermiques	From thermal power plants Des centrales thermiques	From pure heating plants Des centrales de chaleur	Total production Production totale
Georgia Géorgie	2007 2008 2009 2010	.. ..	1591 2052 1794 1920	.. ..	1591 2052 1794 1920
Japan Japon	2007 2008 2009 2010	3704 3682 3560 3828	.. ..	22265 20797 19884 20743	25969 24479 23444 24571
Kazakhstan Kazakhstan	2007 2008 2009 2010	.. ..	391102 393798 390984 402385	.. ..	391102 393798 390984 402385
Korea, Republic of Corée, République de	2007 2008 2009 2010	691 1763 2961 3827	184043 186687 169608 164345	13904 13199 17998 23583	198638 201649 190567 191755
Kyrgyzstan Kirghizistan	2007 2008 2009 2010	.. ..	12249 13152 12476 12302	.. ..	12249 13152 12476 12302
Mongolia Mongolie	2007 2008 2009 2010	.. ..	33 33 33 *33	.. ..	33 33 33 *33
State of Palestine État de Palestine	2007 2008 2009 2010	5191 4471 4697 4826	.. ..	.. ..	5191 4471 4697 4826
Tajikistan Tadjikistan	2007 2008 2009 2010	.. ..	3886 3587 3580 3645	.. ..	3886 3587 3580 3645
Turkey Turquie	2007 2008 2009 2010	.. ..	43212 42539 44222 51117	.. ..	43212 42539 44222 51117
Turkmenistan Turkménistan	2007 2008 2009 2010	.. ..	7184 7261 7715 8043	.. ..	7184 7261 7715 8043
Uzbekistan Ouzbékistan	2007 2008 2009 2010	.. ..	55869 49980 53004 53243	47261 48623 42532 41802	103130 98603 95536 95045
Europe **Europe**	**2007** **2008** **2009** **2010**	**401296** **384029** **355180** **387165**	**4806494** **4742484** **4528823** **5043497**	**4348822** **4163744** **3983251** **4264162**	**9556612** **9290257** **8867254** **9694824**
Albania Albanie	2007 2008 2009 2010	.. ..	126 138 *138 *138	.. ..	126 138 *138 *138

Table 36

Production of heat - by type
Production de chaleur - par catégorie
Terajoules
Térajoules

Country or area Pays ou zone	Year Année	From geothermal sources De sources géothermiques	From thermal power plants Des centrales thermiques	From pure heating plants Des centrales de chaleur	Total production Production totale
Austria Autriche	2007 2008 2009 2010	597 862 833 693	41168 44205 44674 51322	19253 22309 24005 27629	61018 67376 69512 79644
Belarus Bélarus	2007 2008 2009 2010	.. ..	138095 134009 138455 153343	132767 125433 122384 124878	270862 259442 260839 278221
Belgium Belgique	2007 2008 2009 2010	2718 2730 974 2821	26409 28516 30938 35417	84 51 70 73	29211 31297 31982 38311
Bosnia and Herzegovina Bosnie-Herzégovine	2007 2008 2009 2010	.. ..	.. 1101 1277 1403	1734 3988 4277 4598	1734 5089 5554 6001
Bulgaria Bulgarie	2007 2008 2009 2010	.. 1742 2283	43081 51157 47926 45232	9105 9469 10445 11835	52186 60626 60113 59350
Croatia Croatie	2007 2008 2009 2010	.. ..	8676 8986 8695 9411	2988 2964 2903 3092	11664 11950 11598 12503
Czech Republic République tchèque	2007 2008 2009 2010	644 1002 1034 1239	99849 100073 92804 99866	28383 28608 27732 29235	128876 129683 121570 130340
Denmark Danemark	2007 2008 2009 2010	436 381 417 494	97911 99508 100844 115800	26019 27408 29313 33727	124366 127297 130574 150021
Estonia Estonie	2007 2008 2009 2010	.. ..	7892 7233 9808 10474	18150 17913 14918 15074	26042 25146 24726 25548
Finland Finlande	2007 2008 2009 2010	3655 6451 4188 4733	132237 129672 129192 147092	50903 52051 53960 59005	186795 188174 187340 210830
France France	2007 2008 2009 2010	.. ..	156212 155346 119139 147831	4762 4792 5540 5652	160974 160138 124679 153483
Germany Allemagne	2007 2008 2009 2010	576 587 1048 1026	348094 355388 343296 363107	120215 123779 126203 151975	468885 479754 470547 516108
Greece Grèce	2007 2008 2009 2010	.. ..	1737 1837 2050 1941	.. ..	1737 1837 2050 1941

Table 36

Production of heat - by type
Production de chaleur - par catégorie
Terajoules
Térajoules

Country or area Pays ou zone	Year Année	From geothermal sources De sources géothermiques	From thermal power plants Des centrales thermiques	From pure heating plants Des centrales de chaleur	Total production Production totale
Hungary Hongrie	2007 2008 2009 2010	197 202 211 238	38637 39443 38625 37753	18188 16481 14317 15035	57022 56126 53153 53026
Iceland Islande	2007 2008 2009 2010	9172 10832 10845 10846	.. ..	78 71 48 39	9250 10903 10893 10885
Italy Italie	2007 2008 2009 2010	 589	204411 198373 180820 202505	 2247	204411 198373 180820 205341
Latvia Lettonie	2007 2008 2009 2010	0 0 4 5	16078 13882 14457 16821	12607 12520 11847 11836	28685 26402 26308 28662
Lithuania Lituanie	2007 2008 2009 2010	8888 8407 9108 8874	22176 21951 22577 22585	18094 15950 15647 17347	49158 46308 47332 48806
Luxembourg Luxembourg	2007 2008 2009 2010	.. ..	819 907 934 1097	63 68 77 82	882 975 1011 1179
Netherlands Pays-Bas	2007 2008 2009 2010	.. ..	124556 122029 124521 130052	14993 15206 16699 16934	139549 137235 141220 146986
Norway Norvège	2007 2008 2009 2010	4451 4539 4644 5635	3357 3536 2754 3807	6710 6946 8559 10208	14518 15021 15957 19650
Poland Pologne	2007 2008 2009 2010	.. ..	209273 200751 197370 209687	111741 111899 114843 134314	321014 312650 312213 344001
Portugal Portugal	2007 2008 2009 2010	 34	14132 13251 16055 21072	.. ..	14132 13251 16055 21106
Republic of Moldova Rép. de Moldova	2007 2008 2009 2010	.. ..	7770 8126 6901 7852	5194 4753 4151 4187	12964 12879 11052 12039
Romania Roumanie	2007 2008 2009 2010	203 48 2 12	89903 78645 75753 78716	20260 22002 20908 20379	110366 100695 96663 99107
Russian Federation Fédération de Russie	2007 2008 2009 2010	347663 326692 299725 327324	2688015 2639612 2523464 2388611	3109588 2960237 2830455 3299696	6145266 5926541 5653644 6015631

Table 36

Production of heat - by type
Production de chaleur - par catégorie
Terajoules
Térajoules

Country or area Pays ou zone	Year Année	From geothermal sources De sources géothermiques	From thermal power plants Des centrales thermiques	From pure heating plants Des centrales de chaleur	Total production Production totale
Serbia	2007	..	6141	36942	43083
Serbie	2008	..	1638	33026	34664
	2009	..	2017	32412	34429
	2010	..	9358	30256	39614
Slovakia	2007	193	22814	19634	42641
Slovaquie	2008	153	21035	18611	39799
	2009	150	25187	16873	42210
	2010	144	30379	18059	48582
Slovenia	2007	..	6830	2029	8859
Slovénie	2008	..	7266	2062	9328
	2009	..	7103	1990	9093
	2010	47	7662	2097	9806
Sweden	2007	21839	105466	50161	177466
Suède	2008	21031	109426	47175	177632
	2009	20155	117716	49283	187154
	2010	19987	147091	56969	224047
Switzerland	2007	64	12695	3580	16339
Suisse	2008	112	13564	3404	17080
	2009	100	13583	3307	16990
	2010	141	15343	3417	18901
T.F.Yug.Rep. Macedonia	2007	..	561	4784	5345
L'ex-RY Macédoine	2008	..	692	4535	5227
	2009	..	1054	4116	5170
	2010	..	1249	3744	4993
Ukraine	2007	..	131373	440965	572338
Ukraine	2008	..	131188	405680	536868
	2009	..	88696	361510	450206
	2010	..	529480	92829	622309
United Kingdom	2007	..	..	58848	58848
Royaume-Uni	2008	..	..	64353	64353
	2009	..	..	54459	54459
	2010	..	..	57714	57714
Oceania	**2007**	**1359**	..	..	**1359**
Océanie	**2008**	**1441**	..	..	**1441**
	2009	**1368**	..	..	**1368**
	2010	**1317**	..	..	**1317**
New Zealand	2007	1359	..	..	1359
Nouvelle-Zélande	2008	1441	..	..	1441
	2009	1368	..	..	1368
	2010	1317	..	..	1317

Table 37

Production of Uranium (Uranium content)
Production d'uranium (contenu en uranium)
Metric tons
Tonnes métrique

Table Notes:

Based on country submissions and Table 1.21 of the OECD and IAEA publication *Uranium 2011: Resources, Production and Demand*, OECD Publishing, available at http://dx.doi.org/10.1787/uranium-2011-en.

Production for Bulgaria, France, Germany and Hungary comes from mine rehabilitation efforts only.

Please refer to the Definitions Section on pages xv to xxix for the appropriate product description /classification.

Notes relatives aux tableaux:

Basé sur les soumission des pays et les données du tableau 1.21 de l'OCDE et AIEA *Uranium 2011: Ressources, production et demande*, Editions OCDE. http://dx.doi.org/10.1787/uranium-2011-en.

La production pour la Bulgarie, la France, l'Allemagne et la Hongrie provient exclusivement des travaux de réaménagement de mines.

Veuillez consulter la section "définitions" de la page xv à la page xxix pour une description/classification appropriée des produits.

Table 37

Production of uranium (uranium content)
Production d'uranium (contenu en uranium)
Metric tons
Tonnes métriques

Country or area Pays ou zone	2007	2008	2009	2010
World **Monde**	**41259**	**43817**	**51152**	**54016**
Africa **Afrique**	**6525**	**7924**	**8434**	**9284**
Namibia Namibie	2832	4365	4626	4503
Niger Niger	3153	2993	3245	4199
South Africa Afrique du Sud	540	566	563	582
America, North **Amérique du Nord**	**11223**	**10492**	**11494**	**11405**
Canada Canada	9476	9000	9900	9775
United States États-Unis	1747	1492	1594	1630
America, South **Amérique du Sud**	**357**	**390**	**338**	**174**
Argentina Argentine	0	0	0	0
Brazil Brésil	357	390	338	174
Asia **Asie**	**9908**	**11866**	**18225**	**22479**
China Chine	710	770	1200	1350
India Inde	250	250	290	400
Iran(Islamic Rep. of) Iran(Rép. islamique)	5	6	8	7
Kazakhstan Kazakhstan	6633	8512	14020	17803
Pakistan Pakistan	40	45	50	45
Uzbekistan Ouzbékistan	2270	2283	2657	2874
Europe **Europe**	**4644**	**4712**	**4727**	**4756**
Czech Republic République tchèque	307	275	258	254
France France	2	5	8	9
Germany Allemagne	41	0	0	8
Hungary Hongrie	1	1	1	6

Table 37

Production of uranium (uranium content)
Production d'uranium (contenu en uranium)
Metric tons
Tonnes métriques

Country or area Pays ou zone	2007	2008	2009	2010
Romania Roumanie	80	80	80	80
Russian Federation Fédération de Russie	3413	3521	3565	3562
Ukraine Ukraine	800	830	815	837
Oceania **Océanie**	**8602**	**8433**	**7934**	**5918**
Australia Australie	8602	8433	7934	5918

Table 38

Selected energy resources and reserves

Million metric tons unless otherwise indicated

Country or area Pays ou zone	Bituminous coal / Anthracite Houille bitumineux / Anthracite			Sub-bituminous coal / Lignite Charbon sous bitumineux / Lignite			Peat Tourbe	
	Proved amount in place Quantités avérées en place	Proved recoverable reserves Réserves récupérables avérées	Estimated additional amount in place Quantités additionnelles estimées en place	Proved amount in place Quantités avérées en place	Proved recoverable reserves Réserves récupérables avérées	Estimated additional amount in place Quantités additionnelles estimées en place	Proved amount in place Quantités avérées en place	Proved recoverable reserves Réserves récupérables avérées
Afghanistan	112	66	400	..	..	..	..	..
Albania	..	..	..	794	794	..	..	155
Algeria	64	59	164	..	..	..	..	..
Angola	..	..	..	..	..	..	..	..
Argentina	4	..	..	8047	500	273	90	*80
Armenia	..	163	..	..	..	..	..	..
Australia	56200	37100	125000	44300	39300	215000	..	..
Austria	1	..	3	333	25	61	..	..
Azerbaijan	..	..	..	..	..	..	..	..
Bahrain	..	..	..	..	..	..	..	..
Bangladesh	1054	293	..	..	..	..	*138	..
Barbados	..	..	..	..	..	..	..	..
Belarus	..	..	..	..	100	..	323	323
Belgium	715	410	1400	..	..	..	..	..
Belize	..	..	..	..	..	..	..	..
Benin	..	..	..	..	..	..	..	..
Bhutan	..	..	..	..	..	..	..	..
Bolivia (Plur. State of)	..	1	..	..	..	..	..	..
Bosnia and Herzegovina	..	484	..	..	2369	..	..	..
Botswana	7189	40	205253	..	..	..	..	..
Brazil	..	..	..	6513	4559	15319	..	..
Brunei Darussalam	..	..	..	..	..	..	..	..
Bulgaria	428	2	1200	5981	2364	2618	5	5
Burkina Faso	..	..	..	..	..	..	..	..
Burundi	..	..	..	..	..	..	56	56
Cambodia	..	..	..	..	..	..	..	..
Cameroon	..	..	..	..	..	..	..	..
Canada	4651	3474	26045	17371	3108	31990	1092	..
Central African Rep.	..	..	..	4	3	..	..	..
Chad	..	..	..	..	..	..	..	..
Chile	79	31	125	4579	155	5000	..	..
China	114500	62200	363200	108800	52300	304700	4687	328
Colombia	7064	6366	13173	411	380	3176	..	..
Congo	..	..	..	..	..	..	..	..
Costa Rica	..	..	..	27	..	22	48	..
Côte d'Ivoire	..	..	..	..	..	..	..	..
Croatia	4	4	..	41	33	..	..	..
Cuba	..	..	..	..	..	..	..	..
Cyprus	..	..	..	..	..	..	..	..
Czech Republic	1524	192	..	2812	908	..	..	..
Dem. Rep. of the Congo	720	88	..	..	..	..	..	..
Denmark	..	..	..	63	..	..	..	..
Dominica	..	..	..	..	..	..	..	..
Dominican Republic	..	..	..	..	..	..	..	..
Ecuador	..	..	..	30	24	6	..	..
Egypt	25	16	..	27	22	52	..	..
El Salvador	..	..	..	..	..	..	..	..
Equatorial Guinea	..	..	..	..	..	..	..	..
Estonia	..	..	..	..	..	..	2000	2000
Ethiopia	..	..	..	23	11	..	..	..
Faeroe Islands	..	..	..	..	..	..	..	..
Falkland Is. (Malvinas)	..	..	..	..	..	..	..	..
Fiji	..	..	..	..	..	..	..	..
Finland	..	..	..	..	..	..	850	420
France	593	95	200	124	21	165	..	..
French Guiana	..	..	..	..	..	..	..	..
French Polynesia	..	..	..	..	..	..	..	..
Gabon	..	..	..	..	..	..	..	..
Georgia	..	201	..	..	..	..	..	..
Germany	319	99	8065	40600	40600	34100	157	96

Table 38

Ressources et réserves énergétiques choisies
Million de tonnes métriques sauf ou indiqué

Peat Tourbe	Proved recoverable reserves Réserves récupérables avérées				Uranium (metric tons) Uranium (tonnes métriques)		Hydropower (Gross theoretical capability) Energie hydraulique (Capacité brute théorique) (GWH/Year Année)	Country or area Pays ou zone
Estimated additional amount in place / Quantités additionnelles estimées en place	Natural gas (billions cubic metres) / Gaz naturel (billions de mètres cubes)	Crude oil and NGL / Pétrole brut et LGN	Oil shale / Schiste bitumineux	Bituminous sands / Sables bitumineux	Reasonably assured resources / Ressources raisonnablement assurées	Inferred Resources / Ressources inférées		
..	50	..	..	..	..	..	394000	Afghanistan
..	5	*30	..	5	..	..	40000	Albanie
..	4504	*2731	..	..	19500	..	12000	Algérie
..	161	*1282	..	74	..	..	150000	Angola
50	399	*348	57	..	10400	8700	354000	Argentine
..	164	..	44	..	..	..	22000	Arménie
..	819	*255	4531	..	1179000	500000	265000	Australie
..	16	*7	1	..	0	1700	150000	Autriche
..	1359	*950	..	20	..	..	44000	Azerbaïdjan
..	91	*16	..	..	..	..	..	Bahreïn
*138	344	*3	..	..	..	..	4000	Bangladesh
..	0	0	..	..	..	..	..	Barbade
1479	3	*27	1000	..	..	..	8000	Bélarus
..	0	..	..	..	..	..	1000	Belgique
..	..	*1	..	..	..	..	1000	Belize
..	1	*1	..	..	..	..	2000	Bénin
..	..	..	..	..	..	..	263000	Bhoutan
..	710	*54	..	..	..	..	178000	Bolivie (État plur. de)
..	..	..	..	..	..	..	70000	Bosnie-Herzégovine
..	..	..	..	..	..	..	..	Botswana
487	245	*1088	11734	..	157700	121000	3040000	Brésil
..	350	*160	..	..	..	..	..	Brunéi Darussalam
..	1	*2	18	..	5900	6300	27000	Bulgarie
..	..	..	..	..	..	..	1000	Burkina Faso
..	..	..	..	..	..	..	6000	Burundi
..	..	..	..	..	..	..	88000	Cambodge
..	150	*168	..	..	..	..	294000	Cameroun
336908	1754	*3126	2192	27134	387400	157200	2067000	Canada
..	..	..	..	..	12000	..	7000	Rép. centrafricaine
..	..	*222	..	..	..	..	150	Tchad
..	46	*4	3	..	800	700	227000	Chili
952	3090	*2466	47600	120	115900	55500	6083000	Chine
..	124	*226	..	5	..	..	1000000	Colombie
..	91	*274	..	81	..	..	50000	Congo
22	..	..	..	..	..	..	224000	Costa Rica
..	42	*64	..	..	..	..	46000	Côte d'Ivoire
..	36	*10	..	..	..	..	20000	Croatie
280	71	*19	..	8	..	..	3000	Cuba
..	..	..	..	..	..	..	59000	Chypre
..	4	*2	..	..	400	100	13000	République tchèque
..	1	*25	14310	5	1400	1300	1397000	Rép. dem. du Congo
..	66	*108	..	..	20250	12000	120	Danemark
..	..	..	..	..	..	..	200	Dominique
..	..	..	..	..	..	..	50000	Rép. dominicaine
..	9	*909	..	7	..	..	169000	Equateur
..	2170	*561	816	8	..	1900	125000	Egypte
..	..	..	..	..	..	..	7000	El Salvador
..	120	*231	..	..	..	..	..	Guinée équatoriale
..	..	..	2494	..	..	..	2000	Estonie
..	25	0	..	..	..	..	650000	Ethiopie
..	..	..	..	..	..	..	1000	Iles Féroé
28	..	..	..	..	..	..	..	Iles Falkland (Malvinas)
..	..	..	..	..	..	..	3000	Fidji
2200	..	..	..	..	1100	..	31000	Finlande
..	7	*14	1002	..	9000	100	270000	France
..	..	..	..	..	..	..	2000	Guyane française
..	..	..	..	..	..	..	1000	Polynésie française
..	29	*504	..	..	4800	1000	200000	Gabon
..	8	*5	..	0	..	..	136000	Géorgie
200	126	*16	286	..	3000	4000	120000	Allemagne

Table 38

Selected energy resources and reserves
Million metric tons unless otherwise indicated

Country or area Pays ou zone	Bituminous coal / Anthracite Houille bitumineux / Anthracite			Sub-bituminous coal / Lignite Charbon sous bitumineux / Lignite			Peat Tourbe	
	Proved amount in place Quantités avérées en place	Proved recoverable reserves Réserves récupérables avérées	Estimated additional amount in place Quantités additionnelles estimées en place	Proved amount in place Quantités avérées en place	Proved recoverable reserves Réserves récupérables avérées	Estimated additional amount in place Quantités additionnelles estimées en place	Proved amount in place Quantités avérées en place	Proved recoverable reserves Réserves récupérables avérées
Ghana	..	..	..	..	..	..	..	..
Greece	..	..	..	5312	3020	..	4000	..
Greenland	..	..	..	183	183	200	..	..
Grenada	..	..	..	..	..	..	..	..
Guatemala	..	..	..	..	..	..	..	..
Guinea	..	..	..	..	..	..	..	..
Guinea-Bissau	..	..	..	..	..	..	..	..
Guyana	..	..	..	..	..	..	..	..
Haiti	..	..	..	13	..	27	..	..
Honduras	..	..	..	21	..	..	..	..
Hungary	14	13	298	2188	1647	2630	..	..
Iceland	..	..	..	..	..	..	..	..
India	105820	56100	157435	4500	4500	32893	..	..
Indonesia	4479	1520	6035	17772	4009	38704	49000	..
Iran(Islamic Rep. of)	11143	1203	..	2295	..	..	..	..
Iraq	..	..	..	..	..	..	..	..
Ireland	19	14	26	..	9	..	154	106
Israel	..	..	..	..	..	..	500	386
Italy	..	..	..	10	10	600	..	..
Jamaica	..	..	..	..	..	..	200	32
Japan	4603	340	6298	160	10	7122	..	..
Jordan	..	..	..	..	..	..	..	..
Kazakhstan	..	21500	..	..	12100	..	..	..
Kenya	..	..	..	..	..	..	..	..
Korea, Dem.Ppl's.Rep.	2000	300	2700	300	300	2200	..	..
Korea, Republic of	138	133	272	209	126	812	..	..
Kuwait	..	..	..	..	..	..	..	..
Kyrgyzstan	..	..	..	..	812	..	..	..
Lao People's Dem. Rep.	..	4	..	..	499	..	..	..
Latvia	..	..	..	..	..	..	190	94
Lebanon	..	..	..	..	..	..	..	..
Lesotho	..	..	..	..	..	..	..	..
Liberia	..	..	..	..	..	..	..	..
Libya	..	..	..	..	..	..	..	..
Lithuania	..	..	..	..	..	..	937	269
Madagascar	1000	..	..	75	..	..	..	..
Malawi	15	2	..	..	2	..	..	..
Malaysia	15	4	78	126	..	575	..	..
Mali	..	..	..	..	..	3	..	..
Mauritania	..	..	..	..	..	..	..	..
Mauritius	..	..	..	..	..	..	..	..
Mexico	1211	860	1960	732	351	213	..	..
Mongolia	12000	1170	..	12000	1350	..	..	..
Montenegro	..	142	..	..	..	..	..	..
Morocco	16	5	..	42	..	2	..	..
Mozambique	..	212	155	..	..	..	..	..
Myanmar	5	2	120	..	..	80	..	..
Namibia	..	..	..	..	..	..	..	..
Nepal	..	..	..	1	1	7	..	..
Netherlands	1406	497	2750	..	..	..	120	120
New Caledonia	4	2	8	..	..	..	..	..
New Zealand	45	33	942	2673	538	11902	1640	..
Nicaragua	..	..	..	..	..	..	..	..
Niger	..	70	..	..	..	..	..	..
Nigeria	..	21	21	338	169	1000	..	..
Norway	54	1	..	64	5	100	745	350
Oman	..	..	..	..	..	..	..	..
Other Asia	174	1	..	..	100	..	..	..
Pakistan	1	1	5	3451	2070	68068	..	..
Panama	..	..	..	..	..	..	..	..

Table 38

Ressources et réserves énergétiques choisies
Million de tonnes métriques sauf ou indiqué

Peat Tourbe	Proved recoverable reserves Réserves récupérables avérées				Uranium (metric tons) Uranium (tonnes métriques)		Hydropower (Gross theoretical capability) Energie hydraulique (Capacité brute théorique) (GWH/Year Année)	Country or area Pays ou zone
Estimated additional amount in place Quantités additionnelles estimées en place	Natural gas (billions cubic metres) Gaz naturel (billions de mètres cubes)	Crude oil and NGL Pétrole brut et LGN	Oil shale Schiste bitumineux	Bituminous sands Sables bitumineux	Reasonably assured resources Ressources raisonnablement assurées	Inferred Resources Ressources inférées		
..	24	*2	..	..	..	..	28000	Ghana
..	2	*1	..	..	1000	6000	80000	Grèce
..	..	..	..	..	20300	85600	550000	Groënland
..	..	..	..	..	..	..	38	Grenade
..	3	*13	..	..	..	..	59000	Guatemala
..	..	..	..	..	..	..	26000	Guinée
..	..	..	..	..	..	..	1000	Guinée-Bissau
..	..	..	..	..	..	..	81000	Guyana
..	..	..	..	..	..	..	4000	Haïti
..	..	..	..	..	..	..	16000	Honduras
238	67	*5	8	..	..	8600	10000	Hongrie
..	..	..	..	..	..	..	184000	Islande
..	1074	*740	..	..	55200	24900	2638000	Inde
..	3186	*497	..	67	4800	1200	2147000	Indonésie
..	29610	*17329	..	..	700	1400	448000	Iran(Rép. islamique)
..	3170	*15478	..	..	..	..	225000	Iraq
140	10	..	..	..	..	..	1000	Irlande
1000	24	0	550	0	..	..	0	Israël
2500	70	*62	10446	48	4800	1300	190000	Italie
..	..	..	..	..	..	..	1000	Jamaïque
..	51	*9	..	..	6600	..	718000	Japon
..	15	0	5242	5	44000	67800	4000	Jordanie
..	3000	*2907	400	6689	414200	417900	170000	Kazakhstan
..	..	..	..	..	..	..	24000	Kenya
..	..	..	..	..	..	..	..	Corée,Rép.pop.dém.de
..	3	..	..	..	11800	3000	52000	Corée, République de
..	1780	*13679	..	..	..	..	..	Koweït
..	6	*5	..	..	..	..	163000	Kirghizistan
..	..	..	..	..	..	..	233000	Rép. dém. pop. lao
760	..	..	..	..	..	..	7000	Lettonie
..	..	..	..	..	..	..	2000	Liban
..	..	..	..	..	..	..	5000	Lesotho
..	..	..	..	..	..	..	28000	Libéria
..	1540	*5712	..	..	..	..	..	Libye
..	..	*2	..	..	..	..	6000	Lituanie
..	2	..	5	35	..	..	321000	Madagascar
..	..	..	..	..	13600	1500	15000	Malawi
..	2330	*701	..	..	..	..	230000	Malaisie
..	..	..	..	..	..	..	12000	Mali
..	28	*14	..	..	..	..	..	Mauritanie
..	..	..	..	..	..	..	150	Maurice
..	360	*1611	..	0	1300	500	430000	Mexique
..	..	*2	42	..	37500	11800	57000	Mongolie
..	..	..	..	..	..	..	27000	Monténégro
..	2	0	8167	..	..	..	12000	Maroc
..	127	..	..	..	..	..	103000	Mozambique
..	590	*7	286	..	..	..	348000	Myanmar
..	20	..	..	..	157000	127200	23000	Namibie
..	0	..	..	..	..	..	733000	Népal
..	1245	*6	..	..	..	..	11000	Pays-Bas
..	..	..	..	..	..	..	2000	Nouvelle-Calédonie
..	46	*20	3	..	..	..	205000	Nouvelle-Zélande
..	..	..	..	..	..	..	33000	Nicaragua
..	..	..	..	..	244600	30900	3000	Niger
..	5292	*4953	..	91	..	..	43000	Nigéria
7015	2215	*920	..	..	..	..	600000	Norvège
..	950	*744	..	..	..	..	..	Oman
..	70	0	..	..	..	..	103000	Autres zones d'Asie
..	840	*42	..	..	..	..	475000	Pakistan
..	..	..	..	..	..	..	26000	Panama

Table 38

Selected energy resources and reserves
Million metric tons unless otherwise indicated

Country or area Pays ou zone	Bituminous coal / Anthracite Houille bitumineux / Anthracite			Sub-bituminous coal / Lignite Charbon sous bitumineux / Lignite			Peat Tourbe	
	Proved amount in place Quantités avérées en place	Proved recoverable reserves Réserves récupérables avérées	Estimated additional amount in place Quantités additionnelles estimées en place	Proved amount in place Quantités avérées en place	Proved recoverable reserves Réserves récupérables avérées	Estimated additional amount in place Quantités additionnelles estimées en place	Proved amount in place Quantités avérées en place	Proved recoverable reserves Réserves récupérables avérées
Papua New Guinea	..	..	..	..	..	..	..	..
Paraguay	..	..	..	..	..	..	..	..
Peru	..	44	..	..	100	..	..	..
Philippines	50	41	8	394	275	37	..	..
Poland	16967	4338	27405	1661	1371	11837	890	..
Portugal	8	3	..	38	33	..	..	..
Qatar	..	..	..	..	..	..	..	..
Republic of Moldova	..	..	..	..	..	..	..	..
Romania	28	10	2143	3810	281	8177	25	13
Russian Federation	194000	49088	200000	124823	107922	200000	17680	11554
Rwanda	..	..	..	..	..	..	..	..
Samoa	..	..	..	..	..	..	..	..
Saudi Arabia	..	..	..	..	..	..	..	..
Senegal	..	..	..	..	..	..	40	24
Serbia	22	9	..	20836	13761	..	..	..
Serbia and Montenegro	..	..	..	..	..	..	..	..
Sierra Leone	..	..	..	..	..	..	..	..
Slovakia	2	2	..	519	260	..	..	..
Slovenia	..	..	..	644	223	40	..	..
Solomon Islands	..	..	..	..	..	..	..	..
Somalia	..	..	..	..	..	..	..	..
South Africa	115000	30156	5000	30	..	100	47	30
Spain	812	200	3000	584	330	1260	94	70
Sri Lanka	..	..	..	..	..	..	5	5
Sudan	..	..	..	..	..	..	..	..
Suriname	..	..	..	..	..	..	..	..
Swaziland	1000	144	793	..	..	..	..	..
Sweden	..	..	..	4	1	20	700	70
Switzerland	..	..	..	..	..	..	..	..
Syrian Arab Republic	..	..	..	..	..	..	..	..
T.F.Yug.Rep. Macedonia	..	..	..	..	332	..	..	..
Tajikistan	..	375	..	..	..	..	..	..
Thailand	..	..	..	2056	1239	2857	..	..
Togo	..	..	..	..	..	..	..	..
Trinidad and Tobago	..	..	..	..	..	..	..	..
Tunisia	..	..	..	..	..	..	..	..
Turkey	590	529	249	2166	1814	296	..	..
Turkmenistan	..	..	..	..	..	..	..	..
Uganda	..	..	..	..	..	..	..	..
Ukraine	20467	15351	5170	24697	18522	6174	2160	684
United Arab Emirates	..	..	..	..	..	..	..	..
United Kingdom	386	228	190	1000	500	..	..	..
United Rep. of Tanzania	*304	200	*1500	..	..	..	..	..
United States	241607	108501	445346	200807	128794	667415	26000	13000
Uruguay	..	..	..	..	..	..	..	..
Uzbekistan	..	47	..	..	1853	..	..	..
Venezuela(Bolivar. Rep.)	1328	479	4528	..	..	..	..	..
Viet Nam	312	150	..	..	..	..	..	..
Yemen	..	..	..	..	..	..	..	..
Zambia	..	10	..	69	55	18	..	..
Zimbabwe	1535	502	5820	965	..	..	..	..

Table 38

Ressources et réserves énergétiques choisies
Million de tonnes métriques sauf ou indiqué

Peat / Tourbe — Estimated additional amount in place / Quantités additionnelles estimées en place	Proved recoverable reserves / Réserves récupérables avérées — Natural gas (billions cubic metres) / Gaz naturel (billions de mètres cubes)	Crude oil and NGL / Pétrole brut et LGN	Oil shale / Schiste bitumineux	Bituminous sands / Sables bitumineux	Uranium (metric tons) / Uranium (tonnes métriques) — Reasonably assured resources / Ressources raisonnablement assurées	Inferred Resources / Ressources inférées	Hydropower (Gross theoretical capability) Energie hydraulique (Capacité brute théorique) (GWH/Year Année)	Country or area / Pays ou zone
..	442	*9	..	..	..	..	175000	Papouasie-Nvl-Guinée
200	..	..	..	..	..	..	111000	Paraguay
..	335	*124	..	1	1300	1400	1577000	Pérou
..	93	*15	..	..	..	..	47000	Philippines
2300	75	*15	7	..	..	..	25000	Pologne
..	..	..	..	..	6000	1000	32000	Portugal
..	25172	*3094	..	..	..	..	..	Qatar
..	..	..	..	..	..	..	2000	Rép. de Moldova
10	102	*55	..	1	3100	3600	70000	Roumanie
168320	44900	*10647	35470	4518	181400	384900	2295000	Fédération de Russie
2000	57	..	..	..	..	..	2000	Rwanda
..	..	..	..	..	..	..	140	Samoa
..	7569	*34518	..	..	..	..	..	Arabie saoudite
52	10	0	..	..	..	..	11000	Sénégal
..	48	*10	..	..	..	..	27000	Serbie
..	45	22	..	..	..	..	118000	Serbie-et-Monténégro
..	..	..	..	..	..	..	11000	Sierra Leone
..	15	*1	..	..	5100	5200	10000	Slovaquie
..	0	0	..	..	1700	7500	19000	Slovénie
..	..	..	..	..	..	..	3000	Iles Salomon
..	6	..	..	..	5000	2600	2000	Somalie
..	10	*2	19	..	195200	100400	73000	Afrique du Sud
..	3	*20	40	..	4900	6400	162000	Espagne
46	..	..	..	..	..	..	21000	Sri Lanka
..	85	*904	..	..	..	..	48000	Soudan
..	..	*12	..	..	..	..	39000	Suriname
..	..	..	..	..	..	..	4000	Swaziland
..	..	..	875	..	4000	6000	200000	Suède
..	..	..	..	..	..	..	125000	Suisse
..	300	*335	..	..	..	..	11000	Rép. arabe syrienne
..	..	..	..	..	..	..	9000	L'ex-RY Macédoine
..	6	*2	..	..	..	..	527000	Tadjikistan
..	340	*50	916	..	5	5	18000	Thaïlande
..	..	..	..	..	..	..	4000	Togo
..	481	*80	..	1	..	..	..	Trinité-et-Tobago
..	92	*69	..	..	..	..	1000	Tunisie
..	6	*44	284	..	7300	..	433000	Turquie
..	8400	*81	1100	..	..	..	24000	Turkménistan
..	..	..	..	..	..	..	33000	Ouganda
1846	787	*151	600	..	142400	81200	45000	Ukraine
..	6432	*12555	..	..	..	..	..	Emirats arabes unis
..	292	*408	501	12	..	..	35000	Royaume-Uni
..	24	..	..	..	8900	19500	39000	Rép. Unie de Tanzanie
..	7022	*3429	536931	3	472100	..	2040000	États-Unis
46	..	..	..	..	..	..	32000	Uruguay
..	1745	*70	1200	..	76000	38600	88000	Ouzbékistan
..	4983	*13997	..	9212	..	..	731000	Venezuela(Rép. bolivar.)
..	217	*626	..	..	1000	5400	300000	Viet Nam
..	555	*345	..	..	..	..	..	Yémen
..	..	..	..	..	..	..	53000	Zambie
..	..	..	..	..	1400	..	44000	Zimbabwe